böhlau

Ilsebill Barta · Marlene Ott-Wodni · Alena Skrabanek

REPRÄSENTATION UND (OHN)MACHT

Die Wohnkultur der habsburgischen Prinzen im 19. Jahrhundert –
Kaiser Maximilian von Mexiko, Kronprinz Rudolf, Erzherzog Franz Ferdinand und ihre Schlösser

Mit Beiträgen von Alfred Benesch und Andreas Nierhaus

Band 38

BÖHLAU VERLAG WIEN · KÖLN · WEIMAR

eine publikationsreihe M MD
der museen des mobiliendepots

FWF Der Wissenschaftsfonds.

Die Forschungen zu vorliegender Publikation wurden vom FWF (Austrian Science Fund) im Rahmen des Forschungsprojektes »Die private Wohnkultur der kaiserlichen Familie im 19. Jahrhundert« (P 24180-G21) gefördert.

Die Drucklegung der Publikation wurde durch Unterstützung der Gesellschaft der Freunde der bildenden Künste ermöglicht.

Bibliografische Information der Deutschen Nationalbibliothek:
Die Deutsche Nationalbibliothek verzeichnet diese Publikation in der Deutschen Nationalbibliografie; detaillierte bibliografische Daten sind im Internet über http://dnb.de abrufbar.

Umschlagabbildungen:
Vorderseite: Detail eines Tisches aus dem Damensalon von Sophie von Hohenberg im Oberen Belvedere, Holz, vergoldet, Platte nachgebildet, 1. Hälfte 18. Jahrhundert (© Bundesmobilienverwaltung/Edgar Knaack)
Rückseite links: Germano Prosdocimi, Korridor im orientalischen Stil, in der ersten Etage der Villa Lazarovich, Gouache auf Papier, 1850er Jahre (© Museo Storico del Castello di Miramare)
Rückseite rechts: Rekonstruktion des türkischen Zimmers aus der Wiener Hofburg im Hofmobiliendepot – Möbel Museum Wien (© Bundesmobilienverwaltung/Lois Lammerhuber)

Korrektorat: Volker Manz, Kenzingen
Umschlaggestaltung: Michael Haderer, Wien
Satz: Michael Rauscher, Wien
Druck und Bindung: Holzhausen, Wolkersdorf
Printed in the EU

Vandenhoeck & Ruprecht Verlage | www.vandenhoeck-ruprecht-verlage.com

ISBN 978-3-205-20035-2

INHALT

EINLEITUNG DER PROJEKTLEITERIN UND REIHENHERAUSGEBERIN: SAMMELN UND REPRÄSENTIEREN

Ilsebill Barta

»Schön ist es als Anfänger in eine große Zukunft zu blicken; schöner mit einer großen Vergangenheit, stark in der Gegenwart, noch einer glänzenden Zukunft entgegen zu gehen: furchtbar hingegen ist's sich einer großen Vergangenheit bewusst zu sein, aber keine Zukunft mehr zu haben.« (Erzherzog Ferdinand Maximilian, Aus meinem Leben, 1867)

Diese Erkenntnis Maximilians steht paradigmatisch für jene drei Erzherzöge, deren Bauten, Einrichtungen und Sammlungen Gegenstand der vorliegenden Publikation sind. Maximilian, den späteren Kaiser von Mexiko, Kronprinz Rudolf und Erzherzog Franz Ferdinand eint nicht nur ein gewaltsamer und verfrühter Tod, sondern auch das Schicksal, in Gestalt Kaiser Franz Josephs I. – jeweils als Bruder, Vater und Onkel – lebenslang die Macht vor Augen zu haben, deren Teilhabe ihnen jedoch versagt blieb. Der Kaiser bezog sie nicht in die Regierungsgeschäfte ein; die Beschränkungen des politischen Handlungsradius schrieben sich in ihre Psyche und ihr Schicksal ein. Diese Ohnmacht der drei exzellent ausgebildeten Männer in der zweiten Reihe des Kaiserhauses schlägt sich kompensatorisch in ihren wissenschaftlichen Interessen und in ausschweifender Sammelleidenschaft nieder. Ihre vielfältigen Sammlungen – trotz begrenzten Zugangs zu finanziellen Ressourcen – vereinen das Wissen sowie das künstlerische und naturwissenschaftliche Universum der damaligen Zeit. »Der Sammler träumt sich nicht nur in eine ferne oder vergangene Welt, sondern zugleich in eine bessere…« (Walter Benjamin, Illuminationen)

Mit der Möglichkeit, durch Fernreisen die Welt und fremde Kulturen selbst kennen zu lernen, sind die Erzherzöge fasziniert von den Altertümern, der Lebensweise, der vielfältigen Natur der Flora und Fauna der bereisten Länder, sind aber auch der fortschrittlichen Technik des Industriezeitalters gegenüber aufgeschlossen. Sie repräsentieren in ihrem mit Sammlungen angefüllten Ambiente – auch in Konkurrenz mit anderen Prinzen Europas – den Mann von Welt, auf dessen Fähigkeiten und zukünftige Potentiale man bauen kann.

Die österreichischen Museen haben von dieser manischen Sammelleidenschaft der Prinzen stark profitiert. So ist es wenig bekannt, dass zum Beispiel die ägyptische Abteilung im Kunsthistorischen Museum bedeutende Objekte aus dem Besitz von Erzherzog Ferdinand Maximilian ausstellt oder dass wichtige naturhistorische Präparate und Erkenntnisse zur Ornithologie von Kronprinz Rudolf stammen. Einige der ethnologischen Objekte, die von der Weltreise Erzherzog Franz Ferdinands stammen, sind erst kürzlich im Weltmuseum zu sehen gewesen.

Auch die Bundesmobilienverwaltung besitzt viele Objekte, die nun durch die vorliegende Forschungsarbeit von Marlene Ott-Wodni und Alena Skrabanek aus der Anonymität des Depotdaseins gehoben wurden; mehr als 2000 Einrichtungsgegenstände konnten durch das der Publikation zugrunde liegende, vom FWF – Der Wissenschaftsfond finanzierte Forschungsvorhaben identifiziert werden. Sie können nun endlich im Hofmobiliendepot · Möbel Museum Wien museologisch und didaktisch in Ausstellungen nutzbar gemacht werden. Als eine Institution, die historisch eher als Gebrauchssammlung wahrgenommen wurde, konnte die Bundesmobilienverwaltung auf keine Forschungstradition zurückgreifen wie andere Bundesmuseen. An zwei Projekte, die deshalb der FWF in der Vergangenheit genehmigt hatte, knüpft die jetzige Forschungsarbeit an: die von Hubert Winkler und Ingrid Haslinger verfassten Bestandskataloge der Silberkammer beziehungsweise des kaiserlichen Haushaltes und die von Eva B. Ottillinger und Lieselotte Hanzl-Wachter verfasste Publikation »Kaiserliche Interieurs. Die Wohnkultur des Hofes im 19. Jahrhundert« (s. Publikationsreihe auf S. 747).

Dieses Forschungsfeld konnte, ausgehend von der Geschichte der Einrichtung der regierenden Mitglieder des Kaiserhauses in den Machtzentren Hofburg und Schönbrunn, nun um die Repräsentationsvorstellungen der »zweiten Garnitur« der Familie in ihren zahlreichen Schlössern und Interieurs erweitert werden. Dies bedeutete für viele, noch nicht erforschte erzherzögliche Wohnsitze aufwendige kunsthistorische Grundlagenarbeit, wie für die Villa Maxing, die Villa Lazarovich, das Kloster Lacroma, und die Schlösser Chlumetz, Ambras und Artstetten. Bei letzterem war das hauseigene Archiv der Familie Hohenberg – auch für andere Schlossanlagen Franz Ferdinands – von unschätzbarem Wert. Die Forschungen über die Baugeschichte der Schlösser wurden in einigen Fällen (Miramar, Konopischt, Artstetten) ergänzt durch die Geschichte der zugehörigen, für die Zeit sehr fortschrittlichen Parkanlagen, da sie für die Sicht und Wirkung der Schlösser als »Gesamtkunstwerke« nicht unabhängig voneinander betrachtet werden können. Die kaiserlichen Prinzen hatten auf ihren privaten Schlössern mehr Handlungsspielraum, was ihren persönlichen Geschmack betraf; im höfischen Bereich waren wegen der Organisationsstrukturen und repräsentativer wie zeremonieller Vorgaben wesentlich weniger individuelle Wünsche möglich. Bei der technischen und hygienischen Ausstattung der Schlösser hinsichtlich Beheizung, Lifteinbauten, Badezimmer und elektrischer Beleuchtung – angetrieben von eigenen Kraftwerken – waren sie ebenfalls viel moderner als der Hof. In Architektur und Einrichtungsstil sind alle drei Erzherzöge dem Historismus beziehungsweise dessen letzten Ausläufern verhaftet geblieben, dennoch sind deutliche formale Unterschiede in den Ausführungen zu erkennen. Gründe dafür sind sicher die individuellen Unterschiede bezüglich Alter und Geschmack wie auch die unterschiedliche Herangehensweise bei der mehr oder weniger intensiven Auseinandersetzung mit bestehender Bausubstanz und Interieurs sowie bei der Umsetzung der auf Reisen gewonnener Eindrücke. So war Maximilian sicher der größere Ästhet mit Hang zum Kitsch, der die Architektur als persönliches Statement nutzte, Rudolf eher Wissenschaftler und Jäger (auf Grund seines frühen Todes konnte er jedoch nur Schloss Mayerling nach seinen Vorstellungen adaptieren) und Franz Ferdinand der Denkmalpfleger. Er restaurierte seine Bauten nicht nur entsprechend den historischen Stilen der überkommenen Bausubstanz, sondern berücksichtigte auch lokale Traditionen und Volkskulturen.

Zwei Gemeinsamkeiten in den Schlössern der drei Erzherzöge möchte ich noch als besondere herausstreichen: Einerseits die Vorliebe für orientalische Zimmer und andererseits die Bemühungen um eine museale Präsentation der zusammengetragenen Sammlungsobjekte.

Maximilian hatte auf seinen beiden Orientreisen, die in den Jahren 1850 bzw. 1852 (und damit vergleichsweise früh für die später im 19. Jahrhundert unter Hocharistokraten stark in Mode kommende Orientbegeisterung) stattfanden, die Türkei, Ägypten und Nordafrika bereist und über die reiche Ausstattung des Bazars von Algier geschwärmt: »...der hiesige [Bazar] hat in einzelnen Laden eine reiche interessante Auswahl an orientalischen Gegenständen [...], die entweder die echt luxuriöse Prachtliebe der Städte befriedigen, oder ihre geheimnisvolle poetische Entstehung der räthselhaften Wüste oder dem unbekannten Inneren des heissen Continents verdanken« (Maximilian, Reiseskizzen, 1852). Sein »Gastzimmer« in der Villa Lazarovich richtete er ähnlich wie einen Salon ein, den er im Palast des Generalgouverneurs von Algier gesehen hatte (s. Ott-Wodni S. 32ff). (Abb. 0-01) In dem überreich dekorierten Raum, der auch architektonisch den arabischen Vorbildern nachgebaut ist und dessen Einrichtung später nach Miramar transferiert wurde, sitzt wahrscheinlich der Erzherzog selber – mit Gattin – im arabischen Gewand, eine Wasserpfeife rauchend. Nicht nur der Exotismus, die »Begierde nach dem Fremden« übte auf ihn einen starken Reiz aus, sondern auch der orientalische Lebensstil wurde imitiert. Im Gegensatz dazu steht sein Arbeitszimmer, ein Studiolo, ganz der Wissenschaft verpflichtet, in der aber eine Sammlung dunkler mittelalterlicher Skulpturen auf den Regalen mit der aufgeklärten Stimmung der Bibliothek kontrastiert. (Abb. 0-02)

Abb. 0-01 Germano Prosdocimi, Orientalischer Salon im ersten Stock der Villa Lazarovich in Triest, Gouache auf Papier, 1850er Jahre (© CM)

Schon als Jugendlicher begann Maximilian Objekte von historischer Bedeutung zu sammeln. Als 16-jähriger war er bei der Abdankung von Ferdinand I. in Olmütz anwesend. Der Historizität des Augenblicks sich bewusst seiend, nahm er die Feder an sich, mit welcher der Kaiser die Abdankungsurkunde unterschrieben hatte und die eines der ersten Stücke seiner persönlichen Sammlung werden sollte. Bei seiner leidenschaftlich betriebenen Sammeltätigkeit scheute er auch nicht davor zurück, gegebenenfalls dunkle Kanäle anzuzapfen. Seine Beschreibung des Kaufes von Fragmenten der Alhambra in Granada liest sich wie ein nicht ungefährlicher Abenteuerroman: »Die Nacht benützend, schlichen wir durch die dunklen engen Straßen zu einer Hehlerin, welche von Galeeren-Sclaven entwendete Mauer-Ornamente der Alhambra feilbietet; die alte Frau that sehr ängstlich, und wollte uns das Mährchen aufbinden, daß man den Dieben der Alhambra-Arabesken die linke Hand abhaue« (Maximilian, Aus meinem Leben, Granada 1851). Doch nicht genug, dass er sich persönlich diesen Gefahren aussetzte. Manche Objekte seiner Sammlung treiben Denkmalschutzern noch heute die Schweißperlen auf die Stirn, zählen doch ein kleines Schächtelchen mit Mosaiksteinen aus dem Markusdom in Venedig zu seinen persönlichsten Gegenständen, genauso wie Mauerreste der Caracallathermen, abgebrochene Zehen einer antiken Statue, Sterne von der Basilika in Rhodos und Mosaiksteine aus der Hagia Sophia in Istanbul.

All diese Sammlungsstücke sollten in dem von Maximilian neu konzipierten Museumsbau im Park von Miramar präsentiert werden. Das Exponat Nr. 1 dieses Museums, in dessen Zentrum seine persönlichen und auf sein Leben bezogene Gegenstände zu sehen gewesen wären, sollte die oben erwähnte Abdankungsfeder sein. In den sehr genauen Planungen wären Räume für die altägyptischen, grie-

Abb. 0-02 Germano Prosdocimi, Bibliothek in der Villa Lazarovich in Triest, Gouache auf Papier, 1850er Jahre (© CM)

chisch-römischen, mexikanischen, ethnologischen und naturwissenschaftlichen (vor allem botanischen) Sammlungen vorgesehen gewesen (s. Ott-Wodni, S. 75ff). Maximilian war auch von der Idee besessen, in einer vergleichenden wissenschaftlichen Studie mit Skeletten von Altägyptern, Azteken und Guanchen eine menschliche »Urrasse« zu finden. Die Museumssäle sollten sich in Stil und gemalter Ausgestaltung den Exponaten anpassen, eine Idee, die später in der Ägyptischen Abteilung des Kunsthistorischen Museums verwirklicht wurde, in die heute seine reiche ägyptische Sammlung integriert ist. Dieses groß angelegte Museumsprojekt hätte der Repräsentation und Selbsthistorisierung einer Persönlichkeit gedient, die befürchten musste, nicht in die Geschichte einzugehen.

Aus ganz Europa ließ er sich Bilder regierender Fürsten kopieren oder Fotografien mit persönlichen Autogrammen schicken. Seine Autografensammlung, in der auch die 17 ersten Präsidenten der USA aufscheinen, ist heute in der Handschriftensammlung der Nationalbibliothek verwahrt.

In dem von Burghauptmann Kirschner 1874 für den 15-jährigen Kronprinz Rudolf in der Wiener Hofburg eingerichteten Junggesellen-Appartement wurden 1878 (vermutlich auf Rudolfs persönlichen Wunsch hin) große Sammlungskästen zur Aufbewahrung von (selbstgeschossenen wie geschenkten) Tierpräparaten für seine ornithologischen Studien aufgestellt. In diesen Schaukästen waren einige ausgestopfte Exemplare mittels Dioramen verlebendigt. Diese Sammlung war ihm so wichtig, dass er sie unter Punkt 8 seines Testamentes aufnahm. Rudolf legte darin fest, dass seine von Ornithologen durchaus geschätzte »Studiensammlung« an österreichische Lehranstalten übergeben werden sollte: Seine 1130 Vogelpräparate (vor allem Greifvögel) umfassende »Trophäensammlung« nebst 250 Hirsch- und Rehgeweihen überließ er dem k. u. k. Naturhistorischen Hofmuseum, wo die Sammlung bis 1919 in einem eigenen »Kronprinz Rudolf-Saal« aufgestellt wurde; manche Präparate Rudolfs sind noch heute dort zu besichtigen. Sein Vorhaben, ein Ägyptisches Museum mit seinen auf der Orientreise erworbenen Objekten aufzubauen, gab er 1881 auf und schenkte diese Ankäufe der ägyptisch-orientalischen Sammlung des Kunsthistorischen Hofmuseums.

Der einzige Raum in Rudolfs Appartement in der Hofburg, der dessen persönliche Vorlieben und Interessen widerspiegelt, war das 1885 eingerichtete »Türkische Zimmer«, das heute als Rekonstruktion in der Schausammlung des Hofmobiliendepots zu sehen ist. Die Stoffe dazu hatte er nach der Wiener Weltausstellung 1873 gekauft, als der orientalische Stil auch einem breiteren Publikum bekannt gemacht wurde. Dieses Refugium teilte er sich mit seiner Frau Stephanie, die dort ebenfalls einen Arbeitsplatz besaß. Die Forschungen hierzu haben ergeben (s. Skrabanek S.127ff), dass er schon 1881 in seinem Appartement in der Prager Hofburg ein arabisch eingerichtetes Zimmer besessen hatte.

Erzherzog Franz Ferdinand war der exzessivste Sammler unter den drei behandelten Erzherzögen. Seine Schlösser sind voll von Antiquitäten, ethnologischen Objekten, die er von seinen Reisen mitgebracht hatte, und jagdlichen Trophäen, die auch in Konkurrenz mit anderen fürstlichen Jägern adelige Tugend und Manneskraft repräsentieren sollten. Die Zahl der Abschüsse – Franz Ferdinand erlegte im Laufe seines Lebens 277.769 Stück Wild – wurde im innerhöfischen Verkehr regelmäßig bekannt gegeben. Besonders in den Schlössern Konopischt und Blühnbach weisen die Dekorationen nicht endend wollender Krickelreihen auf die manische Sammelwut des Erzherzogs hin. Für Blühnbach gibt es den Hinweis, dass Franz Ferdinand dieses Schloss deshalb so pompös ausbauen und einrichten ließ, um auch englische Adelige, auf deren von ihm viel bewunderten Schlössern er zu Gast gewesen war, bei Jagdbesuchen in Österreich beeindrucken zu können.

Seine Zusammenstellungen von Kunstobjekten reichen von Apothekergefäßen über sakrale Kunst, Volkskunst, Waffensammlungen, Delfter Porzellan, antike und mittelalterliche Skulpturen, Gobelins und Gemälden bis zu einem Museum für Skulpturen des Hl. Georg, für das er die Orangerie in Konopischt umbauen ließ. Durch neu aufgefundenes Fotomaterial können die ursprünglichen Aufstellungen dieser »antiquarischen Interieurs« anschaulich dokumentiert werden. In Schloss Chlumetz wiederum enthielt ein als »Museum« bezeichnetes Zimmer 441 Stück ägyptische Idole und acht Mumien, weitere Isis- und Osiris-Statuen fanden im Vestibül Aufstellung.

In seinen böhmischen Schlössern Chlumetz und Konopischt ließ Franz Ferdinand orientalische Zimmer einrichten, wobei man hier bereits versucht ist, von einer »Tradition« zu sprechen, da sich orientalisch inspirierte Zimmereinrichtungen bei allen drei Habsburgerprinzen nachweisen lassen. Die Autorinnen analysieren für die Leserin/ den Leser in diesem Band die Entwicklung dieser speziellen Raumschöpfungen, die Architektur der Schlösser, ihre Ausstattung und ihre historische sowie künstlerische Bedeutung; zudem sind maßgebende Forschungsergebnisse zu den Schlössern Belvedere und Eckartsau herauszustellen.

DANK

In den Jahren 2012–2017, in denen diese Forschungsarbeit mit der Projektfinanzierung des FWF durchgeführt wurde (Austrian Science Fund: P 24180-G 210), gab es eine Reihe von Menschen und Institutionen, denen wir für die verschiedensten Formen von Unterstützung danken möchten.

Dem FWF – Der Wissenschaftsfond und seinen MitarbeiterInnen sei für die aufmerksame Betreuung des Projektes gedankt sowie für die Beratung während der Karenzzeiten der wissenschaftlichen Mitarbeiterinnen Dr. Marlene Ott-Wodni und Mag. Alena Skrabanek. Marlene Ott- Wodni war die tragende Säule dieses intensiven Forschungsprojektes; dazu konnte für die Erforschung der tschechischen Schlösser und Wohnappartements der Erzherzöge Alena Skrabanek gewonnen werden. Sie haben jahrelang unermüdlich geforscht und neue, unschätzbare Ergebnisse für die Wohnkultur der Habsburger im 19. Jahrhunderts und für die Aufarbeitung der Architektur der Schlösser erzielt. Diese Publikation und ihre wissenschaftlichen Resultate werden lange die Grundlage für weitere Forschungsvorhaben auf diesem Gebiet sein.

Den beiden Autoren Dr. Andreas Nierhaus und Dr. Alfred Benesch sei für die überaus interessanten Beiträge aus ihrem Forschungsfeld von Herzen gedankt. Diese Expertisen runden die vorliegende Publikation ab und ergänzen sie an wichtigen Punkten.

Für die verschiedensten Arten der Mitwirkung, liebevolle Betreuung, für Anregungen in wissenschaftlichen Fragestellungen und fachliche Hinweise sind wir folgenden Personen sehr verbunden: Ferdinand Anders, Sabine Appl, Dr. Beatrix Asamer, Ingrid Blümel, Dr. Marlies Dornig, Ing. Tomáš Droppa, Ingrid Fritz, Sabine Gessl, Mag. Andreas Gugler, Edgar Knaack, Danica Kovářová, Lois Lammerhuber, Mag. Martin Mutschlechner, Dr. Christian Opriеßnig, Dr. Eva B. Ottillinger, Dr. Peter Parenzan, Prof. Dr. Renate Prochno-Schinkel, Dr. Catharina Charlotta Scheich, Pavel Scheufler, Doz. Dr. Werner Telesko, Mag. Elisabeth Udolf-Strobl.

Ohne den hilfreichen Beistand der zuständigen MitarbeiterInnen in Museen und Archiven wäre diese Arbeit nicht in diesem Umfang und wissenschaftlichen Output möglich gewesen, ihnen sei für ihr Engagement in der Erfüllung von Forschungs- und Fotowünschen gedankt:

APH: Archiv der Prager Burg, Mgr. Martin Halata; Archivio di Stato Trieste; BDA: Bundesdenkmalamt Klagenfurt, DI Jürgen Moravi; BDA: Bundesdenkmalamt Wien, Martha Ofner; Baupolizei Wien; Burghauptmannschaft Wien, DI Reinhold Sahl, Archivar Helmut Ratzka; Bundesmobilienverwaltung in Stellvertretung für alle MitarbeiterInnen und Werkstätten: Erich Steinbuch, Peter Pressl, Ingrid Hajek; Chlum u Třeboně, Stadtverwaltung Jiří Hájek, Hr. Princ, Paul Franz Zaigla; Galerie Bel Etage, Wolfgang Bauer; Heimatmuseum Hietzing; Haus-, Hof- und Staatsarchiv, Mag. Thomas Just, Mag. Irmgard Pangerl, Dr. Gerhard Gonsa, Dr. Michael Göbl; Museo Storico del Castello di Miramare, Dr. Rosella Fabiani; Kärntner Landesarchiv, Dr. Wilhelm Deuer, Dr. Wilhelm Wadl; Kunsthistorisches Museum Wien, Dr. Regina Hölzl, Dr. Gerlinde Gruber, Dr. Katja Schmitz-von Ledebur; Naturhistorisches Museum Wien; Niederösterreichisches Landesarchiv; NPÚ: Národní památkový ústav, Ing. arch. Naděžda Goryczková; Observatorio, Mapoteca Orozco y Berra, Mexico-City; Österreichische Nationalbibliothek, Mag. Hans Petschar, Mag. Peter Prokop, Mag. Katrin Jilek; Österreichische Bundesforste, Schloss Eckartsau, DI Gerald Oitzinger, DI Elisabeth Sandfort, DI Gottfried Pausch, Thomas Neumair, Monika Schwartz; Österreichische Bundesforste, Forstpersonal Blühnbachtal; Österreichische Bundesgärten; Österreichische Galerie Belvedere, Dr. Georg Lechner; Salzburger Landesarchiv; Rollettmuseum Baden, Dr. Ulrike Scholda; Schloss Artstetten, Anita Hohenberg, Alix de la Poëze d'Harambure-Fraye, Brigitte Leidwein; Schloss Blühnbach; Schloss Konopiště; Schloss Wolfsberg; SOA Praha: Staatliches Gebietsarchiv Prag; SOA Třeboň, PhDr. Václav Rameš; Stiftsarchiv Melk; Technisches Museum Wien, Dr. Gabriele Zuna-Kratky; Weltmuseum, Dr. Gerard van Bussel, Dr. Barbara Plankensteiner, Dr. Axel Steinmann; Wien Museum; sowie Privatpersonen, die nicht genannt werden wollen.

Anerkennung gebührt dem Böhlau-Verlag und Dr. Claudia Macho, dass sie dieses stattliche Buch verlegt haben; wie immer hat – kompetent und geduldig – Herr Michael Rauscher die schwierige Aufgabe des Layouts und die Betreuung der Drucklegung übernommen – ihm ein extra Dankeschön!

I. ERZHERZOG FERDINAND MAXIMILIAN – KAISER MAXIMILIAN VON MEXIKO (1832–1867)

1. BIOGRAFIE FERDINAND MAXIMILIANS

Marlene Ott-Wodni

Erzherzog Ferdinand Maximilian wurde am 6. Juli 1832 als zweiter Sohn von Erzherzogin Sophie Friederike von Bayern und Erzherzog Franz Karl, Sohn von Kaiser Franz II. (I.), in Schloss Schönbrunn geboren. Der ältere Bruder und spätere Kaiser, Franz Joseph, kam 1830 zur Welt. Ferdinand Max stand Zeit seines Lebens in seinem Schatten.

Die ersten sechs Lebensjahre wuchsen die Brüder unter der fürsorglichen Betreuung der Kinderfrau Baronin Sturmfeder in der kaiserlichen Kindskammer auf. Im Oktober 1838 begann für Ferdinand Max der geregelte Unterricht. Zum Erzieher wurde Graf Heinrich Bombelles bestimmt. Der Erzherzog zeigte schon früh großes Interesse an Flora und Fauna seiner Umgebung sowie an allem Exotischen. Schon in jungen Jahren entwickelte er eine ausgeprägte Sammelleidenschaft. Bereits als Jugendlicher interessierte sich Ferdinand Maximilian auch für die Architektur und das Einrichten. Mit 17 Jahren baute er sich mithilfe des Baumeisters Mantay in der Nähe des Schönbrunner Schlossparks ein Haus im »Schweizer Style«.

Ferdinand Maximilian fühlte sich schon früh zum Meer und zur Seefahrt hingezogen. Nach seiner ersten begeisterten Mittelmeerreise, bei der er Dalmatien, Griechenland und die Türkei besuchte, trat er im Oktober 1850 in den Dienst der österreichischen Kriegsmarine, die in Triest stationiert war. Ab 1852 übersiedelte er von Wien nach Triest, wo er eine Villa mietete, die er nach seinen Vorstellungen umbauen und prächtig ausstatten ließ. 1853 wurde Ferdinand Maximilian zum Korvettenkapitän ernannt, im darauffolgenden Jahr übernahm er das Oberkommando über die k. k. Kriegsmarine.

1856 lernte der Erzherzog in Brüssel Charlotte, die 16jährige Tochter des belgischen Königs Leopold I., kennen. Ausgestattet mit einer opulenten Mitgift von 1,8 Millionen Gulden heiratete er sie am 27. Juli 1857. Ebenfalls 1856 begannen die Bauarbeiten zu Maximilians architektonischem Hauptwerk: Miramar, ein Schloss mit weitläufigem Park vor den Toren Triests. Im Dezember 1860 konnte das erzherzogliche Paar die ersten Wohnräume beziehen. Maximilian erlebte die Vollendung Miramars jedoch nicht mehr, erst vier Jahre nach seinem Tod wurden die Bauarbeiten abgeschlossen.

Abb. 1-01: Erzherzog Ferdinand Maximilian im Ornat des Ordens vom Goldenen Vlies, 1861 (© Bundesmobilienverwaltung/EK)

Am 28. Februar 1857 wurde der Erzherzog zum Generalgouverneur des Königreichs Lombardo-Venetien ernannt. Als Regent sollte Ferdinand Max in Stellvertretung des Kaisers die habsburgische Herrschaft verkörpern. Als Regierungssitz dienten die Paläste in Mailand und Venedig, wo er prachtvoll Hof hielt. 1859 spitzten sich die politischen Verhältnisse im Zuge der italienischen Einigungsbewegung zu. Am 20. April 1859 wurde der Erzherzog von Wien aus seines Postens als Generalgouverneur enthoben. Im November trat Ferdinand Maximilian eine Forschungsreise nach Brasilien an. Im gleichen Jahr erwarb Charlotte die der Stadt Ragusa (Dubrovnik) vorgelagerte Insel Lacroma (Lokrum) in Dalmatien. Inmitten von Pinien, Oliven- und Zypressenwäldern befand sich ein 1023 errichtetes, ehemaliges Benediktinerkloster, das dem erzherzoglichen Paar als Rückzugsort diente.

1863 trat Ferdinand Maximilian als Kommandant der Kriegsmarine zurück. Auf Betreiben des französischen Kaisers Napoleon III. bot eine mexikanische Deputation Maximilian am 3. Oktober 1863 die mexikanische Kaiserkrone an. Maximilian forderte daraufhin eine Volksabstimmung, deren Ergebnis allerdings von den Franzosen zugunsten einer Monarchie gefälscht worden war. Am 10. April 1864 nahm der Erzherzog im guten Glauben daran, dass die Mehrheit der mexikanischen Bevölkerung eine Monarchie befürwortet hatte, die Kaiserkrone an.

Nachdem Maximilian auf Druck Kaiser Franz Josephs auf seine Thronfolge- und Erbansprüche in Österreich verzichtet hatte, reisten er und Charlotte im April 1864 nach Mexiko ab. Der bestehende Nationalpalast im Zentrum von Mexico-Stadt diente dem Kaiserpaar als Regierungssitz. Schloss Chapultepec, die frühere Residenz der spanischen Vizekönige, war aber Maximilians und Charlottes bevorzugter Wohnsitz. Als Rückzugsorte dienten ihnen Landsitze in Cuernavaca und Acapacingo südlich der Hauptstadt.

Die nächsten drei Jahre in Mexiko waren gekennzeichnet durch zermürbende und blutige Eroberungskämpfe zwischen Republikanern und Monarchisten. Im Juli 1866 reiste Charlotte nach Europa, um Napoleon III. um Unterstützung zu bitten. Ihre Bemühungen blieben jedoch erfolglos. Im Herbst traf Maximilian dann Vorbereitungen zur Abdankung und Rückkehr nach Europa. Kurz darauf verwarf er diese Pläne jedoch wieder und harrte in Mexiko aus. Im Mai 1867 wurde er in Querétaro von den Republikanern gefangen genommen und am 19. Juni 1867 als Hochverräter erschossen.

Abb. 2-01: Anton Schüssl, Villa Maxing, 1853 (© ÖNB/Wien)

2. KLEINE PRINZENLAUNEN

DIE VILLA MAXING IN WIEN

Marlene Ott-Wodni

»Wie die Menschen schmeichelnd staunen
Über kleine Prinzen-Launen.«[1]

Bereits mit 17 Jahren kaufte Ferdinand Maximilian ein in unmittelbarer Nähe zum Schlosspark Schönbrunn befindliches Grundstück[2], das ihm zu Ehren den Namen Maxing erhielt. Dort ließ der Erzherzog sein erstes Wohnhaus errichten. Es handelte sich um ein Sommerhaus im sogenannten Schweizer Style (Abb. 2-01), das nach den Vorstellungen des jungen Ferdinand Maximilian von Baumeister Mantay[3] umgesetzt wurde.

Das mit Schnitzereien verzierte Blockhaus hatte einen nahezu u-förmigen Grundriss (Abb. 2-02). Ein großes Parterre-Zimmer, das als Speisesaal genutzt wurde, verband die beiden Flügel. Die Räume im ersten Stock des Hauses erhielten einen Balkon. Die Fenster waren aus Butzenglas. Markanter Blickfang war schon damals der bei Maximilians späteren Residenzen obligatorische Turmbau, auf dessen Spitze eine eiserne Wetterfahne positioniert war, die sich heute im Heimatmuseum Hietzing befindet. Die feierliche Einweihung fand am 3. Februar 1850 statt; Ferdinand Max gab ein rauschendes Fest, zu dem er seine Gäste im orientalischen Gewand begrüßte.[4] Im Gästebuch des Hauses vermerkte er:

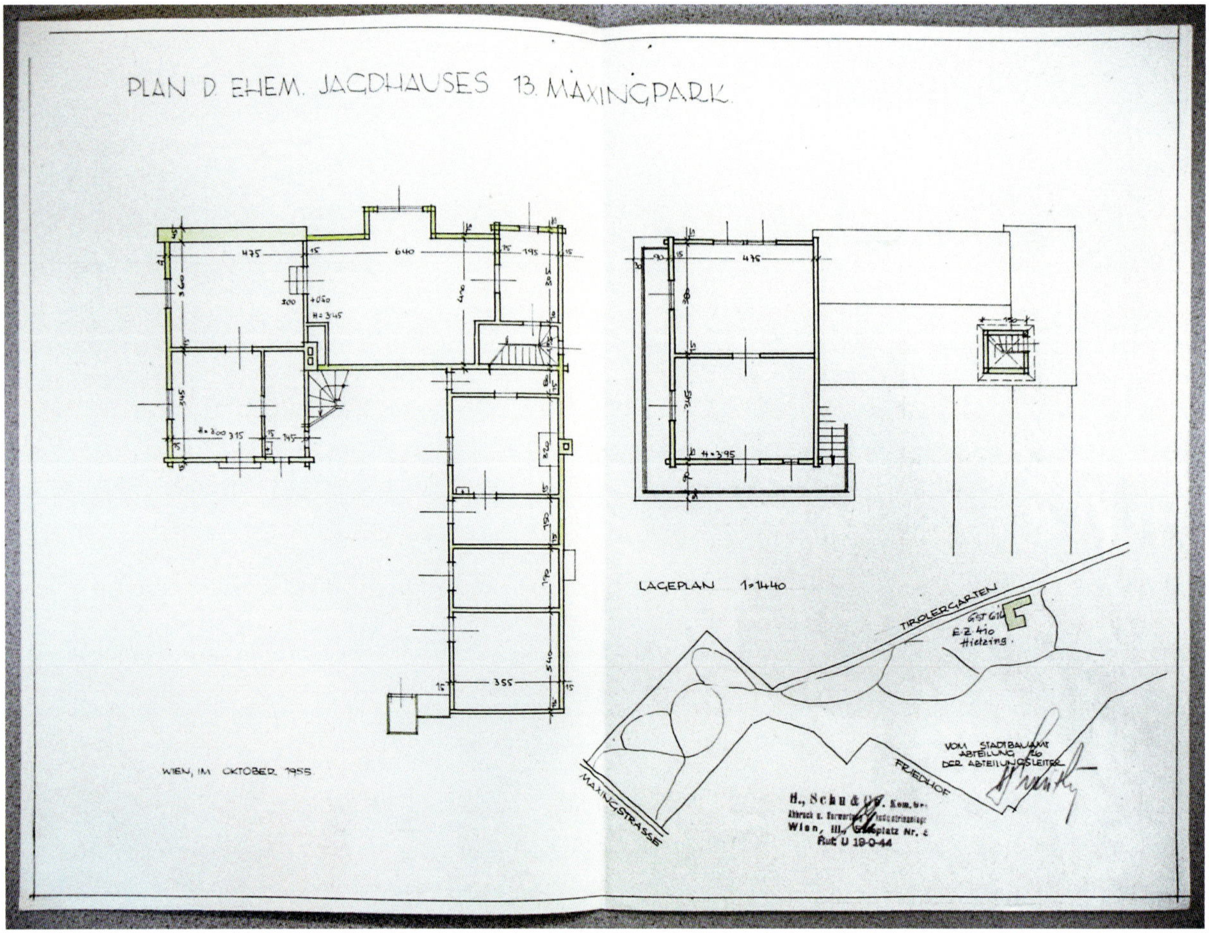

Abb. 2-02: Grundrissplan der Villa Maxing, 1955 (© Baupolizei Wien)

»Ich nenne dieses Schweitzerhaus Maxing,
Ist es unansehnlich und gering,
So ist's im Herzen mir doch doppelt werth
Durch diese Güth', gespeist an meinem Herd;
Darum ein Glas von süßem Weine voll,
Auf Euren und des kleinen Hauses Wohl.«[5]

Die Errichtung eines Schweizerhauses entsprach einer seit dem Ende des 18. Jahrhunderts vorherrschenden Mode; durch Reiseberichte avancierte die Alpenlandschaft zum Synonym für Ursprünglichkeit, Naturverbundenheit und Romantik.[6] Im 19. Jahrhundert wurden die Schweizerhäuser, neben weiteren Bautypen, als eigenständige Baukörper in englische Parklandschaften integriert. Im Schlosspark Schönbrunn ließ Erzherzog Johann, ein Bruder Kaiser Franz II./I., bereits 1801/02 zwei Holzblockbauten im Tiroler Stil sowie einen Alpengarten errichten.[7] Die unmittelbare Nähe zum Tirolergarten war sicherlich ausschlaggebend dafür, dass sich Ferdinand Maximilian für den Bau eines Holzhauses im ländlich-alpinen Schweizer Stil entschied.

Die Villa Maxing war von einem idyllischen Park in Form eines englischen Landschaftsgartens umgeben; zentrale Punkte bildeten wie in Schönbrunn ein Alpengarten und ein künstlich angelegter Teich, ein beliebtes Gartenmotiv in der zweiten Hälfte des 19. Jahrhunderts. Ferdinand Maximilian bemerkte darüber ironisch in seinen Reiseerinnerungen: »Auch in meinem Garten bei Wien glänzt solch eine Pfütze als Symbol jetziger Großartigkeit, bei welcher ich aber immer die Besorgnis hegen muß, daß sie

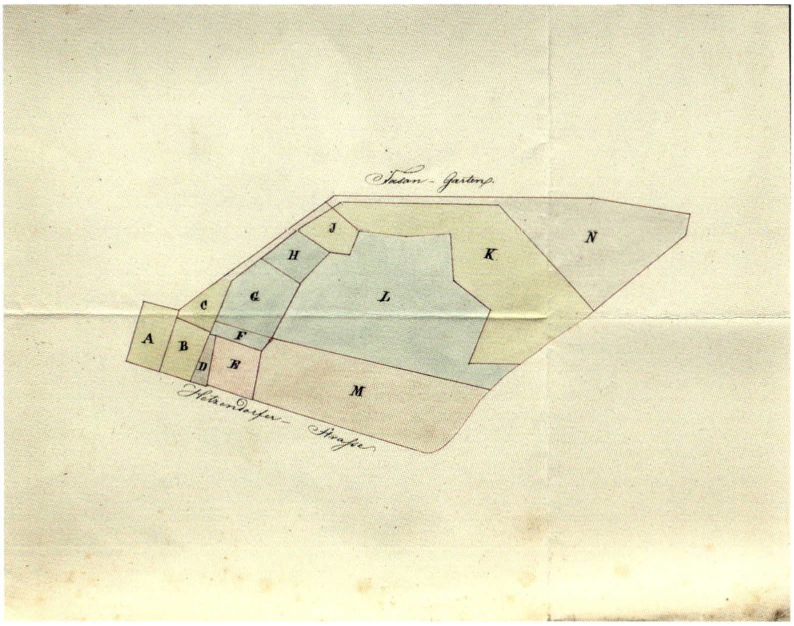

Abb. 2-03: Situationsplan der Liegenschaft Maxing, Aquarell und Tinte auf Papier, 1859 (© HHStA)
A: Bretscheider's Garten, hofärarisch, Erweiterung 1858
B: hofärarisches Grundstück, Erweiterung 1851/52 (Parkanlage unvollendet)
C: hofärarisches Grundstück
D: Pachtgrundstück von der Gemeinde Hietzing, Erweiterung 1851/52
E: Hietzinger Friedhof
F: Reservegarten zu Maxing, im Besitz des Erzherzogs, Erweiterung 1851/52
G: »Alt-Maxing«, 1. Maxing-Anlage mit dem Wohngebäude, im Besitz des Erzherzogs, am 25.5.1850 um 423 fl. 48 Kr. erworben
H: im Besitz des Erzherzogs, Erweiterung 1857
J: hofärarisches Grundstück für geplantes Neubauprojekt, Erweiterung 1858/59 (unvollendet)
K: Wiesen, hofärarisch, Erweiterung 1858/59 (Parkanlage unvollendet)
L: Felder, im Besitz des Erzherzogs, an die k.k. Hofgarten-Direktion verpachtet
M: Felder des Stifts Klosterneuburg
N: Hutweide der Gemeinde Hetzendorf

von den Hunden, die allenfalls die Besucher mitbringen, ausgetrunken werden könnte.«[8]

Über die Einrichtung des Hauses ist wenig bekannt; es gibt keine Hinweise auf die formale Gestaltung der Interieurs. Aus dem Jahr 1854 hat sich jedoch ein Verzeichnis der in Maxing befindlichen Gegenstände erhalten. Darunter finden sich neben Geschirr, Gläsern, Besteck und Porzellanobjekten auch einige Möbel.[9] Eine Identifizierung der Mobilien beziehungsweise deren Raumzuordnung ist nach derzeitigem Wissensstand nicht möglich.

In seiner Villa empfing Maximilian zahlreiche Gäste und veranstaltete oftmals Feierlichkeiten. Eine Vorstellung davon vermittelt ein Bericht eines Besuchers: »Das sehr feine kleine Diner wurde zumeist auf Silber im grossen Parterre-Zimmer servirt, wogegen nach der Tafel Kaffee und Liqueur im ersten Stocke und auf dem offenen Gange des letzteren herumgereicht wurde. Se. k.k. Hoheit Erzherzog Maximilian verstand es vortrefflich die Conversation zu beleben und war, nachdem die Tafel aufgehoben worden und man sich im I. Stocke etwas freier bewegte, von entzückender Liebenswürdigkeit und ungezwungener Heiterkeit, so dass sogar viel und herzlich gelacht wurde.«[10] Beeindruckt zeigte sich der Gast auch von »dem besonders poetischen Reiz des Hauses und der herrlichen Garten-Anlage.«[11]

Bereits ein Jahr nach dem Erwerb der Liegenschaft strebte Ferdinand Maximilian deren Erweiterung an.[12] In den folgenden Jahren eignete er sich kontinuierlich die benachbarten Grundstücke an, es entstand ein kompliziertes Konglomerat aus Parzellen, die sich zum Teil in seinem Privatbesitz befanden, zum Teil von der Gemeinde Hietzing gepachtet waren und teils dem Wiener Hof gehörten. Ein 1859 erstellter Situationsplan[13] (Abb. 2-03) gibt Aufschluss über die Zusammensetzung sowie die unterschiedlichen Provenienzen der einzelnen Immobilien.

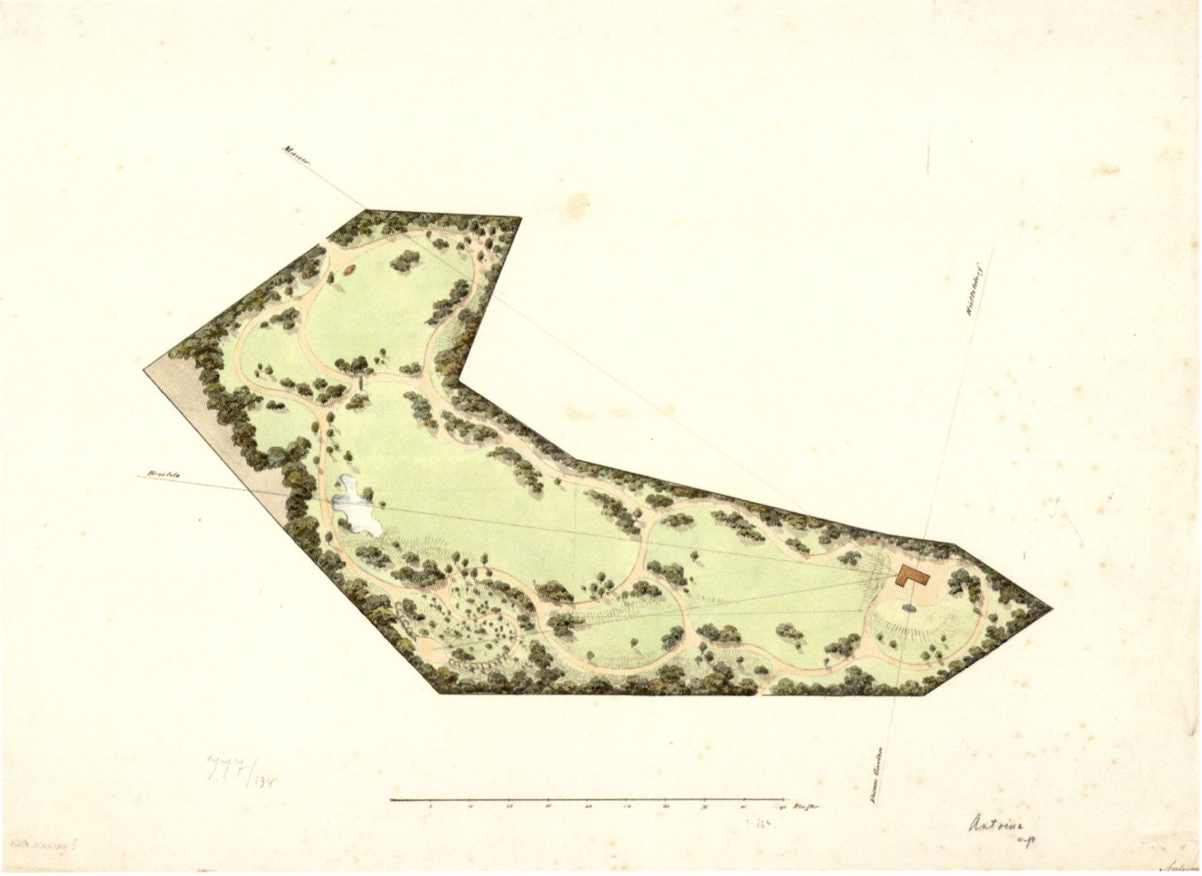

Abb. 2-04: Franz Antoine, Neubauprojekt einer Villa und Parkplanung für die 1858/59 erweiterten Maxing-Gründe, Aquarell auf Papier, 1859 (© ÖNB/Wien)

Nachdem Ferdinand Maximilian 1852 seinen Hauptwohnsitz in Triest eingerichtet hatte, wurden die meisten Geschäfte – Maxing betreffend – nach Absprache von seinem Bruder Carl Ludwig durchgeführt, den er am 30. Oktober 1850 mit Brief und Siegel zum gefürsteten Grafen von Maxing ernannt hatte.[14] Diese skurril anmutende Geste zeugt von Ferdinand Maximilians früh ausgeprägtem Willen zum Herrschen und Besitzen. Seine Bauten und Wohnräume dienten ihm zur Repräsentation sowie zur Festigung und Untermauerung seiner Stellung und Person.

Mit der Vergrößerung der Anlage gingen auch Planungen zu einem neuen, zweiten Bauprojekt einher. In der Kartensammlung der Österreichischen Nationalbibliothek hat sich ein Konvolut von Maxing-Plänen[15] erhalten, das sich mit einem winterfesten Neubau beschäftigt. Ein Grundstücksplan (Abb. 2-04) der 1858/59 erweiterten Anlage aus der Feder des Hofgärtners Franz Antoine[16] – es handelt sich hierbei um eine hofärarische Wiesenfläche – zeigt die Position des geplanten Gebäudes und einen Vorschlag zur Parkgestaltung. Der Neubau sollte sich nördlich von »Alt-Maxing« nahe dem Schönbrunner Fasan-Garten befinden. Die stilistisch divergierenden Entwürfe stammen von verschiedenen Planern: So zeichnete Baumeister Mantay ein weiteres Schweizerhaus mit l-förmigem Grundriss; im Gegensatz zum bestehenden Blockhaus sollte es mit einem Steinsockel ausgeführt werden. Zudem lieferte Mantay Entwürfe für ein kleines Haus mit Turm sowie für ein größeres Schlossprojekt

Abb. 2-05: Baumeister Mantay, Entwurf für das Neubauprojekt »Neu-Maxing«, Aquarell auf Papier, um 1859 (© ÖNB/Wien)

(Abb. 2-05), zu dem auch ein Detailplan von Ferdinand Maximilian vorhanden ist.

Der Entwurf eines weiteren, kurios anmutenden Projektes, einer »Ritterburg mit Zinnen« (Abb. 2-06) über quadratischem Grundriss, geht wahrscheinlich ebenso auf den Erzherzog selbst zurück. Daneben haben sich Pläne der bekannten Architekten Johann Romano (1818–1882) und August Schwendenwein (1817–1885) erhalten. Allerdings wurde keiner der Entwürfe realisiert, und ebenso wenig kam die Umsetzung der Parkgestaltung zustande.

Der Historiker Ferdinand Anders vertritt die Theorie, dass die Entwürfe für einen Neubau in Maxing vor den Planungen zu Maximilians Hauptwerk Schloss Miramar entstanden sind. Seiner Ansicht nach nehmen die Maxing-Pläne aufgrund formaler Elemente (Turm) die Gestaltung von Schloss Miramar vorweg.[17] Diese These ist insofern nicht haltbar, da durch das im Haus, Hof- und Staatsarchiv erhaltene Aktenkonvolut belegt werden kann, dass die letzte Erweiterung der Maxing-Anlage, die das Neubauprojekt beinhaltet hätte, erst 1858/59 geplant wurde. Die Planungen zu Schloss Miramar, das bereits 1860 in seinen Außenmauern fertiggestellt war, begannen aber bereits 1856. Somit kann der in Maxing projektierte Bau nicht als Vorbild für Schloss Miramar angesehen werden.

Generell scheint es erstaunlich, dass Ferdinand Maximilian um 1859 noch eine Vergrößerung seiner Liegenschaft andachte, wollte er sie doch bereits seit 1854 verkaufen. Wie dem Briefverkehr Ferdinand Maximilians mit seinem Bruder Carl Ludwig zu entnehmen ist, entschloss er sich während eines längeren Kuraufenthaltes in Schönbrunn im Frühling 1854, die Herrschaft Maxing zu verkaufen: »Mein Geschäft mit Maxing geht nicht so brillant, der Hof kauft es leider nicht, dafür habe ich aber noch Hoffnung, es gut bei einem Privaten, der sich gemeldet hat, anzubringen.«[18] Carl Ludwig erwiderte: »(…) mit großem Leidwesen gewahre ich, daß Du Maxing, nicht wie Du gehofft, an den Hof anbringst. Das ist ein allgemeiner Schacher; denn das wäre eine so schöne, zweckmäßige Erweiterung vom Schönbrunn-Garten gewesen. Es thut mir sehr leid, das liebliche Maxing, woran sich so viele schöne und heitere Erinnerungen knüpfen, in fremde Hände übergehen zu sehen! Doch ist es von Dir ganz natürlich; es wegzugeben, da Du es kaum genießest.«[19]

In Zusammenhang mit Ferdinand Maximilians Verkaufsabsichten stehen wahrscheinlich auch bisher unbekannte Entwürfe für die Neuausstattung einiger Räumlichkeiten in Schloss Schönbrunn, die für den Erzherzog vorgesehen waren. Diesbezüglich holte das Obersthofmeisteramt 1855 Kostenvoran-

Abb. 2-06: Erzherzog Ferdinand Maximilian (zugeschrieben), Entwurf für das Neubauprojekt »Neu-Maxing«, Aquarell auf Papier, um 1859 (© ÖNB/Wien)

schläge für im Neorokokostil gehaltene weiß-gold gefasste Möbel bei den Tischlern Abermann und Schmidt, den Tapezierern Zentner und Pauller und dem Vergolder Troger ein.[20] Ungewiss bleibt allerdings, welche Räumlichkeiten dem Erzherzog in Aussicht gestellt waren und ob die Möbel tatsächlich ausgeführt wurden.

Nachdem alle Verkaufsversuche gescheitert waren, schenkte Ferdinand Maximilian 1859 die Liegenschaft Maxing der Gemeinde Hietzing »unter der Bedingung, daß diese Gemeinde jedoch sich verpflichtet, diesen Park als einen öffentlichen Belustigungsort für immerwährende Zeiten zu erhalten.«[21] Die persönlichen Einrichtungsgegenstände des Erzherzogs, wie Möbel, Geschirr, Bilder und Kunstgegenstände, wurden von Maxing nach Triest versandt.[22] Demgemäß ist der Maxingpark in Wien-Hietzing bis heute erhalten und der Öffentlichkeit zugänglich. Das Holzhaus (Abb. 2-07) wurde 1955 wegen angeblicher Baufälligkeit ohne Bescheid des Denkmalamtes abgerissen.[23] Im Jahr 2008 wurde der Maxing-Park unter Denkmalschutz gestellt.

Abb. 2-07: Villa Maxing. Das Foto wurde kurz vor dem Abbruch des Hauses in den 1950er Jahren aufgenommen. (© Heimatmuseum Hietzing)

ANMERKUNGEN

1 HHStA, AMM, Kt. 136.
2 HHStA, AMM, Kt. 97, Kaufvertrag vom 25.5.1850.
3 HHStA, AMM, Kt. 190, 1. Gästebuch Maxing.
4 Erzherzogin Sophie, zit. nach: Haslip 1972, S. 38–39.
5 Ebd.
6 Klausmeier 2007, S. 63.
7 Dehio-Handbuch 1996, S. 216.
8 Ferdinand Maximilian 1867, S. 138.
9 HHStA, AMM, Kt. 80, Verzeichnis der in Maxing sich befindlichen Gegenstände. Aufgenommen im Monate October 1854.
10 Fünfundzwanzig Jahre im Staatsdienste 1882, S. 83–84.
11 Ebd.
12 HHStA, AMM, Kt. 97, Acker-Ankauf, 14.11.1851.
13 HHStA, AMM, Kt. 80.
14 HHStA, AMM, Kt. 97, Dokument: Ferdinand Maximilian ernennt Carl Ludwig zum Grafen von Maxing, 30.10.1850.
15 Eine detaillierte Dokumentation der Pläne findet sich in: Anders 2009, S. 141–160.
16 Franz Antoine (1815–1886), k.k. Hofgarten Direktor, Ritter des Franz-Josef-Ordens, Ritter des kaiserlich mexikanischen Guadaloupe-Ordens.
17 Anders 2009, S. 144, 169.
18 Ferdinand Maximilian an Carl Ludwig, 14. Juni 1854, zit. nach: Praschl-Bichler 2006, S. 150.
19 Ebd., S. 150–151.
20 Archivio di Stato Trieste, Amministrazione Castello di Miramare, Kt. 2, Zusammenstellung der eingelangten Kostenvoranschläge über die Anfertigung von weiß gefaßten und vergoldeten Möbeln für seine Kais. Hoheit dem Durchl. Herrn Erzherzog Ferdinand Max, Schönbrunn, den 15. Jänner 1855.
21 HHStA, Archiv Maximilian von Mexiko, Kt. 80, Ausschuss Sitzungs-Protocoll der Gemeinde Hietzing, 16. April 1859.
22 HHStA, AMM, Kt. 80, Verzeichnis der von Maxing nach Triest gesendeten Gegenstände.
23 Akten der Baupolizei Wien.

Abb. 3-01: Germano Prosdocimi, Außenansicht der Villa Lazarovich in Triest von der Gartenseite, Gouache auf Papier, 1850er Jahre (© CM)

3. GEMIETETE OPULENZ

DIE VILLA LAZAROVICH IN TRIEST

Marlene Ott-Wodni

»Mit meiner Wohnung bin ich sehr zufrieden, und was die Einrichtung betrifft, wird es sich auch bald machen. (...) Manche meubles fehlen auch noch, so gerade die Kästen in meinem Lieblingszimmer (Bibliothek), aus dem ich Dir jetzt schreibe. Es (...) hat die schöne Aussicht auf das Meer und die Rhede und hat den ganzen Tag Sonne. (...) Mein Garten ist voll Obst, Trauben, Feigen u. s. w., und ich könnte bald bucolische Feste geben, wenn man überhaupt in Triest Idille treiben könnte.«[1]

1850 trat Ferdinand Maximilian in den Dienst der k.k. Kriegsmarine. Ab 1852 verlegte er seinen Hauptwohnsitz nach Triest, wo er von Marco Nicolò Lazarovich eine Villa (Abb. 3-01) in der Via Tigor auf dem Hügel San Vito mietete, die er nach seinen Vorstellungen umbauen und ausstatten ließ. Die in den 1850er-Jahren angefertigte Serie von Gouachen des Malers Germano Prosdocimi gibt den Zustand der Villa samt liebevoll angelegtem Garten sowie der Interieurs zur Zeit Ferdinand Maximilians wieder.

Die Wohn- und Repräsentationsräume des Hauses waren auf drei Ebenen untergebracht. Das Souterrain des Hauses beherbergte neben den Wirtschaftsräumen, wie Küche und Speisekammer, einen Gartensalon (Abb. 3-02), in dem größere Diners stattfanden. Wie auf dem Bild zu sehen ist, stand in der Mitte des Raumes eine lange, prunk-

Abb. 3-02: Germano Prosdocimi, Gartensalon im Souterrain der Villa Lazarovich in Triest, Gouache auf Papier, 1850er Jahre (© CM)

voll gedeckte Tafel. Entlang der Wände waren weiß lackierte und vergoldete Kanapees aufgestellt, die mit einem roten Stoff bezogen waren. Das Bildprogramm setzte sich aus Porträts von Habsburger Herrschern zusammen, darunter befanden sich unter anderem auch Bilder von Kaiserin Maria Theresia oder ihrem Sohn Kaiser Josef II. Die Porträts wurden zwischen 1854 und 1855 von den Malern Josef Kiss und Friedrich Mayerhofer nach Vorlagen angefertigt.[2] Sowohl die Auswahl als auch die Anordnung der Herrscherdarstellungen entspricht dem gängigen Typus eines Ahnensaales.

Im Erdgeschoss befanden sich die Repräsentationsräume als Enfilade angeordnet, bestehend aus einem Cavalierssalon, einem kleinen Salon (Abb. 3-03), dem zweiten großen Salon, gefolgt von dem ersten großen Salon. Die Räume wurden durch einen Korridor (Abb. 3-04) erschlossen, an dessen Ende sich eine eiserne Wendeltreppe befand, die in den ersten Stock führte. Alle Salons des Erdgeschosses waren mit roten Tapeten, roten Samtvorhängen und vergoldeten Rokoko-Sitzmöbeln (Abb. 3-05) versehen. Charakteristisch für die Gestaltung der Repräsentationsräume erscheint auch die Verlegung von bunten, mit auffälligen Blumenmustern versehenen Teppichen, die von der Wiener Firma Philipp Haas & Söhne im Dezember 1852 gekauft wurden.[3]

Das ebenfalls im Erdgeschoss gelegene Speisezimmer (Abb. 3-06) unterschied sich in seiner Ausstattung von den in Rot gehaltenen Salons. Franz Hofmann griff hier bei der Gestaltung der Wände auf weiße Tapeten zurück, lediglich die Türöffnungen waren mit roten Vorhängen verschlossen. Durch drei an der Längsseite des Raumes gelegene Türen gelangte man über fünf Stufen in den etwas tiefer

Abb. 3-03: Germano Prosdocimi, kleiner Salon im Erdgeschoss der Villa Lazarovich in Triest, Gouache auf Papier, 1850er Jahre (© CM)

gelegenen Gartensalon. In der Mitte des Raumes stand ein runder Esstisch. Die hölzernen Neorenaissance-Sitzmöbel waren mit rotem Stoff tapeziert.

Das Mobiliar der Villa war eine Mischung aus neuen Einrichtungsgegenständen und Antiquitäten, die der Erzherzog zum Teil auf seinen Reisen und zum Teil bei Kunsthändlern, wie zum Beispiel dem Triestiner Antiquitätenladen A. Wünsch,[4] erstand. Dass der Erzherzog die Einrichtungsobjekte oftmals auch selbst vor Ort aussuchte, geht aus seinen persönlichen Notizen hervor. So berichtet er etwa in seinen Reiseerinnerungen über einen Besuch in Lissaboner Antiquitätenläden 1852: »Für mich war es ein wahrer Genuß, in diesen Bergen von chinesischen Vasen, Möbeln und reichen Stoffen zu wühlen. Ich fand mehrere herrliche Sachen, und das Meiste, im Vergleiche mit Venedig und Dresden, zu wohlfeilen Preisen.«[5]

Sein persönlicher Einsatz in Bezug auf die Ausstattung der Villa kommt in einem Brief an seinen Bruder Carl Ludwig zum Ausdruck: »(Ich bin) in meinen freien Stunden mit hundert Sorgen für meinen zukünftigen Haushalt beschäftigt, es ist eine wahre Herculesarbeit; denn Tausende von nothwendigen Einzelheiten sollen zu einem prächtigen Ganzen geeint werden, wobei man immer auf den nervus rerum das gehörige Augenmerk richten muß; doch trotz aller Hindernisse will ich siegreich aus den Drangsalen hervorgehen.«[6]

Im Zuge des Forschungsprojektes[7] ist es gelungen, Möbel und Einrichtungsgegenstände aus der Villa Lazarovich in der Sammlung der Bundesmobilienverwaltung zu identifizieren. So sind aus dem kleinen Salon (Abb. 3-03) der bestickte Ofenschirm (Abb. 3-07), die beiden Leuchtertische (Abb. 3-08) und vier Exemplare der vergoldeten Armlehnstühle

Abb. 3-04: Germano Prosdocimi, Korridor im Erdgeschoss der Villa Lazarovich in Triest, Gouache auf Papier, 1850er Jahre (© CM)

Abb. 3-05: Armlehnstuhl aus dem kleinen Salon in der Villa Lazarovich in Triest, Holz vergoldet, um 1740, ab 1864 mit rotem, italienischen Seidendamast tapeziert. Das Muster zeigt die kaiserlich-mexikanischen Insignien. (© Bundesmobilienverwaltung/EK)

(Abb. 3-05) erhalten. Als Prunkstück gilt der Schreibsekretär (Abb. 3-09) des Möbelmachers Adam Weisweiler, der im kleinen Salon Aufstellung fand. Der französische Kaiser Napoleon III. schenkte den ursprünglich aus dem Besitz von Marie Antoinette stammenden Sekretär Ferdinand Maximilians Ehefrau Charlotte.[8]

Bei dem runden Pietra-dura-Tisch aus dem kleinen Salon (Abb. 3-03) handelte es sich um ein Präsent von Papst Pius IX. an Erzherzog Ferdinand Maximilian; heute befindet sich der Tisch in Schloss Miramar.[9] Der Erzherzog war ein großer Bewunderer und Liebhaber der Pietra-dura-Technik: »Die Tische mit den Frucht- und Blumen-Girlanden, mit den Muscheln und Perlenschnüren auf dem milden Lapis lazuli oder auf dunklem tief wiederspiegelnden Grunde, die hohen Renaissance-Schränkchen, die gleich kleinen Burgen oder Tempelchen von all den Wunderfarben glänzen, die die Natur und ihr Gestein gehaucht hat, all dies liebliche Detail kunstvoll mit jahrelanger Mühe vereinigt, hat wohl ein großartiges fürstliches Ansehen, und zeigt den Reichtum des alten florentinischen Herrscherhauses. Kein Gold ersetzt den Schmelz der polirten Steine, und wo Marmor und Porphyr, Lapis lazuli und Juwelen verschwenderisch verarbeitet liegen, da zeigt sich echter Reichtum.«[10]

Während die Räume des Erdgeschosses ihrer Repräsentationsfunktion entsprechend formell wirkten, wiesen die Zimmer des ersten Stockwerkes einen

Abb. 3-06: Germano Prosdocimi, Speisezimmer im Erdgeschoss der Villa Lazarovich in Triest, Gouache auf Papier, 1850er Jahre (© CM)

Abb. 3-07: Ofenschirm aus dem kleinen Salon in der Villa Lazarovich, Brokat, Holz vergoldet, 2. Hälfte 19. Jahrhundert (© Bundesmobilienverwaltung/EK)

Abb. 3-08: Leuchtertische aus dem kleinen Salon in der Villa Lazarovich, Holz vergoldet, 2. Hälfte 19. Jahrhundert (© Bundesmobilienverwaltung/EK)

Abb. 3-09: Adam Weisweiler, Sekretär, Rosenholz, Porzellan, Gouache unter Glas, Bronze, Marmor, um 1780 (©Bundesmobilienverwaltung/MH)

Abb. 3-10: Germano Prosdocimi, Cavalierszimmer der Villa Lazarovich in Triest, Gouache auf Papier, 1850er Jahre (© CM)

Abb. 3-11: Stuhl aus dem Cavalierszimmer der Villa Lazarovich, später in Schloss Miramar in Verwendung, Eiche, 2. Hälfte 19. Jahrhundert. Ab 1864 mit rotem, italienischen Seidendamast tapeziert, das Muster zeigt die kaiserlich-mexikanischen Insignien. (© Bundesmobilienverwaltung/EK)

Abb. 3-12: Germano Prosdocimi, erstes Gastzimmer, orientalischer Salon in der ersten Etage der Villa Lazarovich, Gouache auf Papier, 1850er Jahre (© CM)

überaus wohnlichen Charakter auf und spiegelten mit ihrer opulenten Einrichtung die vielfältigen Sammlungsinteressen des Hausherrn wider. Anstatt der Küche ließ sich Ferdinand Maximilian im Vorhaus des ersten Stockwerks ein »Badelocal« nach modernsten Grundsätzen einrichten, da ihm von seinem Arzt »Tuschbäder« empfohlen worden waren.[11]

Der erste Wohnraum im Obergeschoss war das Cavalierszimmer (Abb. 3-10), dessen Wände und Decke komplett mit einer Holzverkleidung versehen waren, die geschnitzten Dekorationselemente waren im eklektizistischen Stil – eine Mixtur aus Neorokoko- und Neorenaissanceelementen – ausgeführt. In der Ecke befand sich ein Kamin, der ebenfalls mit einer geschnitzten Holzverkleidung versehen war. In der Mitte der Decke war eine Lichtkuppel installiert.

Das Mobiliar des Raumes setzte sich aus neuen, rot tapezierten Eichenmöbeln im Stil der Neorenaissance (Abb. 3-11) sowie aus historischen Objekten zusammen. Zu diesen zählten neben den chinesischen Porzellanvasen zwei Kabinettschränke aus dem 17. Jahrhundert. Der Erzherzog besaß eine Vorliebe für diesen Möbeltyp, besaß er doch eine umfangreiche Sammlung an unterschiedlichen Kästchen aus dem 17. und 18. Jahrhundert. Die Wände des Cavalierszimmers zierte eine Vielzahl von Gemälden (überwiegend Schiffs- und Landschaftsdarstellungen), die in dichter Hängung platziert waren. Der Fußboden war mit einem dunkelgrünen Spannteppich ausgelegt.

Anschließend befand sich das sogenannte erste Gastzimmer (Abb. 3-12, Abb. 0-01), das Herzstück und gleichzeitig der exotischste Raum des Hau-

Abb. 3-13: Polster aus dem orientalischen Zimmer in der Villa Lazarovich in Triest, Seide, Rohwolle, Baumwolle, 19. Jahrhundert, ab 1859 im Castelletto in Miramar in Verwendung (© Bundesmobilienverwaltung/EK)

Abb. 3-14: Franz Hofmann, Papierkiste aus dem orientalischen Zimmer in der Villa Lazarovich in Triest, Holz vergoldet, gefasst, 1852, ab 1859 im Castelletto in Miramar in Verwendung (© Bundesmobilienverwaltung/EK)

ses. Ferdinand Maximilian installierte hier, der im 19. Jahrhundert weit verbreiteten Orientmode folgend, einen orientalisch-maurischen Salon. Inspiration dafür fand der Erzherzog auf seinen Reisen, die ihn unter anderem nach Griechenland, in die Türkei, nach Dalmatien und Albanien führten. So berichtete er am 19. Juli 1852 von einem orientalischen Zimmer, das er in dem Palast des Generalgouverneurs in Algier besucht hatte: »In diese Halle mündet ein liebliches reich verziertes Closet, das nach orientalischer Sitte eine Stufe erhöht, schwellende Divans mit schönen Teppichen enthält, während von der mit Arabesken verzierten Kuppel, durch welche das Licht sich in farbigen Gläsern bricht, feinbemalte Strauß-Eier als orientalisches Präservativ gegen das Malocchio herunterhängen. Dieses an Farben, Schnitzwerk und Getäfel reiche Closet nennen die Araber Marabuh, es ist das Prachtgemach ihres Hauses, der Thron des Besitzers, das Schaustück seiner Reichthümer. Hier genießt der Maure, von der Meerbrise gefächelt, von den plätschernden Springbrunnen umrauscht, von Jasmin und Rosen umduftet, sein Tässchen schwarzen Kaffee mit dem dampfenden Nargilé.«[12]

In Ferdinand Max' orientalischem Salon dominierten die Farben Rot, Blau und Gold. Während die Wände mit einem Lackanstrich in einem kräf-

Abb. 3-15: Franz Hofmann, Konsole aus dem orientalischen Zimmer in der Villa Lazarovich in Triest, Holz vergoldet, gefasst, 1852, ab 1859 im Castelletto in Miramar in Verwendung (© Bundesmobilienverwaltung/EK)

tigen Rotton versehen waren, waren Fenster- und Türbögen mit kunstvoll bemalten und vergoldeten Ornamenten geschmückt. Besonders aufwendig war die Decke in Form von bemalten Schuppen aus Papiermaschee[13] gestaltet, in deren Mitte eine Lichtkuppel mit arabischen Inschriften eingelassen war. Die Wände zierten drei gerahmte, goldfarbige arabische Kalligrafien auf blauem Grund, über denen Rinderhörner befestigt waren. Über der maurischen Tür war, flankiert von zwei Straußeneiern, das Gehörn eines Steinbocks angebracht. Die orientalische Atmosphäre wurde durch die verzierten Polster (Abb. 3-13), die farbenfrohen Seidenstoffe, die bunt gemusterten Teppiche, die mit Perlmuttplättchen verzierten Tische und die im Zentrum des Raumes installierte Fontäne verstärkt. Franz Hofmann entwarf eigens für den orientalischen Salon Möbel und Ausstattungsgegenstände, wie etwa die rot-gold gehaltene Papierkiste (Abb. 3-14) oder die an den Wänden angebrachten und in den Farben des Raumes bemalten Konsolen (Abb. 3-15), auf denen Vasen aus Porzellan standen.

Sowohl den Salon als auch den angrenzenden Korridor (Abb. 3-16), der ebenfalls im orientalischen Stil gehalten war, stattete der Erzherzog mit zahlreichen Erinnerungsstücken und Reisesouvenirs aus, die er unter anderem auf dem Bazar d'Orléans in Algier 1852 speziell für seine Villa erstanden hatte: »Wir belächeln die Wilden, die sich an unseren Glasperlen oder Spiegeln erfreuen, schmücken aber doch voll Begierde nach dem Fremden unsere Salons mit chinesischen Mannequins und unsere Studierzimmer mit wildem Wüstentand; es ist der große, oft unbewusste Zug des Austausches im wißbegierigen Menschengeschlechte, der uns dazu treibt. Ich brachte manche angenehme Stunde unter diesen Gegenständen zu und führte deren eine große Anzahl auf mein Schiff, um meine Villa in Triest damit zu zieren.«[14]

In seinen Reisebeschreibungen zeigte sich Ferdinand Max von der Vielfalt und der Exotik der orientalischen Gegenstände beeindruckt. Im Besonderen erwähnte er die bemalten und teilweise mit Koransprüchen verzierten Straußeneier (Abb. 3-17), die sich in seinen Wohnräumlichkeiten zahlreich als Dekorationsobjekte wiederfinden.[15] Sowohl die Straußeneier als auch die Tierhörner sollten die Wirkung des sogenannten bösen Blicks neutralisieren. Es handelte sich dabei um den im Mittelmeerraum verbreiteten Glauben, dass durch einen Menschen, der das böse Auge besitzt, eine übernatürliche Macht ausgeübt werden kann.[16]

Neben dem orientalischen Salon befand sich das nicht minder aufwendig ausgestattete zweite Gastzimmer (Abb. 3-18). Die Wand- und Deckenverkleidung war wieder vollflächig in Form von Holzkassetten ausgeführt, in die Gemälde eingelassen waren. An den Wänden waren Frauenporträts zu einer Schönheitengalerie zusammengestellt. Viele Herrscherpersönlichkeiten des 18. und 19. Jahrhunderts ließen sich solche Galerien anfertigen, darunter etwa Landgraf Wilhelm III. in Schloss Wilhelmsthal bei Kassel um 1750 oder der bayrische König Ludwig I., der ab 1827 Schönheitenporträts für Schloss Nymphenburg bei dem Maler Joseph Stieler in Auftrag gab. Auch Kaiserin Elisabeth besaß mehrere Fotoalben von schönen Frauen; sie ließ Berühmtheiten genauso aufnehmen wie »einfache Frauen von der Straße«.

Die Deckenfelder des zweiten Gastzimmers schmückten Blumenmotive genauso wie die zwei sechsteiligen Fensterscheiben, für die Franz Hofmann verantwortlich zeichnete[17]; harmonierend dazu bestand das Mobiliar des Raumes aus niederländischen Rokokomöbeln (Abb. 3-19), die mit Einlegearbeiten in Form von Blumen- und Pflanzendarstellungen verziert waren. Zur Dekoration des Raumes dienten viele Objekte der erzherzoglichen Porzellansammlung (Abb. 3-20, 3-21); so waren an den Wänden Konsolen angebracht, auf denen einzelne Exponate präsentiert wurden.

Am Ende der Enfilade lag das Schlafzimmer des Erzherzogs (Abb. 3-22), dessen Raumeindruck die Holzverkleidung und die mächtigen Eichenmöbel im Stil der Neorenaissance (Abb. 3-23) sowie die roten Samtvorhängen dominierten. Nebenan befanden sich die Bibliothek (Abb. 0-02) mit hohen Bücherregalen aus Nussbaumholz sowie ein reich mit

Abb. 3-17: Straußenei aus dem Korridor in der Villa Lazarovich, 2. Hälfte 19. Jahrhundert (© Bundesmobilienverwaltung/EK)

Abb. 3-16: Germano Prosdocimi, Korridor im orientalischen Stil, in der ersten Etage der Villa Lazarovich, Gouache auf Papier, 1850er Jahre (© CM)

Pflanzen, asiatischen Lampions und Metallstühlen bestückter Wintergarten (Abb. 3-24), in dem wiederum eine Fontäne installiert war. Eine großzügige Terrasse, die sowohl freien Blick auf das Meer als auch in den Garten bot, konnte vom Wintergarten aus betreten werden.

Darüber hinaus ließ der Erzherzog in der Villa Lazarovich eine Kapelle (Abb. 3-25) installieren, deren genaue Lage allerdings nicht rekonstruiert werden konnte. Für die Ausstattung des Kirchenraumes zeichnete wiederum Franz Hofmann verantwortlich. Die Kapelle war in drei Bereiche gegliedert, die Apsis mit dem Altar, danach folgte, durch einen Torbogen getrennt, ein Raum, in dem sich die Loge des Erzherzogs sowie der Zugang zur Sakristei befanden. Dieser Bereich besaß eine goldene Kuppel mit Mosaikarbeit, die die vier Evangelisten zeigte.[18] Durch einen weiteren Torbogen gelangte man in einen länglichen Raum, in dem sieben Kirchenbänke im neobarocken Stil aufgestellt waren. Der Plafond

Abb. 3-18: Germano Prosdocimi, zweites Gastzimmer im Obergeschoss der Villa Lazarovich, Gouache auf Papier, 1850er Jahre (© CM)

Abb. 3-19: Stuhl und Armlehnstuhl aus dem zweiten Gastzimmer in der Villa Lazarovich, Buche, Ahorn, Buchsbaumholz, Brandtechnik, 18., 19. Jh., ab 1859 im Castelletto in Miramar in Verwendung (© Bundesmobilienverwaltung/EK)

Abb. 3-20: Uhr aus dem zweiten Gastzimmer in der Villa Lazarovich, Porzellan, Messing, 19. Jahrhundert (?), ab 1859 im Castelletto in Miramar in Verwendung (©Bundesmobilienverwaltung/EK)

Abb. 3-21: Kerzenleuchter mit Porzellanfiguren aus dem zweiten Gastzimmer in der Villa Lazarovich, Porzellan, Bronze, 19. Jahrhundert (?), ab 1859 im Castelletto in Miramar in Verwendung (© Bundesmobilienverwaltung/EK)

Abb. 3-22: Germano Prosdocimi, Schlafzimmer des Erzherzogs im Obergeschoss der Villa Lazarovich, Gouache auf Papier, 1850er Jahre (© CM)

Abb. 3-23: Betstuhl aus dem Schlafzimmer des Erzherzogs in der Villa Lazarovich, Eiche, um 1850, ab 1859 im Castelletto in Miramar in Verwendung. Ab 1864 mit rotem, italienischen Seidendamast tapeziert, das Muster zeigt die kaiserlich-mexikanischen Insignien. (© Bundesmobilienverwaltung/EK)

Abb. 3-24: Germano Prosdocimi, Wintergarten in der Villa Lazarovich, Gouache auf Papier, 1850er Jahre (© CM)

war in Form eines Sternenhimmels bemalt, dessen Zentrum ein Oktogon bildete, in dem das von einem Dreieck umschlossene und von einem Strahlenkranz umgebene Auge Gottes dargestellt war. Es verweist auf die Allgegenwart Gottes und gilt als Symbol der Trinität. Am Torbogen war ein vergoldeter Kronleuchter in Form eines großen Kreuzes befestigt.

Charakteristisch erscheint in Maximilians Wohnräumen in der Villa Lazarovich die opulente Wandgestaltung. Im Gegensatz zu den kaiserlichen Appartements in den Wiener Schlössern, in denen die Wände weiß bemalt oder mit einer Tapezierung und vergoldetem Stuckdekor versehen waren, ließ Ferdinand Maximilian in seinen Privaträumen in Triest vollflächig ausgeführte Täfelungen montieren. Die Holzverkleidung an Wand und Decke wurde der eigentlichen Mauer vorgeblendet. Das üppig geschnitzte Dekor war entweder im Stil der Neorenaissance oder des Neorokokos ausgeführt.

Die im Archivio di Stato in Triest erhaltenen Rechnungen enthalten Hinweise auf das Fertigstellungsdatum der von Ferdinand Maximilian beauftragten Ausstattungsarbeiten – so müssen die im Erdgeschoss gelegenen Repräsentationsräume zu Beginn des Jahres 1852 eingerichtet worden sein.[19] Dies deckt sich auch mit dem überlieferten Datum des ersten Familienbesuchs in der Villa, denn im April 1852 reisten Ferdinand Maximilians Mutter Erzherzogin Sophie sowie seine beiden jüngeren Brüder Carl Ludwig und Ludwig Viktor nach Triest, um das neue Wohnhaus zu begutachten. Allerdings dürften zu diesem Zeitpunkt einige Räume des Obergeschosses noch nicht vollständig fertiggestellt gewesen sein. Laut einem Arbeitsnachweis von Franz Hofmann wurden Arbeiten an dem Bilderzimmer,

Abb. 3-25: Germano Prosdocimi, Kapelle in der Villa Lazarovich, Gouache auf Papier, 1850er Jahre (© CM)

dem orientalischen Salon, dem Schlafzimmer und der Kapelle auch noch im Jahr 1855 durchgeführt.[20]

Die im Staatsarchiv in Triest erhaltenen Akten zur Villa Lazarovich geben auch Aufschluss über die am Umbau und der Ausstattung involvierten Handwerker. Als Bauleiter fungierte Franz von Gossleth (1792 Pest – 1879 Triest), der Besitzer mehrerer Fabriken und einer Tischlerwerkstätte, die auf Möbel und Inneneinrichtung spezialisiert war. Zu seinen Kunden zählte die Triestiner Oberschicht, wie etwa die Familie Revoltella.[21] Franz von Gossleth koordinierte die Handwerker und lieferte die meisten neu gefertigten Einrichtungsgegenstände für die Villa Lazarovich.[22] Überwiegend wurden die Arbeiten von ortsansässigen Betrieben[23] durchgeführt sowie lokale Erzeugnisse erstanden. Lediglich die farbenfrohen Teppiche wurden von der Firma Philipp Haas & Söhne geliefert und die Papiertapeten von dem Unternehmen Spoerlin & Zimmermann bezogen, die beide in Wien ansässig waren.

Unbekannt war bisher, dass der Vergolder und Dekorateur Franz Hofmann, der gemeinsam mit seinem Sohn Julius einige Jahre später die Innenausstattung von Schloss Miramar entwerfen sollte, bereits bei der Ausstattung der Villa Lazarovich maßgeblich beteiligt war. Wie einer Auflistung seiner geleisteten Arbeiten zu entnehmen ist,[24] war er für sämtliche Vergolderarbeiten, die Vertäfelungen im ersten

Abb. 3-26: Villa Lazarovich im Mai 2012 (© MOW)

Stockwerk sowie die Wand- und Deckengestaltung in der Kapelle zuständig. Als Hofmanns Glanzstück ist jedoch die spektakuläre Wand- und Deckenausführung des orientalischen Salons anzusehen.

Die Villa Lazarovich diente Ferdinand Maximilian fünf Jahre als Hauptwohnsitz. 1857 wurde der Erzherzog zum Generalgouverneur von Lombardo-Venetien ernannt, im Sommer desselben Jahres heiratete er Charlotte von Belgien. Aufgrund seiner Regierungstätigkeit hielt sich das Ehepaar fortan überwiegend in Mailand, Venedig und Monza auf, wo es die kaiserlichen Paläste bewohnte.

Die Villa Lazarovich ist bis heute zwar erhalten, das heutige Erscheinungsbild (Abb. 3-26) weicht jedoch durch Umbauten stark von dem des 19. Jahrhunderts ab. An der Stelle des einst prachtvollen Gartens stehen nun mehrstöckige Wohnbauten.

ANMERKUNGEN

1 Ferdinand Maximilian an Carl Ludwig, Triest, 8.9.1852, zit. nach: Praschl-Bichler 2006, S. 89.
2 Fabiani 1989, S. 190.
3 AST, Amministrazione Castello di Miramare, Kt. 2, Rechnung der Firma Haas & Söhne, 27. Dezember 1852.
4 Grusvar 1987, S. 157.
5 Ferdinand Maximilian 1867, 3. Bd., S. 135f.
6 Ferdinand Maximilian an Carl Ludwig, 16.3.1852, zit. nach: Praschl-Bichler 2006, S. 67.
7 FWF-Projekt P24180-G 21, Die private Wohnkultur der kaiserlichen Familie im 19. Jahrhundert.
8 Zur weiteren Provenienz des Sekretärs siehe: Kapitel 4, Marlene Ott-Wodni, Schloss Miramar in Triest, S. 78–79.
9 Fabiani 1989, S. 153.
10 Ferdinand Maximilian über seinen Besuch im Palazzo Pitti in Florenz: Ferdinand Maximilian 1867, 1. Bd., S. 186.
11 Ferdinand Maximilian an Carl Ludwig, Triest, 17.10.1852, zit. nach: Praschl-Bichler 2006, S. 95.
12 Ferdinand Maximilian 1867, 4. Bd., S. 14–16.

13 AST, Amministrazione Castello di Miramare, Kt. 2, Conto des Franz Hofmann, Vergolder für geleistete Arbeiten, 24. November 1855.

14 Ferdinand Maximilian 1867, 4. Bd., S. 9–10.

15 Ebd.

16 Steinmann 2013, S. 99f.

17 AST, Amministrazione Castello di Miramare, Kt. 2, Conto des Franz Hofmann, Vergolder für geleistete Arbeiten, 24. November 1855.

18 Ebd.

19 AST, Amministrazione Castello di Miramare. 1852 wurden laut Rechnung bereits die bunt gemusterten Teppiche der Erdgeschossräumlichkeiten von der Firma Haas & Söhne geliefert.

20 AST, Amministrazione Castello di Miramare, Kt. 2, Conto des Franz Hofmann, Vergolder für geleistete Arbeiten, 24. November 1855.

21 Perrotti 2002, S. 112.

22 AST, Amministrazione Castello di Miramare, Kt. 2, Rechnungen, Inventarium der von Herrn Franz Gossleth Sr. Kaisl. Hoheit gelieferten Einrichtungsgegenstände.

23 AST, Amministrazione Castello di Miramare, Kt. 2: Folgende Handwerker waren beteiligt: Ambrogio Gelardini (Marmorarbeiten), Eduardo Fortselo (?) und Fratello Enrico (2 Öfen aus Eisen), F. Mestre und F. Kitz (Maler- und Lackierarbeiten), Giuseppe Somazzi (Holzkassetten), Giovanni Tarnoldi (Badewanne), Giuseppe Benutto (Holzboden), Francesco Lupiere (Tor aus Eisen), Felippo Rota (Maler- und Restaurierungsarbeiten), V. Ulrich (Möbel), Tapezierer Domenico Janson (6 vergoldete Holzstühle und 6 vergoldete Kanapees).

24 AST, Amministrazione Castello di Miramare, Kt. 2, Conto des Franz Hofmann, Vergolder für geleistete Arbeiten, 24. November 1855.

4. DAS WEISSE SCHLOSS AM MEER

MIRAMAR IN TRIEST

Marlene Ott-Wodni

»Es rauscht der weiße Schaum der Welle
Melodisch an die Marmorschwelle
Und drücket auf des Schloßes Fuß
Den schauerkühlen Nympfenfuß,
Und als zurück die Wellen prallen,
Da zittert's wonnig durch die Hallen.«[1]

Abb. 4-01: Schloss Miramar, Triest, 1860er Jahre (© CM)

Im März 1856 erwarb Erzherzog Ferdinand Max auf der Landspitze bei Grignano ein Grundstück, auf welchem er ein Schloss und einen weitläufigen Park errichten wollte.[2] Der österreichische Civil-Ingenieur Carl Junker (1827–1882) lieferte gemeinsam mit seinem Partner Peter Wietz einen ersten Entwurf. Das Gebäude entsprach zwar stilistisch dem später ausgeführten Entwurf (Abb. 4-01), allerdings war es mit nur zwei Geschossen wesentlich kleiner bemessen. Carl Junker hatte in Wien ein Ingenieurstudium abgeschlossen und spezialisierte sich danach auf den Bau von Wasserleitungen. Die Planung der Aquädukte von Triest, Pola und Salzburg gehen auf ihn zurück.[3]

Neben Carl Junker lieferte auch der Triestiner Ingenieur Giovanni Berlam (1823–1892) im Februar 1852 – also noch vor dem Kauf des Grundstückes – einen Entwurf für einen Neubau. Berlam hatte seine Ausbildung am Wiener Polytechnikum sowie an der Akademie in Venedig erhalten. 1847 machte er sich mit einem Architekturbüro in Triest selbstständig.[4] Charakteristisch im Hinblick auf Maximilians Entwerferwahl ist, dass es sich weder bei Carl Junker noch bei Giovanni Berlam um einen klassischen künstlerisch entwerfenden Architekten handelte, sondern beide von ihrer Ausbildung her technische Ingenieure waren. Dies lässt darauf schließen, dass der Erzherzog, der selbst oftmals künstlerisch entwerfend tätig war, diesen Part für sich beanspruchte und somit seine persönlichen Vorstellungen in den Bau einbringen wollte.

Der kurz darauf von Carl Junker vorgelegte zweite Entwurf (Abb. 4-02) beinhaltete nun einen deutlich größer bemessenen vierstöckigen Schlossbau mit einem hohen Turm und einem Zinnenkranz. Der Grundriss (Abb. 4-03) setzt sich aus zwei leicht zueinander versetzten, durch das Stiegenhaus getrennten Gebäudeteilen zusammen, die sich an die natürliche Form der Landspitze anschmiegen. Der Turmbau markiert das Ende der Landspitze. Letztendlich entschied sich Erzherzog Ferdinand Maximilian für die Ausführung des zweiten Schlossentwurfs von Carl Junker.

Die Liebe des Bauherrn für die See und die Marine – der Erzherzog erkor den Anker zu seinem persönlichen Symbol – spiegelt sich in der Architektur wider. So folgt der Grundriss des Gebäudes den Formen des exponierten Bauplatzes, einem Felsvorsprung, sodass die freie Sicht auf das Wasser von drei Seiten des Baus gewährleistet ist. Ferdinand Maximilians Festung thront hoch über dem Meer vor den Toren Triests. Die Wohnräume sind in Richtung des Meeres orientiert. Das Gebäude ist im Stil des romantischen Historismus (mit neogotischen und maurischen Einflüssen) gehalten, der sich besonders in England in der zweiten Hälfte des 19. Jahrhunderts großer Beliebtheit erfreute. Durch

Abb. 4-02: Carl Junker, Entwurfszeichnung von Schloss Miramar »Ansicht gegen den Hafen«, Bleistift, Tinte und Aquarell auf Papier, 1856 (© CM)

den Zinnenabschluss und den in Ferdinand Maximilians Bauten obligatorischen Turmbau erinnert das Gebäude vielmehr an eine Wehranlage als an einen erhabenen Schlossbau.

Mitte des 19. Jahrhunderts wurden im deutschen Sprachraum mehrere Schlossanlagen errichtet, die Erzherzog Ferdinand Maximilian in Bezug auf Schloss Miramar als Vorbild gedient haben könnten. So besaß er etwa in seiner Privatbibliothek eine Publikation über den Bau von Schloss Babelsberg, das 1840/41 nach den Plänen von Karl Friedrich Schinkel im englischen Tudorstil in Potsdam errichtet worden war.[5] Ein weiteres Beispiel, das Erzherzog Ferdinand Maximilian sicherlich ebenso bekannt war, ist Schloss Wolfsberg (Abb. 4-04) in Kärnten. Dieses wurde ab 1846 im Auftrag seines neuen Besitzers Hugo Graf Henckel von Donnersmarck von den Architekten Johann Romano und August Schwendenwein[6] ebenso im romantischen Tudorstil umgebaut.

Wie Miramar besitzt es durch die zinnenbekrönten Turmbauten eine wehrhafte Wirkung. Erzherzog Ferdinand Maximilian stand mit dem Architektenduo nachweislich in Verbindung, da Romano und Schwendenwein einen Entwurf für einen möglichen Neubau in Maxing abgeliefert hatten, der allerdings nicht zur Ausführung kam.

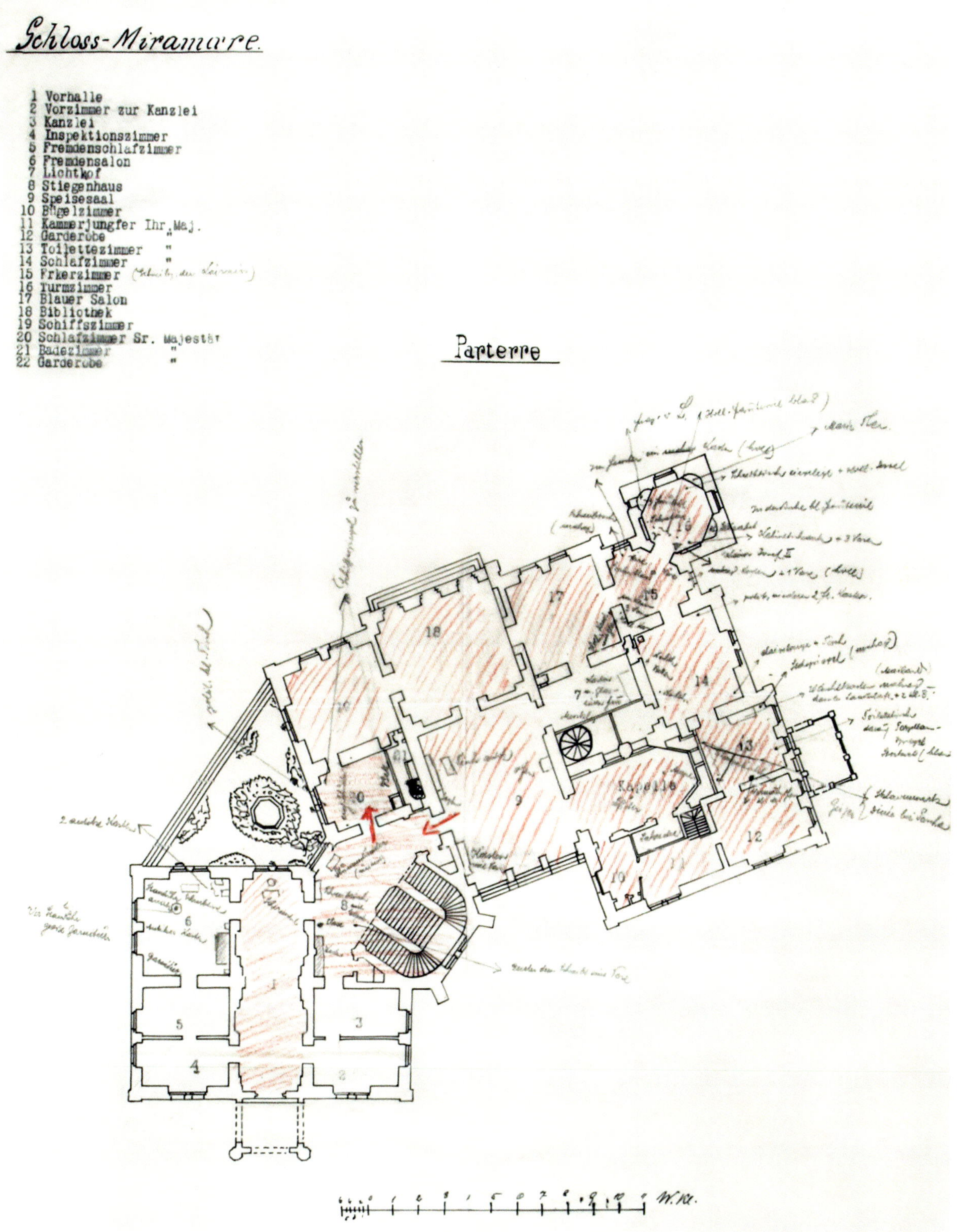

Abb. 4-03: Parterre-Grundriss von Schloss Miramar, Tinte, Bleistift und Buntstift auf Transparentpapier, 2. Hälfte 19. Jahrhundert (© Bundesmobilienverwaltung)

Abb. 4-04: August Romano und Johann Schwendenwein, Schloss Wolfsberg, Kärnten, 1846 (© Schloss Wolfsberg)

Bereits im März 1856 begannen die Bauarbeiten an Schloss Miramar, die von der Wiener Baufirma Anton Hauser ausgeführt wurden.[7] Die Fundamente und der Sockel des Schlosses wurden aus dem Sandstein aus Orsera (Vrsar) errichtet, während für die Obergeschosse der weiße Kalkstein aus Sistiana Verwendung fand. Bei der Terrasse griff Junker auf Tiroler Granit zurück.[8] Wie ein Gemälde von Albert Rieger dokumentiert, waren im November 1857 bereits ein Teil der am Fuße des Schlosses befindlichen Hafenanlage mit Mole und Treppe und das Sockelgeschoss des Hauptgebäudes errichtet. Zu Beginn des Jahres 1858 waren der Schlossbau bis zum Erdgeschoss gediehen, die im Park befindlichen Gewächshäuser und die Verbindungsstraße zur Bahnlinie nach Triest errichtet sowie die Fundamentlegung der Stallgebäude in Angriff genommen.[9] Ende desselben Jahres wurde der auszuführende Junker'sche Entwurf abgeändert, da Bauherr Ferdinand Max veranlasste, dass das Schlossgebäude »aus architektonischen Rücksichten als insbesondere wegen der unverhältnismäßigen Höhe«[10] um ein Stockwerk verringert werden sollte. Die unter der Aufsicht von Carl Junker durchgeführten Bauarbeiten wurden im Herbst 1860 beendet; das umfasste die Fertigstellung des Hauptgebäudes, der Esplanade vor dem Haupteingang, der Freitreppe zum Hafen, der Pergola, der verschiedenen Brunnenanlagen, des Teiches, der Zufahrtsstraße zum Schloss, des Castellettos, des Matrosenhauses, der Stallungen und der Wasserleitungen.[11]

Bezugsfertig war das Schloss zu diesem Zeitpunkt jedoch noch nicht, da sich die Wohnräume des Erdgeschosses erst kurz vor Fertigstellung befanden und die Repräsentationsräume im ersten Obergeschoss überhaupt noch nicht ausgestattet waren. Erst im Dezember 1860 waren die im Erdgeschoss des Schlosses situierten erzherzoglichen Wohnräume unter der Bauleitung von Franz von Gossleth endlich so weit fertiggestellt, dass Ferdinand Maximilian und Charlotte das Schloss beziehen konnten.

Für die Gestaltung der Räumlichkeiten war, genauso wie bei der Villa Lazarovich, der aus Österreich stammende, aber in Triest beheimatete Dekorateur Franz Hofmann in Zusammenarbeit mit seinem Sohn Julius verantwortlich. Wie bereits in Bezug auf die Villa Lazarovich erwähnt, ist zur Lebensgeschichte von Franz Hofmann nur wenig bekannt. Über seinen Sohn Julius Hofmann (1840–1896) sind hingegen einige biografische Details überliefert. Nach Absolvierung einer Lehre in der väterlichen Werkstätte ging er nach Wien. 1858 kehrte er nach Triest zurück, um gemeinsam mit seinem Vater die Innenausstattung von Schloss Miramar zu verantworten. 1864 begleitete er den nun zum Kaiser ernannten Maximilian nach Mexiko, wo er als Hofdekorateur tätig war. Nach dem Tod Maximilians trat er in die Dienste von König Ludwig II. von Bayern und war am Bau der Schlösser Neuschwanstein und Herrenchiemsee beteiligt.[12]

Die Hofmann'schen Entwürfe (Abb. 4-05) sind in Form von 25 Interieurdarstellungen erhalten. Die Ideen zur Raumgestaltung stammten von Ferdinand Maximilian selbst; wie Berichte im Staatsarchiv in Triest belegen, erteilte der Erzherzog detaillierte Anweisungen, die die Dekorateure zu Papier brachten und schließlich ausführten.[13] In die Raumgestaltung wurden bereits im Entwurfsstadium konkrete, im Besitz von Maximilian befindliche Einrichtungsstücke eingebunden. So ist beispielsweise auf der Ansicht eines Wohnraumes (Abb. 4-05) ein Kabinettschrank (Abb. 4-06) dargestellt, der eindeutig als ein heute in der Sammlung der Bundesmobilienverwaltung befindliches Objekt identifiziert werden konnte.

Wie auf den Zeichnungen zu sehen ist, sollten auch in Schloss Miramar – wie bereits in der Villa Lazarovich – opulente, kunstvoll geschnitzte Wand- und Deckentäfelungen im Neorokoko- und Neorenaissancestil den Eindruck der Wohnräume prägen. In der Realisierung entsprach die Ausstattung der Zimmer zwar stilistisch den Hofmann'schen Entwürfen, im Detail wich die tatsächliche Ausführung aber von den bildlichen Vorlagen ab.

Das erzherzogliche Appartement bestand aus zwei Bereichen, den Zimmern des Herrn und den Zimmern der Dame. Die Raumfolge des Erzherzogs wurde durch sein Schlafzimmer erschlossen, das er in Form einer Schiffskajüte ausbilden ließ. Als gestalterischer Leitfaden durch die Wohnräume des Erzherzogs kann das maritime Thema angesehen werden, dass in unterschiedlicher Form immer wieder zum Ausdruck kam. Das Bett des Erzherzogs stand in der Ecke, daneben lag der Eingang in ein Badezimmer, das mit einer Marmorbadewanne, einem marmornen Waschtisch und einem Zimmerklosett ausgestattet war. Eine eiserne Wendeltreppe führte in das erste Obergeschoss.

Anschließend befand sich sein Arbeitszimmer (Abb. 4-07), das in seinen Dimensionen und in seiner Gestaltung ebenfalls einem Schiffssalon nachempfunden war. Dementsprechend niedrig fiel auch die Raumhöhe aus. Die vier in den Raum gesetzten Holzsäulen dienten am Schiff der Stabilität, in Schloss Miramar hatten sie einen rein dekorativen Charakter. Die an Wand und Decke angebrachten Holzverkleidungen verstärkten den beengten und dunklen Raumeindruck. Die Möblierung bestand zum Großteil aus den mit floralen Marketerien versehenen Rokokomöbeln (Abb. 3-19), die bereits in der Villa Lazarovich in Verwendung waren. Weiters zählten dazu zwei Kommoden (Abb. 4-08) aus Birnbaumholz und Buche, deren Korpus mit Einlegearbeiten aus Bein in Form von Blumengirlanden und Puttifiguren verziert sind. Eine Kommode gehört heute zum Möbelbestand der Bundesmobilienverwaltung, das zweite Stück steht noch in situ in Schloss Miramar.

Die angrenzende Bibliothek (Abb. 4-09) war in ihren Dimensionen großzügiger bemessen. Sie war mit raumhohen Regalen ausgestattet, die die umfangreiche, rund 7.000 Bände umfassende erzherzogliche Büchersammlung aufnahmen. Ein Katalog der Privatbibliothek Maximilians wurde 1863 von der Wiener Hofdruckerei herausgeben. Der Bücherbestand war thematisch breit gefächert, er umfasste Werke der Literatur, Pädagogik, Kunst, Geschichte, Physik, Botanik und Geografie in deutscher, französischer, englischer und italienischer Sprache.[14] Der Plafond des Raumes war mit einer getäfelten Decke mit geschnitzten Elementen aus Eichenholz versehen. Neben den Türen stehen bis heute die Marmorbüsten von Homer, Dante, Shakespeare und Goethe. Auf einem großen Auflagetisch befanden sich kunstvoll gestaltete Huldigungsadressen sowie ein kleines sechseckiges Kästchen (Abb. 4-10), dessen Deckel aufklappbar ist. Sowohl an den Außenseiten als auch am Deckel sind geschnitzte Ornamente und Figuren aus Elfenbein angebracht. Bei diesem außergewöhnlichen Objekt handelt es sich um ein sogenanntes Pasticcio, einzelne Teile stammen aus

Abb. 4-05: Franz und Julius Hofmann, Entwurf für einen Salon in Schloss Miramar, Gouache auf Papier, um 1858 (© CM)

Abb. 4-06: Kabinettschrank aus der Möbelsammlung des Erzherzogs, Palisander, Nussbaumholz, Birnbaumholz schwarz gebeizt, Bein, Stein, Bronze, 17. Jahrhundert (© Bundesmobilienverwaltung/EK)

Abb. 4-07: Raimund Freiherr von Stillfried, Arbeitszimmer des Erzherzogs in Schloss Miramar, Gouache auf Papier, 1885 (© Bundesmobilienverwaltung)

Abb. 4-08: Kommode aus dem Schiffssalon in Schloss Miramar, Birnbaumholz, Buche gebeizt, Bein, Messing, Pasticcio, 17.-19. Jahrhundert (© Bundesmobilienverwaltung/EK)

Abb. 4-09: Bibliothek im Erdgeschoss von Schloss Miramar, 1860er Jahre (© Bundesmobilienverwaltung)

Abb. 4-10: Kästchen mit antiquarischen Elfenbeinfiguren aus der Bibliothek in Schloss Miramar, Palisander, Ebenholz, Königsholz, Ahorn, Birnbaumholz gebeizt, Elfenbein, Pasticcio, 18.-19. Jahrhundert (© Bundesmobilienverwaltung/EK)

dem 18. Jahrhundert und wurden im 19. Jahrhundert zu diesem Kästchen zusammengefügt.

Nach der Bibliothek fing Charlottes Bereich an, der sich aus dem sogenannten Blauen Salon, dem Schreibzimmer, dem Turmzimmer (Abb. 4-11), ihrem Schlafzimmer (Abb. 4-12) und ihrem Toilettezimmer zusammensetzte. Die kunstvoll gestalteten Holzdecken finden sich auch in den Zimmern Charlottes wieder. Im Gegensatz zu den Wohnräumen von Ferdinand Max wurde hier aber auf großflächige hölzerne Wandverkleidungen verzichtet, stattdessen wurden Wandbespannungen aus einem eigens für Schloss Miramar angefertigten blauen Seidenstoff (Abb. 4-13) angebracht, der von der Firma Croné & Gillier in Paris hergestellt wurde. Das Stoffmuster setzte sich aus den Symbolen des Erzherzogs zusammen – dem Anker und der Ananas. Für die Interieurs am Wiener Hof war ein seit 1839 zum ersten Mal im Appartement von Erzherzogin Sophie und Franz Karl verwendeter roter Seidendamast charakteristisch, der ebenso mit einem Ananasmotiv versehen war.[15] Während jedoch am Wiener Kaiserhof dasselbe Stoffmuster herrscherübergreifend Verwendung fand, personalisierte Ferdinand Max den in Miramar eingesetzten Seidendamast durch seine persönlichen Symbole.

Der Maler Raimund Freiherr von Stillfried fertigte Mitte der 1880er-Jahre Interieuransichten (Abb. 4-07, 4-11) von Schloss Miramar an. Da nach dem Tod Maximilians keine großen Veränderungen durchgeführt worden sind, entspricht der dar-

Abb. 4-11: Raimund Freiherr von Stillfried, Turmzimmer im Erdgeschoss von Schloss Miramar, Gouache auf Papier, 1886 (© Bundesmobilienverwaltung/EK)

Abb. 4-12: Franz und Julius Hofmann, Entwurf für ein Schlafzimmer in Schloss Miramar, Gouache auf Papier, um 1858 (© CM)

Abb. 4-13: Blauer Seidendamast mit den Symbolen des Erzherzogs für Schloss Miramar, Croné und Gillier, Paris, um 1860 (© Bundesmobilienverwaltung/EK)

gestellte Zustand der Räume jenem zur Zeit Maximilians und Charlottes. Die Bilder vermitteln einen anschaulichen Eindruck über die Farbigkeit der Raumausstattung beziehungsweise über das harmonische Zusammenspiel der Holzelemente mit dem blauen Seidenstoff, der wie etwa im Turmzimmer (Abb. 4-11) sowohl als Wandspalier als auch Möbelbezug Verwendung fand.

In Charlottes Schlafzimmer finden sich Maximilians Symbole, der Anker und die Ananas, nicht nur auf dem Stoffmuster wieder, sondern auch in geschnitzter Form an den Wandverkleidungen sowie Türfüllungen. Die Dekorateure Franz und Julius Hofmann sahen ursprünglich im Zentrum des Raumes zwei zu einem Doppelbett zusammengestellte Einzelbetten, bekrönt von einem Baldachin, vor (Abb. 4-12). Die heute noch in Miramar vorhan-

Abb. 4-14: Lampe aus dem Schlafzimmer von Erzherzogin Charlotte in Schloss Miramar, Porzellan, Bronze, Glas, 2. Hälfte 19. Jahrhundert (© Bundesmobilienverwaltung/EK)

Abb. 4-15: Cesare Félix-Georges Dell'Acqua, Eine mexikanische Delegation bietet Erzherzog Ferdinand Maximilian am 3. Oktober 1863 die Kaiserkrone an, Öl auf Leinwand, 1867 (© CM)

denen Betten – es handelt sich um ein Hochzeitsgeschenk der Stadt Mailand an das erzherzogliche Paar[16] – ähneln zwar jenen auf der Entwurfszeichnung, der ausladende geschnitzte Baldachin kam aber nicht zur Ausführung. Eine in der Bundesmobilienverwaltung in Wien aufgefundene Lampe (Abb. 4-14) zählt zur Originalausstattung von Charlottes Schlafzimmer.

Eine denkwürdige historische Szene, die dem Leben des erzherzoglichen Paares eine entscheidende Wende geben sollte, spielte sich am 3. Oktober 1863 in diesem Raum ab, denn hier empfing Ferdinand Maximilian jene Delegation, die ihm die mexikanische Kaiserkrone anbot (Abb. 4-15). 1867 hielt der Maler Cesare Félix-Georges Dell'Acqua im Auftrag Maximilians diesen bedeutenden Augenblick bildhaft fest. Das Gemälde gehört zum historischen Bilderzyklus des kleinen Speisezimmers im ersten Obergeschoss des Schlosses.

Neben den Wohnräumen des erzherzoglichen Paares waren im Erdgeschoss noch die Kapelle sowie ein großer Speisesaal situiert. Laut Maximilian sollte die Kapelle im »alt englischen Styl von Eichenholz«[17] ausgeführt werden. Der Altar wurde von einer Holztäfelung im Renaissancestil umfangen, in die Bilder der zwölf Apostel eingelassen waren. In die aufwendig gestaltete, neogotisches Formenvokabular zitierende Deckenkonstruktion waren ebenfalls Malereien integriert worden. Sämtliche Gemälde in der Kapelle, einschließlich des am Altar befindlichen »Letzten Abendmahls«, stammten von dem Maler Eduard Heinrich (1812–1885); sie waren im Oktober 1860 beinahe vollendet.[18]

Der große Speisesaal (Abb. 4-16) im Erdgeschoss wurde auch als Billardzimmer genutzt. Die Bezeichnung des Raumes als Windrosensaal geht auf den in der Mitte des Plafonds befindlichen Quadranten zurück, der mit der Wetterfahne auf dem Schlossdach

Abb. 4-16: Speisesaal im Erdgeschoss von Schloss Miramar, Glasnegativ, 1860er Jahre (© Bundesmobilienverwaltung)

Abb. 4-17: Aufkleber auf einem Möbel aus der erzherzoglichen Sammlung mit dem Monogramm »FM« und dem Anker, Druck auf Papier, 2. Hälfte 19. Jahrhundert (© Bundesmobilienverwaltung/EK)

verbunden ist und somit die jeweilige Windrichtung anzeigt. Im Gegensatz zu den anderen Erdgeschossräumlichkeiten, die mit einem Parkettboden ausgestattet sind, wurden im Speisesaal Marmorfliesen mit einem geometrischen Muster verlegt.

Das Mobiliar in den Wohnräumen von Schloss Miramar setzte sich Maximilians Vorlieben entsprechend aus einer Mischung von antiquarischen Möbeln und Neuanfertigungen zusammen; auch die Mobilien aus der Villa Lazarovich wurden in Miramar weiterverwendet. Im Rahmen von Forschungsarbeiten[19] wurden rund 500 Einrichtungsgegenstände aus Schloss Miramar – vom kleinen Nippes bis hin zu Garniturmöbeln – in der Sammlung der Bundesmobilienverwaltung ausfindig gemacht. Mithilfe der Inventarbücher und Raumpläne konnten die Objekte exakt den Zimmern zugewiesen werden. Einige Objekte sind sogar mit dem Monogramm des Erzherzogs »FM« und dem Anker in Form eines Aufklebers (Abb. 4-17) versehen.

Die nähere Betrachtung der Möbel gibt Aufschluss über Ferdinand Maximilians Wesen als Antiquitätensammler. Besonders charakteristisch für seine Ankaufspolitik ist ein umfangreiches Konvolut an Kabinettschränken (Abb. 4-18) und Kästchen (Abb. 4-19). Es finden sich darunter wertvolle Stücke aus dem 17. Jahrhundert genauso wie einfache Reisesouvenirs aus der zweiten Hälfte des 19. Jahrhunderts; folglich sind starke Qualitätsschwankungen zu beobachten. Neben der Massenware gibt es auch zahlreiche Kopien in Ferdinand Maximilians Möbelsammlung, die er wahrscheinlich im guten Glauben als historische Originale bei Kunsthändlern erworben hatte. Prägnantestes Beispiel ist die bereits erwähnte Kommode aus dem Schiffssalon (Abb. 4-08). Während das Holz und die Einlegearbeiten aus dem 17. Jahrhundert stammen, widersprechen jedoch die Formgebung und die Konstruktion des Möbels diesem frühen Herstellungsdatum. Tatsächlich handelt es sich hierbei um ein Objekt, das erst in der zweiten Hälfte des 19. Jahrhunderts aus altem Material neu zusammengebaut wurde. Dieses Stück stellt keinen Einzelfall in der erzherzoglichen Möbelsammlung dar, die einige dieser »Fantasiekreationen« enthält.

Abb. 4-18: Kabinettschrank aus dem kleinen Speisezimmer in Schloss Miramar, Birne, schwarz gebeizt, Ahorn gebeizt, Schildpatt, Zinn, Niederlande, um 1700 (© Bundesmobilienverwaltung/EK)

Abb. 4-19: Kästchen aus Schloss Miramar, Holz, Elfenbein, Tusche, 17. Jahrhundert (© Bundesmobilienverwaltung/EK)

In Mailand waren zu dieser Zeit die zwei Kunsttischler Domenico Fontana und Guiseppe Speluzzi (1827–1890) sehr umtriebig. Sie restaurierten originale Kabinettschränke aus dem 17. Jahrhundert und ergänzten sie teilweise um Einzelelemente. Infolge der steigenden Nachfrage nach solchen Objekten begannen die Handwerker Kabinettschränke nach historischen Vorbildern neu anzufertigen. Sowohl die restaurierten Originale als auch die Neubauten gelangten in den Antiquitätenhandel, von wo sie unter anderem auch von dem österreichischen Erzherzog bezogen wurden. In Maximilians Möbelsammlung in Schloss Miramar finden sich auch Stücke, die durch die Hände von Fontana beziehungsweise Speluzzi gegangen sind.[20]

Mit dem Ankauf von Einrichtungsgegenständen für Schloss Miramar beauftragte Maximilian vor allem Franz Hofmann, der dann Einkaufsreisen für den Kaiser zu absolvieren hatte. Anhand eines Briefes von Julius Hofmann an seinen Vater kann ein solcher Ablauf anschaulich dargestellt werden:

»Lieber Vater,
im letzten Augenblick vor Abgang der Post werde ich von Seiner Majestät beauftragt Ihnen zu schreiben. Sie sollen (...) eine Reise nach Venedig machen, und dort bei den Antiquaren alte vergoldete Möbel mit Stoff überzogen kaufen und zwar: 8 Canapé, 36 Fauteuils, 60 goldene Sessel, 8 Tische, 6 Spiegel, dann allerhand Kästen und Cassetten von Holz und eingelegt, alte Uhren, Majolica und chinesische Geschirre. Dann sollen sie nach Mantua reisen, dort ist ein alter Dompfarrer Canonicus, welcher im Jahre 1858 S. Majestät alte Collens angetragen hat, sollen auch mit selben runterhandeln, von allen was Sie sonst noch sehen einen Bericht machen, und dann wird es bestellt oder gekauft.
Mit herzlichem Gruß
Giulio«[21]

Eigens für die Verwendung in Schloss Miramar ließ Maximilian sowohl ein Glasservice als auch ein Teeservice – beide zählen heute zum Bestand der Silberkammer in Wien – anfertigen. Das Mousselin-Glasservice (Abb. 4-20) wurde um 1860 für den Erzherzog hergestellt, die ausführende Firma konnte allerdings bis dato nicht eruiert werden. Jedes Teil wurde mit der Gravur des Monogramms, der Erzherzogskrone sowie dem Anker versehen. Das Teeservice (Abb. 4-21) mit den in Rot gehaltenen, chinesisch anmutenden Vögel- und Pflanzendarstellungen konnte mithilfe der im Staatsarchiv in Triest erhaltenen Rechnung inklusive eines Begleitschreibens des Firmeninhabers Moritz Fischer als Service von Ferdinand Maximilian identifiziert werden.

Als Ferdinand Maximilian und Charlotte 1864 nach Mexiko abreisten, waren die Interieurs im ersten Stock des Schlosses noch nicht fertiggestellt – die Ausstattungsarbeiten schritten aber trotz Abwesenheit des Bauherrn voran. Die große geografische Entfernung hinderte den nunmehr zum Kaiser ernannten Maximilian auch nicht daran, sich weiterhin in den Gestaltungsprozess einzubringen beziehungsweise diesen zu lenken. Regelmäßig erhielt Franz Hofmann detaillierte Anweisungen aus Mexiko bezüglich der Ausstattung.[22]

Schloss Miramar zählte, wie auch die Insel Lacroma, nach Maximilians Thronantritt zum mexikanischen Kaiserreich. Als herrschaftliches Zeichen ließ er einen neuen, roten Seidendamast (Abb. 4-22) entwerfen, der in Mailand von der Firma Osagno[23] hergestellt wurde und eine Weiterentwicklung des blauen Miramar-Stoffes darstellt: »Die Zeichnung für die rothen Seidentapeten ist insofern zu ändern, daß nunmehr in derselben die mexikanische Krone, das Chiffre, und der Adler abwechselnd anzubringen ist, dagegen haben Anker und Königskrone wegzufallen, die Ananas hat zu bleiben.«[24] Der Stoff kam sowohl in Mexiko als auch in Europa zum Einsatz. In Schloss Miramar wurde der rote Seidendamast in den neuen Repräsentationsräumen im ersten Obergeschoss als Wandbespannung und Möbeltapezierung verwendet, während der blaue Damast in den Wohnräumen des Paares erhalten blieb.

Das Haupttreppenhaus (Abb. 4-23) fungierte mit Blick auf den Grundriss des Schlosses als Verbindungselement. Einerseits verband es die beiden schräg zueinander gestellten Baukörper miteinander, andererseits leitete es von den Wohnräumen im Erd-

Abb. 4-20: Glasservice Miramar, Mousselinglas, Hersteller unbekannt, um 1860 (© Bundesmobilienverwaltung/MH)

Abb. 4-21: Teeservice mit chinesischen Motiven für Schloss Miramar, Porzellan, Moritz Fischer, Herend, 1862 (© Bundesmobilienverwaltung/AG)

Abb. 4-22: Roter Seidendamast, den Maximilian für das mexikanische Kaiserreich anfertigen ließ, Seidendamast, Osagno, Mailand, um 1864 (© Bundesmobilienverwaltung/SK)

geschoss über zu den Repräsentations- und Fremdenzimmern des Obergeschosses (Abb. 4-24).

Die repräsentative, zuerst einläufig geführte und nach oben hin zweiläufig verlaufende Steintreppe ist mit einem kunstvoll geschnitzten Holzgeländer versehen, auf dem sechs geschnitzte Heroldfiguren wachen. Im Fußboden der Galerie in der ersten Etage ist ein runder Brunnen mit Wasserspeiern und Glasboden eingelassen. Das Motiv der Zimmerfontäne fand sich bereits in der Villa Lazarovich (Abb. 3-12) sowie im Castelletto wieder und ist auf Maximilians persönlichen Geschmack zurückzuführen. Chinesische Vasen und Kabinettschränke (Abb. 4-25) zierten die Galerie.

Wies das kaiserliche Appartement im Erdgeschoss des Schlosses einen persönlichen Charakter auf, so waren die Zimmer des ersten Stockes deutlich durch ihre Repräsentationsfunktion gekennzeichnet. Die Ikonografie der Raumausstattung sollte der Untermauerung von Maximilians Herrschaftsanspruch dienen. Er entwickelte ein raumübergreifendes Bildprogramm, das ihn als ebenbürtigen Regenten im Kreis der europäischen Herrscher darstellte.

Die Raumfolge des ersten Obergeschosses wurde durch ein Vorzimmer und das darauf folgende Fremdenschlafzimmer (Abb. 4-26) eröffnet. In die äußerst opulente, teilweise vergoldete Wand- und Deckentäfelung mit integriertem Kaisermonogramm und Ananassymbol sind »16 Portraite der regierenden Kaiser und Könige, welche nicht aus habsburgscher oder coburgscher Familie sind«[25], eingelassen, die die Herrscherthematik des Raumes versinnbildlichten. »Alle in gleicher Geste, gleichen Rahmen und der Aufschrift, auf rother Seidentapete angebracht, im Ganzen 16 Bilder, daher sehr leicht regelmäßig zu gruppieren.«[26]

Die Porträts[27] wurden im Auftrag Maximilians nach Vorlagen in verschiedenen europäischen Museen kopiert: Der Maler Carl Haase lieferte das nach dem Vorbild in der königlichen Galerie in Dresden entstandene Porträt des Königs Johann von Sachsen um 150 fl. Das Porträt des Königs Carl Friedrich Alexander von Württemberg stellte der Maler Pitner nach einem im Besitz des Herzogs von Württemberg in Wien befindlichen Originalgemälde her. Jenes der

Abb. 4-23: Stiegenhaus in Schloss Miramar mit Fontäne, 1860er Jahre (© Bundesmobilienverwaltung)

Königin Maria Isabella II. von Spanien wurde unter Aufsicht des Professors Haes von Leopoldo Sánchez, Schüler des königlichen spanischen Kammermalers Federico Madrazo in Madrid nach einem Original desselben, um den Preis von 500 Francs ausgeführt. Das Porträt des Königs Wilhelm III. von Holland verfertigte Hermann F. C. Ten Kate, Direktor der Akademie in Amsterdam, ebenso wie die Kopien der Porträts Carls XV. von Schweden und Georgs V. von Hannover, und zwar ein jedes um das Honorar von 500 fl.[28] Ursprünglich hatte Maximilian als zentrales Bild der Herrschergalerie das Porträt seines Bruders Kaiser Franz Joseph bestimmt, mit seiner Thronbesteigung 1864 änderte er jedoch die Programmatik und sah nun ein Porträt von sich selbst als Kaiser von Mexiko vor.[29] Den Blickfang des Raumes bildete ein vergoldetes Himmelbett mit Blumenschnitzereien und Hermen. Laut Überlieferung erhielten Maximilian und Charlotte das Prunkbett als Hochzeitgeschenk von dem französischen Kaiser Napoleon III. Es stammt aus dem Palazzo Vendramin und war vormals im Besitz der Herzogin du Barry.[30]

Im nebenan liegenden Audienzsaal (Abb. 4-27) wurde die für das erste Obergeschoss charakteristische Raumgestaltung beibehalten: Die Decke und die Türen erhielten schwere, geschnitzte Holzverkleidungen mit vergoldeten Dekorelementen, während die Wände mit dem roten mexikanischen Seidenstoff spaliert waren. Auch hier zierten sechs Herrscherporträts der nahen österreichischen und belgischen Verwandtschaft die Wände. Dargestellt waren Maximilians Bruder Franz Joseph und seine Gattin Elisabeth, Charlottes Eltern König Leopold I. und Luise von Orléans sowie das französische Kaiserpaar Napoleon III. und Eugenie. Die Supraporten zierten drei Gemälde von historisch

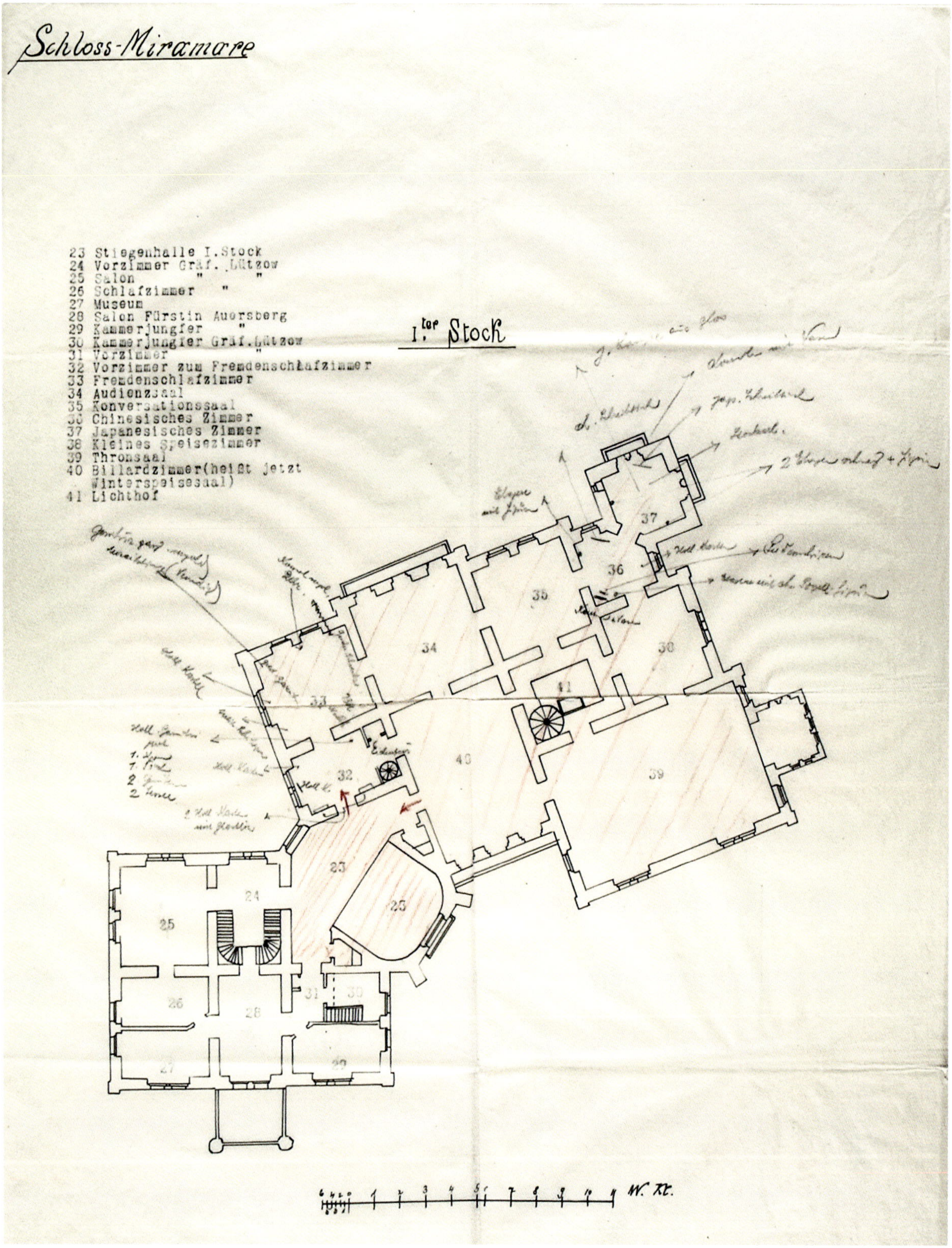

Abb. 4-24: Grundriss des ersten Obergeschosses von Schloss Miramar, Tinte, Bleistift und Buntstift auf Transparentpapier, 2. Hälfte 19. Jahrhundert (© Bundesmobilienverwaltung)

Abb. 4-25: Kabinettschrank aus dem Stiegenhaus in Schloss Miramar, Palisander, Bein, Stein, Bronzebeschläge, vergoldet, Süddeutsch, um 1640 (© Bundesmobilienverwaltung/EK)

Abb. 4-26: Fremdenschlafzimmer im ersten Obergeschoss von Schloss Miramar, Fotopapier, 1860er Jahre (© Bundesmobilienverwaltung)

Abb. 4-27: Audienzsaal im ersten Obergeschoss von Schloss Miramar, 1860er Jahre (© Bundesmobilienverwaltung)

Abb. 4-28: Kaminabdeckung mit dem österreichisch-mexikanischen Wappen aus dem Audienzsaal in Schloss Miramar, Buche, vergoldet, Seidenrips mit Baumwollkette, um 1865 (© Bundesmobilienverwaltung/EK)

Abb. 4-29: Konversationssaal im ersten Obergeschoss von Schloss Miramar, 1860er Jahre (© Bundesmobilienverwaltung)

bedeutsamen Residenzen. Laut dem im Staatsarchiv in Triest verwahrten Zimmereinrichtungsplan sollten Ansichten der Insel Lacroma, der Wiener Hofburg und von Schloss Schönbrunn Verwendung finden.[31] Das Bildprogramm wurde jedoch von Maximilian abgeändert, und Carl Haase malte 1866 die Darstellungen des Stammsitzes der Habsburger in der heutigen Schweiz, der Wiener Hofburg sowie von Schloss Chapultepec in Mexiko[32], dem Regierungssitz Maximilians. Der Kaiser verwies somit wieder auf die Tradition des Habsburgerreiches und dessen direkte Fortführung in Mexiko.

Die vergoldeten und nun mit dem mexikanischen Stoff neu bezogenen Sitzmöbel stammten ursprünglich aus der Villa Lazarovich. Eines der wertvollsten Objekte aus Maximilians Möbelsammlung fand im Audienzsaal neben dem Kamin Aufstellung: der vormals in der Triestiner Villa Maximilians verwendete Marie-Antoinette-Sekretär (Abb. 3-09) des Ebenisten Adam Weisweiler. In der Sammlung der Bundesmobilienverwaltung hat sich außerdem aus diesem Raum die auf dem Foto deutlich erkennbare Kaminabdeckung (Abb. 4-28) erhalten, auf der das Wappen des Erzherzogs und die mexikanische Kaiserkrone dargestellt sind.

Die wandfeste Ausstattung des daneben befindlichen Konversationssaales (Abb. 4-29) entspricht jener des Audienzsaals: eine aufwendige Kassettendecke mit dem Familienwappen der Coburgs, hüfthohe Lambrien und geschnitzte Türumrahmungen in Form von Karyatiden sowie das im ersten Obergeschoss obligatorische Wandspalier aus dem roten

Abb. 4-30: Kleines Speisezimmer im ersten Obergeschoss von Schloss Miramar, 1860er Jahre (© Bundesmobilienverwaltung)

Seidenstoff mit den herrschaftlichen Kaisersymbolen. Die Supraportenbilder gehen auf den Triestiner Maler Giuseppe Pogna zurück und zeigen Maximilians erstes Heim, das Maxing-Schlösschen in Wien-Hietzing, das Arsenal an der Punta degli Olivi bei Pula, wo die österreichischen Kriegsschiffe gebaut wurden, sowie Schloss Miramar mit noch unvollendetem Park, seine größte architektonische Leistung. An den Wänden hingen Porträts des Malers Gennaro Ruo von Maria Therese, Königin von Neapel, und Ferdinand II., König von Sizilien. Eduard Heinrich steuerte 1863 zwei Bildnisse von Charlotte und Maximilian bei, und auf Cesare Dell'Acqua gehen die Gemälde von Ernst von Coburg sowie Charlottes Vater Leopold zurück.[33]

Auf den Konversationsaal folgten ein chinesisches und ein japanisches Kabinett. Im 18. und 19. Jahrhundert war es in Europa Mode, asiatische oder orientalische Zimmer in den Residenzen zu installieren. Während der Kaiser in der Villa Lazarovich noch einen typisch maurischen Salon einrichten ließ, entschied er sich in Schloss Miramar für die asiatische Motivik. Sowohl die wandfeste Ausstattung in Form der Holzverkleidungen und Stofftapeten als auch des Bildprogramms und der Möbel war eindeutig chinesisch beziehungsweise japanisch inspiriert. Die Einrichtungsgegenstände stammten teils von der von Maximilian initiierten Weltumsegelung der Fregatte Novara sowie teils aus den Antiquitätenläden der Stadt.[34] Das chinesische Kabinett fungierte aufgrund seiner Lage im Grundriss (Abb. 4-24) als Vorzimmer des japanischen Kabinetts, das im Turmzimmer untergebracht war. Maximilian plante

Abb. 4-31: Cesare Félix-Georges Dell'Acqua, Die Abreise von Maximilian und Charlotte von Miramar nach Mexiko am 3. Oktober 1863, Öl auf Leinwand, 1867 (© CM)

ursprünglich im japanischen Zimmer die Schatzkammer einzurichten: »In der Mitte der viereckige Kasten aus der Bibliothek, darauf ein rother Sammtpolster für die Diamanten, darüber ein Glassturz, alle kleinen Mosaiktische, ein schönes Gitter zur Thür. (…) Auf die Wände Elfenbein Schnitzwaren, Pokale, Münzen, Miniaturen, Gebethbücher, Pergamente, die reichen Fächer der Frau Erzherzogin, die Dosen, Ringe, Elfenbein Cassetten.«[35] Wie den »Anmerkungen für Hoffmann« zu entnehmen ist, wurde dieser Plan jedoch wieder verworfen und das Turmzimmer im japanischen Stil als Fortführung des chinesischen Kabinetts eingerichtet.[36]

Den Höhepunkt der Herrschaftsmanifestation Maximilians und gleichzeitige Verankerung von Schloss Miramar als historischer Standort findet sich im kleinen Speisezimmer (Abb. 4-30), für dessen Bildprogramm Kaiser Maximilian verantwortlich zeichnete. Es beinhaltet die Geschichte des Standortes von Schloss Miramar, der Landspitze von Grignano. Der Maler Cesare Dell'Acqua fertigte zwischen 1858 und 1867 sieben Gemälde an, die historische Szenen in Zusammenhang mit dem Standort Miramar zeigen und somit dessen bedeutsame Vorgeschichte unterstreichen: Kaiserin Livia während der Weinlese, Besuch der Argonauten an der Timavus-

Abb. 4-32: Thronsaal im ersten Obergeschoss von Schloss Miramar, 1860er Jahre (© Bundesmobilienverwaltung)

Abb. 4-33: Armlehnstuhl aus dem Thronsaal in Schloss Miramar, Nussbaumholz, Weichholz, vergoldet, Baumwollsamt mit reliefartiger Applikationsstickerei, Silberfäden, 1. Hälfte 18. Jahrhundert (© Bundesmobilienverwaltung/TK)

mündung, Kaiser Leopold I. besucht im September 1660 das Franziskanerkloster von Grignano. Drei Gemälde widmeten sich bedeutsamen Ereignissen aus der jüngsten Geschichte des Schlosses: die Ankunft Kaiserin Elisabeths in Schloss Miramar am 18. Mai 1861, die mexikanische Deputation bietet Maximilian am 3. Oktober 1863 die Kaiserkrone an (Abb. 4-15) sowie die Abreise des Kaiserpaares (Abb. 4-31) von Miramar nach Mexiko am 14. April 1864.[37]

Das 1867 datierte und signierte Deckengemälde Dell'Acquas stellt die Apotheose Maximilians und die Gründung Miramars dar. Über dem im kaiserlichen Ornat gewandeten Kaiser schwebt das imperiale Symbol Mexikos, der Adler mit der Schlange im Schnabel. Die dem Kaiser zu Füßen liegenden nackten Frauenfiguren symbolisieren die Kontinente Europa, Amerika und Afrika. Ein Putto zeichnet den Schlosskomplex von Miramar, dahinter befinden sich die Allegorien der Architektur, der Bildhauerei und der Malerei.[38]

Seine Finalisierung fand das plakative Bildprogramm durch die Darstellung eines großformatigen Stammbaums der Habsburger und Lothringer, ausgeführt von dem Maler Eduard Henrich, im imposant wirkenden Thronsaal (Abb. 4-32) und die dort installierte Ahnengalerie, deren Bilder ursprünglich aus dem Gartensalon der Villa Lazarovich stammten.[39] Der Saal beeindruckte mit seiner Größe, er nahm zwei Stockwerke ein und war rund fünfzehn Meter lang. Eine aufwendige, im neogotischen Stil gestaltete Holzkonstruktion strukturierte die Decke. Schon während der Ausführung der Tischlerarbeiten am Plafond wurde an den in Mexiko weilenden Kaiser berichtet: »Das Ganze verspricht höchst imposant und großartig zu werden.«[40]

Der Thron des Kaisers war an der Schmalseite zwischen den beiden Türen positioniert und wurde durch einen Baldachin betont. Die vergoldeten barocken Armlehnstühle (Abb. 4-33) waren mit einem dunkelroten Baumwollsamt mit reliefartiger Applikationsstickerei aus Silberfäden bezogen. Einige Stühle besitzen noch heute die erstaunlich gut erhaltene Originaltapezierung.

In der Zwischenkriegszeit zerstörte ein Brand die kompletten Wand- und Deckentäfelungen des Thronsaales. Durch den darauffolgenden Einbau einer Zwischendecke verringerte sich die Höhe des Saales. Erst 1976 wurde der Raum einer grundlegenden Restaurierung unterzogen und infolgedessen die historischen Raummaße sowie die Galerie und die Deckengestaltung rekonstruiert. Auf die Wiederherstellung der Wandverkleidung wurde jedoch verzichtet.[41]

Die Folge der Repräsentationsräume wurde durch ein an den Thronsaal anschließendes Winterspeisezimmer abgeschlossen. Einen besonderen Blickfang stellte die holzgetäfelte Decke dar, deren Kassettenfelder mit Möwendarstellungen verziert waren, die Sinnsprüche im Schnabel halten.

Kaiser Maximilian sollte die Vollendung von Schloss Miramar nicht mehr erleben. Erst vier Jahre nach seinem Tod wurde die Ausstattung der Repräsentationsräume durch den Bildhauer August La Vigne fertiggestellt.[42]

DER SCHLOSSPARK MIRAMAR

Schloss Miramar ist umgeben von einer 22 Hektar großen Parkanlage (Abb. 4-34), deren Planung auf Erzherzog Ferdinand Maximilian selbst in Zusammenarbeit mit Carl Junker (Abb. 4-35) zurückzuführen ist. Ebenso wie sich der Erzherzog profundes Architekturwissen angeeignet hatte, zählte er auch zu den Kennern und Liebhabern der Flora. Auf seinen zahlreichen Reisen, die ihn unter anderem bis nach Brasilien führten, studierte er eingehend die dort einheimischen Pflanzenarten und machte detaillierte Aufzeichnungen darüber: »Wir gehen bei dieser Gelegenheit alle Pflanzenlisten, die ich seit Jahren auf meinen Reisen gesammelt habe durch und finden wahre Schätze.«[43] Manchmal griff er auf diese Unterlagen bei seinen Planungen für die Parkanlagen in Miramar, Lacroma und später auch in Mexiko zurück und versuchte diese Pflanzen zu kultivieren. Vor allem sein Hofgärtner Anton Jelinek stand ihm als kompetenter Berater zur Seite.

Abb. 4-34: Schloss und Park in Miramar, Gouache auf Papier, 1860er Jahre (© Bundesmobilienverwaltung/EK)

Das ursprüngliche Grundstück in Miramar war karstig und fiel steil zum Meer hin ab, die Hänge waren nur spärlich bewachsen. Um den heute malerisch wirkenden und teilweise von dichtem Baum- und Palmenbewuchs gekennzeichneten Park anlegen zu können, bedurfte es grober Eingriffe in die natürliche Struktur des Geländes, das, bildhaft ausgedrückt, nach den Anweisungen des Erzherzogs künstlich modelliert wurde. Felsbrocken wurden an mancher Stelle abgetragen und an anderer Stelle Aufschüttungen durchgeführt; dazu ließ Ferdinand Max eigens Erde aus der Steiermark und Kärnten nach Triest liefern.[44] Die Ausführungsarbeiten erstreckten sich über einen Zeitraum von sieben Jahren, von 1857 bis 1864.

Die ausführenden Arbeiten wurden zu Beginn unter der Leitung des Gärtners Josef Laube durchgeführt, der zuvor in Laxenburg tätig gewesen war. Nach Unstimmigkeiten mit dem Erzherzog war ab 1859 Anton Franz Jelinek (geb. 1820) für die Umsetzung der Parkanlage in Miramar verantwortlich. Jelinek war Maximilian als Teilnehmer der Novara-Expedition bekannt.[45] Nach Beendigung der Arbeiten in Miramar begleitete er 1864 den zum Kaiser berufenen Maximilian nach Mexiko, wo er das Amt des Hofgärtners innehatte. Von Erzherzog Ferdinand Maximilian und Anton Jelinek existiert im Haus, Hof- und Staatsarchiv ein umfangreicher Schriftverkehr zur Entstehung des Parks von Miramar. Wenn Maximilian auswärts weilte, lieferte Jelinek regelmäßig detaillierte Berichte an den Erzherzog, die das Wetter, die aktuellen klimatischen Verhältnisse, das Wachstum der Pflanzen und die weitere Bewirtschaftung der Parkfläche zum Inhalt hatten.[46]

Der Stil des Parks ist als eklektizistisch zu bezeichnen; er weist sowohl Charakteristika des französischen Barockgartens als auch des englischen Landschaftsgartens auf. Die Straße von Triest nach Miramar verläuft entlang der Küste; nähert man sich dem Schloss, passiert man zuerst die Stallungen und Remisengebäude, anschließend führt der Weg durch ein gemauertes Tor ins eigentliche Schlossareal. Richtung Osten und Norden erstreckt sich der Teil des Parks, der als Landschaftsgarten ausgeformt ist. Durch dichten Waldbewuchs führen geschlungene Wege, dazwischen finden sich Wasserläufe, Teiche und Schauarchitekturen, wie zum Beispiel die künstlich geschaffene Felsengrotte.

Das Schloss liegt auf einem Plateau, in dessen Zentrum ein von Rabatten gesäumter Brunnen steht. Eine ausladende Treppenanlage führt vom Schloss terrassenförmig zum Hafen hinab. Vom Schlossplateau zur Nordseite des Parks verläuft ein bewachsener Laubengang, der gleichzeitig als trennendes Element hin zum östlich situierten Landschaftsgarten und als verbindendes Element hin zu den westlich angelegten Bereichen fungiert. Er verbindet das Schlossplateau mit dem Barockgartenbereich, der aus symmetrisch angeordneten Rabatten besteht. Die Gliederung wird durch die in den Beeten aufgestellten Statuen zusätzlich betont. Am Nordende ist das Caféhaus situiert. Am Westende des Parks liegt das Castelletto, nörd-

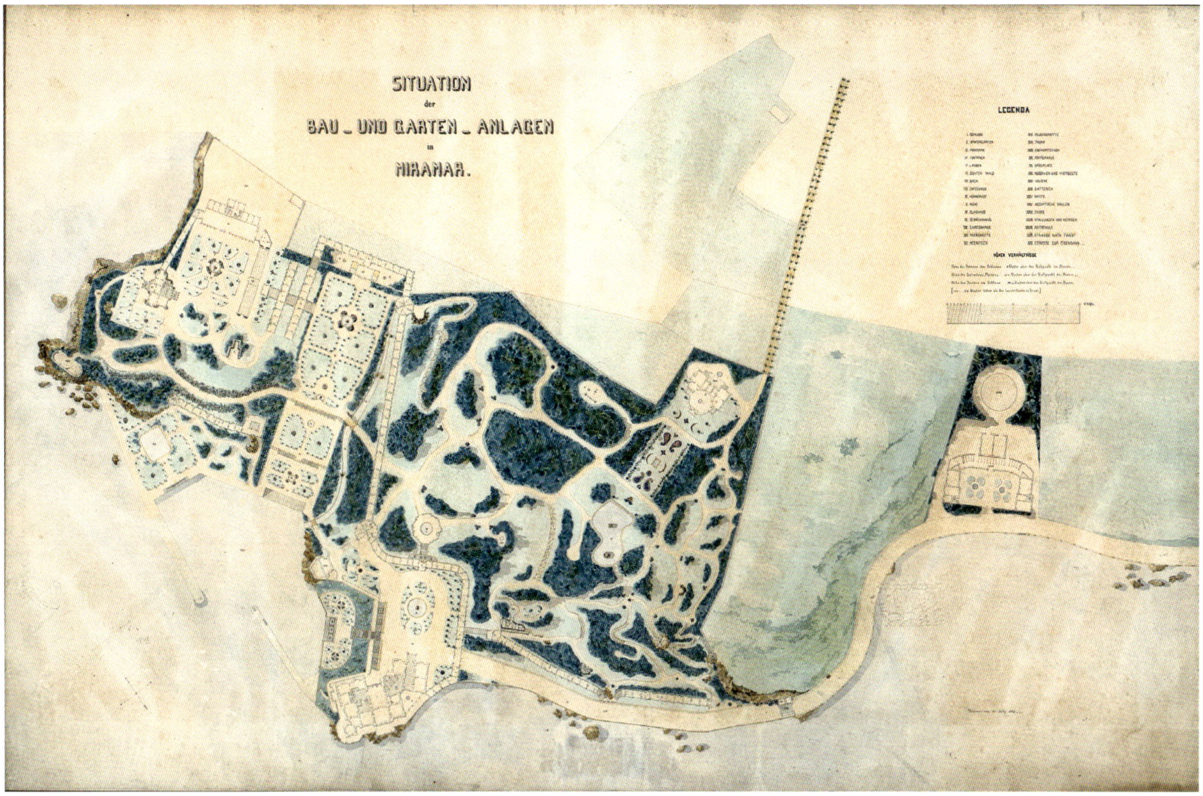

Abb. 4-35: Carl Junker, Situation der Bau- und Gartenanlagen in Miramar, endgültiger Entwurf, Aquarell auf Papier, 1856 (© CM)

lich davon befindet sich wiederum ein durch symmetrisch angeordnete Blumenbeete gegliedertes Plateau, dessen Abschluss ein Gewächs- und ein Glashaus bilden. Wie auf dem Plan des Parks ersichtlich, treten die barocken Blumenbeete immer in Kombination mit Gebäuden auf, die lineare Gestaltung dient zur Akzentuierung der Architektur. Den Kontrast dazu bildet, wie bereits erwähnt, die scheinbar zufällig verlaufende gewundene Wegeführung des englischen Landschaftsgartens.

Mit Blick auf die Bepflanzung des Schlossparks lassen sich ebenfalls zwei Bereiche unterscheiden, einer mit nordischem und einer mit mediterranem Bewuchs. Als Vorbild diente Ferdinand Max der Schlosspark Pena in der Nähe von Lissabon.[47] 1852 besichtigte Maximilian die Anlage, in seiner Reisebeschreibung betonte er den Gegensatz der unterschiedlich bepflanzten Partien: »Die großen Gartenanlagen in den Thälern und auf den Felsenhügeln um das Schloss herum sind, wenn auch noch sehr jung, doch glücklich ausgeführt. Große Pinusmassen, mit ihrem feuchten, geheimnisvollen Dickicht und ihrem stärkenden Alpendufte versetzen den Deutschen in die frischen Gegenden der Heimath. Glücklich benützte Felsenpartien, mit Epheu und Blumenmassen umsponnen, erfreuen das Auge und bezeugen dem Fremden die Fruchtbarkeit des südlichen Bodens und des winterlosen Klimas.«[48]

Bei der Parkgestaltung von Miramar legte Maximilian großen Wert auf eine Vielfalt der Pflanzen als Zeugnisse seines botanischen und gartentechnischen Könnens.[49] Für den sogenannten nordischen Bereich importierte er Pflanzen aus seiner österreichischen Heimat, unter anderem aus dem Schlosspark Schönbrunn. Im südländischen Bereich ließ Maximilian typisch mediterrane Gewächse aussetzen, zu diesen zählten auch jene, die er auf Reisen, unter anderem in Brasilien und Gibraltar, erworben hatte. Zusätzlich dienten die im Park befindlichen Glashäuser als botanische Versuchsanstalt.

Abb. 4-36: Giuseppe Giuliuzzi, Projekt für ein Seebad in Miramar, Aquarell auf Papier, 1860er Jahre (© ÖNB/Wien)

In der Kartensammlung der österreichischen Nationalbibliothek befinden sich Zeichnungen zum Park von Miramar. Die aufwendig angefertigten Bilder von Guiseppe Giuliuzzi zeigen architektonische Projekte, die für die Anlage vorgesehen waren, jedoch nur zum Teil verwirklicht werden konnten, wie etwa die Toreinfahrt, für die extra ein Felsen weggesprengt werden musste. Es ist immer sowohl der vorherige als auch der Zustand nach den Arbeiten dargestellt – eine Klappe wird über das Bild, also den Ist-Zustand, gelegt und zeigt die zukünftige Ansicht. Im Gegensatz zur Tordurchfahrt kam das Projekt für ein Seebad (Abb. 4-36) nicht zur Ausführung.

Der Park von Miramar diente Maximilian überwiegend als Privatgarten, zu bestimmten Öffnungszeiten öffnete er die Tore und gab ihn der Bevölkerung zur Benutzung frei.

CASTELLETTO IM SCHLOSSPARK MIRAMAR

Im Osten des Schlossparks ließ der Erzherzog ein zweistöckiges Gartenhaus mit Turm (Abb. 4-37), genannt Castelletto, nach den Plänen von Carl Juncker errichten, das bereits 1859 fertiggestellt war und das Maximilian und Charlotte vor Fertigstellung des Schlosses als Wohnsitz diente. Formal folgte die Gestaltung des Gartenhauses dem romantisch anmutenden englischen Tudorstil des Hauptgebäudes, wobei sich für das Castelletto ein konkretes Vorbild ausmachen lässt. Es handelt sich dabei um das von Johann Romano und August Schwendenwein 1843/44 für Joachim Eduard Graf Münch-Bellinghausen entworfene Schloss Merkenstein (Abb. 4-38) bei Bad Vöslau.

Bei beiden Gebäuden sind die vorspringenden zweigeschossigen Gebäudeteile mit Giebeldächern

Abb. 4-37: Maximilians und Charlottes Gartenhaus im Schlosspark Miramar, genannt Castelletto, 1856-59 (© CM)

Abb. 4-38: Johann Romano und August Schwendenwein, Schloss Merkenstein bei Bad Vöslau, Niederösterreich, 1843/44 (© ÖNB/Wien)

versehen, die den Kontrast zu den erhöhten, dreigeschossigen Turmbauten mit Zinnenbekrönung bilden. Im Erdgeschoss befand sich neben den Dienerzimmern auch ein Schlafzimmer des erzherzoglichen Paares. Die Wände dieses Raumes zierten wertvolle Porträtdarstellungen (Abb. 4-39) des Malers Jean-Étienne Liotard; einige dieser Pastelle sind heute in Schloss Schönbrunn ausgestellt. Im ersten Stock des Gartenhauses waren drei Wohnräume untergebracht. Es ist anzunehmen, dass diese drei Zimmer nach den Raumdimensionen der Villa Lazarovich geplant wurden, denn Ferdinand Maximilian ließ die komplette Ausstattung seiner privaten Gemächer, bestehend aus den Möbeln (Abb. 4-40), Dekorationsobjekten (Abb. 4-41, 4-42), Kunstgegenständen und der vollständigen Wand- und

Abb. 4-39: Jean Etienne Liotard, Kinder mit Seifenblasen, aus dem Schlafzimmer im Castelletto in Miramar, Pastell auf Pergament, um 1750 (© SKB/EK)

Abb. 4-41: Teller aus dem orientalischen Zimmer in der Villa Lazarovich, ab 1859 im Castelletto in Miramar in Verwendung, Messing, gefasst, 2. Hälfte 19. Jahrhundert (© Bundesmobilienverwaltung/EK)

Abb. 4-40: Kommode aus dem zweiten Gastzimmer in der Villa Lazarovich in Triest, ab 1859 im Castelletto in Miramar in Verwendung, Nussbaumholz, Buchsbaumholz, Ahorn, grün gefärbte Furnier, Brandtechnik, 2. Hälfte 18. Jahrhundert (© Bundesmobilienverwaltung/EK)

Abb. 4-42: Vase aus dem Cavalierszimmer im Castelletto in Miramar, Terracotta, gefasst, 2. Hälfte 19. Jahrhundert (© Bundesmobilienverwaltung/EK)

Abb. 4-43: Orientalischer Salon im Castelletto in Miramar, 1860er Jahre (© Bundesmobilienverwaltung)

Deckenvertafelung, eins zu eins ins Gartenhaus transferieren. Sogar die in der Villa Lazarovich eingebauten Lichtkuppeln im Cavaliersalon und im orientalischen Zimmer ließ der Erzherzog im Castelletto zu rein dekorativen Zwecken einbauen – ihrer ursprünglichen Funktion beraubt, enden sie hier im Dachboden des Gartenhauses.

Das Zentrum des Gebäudes bildete wie in der Villa Lazarovich der orientalische Salon (Abb. 4-43), der vom ehemaligen Schlafzimmer und vom Cavalierszimmer (Abb. 4-44) flankiert wurde. Betreten wurde die Raumfolge durch das ehemalige zweite Gastzimmer, dessen vollständige Vertäfelung samt Gemälden der Schönheitengalerie in den Raum übertragen wurde. Eine kleine Terrasse war sowohl vom Bilderzimmer als auch vom Salon aus zugänglich.

Während die Räumlichkeiten im Erdgeschoss des Hauses mittlerweile zu einem WWF-Besucherzentrum umgebaut wurden, sind im ersten Obergeschoss Teile der Originalausstattung in Form der Wand- und Deckenverkleidungen noch erhalten. Einzige Ausnahme bilden die Gemälde der Schönheitengalerie, die nicht mehr vorhanden sind und durch florale Darstellungen ersetzt wurden.

Im Castelletto lebte das erzherzogliche Paar sehr zurückgezogen, privat, ohne Hofstaat, lediglich unterstützt von einem Kammerdiener. Wie Maximilian gerne betonte, verbrachte er im Castelletto mit Charlotte die glücklichsten und unbeschwertesten Stunden.

Abb. 4-44: Cavalierszimmer im Castelletto in Miramar, 1860er Jahre (© Bundesmobilienverwaltung)

MUSEUM IN MIRAMAR

Über Jahre hatte Maximilian auf zahlreichen Reisen seine vielfältige Sammlung, bestehend aus ethnografischen, naturkundlichen und kunstgewerblichen Objekten, Autografen sowie persönlichen Erinnerungsstücken zusammengetragen. Zu diesen zählten etwa auch so skurril anmutende Objekte wie die Feder, mit der Kaiser Ferdinand 1848 in Olmütz seine Abdikationserklärung unterzeichnet hatte, oder Glasmosaiksteinchen aus dem Markusdom in Venedig, die Maximilian bei einem Besuch an sich genommen hatte. Da die erzherzogliche Sammlung Ende der 1850er-Jahre auf ein enormes Maß angewachsen war, lag die Schaffung eines Museumsbaus nahe.

Das Ausstellungsgebäude sollte im Nordosten des Schlossparks Miramar (Abb. 4-35) errichtet werden und den Charakter eines Privatmuseums haben, das heißt die Person des Sammlers selbstherrlich im Zentrum stehen. Laut Maximilian sollte die Präsentation die »Beziehungen der Person des Schöpfers und Besitzers zu Kunst, Wissenschaften, zu gemachten Reisen und Lebensepochen«[50] zeigen und sein Wirken als Oberkommandant der österreichischen Kriegsmarine beleuchten. Die Dekoration der Schauräume wäre passend zu den Sammlungsbereichen im orientalischen, ägyptischen oder mexikanischen Stil ausgeführt worden. Die Errichtung eines Museums von der Idee bis zur Umsetzung beschäftigte Maximilian über viele Jahre. So vermerkte er beispielsweise 1863 in seinem Tagebuch: »Ordne mit Radonetz und Jilek alle Gegenstände, welche in das hinter dem Parterre zu erbauende Museum kommen sollen; es wird eine interessante und reiche Sammlung, besonders die ethnografischen und egyptischen Partien.«[51] Ein Konzept zur Ausformung und Einrichtung des Museumgebäudes sowie zur Aufstellung der Sammlungen formulierte Kaiser Maximilian im Mai 1866 in Chapultepec. Dieses Dokument legt die genauen Vorstellungen des Bauherrn im Detail dar und soll daher an dieser Stelle auch in großen Teilen wiedergegeben werden:

»(Im Museum) entstehen demnach (...) drei Hauptgruppen, welche: das Wirken des Kaisers als Chef der österreichischen Marine, die Reisen in den verschiedenen Continenten und die Bestimmung des Kaisers in seinem neuen Vaterlande, zur Anschauung bringen. (...)

Unter den Hauptlokalen hat jenes, welches speziell die Beziehungen des Kaisers zur Marine veranschaulicht; Schiffsmodelle, Pläne, sowie Abbildungen jener Fahrzeuge zu enthalten, welche der Kaiser selbst kommandierte oder welche unter seinem Commando erbaut wurden. (...)

Die Reisen des Kaisers werden in folgenden Lokalen dargestellt:

a.) Ein orientalisches Gemach im altarabischen reichen Style, welches alle Waffen, Einrichtungsgegenstände, Utensilien etz. zu enthalten hat, die der Kaiser von den Reisen in der Türkei, Egypten, Syrien, Algier und Marocco mitgebracht hat. In denselben muß sich ein Empor befinden, auf welchen die Divane angebracht und die Rauchapparate aufgestellt werden, das Licht fällt durch die Kuppel und Sterne in das Gemach und unter der Kuppel im Zentrum desselben wird ein in Marmor ausgeführter orientalischer Springbrunnen angebracht; und in die Wände die Ansichten von Smyrna, Bayruth, Jerusalem, Cairo, Alexandrien, Suez, Antivarri, Durazzo, Algier, Tetuan, Tanger und Bethlehem eingefügt. (...)

b.) Ein im rein altegyptischen Style gehaltenes Gemach nach Art des Berliner Museums und den speziellen Angaben des Professor Reinisch, welches bestimmt ist, die altegyptische Sammlung des Kaisers aufzunehmen. (...)

Der Hof des Museum-Gebäudes, welcher mit Glas gedeckt wird, muß nach Art der römischen impluvias gebaut und dekoriert werden, in denselben kommen die altgriechischen und altrömischen Gegenstände, speziell jene von Athen, Pompeji und von der adriatischen Küste (...).

Ein anderes größeres Lokal wird ausschließlich den Naturwissenschaften gewidmet und kommen in dasselbe die zoologisch, botanisch und mineralogischen Sammlungen aus den Ländern und Meeren, welche der Kaiser bereist hat (...) und dann in einer Gruppe alle naturwissenschaftlichen Gegenstände aus Mexico. (...)

In ein anderes kleines Gemach kommt die autografische Sammlung (...). Ein anderes Zwischenlokal wird für die Aufstellung aller historischen Gegenstände (...), welche Bezug auf die Familie und Person des Kaisers haben, bestimmt. In diese Sammlung kommen natürlich auch die bezüglichen Gegenstände aus Mexico, dann solche wie z. B. die Feder mit welcher seinerzeit Kaiser Ferdinand der Erste die Abdication unterschrieb. (...)

Das letzte große Gemach ist endlich in ähnlicher Weise wie der egyptische Saal der griechisch römische Hof, den mexicanischen Alterthümern geweiht. (...)

Im vorderen Theile des Museums u. z. im Mittelpunkte der Hauptfassade mit der Aussicht auf die Parterre und das Meer kommt ein Prunksaal welcher in ernstem würdevollen Style gehalten und reich mit Marmor geschmückt sein muß; in diesem Saale welcher auch als Speisesaal verwendet werden wird, werden die Büsten I. I. M. M. des Kaisers oder Kaiserin aufgestellt und darf demselben eine Loge fur die Tafelmusik nicht fehlen. (...)

Mit der Herstellung des Baues dieses Museums, der Dekorierung, Einrichtung und den betreffenden Anschaffungen sind entweder activ oder berathend betraut der Herr Präfekt von Miramar und die Herren: Architekt Kaiser, die Professoren Bilimek und Reinisch, Dr. Jilek und die Maler Fiedler und Seleny. Vorstehendes Schriftstück ist ein Diktat von S. M. des Kaisers Maximilian von Mexico«.[52]

Die Kartensammlung der Österreichischen Nationalbibliothek besitzt mehrere Entwurfszeichnungen zum geplanten Museumsbau in Miramar. Sie stammen von unterschiedlichen Architekten, wie Josef Giuliuzzi (Abb. 4-45) oder Thomas Friedrich (Abb. 4-46), der bereits in Lacroma für den Kaiser tätig war. Obwohl die Vorschläge stilistisch voneinander abweichen, entsprechen alle in Grundriss

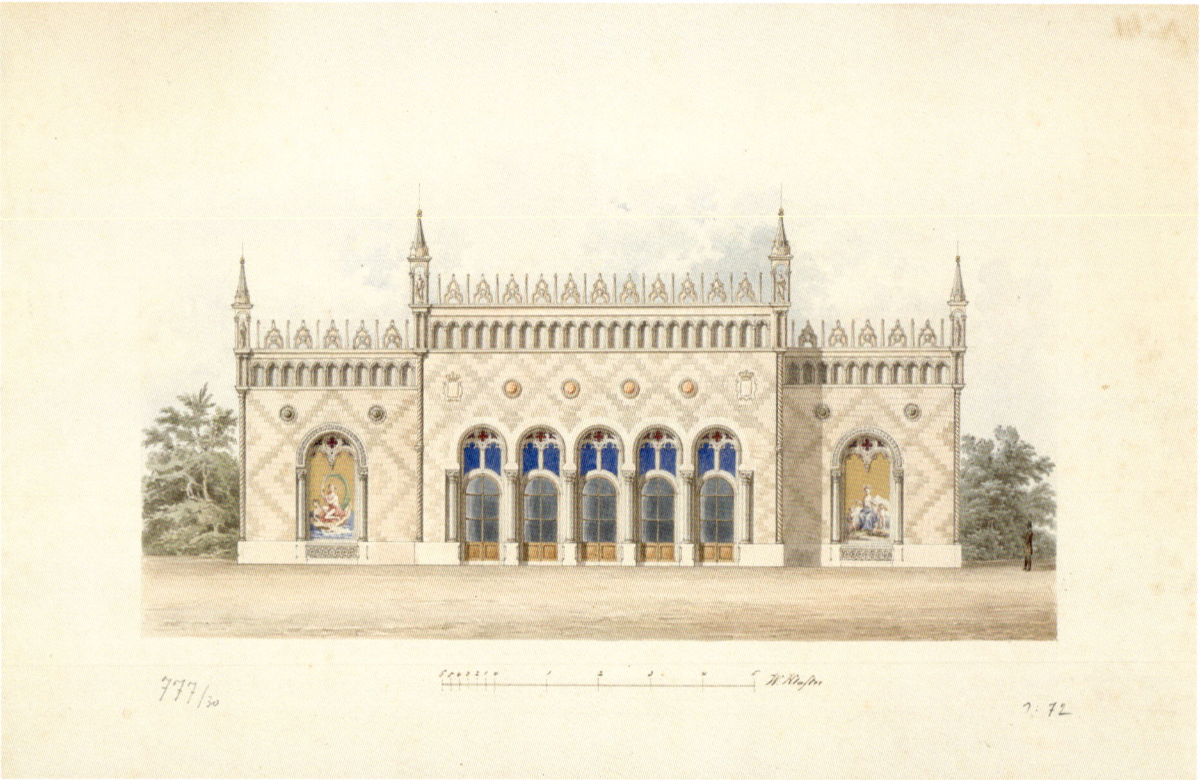

Abb. 4-45: Josef Giuliuzzi, Entwurfszeichnung für einen Museumsbau in Miramar, Aquarell auf Papier, um 1860 (© ÖNB/Wien)

und Aufriss den von Maximilian formulierten Anforderungen. Der Kaiser wollte den Museumsbau im selben Stil wie das Schloss und das Castelletto ausgeführt wissen, er nannte dies »Ein-Stil-Gesamtkonzept«. Die Gebäude sollten »ein ununterbrochenes Ganzes bilden, jede Störung wäre eine Sünde gegen den imposanten Totaleindruck.«[53] Diesbezüglich missfiel ihm Giuliuzzis Fassadenentwurf (Abb. 4-45); seiner Ansicht nach wich er formal zu stark von der Gestaltung des Hauptgebäudes ab.[54] Daraufhin beauftragte Maximilian den österreichischen Architekten Carl Kaiser, der in Mexiko für ihn als Hofarchitekt tätig war, mit der Planung des Museumsbaus; bis Ende Januar 1867 sollte er dem Kaiser Zeichnungen zur Begutachtung vorlegen.[55] Infolge der dramatischen politischen Ereignisse in Mexiko, die im Juni 1867 zur Hinrichtung des Kaisers führten, kam es jedoch nicht mehr dazu.

Letztendlich gelangte das ambitionierte Museumsprojekt in Miramar über das Entwurfsstadium nicht hinaus. Stattdessen wurden noch zu Lebzeiten Maximilians einige Räume im Schloss für Museumszwecke hergerichtet, wo die wichtigsten Objekte der Sammlung ausgestellt waren. Ein Inventar der provisorisch eingerichteten Museumsräume wird in der Bundesmobilienverwaltung aufbewahrt und gibt genauen Einblick in die Zusammensetzung der kaiserlichen Sammlung.

MAXIMILIAN ALS BAUHERR UND EINRICHTER

»Wenn ich auch nie mehr nach Europa zurückkomme, so will ich doch, daß meine Jugendgenossen, und die mir so werthen Bevölkerungen der Küste sich meiner eines vollendeten Miramar und Lacorma freuen, und daß sie sehen mögen, daß ich trotz aller Schwierigkeiten und Hindernissen in der Sphäre, die mir eigen war, mit festem Willen etwas Gelungenes zu leisten im Stande war.«[56]

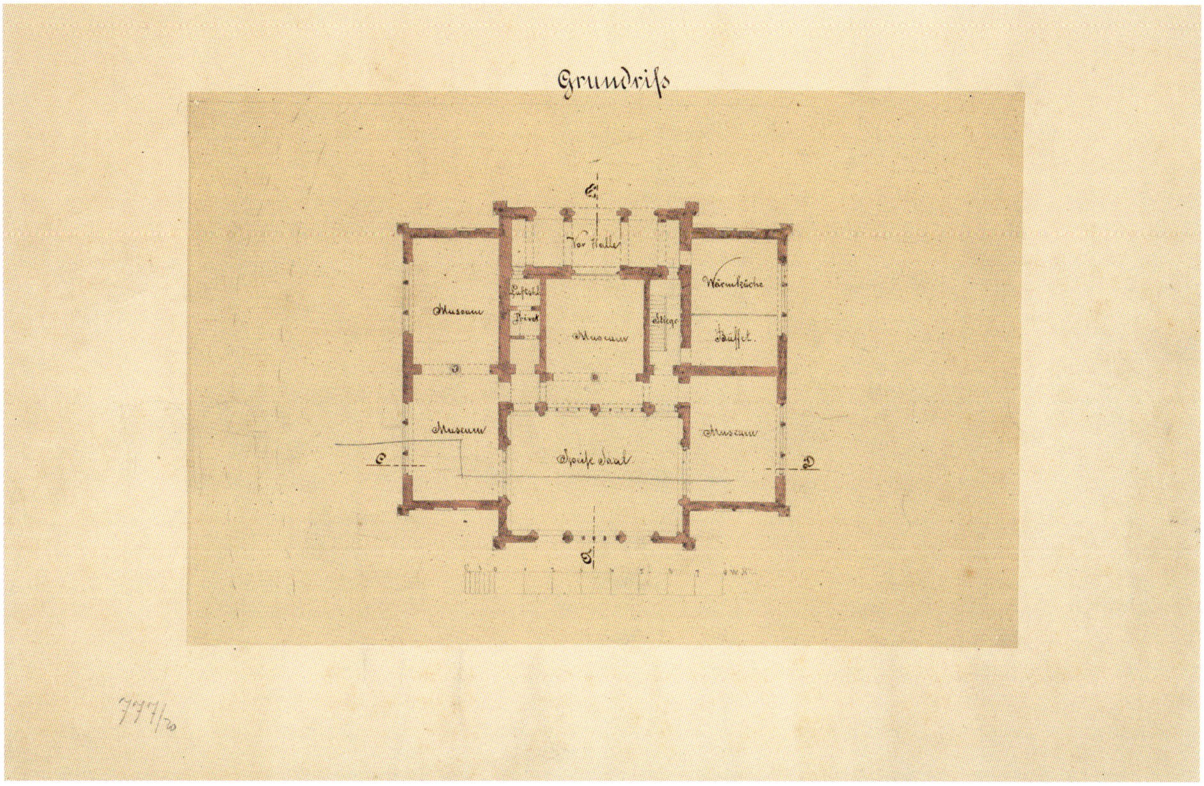

Abb. 4-46: Thomas Friedrich (zugeschrieben), Grundriss eines Museumsbaus in Miramar, Tusche auf Papier, um 1860 (© ÖNB/Wien)

Alle Architektur- und Raumschöpfungen Maximilians sind – ihrer Entstehungszeit entsprechend – formal dem Historismus zuzuordnen. Die Gestaltungsweise der Interieurs ist zwar im Zeitstil verankert, jedoch in ihrer Ausformung deutlich durch die individuellen Wünsche des Auftraggebers geprägt. Die Ausstattung der Wohnräume ist als dekorativ und überbordend zu bezeichnen; in diesem Zusammenhang sind etwa die großflächigen Wandvertäfelungen oder die übermäßige Anhäufung von Antiquitäten zu nennen. Maximilian war sich seines opulenten Geschmacks durchaus bewusst; so bemerkte er bereits 1852 über die Einrichtung der Villa Lazarovich:

»Meine Wohnung ist nun fast ganz fertig, und wirklich comfortable, ich weiß aber nicht, ob sie jedermann gefallen wird; da die unteren Zimmer wegen der rothen Tapeten dunkel gehalten werden, und die meubles so wie die Rahmen einiger Bilder und die Spiegel altvenezianisch sind. Du kennst meinen Hang zum Altar, der sich auch in Maxing vorherrschend ausspricht.«[57]

Zudem legte Ferdinand Maximilian großen Wert darauf, sich künstlerisch in die Planung einzubringen und als Entwerfer wahrgenommen zu werden. Er kreierte gewisse Standards, die er bei all seinen Bauprojekten einfließen ließ. So finden sich etwa die in den 1850er-Jahren in der Villa Lazarovich installierten Raumtypen auch bei seinen späteren Bauten wieder. Prägnantestes Beispiel ist der Typus des »orientalischen Salons«, den er nach dem Vorbild eines in Algier besuchten orientalischen Zimmers mit denselben Stilelementen (Diwans, bunte Teppiche, exotischer Wandschmuck, Fontäne) mehrmals vorsah, wie im Vergleich der orientalischen Zimmer in der Villa Lazarovich mit dem geplanten Salon in Lacroma nachzuvollziehen ist.

Der Erzherzog verstand das Bauen und Einrichten als Ausdruck von Repräsentation und Herrschaft.

Zeit seines Lebens im Schatten seines älteren Bruders, des Kaisers Franz Joseph, stehend, versuchte er seine eigene Stellung zu festigen. Ferdinand Maximilians ausgeprägter Herrschaftsanspruch war bereits in seiner Jugend spürbar. Seine erste Besitzung, das kleine Schweizerhaus Maxing, erhob er auf eigene Faust zur Grafschaft. Wie ein skurril anmutendes Dokument belegt, ernannte er seinen jüngeren Bruder Carl Ludwig zum gefürsteten Grafen von Maxing.[58] Auch die Installierung von Ahnensälen (Villa Lazarovich, Schloss Miramar) bezeugt den Willen zur Positionierung der eigenen Person.

Darüber hinaus verwendete der Erzherzog enorme Energien auf das Entwerfen und Anschaffen von Repräsentationsobjekten. Lange vor seiner Tätigkeit als Generalgouverneur von Lombardo-Venetien berichtete er bereits von seiner »großen Staatsequipage mit den neuen englischen Pferden und den schweren silberbedeckten Sammetlivréen«, wobei er anmerkte: »Ich muß wirklich selbst gestehen, daß sich das ensemble ganz magnifique (...) macht.«[59] Vergleichbar ist Maximilians Drang zur Manifestierung seiner Stellung und Person in Form von Residenzbauten mit den Bauprojekten seines bayrischen Verwandten Ludwig II. (1845–1886). Als interessantes Detail am Rande ist zu erwähnen, dass Maximilians Dekorateur Julius Hofmann nach dem Tod des Kaisers an den Hof Ludwigs II. wechselte, wo er für die Innenausstattung der Schlösser Neuschwanstein und Herrenchiemsee verantwortlich zeichnete.

SCHLOSS MIRAMAR IM BESITZ DER REPUBLIK ÖSTERREICH

Nach dem Tod Kaiser Maximilians ging das in seinem Privatbesitz befindliche Schloss Miramar in hofärarischen Besitz über. Das Schloss diente fortan den Mitgliedern der kaiserlichen Familie als Absteigequartier während ihrer Triestaufenthalte. Die Interieurs blieben im Großen und Ganzen im Originalzustand erhalten. Maximilians umfangreiche Sammlungsbestände sowie persönliche Erinnerungsstücke waren in Museumsräumen ausgestellt, bis die Objekte 1894 in das Kunsthistorische Museum in Wien verbracht wurden.[60] Um 1900 wurden dann nach und nach auch die Möbel und kunstgewerblichen Gegenstände nach Wien überführt. Die meisten Einrichtungsgegenstände kamen allerdings erst während des Krieges aus Sicherheitsgründen nach Wien, wo sie im Mobiliendepot in seiner Funktion als zentrale Verwaltungsstelle aufbewahrt wurden.

Anlass für eine eingehende Beschäftigung mit Maximilians Nachlass war der Abschluss des Staatsvertrages von Saint-Germain-en-Laye am 10. September 1919 zwischen der Republik Österreich und den alliierten und assoziierten Mächten, der die politischen Bestimmungen in Europa und die Aufteilung der Güter zum Inhalt hatte. Bereits im August 1920, kurz nach Inkrafttreten des Vertrages, forderte Italien unter Berufung auf Artikel 191 und 192 des Staatsvertrages die Rückstellung der Möbel des Schlosses Miramar als dessen Zubehör ein.[61] Die daraufhin eingeleiteten Erhebungen zu den Beständen Maximilians und die Verhandlungen zwischen Österreich und Italien dauerten mehre Jahre an; 1924 kam es zu folgender Einigung:

»Die Bundesregierung verpflichtet sich, der italienischen Regierung ohne Kompensation das ganze Mobiliar, die Bücher usw. des Schlosses Miramare, welche seit dem Monate Juli 1914 von dem Schlosse weggebracht wurden, zurückzuerstatten, sodaß der tatsächliche Zustand der Einrichtung des genannten Schlosses so wiederhergestellt wird, wie er vor dem Kriege war.

Eine Ausnahme wird bezüglich derjenigen Gegenstände gemacht werden, hinsichtlich welcher festgestellt wurde, das sie in Verlust geraten sind und bezüglich der weiteren Gegenstände, von welchen die italienischen und österreichischen Sachverständigen anerkannt haben, daß sie eine ganz spezielle Beziehung zu der Person des Kaisers Maximilian in seiner Eigenschaft als Mitglied des Hauses Habsburg besitzen, ohne daß sie eine ganz spezielle Beziehung zu dem Schlosse Miramare aufwiesen, oder von welchen anerkannt wurde, daß sie ein ganz besonderes Interesse für die Wiener ehemaligen habsburgischen Kunstsammlungen besitzen.«[62]

Demgemäß blieben die bereits vor Juli 1914 aus Miramar abtransportierten Objekte im Besitz der Republik Österreich; die nach dem Stichtag weggebrachten Objekte wurden Italien zugesprochen. Österreich versuchte, die Gegenstände, die von besonderem Interesse für die ehemals habsburgischen Sammlungen waren, gegen Kompensationen im Land zu halten. Zentrales Objekt der Verhandlungen war das sogenannte »Marie Antoinettekästchen«[63], der Sekretär (Abb. 3-09) des Möbelmachers Adam Weisweiler, den Maximilians Gemahlin Charlotte von Frankreichs Kaiser Napoleon III. zum Geschenk erhalten hatte und der zuerst in der Villa Lazarovich und später dann im Audienzsaal von Schloss Miramar Aufstellung fand. Der Sekretär kam erst 1919 nach Wien, wo er im Schloss Schönbrunn präsentiert wurde.[64] Laut den Verhandlungsakten war »der Schreibtisch nicht nur von eminent künstlerischem Werte, sondern auch von höchstem Materialwert (2 Milliarden [österreichische Kronen]).«[65] Schlussendlich akzeptierte Italien als Ausgleich für den Sekretär die Hälfte der Autografensammlung Maximilians, die ursprünglich für Wien gedacht gewesen war.[66]

1926 erfolgte die Rückstellung der Objekte nach Schloss Miramar. Der Transport der Mobilienverwaltung umfasste 17 Lieferwägen und bestand aus Mobilien, kunstgewerblichen Objekten und Kunstgegenständen.[67] Die Nationalbibliothek übergab insgesamt 59 Bücherkisten aus dem Bestand der Miramar-Bibliothek an die italienische Gesandtschaft.[68]

Die in Wien verbliebenen maximilianischen Bestände wurden von dem Mobiliendepot – der heutigen Bundesmobilienverwaltung – weiterhin betreut. 1928 erfolgte die Aufteilung der Objekte an verschiedene Sammlungen und Institutionen.[69] Die Gegenstände befinden sich heute neben den rund 500 erhaltenen Einrichtungsgegenständen in der Bundesmobilienverwaltung, im Heeresgeschichtlichen Museum, im Kunsthistorischen Museum, im MAK – Österreichisches Museum für angewandte Kunst, in der Nationalbibliothek, im Naturhistorischen Museum und im Museum für Völkerkunde in Wien.

ANMERKUNGEN

1 Das Schloß am Meer, in: Ferdinand Maximilian 1867, Bd. 7, S. 365.
2 Fabiani 1989, S. 19.
3 Ebd., S. 21.
4 Perotti 2002, S. 99.
5 Fabiani 1989, S. 31.
6 Wie an späterer Stelle noch ausgeführt wird, diente ein weiteres von den Architekten Romano und Schwendenwein 1843/44 entworfenes Gebäude, Schloss Merkenstein in Bad Vöslau, als Vorbild des Gartenhauses im Schlosspark von Miramar.
7 Fabiani 1989, S. 27.
8 Perotti 2002, S. 26.
9 Ebd.
10 AST, Amministrazione Castello di Miramare, 1858.
11 Perotti 2002, S. 101.
12 Ebd., S. 112.
13 AST, Anweisungen Ferdinand Maximilians an F. und J. Hofmann, zit. nach: Fabiani 1989, S. 48–49.
14 Fabiani 1989, S. 97.
15 Siehe auch Ottillinger/Hanzl 1997, S. 96.
16 Fabiani 1989, S. 119.
17 Zit. nach: Fabiani 1989, S. 127.
18 Ebd.
19 FWF-Projekt P24180-G 21, Die private Wohnkultur der kaiserlichen Familie im 19. Jahrhundert.
20 Comingio 2013, S. 109.
21 HHStA, AMM, Kt. 162, Brief von Julius Hoffman an seinen Vater, eingelangt am 24.2.1866.
22 AST, Amministrazione Castello di Miramare, Kt. 2, Anmerkungen für Hoffmann, 20.10.1864.
23 HHStA, AMM, Kt. 162, Miramar 1867, Inventar der mit der Bremer-Barke »Marie« eingelangten, in Gravosa ausgeschifften Kisten.
24 AST, Amministrazione Castello di Miramare, Kt. 2, Anmerkungen für Hoffmann, 20.10.1864.
25 Ebd.
26 Ebd.
27 Realisiert wurden insgesamt 15 Herrscherporträts, deren Rahmen mit dem Namen und dem Wappen der dargestellten Person versehen sind: Alexander II. von Russland, Ludwig II. von Bayern, Napoleon III. von Frankreich, Carl Friedrich Alexander I. von Württemberg, Wilhelm I. von Preußen, Christian IX. von Dänemark, Carl XV. von Schweden und Norwegen, Maria Isabella II. von Spanien, Papst Pius IX., Johannes IV. von Sachsen, Viktor Emmanuel II. von Italien, Georg I. von Griechenland, Georg V. von Hannover, Wilhelm III. von Holland, Peter II. von Brasilien.

28 HHStA, AMM, Kt. 162, Allerunterthänigster Bericht No 188 Schloß Miramar am 2. August 1866.
29 Perotti 2002, S. 65.
30 Fabiani 1989, S. 150.
31 AST, Amministrazione Castello di Miramare, Kt. 2, Dispositionen für die Zimmereinrichtung, ohne Datum.
32 Fabiani 1989, S. 177.
33 Ebd., S. 165.
34 Fabiani 1989, S. 171.
35 AST, Amministrazione Castello di Miramare, Kt. 2, Dispositionen für die Zimmereinrichtung, ohne Datum.
36 AST, Amministrazione Castello di Miramare, Kt. 2, Anmerkungen für Hoffmann, 20.10.1864.
37 Fabiani 1989, S. 179–182.
38 Perotti 2002, S. 67.
39 Ebd., S. 193.
40 HHStA, AMM, Kt. 161, Allerunthänigster Bericht pro August und September 1865.
41 Fabiani 1989, S. 190.
42 Fabiani 1986, S. 82.
43 HHStA, AMM, Kt. 98, Tagebuch des Erzherzogs Ferdinand Max, 23.6.1863.
44 Fabiani 2013, S. 94.
45 Ebd., S. 95.
46 HHStA, AMM, diverse Kartons.
47 Perrotti 2002, S. 73.
48 Ferdinand Maximilian 1867, Bd. 3, S. 157., zit. nach: Perrotti 2002, S. 120.
49 Perotti 2002, S. 79.
50 ÖNB, Handschriftensammlung, Ser. nov. 3050.
51 HHStA, AMM, Kt. 98, Tagebuch des Erzherzogs Ferdinand Max, 24.9.1863.
52 ÖNB, Handschriftensammlung, Ser. nov. 3050.
53 HHStA, AMM, Kt. 180, Präfekt Jakob von Kuhachevich an Präfekt Eduard Radonetz, Chapultepec, 2.11.1865.
54 Oprießnig 2013, S. 121.
55 Ebd.
56 HHStA, AMM, Kt. 162, Brief von Kuhachevich an die Präfektur von Miramar, Mexico, den 19.11.1965.
57 Ferdinand Maximilian an Carl Ludwig, 16.9.1852, zit. nach: Praschl-Bichler 2006, S. 90.
58 HHStA, AMM, Kt. 97, Ferdinand Maximilian ernennt Carl Ludwig zum Grafen von Maxing, 30.10.1850.
59 Ferdinand Maximilian an Carl Ludwig, 8.1.1854, zit. nach: Praschl-Bichler 2006, S. 143.
60 BMobV, Möbel aus Miramar, Anforderung durch Italien, 17. März 1921; Ott-Wodni 2013b, S. 148f.
61 BMobV, Möbel aus Miramar, Anforderung durch Italien, 17. März 1921.
62 BMobV, Zl. 106357-23 Li. Durchführung des Accorde zur Regelung der zwischen Oesterreich und Italien schwebenden Fragen. Möbel von Miramare, 29. August 1924.
63 BMobV, Zl. 74241-18-M.V.A., 16. Mai 1924.
64 BMobV, Rez. 1883 4/VIII.19.
65 BMobV, Zl. 74241-18-M.V.A., 16. Mai 1924.
66 Archiv der ÖNB, Brief der Nationalbibliothek an das Bundesministerium für Unterricht, o. D.
67 BMobV, Packlisten.
68 Archiv der ÖNB, Aktenvermerk vom 3. März 1926.
69 BMobV, Miramar-Inventarbuch 1916.

Abb. 5-01: Franz Xaver Segenschmid, Gesamtansicht des Kaiserpalastes in Lacroma, Ansicht von Westen, nicht realisiertes Projekt, um 1864 (© CM)

5. »DIE IMMERGRÜNE FEENINSEL«

LACROMA IN DALMATIEN

Marlene Ott-Wodni

»Lacroma übt einen eigenen Zauber, den man fühlen aber nicht beschreiben kann und der auf alle die gleiche Wirkung ausübt.«[1]

Im Oktober 1859 erwarb Charlotte die der Stadt Ragusa (Dubrovnik) vorgelagerte Insel Lacroma (Lokrum) in Dalmatien und schenkte sie ihrem Ehemann Ferdinand Maximilian. Auf der »immergrünen Feeninsel«[2] – wie der Erzherzog seinen geliebten Rückzugsort bezeichnete –, inmitten von Pinien, Oliven- und Zypressenwäldern, befand sich ein 1023 errichtetes, ehemaliges Benediktinerkloster mit einer Kirchenruine. Das Gebäude war bei einem Erdbeben 1676 schwer beschädigt worden.[3] Während ihrer Aufenthalte auf Lacroma bewohnten Ferdinand Maximilian und Charlotte die bestehenden Räumlichkeiten der Abtei, die sich jedoch in einem sehr schlechten Zustand befanden: »Leider gibt das Gebäude immer mehr und mehr Beweise seines Alters, und es muß viel Sorgfalt verwendet werden, um das Durchsickern des Regenwassers in die Zimmer hintanzuhalten. Der größte Theil der Möbel würde wohl einer radikalen Ausbesserung bedürfen.«[4]

Abb. 5-02: Franz Xaver Segenschmid, Entwurf für den Kaiserpalast in Lacroma, Detail der Westfassade, um 1864 (© Der Bautechniker, 1902)

Während das Erzherzogspaar seinen Hauptwohnsitz in Miramar unterhielt, besuchte es auch regelmäßig die Adriainsel in Dalmatien. Maximilian und Charlotte nahmen die Restaurierung und Instandhaltung des Gebäudebestandes in Angriff. In Mexiko angekommen, wuchs in Maximilian ab 1864 der Wunsch, das ehemalige Kloster zu einem Kaiserpalast auszubauen. Trotz der großen geografischen Distanz beteiligte er sich an den Planungen im Detail und überwachte die einzelnen Ausführungsschritte.

Für die Gesamtplanung des Projektes zeichnete der Architekt Professor Thomas Friedrich[5] verantwortlich. Ihm zur Seite stand der Wiener Architekt Franz Xaver Segenschmid (1839–1888), der sowohl die Pläne als auch eine Gesamtansicht des Projektes (Abb. 5-01) anfertigte.

Franz Xaver Segenschmid besuchte nach seinem Studium an der Technischen Hochschule die Meisterschule der Architekten August Sicard von Sicardsburg und Eduard van der Nüll an der Akademie der bildenden Künste. Schon während seiner Studienzeit war er im Atelier des renommierten Architektenduos Romano und Schwendenwein tätig,[6] das für Erzherzog Ferdinand Maximilian bereits Entwürfe für einen Neubau in Maxing gezeichnet hatte. Möglicherweise lernte Segenschmid den Erzherzog auch im Zuge dieser Tätigkeit kennen.

Der Entwurf von Friedrich/Segenschmid (Abb. 5-02) zum Ausbau des Klosters in Lacroma, der in Anlehnung an die bestehenden spätromanischen und gotischen Formen der Abtei in einem neogotischen Stil umgesetzt werden sollte, sah die Einbindung der Altsubstanz vor.

Die Anlage (Abb. 5-03) gliederte sich um zwei Höfe mit Kreuzgängen, den großen Klosterhof (Abb. 5-04) und den kleineren Wirtschaftshof. Während in der Mitte des Klosterhofes ein Brunnen, gesäumt von vier Blumenbeeten, aufgestellt werden sollte, befand sich im Wirtschaftshof eine große Zisterne, die mit einem gewölbten Dach bedeckt werden sollte.[7]

Das kaiserliche Appartement sollte im Erdgeschoss des Westtraktes angesiedelt werden. Sowohl Kaiser als auch Kaiserin waren eigene Zimmerfluchten zugewiesen, zwischen denen die gemeinsam ge-

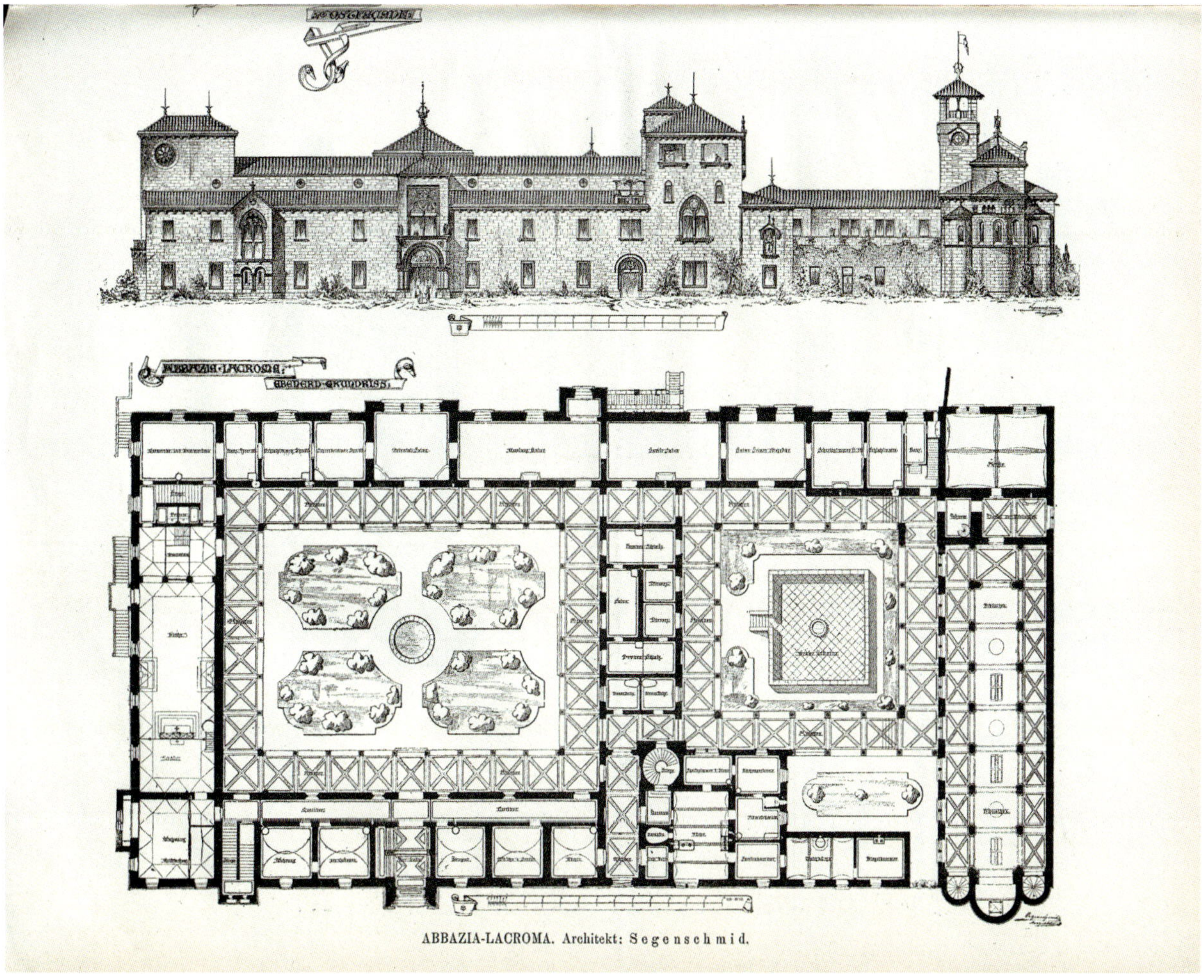

Abb. 5-03: Franz Xaver Segenschmid, Grundriss und Ansicht der Ostfassade des Kaiserpalastes in Lacroma, um 1864 (© Der Bautechniker, 1902)

nutzten Repräsentationsräume angeordnet werden sollten. Im Detail setzte sich das Appartement aus den Privaträumen Charlottes, bestehend aus einem Badezimmer, einem Schlafzimmer und einem Schreibzimmer, dem orientalischen Salon, einem Empfangssalon, einem Speisesaal sowie den Privaträumen Maximilians, bestehend aus einem Salon, einem Schreibzimmer, einem Schlafzimmer und einem Badezimmer, zusammen. Die Wohn- und Repräsentationsräume des Kaiserpaares erstreckten sich somit über den gesamten Westtrakt.

Im daran anschließenden Nordtrakt war die Errichtung eines Archivs sowie eines langgestreckten Bibliotheksraumes geplant. An dieser Stelle befand sich die Ruine der alten Klosterkirche. Die Gestaltung der Bibliothek nahm in ihrer architektonischen Gliederung auf einen Kirchenbau Bezug. So war der Raum sowohl dreischiffig aufgebaut als auch im Osten durch drei apsidenförmige Vorbauten abgeschlossen. In den beiden kleinen Apsiden waren Wendeltreppen vorgesehen, die zu den beiden Galerien im Obergeschoss führten, wo sich die Bücherkästen bis zum Plafond erstrecken sollten.[8] In der großen Nische (Apsis) war eine »sehr reiche Decoration mit dem Bilde des Hl. Benedictus«[9] angedacht.

Der Osttrakt sollte die Küche und die Wirtschaftsräume aufnehmen. Im Südtrakt war der Einbau einer Kapelle mit Oratorium vorgesehen. Die

Abb. 5-04: Kreuzgang im ehemaligen Klosterhof, Fotografie, um 1900 (© ÖNB/Wien)

beiden Höfe wurden durch den sogenannten Fremdenappartementtrakt getrennt. Im ersten Stock sollten drei große Gesellschaftsräume, ein orientalischer Salon, ein Rauch- und ein Billardzimmer installiert werden. Im vorderen Eingangstrakt waren die Wohnung der Obersthofmeisterin und des Obersthofmeisters sowie Räume für höhere Beamte und Dienerpersonal geplant. Allen Räumen war hofseitig ein verglaster Galeriegang vorgelagert.[10]

Sowohl im Osten als auch im Westen sollten vor dem Palast großzügig bemessene Terrassen gebaut werden. Wie bei Maximilians Bauprojekten üblich, wäre die Anlage von einer liebevoll gestalteten Parklandschaft umgeben gewesen. Diese sollte in Form eines Barockgartens (Abb. 5-01) umgesetzt werden, der durch geometrisch angelegte Blumenbeete, Wege, Sichtachsen und Brunnenanlagen gegliedert worden wäre.

Was Segenschmids Entwerfertätigkeit für Lacroma betrifft, ergeben sich aus den erhaltenen Planunterlagen einige Ungereimtheiten, da die im Museo Storico del Castello di Miramare erhaltene kolorierte Gesamtansicht des Projektes (Abb. 5-01) nicht mit den Entwurfszeichnungen Segenschmids (Abb. 5-02, 5-03) übereinstimmt, die 1902 in der Zeitschrift »Der Bautechniker« publiziert worden sind. Anzunehmen ist, dass es sich hierbei um unterschiedliche Varianten des Projektes handelt, die zu verschiedenen Zeiten entstanden sind.

In der (früher zu datierenden) kolorierten Gesamtansicht (Abb. 5-01) ist das dargestellte Palastgebäude kleiner dimensioniert; die Nordseite des Wirtschaftshofes wird nur durch die alte bestehende Kirchenmauer begrenzt und durch einen markanten Turmbau abgeschlossen. Hingegen war in den späteren Tuschezeichnungen Segenschmids[11] (Abb. 5-02,

5-03) die Palastanlage an dieser Stelle erweitert und statt der Mauer und des Turmes ein Bibliotheksneubau vorgesehen, der den Hof vollständig umfasst hätte. Tatsächlich sollte dieses Projekt auf Wunsch des Kaisers ausgeführt werden. Durch den unerwarteten Tod Maximilians konnten die Bauarbeiten aber nicht mehr vollendet werden.

Die projektierte Inneneinrichtung des Kaiserpalastes in Lacroma ist im Detail in Form eines Einrichtungskonzepts überliefert, das sich im Haus, Hof- und Staatsarchiv[12] erhalten hat. Das Schreiben wurde von Maximilians mexikanischem Schatzmeister Jacob Edler von Kuhachevich am 28. April 1865 verfasst und gibt Aufschluss über die Vorstellungen des Kaisers von der Ausstattung seines Palastes:

»1. wünschen S. M. im ganzen Appartement des Kaisers und der Kaiserin, so wie in den Gastzimmer naturholzfarbene Lambrien, die höher als die Stühle und Canapé sein müssen, damit die Wände durch das Anstossen der Meubel nicht verdorben werden. Die Plafonds müssen naturholzfarbene Balkenwerke sein in demselben Tone als die Lambrien; gleiche Farbe müssen alle Fenster und Thüren haben. Die Böden in den kais. Appartements und Gastzimmern müssen von einfachen Eichen-Parqueten sein, die wenig Pflege brauchen. Alle Zimmer der Majestäten und Gäste müssen zum Heitzen eingerichtet sein, entweder mit Kaminen oder Öfen. (...) Die Fenster in den kaiserl. Appartements müssen vom guten Eichenholz, und großen Spiegelgläsern, ganz wie in Miramar verfertigt, und alle doppelt sein. (...)

2. Die Meubeln (müssen mit der) Einrichtung der Kirche wenigstens annähernd harmonieren, und zwar, nach dem Grundsatze, daß die Kirche einer älteren Epoche entspricht und die Einrichtung des Schlosses mehr der neuen Renaissance Zeit, daß aber doch beide einem selben Lande und einem Geschmacke angehören müssen.

(...) Selbstverständlich wünschen S. Majestät, wie in Miramar so auch in Lacroma, so viel als möglich, wirklich alte Meubel und Einrichtungsgegenstände angebracht zu wissen. (...) Auf die übrigen Zimmereinrichtungen übergehend, bemerkten Sr. Majestät, daß kein Meubel poliert, sondern alle entweder von Naturholz, oder in Naturholzfarbe angestrichen sein müssen. (...)

In den kais. Apartements und in den Gastzimmern haben entweder Glasluster vom Lobmeyr oder (...) Kugelluster wie in Miramar zu kommen, diese Luster haben an vergoldeten venezianischen Eisenketten wie in Miramar angebracht zu werden. Für alle Lokale des Schloßes haben die gehörige Anzahl Lampen und Luster angebracht zu werden, sowohl Lampen als auch Luster werden am besten und einfachsten von dunkelbrauner Farbe sein.

Überall wo Schreibtische sind, haben vollkommene Schreibtisch-Requisiten zu sein als Tintenfaß, Stahlfedern, Blei- und Rothstifte, Federmesser, Schere, Lineal, Zirkel, Federbürste, Abstauber, Schreibunterlage, Zündhölzchen, Schreibpapier, Couverte, Gummi-Elastinum, Gummifläschchen und Pinsel, rothe Tinte, neben jedem Schreibtisch ein Papierkorb, unter jedem Schreibtisch ein Fußteppich. In den Wohnzimmern haben auf jedem Tische Aschenschalen und Zündhütchen zu sein.

Bei jedem Kamin im ganzen Hause haben Kamin-Utensilien, Kaminschirme und Holzkistchen aufgestellt zu werden. (...)

Von dem Schlafzimmer der Kaiserin und von dem Schlaf- und Schreibzimmer des Kaisers haben an den Fenstern im Freien Thermometer angebracht zu werden, in den gewöhnlichen Zimmern Schiffsuhren, oder einfache Uhren in Holzkästchen. In den eleganten Zimmern, Uhren die dem Style entsprechen.

Von den Betten, Divans und Fauteills der kais. Apartements und der Gastzimmer haben Fußteppiche aus Schafpelz angebracht zu werden. In der ganzen Abtei hat das amerikanische Sistem von Glockentelegrafen zum Rufen der Dienerschaft, und wenn möglich die Dampfheitzung angebracht werden.«[13]

Für die Bildausstattung in den Wohnräumlichkeiten sollten Kopien von Herrscherporträts angefertigt werden, die sich im Belvedere, in Schloss Hetzendorf, in Schloss Schönbrunn und Schloss Miramar befanden. Julius Hofmann sollte einheitliche Rahmen für die Bilder anfertigen.[14]

Wie in den Vorgängerbauten plante Maximilian auch in Lacroma die Installierung eines orientalischen Salons:

»Der große Mittelsaal ist der einzige, der zwar auch italienisch-dalmatinisch sein muß, aber in seinen Ausklängen und seiner Einrichtung doch ein entschiedenes geprägtes Orient zeigen muß. In diesem Saale könnte verschiedenartiger Marmor angebracht werden, der Plafond könnte im reichen orientalischen Geschmacke gehalten sein, an den Wänden statt Bilder, Trophäen von schönen orientalischen Waffen angebracht werden und die Divans müssten vom orientalischen Stoffe sein, von dem selben schöne orientalische Teppiche. In der Mitte des Saales (…) muß eine Marmor-Fontaine genau nach orientalischen Mustern angebracht werden.«[15]

Im November 1865 wurden aus Mexiko über Miramar noch konkretere, nach Zimmern geordnete Anweisungen zur Ausstattung des Kaiserpalastes nach Lacroma übermittelt. So heißt es dort in Bezug auf den orientalischen Salon:

»Wand Nr. 1: Eck-Camine aus Marmor mit Holzkisten und Camin Service, über demselben pyramidalisch aufgebaute Etagéres (…) mit altem graviertem türkischen Messinggeschirr bei Richetti und Zen in Venedig zu kaufen, 2 orientalische Divans (breit und nieder) mit weichen Polstern, 2 Ziegenfellen vor denselben. 2 Aschenschalen aus Messing, sowie die Messingschalen aus Chapultepec und glasiertes marokkanisches Tongeschirr aus Gibraltar. Auf dem einen Camin eine Uhr, im anderen Thermometer in Uhrform, auf jedem 2 Girandoles in orientalischem Geschmack.

Wand 2 und Wand 4: 2 Eckdivans (nieder und breit), orientalisch mit Pölstern aus (…) Seidenstoff, 2 Ziegenfelle, sowie eine messingerne Aschenschale, 6 Tabourets von Schildkröte und Perlmutter nach dem Muster von Miramar neu angefertigt. (…)

Wand 3: Das Bogenfenster aus großen Spiegelgläsern (…).«[16]

Mit der Gestaltung und Ausführung der Möbel beauftragte Maximilian wiederum den Dekorateur und Tischlermeister Franz Hofmann. Wie dem Quellenmaterial zu entnehmen ist, lieferte aber auch Professor Friedrich Möbelentwürfe.[17] Welchem Vorschlag der Kaiser schlussendlich den Vorzug gab, konnte nicht eruiert werden.

Zur Ausstattung der Kirche existiert ebenso ein Ausstattungskonzept, das auf den Anweisungen Maximilians basiert:

»Zu Betreff der Kirchengegenstände haben S. M. der Kaiser von den dazu gehörigen Zeichnungen entzückt, nur ein Bischofsstab und ein Ciborium ausgeschlossen, und die Zeichnungen dieser zwei Gegenstände rückbehalten. Alle anderen Zeichnung über die Kirchensachen sind von S. M. dem Kaiser angenommen und von Allerhöchstdemselben eigenhändig aprobiert worden. (…) Was die Zeichnungen und den Überschlag der Abteikirche zu Lacroma anbelangt sind S. M. ebenfalls mit beiden vollkommen einverstanden, wünschen Allerhöchstderselbe die auf den Altären angebrachten Figuren bei der Ausführung etwas idealisiert und nicht ganz im alten eckigen Stile der mittelalterlichen Zeit. (…)

Die Messkleider und übrigen Kirchenparamente, müssen einfach aber alle im Style der Kirche gehalten sein und alle, (…) das Wappen des Kaisers haben; überhaupt müssen Wappen und Chiffre des Kaisers in den Ornamenten der Kirche abwechselnd angebracht werden.«[18]

Gemäß dem Wunsch Maximilians sollten die Bau- und Einrichtungsarbeiten innerhalb eines Jahres abgeschlossen werden. So veranlasste er, dass die Einweihung des Gotteshauses am 6. Juli 1867 durch den Abt Monsignore Racic unter der Assistenz des Raguser Klerus und im Beisein des Präfekten von Miramar und Lacroma in Vertretung des Kaisers abgehalten werden sollte.[19]

Zu der für das Jahr 1867 in Aussicht gestellten Vollendung des Baues beziehungsweise der Kirchenweihe sollte es nicht mehr kommen. Nachdem bereits »der Bau des neuen Küchentraktes bis zur Fensterhöhe des 2. Stockes gediehen und die Steinmetzarbeit nahezu vollendet waren« sowie »die Vorarbeiten zur Errichtung der Westfassade begonnen hatten«[20], starb der Architekt Professor Friedrich am 11. Oktober 1866 unerwartet an den Folgen der Cholera.[21] Nach dem Tod des Chefplaners über-

Abb. 5-05: Der im Auftrag Maximilians errichtete Küchentrakt in Lacroma, Foto von Francesco Laforest, um 1870. Im Hintergrund ist eine Mauer der alten ruinösen Klosterkirche zu erkennen. (© ÖNB/Wien)

nahm sein Mitarbeiter, der Architekt Franz Xaver Segenschmid, die Bauleitung.

Über die geplanten weiteren Baufortschritte geben die 1902 nachträglich in der Zeitschrift »Der Bautechniker« publizierten und eingangs bereits erläuterten Entwurfszeichnungen sowie ein umfangreicher Bericht Segenschmids an den Kaiser Aufschluss. Sein Report vom 3. November 1866 beschäftigt sich mit den Arbeiten an der zum Großteil fertiggestellten Ostfassade, der Planung eines Ventilationssystems in den »Allerhöchsten Appartements«, der Dekoration der vor Baubeginn stehenden Westfassade mit Mosaiken, der Ausschmückung des Kreuzganges mit historischen Freskomalereien sowie der Wand- und Deckenausführung in den kaiserlichen Wohnräumen und ist mit Maximilians Antwort-Kommentaren versehen.[22] Obwohl Segenschmid versuchte, die Bauarbeiten fortzuführen, dürfte es wenige Zeit später, wohl ausgelöst durch Maximilians Tod, zu einem endgültigen Baustopp gekommen sein. Der ausgeführte Zustand der Residenz in Lacroma (Abb. 5-05) entspricht heute annähernd dem Bauzustand Ende 1866 und ist im Hinblick auf die Gesamtplanung als Fragment zu bezeichnen.

Nach dem Tod Maximilians 1867 erwarb der Sanitäts-Oberleutnant Dumivich die Insel Lacroma.[23] In den 1880er-Jahren befand sich Lacroma im Besitz von Kronprinz Rudolf, der die Insel in Gedenken an seinen Onkel Max gekauft hatte. Rudolf und seine Frau Stephanie schätzten, ebenso wie Kaiser Maximilian, die Atmosphäre und das Klima der Mittelmeerinsel. Besonders die Kronprinzessin fühlte sich Lacroma eng verbunden, sodass sie sogar 1892 eine eigene Publikation über die ehemalige Abtei und die Insel verfasste. Kaiser Maximilians Bemühungen auf Lacroma hob sie lobend hervor: »Mit zartem Verständnis, sinnigem Geschmack, mit derselben Raschheit, als dieser edle Naturfreund auf den Scoglien von Punta Grignana die Feengärten von Miramare hervorzuzaubern verstand, verwandelte er auch

Abb. 5-06: Anton Perko, Ansicht der ehemaligen Abtei auf der Insel Lacroma, Aquarell auf Papier, 1875 (© ÖNB/Wien)

Abb. 5-07: Korridor in der ersten Etage in der ehemaligen Abtei in Lacroma, Stereofotografie von G. Malovich, um 1900 (© Bundesmobilienverwaltung)

die Felsenriffe von Lacroma in ein Pflanzen- und Blüthen-Paradies und schaffte sich aus den Ruinen ein entzückendes, trautes Heim, einen ungestörten Zufluchtsort, ein wirkliches ›buon retiro‹, das, wenn die Stürme noch so tobten, Freude, Friede, Genuss bot.«[24]

Die Illustrationen des Buches stammen von dem österreichischen Maler und Marineoffizier Anton Perko (1833–1905). Sie zeigen den Zustand der Abtei um 1875 (Abb. 5-06). Wie Stephanies Zeilen zu entnehmen ist, vergrößerte Kronprinz Rudolf das Schloss durch einen Neubau. Mangels vorhandenen Quellenmaterials lassen sich jedoch die im Auftrag des Kronprinzen durchgeführten Umbauarbeiten nicht näher spezifizieren. Im Inneren des Palastes ließ er, Stephanie zufolge, nur wenig Änderungen vornehmen.[25] Die einzig erhaltene Fotografie eines Innenraumes zeigt den Korridor (Abb. 5-07) in der ersten Etage. Die Wände zierten Skulpturen, »Kupferstiche mit Darstellungen aus Cromwell's Leben, Aquarelle und Seestücke«.[26] In der Mitte des Raumes standen zwei Tische und entlang der Wände waren Sitzmöbel aufgestellt.

Nach dem unerwarteten Ableben des Kronprinzen vermachte Kaiser Franz Joseph die Insel Lacroma dem Orden der Dominikaner. Heute zählt sie zu den beliebten Naherholungsgebieten von Dubrovnik. Die Überreste der ehemaligen Abtei können besichtigt werden.

ANMERKUNGEN

1 HHSTA, AMM, Kt. 98, Tagebuch des Erzherzogs Ferdinand Max im Jahre 1863 vor Annahme der Krone von Mexiko, 7. April 1863.
2 Ferdinand Maximilian 1867, Bd. 5, S. 9.
3 Ebd., S. 11.
4 HHStA, AMM, Kt. 161, Bericht über Lacroma, 19.4.1865.
5 Für weiterführende Hinweise zum Architekten Thomas Friedrich danke ich Christian Oprießnig.
6 http://www.architektenlexikon.at/de/590.htm, 14.11.2017, 9:46.
7 Lacroma 1902, S. 146.
8 HHStA, AMM, Kt. 161, Bericht von Eduard Radonetz über die Ausbaupläne in Lacroma, Miramar am 6. November 1865. Es ist ungewöhnlich, dass Maximilian sich dazu entschied, anstelle der alten Klosterkirche eine Bibliothek zu errichten und stattdessen im Südtrakt eine neue Kapelle zu installieren. Der Tradition entsprechend wurden Gotteshäuser zumeist auf geweihtem Boden und somit an der Stelle ihrer Vorgängerbauten errichtet.
9 Ebd.
10 Lacroma 1902, S. 169.
11 Die Zeichnungen stimmen mit schriftlichen Anweisungen überein, die der Kaiser am 15. Jänner 1867 verfasst hat. Siehe: Lacroma 1902, S. 169.
12 HHStA, AMM, Kt. 161, Bericht von Eduard Radonetz über die Ausbaupläne in Lacroma, Miramar am 6. November 1865.
13 HHStA, AMM, Kt. 161, Einrichtungskonzept in Lacroma von Jacob Edler von Kuhachevich am 28. April 1866 in Mexiko verfasst.
14 HHStA, AMM, Kt. 162, Schreiben und Liste von Günner mit den zu kopierenden Bildern für Lacroma vom 29. August 1866.
15 HHStA, AMM, Kt. 161, Einrichtungskonzept in Lacroma von Jacob Edler von Kuhachevich am 28. April 1866 in Mexiko verfasst.
16 HHStA, AMM, Kt. 161, Bericht von Eduard Radonetz über die Ausbaupläne in Lacroma, Miramar am 6. November 1865.
17 HHStA, AMM, Kt. 161, Allerunterthänigster Bericht von Eduard Radonetz, Miramar am 2. Dezember 1865.
18 HHStA, AMM, Kt. 161, Einrichtungskonzept in Lacroma von Jacob Edler von Kuhachevich am 28. April 1866 in Mexiko verfasst.
19 Ebd.
20 HHStA, AMM, Kt. Promenoria, 3. November 1866.
21 HHStA, AMM, Kt. 157, Korrespondenz zum Ableben von Professor Friedrich, Wien am 11. Oktober 1866. Für diesen Hinweis danke ich Dr. Christian Oprießnig.
22 HHStA, AMM, Kt. Promenoria, 3. November 1866.
23 Kronprinzessin Stephanie 1892, S. 26.
24 Ebd., S. 20.
25 Ebd., S. 26.
26 Ebd.

Abb. 6-01: Entwurfszeichnung des mexikanischen Kaisermantels, Aquarell auf Papier, um 1864 (© ÖNB/Wien)

6. SÜDAMERIKANISCHER (ALB)TRAUM

MAXIMILIANS MEXIKANISCHE RESIDENZEN

Marlene Ott-Wodni

Maximilians Repräsentationswille und seine Selbstdarstellung als Herrscher erreichten ihren Höhepunkt in Mexiko. Bereits auf der Überfahrt von Europa nach Mexiko beschäftigte er sich mit der Zusammenstellung eines eigenen Hofzeremoniells. Von seiner mexikanischen Hofhaltung haben sich Entwurfszeichnungen erhalten, die sämtliche Gegenstände des täglichen Repräsentationsbedarfs zeigen, unter anderem seine Herrscherinsignien, den Kaisermantel (Abb. 6-01), den mexikanischen Thron, mit dem kaiserlichen Monogramm versehene Briefumschläge, Servietten, Geschirr (Abb. 6-02), Besteck, Stoffe sowie sämtliche Ordensdekorationen und Bedienstetenuniformen. Sowohl die Entwürfe als auch das Zeremonialbuch geben eine Vorstellung über die innerhalb kürzester Zeit installierte und sozusagen am Reißbrett geschaffene, nach europäischen Vorbildern konstruierte Struktur des mexikanischen Hofes.[1]

Mit derselben Leidenschaft und Intensität, mit der Maximilian seine Bauten in Europa plante und erbauen ließ, widmete er sich auch in Mexiko architektonischen Projekten. Zu seinen wichtigsten Beratern und Entwerfern zählten der bereits in Miramar tätig gewesene Dekorateur Julius Hofmann und der österreichische Architekt Carl Kaiser (1837–1895); beide begleiteten den Kaiser nach Mexiko und zählten zu seinen engsten Vertrauten. Carl Kaiser wurde am 12. Februar 1837 in Wien geboren. Sein Studium absolvierte er an den Akademien der bildenden Künste in Wien und in München. Im März 1865 reiste Carl Kaiser nach Mexiko, wo er als Bauleiter und Hofarchitekt tätig war. In Mexiko reformierte er den chaotischen Baubetrieb, indem er eine straffe Bauorganisation nach europäischem Vorbild einführte.

Als Regierungssitz im Zentrum von Mexico-Stadt diente dem Kaiserpaar der Palacio Imperial, der ehe-

Abb. 6-02: Teller aus dem mexikanischen Service mit dem kaiserlichen Monogramm, Porzellan, Thomas Goode & Co., Minton's China, London, 1866 (© Bundesmobilienverwaltung/EK)

malige Nationalpalast (Abb. 6-03). Wie den erhaltenen Entwurfszeichnungen des Hofarchitekten zu entnehmen ist, plante Maximilian Eingriffe in die Fassadengestaltung sowie Umbauten des Palastes. Eine großformatige Zeichnung (Abb. 6-04) zeigt die Hauptfassade des Bauwerkes. Während die Fenstergliederung unverändert dargestellt ist, stellen die mit Adlern bekrönten Ecktürme und der hochaufragende, turmartige Mittelrisalit einen radikalen Eingriff in die Fassade dar. Obwohl Maximilian und Charlotte auch im Inneren des kaiserlichen Palastes Änderungen und Adaptierungen vornehmen ließen, fühlten sie sich in dem Bauwerk nie sonderlich wohl.

Schloss Chapultepec (Abb. 6-05), die frühere Residenz der spanischen Vizekönige, erkor das Kaiserpaar daher zu seinem bevorzugten Wohnsitz. Besonders begeistert zeigten sich Maximilian und Charlotte von der Lage des Bauwerks auf dem »Heuschreckenhügel« Chapultepec, von dem man einen fantastischen Ausblick über die Stadt hatte. Das Gebäude wurde Ende des 18. Jahrhunderts nach den Entwürfen des Ingenieurs Agustin Mascaró errichtet. Im Auftrag Maximilians wurde das Schloss adaptiert und vom mexikanischen Architekten Ramón Rodríguez Arrangoiti umgebaut. Die Bauarbeiten verschlangen gewaltige Summen. Der Architekt schuf luftige Galerien, deren Gänge der Maler Santiago Rebull (1829–1902) mit tanzenden Bacchantinnen im pompejanischen Stil dekorierte. Luxuriös ausgestattet wurde die Residenz mit kunstvollen Vasen aus Malachit und Alabaster, Statuen aus Marmor und Bronze sowie Möbeln, die aus Europa importiert wurden (Abb. 6-06).

Ein umfangreicher Auftrag zur Anfertigung eines Silberservices für den mexikanischen Hof erging 1864 an die Firma Christofle in Paris. Teile des Services befinden sich heute in Mexiko und in Prag. Die Bundesmobilienverwaltung konnte daraus im Jahr 2012 über den Kunsthandel ein Doppelgewürzschälchen (Abb. 6-07) mit Glaseinsätzen und kaiserlichem Monogramm »MMI« erwerben. Ein Porzellanservice mit kaiserlichem Monogramm (Abb. 6-02), das sowohl als Essgeschirr als auch als Hygieneporzellan ausgeführt war, wurde von der

Abb. 6-03: Der kaiserliche Palast in Mexico-City, Druck auf Papier, um 1864 (© PB)

Abb. 6-04: Carl Kaiser, Entwurfszeichnung für den Umbau des kaiserlichen Palastes in Mexico-City (Detail), Tinte auf Papier, um 1865 (© OM)

Abb. 6-05: Mad. Miramon, Schloss Chapultepec umgeben von einer Parkanlage, Öl auf Leinwand, 2. Hälfte 19. Jahrhundert (© Schloss Artstetten)

Firma Minton's China – Thomas Goode & Co. aus London 1866 für den Kaiserhof hergestellt. Um 1865 gab Maximilian ein weiteres für Mexiko bestimmtes Service (Abb. 6-08) bei der Firma Moritz Fischer, Herend, in Auftrag, das nach dem Vorbild des chinesischen Porzellans in Schloss Ajuda in Lissabon gefertigt wurde. Vor der Verschiffung nach Mexiko präsentierte Moritz Fischer das Service noch auf der Weltausstellung 1867 in Paris.[2] Durch den Zusammenbruch der Monarchie konnte es nicht mehr nach Übersee versandt werden und verblieb in Schloss Miramar.

Wie auch Maximilians europäische Residenzen war Schloss Chapultepec von einer idyllischen Parkanlage umgeben, die von Maximilian geplant und vom Hofgärtner Wilhelm Knechtel betreut wurde. Maximilian war sehr stolz auf seine gestalterischen Leistungen. So befahl er Wilhelm Knechtel nach Miramar zu berichten: »Wenn Sie je in späteren Jahren über den weiten Ozean hier von dem Parke bei Chapultepec reden hören oder gar selbst in einer heiteren Laune besuchen, so mögen Sie als geschichtliches Faktum wissen, daß sie der Kaiser und nicht der neue Hofgärtner anlegt. Alle Hauptlinien und Hauptobjekte wurden vom Kaiser gezeichnet.«[3]

Über den kaiserlichen Tagesablauf in Chapultepec ist wenig bekannt. Ein Brief Maximilians an seinen Bruder Carl Ludwig vom Juli 1864 gibt einen – subjektiv geschönten – Einblick in die höfische Routine:

»In Chapultepec sind wir ganz allein und sehr zurückgezogen und leben noch stiller und einfacher als in Miramar. Übrigens geben wir auch in der Stadt sehr selten

Abb. 6-06: Tafelzimmer in Schloss Chapultepec mit dem silbernen Tafelaufsatz der Firma Christofle aus Paris (© YMO)

Diners, speisen fast immer allein und sehen abends nie jemanden, dies fordert Gott sei Dank der ernste Charakter der Mexikaner, eine Eigenschaft, die mir sehr behagt und mir viel Zeit zu wahrer Arbeit lässt. Diese so genannten europäischen Unterhaltungen, wie Soireen, Theatergeklatsch und so weiter, grässlichen Angedenkens, kennt man hier gar nicht und wir werden uns hüten sie einzuführen. Die einzige Unterhaltung des Mexikaners ist, auf seinem vortrefflichen Pferd in seinem schönen Lande herumzureiten und manchmal die Theater zu besuchen. Bälle sind auch selten, aber dann sehr schön und animiert, und mit wahrer Leidenschaft tanzt die hiesige elegante und sehr reiche Gesellschaft einen reizenden Nationaltanz. (...) Es würde dich amüsieren uns in unserer mexikanischen Equipage zu sehen, ein federleichter kleiner, offener Wagen, auf dem Bock der berühmte Leibkutscher mit seinem riesigen weißen Hut, dem grünen Samtpenzer und den weiten, weißen Leinwandhosen, um die Schultern den dreifarbigen Poncho. Neben ihm ein kupferfarbener Indianerbub, als Gespann sechs isabellfarbene Maultiere mit Zebrafüßen, zwei an der Deichsel, vier in einer Reihe vorgespannt; ein Vorreiter auf isabellfarbenem Pferde, mit dem reichen, silberbesetzten mexikanischen Zaumzeug, und die ganze Equipage im wilden, pfeilschnellen Tempo dahinfliegend. Wir finden uns schon beide recht gut in unsere neue Lage, haben Gottvertrauen und sind sehr zufrieden. Von allen Seiten hilft man uns in rührender Liebe, zurück sehnt sich weder Charlotte noch ich.«[4]

Abb. 6-07: Doppelgewürzschälchen aus dem mexikanischen Silberservice, Metall, versilbert, Glas, Christofle, Paris, 1864 (© Bundesmobilienverwaltung/EK)

Abb. 6-08: Konfektaufsatz aus dem Miramar-Service, Porzellan, Moritz Fischer, Herend, um 1865 (© Bundesmobilienverwaltung/EK)

Als Rückzugsorte dienten Maximilian und Charlotte die Landsitze in Cuernavaca und Acapacingo südlich der Hauptstadt. Das kaiserliche Paar pendelte – ebenso wie in Europa zwischen Miramar und Lacroma – zwischen den Residenzen in Mexico-Stadt und auf dem Land. Maximilian und Charlotte waren oft getrennt, da immer einer von beiden in der Stadt anwesend war, um Präsenz zu zeigen und die Regierungsgeschäfte wahrzunehmen. In Cuernavaca, 85 Kilometer von der Hauptstadt entfernt, begeisterten sich Maximilian und Charlotte besonders für das milde Klima und die subtropische Vegetation. Dort erkor der Kaiser das ehemalige Haus des Silberbarons Borda, das in einem herrlichen Park mit zahlreichen Brunnen und Teichen situiert war, zu seinem temporären Wohnsitz.

Im nahe gelegenen Dorf Acapacingo erwarb Maximilian ein kleines Landhaus (Abb. 6-09), das er nach seinen Vorstellungen von Julius Hofmann einrichten ließ.[5] Ein aquarellierter Grundriss (Abb. 6-10) und eine Frontalansicht des Hauses Olindo haben sich in der Kartensammlung des alten Observatoriums in Mexiko-City[6] erhalten. In dem kleinen Gebäude waren den Ehepartnern eigene Bereiche zugewiesen. Im linken Flügel befand sich das Zimmer der Kaiserin Charlotte, im rechten Flügel das Zimmer des Kaisers. Beide Wohnbereiche verband ein Salon, von dem aus die Veranda mit vorgelagertem Zierbecken zugänglich war.

Infolge von Finanzierungsengpässen und der immer schwieriger werdenden politischen Umstände in Mexiko, die schließlich zum Tod des Kaisers am 19. Juni 1867 führten, konnten viele von Maximilians geplanten Bauprojekten nicht umgesetzt werden. Vor dem endgültigen Entschluss des Kaisers, in Mexiko auszuharren und gegen die Revolutionäre unter der Führung des Generals Benito Juárez bis zum Äußersten zu kämpfen, spielte Maximilian ernsthaft

Abb. 6-09: Haus Olindo in Acapacingo, Mexiko, nach der Renovierung, 1980er Jahre (© FA)

Abb. 6-10: Julius Hofmann, Grundriss des Hauses Olindo in Acapacingo, Mexiko, Aquarell auf Papier, um 1865 (© OM)

Abb. 6-11: Helme der Palastgarde am Hof des Kaisers Maximilian von Mexiko, Metall, vernickelt und vergoldet, k.k. Hofwaffenfabrik B. W. Ohligs-Haussmann, Wien, 1864-67 (© Bundesmobilienverwaltung/TH)

mit dem Gedanken, nach Europa zurückzukehren. Aus diesem Grund wurden die kaiserlichen Habseligkeiten und Erinnerungsstücke in Kisten verpackt und noch vor der Abreise des Kaisers nach Triest geschickt; diesem Umstand ist es auch zu verdanken, dass sich heute viele Gegenstände aus Maximilians persönlichem Besitz genauso wie Objekte der kaiserlichen Hofhaltung, etwa die Helme (Abb. 6-11) und Degen der mexikanischen Palastgarde, in österreichischem Museumsbesitz befinden.

Im Gegensatz zu Kaiser Maximilian kehrten viele nach Mexiko ausgewanderten Österreicher wieder nach Europa zurück, unter ihnen auch Julius Hofmann und Carl Kaiser. Wie bereits erwähnt, war Hofmann nach seiner Rückkehr für den bayrischen König Ludwig II. als Dekorateur tätig. Carl Kaiser kehrte bereits im Januar 1867 nach Wien zurück. 1874 betraute Graf Hans Wilczek den Architekten mit dem Bau der Burg Kreuzenstein. Außerdem leitete er die Restaurierungen der Burgen Hardegg, Sternberg und Liechtenstein. Carl Kaiser, nunmehr als Carl Gangolf Kayser bekannt, starb am 3. September 1895 in Wien.

ANMERKUNGEN

1 Ott-Wodni 2013a, S. 91.
2 Barta 1996, S. 191.
3 HHStA, AMM.
4 Kaiser Maximilian an Erzherzog Carl Ludwig, Juli 1864, zit. nach: Lughofer 2002, S. 35f.
5 Anders 2013, S. 103.
6 Mapoteca Manuel Orozco y Berra, Observatorio Central, Mexico-City, 1515-A-25 und 1515-B-25.

II. KRONPRINZ RUDOLF (1858–1889)

7. BIOGRAFIE RUDOLFS

Marlene Ott-Wodni

Nach der Geburt der beiden Töchter – die Erstgeborene Sophie verstarb bereits im Alter von zwei Jahren, Gisela wurde 1856 geboren – hoffte das österreichische Kaiserpaar Franz Joseph und Elisabeth weiter auf einen männlichen Nachkommen. Der ersehnte Thronfolger kam schließlich am 21. August 1858 in Schloss Laxenburg bei Wien zur Welt. Nach dem Stammvater der Dynastie wurde der Kronprinz auf den Namen Rudolf getauft.

Da sich Kaiserin Elisabeth während der ersten Lebensjahre ihres Sohnes zumeist auf Auslandsreisen befand, wuchs Rudolf unter der Obhut seiner Großmutter Erzherzogin Sophie in der kaiserlichen Kindskammer auf. Sowohl seiner Großmutter als auch seinen Kinderfrauen brachte er große Zuneigung und Vertrauen entgegen.

Der Habsburgertradition entsprechend musste der Kronprinz jedoch kurz nach seinem sechsten Geburtstag die kaiserliche Kindskammer verlassen. Dem Thronfolger wurde nun ein männlich-dominierter Hofstaat errichtet sowie ein eigener Erzieher zugewiesen. Diese Aufgabe übernahm Generalmajor Leopold Graf Gondrecourt. Aufgrund seiner harten Erziehungsmethoden wurde dieser jedoch schon nach kurzer Zeit auf Betreiben von Kaiserin Elisabeth von dem als warmherzig geltenden General Josef Graf Latour von Thurmburg abgelöst.

Das von Graf Latour zusammengestellte Lehrerkollegium des Kronprinzen bestand aus hervorragenden Wissenschaftlern, die sich durch ihre bürgerlich-liberale Grundhaltung auszeichneten. Rudolfs überaus großes Interesse an der Wissenschaft wurde somit schon in jungen Jahren geweckt und gefördert. Vor allem seine leidenschaftliche Begeisterung für die Vogelwelt kam bereits in seinen frühen Kinderzeichnungen sowie Aufsätzen zum Vorschein. Insgesamt veröffentlichte der Thronfolger rund 40 ornithologische Publikationen, die von hochrangigen Wissenschaftlern anerkannt wurden.

Abb. 7-01: Friedrich Thelen-Rüden, Kronprinz Rudolf mit dem Orden vom Goldenen Vlies und mit dem Stephans-Orden, Öl auf Leinwand, posthum gemalt, 1895 (© Bundesmobilienverwaltung/EK)

Besonders regen fachspezifischen Austausch pflegte er mit dem Zoologen Alfred Brehm.

Die für einen Kronprinzen obligate militärische Ausbildung begann 1872. Nach dem Ende seiner Studienzeit übersiedelte der Thronfolger 1878 nach Prag, wo er seinen Dienst als Oberst des Freiherr-von-Ziemiecki-Infanterieregiments Nr. 36 antrat. In der böhmischen Hauptstadt bezog Rudolf eine Wohnung in der Prager Burg, die von dem Wiener Einrichtungsunternehmen Portois & Fix ausgestattet worden war. 1880 reiste er nach Brüssel, um seine künftige Braut Stephanie von Belgien kennenzulernen. Am 7. März wurde die Verlobung offiziell bekannt gegeben.

Wie schon sein Großvater Herzog Maximilian in Bayern und sein Vater Kaiser Franz Joseph unternahm der Thronfolger im Frühling 1881 eine Reise nach Ägypten und Palästina. Archäologische und kulturgeschichtliche Expeditionen sowie Jagden standen auf dem Programm. Seine Reiseerlebnisse veröffentlichte Rudolf unter dem Titel »Eine Orientreise«.

Am 10. Mai 1881 fand die Hochzeit von Kronprinz Rudolf und der belgischen Prinzessin Stephanie in Wien statt. Bis 1883 lebte das junge Paar in Prag. Infolge der Schwangerschaft der Kronprinzessin übersiedelten Rudolf und Stephanie jedoch wieder nach Österreich. Zu Beginn bezogen sie eine Wohnung in Schloss Laxenburg, wo am 2. September 1883 Rudolfs Tochter Elisabeth Marie zur Welt kam. Nach der Fertigstellung des vergrößerten Appartements in der Hofburg übersiedelte die Familie nach Wien.

Seit Herbst 1883 beschäftigte sich der Kronprinz auch mit der Herausgabe der Enzyklopädie »Die Österreichisch-Ungarische Monarchie in Wort und Bild«. Das sogenannte »Kronprinzenwerk« erschien in 397 Bänden und konnte erst nach Rudolfs Tod beendet werden.

Ab 1886 hatte Kronprinz Rudolf mit gesundheitlichen Problemen zu kämpfen. Zur Erholung verbrachte er mehrere Wochen gemeinsam mit seiner Ehefrau auf der Adriainsel Lacroma, wo sie ein ehemaliges Benediktinerkloster bewohnten. Die vormals seinem Onkel Maximilian von Mexiko gehörige Insel befand sich nun im Privatbesitz Rudolfs.

Wie auch sein Vater war Rudolf ein begeisterter Jäger. Um seiner Leidenschaft nachgehen zu können, unterhielt er mehre Jagdsitze. Unter anderem hatte er ein Schloss im heutigen Rumänien gepachtet, wo er der Bärenjagd nachging. 1886 erwarb er einen Gutshof in Mayerling im Wienerwald, den er zum Jagdschloss adaptieren ließ. Nur wenige Jahre später sollte sich in Mayerling eine Tragödie ereignen.

Am 30. Januar 1889 wurde Kronprinz Rudolf gemeinsam mit seiner jungen Geliebten Baroness Mary Vetsera in seinem Schlafzimmer in besagtem Jagdschloss tot aufgefunden. Die Leiche des Kronprinzen wurde nach Wien überstellt, während die Anwesenheit der zweiten, weiblichen Leiche der Öffentlichkeit verheimlicht wurde. In einer nächtlichen Geheimaktion wurde Mary Vetsera auf dem Friedhof in Heiligenkreuz bestattet. Gemäß der Habsburgertradition fand die Beisetzung des Kronprinzen in der Kapuzinergruft in Wien statt.

8. VON DER JUNG-GESELLEN- ZUR FAMILIENWOHNUNG

DAS KRONPRINZENAPPARTEMENT IN DER WIENER HOFBURG

Marlene Ott-Wodni

Abb. 8-01: Franz Matthias Podany, Wiege des Kronprinzen Rudolf, Mahagoni, Ahorn, vergoldet, Stoffbespannung erneuert, 1858 (© Bundesmobilienverwaltung/MH)

DIE KINDSKAMMER IN DER WIENER HOFBURG

Kronprinz Rudolf wurde am 21. August 1858 geboren. Der Thronfolger wuchs gemeinsam mit seiner zwei Jahre älteren Schwester Gisela auf. Die Erziehung der kaiserlichen Kinder lag in den Händen von Charlotte Freifrau von Welden. Die Geschwister pflegten eine sehr innige Beziehung zu ihrer Erzieherin. Da sich Kaiserin Elisabeth während der ersten Lebensjahre ihres Sohnes zumeist auf Auslandsreisen befand, wuchs Rudolf unter der Obhut seiner Großmutter Erzherzogin Sophie auf, die für ihn ebenfalls eine wichtige Bezugsperson darstellte.

In der Wiener Hofburg waren dem kaiserlichen Nachwuchs eigene Räume zugewiesen. Erstaunlicherweise konnte die Lage der Kindskammer von Rudolf und Gisela bis heute nicht eruiert werden. Üblicherweise befanden sich die Kinderzimmer aber in der Nähe des elterlichen Appartements.

Obwohl Details zur Ausstattung der kaiserlichen Kindskammer fehlen, haben sich einige Kindermöbel in der Sammlung der Bundesmobilienverwaltung erhalten, die dem Kronprinzen zugeordnet werden können. Das wohl beeindruckendste Objekt ist eine Wiege (Abb. 8-01), die das Kaiserpaar anlässlich der Geburt des Thronfolgers von der Stadt Wien erhalten hat. Für den Entwurf und die Ausführung des Möbels im Neorokokostil war der Tischler Franz Matthias Podany verantwortlich. Der reiche plastische Schmuck besteht aus einem am Kopfende positionierten Schutzengel, der über das Neugeborene wacht, sowie aus geschnitzten Kronen am Fußende. Der Korpus der Wiege ist mit aufwendig gearbeite-

Abb. 8-02: Hochstuhl von Kronprinz Rudolf und Erzherzogin Marie Valerie, Ebenholz, geschnitzt, politiert, Samtbespannung, Wien, um 1860 (© Bundesmobilienverwaltung/MH)

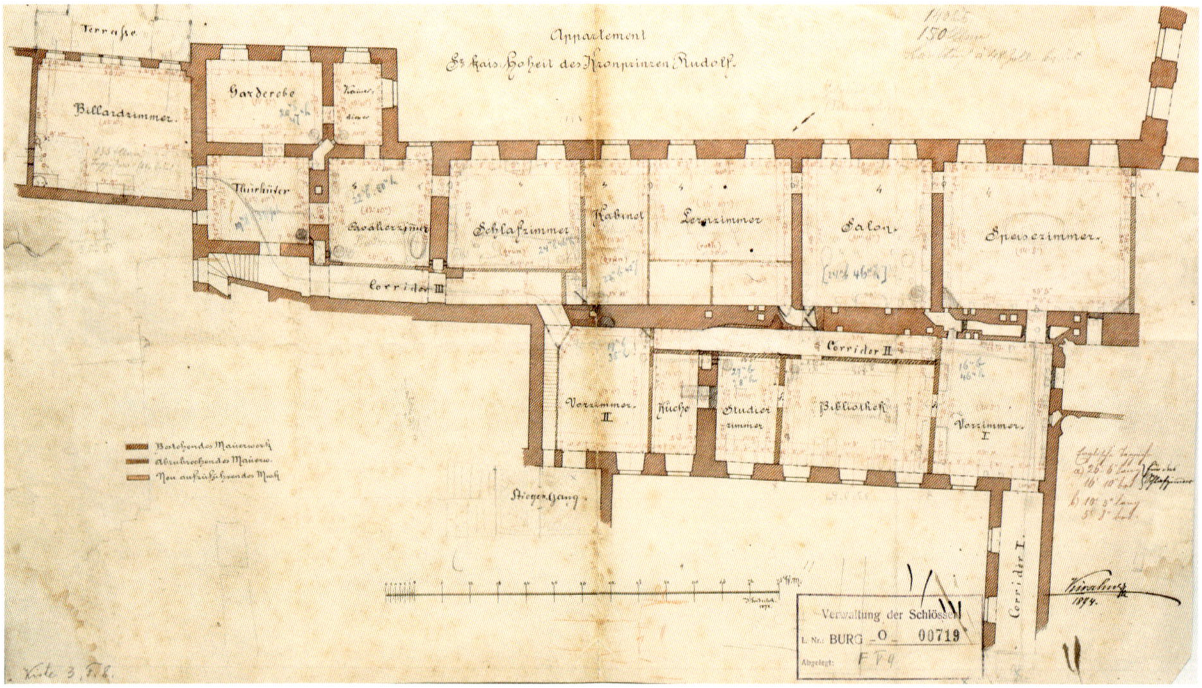

Abb. 8-03: Ferdinand Kirschner, Grundriss des Kronprinzen-Appartements, Tinte auf Papier, 1874 (© BHÖ)

ten Holzmosaikfurnieren verziert. Podany ließ sich diese Furniertechnik 1858 patentieren und erlangte damit internationale Bedeutung. Ob die Wiege wirklich in Gebrauch war oder nur als Schaustück diente, konnte bis jetzt nicht nachgewiesen werden.

Weiters sind heute noch das Gitterbett Rudolfs, Kindersessel, ein Kinderklavier der Firma Bösendorfer sowie ein Hochstuhl aus Ebenholz (Abb. 8-02) vorhanden, der sowohl vom Kronprinzen als auch später von seiner jüngeren Schwester Marie Valerie benutzt worden war.

Das Junggesellenappartement des Kronprinzen

Entsprechend den Gepflogenheiten am Wiener Hof übersiedelte Kronprinz Rudolf im Alter von 15 Jahren aus der kaiserlichen Kindskammer in ein eigenes Appartement (Abb. 8-03). Da Carolina Augusta (1792–1873), die dritte Gemahlin von Kaiser Franz II./I., 1873 gestorben war, wurden die von ihr einst bewohnten Räume Rudolf zugesprochen. Die Wohnung befand sich im zweiten Stock des Schweizertraktes in der Hofburg. Die Räumlichkeiten von Carolina Augusta waren zuletzt 1835, nach dem Tod von Kaiser Franz I., adaptiert worden; größtenteils stammte die Einrichtung aber noch aus den 1810er-Jahren.[1] Für Kronprinz Rudolf sollten die Räumlichkeiten nun umfassend renoviert und neu ausgestattet werden.

Die Arbeiten wurden in den Jahren 1874 und 1875 ausgeführt.[2] Für die Neugestaltung war Burghauptmann Ferdinand Kirschner verantwortlich. Er entwarf sowohl neue Möbel als auch Wandverkleidungen aus Nussbaumholz in der Formenwelt des Neorokokos. Die Ausführung der Mobilien lag in den Händen von Hoftischler Philipp Schmidt. Er legte dafür einen Kostenvoranschlag über 19.957 Gulden vor.[3] Die Holzbildhauerarbeiten an den Möbeln und den Boiserien stammten von Hofbildhauer August La Vigne.[4] Die Firma Carl Leistler verlegte beziehungsweise renovierte die Parkettböden. Die Erste österreichische Thüren, Fenster- und Fußboden-Fabriks-Gesellschaft lieferte neue Fenster und Türen. Die Teppiche und Stoffe stammten von der Wiener Firma Philipp Haas & Söhne.[5]

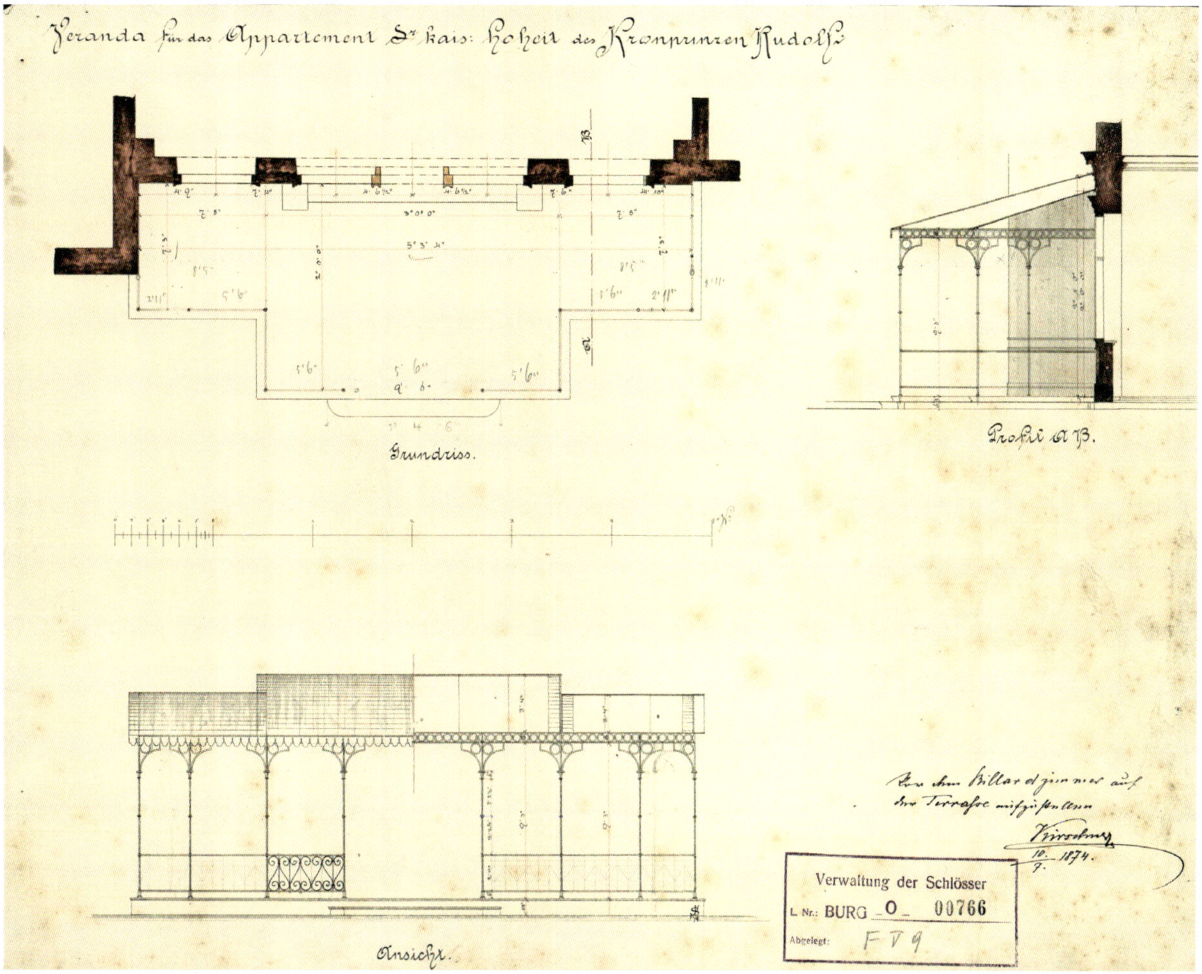

Abb. 8-04: Ferdinand Kirschner, Veranda für das Appartement Sr. kais. Hoheit des Kronprinzen Rudolf, Tinte auf Papier, 1874 (© BHÖ)

Die zum äußeren Burghof orientierte Zimmerfolge des Kronprinzenappartements wurde im Westen durch ein Billardzimmer erschlossen. Diesem vorgelagert befand sich eine Terrasse, die von einer Pergola überdacht war. Die Eisenkonstruktion geht auf einen Entwurf Kirschners (Abb. 8-04) zurück. Die Terrasse samt Überdachung wurde in späteren Jahren im Zuge des Baus der Neuen Burg wieder abgetragen. Über die Einrichtung des Billardzimmers ist wenig bekannt. Das Inventarbuch gibt lediglich darüber Aufschluss, dass sich im Zentrum des Raumes ein »Billard von Nußholz, eingelegt mit Marmorplatte und Caramboll-Vorrichtung« befunden hatte. Der Tisch wurde 1899 nach Gödöllö abgegeben.[6] Die im Billardzimmer verwendeten Möbelstoffe stammten von der Pariser Firma L. Berchoud & Guereau.[7]

Neben dem Billardzimmer lagen das »Thürhüterzimmer«, eine Garderobe, das Zimmer des Kammerdieners und das Cavalierzimmer. Nebenan befand sich Rudolfs Schlafzimmer, dessen Wandspaliere in Grün gehalten waren. Kirschners Wandaufriss (Abb. 8-05) zeigt, dass zwischen den beiden Fenstern ein mit Girlanden verzierter Spiegel eingelassen war, unter dem ein Konsoltisch stand. Die Einrichtung des Raumes setzte sich aus einem Bett (Abb. 8-06) mit Nachtkästchen, einem Toilettentisch, einem Betschemel, einem Waschtisch samt Handtuchhalter, einem Sofatisch und einem Ankleidespiegel (Abb. 8-07) zusammen.[8]

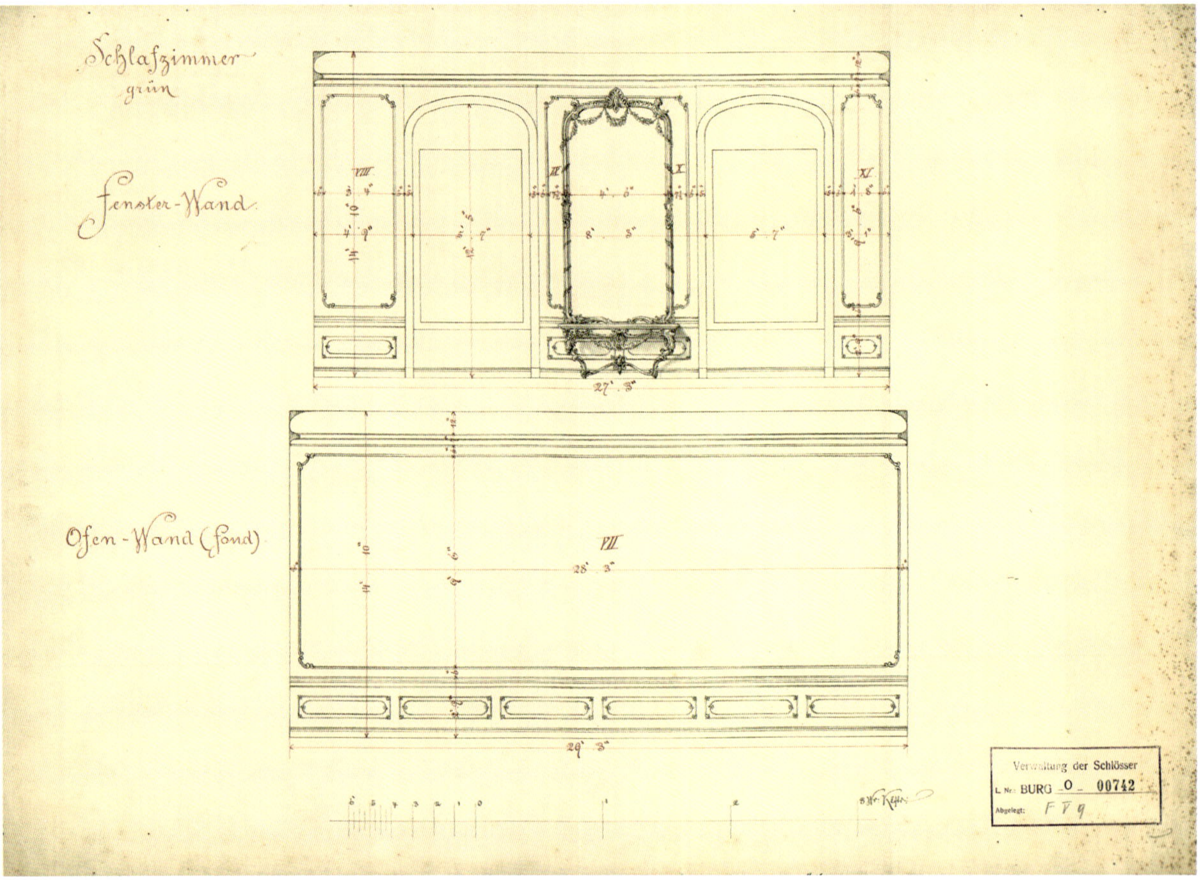

Abb. 8-05: Ferdinand Kirschner, Wandaufriss des Schlafzimmers im Appartement des Kronprinzen, Tinte auf Papier, 1874 (© BHÖ)

Sämtliche Möbel waren aus Nussbaumholz gefertigt und im Neorokokostil gehalten.

Vom Schlafzimmer gelangte man in ein Kabinett (Abb. 8-08), dessen Wand- und Möbelstoffe ebenfalls in einem Grünton gehalten waren. Anschließend, im ehemaligen Schlafzimmer des Kaisers Franz II/I., wurde das Lernzimmer des Kronprinzen installiert. Hinter einer Zwischenwand befand sich ein Altar mit einem Gemälde des Malers Leopold Kuppelwieser. Der Altar war als Andenken an den verstorbenen Kaiser an der Stelle seines Sterbebettes im Auftrag der Witwe Carolina Augusta aufgestellt worden. Dieses Ensemble blieb unter Kronprinz Rudolf unverändert, lediglich der Bereich vor der Zwischenwand wurde adaptiert. Als raumdominierende Farbe wählte der Burghauptmann ein Rostrot. In der Bundesmobilienverwaltung befindet sich eine Garnitur aus dem Lernzimmer (Abb. 8-09), die noch mit dem Originalstoff tapeziert ist. Zu den weiteren im Lernzimmer befindlichen Mobilien zählten ein Studiertisch mit Schreibfauteuil und drei große Auflagetische.[9]

Nach dem Lernzimmer lag ein Salon, dessen Wandfelder (Abb. 8-10) mit Gobelins aus den kaiserlichen Sammlungen geschmückt waren. Von diesem gelangte man in das Speisezimmer, das den Abschluss der dem äußeren Burghof zugewandten Raumfolge bildete. Es war in Form eines Ahnensaales gestaltet. Die Wände waren vollständig mit Paneelen aus Nussbaumholz (Abb. 8-11, 8-12) verkleidet, in die zwölf Herrscherporträts eingelassen waren. Die bildhafte Präsenz seiner Vorfahren sollte dem Kronprinzen die Wichtigkeit der Habsburgerdynastie vor Augen führen. Da nur drei adäquate

Abb. 8-06: Ferdinand Kirschner, Bett aus dem Kronprinzen-Appartement, Ausführung: Philipp Schmidt und August La Vigne, Nussbaumholz, um 1874 (© Bundesmobilienverwaltung/EK)

Abb. 8-07: Ferdinand Kirschner, Ankleidespiegel aus dem Schlafzimmer des Kronprinzen, Ausführung: Philipp Schmidt und August La Vigne, Nussbaumholz, um 1874 (© Bundesmobilienverwaltung/EK)

Porträts in der kaiserlichen Sammlung verfügbar waren, wurden die restlichen neun Gemälde bei verschiedenen Malern in Auftrag gegeben. 1876 waren alle Gemälde fertiggestellt und konnten im Speisesaal montiert werden.[10] Bei den dargestellten Herrschern handelte es sich um Kaiser Rudolph I. (gemalt von Ludwig Mayer), Kaiser Maximilian I. (von Ludwig Minnigerode), Kaiser Karl V. (von Robert Schuster von Bärnrode), Kaiser Ferdinand I. (von Julius Berger), Kaiser Maximilian II. (von Ludwig Minnigerode), Kaiser Ferdinand II. (von Franz Simm), Kaiser Leopold I. (von Gustav A. Hessl), Kaiser Karl VI. (von Johann Gottfried Auerbach), Kaiserin Maria Theresia (nach Meytens), Kaiser Joseph II. (von Josef Festl), Kaiser Franz II./I. (von Ludwig Streitenfeld) und Kaiser Franz Joseph (von Josef Neugebauer). Im Zentrum des Raumes stand ein »Speisetisch aus Nussholz zum Ausziehen mit Einlageblättern und zehn Füßen auf Rollen«, der Fenstervorhang war aus einem olivgrünen Seidendamast gefertigt. Zusätzlich gab es in diesem Zimmer eine Garnitur aus Nussbaumholz, die ebenfalls mit demselben Seidendamast bezogen war.[11]

Die restlichen Räume des Kronprinzenappartements (Abb. 8-03) waren zum Schweizerhof hin orientiert. Sie wurden durch ein Vorzimmer erschlossen, in dem ein großes Buffet aus Eichenholz aufgestellt war. Formal vereinte das Möbel sowohl Neorenaissance- als auch Neorokokomotive. Die Draperie der Fenstervorhänge bestand laut Inventarbuch aus einem olivgrünen Seidenstoff.[12]

Neben dem Vorzimmer lag die Bibliothek des Kronprinzen. Die Bibliotheksmöbel waren schwarz gebeizt; dazu zählten neben einem großen Aufsatzkasten, der die Mineraliensammlung Rudolfs aufnahm, mehrere Auflagetische. Einige Möbel aus der Bibliothek sind heute noch in der Sammlung der Bundesmobilienverwaltung erhalten. Der Bibliothek folgte das Studierzimmer, in dem eigens ein neuer Kaminofen nach dem Entwurf Kirschners

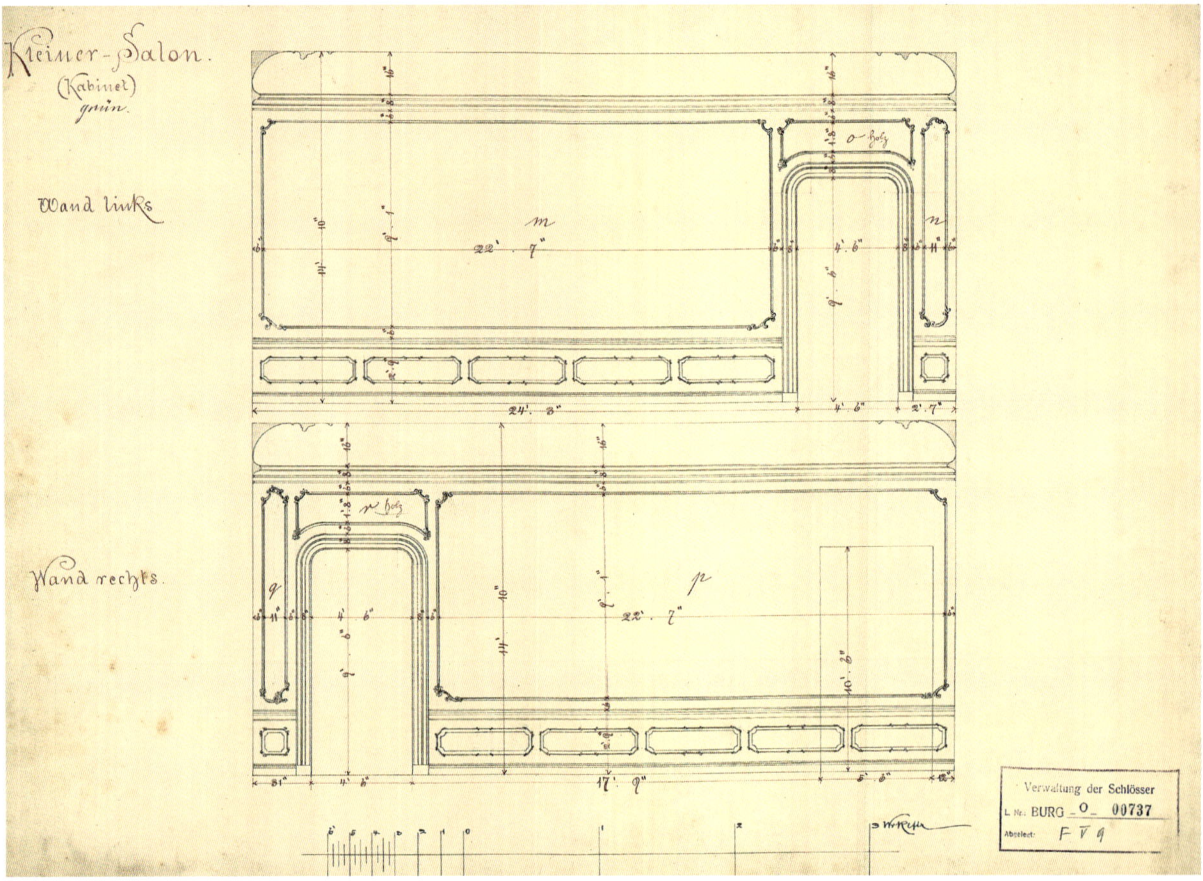

Abb. 8-08: Ferdinand Kirschner, Wandaufriss des Kabinetts im Appartement des Kronprinzen, Tinte auf Papier, 1874 (© BHÖ)

Abb. 8-09: Ferdinand Kirschner, Armlehnstuhl aus dem Lernzimmer des Kronprinzen, Ausführung: Philipp Schmidt und August La Vigne, Nussbaumholz, um 1874 (© Bundesmobilienverwaltung/EK)

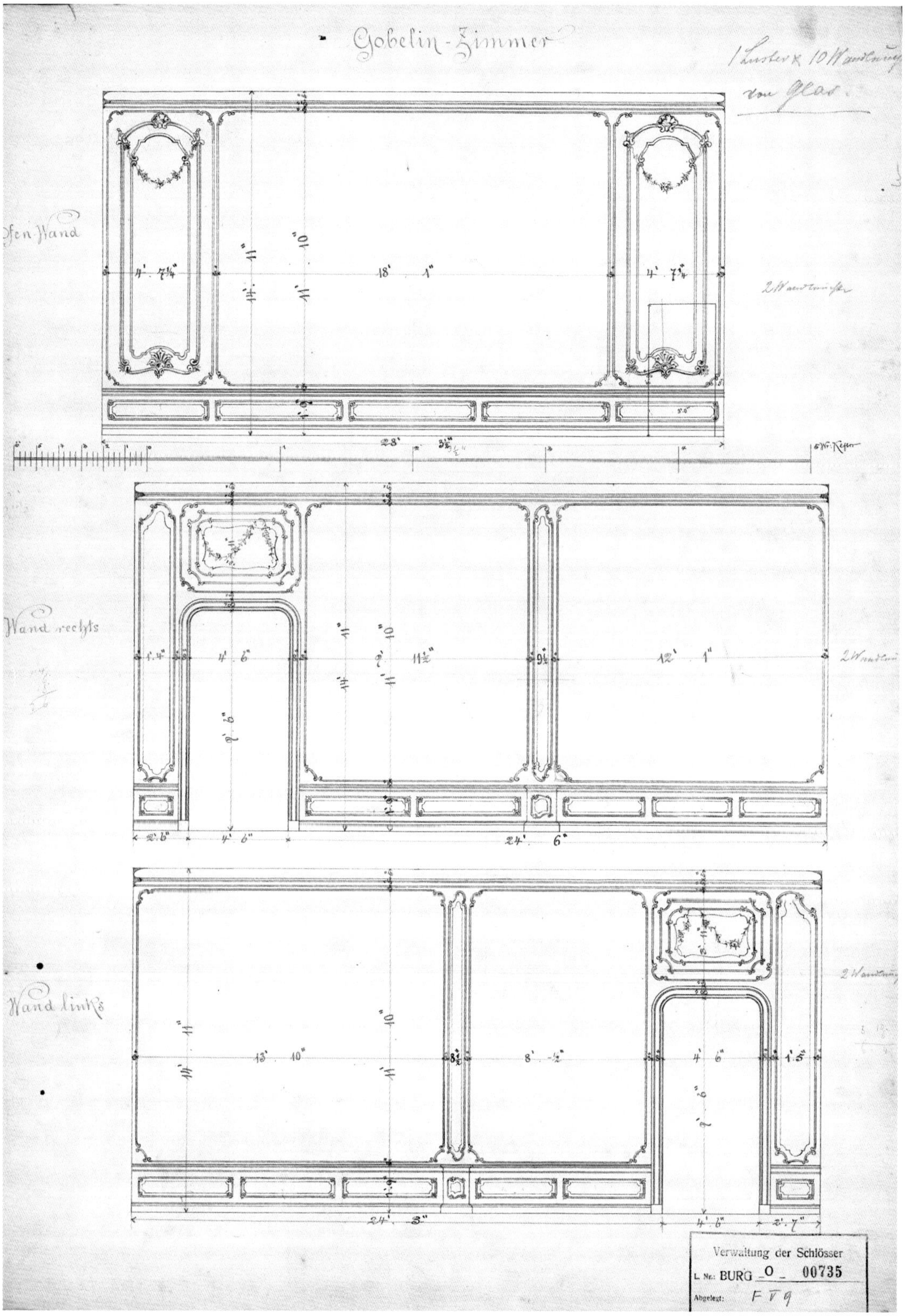

Abb. 8-10: Ferdinand Kirschner, Wandaufriss des Gobelinsalons im Appartement des Kronprinzen, Tinte auf Papier, 1874 (© BHÖ)

Abb. 8-11: Einblick in den Ahnensaal des Kronprinzen-Appartements, 1874, Fotoaufnahme, 2008. Heute wird der Raum vom Bundesdenkmalamt genutzt. (© Bundesmobilienverwaltung/LL)

Abb. 8-12: Einblick in den Ahnensaal des Kronprinzen-Appartements, Detail Kamin, 1874, Fotoaufnahme 2008 (© Bundesmobilienverwaltung/LL)

Abb. 8-13: Ferdinand Kirschner, Entwurfszeichnung für einen Kaminofen im Studierzimmer des Kronprinzen, Tinte und Bleistift auf Papier, 1874 (© BHÖ)

Abb. 8-14: Ferdinand Kirschner, Entwurfszeichnung für einen Kasten, 1877 (© BHÖ/EK)

(Abb. 8-13) installiert wurde. Eine Küche und ein zweites Vorzimmer komplettierten das Appartement.

Wie erwähnt waren die Umbauarbeiten im Großen und Ganzen 1875 abgeschlossen. 1877 wurden lediglich anstelle des Cavalierzimmers ein Badezimmer für Kronprinz Rudolf eingebaut sowie drei Kästen nach dem Entwurf Kirschners geliefert. Wie auf der Entwurfszeichnung (Abb. 8-14) vermerkt und an einem erhaltenen Kasten (Abb. 8-15) ersichtlich ist, wurden die eingelegten hölzernen Türfüllungen später durch Glastüren ersetzt.

1878 trat Kronprinz Rudolf seinen Militärdienst in Prag an. Dort bezog er ein Appartement in der Prager Burg, das von dem Wiener Dekorateur August Portois eingerichtet wurde.[13]

Abb. 8-15: Ferdinand Kirschner, Kasten aus dem Kronprinzen-Appartement, Ausführung: Philipp Schmidt und August La Vigne, Nussbaumholz, um 1877 (© Bundesmobilienverwaltung/EK)

DIE UMGESTALTUNG DES KRONPRINZENAPPARTEMENTS NACH RUDOLFS HOCHZEIT

Kronprinz Rudolf heiratete am 10. Mai 1881 Stephanie von Belgien. Aufgrund dessen wurde eine Adaptierung und Vergrößerung des bestehenden Wiener Appartements (Abb. 8-16) notwendig. Im Osten an die kronprinzlichen Räume anschließend wurden im Leopoldinischen Trakt entlang des Zeremoniensaals einige Zimmer für die Kronprinzessin renoviert und eine Kindskammer eingerichtet. Die Erweiterung des Appartements umfasste zwei Salons, die von Stephanie genutzt wurden, den Bereich der Kindskammer – ein Spielzimmer, ein Schlafzimmer sowie ein Badezimmer –, eine Küche, ein »Thürhüterzimmer« und einen Wohnraum für die Kindsfrau.

Für die Neuausstattung war die 1881 gegründete Firma Portois & Fix zuständig. August Portois zeichnete bereits für die Prager Einrichtung der kronprinzlichen Räume verantwortlich. Ebenso wie in Prag wurde auch in Wien die Entscheidung, einen so prominenten Hofauftrag an ein (vermeintlich) französisches Unternehmen zu vergeben, öffentlich von den Wiener Möbelproduzenten kritisiert.[14] Tatsächlich handelte es sich bei der Firma Portois & Fix aber um ein Wiener Unternehmen. Die beiden Geschäftspartner August Portois und Isidor Fix arbeiteten bereits seit 1874[15] zusammen und hatten auch den Titel des »k.k. Hoflieferanten« verliehen bekommen.

Die Ausstattung der neu geschaffenen Räume in der Wiener Hofburg konnte anhand des Quellenmaterials und der Inventarbücher nicht rekonstruiert werden. Es ist aber anzunehmen, dass die Räume Stephanies mit weiß (und eventuell farbig) gefassten Möbeln, den Modellen in der Prager Burg (Abb. 9-13 bis 9-16) entsprechend, möbliert waren. Stilistisch ähnliche Objekte aus der Hofburg sind noch heute in der Sammlung der Bundesmobilienverwaltung vorhanden. Die dem Appartement zugewiesenen Vorhangstoffe (Abb. 8-17) stammen vermutlich ebenso aus den Räumen Stephanies.

Im Bereich von Rudolfs Junggesellenappartements kam es zu einigen Adaptierungen. So wurde das Speisezimmer aus dem Ahnensaal in die ehemalige Bibliothek des Kronprinzen verlegt. Die wandfeste Ausstattung des Ahnensaales blieb aber erhalten, der Raum wurde fortan als Durchgangssalon genutzt. Das ehemalige Lernzimmer wurde zu einem Salon umfunktioniert. Im Zuge dessen wurden die Tapezierungen an Wand und Sitzmöbeln erneuert und durch einen olivgrünen Stoff ersetzt. Auf einem Stuhl (Abb. 8-09) sind beide Bezüge erhalten geblieben. Im Rahmen der Restaurierung konnte der olivgrüne Stoff abgenommen und der ältere, darunter liegende rostrote Stoff gesichert werden.

Die größte Veränderung erfuhr der Gobelinsalon. Die von Ferdinand Kirschner entworfene Ausstattung wurde vollständig abgenommen. Kronprinz Rudolf richtete sich in diesem Raum einen türki-

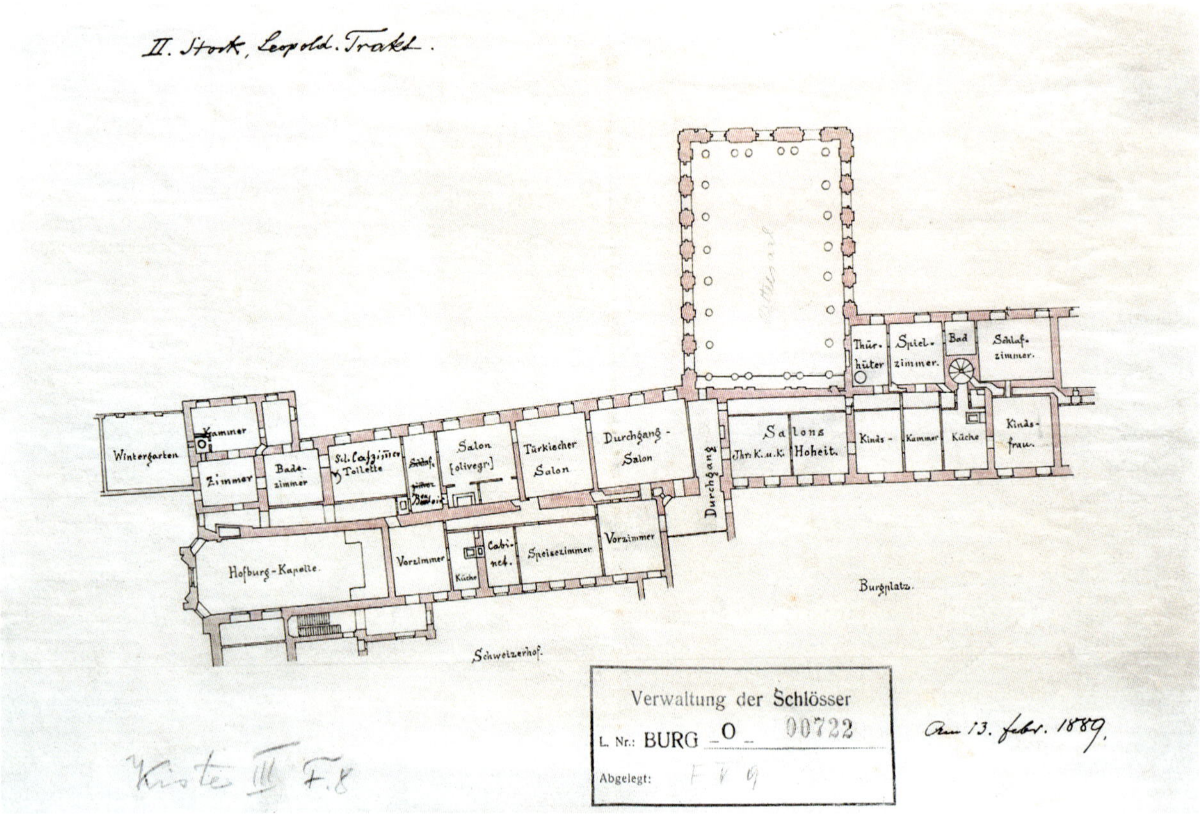

Abb. 8-16: Der Grundriss des Kronprinzen-Appartements in der Wiener Hofburg zeigt die Aufteilung des Appartements nach Rudolfs Hochzeit mit Stephanie von Belgien, Tinte auf Papier, 1889 (© BHÖ)

Abb. 8-17: Stoffe aus dem Kronprinzen-Appartement, Portois & Fix, um 1881 (© Bundesmobilienverwaltung/EK)

schen Salon (Abb. 8-18) ein, der von ihm und seiner Gemahlin als gemeinsames Arbeitszimmer genutzt wurde. Die Ausstattung war von seinen persönlichen Orientreisen inspiriert. 1881 besuchte Rudolf Ägypten und Palästina, seine Eindrücke gab er in der Publikation »Eine Orientreise« wieder. 1884 bereiste er die Türkei und die Balkanländer. Darüber hinaus war in der zweiten Hälfte des 19. Jahrhundert die Einrichtung von orientalischen Salons oder Kabinetten, die zumeist als Rauchsalon oder Herrenzimmer Verwendung fanden, weit verbreitet.[16] Rudolfs Onkel Erzherzog Ferdinand Maximilian ließ sich in der Villa Lazarovich in Triest bereits in den 1850er-Jahren einen orientalischen Salon installieren.[17] Kronprinz Rudolf besaß seit 1881 auch ein orientalisches Zimmer in seiner Wohnung in der Prager Burg.[18]

Abb. 8-18: Wilhelm Gause, das türkische Zimmer des Kronprinzen in der Wiener Hofburg, 1885 (© Über Land und Meer. Allgemeine Illustrierte Zeitung, 1886)

Die Einrichtung des Wiener Interieurs ist im Detail dokumentiert. Da die Gegenstände im türkischen Salon im Gegensatz zu der restlichen hofäraischen Ausstattung des Appartements aus dem Privatbesitz des Kronprinzen stammten, sind sie im Nachlassinventar Rudolfs aufgelistet. Weiters geben eine Darstellung Wilhelm Gauses sowie eine genaue Beschreibung in der Zeitung »Über Land und Meer. Allgemeine Illustrierte Zeitung« über Funktion und Aussehen des türkischen Salons Aufschluss.

»Die Wohnung des zukünftigen Beherrschers des österreichischen Kaiserstaates ist selbstverständlich nicht nur sehr geräumig, sondern auch sehr prunkvoll eingerichtet. Sie besteht aus einer langen Flucht von Gemächern, von welchen jedes einzelne wahre Schätze von kunstreichen Kostbarkeiten enthält; jedoch soviel man auch in den langen Zimmerreihen geprüft und angestaunt haben mag, den vollen Eindruck der Heimlichkeit und Wohnlichkeit empfängt man erst in dem Arbeitszimmer des Kronprinzen. In den übrigen Staats- und Prunkgemächern kann ein Gefühl der Behaglichkeit nicht aufkommen; man hat nicht die Empfindung, dass sie bewohnt seien. (…) Anders das Arbeitszimmer. Das ist das wirkliche Heim des Kronprinzen das zeigt auf Schritt und Tritt das Walten seiner rein menschlichen Individualität. Im Vergleich zu den übrigen Räumen erscheint es so recht beseelt und erfüllt von dem Hauch einer beglückten Häuslichkeit. (…) Theilt doch der Kronprinz freudigen Sinnes sein Arbeitszimmer mit seiner Gattin, der Kronprinzessin Stephanie. Das Gemach hat zwei Fenster, an dem einen steht der Schreibtisch des Kronprinzen, an dem zweiten derjenige der Kronprinzessin. (…) In dem traulichen Gemache über dem Schweizerthore haust nicht sowohl der Kronprinz als Künstler, der Schriftsteller, der liebende Gatte, mit einem Wort der Mensch, der durch geistiges Streben und treue Liebe gehobene Privatmann Rudolf von Österreich. (…) Aus der ganzen Einrichtung mit den hundert Kleinigkeiten, die selbst den prächtigsten Raum erst wohnlich machen, spricht ein edles Schönheitsgefühl, ein feiner Sinn für Form und Farbe, dann aber auch bei aller Schönheitsfreudigkeit ein ernster Zug geistiger Bestrebungen. Der künstlerische Sinn, den Kronprinz Rudolf in seinen Werken dokumentiert, er offenbart sich auch in nicht zu verkennender Weise in seinem Arbeitszimmer, das den Eindruck eines Künstlerateliers macht.

Die Vorhänge an den Fenstern sind roth; einerseits dämpfen sie die einfallende scharfe Tageshelle, anderseits bilden sie die Vermittlung für das warme, wohlige Licht, das den Raum durchflutet. Hinter dem Schreibtisch des Kronprinzen befindet sich eine Thüre, die durch Portiere verhängt ist; als solche fungiert ein großer Bocharateppich von seltener Schönheit und Feinheit. Überhaupt bilden orientalische Teppiche den wichtigsten und schönsten Bestandtheil der ganzen Einrichtung. Die schönsten Arten derselben, Daghestan, Smyrna, Sumat- und Bocharateppiche, sind in der mannigfachsten Weise verwendet, an der Wand, auf Möbelstücken und auf dem Fußboden. Der Schritt verhallt ungehört in dem Raume, der, seiner Stimmung gemäß der stillen Geistesarbeit gewidmet, gegen störende Geräusche geschützt ist. Der Fußboden ist in seiner ganzen Ausdehnung mit einem einfarbigen, tiefrothen Teppich überspannt, auf diesem liegen dann ein großer neupersischer und zahlreiche kleinere alte orientalische Teppiche. In der linken Ecke des Zimmers ist eine Galerie mit einer Balustrade und Banksitzen, über welche persische Teppiche gebreitet sind, angebracht. Die zeltartige Überdachung wird von den Krallen eines kolossalen Adlers, der mit seinen ausgespreizten Flügeln zu schweben scheint, zusammengehalten. Vor der Galerie ist eine Ottomane postirt, über welche ein persischer Teppich gebreitet ist, der in seiner absonderlichen Schönheit das Entzücken eines jeden Kenners bilden muß. (…) Auf dem Divan bilden zwei große, als Eselstaschen montierte Kissen die Rückenlehne. Vor dem Divan steht ein arabischer Rauchtisch mit einer großen massiv silbernen, kunstreich gravierten Platte und um den Tisch sind mehrere türkische Tabourets mit Silber-, Elfenbein- und Perlmuttintarsien gestellt. Auf einem dieser Tabourets steht eine mächtige, fein ciselierte Silberschale, die ganz mit Cigaretten angefüllt ist. Flankirt ist die Galerie zu beiden Seiten durch stattliche Topfgewächse, deren freundliches Grün eine dem Auge wohlthuende Unterbrechung in die glühende Farbenskala der orientalischen Decoration bringt.

Wenn man auch nur einen Blick auf den Schreibtisch des Kronprinzen wirft, so gewinnt man sofort den Eindruck, daß es sich da wahrlich nicht um ein Schaustück handelt, sondern daß da gearbeitet, sehr ernsthaft gearbeitet wird. Der Schreibtisch ist einfach, schwarz, mit diskreten rothen und goldenen Strichen gezirt und hat neun Schubfächer. Der mit orientalischer Schnitzerei geschmückte Sessel vor dem Tische ist nicht allzu bequem. (…) Auf dem Schreibtisch stehen vier Photographien der Kronprinzessin in Rahmen und zwei Bilder der kleinen Erzherzogin Elisabeth, des herzigen Töchterleins des hohen Paares. (…) Wir bemerken da auch Korrekturbogen von dem großen, unter der Leitung des Kronprinzen im Entstehen begriffenen Werkes: ›Die österreichisch-ungarische Monarchie in Wort und Bild‹. An der Wand zwischen den beiden Fenstern steht ein orientalischer Schrank mit allerlei Rauchutensilien. Vor dem zweiten Fenster endlich steht der Schreibtisch der Kronprinzessin, in diesem bildet ihr von Canon gemaltes, lebensgroßes Porträt einen bedeutsamen Schmuck. An dem Tischchen da werden Handarbeiten verfertigt. Neben dem Arbeitskörbchen bemerken wir zwei Tanzordnungen vom letzten Ball des Journalisten- und Schriftstellervereins, Konkordia. An dem anderen Tischchen wird gemalt. (…) Als wir das Gemach passiren, standen da zwei große Kisten auf dem Fußboden. Beide waren direkt vom Sultan gesandt und enthielten Geschenke; die eine Tabak für den Kronprinzen, die andere Bonbonniéren für die Kronprinzessin.«[19]

Wie der Beschreibung zu entnehmen ist, handelte es sich bei dem türkischen Salon sicherlich um den am persönlichsten geprägten Raum des Kronprinzenappartements. Trotz intensiver Forschung bleiben der genaue Zeitpunkt der Installierung in der Wiener Hofburg sowie die Provenienz der Objekte ungewiss. Während Martin Halata annimmt, dass das türkische Zimmer 1883 in Prag abgebaut und nach dem Umzug des Kronprinzen nach Wien in der Hofburg wieder aufgebaut worden ist,[20] stellte Alena Skrabanek nun fest, dass die Einrichtungsgegenstände aus Prag und Wien nicht hundertprozentig deckungsgleich sind. Somit dürfte Rudolf sowohl in Prag als auch in Wien einen orientalischen Salon besessen haben. Einzelne Gegenstände, wie etwa der niedere runde Tisch (Abb. 9-02), stammen allerdings eindeutig aus Prag und wurden in Wien weiterverwendet. Eine Rekonstruktion des türkischen Zimmers aus der Wiener Hofburg (Abb. 8-19) ist im Hofmobiliendepot – Möbel Museum Wien zu sehen.

Kronprinz Rudolf bewohnte das Appartement gemeinsam mit seiner Frau Stephanie und seiner Tochter Elisabeth (1883–1963) bis zu seinem Tod im Januar 1889.

NACH DEM TOD DES KRONPRINZEN RUDOLF 1889

Nach Rudolfs Ableben wurden im Appartement noch einige Arbeiten im Auftrag der Kronprinzessin-Witwe für 14.300 Gulden durchgeführt.[21] So wurden 1892 neue Möbel von der Firma Kowy & Iwinger geliefert. 1897 erhielten die Möbel im Toilettenraum Stephanies eine neue Tapezierung, die ebenfalls von der Firma Kowy & Iwinger ausgeführt wurde. Die Überarbeitung und Herrichtung der Holzgestelle der Sitzmöbel übernahm Sándor Járay.[22] Die Kammer von Erzherzogin Elisabeth wurde nach deren Hochzeit 1902 aufgelöst.

Abb. 8-19: Rekonstruktion des türkischen Zimmers aus der Wiener Hofburg im Hofmobiliendepot – Möbel Museum Wien (© Bundesmobilienverwaltung/LL)

ANMERKUNGEN

1 Ottillinger 1997, S. 122f.
2 Siehe Akten: HHStA, OMeA, Rubrik 21, 1874–1875.
3 HHStA, OMeA, Rubrik 21, C3, 1875.
4 HHStA, OMeA, Rubrik 21, B5, 1874.
5 Ottillinger 1997, S. 130.
6 Bundesmobilienverwaltung, Inventarbuch Wiener Hofburg I-0067.
7 HHStA, OMeA, Rubrik 21, B6 und C3, 1874.
8 Bundesmobilienverwaltung, Inventarbuch Wiener Hofburg I-0067.
9 Ebd.
10 HHStA, OMeA, Rubrik 50/4/12, 1876.
11 Bundesmobilienverwaltung, Inventarbuch Wiener Hofburg I-0067.
12 Ebd.
13 Siehe hierzu: Kapitel 9, Alena Skrabanek, Das Appartement des Kronprinzen in der Prager Burg, S. 119–152.
14 Wiener Möbelhalle, 15.12.1880. Siehe hierzu: Ebd., S.125 ff.
15 Die 1874 in Wien von August Portois und Isidor Fix gegründete »Société comerciale de Paris« wurde 1881 in die Firma Portois & Fix umbenannt.
16 Zur Verbreitung und Geschichte der orientalischen Salons siehe: Kapitel 9, Alena Skrabanek, Das Appartement des Kronprinzen in der Prager Burg, S.127 ff.
17 Weiterführend siehe: Kapitel 3, Marlene Ott-Wodni, Die Villa Lazarovich in Triest, S. 32 ff.
18 Weiterführend siehe: Kapitel 9, S. 127 ff. Alena Skrabanek, Das Appartement des Kronprinzen in der Prager Burg.
19 Groller 1886, S. 7.
20 Halata 2013.
21 Ottillinger/Hanzl 1997, S. 134.
22 HHStA, OMeA, Rubrik 21/C/10, 1897.

9. WOHNSITZ GLÜCKLICHER JAHRE

DAS APPARTEMENT DES KRONPRINZEN IN DER PRAGER BURG

Alena Skrabanek

Der Einzug von Kronprinz Rudolf in den Prager Königspalast im Jahr 1878 war mit einer politischen Mission verknüpft. Rudolfs Anwesenheit sollte den instabilen Tendenzen in den Ländern der böhmischen Krone entgegenwirken. Um die eigentliche Aufgabe zu kaschieren, wurde dem Kronprinzen die Funktion eines Obersts des in Prag stationierten Infanterieregiments Nr. 36 zugewiesen. Mit der Entscheidung des Kaisers, seinen Sohn nach Prag zu entsenden, wurde dem Usus Rechnung getragen, dass die sogenannte erzherzogliche Wohnung im Stadtflügel des Hradschins durch ein habsburgisches Familienmitglied, mit zumindest dem Titel eines Erzherzogs, belegt wurde. Bereits 1875, nach dem Tod des ehemaligen Kaisers Ferdinand I., der nach seiner Abdikation auf dem Hradschin lebte, forderten Pressestimmen die Präsenz des Kronprinzen in Prag ein.[1] Das Appartement in der Wiener Hofburg behielt Rudolf bei. Aufgrund seiner privaten und offiziellen Reisen war er häufig in der böhmischen Hauptstadt abwesend. Dennoch hatte die Prager Wohnung des Kronprinzen eine starke symbolische Wirkung, und das nicht erst nach der öffentlich diskutierten, aufwendigen Neueinrichtung des Appartements im Zuge der Vermählung Rudolfs mit Stephanie von Belgien im Jahr 1881.

Zur Phase der Nutzung der erzherzoglichen Wohnung durch das Kronprinzenpaar sei auf die wissenschaftliche Aufarbeitung der Geschichte und der Ausstattung des Stadtflügels der Prager Burg verwiesen, in der Martin Halata zusammen mit weiteren Autoren auf die Bestellung beim Wiener Ausstatter August Portois und die Verwendung bedeutender historischer Tapisserien einging.[2] Die auf erstmals publizierte Bildquellen bezogenen Beiträge Halatas bilden den Grundstein zur Erfassung der Wohnkultur Rudolfs in Prag. Neue Fragestellungen sind unter anderem die Rekonstruktion der Junggesellenwohnung, die Bedeutung der Bildausstattung, eine differenziertere Nachzeichnung der Entwicklung der Zimmereinrichtung und die Frage nach Raumfunktionen durch ergänzende Quellen aus österreichischen Archiven. Nachdem Jana Croy die 2006 im tschechischen Präsidentenschloss Lány aufgestellten Reste der Portois'schen Möbel- und Raumausstattung aus den Prager Privatgemächern von Kronprinzessin Stephanie publik gemacht hat, prägen diese Möbel in opulenten Louis-XVI.-Stilformen unsere Vorstellung von Rudolfs Appartement. Doch welchen Charakter hatten die weiteren, nicht visuell überlieferten Räume? Die fesselndste Thematik stellt wohl das ägyptische Zimmer dar, zu dem sich neue Spuren aufgetan haben.

Nachdem das Kronprinzenpaar 1883 die Prager Wohnung aufgegeben hatte, um in die Wiener Hofburg zu übersiedeln, wurde der Großteil der hofärarischen Mobilien, zu denen auch der Portois'sche Bestand zählte, in situ belassen. Es kam zu einer Nachnutzung des Appartements, mit veränderter Zuweisung der Räume, durch Erzherzog Franz Ferdinand. Der 1898 zum Thronfolger ernannte Franz Ferdinand erweiterte seinen Gebrauchsbereich auch auf das erste Obergeschoss des Stadtflügels aus, wo er zwölf Zimmer für die Abwicklung des Hofzeremoniells umfunktionieren ließ.[3] Nach der unter ihm durchgeführten Elektrifizierung kam es vor allem 1908 zu größeren Investitionen, da Franz Ferdinand aufgrund der Jubiläumsausstellung die Prager Wohnung vermehrt nutzte.[4] Nach 1914 bewohnten Erzherzog Karl und seine Gemahlin Zita das erzherzogliche Appartement. Ab 1918 verwendete der erste tschechoslowakische Präsident Tomáš Garrigue Masaryk die Räume als Dienstwohnung. Während das habsburgische Setting anfangs weiter genutzt wurde und Fotografien aus dieser Zeit wichtige Bilddokumente zu Rudolfs Wohnungsausstattung darstellen, kam es 1921 zu einer radikalen gestalterischen Wende. Die höfischen Wohnungselemente wurden abgebaut, großteils verkauft, teilweise nach

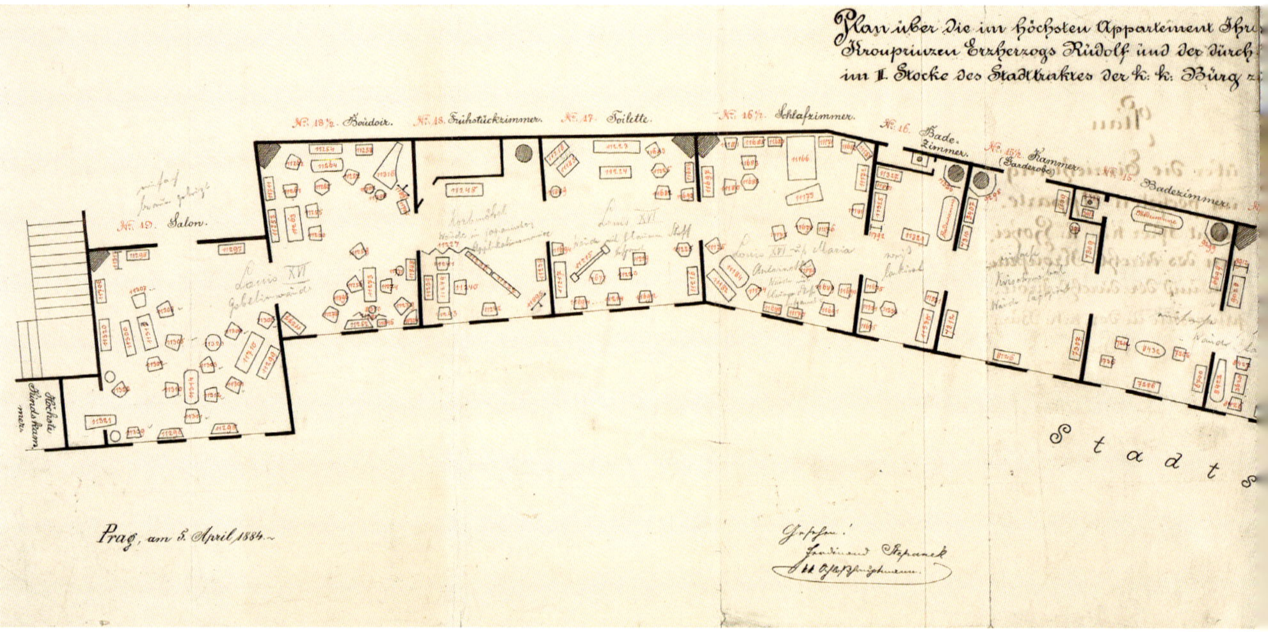

Schloss Lány gebracht und die Räume gesamtheitlich nach Entwürfen von Jože Plečnik eingerichtet.[5] Die besonders wertvollen in Prag verbliebenen Tapisserien aus dem Antonius-und-Kleopatra-Zyklus (Sign. CV6/1-6) wurden 1921 Gegenstand von Restitutionsstreitigkeiten und Teil des Vertrages von Saint-Germain.[6]

DAS JUNGGESELLENAPPARTEMENT AB 1878

Rudolf erhielt ein Appartement im 2. Stockwerk des sogenannten Stadtflügels, jenes Traktes der Burg, der vom Hradschiner Vorplatz ausgehend der Prager Kleinseite zugewandt ist und einen Ausblick über die Stadt gewährt. Die Rudolf zugewiesenen Räume waren ein Teil der erzherzoglichen Wohnung von Kaiser Ferdinand I. Nach Ferdinands Tod verblieb dessen Witwe Maria Anna im Piano nobile, während ihr Hofstaat die Räumlichkeiten im 2. Stock nutzte. Konkret handelte es sich um Räume, die vom höchsten Hofmeister Graf Karl Albert Maria Bombelles genutzt worden waren. Bombelles behielt vorerst sechs Räume, das sogenannte Sekretariat westlich von Rudolfs Appartement und die Zimmer 5–15½ (Abb. 9-01) wurden zu Gemächern des Kronprinzen umgewidmet.[7] Das neue Appartement für den Kronprinzen im mittleren Teil der Enfilade der erzherzoglichen Wohnung setzte sich aus einem gesellschaftlichen Bereich, der aus einem Billardsalon, einem Speiseraum, einem Vorzimmer und einem Salon bestand, sowie aus seinen Privaträumen, dem Arbeitszimmer, dem Schlafzimmer, dem Bad, der Kammer, einem Entree und einem Zimmer für den Kammerdiener zusammen.

Über den Charakter Rudolfs erster Wohnungseinrichtung war bislang wenig bekannt. Halata hat darauf verwiesen, dass bei der Möblierung großteils auf den im Hradschin vorhandenen Fundus zurückgegriffen wurde.[8] Aus den Inventaren der Bundesmobilienverwaltung geht hervor, dass Neuanschaffungen für die Wohnbereiche der Prager Burg bis 1880 auch den Bedarf der Kaiserwitwe Anna abdeckten.[9] Rudolfs Junggesellenappartement wurde in einem Zeitungsbericht über die Disposition der ehelichen Wohnung im Jahr 1881 erwähnt: »Die Appartements des Kronprinzen umfassen (…) vier Zimmer, welche Se. kais. Hoheit während seiner früheren Anwesenheit benützte und deren Einrichtung unverändert geblieben ist.«[10] Bei diesen Räumen handelte es sich um das Schreib-, das Schlaf-, das Badezimmer und die Garderobekammer. In ei-

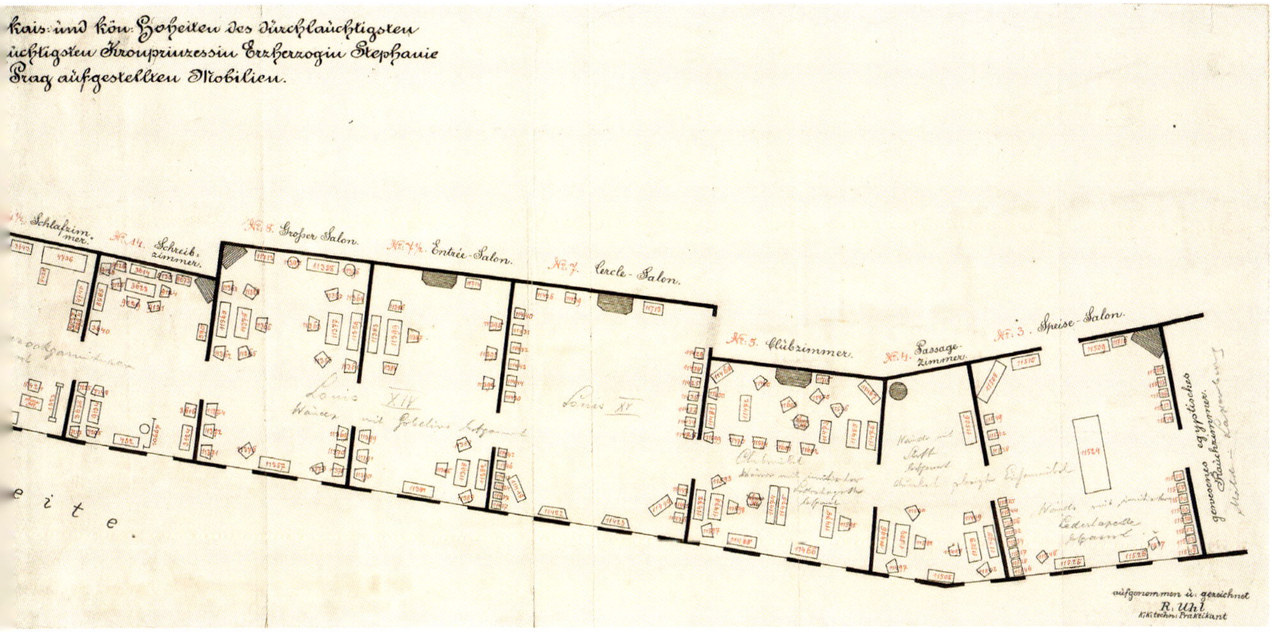

Abb. 9-01: Grundriss des Appartements von Kronprinz Rudolf und seiner Frau Stephanie im Stadtflügel der Prager Burg mit eingezeichneter Möblierung, Tinte auf Papier, »aufgenommen u. gezeichnet R. Uhl, kk. techn. Praktikant«, »Gesehen! Ferdinand Stepanek, kk. Schloßhauptmann«, Prag am 5. April 1884 (© APH)

nem 1884 datierten Zimmerplan (Abb. 9-01) sind Inventarnummern verzeichnet, die sich im Fall der genannten vier Räume auf die hofärarische Möblierung beziehen, die großteils bereits 1878 aufgestellt wurde.[11] Die Notizen im Plan »einfache Barockgarnituren, Wände tapeziert« in den Privatzimmern und »einfache Kirschmöbel, Wand tapeziert« in der Garderobe charakterisieren die Räume als eher zurückhaltend ausgestattet.[12] Der Einsatz von älteren Möbelstücken erweckt den Eindruck, dass die erste Einrichtung von Rudolfs Wohnung sparsam konzipiert war. Aus den Akten des Obersthofmeisteramtes geht jedoch hervor, dass neben Ausgaben für Adaptierungen auch Ankäufe und Transfers von Mobiliar aus der Wiener Hofburg getätigt wurden. Zu den »Herstellungen« im Kronprinzenappartement von 1878 gehören eine »neue Zuckerbäckerei[13], Möbelanschaffungen, Tapezierarbeiten, Adaptierungen von Objekten aus dem Requisiten-Depot im Bauhofe zu Prag«.[14] Zu den »Extraordinarien« von 1878 für das Appartement des Kronprinzen zählen die »Anschaffung von Lustern und Lampen,« der »Vorschuss pro 500 fl (…) für Tapezierung der Möbel im Kronprinz Appartement,« die »Übernahme von 2 Glaslustern, Firma Josef Zahn á 24 Lichter für Speisezimmer und Salon,« die »Lieferung von Broncewaren durch den Fabrikanten Hollenbach im Betrage 288 fl.,« die »Aufstellung eines von Wien angelangten Eckdivans« im Billardzimmer, der Ankauf eines Stutzflügels von Josef Promberger und die »Anschaffung von 5 Öfen resp. Caminen, 1 Spiegelglas u. Rahmen dazu und 3 Heizgarnituren mit dem Gesamtkostenbetrag v. 1786 fl.«[15] Vom Versand der Wiener an die Prager Burghauptmannschaft betreffen folgende Einträge die Einrichtung von Rudolfs Wohnung im Jahr 1878: »Möbeln aus dem Vorrate der k. k. Burghauptmannschaft; 4 Teppiche; Divans und dem egyptischen Pavillon /:Weltausstellung 1873:/ entnommene Stoffe«.[16] Belegt sind auch Transfers von Mobiliar für temporäre Aufenthalte außerhalb des Hradschins, etwa in Bubentsch und anderen von der Prager Burgverwaltung verwalteten Adressen.[17] Unklar bleibt der Anteil der Wohnungsobjekte aus dem Privatbesitz des Kronprinzen. In den hofärarischen Dokumenten ausgenommen sind etwa Rudolfs naturwissenschaftliche Objekte, welche Komponenten seiner Wiener Wohnung darstellten.[18]

Der Abgleich des Plans (Abb. 9-01) mit den Inventardaten[19], die den Zustand im Jahr 1876 und 1880 wiedergeben, und den Angaben bei Halata[20] ergibt folgende Elemente der Einrichtung:

RUDOLFS SCHREIBZIMMER DER JUNGGESELLENWOHNUNG NR. 14 wies zwischen den Fenstern einen »Trumeautisch von Mahagoni mit Schnitzarbeit«[21] auf. Vor dem linken Fenster befand sich eine Sitzgruppe mit vier Sesseln aus Nussholz, mit Seidendamast überzogen, in einfachem Empirestil, die zusammen mit einem »Canapée von Mahagoni, gekehlt mit rothen Seidendamast rund um einen Canapéetisch« gestellt waren. Durch eine Glaswand, zweiteilig, weiß gestrichen, aus vier Tafeln, Milchglas, abgetrennt befand sich der Arbeitsbereich vor dem rechten Fenster. Bei der »Etagere von Mahagoni mit Tablets und geschnitzter Galerie« (Nr. 3124) dürfte es sich um den eigentlichen Schreibtisch gehandelt haben. Davor stand ein »Schreibsessel von Mahagoni mit Rohrgeflecht u. Lederüberzug« auf Rädern. Die obere Raumhälfte wurde von einer größeren Sitzgruppe dominiert. Diese setzte sich zusammen aus einem »Canapéetisch von Mahagoni mit gekehlten Füßen,« einem Kanapee aus Nussholz mit blauer Tapezierung aus Seidendamast, »2 Armsessel(n) von Mahagoni, gekehlt auf Rollen mit rothen Seidendamast,« sowie »6 Sessel(n) von Mahagoni, Sitz und Lehnen gepolstert mit rothem Seidendamast in einfachem Barock«. An der linken Wand befand sich ein weiterer »Trumeautisch aus Mahagoni.« Neben der Feuerstätte rechts befand sich eine »Holztruhe gelb angestrichen« und ein »Nachttisch aus Nußholz.«

IN RUDOLFS SCHLAFZIMMER DER JUNGGESELLENWOHNUNG NR. 14½ befand sich 1880 auf der Fensterseite eine Möbelgruppe rund um einen Biedermeier-Lesetisch aus Mahagoni mit einer Chaiselongue und drei Sesseln aus Nussholz und roter Plüschbespannung[22], ein »Trumeaukasten von Mahagoni Holz oben mit einer Schublade unten mit Thüren und Fächer« und ein Ankleidespiegel aus Mahagoni, »Rahm auf Messingrollen, mit 4 vergoldeten Leuchtern.« Oberhalb der Durchgangsachse der Enfilade standen ein »Waschtisch von Nuß mahag. poliert mit Aufsatz, das Blatt mit Zinkblech beschlagen« und ein Handtuchhalter, eine rot bespannte Kaminwand, ein »Bettschemel von Mahagoni, mit rothem Seidendamast überzogen,« ein weiterer Sessel, der der unteren Garnitur entsprach, eine Bettstatt aus Mahagoni[23], ein polierter Nachttisch aus Mahagoni mit geschnitzter Galerie, einer Schublade und einer Marmorplatte und eine Etagere, die mit einem Tisch zusammengestellt war, »von hartem Holz, mahagoniartig poliert.«

IM BADEZIMMER RUDOLFS JUNGGESELLENWOHNUNG NR. 15 war die Badewanne durch einen »mit rothem Rips« bezogenen Ofenschirm von der Heizung getrennt. An der rechten Wand befanden sich zwei Stück Garderobekästen »von Nußholz fourniert, poliert auf Fuß und Kranz mit 2 Thüren zum Hängen.« Auf der Fensterseite stand eine Trumeaukommode von Kirschbaumholz mit vier Schubladen; davor ein ovaler Tisch aus poliertem Nussholz auf einem Fuß mit »2 Sessel Nuß, bezogen mit Seidendamast, einfaches Empir,« sowie ein weiterer Mahagonistuhl, »mit Wolldamast bezogen, Empir.« In den anschließenden Garderoberaum eingebaut war ein vom Badezimmer aus zugängliches Klosett mit Bidet. Die Retirade war »von poliertem Nußholz in Form eines Trumeaukästchens mit 1 Deckel und Klappe zum Aufschlagen, inwandig mit Wasserzufluß, englisch und mit 1 kupfernen Topf versehen.«

DIE MÖBLIERUNG DER GARDEROBEKAMMER IN RUDOLFS JUNGGESELLENWOHNUNG NR. 15½ setzte sich aus einem »Kleiderstock Kirschholz, sechsarmig, gedrechselt,« einem Spieltisch aus Mahagoni, vier polierten Garderobekästen »Kirschholz, 2flügelig,« einer Kommode »Kirschholz mit 4 Schubladen und einem tapezierten Ofenschirm« zusammen.

VERWEIS AUF ORIENTALISCHE STOFFE VON DER WIENER WELTAUSSTELLUNG

Der Akteneintrag über den Versand der »Divans« und dem »egyptischen Pavillon /:Weltausstellung 1873:/ entnommenen Stoffe« von der Wiener Burghauptmannschaft an das Appartement in der Prager Burg 1878 kann als erster Beleg für den Einstieg Rudolfs in die Sammelaktivität orientalischer Wohnungselemente verstanden werden.[24] Der damals fünfzehnjährige Rudolf besuchte die Weltausstellung, die einen orientalischen Schwerpunkt hatte, mehrfach.[25] Zum orientalischen Viertel zählten die türkischen Beiträge wie ein Nachbau des Istanbuler Sultan-Ahmed-Brunnens, ein Basar, ein Bad, ein Kaffeehaus und die Schatzkammer des Sultans; Ägypten war mit einer besonders imposanten Bautengruppe mit einem Palast, einer Moschee, einem Harem, einem Bauern- und einem Bürgerhaus, einer Schule und einem Kaffeehaus vertreten, die der Vizekönig Ismael Pascha durch den Architekten Franz Schmoranz d. J. entwerfen ließ.[26] Präsentationsstände mehrerer nahöstlicher Länder in der Maschinenhalle waren der Kunstgewerbeproduktion gewidmet. Der Handel mit islamischer Kunst auf der Weltausstellung war rege. Textilien wurden nicht nur vom Hof angekauft, wie aus dem zitierten Aktenvermerk von 1878 hervorgeht, sondern etwa auch vom Museum für Kunst und Industrie, welches 70 türkische Stickereien erwarb.[27] Das spezifische Interesse des Kronprinzen am Orientalismus, der gerade durch die Schau 1873 eine große Popularisierung erlebte, ist demnach deutlich vor dessen Orientreise 1881 anzusetzen. Der Verweis auf die nahöstlichen Textilien von der Weltausstellung, die in der Prager Wohnung aufgenommen wurden, lässt keinen konkreten Rückschluss auf die Verwendung zu. Wahrscheinlich waren die Stoffe »von den Divans« Überwürfe, die wohl wieder als solche verwendet wurden. Hypothetisch konnte es sich auch um die 1883 dokumentierten »Eseltaschen« handeln,[28] ein aus zwei quadratischen Grundelementen gewebter Sofaüberwurf.

DIE BILDAUSSTATTUNG DER WOHNUNG

Die Aktenlage zur Bildausstattung in Rudolfs Wohnung lässt viele Fragen offen. Ein wohl nicht unwesentlicher Teil der Kunstwerke zählte zum Privateigentum des Kronprinzen, weshalb es keine stringente Inventarisierung gibt. Nachdem Hans Canon[29] und Franz von Pausinger[30] schon früh persönliche Wegbegleiter Rudolfs waren und beide Künstler auch in das Prager Appartement eingeladen wurden, ist anzunehmen, dass es bereits in der Junggesellenwohnung Gemälde von ihren Händen gab. Nach dem Tod Rudolfs 1889 wurden einige in Prag verbliebene Kunstwerke nach Wien verschickt. Darunter befanden sich von Stephanie gemalte Bilder, Gemälde von Pausinger und Bilderrahmen des Hoftischlers Müller.[31] Ferner erwähnt wird ein Bild von Makart in Rudolfs Appartement.[32]

Was die Bildausstattung in hofärarischem Besitz betrifft, lassen Einträge vom November 1880 im Gemäldeinventar gewisse Rückschlüsse zu.[33] Leider erschweren die allgemein gehaltenen Bildtitel die weitere Nachverfolgung.[34] Der Bestand der Bilder im November 1880 reflektiert noch die Konstellation der Junggesellenwohnung. August Portois suchte bereits im März und April 1880 in Wien nach Gobelins für die erweiterte Wohnung.[35] Die Gemäldeausstattung blieb zu diesem Zeitpunkt aber noch unverändert, da die Bildinhalte in den Zimmern, die bald darauf Stephanie zugeordnet werden sollten, noch nicht durchgehend zu den Raumfunktionen nach der Umgestaltung passen. In mehreren Tranchen wurden hochwertige Bilder aus der Prager Burg an die Gemäldesammlung in Wien abgegeben.[36] Eine der Transaktionen wurde im Jahr 1880 angesetzt. Offensichtlich kam es durch den geänderten Bedarf für die Wohnung Rudolfs zu einem Abbruch der Abgabe und zu einer Revision. »1880, Übersendung von 54 Stück Gemälden vom Schlosse in Prag an die Gemälde Galerie in Wien – Vorläufige Belassung der Bilder in Prag angeordnet. Abgabe von 22 Gemälden an die Gemälde Galerie in Wien«.[37] Im Appartement Rudolfs verblieben unter anderem Werke von Holbein d. J., Tizian, Guido Reni und mehrere Gemälde von Leandro Bassano.

Drei Gemälde lassen sich dem Bildinventar von 1880 nach auf das Zimmer Nr. 15, das Badezimmer Rudolfs, beziehen.[38] 1876 waren diese drei Bilder noch im Raum Nr. 25 aufgehängt.[39] Nr. 246, ein Ölgemälde auf Leinwand von Hans Holbein d. J., wurde als Bruststück der Heiligen Cäcilia beziehungsweise als »weiblicher Kopf in sinnlicher Haltung« betitelt.[40] Nr. 248, »Portrait eines jungen Mädchens, von Mena,«[41] sowie Nr. 249,[42] »Ein kleiner Spanier« von einem unbekannten Künstler, waren ebenfalls mit einem Goldrahmen versehen.[43]

Eine gewichtige Rolle für die Präsentation von Kunstwerken nahm dem Gemäldeinventar nach der Raum Nr. 11 ein. Es muss sich hierbei um den Gang handeln, der sich vor den Rudolf zugewiesenen Zimmern befand und ab 1881 unter der Bezeichnung »Jagdgang« aufscheint. Unter den insgesamt fünfunddreißig Gemälden wurden 1880 hier sechs Werke von Leandro Bassano verzeichnet: Nr. 45 »Eine Schafherde im Hintergrunde eine Szene aus der biblischen Geschichte,« Nr. 54 »Der Herbst,« Nr. 55, Nr. 76 »Ecce Homo,« Nr. 109 »Die Israeliten in der Wüste Manna sammelnd« und Nr. 177 »Eine Arche Noah.«[44] Zwei weitere Ölgemälde von prominenteren Malern, Nr. 56 »Christi Geburt, ein Nachtstück« von Jacob Jordaens und Nr. 180 »Centaurus und Diana« von Guido Reni befanden sich ebenfalls unter den hier gehängten Werken.

Im Jahr 1880 innerhalb des Appartements Rudolfs, jedoch keinem konkreten Zimmer zugeordnet, befanden sich vier Werke, die 1876 in Raum Nr. 25 inventarisiert wurden,[45] darunter von Tizian Nr. 86 ein »Ölgemälde auf Leinwand in Goldrahmen, Jesus, Maria, Josef, Joachim und Johannes.«[46] Von einem Maler namens Golcines[47] wird das Bild Nr. 60, »Ölgemälde auf Leinwand in Goldrahmen, Sct. Katharina,«[48] genannt. Von unbekannten Künstlern stammten die »Ölgemälde auf Holz in Goldrahmen« Nr. 6 »Eine heil. Maria mit dem Jesukind« sowie Nr. 245 »Portrait eines Mannes mit einem weißen Kragen.«[49]

Das Sekretariat des obersten Hofmeisters Bombelles war inhaltlich und räumlich mit Rudolfs Wohnung verbunden und wurde ebenso mit hofärarischen Gemälden bestückt, soweit sich dies in der Inventarisierung von 1880 ablesen lässt. Im Sekretariatsraum Nr. 16, der ab 1881 als Badezimmer Stephanies diente, wurden 1880 sieben Szenen aus der Geschichte der Diana, darunter auch »Diana nach dem Bade,« als eingerollte Ölgemälde auf Leinwand verzeichnet.[50] Das ebenfalls dem Sekretariat des Hofmeisters zugewiesene Zimmer Nr. 18 enthielt im Jahr 1880 das Ölgemälde Nr. 1 »Eine Belagerung Prags am weißem Berge von Biedal« sowie eine Reihe von 16 Porträts kaiserlicher, hochadeliger und geistlicher Persönlichkeiten, die teils in lebensgroßem Format angeführt wurden.[51] Der Raum 20, der 1884 im Plan als »Höchste Kindskammer« bezeichnet aufscheint (Abb. 9-01), bildete den ersten Raum von Bombelles' Wohnung nach der Erweiterung des Kronprinzenappartements 1881. Aufgezeichnet wurden dort 1880 zwei Malereien auf Holzgrund Nr. 503 »Das jüngste Gericht, Christus mit den heiligen in den Wolken, zur Linken die Auserwählten, rechts die Verdammten von denen Einer von einem Engel mit dem Flammenschwerte geschlagen wird« und Nr. 651 »Dedalus der seinem Vater die Flügel bindet«.[52]

Ferner ist für das Jahr 1880 die Anschaffung einer Bronzefigur für den Deutschen Saal[53] der Prager Burg dokumentiert, für die dem Antiquitätenhändler M. Blum der Betrag von 400 Gulden bezahlt wurde.[54] Ein weiteres Bildwerk wurde 1881 in der Wohnung des Kronprinzen genannt. Es handelte sich um eine Bronzestatue, die Andreas Hofer darstellte.[55] Auf eigenen Bildständern ausgestellt scheinen im Mobilieninventar auch Porträts der kaiserlichen Familie auf.[56]

DIE ENTWICKLUNG DER EHELICHEN WOHNUNG

Im März 1880 reiste Kronprinz Rudolf nach Brüssel und hielt um die Hand der jungen belgischen Prinzessin Stephanie an. Dass Rudolf seine Geliebte mit auf die Reise genommen hatte, führte zu einer diplomatischen Krise und war letztendlich mit ein Grund für das Aufschieben des Hochzeitstermins.[57] Vor der Hochzeit im Mai 1881 unternahm Rudolf im Februar und März eine Orientreise.[58] Im Zeitfenster zwischen der Brautwerbung und dem tatsächlichen Bedarf einer Wohnstätte für das Ehepaar wurde für die Erweiterung des Prager Appartements ein Generalausstatter, der zu den k.k. Hoflieferanten zählende August Portois, engagiert. Portois war mit seiner Firma »Societé Commerciale de Paris« 1874 für Kaiserin Elisabeth tätig gewesen.[59]

Portois reiste bereits im April 1880 nach Prag und forderte genaue Pläne der Wohnung an.[60] In den Depots der Wiener Burg suchte er gemeinsam mit Burghauptmann Ferdinand Kirschner, der 1865 bis 1868 an der Neugestaltung der Festsäle im Hradschin gearbeitet hatte, passende Gobelins für das erweiterte Prager Appartement aus. Im März und April 1880 wurden von der Wiener Burghauptmannschaft dreißig Stück Gobelins nach Prag überstellt.[61] Bis auf vier Privatgemächer Rudolfs, die unverändert blieben, sollte das eheliche Appartement komplett neu möbliert werden.[62] Am 1. Dezember 1880 wies Hofmeister Bombelles die Burghauptmannschaft in einem Telegramm an, keine alten Möbel aufzustellen, und teilte mit, nicht gewillt zu sein, mit irgendjemand darüber Diskussionen zu führen.[63] Die erweiterte Disposition des ehelichen Appartements umfasste neunzehn anstatt der acht Wohnräume, die Rudolf ursprünglich zur Verfügung gestanden hatten. Von den fünf Stephanie zugewiesenen Privatzimmern im Westen gelangte man zur Feststiege. In der Enfilade folgten die Räume Rudolfs und im Osten befanden sich die gemeinsamen Repräsentationsräume, über die man zur Haupttreppe des Stadtflügels gelangte. Die drei wichtigsten Auslieferungstermine für den Großteil der neuen Ausstattung von Portois waren der 19. März, der 1. Juli und der 25. Oktober 1881. Mit 1. Juli 1881 ist eine Kostenliste von Portois datiert, die auf Wunsch des Hofes angefertigt wurde.[64] Hierbei ging es weniger um ein Angebot als um eine Bestandsaufnahme mit Kostenübersicht der sich bereits in Ausführung befindlichen Bestellung. Möglicherweise diente die genaue Zusammenschrift auch zur Absicherung und Dokumentation aufgrund der vorangegangenen Ausstattungsaffäre.

DIE AUSSTATTUNGSAFFÄRE

Ein von der bisherigen Forschung nicht registrierter Aspekt zur Prager Wohnung Rudolfs ist die nationalistisch motivierte politische Debatte, die im Dezember 1880 rund um die Bestellung der kostspieligen neuen Wohnungsausstattung entfachte und medial breit kolportiert wurde. Am 9. Dezember befasste sich der Wiener Gemeinderat mit der Frage, ob die Hofämter bei der Bestellung für den »kronprinzlichen Prager Haushalt« die heimische Industrie übergangen hätten. In der hitzigen Diskussion des Gemeinderats wurde die Auftragsvergabe an den französischstämmigen Portois problematisiert. Der Tagesordnungspunkt war von industriellen Kreisen eingebracht worden, denen die im Wiener Milieu agierende Pariser-Wiener Firma von August Portois ein Dorn im Auge war.[65]

Am darauf folgenden Tag fanden Unterredungen zwischen dem Wiener Bürgermeister Rewald und dem Obersthofmeister des Kaisers, Fürst Hohenlohe, sowie mit Rudolfs Hofmeister Bombelles statt. In der publik gemachten Stellungnahme Hohenlohes hieß es, dass »nach ausdrücklichem Befehl Sr. Majestät des Kaisers (…) bei allen Anschaffungen nur die österreichische Industrie berücksichtigt werde, und (…) daß auch Kronprinz Rudolf bei der Anschaffung der Einrichtung seines Appartements denselben Befehl ertheilt habe. Was die Anschaffungen für Prag betreffen, so habe Graf Bombelles eine Summe von 8000 fl. für die Anschaffung von Stoffen in Paris angegeben, der gesamte Rest ist aber in Wien verausgabt worden. (…) Herr Portois (…) als österreichischer Staatsbürger ausgewiesen.«[66] Das amtliche Communiqué in der »Wiener Abendpost« lautete: »Die Einrichtung der Wohnung des kronprinzlichen Paares auf dem Hradschin in Prag wurde dem hiesigen Tapezierer August Portois um den Betrag von 120.000 fl übergeben. Derselbe ist österreichischer Staatsbürger und besitzt in Wien eine Möbelfabrik, in welcher gegen 250 Arbeiter, durchwegs Österreicher, beschäftigt sind (...). Herr Portois wurde angewiesen, sich bei allen Anschaffungen an hiesige Firmen zu wenden. Alle sonstigen Bestellungen an Juwelen, Silbergeräthen, Porzellan, Wagen, Geschirr und dgl. wurden ausschließlich bei österreichischen Industriellen gemacht, von denen auch für die Adaptierung der kronprinzlichen Appartements in der Wiener Hofburg nöthigen Arbeiten besorgt worden sind.«[67]

Zur Überprüfung berief der Gemeinderat eine Kommission ein.[68] Der Streit setzte sich fort und spiegelte sich in den Berichten der Tageszeitungen wider. »Namentlich wurde betont, daß Herr Portois, der erst am 8. Sept. d. J. das österreichische Staatsbürgerrecht erworben habe, doch nicht schon als österreichischer Industrieller gelten könne. Mehrere Redner wiesen darauf hin, daß das ›plötzliche Österreichertum‹ des genannten Fabrikanten in auffallendem Zusammenhange mit der ihm ertheilten Bestellung stehe. Zahlreiche Redner schilderten in überaus kräftigen Worten den Unmuth, der anläßlich dieser Vorgänge der Bevölkerung sich bemächtigt habe.«[69] Der in der Diskussion im Gemeinderat als Indiz für die ausländische Herstellung eingebrachte größere Auftrag an Portois' Pariser Filiale Maison Blanc stellte sich als Bestellung für eine spanische Prinzessin heraus.[70]

Gut erfasst wurde der Hergang der weiteren Ereignisse in einem Provinzblatt, in dem auch die Stimmung unter den Wiener Kunstgewerbeschaffenden und die Reaktion seitens des Hofes eingefangen wurde. Aufgrund der Einmischungen in höfische Angelegenheiten »lehnte der Kaiser den Festball ab, den die Stadt Wien zur Feier der Vermählung des Kronprinzen im Opernhause geben wollte, die Abgeordneten der Verfassungspartei verweigerten an demselben ominösen Dienstage beim Ministerium Taaffe die Steuern (...). Die Wiener Industriellen hielten sich für zurückgesetzt, der Wiener Gemeinderath nahm sich ihrer an (...) wurde zu einer Staatsaction aufgebauscht (...). Seit Jahren versucht sich Wien, im Gewerbe und in der Industrie es den großen Metropolen London und Paris gleich zu thun (...). Die Wiener Arbeiten sind mustergültig, das Wiener Genre ist zum Vorbild geworden (...). Keine Gelegenheit wurde versäumt, wo der Wiener Kunstgeschmack, die Wiener Kunstindustrie sich hervorthun konnte (...) Kaiserpavillon auf der Weltausstellung 1879, diesjährige Gewerbeausstellung (...). Man stelle sich das vollständig berechtigte Selbstgefühl der Wiener vor und male sich dann die leidenschaftliche Stimmung aus, die sich ihrer bemächtigen mußte, als die Bestellung bei der Firma Portois bekannt wurde und die Sage von der Exposition einer Zimmereinrichtung für den Kronprinzen in Paris wie eine Bombe darein fuhr. Dazu noch der Hohn der Pariser Zeitungen, die diese Möbel nicht genug loben konnten. Sie seien so schön, hieß es, als seien sie in Wien selbst gefertigt worden. Das war den in letzter Zeit (...) hyperpatriotischen Wienern doch zu arg, die krankhafte Empfindlichkeit die den deutschen Stamme jetzt befallen hat that das ihrige und so kam es zu jenen stürmischen Szenen im Gemeinderathe, die wir ehrlich und wahrhaft bedauern, die jedoch den Czechen und Ungarn viel Gaudium bereiten mögen.«[71]

Die von der Presse als »Ausstattungsaffaire« betitelte Causa gewährt einen Einblick in das soziokulturelle Mainstreamverständnis. Portois hatte sich in Wien erfolgreich auf die Herstellung und den Vertrieb historistischer Möbel in den französischen Königsstilen spezialisiert.[72] In den Augen der Zeitgenossen wurden Nationalstile im Möbelbau und bei Raumausstattungen offenbar nicht nur hinsichtlich der formellen Stilistik wahrgenommen, sondern auch als Produkte eines Herstellers mit bestimmter Nationalität. Durch den Auftrag des Kronprinzen offensichtlich getriggert, wurde die Möblierung durch die Nationalitätsfrage zu einem Angriffspunkt für die eingesessene Konkurrenz.

Darüber hinaus zeigt die Berichterstattung auch, dass es ein öffentliches Interesse an der Prager Wohnung des Kronprinzenpaares gab. Die Feststellungen der Kommission dokumentieren die Bezugsquellen der von Portois vertriebenen Ausstattungskomponenten für das Kronprinzenappartement. Durch die Zeitungsberichte überliefert sind »umfangreiche Bestellungen in Schmucksachen beim Hofjuwelier Emil Biedermann und Köchert, beim Hofglaswarenfabrikanten L. Lobmeier[73] zwei Services für je 24 Personen, bei Porzellanhändler Ernst Wahliß eine vollständige Ausstattung,[74] beim Hoflieferanten J. E. Klinkosch ein silbernes Tafelserivce für 50 Personen, beim Hofkunsttischler Herrn Karl Giani Webstoffe auf Möbel und Vorhänge für ein Boudoir in Schönbrunn, Möbel und Bronzen bei Kühlmeier, bei der Firma Philipp Haas und Söhne 9 Teppiche für 10.000 fl, bei der Firma Melzer und Neuhardt 8 Luster um 40.000 fl. und bei der Firma Lutschanderl und Chwalla Posanmenteriewaren um 200 fl.«[75]

Neben diesen am Jahresende 1880 dokumentierten Wiener Lieferanten waren an den umfassenden Adatierungen des Appartements, die im Januar 1881 abgeschlossen wurden, und an marginalen Abänderungen nach dem Einzug des Kronprinzenpaares folgende Betriebe beteiligt:[76] Tischlerarbeiten übernahm die Firma Ložek, Schlosserarbeiten der Hofschlosser Heinrich Duffé. Der Prager Hoflieferant Karl Milde führte die Verglasung von Leibungen aus. Die Firma Franz Müller schuf Posamenterien und Verzierungen für die Wohnung. Haas & Söhne aus Wien lieferte rotes Velours. Tischwäsche wurde bei Adolf Dittrich in Prag bestellt.[77] »12 Tafel Leuchter von Silber sammt aufgesetzten Wappen und Gravierung« lieferte Klinkosch.[78] Die Installation einer Telegrafenstation sicherte die Wiener Firma Deckert & Homolka. 1880 wurden auch elektrische Glockenzüge eingebaut.[79] Um den Gasanschluss kümmerte sich das Stadtgasamt Prag. Angeschafft wurde auch eine Eistruhe. Jene Öfen, die nicht über Portois bestellt wurden, kamen vom Prager Wenzl Sommerschuh. Die Installation der Bäder übernahm Waldek und Wagner aus Prag. 1883 wurde in Stephanies Bad ein WC mit englischer Spülung eingebaut. Neue Teppiche im Schlafzimmer, im Toilettenzimmer und Teppichläufer für das Stiegenhaus stammten aus der Produktion der Ginzkey-Fabrik.

DER URSPRUNG DES ÄGYPTISCHEN RAUCHZIMMERS

Der Vermerk »gewesenes egyptisches Rauchzimmer« am Rand des Möblierungsplans aus dem Jahr 1884 bezieht sich auf den Bereich östlich des Speisezimmers (Abb. 9-01). Halata war davon ausgegangen, dass der Raum 1881 nach der Orientreise eingerichtet und bald wieder abgebaut wurde, da Stephanie hier ein Malatelier erhielt.[80] Die Historie der Zimmerausstattung mit exotischem Gehalt kann aufgrund einer Bildquelle neu aufgerollt werden. Eine Affinität zu orientalischen Sammlungsobjekten hatte Rudolf schon früher, wie die Lieferung von Stoffen aus dem ägyptischen Pavillon der Weltausstellung 1878 nach Prag belegt.[81] Die Motivation, einen ganzen Raum der orientalischen Wohnkultur zu widmen, wurde offenbar durch ein umfassendes Geschenk ausgelöst. Auf seiner Reise durch Ägypten erhielt der Kronprinz im März 1881 eine komplette Zimmereinrichtung.[82]

Die Orientreise des Kronprinzen wurde von der heimischen Berichterstattung verfolgt. In der »Neuen illustrierten Zeitung« erschien der ausführlichste Bericht über das Präsent des »egyptischen Rauchzimmers« einschließlich einer Abbildung (Abb. 9-02):[83]

»Ein ebenso kostbares, wie originelles Geschenk hat die österreichisch ungarische Colonie in Cairo dem Kronprinzen Rudolf gewidmet, nämlich ein echt egyptisches Rauchzimmer, wie der Khedive und die ersten Staatswürdenträger sie benützen. Unser Correspondent sendet uns aus Cairo eine detaillierte Beschreibung des Gemachs. Der Entwurf und die Ausführung rühren von einem der bekanntesten Künstler im Decorationsfache her, Herrn Parvis[84], welchem die Colonie die ganze Arbeit übertrug. Derselbe cultiviert hauptsächlich den arabischen Styl, sucht aber alles beiseite zu lassen oder zu mildern, was gegen die Linien der Schönheit verstößt oder des typischen Charakters entbehrt. Es gelang ihm, dem gesamten Mobiliar eine vollständige Uebereinstimmung des Styls herzustellen, sowohl in den großen Linien wie in den zierlichen Details, und die goldenen Arabesken

Abb. 9-02: Das türkische Rauchzimmer des Kronprinzen Rudolf. Diese orientalische Zimmerausstattung erhielt Rudolf auf seiner Ägyptenreise 1881 als Geschenk. (© Neue illustrierte Zeitung, 13.3.1881)

verband er ohne Störung mit den sogenannten dunklen Muscharabies. So kann man sagen, daß das Rauchzimmer in einer Art arabischer Renaissance ausgeführt ist. Dasselbe besteht zunächst aus einem Entrée, einer kleinen Flügelthüre von mehr als drei Metern Höhe, aus schwerem Palissanderholz. Schon diese Thürflügel sind Meisterwerke der arabischen Bildschnitzerei, im Styl der Epoche der Khalifen, mit Incrustationen von Elfenbein und Perlmutter. Die untern und obern Panneaux werden durch arabische Inschriften getheilt. Oben an der Thüre besagt eine Inschrift aus Elfenbein und Perlmutter, daß dieses Rauchzimmer dem Kronprinzen Rudolf von Oesterreich durch die österreichische Colonie in Cairo zum Geschenke gemacht wurde.[85] Das erste Möbelstück ist das sogenannte Cabinet, in demselben Styl, in denselben Proportionen und aus demselben Material wie die Portière. Dann sind da zwei niedere Divans, sogenannte Dites, ganz im arabischen Styl, bedeckt mit schweren arabischen Decken von großem Werthe; sie stehen zur Rechten und Linken des Cabinets, und an jeder Seite stehen wieder vier Tabourets verschiedener Art und mit schweren kostbaren Stoffen verhüllt. Ferner haben wir an den Wänden vier Etagères in reinen arabischen Styl, aus Palissander- und Nußholz, jede nach einem anderen Muster und bestimmt, die Tschibuks und Bibelots aufzunehmen. Zwei türkische Pfeifen, die hier Platz finden werden, sind ein Geschenk Hasiz Pascha's, eines österreichischen Unterthans, mit Spitzen von Ambra und besetzt mit Brillianten. Von demselben Pascha ist ein Nargileh aus massiven Silber gespendet worden. Der Thüre gegenüber ist ein Muscharabie[86] im classischen arabischen Styl, von großer Schönheit. Zuletzt kommen kleine Tabourets (Coursirs) aus indischem Ebenholz.[87] Eine wunderbar ciselierte Lampe[88], nach einem alten schönen Moschee-Modell, erhellt das Gemach. In demselben befindet sich noch ein sogenanntes Plateau von Meterbreite, mit ciselierten Arabesken bedeckt und beschrieben mit den Namen der arabischen Propheten[89]. Auch hier befindet sich wieder eine Inschrift, welche besagt, daß das Gemach ein Geschenk der Colonie für den Kronprinzen von Oesterreich ist. Endlich haben wir noch ein complettes Service in Silber ciseliert: die zehn Finganes, die Baccarah, Zuckerdose und Milchkanne. Eine Decke von Zanzibar von großer Schönheit bedeckt den Boden und weiter Stoffe[90] aus Caramanien, die sich durch ihren Werth und ihre Gediegenheit auszeichnen. Dieses wertvolle Geschenk ist gegenwärtig noch nicht ganz vollendet und dürfte dem Kronprinzen Rudolph nachgesendet werden, wenn derselbe sich wieder in Wien befindet.«[91]

Dornig führt die Begeisterung Rudolfs über das Geschenk und seinen Besuch im Atelier des Künstlers an, als er das Zimmer in Augenschein nahm.[92] »Das ist herrlich (…) und ich will gleich probiren, wie man als Pasch lebt.«[93] Mit diesen Worten soll er sich auf den Diwan geworfen und sich eine Zigarette angezündet haben.

Die Zeitungsberichte geben nicht das gesamte Geschenk wieder, da die Ausstattung zu diesem Zeitpunkt noch nicht komplett war. Bei der Illustration mit dem Bildtitel »Das türkische Rauchzimmer des Kronprinzen Rudolf« muss berücksichtigt werden, dass es sich wohl um die Darstellung des Ateliers von Parvis handelt, in dem die geschenkten Objekte aufgestellt waren und die verbauten Elemente demnach nicht als Teil des Raumkonzepts für den Kronprinzen zu verstehen sind. Zu sehen sind etwa zwei mit Holzgittern ausgestattete Fensteröffnungen des Ateliers. Die Berichte beziehen sich nicht auf diese, sondern auf eine offensichtlich antike Maschrabiyya. Auch die eingebaute Tür entspricht in der Gliederung und im Aufbau der Musterflächen mit dem Hufeisenbogen im Abschluss des Türblatts nicht dem abgebildeten Schrank für den Kronprinzen, welcher der Berichterstattung zufolge stilistisch gleich ausgeführt war. Der in der Illustration von 1881 aufscheinende runde Klapptisch mit vertikalen Holzgittern zwischen den Verstrebungen des siebenbeinigen Gestells fand sich im türkischen Zimmer Rudolfs in seinem Wiener Appartement wieder, wo dieser 1885 durch Gause bildlich festgehalten wurde (Abb. 8-18). Wahrscheinlich bezieht sich das »sogenannte Plateau von Meterbreite, mit ciselierten Arabesken,« um dessen »Mittelrosette die Namen der arabischen Propheten eingraviert sind«[94], in den Berichten auf die Scheibe, die als Tischplatte diente.

Spätestens durch das Geschenk verfügte der Kronprinz über eine ausreichende Möblierung, um sich ein orientalisches Zimmer einzurichten. Es sei auch auf Ankäufe von Orientalika verwiesen, die Rudolf auf seinem zweimonatigen Aufenthalt in Ägypten und Palästina tätigte.[95] Die bei Dornig genannten Objekte sind eher als Wandschmuck zu klassifizieren, beziehungsweise mit Rudolfs Idee verbunden, in Wien ein ägyptisches Museum anzulegen.[96] In seinem Buch über die Orientreise berichtet der Kronprinz über den Ankauf mehrerer wertvoller Stücke beim deutschen Konsularagenten in Luxor, bei dem er bessere Objekte gefunden hatte als tags zuvor bei einem englischen Verkäufer.[97] Möglicherweise ging Rudolf vom Plan einer eigenen musealen Prasentation bald wieder ab, da er sechzig Ägyptika bereits am 16. Juni 1881 an die ägyptisch-orientalische Sammlung des Hofmuseums und weitere Objekte an die ethnografische Sammlung weitergab.[98]

Die Zimmerausstattung, die die österreichisch-ungarische Kolonie in Kairo bei Parvis in Auftrag gab, wies keine durchgehende Stilrichtung auf. Die Zusammenstellung der Hocker und Tischchen bestand aus arabischen und indischen Typen sowohl mit eingelegten Oberflächen als auch mit durchbrochenen Holzpaneelen. Abgesehen von den Möbeln, die der indigenen Typologie entsprachen und die in der Werkstatt von Parvis von ägyptischen Handwerkern ausgeführt wurden,[99] stellte der große, dreiteilige Schrank eine hybride Produktion nach Parvis'

Entwurf dar. Für seine europäische und US-amerikanische Kundschaft entwickelte der italienischstämmige Giuseppe Parvis, der seit 1859 in Kairo lebte und eine Möbelwerkstatt unterhielt, Möbel nach westlicher Tradition – was den Typus anging – mit orientalischen Oberflächen.[100] Die Ornamentik wurde hierbei nicht flächig appliziert, sondern bestimmte die Struktur des Aufbaus und die Gliederung der Kabinette und Kästen. Mit entsprechend konzipierten Stücken war Parvis auf den Ausstellungen in Paris 1867 und 1878, Philadelphia 1876 und Mailand 1881 präsent.[101]

Zum weiteren Schicksal der ägyptischen Raumausstattung von Parvis stellt sich die Frage, welche Objekte in das »egyptische Rauchzimmer« in Prag integriert wurden. Auffällig ist, dass in den Aufzeichnungen von Portois bis zum Abschluss des Auftrags im Januar 1881 die drei Räume jenseits des Speisezimmers nicht erwähnt wurden. Sowohl Portois Listen als auch die Inventarbücher geben lediglich hofärarische Mobilien wieder. Eine Schlussfolgerung wäre, dass die drei Räume innerhalb des Appartements zwischen dem Stiegenhaus und dem Speisezimmer für eine rein private Einrichtung mit unbekannter Bestimmung reserviert waren. Mit dem Erhalt des Kairoer Präsents im März 1881 scheint das Thema jedenfalls vorgegeben, wobei nicht auszuschließen ist, dass die ägyptische Raumausstattung auf mehr als einen dieser Räume aufgeteilt wurde. Einen Hinweis gewährt ein Zeitungsbericht zum Einzug des Ehepaares, in dem die letzten Räume der Wohnung nach dem Speisezimmer erwähnt werden: »endlich die mit allem erdenklichen Comfort ausgestatteten Billard- und Rauchzimmer.«[102] Im späteren Verlauf wurden Malbehelfe von Stephanie in allen drei Räumen aufgestellt.[103] Am 31. Juni 1881 kam die Lieferung aus Wien mit mehreren Kisten für das »egyptisch-türkische Zimmer« am Prager Bahnhof an. Kurz davor waren ethnografische Objekte von Rudolfs Reisesammlung an das Hofmuseum übergeben worden.[104] Mit dem Arrangement der ägyptischen Möbel und übrigen Sammlungsobjekte beziehungsweise mit der Ausgestaltung der Raumschale im Prager Appartement wurde wieder August Portois betraut.[105] Mit der Arbeit im orientalischen Stil betrat Portois kein neues Terrain, er hatte auf der Wiener Weltausstellung ein Damenboudoir mit maurischen Motiven gezeigt.[106]

Die Installation in der Prager Wohnung erfolgte vom 14. bis zum 20. August. Statt eines Neorokoko-Ofens wurde ein Exemplar aus Gusseisen aufgestellt. Vorhandener Stuck an der Decke wurde abgenommen und durch Stuckaturen aus den Wiener Kisten ersetzt.[107] Ein späterer Grundriss von 1889 gibt das Plafondmuster im ersten Zimmer neben dem Speisesaal wieder, lässt jedoch keine spezifisch orientalische Gestaltung erkennen (Abb. 9-03). Möglicherweise spielte auch die Firma Haas & Söhne eine Rolle als Zulieferer für das ägyptische Rauchzimmer.[108] Haas & Söhne hatte auf der Wiener Weltausstellung Möbel im orientalischen Stil präsentiert.[109]

Beim Abbau der ägyptischen Ausstattung in der Prager Wohnung war Portois für den Versand nach Laxenburg verantwortlich und erstellte im Februar 1883 eine Packliste, in der er 116 Objekte erfasste:

»4 Polster-Stöckerl, 2 große Vasen, 4 kleine Vasen, 6 kleine Blumentöpfe, 2 große Ziertöpfe mit Decke, 1 Holzgefäß, 2 große Wandetageren, 2 kleine Wandetageren, 2 Wandkörbe, 4 lange Regale, 2 kleine Regale für Vasen, 2 mittelgroße Etageren für Vasen, 2 große orientalische Divans, 2 kleine Bänke, jede mit 4 Pölstern, 5 indische Stockerl, 1 Ottomane mit 3 Pölstern, 1 Teppich, 2 Eseltaschen-Fauteuils, 1 Tisch mit silberner Platte, 1 Stockerl, 1 Trommel aus Holz, 10 St Porzellantassen in silberner Einfassung, 1 silberne Zuckerdose, 1 silberne Kanne für Kaffee, 4 silberne Ascheschalen, 6 Chibouqu-Rohre, 1 Bücherkästchen, 1 Luster, 1 Zelt aus Teppichen, 10 kleine Säulchen, 1 Nargileständer, dazu 1 Schlauch, 1 Behälter für Zigaretten mit ca. 20 Zigaretten, 1 Tabourette, 1 Rassel aus Rohr, 1 Horn, Säulen, 3 große Säulen, 1 Schild, 1 Halskrause, 1 Dudelsack, 1 Stahlinstrument (keine Waffe!), 2 Rahmen, 4 metallene Vorhänge, 4 Vorhänge, 1 Tür mit Textilvorhang, 1 exotischer Teppich, 1 silberne Schale, 2 kleine Fenster, 2 Tierhörner, 3 Sänften.«[110]

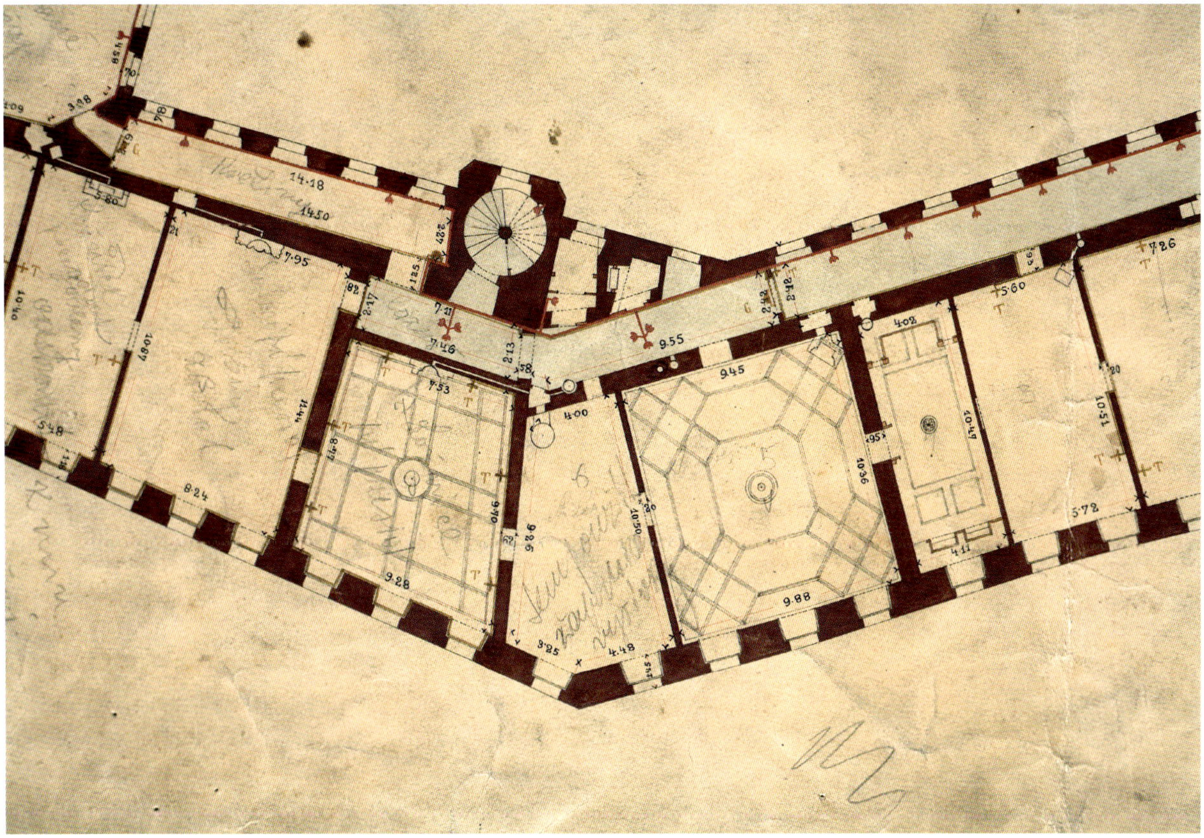

Abb. 9-03: Grundriss des zweiten Stockwerks des Stadtflügels in der Prager Burg, Detailausschnitt, Tinte und Bleistift auf Papier, sign. Antonín Kolařík, Prag 1898. Die letzten drei Räume rechts wurden als »egyptisches Rauchzimmer« beziehungsweise als Ateliers genutzt. (© APH)

Halatas Auffassung nach gibt die Darstellung des türkischen Zimmers in der Hofburg (Abb. 8-18) von 1885 den Charakter des Prager Rauchzimmers wieder, da der Raum in Wien wieder identisch aufgestellt worden sei.[111] Belegt sah der Autor dies durch die im Nachlass des Kronprinzen inventarisierten Diwane, türkische Hocker, Teppiche und Waffen des türkischen Zimmers.[112] Differenzierter betrachtet müssen die genannten Elemente jedoch als zu allgemeine Bestandteile bezeichnet werden. Der Abgleich der beiden Bildquellen, der Illustration des Kairoer Geschenks von 1881 (Abb. 9-02) und der Darstellung des Wiener Raumes (Abb. 8-18), zeigen großteils Unterschiede. Durchgehend in den Quellen wiedererkennbar ist der in der Packliste aufscheinende »Tisch mit silbernen Platte« der im Nachlass Rudolfs[113] als »6eckiges Tischchen mit 1 großer Metallplatte« bezeichnet wurde. Während die Stückzahlen bei den Hockern, davon fünf indischen, den Etageren, den zwei großen Diwanen, den Rauchutensilien aus Silber und beim Kaffeeservice in den Beschreibungen des Geschenks und in der Prager Packliste übereinstimmten, spiegelt der Nachlass einen Zuwachs an Objekten wider. Einerseits blieb die Anzahl der im Nachlass inventarisierten Stücke von Möbeltypen nicht konsistent, andererseits häuften sich ergänzende Sammlungs- und Dekorationsobjekte, wobei auch japanische und chinesische Teile aufscheinen. Markant ist, dass der von Parvis gestaltete dreiteilige Schrank mit hohem Mittelteil in der Prager Packliste nicht aufgenommen und auch nicht im Bildausschnitt bei Gause festgehalten wurde, jedoch wahrscheinlich mit dem im Nachlass genannten »reich architektonischer Kasten aus Cedernholz mit Elfenbein und Perlmutter reich decoriert und verschiedenen Hölzern eingelegt« zu identifizieren ist. Nicht installiert wurde in keinem der ägyptisch-türkischen Zimmer Rudolfs offensichtlich der im Set zum Schrank gehörende Türflügel. Sowohl in Prag als auch in Wien sind Portiere aus Teppichen überliefert. Die raumprägende Balustrade des Wiener Zimmers »mit 2 bunten chinesischen Säulen in der Mitte mit 2 Nußholzsäulen als Draperiehalter. Hierzu die chinesischen Holzverzierungen, sämtliche Draperien aus persischen Stoffen und 2 gestreifte Seidenvorhänge mit Seide gefüttern innen zeltartig mit persischem Stoff decoriert, die Treppe mit rothem Stoff überzogen«[114] könnte eine gewisse Vorform in Prag gehabt haben. Verpackt wurden 1883 jedenfalls ein »Zelt aus Teppichen« und zehn kleine Säulen sowie drei große Säulen. Da die Zimmerausstattung von Parvis im März 1881 noch nicht vollständig war, geben die frühen Quellen noch keine entsprechenden Draperien an. Fraglich ist, ob die in der Zeitungsillustration wiedergegebene Lampe jene ist, die dem Kronprinzen geschenkt wurde, oder ob sie zur Ateliermöblierung gehörte – Gause bildete eine andere ab.

Der Begriff »gewesenes egyptische(s) Rauchzimmer« impliziert eine konkrete Raumnutzung, die durch entscheidende Aspekte infrage gestellt werden sollte. Einen Rauchsalon (Raum Nr. 5) im Rudolf zugeordneten Bereich des Appartements gab es bereits. Der herkömmlichen Konklusion nach verstand Halata das ägyptische Rauchzimmer als Herrensalon und interpretierte die Aufstellung von Staffeleien für Stephanie in den ersten drei Räumen der Wohnung als Änderung der Raumfunktion und Umwidmung dieses Bereichs zu einem Atelier.[115] 1882 verzeichnete das Obersthofmeisteramt die »Einrichtung eines Maler-Ateliers für i. k. u. k. H. Kronprinzessin Erzherzogin Stefanie samt einigen Wohnungsveränderungen«.[116] Im Zeitungsartikel über das türkische Zimmer Rudolfs in Wien nennt Groller sowohl einen Schreibtisch des Kronprinzen als auch einen Mal- und einen weiteren Schreibtisch von Stephanie.[117] Ottillinger verwies auf die Funktion des Wiener türkischen Zimmers als Arbeitsraum Rudolfs.[118] Obwohl orientalische Raumsujets auch eine weibliche Nutzungstradition etwa in der Funktion als Damenboudoirs haben,[119] richtete sich Ottillingers Blick auf die Verwendung des türkischen Zimmers durch Rudolf als Herrenarbeitsraum. Das durch Groller dokumentierte Vorhandensein eines Mal- und eines Schreibtisches Stephanies deutet auf die gemeinsame Nutzung des Arbeitszimmers hin. Die Verwendung der Prager Atelierräume mit orientalischer Ausstattung als gemeinschaftliche Arbeitsstätte des Ehepaars wäre schlüssig und würde keinen Abbau der Parvismöbel und weiterer Sammlungsgegenstände vor 1883 voraussetzen. Wahrscheinlich war auch der Prager Schreibtisch Rudolfs in den Atelierräumen aufgestellt. Die Lieferung des Tisches vom Wiener Hoftischler Müller für 350 Gulden ist im Jahr 1881 dokumentiert.[120] Es handelte sich um einen nüchtern gehaltenen Arbeitstisch mit erweiterter Ablage in Seitenkonsolen, der über verschließbare Schubladen verfügte.[121] Im Mai 1884 urgierte der Laxenburger Schlosshauptmann, dass die Schreibutensilien und der Schreibtisch von Müller nachgeliefert werden sollten,[122] wodurch der Kontext mit der Übersiedlung der orientalischen Zimmerausstattung nach Laxenburg hergestellt werden kann.

Die Prager Arbeitsräume wie auch das türkische Zimmer in Wien übertrafen im Grad ihrer orientalischen Ausprägung die zeittypische Mode, Ateliers mit nahöstlichen Versatzstücken zu bereichern.[123] Eine Ausschmückung in dieser milderen Form legte sich etwa auch Rudolfs langjähriger Freund und Wegbegleiter der Orientreise Franz Pausinger zu. Fotografien des Salzburger Ateliers zeigen den befreundeten Maler mit orientalischem Hocker, Teppichen und Rüstungsteilen.[124] Die komplette Raumausstattung eines Privatgemachs beziehungsweise eines Ateliers mit den ägyptischen Möbeln von Parvis und, soweit nachvollziehbar, Teile der übrigen geschenkten Zimmerausstattung mit angekauften Mitbringseln in einem Arrangement von Portois ist eher mit den Schauräumen der Weltausstellungen zu messen, etwa mit den Repräsentationsräumen des ägyptischen Palastes der Wiener Weltausstellung, die Kronprinz Rudolf 1873 bereits so weit inspirierten, dass er sich dort ausgestellte Textilien besorgen ließ.[125] Parallel zur Neugestaltung der erweiterten Prager Wohnung erschien das Standardwerk für das Milieu der mitteleuropäischen Orientmanie, Ebers »Ägypten in Wort und Bild«.[126] Besonders der zweite Band lieferte anschauliche Muster traditioneller ägyptischer Raumgestaltung, zeigte aber auch die Einrichtung des Ateliers des wichtigsten Orientmalers vor Ort, Frank Dillons (Abb. 9-04). Sämtliche grafischen Ornamente der Ebers-Bände stammten im Übrigen von Franz Schmoranz d. J., der bereits für den Aufbau der ägyptischen Bautengruppe der Weltausstellung verantwortlich gewesen und in Konopischt[127] aktiv war.

Abb. 9-04: Frank Dillon's in arabischem Stil eingerichtetes Atelier, 1880 (© Ebers Georg, Ägypten in Bild und Wort: dargestellt von unseren ersten Künstlern, Bd. 2, Stuttgart/ Leipzig, 1880.)

PLANUNG UND AUSFÜHRUNG DURCH PORTOIS

Abgesehen vom Sonderauftrag rund um die ägyptische Ausstattung erarbeitete Portois das Konzept für die Wohnungserweiterung und sorgte für die Ausführung bis hin zu Detaillösungen. Die Aufarbeitung der Zimmerfunktionen in der neu konzipierten Disposition und die Verteilung von wertvollen Tapisserien führte Halata durch.[128] Von den 34 verwendeten Wandteppichen aus der habsburgischen Gobelinsammlung, die in fünf Gesellschaftsräumen des Prager Appartements eingesetzt wurden, machten den größten Anteil Arbeiten Brüsseler Bildwirker des 17. Jahrhunderts und französische Serien aus dem 18. Jahrhundert aus. Portois berücksichtigte bei den Tapisserien, die er gemeinsam mit Kirschner in den Wiener Depots im Voraus gewählt hatte, teilweise auch deren ikonografische Inhalte und kombinierte Teile unterschiedlicher Serien in den Salons. Mithilfe der wandfüllend montierten Gobelins schuf er eine Inszenierung der von Gästen frequentierten Wege in zwei Bereichen des Appartements. Für die wandfeste Installation der Bildteppiche schickte Portois technische Anleitungen nach Prag. Die Tapisserien sollten über Seidenpapier auf eine gerahmte Leinwand aufgespannt und im Fall eines zu großen Formats die Ränder eingebogen werden.[129]

Zum Verlauf der Umsetzung der Raumkonzepte gewähren einige Quellen Einblick in den Arbeitsprozess. Im Prager Burgarchiv sind fünf Entwürfe für Türgestaltungen mit Supraporten und zugehöriger Wandgliederung in unterschiedlichen Gliederungs- und Farbsujets erhalten (Abb. 9-05 bis 9-09).[130] Keiner der Entwürfe lässt sich auf einen konkreten Raum beziehen, da es nur von wenigen Zimmern historische Ansichten gibt. Aussagekräftig sind die Zeichnungen jedoch hinsichtlich der vorgeschlagenen stilistischen Formen. Im Unterschied zu den nuancierten Rokokoformen der übrigen Vorschläge zeigt ein Entwurf neoklassizistische Motive (Abb. 9-09). Einige aufeinanderfolgende Zimmer der Enfilade wurden bewusst in der gleichen Formensprache ausgeführt, womit auch die funktionale Zusammengehörigkeit ausgedrückt wurde, andere

Abb. 9-05 bis 9-08: August Portois, Entwürfe für Tür- und Wandgestaltungen im Neorokokostil für die Erweiterung des ehelichen Appartements in der Prager Burg, Gouache auf Papier, um 1880 (© APH)

Abb. 9-09 (r. u.): August Portois, Entwurf für eine Wandgestaltung im klassizistischen Stil im Appartement des Kronprinzen Rudolf in der Prager Burg, Gouache auf Papier, um 1880 (© APH)

Räume wiederum unterschieden sich durch die Stilwahl. Der Abgleich des Angebots von Portois mit den Inventaren der Bundesmobilienverwaltung zeigt auf, dass es auch zu Planänderungen kam. Stephanies Passagezimmer etwa wurde zuerst mit einer weiß gehaltenen Möblierung angeboten, geliefert wurden schließlich schwarz lackierte Oberflächen.

Nach dem Einzug des Ehepaares wurde noch eine Reihe von Möbeln und Ergänzungen für verschiedene Zimmer von Portois geliefert.[131] Es handelte sich um einige Sitzmöbel, Sets von Truhen für Feuerholz, »Hussen von grauer Leinwand« für die Möbel und relativ viele Beleuchtungskörper, darunter auch »4 Porzellan- Lampen, blau emailliert,« eine »Porzellan Uhr, 6 Lampen von gravierten (Ludwig XIII) und polierten Messing mit Cilinder, Glaskugel aus messingenen Untersätzen (Dreifüße)« von der Pariser Firma Gagneau u. Comp. Die späte Anlieferung dieser aus Frankreich stammenden Komponenten hing möglicherweise mit der vorangegangenen Ausstattungsaffäre zusammen. Als Nachtrag verzeichnet wurden auch »5 Gesimse von vergold.

Bronze bei den wällischen Kaminen.« Diese Kamine wurden auch beim Einzug in die Wohnung in den Räumen Stephanies erwähnt: »Das Frühstückszimmer, das Boudoir und der Salon haben italienische Kamine von carararischem Marmor, Badecabinet, Schlafzimmer und Toilette hohe, schmelzglasierte Oefen.«[132]

DIE RÄUME DES EHELICHEN APPARTEMENTS

Die Rekonstruktion der Räume basiert auf dem Bestellschreiben von Portois vom Juli 1881,[133] den Einträgen im Mobilieninventar, welche die tatsächliche Ausfuhrung wiedergeben,[134] sowie den Nachträgen und Ergänzungen, die nach dem Einzug des Paares bei Portois & Fix und weiteren Lieferanten als Extraordinationen 1881 und 1882 im Inventar aufgenommen wurden,[135] im Abgleich mit dem Möblierungsplan von 1884 (Abb. 9-01).[136]

DIE GEMEINSAMEN GESELLSCHAFTSSALONS

Die Beschreibung der Räume beginnt im Osten mit den »Chambres de Famille«[137], da diese vom Paar gemeinschaftlich genutzten Räume mit repräsentativem Charakter von den meisten geladenen Gästen zuerst wahrgenommen wurden. Der Zugang im Osten erfolgte über die Haupttreppe im 3. Hof der Prager Burg. Ein Eingang befand sich direkt im östlichsten Raum – einem Vorraum der Zimmergruppe der Ateliers, die oben im Zusammenhang mit dem »egyptische(n) Rauchzimmer« erläutert wurden. Der zweite, prominentere Zugang (Abb. 9-01) führte über einen Gang zum Cercle-Salon (Nr. 7), aus dem man westlich in den Entree-Salon (Nr. 7½) und den daran anschließenden Großen Salon (Nr. 8) gelangte und auf der östlichen Seite das Club-, das Passage- und das Speisezimmer mit den angebundenen Ateliers betreten konnte.

DER CERCLE-SALON NR. 7

Er fungierte als initiales Durchgangszimmer, aus dem die Gäste entweder in die zwei weiteren repräsentativen Gobelinsalons geführt wurden oder in die mit dem Clubzimmer ansetzende Zimmerfolge gelangten. Im Möblierungsplan wurde der Cercle-Salon mit den Schlagworten »Louis XV, Wände mit Gobelins bespannt« charakterisiert. Da die Möblierung in diesem Raum reduziert war und sich auf vierundzwanzig Stühle, zwei Tische und zwei Trumeautische beschränkte, die entlang der Wände aufgereiht waren, kamen die Tapisserien hier wohl besonders monumental zur Geltung.

Für den Cercle-Salon wählte Portois eine gemischte Auslese von Tapisserien.[138] Die Szene des Zusammentreffens von Antonius mit Kleopatra gehörte zu einem Zyklus (Sign. CV6), dem der nachfolgende Entree-Salon gewidmet war. Zu Einzelstücken zählen »Telemachos und Minerva« beziehungsweise »Minerva mit dem Eulengespann in den Wolken« (Sign. 37E) aus dem 18. Jahrhundert und »Apoll mit den Musen in einer Landschaft« (Sign. 37D), ebenfalls ohne Signatur, aus dem 17. Jahrhundert. Aus einem Zweierset der Weltteile mit der Brüsseler Marke und dem Monogramm von Gerhard Peemans aus dem 17. Jahrhundert stammte der Bildteppich »Amerika und Afrika« (Sign. 37 A). Ebenfalls einer Serie (Sign. 37B) zugehörig waren zwei Arabesken-Gobelins über dem Kamin mit den Sujets »August-September« und »Mai-Juni« sowie dem Zeichen B. B. J. Vos aus dem 18. Jahrhundert.[139]

Die Stühle waren dem Inventar[140] nach »geschnitzt (Ludwig XV), vergoldet, Sitz und Lehne bezogen mit gepresstem roten Samtplüsch.« Die zwei kleinen Tische wurden als »Barock« angeführt, sie waren geschnitzt, vergoldet und mit rotem Samt bezogen. Die Trumeautische wurden »mit Spiegel mit geschnitztem vergoldetem Rahmen und Platte aus Carraramarmor, belgisches glattes Glas, Ludwig XVI.,« beschrieben. Inventarisiert wurden ferner ein »Zimmerteppich von einfärbigem rothem Sammt;« über dem Kamin aus weißem Marmor befand sich ein

»großer Spiegel mit geschnitzten (Ludwig XV) und vergoldeten Rahmen,« davor lag ein Bärenfell[141]; »großer Bronce- und Cristallluster für 48 Lichter; Holztruhe für Brennholz, geschnitzt, matt vergoldet, Füllungen tapeziert mit grauem Samt.« Die drei »Fensterkarnischen von geschnitzten (Ludwig XVI) und vergoldeten Holze« hatten entsprechend der Möbeltapezierung Vorhänge »von rothen matten gepreßten Seidenplüsch und rothen Bordüren mit Aufschleifquasten und goldbroncierte Vorhanghalter« sowie »Fensterdraperien von matten rothen gepreßten Seidenplüsch und rothen Bordüren.«

ENTREE-SALON NR. 7½ (ABB. 9-10)

Der Vermerk im Möblierungsplan bezeichnet den Salon mit »Louis XIV, Wände mit Gobelins bespannt«. Die Raumhülle des Entree-Salons wurde aus dem Hauptteil des kostbarsten Gobelinzyklus im Appartement gebildet. Von der Antonius-und Kleopatra-Serie (Sign. CV6/1-8) aus dem 17. Jahrhundert mit dem Brüsseler Zeichen und dem Namen Ian van Leefdael und Gerard von der Strecken wurden die Szenen »Antonius von Soldaten verfolgt«, »Schlacht bei den Mauern von Alexandria«, »Schlacht bei Aktia«, das »Festmahl von Antonius und Kleopatra«, die »Botschaft des römischen Senats«, das »Zusammentreffen Antonius mit Kleopatra« und der »Selbstmord Kleopatras« verwendet.[142]

Auf dem Foto von ca. 1920 (Abb. 9-10) wurde die Sitzgruppe auf der Kaminseite aufgenommen. Eine gleichartige gab es auch auf der Fensterseite. Zu sehen ist eine Truhe für Brennholz, die Portois in jedem Raum im passenden Stil zur restlichen Möblierung aufstellen ließ. Laut dem Eintrag des Extraordinariums wurden folgende Elemente von Portois für den Entree-Salon geliefert: »Zimmer-Teppich aus granatrothen einfärbigen Sammt; Spiegel ober dem Kamin mit geschnitzten Holzrahmen, die Leisten vergoldet; Trumeautisch mit Spiegel mit geschnitztem vergoldetem Rahmen und Platte aus rotem Marmor, belgisches glattes Glas, Ludwig XVI; Sofa, geschnitztes vergoldetes Holz, bezogen mit roter geblümter Seide, Ludwig XVI; Fauteuil groß, geschnitzt vergoldetes Holz, bespannt mit roter geblümter Seide – Ludwig XVI; 6 Fauteuils wie die Canapées; 6 Sesseln wie die Fauteuils; 2 Lampenträger von geschnitzten (Ludwig XVI) und vergoldeten Holze oben mit rother Marmorplatte; Tisch, geschnitztes vergoldetes Holz, bezogen mit roter Seide, Ludwig XVI und großer Luster von ciselierter Bronce (Ludwig XVI) auf 24 Lichter; Holztruhe für Brennholz, geschnitzt, matt vergoldet, Füllungen tapeziert mit grauem Samt.« Die zwei Fensternischen waren mit geschnitzter, vergoldeter Karnische, Vorhängen aus rotem Seidenstoff mit Aufschleifquasten und einem goldbronzierten Vorhanghalter und Fensterdraperien aus roter Seide und Lampasbordüren, »bestehend aus je 12 Theilen,« ausgestattet.[143]

GROSSER SALON NR. 8

Der Große Salon ähnelte formell dem vorangehenden Entree-Salon. Im Möblierungsplan wurde dies durch den raumübergreifenden Schriftzug »Louis XIV, Wände mit Gobelins bespannt« vermerkt. Im Zeitungsartikel über den Einzug des Ehepaares 1881 erfuhr man von »prachtvollen Gobelins, weißen Möbeln mit Goldornament und schweren, rothen Seidenüberzug« im Großen Salon.[144]

Die Zusammenstellung der Tapisserien in ihm umfasste die letzten Teile der Serien der beiden vorangegangenen Salons. Hierzu zählten die Bildteppiche »November-Dezember« von Vos (Sign. 37B), die »Ankunft der Kleopatra« (Sign. CV6) und mehrere Wirkereien von Gerhard Peemans, darunter »Europa/Asien« (Sign. 37A), »März-April« von den sogenannten Groteskenmonaten (Sign. 37), sowie zwei Stücke aus der Serie der zwölf Monate, »März-April« (Sign. 37C).[145]

Zwei spiegelgleich angeordnete größere Sitzgruppen rund um einen Salontisch befanden sich in der oberen Raumhälfte. Im Inventar aufgenommen wurden folgende Objekte: »großer Spiegel mit geschnitzter (Ludwig XVI) und vergoldeter Rahmen; große Draperie aus rothen Velour für das Gemälde

Abb. 9-10: Der Entrée-Salon (Nr. 7 ½) im gemeinschaftlichen Bereich des Appartements von Kronprinz Rudolf und seiner Frau Stephanie in der Prager Burg. Das Mobiliar stammt von August Portois und die Tapisserien zeigen den Kleopatra und Antonius Zyklus. Fotoaufnahme vor 1920 (© APH)

Ihrer Majestät der Kaiserin und Königin; Cavolett (Gestell) für dieses Gemälde; Zimmerteppich aus granatrothen einfärbigen Sammt; 2 Wandkästen vergoldet, geschnitzt, an beiden Seiten Ölportraits Ihrer Majestäten, innen helle Esche, Ludwig XVI.; 2 Canapée groß, 2 Fauteuils, 8 große Fauteuils und 8 Sessel geschnitzt, vergoldetes Holz, hellgelber geblümter Seidenbezug, Ludwig XVI.; geschnitzter vergoldeter Tisch, hellgelber geblümter Seidenbezug, Ludwig XVI.; Gestell für Lampe, geschnitztes vergoldetes Holz, Marmorplatte, Ludwig XVI.; Holztruhe für Brennholz, geschnitzt, matt vergoldet, Ludwig XVI.« Die zwei Fenster erhielten passende Karnischen im Stil Ludwigs XVI. und Vorhänge aus gelb geblümter Seide mit bunten Bordüren und Quasten.[146]

CLUBZIMMER / RAUCHSALON NR. 5 (ABB. 9-11)

Die vom Cercle-Salon ostwärts erschlossenen Räume hatten bereits im Junggesellenappartement entsprechende Funktionen erfüllt. Im Möblierungsplan verzeichnet sind »Clubmöbel, Wände mit imitierter Ledertapete bespannt«. Im Zeitungsbericht von 1881 erwähnt ist die Einrichtung des Club- und des Passagezimmers »mit prachtvollen Meublement im Renaissance-Styl«.[147]

Die Fotografie des leeren Clubzimmers aus der Zeit vor 1920 zeigt noch die intakte Vertäfelung, die Wandbespannung und eine polychrome Fassung der Deckenfelder mit derselben Musterung, die massive

Abb. 9-11: Der Clubraum (Nr. 5) im Appartement des Kronprinzen Rudolf und seiner Frau Stephanie in der Prager Burg. Rudolfs Möbel waren im Neorenaissancestil ausgeführt und die Fensterkarnischen zierten geschnitzte Hirschköpfe. Fotoaufnahme vor 1920 (© APH)

geschnitzte Kassettierung der Decke mit zentraler Rosette, an die ein »großer Luster aus Schmiedeeisen für 30 Lichter und 3 große Balllampen« montiert war, sowie eine der vier »Wandarme von Schmiedeeisen sammt 4 Lampen.«

Laut dem Extraordinarium[148] waren die »3 Fensterkarnischen von massiven Eichenholz mit geschnitzten Hirschköpfen« dekoriert. Die »6 Fenstervorhänge von rothen Seidenstoff mit Aufschleifquasten« hatten »eisenpolierte Vorhanghalter« und »Fensterdraperien von rothen Seidenstoff.« Zwischen den Fenstern standen 2 Waffenkästen »von geschnitzten Eichenholz, innwandig mit rothem Tuch überzogen« mit verglastem Aufsatz. Ebenfalls symmetrisch angeordnet standen in den beiden Ecken an der Kaminseite des Raumes zwei Etageren für Raucherbedarf »von Eichenholz geschnitzt mit Galerie, die Schubladen und Tisch mit granitrothen Tuch bespannt.« Über dem großen Kamin aus geschnittenem Eichenholz mit Gusseisenverkleidung befand sich ein Relief mit dem österreichischen Wappen in Eichenholz.[149] Zum Kamin gewandt standen zwei »Fauteuils mit rothen Maroquin-Leder überzogen,« dazwischen lag ein großes schwarzes Bärenfell. Um insgesamt vier geschnitzte Eichentische wurden »12 Fauteuils mit beblumten Seidenstoff bezogen von verschiedenen Formen und Farben« gruppiert sowie »2 kleine Canapees ganz mit geblümten Seidenstoff bezogen, mit kleinen Tischchen auf beiden Seiten,« und »2 große Polster- Canapées, 3 theilig ganz mit rothen Seidenstoff überzogen mit Fransengarnirung,« mit Lahnfaden verziert. Inventarisiert wurden des Weiteren ein

Abb. 9-12: Das Speisezimmer (Nr. 3) im Appartement des Kronprinzen Rudolf und seiner Frau Stephanie in der Prager Burg. Die Möbel waren ebenfalls im Neorenaissancestil gehalten. Fotoaufnahme vor 1920 (© APH)

»Zimmerteppich von rothen Sammt und ein Holzgestell für Brennholz, geschnitzt, Buchenholz, halbrund, Renaissance.«

PASSAGEZIMMER NR. 4

Im Zimmerplan von 1884 ist der Vermerk zu lesen: »Wände mit Stoff bespannt, dunkel gebeizte Eichenmöbel«. Wie auch die anschließenden Räume wies die Ausstattung des Passagezimmers Renaissancemotive auf. Im Bereich oberhalb der Wegachse des schmalen Zimmers war lediglich eine große, reich geschnitzte Etagere aus Eichenholz mit drei rot ausgelegten Fächern aufgestellt, die gleiche stand zwischen den Fenstern. Dort befanden sich auch zwei spiegelgleich angeordnete Sitzgruppen rund um zwei Salontische mit rotem Leinwandbezug. Die erfassten zwei Kanapees und sechs großen Fauteuils aus geschnitztem Eichenholz waren mit schwarz gemusterter Seide tapeziert. Am Plafond waren imitierte Holzleisten aufgemalt. Die Wandbespannung wie auch die Fenstervorhänge bestanden aus Seidenbourette.[150]

SPEISEZIMMER NR. 3 (ABB. 9-12)

Das Foto des in einem leer geräumten Zustand vor der Umgestaltung 1920 dokumentierten Speisezimmers (Abb. 9-12) gibt die charakteristische Renaissanceprägung des Raumes wieder. Der Eintrag im Möblierungsplan lautet: »Dunkel gebeizte Eichenmöbel, Wände mit imitierter Ledertapete bespannt«. Der Kommentar im Bericht zum Einzug nannte im Speisezimmer »herrlich geschnitzte Deckentäfel und Möbeln von dunkler Farbe«.[151] Zu sehen ist die in Renaissanceformen gehaltene Holzvertäfelung, das Deckenfries und die Deckenformation. Im großen Mittelfeld der Decke gab es polychrome Stuckapplikationen rund um den Luster aus poliertem Kupfer. Die Einrichtung war vom praktischen Bedarf im Speiseraum bestimmt. Ein großer massiver Eichentisch auf zentralem Fuß für zwölf Personen dominierte die Raummitte. Entlang der Wände waren »27 Sesseln aus geschnitzten (Heinrich II) Eichenholz mit olivgrünen Imperial-Velour bezogen« gereiht. Zwei Silberetageren aus gebeiztem Eichenholz wurden zwischen den Fenstern positioniert. Zweiflügelig mit Aufsatz ausgeführt, waren sie ebenfalls reich geschnitzt im Stil Heinrichs II., hatten Tischplatten aus weißem Marmor, verglaste Seitenwände und Messingbeschläge. In der gegenüberliegenden Seite befanden sich eine große Kredenz, ein weiterer Silber- und ein Geschirrkasten aus geschnitztem Eichenholz sowie ein halbrundes Gestell für Brennholz, aus Eichenholz geschnitzt und mit fünf getriebenen Füllungen aus Messing in Renaissanceform.

RUDOLFS RÄUME

Die Privaträume Rudolfs zwischen den Zimmern von Stephanie und den repräsentativen Salons verblieben im Zustand der Junggesellenwohnung.[152] Die Auswahl an Möbeln in diesen bereits 1887 eingerichteten Privaträumen basierte auf polierten Barock- und Empiregarnituren aus Nuss- und Mahagoniholz mit vorrangig roter Damasttapezierung. Die Wände waren ebenfalls mit Stoff bespannt.

STEPHANIES RÄUME

1. Badezimmer Stephanies Nr. 16[153]

Zum Badezimmer hieß es im Möblierungsplan von 1884 »weiß lackiert«. Die Wände und das »Bade-Bassin sind mit weiß- und blauglasierten Thonplatten ausgelegt.«[154] Für die Hygieneprozeduren war der Bereich beim Ofen eingerichtet. Dort befand sich die mit lackiertem Holz verkleidete Badewanne samt Dusche mit Warm- und Kaltwasser und ein abgetrenntes Klosett[155], dazu »1 großer Leibstuhl Fauteuil ganz mit blauem Sammt überzogen.« Davor wurde ein großer »Waschkasten mit Marmor Etagere und Marmorplatte, eingesetzten Band in dem Wasserzufluß »chand et froid« und Wasserabfluß sammt Wandspiegel« installiert. Eine spanische Wand »mit weiß lackiertem Holzrahmen und Fantasiestoff,« ein geschnitzter, weiß lackierter Handtuchhalter und ein mittig im Raum positionierter »Toilettentisch von weiß lackierten Holz mit Marmorplatte, der Tisch hat beiderseits Schubladen, dann ein Aufsatz sammt Spiegel« (Abb. 9-13) ergänzten die Badeinrichtung.

Zur Möblierung des Sitzbereiches auf der Fensterseite gehörten dem Plan von 1884 nach ein kleiner Ottomane mit gesticktem Stoffüberzug, zwei kleine dazu passende Polsterfauteuils, zwei Sessel »mit Fantasiestoff bespannt,« die 1881 ergänzt wurden, und ein wohl sechseckiger Tisch. Nicht im Plan vermerkt sind der im Bestellschreiben aufscheinende große Armstuhl mit Samtbespannung, »1 kleiner weißlackierter hölzerner Tisch, rechteckig, die Tischplatte mit blauen Sammt bespannt, 2 versilberte Bronce-Armleuchter sammt Ballampen, 2 silberne Untersteller unter den Öllampen« und »2 Etageren von weiß lackierten Holz zum Aufhängen.«

Das Fenster war mit einer weiß lackierten Karnische, einer »Fensterdraperie von gesticktem Stoff, glatt,« und mit »Vorhänge(n) von gestickten Stoff mit Aufschleifquasten« und einem hölzernen, weiß lackierten Vorhanghalter sowie einem weiteren Vorhang aus »Fantasiestoff sammt versilberter Stange« ausgestattet. Ein gemusterter Spannteppich bedeckte den Boden. Die Wände und die Decke wurden mit Ölfarbe, oben mit einer Marmorimitation und Fayance-Mustern versehen und die lackierte Türe erhielt farbige Linien.

2. Das Schlafzimmer Stephanies Nr. 16½

Vom ursprünglichen Aussehen des Schlafzimmers Stephanies besitzen wir heute durch die erhaltenen Möbelreste die wohl präziseste Vorstellung. Bei einer Revision im Jahr 2005 wurden stark beschädigte Bestandteile der Schlafzimmergarnitur auf dem Dachboden des Hradschins aufgefunden, restauriert und in Schloss Lány, das seit den 1920er-Jahren als Sommerrefugium der tschechischen Präsidenten dient, neu aufgestellt (Abb. 9-13 bis 9-16).[156]

Im Grundriss von 1884 ist der Raum als im Stil »Louis XVI und Maria Antoinette« ausgeführt gekennzeichnet und ferner mit der Angabe »Wände mit blauem Stoff bespannt« versehen. Im Zeitungsbericht zum Einzug des Paares im Jahr 1881 hieß es: »Das Schlafzimmer hat hellblaue Tapeten und dunkelblaue Vorhänge und Teppiche. Das hohe Himmelbett mit lichtblauen Seidenvorhängen ist ein wahres Kunstwerk der Holzschnitzerei. Über dem Toillettetisch hängt ein herrlicher Spiegel in prachtvoll geschnitzten Holzrahmen, unter einem Baldachin aus kostbaren Spitzenvorhängen, die von Rosetten aus Maiglöckchen, den Lieblingsblumen der Kronprinzessin, gehalten werden. Einige Damen Fauteuils und Tabourets vervollständigen die Einrichtung des Schlafzimmers, aus welchem eine hohe, weiße Thüre mit reicher Gold Ornamentik in das Toiletten-Zimmer führt.«[157]

Abb. 9-13: August Portois, Toilettetisch und Stuhl aus dem Badezimmer (Nr. 16) der Kronprinzessin Stephanie in der Prager Burg, Holz, gefasst, 1881. Die Möbel befinden sich heute in Schloss Lány, dem Sommersitz des tschechischen Prasidenten. (© Dolce Vita)

Das Bestellschreiben von Portois reflektiert die Wandgestaltung: »Wände mit Brokat in Himmelblau tapeziert, Draperie rund um das ganze Zimmer, in die Verkleidung der Türen gelegt, Zierleiste gänzlich mit Satin bedeckt (Atlas), bei der Decke in Falten gebunden, die Decke künstlerisch in Himmelblau ausgeschmückt, in den Ecken Blumengirlanden, Reliefornamente in grauweißer Farbe«.[158] Das Inventar erfasst folgende Teile der Raumdekoration: »1 Zimmer Teppich von himmelblauem Sammt; Hängende Schale von blauem Steingut mit Ketten und 3 Armen auf je 3 Lichter, versilberte Montierung;[159] Fensterkarnische (Gesims) (Abb. 9-16) und Türkarnischen (Gesims) aus Holz geschnitzt (Ludwig XVI) und weißlich lackiert; Fenstervorhang von himmelblauem Brokat weiß geblumt, sammt Aufschleifquasten und hölzernen weißlich lackierten Vorhanghalter; Fensterdraperie von himmelblauem Brokat, weiß geblumt, bestehend aus je 5 kleinen Theilen; Thürvorhang von himmelblauem Brokat, weiß geblumt samt Aufschleifquasten und hölzernen weißlich lackierten Vorhanghalter; Türdraperie von himmelblauem Brokat, weiß geblumt bestehend aus 5 kleinen Theilen; Battist-Fenstervorhang mit Spitzen und Falten.« Zu den inventarisierten Möbeln zählen »1 große Bettstatt aus Holz geschnitzt (Ludwig XVI) und weißlich lackiert,« dazu ein gleich ausgeführter »Betthimmel – Baldachin mit Stoffvorhang von himmelblauem Brokat, weiß geblumt, mit Seide gefüttert, dann Draperien und Spitzen bestehend im Ganzen aus 28 Theilen; 1 Betstufe

Abb. 9-14: August Portois, Möbel aus dem Schlafzimmer (Nr. 16 1/2) der Kronprinzessin Stephanie in der Prager Burg, Holz, gefasst, 1881. Die Möbel befinden sich heute in Schloss Lány. (© Dolce Vita)

von Holz geschnitzt und mit rothen Sammt verziert (Abb. 9-15); 1 Nachtkasten von geschnitzten und weißlich lackierten Holz mit Marmorplatte; 1 großer Spiegelkasten (Abb. 9-14) von geschnitzten (Ludwig XVI) und weißlich lackierten Holz mit himmelblauen Satin ausgeschlagenen Schubladen, die Wände im Inneren und der Laden von polierten Mahagoniholz bedeckt; 1 Chaise-Longue und 1 großes Fauteuil (Maria Antoinette) mit himmelblauem Satin überzogen und seiden Posamenterien; kleiner Sessel aus geschnitzten (Ludwig XVI) und weißlich lackierten Holz, die Sitze mit himmelblauer Seide überzogen; 1 kleines rundes Canapée (Marquise) mit himmelblauen Seide überzogen; kleiner hölzerner geschnitzter (Ludwig XVI) und weißlich lackierter Tisch mit himmelblauen Satin überzogenen Platten (Abb. 9-16); 1 kleiner Chiffonier (Ludwig XVI) mit Schubladen von himmelblauen Satin ausgeschlagen und mit 1 eisernen Schublade als Cassa.«

3. Das Toilettezimmer Stephanies Nr. 17

Dieser Raum war stilistisch als Fortsetzung des Schlafzimmers angelegt. 1884 wurde im Möblierungsplan vermerkt: »Louis XVI, Wände mit blauem Stoff bespannt«. Im Zeitungsbericht zum Einzug hieß es: »Tapeten, Vorhänge und Möbelüberzüge desselben sind gleichfalls blau, unter dem Meublement ist der kunstreich gearbeitete, dreiteilige Trumeau-Kasten erwähnenswert.«[160] Das Inventar erfasst eine stückreiche Möblierung des Raumes mit der Klassifizierung »Renaissance Frankreich« beziehungsweise »Ludwig XV«: »Tisch Buchenholz, geschnitzt weiß lackiert, Platte mit himmelblauer Seide überzogen, 1 Lade, poliert, Frankreich; kleines Toilett-Fauteuil, halbrunder Sitz, mit himmelblauem Satin überzogen und Seiden Posamenterien; großer Toilettspiegel-Kasten (Psyche) rechts und links mit Schubladen mit beweglichen Spiegel bis an den Fußboden, belgisches geschliffenes Glas, reich geschnitzt, blau verziert, Ludwig XV; kleiner Toilette-Tisch (Duchesse) mit himmelblauer Seide und Spitzen, dann mit Batist Vorhängen und Spitzen, Ludwig XV; 2 kleine Canapées, hellblauer seidener Bezug; 2 viereckige Fauteuils, Buche, tapeziert mit gelber Seide, Beine weiß gestrichen; viereckiges Fauteuil, Buche, tapeziert mit gelber Seide, Beine weiß gestrichen; Toilette groß, dreiteiliger Spiegel, innen poliertes Mahagoni, Laden innen mit blauer Seide bezogen; großer Tisch, Buche, geschnitzt, weiß lackiert, mit hellblauem Seidenbezug, Renaissance Frankreich; 2 achteckige kleine Tische, Buche, geschnitzt, weiß lackiert, bezogen mit hellblauer Seide, Renaissance Frankreich; 2 große Fauteuils, mit hellblauem Brokat bezogen; Holztruhe, teilweise weiß lackiert, teils mit hellblauem Brokat bezogen, innen weiß gestrichen; Kleiderstock Buche lackiert, reich geschnitzt, 4 Arme, Ludwig XV; 3 Sessel geschnitzt, weiß lackiert, Lehne mit Säulchen, Bezogen mit hellblauer Seide (Abb. 9-16); 2 große Spiegel zwischen den Fenstern bis an den Fußboden gehend mit geschnitztem (Ludwig XVI.) und

Abb. 9-15: Der Betschemel aus Kronprinzessin Stephanies Schlafzimmer (Nr. 16), 1881. Das Möbel befindet sich heute in Schloss Lány. (© Dolce Vita)

Abb. 9-16: August Portois, Karnischen, Tisch und Stuhl aus den Prager Gemächern der Kronprinzessin Stephanie, Holz, gefasst, Tapezierung erneuert, 1881. Die Möbel befinden sich heute in Schloss Lány. (© Dolce Vita)

weißlich lackiertem Holzrahmen.« Die zwei Fenster und zwei Türen mit geschnitzten Karnischen, weiß geblümten Vorhängen und Draperien »von himmelblauem Brokat« waren in gleicher Form und Farbe wie im Schlafzimmer vielschichtig aufgebaut.

4. Das Frühstückszimmer beziehungsweise Passagezimmer Stephanies Nr. 18

Dieses Zimmer bildete zusammen mit den beiden nachfolgenden Salons den repräsentativen Teil der Stephanie zugewiesenen Räume. Aufgrund einer verbauten Treppe neben dem Ofen und der Enfiladenachse war die eigentliche Möblierung in der fensterseitigen Hälfte des Raumes kulminiert. Dem Passagezimmer lag ein japanisches Thema zugrunde. Im Möblierungsplan wurde vermerkt: »Korbmöbel, Wände in japanischer Applikationsmanier«. Die Wände zeigten Chrysanthemenmotive.[161] Neben den Chinoiserien, die seit dem 17. Jahrhundert einen ununterbrochen beliebten Bestandteil in der adeligen Wohnkultur ausmachten, erlebte der Japonismus als Spielart der Orientmode im 19. Jahrhundert einen neuen Aufschwung. Japanische Saloneinrichtungen waren auf den zeitgenössischen Weltausstellungen präsent,[162] welche wiederum für die Setzung stilistischer Standards für Rudolfs Prager Wohnung relevant waren.

Im Zeitungsbericht zum Einzug hieß es: »Das Frühstückszimmer hat gelblich-weiße, gepreßte Tapeten mit reicher Ornamentik von Ranken- und Blätterwerk, Vögeln und Thiergestalten. Die Möbel sind schwarz, mit Goldverzierung, ebenso die Thüren. In einer Ecke befindet sich eine zierliche Wendeltreppe, welche in die in der oberen Etage untergebrachten Garderobe-Räume führt.«[163] Mehrschichtige Draperien mit gestickten Ornamenten (Typ Momie) dienten zum Verdecken der Stufen und zierten alle Wände.[164]

Während in Portois' Auftragsdokumenten noch die Rede von weiß lackierten Rohrmöbeln etc. war,[165] belegt das Inventar eine Planänderung. Statt der angebotenen weißen Grundfarbe, die auch in den anderen Räumen Stephanies zum Einsatz kam, wurden die entsprechenden Flächen in Schwarz ausgeführt.[166] Dem entsprachen auch die »Fensterkarnischen schwarz lackiert, von Bambusrohr;« eine »Spanische Wand« mit bestickter Leinwandbespannung und zwei quer gestellte »große Blumengestelle von geflochtenen Weidenruthen, schwarz lackiert und mit Gold dekoriert,« die zur Abtrennung der Sitzgruppe zum Kommunikationsweg dienten. Überliefert ist die Aufstellung von »2 Canapées von geflochtenen Weidenruthen schwarz lackiert und mit Gold dekoriert, die Sitze gepolstert und mit gestickter Leinwand überzogen, 4 Fauteuils wie die Canapées, 2 Tische von geflochtenen Weidenruthen samt Tischdecke von gestickter Leinwand und mit Gold dekoriert.« Aus diesem Set standen ein Tisch und ein Kanapee abseits der Sitzgruppe vor dem Treppenverbau und an der rechten Wand. Der »Zimmerteppich von granatrothem Velour, 4 Armlampen-Träger vernickelt und vergoldet sammt Ballampen« und schließlich ein »Ständer für ein Gemälde, schwarz, Birnholz, reich geschnitzt, Renaissance,« komplettierten die Raumausstattung.

5. *Das Boudoir Stephanies / Gobelinsalon Nr. 18½*

Das Boudoir war als repräsentatives Zimmer angelegt, das durch den anschließenden Empfangssalon über einen Zugang abseits der Privatgemächer verfügte. Mit dem Schriftzug im Möblierungsplan »Louis XVI, Gobelinwände«, der sowohl den Bereich des Boudoirs als auch jenen des Empfangssalons bezeichnet, wurde ein analoges Ausstattungskonzept der beiden Räume angedeutet. Das Konzept, Gobelinserien in den gemeinschaftlichen Gesellschaftssalons beim östlichen Haupteingang des Appartements einzusetzen, wiederholte Portois in dem von Stephanies Privatgästen genutzten Eingangsbereich.[167] Im Report zum Einzug des Paares wurde berichtet: »Das Boudoir schmücken jene kostbaren Gobelins, welche einst die Appartements des Kaisers Ferdinand zierten, und prachtvolle Möbel im Styl Ludwigs XIV.«[168]

Die im Boudoir installierten Bildteppiche gehörten zu den sogenannten »Blauen Gobelins« (Sign. CV5). Von dem 1728 bis 1736 nach dem Entwurf des Lothringer Malers Coclet in Nancy entstandenen Zyklus der zwölf Monate befanden sich im Boudoir die Darstellungen Mai, August, November und Dezember.[169] Das blaue Garn der figuralen Partien war bei der Auswahl der Tapisserien für die Salons von Stephanie ein wichtiges Kriterium für Portois, der die Tapezierung darauf abstimmte.[170]

Der Salon war mit einer großen Anzahl an Sitzgelegenheiten ausgestattet. In der oberen Raumhälfte beim Klavier gab es zwei gleiche Sitzgruppen mit Tisch. An der Fensterseite war ein Schreibtisch mit ergänzendem Mobiliar aufgestellt. Die Tapezierung sämtlicher Sitzmöbel und der Tischbespannungen mit hellblau geblümter Seide verlieh dem Raum eine einheitliche Note. Zwei Fauteuils von Portois vor je einem der Fenster, die im Stil der Renaissance ausgeführt waren, unterschieden sich dem Plan zufolge von der vorherrschenden barocken Prägung der Raumausstattung.

Konkret verzeichnet das Inventar folgende Einrichtung: »kleiner Tisch, weiß reich verziert; großer Spiegel mit geschnitzter (Ludwig XVI) und matt vergoldetem Holzrahmen; Blumenkonsole mit großem Spiegel über geschnitztem matt vergoldetem Rahm (Ludwig XVI); 2 Canapées und 8 Fauteuils (Ludwig XVI) von geschnitzten und matt vergoldetem Holz, Sitz und Rücklehne mit Fantasie-Grund

Abb. 9-17: Der Empfangssalon (Nr. 19) von Kronprinzessin Stephanie in der Prager Burg mit den sogenannten »blauen Gobelins«. Die Möbel und die Fensterdraperien wurden nach einem Entwurf von August Portois 1881 gefertigt. Fotoaufnahme vor 1920 (© APH)

(lichtblau bunte Blumen), Seidenstoff überzogen; kleiner Schreibtisch geschnitzt und mit mattem Gold verziert, Platte mit Etagere mit geblümter Seide überzogen (Ludwig XVI); Fauteuil zum Schreibtisch, geschnitzt, matt Gold, Sitz mit geblümten Seidenstoff bezogen; Etagere, geschnitzt, matt vergoldet, Platte aus Marmor; 2 Fauteuils, Buchenholz, Beine vergoldet, tapeziert mit grauem Seiden Plüsch mit eingestickten Blüten und zwei Bordüren, Lahnfaden, Renaissance; Ecketagere, geschnitzt, matt vergoldet; 2 Tabouretts zum Klavier, Sitz mit blauem Plüsch bezogen; Holztruhe, geschnitzt vergoldet (Ludwig XVI); Papierkorb, vergoldet; Tischchen zum Schreibtisch, vergoldet und mit Plüsch bezogen (Ludwig XVI); Stellage für Gemälde, vergoldet; runder Tisch, silbergrauer Plüschbezug mit Drapperie aus hellblauem Seidenstoff, 1 Bein; 2 Tische von geschnitzten (Ludwig XVI) und matt vergoldetem Holz, oben mit blauer Seide bespannt; kleiner Tisch mit blauem Plüsch und Stickerei bedeckt; spanische Wand mit blauen Plüsch und Stickerei ganz bekleidet; dicker blauer einfärbiger Zimmer Sammt Teppich, großer Luster von Bronce und Cristall für 25 Lichter.« Die zwei Fenster erhielten »Karnischen von Holz geschnitzt (Ludwig XVI) und matt vergoldet, 4 Seidenfenstervorhänge von blauem Seidenstoff und bunten Bordüren mit Aufschleifquasten und goldbroncierten Vorhanghaltern« und »2 seiden. Fensterdraperien von blauem Seidenstoff und bunten Bordüren, bestehend je aus 3 Theilen.«

6. Der Salon Stephanies / Empfangssalon Nr. 19 (Abb. 9-17 und 9-18)

Der Salon eröffnete das Appartement des Kronprinzenpaars in der Form eines zweiten repräsentativen Entrees mit der Installation weiterer Tapisserien mit Monatsdarstellungen. Vom Salon sind zwei histo-

Abb. 9-18: Weitere Ansicht des Empfangssalon (Nr. 19) von Kronprinzessin Stephanie in der Prager Burg, Fotoaufnahme vor 1922 (© APH)

rische Fotografien erhalten, die den Salon mit den noch nicht abgebauten Tapisserien in pompejanischer Manier zeigen und von Halata daher vor 1920 datiert werden (Abb. 9-17, 9-18).[171] Im Empfangssalon war der Rest der »Blauen Gobelins« (Sign. CV5) präsent. Die Teppiche zeigen die Darstellungen Juli, Oktober, April und März, im Alkoven war der September ausgestellt. Eine weitere Tapisserie gehörte entweder der Serie Sign. 37 oder Sign. 37B an.[172] Im Zeitungsbericht zum Einzug wurde kundgetan: »Im Salon der Kronprinzessin endlich sind weiße, goldornamentierte Möbel mit blauem Seidenüberzug.«[173] Beim hellen Fond der blau geblümten Stoffe dürfte es sich um eine getönte Farbe gehandelt haben, da dieser im Inventar mit »sehr helle gelbliche Farbe« oder »Grund lichtgelb grün überzogen« beschrieben wird.[174]

Bei der Adaptierung der erweiterten Wohnung wurde ein Teil der früher anschließenden Kindskammer abgemauert und dem Salon als Alkoven angegliedert.[175] Die Öffnung zum Alkoven setzte Portois in Szene und verwendete dazu eine große »lichtgelbe seidene Alkoven-Draperie mit bunten Bordüren sammt hölzernen Alkovengesimse, zusammen 5 Theile« und einen großen geschichteten Vorhang, »so angehoben, dass Stoff an den Seiten frei herunterfällt, Plüsch von dunklem Ton, zweifache Seide und reich verzierte Leisten«. Der Bereich des Alkoven war mit einem »Bücherregal geschnitzt, matt Gold, innen ungarische Esche, Blatt Palme (Ludwig XVI),« einer kleinen Ottomane und zwei flankierenden großen Fauteuils »mit geblumten Seidenstoff überzogen« ausgestattet.

Die historische Fotografie (Abb. 9-17) gibt einige im Inventar aufgenommene Objekte wieder. Der Raum hatte drei Fenster mit geschnitzten, matt vergoldeten Fensterkarnischen im Stil Ludwigs XVI. Zu erkennen sind die »lichtgelben seidenen Vorhänge und Fensterdraperien,« die mit »bunten Bordüren samt Aufschleifquasten und gold broncierten Vorhanghaltern« ausgestattet waren. Die »2 Blumen-Consols an den Fensterpfeilern, darauf große Spiegel mit geschnitzten und matt vergoldeten Rahmen (Ludwig XVI),« entsprachen der restlichen Möbelgarnitur. Um den großen »Tisch, geschnitzt, verziert mit mattem Gold, Marmorplatte, Ludwig XVI.,« gruppiert zu sehen sind ein Kanapee, Fauteuils und ein Sessel, von denen es insgesamt jeweils zwei, acht und vier Stück im Empfangssalon gab und die als »geschnitzt (Ludwig XVI), matt vergoldetes Holz, Sitz und Rückenlehne mit geblumten Seidenstoff, Grund lichtgelb grün überzogen« beschrieben werden. Die Verbindungstür zum Boudoir ist ebenfalls dem Auftragsumfang von Portois zuzurechnen, in dem auch die Supraporten, Schlosserarbeiten und Türbeschläge inbegriffen waren.[176] Die zweite Aufnahme (Abb. 9-18) zeigt den »großen Spiegel mit geschnitzter (Ludwig XVI, 1. Epoche) und mattvergoldetem Holzrahmen auf dem Kamin, den ciselierten Bronceluster mit geschliffenem Cristall (Ludwig XVI) auf 30 Lichter« und die zweite Sitzgruppe um einen kleineren Tisch »aus geschnitztem und matt vergoldetem Holz mit geblumten Seidenstoff überzogen,« von dem es ein zweites Exemplar gab. Zum Zeitpunkt der Fotoaufnahme nicht mehr im Raum beziehungsweise nicht im Bildausschnitt erfasst wurden der »gestickte Ofenschirm mit geschnitztem (Ludwig XVI) und matt vergoldetem Rahmen,« eine hölzerne Truhe für Feuerholz, »vergoldet, geschnitzt, Ludwig XVI.,« ein »Tisch auf einem Bein, vergoldet, Platte mit Seidenstoff mit Blumenmuster bezogen, Ludwig XVI,« der »sehr dicke Zimmer Sammt-Teppich von sehr heller gelblicher Farbe,« das »Klavier[177] von Ehrbar in Wien, schwarz poliert sammt kleinem Überzug von Seidenstoff,« und die beiden die Eingangstüre flankierenden »Wandkästen von geschnitzten (Ludwig XVI) und matt vergoldeten Holz mit gravierten Glasthüren, das Innere mit rothen Seidenplüsch überzogen.«

DIE KOMMUNIKATIONSWEGE

Als Teil des Appartements wahrgenommen werden sollte auch die hofseitige Gangverbindung vor der Enfilade im Bereich der gemeinschaftlichen Salons, die als »Jagdgang« bezeichnet wurde. Möglicherweise wurde die Ausschmückung mit Jagdmotiven des Clubzimmers Nr. 5 auf den Gang ausgeweitet. »Der in einen Corridor umgewandelte Gang, aus welchem früher die nun vermauerten Thüren in die einzelnen Appartements führten, ist mit dunkelbraunen Tapeten verkleidet und reich mit Bildern geschmückt.«[178] Portois stellte auch Teppiche in den Gängen und Stiegenhäusern 1881 in Rechnung: »2 große Draperien im Jagdgang von rothen Sammt mit Seidenfransen, 1 Stiegenthür Draperie im Jagdgang von rothem Sammt mit Seidenfransen, 1 Draperie von rothen Sammt (für Jagdgang).« Portois lieferte auch Hunderte von Metern an Laufteppichen für die großen Stiegen sowie einen »Teppich für die eiserne Schneckenstiegen in die Garderobe 3. Stock von Sammt, getiegert.«[179]

MÖBELBESTELLUNG FÜR DEN HOFBALL 1882

Als Bestellung, die nicht unmittelbar die Wohnung des Kronprinzenpaares, sondern die Festsäle der Prager Burg betrifft, soll zuletzt die Lieferung der von Wiener Tischlern hergestellten Möbel erwähnt werden, die einmal mehr die enge Verknüpfung bei der Auftragsvergabe in der Prager und Wiener Burg aufzeigt. Zu Ehren des Kronprinzenpaares wurde im Februar 1882 im Deutschen und im Spanischen Saal am Hradschin ein Hofball abgehalten. Die Raumschale der zwei großen Festsäle war in den 1860er-Jahren historistisch überarbeitet worden. 1866 legte Ferdinand Kirschner Pläne für die Wandgliederung sowie für die Beleuchtungskörper und Möbel im Spanischen Saal vor. Für die gleichzeitige Gestaltung des Deutschen Saals war Heinrich Ferstel verantwortlich.[180] Für den Hofball des Kronprinzenpaares wurden temporäre Podien aufgebaut und Möbelsets nach Entwürfen von August La Vigne in Auftrag gegeben. Die Tischlerei Johann Franz Müller stellte zwölf Stück Kanapees, 23 Bänke (Banquets) und 48 Tabourets mit goldener Fassung her. Zwanzig Teetische für acht beziehungsweise fünfzehn Personen sowie weitere vierzehn viereckige Tische führte die ebenfalls in Wien ansässige Firma Schönthaler aus.[181]

ANMERKUNGEN

1 »Ein Erzherzog muß es sein«, in: Illustriertes Wiener Extrablatt, 7.7.1875, S. 2.

2 Halata 2013; Halata 2014.

3 Halata 2013, S. 325.

4 Ebd.

5 Zum Ausdruck des Demokratisierungsprozesses durch die radikale ästhetische Wende bei der Einrichtung siehe Stabenow 2010; Šula 2014.

6 Halata 2014, S. 70.

7 Halata 2013, S. 238.

8 Ebd., S. 382.

9 BMobV, Mobilien Inventar Prag, F107123, i-0175 (1867–1880).

10 Prager Tagblatt, 9.6.1881, S. 1f.

11 BMobV, Mobilien Inventar Prag, F107123, i-0175 (1867–1880).

12 APH, Sign. 111/15.

13 Nicht erst für eheliche Wohnung wie bei Halata 2013, S. 378.

14 HHStA, Obersthofmeisteramt, Geschäftsbücher, Bd. 15, Realindex A–F, 1875–1882.

15 Ebd.

16 Ebd.

17 »1879 Abgabe von Mobilien zur Einrichtung der Wohnung S. H. Kronprinz Erzherzog Rudolf in Mnichowitz – temporär.« Später verweilte Rudolf auch mit seiner Ehefrau zeitweise außerhalb des Hradschins. Ebd.

18 Weiterführend hierzu siehe: Kapitel 8. Marlene Ott-Wodni, Das Kronprinzenappartement in der Wiener Hofburg, S. 103–118.

19 BMobV, Mobilien Inventar Prag, F107123, i-0175 (1867–1880).

20 Halata 2013, S. 452f. Die Daten aus dem Prager Burgarchiv APH werden leider ohne konkrete Quellangabe zitiert.

21 Eintrag 1880, BMobV, Mobilien Inventar Prag, F107123, i-0175 (1867–1880); bei Halata 2013, S. 453 werden Intarsien genannt.

22 An einer anderen Stelle desselben Inventars (BMobV, Mobilien Inventar Prag, F107123, i-0175 (1867–1880) werden in Raum 14½ »4 Sesseln aus Mahagony mit grünem Rips überzogen« aufgelistet.

23 An einer anderen Stelle desselben Inventars (BMobV, Mobilien Inventar Prag, F107123, i-0175 (1867–1880) wird 1880 im Zimmer Nr. 14 ein mit einer anderen Inventarnummer (7134) versehenes »Ruhebett mit Reliefs und Mahagony und mit grünen Rips überzogen samt 3 Pölstern mit gleichen Überzug« angeführt. 1870 hatte sich dieses Bett noch im Zimmer 12 befunden.

24 HHStA, Obersthofmeisteramt, Geschäftsbücher, Bd. 15, Realindex A–F, 1875–1882.

25 Dornig 2016, S. 6.

26 Haslauer 2013, S. 15; Zeynep 1992, S. 64–67.

27 Haslauer 2013, S. 16; Völker 2000, S. 118.

28 Packliste vom Februar 1883 für den Versand von Prag nach Laxenburg, siehe Halata 2013, S. 390.

29 »Zu den Künstlern, denen Kronprinz Rudolf sein besonderes Wohlwollen zuwendete, gehörte auch der Maler Johann Canon (…). Als der Kronprinz seinen Wohnsitz in Prag hatte, unterhielt er einen regen Briefwechsel mit Canon, der auf Einladung seines hohen Gönners denselben auch wiederholt in der Burg auf dem Hradschin besuchte. Der Verkehr des Kronprinzen mit dem Künstler dauerte bis zu dem 12. September 1885 plötzlich erfolgten Tode Canon's.« Die von der Witwe verwahrten Briefe von Kronprinz Rudolf bezeugen den Austausch über die künstlerische Tätigkeit, die gemeinsame Jagdlust, die Bestellung eines Porträts des Kaiserpaares für eine kleine Kapelle in Wien, eines Porträts von Stephanie und eines weiteren kleinen Bildes 1881. Vom Jahresende 1881 stammen drei Briefe, »durch welche der Kronprinz Canon seine Absicht einweihte, den spiritistischen Schwindler Bastian, der bekanntlich längere Zeit in Wien sein Unwesen trieb, zu entlarven. Wie aus den Briefen hervorgeht, war Canon bei den spritistischen Productionen, die zuerst in den Prager Appartements des Kronprinzen stattfanden, anwesend«, Neue Freie Presse, 31. Jänner 1890, S. 5.

30 Seit den 1870er-Jahren trafen Kronprinz Rudolf und Pausinger immer wieder zusammen, um gemeinsam zu jagen, zu reisen und sich über neue Projekte auszutauschen. Rudolf hatte den Maler mehrmals im Atelier in Elsenheim aufgesucht und ihn wiederum zu sich nach Wien und Prag eingeladen. Im Dezember 1880 bat der Kronprinz den Künstler, ihn ab Februar 1881 für zwei Monate nach Ägypten und Palästina zu begleiten und Illustrationen für sein neues Buch »Eine Orientreise« anzufertigen; siehe Dornig 2016, S. 74.

31 Halata 2013, S. 401.

32 Ebd., S. 252.

33 BMobV, Gemälde-Inventar der Hofburg Prag, November 1880.

34 Die Gemälde im Kunsthistorischen Museum werden unter anderen Inventarnummern geführt. Eine konkrete Aufarbeitung der Nachtragsinventare der Gemäldegalerie durch zukünftige Forschungsinitiativen wäre wünschenswert.

35 Siehe S. 125.

36 Halata 2013, S. 318.

37 HHStA, Obersthofmeisteramt, Geschäftsbücher, Bd. 15, Realindex A–F, 1875–1882.

38 BMobV, Gemälde-Inventar der Hofburg Prag, November 1880.

39 BMobV, 1840-76, Inventaraufschreibungen der k. k. Burg zu Prag, Bilder, F1071240, i-0187.

40 Klassifizierung als Werk Holbeins siehe BMobV, K. k. Schloß Inspection Prag, Inventarium über die Gemählde im k. k. Schloße zu Prag, F1071237, i 0173.

41 BMobV, Gemälde-Inventar der Hofburg Prag, November 1880.

42 Am 14.11.1896 an die k. k Gemäldegalerie im Belvedere abgegeben worden; siehe ebd.

43 Ebd.

44 BMobV, Gemälde-Inventar der Hofburg Prag, November 1880; BMobV, K. k. Schloß Inspection Prag, Inventarium über die Gemählde im k. k. Schloße zu Prag, F1071237, i-0173.

45 BMobV, Mobilien Inventar Prag, F107123, i-0175 (1867–1880).

46 BMobV, K. k. Schloß Inspection Prag, Inventarium über die Gemählde im k. k. Schloße zu Prag, F1071237, i-0173.

47 Ebd.

48 BMobV, Mobilien Inventar Prag, F107123, i-0175 (1867–1880).

49 Ebd.

50 Bilder Nr. 405–409, 658–661. 1887 wurden die Bilder an das Wiener Belvedere geschickt; siehe BMobV, 1840-76 Inventaraufschreibungen der k. k. Burg zu Prag, Bilder, F1071240, i-0187. 1876 befand sich die Dianaserie noch in Raum 9, ebenfalls in aufgerollter Form; siehe BMobV, kk Schloß Inspection Prag, Inventarium über die Gemählde im k. k. Schloße zu Prag, F1071237, i-0173.

51 Bilder Nr. 453, 462–472, 475–477, 483–484, BMobV, 1840-76 Inventaraufschreibungen der k. k. Burg zu Prag, Bilder, F1071240, i-0187.

52 BMobV, 1840-76 Inventaraufschreibungen der k. k. Burg zu Prag, Bilder, F1071240, i-0187.

53 Kronprinz Rudolf nutzte die Festsäle der Prager Burg für offizielle Anlässe. Siehe auch Möbelbestellung für den Hofball S. 148.

54 HHStA, Obersthofmeisteramt, Geschäftsbücher, Bd. 15, Realindex A–F, 1875–1882.

55 BMobV, Mobilien Inventar Prag, F107123, i-0175 (1867–1880).

56 Siehe Zimmer Nr. 8., S. 137. Weitere frei stehende Stellagen für Gemälde befanden sich in den Zimmern Nr. 18 und 18½.

57 Dornig 2016, S. 76.

58 Ebd., S. 76, 99ff.

59 Portois führte Adaptierungen in zwei Erdgeschossräumen in Schönbrunn aus; siehe Decristoforo 2008, S. 83.

60 Halata 2013, S. 375.

61 Ebd., S. 376.

62 Bei Halata wird im Zusammenhang mit der Bestellung von ausschließlich neuen Möbeln auf die Aversion von Kronprinzessin Stephanie gegen die historische Ausstattung in Laxenburg verwiesen; siehe Halata 2013, S. 375. Da ihr Aufenthalt in Laxenburg erst nach der Hochzeit stattfand, konnte diese persönliche Neigung für die Bestellung von 1880 noch nicht relevant sein.

63 Ebd.

64 »1.6.1881, A. *Portois* – Societé Commerciale Améublements et Décorations, 7. Kolowratring Vienne. Bestellung, gemacht für seine Hoheit, den Prinzen vom österreichischen Kaiserreich, Einrichtung der Räume auf der kaiserlichen und königlichen Burg auf den Hradschin.« Siehe Halata 2013, S. 392, 447f.

65 August Portois war zuerst an einer französischen Handelsgesellschaft in Wien – der Societé Commercial de Paris – beteiligt, die ihren Sitz am Pariser Boulevard Haussmann (Nr. 39 und 41) hatte und von Isidor Blum 1868/1869 gegründet worden war. Ab 1877 hieß die Firma Portois & Co. 1881 kam es zum Zusammenschluss zwischen August Portois und Anton Fix und zur Gründung der Firma Portois & Fix. Siehe Decristoforo 2008, S. 84f.

66 (Neuigkeits) Welt Blatt, 12.12.1880, S. 4.

67 Morgen-Post 11.12.1880, S. 1.

68 Montags-Revue aus Böhmen, 20.12.1880, S. 1.

69 (Neuigkeits) Welt Blatt, 12.12.1880, S. 4.

70 Morgen-Post 11.12.1880, S. 2.

71 Znaimer Wochenblatt, 18.12.1880, S. 1.

72 Ottilllinger 2008, S. 9.

73 Lobmeyr lieferte 1881 parallel zur Wohnungsausstattung für Rudolf auch Kristallluster für die Räume Nr. 22 bis 25, die nicht zum Appartement Rudolfs zählten; Halata 2013, S. 385.

74 Als Zuwächse im Jahr 1881 wurden Blumentöpfe, Körbchen, Bierhumpen, einige Vasen mit Amor und Blumen tragende Amorstatuetten, Vasen mit Blütenmotiven und Waschgarnituren verzeichnet; siehe Inventar der Mobilien ohne Nummer /:Fundus instructus:/, E.O. Rechnung Ernst Wahlis Wien 1881, BMobV, Mobilien Inventar Prag, F107123, i-0175 (1867–1880).

75 (Neuigkeits) Welt Blatt, 14.12.1880, S. 3; Wiener Zeitung, 14.12.1880, S. 2; Die Presse, 15.12.1880, S. 3.

76 Halata 2013, S. 376f.

77 1889 wurde Damasttischwäsche für 100 Personen aus Rudolfs Wohnung nach Wien geschickt; Halata 2013, S. 401.

78 E. O. Rechnung des J. E. Klinkosch 1881, BMobV, Mobilien Inventar Prag, F107123, i-0175 (1867–1880). Die zwölf silbernen Leuchter von der Firma Klinkosch waren nach dem Umzug Rudolfs in Prag verblieben und wurden 1889 nach Wien geschickt; siehe Halata 2013, S. 401.

79 HHStA, Obersthofmeisteramt, Geschäftsbücher, Bd. 15, Realindex A–F, 1875–1882.

80 Halata 2013, S. 390.

81 Siehe S. 123.

82 Dornig 2016, S. 216.

83 Neue illustrierte Zeitung, 13.3.1881, S. 4, Abb. S. 14.

84 In einem anderen Zeitungsbericht heißt es: »französischer Künstler, Namens Parvis (...). Er hat auch selbst die Zeichnungen für die Rauchzimmer-Einrichtung entworfen, wobei ihm die Bedingung gestellt worden war, daß dieselbe im rein arabischen Kunstcharakter gehalten sein müsse.« Neue freie Presse, 1.3.1881, S. 5.

85 Ebd.: »Eine doppelflügelige Eingangsthür von 3 1/2 Metern Höhe und 1.3 Meter Breite aus Nußholz und Palissander, mit Elfenbein- und Perlmutter-Incrustationen, sowie mit eingelegten tusischen Gold-Inschriften in den Füllungen der beiden Flügel.«

86 Ebd.: »eine Mascharabie (erkerartiges Fenstergitter) in classichem Styl mit Perlmutter Incrustationen an den Pfeilern und Leisten.« Im »Wiener Tagblatt« wurde das Holzgitter als Antiquität bezeichnet: » die Muscharabiehs (Gitterfenster) stammen von einem alten Mameluken-Palais«, Neues Wiener Tagblatt, Demokratisches Organ, 1. März 1881, S. 1f.

87 Ebd. »zwei kleine Tabourets (coursirs) aus indischem Ebenholz mit Koransprüchen, die in eingelegter Holzarbeit ausgeführt sind.«

88 Ebd. »ein Luster in der Form einer althertümlichen Moschee-Lampe, aus oxydietem Kupfer ciseliert und mit Silber Inschriften verziert.«

89 Ebd.: »eine ciselirte Metallplatte von einem Meter Durchmesser, um deren Mitteltrosette die Namen der arabischen Propheten eingraviert sind.«

90 Ebd.: »Vorhängen aus karamanischem Stoffe.«

91 Neue illustrierte Zeitung, 13.3.1881, S. 14.

92 Dornig 2016, S. 105.

93 Neues Wiener Tagblatt. Demokratisches Organ, 1. März 1881, S. 2.

94 Siehe Fußnote 89.

95 Dornig 2016, S. 102.

96 Wiener Allgemeine Zeitung, Morgenblatt, 21. März 1881, S. 3.

97 Rudolf 1885, S. 40.

98 Im Weltmuseum/KHM werden heute noch fünfunddreißig Objekte von der Orientreise verwahrt, darunter Waffen, Schmuckstücke und Kuriositäten, wie ein Fliegenwedel mit Elfenbeingriff, ein Schild aus Nilpferdhaut oder ein Kameltreiberstock; siehe Dornig 2016, S. 102.

99 Marino 2016, S. 53.

100 Ebd., S. 52f.

101 Ebd.

102 Prager Tagblatt, 9.6.1881, S. 2.

103 Halata 2013, S. 390.

104 Dornig 2016, S. 102.

105 Halata 2013, S. 390.

106 Ottilinger 2006, S. 91.

107 Halata 2013, S. 390.

108 Haas & Söhne, Wien, lieferte Textilien für Vorhänge, Draperien für Fenster und Türen, Posamenterien, Bezüge, Wandspaliere, Teppiche und Polsterungen für Fensterbänke sowie rotes Velours. Siehe Halata 2013, S. 385.

109 Marino 2016, S. 52; Ottlinger 2006, S. 92.

110 Halata 2013, S. 390.

111 Ebd., S. 382.

112 Ebd. S. 391.

113 HHStA, OmeA III, B, K 422, Nr. 108 a, Inventar des »Türkischen Zimmers«, 23.3.1889.

114 Ebd.

115 Halata 2013, S. 385, 390.

116 HHStA, OmeA, Geschäftsbücher, Bd. 15, Realindex A–F, 1875–1882.

117 Groller 1886, S. 7.

118 Ottilinger 2006, S. 98, 101.

119 Ebd., S. 99.

120 HHStA, Obersthofmeisteramt, Geschäftsbücher, Bd. 15, Realindex A–F, 1875–1882.

121 Halata 2013, S. 61.

122 Ebd., S. 391.

123 Ottilinger 2006, S. 99ff.

124 Dornig 2016, S. 40, Abb. 17–19.

125 Siehe S. 123.

126 Ebers 1879, 1880.

127 Weiterführend siehe: Kapitel 15, Alena Skrabanek, Schloss Konopischt, S. 316.

128 Halata 2013, 2014.

129 Halata 2014, S. 68.

130 APH, Sign. 110/67-71.

131 1881, BMobV, Mobilien Inventar Prag, F107123, i-0175 (1867–1880).

132 Prager Tagblatt, 9.6.1881, S. 2.

133 Halata 2013, S. 447f.

134 BMobV, Mobilien Inventar Prag, F107123, i-0175 (1867–1880).

135 Ebd.
136 APH, Sign. 111/15.
137 Halata 2014, S. 69.
138 Birk 1883; Halata 2014, S. 70.
139 Laut dem Inventar des Kunsthistorischen Museums gelten die Teppiche mit der Sign. 37B seit vor 1918 als verschollen. Ich danke Mag. Dagmar Sachsenhofer für die Weitergabe ihrer Rechercheinhalte.
140 Extraordinarium laut Rechnung des A. Portois für Cercle Salon No. 7 geliefert, Die Möbel sind geschnitzt (Ludwig XV) und vergoldet, BMobV, Mobilien Inventar Prag, F107123, i-0175 (1867–1880).
141 Halata 2013, S. 398.
142 Birk 1883; Halata 2014, S. 70.
143 Extraordinarium laut Rechnung des A. Portois für Entrée Salon No. 7 1/2 geliefert, Die Möbeln sind geschnitzt (Ludwig XV) und vergoldet, BMobV, Mobilien Inventar Prag, F107123, i-0175 (1867–1880).
144 Prager Tagblatt, 9.6.1881, S. 2.
145 Birk 1883; Halata 2014, S. 70.
146 Extraordinarium laut Rechnung des A. Portois für großen Salon No. 8 geliefert, Die Möbel sind geschnitzt (Ludwig XVI) und vergoldet, BMobV, Mobilien Inventar Prag, F107123, i-0175 (1867–1880).
147 Prager Tagblatt, 9.6.1881, S. 2.
148 Extraordinarium laut Rechnung des A. Portois für Rauchzimmer No. 6 geliefert, Möbeln (Renaissance) geschnitzt aus Eichenholz, BMobV, Mobilien Inventar Prag, F107123, i-0175 (1867–1880).
149 Halata 2013, S. 398.
150 Ebd.
151 Prager Tagblatt, 9.6.1881, S. 2.
152 Siehe S. 122.
153 Halata 213, S. 397.
154 Prager Tagblatt, 9.6.1881, S. 1.
155 Die Einrichtung eines »Zimmer Closets im Badezimmer I. K. u. k. H. Kronprinzgattin Stafanie« ist im Jahr 1881 dokumentiert; siehe HHStA, Obersthofmeisteramt, Geschäftsbücher, Bd. 15, Realindex A–F, 1875–1882.
156 Parallel zur kompletten Überarbeitung des ehemaligen Erzherzoglichen Appartements im Hradschin für den Präsidenten Tomáš Guerrik Masaryk durch Jože Plečnik 1920 konzipierte der slowenische Architekt auch die Inneneinrichtung des Laner Schlosses, wobei viele historische Objekte von Prag nach Lány transferiert wurden. In einer Einrichtungskampagne der Präsidentengattin Olga Havlová im Jahr 1990 wurden unbenutzte Möbel und Kunstgegenstände aus der Prager Burg nach Lány gebracht. Zur Wiederaufstellung der Reste von Stephanies Schlafzimmer 2006 kam es durch Bemühungen von Olivia Klausová, der Ehefrau des nachfolgenden Präsidenten. Siehe Croy 2005, S. 30; Croy 2006, S. 13f.
157 Prager Tagblatt, 9.6.1881, S. 2.
158 »A. Portois – Societé Commerciale Améublements et Décorations, 7. Kolowratring Vienne. Bestellung, gemacht für seine Hoheit, den Prinzen vom österreichischen Kaiserreich, Einrichtung der Räume auf der kaiserlichen und königlichen Burg auf den Hradschin«, A. Portois 1.6.1881; siehe Halata 2013, S. 392.
159 In der Bestellung werden die Besetzung der Lampe mit ganzen Caméen und eine Nachttischlampe im gleichen Stil genannt; siehe Halata 2013, S. 447.
160 Prager Tagblatt, 9.6.1881, S. 2.
161 Halata 2013, S. 452.
162 Marino 2016, S. 60.
163 Prager Tagblatt, 9.6.1881, S. 2.
164 Halata 2013, S. 448.
165 Ebd.
166 Extraordinarium laut Rechnung des A. Portois für Passagezimmer No. 18 geliefert, Die Möbel aus Bambusrohr und geflochtenen Weidenruthen schwarz lackiert und mit Gold lackiert, BMobV, Mobilien Inventar Prag, F107123, i-0175 (1867–1880).
167 Halata 2014, S. 70.
168 Prager Tagblatt, 9.6.1881, S. 2.
169 Birk 1883. Nr. 1 aus der zehn Stücke umfassenden Serie wurde aufgrund der Größe nach Wien zurückgeschickt.
170 Halata 2014, S. 70.
171 Halata 2013, S. 392.
172 Halata 2014, S. 70.
173 Prager Tagblatt, 9.6.1881, S. 2.
174 Extraordinarium laut Rechnung des H. Portois für Empfangssalon No. 19 geliefert, Die Möbel sind geschnitzt (Ludwig XVI) und matt vergoldet. BMobV, Mobilien Inventar Prag, F107123, i-0175 (1867–1880).
175 Die Wohnräume des Hofmeisters Bombelles wurden im Zuge der Revision in den an die ehemalige Kindskammer anschließenden Bereich umgesiedelt; siehe Halata 2013, S. 374.
176 Halata 2014, S. 392.
177 Das Klavier wurde dem Möblierungsplan von 1884 nach im anschließenden Raum aufgestellt, wobei zwei Hocker zum Klavier bereits 1881 im Boudoir aufscheinen, vgl. dazu das Boudoir Nr. 18½.
178 Prager Tagblatt, 9.6.1881, S. 2.
179 BMobV, Mobilien Inventar Prag, F107123, i-0175 (1867–1880); BMobV, Mobilien Inventar Prag, F107123, i-0175 (1867–1880).
180 Vybíral 2010, S. 196–202; Halata 2013, S. 300–307.
181 Halata 2013, S. 303–307.

Abb. 10-01: Gesamtansicht des Jagdschlosses Mayerling, nach 1887 (© Bundesmobilienverwaltung)

10. SCHAUPLATZ DER TRAGÖDIE

DAS JAGDSCHLOSS DES KRONPRINZEN IN MAYERLING

Marlene Ott-Wodni

Der Wienerwald zählte schon seit jeher wegen seines reichen Wildbestandes, der Schönheit der Landschaft und nicht zuletzt auch wegen seiner geografischen Nähe zur Hauptstadt Wien zu den beliebten Jagdgebieten des Kaiserhofes. Kronprinz Rudolf hielt sich bevorzugt in Alland zur Jagd auf. Bei seinen Aufenthalten quartierte er sich dort im Forsthaus ein; seine Gäste bezogen im Gasthaus Zum Löwen Quartier.[1]

Mitte der 1880er-Jahre plante Kronprinz Rudolf, sich einen eigenen Jagdsitz in dieser Gegend zuzulegen. Ab 1885 pachtete er die Gemeindejagd in Alland. Im darauffolgenden Jahr erwarb der leidenschaftliche Jäger dann einen eigenen Landsitz im Wienerwald. Die Herrschaft befand sich in dem kleinen, 16 Kilometer westlich von Baden gelegenen Ort Mayerling und bestand aus mehreren Gebäuden (Abb. 10-01).

VOM GASTHAUS ZUM JAGDSCHLOSS

Die Geschichte der Mayerlinger Liegenschaft lässt sich bis in das 12. Jahrhundert zurückverfolgen. 1133 gründete Markgraf Leopold III. das Zisterzienserkloster Heiligenkreuz, zu dem auch große Besitzungen im Umland gehörten. 1412 ließ Abt Albert von Heiligenkreuz in Mayerling eine Kapelle, die dem hl. Laurentius geweiht war, sowie einen Wirtschaftshof errichten. Diese wurden allerdings im Zuge der ersten Türkenbelagerung Wiens 1529 zerstört.[2] Mitte des 17. Jahrhundert wurde an derselben Stelle eine neue Kapelle erbaut.

Nachdem die Mönche des Stifts Heiligenkreuz die in den 1670er-Jahren wütende Pestepidemie unversehrt überstanden hatten, beschloss Abt Clemens Schäffer 1679 aus Dankbarkeit die bestehende Kapelle in Mayerling abzutragen und durch einen größeren Neubau zu ersetzen. Die zweischiffige

Abb. 10-02: Die Herrschaft Mayerling, kolorierte Lithografie, um 1820 (© Bundesmobilienverwaltung/MK)

Laurentiuskirche war rund 27 Meter lang und fast 20 Meter breit. Darüber hinaus wurde neben der Kirche ein zweistöckiges Herrenhaus errichtet. Die Bauarbeiten waren 1681 abgeschlossen.[3] 1683 wurden der Kirchenbau und das Wohngebäude jedoch durch die einfallenden Türken erneut zerstört. Der Wiederaufbau begann 1685. Im Jahr 1732 ließ Abt Robert Leeb gegenüber dem Eingang der Laurentius-Kirche eine kleine Kapelle des Heiligen Grabes errichten.[4]

Im 19. Jahrhunderts sind lediglich Renovierungsmaßnahmen nachweisbar. Eine Abbildung (Abb. 10-02) in der Publikation »Historische topographische Darstellungen der Pfarren, Stifte, Klöster, milden Stiftungen und Denkmäler im Erzherzogtum Österreich« zeigt den Zustand des Mayerlinger Gebäudekomplexes in den 1820er-Jahren. Diese Ansicht stimmt allerdings nicht mit dem Lageplan des Franziszeischen Katasters (Abb. 10-03) überein, da auf diesem westlich des Herrenhauses keine weiteren Nebengebäude verzeichnet sind.

Zum Zeitpunkt der Übernahme durch Kronprinz Rudolf im Jahr 1886 gehörte das zweistöckige Herrenhaus zur Mayerlinger Liegenschaft (Abb. 10-04), in der das Gasthaus Eipeldauer untergebracht war. Davor lag der Gastgarten, der von den Wallfahrern gerne frequentiert wurde. Der an der Südseite des Gartens befindliche barocke Teepavillon diente dem Stiftswirt als Eiskeller.[5]

Im Norden, gegenüber dem Gasthaus, standen zwei weitere Bauten, das Küchengebäude sowie das Forsthaus (später: Elisabethtrakt), das durch einen lang gestreckten Trakt an der Ostseite (später: Dienertrakt) mit dem Herrenhaus (später: Jagdschloss) verbunden war. Im Westen stand die Laurentius-Kirche, die sich nach wie vor im Besitz des Stiftes Heiligenkreuz befand, vom Schlosshof jedoch über eine Treppe zugänglich war.

Abb. 10-03: Die Herrschaft Mayerling im Franziszeischen Kataster, 1819 (© NÖ LA)

Abb. 10-04: Übersichtsplan des Mayerlinger Gebäudekomplexes nach 1887. Das Gasthaus Eipeldauer bildete das Zentrum der Anlage und wurde nach der Übernahme des Kronprinzen zum Jagdschloss umgebaut. (© Rekonstruktion nach Fritz Judtmann)

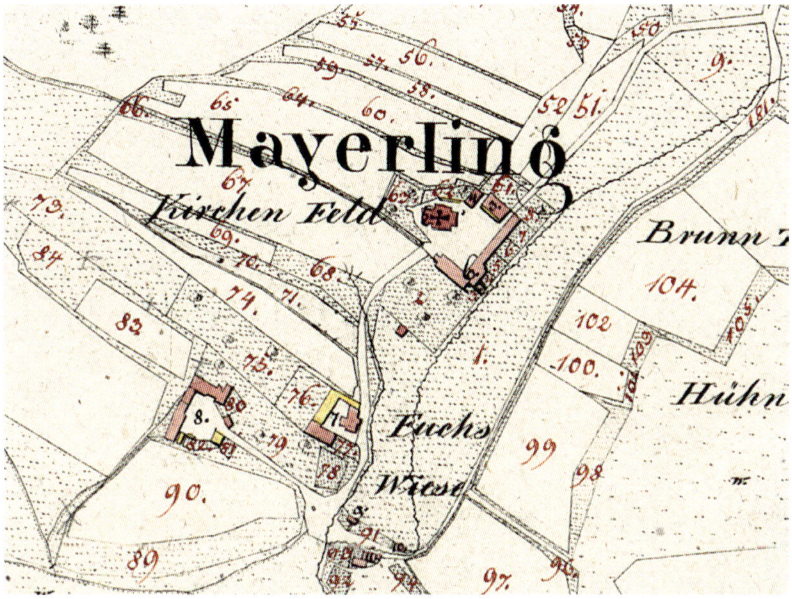

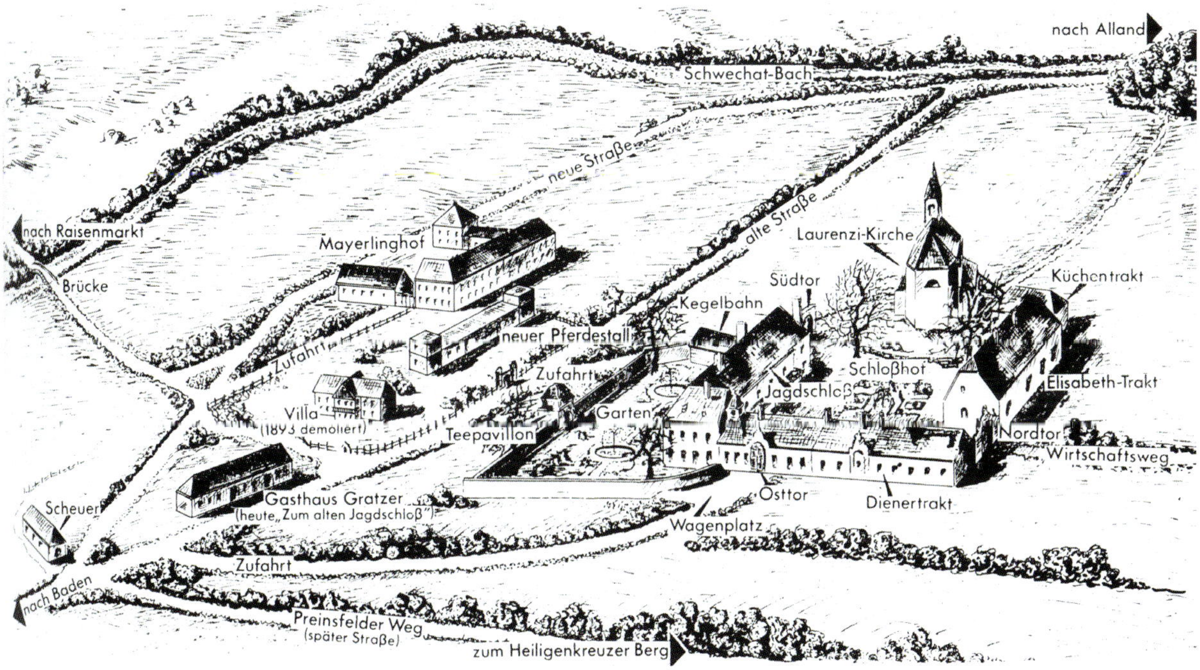

Der zweite zur Liegenschaft gehörende Gebäudekomplex lag südlich des Schlosses, auf der gegenüberliegenden Straßenseite. Neben einem kleinen Gasthaus Gratzer befand sich eine Villa mit Gesindehaus sowie einem Dreikanthof, dem sogenannten Mayerlinghof. Kronprinz Rudolf erwarb diesen Gutshof und die Villa im Juni 1886 von Graf Reinhard von Leinigen-Westerburg. Im Oktober desselben Jahres konnte er sich das Gasthaus Eipeldauer samt den umliegenden Gebäuden, die im Besitz des Stiftes Heiligenkreuz standen, im Tauschgeschäft aneignen.[6]

Nachdem auf Ansuchen des Kronprinzen die durch die Herrschaft verlaufende Straße nach Süden verlegt worden war, ließ Rudolf das alte Gasthaus samt der umliegenden Gebäude nach seinen Wünschen zu einem Jagdschloss umgestalten. Die Lokal-

Abb. 10-05: Das Jagdschloss des Kronprinzen Rudolf in Mayerling, nach 1887 (© Bundesmobilienverwaltung)

medien waren bereits zu Jahresbeginn 1887 von den Plänen des Kronprinzen in Mayerling unterrichtet: »Aus verlässlicher Seite erfahren wir von der Absicht des Kronprinzen, nach welcher das von dem Stifte Heiligenkreuz erworbene Gasthausgebäude in der allernächsten Zeit in ein comfortables Jagdschloß umgewandelt werden soll. Dem derzeitigen Pächter des von Ausflüglern gerne besuchten Gasthauses wurde auch bereits gekündigt und bezieht derselbe heute bereits das Berggasthaus Alland.

Um den kronprinzlichen Besitz zu arrondiren, wird die von Baden nach Alland in unmittelbarer Nähe des Gutes führende Straße an das Schwechatbachufer verlegt werden.«[7]

Das Zentrum der adaptierten Anlage bildete das ehemalige Gasthaus (Abb. 10-05) neben der Laurentius-Kirche, in dem nun die Wohnung des Kronprinzenpaares lag. In dem lang gestreckten Osttrakt befanden sich die Silberkammer, eine Zuckerbäckerei, eine kleine Küche, zwei Klosetts sowie Dienerzimmer. Das ehemalige Forsthaus, nun Elisabethtrakt genannt, nahm die Wohnräume von Kronprinz Rudolfs Tochter Elisabeth auf. Daneben befand sich das freistehende Küchengebäude samt Abwasch- und Speisekammer.

Der gesamte Komplex wurde von einer Mauer begrenzt, das Osttor bildete den Haupteingang. Laut der im Nachlassakt des Kronprinzen vorhandenen Baubeschreibung waren die Gebäude mit Holzschindeln gedeckt und die Fensterläden des Jagdschlosses weiß angestrichen. Innenhofseitig waren die Gebäude mit einem vorgelagerten gedeckten Laubengang versehen, sodass man trockenen Fußes alle Gebäudeteile erreichen konnte. Das meterbreite Trottoir bestand aus Klinker und einem Rinnsal aus glasiertem Steinzeug.[8] Im Zentrum des Innenhofes befand sich auch ein steinernes Wasserbecken mit Springbrunnen, das von Beeten gesäumt wurde, die mit immergrünen Zwergtannen, Lebensbäumen und Thujen bepflanzt waren.[9]

Den südseitigen ehemaligen Gastgarten ließ Rudolf nach dem Vorbild eines barocken Parks anlegen, mit von Wegen eingefassten Beeten, in deren

Abb. 10-06: Josef Mikulsky, Fresken im barocken Teepavillon im Mayerlinger Schlosspark, 1887, Restaurierung 2014 (© PB)

Zentrum zwei Bassins installiert wurden. Eine hölzerne, teilweise verglaste Kegelbahn diente auch als Schießstätte und erstreckte sich entlang der nördlichen Gartenmauer.[10]

Der barocke Pavillon befand sich am Ende der Mittelachse, gegenüber dem Schlosseingang. Im Zuge der Adaptierungsarbeiten ließ der Erzherzog den Barockpavillon renovieren und benutzte ihn fortan als Frühstücksraum. Wie erst kürzlich im Zuge von Restaurierungsarbeiten festgestellt werden konnte, geht die heute noch erhaltene Freskierung der Wände (Abb. 10-06) ebenfalls auf die Initiative Kronprinz Rudolfs zurück, da die Signatur des Malers sowie das Jahr der Fertigstellung freigelegt werden konnten: »Gemalt von Jos. Mikulsky 1887«. Die Wandzone oberhalb der Fenster ziert eine Säulengalerie mit Blumenschmuck, an der Decke befindet sich eine Himmelsdarstellung.

Neu erbaut wurde im Auftrag des Kronprinzen lediglich ein Pferdestall neben dem Mayerlinghof. In der Villa wurde ein Telegrafenamt sowie eine Gastwohnung für Rudolfs Jagdpartner und Schwager Prinz Philipp von Sachsen-Coburg und Gotha eingerichtet. Im Mayerlinghof wurden neun Fremdenzimmer für die Jagdgäste sowie Unterkünfte für die Bediensteten installiert.

In Bezug auf das eigentliche Jagdschloss soll es ebenfalls zu tief greifenden Um- und Ausbauten gekommen sein. So vertritt der Mayerlingforscher Lars Friedrich die Ansicht, dass der Osttrakt erst durch Kronprinz Rudolf errichtet wurde.[11] Die zwei vorhandenen, aus der Barockzeit stammenden Torbekrönungen[12] (Abb. 10-05) sprechen allerdings für ein wesentlich früheres Erbauungsdatum in der ersten Hälfte des 18. Jahrhunderts. Diese Vermutung wird durch das 1819 aufgenommene Franziszeische Kataster (Abb. 10-03) belegt, das beweist, dass der Gebäudekomplex samt Dienertrakt bereits in der ersten Hälfte des 19. Jahrhunderts bestanden hatte. Somit betrafen die im Auftrag Rudolfs getä-

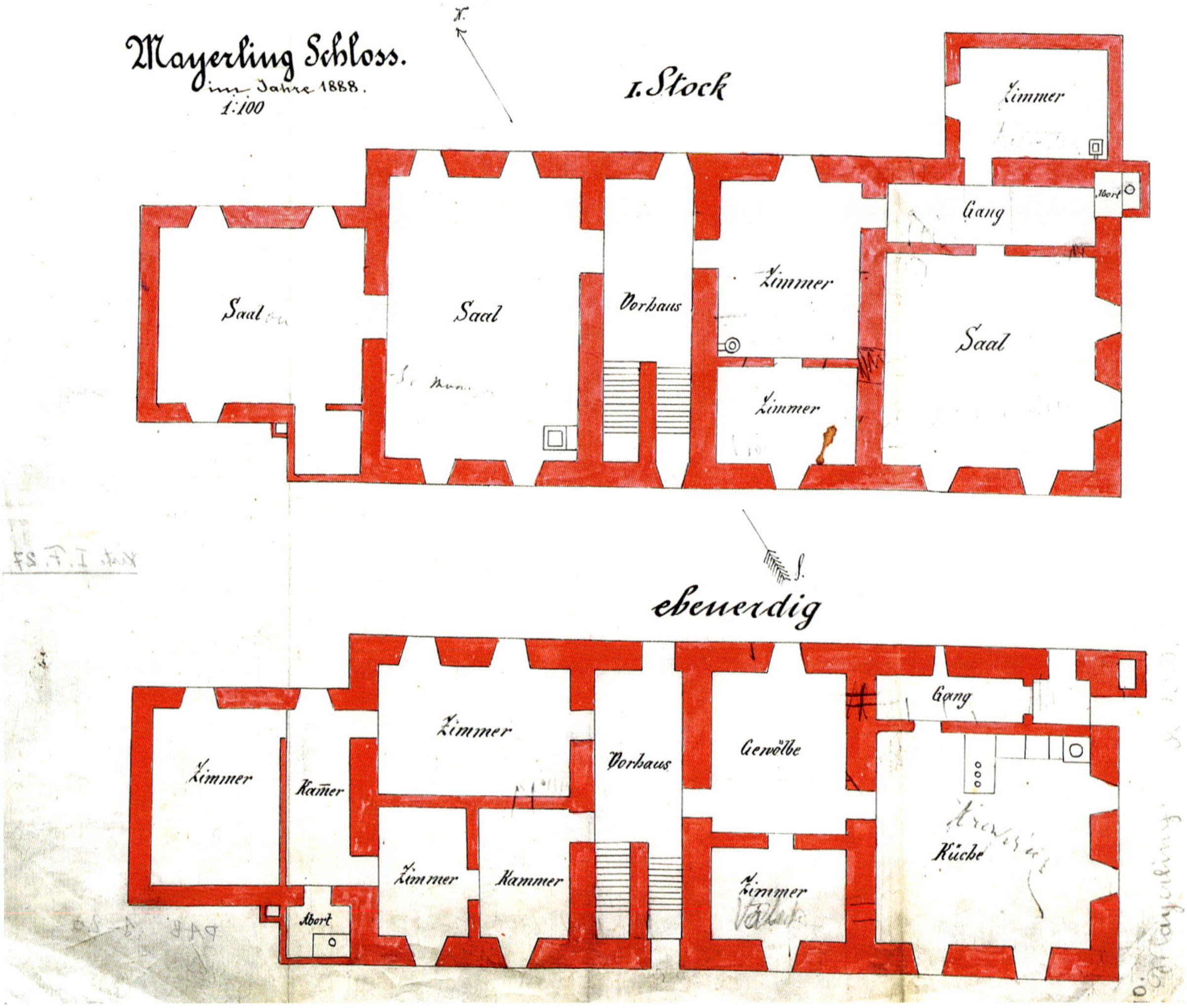

Abb. 10-07: Grundriss des Jagdschlosses Mayerling (vormals Gasthaus Eipeldauer) vor dem Umbau durch Kronprinz Rudolf, Tinte auf Papier, vor 1887 (© HHStA)

tigten Adaptierungen vor allem den Umbau und die Ausstattung der Innenräume des Jagdschlosses. Ein im Haus, Hof- und Staatsarchiv befindlicher bisher unbekannter Grundriss (Abb. 10-07) zeigt den Zustand des Schlosses vor dem Umbau durch Kronprinz Rudolf, als das Gebäude noch als Gasthaus genutzt wurde. Die Zeichnung ist 1888 datiert, jedoch muss sie früher, im Zuge der Umbauarbeiten, entstanden sein, da an der Südostecke, wo sich später das Arbeitszimmer des Kronprinzen befinden sollte, noch die Küche der Gastwirtschaft eingezeichnet ist. Mit Bleistift ist die neue Nutzung der Räumlichkeiten eingetragen.

DIE INNENEINRICHTUNG DES JAGDSCHLOSSES

Da viele Dokumente und Akten zur Baugeschichte des Jagdschlosses nach dem Tod des Kronprinzen teils mit Absicht, teils durch Kriegsereignisse vernichtet worden waren, erwies sich eine Rekonstruktion der Liegenschaft als schwierig. Die ersten Forschungen auf diesem Gebiet leistete 1968 der österreichische Architekt und Bühnenbildner Fritz Judtmann. Mithilfe der spärlich erhaltenen Materialien gelang es ihm, sowohl die Gesamtanlage des Mayerlinger Gebäudekomplexes (Abb. 10-01) als auch den Grundriss des Jagdschlosses (Abb. 10-

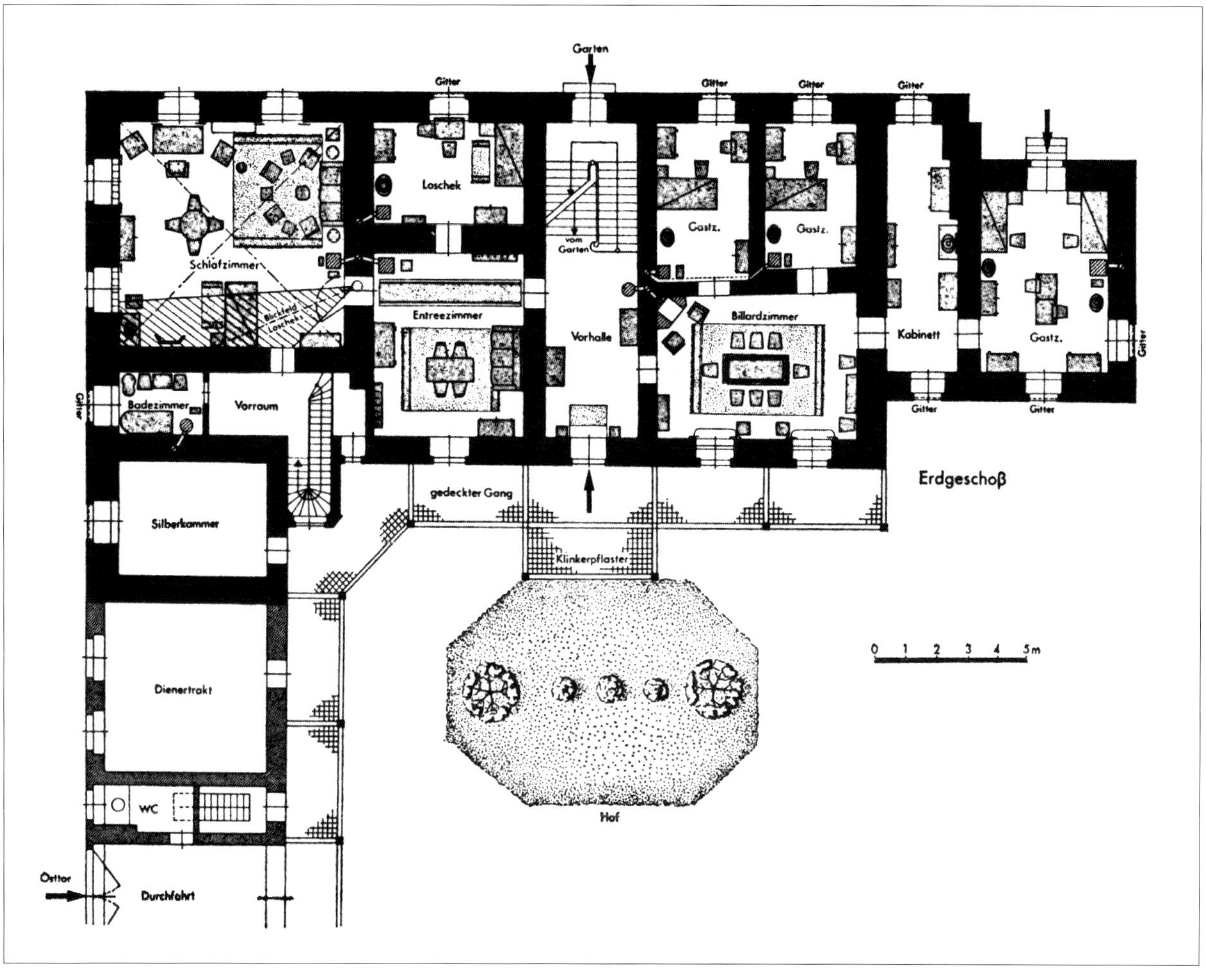

Abb. 10-08: Erdgeschoss-Grundriss des Jagdschlosses Mayerling zur Zeit des Kronprinzen Rudolf, nach 1887 (© Rekonstruktion nach Fritz Judtmann)

08, 10-09) zu rekonstruieren. Das Mobiliar galt jedoch als verschollen. Es ist der Verdienst der Mayerlingforscherin Ingrid Fritz, in langjähriger und intensiver Forschungsarbeit die noch erhaltenen Einrichtungsgegenstände des Jagdschlosses in der Sammlung der Bundesmobilienverwaltung ausfindig gemacht und den einzelnen Räumen zugeordnet zu haben.[13]

Generell fiel die Ausstattung der Räumlichkeiten im Vergleich zu den kronprinzlichen Appartements in der Wiener Hofburg und in Schloss Schönbrunn relativ schlicht aus. Der seit 1887 in Mayerling stationierte Beamte des Hoftelegrafenamtes, Julius Schuldes, berichtete in seinen Erinnerungen:

»Die Innen-Ausstattung der Wohnräume, selbst die der erzherzoglichen Familie, war, der flüchtigen Benutzung entsprechend, bei aller Gediegenheit nicht so, daß sie die Erwartung übertroffen haben würde, welcher ein gutsituierter Reisender von einem Hotelzimmer hegt. Auch sonst herrschte hier kein zeremoniöser, höfisch steifer, sondern jener wohltuende, ungezwungene Ton im Verkehr, der auch auf allen Jagdschlössern des Kaisers, wo ich später tätig war, sich einstellte. Man ging allgemein im steirischen Lodenrock und in Kniehosen, anstatt der Lakaien besorgten ortsansässige Weiber die Bedienung und das Aufräumen und in den Wohnungen brannten, wo nicht bloß Kerzen, so doch Petroleum- oder Öl-Lampen. Aber obwohl ländliche Anspruchslosigkeit Selbstverständlichkeit war, vermißte man nichts.«[14]

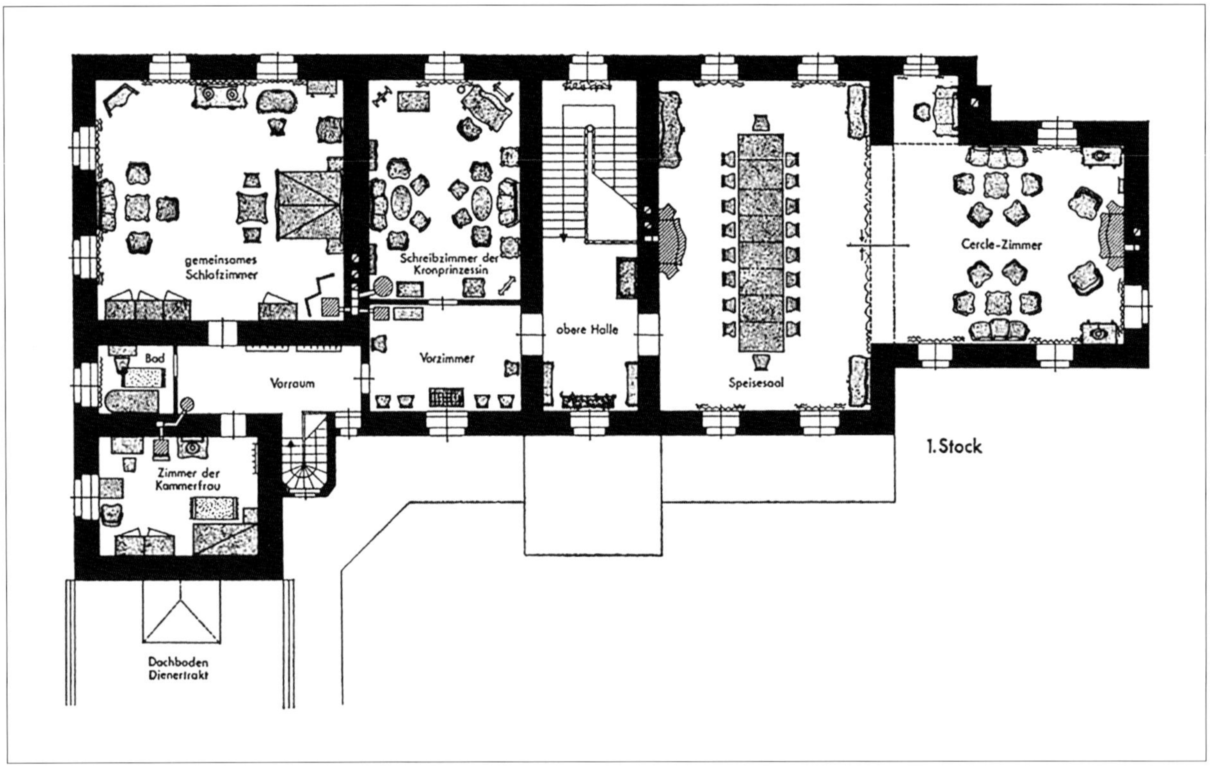

Abb. 10-09: Grundriss des ersten Stockwerks im Jagdschloss Mayerling, nach 1887 (© Rekonstruktion nach Fritz Judtmann)

Die Einrichtung des Jagdschlosses setzte sich einerseits aus vorhandenem Mobiliar, das im September 1887 von Laxenburg nach Mayerling gebracht wurde,[15] und andererseits aus Neuanschaffungen zusammen. Dass der architektonisch und einrichtungstechnisch sehr interessierte Kronprinz persönlich für die Auswahl der ausführenden Handwerker sowie für die Wahl der Mobilien verantwortlich zeichnete, belegen zwei Briefe Rudolfs. So bat er im Vorfeld den Kunsthistoriker und Direktor des Österreichischen Museums für angewandte Kunst, Jacob von Falke (1825–1897), um Rat; am 11. Januar 1887 schrieb er:

»Lieber Hofrath!
Sie waren als ich die Weihnachtsausstellung besuchte so gut mir den Namen eines Kunsttischlers zu nennen, welcher die Eignung besitzt ein Landhaus ganz und gar einzurichten. Sehr dankbar wäre ich Ihnen, für die Übersendung des Namens und der Adresse dieses Industriellen, da die Zeit heranrückt, in der ich beginnen muß an die Einrichtung meines kleinen Besitzes im Wienerwalde zu denken.
Mit herzlichsten Grüßen
Ihr Rudolf«[16]

Der Kunsthistoriker empfahl ihm, sich an das führende Wiener Einrichtungsunternehmen Portois & Fix zu wenden. Dieses müsste dem Kronprinz bereits wohlbekannt gewesen sein, da die Firma schon 1880 sowie 1881 Mobiliar für die kronprinzlichen Appartements in der Prager Burg und in der Hofburg Wien gefertigt hatte.[17] Während der Bauphase stand der Kronprinz dann auch in persönlichem Kontakt mit August Portois. Am 31. Juli 1887 berichtete er seiner Frau Stephanie, dass er nach Laxenburg gefahren sei, wo er mit Portois zu tun hatte und ihm Bilder, Möbel etc. für Mayerling übergab.[18] Am 19. November 1887 war alles so weit fertiggestellt, und das Kronprinzenpaar hielt seinen Einzug in Mayerling.[19]

Abb. 10-10: Johann Elias Ridinger, Das Wildschwein, Kupferstich auf Papier, 1740 (© Bundesmobilienverwaltung)

Abb. 10-11: Wendebillardtisch aus dem Billardzimmer in Mayerling, Seifert & Söhne, um 1886 (© Bundesmobilienverwaltung/EK)

Die Privat- und Repräsentationsräume des Kronprinzenpaares waren im Hauptgebäude des Jagdschlosses angesiedelt. Durch den hofseitigen Eingang gelangte man ebenerdig (Abb. 10-08) in eine Vorhalle, deren Wände mit den typischen Jagddarstellungen der Zeit geschmückt waren. Es handelte sich um Kupferstiche von Johann Elias Ridinger (Abb. 10-10), die verschiedene Wildtiere mit ihren Fußspuren dokumentieren.

Zur Rechten grenzte das sogenannte Billardzimmer an, das früher als Gästestube der Klosterwirtschaft genutzt worden war.[20] Im Zentrum des Raumes stand ein großer Wendebillardtisch (Abb. 10-11) der Firma Seifert & Söhne. Durch die Wendefunktion war der Tisch auf einer Seite mit einer Carambol-Spielfläche und auf der anderen Seite mit einer Pool-Spielfläche ausgestattet. Mithilfe einer Holzplatte konnte das Möbel zusätzlich zum Speisetisch umfunktioniert werden. Der Kronprinz speiste gewöhnlich in kleinem, privatem Rahmen im Billardzimmer. Mangels eines Anrichteraumes musste im Hausflur »ein fliegendes Buffet aus Bänken und Stühlen für Flaschen, Gläser, Geschirr und den Speisenabhub von der Tafel aufgestellt und in diesem mangelhaft beleuchteten Vorraum mussten auch die für die Jagdabend-Unterhaltung ‚engagierten Kunstkräfte‹ warten, bis die servierenden Hausdiener oder dienstbereit stehende Leibjäger den einen oder anderen Sänger in das Zimmer zu einem Gesangel oder Musikvortrage riefen.«[21] Neben dem Billardzimmer waren in diesem Gebäudebereich noch vier Gastzimmer untergebracht.

Auf der anderen Seite der Vorhalle, gegenüber dem Billardzimmer, befand sich der Privatbereich des Kronprinzen. Durch ein hofseitig gelegenes Entreezimmer, an das gartenseitig das Zimmer des Kammerdieners Loschek anschloss, gelangte man in Rudolfs Arbeits- bzw. Schlafzimmer. In diesem hatte sich vor dem Umbau die Gasthausküche (Abb. 10-07) befunden.[22]

Abb. 10-12: Holzimitierende Tapete aus dem Schlafzimmer des Kronprinzen, von Julius Schuldes als »Souvenir« aus Mayerling mitgenommen (© Rollettmuseum Baden/MOW)

Abb. 10-13: Georg Decker, Großherzog Ferdinand von Toskana, Pastell, 2. Hälfte 19. Jahrhundert. Das Porträt hing im Sterbezimmer des Kronprinzen. (© Bundesmobilienverwaltung/EK)

Abb. 10-14: Armlehnstuhl aus dem Sterbezimmer des Kronprinzen in Mayerling, Eiche, Leder, um 1887 (© Bundesmobilienverwaltung/EK)

Es handelte sich dabei um einen 49 m^2 großen Raum mit gewölbter Decke, der an den Wänden mit einer holzimitierenden Tapete (Abb. 10-12) versehen war. Die Bildausstattung setzte sich unter anderem aus einem Porträt von Rudolfs Onkel und Jagdbegleiter, Großherzog Ferdinand von Toskana (Abb. 10-13), sowie aus dem in der Bundesmobilienverwaltung erhaltenen Aquarell »Ausfahrt des Kaisers Franz Josef aus Schönbrunn« von Gottfried Heinrich Wilda (1862–1922) zusammen. Das Mobiliar des Raumes bestand aus einer im orientalischen Stil gehaltenen Sitzgruppe, einem Rauchtisch und einem runden Tisch mit vier Ledersesseln. Darüber hinaus befanden sich in diesem Zimmer ein großer Waschkasten, ein dreiteiliger Spiegel und ein großer Messingluster. Sowohl der Schreibtisch samt Armlehnstuhl (Abb. 10-14) als auch das französische Bett[23] (Abb. 10-15) aus Eichenholz waren im Neorenaissancestil gehalten. In diesem 124 cm breiten

Abb. 10-15: Bett aus dem Sterbezimmer des Kronprinzen in Mayerling, die Seitenbretter wurden erneuert und verlängert, Eiche, um 1887 (© Bundesmobilienverwaltung/EK)

Abb. 10-16: Skulptur eines Adlers aus dem Vorraum zum Sterbezimmer, Lindenholz, 2. Hälfte 19. Jahrhundert (© Bundesmobilienverwaltung/EK)

Abb. 10-17: Vorhang aus dem gemeinsamen Schlafzimmer des Kronprinzenpaares, bedruckter Kattun, 2. Hälfte 19. Jahrhundert (© Bundesmobilienverwaltung/EK)

Abb. 10-18: Stühle aus dem Speisezimmer des Jagdschlosses, Holz, weiß lackiert, Rohrgeflecht, Portois & Fix, um 1887 (© Bundesmobilienverwaltung/EK)

Abb. 10-19: Uhr aus dem Speisezimmer des Jagdschlosses, Holz, weiß lackiert, Portois & Fix, um 1887 (© Bundesmobilienverwaltung/EK)

Bett starb der Kronprinz gemeinsam mit Baronesse Mary Vetsera.

Über eine im Arbeits- und Schlafzimmer befindliche Tapetentür gelangte man in einen Vorraum, der zum Badezimmer des Kronprinzen führte. Aus diesem Zimmer hat sich eine kunstvoll geschnitzte Skulptur eines Adlers (Abb. 10-16) erhalten. Das vom Vorraum begehbare kleine Stiegenhaus, das zu den Privaträumen im ersten Stock führte, ließ Kronprinz Rudolf anbauen.

Weiters gelangte man über eine massive Eichenholzstiege[24] in der Vorhalle in den ersten Stock (Abb. 10-09), wo ostseitig das gemeinsame Schlafzimmer des Kronprinzenpaares sowie Stephanies Schreibzimmer angesiedelt waren. Dem Schlafzimmer konnten aus der Sammlung der Bundesmobilienverwaltung eine Garniturbank, zwei kleine Tische, zwei Kerzenleuchter und ein prachtvoller, mit Papageien und Blumenmotiven bedruckter Vorhangstoff (Abb. 10-17) zugeordnet werden. Aus Stephanies Schreibzimmer hat sich von der ursprünglichen Einrichtung lediglich ein runder Tisch erhalten.

Auf der gegenüberliegenden Seite des Stiegenhauses befanden sich die Repräsentationsräume in Form des Speisesaals und des Cercle-Zimmers. In diesem Bereich wurde im Zuge der Umbauarbeiten am stärksten eingriffen. Mithilfe eines Mauerdurchbruches wurden zwei Zimmer zu einem großzügigen Speise- und Wohnraum verbunden. Das durchwegs in den Formen des Neorokokos gehaltene Mobiliar wurde von der Firma Portois & Fix angefertigt. Im Zentrum des Speisezimmers stand eine lange Tafel mit weiß gefassten Stühlen (Abb. 10-18), die mit einem Korbgeflecht versehen waren. Eine ebenfalls weiß gefasste Uhr (Abb. 10-19) hing an der Wand.

Im Gegensatz zu den hellen Möbeln des Speisezimmers war das Mobiliar des Cercle-Zimmers aus Eichenholz gefertigt. Es setzte sich aus zwei Garnituren, einem Schreibtisch, zwei Fauteuils und zwei in Braun-Gold gehaltenen Kommoden (Abb. 10-20) zusammen. Letztere stammten wiederum, wie die Kennzeichnung am Schlüsselschild eindeutig belegt, aus dem Hause Portois & Fix. Der Cercle-Bereich sollte vor allem der Kommunikation und Entspannung dienen. Ein erhaltener Fauteuil (Abb. 10-21) ist noch mit dem roten, mit floralen Motiven versehenen Originalstoff überzogen. Dieser vermittelt ansatzweise einen Eindruck von der ursprünglichen Farbigkeit des Raumes.

Was die Ausstattung der Nebengebäude angeht, konnten die Einrichtung des Kinderzimmers und ein transportables Zimmerklosett (Abb. 10-22) aus einem Dienerzimmer identifiziert werden. In diesem Zusammenhang ist das Bett der kleinen Erzherzogin Elisabeth (Abb. 10-23) besonders erwähnenswert. Es ist im Neorokokostil gehalten und mit einem cremefarbenen Lackanstrich versehen. Die ornamentalen Details der Betthäupter sind in einem kontrastierenden Rosaton gehalten, ebenso wie die zarte, umlaufende Linie, die die Konturen des Bettes nachzeichnet.

Abb. 10-20: Kommode aus dem Cercle-Zimmer des Jagdschlosses, Eiche, Portois & Fix, um 1887 (© Bundesmobilienverwaltung/EK)

Abb. 10-21: Fauteuil aus dem Cercle-Zimmer, Eiche, um 1887 (© Bundesmobilienverwaltung/EK)

Abb. 10-23: Kinderbett von Erzherzogin Elisabeth aus dem Elisabethtrakt in Mayerling, Holz, lackiert, um 1887 (© Bundesmobilienverwaltung/EK)

Abb. 10-22: Bartolomeus Breuer (?), Zimmerklosett aus dem Dienertrakt des Jagdschlosses, Nussbaumholz, Einsatz aus Metall und Keramik, 2. Hälfte 19. Jahrhundert (© Bundesmobilienverwaltung/EK)

Zwar waren im Jagdschloss auch Räume für Kronprinzessin Stephanie und ihre Tochter Elisabeth konzipiert und eingerichtet worden, jedoch wurde Schloss Mayerling hauptsächlich vom Kronprinzen allein zu Jagdzwecken frequentiert. Im Zeitraum von November 1887 bis Januar 1889 fanden laut Julius Schuldes zehn Jagden statt. Rudolfs Gattin Stephanie hielt sich in dieser Zeit lediglich zweimal in Mayerling in Begleitung ihrer Schwester Prinzessin Luise Sachsen-Coburg und Gotha auf, und ihre Tochter Erzherzogin Elisabeth war überhaupt nur einmal vor Ort, nämlich im Juni 1888 zur Rekonvaleszenz. Wenn die hohen Damen anwesend waren, fanden große Galadiners im Speisesaal – anstatt im Billardzimmer – statt und eine kleine Zigeunerkapelle war für die Tafelmusik zuständig.[25]

DER UMBAU DES JAGDSCHLOSSES IN EIN KLOSTER NACH DEM TOD DES KRONPRINZEN

In den Morgenstunden des 30. Januars 1889 wurde Kronprinz Rudolf gemeinsam mit seiner Geliebten Mary Vetsera in seinem Arbeits- und Schlafzimmer im Jagdschloss tot aufgefunden. Das beschauliche Leben in Mayerling war dadurch schlagartig zu Ende. Sowohl Rudolfs Jagdgäste Josef Graf Hoyos und Prinz Philipp von Sachsen-Coburg und Gotha als auch seine Bediensteten, allen voran Kammerdiener Johann Loschek und Zimmerwärter Alois Zwerger, nahmen zentrale Rollen bei der Bewältigung und Beseitigung der Katastrophe ein. Während Hoyos, Coburg und Loschek in die Auffindung und Überführung der Leichen involviert waren, war Alois Zwerger für die weitere Verwaltung des Schlosses und die Abwicklung des Inventares verantwortlich.

Noch bevor Kaiser Franz Joseph endgültig entschieden hatte, welcher Verwendung das Jagdschloss zugeführt werden sollte, galt es, das Sterbezimmer, dessen Wände blutbefleckt waren,[26] zu reinigen. Diese Aufgabe fiel dem Zimmerwärter Zwerger zu, der am 1. März 1889 an Kammerdiener Loschek folgenden Bericht erstattete:

»Sehr geehrter Herr Loschek!
Dem höchsten Befehl entsprechend habe ich gethan, was in meinen Kräften war, dem Plafond habe ich mit Glassplitter abgezogen, sowie auch die Wände, das Nötige dazu gekauft, und nach Gutachten dürfte es zur Zufriedenheit

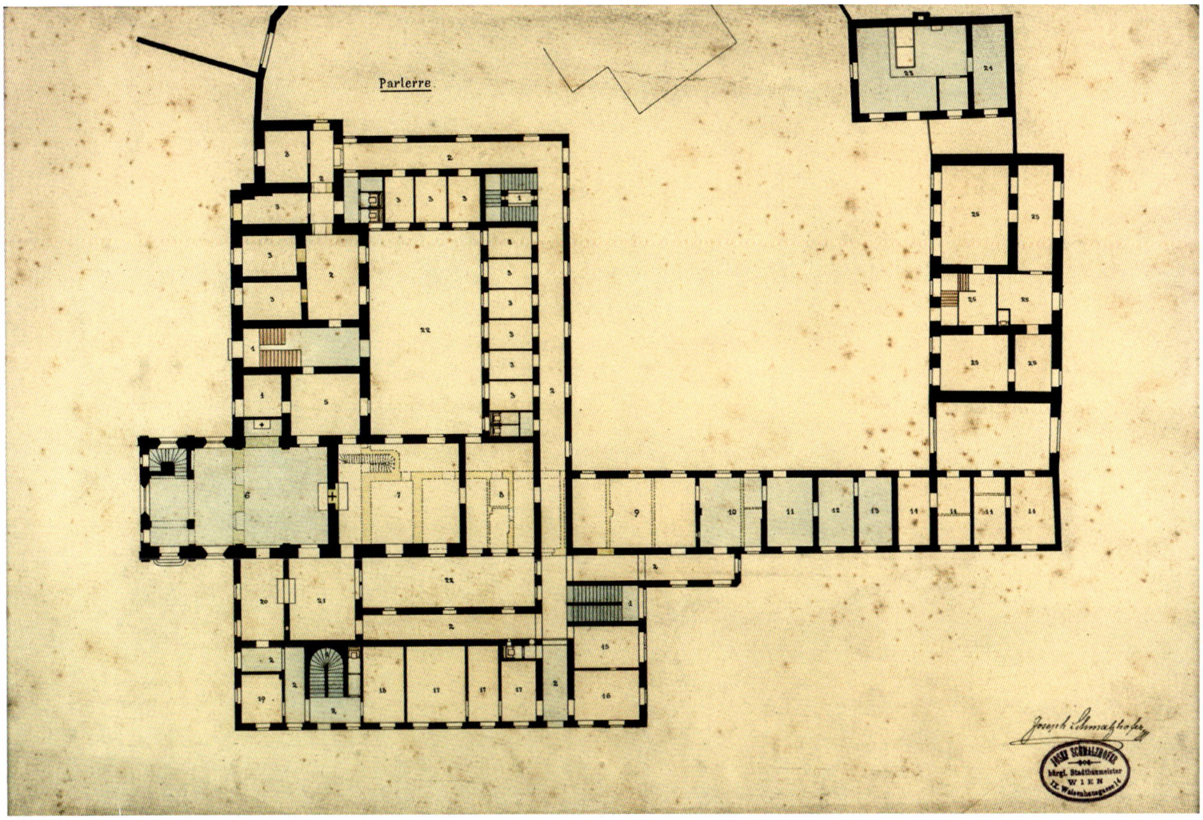

Abb. 10-24: Joseph Schmalzhofer, Projekt für Adaptierung und Zubau, Parterre-Grundriss des Klosters in Mayerling, 1889. Die abzutragenden Mauern des Jagschlosses sind gelb eingezeichnet, Tinte auf Papier. (© HHStA)

ausgefallen sein. Plafond hatte ich mit weißer Farbe, die Wande hingegen mit rother Mischung aus Kalk gestrichen.
Achtungsvoll Zwerger Alois
Mayerling am 1. März 1889«[27]

Dem Schreiben war ein Zettel von Hofrat Westermeyer beigelegt, der eine Anleitung »Zum Blutflecken wegwaschen« enthielt:

»Am besten mit frischem Wasser aufweichen, abwaschen und abtrocknen – dann etwas Säure darauf geben, einreiben und nach einiger Zeit gut abwaschen – sollte der Fleck hart sein, so etwas Chlorkalk darauf geben, anfeuchten, einreiben, nach einiger Zeit abwaschen.«[28]

Das Kaiserpaar beschloss, dass das Jagdschloss in ein Karmelitinnenkloster zum ewigen Gedenken an seinen verstorbenen Sohn umgestaltet werden sollte. Hierfür erwarb der Monarch im März 1889 den gesamten Besitz aus dem Nachlass des Kronprinzen für 121.448 Gulden.[29] Die Laurentius-Kirche trat ihm das Stift Heiligenkreuz für den Betrag von 1.000 Gulden ab.[30]

Bereits am 3. April 1889 kam die Priorin der unbeschuhten Karmelitinnen aus Wien-Baumgarten, Mutter M. Euphrasia, erstmals in Begleitung des Baumeisters Josef Schmalzhofer (1835–1920) nach Mayerling, um Direktiven für den Umbau zu geben.[31] Der Orden der unbeschuhten Karmelitinnen ist ein besonders strenger, in Klausur lebender Frauenorden. Die Wahl des Kaisers fiel auf Josef Schmalzhofer, weil er mit den strengen Ordens- und Bauregeln der Karmelitinnen vertraut war, da er bereits von 1881 bis 1883 für die Schwestern in Wien-Baumgarten ein Kloster errichtet hatte. Der Baumeister zählte im ausgehenden 19. Jahrhundert zu den Experten im Kirchenbau. So hatte er zuvor bereits die Lazaristenkirche in Wien 18, das erzbischöfliche Knabenseminar in Hollabrunn, das Kloster der hl. Barbara in Gablitz oder die Dominikanerinnenkirche in Wien-Hietzing gebaut.[32] In Mayerling stand ihm der Hofsekretär Heinrich Schemfil als Architekt zur Seite; er war vor allem für die Planung der Kapelle zuständig.[33]

Da die im Stift Heiligenkreuz verwahrten Baupläne bei einem Brand vernichtet worden waren, musste Baumeister Schmalzhofer das Schloss vermessen und neue Pläne anfertigen.[34] Diese Umbaupläne (Abb. 10-24, 10-25) haben sich im Haus, Hof- und Staatsarchiv erhalten. Deutlich ist unter den schwarz gezeichneten, teils neu zu errichtenden Klostermauern der ursprüngliche Grundriss des Jagdschlosses zu erkennen. An der Stelle des Sterbezimmers sollte eine Kapelle errichtet werden. Die Mauern und Türöffnungen, die zum Abriss vorgesehen waren, sind gelb eingezeichnet. Vom Abbruch betroffen waren somit das Sterbezimmer Rudolfs, das Osttor und ein Teil des Dienertraktes.

Am 20. April 1889 stand das Bauprogramm zur Adaptierung des Schlosses Mayerling zu Klosterzwecken fest und wurde von der Bezirkshauptmannschaft Baden im Rahmen der Baubesprechung protokolliert. Die Pläne stimmen inhaltlich mit dem Besprechungsprotokoll überein:

»Das vorliegende Projekt umfaßt einen Zubau und Adaptierungen des Schlosses Mayerling. Die Zubauten werden in der Weise ausgeführt, daß zwei Hofräume geschaffen werden, wovon der eine von dem östlichen, der andere von dem nördlichen Zubau eingeschlossen wird.

Der Trakt des alten Gebäudes zwischen diesen beiden Hofräumen wird demoliert und soll in diesem zu demolierenden Theile mit einem nach Süden risalitartig hinausragenden Ausbaue eine Kapelle nebst einem Oratorium ausgeführt werden. Der nördliche Zubau fällt in den Schloßhof hinein, der östliche in das äußere Vorterrain des Schlosses. (...) Die Kapelle hat einen Flächenraum von 109,5 m2, wovon circa 80 m2 für auswärtige Besucher benützbar sind. /: max. gegen 250 Personen :/.

Der Zugang befindet sich in der östlichen Hauptmauer des Risalitausbaues und ist die Thüre mit der Breite von 1,20 m eingezeichnet. Ein zweiter Ausgang ist durch die äußere Sakristei möglich. (...) An der Nordseite der Kapelle schließt sich der Oratorium-Chor sammt dem Vor-Chor an, wovon der Erstere ebenerdig und 5,30 m hoch ist; über dem Letzteren befindet sich die Bibliothek, über deren Dachboden ein Dachreiter projektiert erscheint. (...)

Was die Adaptierungen in den stehenbleibenden Theilen des Schlosses anbetrifft, ist bezüglich der in dem südlichen Tracte sich befindenden Holzstiege zu bemerken, daß dieselbe bei dem Umstande, als in den Zubauten drei neue feuersichere Stiegen projektiert sind, daher erstere nur als Nebenstiege aufgefaßt werden kann, umsomehr, belassen werden kann, als sie aus hartem Holze und architektonisch schön ausgeführt ist. (...)

Von Seiten der hohen k. k. General-Direktion wird bemerkt, daß unter Umständen außer den in den vorgelegten Plänen angegebenen Zu- und Umbauten die Anbringung einer Gruft, ferner einer kleinen Stallung zur Ausführung beabsichtigt sei. (...)

Das als Gruft in Aussicht genommene, bisher als heiliges Grab in Verwendung gestandene Object befindet sich 39 Meter von dem Wohntracte des Schlosses in westlicher Richtung entfernt. Es könnte jedoch zu diesem Zwecke auch ein Theil der zu demolierenden Kirche des Schloßhofes ganz gut verwendet werden.«[35]

Schlussendlich wurde die Laurenzi-Kirche abgebrochen und an deren Stelle das Mausoleum für die Ordensschwestern errichtet. Die ehemaligen Wohnräume des Kronprinzen wurden geteilt und zu Zellen für die Schwestern umgebaut. Da diese laut den Ordensregeln nur sehr einfach ausgestattet sein durften, mussten sämtliche Parkettböden, Lambrien und Kamine entfernt werden. Der Elisabethtrakt blieb bestehen und sollte dem Kaiserpaar bei seinen Aufenthalten in Mayerling als Quartier dienen.

Darüber hinaus stiftete Kaiser Franz Joseph ein Asyl für erwerbsunfähig gewordene Forstleute im Mayerlinghof. Zur Altenpflege wurden Franziskanerinnen bestimmt. 1895 ging schließlich der Besitz gänzlich in das Eigentum des Ordens über und es wurde im Mayerlinghof ein Kloster errichtet.[36]

Die Bauarbeiten des Karmelitinnenklosters gingen zügig voran, da ständig 200 bis 300 Arbeiter auf

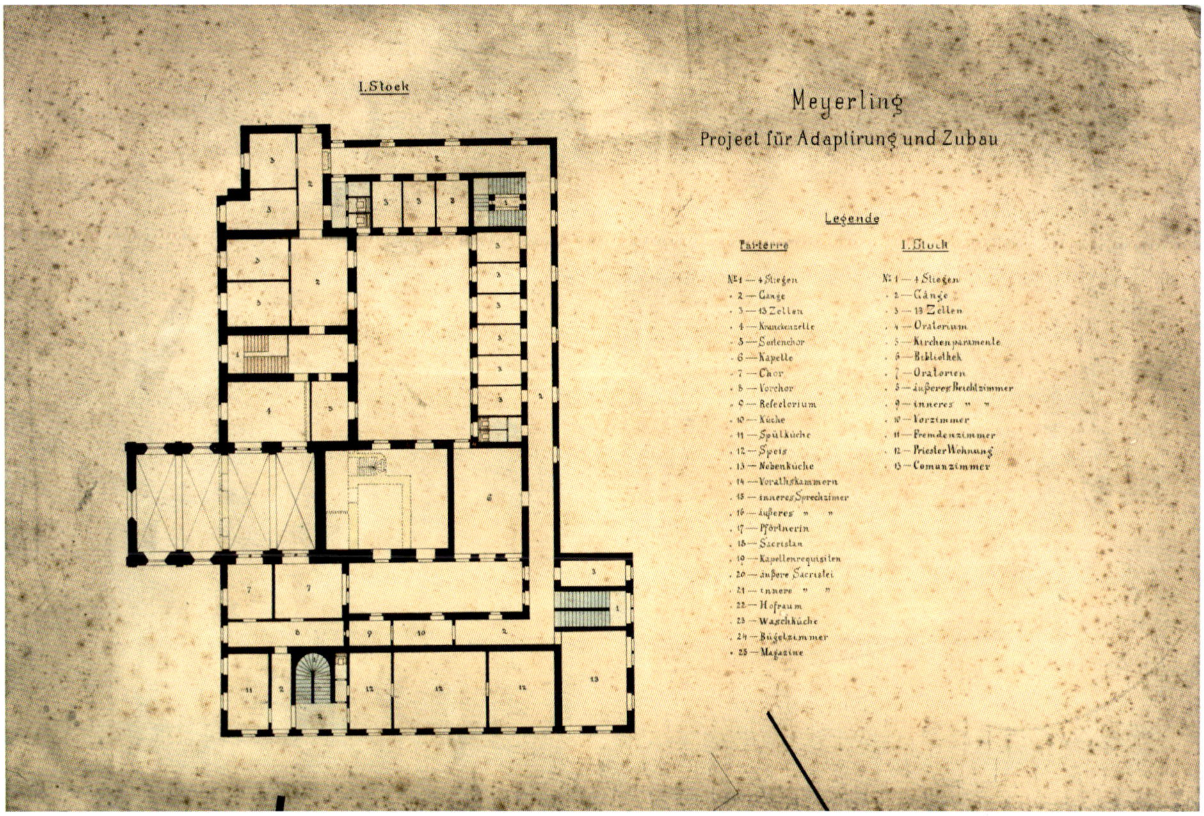

Abb. 10-25: Joseph Schmalzhofer, Projekt für Adaptierung und Zubau, Grundriss des ersten Stockes des Klosters in Mayerling, Tinte auf Papier, 1889. Die abzutragenden Mauern des Jagschlosses sind gelb eingezeichnet. (© HHStA)

der Baustelle tätig waren.[37] Bereits im Juli 1889 bat der Architekt Heinrich Schemfil um die Bewilligung zur Abhaltung eines Gleichenfestes.[38] Bereits im Oktober desselben Jahres konnte die Seitenkapelle geweiht und der erste Gottesdienst gefeiert werden. Anlässlich dieses Ereignisses erschien ein Bericht im »Neuigkeits-Welt-Blatt«, der auch über den Baufortschritt Aufschluss gibt:

»Sonntag, 6. d. M., wurde in Mayerling die erste gottesdienstliche Handlung vollzogen, indem Hofburg Pfarrer Prälat Dr. Mayer Vormittags 8 Uhr die Einweihung des Thurmkreuzes, der kleinen neben der öffentlichen Kapelle gelegenen sogenannten Krankenkapelle und der bis dahin fertiggestellten Klosterräumlichkeiten vornahm und hierauf die erste heil. Messe in diesen bei jedem Besucher so traurige Erinnerungen weckenden Räumen las.
Die Bau- und Umgestaltungsarbeiten des Schlosses Mayerling schreiten rüstig vorwärts, nur die in edelstem gothischen Style gehaltene große Kapelle, welche sich in der Mitte des Haupttractes an Stelle zweier niedergerissener Wohnzimmer erhebt und am Eingange mit den Statuen der heil. Theresia und des heil. Johannes von Gott geschmückt ist, entbehrt noch der Bedachung.

Der vordere Theil des Schlosses wurde in Klosterzellen und Seelsorger-Wohnungen umgewandelt und an denselben größere Neubauten angefügt.

Die frühere Schlosskapelle wird in ein Mausoleum umgewandelt und sich, da die anstoßenden Schloßtheile niedergerissen werden, inmitten des von hohen Mauern umgebenen Klostergartens erheben; es bietet in fünf übereinander gebauten Nischenreihen Raum für fünfzig Särge.

Bereits in kurzer Zeit werden zehn Karmelitinnen von Baumgarten nach Mayerling übersiedeln und inmitten des lärmenden Baugetriebes, dessen Beendigung für Anfang November vorgesehen ist, und doch vollkommen abgeschlossen von der Außenwelt, ein Leben voll Entsagung und Buße führen.«[39]

Abb. 10-26: Das Kloster der Karmelitinnen in Mayerling, um 1890. An Stelle des Sterbezimmers wurde eine Kapelle errichtet. (© Bundesmobilienverwaltung/MK)

Kaiser Franz Joseph besuchte das Kloster am 2. November 1889. Die Umbauarbeiten dürften zur Zufriedenheit des Kaisers ausgefallen sein, denn nach seinem Besuch in Mayerling sprach er dem Hofsekretär Heinrich Schemfil, dem Hofbaumeister Josef Schmalzhofer sowie dem Hofsteinmetzmeister Eduard Hauser seine kaiserliche Anerkennung aus. Dem ersten Baupolier Anton Schmidt wurde das goldene Verdienstkreuz verliehen.[40]

Ende des Jahres 1889 waren die groben Bauarbeiten fertiggestellt und die Klosterräumlichkeiten von den Ordensschwestern bezogen. Am 15. Dezember ging das Kloster auch offiziell in den Besitz der Karmelitinnen über; von nun an hatten sie alle anfallenden Reparaturen selbst zu tragen.[41]

Die Fertigstellung der Innenausstattung der Kapelle dauerte noch zwei Jahre. So stellte der Wiener Historienmaler Josef Kastner das Altargemälde, für das er 6.000 Gulden erhielt, erst 1891 fertig.[42] Am 20. Oktober 1891 konnte dann in der neuen Kirche (Abb. 10-26) die erste feierliche Messe durch den Bischof der Erzdiözese Wien abgehalten werden, der auch der Monarch beiwohnte. Über dieses Ereignis berichtete das »Neuigkeits-Welt-Blatt«:

»Die Kirche, welche durchwegs aus Privatmitteln des Kaisers erbaut worden ist, macht einen überaus erhebenden Eindruck. Sie ist dem hl. Josef (...) und der hl. Maria vom Berge Karmel geweiht. Darum stellt der Hauptschmuck des dreischiffigen Gotteshauses das die ganze Breite der Kirche ausfüllende Altarbild, den heil. Josef als fürbittenden Patron des erlauchten Kaiserhauses und der Monarchie dar, wie er vor der allerheiligsten Dreifaltigkeit kniet, die Arme betend ausgebreitet, und wie sich mit ihm die Namenspatrone der kaiserlichen Familie, die Patrone Oesterreichs und hervorragende Heilige aus dem Karmeliter-Orden im Gebete vereinigen. (...)

Die Fenster, aus der Geyling'schen Glasmalerei harmoniren mit dem Altarbilde. (...) Die linke Seitenkapelle, bereits im Vorjahre geweiht, ist jetzt auch mit der Tilgner'schen Mater dolorosa geschmückt.

(...) Der Kaiser begab sich sodann (...) in das Kloster, wo er von der Priorin Mater Maria Euphrasia Kaufmann und der Chorschwester Mater Ignatia Esterhazy-Lobkowitz empfangen wurde. Der Monarch und seine Begleiter besichtigten das ganze Kloster, die einzelnen Zellen, das Refektorium und kosteten das Schwarzbrot der Nonnen. Auch die Begräbnisstätte der Ordensfrauen wurde besichtigt. Der Besuch des Kaisers dauerte eine halbe Stunde.«[43]

Das Kloster in Mayerling diente dem Kaiserhaus fortan als Gedächtnisort. Neben dem Kaiser sind Besuche der Kaiserin Elisabeth, der Kronprinzessin-Witwe Stephanie und von Rudolfs Schwester, Erzherzogin Gisela, dokumentiert.[44]

DAS FORTBESTEHEN DES MAYERLINGER MÖBELBESTANDES

Die Obhut über die kronprinzlichen Möbel und Einrichtungsgegenstände aus dem Jagdschloss lag in den Händen des Verwalters Alois Zwerger. In Befolgung des kaiserlichen Auftrages sendete er am 29. April 1889 die ersten sieben Kisten von Mayerling in die Wiener Hofburg. Es handelte sich um die »Bettsorten«, Bilder, Nippes, Teppiche und Tischgarnituren aus dem Sterbezimmer, die der »A. h. k. k. General-Direction der Familienfonde« übergeben wurden.[45] Die restlichen Möbel verblieben vorläufig weiterhin in Mayerling.

Im Juli 1889 fragte Hofsekretär Schemfil bei der Direktion der Privat- und Familienfonde an, was mit den Möbeln aus dem Sterbezimmer zu passieren habe. Er berichtete, dass Schmalzhofer »seinerzeit gehört (habe), daß die Schlafzimmer Einrichtung, als Bett, Nachtkästchen, Waschtisch und Sesseln im Vorchor theils an die Wand, theils nur aufgestellt werden.« Abschließend bemerkte er, dass, »wenn diese Möbeln wirklich drinnen bleiben (sollten), und als Reliquien aufbewahrt werden, so (wären) sie natürlich für alle Zeiten unsichtbar geworden.«[46]

Entgegen dieser ersten Überlegungen wurde entschieden, die Möbel aus dem Sterbezimmer nicht als Reliquien in Mayerling zu belassen, sondern Mitte November 1889 nach Wien zu überstellen und anschließend nach Laxenburg zu überführen.[47] Im selben Jahr wurden noch einige Mobilien aus dem Elisabethtrakt nach Wien überstellt, wo sie von der Burghauptmannschaft übernommen wurden.[48] Weiters gingen einige Einrichtungsgegenstände in den Privatbesitz von Rudolfs Witwe Stephanie sowie deren Tochter, der Erzherzogin Elisabeth, über.

Die restlichen Mobilien aus dem Schloss, den Nebentrakten, der Coburg-Villa und dem Mayerlinghof wurden 1890 aufgeteilt. Das Mobiliar von minderer Qualität wurde an das Asyl des Franziskanerinnenklosters in Mayerling und an das Karmel St. Josef abgegeben.[49] Neun Zimmereinrichtungen aus dem ehemaligen Mayerlinghof erwarb der Wiener Hotelier Eduard Sacher im Juli 1890 zum Gesamtpreis von 2.700 Gulden.[50]

Den größten Teil der Einrichtungsgegenstände kaufte jedoch das Obersthofmeisteramt zum Betrag von 12.426 Gulden auf.[51] Die Möbel gingen somit in den hofärarischen Besitz über und wurden von Mayerling nach Laxenburg transportiert, wo sie in das dortige Inventar aufgenommen wurden. Von diesen Objekten haben sich bis heute rund 70 Stück in der Sammlung der Bundesmobilienverwaltung erhalten.

ANMERKUNGEN

1 Judtmann 1982, S. 122.
2 Rückl 2002, S. 38.
3 Ebd., S. 47.
4 Ebd., S. 50.
5 Ebd.
6 Ebd., S. 58.
7 Badener Bezirks-Blatt, 1.1.1887, S. 2.
8 HHStA, OMaA, Kt. 422, Inventur über das in Mayerling befindliche bewegliche und unbewegliche Verlassenschafts-Vermögen weiland Sr. k. und k. Hoheit des durchlauchtigsten Herrn Kronprinzen Erzherzogs Rudolf.
9 Ebd.
10 Ebd.

11 Friedrich 2015, S. 191.
12 In den 1880er-Jahren war das nördlicher liegende Tor des Osttraktes bereits vermauert, die Portalbekrönung aber noch erhalten.
13 Für die Informationen zu den Mayerlinger Einrichtungsgegenständen danken wir Frau Ingrid Fritz herzlich. Ingrid Fritz bereitet derzeit eine Publikation vor, die sich detailliert mit der Bau- und Ausstattungsgeschichte des Mayerlinger Jagdschlosses auseinandersetzt.
14 Erinnerungen von Julius Schuldes, unveröffentlichtes Manuskript, um 1935 verfasst. Rollettmuseum, Baden.
15 HHStA, OMaA, Kt. 421, Zl. 214/1189.
16 Kronprinz Rudolf an Jacob von Falke, Wien, 11.1.1889, Bundesmobilienverwaltung.
17 Weiterführend siehe: Kapitel 8, Marlene Ott-Wodni, Das Kronprinzenappartement in der Wiener Hofburg, S. 103–118; Kapitel 9, Alena Skrabanek, Das Appartement des Kronprinzen in der Prager Burg, S. 119–152. Portois & Fix war später auch für Erzherzog Franz Ferdinand tätig. Weiterführend siehe: Kapitel 18, Marlene Ott-Wodni, Schloss Belvedere in Wien, S. 435–544.
18 Kronprinz Rudolf an Stephanie, Bruck, 31.7.1887, zit. nach: Stockhausen 1952, S. 106.
19 Oesterreichische Forst-Zeitung, Nr. 50, 16.12.1887, S. 305.
20 Erinnerungen von Julius Schuldes, unveröffentlichtes Manuskript, um 1935 verfasst. Rollettmuseum, Baden.
21 Ebd.
22 Ebd.
23 Das Sterbebett wurde im April 2008 einer gerichtsmedizinischen Untersuchung unterzogen. Aufgrund der Weiterverwendung des Bettes nach dem Tod des Kronprinzen konnten jedoch keine DNA-Spuren von Rudolf und Mary Vetsera mehr nachgewiesen werden.
24 Diese Eichenholzstiege ist heute noch im Klausurbereich der Ordensschwestern vorhanden.
25 Erinnerungen von Julius Schuldes, unveröffentlichtes Manuskript, um 1935 verfasst. Rollettmuseum, Baden.
26 Julius Schuldes berichtete über den Zustand des Sterbezimmers: »Blut an den Linnen, Blut auf dem Erdboden und Blutspritzer bis an den Wänden und bis hinauf an der niederen Wölbung des Zimmers!«, zit. nach: Erinnerungen von Julius Schuldes, unveröffentlichtes Manuskript, um 1935 verfasst. Rollettmuseum, Baden.
27 Alois Zwerger an Johann Loschek, 1.3.1889, ÖNB Handschriftensammlung.
28 Ebd.
29 HHStA, GDPFF, Rubrik 9, Zl. 1056/1889.
30 Rückl 2002, S. 92.
31 Friedrich 2015, S. 362.
32 http://www.architektenlexikon.at/de/549.htm, 20.3.2017.
33 HHStA, GDPFF, Rubrik 9, Zl. 5994/1889, 8.11.1889.
34 Denkschrift von Dr. Saltin, zit. nach: Friedrich 2015, S. 365.
35 HHStA, GDPFF, Rubrik 9, Kt. 603, Zl. 2292/1889.
36 Rückl 2002, S. 116.
37 HHStA, GDPFF, Rubrik 9, Zl. 5994/1889, 8.11.1889.
38 HHStA, GDPFF, Zl. 3729/1889.
39 Neuigkeits-Welt-Blatt, 8.10.1889.
40 HHStA, GDPFF, Rubrik 9, Zl. 5994/1889, 8.11.1889.
41 Rückl 2002, S. 110.
42 Ebd., S. 96.
43 Neuigkeits-Welt-Blatt, 22.10.1891.
44 HHStA, GDPFF, Zl. 2123/1890, Zl. 3311/1890, Zl. 3357/1890, Klosterchronik I Mayerling, zit. nach: Rückl 2002, S. 114.
45 HHStA, GDPFF, Rubrik 9, Kt. 603, Zl. 2070/1889.
46 HHStA, GDPFF, Allgemeine Akten, Kt. 72, Zl. 3534/1889.
47 HHStA, GDPFF, Rubrik 9, Zl. 1056/1889.
48 HHStA, GDPFF, Rubrik 9, Kt. 603, Zl. 5906/1889.
49 HHStA, GDPFF, SR, Kt. 66.
50 HHStA, GDPFF, Zl. 3357/1890.
51 HHStA, GDPFF, Zl. 1805/1890.

Abb. 11-01: Das Jagdschloss Mürzsteg, Blick vom Park auf die Hauptfassade, Fotoaufnahme 2016 (© Bundesmobilienverwaltung/EK)

11. KAISERLICHE JAGDFREUDEN

KRONPRINZ RUDOLF UND DAS JAGDSCHLOSS MÜRZSTEG

Marlene Ott-Wodni

Der begeisterte Jäger Kronprinz Rudolf besuchte das in der Steiermark gelegene Jagdschloss Mürzsteg (Abb. 11-01) im Herbst und Winter zur Auerhahn- und Gamsjagd. Im 1869/70 nach Plänen des Architektenduos Johann Romano (1818–1882) und August Schwendenwein (1817–1885) errichteten Jagdhaus seines Vaters Kaiser Franz Joseph standen Rudolf zwei Zimmer zur privaten Nutzung zur Verfügung. Es handelte sich um ein Arbeits- und ein Schlafzimmer (Abb. 11-02), die sich – wie auch die kaiserlichen Privaträume – im ersten Stock des Jagdhauses befanden.

Die Einrichtung der Wohnräume Rudolfs ist anhand eines Inventarbuches und durch eine kurz nach dem Tod des Kronprinzen verfasste Beschreibung der Räumlichkeiten im »Wiener Salonblatt« überliefert:

»Die (Appartements des höchstseligen Kronprinzen) sind genau in dem Stande erhalten, da Kronprinz Rudolf zum letzten Male in ihnen weilte. In dem Arbeitszimmer fällt ein Riesengemälde, ›Kühe in der Tränke‹ von E. Rudolf Huber, auf. Auf einem Tisch befindet sich ein prachtvoller, in Ebensee geschnitzter Hirsch. Daneben ein Zigarren-Kasten. Chinesische Vasen sind in den Ecken untergebracht. In dem Schlafzimmer wieder ein geräumiges Bett, über welches eine blaue Decke gebreitet ist. Ein

Abb. 11-02: Schlafzimmer des Kronprinzen Rudolf im Jagdschloss Mürzsteg, 1895 (© Bundesmobilienverwaltung)

Abb. 11-03: Schreibtisch des Kronprinzen Rudolf im Jagdschloss Mürzsteg, Juniperus, 1870er Jahre (© Bundesmobilienverwaltung/EK)

Abb. 11-04: Waschtisch aus dem Schlafzimmer des Kronprinzen Rudolf im Jagdschloss Mürzsteg, Juniperus, Marmor, 1870er Jahre (© Bundesmobilienverwaltung/EK)

kleines Kruzifix an der Wand. Ein Nachtkästchen, eine Etagère, ein Garderobe-Kasten, ein Trumeau-Kasten mit Uhr, ein kleiner Tisch nächst dem Fenster. Auf dem umfangreichen Schreibtisch (Abb. 11-03) ausnahmsweise eine geschnitzte Schreibgarnitur, das Tintenfaß vom vielen Gebrauch stark befleckt, in der Streusandbüchse rother Streusand. Zwei Federstiele. Ein großer Kieselstein als Briefbeschwerer. Das Waschservice mit Gemsköpfen (Abb. 11-04, 11-05) geschmückt.«[1]

Mithilfe der Inventaraufzeichnungen der in der Bundesmobilienverwaltung erhaltenen Möbel und Aquarelle sowie des oben zitierten Berichtes konnte ein 1895 aufgenommenes Foto eines Schlafgemaches in Mürzsteg (Abb. 11-02) als das damals noch im Originalzustand erhaltene Zimmer des Kronprinzen ausgemacht werden. Ein Charakteristikum der Mürzsteger Einrichtung[2] stellen, wie auch auf dem Foto des Schlafzimmers zu sehen ist, die Möbel dar, die aus amerikanischem Juniperusholz – hierzulande auch als Wacholderholz bekannt – gefertigt sind. Die Verwendung dieser Holzart im Möbelbau ist sehr selten.[3] Das Holz des Wacholderstrauchs zeichnet sich durch seine helle gelblich-braune Grundfarbe sowie die im Kontrast dazu stehende dunkle Zeichnung der Astlöcher aus. Die Oberfläche (Abb. 11-06) ist somit durch eine sehr schöne, jedoch auch sehr eigenwillige hell-dunkle Maserung charakterisiert. Die Mürzsteger Möbel lassen sich aufgrund ihrer formalen Eigenschaften in die 1870er-Jahre datieren und sind durch eine sehr einfache Formgebung, die allerdings die Schönheit des Materials und der Oberflächen optimal zu unterstreichen weiß, gekennzeichnet.

Die in den Zimmern des Kronprinzen verwendeten Juniperus-Möbeln, wie zum Beispiel der Wasch-

Abb. 11-05: »Gamskopfservice« aus dem Jagdschloss Mürzsteg, Porzellan, 2. Hälfte 19. Jahrhundert (© Bundesmobilienverwaltung/EK)

Abb. 11-06: Platte eines Tisches aus Juniperus aus dem Jagdschloss Mürzsteg, 1870er Jahre (© Bundesmobilienverwaltung/EK)

Abb. 11-08: Franz Wenger, Skulptur eines Hirschen, Holz, 2. Hälfte 19. Jahrhundert (© Bundesmobilienverwaltung/EK)

Abb. 11-07: Zigarrenkasten aus dem Arbeitszimmer des Kronprinzen Rudolf, Palisander, 2. Hälfte 19. Jahrhundert (© Bundesmobilienverwaltung/EK)

tisch (Abb. 11-04) oder der Schreibtisch (Abb. 11-03), entsprechen exakt den Möbeln, die auch in den anderen fürstlichen Zimmern verwendet wurden. Einzig der im Arbeitszimmer aufgestellte Zigarrenkasten auf geschwungenen Beinen (Abb. 11-07) und die auf dem Schreibtisch platzierte Hirschskulptur (Abb. 11-08) von Franz Wenger sowie die Bildausstattung verliehen den Räumen eine individuellere Note.

Die Wohnräume in Mürzsteg zierten Aquarelle[4], unter anderem Serien von Rudolf von Alt oder von Thomas Ender sowie persönliche Erinnerungsstücke, wie etwa die Zeichnungen der kaiserlichen Kinder Rudolf (Abb. 11-09) und Marie Valerie. Im Schlafzimmer des Kronprinzen zählten zwei Ansichten von Ragusa des Malers Rudolf von Alt (Abb. 11-10, 11-11), eine Darstellung der Kirche Santa Maria dei Frari in Venedig von Franz Heinrich (Abb. 11-12) sowie eine Ansicht des Parks der Villa Borghese bei Rom von Hugo Darnaut (Abb. 11-13) zur bildlichen Ausstattung. Im Arbeitszimmer befand sich, wie bereits im Artikel des »Wiener Salonblattes« erwähnt, ein wandfüllendes »Riesengemälde« von Carl Rudolf Huber (Abb. 11-14), das trinkende Kühe im Wasser zeigte. Wie Ilsebill Barta bereits festgestellt hat, war es vom Sujet her eher anspruchslos und somit rein dekorativ.[5] Heute befindet sich das Gemälde im Depot der Bundesmobilienverwaltung.

Zur fast vollständig erhaltenen Ausstattung des Jagdhauses in Mürzsteg zählen zahlreiche Geschenke, die Kaiser Franz Joseph von seiner Gemahlin Elisabeth sowie seinen Kindern erhalten hatte. Es handelt sich um Gegenstände mit persönlicher Note, darunter zum Beispiel ein Gedicht von Marie Valerie, das sie ihrem Vater zu Weihnachten im Jahr 1883 geschenkt hatte, oder mehrere Zeichnungen von erlegten Vögeln des Kronprinzen Rudolf aus

Abb. 11-09: Kronprinz Rudolf, Zwei Schnepfen, Aquarell auf Papier, 1872 (© Bundesmobilienverwaltung/Salon Iris)

Abb. 11-10: Rudolf von Alt, Partie aus dem Ombla-Thale bei Ragusa, Aquarell auf Papier, 1840 (© Bundesmobilienverwaltung/Salon Iris)

Abb. 11-11: Rudolf von Alt, Ansicht von Ragusa, Aquarell auf Papier, 1840 (© Bundesmobilienverwaltung/Salon Iris)

Abb. 11-12: Franz Heinrich, Santa Maria dei Frari in Venedig, Aquarell auf Papier (© Bundesmobilienverwaltung/Salon Iris)

den 1870er-Jahren. Kurz vor seinem Tod schenkte Rudolf dem Kaiser ein Bild (Abb. 11-15) des Malers Gottfried Heinrich Wilda (1862–1922), das die Fahrt des deutschen Kaisers Wilhelm II. gemeinsam mit Kaiser Franz Joseph im Oktober 1888 vom Neuberger Bahnhof nach Mürzsteg zum Inhalt hat.[6]

Im Allgemeinen erscheint in Zusammenhang mit der Ausstattung der fürstlichen Wohnräume des Jagdschlosses interessant, dass sowohl die Gästezimmer als auch die kaiserlichen Räume mit nahezu denselben Möbeln aus Juniperusholz ausgestattet waren; in Bezug auf die Qualität und Ausformung der einzelnen Stücke lassen sich keine Unterschiede feststellen. Es erfolgte somit in Mürzsteg keine Unterscheidung der Wertigkeit zwischen dem kaiserlichen Mobiliar und demjenigen der Gästezimmer, die Hierarchie der Benutzer spiegelte sich demzufolge nicht in der Einrichtung wider.

Anhand der Inventaraufzeichnungen konnte festgestellt werden, dass die Zusammenstellung des Mobiliars in den fürstlichen Wohnräumen im ersten Stock des Jagdschlosses über die Jahre hinweg nahezu unverändert bestehen blieb. Einzig 1903 anlässlich des Besuchs des russischen Zaren in Mürzsteg wurden einige Restaurierungen durchgeführt, die unter anderem die Neutapezierung der Sitzmöbel und den Austausch der Auslegware beinhaltete.

Abb. 11-13: Hugo Darnaut, Parkansicht von der Villa Borghese bei Rom, Aquarell auf Papier 1881 (© Bundesmobilienverwaltung/Salon Iris)

Abb. 11-14: Carl Rudolf Huber, Kühe bei der Tränke, Öl auf Leinwand, 1880 (© Bundesmobilienverwaltung)

Abb. 11-15: Gottfried Heinrich Wilda, Kaiser Franz Joseph I. und Kaiser Wilhelm II. samt Jagdgästen auf der Fahrt vom Neuberger Bahnhof nach Mürzsteg, Gouache auf Papier, 1888 (© Bundesmobilienverwaltung/Salon Iris)

Nach dem Tod des Kronprinzen blieb die Einrichtung seiner Wohnräume unverändert erhalten. Die Zimmer wurden lediglich anderen Personen zum Gebrauch zugewiesen. Beispielsweise nutzte Prinz Konrad von Bayern im Jahr 1907 das ehemalige Arbeitszimmer des Kronprinzen. Das Schlafzimmer Rudolfs stand diversen Gästen als Quartier zur Verfügung.[7] Auch Kronprinz Rudolf jagdbegeisterter Cousin Franz Ferdinand weilte gerne in Mürzsteg zur Jagd.

ANMERKUNGEN

1 O. A. Das kaiserliche Jagdschloss in Mürzsteg, in: Wiener Salonblatt, 20. Jg., Nr. 30, 28.7.1889, S. 2–3.

2 Zur Ausstattung des Jagdhauses Mürzsteg siehe weiterführend: Ott-Wodni 2016.

3 Quellenmäßig können die Möbel keinem Handwerker zugeordnet werden. Es gibt jedoch den Hinweis eines Nachfahren des Wiener Tischlers Wenzel Belan, dass sein Urgroßvater diese Möbel für Mürzsteg gefertigt haben soll.

4 Die Mürzsteger Bildausstattung wurde von Ilsebill Barta bereits eingehend beschrieben. Weiterführend siehe: Barta 2016.

5 Barta 2016, S. 81.

6 Ebd., S. 66.

7 O. A., Die Jagdschlösser Seiner Majestät des Kaisers, in: Sport & Salon. Illustrierte Zeitschrift für die vornehme Welt, 10. Jg., Nr. 33, 17.8.1907, S. 2.

III. ERZHERZOG FRANZ FERDINAND (1863–1914)

12. BIOGRAFIE FRANZ FERDINANDS

Marlene Ott-Wodni

Erzherzog Franz Ferdinand wurde am 18. Dezember 1863 in Graz geboren. Sein Vater, Erzherzog Carl Ludwig, war der jüngere Bruder Kaiser Franz Josephs. Als Franz Ferdinand acht Jahre alt war, starb seine Mutter Erzherzogin Maria Annunziata an Lungentuberkulose. 1873 heiratete sein Vater Maria Therese von Portugal, die sich der erzherzoglichen Kinder annahm und sie liebevoll aufzog. Als Erzieher des Erzherzogs wurde Ferdinand von Degenfeld-Schonburg bestimmt. Das Lehrpersonal Franz Ferdinands setzte sich aus renommierten Persönlichkeiten, wie zum Beispiel dem Historiker Onno Klopp und dem Theologen Propst Godfried Marschall, zusammen.

Da der letzte Herzog von Modena, Erzherzog Franz V. von Österreich-Este, keine Nachkommen hatte, bestimmte er Franz Ferdinand zu seinem rechtmäßigen Erben für die immense Kunstsammlung. Fortan trug dieser den Zusatz »Este« in seinem Namen. Als Franz V. 1875 starb, wurden Franz Ferdinand umfangreiche Besitztümer in Italien (u. a. Villa d'Este in Tivoli), Böhmen (Schloss Chlumetz) und Wien zugesprochen.

Abb. 12-01: Erzherzog Franz Ferdinand, fotografiert von Hermann C. Kosel, 1909 (© ÖNB/Wien)

1878 begann Franz Ferdinand seine militärische Ausbildung in Prag, wo er eine Wohnung in der Prager Burg bezog. In späteren Jahren war er in Ungarn und in Oberösterreich stationiert.

Nachdem Kronprinz Rudolf 1889 auf tragische Weise ums Leben gekommen war, folgte ihm Erzherzog Carl Ludwig als offizieller Thronfolger. Inoffiziell galt jedoch sein Sohn Franz Ferdinand als Nachfolger. Erst 1896, nach dem Tod seines Vaters, wurde Franz Ferdinand auch amtlich zum Thronfolger erklärt.

In den 1890er-Jahren erkrankte Franz Ferdinand an Lungentuberkulose. In dieser Zeit verbrachte er zahlreiche Kuraufenthalte in den österreichischen und italienischen Bergen sowie am Meer. Von 1892 bis 1893 unternahm der Erzherzog eine Weltreise, die ihn nach Indien, Indonesien, Australien, Japan, Kanada und die USA führte. Dabei erwarb er rund 14.000 ethnologische Objekte, die sich heute im Museum für Völkerkunde in Wien befinden. Ebenso wie sein Onkel Maximilian von Mexiko war der Erzherzog ein passionierter Sammler. Neben Antiquitäten sammelte er vor allem volkstümliche Gegenstände.

Generell war Erzherzog Franz Ferdinand ein sehr leidenschaftlicher und zielorientierter Mensch. So war er ein begeisterter Jäger genauso wie Architekturliebhaber und Denkmalpfleger. Um seinen Jagdfreuden nachgehen zu können, unterhielt er mehrere Jagdschlösser zwischen Tirol und Böhmen, die er alle aufwendig restaurieren und für seine Zwecke adaptieren ließ. Seinen ersten Jagdsitz erwarb Franz

Ferdinand bereits 1886 mit eigenen Mitteln. Es handelte sich um ein im kärntnerischen Lölling gelegenes Jagdschloss.

Bereits ein Jahr später kaufte er – ebenfalls aus seiner Privatkasse – Schloss Konopischt in Böhmen, das er in den folgenden Jahren zu seinem Stammsitz ausbauen ließ. 1889 schenkte Erzherzog Carl Ludwig seinem Sohn Franz Ferdinand Schloss Artstetten in Niederösterreich.

Ab 1897 widmete sich Franz Ferdinand mit großem Engagement dem Wiederaufbau und der Sanierung von Schloss Eckartsau, das in den niederösterreichischen Marchauen gelegen war. 1898 bekam der Thronfolger von Kaiser Franz Joseph das Schloss Belvedere als Wiener Wohnsitz zugewiesen. Bevor aber Franz Ferdinand das ursprünglich als Sommerschloss konzipierte Gebäude beziehen konnte, musste es einer aufwendigen Renovierung und Adaptierung für eine ganzjährige Nutzung unterzogen werden. Im Unteren Belvedere war die Militärkanzlei des Thronfolgers – sein politisches Organ – angesiedelt.

Am 19. Juni 1900 heiratete Franz Ferdinand Sophie Gräfin Chotek. Da die Heirat nach den Habsburgergesetzen als nicht standesgemäß galt, musste der Erzherzog auf Anordnung des Kaisers zuvor auf sämtliche Thronansprüche seiner Nachkommen verzichten. Das Paar bekam drei Kinder: Sophie (geb. 1901), Maximilian (geb. 1902) und Ernst (geb. 1904). Die Kinder trugen ebenso wie ihre Mutter den Namen Hohenberg.

1908 erwirkte Franz Ferdinand den Erwerb des Schlosses Blühnbach in Salzburg durch den habsburgischen Privat- und Familienfonds. Von 1909 bis 1913 ließ er das Jagdschloss aufstocken und neu einrichten. Zeitgleich beschäftigte er sich mit dem Ausbau von Schloss Artstetten. 1913 nahm Franz Ferdinand den Umbau von Schloss Ambras in Innsbruck in Angriff.

Im Juni 1914 besuchten Franz Ferdinand und seine Gattin Sophie Manöver in Bosnien-Herzegowina. Am 28. Juni stand ein Staatsbesuch in Sarajewo auf dem Programm. Während einer Autofahrt durch die Stadt wurden Franz Ferdinand und Sophie von dem serbischen Attentäter Gavrilo Princip erschossen. Der Thronfolger und seine Gattin wurden in der von Franz Ferdinand errichteten Familiengruft in Schloss Artstetten bestattet. Infolge der Ermordung des österreichischen Thronfolgers erklärte Österreich-Ungarn einen Monat später Serbien den Krieg – der Erste Weltkrieg begann.

13. DAS ESTE-ERBE IN SÜDBÖHMEN

SCHLOSS CHLUMETZ IN TSCHECHIEN

Alena Skrabanek

Erzherzog Franz Ferdinand gelangte als Erbe seines Onkels Erzherzog Franz d'Este von Modena 1875 als Zwölfjähriger in den Besitz des Schlosses und der Domäne Chlumetz bei Wittingau[1]. Zu dem im südböhmischen Grenzgebiet zum Waldviertel gelegenen Gut gehörten ausgedehnte Jagdreviere, Land- und Teichwirtschaft[2] sowie einige Produktionsbetriebe. Franz Ferdinands Onkel hatte das barocke Schloss vor allem für Jagdaufenthalte genutzt und auch sein Neffe lebte seine Jagdpassion in bereits jungen Jahren hier aus. Ab 1884 sind Veränderungen der Ausstattung im Schloss nachweisbar. Inventarbücher geben Aufschluss über Möbel- und Hausratankäufe in Prag und Wien sowie die Bewegung von Mobiliar und Sammlungsgegenständen zwischen Franz Ferdinands privat und amtlich genutzten Immobilien. 1894 übernahm der Erzherzog das Kommando über die Infanteriebrigade in Böhmisch Budweis und damit eine verkehrstechnisch günstig gelegene Verpflichtung ca. 40 Kilometer von Chlumetz entfernt. Bereits im Jahr davor hatte Franz Ferdinand damit begonnen, Schloss Konopischt, ca. 100 Kilometer von Budweis entfernt, zu seinem künftigen Hauptsitz ausbauen zu lassen. Chlumetz diente auf der üblichen Reisestrecke von Wien nach Prag bzw. nach Konopischt als praktische Zwischenstation, da die Station Chlumetz-Pilar[3] der Kaiser-Franz-Josephs-Bahn nur wenige Kilometer entfernt lag.[4]

Obwohl Schloss Chlumetz nur die Rolle eines Nebensitzes zukam, wurden mit hohem Aufwand Umgestaltungsmaßnahmen betrieben. Vor 1890 kam es zum Abriss von Nebentrakten des Schlosses. Um 1901 erfolgte eine großzügige Aufstockung, die es erlaubte, größere Jagdgesellschaften in Gästezimmern, die mit eigenen Salons ausgestattet waren, unterzubringen. Die Wohnräume der Familie wurden als ausgedehnte Appartements angelegt.

Der Ausbau des Schlosses ging mit einer Neugestaltung der näheren Umgebung einher. In den weit voneinander entfernt liegenden Land- und Jagdsitzen des Erzherzogs in Österreich und Böhmen kam es wiederholt zu einer großräumigen Veränderung des jeweiligen Umfelds nach dem persönlichen Geschmack Franz Ferdinands. Quellen geben Aufschluss darüber, wie der Thronfolger in seinen abgegrenzten Gebieten in de facto absolutistischer Manier herrschte.[5] Durch die Ausweitung seines Privatbereichs kam es auch in Chlumetz zu einer konsequent verfolgten Verdrängung der lokalen Bevölkerung.[6]

Zum Zeitpunkt der Ermordung Franz Ferdinands und seiner Frau hielten sich ihre drei Kinder in Chlumetz auf. Noch im Jahr 1915 korrespondierte die Hohenberg'sche Zentralverwaltung über die Reparatur eines Sockels einer Statue im Garten von Chlumetz.[7] 1919 wurde das Schloss als Erholungsheim für Regierungsmitglieder genutzt. Diese vergleichsweise anspruchsvolle Nutzung lässt einen Rückschluss auf einen noch gut erhaltenen Zustand der Interieurs zu, den auch der Zeitzeuge Veselý beschreibt: »Am Bett, das ich einst für Ferdinand d'Este vorbereitete, schlief nun der serbische Minister Nesic. Unter Gemälden und Lustern, wo erzherzogliche Kinder Domino spielten, stopfte ich mir die Pfeife!«[8] 1941 richtete die deutsche Wehrmacht Offizierswohnungen und Lagerräume ein. Aichelburg bezeichnet das Schloss in den Jahren 1945–1948, als hier die Gemeindeschule untergebracht wurde, als geplündert.[9] Zu Beginn der 1950er-Jahre nutzte der Grenzschutz Schloss Chlumetz, danach die nahe Glasfabrik als Lehrlingsinternat. Nach 1960 bis zum Fall des Eisernen Vorhangs unterhielt die VEB Spolana Neratovice hier ein Erholungsheim für Mitarbeiter. Zurzeit befindet sich die Schlossanlage in Privatbesitz mit dem Status »zu verkaufen«.[10] Heute befinden sich Fassade und Dach in einem relativ guten Zustand, die Innenräume des Schlosses hingegen sind stark renovierungsbedürftig. Von der Innenausstattung aus der Ära Franz Ferdinands sind

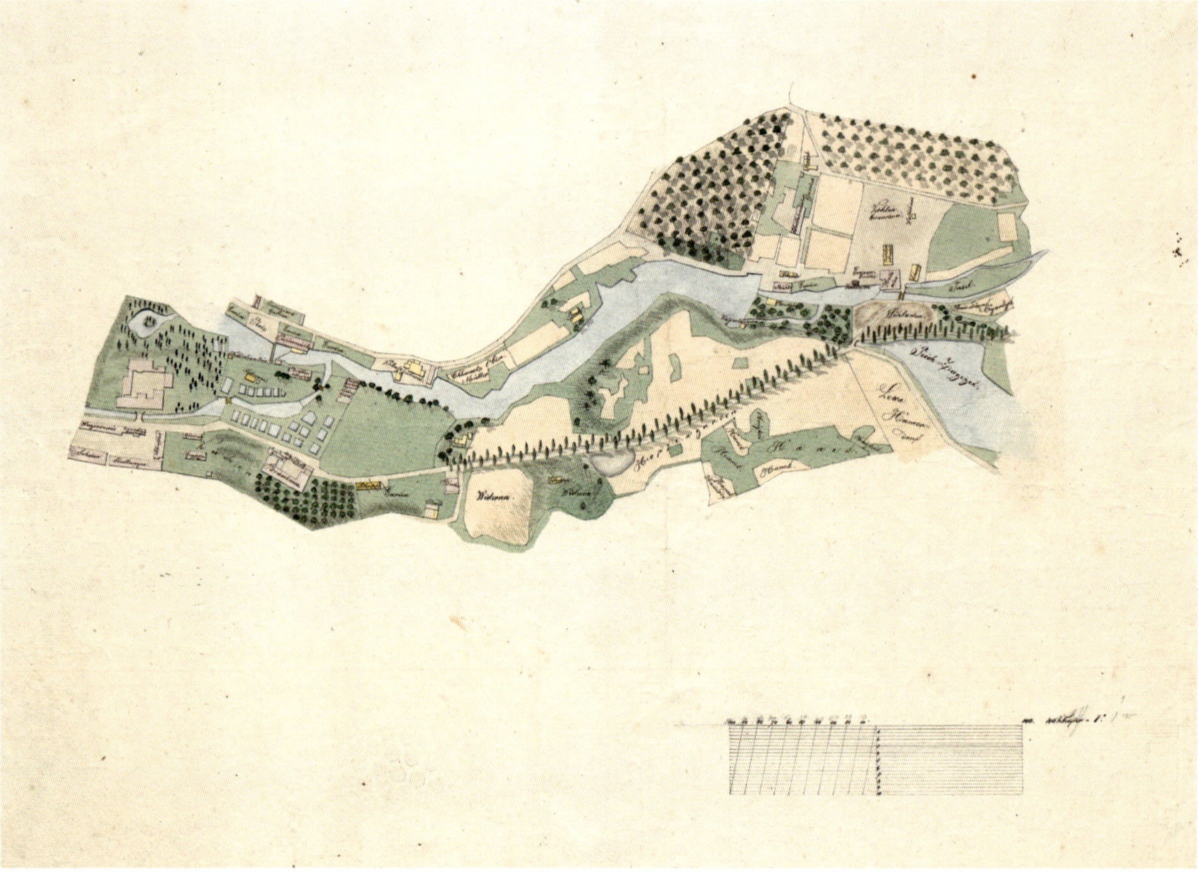

Abb. 13-01: Situationsplan mit der hofförmigen Disposition des Schlosses und den südwestlichen Nebengebäuden zur Zeit des Besitzes von Franz V. d'Este von Modena, Detailausschnitt, Tusche auf Papier, lasiert, nach 1861 (© SOA Praha)

nur wenige unbewegliche Elemente erhalten geblieben.

Den Forschungsstand zu Schloss Chlumetz bilden Beiträge zweier Autoren. Vybíral erstellte in seinem Aufsatz mit Daten aus dem Wittingauer Archiv die erste Baugeschichte und publizierte das bislang einzig bekannte historische Foto eines Interieurs, ohne jedoch auf die Ausstattung einzugehen.[11] Die reiche Datensammlung mit Jahreszahlen und Architektennamen bei Aichelburg blieb ohne Quellangaben und ohne Einarbeitung in einen Kontext.[12] Durch eine breiter angelegte Archivrecherche im Rahmen dieses Forschungsprojektes konnten bislang unbekannte Pläne, Inventarbücher und einige nicht identifizierte Fotos in die Erstellung einer komplexeren Baugeschichte, die Frage nach Raumfunktionen und die Entwicklung der Ausstattung einfließen. Die Aufarbeitung der Inventare brachte des Weiteren den Widerhall von Franz Ferdinands Sammelleidenschaft in der Wohnkultur des Chlumetzer Schlosses zutage, wobei Aspekte wie die Aufstellung von Orientalika oder ägyptischer Museumsobjekte inklusive zweier Mumien im südböhmischen Jagdschloss des Thronfolgers zu unerwarteten Erkenntnissen zählen.

BAUGESCHICHTE

An der Stelle eines Schlossbaus aus dem 16. Jahrhundert errichtete 1719 Graf Johann Franz von Fünfkirchen ein einstöckiges Schlossgebäude mit Schindeldach.[13] Die Domäne ging 1861 von Graf Walter

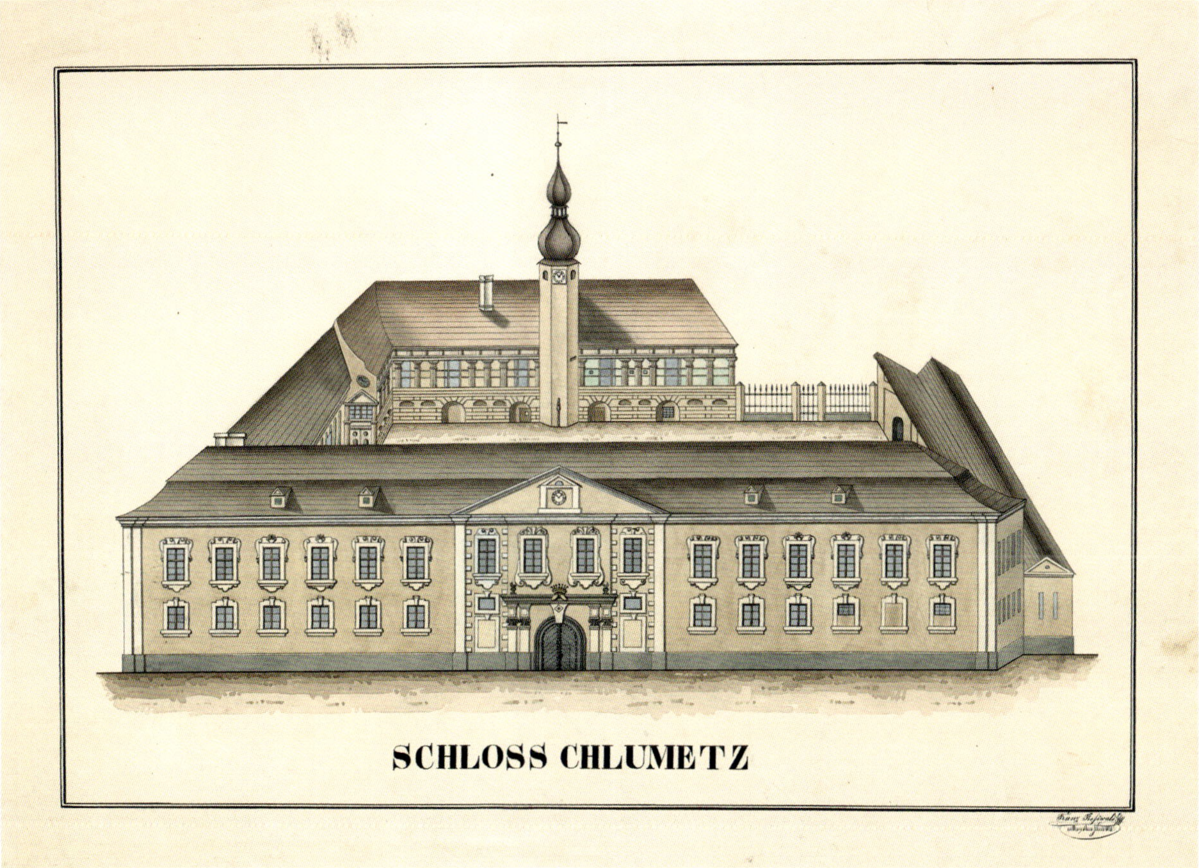

Abb. 13-02: Franz Roßwald, Forstadjunkt, perspektivische Ansicht von Schloss Chlumetz Tusche auf Papier, lasiert, 1860er Jahre. Die Zeichnung gibt den renaissancezeitlichen hinteren Süd-Ostbau mit Turm der Hofanlage wieder. (© SOA Praha)

Stadion in den Besitz von Franz V. d'Este von Modena über.[14] Die entsprechende bauliche Dimension des Schlosshofes und der zugehörigen Nebenbauten dokumentiert ein Situationsplan (Abb. 13-01).[15] Die undatierte perspektivische Ansicht des Schlosses des Forstadjunktes Roßwald (Abb. 13-02)[16] passt ebenso wie der Situationsplan zu Grundrissen der Anlage, die Baumeister Martin Kobilka 1861 (Abb. 13-04, 13-05)[17] anfertigte. Die Fotografie der Frontfassade von Heinrich Eckert, die zu den frühesten Auftragsfotos von Chlumetz für Franz Ferdinand zählt, dokumentiert denselben Zustand (Abb. 13-03).

Roßwalds Ansicht (Abb. 13-02) nach fügt sich das aus einzelnen Bauten gebildete Baukonglomerat in das grobe Schema einer Vierflügelanlage. Die Bestandteile sind der einstöckige Haupttrakt im Norden mit hofseitigem Mittelrisalit, der anschließende westliche Trakt mit Stallungen im Erdgeschoss und die abgesetzte Wagenremise, der Ostrakt mit Seitenrisaliten und der Südostbau. Charakteristisch für diesen Südostbau ist ein sechseckiger Turm und die Fassade im Stil der 2. Hälfte des 16. Jahrhunderts mit einem bossierten Sockel und einer kolonnadenförmigen Gliederung des Obergeschosses, wobei drei Pilaster zwischen den Fensterachsen gruppiert sind und ein Gebälk mit Triglyphenfries die Fassade abschließt. Der nördliche Haupttrakt weist eine schlichte Barockfassade mit einem durch verkröpfte Lisenen gebildeten Mittelrisalit auf, der durch einen Dreiecksgiebel überhöht ist.

Abb. 13-03: Heinrich Eckert, Fotoaufnahme der Frontfassade des Schlosses Chlumetz im Auftrag von Erzherzog Franz Ferdinand, 1890er Jahre. Zustand vor der Aufstockung und der Verlegung des Baches. (© Schloss Artstetten)

Abb. 13-04: Martin Kobilka, Grundriss des Erdgeschosses von Schloss Chlumetz, Tusche auf Papier, lasiert, 1861 (© SOA Praha)

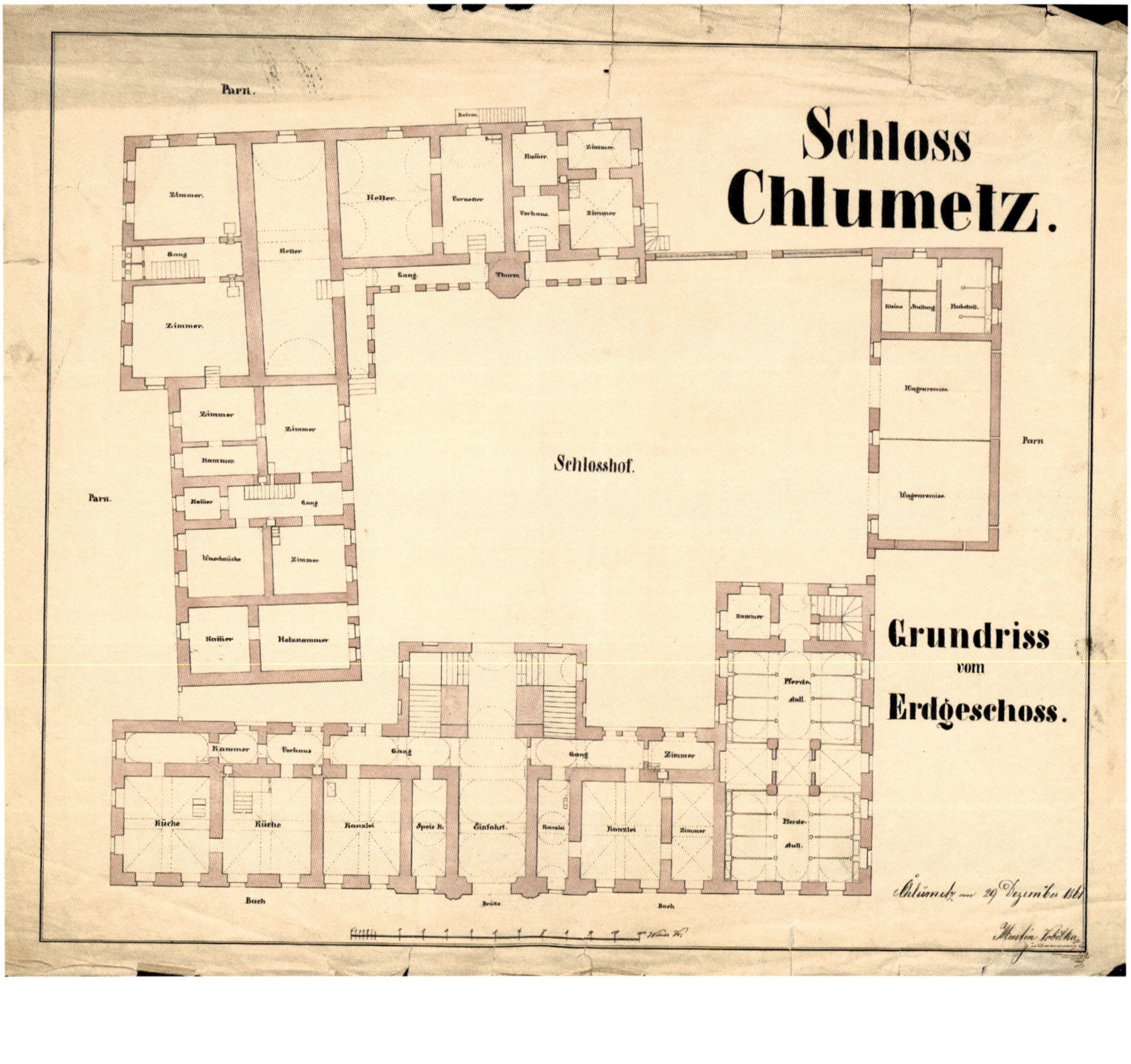

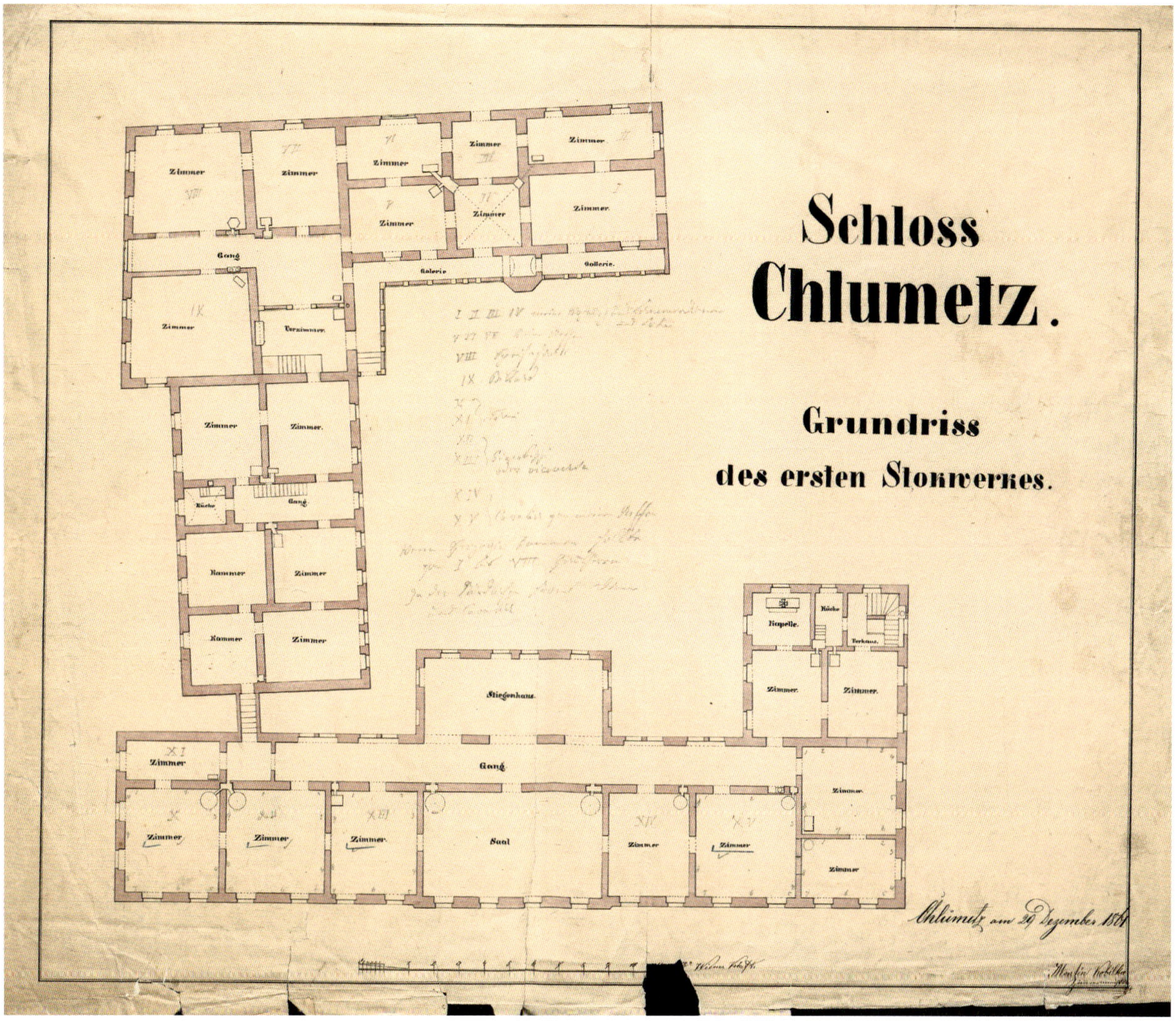

Abb. 13-05: Martin Kobilka, Grundriss des ersten Stockwerks von Schloss Chlumetz, Tusche auf Papier, lasiert, 1861. Im östlichen Flügel ist eine Kapelle eingezeichnet. (© SOA Praha)

Der Grundriss des 1. Stockwerkes von Kobilka aus dem Jahr 1861 weist einen Raum im Anbau des Südtraktes als Kapelle aus. Die Frage nach der bislang nicht lokalisierbaren, ab dem 16. Jahrhundert in den Quellen aufscheinenden Schlosskapelle scheint hiermit beantwortet.[18] 1880 bestand die Schlosskapelle noch.[19] In einem Inventarbuch, das auf die Zeit vor 1884 zu datieren ist, sind die Möbel und Ausstattungsgegenstände erfasst.[20] Im Inventar von 1890 wird kein Sakralraum im Schloss mehr genannt.[21] 1904 wurde der Altar aus der ehemaligen Schlosskapelle im Depot der Pfarrkirche erwähnt.[22] Franz Ferdinand verlegte den Ort für die von ihm häufig besuchten Messfeiern vom Schloss in die Pfarrkirche, wo ein seiner Familie vorbehaltenes Oratorium eingerichtet wurde.[23] 1915 tauchte ein »compl. Fronleichnamsaltar« im Dachboden des Schlosses auf, möglicherweise handelte es sich um einen Ausstattungsteil der ehemaligen Kapelle.[24]

1873, zwei Jahre vor dem Erbantritt in Chlumetz durch Franz Ferdinand, entstand ein grober Entwurf eines veränderten Grundrisses von Kobilka (Abb. 13-06)[25]. In der Skizze bezeichnen die Vermerke »neu zu errichten« und »jetzt baufällig – neu herzustellen« den farblich abgesetzten Verbindungsteil. Die Räume im Südtrakt sind als

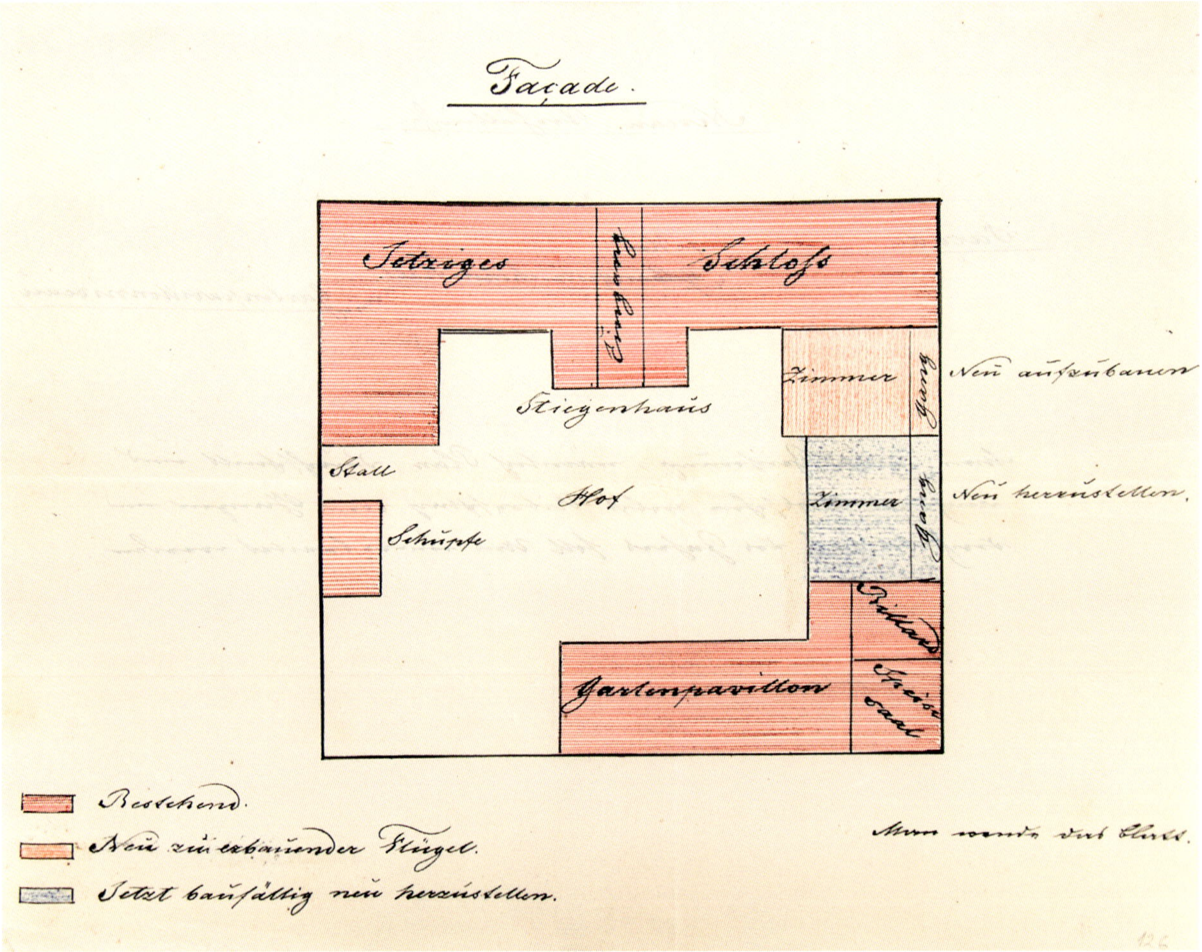

Abb. 13-06: Martin Kobilka, grobe Skizze des Grundrisses von Schloss Chlumetz, Tusche auf Papier, 1873. Der Verbindungsflügel zwischen »Jetziges Schloß« und »Gartenpavillon« ist mit »neu herzustellen« bezeichnet. (© SOA Třeboň)

»Gartenpavillon, Billard- und Speisesaal« bezeichnet. Im Vergleich zum Zustand im Grundriss von 1861 scheinen im Bereich des Gartenpavillons in der schematischen Skizze keine Zwischenwände mehr vorhanden zu sein. Vybíral nennt ohne Quellangabe einen Umbau des Ostflügels zwischen dem Hauptgebäude und dem Gartenpavillon mit dem Speisesaal und dem Billardzimmer in der Zeit zwischen 1872–1875.[26] Die Skizze entspricht Vybírals Angaben und gibt dieses Bauvorhaben wieder.[27]

1875 ging die Herrschaft Chlumetz in den Besitz des jungen Franz Ferdinand über. Vor 1890 wurde der zergliederte Baubestand reduziert. Vybíral gibt an, Baumeister Kobilka hätte in den 1880er-Jahren mehr Abrisse als Aufbauten vorgenommen – abgerissen wurden der Gartenpavillon und der erst vor Kurzem errichtete Verbindungsflügel.[28] Martin Kobilka war bereits im Dienst von Franz d'Este von Modena gestanden und wird im Schematismus von 1880 als Baumeister von Chlumetz aufgeführt.[29] Durch den Abriss des sogenannten Gartenpavillons, einer wahrscheinlich renaissancezeitlichen Bausubstanz, wurde die unregelmäßige Vierflügelanlage in einen Längstrakt modifiziert, der im Westen einen asymmetrisch angesetzten kurzen Flügel hatte. In der Einleitung des Inventars von 1890 ist festgehalten, dass der Ostflügel eben erst demoliert worden sei und die Nutzfläche im Schloss sich dadurch ver-

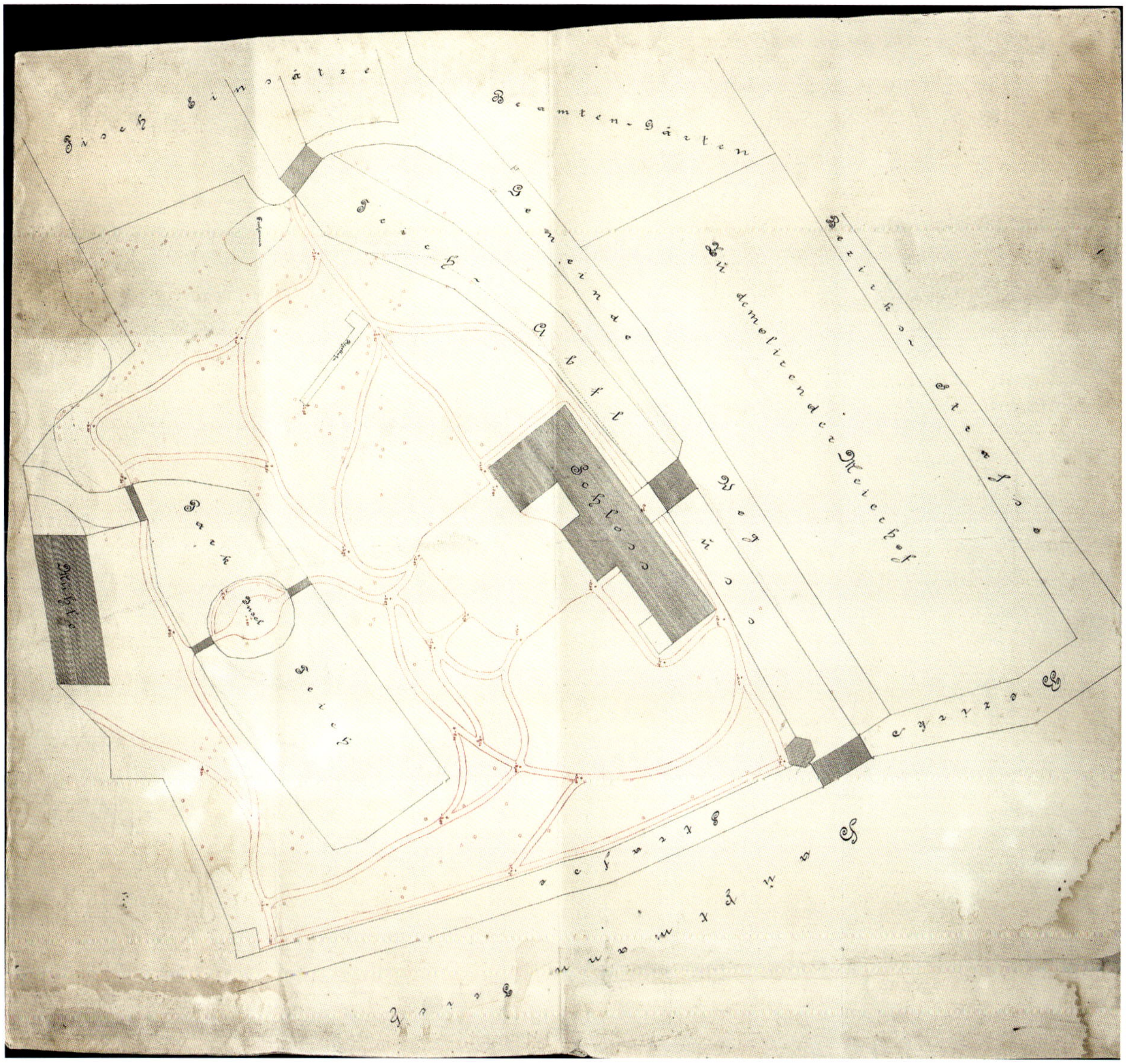

Abb. 13-07: Planzeichnung mit neuer Wegführung im Park von Schloss Chlumetz, Tusche auf Papier, frühe 1890er Jahre. Im Norden ist der noch nicht verlegte Bachlauf eingezeichnet und der »zu demolierende Meierhof«. Südseitig wurde das Schloss in eine neue Parkgestaltung mit einem verschlungenen Wegesystem eingebettet. (© SOA Třeboň)

mindert habe.[30] Eine Planzeichnung aus den frühen 1890er-Jahren zeigt eine neue Wegführung im Park auf der Südseite des Schlosses und den »zu demolierenden Meierhof« im Norden (Abb. 13-07).[31] Der Verwaltungs- und Gutshof nordseitig des zu diesem Zeitpunkt noch nicht verlegten Bachlaufes blieb aber noch bis in die 1890er-Jahre bestehen.[32] Die Südseite des Schlosses und die neue Bepflanzung wurde auf mehreren Aufnahmen von Eckert (Abb. 13-08) und Bruner-Dvořák 1891/1892 festgehalten.[33]

1890 scheint erstmals der Architekt Heinz Gerl im Zusammenhang mit Chlumetz auf.[34] Die Bauleitung lag demnach nicht in den Händen des ausführenden Baumeisters Kobilka, sondern in jenen Gerls. Ab 1895 arbeitete Gerl im Auftrag Franz Ferdinands am Palais d'Este in der Beatrixgasse und ab 1898 an Nebengebäuden in Konopischt. Rechnungen

Abb. 13-08: Heinrich Eckert, Fotoaufnahme »Schlosshof« aus dem Album Chlumetz, 1892. An der Stelle der vor 1890 abgerissenen Schlosstrakte wurde die neue Bepflanzung angelegt. (© Schlossarchiv Konopischt)

von Kobilka halten für das Jahr 1890 verschiedene Wartungsarbeiten in Chlumetz fest, etwa am alten Schindeldach des Schlosses.[35] Durch ein Inventar von 1890 belegt, müssen spätestens zu diesem Zeitpunkt die im Erdgeschossplan von 1861 eingezeichneten Stallungen dieser Funktion enthoben und zu Verwaltungsräumen adaptiert worden sein.[36]

1895 verfassten Gerl und Kobilka einen Bericht über den technischen Zustand der Decken im Obergeschoss.[37] Der Befund reflektiert das Vorhaben, die Gipsdecken durch Stuckaturen aufzuwerten. Da die Decke im großen Saal Risse aufweise, solle, wie Gerl empfahl, der große Saal in Zukunft profiliert werden; es sollten hier nur einfach gezogene Gesimse ohne Auftragung von Mittelrosetten und Eckstücken hergestellt und höchstens Spiegel vertieft werden. Alternativ schlug er vor, »dem Stile entsprechend profilierte Holzleisten, welche mit Leimfarbe übertüncht werden,« aufzunageln. Kobilka verfertigte 1896 ein Baukostenbuch für Arbeiten am Dach, einschließlich einer Planzeichnung für eine neue Bodenstiege.[38] Rechnungen Kobilkas von 1899 belegen bauliche Adaptierungen im Erdgeschoss, wobei die Küche samt zwei Wohnzimmern rekonstruiert wurde.[39]

1898 scheint ein weiterer Architektenname in Dienste Franz Ferdinands in Chlumetz auf. Franz Kinzl legte vorerst nicht ausgeführte Ausbaupläne vor, die eine symmetrische Ergänzung des östlichen Flügels nach dem Muster der westlichen Seite vorsah. In seiner Kostenschätzung vom 10. März 1898 für den Neubau des linken Flügels ging er auf unterschiedliche Arbeiten vom Fundament bis hin zum Dach ein.[40] Die vermutlich zugehörigen Grundrisse sind signiert, aber nicht datiert (Abb. 13-09).[41] Im neuen Teil sind die Zimmer im 1. Stock als »Diener«- und »Schlafzimmer«, im Haupttrakt als »Schlaf- und Schreibzimmer seiner kaiserlichen Hoheit« und als »Rauchsalon« bezeichnet. Eine grobe Grundrisszeichnung mit Angaben von Zimmerabmessungen von unbekannter Hand (Abb. 13-10) dokumentiert die Raumfunktionen im ersten Stock vor Kinzls Erweiterungsplan.[42] Möglicherweise ist diese Zeichnung als Arbeitsunterlage für die Anbringung einer Wandbespannung zu bewerten, da die Zimmermaße bis zum Deckengesims von vier Zimmern genau aufgenommen wurden, die tatsächlichen Raumproportionen aber keine Rolle spielen.

Unter der Leitung Kinzls arbeitete Baumeister Vrzal an der Errichtung eines Wasserkraftwerks im Schlosspark. Einige Wirtschaftsgebäude wurden abgetragen und die Brauerei zu Kanzleien und Dienstwohnungen umgestaltet.[43] Am 31. März 1898 erhielten Kinzl und der »Erzh. Baumeister«

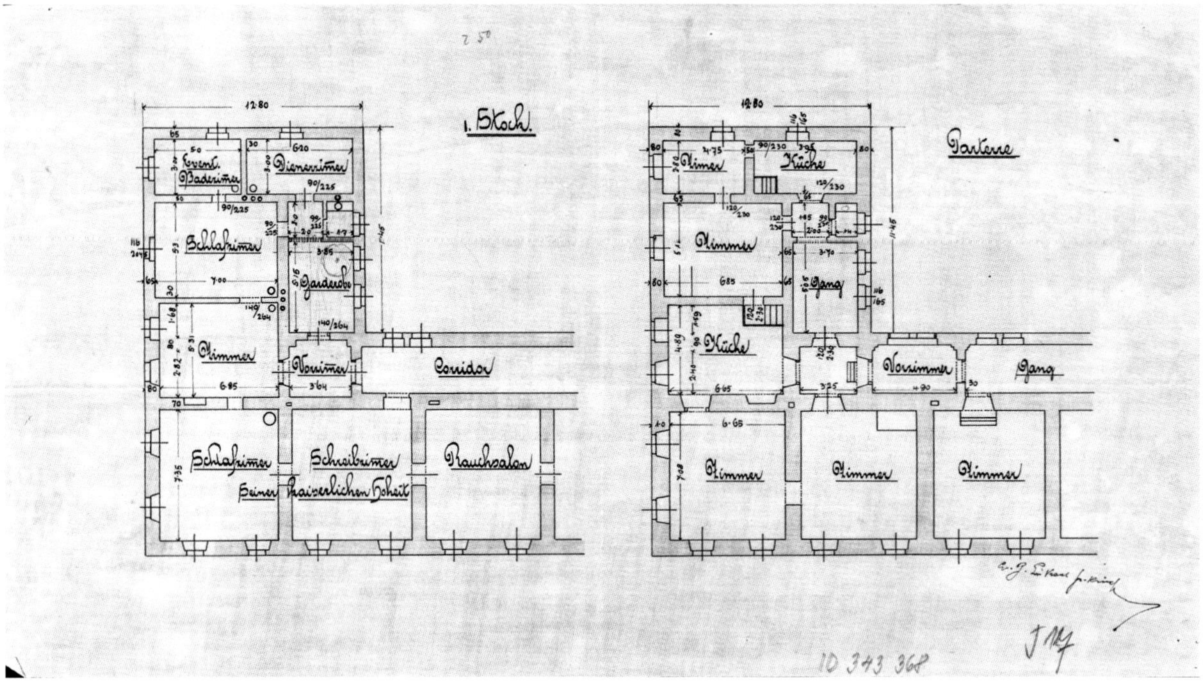

Abb. 13-09: Franz Kinzl und Emanuel Vrzal, Grundrisse für den neuen linken Flügel von Schloss Chlumetz, passend zum Kostenvoranschlag von 1898, Tusche auf Papier, lasiert (© SOA Třeboň)

Vrzal eine Zahlung für ihre Arbeiten am östlichen Schlosstrakt, an einer Brücke und an einem Ochsenstall.[44] Am 21. März 1898 stand die Genehmigung für den Situationsplan noch aus.[45] Am 24. August 1898 forderte die Zentraldirektion Wien von der Forstdomäne Chlumetz einen Bericht über den Stand des Schlosszubaus, der Gartenplanierung und der Wasserleitung im Maierhofe.[46] Im selben Jahr erstellte die Zentraldirektion Wien eine Kostenkalkulation für den Schlosszubau und die Arbeiten am alten Schloss mit einer detaillierten Auflistung der Maurer-, Zimmermanns-, Tischler- und Schlosserarbeiten.[47] Gleichfalls 1899 legte die Wiener Firma Siemens und Halske ein Konzept für eine elektrifizierte Beleuchtung des Schlosses vor.[48] Die Leitungspläne halten die noch durch Zwischenwände unterteilte Parterrehalle und die von Kinzl vorgeschlagene Raumeinteilung im 1. Stock fest. 1899 erteilte der Hauptmann von Třeboň einen positiven Bescheid für den Zubau »nach vorgelegtem Plan und Kalkulation.«[49] 1900 kam es offensichtlich zu einem neuerlichen Einreichen von Bauplänen und zum Ansuchen um Bauerlaubnis.[50] Die tatsächliche Ausführung des Zubaus im Jahr 1900 ist durch eine spätere Erwähnung im Zuge der Aufstockung belegt.[51]

Gustav Schlierholz und Heinz Gerl erstellten am 1. März 1901 im Auftrag der Zentraldirektion ein Gutachten zum Bauzustand des Schlosses.[52] Ihrer Einschätzung nach ließ sich das Parterre und das Hauptgeschoss durch Ausbesserungen erhalten. Die Dachkonstruktion sei schadhaft, in den Dachflächen gebe es Einsenkungen und es werde hinein regnen. Es gebe Schäden an der Decke, sodass bei einem kleinen Brand oder Schnee die Dachkonstruktion auf die erste Etage einstürzen könnte, in der sich »Kunstgegenstände und Sammlungen von enormem Werte befinden.« Die Sachverständigen empfahlen eine Erneuerung des Dachstuhls und die Herstellung feuersicherer Decken. Ferner müssten die Stuckplafonds kopiert und neu hergestellt werden. Die Stofftapeten müssten während der Arbeit entfernt und die »schönen Parketten« geschützt werden.

Der Entschluss, das Schloss aufzustocken, wird 1901 greifbar. In seinem Schreiben vom 16. April

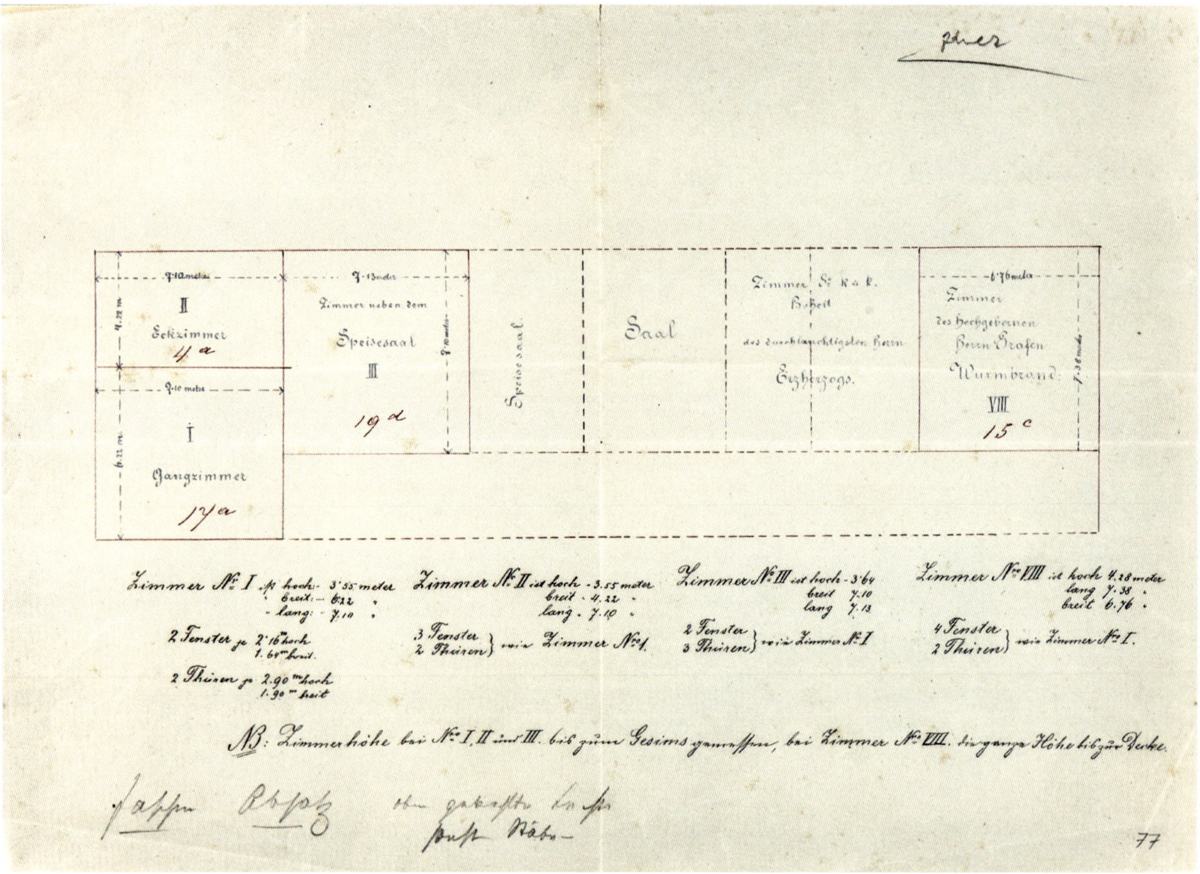

Abb. 13-10: Wahrscheinlich von der Firma Spoerlin angefertigte Skizze, die im Zuge der Tapezierarbeiten 1886 entstand, Tusche und Tinte auf Papier. Zustand vor dem Anbau des zweiten symmetrischen Seitenflügels 1898. Rechts vom Saal: das Zimmer des Erzherzogs, daneben: das Zimmer des Grafen Wurmbrand. (© SOA Třeboň)

des genannten Jahres benennt der k. k. Baurat Heinz Gerl Arbeiten rund um die Abtragung der defekten Dachkonstruktion und den Aufbau eines neuen 2. Stockwerkes.[53] Dazu gehören die Entfernung der Schlossuhr, das Einziehen von Decken, Arbeiten an den Lambrien im 1. Stock, der Einbau von Türen und Fenstern im neuen 2. Stock, die Errichtung eines neuen Daches und schließlich Malarbeiten am alten Hubertusbild an der Fassade.

Zum Planungsprozess im Jahr 1901 passen fünf bislang nicht publizierte Fassadenentwürfe. Zwei (Abb. 13-11, 13-12) sind als Vorarbeiten des Architekten zur Erstellung eines Entwurfs zu werten. Beide sind nicht signiert, auf der Rückseite des früheren Plans ist von fremder Hand »von Gerl« vermerkt.[54] Drei Ansichten mit Variationen der Fassade (Abb. 13-14) haben den Charakter von Präsentationsblättern.[55]

Das früheste Blatt (Abb. 13-11) ist eine Bauaufnahme der alten Hauptfassade mit einem Entwurf für einen mittigen Dachreiter. Dieser Plan entspricht wohl dem ursprünglichen Vorhaben, nur das Dach und die schadhaften Decken über dem ersten Geschoss zu renovieren. Die zweite Zeichnung Gerls (Abb. 13-12) zeigt die alte Fassade in Tinte und eine mit Bleistift skizzierte Aufstockung über dem Mittelrisalit. Lediglich die acht mittigen Achsen hätten ein zusätzliches Stockwerk erhalten. Die durch den markanten Mittelteil dreigeteilte Fassade hätte im Mansardendach einen Widerhall in der Form dreier gegliederter Gaupen erhalten. Die Gestaltung der Gaupen in diesem Entwurf unterscheidet sich stilis-

Abb. 13-11: Heinz Gerl, Entwurf der Hauptfassade, Tusche auf Papier. Entspricht der Planungsphase 1901 bei der eine Renovierung des Daches und wie diese Zeichnung zeigt, ein Dachreiter angedacht wurde. (© SOA Praha)

Abb. 13-12: Heinz Gerl (zugeschrieben), Entwurf der Hauptfassade von Schloss Chlumetz, Tusche und Bleistift auf Papier, Planungsphase 1901. Planung einer auf den Mittelrisalit beschränkten Aufstockung. (© SOA Praha)

Abb. 13-14: Heinz Gerl (zugeschrieben), ausgeführte Fassadenvariante aus der Serie von drei Präsentationszeichnungen, Tusche auf Papier, lasiert (© Schloss Artstetten)

tisch von den vorhandenen barocken Fensterkartuschen und folgt Formen des 16. Jahrhunderts.

In der Ausführung (Abb. 13-13) wurde davon praktisch nichts übernommen, außer der Idee, in der Dachzone Akzente mittels von Giebeln bzw. Gaupen zu setzen und das Mansardendach über dem Mittelrisalit etwas zu überhöhen. Der Quereinschub in der Dachsilhouette verstärkt die Wirkung des nur schwach plastisch hervortretenden Risalits des Altbestandes. Die Schmuckformen der alten Fassade wurden nach oben projiziert. Statt dem strengen Dreiecksgiebel über dem Mittelrisalit überhöht ein gesprengter Schweifgiebel mit seitlichen Voluten die Mitte des Baus. Eine vorgebaute Terrasse verdeckt das frühere Portal. In der Beletage wurden die Fenster im Risalit zu Balkontüren vergrößert. Die Türverdachungen sind hier stärker dekoriert. Gerl blieb bei der Umgestaltung der Fassadenfläche stilistisch nahe am Altbestand, nur in der Dachzone verdichten sich neue, verspieltere Elemente.

Das dominante Giebelmotiv in Kombination mit dem Mittelrisalit ist im Schlossbau durchaus üblich, lässt sich aber auch als Anlehnung an eine lokale Bautradition auffassen. Isoliert betrachtet, vor allem im Kontext der Entwicklung des Entwurfs von einem renaissanceartigen, dreigeschossigen Giebelaufsatz hin zu einer weniger vertikalen Barockform des Giebels, finden sich Grundmotive der südböhmischen Stadthausarchitektur wieder. Franz Ferdinand interessierte sich nachweislich für die seit dem 16. Jahrhundert stadtbildprägenden Giebelhäuser der Region und gilt als denkmalpflegerischer Retter des Stadtzentrums von Zlabings (Slavonice).[56] Inwieweit die Neugestaltung des Schlosses Chlumetz Ideen Franz Ferdinands reflektiert, oder ob solche allein vom Architekten vorgebracht wurden, bleibt fraglich. Bei anderen Bauvorhaben im Auftrag Franz Ferdinands ist jedenfalls eine starke Einflussnahme durch den Bauherrn symptomatisch. Darüber hinaus scheint der Erzherzog kein großes Vertrauen in die kreative Stärke der planenden Persönlichkeiten gehabt zu haben, was den häufigen Wechsel der Architekten, wie etwa im Fall von Konopischt, zur Folge hatte. Ein Indiz für eine intensive Einbringung Franz Ferdinands in die Planung von Schloss Chlumetz sind die mehrfach dokumentierten gewünschten Abänderungen des Fassadenschmucks.

Drei weitere Planzeichnungen dienten wohl einer Präsentation des Fassadenentwurfs. Die erste Variante zeigt das bestehende Schloss mit ausgebautem Dachraum und mehr Gaupen, die zweite ist eine Variation mit einem simplen Einschub eines weiteren Geschosses. Bei den ersten beiden Versionen ging es wohl weniger um ernst gemeinte Alternativprojekte als um die Indikation des Ist-Zustandes mit leichten Abänderungen, um die Wirkung des schließlich umgesetzten dritten Entwurfes (Abb. 13-14) im Vergleich besser zur Geltung zu bringen.

Abb. 13-13: Heutiger Zustand des Mittelrisalits der Schlossfront. Das zentrale Hubertusfresko wurde vom Altbestand übernommen. Fotoaufnahme 2014 (© AS)

Die Planung setzte sich 1901 in einem weiteren Kostenüberschlag Gerls fort.[57] In dieser Kalkulation finden sich Arbeiten wieder, die eine neuerliche Ausweitung des Bauprojektes deutlich machen: die Errichtung einer zweiten Stiege, die Schaffung einer Halle im Vestibül, die Verlegung der Küchenräume, die Herstellung eines großen Speisesaals, einer Terrasse vor der Hauptfront und einer zweiten Terrasse gegen den Park. Zu Bildhauerarbeiten zählten Vasen und eine Kartusche an der Fassade sowie die Saaldecke im 1. Stock und weitere Zimmerplafonds. Zu neuen Installationen gehörten eine Zentralheizung, Wasserleitungen für die Bäder und eine Telegrafenanlage.

Im selben Jahr scheinen weitere Details in der Planung Gerls auf. Nun sollten auch Türen im 1. Stockwerk, Lambrien im Salon und im Speisesaal sowie die Versetzung der Uhr durchgeführt

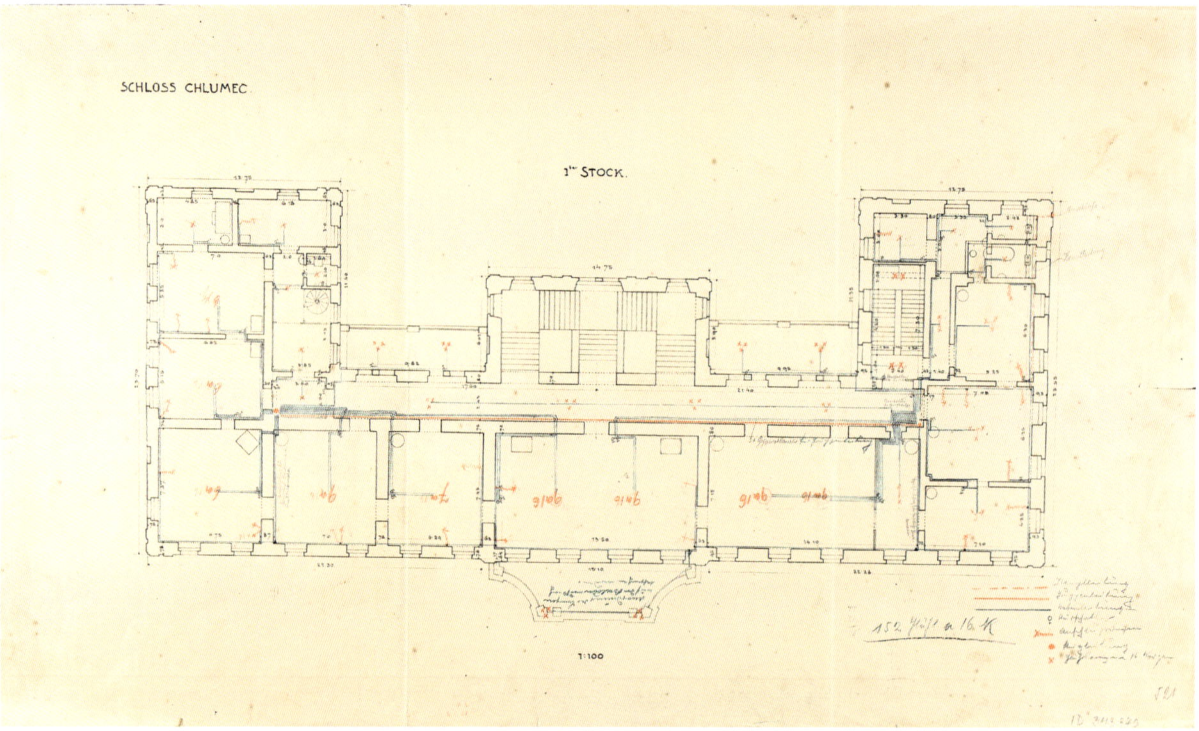

Abb. 13-15: Heinz Gerl, Grundriss des ersten Stockwerks von Schloss Chlumetz, Tusche und Buntstift auf Papier, wahrscheinlich 1901 (© SOA Třeboň)

werden.[58] Im darauffolgenden Kostenüberschlag Gerls wurden Spiegelflächen im Gewölbe des Vestibüls, plastische Plafonds im 1. Stock, im Saal und im Speisesaal, in vier Zimmern und einem Kabinett, zwei Giebelfiguren samt Verdachungsvoluten, sechs Vasen nach »Modell 1,« zwei größere Vasen nach »Modell 2,« Dachfensterkartuschen und eine Pfeilerkartusche im Dachboden mit Fratze aufgezählt. Zu den Tischlerarbeiten zählten neben Fenstern, Parkett- und Schiffsböden, Balkontüren und zwei Windfängen im Parterre auch die Reparatur von 428 m² vorhandener Lambrien und die Aufstellung von 45 m² neuer Lambrien im Saal und Speisesaal.[59]

Noch im gleichen Monat wurden weitere Änderungen und ausführlichere Positionen niedergeschrieben.[60] Nun war die Rede von vier Giebelfiguren und drei Vasen. Im 2. Stock sollten alle Plafonds gleich mit demselben zentrierten Spiegel mit vortretender Hohlkehle stuckiert werden. In dieser Etage wurden alle Fußböden als Bretterböden ausgeführt, nur die Nassräume und der Gang mit Platten gepflastert. Die Fenster im 2. Stock sollten in den Zimmern Blindspaletten erhalten. Eine im Dokument erwähnte beigelegte, jedoch nicht erhaltene Zeichnung zeigte ein Muster für jene Öfen, die in Braun oder Grün ausgeführt werden und in der Nebenstiege, in den Gängen, im Raum über der Hauptstiege und im Dienerzimmer aufgestellt werden sollten.

Im 1. Stock wurde der Speisesaal vergrößert und ein Office-Raum (Anrichteraum) hergestellt. An den ausgespachtelten Decken wurden neue Plafonds gestaltet. Der Saal, der Speisesaal und ein Zimmer wurden mit den reparierten alten Parketten belegt. Der Gang und die anderen Zimmer sollten Bretterböden erhalten. Die Doppeltüren wurden durch neue ersetzt, jene im Saal und Speisesaal wurden aus teurerem Eichenholz ausgeführt. In diesen Räumen wurden neue Lambrien aufgestellt, in den anderen Räumen die alten nur repariert. Die vier Doppeltüren zwischen dem Saal und der neuen Terrasse wurden mit Glasfüllungen und Spaletten ausgeführt.

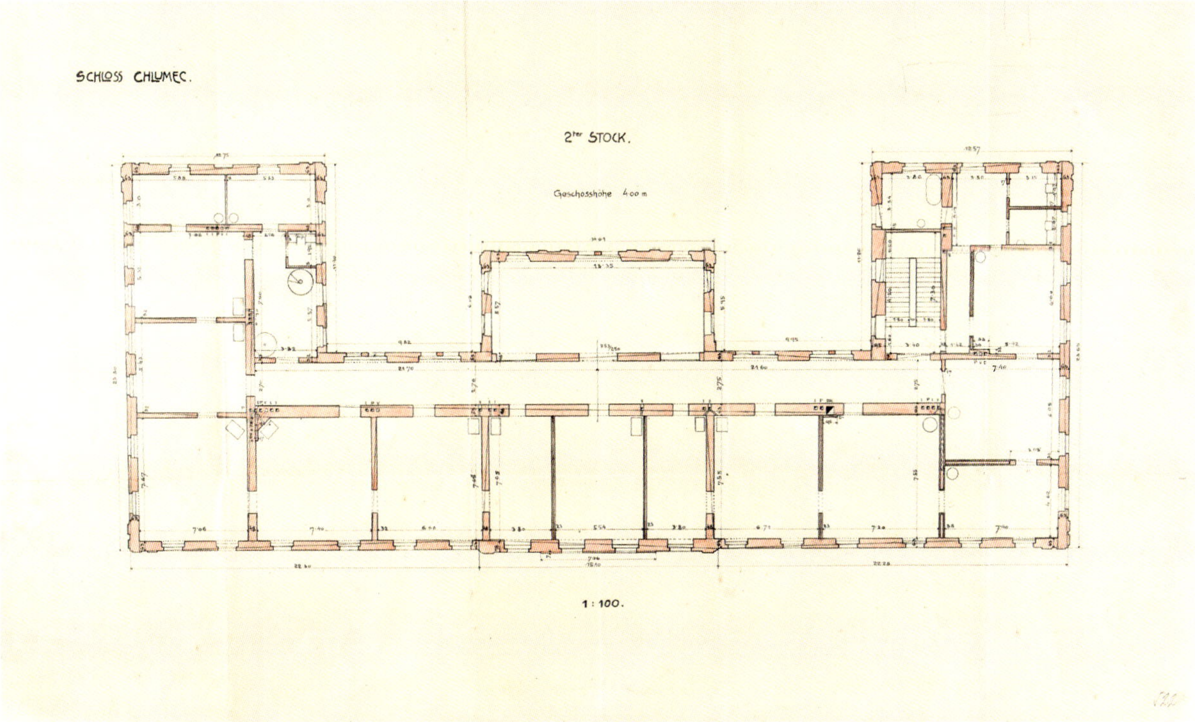

Abb. 13-16: Heinz Gerl, Grundriss des zweiten Stockwerks von Schloss Chlumetz, Tusche auf Papier, lasiert, wahrscheinlich 1901 (© SOA Třeboň)

Die Doppeltüren erhielten, soweit möglich, alte Beschläge. Die vorgefundenen Öfen sollten wenn nötig umgesetzt und repariert werden. Im Eckzimmer rechts sollte ein neuer Ofen nach vorgelegtem Muster aufgestellt werden. Der Speisesaal erhielt einen neuen Ofen »nach Zeichnung«.[61] Im Servierraum wurde ein »schöner Ofen« angebracht. Im Gang und in der Stiege wurde eine Dampfheizung installiert. Die Badezimmer im 1. und 2. Stock erhielten je eine frei stehende Zinkbadewanne und »Closets nach MAYER'SCHEM System.«

Das Haupttor und der Windfang wurden ersetzt. Eine Terrasse mit vier Türen zum großen Saal entstand über drei Bogenstellungen und wurde mit Asphalt gedeckt. Zwischen Postamenten, die mit Vasen bekrönt sind und an der Vorderseite »Wappen seiner k.k. Hoheit« zeigen, wurde ein schmiedeeisernes Gitter vorgesehen. Hinsichtlich des Wandanstrichs war die Parterrehalle in Weiß, die Plafonds in den Zimmern in Ton vorgesehen. Die Badezimmer erhielten einen Ölanstrich in die Höhe von 1,6 Meter. Die Türen und Fenster sollten die gleiche Farbe in »Alteichenmatt« erhalten. Zur Vergrößerung der Stromanlage lag zu diesem Zeitpunkt noch keine Entscheidung vor.

1901 finden sich weitere Ergänzungswünsche von Franz Ferdinand und seiner Gattin Sophie, die hier zum ersten Mal als Mitentscheidende bei der Planung erwähnt wird, in einem Brief Gerls an die Zentraldirektion wieder.[62] Wieder wurde eine Abänderung der Anzahl der bildhauerischen Elemente am Fassadenschmuck eingebracht. Auch der 2. Stock sollte nun eine elektrische Beleuchtung erhalten und die neue Heizanlage sollte auch die Halle, die Stiegen und Gänge, die Vorzimmer und den Raum über der Gangstiege mit Wärme versorgen. In die Disposition der Räume wurde noch einmal eingegriffen. Es kamen zwei Badezimmer und Aborte hinzu und es sollte ein Vorraum beim Speisesaal geschaffen werden. Im Speisesaal wurde die Aufstellung eines großen Barockkamins entschieden. Mit dieser Planungsphase korrelieren präzise Grundrisse von Gerl

(Abb. 13-15, 13-16), da im Plan des 1. Stockwerks der Speisesaal bereits mit vergrößerter Fläche und einem nur kleinen Nebenraum eingezeichnet ist.[63] Einige Tage später verfasste Gerl einen weiteren Brief an die Zentraldirektion.[64] Franz Ferdinand hatte dem Bauleiter bei seinem letzten Aufenthalt die Order erteilt, ein Fenster im Stiegenhaus einzubauen, um eine direkte Aussicht vom Gang des 1. Stockes in den Park zu ermöglichen.

Zeitgleich zum Bauprojekt der Aufstockung war man mit der Stromversorgung des Gebäudes beschäftigt. Am 10. Mai 1901 schrieb die Firma Siemens und Halske, dass die vorhandene Wasserkraft des Schlosses für den erweiterten Bedarf nicht ausreiche.[65] Die Domänenverwaltung kommunizierte im Juli über Kostenvoranschläge für eine neue Turbine.[66] Im September legte die Firma Bartelmus und Donat ein neues Projekt zur Lösung der Beleuchtungsanlage vor.[67] Den Zuschlag erhielt Frau Křižík vom Elektrotechnischen Etablissement Prag Karolinenthal im Oktober.[68]

1902 waren die Bautätigkeiten bereits abgeschlossen. Gerl schickte am 3. Januar 1902 Entwürfe zur Absegnung an Franz Ferdinand und Sophie.[69] Für den Gang und die Räume im 2. Stock lagen Farbtöne zur Auswahl bei. Gerl empfahl, wegen der Feuchtigkeit Tapeten oder Stoffbespannungen erst nach einem Jahr anzubringen. Neben der Erwähnung von Entwürfen im abgeschlossenen Baustadium scheint Gerl auch aufgrund seines Reports über die Besichtigung einer Skulptur in relevantem Ausmaß an der Ausstattung des Schlosses beteiligt gewesen zu sein. Seiner Meinung nach war die Hirschgruppe aus Zinkguss, die er in Juberlanddorf gesehen hatte, schadhaft und sollte nach Wien zur Reparatur geschickt werden.

Die bauliche Entwicklung zusammenfassend, wurde das Konglomerat des Schlosshofes vorerst sukzessive auf den Haupttrakt reduziert und von den wirtschaftlichen Bauten in unmittelbarer Nähe befreit. Im Jahr 1900 wurde der Grundriss durch den Zubau eines neuen Seitenflügels so weit vereinheitlicht, dass eine symmetrische, direkt im Park eingebettete Anlage entstand. Unmittelbar nach diesem Bauabschluss folgten tief greifende bauliche Veränderungen durch die Aufstockung. Aus dem alten Schlosshof mit wirtschaftlichen Betriebsbereichen wurde ein repräsentatives Jagdschloss mit einer beachtlichen Dimension von Räumlichkeiten zur Unterbringung von Jagdgesellschaften. Im barocken Baubestand waren das im hofseitigen Risalit gelegene Treppenhaus und der Saal im 1. Stock bereits vorhanden gewesen. Beim Umbau entstand durch die Entfernung von Zwischenwänden im Parterre eine Pfeilerhalle mit Platzlgewölbe. Durch die Komponenten Vestibül, Treppenhaus und Saal, der nun auch an der Fassade als solcher in Erscheinung tritt, kamen Hauptelemente des barocken Palastbaus zum Einsatz.

Mit der Festlegung auf einen historistischen Leitstil für die Umgestaltung des Schlosses kam es ab 1901 auch zur Ummodelung jüngerer Einbauten. Dem entspricht etwa die Barockisierung der Windfänge am Haupttreppenhaus[70] sowie die Aufstellung von Barocköfen im 1. Stock. Franz Ferdinand lebte in Chlumetz sein Verständnis für die Denkmalpflege, für die er sich in der Theorie wie auch in der Praxis anderenorts stark machte, selektiv aus.[71] Ältere, auch repräsentative Bauelemente, die nicht zum gewählten einheitlichen Stil passten, wie der sogenannte Gartenpavillon inklusive des Turmes, ließ er abbrechen. Vybíral verwies auf Franz Ferdinands allgemeine Vorliebe für das maria-theresianische Zeitalter.[72] In Chlumetz folgt die Schlossarchitektur einschließlich der Gestaltung der Raumschalen diesem hochbarocken Leitstil, was jedoch die Möblierung und die Gartengestaltung betrifft, wurden durchaus auch zeitgenössische Formen angewandt.

ENTWICKLUNG DER INNENAUSSTATTUNG

Die 1870er-Jahre und die Ausstattung vor den Veränderungen unter Franz Ferdinand

Eine Erläuterung in einem Inventarverzeichnis von 1878 nennt die Übergabe von Gegenständen in Chlumetz von der Erzherzogin Adelgunde an Franz

Ferdinands Vater Erzherzog Carl Ludwig.[73] Das Verzeichnis von 1878 und jenes von 1879 sind die ersten die Ausstattung betreffenden Archivalien, die in die Zeit des Besitzes Franz Ferdinands fallen und zeigen, dass vorerst der Vater für seinen damals sechzehnjährigen Sohn agierte.[74] Die 109 Möbelstücke und Beleuchtungskörper wurden lediglich zahlenmäßig erfasst, und ebenso wenig wurden die 100 Ölgemälde näher beschrieben. Nur einige Lithografien wurden inklusive Bildtitel aufgenommen: »Hospital, Lager nach dem Gefecht, Die zwei Freunde nach dem Gefecht, Attaque, Schlacht bei Würzburg, Don Carlos, Maragarete Maria Theresia, Franz II von Sizilien, Tegethof, Gemälde von Kaiser Franz Josef.« Aufgelistet wurde die Entnahme von Bildern aus dem Museum auf höchsten Befehl: »Schlacht von Aspern, Gründungsakt des Denkmals bei Köln, Alexander von Hessen im Gefecht, Benedek im Gefecht, General Hardek.«

Die 1880er-Jahre – frühe Veränderungen der Ausstattung unter Franz Ferdinand

In einem Schriftverkehr von 1884, in dem die Zentraldirektion in Wien über den Bestand von Silber und Geschirr im Schloss informiert wird, stellte der Verwalter von Chlumetz, Stehlík, fest, dass das vorhandene Geschirr für einen längeren Aufenthalt Franz Ferdinands unzureichend sei.[75] Demgemäß ist ab diesem Zeitpunkt gesichert, dass Franz Ferdinand selbst eine Nutzung des Schlosses, das er geerbt hatte, beabsichtigte. Im selben Jahr schickte die Firma Lobmeyr eine Kiste mit einem bestellten Trinkservice inklusive einer Auflistung der Stücke.[76]

Das undatierte »Inventarium über die im Chlumetzer Schlosse befindlichen Mobilien«, das aufgrund späterer Einträge mit dem Datum 1884 vor diesem Jahr zu datieren ist, stellt ein wertvolles Dokument des Zustandes der noch unveränderten Innenräume nach der Übernahme durch Franz Ferdinand dar und ist zugleich eine Messlatte für den Grad aller darauffolgenden Veränderungen, einschließlich der Neuordnung der Raumfunktionen.[77] Im Inventarbuch erfasst sind auch die Interieurs der später abgebrochenen alten Seitentrakte und des sogenannten Gartenpavillons. Als erster Raum wurde die Schlosskapelle aufgenommen.[78] Die Raumabfolge stimmt mit den Grundrissen von Kobilka aus dem Jahr 1861 (Abb. 13-04, 13-05) überein.

Mit Ausnahme des großen Saales und der Kapelle waren alle Zimmer im ersten Stock als Schlafgemächer ausgestattet; es gab noch keine Salons. Die Auflistung der Möbel lässt keinen Rückschluss darauf zu, welche Zimmer der Herrschaft selbst zugeordnet waren. Einige Polstermöbel, Tische und Schreibtische in verschiedenen Zimmern wurden als »neu« bezeichnet. Zu den neuen Anschaffungen zählten in »Zimmer 4« unter anderem ein »gepolstertes Ecksofa, Lehnsessel und Sessel neu, braunpoliert«. Möglicherweise ist das erwähnte neue Ecksofa mit Polsterung auf der Aufnahme des Schreibzimmers Franz Ferdinands von ca. 1890 zu sehen (Abb. 13-20). Der Vergleich der vor 1884 inventarisierten Möbel im großen Saal mit jenen auf Eckerts Foto desselben Raums (Abb. 13-21) zeigt, dass hier nichts gleich geblieben war: »Sofa braunpoliert gepolstert mit Wolldamast überzogen, vergoldete Ecken (Eintrag 1884: in Nr. 9), Sessel desgleichen, braunpolierter runder Tisch, Spucknapf, Fensterroleaux, Standbild (alt) mit hölzernem weiß-grünem Gestell auf Postament mit Schnitzerei und Vergoldung, Kronleuchter weiß mit Vergoldung 2armig von Holz, Wandölbilder groß 13 klein 104 ohne Rahmen«.

Dem Raumschema von 1873 (Abb. 13-06) entsprechen die Raumbezeichnungen im Zwischengebäude und im Trakt des Gartenpavillons des Inventars. Im Billardzimmer befand sich ein »grosser braunpolierter 8fussiger Billard mit 6 Seitenlöchern und 1 Schublade, großes halbrundes Ecksofa, hölzerner ordinärer Ecktisch, Gemälde Franz II. in Goldrahmen, großer Tisch von Eichenholz mit 3 Spielen mit eingelegter Arbeit, Bücher Jagdalbum, Reisebücher«. Im Speisezimmer wurden »grosser runder Speisetisch, Sessel von gebogenem Holz mit Strohgeflecht, Luster aus geschliffenem Glas, braune Kredenz mit Aufsatz« genannt, es folgen drei Seiten mit der Aufzählung von Geschirr. Im Turmzimmer befanden sich Jagdstücke und Pferdebilder mit

Abb. 13-17: Heinrich Eckert, Fotoaufnahme Haupttreppenhauses in Schloss Chlumetz, aus einer Serie von Innenaufnahmen, um 1890. Die Portraits im Stiegenhaus und Gang gehörten zum estensischen Bildbestand. Die Glasscheibe des Windfangs trägt die Jahreszahl 1885. (© Schlossarchiv Konopischt)

schwarzem Rahmen, im Bibliothekszimmer ein Bücherschrank (Eintrag 1885: »nach Wien«). Ein Zimmer im Gartenpavillon war überraschenderweise als Schlafzimmer eingerichtet. Ein paar Gegenstände in der Galerie wurden erfasst: »doppelläufiges Schrotgewehr, Rüstungen, Lederne Gewehrfutterale, alte Jagdtasche«. Die Beschreibung liefert die Erkenntnis, dass die repräsentativen Räume vor dem Abriss vor allem im südlichen Gartentrakt und noch nicht im Nordtrakt untergebracht waren.

In einer Inventarliste von 1885 wurde bei alten und schadhaften Möbeln, die veräußert werden sollten, ein Schätzwert vermerkt. Sechs Kisten mit Gegenständen wurden von Chlumetz nach Wien gebracht.[79] In einem Schreiben listete Stehlík folgende Bildtitel auf: »Ölgemälde Halleninterieur in Goldrahmen, Portrait Margarete Maria Theresia, Franz II von Sizilien, Ölgemälde Landschaft in Goldrahmen, Ölgemälde Kircheninterieur, Gründungsakt des Denkmales bei Köln, große Fotographien (Roma, Comprata al expositione)«.[80] Die Jahreszahl 1885 auf den Scheiben des Windfangs zum Stiegenaufgang (Abb. 13-17) deutet auf die Bestellung von Tischlerarbeiten in diesem Jahr hin.[81] Im Schlossinventar von 1885/1886 wurden Stückzahlen des vorhandenen Porzellangeschirrs, Tisch- und Bettwäsche aufgeführt.[82] Die Servietten, Tischtücher, Leintücher, Polsterbezüge und die Dienerwäsche waren Ankäufe »aus Enns erhalten«. Hausrat wie etwa blaue Töpfe etc. wurde bei C. Lüftner Prag, einem renommierten Geschäft in der Prager Melantrichová-Straße, angekauft.

1886 wurde die Wiener Tapetenfirma Spoerlin & Zimmermann beauftragt, vier nicht näher bezeichnete Zimmer auszutapezieren.[83] Möglicherweise entstand im Kontext dieses Auftrags die Skizze des unproportional wiedergegebenen Grundrisses mit genau aufgenommenen Maßen bis zum Plafondgesims von vier Räumen (Abb. 13-10).[84] In zwei weiteren Zimmern arbeitete 1887 die Wiener Firma August Schmidt Tapeten Fabriks-Niederlassung. Schmidt schickte mehrere Muster für blaue Raumtapeten, Sockel, vergoldet oder aus Nussholz, und Plafondtapeten (Abb. 23-11).[85] Im Bericht von Schlierholz und Gerl von 1901 ist die Rede von Stofftapeten, die aufgrund der Bauarbeiten abgenommen werden mussten.[86]

1890 – Zustand der Ausstattung vor der Aufstockung

Das in Prag verwahrte Inventarbuch i.č. 208 (im Folgenden als »Inventar 208« bezeichnet) vom Januar 1890, mit weiteren Einträgen von 1897, bietet einen guten Überblick über die Bestückung der Räume durch Möbel und Bilder vor dem großen Umbau um die Jahrhundertwende.[87] Zu diesem Zeitpunkt waren die alten Trakte bereits entfernt worden, der symmetrische Anbau im Osten fehlte noch. Die Grundrisse von 1861 (Abb. 13-04, 13-05) entsprechen, was das Hauptgebäude betrifft, bis auf die nicht mehr vorhandenen Stallungen der Disposition der Räume im Verzeichnis. Das Inventar 208 ist für die Analyse der Entwicklung der Ausstattung in Schloss Chlumetz besonders wertvoll, da zum hier festgehaltenen Zustand passende Bildquellen identifiziert werden konnten. Die sechs Innenaufnahmen umfassende Fotoserie von Heinrich Eckert befindet sich in der Form loser Fotografien mit dem Autorenstempel »H Eckert« im Schlossarchiv in Konopischt, weitere Abzüge eines Teils derselben Aufnahmen gibt es in Schloss Artstetten (Abb. 13-17 bis 13-22).[88]

Laut den Aufzeichnungen im Inventar 208 war die später veränderte Durchfahrt (Abb. 13-03) mit besonders imponierenden Hirschgeweihen, Vierzehnendern etc. ausgestattet. In der Einfahrt hing eine Petroleumlampe »in altdeutschem Style« mit »sechs matten Scheiben.« Im Parterre befanden sich westlich der Einfahrt eine Dienstwohnung, das Rentamt, eine Kanzlei, die Kanzlei der Direktion und die Kanzlei des Forstmeisters. Östlich der Einfahrt waren hinter der Speisekammer ein Dienerzimmer für fremde Gäste, gefolgt von der Küche, und am äußeren Ende die Wohnung des Kastellans untergebracht. Die Wohnung und das zugehörige Vorzimmer waren mit Parkettböden ausgestattet. Die Küchenutensilien wurden präzise inventarisiert. Die Wohnräume besaßen jeweils Kasten, Bett, komplett bestückte Waschtische, die Kastellanwohnung ferner einen Schreibtisch und einen Eisenofen, der ab 1897 durch einen weißen Kachelofen ersetzt wurde.

Erwähnt wurden auch die Türen beim Stiegenaufgang mit der Jahreszahl 1885 im Glas. Die im Foto Eckerts (Abb. 13-17) sichtbaren Waffen entsprechen genau der Nennung im Inventar 208: »Jagdembleme bestehend aus je 2 Saufeder und 1 Waldhorn«. Die ausgestopften Tiere, wie auf der Aufnahme sichtbar, werden wie folgt angeführt: »Auerhahn, Hirschköpfe, Füchse, Uhu ganz, Mäusefalke«. 62 Gemälde im Stiegenaufgang wurden mit Bildtitel inventarisiert.[89] Es handelte sich um Porträtgemälde, die in der Erbmasse von Chlumetz enthalten waren und bereits in Schlossinventaren der 1860er-Jahre verzeichnet sind.[90] Den größten Anteil bildeten Darstellungen von Frauen und Männern aus dem italienischen Fürstenstand ab dem 15. Jahrhundert, ferner waren historische Persönlichkeiten wie »Carolus VIII. Galliae Rex,« Machiavelli oder Gatta Melata vertreten. Im Gang des ersten Stockwerkes wurden weitere 77 Porträtgemälde aufgezählt. Hierbei kamen auch einige österreichische Adelige vor. Erwähnt werden auch zwei »gleiche« Damenporträts mit Rose, wahrscheinlich war davon ein Exemplar eine Kopie. Die Beleuchtung im Gang bestand aus einem »zweiarmigen Eisengussluster, 21 Leuchtern aus Neusilber, 11 Messingleuchtern,

Abb. 13-18: Heinrich Eckert, Fotoaufnahme des Zimmers von Graf Wurmbrand in Chlumetz, um 1890. Der Ofen mit Puttoaufsatz ist erhalten und wurde wahrscheinlich um 1900 in das östlichste Zimmer verlegt. (© Schlossarchiv Konopischt)

1 Gusseisenwandleuchter, 11 Lampen zum Stehen, drei für die Diener und sechs Petroleumbehältern für die Luster am Gang«. 1897 kamen zwei Tiroler Bronzekessel als Lampen, gekauft bei Rosenberg in Prag, hinzu. Im Gang vorhanden waren ferner eine braun gestrichene Kredenz bestückt mit Wasserkesseln aus Blech, Wasserkannen und Wasserkrügen und geflochtene »Spanische Wände« (Paravents).

Die Räumlichkeiten im 1. Stock wurden von Osten beginnend aufgenommen. Der Raum neben dem kleinen Zimmer des »Dieners des Kammervorstehers« lässt sich aufgrund des beschriebenen, bis heute erhaltenen Kamins mit einem Aufsatz in der Form eines Puttos eindeutig mit einer historischen Aufnahme aus der Serie von Eckert identifizieren (Abb. 13-18). Die auf dem Foto erkennbare kleinformatige Grafik scheint im Inventar auf: »Bild mit Hirsch 14ender ›Cerf‹ mit braunem Rahmen«. Zu den inventarisierten Möbeln, die auf der Aufnahme dokumentiert sind, zählen eine spanische Wand aus Rohrgeflecht, eine Waschgarnitur aus Porzellan, blau gestreift mit Monogramm Franz Ferdinands auf einem »weiß lackierten Eisenblech-Tisch,« der »gelb fournierte Schubladkasten,« ein großer länglicher Spiegel (»1897 in die Hohe Kammer nach Wien gebracht«), ein braun furniertes Bett mit Holzeinsatz (»1896 in Dienerzimmer ebenerdig«), Tisch mit 5 Sesseln, braun furniert mit Rohrgeflecht in der Mitte. Auf der Aufnahme nicht zu sehen sind ein Schlafdiwan, eine mit Leinwand überzogene

Abb. 13-19: Heinrich Eckert, Fotoaufnahme des Schlafzimmers von Erzherzog Franz Ferdinand in Chlumetz, um 1890. Die Möblierung unterscheidet sich nicht wesentlich vom Zimmer Wurmbrands. (© Schlossarchiv Konopischt)

spanische Wand, ein Leibstuhl, eine Bronzefigur des hl. Hubertus, eine Telegrafenleitung ins Dienerzimmer führend sowie 16 Porträts, nicht eingerahmt, die vor allem Päpste und andere kirchliche Würdenträger unter anderem aus dem Mittelaltalter darstellen. Die Bilder »Wolfüberfall«, ein Porträt von Kaiser Franz Joseph und »Bei Hochwürden« sind durchgestrichen mit dem Vermerk: »gehören Wurmbrand« und »1896 an seine Exzellenz Herrn Grafen Wurmbrand geschickt«. Das Foto dokumentiert demnach die Situation, als der Raum als persönliches Schlafzimmer von Graf Wurmbrand, dem Kammervorsteher, genutzt wurde.

Für die Räume des 1. Stockwerks sind die teilweise bis heute erhaltenen Parkettfußböden charakteristisch, die ein kontrastierendes Muster mit einem eingepassten Kreis- oder ein Rastermotiv zeigen. Der vom Altbestand erhaltene Parkettboden wurde bei der späteren Aufstockung, in deren Zuge auch die Decken über dem 1. Geschoss erneuert wurden, geschützt und renoviert.[91] Die meisten Decken zeigen in Eckerts Fotoserie noch keine Stuckverzierungen, es fehlen die meisten Lambrien und die Beleuchtung war noch nicht elektrifiziert.

Das anschließende Schlafzimmer Franz Ferdinands wird im Inventar 208 mit einem runden weißen Ofen mit goldenem Flammenaufsatz beschrieben, wodurch der Raum wieder auf ein Foto aus Eckerts Serie bezogen werden kann (Abb. 13-19). Die Waschgarnitur entsprach genau jener im Zimmer Wurmbrands. Hinter der Waschschüssel auf der Wand zu erkennen ist die inventarisierte Wandschutzdecke »Dem Weidmanns-Heil der guckt und druckt etc.«. Weitere auf dem Foto erkennbare Möbel sind das braun furnierte Bett (»1897 nach Wien geschickt«), kleines eisernes Kruzifix, der »Bettvorleger Dammhirschdecke«, die spanische Wand aus Rohrgeflecht, Spiegel mit schwarzem Rahmen auf einem Unterkasten (»1897 nach Wien geschickt«) und eine »kraprote« Sitzgarnitur, braun furniert, zu welcher ein »Sofa mit 2 Seitenpolstern, 3 mondförmige Ruhsesseln« und ein gepolsterter Sessel gehören sowie der »Bussard natur, fliegend auf dem Plafond hängend«. Nicht im Bildausschnitt zu sehen sind der »Leibstuhl, Blumenvasen aus Hörnern zusammengestellt samt Makartbouquet« (Vermerk »1897 nach Artstetten gebracht, Makartbouquet auf höchsten Befehl weggeworfen«), Kleiderschrank und Schubladenkästen sowie eine Standuhr mit Horneinfassung. Von den 34 inventarisierten Bildern wurde ein großer Teil 1897 nach Konopischt geschickt. Thematisch waren vor allem Jagdszenen vorhanden, aber auch einige Porträts, wie etwa jenes von Kronprinz Rudolf. Der Vergleich zwischen den beiden durch die Fotos dokumentierten Schlafzimmern zeigt, dass es im Grunde keinen wesentlichen Unterschied bei der Möblierung gab, obwohl die Räume hierarchisch ungleichen Benutzern zugeordnet waren. Einige Stücke wie die spanischen Wände aus Rohrgeflecht, die Waschgarnituren und hölzernen Bettgestelle scheinen eine serielle Anschaffung gewesen zu sein.

Der nachfolgende Raum war das Schreibzimmer des Erzherzogs (Abb. 13-20). Die Inventareinträge und das historische Foto zeigen einige Übereinstimmungen: »Ofen rund, weiß lackiert, oben Goldflamme;« die linke Sitzgarnitur »Canape, Fauteuil und 2 Sesseln, grün überzogen«; dazu gehört die »Rauchgarnitur – Tischchen mit Fuß aus Gusseisen, ovaler Holzplatte einem Zigarren, 2 Zigaretten und 1 Aschenbehälter. Teppich aus Fuchsbalg rot eingefasst.« An der hinteren Wand sind erkennbar: »Sportreitgarnitur, 2 Revolver samt Tasche und Riemen, Kleiderkasten breit, lichtbraun fourniert und mit dunkel fourniert ausgelegt, Eckcanape grün überzogen. Tisch viereckig die Platte an den Seiten ausgeschweift, die Fläche arabeskenartig fourniert mit 4 kleinen schließbaren Läden.«

Am rechten Rand des Fotos ist die »Hirschfigur aus Holz geschnitzt zum Kampfe bereit« erkennbar. Die abgelichtete Kommode ist nicht inventarisiert. Einige der Möbel wurden laut dem Eintrag 1897 in andere Zimmer, zum Beispiel ins Musikzimmer, gestellt. Nicht im Bildausschnitt des Fotos eingefangen ist der große Schreibtisch, auf dem viele persönliche Gegenstände aufgestellt waren. Die dort aufgelistete »Aschenschale kleiner Schuh Gebirkssteiger« darstellend, steht auf dem Foto auf dem linken Rauchertisch. Ferner auf dem Schreibtisch sind unter anderem »Etui mit 2 Revolvervorderladern, samt Hammer, Putzgarnitur, Pulverhorn, Briefbeschwerer Hund und Hund in der Hütte (1897 nach Artstetten), Etui mit Bronzmedaille für außerordentliche Verdienste vom Landeskulturrat für das Königreich Böhmen«. Die Wände wurden von Jagdtrophäen geziert, wobei die frühesten in Chlumetz geschossenen Hirsche auf 1882 datiert sind. Die Bilder zeigen Jagdmotive »Hallali du Langlier« etc. und Porträts von Erzherzogin Maria Theresia an der Wiege und Carl Ludwig. Inventarisiert wurden ferner Fotoalben von Jagden, wobei auch eines von Eckert genannt wird, ein Album »Weidmanns Erinnerung mit Fotographien nach Pausingerbildern« und eine Mappe »Schloss Konopischt mit 11 Fotographien«.

Der im Inventar 208 als »Salon« bezeichnete Saal war der bei Jagdgesellschaften genutzte Ort der Zusammenkünfte und gleichzeitig der wichtigste Repräsentationsraum im Schloss. Das Foto von Eckert (Abb. 13-21) zeigt einen gänzlich anderen Zustand als die Aufzeichnungen von 1884, die Einträge von 1890 im Inventar 208 hingegen entsprechen der Ablichtung: »2 grosse Ofen mit Goldverzierungen und Arabesken versehen, weiß lackiert. 4 türkische Sofa länglich und 2 türkische Sofa mit feinem persischen Überwurf überdeckt, braunes Gestell mit Rosshaar gefüllt und mit Messing-Spiralfedern versehen dazu je 3 und 2 Sesseln mitselben Stoff überzogen, mit

Abb. 13-20: Heinrich Eckert, Fotoaufnahme des Schreibzimmers von Erzherzog Franz Ferdinand in Chlumetz, um 1890 (© Schlossarchiv Konopischt)

Seegras gefüllt, 1 türkisches Sofa viereckig (...) (1897 nach Wien gebracht), 8 Türkische niedere Doppel-Sitzpolster mit persischem Stoffüberzug, braunes Gestell auf Radeln. 4 Spieltischchen, braun angestrichen, 6eckig die Füsse gedreht, 2 kleinere Spieltischchen (...) 2 grosse kreisrunde Fußteppiche aus je 18 Fuchsbälgen zusam' genäht. Tisch gelb fourniert, mit einer Stufe, mit 2 kleinen Läden verschließbar, die Platte arabeskenförmig fourniert. 5 Spieltafeln aus Messing, 3 aus Gussmetall, rund, innen graviert. Cigarrenbehälter aus gefärbtem Marmor mit Holzuntergestell. Hirschfigur geschnitzt samt Untergestell. 4 Spiel-Schießgewehr Vorderlader alt (nach Konopischt geschickt) 2 Brustharnische und 5 Blechhauben (Hauptharnisch)(am 9.10.1890 auf Befehl der höchsten Kammer Lieferung nach Konopischt), 2 Armleuchter aus Geweihen zu je 4 Kerzen, Complete Uhr mit Holzverschalung und einem Holztisch als Untergestell mit internen Gewichten – zeigt auch außen, 2 Gewehre (...) als Dekorationsgegenstände (1890 nach Konopischt). Tisch länglich, gelb fourniert, Ränder mit schwarzem Fournier mit 3 kleinen versperrbaren Schubladen (1897 nach Wien). Iltis, altes Männchen, ganz ausgestopft, ein abgeworfenes Hirschgeweih, abnorm, einzeln mit 3 Endern, Rarität (mit einem Loch) und ein abgeworfenes Hirschgeweih, Rarität, abnorm einzeln verknöchert (mit einem Beinknoten) (1890 nach Konopischt), 3 kleine abgeworfene Hirschgeweihe (1897 nach Konopischt), 3 Spielpistolen (nach Ko-

Abb. 13-21: Heinrich Eckert, Fotoaufnahme des Großen Salons in Chlumetz, um 1890. Der als Herrensalon eingerichtete Gesellschaftsraum ist von Erzherzog Franz Ferdinands Vorlieben für Orientalika und für die Jagd geprägt. (© Schlossarchiv Konopischt)

nopischt). Billard auf 6 Füssen ruhend mit Zubehör, 2 Luster hängend aus Geweihen zusammengestellt«. Die 91 Stück Bilder zeigten »Tiergattungen und Darstellungen von besonderen Jagderfolgen deutscher Adeliger des 18. Jahrhunderts«.

Soweit dies vom Foto ablesbar ist, handelte es sich mit großer Wahrscheinlichkeit um Stiche von Ridinger. Die Ausstattung von Gesellschaftsräumen in Jagdschlössern mit Ridingers Stichserien entsprach der zeitgenössischen kaiserlichen Gewohnheit. Sowohl der Speisesaal im kaiserlichen Jagdschloss in Mürzsteg als auch jener in Offensee waren mit schlicht gerahmten seriellen Jagdsujets des Augsburger Kupferstechers versehen.[92] In Offensee wiederholt sich auch die Kombination der Bildausstattung mit Geweihen, die als Wandzierde und als Leuchter eingesetzt wurden. Den Einträgen im Inventar 208 zufolge wurde 1897 ein großer Teil der Bilder und der 107 Jagdtrophäen vom Chlumetzer Saal in das Schloss Konopischt transferiert. In Konopischt kam es zu einer Ansammlung mehrerer Ridinger-Serien, die vor allem in verschiedenen Gangbereichen aufgehängt wurden. Unter den Trophäen ragten ein Antilopengeweih, ein Wapiti, eine Capra Walie aus Abessinien, Elchköpfe samt Hals, ein Teppich aus Fuchsbälgen, rot-blau-weiß eingefasst, eine Decke ausgearbeitet aus Elchkuh mit Kopf, ein Teppich aus Dachsschwarten und ein Teppich aus Damwild hervor.

Das fotografisch dokumentierte Interieur stellt den wohl bemerkenswertesten Raum von Chlumetz dar, den Franz Ferdinand, seinem Lebensabschnitt als Junggeselle entsprechend, um 1890 einrichten ließ. Die Ausstattung spiegelt neben der omnipräsenten Vorliebe für die Jagd auch Franz Ferdinands Sehnsucht nach Exotischem wider. Der Raum wird dominiert von den niedrigen, maximal bis zur Höhe der Wandvertäfelung reichenden Möbeln, die zum Liegen bzw. legeren Lehnen und Sitzen einluden, und von den großzügig eingesetzten, auffallend kontrastreichen orientalischen Stoffen. Von dieser bodennahen Zone sind die weißen Wände mit einer Vielzahl streng symmetrisch gehängter, formal gleichartiger Ridinger-Stiche abgesetzt. Die oberste Sphäre ist weniger dicht mit filigranen, raumgreifenden Geweihen bestückt. Auf der Schwarz-Weiß-Aufnahme wirkt die Ausstattung besonders rapportartig angelegt – die kleinteiligen Elemente der einzelnen Raumzonen einschließlich des kontrastierenden Parkettmusters und der Tischgruppierungen wiederholen sich gleichförmig rund um den zentralen Billardtisch. Im Unterschied zu den Schlafzimmern, wo die Einrichtung unterschiedliche Stile aufweist, liegt der Ausstattung des Saals ein einheitliches Konzept zugrunde.

Die Ausstattung des Salons in dieser Form wurde noch vor der Weltreise Franz Ferdinands abgeschlossen, wodurch die orientalisch inspirierten Sitzgelegenheiten nicht als Verweis auf persönliche Reiseerinnerungen gewertet werden können. Neben dem Orientalismus als romantischer Zeitströmung spielte wohl auch der Einfluss zweier Persönlichkeiten im unmittelbaren Umfeld Franz Ferdinands eine Rolle bei der Einrichtung des Salons. Kronprinz Rudolf, der Franz Ferdinand nahegestanden war, ließ sich 1881 einen ägyptischen Rauchsalon in seinem Appartement der Prager Burg und um 1885 ein türkisches Zimmer in der Hofburg einrichten. Der Architekt Franz Schmoranz, den Franz Ferdinand ab 1889 für Arbeiten in Konopischt engagierte, hatte beachtliche Erfahrungen mit dem maurischen Stil. Er war als Ausstatter und Architekt in Kairo tätig gewesen, hatte 1873 die ägyptische Bautengruppe der Wiener Weltausstellung und 1881 das arabische Zimmer im Museum für Kunst und Industrie in Wien gestaltet, war ab 1882 Artistischer Inspektor der Textilschule und 1885 Begründer und erster Direktor der Kunstgewerbeschule in Prag.[93] Eine Zuschreibung der Ausstattungskonzeption des großen Salons von Schloss Chlumetz an Schmoranz erscheint angesichts der etwa zeitgleichen Tätigkeit für Franz Ferdinand in Konopischt durchaus plausibel.

Die Raumfunktion des Salons ist durch die historische Aufnahme eindeutig. Der erzherzogliche Junggeselle ließ hier das Motto für die Abendgestaltung seiner Jagdgesellschaften quasi bildlich umsetzen: Rauchen, Trinken, Spielen. Die Mehrzahl gleichartiger Sitzgruppen evoziert den Charakter eines Clubraumes. Bei der späteren Umgestaltung des großen Salons im Zuge der Aufstockung mit dem Einbau des Familienappartements verlor der größte Raum des 1. Stockwerks seine Prägung als Herrensalon. Der Einsatz von Orientalika blieb für Franz Ferdinand jedoch weiterhin ein Thema, nicht zuletzt durch Sammlungsobjekte, die in der späteren Ausstattung von Chlumetz und im türkischen Themenraum neben dem Rittersaal in Konopischt auftauchen.[94]

Zu den weiteren Zimmern weist das Inventar 208 eine gewisse Lücke in der Zimmerabfolge auf. Der in der Grundrissskizze der 1870er-Jahre aufscheinende Speisesaal fehlt, wobei die Aufzählung der Stücke verschiedener Service ohne Bezug auf einen Raum am Ende des Inventars eingefügt ist.[95] Wie zum Saal gehörende Einträge werden Gegenstände aufgelistet, die im letzten Interieurfoto Eckerts (Abb. 13-22) in einem dunkel tapezierten Salon zu sehen sind: »Tisch groß, rund, dunkelbraun fourniert, Lampenluster aus Metall mit Porzellan für 6 Kerzen, als Dekorationsgegenstände 132 Stück Teller an den Wänden, 27 Stück Bilder mit Jagdmotiven«.

Die weiteren Räume waren vier Gastzimmer. Die Möblierung der Zimmer unterscheidet sich im Inventar 208 nicht merklich von den Schlafzimmern Wurmbrands und Franz Ferdinands. Bestückt wurden die Räume mit Waschservice des gleichen Typus, jeweils ein bis zwei Betten aus Holz oder Eisen, mit Schreibtischen und unterschiedlich bespannten Sitzgarnituren. Die Öfen waren unterschiedlich (rund, hoch, weiß; klein, eckig, schwarz; rund, mit-

Abb. 13-22: Heinrich Eckert, Fotoaufnahme des Salons im nordwestlichen Traktende, um 1890. Abgelichtet ist die Sammlung von Delfter Porzellan, die später in Schloss Chlumetz erweitert wurde. (© Schlossarchiv Konopischt)

telgroß, grün; mittelgroß, weiß, rund). Im vierten Fremdengastzimmer fällt ein runder »Spieltisch auf 3 Füssen ruhend, zum Zusammenlegen grün überzogen« auf und eine »Sitzgarnitur rot überzogen, an den oberen Lehnwänden Metalllöwenköpfe, bestehend aus Sofa, 4 Sesseln«. Bei einem der Bilder handelte es sich wieder um ein Porträt von Kronprinz Rudolf. Die letzten aufgenommenen Räume sind das als Durchgangszimmer gewidmete Zimmer des Leibjägers und jenes des Kammerdieners mit weniger Möbeln und Waschgarnituren auf Holzgestellen.

Zuwächse der 1890er-Jahre

Im Inventar 208 häufen sich bei vielen der 1890 in beiden Geschossen verzeichneten Ausstattungsstücke Vermerke über eine Transferierung im Jahr 1897 in andere Zimmer und vor allem nach Wien, Artstetten und Konopischt. Während nach Artstetten nur einige persönliche Gegenstände[96] und nach Wien überwiegend Möbel verschickt wurden, handelte es sich bei den Lieferungen nach Konopischt vorrangig um Waffen, Jagdtrophäen und Gemälde. In Franz Ferdinands böhmischem Hauptschloss erhielten in diesem Jahr etliche repräsentative Räume großflächig verbaute Wandvertäfelungen, wie etwa der Bibliothekstrakt; parallel dazu wurde die Estensische Waffensammlung installiert. Unabhängig von diesem nachweisbaren Bedarf an Ausstattungselementen für die neu gestalteten Wände in Konopischt ist für Chlumetz nicht nur eine Reduktion der Einrichtung erkennbar. Die Neuanschaffungen für Chlumetz in den 1890er-Jahren zeigen eine Durchmischung von neuen Möbelgarnituren und antiken Einzelstücken.

Für den 10. März 1892 werden Ankäufe bei A. R. Rosenberg, Prag, in einem »Journal zum Schloßinventar« verzeichnet.[97] Es sind Bilder mit Jagdmotiven, ein Bett, ein Kasten, Tische, ein Teppich, ein Lederfutteral, Henkelgläser für Likör und Truhen für den Gang. Im selben Journal wurde am 7. Juli 1892 der Zuwachs von Bildern aus Konopischt vermerkt. Es handelt sich um Bilder mit Jagdmotiven, die englisch betitelt sind. Am 6. Dezember 1894 scheinen weitere Ankäufe von A. R. Rosenberg, Prag, auf.[98] Ein antikes Nussbaumhimmelbett, ein alter Bronzeluster und ein kleines Kommödchen mit intarsierten Hasen, Rehen etc. mit drei Schubladen.

1894 vermerkte der Konopischter Schlossverwalter Renglovics den Versand von Bildern in drei Kisten aus Konopischt nach Chlumetz.[99] Wahrscheinlich handelt es sich um denselben Versand, der im »Journal zum Schloßinventar« am 7. Februar 1894 eingetragen wurde und sich auf »47 Stück braun gerahmte Bilder« aus Konopischt bezieht. Die Titelliste führt die bemalten Lithografien als »Amerikanische Juxbilder« an.[100]

1895 sind einige Zuwächse im »Journal« verzeichnet.[101] Bei A. R. Rosenberg, Prag, wurden antike, intarsierte Buffetschränke, antike, intarsierte weiße Kleiderkästen, eine Truhe aus Eichenholz, intarsiert und beschlagen, eine antike »Halbkredenz«, massive schwarze Kredenzkästen aus Oliven- und Nussbaumholz, kleine Kommoden, zwei holländische Bronzen und eine alte schmiedeeiserne Uhr angekauft. Am 30. Juli wurde der Ankauf von J. Stary, Tapezierer und Reparateur, Wien IV, aufgenommen: für das Schreibzimmer ein Schreibtisch und ein Fauteuil mit Lederüberzug, ein Kanapee, vier Fauteuils und vier Sessel, blau überzogen; am 2. August für das Schlafzimmer ein Kanapee, zwei Fauteuils und vier Sessel, grün überzogen; am 11. August für den kleinen Salon ein Kanapee, vier Fauteuils und sechs Sessel, grün überzogen; am 23. August für den Salon zwei Kanapees, sechs Fauteuils und sechs Sessel, rot überzogen; am 9. September für den Speisesalon 12 Sessel mit Lederüberzug; am 17. September zwei Tische mit Leder und Messingnägeln beschlagen, drei Tische aus Nussbaumholz und vier Etageren mit einem Vermerk über eine Retoursendung im Jahr 1896. Am 17. September wurde der Ankauf von Gemälden, Jägerstücken von Franz Xaver von Pausinger aus Salzburg erfasst. Als Sendung aus Wien zugewachsen sind 1895 ein Gewehrkasten und ein Bild von einem »Fuchs mit zwei Jungen und einem Hahn«, das rückseitig mit »Adam B.« bezeichnet ist.[102]

Im Jahr 1896 gab es folgende Zuwächse:[103] von Stary, Wien, am 15. Januar eine große Etagere, matt poliert, und vier kleinere Etageren; am 27. April Tische, Holzspiegel und eine Tischdecke aus Leinen mit Bordüren; am 28. März ein Gemälde (Jagdstück) von Pausinger, Salzburg, und von Anton Hoffmann und Ludwig Kail, Wien IV, für das Schreibzimmer ein Kanapee, Hocker und ein großes Lederfauteuil. Zwei Kisten mit in Chlumetz geschossenen, durchnummerierten Jagdtrophäen (u. a. ein »Natur Hirschkopf« samt Hals aus dem Revier Stankau, Hirsch- und Rehgeweihe) wurden nach Wien geschickt. Nach Konopischt wurden Kisten mit Auerhahnköpfen und Rehgeweihe versendet. Von Wien angekommen hingegen sind zwei Krokodilhäute samt Köpfen, zwei Tigerfelle, vier Black-Buck-Köpfe samt Geweih, zwei Schakale etc.

Im Mai 1897 wurden Gewehre aus Konopischt und eine Teppichlieferung aus Wittingau für das »Zimmer vom Rat« und das »Zimmer vom Leibjäger« angeliefert.[104] Weitere Zuwächse aus dem Jahr 1897 sind die folgenden:[105] am 24. Juli ein antiker Tiroler Schrank; am 13. August von Rosenberg ein antiker schwarzer Bücherschrank; am 13. August von Wien ein Tisch mit Leder mit Eisennägeln beschlagen aus Nussbaumholz; am 2. März von Hoffmann & Kail ein Bild mit Möwe und Wildente. Am 23. März kam von der Firma Kowy & Iwinger, k. k. Hoftapezierer in Wien, ein dreiflügeliger »Fotographie-baum« mit 90 Bildern an.

1901 brachte Dr. Julius von Madarasz ausgestopfte Vögel aus dem Budapester Nationalmuseum nach Chlumetz.[106] 1902 schickte W. Fischer, der Schlossverwalter von Konopischt, Möbel per Bahn nach Chlumetz. Die Möbel wurden repariert.[107]

Abb. 13-23: Tor vom Windfang zum Treppenaufgang in Schloss Chlumetz, Fotoaufnahme 2014. Die Wiener Tischlerei Adolf Litschel führte 1898 die Adaptation älterer Windfänge aus. (© MOW)

Bei den abgelichteten Möbeln, vor allem den Sitzgruppen, handelt es sich um Ankäufe von Stary, Wien, und Rosenberg, Prag. Den Inventaren nach war die Möblierung auch mit Antiquitäten, beispielsweise Bauernmöbeln, durchmischt.

Die Umgestaltung des Haupttreppenhauses 1898–1901

Am 10. März 1898 legte der Wiener Tischler Adolf Litschel einen Kostenvoranschlag für zwei »Abschlusswände-Windfänge« vor.[108] Die Kalkulation bezieht sich auf zwei bis heute erhaltene Windfänge (Abb. 13-23) im Parterre, die am Zugang der zweiläufigen Hauptstiege eingebaut sind.[109] Litschel hatte bereits 1897 mehrere Aufträge in Konopischt ausgeführt.[110] Im Vergleich zu den Waffenvitrinen, Einbaukästen, Holzplafonds, Türen und Lambrien in großer Zahl für Konopischt erscheint seine durch diesen Kostenvoranschlag gesicherte Arbeit in Chlumetz als marginaler Auftrag. Auf der um 1890 entstandenen Aufnahme des Stiegenhauses (Abb. 13-17) ist noch ein früherer Zustand der Windfänge festgehalten. Litschel lieferte keine komplett neue Tischlerarbeit, sondern überarbeitete die vorhandenen Windfänge. Im Unterschied zur heutigen Form wiesen die Türen unten hölzerne Füllungen auf und besaßen eine Oberlichte in der Form eines halben Radfensters. Die geätzten Weißglasscheiben waren mit mittelalterlich inspirierten Drolerien, die Jagdmotive zeigten, sowie mit der Jahreszahl 1885 versehen. Der Verweis auf einen Kämpfer im Kostenvoranschlag Litschels bezieht sich wohl auf eine vestibülseitige Überarbeitung der Profile. Im Gegensatz zur geradlinig ausgeführten Stiegenseite gibt es zum Vestibül hin geschnitzte, volutenförmige Konsolen unterhalb des Kämpfergesimses. Die genannten geätzten Scheiben sind heute verloren.

Auffallend ist, dass Litschel keinen Einbau der Schmiedeeisenarbeit in den Öffnungen erwähnt. 1901 führte Gerl in seinen Planungsunterlagen an, dass das Haupttor und die Windfänge ersetzt werden sollten.[111] Nachdem die barockisierende schmiedeeiserne Vergitterung der Windfänge als Teil einer Ausstattungsserie zu sehen ist, die wiederum durch die Elektrifizierung des Schlosses 1901 datierbar ist, kann von einer neuerlichen Umgestaltung der Windfänge zu diesem Zeitpunkt ausgegangen werden. Zur angesprochenen Serie gehören die schmiedeeisernen Gitterarbeiten in den Windfängen, die Geländer in den Bogenöffnungen zum Stiegenhaus im 1. Stock sowie stehende und hängende Laternen auf Strombasis an der Treppenbrüstung (Abb. 13-24) und im Gang (Abb. 13-25).

Die neobarocken schmiedeeisernen Elemente mit Akanthusranken unterscheiden sich von der barocken Gittertür am oberen Treppenende mit dem Wappen der Grafen von Fünfkirchen, die vom Altbestand übernommen wurde. Den Schmiedearbeiten liegt ein anderes Vorbild zugrunde, das für das gesamte Konzept der gleichzeitig umgebau-

Abb. 13-24: Der zweiläufige Treppenaufgang zählt zum barocken Bestand und wurde um 1901 mit neuen schmiedeeisernen Elementen ausgestattet, welche typologische Analogien mit dem oberen Belvedere aufweisen. (© MOW)

ten Eingangslösung wesentlich war. In Chlumetz wurde die Typologie des Vestibüls und der Haupttreppe des Oberen Belvederes in vereinfachter Form zitiert. Durch die Reduktion der Wände entlang der Einfahrt auf vier Pfeiler, die das Platzlgewölbe stützen, wurde in Chlumetz ein vergleichbares Vestibül geschaffen, das zusammen mit der Barockisierung der Windfänge und der Ausstattung des zweiläufigen Treppenhauses mit schwarz eingelassenen, akanthusbesetzten Laternen, die mit den ursprünglich weiß getunchten Wänden kontrastierten, dem Wiener Vorbild entspricht. Mit den historistischen Umgestaltungsmaßnahmen im Sinne der Etablierung hochbarocker Formen in Chlumetz ließ der Thronfolger einen direkten Verweis auf seinen Wiener Stadtsitz, einen stilprägenden Palastbau Hildebrandts, umsetzen.

Zur Planung für die Umgestaltung des Stiegenhauses gehört ein nicht ausgeführter Entwurf für eine partielle Ausfüllung der Bogenöffnungen im ersten Stock (Abb. 13-26), der vor den Entschluss, hochbarocke Formen anzuwenden, zu datieren ist.[112] Die Zeichnung zeigt die segmentbogigen Öffnungen des ersten Stockwerks mit einer neuen Tür, einem seitlichen Holzverbau und einem Pflanzenkasten. Gangseitig sollte der Paneelteil eine eingebaute Bank

Abb. 13-25: Schloss Chlumetz, heutiger Zustand des Ganges im ersten Stock mit original erhaltenen Beleuchtungskörpern und Lambrien aus dem Jahr 1901. Die Lambrien sind restaurierungsbedürftig. (© AS)

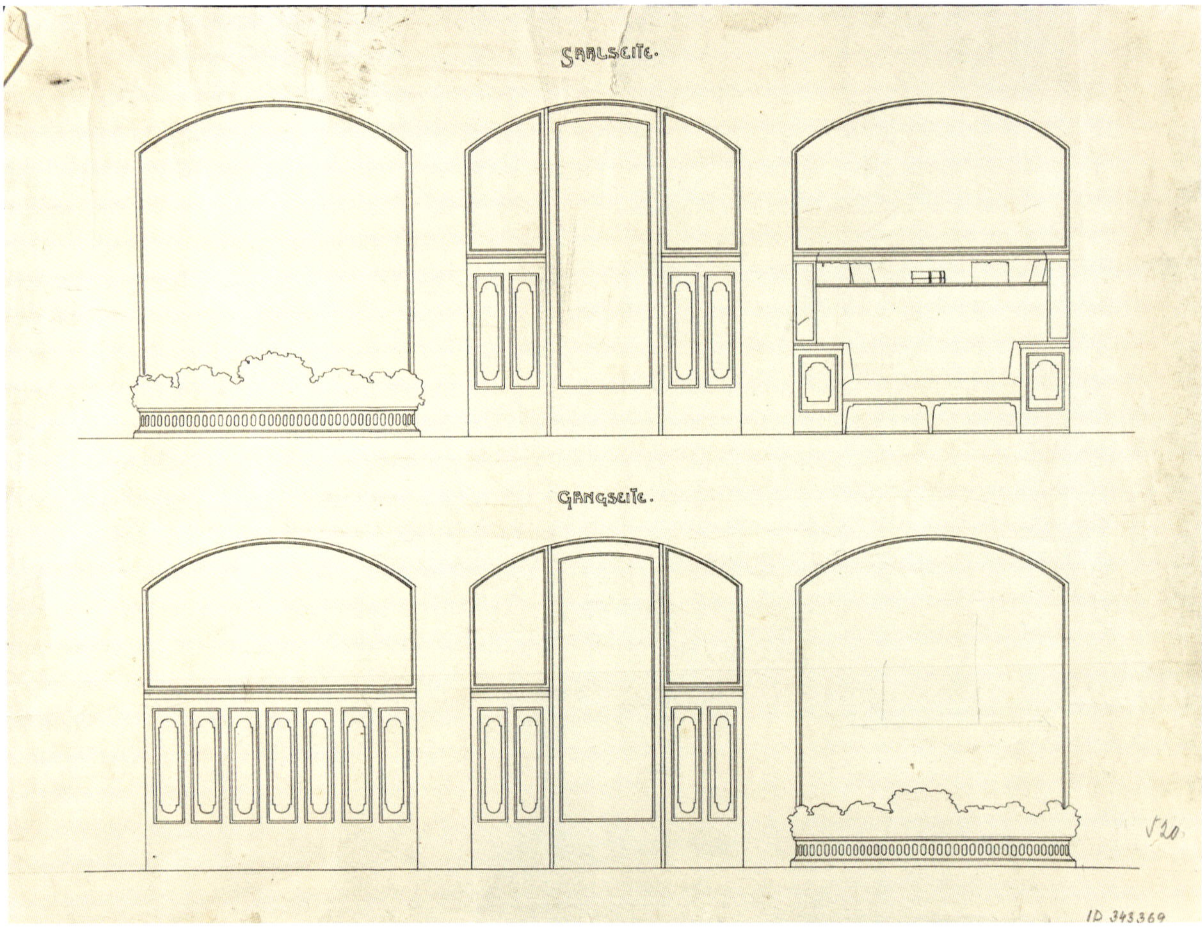

Abb. 13-26: Nicht ausgeführter Entwurf für Holzverbauten in der Galerie zum Treppenhaus, Tusche auf Papier, um 1901 (© SOA Třeboň)

unterhalb eines Bücherregals erhalten. Die Füllungen der Paneele entsprechen nicht exakt den heute erhaltenen Lambrien im 1. Stock (Abb. 13-25) – jene im Gang dürften den Kostenvoranschlägen Gerls nach älter sein und wurden 1901 nur repariert.[113]

1902 – Die Ausstattung nach der Aufstockung des Schlosses

Das im Folgenden als »Inventar 207« bezeichnete Verzeichnis ist nicht datiert; da es die Ausstattung im 2. und 3. Geschoss erfasst, stellt der Bauabschluss 1902 einen Terminus post quem dar.[114] Folgende Auszüge ermöglichen Rückschlüsse auf die neuen oder veränderten Raumausstattungen: In der Parterrehalle wurden »2 Canapes, 2 Wandlampen auf Postament, Gipsfigur Knabe mit Vogelnetz auf Postament, lebensgrosse Marmorgruppe Isis und Osiris« inventarisiert. Außer Bedienstetenwohnungen, Küchen- und Wirtschaftsräumen, wobei ein Raum offensichtlich als Teppichmagazin umgewidmet wurde, stechen zwei Zimmer als Gesellschaftsräume hervor. Einer der Räume war mit einer grün bespannten Garnitur aus »Canapé, 3 Fauteuils und 8 Sesseln« und »3 Fauteuils aus gelben Leder« sowie Spieltischen mit »diversen Spielen samt Zubehör« ausgestattet. Drei militärische Bronzefiguren und eine chinesische Holzkassette sowie mehrere Holzkassetten und Fotoalben mit Aufnahmen von Prag, Konopischt, Frauenberg, Salzburg, Oberösterreich, Hajerabad, 16 Kupferstiche und 45 Aquarelle zierten den Raum. Das nachfolgende Zimmer war ein

Billardraum mit »2 Tischen, 5 Sesseln, 2 Fauteuils, 1 Canapé« und einem Stereokopieapparat.

Das Verzeichnis der Objekte im 1. Stockwerk, wobei die Nummerierung der Räume ohne Funktionsbezeichnung und die offensichtlich nicht stringente Reihenfolge die Interpretation erschwert, hat in Bezug auf die repräsentativen Räumlichkeiten im mittleren Bereich leider am wenigsten Aussagekraft. Ein Raum wird mit einer größeren Anzahl von Sitzmöbeln wiedergegeben, wahrscheinlich handelt es sich um den Saal: »2 Canapés von Nußholz mit geblumten Rips überzogen, rundes Canapé ebenso, 4 Fauteuils mit Armlehne ebenso, 2 Fauteuils ohne ebenso, 10 Sessel ebenso, spanische Wand ebenso, Sofatisch aus Nußholz, ebenso Canapé Tisch, Schreibtisch, Tisch oval geschnitzte Füsse und Platte, Schreibtischgarnitur (…) Tischchen rund geschnitzt mit Malerei in Medaillonform«, mehrere Etageren, eine »Hängelampe braun bronziert, Glasluster für 8 Kerzen«, eine Holzstanduhr, mehrere Vasen, darunter japanische, mehrere Fotoalben und Porzellan.

Die Einrichtung des Privatappartements im östlichen Drittel des 1. Stocks scheint aus dem ehelichen Schlafzimmer im Eckraum sowie mehreren Salons mit Schreibtischen und Garderobemöbeln bestanden zu haben, wobei eine Unterscheidung von Raumwidmung an Franz Ferdinand oder Sophie aus den aufgelisteten Gegenständen nicht ersichtlich ist. Die meisten Möbel wurden als »aus Nußbaum, poliert« angegeben. Das Schlafzimmer hatte zwei »Bettstätten von Nußbaum, poliert«, Kästen, Schubladkästen, »1 Fauteuil« und »4 Sessel Nußbaum, poliert (…) Anticer Kasten 2flügelig mit geschnitztem Vordertheil (…) 2 Christus am Kreuz, Crucifix aus Metal, Weihbrunnenkessel, Schutzengel aus Marmor samt Holzpostament, 5 Ölbilder, 11 Aquarelle.« Aufgrund der persönlichen Gegenstände ist ein Raum als Schreibzimmer Franz Ferdinands erkennbar. In diesem wurden unter anderem aufgenommen: Vasen, »Nipes-Chinavasen (…) Gips Büste Graf Radecky, Figuren samt Consolen« (Radetzky, Laudon, Daun, Erzherzog Carl) und ein Porträt von »Kaiser Max von Mexiko«. Im »Zimmer am Balkon« befanden sich ein Blumentisch aus Metall und ein Papageienständer aus Messing.

Die restlichen im Inventar 207 aufgelisteten Schlafzimmer und Salons im ersten Stockwerk waren im westlichen Bereich untergebracht. Im Schlafzimmer »No. 21« gab es neben den obligatorischen Kleiderkästen auch zwei Bücherschränke. In »No. 22,« einem Raum mit Schreibtisch und Bücherkasten, ohne Bett, sticht die »Kapelle mit hl. Maria geschnitzt« heraus. In »No. 25« befanden sich zwei »Fotographien-Ständer mit Rohrrahmen, mit braunem Rips« überzogen. Der Gangbereich im 1. Stock wurde als »Bibliothek, Halle« bezeichnet, in der neben einem »Tisch hart, dunkel poliert, Stehlampe bronziert mit Kugel« und zwei Sesseln vier »Bibliothekskästen in einem,« also maßgefertigte Bücherschränke, angegeben wurden.[115]

Eine Reihung von Schlafzimmern und Salons findet sich auch im 2. Geschoss wieder. Das Zimmer »No. 26« im 2. Stock war ein auffallend reich möbliertes Schlafzimmer, das auch über einen Schreibtisch und ein »Rauchtischchen, klein, glatt, rund mit Leder überzogen« verfügt, ferner über ein »Canapé mit braun gestreiftem Ripsüberzug« und ein »Canapé mit türkisem Stoffüberzug, 2 Fauteuils mit gesticktem Stoff aus Kameelhaar überzogen«, mehrere verschiedene Lampen etc. Zu den aufgelisteten Gegenständen zählen eine »chinesische Tasse, Teeschale, Riechfläschchen »Hund« (…) Schreibmappe aus Leder »Franz Ferdinand«, Uhren, Bronze Statue Rudolf von Habsburg, Porzellangruppen, italienische Gondel aus Metal.« Das Zimmer »No. 27« war eine weitere Bibliothek, bestückt mit »Bibliothekskasten in einem,« zwei großen Tischen, einem Schreibtisch, Kasten mit Mineralien, Kästchen mit Landkarten, Globus, einem siebenflammigen Messingluster, »Lampe aus Porzellan mit Globuskugel,« Vasen, Büsten aus Marmor, Kaiser Franz Joseph und Elisabeth darstellend. In Zimmer »No. 28« befanden sich ein Schreibtisch, indische Bücher, »Holz Figur, Gruppe Adam und Eva, Jägersmann geschnitzt mit Gamskrickl, Engel-Köpfe aus Masse. Weihbrunn-Kessel aus Metall, antike Laternen, Gewürzkasten aus Porzellan, Teebüchse aus Stein und Zinnkrüge«

etc. Das Schlafzimmer »No. 29« besaß im Unterschied zu anderen Räumen keine Gemälde, sondern ausschließlich 23 Fotografien.

In den weiteren Zimmern fallen folgende Gegenstände auf: in »No. 31 Schwerstein Portrait Papst Pius IX, Anbetung Christi geschnitzt, heiliger Josef aus Masse, Cruzifix aus Holz, Bronze Statue, Medaillon in Rahmen »Kaiser Max«;« in »No. 32« ein Nähtischchen. »No. 35« wurde als »Museum« bezeichnet und enthielt »3 Sesseln mit Lederbezug, Aufsatzkasten unter Glas mit egyptischen Idolen« und »diversen Anhängseln« (441 Stück), zwei tiefe verglaste Kästen mit 109 und 77 Sammlungsstücken und eine »Wanddekoration mit 8 Stück, Mumien Mann und Frau, Eck-Kasten eingelegt, Pfeilerkasten hart braun, antiker Kasten, Tisch mit eingelegter Platte« und 29 Ölgemälde. »No. 36« ist als »Halle« betitelt und war der Ausstattung nach ein weiterer Speisesaal[116] oder Gesellschaftsraum: »2 Credenz, Kasten antic mit Aufsatz und Bildhauer-Arbeit, Kasten antic, Speisetisch zum Ausziehen aus Nußholz, Spieltisch aus Nußholz, 5 Sesseln mit hoher Lehne und Rohrgeflecht, Canapé aus Mahagoni, poliert mit grünem Rips überzogen und 2 Sesseln ebenso, Hängelampe braun, bronziert für drei Lampen, Kasten antic, 2 Kasten antic, weich gebeizt mit eingelegten Eulen,« unterschiedliche Lampen, »2 Girandolen aus Glas für 6 Kerzen schadhaft, Büste aus Marmor, Napoleon III, Figuren aus Ton, Porzellan, Holz, Sterreskop aus Porzellan mit Vergrößerungsglas, Kreuz aus geschnitztem Holz, Fotographieständer aus Ebenholz und Elfenbein, Medaillon Wilhelm I, Bonbonier Erzherzogin Maria Valerie, Bonbonier Kaiser, Tanzordnung samt Etui, Silberleuchter, Handleuchter (...) Service mit Blumen, Glas Service geschliffen, Service aus Porzellan mit Schmetterlingen bemalt, Tortenaufsatz mit Steinplatte, Gipsfiguren, Vasen, Kafee-Service, Pfeifenständer, 3 Schneckengehäuse (...) 2 Reliefs »Gratulation« (1903 nach Wien gebracht).« Die übrigen Räume des 2. Stockwerks sind Schlafzimmer, ebenso die Mansardenzimmer des 3. Stockwerks, die angesichts der Lage und der kärglicheren Möblierung wohl zur Beherbergung der Bediensteten dienten. Im Stiegenhaus zwischen dem 1. und 2. Stock befand sich vor der Bibliothek eine Wandlampe aus Messing. Der Gang des 2. Stockwerkes wies einen Blumentisch, 2 Stehlampen mit Figur, 5 Sessel mit Rohrgeflecht und 50 Ölgemälde auf.

Das Inventar spiegelt gut die Bestückung der neu entstandenen Interieurs in einem thematisch vielfältigeren Spektrum, als dies zuvor der Fall war, wider. Die Kunstgegenstände waren nun nicht mehr ausschließlich der Jagd gewidmet. Schon mit dem Betreten des Vestibüls wurden Besucher durch die Isis und Osiris in Lebensgröße darstellende Marmorgruppe in eine Art museale Sphäre gebracht. Mehrere Räume im 1. und 2. Stock beherbergen Bibliotheks- und Schaukästen mit Hunderten von Sammlungsstücken. Wie qualitätsvoll die ägyptischen »Idole« und »Anhängseln« waren, ist unklar. Eine herausragende Stellung, was den Anspruch betrifft, nahmen sicher die von Zeitgenossen besonders bewunderten Mumien ein. Wahrscheinlich handelte es sich bei der ägyptischen Sammlung um einen Teil der 1894 im Wiener Belvedere ausgestellten ethnografischen Objekte von Franz Ferdinands Weltreise. Auch die anderen Wohnsitze des Thronfolgers waren geprägt von dessen Hang zum Sammeln und seinem wiederkehrenden Vorhaben, Privatmuseen einzurichten.

1915 – Die letzten Inventaraufzeichnungen der Ära Franz Ferdinands

Den chronologischen Schlusspunkt für die Erfassung der Ausstattung stellen ein Inventarbuch von Schloss Chlumetz von 1915[117] sowie ergänzende Einträge der Verlassenschaftsabhandlung von 1915 dar.[118] Die späten Dokumente sind auch eine Quelle für die Verteilung von Raumfunktionen im Schloss, da im vorangegangenen Inventar 207 lediglich Zimmernummern verwendet wurden und der Rückschluss auf den Verwendungszweck einiger Räume nicht eindeutig ist.

Ebenerdig waren die Parterrehalle und der Küchengang mit »20 Weidenfauteuils, Weidenblumentischen, Jagdutensilien, 7 Tirolerkessel, 12 Delftervasen, 1 Pausingerbild« und unter anderem mit »185 Stück Hirsch- und Dammgeweihe« ausgestattet. In einer Speisekammer befand sich »Weisses Porzellan (Vogel-Service) aus 313 Teilen, Glasservice mit Wappenkrone und Goldrand 200 Teile, Braunes Anrichteservice 15 Teile, Porzellan Service 132 Teile, Besteck für die Diener.« In einer separaten Silberkammer mit Putzzimmer wurde Geschirr und Silberbesteck aufbewahrt. Neben der Wohnung des Schlossverwalters gab es zwei weitere, eher schlicht eingerichtete Schlafzimmer. Das »italienische Zimmer« im Parterre war als Schlafzimmer eingerichtet und hatte aufgrund der anspruchsvollen Ausstattung wohl die Funktion eines Gästezimmers. Außer der Nennung eines präparierten Krokodils als Wandzierde sticht die »vollständige Zimmereinrichtung, Arbeit des Gmundner Tischlermeisters, Bett aufs reichste in lichtem Holz, Bein intarsiert, Jagdscenen und Rankenwerk, im Stile der italienischen Renaissance« hervor. Die Beschreibung der figural gestalteten Oberfläche passt zu jenem Möbelset, das sich heute in Schloss Konopischt auf das Schlafzimmer des Kronprinzenappartements und die Schießhalle aufteilt. 1915 wurde es nicht in Konopischt inventarisiert. Die nach 1902 im Inventar 207 aufgenommenen Spiel- und Billardzimmer werden nicht mehr genannt.

Der Gang im ersten Stock besaß »6 Beleuchtungskorper (Laternen),« die bis heute erhalten sind (Abb. 13-25). Elemente, die sich hier seit den 1890er-Jahren befanden, waren die Saufedern und das Waldhorn (Abb. 13-17). Insgesamt haben hier die Stückzahlen der ausgestopften Belege von Franz Ferdinands Jagdmanie enorme Ausmaße erreicht. Die auf dem Foto Eckerts noch überschaubaren Tierpräparate sind durch Hunderte Trophäen bereichert worden, es wurden allein 492 Rehgeweihe aufgezählt. Im Küchenaufgang hingen 93 Stiche von Ridinger und abermals Hunderte von Jagdtrophäen.

Im 1. Stock verfügten das Kammerjungfernzimmer und die Gastschlafzimmer über Eisenbetten. Der »Empiresalon mit Crettontapeten« besaß Fenstervorhänge, ein »Eckkastl mit 2 Bildern,« ein Kanapee, einen Kleiderkasten und einen Schreibtisch. Das »Blaue Eckzimmer«, wieder mit Cretonnetapeten, war ein Schlafzimmer mit Bett und Ottomane. Im »Office,« dem Anrichtezimmer neben dem Speisesaal, standen zwei Tische und fünf Kredenzen mit einem 400-teiligen blauen Zwiebelservice, einem Glasservice mit 164 Stück, weiß geschliffenem Glas für Milch und Wasser etc.

Die Wände des Speisesaals waren mit »gr. Seidenstoff« tapeziert. Inventarisiert wurden hier »2 Glasluster, 1 Tisch, 12 Sessel im Stil der Renaissance mit Lederbezügen, 1 Teppich großer roter Dekor mit Blumen, 8 Leuchter im Empirestil, Meissner Porzellan 130 Teile.« Im »Grossen Saal« befanden sich »5 Beleuchtungskörper, Bösendorferflügel samt Decke reich in Gold und Seide gestickt mit Chinoiserien, 2 Schubladkasten mit sehr reich eingelegten Intarsia-Städte, Burgen L. XVI, 4 Tische, 7 Rauchtische, 3 Divane, 1 Canape, 16 Fauteuils, Elefant, Bronzefigur des hl. Hubertus, 9 Tigerfelle, Bär, 4 Jagdbilder Kohlenzeichnung sign. F. v. Pausinger 1895–96, Hirsche und Gemsen, 59 Schusswaffen, 5 Porzellanjagdgruppen.«

Im anschließenden »Rauchsalon« waren die Wände mit »rotem halbseidenen Stoff« bespannt. Aufgenommen wurden: »1 Glasluster, 3 Tische, 3 Canapee, 9 Fauteuils, 4 Wandkasterl, 1 Schreibkasten in Tabernakelform, Bronzebeschläge und Griffe, Rollverschluss, 18. Jhd.; ein Vitrinenkasten mit: 4 Stöcke, 1 Scherpe gelb-schwarz, 4 Negerfiguren, 1 Silbermedaille, 1 Reliquienbild, 2 Penale, 1 Porzellan Erdbeer Bouquet, gelbes Huhn, Zuckerstreuer, Alabasterbüste, Sperber, 7 Fotographiebilder, 17 Ölbilder, Reliquienbilder.« Eine historische Aufnahme mit dem Titel »Jagdsalon« gibt wahrscheinlich den Rauchsalon nach 1908 wieder (Abb. 13-27).[119] Einige Merkmale, vor allem die großen Pausinger-Zeichnungen, würden auf den großen Saal hindeuten, doch widersprechen dem wiederum andere Fakten, wie der eindeutig nicht zum großen Saal gehörige Parkettboden oder die Stuckformation des Plafonds. Der abgelichtete Ofen entspricht dem Typus des großen Saals, wobei die Aufstellung anderer Öfen im Saal um die Jahrhundertwende dokumentiert ist.[120] Möglicherweise wurde einer der beiden ursprünglichen Öfen des Saals in den Rauchsalon verlegt. Eine plausible Erklärung für die Mischung der Ausstattungsstücke wäre, dass es vor der Inventarisierung 1915 zu einer neuen Zusammenstellung der Einrichtung im Rauchsalon und großen Saal kam. 1915 scheint lediglich der im Foto erkennbare markante Sperber in fliegender Haltung übereinzustimmen. Im großen Saal wurden unter den detailliert benannten Tierpräparaten im Inventar keine Greifvögel angeführt.

Das »Schreibzimmer« war mit »grau-grünem Stoff tapeziert« und besaß »3 Rennaissance-Kleiderkasten mit Ranken Flachintarsien, Deutsch 17. Jahrhundert; 33 Waffen, alte Gewehre, Duellpistolen, Steinschlosspistolen, orientalische Knicker, Peitsche, persischer Dolch, japanische Messer« etc. Das nachfolgende »Toilettezimmer« wies grüne Wandbespannung, ein Himmelbett und eine »Fotographiewand« auf. Es folgen das »Vorzimmer Ihrer Hoheit,« die »Garderobe,« der »Salon Ihrer Hoheit mit rotem Seidenstoff tapeziert und Fenster- und Türvorhänge,« mit vielen persönlichen Gegenständen, 2 Delfter Vasen und 17 Fotografien. Das anschließende »Schlafzimmer« war mit »grünen Seidenstofftapeten, 2 Messingbetten, Betstuhl, Kreuz aus Silber, Weihbrunnenkessel, 4 Heiligenbilder« ausgestattet. Ein Badezimmer und das »Kammerjungfernzimmer« bildeten die letzten Räume des 1. Stocks.

Der »lange Gang« im 2. Stock enthielt »15 Weidensessel, 10 Sessel, 3 Canapes, 165 Delfter Vasen, 120 Consolen«. Zur Delfter Serie gehörten ferner »2 Jardinieren, 2 rund, 11 Schüsseln, eine Kuh, Pyramidenpostamente« und ein Tafelaufsatz. An den mit rotem Stoff bespannten »Teesalon,« in dem sich ein Klavier befand, reihten sich die »Garderobe der kleinen Herrschaften,« das »Schlafzimmer des Hr. Stanovksy,« ein »Nebenzimmer (Salon),« das »Schlafzimmer der kleinen Herrschaften« mit zwei Messingbetten, der »Spielsalon,« das »Schlafzimmer der Prinzessin« und das »Mademoiselle Zimmer«. Diese Anordnung der Privatappartements für die Kinder Franz Ferdinands ist analog zur Raumabfolge in Konopischt organisiert. Es folgte ein weiterer Salon, im Inventar als »Rotes Nelkenzimmer« bezeichnet, mit Schreibtisch, Ottomane und Diwan. Die nächsten Räume waren wiederum Schlafzimmer mit den Bezeichnungen »Grünes Ringel-Zimmer, Mittelzimmer, Ringerl Toilettzimmer, Cretton Schlafzimmer«. Danach folgte der »Grüne Salon« mit vielen Sitzgelegenheiten und Fotos als Wanddekoration. Das »Blaue Eckzimmer« wurde durch die zwei Messingbetten wieder als Schlafgemach ausgewiesen. Der »Rote Salon« und das »Rosa Schlafzimmer« schlossen den Trakt im 2. Stock ab.

Der 3. Stock mit den Mansardenräumen bot Platz für Lager, wo unter anderem ein Fronleichnamsaltar, die bis heute erhaltene Turmuhr und zur Reserve fünf Kindersessel aus Weide und ein Kinderwagen abgestellt waren. Die Zimmer Nr. »8-14« waren Schlafzimmer für Diener.

Das Inventar von 1915 lässt sich durch Ankaufsverzeichnisse ergänzen, die Auskunft über einige Bezugsquellen des Erzherzogs geben. Es handelt sich um zwischen 1910 und 1913 über die Sammlung des Hofburgbaus getätigte Ankäufe Franz Ferdinands, die vom Hofburgdepot nach Chlumetz geschickt wurden. 1915 erfolgte der Rückversand eines Großteils derselben Stücke, in 28 Kisten verpackt, nach Wien.[121]

Der Ausstattung der Gänge und weiterer Räume von Schloss Chlumetz mit einer Sammlung von Delfter Porzellan lag, wie aus den Verzeichnissen abzulesen ist, ein jüngeres Sammlerinteresse Franz Ferdinands zugrunde. Ab 1910 wurden Delfter Vasen, Schüsseln und Teller von folgenden Händlern erworben: aus Wien von Schnabel, Osternitz, Járay, Dorotheum; aus München von Helbig, Märkl; aus Köln von Haustein; aus Stuttgart von Kölle und Löffler; aus Dresden von Leube, Olms, Müller und den Werkstätten für Kunstgewerbe; aus Haag von van Leuwen (Delfter Vase, Imitation), Huismann, van Emnde, Fuld, Speyrer, Androli (1911 nach Konopischt geschickt), Dronot, Wesser & Co, Bazar Royal, Lucas, Hilklen und der Neudelfter Porzellanfabrik Haag. Weitere Ankäufe waren 1912 eine Figur der hl. Genoveva mit Hirsch von Böhler in München, und zu 1913 angekauften Antiquitäten von Raffin in Brunneck zählen eine intarsierte Truhe aus dem Tauferer Tal, eine Truhe mit Flachschnitt aus dem Enneberger Tal und ein Majolika von Krügerl. Am 5. Juni 1914 wurden neben 2 Waschservices mit farbigem Laub einige sakrale Gegenstände inkorporiert, darunter 2 Leuchter tragende Engel, 2 vergoldete Rokoko-Reliquiare, 2 Prozessionsstangen und ein bemalter Hausaltar aus der Renaissance sowie mehrere teils barocke Holzfiguren und Hinterglasmalerei, die Heilige darstellen. Ob Franz Ferdinand 1914 daran dachte, in Chlumetz wieder einen Sakralraum einzurichten, ist nicht eindeutig abzulesen, möglich ist auch eine nur museale Aufstellung dieser Objekte.

Zusammenfassend kann festgestellt werden, dass die von der Familie genutzten Räume nach der Aufstockung im 1. und 2. Obergeschoss verteilt lagen. Durch den Ausbau wurde Platz geschaffen, um die Schlafzimmer mit standesgemäßen Nebenräumen auszustatten. Das eheliche Schlafzimmer mit angegliederten Räumen wurde im Bereich des früheren Junggesellenschlafzimmers im 1. Stock eingerichtet. Weitere Privaträume der Eltern lagen, den persönlichen Gegenständen nach zu urteilen, aber auch in der Nähe der Kinderzimmer im 2. Stock. Vor allem das aufwendige Kinderappartement macht deutlich, dass Schloss Chlumetz nicht mehr nur für kurze Jagdaufenthalte Franz Ferdinands benutzt wurde. Die Nennung einer großen Anzahl von Nippes oder etwa des privaten Tagebuchs von Franz Ferdinand stimmt mit dieser Tendenz überein. Auch einige Gästeschlafzimmer waren als Appartements mit eigenen zugewiesenen Salons angelegt.

Abb. 13-27: Fotoaufnahme des Rauchsalons im ersten Stock mit dem Titel »Jagdsalon«, zwischen 1908 und 1915. Die großformatigen Kohlezeichnungen von Pausinger wurden 1915 im Saal inventarisiert. (© Schloss Artstetten)

Augenfällig ist, dass die ägyptische Sammlung offensichtlich wieder komplett abgebaut wurde, da sich hierzu keinerlei Erwähnung mehr findet. Eingang fand hingegen eine neue Sammlung von Delfter Porzellan. Das Thema der Jagd dominierte die Ausstattung durch Aberhunderte von geschossenen heimischen Tieren, einige Exoten und Kunstgegenstände mit weidmännischen Motiven. Doch nicht alle Bereiche wurden davon eingenommen, Sophie und den drei Kindern wurde ausreichend viel Platz gewidmet. Im Übrigen war die Familie des Erzherzogs in die gesellschaftlichen und privat unternommenen Jagden eingebunden. Familienfotos zeigen die Kinder und Sophie im Wald mit erlegtem Wild posierend oder die spielenden Kinder in Räumen voller Jagdtrophäen.[122] Im Familienappartement in Konopischt sind etwa auch Kinderzeichnungen mit jagdbaren Tieren erhalten. Die massenhafte Zurschaustellung der Jagdtrophäen, die Franz Ferdinand bei seinen Rekordabschüssen produzierte, wirkt mit heutigen Augen gesehen martialisch, ist aber eher als sein persönliches Faible zu werten, weniger als ein geschlechtsspezifisches Verhalten, und wurde von Sophie wohl mehr als nur geduldet.

Abb. 13-28: Glasiertes Terrakottarelief im Stil der florentinischen Della Robbia-Werkstatt, vestibülseitige Supraporte zur Küche (© MOW)

Abb. 13-29: Glasiertes Terrakottarelief im Stil der della Robbia Werkstatt, vestibülseitige Supraporte zur Verwalterwohnung (© MOW)

In der biografischen Literatur zu Franz Ferdinand wird wiederholt thematisiert, wie frustbeladen die Momente am Wiener Hof und im sozialen Kreis des Wiener Hochadels durch die morganatische Ehe des Thronfolgers waren. Für den privaten Ausgleich scheint sich das Ehepaar auch im Chlumetzer Nebensitz einen weiteren Bereich geschaffen zu haben, wo sich die hochadeligen Gäste bei Jagden und Gastmahlen auf Augenhöhe begegneten, und das auf halben Weg zwischen dem Wiener Amtssitz des Thronfolgers und dem Hauptwohnort der Familie in Konopischt.

Erhaltene Reste der Ausstattung

An den äußeren Türöffnungen der Seitengänge im Parterre sind zwei glasierte Terrakottareliefs im Stil della Robbias in den Supraporten vermauert. Ein rechteckiges Relieffeld zeigt Brustbilder zweier sich zugewandter Engel (Abb. 13-28), das zweite Relief wird von einem bunten, halbkreisförmigen Blütenfeston eingefasst und zeigt eine von flankierenden Engeln angebetete Madonna mit Kind (Abb. 13-29). In den Inventaren scheinen die Terrakotten nicht auf, möglicherweise, weil die eingemauerten Reliefs nicht bei den beweglichen Gütern aufgenommen wurden.

Eine stilkritische Datierung der glasierten Reliefs im Stil der Della-Robbia-Familie, die sich bereits seit dem Quattrocento großer Popularität erfreuen, gestaltet sich schwierig – nicht zuletzt auch aufgrund der Produktionspraxis der Della-Robbia-Werkstatt, bei der oft mannigfache Abgüsse desselben Models in unterschiedlichen Qualitätsstufen angefertigt wurden und daher Originalabgüsse von frühen, als Massenware geschaffenen Repliken technisch und stilistisch kaum unterscheidbar sind. Bei einer oberflächlichen Beurteilung der mehrfarbigen Glasur des Blumenfestons an einem der Chlumetzer Reliefs erscheint die Arbeit von höherer Güte. Grundsätzlich erreichte die Beliebtheit aber auch der Repliken von glasierten Terrakotten á la della Robbia, speziell kleinformatiger religiöser Motive, im Laufe des 19. Jahrhunderts eine regelrechte Hochblüte. Ein weiteres, nicht glasiertes Terrakottarelief im Stil della Robbias wurde im Lapidarium an der Wand der Wäscherei in Konopischt vermauert. Planscig erwähnt mehrere Della-Robbia-Stücke, darunter auch Tondi aus der Este-Sammlung im Besitz Franz Ferdinands im Palais Modena.[123]

Zu erhaltenen schmiedeeisernen Arbeiten zählen die bereits erwähnten Türgitter und Beleuchtungskörper des Stiegenhauses und des Ganges im 1. Stock.[124] Zwei weitere stilistisch abweichende Schmiedearbeiten in der Form von Hängelaternen befinden sich im Parterre (Abb. 13-30). Dass schmiedeeiserne Laternen mit Ranken und Spiralen den

Abb. 13-30: Original erhaltene schmiedeeiserne Hängelaternen im Erdgeschoss von Schloss Chlumetz, 2. Hälfte 19. Jahrhundert (© AS)

Geschmack Franz Ferdinands trafen und er diese gerne im Bereich von Gängen anbringen ließ, zeigt auch der Bestand ähnlicher Laternen in Konopischt und im Belvedere.

In der Beletage sind noch originale Parkettböden aus der Zeit vor Franz Ferdinand in unterschiedlichen Erhaltungszuständen vorhanden. Teilweise gibt es im Gang (Abb. 13-25) und in einzelnen Räumen Vertäfelungen in den Fensterlaibungen und an der Wand sowie Lambrien über der Zentralheizung. Die Heizungsverkleidung entspricht mit den gestanzten Blechfeldern demselben Typus wie in Konopischt. Im ersten Stock ist ein barocker Kaminofen erhalten, der bereits auf dem Foto von Eckert (Abb. 13-18) festgehalten wurde.

Im Nordtrakt des 1. Stockwerkes befinden sich ein paar historistische Möbel im Stil der Neorenaissance.[125] Es handelt sich um einen ausziehbaren massiven Holztisch auf balusterförmigen Tischbeinen, zwei Kredenzen mit Einlegearbeiten und Stützsäulen, die eine ähnlich voluminöse Balusterform haben wie der Tisch, sowie acht Stühle mit gewundenen Beinen und einer bläulichen Lederbespannung der Sitz- und Lehnflächen mit eingestanzten hellen, ursprünglich wohl goldenen Blütenfestons und Greif-Drolerien.[126] Die Frage, ob diese Möbel als Reste der Ausstattung Franz Ferdinands zu bewerten sind, lässt sich aus der bekannten Quellenlage heraus nicht seriös beantworten.

DIE PARKANLAGE

Der Umbau der Hofanlage in einen Bau mit offenem Grundriss bedeutete die Herstellung eines unverbauten Blicks von allen Stockwerken zum Garten hin. Die schmale Tiefe des Haupttraktes und der kurzen Flügel in Richtung Süden mit einer dichten Abfolge der Fensterachsen (Abb. 13-31) führen zu einer guten Belichtung des Inneren und gleichzeitig zu einer guten Sicht in den Park. Dass der Blick aus den Fenstern für Franz Ferdinand bedeutsam war, belegt seine dokumentierte Order an den Architekten, Fenster im Stiegenhaus einzubauen, um die Aussicht vom Gang des 1. Stockes in den Garten zu ermöglichen.[127] Das von der Jagd bestimmte Leitthema der Innenausstattung scheint durch die Parkebene hinter den Fensteröffnungen wie in ein erweitertes, echtes Natursujet eingebettet.

Parallel zu den Bau- und Ausstattungsarbeiten lief die Umgestaltung des Gartens an. Nach dem Abbruch der Schlosstrakte und Nebengebäude wurden die neuen Bepflanzungen rund um das Schloss angelegt (Abb. 13-08). Die Lage bestehender größerer Bäume bestimmte das System aus gewundenen Wegen (Abb. 13-07). Der heutige Zustand des Parks spiegelt trotz des Erhalts einiger exotischer Baumsorten die Idee hinter dem Gartenkonzept Franz Ferdinands nur bedingt wider, da die Stauden und das Unterholz nicht mehr vorhanden sind. Im Hinblick auf das gärtnerische Konzept und den Aspekt der Aussicht vom Schloss aus ist ein Foto (Abb. 13-

Abb. 13-31: Südfassade des Schlosses Chlumetz, Barockstatuen flankieren den Eingang (© MOW)

32) mit einer Beschriftung durch Ernst, den Sohn Franz Ferdinands, aufschlussreich: »Baumgruppe in Chlumetz, Weihnachtskiefern ehemals vor den Schlafzimmerfenstern«.[128] Zu sehen ist eine verschlungene Wegführung und ein Mischwald, einige Koniferen machen sogar einen wetterzerzausten Eindruck. Der hier abgelichtete Park entsprach nicht mehr dem klassischen Landschaftsgarten mit nur wenigen langen Blickachsen entlang des Bachlaufs mit Baumbewuchs an den Seiten, wie er noch zu Franz d'Estes Zeiten bestand.[129]

Wie in Konopischt wurden auch in Chlumetz Prinzipien des »Woodland Gardenings«, einer Richtung der naturalistischen Gartenkunst nach William Robinson angewandt. Dazu gehören gartengestalterische Maßnahmen wie eine gewunden verlegte Wegführung zur Erschließung einer Serie von künstlich kreierten Waldszenerien, die einer bildhaften Komposition unterliegen. Einzelne Lichtungen, Bachläufe, Teiche, dichtere Waldpartien etc. wurden mittels unterschiedlicher Pflanzensorten perspektivisch und unter Berücksichtigung der Pflanzenfarben zusammengesetzt. Rhododendren, Koniferen und Farne bildeten weiche Übergänge zwischen dem hohen Gehölz und dem niedrigen Bewuchs und sollten einen natürlichen Wald suggerieren. Fotografisch festgehalten (Abb. 13-33) ist auch eine malerische, nadelholzgesäumte Lichtung mit einer markanten Birkengruppe in der Mitte. Ein weiteres Foto (Abb. 13-34) wiederum zeigt einen wenig repräsentativ erscheinenden Waldrand. Diese Aufnahme ist mit dem Kommentar »Park von Schloss Chlumetz,

Abb. 13-32: Heinrich Eckert, Fotoaufnahme des Schlossparks Chlumetz mit einer Beschriftung durch den Sohn Franz Ferdinands »Baumgruppe in Chlumetz, Weihnachtskiefern ehemals vor den Schlafzimmerfenstern.« Das Foto dokumentiert die Anwendung der naturalistischen Gartenkunst ab den späten 1890er Jahren. (© Schloss Artstetten)

Abb. 13-33: Lichtung im Schlosspark von Chlumetz, die nach den Prinzipien des Woodland Gardenings angelegt ist, Fotoaufnahme, nach 1900 (© Schloss Artstetten)

Abb. 13-34: Fotoaufnahme mit einer Beschriftung des Sohnes von Franz Ferdinand »Park von Schloss Chlumetz, Buchenwald welcher das Monument birgt«, nach 1900 (© Schloss Artstetten)

Buchenwald welcher das Monument birgt« versehen und dokumentiert einen für Chlumetz relevanten Gesichtspunkt des »Woodland Gardenings«: die Eignung des Waldgartens zur Jagd. Franz Ferdinand pflegte mit den mitteleuropäischen Wegbereitern der naturalistischen Gartenkunst enge Kontakte.[130] Konzeptionelle Anleihen nahm die naturalistische Bewegung auch aus der japanischen Gartenkunst.[131]

Die Rezeption ging mit der zeitgenössischen Popularität asiatischer Wohnkultur im Stil des Japonismus einher.[132] Die bei japanischen Gärten charakteristische Kreation von Landschaftsbildern mit Mitteln der Pflanzenfarbe und der Perspektive, wobei die Abfolge der Ebenen als Komposition aus Wegen, kleinen Wasserläufen und Brücken angelegt wurde, fand in Chlumetz direkten Widerhall. Die Errichtung verschiedener Brücken im Parkgelände ist archivalisch belegt. Zu einer erhaltenen Eisenbrücke gibt es eine Blaupause der Prager Maschinen-Actien-Gesellschaft aus dem Jahr 1900.[133] Ein weiterer technischer Entwurf stammt von Anton Biro, k. k. Hofschlosser Wien, aus dem Jahr 1902 (Abb. 23-02).[134] Ludwig Baumann, den der Thronfolger oftmals als Architekt eingesetzt hatte und der in Konopischt maßgeblich an der Planung des Rosengartens beteiligt war, lieferte ebenfalls einen Brückenentwurf für Chlumetz in japanischer Manier im Jahr 1910 (Abb. 13-38).[135] Die Gestaltung des Brückengeländers aus einem Gestänge mit dem Aussehen von Bambus in Chlumetz wurde in Konopischt gleichfalls angewandt. Eine heute nicht mehr erhaltene japanische Bambusbrücke eröffnete den gewundenen Weg zum Korkpavillon oberhalb des Rosengartens (Abb. 15-66).

Quellenmäßig lässt sich die Entwicklung des Chlumetzer Parks ab den späten 1890er-Jahren nachverfolgen. 1898 schickte der erzherzogliche Obergärtner Mößmer aus Konopischt seine »Pro-

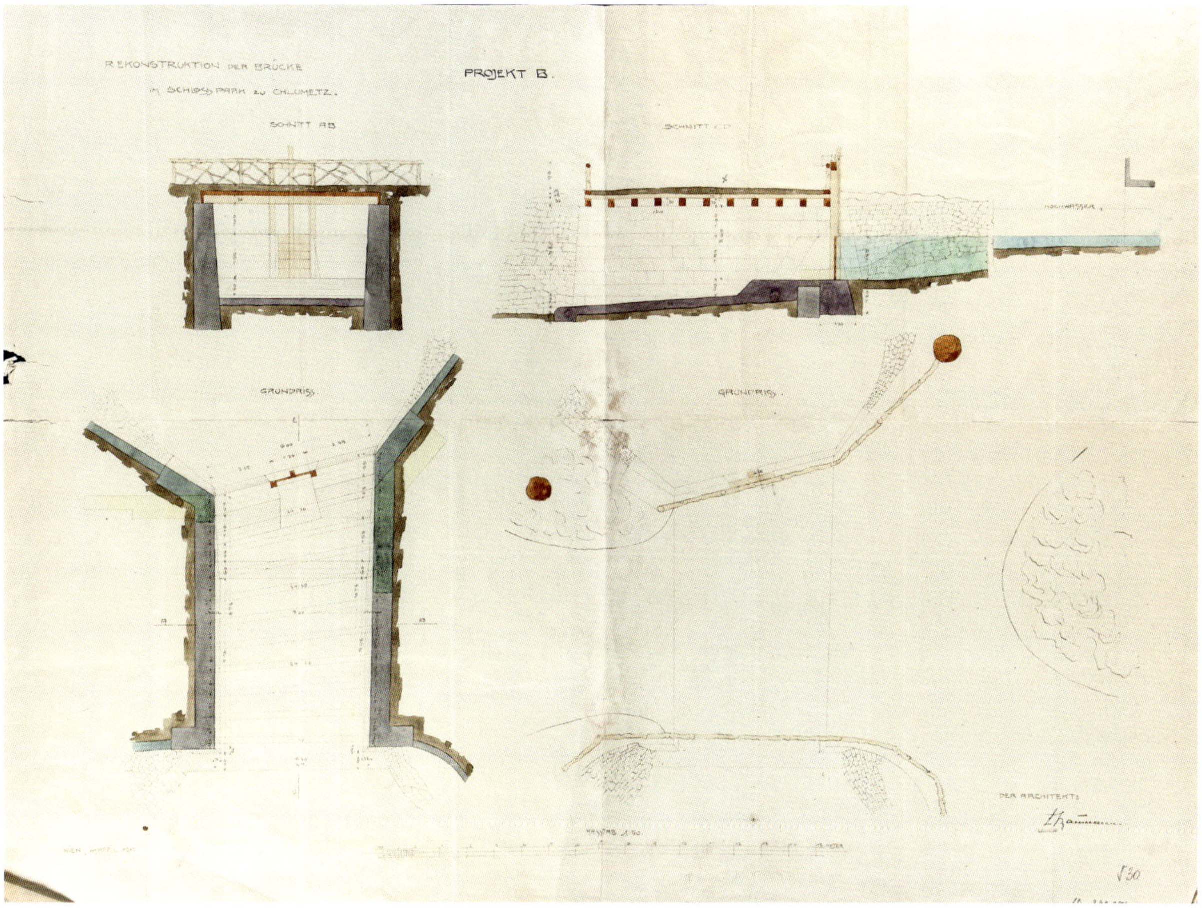

Abb. 13-38: Ludwig Baumann, Projekt für eine Parkbrücke mit bambusrohrförmigem Geflecht am Geländer, Tusche auf Papier, lasiert 1910 (© SOA Třeboň)

jektion der neuen Anlage« für den Park von Chlumetz.[136] 1900 erwartete der Gärtner Leo Batek in Chlumetz eine Lieferung von 30 Ballen Waldbäume per Bahn.[137] Im selben Jahr schrieb Mößmer aus Konopischt, dass der Gärtner Batek Anweisungen und eine Vorlage für Chlumetz benötige. Batek erstellte danach einen Kostenvoranschlag und Mößmer prüfte diesen. Batek und Mößmer nahmen danach Messungen zur Erweiterung vor (alter Teil 2842 m², neuer Teil 1389 m²). Weitere Abrisse von Häusern im Parkbereich und neue Pflanzenlieferungen per Bahn folgten.[138] 1901 kam der k.k. Hofgärtner Carl Kreuzer nach Chlumetz und wurde in einem Zimmer im Parterre des Schlosses untergebracht.[139] 1902 wurden große Rosenankäufe getätigt, die über den Konopischter Bahnhof (Benešov) geliefert wurden.[140] Im selben Jahr wird eine Skizze des Gärtners Ludwig Faukner im Zusammenhang mit 1445 Stück Rosen genannt.[141] 1902 wurden Tausende Stücke von Weidenstecklingen unterschiedlicher Sorten aus Erfurt bestellt.[142] 1903 bestellte Faukner Pflanzen, vor allem Blumen, aus Stuttgart.[143] Für 1904 sind weitere Ankäufe von Blumen, Sträuchern und Bäumen durch Schlossgärtner Faukner aus Dresden, Erfurt und Haarlem in Holland dokumentiert.[144] 1910 wurden verschiedene Baumsorten, darunter exotische Nadel- und Laubbäume, aus Baden bestellt.[145]

In die Auswahl der neuen Bepflanzung fielen sowohl heimische Sorten als auch Exoten. Heute stehen im Bereich des abgetragenen Meierhofes nördlich des Schlosses noch einige exotische Bäume. Für diesen Abschnitt des Parks sind zwei Bepflanzungs-

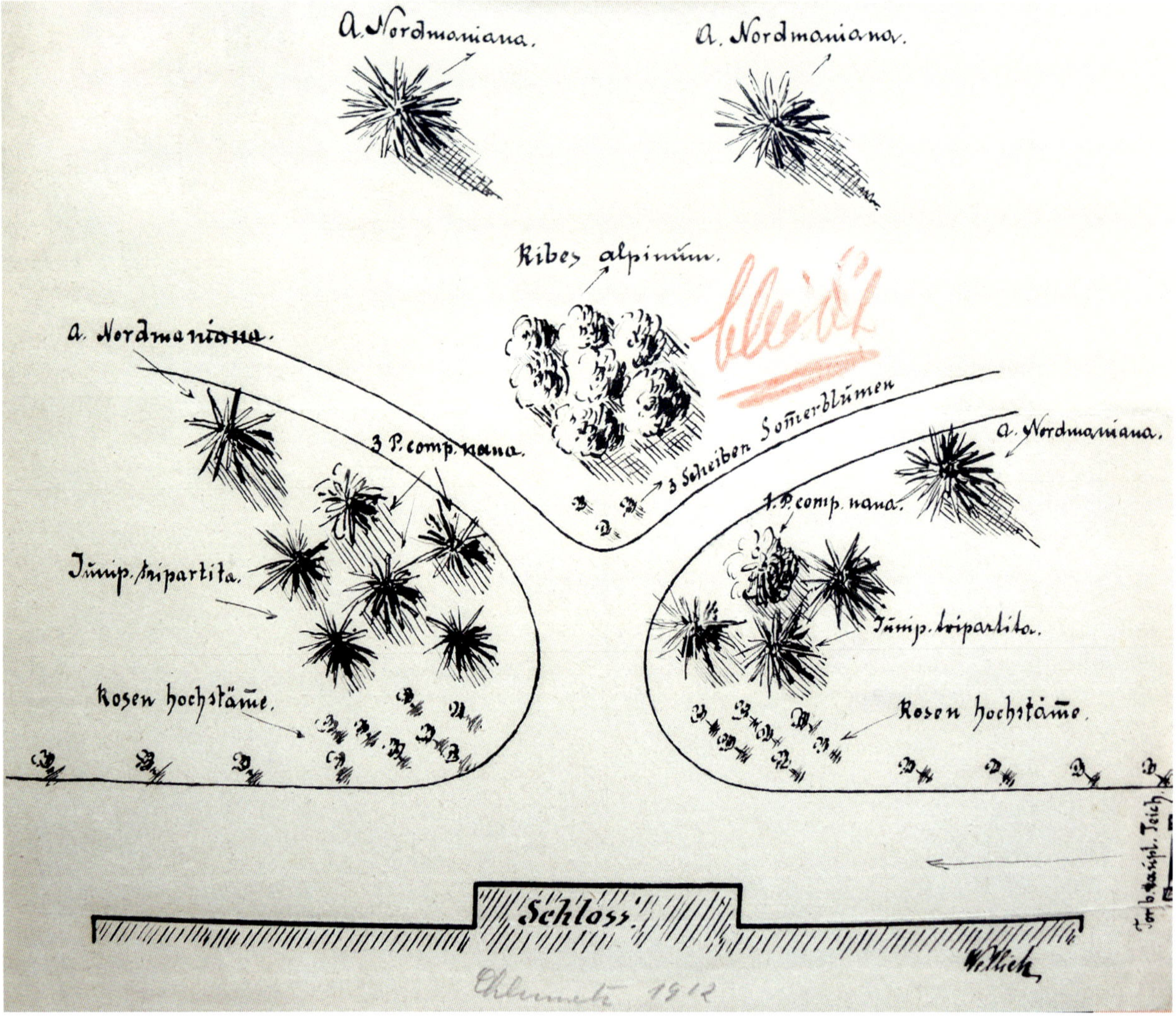

Abb. 13-35: Zweiter Entwurf für die Bepflanzung des Schlossparks Chlumetz vor der nördlichen Schlossfront, signiert »Wellietz«, nachträglicher Vermerk »Chlumetz 1912«. Der Einsatz von Rosen, Sommerblumen und Baumexoten entspricht der naturalistischen Gartenkunst. (© Schloss Artstetten)

entwürfe erhalten (Abb. 13-35), die eine Zusammenstellung nach Gesichtspunkten der naturalistischen Gartengestaltung reflektieren. Möglicherweise stammt der absegnende Vermerk mit roter Schrift auf dem Entwurf von Franz Ferdinand selbst. Durch den Einsatz von nicht heimischem Gehölz konnte gemäß den »Woodland«-Prinzipien die Farbpalette für die Gartengestaltung vergrößert werden, wobei sogar die farbliche Veränderung während der unterschiedlichen Jahreszeiten bewusst vorgeplant wurde.

Ein Bestandteil der Perspektiven entlang des Wegesystems waren romantische bildhauerische Elemente und Bauten. Dazu zählen in Chlumetz Versatzstücke wie eine barocke Steinvase, ein barockes Brückengeländer (Abb. 13-36) oder auch Steinfiguren auf Podesten (Abb. 13-31). Direkt vor der Südseite des Schlosses, an prominenter Stelle, befindet sich eine Skulptur aus Zementguss, ein Hirsch, der von zwei Jagdhunden zu Fall gebracht wird (Abb. 13-37).

Stilistischen Kriterien nach handelt es sich wohl um eine Auftragsarbeit von Franz Ferdinand. 1903/1904 wurden weitere Grundstücke angekauft und der Park wurde vergrößert. Etwa 20 Plastiken

Abb. 13-36: Romantische Aufstellung von Bildhauerarbeiten mit einem barock geformten Brückengeländer östlich des Schlosses im Schlosspark Chlumetz. Erzherzog Franz Ferdinand ließ in seinen Parkanlagen barocke, genauso wie zeitgenössische Skulpturen aufstellen (© AS)

Abb. 13-37: Jagdgruppe aus Zementguss auf der Südseite des Schlosses im Schlosspark Chlumetz, um 1900. (© AS)

Abb. 13-39: Rudolf Bruner-Dvořák, Fotoaufnahme der klassizistischen Fasanenvoliere im Schlosspark Chlumetz, um 1891 (© Schlossarchiv Konopischt)

Abb. 13-40: Heinrich Eckert, Fotoaufnahme der Brauerei im Zustand vor dem Umbau zu Dienstwohnungen, 1892 (© Schlossarchiv Konopischt)

aus Kalkstein und Zementguss, meist Figuren der antiken Mythologie, wurden aufgestellt.[146] 1904 wurden anlässlich der Dammsanierung zwei barocke Statuen, St. Anna und St. Johann darstellend – laut Aichelburg stammten sie vom Prager Bildhauer Kohl 1700–1730 –, versetzt und von František Hňatek restauriert.[147]

Gebäude innerhalb des Schlossparks

Wie auch in den anderen Landsitzen Erzherzog Franz Ferdinands wurden zugehörige Einzelbauten in Chlumetz umgestaltet. Die Versorgungsbauten in Schlossnähe wiesen unterschiedliche historisierende Architekturstile auf.

Fasanenvoliere (nicht erhalten)
Die Lage der klassizistischen Fasanenvoliere ist auf den verschiedenen Situationsplänen der unmittelbaren Schlossumgebung nicht eindeutig wiedergegeben. Das Gebäude war wohl, auf einer Geländestufe liegend, über breite, seitliche Treppen erreichbar und wirkte durch den Unterbau monumental (Abb. 13-39). Im Schematismus von 1891 wurde die Voliere für exotische Fasane noch erwähnt.[148]

Ehemalige Brauerei
Eines der wenigen Gebäude, das der Erzherzog im Gelände des Parks bestehen ließ, ist die ehemalige Brauerei (Abb. 13-40). Nach der von Franz Ferdinand angeordneten Schließung des Braubetriebs

Abb. 13-41: Rudolf Bruner-Dvořák, Fotoaufnahme der neogotischen Mühle, um 1891. Ab 1901 wurde hier die Stromerzeugung untergebracht. (© Schlossarchiv Konopischt)

Abb. 13-42: Heinrich Eckert, Fotoaufnahme des Graf Walther Hauses, 1892. Das Lusthaus befand sich nahe der Brauerei und wurde von der Familie Franz Ferdinands als Gartenpavillon genutzt. (© Schloss Artstetten)

wurden Dienstwohnungen eingerichtet. Der Umbau der Brauerei zu Kanzleien und Wohnungen fällt unter jene Arbeiten, bei denen Kinzl die Bauleitung innehatte und die der Baumeister Vrzal ausführte.[149]

Mühle

Ein weiter Auftrag an den Bauleiter Kinzl und den Baumeister Vrzal war der Umbau der bis heute bestehenden Mühle (Abb. 13-41), die ab 1901 der Stromproduktion diente.[150] Der Bau besticht durch seine neogotische Fassade mit spitzbogigen Fensteröffnungen und Wandpfeilern.

Gewächshaus für die Produktion von Ananas (nicht erhalten)

Seit 1855 wurden in Chlumetz Gewächshäuser für die Produktion von Ananas für den Export nach Wien und Dresden betrieben.[151] 1871 erarbeitete Kobilka einen Bauplan für die Errichtung eines neuen, größeren Ananashauses östlich der Brauerei.[152] Von 1903 sind Rechnungen an den Baumeister Krejčí, an die Firma Kunz wegen der installierten Wasserleitung und an die Firma Bräuer für die Heizanlage des Glashauses erhalten.[153] Franz Ferdinand ließ auch diesen profitablen Betrieb schließen und abreißen.

Abb. 13-43: Heinrich Eckert, Fotoaufnahme der neu errichteten Stallungen beim Schloss, 1892 (© Schlossarchiv Konopischt)

Lusthaus des Grafen Walther (nicht erhalten)
Ein Foto aus Eckerts Serie von 1892 aus Artstetten weist die Beschriftung »Graf Walther Haus« auf (Abb. 13-42).[154] Die Bezeichnung geht wahrscheinlich auf den ehemaligen Besitzer von Chlumetz, Graf Walther Laudon, zurück, der das Gut 1861 veräußert hatte. Im Inventar 207 werden im »Gartensalon« zwei »Zelte aus Eisen« und mehrere Sitzgelegenheiten genannt.[155] Dem Inventar 208 zufolge fanden sich 1890 im »Lusthaus 10 Rohrsessel, 1 langer Tisch 1 runder Tisch, 3 Gartenbänke.«[156]

Pferdestall
Im Fotoalbum Chlumetz 1892 von Eckert sind Pferdestallungen abgelichtet (Abb. 13-43). Wie beim neu errichteten Stallgebäude in Konopischt wurde auch in Chlumetz eine Fassade mit Backsteinverzierungen für den Stall gewählt. Möglicherweise nimmt eine erwähnte Adaptierung eines Stalls von 1902 durch Heinz Gerl Bezug auf diesen Bau.[157]

Gebäude außerhalb des Schlossparks

1914 lässt sich eine den früheren Abbrüchen von Wirtschaftsbauten in der Domäne entgegengesetzte Tendenz beobachten: die Errichtung einer Spiritusbrennerei, einer Mühle und eines Meierhofes in Chlumetz sowie weiterer Meierhöfe in Mirochau und Luttau.[158] Die Planung erfolgte durch den auch in Konopischt tätigen Oberbaurat Holzeland, die Bauausführung übernahm Baumeister Scharf. Zur Gruppe der neuen landwirtschaftlichen Bauten gehören die durch Baupläne belegte Scheune und ein weiterer Pferdestall.[159] Bei den Produktions- und Wohnbauten wurde das Augenmerk auf eine romantische Optik der Architektur gelegt. Im Gegensatz zu den ländlichen Einzelbauten der Domäne Konopischt, wo auch alpenländische Baustile Einzug hielten, wurden in Chlumetz sowohl die Neubauten als auch die Renovierungen an die südböhmische Bauweise angeglichen.

Schloss Fichtenthal
Das als Forsthaus oder als Schloss bezeichnete Gebäude scheint bereits im Kataster von 1827 auf. Ein Foto Eckerts von 1892 dokumentiert,[160] dass der Baubestand des Forsthauses der Gestalt entsprach, die in einer Zeichnung der Fassade (Abb. 13-44) aufgenommen wurde. Die unsignierte Zeichnung der Frontseite mit neuen Spalieren und einem Hubertusfresko könnte von der Hand Gerls stammen, der Reparaturarbeiten durchführen sollte. 1902 schrieb Gerl in einem Brief, er würde empfehlen, den Bau abzureißen, ein Neubau wäre billiger, die Decken seien aufgepölzt, um einen Einsturz zu verhindern.[161] In Gerls Brief ist ferner ein Verweis über die Nutzung des Fichtenthaler Forsthauses als herrschaftliche Absteige zu finden: »Als Absteigzimmer

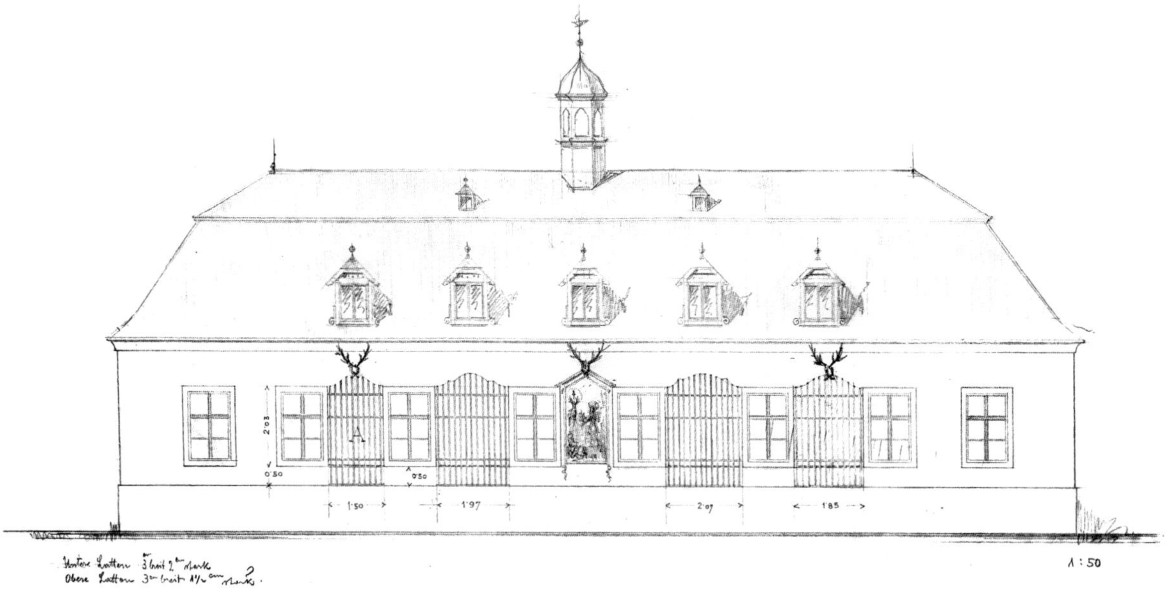

Abb. 13-44: Heinz Gerl (zugeschrieben), Entwurf für Dekorationen an der Frontfassade von Schloss Fichtenthal mit Geweihen, Spalieren und einem Hubertusfresko, Tusche und Bleistift auf Papier, wahrscheinlich1902 (© Schloss Artstetten)

für höchste Herrschaften sollte ein Vorraum vor der Kapelle gemacht werden, als Zugang zum Closet. Im übrigen Teile auch Wohnung für Förster, Adjunkt und eine Arbeiterwohnung.«

Forsthaus Silberloos
Zum Neubau des Forsthauses Silberloos ist eine Planzeichnung erhalten (Abb. 13-45).[162] Gerl erwähnt 1902 seinen Entwurf mit Ziegelmauerwerk im Parterre und Giebel, Wohnungen für Förster, Jäger und einen Adjunkt sowie einen extra Kuhstall und eine Scheune.[163] Der Haustypus unterscheidet sich nicht von der lokalen Bautradition. Die Zierformen am Forsthaus wie die Fachwerkelemente oder die Holzverstrebungen an der vorgezogenen Traufkante entsprechen einem überregional anwendbaren, vom Heimatstil abgeleiteten Vokabular.

Hegerhaus in Stankau
Zum Bau eines Hegerhauses im Jahr 1907 beim Stankauteich im Revier Mirochau ist eine Planzeichnung von Josef Krejčí erhalten.[164] Die Hofform mit zwei Giebeln seitlich der Einfahrt ist an die südböhmische Bauernhausarchitektur angelehnt. Die Fassade war mit einer einfachen Lisenengliederung versehen.

ANMERKUNGEN

1 Heute ist die tschechische Ortsbezeichnung Chlum u Třeboně. Der Gemeinderat beschloss 1908 die Ortschaft gegen den Willen des Erzherzogs von Chlumetz bei Wittingau in die tschechifizierte Version Chlum u Třeboně umzubenennen. Franz Ferdinand weigerte sich zeitlebens die offizielle Umbenennung anzuerkennen; siehe Aichelburg 2014, S. 811.

2 »Die Domäne besteht 1891 aus 122.252 ha Teichen, 449.788 ha Wäldern (…) Wild: Hoch, Damm u. Reh-Wild, Auer- u. Birkwild, Haselhühner, Rebhühner, Stockenten, Moorschnepfen und Hasen. Dammwildgarten: Schloss-Revier, Stand 180 Stk., exotische Fasanen werden in der Voliere gezüchtet. Die Waldarea bildet folgende Forstreviere: Schloss 52.547 ha, Hammerdorf 118.357 ha, Fichtenthal 892.47 ha, Stafkau 115.454 ha, Mirochau 54.770 ha, Silberlos 19.411 ha.« Topographisch-statistischer Schematismus 1891, S. 15.

3 Heute Chlum u Třeboně in Majdalena. 1908 wurde ein eigener Bahnhofswartesalon für Franz Ferdinand neben dem

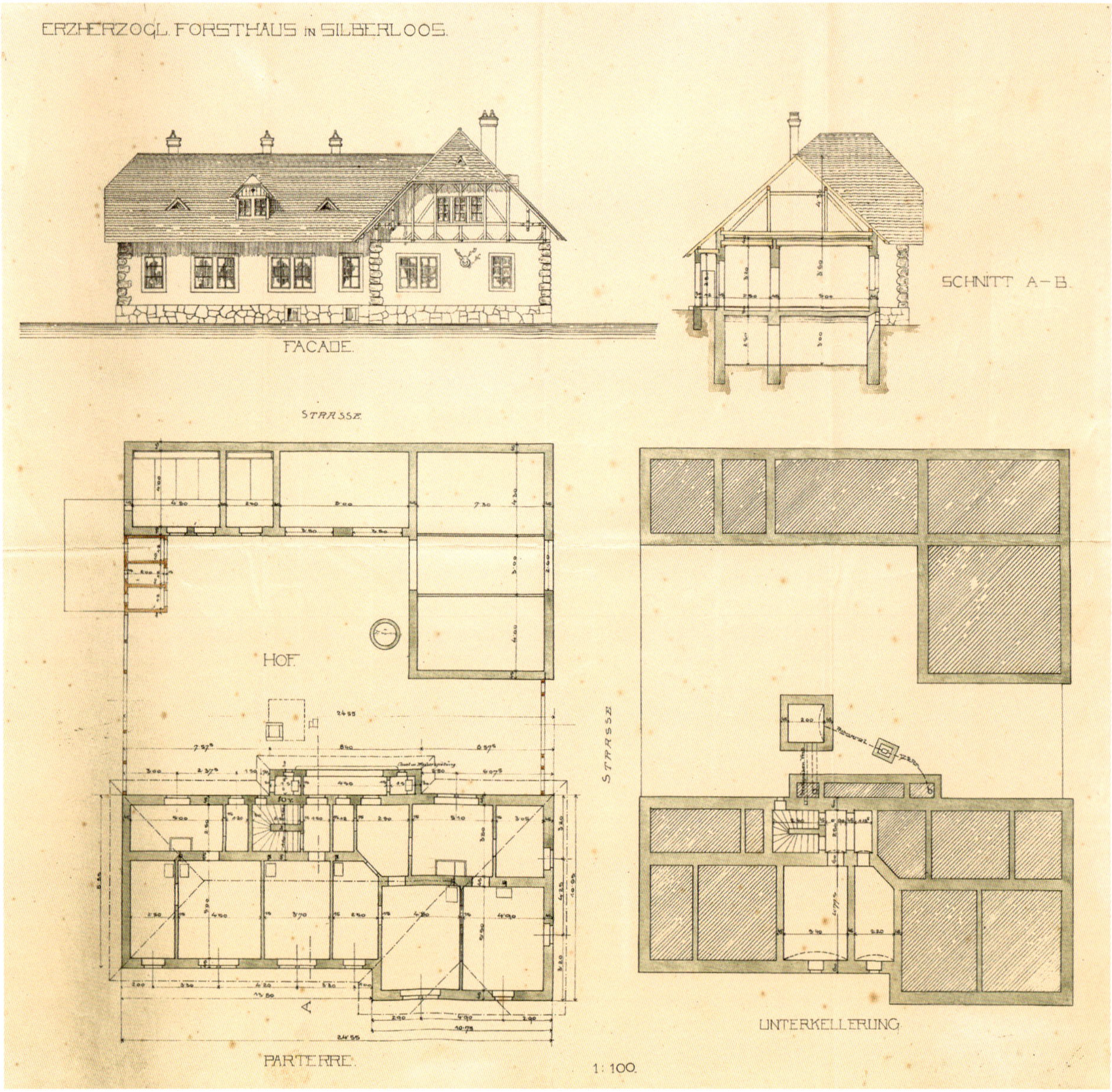

Abb. 13-45: Heinz Gerl, Entwurf des Forsthauses Silberloos mit Verwendung von Heimatstilelementen, Tusche auf Papier, wahrscheinlich 1902 (© SOA Praha)

Bahnhof Chlumetz-Pilar errichtet; siehe Aichelburg 2014, S. 900.

4 Auch Konopischt war mit der nahen Stadt Benešov direkt an die Franz-Josefs-Bahnstrecke angeschlossen.

5 Zur Absperrung des Gebietes rund um Konopischt siehe: Kapitel 15, Alena Skrabanek, Schloss Konopischt, S. 369f. Das Muster einer Ausweitung des privaten Areals wiederholte sich auch in Blühnbach; siehe Kuthan 2001, S. 155. Im Park von Chlumetz hatte ein Arbeiterkind aus einem anliegenden Arbeiterhaus offensichtlich eine Ente erschlagen. Franz Ferdinands Domänenverwaltung war nur schwer von einer gnadenlosen Strafverfolgung abzubringen; siehe SOA Třeboň, Fond Velkostatek Chlum u Třeboně, i.č. 515, Sign. XIII B1, Kt. 174, F. 196–197.

6 Im erweiterten Parkareal von Chlumetz wurden Arbeiterhäuser abgerissen. 1890 wurden die Eisen- und später die Glaswerke geschlossen, was die Gemeinde in wirtschaftliche Nöte brachte; siehe Aichelburg 2014, S. 811.

7 SOA Třeboň, Fond Velkostatek Chlum u Třeboně, i.č. 515, Sign. B III B2, Kt. 174, F. 2.

8 Veselý 1932, S. 179f.

9 Aichelburg spricht ohne Quellangabe davon, dass die gesamte Inneneinrichtung nach Konopischt und Židlochovice gebracht worden sei; siehe Aichelburg 2014, S. 901.

10 Im Grundbuch als Eigentümer eingetragen ist die Immobilienentwicklungsfirma *EST. IM. HO s.r.o*, die zur Firmengruppe rund um den italienischen Unternehmer *Girolamo D'Agostino* gehört. Der Verkauf des Schlossobjektes wird zurzeit durch die zum selben Firmennetz gehörige Firma *Operae spol.s r.o.* angeboten.

11 Vybíral 1997.

12 Aichelburg 2014.

13 Ebd., S. 810.

14 Ebd.

15 SOA Praha, Fond 285 Ústřední ředitelství hohenberských statků v Benešově, i.č. 270.

16 Ebd., i.č. 272.

17 Ebd., i.č. 273, 274.

18 Aichelburg 2014, S. 810. Stícha gibt an, dass die Kapelle im ältesten Teil des Schlosses zum ersten Mal 1693 in den Quellen genannt wird; siehe Stícha 2011.

19 Topographisch-statistischer Schematismus 1880, S. 11.

20 »Transportabler Altar mit aufstellbarer Platte worauf die Kreuzabnahme nebst zwei Evangelistenblättern zu sehen ist. Grün gepolsterter Betstuhl, braun gestrichener Betstuhl, Beichtstuhl ohne Anstrich, im Wandschranke rechts Altartücher, Unterlage für das Ciborium, Alba, vollständiges Messgewand 1 rot, 1 weiß, geblümt, Messkännchen von Glas, gläserne Wasserkanne, Altarpolster, kleiner runder Tisch, kleine Leuchter, Messglocke, Wachs Altarkerzen, Schwarzer Altarrahmen, gläserne Weihwasserbehälter an der Tür.« SOA Třebon, Fond Velkostatek Chlum u Třeboně, i.č. 513, Sign. XIII A2, Kt. 174, F. 164.

21 SOA Praha, Fond 285 Ústřední ředitelství hohenberských statků v Benešově, i.č. 208.

22 Hlavka 1904, S. 16.

23 Aichelburg 2014, S. 903.

24 Schloss Artstetten.

25 SOA Třeboň, Fond Velkostatek Chlum u Třeboně, i.č. 512, Sign. XIII A1, Kt. 174, F. 126. Durch das beigelegte Schreiben (F. 125) ist die Zeichnung datiert und Kobilka zugeordnet.

26 Vybíral 1997, S. 44.

27 Die Angabe bei Aichelburg, dass der nordöstliche Flügel mit einem Ess- und Billardzimmer zum baufälligen Gartenpavillon in der Zeit 1881–1884 errichtet wurde, scheint aufgrund der datierten Planskizze weniger realistisch; siehe Aichelburg 2014, S. 902.

28 Vybíral 1997, S. 45.

29 Topographisch-statistischer Schematismus 1880, S. 11.

30 SOA Praha, Fond 285 Ústřední ředitelství hohenberských statků v Benešově, i.č. 208, F. 1.

31 SOA Třeboň, Fond Velkostatek Chlum u Třeboně, mapy, č. 514.

32 Ein Foto des Meierhofs aus dem Album »Chlumetz 1892« von Heinrich Eckert trägt den Bildtitel »Beamtenwohnung« (Schlossarchiv Konopischt, K 188550). Ein weiterer Abzug derselben Aufnahme aus Schloss Artstetten zeigt die handschriftlichen Bezeichnungen »Meierhof und Directionswohnung«.

33 »Schlosshof«, Heinrich Eckert, Album »Chlumetz 1892«, Schlossarchiv Konopischt, K 188550; Rudolf Bruner-Dvořák Schlossarchiv Konopischt, K 37290, K 37292a. Die Kanzlei Franz Ferdinands bedankte sich am 6.5.1891 beim Fotografen Rudolf Bruner-Dvořák für die Anfertigung von Fotos, wobei es sich wahrscheinlich um Exterieuraufnahmen von Chlumetz handelte, und vergab den Auftrag für Innenaufnahmen. Bei der Gelegenheit lernte Bruner-Dvořák wohl den an Fotografie interessierten Erzherzog persönlich kennen und erhielt ab diesem Zeitpunkt wiederholt Aufträge. Später begleitete Bruner-Dvořák Franz Ferdinand auch zum Zweck, journalistische Fotografien der Tätigkeiten des Thronfolgers anzufertigen; siehe Scheufler 2001.

34 Der Budweiser Bildhauer Max Šaloun bot seine Dienste an, da er vom Umbau beziehungsweise von der Restaurierung des Schlosses erfahren hatte, und wurde von der Verwaltung an den zuständigen k.k. Hofbaumeister Heinz Gerl verwiesen; SOA Třeboň, Fond Velkostatek Chlum u Třeboně, i.č. 512, Sign. XIII A1, Kt. 174, F. 90.

35 Ebd., F. 88–89.

36 Inventar Chlumetz 1890–1897, SOA Praha, Fond 285 Ústřední ředitelství hohenberských statků v Benešově, i.č. 208, F. 3–8.

37 SOA Třeboň, Fond Velkostatek Chlum u Třeboně, i.č. 512, Sign. XIII A1, Kt. 174, F. 82–84.

38 Ebd., F. 79–81.

39 Ebd., F. 91–93.

40 Ebd., F. 70–76.

41 SOA Třeboň, Fond Velkostatek Chlum u Třeboně, mapy, č. 517–519. Der Plan 517 zeigt beide Grundrisse noch einmal auf einem Blatt und ist sowohl von Franz Kinzl als auch von Emanuel Vrzal unterfertigt.

42 SOA Třeboň, Fond Velkostatek Chlum u Třeboně, i.č. 512, Sign. XIII A1, Kt. 174, F. 77.

43 Aichelburg 2014, S. 900; Vybíral 1997, S. 45.

44 SOA Třeboň, Fond Velkostatek Chlum u Třeboně, i.č. 512, Sign. XIII A1, Kt. 174, F. 66.

45 Ebd.

46 SOA Třeboň, Fond Velkostatek Chlum u Třeboně, i.č. 512, Sign. XIII A1, Kt. 174, F. 62.

47 Ebd., F. 47–61.

48 SOA Praha, Fond 285 Ústřední ředitelství hohenberských statků v Benešově, i.č. 29, Sign. XVI/3, Kt. 3, F. 36–37.

49 SOA Třeboň, Fond Velkostatek Chlum u Třeboně, i.č. 512, Sign. XIII A1, Kt. 174, F. 47–55.

50 Ebd., F. 29.

51 SOA Praha, Fond 285 Ústřední ředitelství hohenberských statků v Benešově, i.č. 29, Sign. XVI/3, Kt. 3, F. 108.

52 Ebd., F. 36–37, 41–43.

53 Ebd., F. 70–74.

54 Entwurf für den Umbau mit fünfseitiger Beschreibung, Bleistiftvermerk »von Gerl« auf Rückseite, SOA Praha, Fond 285 Ústřední ředitelství hohenberských statků v Benešově, i.č. 276, 277.

55 Schloss Artstetten.

56 Brückler 2009, S. 27, 107, 122.

57 SOA Třeboň, Fond Velkostatek Chlum u Třeboně, i.č. 513, Sign. XIII A1, Kt. 174, F. 4–21, 30.

58 SOA Praha, Fond 285 Ústřední ředitelství hohenberských statků v Benešově, i.č. 29, Sign. XVI/3, Kt. 3, F. 66.

59 12.6.1901, ebd., F. 78–105v.

60 Ebd., F. 106–125.

61 HHStA, PAB J-16.

62 Datiert auf den 16.6.1901; SOA Třeboň, Fond Velkostatek Chlum u Třeboně, i.č. 513, Sign. XIII A1, Kt. 174, F. 30–33 und SOA Praha, Fond 285 Ústřední ředitelství hohenberských statků v Benešově, i.č. 29, Sign. XVI/3, Kt. 3, F. 122–125.

63 SOA Třeboň, Fond Velkostatek Chlum u Třeboně, mapy č. 521–523.

64 Datiert auf den 26.6.1901; SOA Praha, Fond 285 Ústřední ředitelství hohenberských statků v Benešově, i.č. 29, Sign. XVI/3, Kt. 3, F. 77.

65 Ein Kohleantrieb wäre mit zu hohen Betriebskosten verbunden gewesen. Es wurde die Empfehlung ausgesprochen, dass, wenn Franz Ferdinand sich in Chlumetz aufhalte, der Müller Dubsky Strom liefern solle. Dieser würde dafür eine Verlängerung seines Pachtvertrags verlangen. Ebd., F. 111–112.

66 In einem Brief der Domäne Chlumetz an die Zentral-Direktion in Friedegg vom 26.7.1901 wurde eine weitere Stromanlage in der Mühle oder in der Glasschleiferei in Erwägung gezogen. Der Kostenvoranschlag für die Turbine von der Firma J. C. Bernard, Karolinenthal, war günstiger als jener der deutschen Firma. Ebd., F. 51–53.

67 Ebd., F. 56–58

68 Ebd., F. 50–51.

69 SOA Praha, Fond 285 Ústřední ředitelství hohenberských statků v Benešově, i.č. 276.

70 Siehe S. 216f.

71 Hoffmann 1994.

72 Vybíral 1997, S. 46.

73 SOA Třebon, Fond Velkostatek Chlum u Třeboně, i.č. 512, Sign. XIII A2, Kt. 174, F. 196.

74 Ebd., F. 194–200.

75 Ebd., F. 180, 184, 185, 186.

76 Ebd., F. 174, 181.

77 Ebd., F. 164–175.

78 Siehe S. 193.

79 SOA Třebon, Fond Velkostatek Chlum u Třeboně, i.č. 513, Sign. XIII A2, Kt. 174, F. 177, 179.

80 Ebd., F. 216.

81 Siehe S. 207.

82 SOA Třebon, Fond Velkostatek Chlum u Třeboně, i.č. 513, Sign. XIII A2, Kt. 174, F. 187–190.

83 Ebd., F. 102.

84 Ebd., F. 77.

85 Ebd., F. 97–101.

86 SOA Praha, Fond 285 Ústřední ředitelství hohenberských statků v Benešově, i.č. 29, Sign. XVI/3, Kt. 3, F. 36–37, 41–43.

87 Inventarbuch Chlumetz 1890–1897, SOA Praha, Fond 285 Ústřední ředitelství hohenberských statků v Benešově, i.č. 208.

88 Das Archiv in Konopischt ist um zwei Innenaufnahmen von Chlumetz reicher. Ein Merkmal der Chlumetzer Räume ist das kontrastierende Parkettmuster. Für die Datierung der Aufnahmen um 1890 sprechen die Übereinstimmungen mit der Möblierung im Inventarbuch 208 aus diesem Jahr. Ein weiteres Fotoalbum mit Außenaufnahmen der Domäne Chlumetz fertigte Heinrich Eckert 1892 an.

89 Inventarbuch Chlumetz 1890–1897, SOA Praha, Fond 285 Ústřední ředitelství hohenberských statků v Benešově, i.č. 208, F. 51–53.

90 SOA Třebon, Fond Velkostatek Chlum u Třeboně, i.č. 512, Sign. XIII A2, Kt. 174, F. 250–251v.

91 Ebd., F. 13–13v.

92 Freundlicher Hinweis von Dr. Ilsebill Barta.

93 Vybíral 2008; www.architektenlexikon.at/, 12.3.2015.

94 Weiterführend siehe: Kapitel 15, Alena Skrabanek, Schloss Konopischt, S. 316.

95 Porzellan Service (…) original blau Meissner von der Firma Ernst Wahlis Kärtnerstr. 17, Wien, Porzellan Warenhaus. Teekannen etc. am 20.3. von Rosenberg. Speiseservice (alte Gattung). Glasservice (Glas (…) von der Firma Lobmeyer Kärtnerstr. 13 Wien – 1890 nach Konopischt, Glasservice (alte Gattung), Glasservice grün, neu am 23. Nov. 1890 von Lobmeyer empfangen, Silbergegenstände (…) ferner Silbergegenstände welche im Walde benützt werden (in einem Lederetui) – Esslöffel, Gabel, Messer, Löffel.

96 Auf den Buchdeckel des Inventarbuchs i.č. 208 eingeklebt ist der Gegenschein von Artstetten: 1897 in Artstetten aus Chlumetz übernommen »Hund in der Hundhütte No. 91, 2 Blumenvasen aus Hörner zusammengestellt No. 49–50, ein Aschenbehälter aus Eisenblech und innen emailiert No. 183a.«

97 Journal zum Schloßinventar, SOA Třeboň, Fond Velkostatek Chlum u Třeboně, i.č. 512, Sign. XIII A2, Kt. 174, F. 162; identische Angaben wie Inventar 1890–1897, SOA Praha, Fond 285 Ústřední ředitelství hohenberských statků v Benešově, i.č. 208, F. 101.
98 SOA Třebon, Fond Velkostatek Chlum u Třeboně, i.č. 512, Sign. XIII A2, Kt. 174, F. 163; weitere Details in: SOA Praha, Fond 285 Ústřední ředitelství hohenberských statků v Benešově, i.č. 208, F. 101, 102.
99 SOA Třebon, Fond Velkostatek Chlum u Třeboně, i.č. 512, Sign. XIII A2, Kt. 174, F. 243.
100 SOA Praha, Fond 285 Ústřední ředitelství hohenberských statků v Benešově, i.č. 207, F. 102. Heute befindet sich in einem Gang des dritten Stockes in Konopischt eine Serie von amerikanischen Karikaturen. Es ist anzunehmen, dass die Serie entweder geteilt wurde oder die Stücke aus Chlumetz wieder nach Konopischt zurückgebracht wurden.
101 SOA Třebon, Fond Velkostatek Chlum u Třeboně, i.č. 512, Sign. XIII A2, Kt. 174, F. 163; fast identisch mit: SOA Praha, Fond 285 Ústřední ředitelství hohenberských statků v Benešově, i.č. 208, F. 102.
102 Ebd., F. 204.
103 SOA Třebon, Fond Velkostatek Chlum u Třeboně, i.č. 512, Sign. XIII A2, Kt. 174, F. 163; SOA Prag Fond 285 Ústřední ředitelství hohenberských statků v Benešově, i.č. 208, F. 102, 103.
104 SOA Praha, Fond 285 Ústřední ředitelství hohenberských statků v Benešově, i.č. 208, F. 204.
105 Ebd., F. 201, 204.
106 SOA Třebon, Fond Velkostatek Chlum u Třeboně, i.č. 513, Sign. XIII A2, Kt. 174, F. 158.
107 Ebd., F. 157.
108 SOA Praha, Fond 285 Ústřední ředitelství hohenberských statků v Benešově, i.č. 29, Sign. XVI/3, Kt. 3, F. 48.
109 »(…) mit je 2flügeliger Tür, Kämpfer und halbkreisförmiger Oberlichte, beiderseits gleiche Ausführung aus 2 µ trockenem Fichtenholz nach vorliegender Skizze, braun gebeizt 2 mal mit feinstem Leinöl eingelassen á 2,35 m breit, 3,9 m hoch zusammen 18,52 m2.« Die Kosten inkludieren eine Aufstellung an Ort und Stelle von 2 Stück Eisenschließer mit Drücker sowie »4 Stück Spiegelglastafeln 1,55 m hoch 0,75 m breit in weißem Ton gehalten mit feinst geätzten Eckstücken und 2 Stück Spiegelglastafeln 2,05, breit und 0,98 m hoch für die halbkreisförmige Oberlichte in der derselben Ausführung wie Pos. 4«, die Verpackung und den Transport per Bahn aus Wien.
110 SOA Praha, Fond 285 Ústřední ředitelství hohenberských statků v Benešově, i.č. 53, Sign. XLII/6, Kt. 13, F. 47–57. Weiterführend siehe: Kapitel 15, Alena Skrabanek, Schloss Konopischt, S. 266.
111 SOA Praha, Fond 285 Ústřední ředitelství hohenberských statků v Benešově, i.č. 29, Sign. XVI/3, Kt. 3, F. 69v.
112 SOA Třeboň, Fond Velkostatek Chlum u Třeboně, mapy, č. 520.
113 Siehe S. 198.
114 SOA Praha, Fond 285 Ústřední ředitelství hohenberských statků v Benešově, i.č. 207.
115 Die undatierte Zeichnung für den Holzverbau der Galerie zum Treppenhaus (Abb. 13-26) gibt auch das Vorhaben, eingebaute Bücherschränke im Gang in Auftrag zu geben, wieder.
116 Im Inventar 207 ist bei durchgehender Nummernfolge der Räume im ersten Obergeschoss der Speisesaal neben dem großen Saal nicht aufgenommen. Bei der nachfolgenden Inventarisierung scheint dieser jedoch wieder auf.
117 Schloss Artstetten.
118 HHStA, OMaA, Verlassenschaftsabhandlung Franz Ferdinand, Bd. 502, Inventur Domäne Chlumetz. Freundliche Unterstützung bei diesem Rechercheanteil von Dr. Marlene Ott-Wodni.
119 Schloss Artstetten. Der tschechische Fototitel bezeichnet den Raum als Jagdsalon; Verleger O. Semrad, Büchergeschäft Třebon. Die Ortsbezeichnung »Chlum u Třeboně« liefert einen Terminus post quem, da die Gemeinde 1908 offiziell von Chlumec in Chlum umbenannt wurde. Vybíral publizierte eine ähnliche Fotografie desselben Raumes, die im Grunde keine anderen Ausstattungsteile abbildet; siehe Vybíral 1997.
120 SOA Praha, Fond 285 Ústřední ředitelství hohenberských statků v Benešově, i.č. 29, Sign. XVI/3, Kt. 3.
121 Schloss Artstetten.
122 Ebd.
123 Planscig 1919, S. 72–76.
124 Siehe S. 216.
125 Die Stücke sind mit Inventarisierungsplaketten der VEB Spolana Neratovice versehen, die das Schloss nach 1960 als Erholungsheim nutzte.
126 Im Inventar 208 werden im Speisesaal im 1. Stock »12 Renaissance Sessel mit Lederüberzug« genannt. Diese scheinen als Ankauf bei J. Stary am 9.9.1895 auf; siehe Journal zum Schloßinventar, SOA Třeboň, Fond Velkostatek Chlum u Třeboně, i.č. 512, Sign. XIII A2, Kt. 174. Ob die in der Quelle genannten Stühle mit den heute vorhandenen zu identifizieren sind, ist nicht gesichert.
127 In einem Brief mit einer Baubeschreibung und einer Entwurfszeichnung an den Zentraldirektor Westerheim Ritter von Wettstein schreibt Baurat Heinz Gerl 1901: »An der rückwärtigen Park-Facade sind Stiegenhausfenster im 1. Stock umgeändert eingezeichnet, sodaß die Aussicht vom 1. Stock Gang direkt in den Garten möglich ist.« Diese Änderung erfolgte direkt auf Befehl Franz Ferdinands an den

Bauleiter bei seinem letzten Aufenthalt in Chlumetz. SOA Praha, Fond 285 Ústřední ředitelství hohenberských statků v Benešově, i.č. 29, Sign. XVI/3, Kt. 3, F. 77.

128 Schloss Artstetten.

129 SOA Praha, Fond 285 Ústřední ředitelství hohenberských statků v Benešově, i.č. 271.

130 Siehe Kapitel 15, Alena Skrabanek, Schloss Konopischt, S. 354.

131 Dank an Dr. Ilsebill Barta für den freundlichen Hinweis.

132 Zum Japonismus siehe auch: Kapitel 9, Alena Skrabanek, Das Appartement des Kronprinzen in der Prager Burg S. 143.

133 Blaupause für eine Strassenbrücke im Park, Prag 1900, Prager Maschinen-Actien-Gesellschaft (vormals Ruston & Comp.), SOA Třeboň, Fond Velkostatek Chlum u Třeboně, i.č. 515, Sign. XIII B1, Kt. 174, F. 82.

134 Eisenbrücke – Strassenbrücke, Ausführung durch Anton Biro k.k. Hofschlosser, Eisenconstructionswerkstätte und Brückenbauanstalt Wien 1902, SOA Třeboň, Fond Velkostatek Chlum u Třeboně, i.č. 515, Sign. XIII B2, Kt. 174, F. 55–70.

135 SOA Třeboň, Fond Velkostatek Chlum u Třeboně, mapy, č. 534.

136 SOA Třeboň, Fond Velkostatek Chlum u Třeboně, i.č. 515, Sign. XIII B1, Kt. 174, F. 174–175.

137 Ebd., F. 177.

138 Ebd., F. 221, 230, 231, 241.

139 SOA Třeboň, Fond Velkostatek Chlum u Třeboně, i.č. 515, Sign. XIII B1, Kt. 175, F. 199.

140 SOA Třeboň, Fond Velkostatek Chlum u Třeboně, i.č. 515, Sign. XIII B1, Kt. 174, F. 184.

141 Ebd., F. 185.

142 Ebd., F. 186.

143 Ebd., F. 187.

144 Ebd., F. 190–193.

145 Ebd., F. 189.

146 Aichelburg 2014, S. 903.

147 Ebd. und SOA Třeboň, Fond Velkostatek Chlum u Třeboně, i.č. 515, Sign. XIII B2, Kt. 174, F. 4, 5.

148 Topographisch-statistischer Schematismus 1891, S. 15.

149 Aichelburg 2014, S. 900; Vybíral 1997, S. 45.

150 Ebd.

151 SOA Třeboň, Fond Velkostatek Chlum u Třeboně, i.č. 515, Sign. XXX B5, Kt. 175, F. 244–366.

152 SOA Třeboň, Fond Velkostatek Chlum u Třeboně, mapy, č. 528.

153 SOA Třeboň, Fond Velkostatek Chlum u Třeboně, i.č. 515, Sign. XIII B2, Kt. 174, F. 13–54.

154 Schloss Artstetten.

155 SOA Praha, Fond 285 Ústřední ředitelství hohenberských statků v Benešově, i.č. 207, F. 224.

156 SOA Praha, Fond 285 Ústřední ředitelství hohenberských statků v Benešově, i.č. 208, letzte unpaginierte Seite.

157 SOA Praha, Fond 285 Ústřední ředitelství hohenberských statků v Benešově, i.č. 276.

158 SOA Praha, Fond 285 Ústřední ředitelství hohenberských statků v Benešově, i.č. 46, Sign. XXXV/12, Kt. 9, F. 97–98.

159 Ebd., F. 97–100.

160 Foto von Heinrich Eckert 1892, Forsthaus Fichtenthal, Fotobeschriftung »Hüttenhof mit Park«, Schloss Artstetten.

161 SOA Praha, Fond 285 Ústřední ředitelství hohenberských statků v Benešově, i.č. 276.

162 SOA Praha, Fond 285 Ústřední ředitelství hohenberských statků v Benešově, i.č. 29, Sign. XVI/3, Kt. 3, F. 1.

163 SOA Praha, Fond 285 Ústřední ředitelství hohenberských statků v Benešově, i.č. 276.

164 SOA Praha, Fond 285 Ústřední ředitelství hohenberských statků v Benešově, i.č. 29, Sign. XVI/3, Kt. 3, F. 129–142.

14. ERSTER PRIVATBESITZ ZUR HOCHWILDJAGD

DAS JAGDSCHLOSS LÖLLING IN KÄRNTEN

Marlene Ott-Wodni

»Ich schreibe Dir hier aus Kärnten, wo ich der Hirschbrunft halber auf meinem Alpenbesitz bin. Ich hoffe sehr, dass sich vielleicht nächstes Jahr im Sommer die Gelegenheit ergeben wird, Dir mein kleines Schlösschen und meine schönen Alpenhütten in diesem herrlichen Gebirge zeigen zu können.«[1]

Im Alter von 23 Jahren erwarb Franz Ferdinand seine erste Immobilie mit seinem Privatvermögen. Es handelte sich um ein stattliches Herrenhaus (Abb. 14-01) – von ihm später als Jagdschloss bezeichnet – in Lölling in Kärnten. Franz Ferdinand kannte und schätzte das Löllinger Jagdgebiet von früheren Aufenthalten.[2] Durch Vermittlung seines Kammervorstehers Graf Leo Wurmbrand-Stuppach wurde der Erzherzog 1886 auf das Herrenhaus aufmerksam, das zur Erbschaft von Wilhelmine Gräfin Wurmbrand-Stuppach, geb. Freiin von Dickmann, gehörte. Franz Ferdinand erstand am 5. Mai 1886 die insgesamt 7,62 Hektar umfassende Liegenschaft für einen Preis von 20.000 Gulden von dem Universalerben Gundacker Graf Wurmbrand-Stuppach.[3]

Die Geschichte des Jagdschlosses ist eng mit der Geschichte des Ortes Lölling verknüpft. Lölling liegt in einem engen Gebirgstal auf 909 Meter Höhe. Das Ortsbild ist durch die jahrhundertelange Bergbautätigkeit geprägt, die sich am Kärntner Erzberg, dem sogenannten Hüttenberg, schon seit der Römerzeit nachweisen lässt. Im 18. Jahrhundert erlebte Lölling einen wirtschaftlichen Aufschwung. Bis zu Beginn der 1760er-Jahre wurde die Erzverhüttung von zahlreichen kleinen Betrieben durchgeführt. Nach dem Zusammenschluss von mehreren Gewerken ging dann 1764 der erste Floßofen im Löllinger Graben in Betrieb. 1822 wurde im Auftrag der Gewerkin Johanna Dickmann-Secherau ein neuer großer Hochofen in Lölling errichtet, zwei weitere Öfen folgten in den 1840er-Jahren.[4]

Die Familie Dickmann-Secherau zählte seit dem 18. Jahrhundert zu den einflussreichsten Unternehmern in Lölling. Durch geschickte Heirats- und Firmenpolitik gelang es Johann von Dickmann-Secherau zu Beginn des 19. Jahrhunderts, alle Gewerke im Löllinger Graben zur Dickmann'schen Gewerkschaft zu vereinen. Nach seinem Tod übernahm seine Gattin Johanna die Betriebsführung, der ihr Sohn Eugen von Dickmann-Secherau nachfolgte.[5]

DIE BAU- UND AUSSTATTUNGSGESCHICHTE DES JAGDSCHLOSSES

An der Stelle des heutigen Löllinger Jagdschlosses befand sich ursprünglich das Gut Zechnerhof, das seit dem 18. Jahrhundert im Besitz der Familie Dickmann-Secherau war. 1834 wurde im Auftrag von Eugen von Dickmann-Secherau ein neues Herrenhaus errichtet, dem das Wirtschaftsgebäude des früheren Zechnerhofes weichen musste. Das frühere Wohnhaus befand sich westlich des heutigen Schlosses.[6] Im schmiedeeisernen Torbogen der Eingangstüre sind sowohl die Jahreszahl als auch die Initialen des Erbauers vermerkt. Die gekreuzten Hämmer geben Aufschluss über die Bergwerksprofession des Besitzers.

Das zweigeschossige Gebäude mit einem risalitartigen Vorbau an der Nordfassade liegt direkt am Fuße eines Berghanges und erhebt sich über einem rechteckigen Grundriss, der von einem West-Ost-orientierten Gang dominiert wird, zu dessen beiden Seiten die Wohnräume angeordnet sind. Der Haupteingang des Schlosses befand sich zur Zeit Franz Ferdinands im Osten. Wie Befundungen durch das Denkmalamt ergeben haben, war die Fassade zur Erbauungszeit in einem hellen Grünton gehalten.[7] In der zweiten Hälfte des 19. Jahrhunderts wurde das Gebäude mit einem ockerfarbenen Anstrich versehen (Abb. 14-01); dieser Zustand blieb bis zu einer groß angelegten Sanierung im Jahr 2002 bestehen.

Abb. 14-01: Markus Pernhart, Jagdschloss Lölling, Öl auf Leinwand, Mitte 19. Jahrhundert (© PB)

Ein Foto des Kärntner k. k. Hoffotografen Alois Beer (1840–1916)[8] zeigt das Schloss zur Zeit Franz Ferdinands (Abb. 14-02). Der östliche Haupteingang war von Efeu umrankt und von einem Bild des hl. Hubertus sowie zwei Hirschgeweihen bekrönt. Über dem Westtor waren ein Bild des hl. Florian sowie ebenfalls zwei Hirschgeweihe auf Holzschildern angebracht. In späteren Jahren zierte sowohl die West- als auch die Ostfassade in Erdgeschosshöhe ein charakteristisches Spalier (Abb. 14-03).

Im Inneren des Schlosses wurden unter Franz Ferdinand neue Kachelöfen, eichene Füllungstüren sowie Lambrien eingebaut. Die Farbgebung der Wände, Türen und Fenster lässt sich heute nicht mehr rekonstruieren, da bei den letzten umfangreichen Sanierungsmaßnahmen durch den Einbau einer Wandheizung und das Ablaugen der Fenster und Türen die alte Substanz vernichtet wurde.

Unter Franz Ferdinand setzte sich die Einrichtung großteils aus bäuerlichem Mobiliar zusammen. Der Erzherzog war als leidenschaftlicher Sammler von volkstümlichen Objekten bekannt. Oftmals versuchte er bei der Auswahl der Objekte auf den zukünftigen Aufstellungsort Bezug zu nehmen. So stattete er beispielsweise Schloss Blühnbach in Salzburg bevorzugt mit salzburgischen Einrichtungsgegenständen und Kunsthandwerk aus. Im Schloss Lölling ist jedoch nur ein geringer Teil des Inventars kärtnerischen Ursprungs.

Das im Wiener Haus, Hof- und Staatsarchiv erhaltene Nachlassinventar,[9] das nach dem Tod des Erzherzogs im Oktober 1914 aufgenommen wurde, vermittelt einen anschaulichen Eindruck der Wohnräume und der Raumaufteilung. Man muss hier jedoch berücksichtigen, dass das Inventarbuch den Zustand der Wohnräume nach der Hochzeit mit Sophie Chotek und der Geburt der drei Kinder Sophie

Abb. 14-02: Alois Beer, Jagdschloss in Lölling zur Zeit Franz Ferdinands, Ostfassade, um 1900 (© Schloss Artstetten)

Abb. 14-03: Jagdschloss Lölling, Westfassade mit Spalier, 1. Hälfte 20. Jahrhundert (© Schloss Artstetten)

Abb. 14-04: Jagdschloss Lölling, Gang im ersten Obergeschoss mit Oberlichten, Fotoaufnahme 2014 (© MOW)

(1901–1990), Maximilian (1902–1962) und Ernst (1904–1954) dokumentiert. Vor der Vermählung im Jahr 1900 unterschied sich die Raumfolge sicherlich, da sie an die Junggesellenbedürfnisse des Erzherzogs angepasst war.

1914 befanden sich im Erdgeschoss die Personalräume, das Telefonzimmer und die Küche. Der Gang war mit verschiedenen Holzschnitzarbeiten, Gewehren, Jagdtrophäen, darunter 232 Hirschgeweihe, sowie 68 Stichen von Johann Elias Ridinger geschmückt.[10]

Das erzherzogliche Appartement war im ersten Stock situiert. Der zentrale Gang teilte die nördliche und südliche Raumfolge. Darüber hinaus wies er eine architektonische Besonderheit auf, da er mit polygonalen länglichen Oberlichten (Abb. 14-04) versehen war, die durch Lichtkuppeln am Dachboden erhellt wurden. Der Flur war mit zahlreichen Antiquitäten bestückt und die Wände dicht mit Kunstwerken behängt. Darunter befanden sich unter anderem: »7 Barock- und Rokokotruhen, bezeichnet 1750, 1782, 4 kleine Pfeilerschränke 18. Jhdt. deutsch, 1 Kredenzschrank intarsiert im Rennaissancestyl, 11 Stühle, geschnitzt 17. und 18. Jhdt. deutsch, 1 Bauerntisch, 18. Jhdt., 1 Bauernwidder holzgeschnitzt, Arbeiten in Eisen: Laternen, Adler, Schilder, Appliquen, Leuchter, Uhrgehäuse, Holzschnitzereien: Figuren und Tiere in einer Krippe, Adler, zwei Mangelbretter 1777 (sehr gute Stücke), kleiner Hausaltar, Lusterweibchen, div. Bäuerl. Gegenstände, 127 Waffen- und Raubschützengewehre und Waffen aller Systeme, zumeist beschädigt, sogar Fragmente«.[11]

Der Einbau von Oberlichten in einem privaten Wohnhaus mutet ungewöhnlich an, da so großflächige Oberlichtfenster im 19. Jahrhundert zumeist in Museumsbauten zur besseren Ausleuchtung der Exponate Verwendung fanden.[12] Aufgrund der fehlenden Bauaufzeichnungen lässt sich nicht feststellen, ob die Oberlichten im Auftrag des Erzherzogs eingebaut wurden oder bereits in den 1830er-Jahren vorhanden waren. Da Franz Ferdinand den Gangbereich zur Aufstellung von Kunstobjekten nutzte, erscheint es durchaus nachvollziehbar, dass er die Fenster installieren ließ, um seine Sammlung in ein besseres Licht zu rücken.

Die südliche Raumfolge setzte sich in Ost-West-Richtung aus dem Schreibzimmer Franz Ferdinands, dem erzherzoglichen Schlafzimmer, einem großen Salon sowie dem Speisezimmer zusammen. Die Einrichtung des Schreibzimmers war ähnlich bunt zusammengewürfelt wie die des Flures: »Schreibtisch im Renaissancestil, intarsiert, 4 große deutsche Lehnstühle, bez. 1750 mit hoher Rückenlehne, div. Kleingegenstände, 1 Holzschnitzerei-Hirsch, signiert: Ebensee E. Heisl, 1 Marmorgruppe in ½ Lebensgröße – der hl. Hubertus, signiert: Josef Messner, Rom, 1879 – auf Holzsäule, 1 Terrakottafigur eines Arbeiters, div. Bilder und Fotografien«.[13]

Das Schlafzimmer war mit Rokokomobiliar ausgestattet. Die Einrichtung des großen dreifenstrigen Salons setzte sich aus Korbmöbeln der Firma Prag-

Rudniker zusammen, die mit farbigen Überzügen versehen waren. Im Speisezimmer befanden sich ein ovaler Tisch mit acht Sesseln mit Spagatsitzen, ein Buffet im Renaissancestil und ein Gebrauchsservice für 12 Personen (Abb. 14-05) sowie diverse Zinngefäße, Gläser, Schüsseln und Holzschnitzereien.[14]

Die nordseitigen Räume nahmen die Kinderzimmer und die Kindermädchenzimmer auf. Die Ausstattung der Kinderzimmer bestand aus Rokokomöbeln. Im risalitartigen Vorbau der Nordseite waren eine Petroleum- und Lampenkammer sowie eine Garderobe untergebracht.

In unmittelbarer Nachbarschaft zum Schloss befand sich ein Nebengebäude, das die Waschküche, die Herrschaftsküche, eine Speisekammer und die Forstamtskanzlei aufnahm. Auf der gegenüberliegenden Straßenseite lag das Wirtschaftsgebäude, das im ersten Stock Wohnräume für die Bediensteten und im Erdgeschoss einen Pferdestall sowie eine Wagenremise enthielt.

Abb. 14-05: Service aus dem Jagdschloss Lölling, Porzellan, 2. Hälfte 19. Jahrhundert (© Schloss Artstetten/DM)

DIE JAGD IN LÖLLING

Da Franz Ferdinand das zum Schloss gehörige Areal als zu klein empfand, pachtete er 1886 die angrenzende Jagddomäne in den Bergen von Graf Hugo Henckel von Donnersmarck. 1889 erweiterte der Erzherzog das Gebiet abermals durch den Ankauf des Reviers Lavanttal mit der Sommerhube; 1895 kam noch das Revier Wietingberg (Völklbauer, Jostrumer, Wussnig, Ofner, Rinner, Rauscher, Pucher, Hartmann) hinzu. Somit erstreckte sich die Jagd Franz Ferdinands über beide Abhänge der Saualpe.[15]

Beschränkte sich Franz Ferdinands Bautätigkeit im Schloss nur auf geringfügige Eingriffe, so war er in Bezug auf den Um- und Neubau der Jagdhütten umso produktiver. Sowohl im staatlichen Gebietsarchiv in Prag als auch in Privatbesitz haben sich zahlreiche Entwurfszeichnungen zu solchen Vorhaben erhalten, die über die rege Bautätigkeit Aufschluss geben. Eines der frühesten dokumentierten Bauprojekte ist der Neubau der Franzhütte 1896. Es handelte sich hierbei um ein kleines, aus vier Zimmern bestehendes Blockhaus. Der Entwurf der Hütte (Abb. 14-06) geht auf den Architekten Anton Weber (1858–1942) zurück, der zeitgleich im Auftrag Franz Ferdinands mit dem Umbau des in den niederösterreichischen Donauauen gelegenen Jagdschlosses Eckartsau beschäftigt war. Webers Entwurf ist sehr schlicht gehalten – kein Zierrat schmückt die Fassade – und somit auf die wesentliche Grundfunktion einer Jagdhütte reduziert. Weiters ist ein dekorativerer Konkurrenzentwurf des ortsansässigen Mölblinger Zimmermeisters Victor Rothmann erhalten, der allerdings nicht zur Ausführung kam.[16]

Franz Ferdinands Jagdfreund Ernst Graf Silva-Tarouca lobte den Aufbau und die Einrichtung der Franzhütte, nach deren Vorbild er sich selbst Jagdhütten errichten ließ:

»Beide Male hatte ich dasselbe Revier und wohnte in derselben, sehr günstig gelegenen und wohnlichen ›Franzhütte‹. (...) Küche und Jägerzimmer durch den Hausflur

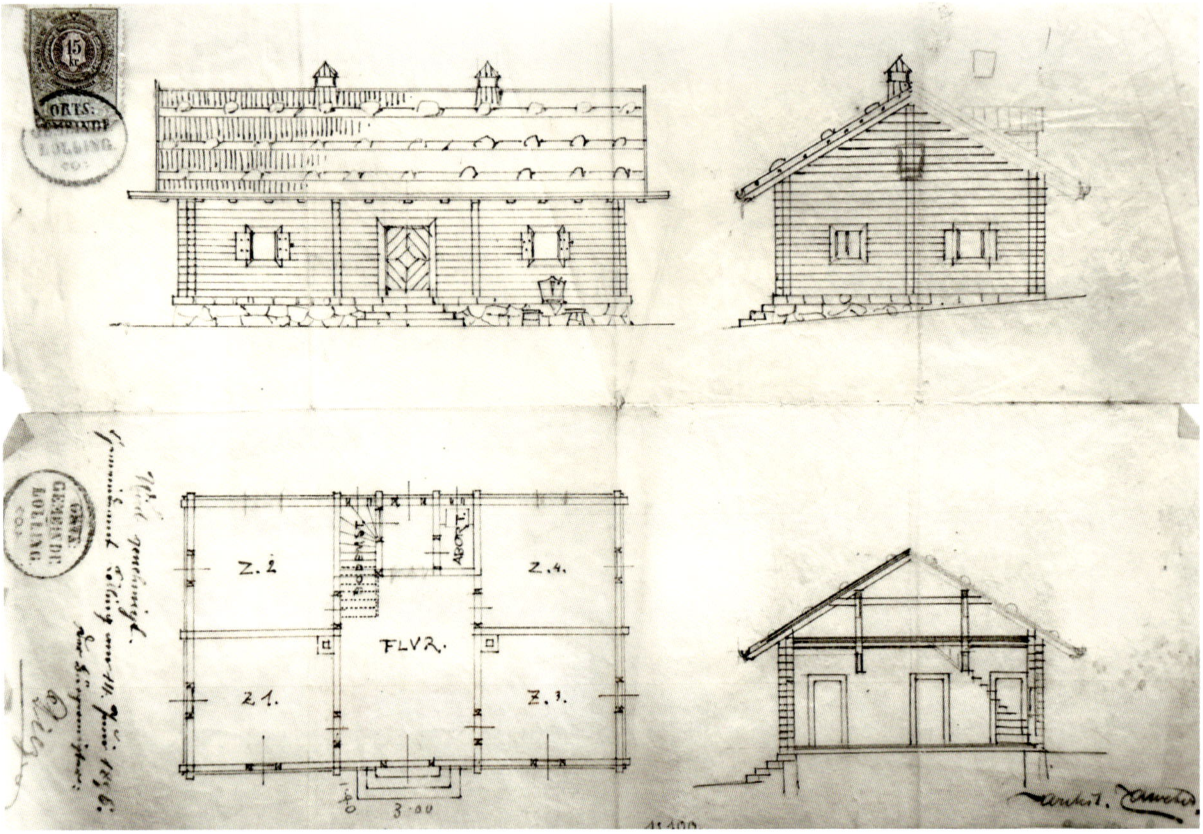

Abb. 14-06: Anton Weber, Entwurfszeichnung der Franzhütte, Bleistift und Tinte auf Papier, 1896 (© Schloss Artstetten)

getrennt vom Herrenzimmer, das mit zwei guten Betten, Tisch und Stühlen, einem soliden Bauernkachelofen und an der Holzwand neben letzterem mit möglichst aufnahmefähigen Kleiderrechen ausgestattet war. Diese Trennung der Räume hat viele Vorteile: sie hält dem Kulturmenschen den Küchengeruch und andere Düfte von Mensch und Hund, sowie die unerträgliche Hitze vom Leibe, in der sich die meisten Jäger erst recht behaglich fühlen, und schützt ihn vor nächtlicher Störung, da es eine Gewohnheit der Jäger ist, in der Nacht mehrmals aufzustehen, um nach dem Wetter zu sehen, zu lauschen, ob die Hirsche schreien usw.«[17]

Den Mittelpunkt des erzherzoglichen Jagdaufenthaltes bildete die Guttaringer Hütte (Abb. 14-07) auf 1.600 Meter Seehöhe, die auf dem Pachtgrund des Grafen Henckel von Donnersmarck stand. Es handelte sich um eine große einstöckige Jagdhütte, die ebenfalls als Blockhaus ausgeführt war und über einen Reitsteg erreicht werden konnte. Laut einheimischer Überlieferung ließ sich Herzogin Sophie gerne mit einer Tragbahre auf die Guttaringer Hütte bringen.[18]

Die Hütte war geräumig und gut ausgestattet, und um die Stromversorgung sicherzustellen, ließ Franz Ferdinand sogar ein eigenes E-Werk errichten.[19] Im Gegensatz zur kleinen Franzhütte war die Fassade der Guttaringer Hütte kunstvoll mit dem für die Region typischen Schnitzereihandwerk versehen. Die Einrichtung wird im Inventarbuch folgendermaßen beschrieben: »4 Zimmer im Parterre mit fast gleicher Einrichtung, bestehend aus: Bett, Nachtkästchen, 1 Hängekasten, 1 Waschtisch mit Waschgarnitur, 2–3 Sesseln, 1 Stockerl, das gesamte Mobiliar massiv aus Lärchenholz, geschnitzt und gedrechselt – bessere Schreinerarbeit à 150,– K; Am

Abb. 14-07: Alois Beer, Guttaringer Hütte, um 1900 (© Schloss Artstetten)

Abb. 14-08: Alois Beer, Sonnwendhütte, um 1900 (© Schloss Artstetten)

Boden: ca. 40 Ölbilder auf Leinwand, 4 große Spiegel geschnitzt mit Aufsatz aus Lärchenholz«[20]

Eine weitere sehr geräumige Jagdhütte mit großer vorgelagerter Sonnenterrasse war die auf Franz Ferdinands Rinner Besitz gelegene Sonnwendhütte (Abb. 14-08), in der sich die erzherzoglichen Wohnräume befanden. Ebenerdig gab es zwei Schlafzimmer, ein Speisezimmer und einen Abort, eine Holztreppe führte in den ausgebauten Boden mit zwei Mansardenzimmern. Das Mobiliar der Schlafzimmer setzte sich überwiegend aus reich bemalten Bauernmöbeln zusammen, wovon einige noch heute erhalten sind (Abb. 14-09, 14-10). Das Speisezimmer war mit Lärchenholzmöbeln ausgestattet. Auf der Terrasse kamen wiederum die bei Franz Ferdinand beliebten Korbmöbel der Firma Prag-Rudniker (Abb. 14-11) zum Einsatz.[21]

Die Haupthütte wurde von zwei weiteren Blockhäusern flankiert. Franz Ferdinands Bautätigkeit im Bereich der Sonnwendbauten ist gut dokumentiert. Eine Entwurfszeichnung zum Neubau der Sonnwendhütte des Baumeisters Michael Wank aus St. Veit an der Glan hat sich im Staatsarchiv in Prag erhalten. Dieser Entwurf blieb allerdings unausge-

Abb. 14-09: Bäuerliches Nachtkästchen aus Lölling, Holz, gefasst, 2. Hälfte 19. Jahrhundert (© Schloss Artstetten)

Abb. 14-10: Bäuerlicher Stuhl aus Lölling, Holz, gefasst, 2. Hälfte 19. Jahrhundert (© Schloss Artstetten)

Abb. 14-11: Erzherzog Franz Ferdinand und seine Gattin Sophie mit Jagdgästen auf der Terrasse der Sonnwendhütte, um 1900 (© Schloss Artstetten)

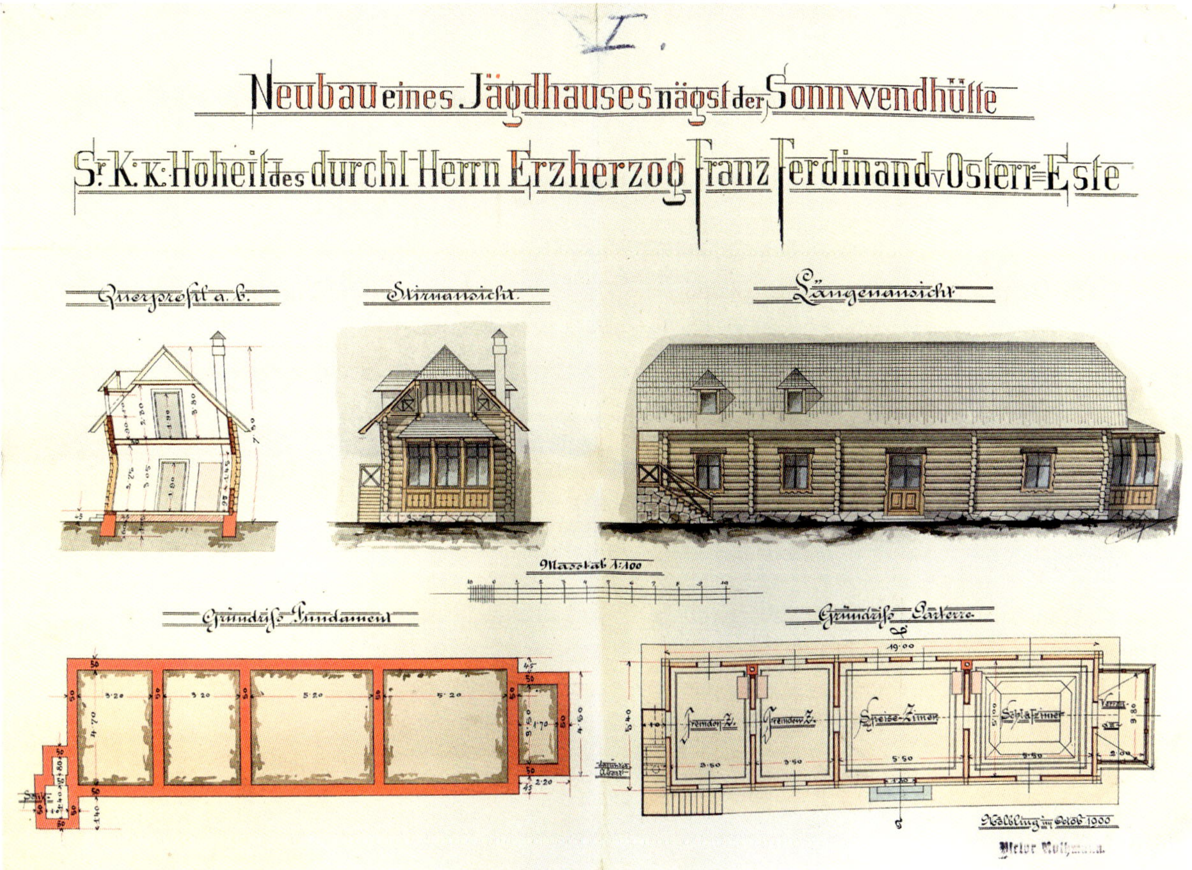

Abb. 14-12: Victor Rothmann, Neubau eines Jägerhauses neben der Sonnwendhütte, Aquarell und Tinte auf Papier, Oktober 1900 (© SOA Praha)

führt. Eine weitere Zeichnung des Zimmermeisters Victor Rothmann zeigt den »Neubau eines Jägerhauses nägst der Sonnwendhütte« (Abb. 14-12). Sie ist auf Oktober 1900 datiert.[22]

Im Jahr 1900 dürfte der Erzherzog den Neubau mehrerer Jagdhütten in Angriff genommen haben, da von Baumeister Michael Wank und dem Zimmermeister Victor Rothmann noch weitere Konkurrenzentwürfe existieren, so zum Beispiel auch zum Neubau eines Jagdhauses und eines Pferdestalles in Reichenfels im Lavanttal oder eines Jagdhauses für die Jagdleitung in Lölling.[23]

Franz Ferdinand besuchte Lölling regelmäßig in den Sommer- bzw. Herbstmonaten zur Hochwildjagd. Zu seinen ausgedehnten Jagden lud er gerne adelige Gäste ein, wie etwa vom 29. September bis 6. Oktober 1887, als Prinz Oskar von Schweden und Alfons von Braganza zu Gast waren. Ebenso ist ein Aufenthalt des frisch vermählten Ehepaares im August 1900 sowie in den Sommermonaten 1904 und 1907 belegt.[24]

1908 kündigte Graf Henckel von Donnersmarck aufgrund von Unstimmigkeiten Franz Ferdinand den Pachtvertrag für das Jagdgebiet. Er wollte den erzherzoglichen Forderungen nach der Errichtung weiterer Reit- und Pirschstege nicht mehr nachkommen, darüber hinaus kam es durch die von Franz Ferdinand auch in anderen Domänen praktizierte Überhegung des Wildbestandes zu Waldschäden. Der Thronfolger ärgerte sich maßlos über die Kündigung der Pacht und schoss vor Rückgabe des Reviers fast den gesamten Bestand an Hochwild, es handelte sich hierbei um rund 1.300 Stück. Weiters erstattete er Anzeige gegen den Grafen wegen mangelhafter Waldbewirtschaftung.[25] Daraufhin musste eine eigene Forstkommission zusammengestellt werden, die den Fall untersuchte und tatsächlich Aufforstungsrückstände feststellte.[26]

Durch den Verlust des großen Jagdgebietes schwand Franz Ferdinands Interesse an seinem Löllinger Besitz, das nun in ein Forstgut umgewandelt wurde. Laut Inventarbuch warf es aber »einen nicht unbedeutenden Ertrag ab«.[27] Der Gesamtwert der Herrschaft Lölling belief sich 1914 auf 936.407,27 Kronen.[28]

DAS JAGDSCHLOSS LÖLLING WÄHREND DER NS-ZEIT

Nach dem plötzlichen Tod Franz Ferdinands und Sophies 1914 ging der Löllinger Besitz an den ältesten Sohn Maximilian Hohenberg über. Die Familie nutzte das Anwesen weiterhin regelmäßig zur Sommerfrische. Nach der Annexion Österreichs durch die Nationalsozialisten wurden die Brüder Maximilian und Ernst Hohenberg, die sich für die Selbstständigkeit Österreichs einsetzten und sich als Gegner des NS-Regimes zu erkennen gaben, im März 1938 in das Konzentrationslager Dachau deportiert. Das Löllinger Jagdschloss samt Inventar wurde im Juli 1938 von der Gestapo beschlagnahmt. Während der NS-Zeit diente das Gebäude der Partei als Schulungsort.[29]

Die Einrichtungsgegenstände und Kunstwerke sollten an verschiedene Kärntner Museen abgegeben werden. Um die Aufteilung der Objekte kümmerte sich der Kärntner Gaukonservator Walter Frodl (1908–1994). Ab 1942 bekleidete er auch die Stelle des Direktors des Gaumuseums (heute: Kärntner Landesmuseum), in der Nachkriegszeit wurde er zum Präsidenten des Bundesdenkmalamtes ernannt. Die Abgabe der Kunstgegenstände gestaltete sich schwierig, da verschiedene Institutionen Interesse an der erzherzoglichen Sammlung zeigten. Ein zwischen Mai 1940 und April 1943 entstandener Schrift- und Aktenverkehr, der sich eingehend mit dieser Causa auseinandersetzt, ist im Archiv des Klagenfurter Bundesdenkmalamtes erhalten.

Laut dem Bericht von Walter Frodl vom 17. Mai 1940 handelte es sich um einen umfangreichen Bestand von kunsthistorisch wertvollen Gegenständen aus dem ehemaligen Besitz Franz Ferdinands, der sich zum damaligen Zeitpunkt noch im Jagdschloss Lölling befand. Zu diesem zählten »die Waffensammlung (Schusswaffen, Armbrüste, Spieße, etc.), Möbel (ausgezeichnete Bauern- und Bürgermöbel, Kästen, Tische, Kredenzkasten vor 17. Jhd., gemalte Bauernmöbel, Truhen, eingelegte Möbel), Lithografien und Stiche (Jagdbilder, 18. Jhd.), Aquarelle (18. und 19. Jhd.), Ölbilder, Schnitzwerke, Keramik, Porzellan, Zinn, Glas«.[30]

Der Gaukonservator begründete die Aneignung und Aufteilung der Sammlung wie folgt:

»Da die im Jagdschloss Lölling zusammengetragenen Gegenstände nicht durchaus kärntnerischer Herkunft sind, würde doch ihre Aufstellung in den Kärntner Museen, besonders in dem Geschichtsmeier für Kärnten in Klagenfurt und im Heimatmuseum diese Sammlungen abrunden und eine Fülle wichtigen Vergleichsmaterials, was bis jetzt so gut wie vollständig fehlt, bieten. Für das Heimatmuseum wäre demnach die bäuerlichen Schnitzereien und gemalten Qualitätsmöbel und volkskundlichen Gegenstände, für das Museum des Geschichtsmeiers (Landesmuseum) das übrige Kunstgewerbe, Bilder und Schnitzwerke, sowie die Waffensammlung von größter Wichtigkeit.

Der katastrophalen finanziellen Lage der Kärntner Museen in den letzten Jahren vor dem März 1938, falle zur Folge, dass an einen Ausbau der künstlerisch sehr bedeutenden Sammlungen nicht gedacht werden konnte. Es wäre daher höchst bedauerlich, wenn auch die Löllinger Sammlung für Kärnten, das zweifellos Ansprüche darauf geltend machen kann, Verlust gehen würde.

Ich bitte daher, unter Würdigung der angeführten Gründe, alles daran setzen zu wollen, dass die besprochene Sammlung im Lande verbleiben und an die in Betracht kommenden Museen aufgeteilt werden kann.

Klgf. 17. Mai 1940, Frodl«[31]

Die Bitte um Übernahme wurde vorerst abgewiesen und die Kunstgegenstände verblieben weiterhin in Lölling. Erst als das Jagdschloss zu Beginn des Jahres 1942 in ein Gemeindehaus umgewandelt werden sollte, wurde die Aufteilung der Sammlung wieder aktuell. Walter Frodl unterbreitete nun den Vorschlag, dass »das aus gemalten und geschnitzten Kästen, Truhen usw. bestehende Mobiliar, die Bilder sowie die Waffen nach Hochosterwitz zu schaffen und dort in geeigneter Weise auszustellen sei«.[32] Seiner Meinung nach würde »die Burg dadurch und durch die Waffensammlung des Klagenfurter Museums, die er ebenfalls nach Hochosterwitz zu schaffen beabsichtigte, einen Anziehungspunkt für die vielen Besucher bilden und überdies die recht dürftige Ausstattung der Burg etwas bereichern.«[33]

Auch dieser Vorschlag des Gaukonservators fand keinen Zuspruch. Eine endgültige Entscheidung wurde erst im Januar 1943 getroffen; wie von Frodl ursprünglich angedacht, wurden die Kunstobjekte zwischen den Klagenfurter Museen aufgeteilt. Der Gau Kärnten bezahlte an das Oberfinanzpräsidium für die Möbel und Einrichtungsgegenstände RM 4.567,–. Die Waffensammlung und die Sammlung der Keramiken sowie volkskundlicher und kunstgeschichtlicher Gegenstände wurden zu einem Pauschalbetrag von RM 2.665,– angekauft. Die Preise lagen bei einem Drittel bis zu einem Fünftel des früher zu erzielenden Betrages.[34]

Ein Verzeichnis gibt Aufschluss über die Art und den Umfang der Objekte aus Lölling, die tatsächlich an die Museen in Klagenfurt abgegeben wurden:

»Die Gewehr- und Waffensammlung mit Ausnahme jener Stücke die die Reichsforstverwaltung für Lehrzwecke bereits ausgeschieden hat.
Die Keramiksammlung bestehend aus Tellern und Schüsseln verschiedenen Formats, Krüge und Einzelkacheln, Wandteller (123 Stück)
Zinnteller (10 Stück)
Bemalte Flaschen (13 Stück)
Verschiedene Holzplastiken, 3 Engelköpfe, 1 spätgotische Figur des Hl. Jakobus, ein barockes Hausaltärchen, Johannesrelief
12 Bilder
Einzelne geschmiedete Zierteile, Wirtshausschild, Laterne
Volkskundliche Gegenstände, wie Trachtengürtel, Hüte, Holzmodel, Mangelbretter, Gegenstände der religiösen Volkskunst
Einrichtungsgegenstände: 1 Schlüsselsteige (1274), 1 Wandkastel mit Flachsschnitzerei (1378), 1 runder Tisch mit 4 Armsessel (1371), 6 Sessel (Inventarnummer 1499–1504), 6 Truhen (1332, 1347, 1401, 1403, 1409, 1411), 3 geschnitzte Kästen aus den Jahren 1674, 1796, 1773, 1 Wandschirm (1357), 1 Spiegel (1305)[35]«

Abb. 14-13: Der Kasten aus dem Jagdschloss Lölling wurde von der Gestapo beschlagnahmt und an das Klagenfurter Museum abgegeben. Fotoaufnahme 1940 (© BDA Klagenfurt)

Ein Foto eines beschlagnahmten reich geschnitzten Kastens (Abb. 14-13) konnte im Archiv des Bundesdenkmalamtes in Klagenfurt gefunden werden. Auf der Rückseite ist es mit Walter Frodls Namen sowie

Abb. 14-14: Jagdschloss Lölling, Ostfassade, Fotoaufnahme 2014 (© MOW)

mit der Jahreszahl 1940 versehen. Ob diese den Museen zugeteilten beschlagnahmten Möbel restituiert wurden, konnte bis dato nicht eruiert werden. Hier bedarf es noch weiterer Nachforschungen.

Maximilian Hohenberg wurde nach einem halben Jahr Aufenthalt aus dem Konzentrationslager entlassen, sein Bruder Ernst musste bis 1943 ausharren. Nach dem Krieg erlangten die Brüder das enteignete Jagdschloss wieder zurück. Nach dem Tod von Maximilian Hohenberg 1962 erbte sein ältester Sohn Franz Ferdinand (1927–1977) die Herrschaften Artstetten und Lölling. Während Schloss Artstetten in Niederösterreich der Familie als Hauptwohnsitz diente, verbrachten die Hohenbergs oftmals die Urlaube in Lölling.

1964 verkaufte Franz Hohenberg das Schloss und das dazugehörige Jagdgebiet an den deutschen Forstwirt Hellmuth Dresler, der auf dem Wietingberg auf der Saualpe eine Haflingerzucht betrieb. Nach weiteren Eigentümerwechseln in den 1960er und 1970er-Jahren ging das inzwischen sehr marode Jagdschloss 1999 in den Besitz der heutigen niederländischen Eigentümerin über. Wie eingangs erwähnt, wurde das Schloss im Rahmen aufwendiger Sanierungsmaßnahmen wieder instandgesetzt und an der Ostseite ein Park angelegt. Der heutige hellgrüne Fassadenton (Abb. 14-14) orientiert sich an der ursprünglichen Farbgebung von 1834. Aktuell steht das Jagdschloss wieder zum Verkauf.

ANMERKUNGEN

1 Brief von Franz Ferdinand an seinen Vater Carl Ludwig, Lölling, 6.10.1889, zit. nach Aichelburg 2014, S. 366. Dieser Aufsatz wurde bereits im Jahr 2015 in der Zeitschrift »Carinthia I« publiziert.
2 Müller 1994, S. 20.
3 Kaufvertrag vom 5. Mai 1886, Kärntner Landesarchiv, Klagenfurt.
4 Bescheid zum Jagdschloss Lölling, Archiv des Bundesdenkmalamtes Klagenfurt.
5 Stermitz 2007, S. 147.
6 Müller 1994, S. 54.
7 Aktenvermerk GZ 13934/2001, Archiv des Bundesdenkmalamtes Klagenfurt.
8 Um 1900 dokumentierte Alois Beer im Auftrag des Erzherzogs die Löllinger Bauten. Die Serie beinhaltet neben Fotografien des Schlosses auch die Ansichten verschiedener Jagdhütten.
9 HHStA, OMaA, Bd. 500, Inventar- und Schätzungsprotokoll über das in die Verlassenschaft nach weil. Sr. k. u. k. Hoheit dem durchl. Erzherzoge Franz Ferdinand von Österreich-Este gehörige Jagdschloss »Lölling« in Kärnten, 12. bis 19. Oktober 1914.
10 Ebd.
11 Ebd.
12 Für diesen Hinweis danke ich Dr. Ilsebill Barta.
13 HHStA, OMaA, Bd. 500, Inventar- und Schätzungsprotokoll über das in die Verlassenschaft nach weil. Sr. k. u. k. Hoheit dem durchl. Erzherzoge Franz Ferdinand von Österreich-Este gehörige Jagdschloss »Lölling« in Kärnten, 12. bis 19. Oktober 1914.
14 Ebd.
15 Aichelburg 2014, Bd. 3, S. 824–825.
16 SOA Praha. Die Recherchen in dem Prager Staatsarchiv wurden dankenswerterweise von Frau Mag. Alena Skrabanek durchgeführt.
17 Silva-Tarouca 1928, S. 156.
18 Hartl 2005, S. 13.
19 Aichelburg 2014, Bd. 3, S. 826.
20 HHStA, OMaA, Bd. 500, Inventar- und Schätzungsprotokoll über das in die Verlassenschaft nach weil. Sr. k. u. k. Hoheit dem durchl. Erzherzoge Franz Ferdinand von Österreich-Este gehörige Jagdschloss »Lölling« in Kärnten, 12. bis 19. Oktober 1914.
21 Ebd.
22 SOA Praha.
23 Ebd.
24 Müller 1994, S. 21.
25 Hartl 2005, S. 14.
26 Ebd. Eine ähnlich rigorose Vorgehensweise verfolgte Franz Ferdinand auch in Blühnbach, als er wegen der Übernahme des Besitzes mit Karl Fürst Auersperg, Mitglied der adeligen Jagdgesellschaft, die das Schloss über Jahrzehnte gepachtet hatte, in Streit kam. Auch hier ging Franz Ferdinand schlussendlich als Sieger hervor. Weiterführend siehe: Kapitel 20, Marlene Ott-Wodni, Das Jagdschloss Blühnbach, S. 621–654.
27 HHStA, OMaA, Bd. 500, Inventar- und Schätzungsprotokoll über das in die Verlassenschaft nach weil. Sr. k. u. k. Hoheit dem durchl. Erzherzoge Franz Ferdinand von Österreich-Este gehörige Jagdschloss »Lölling« in Kärnten, 12. bis 19. Oktober 1914.
28 Ebd.
29 Aichelburg 2014, Bd. 3, S. 826.
30 Bericht von Walter Frodl über die Sicherstellung von Kunstgegenständen, 17. Mai 1940, GZ 531/40, Archiv des Bundesdenkmalamtes Klagenfurt.
31 Ebd.
32 Brief des Gaukonservators Walter Frodl an den Kreisleiter St. Veit, 29. Mai 1942, GZ 782/42, Archiv des Bundesdenkmalamtes Klagenfurt.
33 Ebd.
34 Bericht des Kärntner Gaukonservators Walter Frodl, 20. Jänner 1943, Zl. M75/1, Archiv des Bundesdenkmalamtes Klagenfurt.
35 Verzeichnis jener Einrichtungsstücke etz. aus dem ehem. Vermögen des Max v. Hohenberg die dem Gaukonservator für Kärnten in Klagenfurt für die Museen in Klagenfurt abgegeben werden, o. D., Archiv des Bundesdenkmalamtes Klagenfurt.

15. LEBENSMITTELPUNKT UND REFUGIUM DER FAMILIE

SCHLOSS UND PARK KONOPISCHT IN TSCHECHIEN

Alena Skrabanek

Schloss Konopischt[1] nahm unter den Gütern von Erzherzog Franz Ferdinand d'Este die Rolle des Hauptwohnsitzes ein (Abb. 15-01). Es handelte sich, im Unterschied zu den ihm erblich zugefallenen Immobilien, um einen persönlich beschlossenen Ankauf, den er als 24Jähriger im Jahr 1887 tätigte. Die Kosten für den Erwerb der Domäne und die ersten großen Umbauten des Konopischter Schlosses konnte Franz Ferdinand durch einige Verkäufe seiner italienischen Erbgüter einerseits und durch einen Kredit von seinem Onkel, Kaiser Franz Joseph, andererseits abdecken. Noch vor seiner Heirat und dem für Franz Ferdinand schicksalhaften Einschnitt, als er infolge des Todes von Kronprinz Rudolf selbst zum Thronfolger der Österreichisch-Ungarischen Monarchie wurde, fasste Franz Ferdinand bereits den Plan ins Auge, Konopischt in besonders großzügiger Form umzugestalten. Die ersten fassbaren Engagements von Architekten fallen in das Jahr 1889.

1894 übernahm Franz Ferdinand den Oberbefehl über eine Einheit in Böhmisch Budweis und nutzte ab diesem Zeitpunkt vermehrt seine böhmischen Wohnstätten. Hierzu zählten neben Konopischt das südböhmisch Jagdschloss Chlumetz[2], das er von seinem Onkel Erzherzog Franz d'Este geerbt hatte, und die ihm zugeteilte Dienstwohnung im Stadtflügel der Prager Burg[3]. Die morganatische Eheschließung mit Sophie Chotek im Jahr 1900 führte zu Problemen am kaiserlichen Hof. Das Ehepaar zog sich vom Wiener Milieu zurück, und Konopischt entwickelte sich zum zentralen Familiensitz, von dem aus die bald fünfköpfige Familie die zahlreichen anderen Wohnsitze Franz Ferdinands bereiste. Franz Ferdinands Tochter Sophie Nostitz-Rieneck erinnerte sich so an ihre Kindheit: »Konopischt war für uns Kinder stets das Zuhause. Es war ganz einfach der Ort, wo wir alle unsere Habseligkeiten hatten.«[4]

Die Umgestaltungen des Schlosses und der es umgebenden Landschaft rissen bis zur Ermordung Franz Ferdinands nicht ab. Der Erzherzog beauftragte eine Vielzahl von Architekten, Ausstattern, Gartengestaltern etc., die, stets nach genauen persönlichen Anweisungen, tätig waren. Manche wurden für größere, eingrenzbare Aufträge engagiert, andere, darunter auch bekannte Persönlichkeiten, von denen man sich bedeutendere Projektbeiträge erwarten würde, führten nur marginale Aufgaben aus.

Die Einarbeitung mehrerer unterschiedlicher Sammlungen des Erzherzogs beeinflusste die Ausstattung der Privat- und der Repräsentationsbereiche. So entstanden rein museale Themenräume und Räume mit gemischten Funktionen, in denen ebenfalls Sammlungsteile zur Schau gestellt wurden. Der Unterbringung von Sammlungen waren auch mehrere Projekte für Bauten im Schlosspark gewidmet. Das monumentale Schloss und die erweiterte Parkanlage, einschließlich der zugehörigen Jagdschlösschen und Dörfer, bildeten zunehmend eine abgeschlossene Kunstlandschaft, die von den privaten Interessen des Erzherzogs geprägt war.

Bis heute ist im Schloss viel originales Mobiliar erhalten. Nach der Ermordung des Thronfolgers und seiner Frau und während der politischen Umwälzungen in der ersten Hälfte des 20. Jahrhunderts blieben die Mobilienbestände in Konopischt jedoch nicht unberührt. Ende 1915 erbte der minderjährige Sohn Ernst von Hohenberg das Gut Konopischt. Während des Ersten Weltkrieges blieben die drei Kinder Franz Ferdinands noch im Schloss. Unter der offiziellen Obhut von Graf Jaroslav Thun-Hohenstein kümmerten sich einige Schlossangestellte und Kaplan Stanovsky als Erzieher um sie. 1921 wurde Konopischt verstaatlicht und vom Landwirtschaftsministerium übernommen. In der Ära der tschechoslowakischen Republik war das Schloss teilweise öffentlich zugänglich. In der Zeit des Zweiten Weltkrieges wurde Konopischt zum

Abb. 15-01: Ansicht der Südseite des Schlosses Konopischt vom Rosengarten aus, 1908. Die skulpturalen Elemente im Rosengarten stammen aus der Villa Este in Catajo bei Padua. (© Schneider 1909)

Quartier der SS. Ab 1943 wurden Teile der Schlossausstattung abtransportiert: Die Waffensammlung sollte in das Wehrmachtsmuseum in Prag, Gemälde und Grafiken in die böhmisch-mährische Galerie, Teile der Möbel in das Schloss Zbraslav und Panenské Břežany, die Georgssammlung in das Georgskloster in Prag, weitere Objekte in das Kunstgewerbemuseum in Prag und die Bibliotheksbestände in die Landes- und Universitätsbibliothek gebracht werden. Die Jagdwaffen wurden ins Reichsjagdmuseum in Berlin geschickt. Neben dem Kunsthistorischen Museum bekundete auch Hitlers Militärmuseum Interesse an den Waffenbeständen. Teile der Waffensammlung wurden zum Schutz gegen Luftangriffe in die Salzgruben von Bad Aussee und nach Kufstein verfrachtet. Nach Kriegsende begann eine intensive Kampagne zur Rückführung der Objekte, bei der es gelang, die meisten Gegenstände wiederzufinden. Die kostbarsten Kunstgegenstände verblieben in der Prager Nationalgalerie und im Kunstgewerbemuseum. Die heute für Besucherströme optimierte Installation der Mobilien in den Räumlichkeiten basiert auf der Rekonstruktion nach historischen Fotografien.

Im vorliegenden Beitrag zur Wohnkultur Franz Ferdinands in Konopischt wurde die Entwicklung der Schlossausstattung durch Quellenforschung kritisch überarbeitet. Aufgrund der großen Raumanzahl richtete die Literatur bisher nur Schlaglichter auf einzelne Objekte oder Räume, wodurch es zur Tradierung nicht überprüfter Jahreszahlen und nicht weiter haltbaren Zuschreibungen kam. Die an Daten reichste Veröffentlichung, jedoch ohne Quellangaben und ohne kunsthistorischen Kontext, lieferte Wladimir Aichelburg, der als einziger Autor sowohl tschechische als auch österreichische Archivalien zusammenstellte. Zu den wichtigsten bislang nicht ausgewerteten Dokumenten zählen historische Bildmaterialien wie Tischlerzeichnungen und Fotografien sowie das Nachlassinventar des Privatbesitzes Franz Ferdinands von 1915. Mithilfe der Erstellung eines chronologischen Systems bisher undatierter Fotografien konnten mehrere, nicht stringent verlaufende Umbau- und Ausstattungskampagnen und die Überformung bereits eingerichteter Räume unter Erzherzog Franz Ferdinand rekonstruiert werden.

Um bei der großen Raumanzahl die Übersicht zu wahren, teilt sich der Text in einen entwicklungsgeschichtlichen Teil und in einen Raumkatalog, was das Schloss betrifft, und in einen Abschnitt, der sich mit dem Park als erweitertem Privatbereich auseinandersetzt.

CHRONOLOGISCHE ENTWICKLUNG DER SCHLOSSARCHITEKTUR UND AUSSTATTUNG

Zustand des Schlosses vor 1887

Der Verkauf der Domäne Konopischt von František Evžen Lobkowicz um 2.500.000 Gulden an Erzherzog Franz Ferdinand wurde 1887 abgewickelt.[5] Die monumentale Schlossanlage, in großteils gutem Zustand und von der Familie Lobkowicz bis zuletzt bewohnt, wurde unter dem neuen Besitzer keiner herkömmlichen Renovierung unterzogen, sondern sollte neu gestaltet werden.

Der historische Baubestand geht auf die Gründung der Befestigungsanlage gegen Ende des 13. Jahrhunderts durch den Prager Bischof Tobias von Beneschau zurück. Die Disposition der frühgotischen Burg prägt bis heute den Grundriss. Der ursprünglich aus Zwingermauern und zwei Palasflügeln gebildete längsrechteckige Block hatte von Anfang an zwei Innenhöfe. An den Burgtoren der Schmalseiten wurde je ein mächtiger Bergfried positioniert, kleinere Rundtürme flankierten die äußeren Ecken der Wehranlage. Ein siebenter Turm befand sich an der Ostseite. In dieser Form entsprach die Konopischter Burg einem in Frankreich üblichen Kastelltypus und gilt als Besonderheit im böhmischen Bereich.[6]

Unter dem Geschlecht der Sternberk wurde gegen Ende des 15. Jahrhunderts ein spätgotischer Ausbau unternommen. Das erhaltene Diamantgewölbe und weitere Gewölbeformen im Westtrakt sowie der ursprüngliche Kapellenraum gehen auf diese Phase zurück.

Anfang des 17. Jahrhunderts kam es zu einer umfassenden Barockisierung. Die Geschosse wurden vereinheitlicht und die bislang markante Turmsilhouette, mit Ausnahme des Ostturms, wurde reduziert. Unter der Familie Vrtba kam es des Weiteren zu einer Aufwertung der Interieurs. In der neu entstandenen Enfilade repräsentativer Räumlichkeiten im Südflügel bildete nun der Speisesaal mit seinem bis heute erhaltenen Deckenfresko den Höhepunkt der Ausstattung (Abb. 15-32). Die Darstellung olympischer Götter, 1747 von František Josef Lux ausgeführt, zählt zu den bedeutenderen Rokokofresken in Böhmen.[7] Ein weiterer Saal wurde im 3. Stockwerk des Nordflügels untergebracht. Der Theatersaal, für Václav Vrtba errichtet, wurde später von den Lobkowicz zu einer Gemäldegalerie umgewidmet.

Im Großteil der Innenräume wurden nach dem Ankauf durch Franz Ferdinand keine strukturellen Eingriffe unternommen. Historisch gewachsene Unregelmäßigkeiten, wie etwa die Sprünge im Niveau zwischen den Trakten oder die unterschiedlichen Grundrisse der Zimmer, wurden vorerst beibehalten, wobei vor allem die Turmräume deutliche Abweichungen aufweisen. Die Räume im Westflügel und im Parterre, die durch eine vom Altbestand vorgegebene niedrige Raumhöhe und durch Platzlgewölbe charakterisiert werden, wurden als Dienstwohnungen und als weniger prominente Gästezimmer verwendet. Franz Ferdinands Entscheidung, die vorhandenen Repräsentationsräume im Südflügel des ersten Stockwerks nicht zu überformen, sondern deren barocken Charakter zu bewahren, stand von

Anfang an fest. Wie auch in seinen anderen Wohnsitzen ablesbar, waren dem Erzherzog die denkmalpflegerische Erhaltung und eine stilistische Rücksichtnahme auf die Historizität des jeweiligen Ortes beim Umbau wichtig.

Einrichtung des Junggesellenappartements 1889 bis 1892

Die erste Phase der Umgestaltung des Schlosses unter Franz Ferdinand, in den Jahren 1889 bis 1892, betrifft, wobei Namen von mehreren Architekten aufscheinen, vorerst allein Adaptierungen im Inneren. Ein aussagekräftiger Beleg hierfür ist eine Fotoserie von Heinrich Eckert, die in etwa 1893 wohl zum Zweck der Dokumentation beziehungsweise Präsentation der ersten komplettierten Zimmerausstattungen in Auftrag gegeben wurde.[8] 1889 erhielten die Architekten Carl Gangolf Kayser, Franz Schmoranz, Franz Neumann und Max von Ferstel Zahlungen.[9] Die Bezahlung Neumanns inkludierte wohl auch seine Entwürfe für Bauten im Park.[10] Neumanns Beteiligung an der Gestaltung der Schlossinterieurs sollte aber nicht ausgeschlossen werden, da er 1891 auch im Zusammenhang mit der Aufstellung der Este-Sammlung aufscheint.[11] Handwerkerrechnungen aus dem Jahr 1890 zeigen die Aktivität folgender, vor allem in Wien angesiedelter Firmen: Zimmermann Österreicher, Tischler Scheidl, Rogenhofer und Irmler, Türenfabriksgesellschaft Geyling, Wiener Fußbodenfabriksgesellschaft, Schlosser Milde, Metallwarenfabrik Beschorner, Dekorationsmaler Falkenstein, Bildhauer Anderle und Železný sowie Tapezierer Kowy.[12] Weitere Ausgaben für Tischler, Stuckateure, Hafner, für Öfen von Hardmuth und Fessler, für Bilderrahmen, für Fensterglas von Stölzle und die Installateursfirma Oswald & Co. deuten auch ohne eine präzisere Zuordnung der Aufträge an, dass von Maßnahmen in einer erheblichen Größenordnung in der ersten Ausstattungsphase auszugehen ist.[13]

Die Aufnahmen Eckerts zeigen die Raumabfolge der bereits vollständig eingerichteten Privaträume und Salons Franz Ferdinands im 3. Stock sowie den barocken Speisesaal im 1. Stock mit noch unveränderter, barocker Wandgliederung (Abb. 15-32). Die Räume des Erzherzogs (Abb. 15-48, Zimmer 154–159) waren in dieser Phase funktional auf dessen gegenwärtigen Stand als Junggeselle abgestimmt. Das Appartement, mit vom Altbestand vorgegebenen, unregelmäßigen Grundrissen, setzte sich aus dem Schlafzimmer mit Garderobe am äußeren Ende im Nordwesten (Zimmer 156, 157), dem Schreibzimmer im westlichen Bergfried (Zimmer 155), einem Durchgangsraum im ehemaligen Treppentürmchen (Zimmer 154), der als Abtrennung zu den Gesellschaftsräumen fungierte, dem anschließenden Krickelsalon (Zimmer 151) sowie zwei weiteren kleineren Salons (Zimmer 149, 150) zusammen. Alle Räumlichkeiten des Südtraktes sind als Enfilade angelegt. Im Grundriss von 1894 (Abb. 15-48) tauchen in der weiteren Abfolge das Arbeits- und Schlafzimmer Graf Wurmbrands (Zimmer 148), des Kammervorstehers von Franz Ferdinand, sowie Dienerzimmer, vier Gastzimmer und schließlich ein Raum mit der Bezeichnung »Waffenkammer« (Zimmer 140) mit Turmzimmer (Zimmer 139) auf. Sekundäre Notizen im Grundriss von 1894 dokumentieren eine bald erfolgte Adaptierung einiger Räume im Südtrakt zu Salons als Ergänzung zu den Gastzimmern. So wurden statt der Dienstwohnung Wurmbrands zwei »Fürstenzimmer« eingerichtet, die Waffenkammer wurde nun als »Tyrolerzimmer« bezeichnet.

Das um 1893 fotografisch dokumentierte Privatappartement des Erzherzogs zeigt die Ausstattung dieser Räume mit neuen Lambrien und großteils hölzernen Plafondverschalungen. Die neu eingerichteten Räume besitzen jeweils einen grün glasierten Kachelofen, worauf wahrscheinlich die Lieferung von Hardmuth und Fessler zu beziehen ist. Deckenbeleuchtungen waren zu diesem Zeitpunkt noch nicht installiert. Die Möblierung erfolgte vor allem durch historische Holzmöbel mit geschnitzten und teils figural intarsierten Oberflächen, die gepolsterten Sitzgarnituren hingegen waren neue Stücke. Soweit die Hängung von Bildern auf den Fotos erfasst ist, handelte es sich vor allem um in Passepartout gefasste Grafiken und Fotografien, im Krickelsalon

Abb. 15-02: Heinrich Eckert, Fotoaufnahme des Junggesellenschlafzimmers in Schloss Konopischt, um 1893. Das Foto fängt die atmosphärische Wirkung des dunkel gehaltenen, mit Renaissancemöbeln ausgestatteten Raumes ein. (© Schlossarchiv Konopischt)

um Kohlezeichnungen von Franz Xaver von Pausinger.

Die erste Ausstattung des Schlafzimmers (Abb. 15-02; 15-48, Zimmer 156) ist im Wesentlichen bis heute erhalten. Ursprünglich waren nicht nur die Holzoberflächen der Raumschale dunkel eingelassen, auch eine dunkle Wandbespannung trug zu einer gedämpften, atmosphärischen Wirkung bei. Das Raumbild prägen Renaissancemöbel mit Wappenintarsien, die durch ebenfalls intarsierte, historistische Möbelstücke ergänzt wurden. Das Schlafzimmer ist der einzige Raum der frühen Phase, in dem der Eindruck einer altertümlichen Burgkammer evoziert wurde. Modernere Möbeltypen wurden nicht aufgestellt beziehungsweise wurden passende Stücke gewählt, wie im Fall der Psyche mit Neorenaissanceformen. Eine sonst in fast allen Räumen, einschließlich anderer Schlafzimmer, präsente gepolsterte Sitzgruppe wurde hier ausgespart. Die später hinzugekommenen Objekte folgten der ersten stilistischen Ausrichtung des Schlafzimmers.

Das anschließende, helle Schreibzimmer, das sich im ehemaligen Wehrturm befindet, wird auf dem Foto von ca. 1893 (Abb. 15-03; 15-48, Zimmer 155) von einer kreisrunden Formation im Holzplafond dominiert. Die eher flächige, aus kontrastierenden Hölzern zusammengestellte Plafondzier zeigt ein geometrisch verschränktes Sternmuster, das sich stilistisch von der Gestaltung der hölzernen Wandgliederung und den Supraporten unterscheidet. Die um 1893 abgelichtete Decke wurde später abgebaut und durch einen kassettierten Plafond ersetzt, der formell an jenen des benachbarten Krickelsalons anschließt. Die Tischlerarbeiten an den Wänden mit Schnitzereien in Neorenaissanceformen entsprachen um 1893 bereits dem Stil der späteren Decke. Die Möbel, der Schreibtisch, eine Truhe und ein Tisch bei der Sitzgruppe zeigen wieder reich dekorierte, intarsierte Holzoberflächen. Die Ablichtung fängt das private Schreibzimmer des Erzherzogs in einem schon bewohnten Zustand ein. Auf den Ablageflächen, auf den Konsolgesimsen der Lambrien etc. hatte sich bereits einiges an Nippes angehäuft, es sind auch einige aktuell hinzugekommene Erinnerungsstücke an Franz Ferdinands Weltreise zu erkennen.

Der Krickelsalon (Abb. 15-04; 15-48, Zimmer 151) wurde als Sitzzimmer konzipiert. Zwei Tischgruppen mit Fauteuils und Armstühlen wurden in dem von zwei Seiten belichteten Salon untergebracht. Eine Wand auf dem frühen Bilddokument Eckerts zeigt bereits den Beginn der für diesen Raum charakteristischen rapportartigen Anbringung des sortenreinen Motivs der Gamskrickeln. Große, schlicht

Abb. 15-03: Heinrich Eckert, Fotoaufnahme des Schreibzimmers Franz Ferdinands in Schloss Konopischt, um 1893. Der Plafond war noch ein Teil des Altbestandes, die Lambrien waren bereits neu. (© Schlossarchiv Konopischt)

gerahmte Kohlezeichnungen von Pausinger, jagdbare Tiere in erhabenen Posen in Landschaftsausschnitten bilden quasi Freiflächen in den dreidimensionalen »Krickeltapeten«. Sowohl der Krickelsalon als auch das kleine anschließende Turmzimmer wurden mit einem von der Decke hängenden ausgestopften Geier bestückt (Abb. 15-05). Im Turmsalon mischten sich einige orientalische Möbel und ein mit geometrisch ornamentierten Kacheln ausgelegter Kamin mit arabischer Bogenöffnung unter die ansonsten herkömmliche Einrichtung. Die orientalischen Elemente wurden später entfernt.

Die letzten zwei Innenaufnahmen Eckerts aus der Serie um 1893 zeigen kleinere Salons (Abb. 15-06, 15-07; 15-48, Zimmer 149, 150). Es handelt sich um jene Räume, die im Grundriss von 1894 als »kleiner Salon« und »Jäger Zimmer« bezeichnet sind und später zum Speisesaal der Familie zusammengelegt wurden.[14] Die bauliche Veränderung in diesem Bereich wurde von der Forschung bisher nicht registriert.[15] Der »kleine Salon« war ausschließlich mit Fotografien dekoriert. Neben zwei Paravents mit Fotoporträts sind unter den gerahmten Fotos an den Wänden Aufnahmen von Pferden in Seitenansicht und von Gespannen zu erkennen. Ein von der Decke hängendes Lusterweibchen mit mächtigen Muflonhörnern bildete eine Überleitung zu den anschließenden, mit Jagdtrophäen geschmückten Räumen. Das »Jägerzimmer« war mit Geweihen in allerlei Verarbeitungsform – als Sitzmöbel, Luster- oder Wanddekoration – sowie mit Stichen von Ridinger, die Hirsche darstellten, ausgestattet. Zu den weite-

Abb. 15-04: Heinrich Eckert, Fotoaufnahme des Krickelsalons in Schloss Konopischt, um 1893. Das frühe Foto zeigt bereits die Anbringung von Rehkrickeln und von Zeichnungen Franz von Pausingers. (© Schlossarchiv Konopischt)

Abb. 15-05: Heinrich Eckert, Fotoaufnahme des Turmzimmers beim Krickelsalon, um 1893. Vorerst schmückten den Turmraum auch einige orientalische Elemente, darunter ein Kamin mit arabischem Bogen. (© Schlossarchiv Konopischt)

ren Räumen im 3. Stock des Südflügels sind keine Bildquellen bekannt.

Für die erste Ausstattungsphase ist bezeichnend, dass einige explizite Raumkonzepte bereits früh entwickelt, langfristig beibehalten und laufend weiter bestückt wurden, wie besonders im Fall des Schlafzimmers und Krickelsalons erkennbar ist. Parallel zu den laufenden Arbeiten in der ersten Phase wurden Neumann und Kayser 1891 nach Italien zur Untersuchung der Estensischen Sammlung entsandt.[16] Das Vorhaben, estensische Sammlungsgegenstände, die Franz Ferdinand im Übrigen laut Erbvertrag nicht

Abb. 15-06: Heinrich Eckert, Fotoaufnahme des Kleinen Salons in Schloss Konopischt, um 1893. Kurz nach 1900 entstand an dieser Stelle das Familienspeisezimmer. (© Schloss Artstetten)

veräußern durfte, im Schloss zu integrieren, wurde zu diesem Zeitpunkt bereits konkret. Das Privatappartement im dritten Stock, das in der ersten Phase noch ausschließlich nach Kriterien der damals aktuellen persönlichen Vorlieben des Erzherzogs eingerichtet war, wurde noch ohne Rücksichtnahme auf prestigevolle, geerbte Möbel und Kunstgegenstände installiert. Es war geprägt von Vertäfelungen im Stil der Neorenaissance, vom Jagdsujet als Dekoration der Salons und von der Kombination von Renaissancemöbeln mit reich intarsierten Oberflächen mit passenden historistischen Ergänzungen.

Die Frage nach einer Autorenschaft für die konzeptionellen Ideen der Raumausstattungen wurde von der bisherigen Forschung nicht schlüssig beantwortet. Die unkritische Zuschreibung der Innenarchitektur des Schlosses an Franz Schmoranz, bis hin zu Aufträgen, die Anfang des 20. Jahrhunderts vergeben wurden, wird bis heute tradiert. Der in den Auszahlungen der ersten Phase aufscheinende Franz Schmoranz jun. verstarb bereits 1892.[17] Eine eindeutige, getrennte Zuordnung einzelner Arbeitsanteile der Architekten Kayser, Schmoranz, Neumann oder Ferstel, die alle Erfahrungen mit der Aufgabe historistischer Innenraumgestaltungen hatten, ist aufgrund der dürftigen Quellenlage nicht möglich. Während der gesamten Bau- und Ausstattungszeit des Schlosses unter Franz Ferdinand scheinen immer wieder mehrere Namen parallel für die Lösung einer Aufgabe in den Dokumenten auf. Es ist daher anzunehmen, dass vieles, auch in der Planung, in Teamarbeit erfolgte. Der wichtigste Entscheidungsträger war der Bauherr selbst. Unentwegt brachte er sich persönlich ein – schließlich ging es auch um seine

Abb. 15-07: Heinrich Eckert, Fotoaufnahme des Jägersalons in Schloss Konopischt, um 1893. Der kleine Salon und der Jägersalon wurden später zum Familienspeisezimmer zusammengelegt. (© Schloss Artstetten)

Kunst- und diverse andere Sammlungsgegenstände, die er mit Emphase anhäufte. Die Aufstellung dieser Objekte in seinen Schlössern machte einen Teil des Auslebens seiner Sammelleidenschaft aus. Wie penibel er dabei sein konnte, illustriert der Diener Veselý in seiner Biografie des Thronfolgers, wenn er berichtet, dass Franz Ferdinand das korrekte Einschlagen der Nägel für Gemälde und insbesondere für Geweihe selbst überwachte.[18]

Mockers Planung für die Neugestaltung der Fassade ab 1891

Ab 1891 lässt sich das Vorhaben, die Außengestalt des Schlosses baulich zu verändern, dokumentarisch nachverfolgen. Ausgehend von einer Unterredung zwischen dem Architekten Max von Ferstel und dem Erzherzog in Konopischt, erstellte Ferstel eine »perspektivische Studie über den Umbau«, die zwar selbst nicht erhalten ist, jedoch der beschreibende Brieftext vom 11. August 1891 hierzu:

»(...) bisher ganz formlose Facade gegen den Maierhof (...) durch vorgelegte Arkaden zu ersetzten (...) 2 flankierende Erkertürmchen (...) und ein steiles Schopfdach (...) Fassade weiter unterhalb durch einen zweigeschossigen Erker unterbrochen (...) an den Ecken gegen die Einfahrtsfacade einen diagonal vorkragenden Erker. Ein Hauptaugenmerk wäre (...) auf den Zubau der zahlreichen Türme zu richten, deren das Schloss eine ganze Menge besitzt, die aber samt und sonders zu Beginne unseres Jahrhunderts (...) verballhornt worden sind. (...) sie mit Quadern zu verkleiden auf jedem Falle ihnen aber die für die Schlösser in Böhmen so charakteristische mit

Abb. 15-08: Rudolf Bruner-Dvořák, Fotoaufnahme der Südfassade des Schlosses Konopischt aus dem Fotoalbum »Weidmannsheil«, 1897. Zu dieser Zeit bestand noch die klassizistische Orangerie unterhalb des Schlosses und Teile des Dorfes Konopischt an der Zufahrtsstraße. (© Schlossarchiv Konopischt)

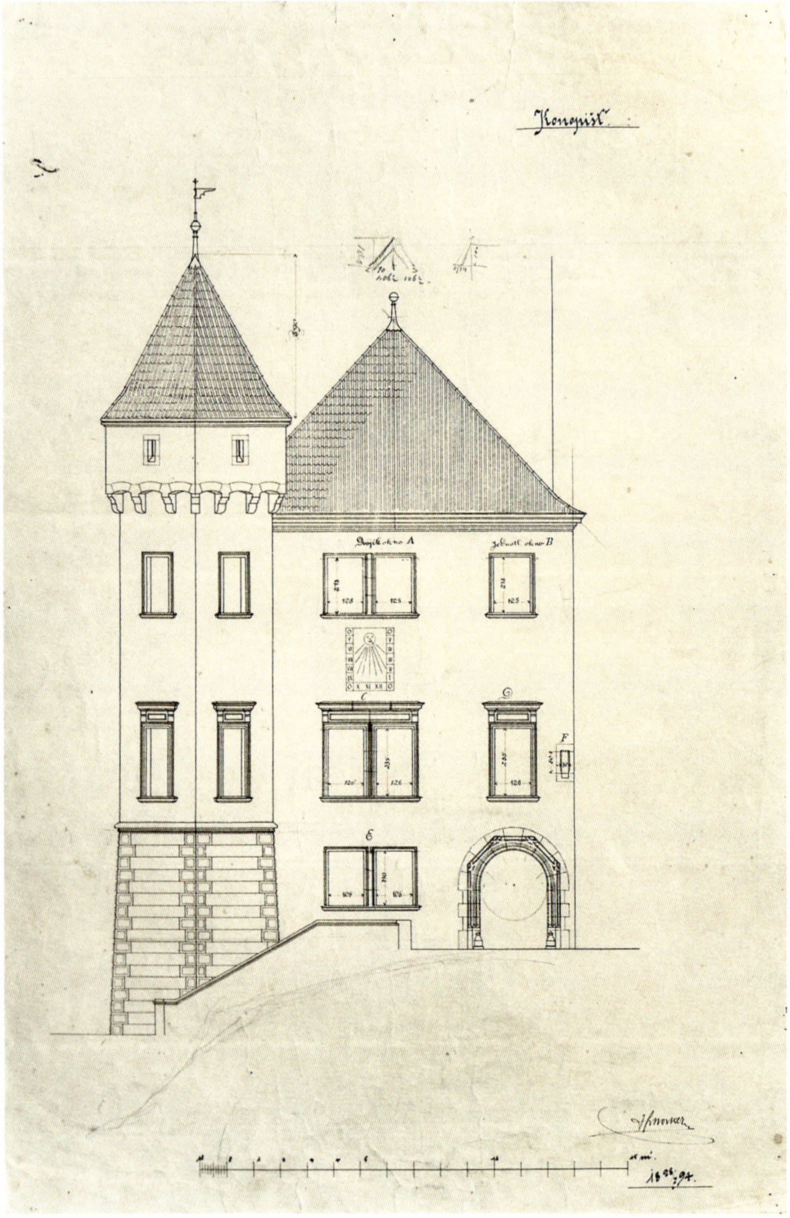

Abb. 15-09: Josef Mocker, Entwurf für die Ostfassade des Schlosses Konopischt, Tusche auf Papier, signiert 28.7.1894. In diesem Planungsschritt wies das Türmchen noch kein Fachwerk und eine andere Gestaltung des Sockels auf. (© Schloss Artstetten)

Ziegel eingedeckten Kegeldächer wiederzugeben. Was die architektonische Detailbildung anbelangt, so hatte ich die Ansicht Sr. Kaiserlichen Hoheit, an die Formen des 16. Jh., welche fast allein noch im Schlosse anzutreffen sind, anzuknüpfen (…). Morgen Früh fahre ich mit dem Wasserleitungs-Ingenieur Wlassak der Fa. Oswald & Co (vormals Klemm) nach Konopišt um an Ort und Stelle die geplante Wasserleitungsanlage zu erklären (…) Kostenvoranschlag ausarbeiten (…).«[19]

Im selben Jahr wurde Ferstel dazu aufgefordert seine Entwürfe an den zukünftigen leitenden Architekten des Umbaus, Josef Mocker, zu schicken.[20] Ferstel versuchte, sich weiterhin für Franz Ferdinand nützlich zu machen, und brachte sich hinsichtlich der Innenausstattung des Speisesaales ein.[21] Josef Mocker war demnach bereits ab 1891 mit den Planungsarbeiten für Konopischt betraut.[22] Ausführender Baumeister des Schlossumbaus war Emanuel Vrzal, der 1891 bereits mit anderen Bauten im Umfeld des Schlosses beschäftigt war.[23] Die Übergabe der Pläne Ferstels, in die bereits sehr konkrete Vorstellungen Franz Ferdinands eingearbeitet waren, ließ Mocker nur noch relativ wenig gestalterischen Spielraum. Die von Ferstel im Brief genannten Elemente, die Änderung der Dachsilhouette, die Vereinheitlichung der Türme einschließlich deren Dächer sowie die generelle Wahl eines Baustils im Sinne des 16. Jahrhunderts kamen zur Ausführung (Abb. 15-08). Aus dem Jahr 1892 stammt der erste Entwurf für die Frontfassade von Mocker.[24] Dass an der Gestaltung der Fassade noch länger gefeilt wurde, belegt ein weiterer von Mocker signierter Plan der Zufahrtsfassade von 1894. Hier entsprechen der Sockel und das oberste Turmgeschoss des polygonalen Türmchens noch nicht der realisierten Form (Abb. 15-09).[25]

Umbau durch Mocker 1893 bis 1895

Franz Ferdinand befand sich 1892/93 auf Weltreise. Es ist davon auszugehen, dass keine bereits davor festgelegten Projekte in dieser Zeitspanne in Angriff genommen wurden. Bei der Umbaukampagne Mockers wurde 1893 der Dachstuhl in der gesamten Länge des Schlosses um 65 cm angehoben und erhielt eine steilere Gestalt mit einer Dachhaut aus böhmischen Ziegeln. An der Südseite wurden Dacherker nach dem Vorbild eines vorhandenen hofseitigen Exemplars aufgesetzt. Die drei vorhandenen Ecktürmchen sowie ein neu errichtetes viertes erhielten eine Fachwerkverzierung in der oberen polygonalen Zone.[26] Dass bei der historistischen Umgestaltung moderne Materialien und Bautechniken eingesetzt wurden, merkt man etwa bei den Ecktürmen, wo die Fachwerkgliederung aus nur oberflächlich appliziertem, angestrichenem Eisen ausgeführt wurde.

1893 wurde der Theatersaal im 3. Stock (Abb. 15-48, Zimmer 166) zum Museumssaal für die Präsentation der wertvollen Waffensammlung aus dem estensischen Erbe umfunktioniert.[27] Der Saal erhielt einen neuen Boden und neue Wandverkleidungen (Abb. 15-57). Weitere Adaptierungen Mockers betrafen den Einbau eines Spiel- und Schießstandes und die Entfernung von Wänden im ehemaligen Stallgewölbe des unteren Hofes (Abb. 15-19).[28] Neben den Abrissarbeiten im Schießstand kam es auch zur Renovierung des Gemäuers und des Gewölbes in der Schlosskapelle (Abb. 15-46).[29] Reparaturen wurden des Weiteren im Bereich der Küche, am Dach und an den Fußböden durchgeführt.[30]

1894 bewilligte Kaiser Franz Joseph ein großzügiges Darlehen aus dem Allerhöchsten Privat-Fonds über 800 000 K. für weitere Investitionen Franz Ferdinands in Konopischt. Der Stand der Arbeiter schnellte daraufhin in die Höhe, im Sommer waren es über 300 Personen.[31] 1894 wurde die Fassade nach Plänen Mockers vereinheitlicht und erhielt neue steinerne Fenstereinfassungen.[32] Im Inneren wurden Traversen verlegt, Stiegen aus Stein ersetzten ältere aus Holz, neue Türen und Doppelfenster wurden eingesetzt.[33] Im gleichen Jahr wurde eine Fracht antiker Öfen aus Trient bezahlt.[34] Insgesamt wurden, unklar ob alle italienisch, 44 alte Öfen aufgestellt. 21 neue Öfen von der Firma Hardtmuth folgten.

1895 ließ Mocker eine Eckloggia im unteren Hof errichten. Die Gestaltung der Zugänge in die ehemalige Burganlage wurde sowohl im Westen wie auch im Norden geändert. Vor dem Bergfried entstand eine Brücke über den Graben. Beide Tore erhielten neue Torflügel.[35] Die Verdachung des Bergfrieds wurde neu gelöst.[36] Zur Modernisierung der Wohnverhältnisse in der ehemaligen Wehranlage zählte die Installation von Wasserleitungen und einer Kanalisation. Im Verwaltungsgebäude unterhalb des Schlossteichs wurde eine Pumpstation eingerichtet, die ein im Bergfried eingebautes Wasserreservoir versorgte.[37]

Die Renovierung der Kapelle (Abb. 15-46; 15-44, Zimmer: 109) wurde 1895 in Angriff genommen. Während sich Mocker bei der Gestaltung der Fassade nicht in seinem gewohnten stilistischen Terrain gestalterisch ausleben konnte, entspricht die Aufgabe der Restaurierung der Kapelle seinem Profil. Denkbar ist, dass Franz Ferdinand, der ab 1890 über eine Dienstwohnung in der Prager Burg verfügte, die in unmittelbarer Nähe zum Veitsdom gelegen war, durch die aktuelle Fertigstellung des Westabschlusses der Prager Hauptkirche zum Engagement Mockers angeregt wurde. Hypothetisch könnte die Entscheidung, Mocker als führenden Architekten für den gesamten Schlossumbau zu beauftragen, angesichts seiner Kompetenz bei der Renovierung des spätgotischen Sakralraums in Konopischt gefallen sein. Bei den Arbeiten am rhythmisch abgesetzten Netzrippengewölbe handelte es sich den Fotos aus der Bauzeit nach nicht nur um oberflächliche Ausbesserungen, sondern um Eingriffe in die statische Struktur des Netzrippensystems, bei der die Verwendung von Lehrgerüsten notwendig war.[38] Mocker gilt als vorderster Vertreter der puristischen Neogotik in Böhmen und war mehrfach mit der Renovierung historischer Bauten ersten Ranges aus der Zeit Karls IV. beschäftigt. Bei seinem prominentesten Auftrag, der Leitung der Fertigstellung des Prager Domes ab 1873, arbeitete er direkt am Gründungsbau mit dem von Peter Parler entwickelten Netzrippensystem. Nach dem Umbau der Konopischter Kapelle zog sich der Abschluss der Innenausstattung des Sakralraums in die Länge. Franz Ferdinand scheint bei dem für ihn als tief religiösen Menschen wichtigen Raum lange unentschlossen gewesen zu sein und eine endgültige Entscheidung hinausgezögert zu haben.

Neue Repräsentationsräume im Nordtrakt und Installation der Este-Sammlung durch Costenoble ab 1895

Während die architektonischen Änderungen unter Mockers Leitung Gestalt annahmen, liefen im Inneren die Ausstattungsarbeiten in den umstrukturierten Räumen an. Die nicht weiter haltbaren Zuschreibungen von Innenraumgestaltungen an Franz Schmoranz hinterlassen eine Lücke, die sich durch neue Erkenntnisse schließen lässt. Carl Costenoble, der in Konopischt bislang nur mit seiner Verantwortung für die 1895 erfolgte Aufstellung der Estensischen Waffen- und Rüstungssammlung in Verbindung gebracht wurde (Abb. 15-57),[39] spielte für viele weitere gestalterische Arbeiten im Schloss eine prägnante Rolle. Er legte mehrere Entwürfe für die Anfertigung diverser Tischlerarbeiten vor, die über einen längeren Zeitraum hinweg von ein und derselben Firma ausgeführt wurden. Die früheren, ab 1895 fassbaren Aufträge führte Matthias Oberdorfer, Inhaber der »Bürgerl. Bau- und Möbel Tischlerei, Mollardg. 52, VI. Wien«, aus, die späteren dessen Firmennachfolger Adolf Litschel. Eindeutig ist der Vermerk »nach Zeichnung über Vorschlag von Costenoble« in den Rechnungen der späteren Arbeiten an den Schaukästen, der Vertäfelung im Korridor und im Turmzimmer vor der Waffenhalle (Abb. 15-58 bis 15-60)[40] sowie am Kassettenplafond der großen Bibliothek (Abb. 15-40)[41]. Auf einer Zusammenarbeit zwischen Costenoble und der Tischlerei Oberdorfer/Litschel fußten mit großer Wahrscheinlichkeit bereits die Arbeiten an der Decke und an den Lambrien der Waffenhalle im Jahr 1895 (Abb. 15-57). Etwa zeitgleich tischlerte Oberdorfer die Kirchbänke der Kapelle (Abb. 15-46) und führte den Plafond im neuen Rittersaal im Mittelgeschoss (Abb. 15-41) aus.[42] Weitere Aufträge waren das reich ausgestattete Stiegenhaus vor der Bibliothek (Abb. 15-10) und kleinere Arbeiten wie Windfänge.[43]

Stilistisch wurde bei den in Kooperation von Costenoble und Oberdorfer/Litschel entstandenen Tischlerarbeiten an die Ausführungen in Neorenaissanceformen der früheren Ausstattungsphase angeschlossen. Im Vergleich zu den Holzverschalungen im Junggesellenappartement ist bei den Aufträgen Oberdorfers/Litschels eine einheitlichere Durchgestaltung, eine Verschmelzung der Tischlerarbeiten in einem Raum, charakteristisch. Die Plafond- und Schrankverbauten gehen, durch die Gliederung abgesetzt, in die Gestaltung der Tür- und Fensteröffnungen über. Die Tiefenschichtung der Kassettendecken und die architektonischen Gliederungselemente, besonders in der Bibliothek, sind wesentlich plastischer ausgeführt. Die Raumschale des Korridors mit den Schaukästen ist komplett durch den Wandverbau bedeckt.

Eine wichtige Quelle für den Ausstattungsfortschritt dieser Phase ist das Fotoalbum »Weidmannsheil« mit Aufnahmen des von Franz Ferdinand wiederholt beauftragten Prager Fotografen Rudolf Bruner-Dvořák. Aus dem Kontext der Veränderung bei der Ausstattung und der noch fehlenden Anzeichen der nachfolgenden Bauetappe lassen sich die Aufnahmen in das Jahr 1897 datieren. Die Bildauswahl des Albums entspricht einer Hommage an die Integration der Estensischen Sammlung in die speziell dafür vorbereiteten, repräsentativ bis museal gestalteten Räumlichkeiten des Schlosses. Das Weidmannsheil-Album spiegelt den Zuwachs wertvoller Gemälde und die Aufstellung einzelner herausragender Möbel aus dem estensischen Erbe wider und dokumentiert die Installation der Estensischen Waffensammlung im ehemaligen Theatersaal und als Waffenarrangements an verschiedenen Wänden im Schloss, die später großteils wieder abgebaut wurden (Abb. 15-11).

Die Estensische Kunstsammlung, die auf die Sammeltätigkeit des Marchese Tomaso degli Obizzi am Ende des 18. Jahrhunderts für Schloss Catajo zurückgeht,[44] war so umfangreich, dass bei der Neuaufstellung der für Konopischt ausgewählten Stücke einzelne Räume mit thematisch gruppierten Werken ausgestattet werden konnten. Das Junggesellenschlafzimmer des Erzherzogs etwa wurde mit einer Reihe von Trecento-Tafelbildern im Weidmannsheil-Album aufgenommen. Die Auswahl sakraler Malerei der sogenannten Primitiven aus der Sammlung Obbizis für diesen Raum wurde im Laufe der Zeit noch durch weitere passende Stücke ergänzt, wie aus späteren Aufnahmen deutlich wird (Abb. 15-49).

Abb. 15-10. Rudolf Bruner-Dvořák, Fotoaufnahme vom Stiegenaufgang vor der Großen Bibliothek mit Teilen der estensischen Waffensammlung aus dem Album »Weidmannsheil«, 1897 (© Schlossarchiv Konopischt)

Bei der Konzeption der großen Waffenhalle im 3. Stock (Abb. 15-57) wurde der Bildhauer Carl Costenoble 1895 mit der Aufgabe betraut, einen klassischen Museumsraum zu schaffen. In diesem Zusammenhang konnte er auf einschlägige Erfahrungen verweisen. Costenoble hatte mehrerer Bildwerke im k. k. Hofwaffenmuseum, dem heutigen Arsenal, ausgeführt: 1883 leitete er die Jubiläumsausstellung zur Türkenbelagerung im Rathaus und 1886 hatte

Abb. 15-11: Rudolf Bruner-Dvořák, Fotoaufnahme des Arrangements türkischer Waffen aus der Este Sammlung im Turmzimmer bei der Waffenhalle aus dem Album »Weidmannsheil«, 1897. Zustand vor dem Einbau der Vitrinen durch die Tischlerei Litschel. (© Schloss Artstetten)

er die städtische Waffensammlung aufgestellt.[45] In Konopischt wählte Costenoble für den Hauptraum aus dem reichen historischen Fundus verschiedener Rüstungs- und Waffengattungen jeweils Sets aus, die er symmetrisch alternierend entlang der Fensterachsen organisierte. In den Raum ragende Elemente, größere Plattnerarbeiten wie Harnische und Pferderüstungen sowie Kanonen und Arkebusen sind auf Podesten entlang der Wände aufgestellt und rhythmisieren die Reihung. Auf einer Seite des Saales befanden sich des Weiteren Fahnen mit dem Schriftzug »FIV ESTENSI DI MODENA«, womit ein klarer Verweis auf den Ursprung der Sammlung präsent war. Der strenge Rapport der präsentierten Waffen und Rüstgegenstände verleiht dem Raum einen festlichen, repräsentativen Rahmen und dient weniger einer didaktischen Aufstellung. Zwei lange Pultvitrinen besitzen verglaste Aufsätze mit reduziertem Gestell, sodass der Blick in die Halle möglichst wenig beeinträchtigt wird. Eine Abweichung von einem konventionellen Museumskonzept ist die Positionierung eines großen Tisches mit Stühlen in der Mitte des Saals. Die auf einem Teppich stehende Tischgruppe mit sechs lederbespannten Armstühlen wirkt wie eine enthobene Zone innerhalb des Saals. Der Waffensaal erfüllte zwei Funktionen, er war ein musealer Schauraum und zugleich Herrensalon im Format einer Tafelrunde.

Der eigentliche Herrensalon im 1. Stock des Nordtraktes, der Rittersaal (Abb. 15-41; 15-25, Zimmer 99) wurde zusammen mit der Bibliothek (Abb. 15-25, Zimmer 100) in der gleichen Phase wie die Waffenhalle eingerichtet. Die beiden Räume waren 1893 durch einen Umbau Mockers aus einem früheren großen Rittersaal geschaffen worden.[46] Der Holzplafond wurde 1895 von der Tischlerei Oberdorfer fertiggestellt.[47] Gleichzeitig arbeitete die Tischlerei am großzügig gestalteten Stiegenhaus vor dem Saal (Abb. 15-10). In beiden Bereichen wurden Teile der Waffensammlung als Wandzierde angebracht. Die Fotos im Weidmannsheil-Album zeigen die Installation der Plattnerarbeiten im Rittersaal und von größeren Waffentypen im Stiegenhaus. Die Arrangements passen zum Profil von Costenobles Tätigkeit in der Waffenhalle.

Gesichert ist Costenobles Beteiligung wieder an der Gestaltung des anschließenden Bibliotheksraums. Die Bibliothek erhielt 1897 eine Kassettendecke von der Tischlerei Litschel nach vorgelegter Skizze von Costenoble.[48] Auch der Entwurf für die verbauten Bibliotheksschränke einschließlich der übrigen Holzverkleidung des Saals dürfte dem Stil nach auf sein Konzept zurückgehen. Wieder scheint die Raumgestaltung von der Aufgabe geprägt zu sein, Stücke der Este-Sammlung einzugliedern. Die freie Wandzone über dem Gebälk der Bibliotheksschränke korreliert mit den Maßen der italienischen Wappenschilder.

Sanierung des Südtraktes und Modernisierungen ab 1896

Im Jahr 1896 kam es zu einem Einschnitt bei den Arbeiten im Schloss. Der Erzherzog ließ über 200 Räume, darunter auch bereits neu ausgestattete Zimmer, durch den Schlossverwalter Renglovics inventarisieren und skizzieren, die Mobilien sichern und wertvolle Böden mit Brettern und Teerpappe zudecken.[49] Während der Erneuerung morscher Fußböden, Wände und Plafonds wurden vermauerte Zwischengeschosse des alten Baubestandes unterhalb des obersten Geschosses im Südflügel entdeckt. Vorerst wurde nur ein Teil zu nutzbaren Räumen ausgebaut, der Rest folgte erst 1910, als Depots in den Mansarden eingerichtet wurden. Renglovics schrieb dazu 1911, »dass zwischen dem 2. und 3. Stock des Konopischter Schlosses in der Südfront ein Zwischentrakt vorhanden ist. Auf diesen sind wir während der Adaptierungsarbeiten ebenfalls beim Untersuchen der Dippelbäume gestoßen. Jedenfalls ist derselbe infolge der höher konstruierten Plafonds im Zwischentrakte noch anlässlich des ursprünglichen Baues des Südtraktes entstanden. Sehr genau – vom Bauleiter Architekt Mocker durch Heben der Plafonds in dem an den Speisesaal anstossenden Raume des 2. Stockes, oder durch Unterlegen des Fußbodens im 3. Stocke höhere Zimmer erreicht, dass man die ganze Front des 2. Stockes bereits vor meinem Eintreffen in Konopischt neu hergerichtet, die Plafonds mit neuem Stuck versehen, die Wände mit neuen Tapeten bespannt und im ganzen 3. Stock neue Bretterböden gelegt, folgedessen konnte Zentral Direktor Velicogni, welcher in Abwesenheit seiner kaiserlichen Hoheit (auf der Weltreise) der Bevollmächtigung war, sich für diese Neuadaptierung nicht entschließen. Nur aus diesem Grunde wurde die Südfront in ihrem ursprünglichen Zustand mit dem zwecklosen Zwischentrakt belassen.«[50]

Im Zuge der Innensanierung des Schlosses wurden auch technische Neuerungen eingeführt. 1896 erfolgte die Montage eines hydraulischen Pater Nosters von der Firma W. Philippi aus Wiesbaden mit einem Sicherheitskäfig von der Prager Firma Fanta und Jiresch.[51] Der Zugang zum Privatbereich im obersten Stock wurde durch den Aufzug wesentlich bequemer. Die Ausstiegsstelle des Lifts zum Privatappartement mündete in jenen Korridor, der zeitgleich von der Tischlerei Litschel mit den langen Waffenvitrinen ausgestattet wurde (Abb. 15-59). Eine weitere Modernisierung, die eine Erhöhung des Wohnkomforts mit sich brachte, war die Elektrifizierung des Schlosses, die von der Firma Siemens und Halske umgesetzt wurde.[52] 1898 bis 1899 wurden Entwürfe für ein Elektrizitätswerk und Beleuchtungskörper vorgelegt, das Elektrizitätswerk ein Jahr später von der Bezirkshauptmannschaft kollaudiert.[53] 1899 kam es auch zum Einbau einer Zentralheizung.[54]

Habitat-Installationen 1896

Bis heute prägen hunderte Geweihe in den Korridoren das Erscheinungsbild der Schlossinterieurs. Neben dieser herkömmlichen Präsentationsform, die darin bestand, Jagdtrophäen an die Wand zu hängen, gab es in Konopischt eine weitere Spielart, das Thema Jagd mithilfe von Tierpräparaten zu inszenieren. Es handelte sich um Rauminstallationen mit ausgestopften Wildtieren in dramatisch gestellten Naturszenen, die heute nicht mehr erhalten sind und auf bislang unpublizierten Fotografien von Heinrich Eckert festgehaltenen wurden (Abb. 15-12, 15-13). Drei lose Aufnahmen aus dem Schlossarchiv Konopischt sind mit der Unterschrift Eckerts und dem Datum 1896 versehen, ein weiteres formell entsprechendes Foto wird im Schloss Artstetten verwahrt. Wo die beiden Installationen im Schloss untergebracht waren, geht aus den Bildausschnitten, die

Abb. 15-12: Heinrich Eckert, Fotoaufnahme der Installation von szenisch präparierten Jagdtrophäen in der Form eines Habitats in Schloss Konopischt, 1896 (© Schloss Artstetten)

kleine hohe Räume und Wände mit Jagdtrophäen zeigen, nicht hervor. Denkbar ist eine Aufstellung in einem Gang oder in einem eigenen Themenraum.

Die in aufeinander bezogenen Posen präparierten Wildtiere, angreifende Raubtiere und szenisch agierende Vögel, wurden auf Podien mit einer bühnenartigen Landschaft mit echten Naturversatzstücken arrangiert. Das Gelände mit aufsteigendem Terrain ist mit Sand, Erde, Steinen und Moos bedeckt, Wurzelwerk und kleinere Nadelbäume vervollständigen das Waldsujet. Eine Szene wird von Wölfen aus kroatischen Jagdgebieten dominiert, wie aus der Beschriftung abzulesen ist, die wahrscheinlich im Zusammenhang mit einem für Franz Ferdinand besonders wichtigen Jagdereignis zu sehen sind.[55]

Die dreidimensionale, bildhafte Installation der Naturszenerien ist, mit Ausnahme des Mittels der Malerei, wie ein Habitat-Diorama in einem naturkundlichen Museum aufgebaut. Bei den von Franz Ferdinand gestifteten öffentlichen Sammlungen, bei seinen Weltreiseobjekten im Corps-de-Logis-Trakt der Neuen Hofburg und bei seinen Tierpräparaten für das Naturhistorische Museum wurde auf keine ähnlichen Mittel der Präsentation zurückgegriffen. Eine Anregung für die Habitate kam eher aus dem Bereich der Messeaufbauten. Franz Ferdinand war Schirmherr und Teilnehmer mehrerer dieser populären Großveranstaltungen. Auf der Landes-Jubiläums-Ausstellung in Prag 1891 war das erzherzogliche Gut Konopischt mit dem sogenannten »Holländischen Pavillon« vertreten.[56] Der von Franz Ferdinand ausgestellte Pavillon befand sich im Abteil der landwirtschaftlichen Präsentation des Hochadels, wo auch Freunde des Erzherzogs, die Fürsten Schwarzenberg und Czernin, vertreten waren.[57] Die Ablichtung des Inneren eines der drei Schwarzenberg'schen Pavillons im Katalog zur Jubiläumsausstellung zeigt eine bühnenhafte Präsentation von Tierpräparaten unter dem Motto »Nützliches und schädliches Wild«, wobei die Kulisse wieder aus echten Waldpflanzen hergestellt wurde.[58] Im Unterschied zu den Konopischter Habitaten wurden die auf der ephemeren Jubiläumsschau eingesetzten taxidermischen Präparate nicht für eine szenische Positionierung optimiert. Die Tiere wurden nach Größe hintereinander gestaffelt und wirken trotz der Bemühung, eine natürliche Waldatmosphäre zu schaffen, hierarchisch organisiert. Die Installationen in Konopischt stellten eine perfektionierte Komposition aus denselben Mitteln dar, wie sie auch auf der Messe zum Einsatz kamen. Es waren dreidimensionale Collagen aus Naturstoffen, die wie Bilder in Franz Ferdinands Privatbereich Aufstellung fanden. Festgehalten wurde so der verdichtete Moment eines Jagderlebnisses in erhabener Attitüde wie auf den Waldszenen Pausingers.

Farbfassung der Kapelle 1898

Das über einen Niveausprung abgesetzte Ende des Nordtraktes wird im Mittelgeschoss von der Kapelle

Abb. 15-13: Heinrich Eckert, Fotoaufnahme der Habitat Installation mit Wölfen, die Erzherzog Franz Ferdinand in kroatischen Jagdgebieten erlegt hatte, 1896 (© Schlossarchiv Konopischt)

eingenommen (Abb. 15-45, 15-46). 1895 wurden bereits die Kirchenbänke, die Kanzel und das Oratorium von der Tischlerei Oberdorfer ausgeführt.[59] Das Projekt für die Farbfassung der Kapellenwände war jedoch weiterhin noch nicht ausgearbeitet. 1898 engagierte Franz Ferdinand den Architekten F. W. Fröde, der drei Planvarianten für die Polychromie schickte (Abb. 15-45).[60] Ausgeführt wurde eine stark buntfarbige Füllung des Wand- und Gewölbefonds, die bis heute besteht, mit der der Erzherzog jedoch nicht zufrieden war, sodass er sich noch einige Male um alternative Lösungen bemühte. In einer Korrespondenz mit seiner zukünftigen Frau informierte er diese 1898 über die Fortschritte in der Kapelle und im Schloss.[61] Insofern kann davon ausgegangen werden, dass eine Berücksichtigung der zukünftigen Familienkonstellation bei den laufenden Umbauten bereits eine Rolle spielte.

Das Familienappartement ab 1900

In der Ausstattungsphase nach 1900 kam es im 3. Stockwerk zur Einrichtung neuer Räume für die neu gegründete Familie des Erzherzogs. Zur Entwicklung der neuen Privaträume liegen relativ wenige Daten vor. Der Bedarf an neuen Raumfunktionen war mit der Eheschließung im Juli 1900 und der Geburt des ersten Kindes ein Jahr später gegeben. Die bisher von Gastzimmern eingenommene östliche Hälfte des Südtraktes wurde zu Privatgemächern umgewandelt (Abb. 15-48). Es entstanden ein Speisezimmer (Zimmer 149–150), ein Schreibzimmer für Franz Ferdinands Ehefrau Sophie (Zimmer 148), ein eheliches Schlafzimmer (Zimmer 147), ein Badezimmer (Zimmer 146) sowie Schlaf- und Spielzimmer für die Kinder (Zimmer 141, 144, 145) und Zimmer für deren Erzieher (Zimmer 142, 143).

Die baulich vorgegebene Anordnung als Enfilade erwies sich, historischen Fotografien nach, teilweise als ungünstig. Einige Doppeltüren wurden durch vorgestellte Kästen unpassierbar gemacht. Die Tapezierung der für das neue Appartement typischen Stoffbespannungen wurde spätestens 1901 bis 1904 ausgeführt.[62] 1904 erneuerte die Firma Pauly und Sohn die Betten in den Schlafzimmern.[63] Ein in der Zeitschrift »The Ladies' Field« 1905 publiziertes Foto des Krickelsalons zeigt eine geöffnete Tür in das fertig eingerichtete Familienspeisezimmer (Abb. 15-51).[64] 1905 wurden angelieferte Bilder in den Zimmern der kleinen Herrschaften aufgehängt[65] und 1908 Möbel in den Kinderzimmern, die bislang noch nicht überarbeitet waren, weiß lackiert.[66]

An der Stelle zweier kleinerer Salons, die zusammengelegt wurden, entstand das Familienspeisezimmer (Abb. 15-52). Die Gestaltung der Raumschale des Speiseraums, der an den Krickelsalon anschließt, unterscheidet sich stilistisch nicht wesentlich von den früheren Privaträumen. Ähnlichkeit besteht vor allem mit dem Schreibzimmer Franz Ferdinands. Neben den ähnlich aufwendig geschnitzten Supraporten schließt auch dort eine Kranzkonsole die Lambrien ab und diente als Abstellfläche für Zierkrüge etc. Das Speisezimmer sollte als letzter Raum einen Holzplafond erhalten. Die übrigen Privaträume besitzen durchgehend hell getünchte Decken.

Ab dem nachfolgenden Raum, dem Schreibzimmer von Sophie (Abb. 15-53), bis zum Ende des Flügels wandelt sich die Art der Ausstattung. Als dekoratives Grundprinzip diente jeweils ein heller Stoff mit Blumenrankendessin, der sowohl für die Bespannung der Wandflächen und sämtlicher Polstermöbel als auch für Paravents, Vorhänge und die Überwürfe der Betten verwendet wurde. Bei der Tapezierung der Möbel wurde reichlich Stoff eingesetzt, neben einer bauschig gefüllten Polsterung erhielten einige Sitzmöbel gerüschte Bordüren oder lange Fransen. Der Stil der Ranken und Blütenmotive auf dem Stoff ab Sophies Schreibzimmer bis zum Spielzimmer der Prinzen (Abb. 15-14), besonders die grafische Variante im ehelichen Schlafzimmer (Abb. 15-54), weist Einflüsse von Jugendstilmustern auf.

Die einzelnen Zimmer des Privatappartements wurden mit einheitlichen Möbelgarnituren – großteils in Neobarockformen und mit intarsierten Oberflächen – ausgestattet. Davon abweichend fiel die Wahl der Möblierung der zwei Prinzenzimmer aus (Abb. 15-14, 15-55). Hier herrschen modernere, geradlinige Formen und eine durchgehende Weißlackierung der Möbel vor, wobei die Profile mit zarten blauen Linien akzentuiert sind. Der Komfort spielte bei der Auswahl der Möbel im Privatappartement eine ausschlaggebende Rolle. So wurden durchgehend Messingbetten und keine antiken Betten eingesetzt. Franz Ferdinand war bekannt für seine Aversion gegen den Jugendstil.[67] Was die Kinderzimmer betrifft, so spiegelt die Ausstattung seine angeblich stringente Haltung nicht wider. Hier fanden einige Jugendstilelemente – in der Form von plakatartigen Bildern und bei einem Paravent (Abb. 15-55) – Einzug in den privaten Wohnbereich des Erzherzogs. Wohl unter dem Einfluss von Franz Ferdinands Ehefrau Sophie wurde der in den älteren Privaträumen des Junggesellenappartements vorherrschende historistische Stil in den neuen Familienzimmern aufgelockert. Die neuen Privaträume sind von einer Präferenz für einen hellen, moderneren Einrichtungsstil geprägt. Dass Sophie in Belangen der Ausstattung direkt angesprochen wurde und selbst Entscheidungen traf, zeigt etwa ein Telegramm des Schlossverwalters von 1910 an sie.[68] Eine symptomatische Lösung für die höherrangigen Zimmer und Salons, die nach 1900 eingerichtet wurden, stellt das eheliche Schlafzimmer (Abb. 15-54) dar, wo die unterschiedlichen favorisierten Stile der Eheleute zusammentreffen. Die Einheitlichkeit der hellen Wand- und Möbelbespannungen bestimmen den Raumeindruck ebenso wie die kostbaren Renaissance- und Frühbarockgemälde – mit vor allem marianischen Sujets – aus Franz Ferdinands Estensischer Sammlung.

Abb. 15-14: Fotoaufnahme des Prinzenzimmers mit weiß lackierten Möbeln, um 1920. Die Einrichtung stammt aus dem Jahr 1908. Das Foto dokumentiert den Zustand des Raumes, kurz nach dem Franz Ferdinands Kinder Konopischt verlassen haben. (© Schlossarchiv Konopischt)

Diverse Arbeiten in den Schlossinterieurs ab 1900

Eine Reihe von Architekten war nach 1900 mit der Lösung kleinerer Aufgaben, wie etwa der Errichtung von Badezimmern, befasst. Mocker war 1899 verstorben und ein leitender Architekt an seiner Stelle trat nicht in Erscheinung. Der in einer nicht ausreichend relevanten Schriftquelle von 1902 als Bauleiter betitelte Max Fabiani, der auch als Kunstberater des Erzherzogs tätig war, scheint in den gesichteten Unterlagen nicht auf.[69] Gesichert sind hingegen Tätigkeiten der Architekten Ludwig Baumann, Ludwig Simon und Heinrich Holzeland.

Zu den überlieferten Arbeiten zählen der Anbau einer Glasveranda an der Südfassade durch Baumann und Simon im Jahr 1904.[70] Simon war in den nächsten zwei Jahren mit Dekorationsarbeiten betraut und wird auch im Zusammenhang mit dem Gang im 2. Stock genannt, wo der Präparator Hodek an der Ausschmückung arbeitete.[71] 1907 erhielt der große Speisesaal zwei wertvolle Gobelins, die von der Firma Kowy & Iwinger aufgespannt wurden, wobei es sich zweifelsfrei um die Don-Quichotte-Gobelins handelt.[72] Im Folgejahr führte Kowy & Iwinger Stoffbespannungen in der großen Bibliothek aus.[73] 1906/1907 beschäftigte sich Simon mit dem Umbau des Turmschachts bei der Kapelle zu einem Stiegenhaus und dessen Ausgestaltung zu einem Schauraum für sakrale Kunst (Abb. 15-47).[74] 1907 nahm der Tischler Sereinig Maß für drei neue Vitrinen für einen unbekannten Standort.[75] 1908 befasste sich Simon mit der Decken- und Gangbeleuchtung im Schloss.[76] Aus demselben Jahr sind Zeichnungen für Lampen und deren Lage in den Korridoren und Treppenhäusern von Baumann erhalten.[77] 1910 wurde ein Teil des Dachbodens im Südtrakt zu einem Depot ausgebaut.[78] In diesem Jahr scheinen die Namen der Architekten Zimmer, Simon, Fleissner, Kubik und Beer bei Arbeiten im Schloss auf.[79] Die Firma Pospischil erhielt 1910 den Auftrag für Vertäfelungsarbeiten zu Räumen, zu denen die Wendeltreppe beim Turm neben dem Krickelsalon, der Gang vor dem Architektenzimmer und das Toilettezimmer des Kronprinzenappartements zählen.[80] 1913 folgte eine Vertäfelung vor der Kapelle, die von der Tischlerei Pospischil ausgeführt wurde.[81] 1912 wurden detaillierte Bauaufnahmen des Baubestandes angefertigt.[82] Aus dem gleichen Jahr stammen ausgeführte Baupläne für den Ausbau eines neuen Dachgeschosses mit Magazinräumen im Nordwesttrakt.[83]

1913 war der Erzherzog mit der Ausmalung der Kapelle immer noch nicht zufrieden und setzte die Suche nach geeigneten Künstlern für die Überarbeitung der Ausmalung fort.[84] Die Firma Járay erhielt 1913/1914 eine Serie von Aufträgen für diverse Reparaturen an den Tapezierungen.[85]

Ausstattung des Kronprinzenappartements ab 1905

Das Kronprinzenappartement wurde in die erhaltenen spätgotischen Gewölbe im ersten Stock des Nordtraktes eingebaut (Abb. 15-25, Zimmer 64, 66, 68 bis 71). Der historische Charakter des Baubestandes wie die engen Gangverbindungen oder ein altertümlicher Türverbau vor dem Salon wurden durch weitere kleine Anräume ergänzt, die komplett mit Holz verkleidet wurden, wie etwa das Dienerzimmer und das Toilettezimmer (Abb. 15-37). Möglicherweise sind die von Mycielski erwähnten Tiroler Holzdecken im Bereich der Anräume verbaut worden.[86] Der Salon, das Schreib- und das Schlafzimmer (Abb. 15-37, 15-39) wurden, abgesehen von der Fauteuilgruppe im Salon, die bereits auf einem Foto von 1897 im noch spärlich eingerichteten Raum zu sehen ist, ausschließlich mit Antiquitäten bestückt.

Ab 1905 lässt sich die Verdichtung von Aufträgen im Bereich des Appartements nachvollziehen, wobei Ludwig Simon wiederholt im Zusammenhang mit der Dekorierung der Kronprinzenzimmer aufscheint.[87] Dominant treten schwere, geschnitzte Renaissancekästen und Truhen in Erscheinung; die restlichen Elemente wie Lusterweibchen, Gemälde, Statuetten, Gegenstände der Handwerkskunst sowie einige ausgestellte Waffen entsprechen in ihrer Auswahl großteils dem hier vorherrschenden Leitthema, der Renaissanceepoche. 1905 kamen größere Lieferungen von Antiquitäten von der Firma Gebrüder Wetsch in München per Bahn in Konopischt an.[88] Um welche Stücke es sich dabei handelte, ist nicht bekannt, die laufenden Ausstattungsarbeiten im Kronprinzenappartement korrespondieren jedenfalls zeitlich mit der Bestellung. 1908 war die Firma Karl Rogenhofer mit der Täfelung im Kronprinz-Dienerzimmer beschäftigt.[89] Die Arbeiten wurden von Simon besichtigt. 1910 führte Hans Hable Installationen im Bad des Kronprinzenappartements aus.[90] In einem Telegramm wurde das fertiggestellte Badezimmer erwähnt.[91]

Aufwertung der Gästezimmer 1912 bis 1914

Die letzten Unternehmungen, Konopischt weiter auszustatten, sind im Vorfeld der erwarteten Thronübernahme durch Franz Ferdinand zu verstehen. In den letzten Jahren vor Franz Ferdinands Ermordung wurden immer häufiger hochrangige politische Persönlichkeiten im Schloss untergebracht. Parallel zu Planungen für den Anbau eines Gobelinsaales wurden die Gästezimmer im östlichen Teil des Südflügels im ersten Geschoss aufgewertet. Die zwei Jagdaufenthalte des deutschen Kaisers Wilhelms II. auf Konopischt im Jahr 1913 sowie die Zusage zur Fasanenjagd desselben und des englischen Königs Georg V. im Herbst 1914 ergeben eine Vorstellung, auf welcher politischen Ebene die zukünftigen Gesellschaften in Konopischt in den Augen des Erzherzogs hätten sein sollen. 1914 wurde hoher Aufwand betrieben, eine Replika eines in Schloss Ambras befindlichen Kachelofens für das Eugen-Appartement anfertigen zu lassen (Abb. 15-35).

Das Eugen- und das Maria-Theresia-Appartement (Abb. 15-35, 15-36) sind mit durchgehend eingesetzten Stoffdessins für die Wandbespannung und Möbeltapezierung in einem ähnlichen Modus eingerichtet wie die nach 1900 entstandenen Privatgemächer. Neben neuen Sitzgarnituren und einer anspruchsvollen Gemäldeauswahl wurden hier im Unterschied zu den Privaträumen im 3. Stock aber auch historische Prunkmöbel – wie etwa barocke Kabinettschränke – aufgestellt.

Gobelinsaal-Projekt 1912 bis 1914

Die Planungsphase für das letzte baulich initiierte, aber nicht mehr zu Ende gebrachte Bauprojekt im Schloss begann 1912. In Richtung Norden sollte ein quer angeschlossener Annex über einer massiven, den Burggraben überspannenden Substruktion errichtet werden, der einen Gobelinsaal beherbergen sollte (Abb. 15-15). Bislang hat die Forschung weitere Projektideen für repräsentative Räumlichkeiten nicht registriert, die gleichzeitig mit dem Gobelinsaal anzusetzen sind. Die im Oktober 1911 angefertigten, technisch präzisen Bauaufnahmen, die Grundrisse aller Ebenen und Schnitte durch alle Trakte und die Erhöhung des Nordwesttrakts um Depoträume 1912 spielen in diesem Kontext vermutlich eine Rolle.[92] Die Bauaufnahmen dienten wohl als Arbeitsbehelf bei der Suche nach potenziellem Platz für den Einbau neuer Prunkräume und die Anfertigung späterer Entwürfe. Ein auf das Jahr 1912 bezogener Kommentar eines ehemaligen Lehrers des Erzherzogs passt zu diesen Entwicklungen: »Er begann jetzt Konopischt auszubauen und nach großen Plänen zu arbeiten.«[93]

Im Konvolut der Unterlagen zum Gobelinsaalbau befinden sich einige davon unabhängige Blätter für mindestens zwei weitere Projektideen.[94] Wo im Schloss diese Räume angelegt werden sollten, kann mit vorliegender Datenlage nicht schlüssig beantwortet werden. Zwei nicht datierte, unsignierte Blätter ohne Firmenstempel zeigen einen Festsaal in Neorenaissanceformen. Auf einem Blatt ist die Eingangs-

Abb. 15-15: Ludwig Simon, ausgeführter Entwurf für den Saalbau, Tusche auf Papier, 1912 (© Schloss Artstetten)

seite eines hohen Saals mit zentralem, wappenbekröntem Eingang und zwei reich dekorierten Kachelöfen in seitlichen Nischen dargestellt (Abb. 15-16). Die Lage der Öfen und des Eingangs korrespondieren nicht mit dem geplanten Gobelinsaal und die reich gegliederten Lambrien erscheinen nicht auf eine Platzierung von Tapisserien optimiert. Das zweite, zugehörige Blatt zeigt die Formation der Deckenkassettierung. Dieser Grundriss weist dem Raum Eingänge auf zwei Seiten zu und die Einbindung in einen längeren Trakt, der nicht dem Annex entspricht.

Drei einfache Saalgrundrisse »Grosser Saal I, Mittlerer Saal, Grosser Saal II« mit dem Firmenstempel der Tischlerei J. W. Müller passen ebenfalls nicht zu den Baumaßen des Gobelintraktes. Wahrscheinlich handelt es sich um Grundrisse für Museumssäle, da die Räume nur an einer Seite durchgehend mit Fenstern versehen und an den Wänden durchgängige Vitrinen mit 1,4 Metern Tiefe eingezeichnet sind.

Abb. 15-16: Entwurf für einen weiteren Repräsentationssaal, der wahrscheinlich innerhalb der bestehenden Schlosstrakte angedacht wurde, Tusche auf Papier, um 1912 (© Schloss Artstetten)

In der Entwurfssammlung befinden sich des Weiteren sechs kolorierte Präsentationszeichnungen für Lambrien und Plafonds mit dem Firmenstempel »Möbel Fabrik August Knobloch's Nachfolger«. Die Blätter sind bezeichnet mit »Einfache« und »Reichere Type«, eine weitere Zeichnung zeigt eine Plafondgliederung mit »zwei Variationen, Herren-Renaissance«. Es ist denkbar, dass die Vertäfelungsmuster für die angedachten Museumssäle angefragt wurden.

Zum neuen Saalbau, der die Gobelinsammlung des Erzherzogs aufnehmen sollte, sind Zeichnungen von zwei Architekten bekannt. Zwei Entwürfe von Julius Kubik, eine Außenansicht mit Anklängen an die Backsteingotik und eine Innenansicht, die einen üppig stuckierten neobarocken Raum zeigt (Abb. 15-17), wurden 1912 angefertigt.[95] Die Belichtung ist durch gruppierte Fenster in der Gewölbezone gelöst, die eine vollständige Behängung der Wände mit Tapisserien zulässt. Unabhängig von der Kenntnis, ob der Gobelinsaal in diesem Stil ausgeführt werden sollte, geht aus der Skizze hervor, dass Tapisserien in unterschiedlichen Formaten aufgespannt werden sollten und die Wandgliederung hierauf angepasst erscheint. Die Zeichnung zeigt des Weiteren zwei Kabinettschränke und eine Truhe. Der neue Saal sollte demnach mit Prunkmöbeln aus dem Schlossmobiliar ausgestattet werden.

Der Entwurf für den Annex von Ludwig Simon aus dem Jahr 1912 (Abb. 15-15) sollte ausgeführt werden und zeigt eine Anbindung an Motive der Fassadengestaltung Mockers.[96] Der nördliche Abschluss sollte durch ein Polygonaltürmchen und einen Balkon akzentuiert werden. Wie Simon die Raumschale lösen wollte, ist nicht bekannt. Mit April 1914 datiert sind Baupläne von Habeland, die auf der Basis von Simons Entwurf von 1912 angefertigt wurden.[97] 1914 wurde noch mit dem Aushub für das Fundament begonnen. Kurz nach dem Tod des Erzherzogs wurden die Arbeiten abgebrochen und der Graben wieder in seinen ursprünglichen Zustand zurückgeführt.[98]

Abb. 15-17: Julius Kubik, Entwurf für den Gobelinsaal, Tusche und Bleistift auf Papier, Andritz, Februar 1912. Kubik schlug eine Fassade im Stil der Backsteingotik und einen neobarocken Innenraum vor. (© Schloss Artstetten)

Den bislang von der Forschung nicht reflektierten Bauplänen nach sollte der Gobelinsaal einen repräsentativen Zugang durch die Bibliothek erhalten und ein zweiter Versorgungsgang in ein Anrichtezimmer münden. Den überwiegenden Anteil des Hauptgeschosses des Anbaus hätte der Saal selbst eingenommen. Die Verteilung der Fensterachsen ist nicht regelmäßig, was sich aus der Rücksichtnahme auf die Dimensionen der Tapisserien ergibt. In der Mitte einer Längsseite sollte ein Ofen aufgestellt werden. Der Plafond sollte eben sein, dem Querschnitt nach wären massive Sichtbalken zum Einsatz gekommen. Im Grundriss des Saales sind die Positionen der Tapisserien eingezeichnet. Insgesamt waren vier schmälere Flächen mit der Breite von je 345 cm und zwei breitere mit 519 und 502 cm vorgesehen. Die Serie der sechs Don-Quichotte-Gobelins weist Maße auf, die zum Plan passen. Die Konopischter Stücke sind 370 und 335 cm breit,[99] die vier weiteren aus dem Kunsthistorischen Museum haben zweimal die Breite von ca. 520 cm und zweimal ca. 350 cm.[100] Seitlich der eingezeichneten Gobelins im Plan gab es noch 30 bis 60 cm Platz an den Wänden, womit eine Installation der sechs Don-Quichotte-Gobelins trotz ihrer schwankenden Maße gepasst hätte. Aus den Größenangaben ist ersichtlich, dass keine anderen Tapisserien hinzukommen und der neue Saal allein der Don-Quichotte-Serie gewidmet werden sollte.

Die Wertschätzung Franz Ferdinands für die originalen Gobelins und sein Vorhaben, einen eigenen Saal errichten zu lassen, folgt einem im Schlossbau seit Jahrhunderten gängigen Präsentationsmodus der Hocharistokratie und auch einer habsburgischen

Tradition im Speziellen. Kostbare Tapisserien wurden in Schönbrunn im sogenannten Gobelinsalon mit Brüsseler Tapisserien aus dem 18. Jahrhundert und im Napoleonzimmer präsentiert. In den Kaiserappartements der Wiener Hofburg wurde 1873 sowohl der Speisesaal großzügig mit Tapisserien bestückt als auch der Bouchersalon eingerichtet, in dem Gobelins aus der gleichen Manufaktur wie die Konopischter Stücke zu sehen sind. Ferner sei auf die Vorbildwirkung der Wohnung von Kronprinz Rudolf in der Prager Burg verwiesen.[101]

RAUMKATALOG

Das im Folgenden als »Inventar 1915« bezeichnete private Nachlassinventar Erzherzog Franz Ferdinands ermöglicht eine Rekonstruktion der Raumausstattungen in Konopischt.[102] Der im Inventar erfasste Stand des Privatbesitzes bezieht sich auf Möbel im Schloss, Kunst- und Wertgegenstände, die Waffenkollektion und Gegenstände in den Nebengebäuden. Ergänzend sind einige Objekte angeführt, die der Thronfolger nicht aus seinen Privatmitteln, sondern durch Gelder des Wiener Hofburgbaus ankaufen ließ. Die inventarisierten Objekte aus dem Hofburgbau wurden nach dem Tod Franz Ferdinands in die Depots der Neuen Burg zurückgebracht und nach 1918 großteils bei Auktionen verkauft.[103] Eine Forschungslücke, die trotz mehrfacher Bemühungen bedauerlicherweise im Rahmen dieses Projektes nicht geschlossen werden konnte, ergibt sich aus den nicht gesichteten Inventarbüchern, die sich im Archiv von Schloss Konopischt befinden und voraussichtlich weitere Erkenntnisse über die Entwicklung und die Provenienz der Objekte hätten liefern können.[104]

Bei den im Raumkatalog transkribierten Passagen des Inventars 1915 wurde bei wertvolleren Objekten stichprobenartig der vermerkte Schätzwert mit der Abkürzung »K.« für die alte Währung Kronen übernommen. Die Raumbezeichnungen sind vom Inventar 1915 übernommen.

Aus dem Anhang des Inventars sind zwei Positionen nicht lokalisierbar:

»Pos. 3191, 10 St., K. 5 000, Oelgemälde auf Leinwand u. Holz: Oel auf Holz Toskanische Schule um 1500 in der Art S. Boticelli, Madonna mit dem Jesuskind auf dem Schosse, vor ihnen Engel mit Kornähren;[105] 2 Oelgemälde auf Leinwand, Niederländisch, 17. Jh. – Atelierszenen – Edeldame einem Maler sitzend und Besuch eines Fürsten bei einem Bildhauer – zahlreiche Staffage, K. 1 000; Ölg., Lwd. Madonna das Jesukind beten lehrend, K. 500; 2 Oe.Lwd. Madonnenbilder, 4 Oe.Lwd. Kinderporträts; Bildnis einer Prinzessin und Eremit mit Stab, K. 500.

Pos. 6551, 25 St., K. 400, Oelgem. Aquarelle: u.a. Aquarell der Grundlsee (alt. Fav. Inv. No. 17); Aqu. der Donner'sche Brunnen im alten Rathaus zu Wien bez. Franz Alt (a. Inv. No. Fav. 834 u 19); Aqu. Die Hintersee von Hartmann; 8 übermalte Fotografien von Mitgliedern des Allerhöchsten Hauses (alt. INv. No. Fav. 431–437) befindet sich im Prinzenzimmer; Aqu. Oesterr. General (Erzherzog Albrecht?) in der Schlacht von Custozza bez. A. V. Maly; Oel a. Lwd. Erzh. Franz Fd. als Hussarenoberst gemalt von Julian Blaas 1892; Aqu. Das Innerberger Kornhaus in Steyr gemalt von Hermann Schmied; Aqu. Schloss Tirol von Heinrich C. Schubert 1887; Mehrere Schabkunstblätter.«

TIEFPARTERRE

(Abb. 15-18) Schießhalle (Zimmer 11), Jägersalon (Zimmer 30), Wirtschaftsräume und Bedienstetenwohnungen

Schießhalle

(Abb. 15-19; 15-18, Zimmer 11) Unter der Leitung von Josef Mocker wurden 1893 Zwischenmauern in einem ehemaligen Stall im unteren Hof abgerissen.[106] Der Einbau einer Schieß- und Spielhalle stand von Anfang an fest.[107] Der reich mit figuralen Szenen, grotesken, beweglichen Malereien auf Blech bestückte Schießstand, der bereits 1897 von Wien nach Konopischt gebracht worden war, wurde erst im Jahr 1900 feierlich eröffnet.[108] Ein Grundriss des Schlossschießstandes mit der Bezeichnung »Ratschek Wien« wird im Staat-

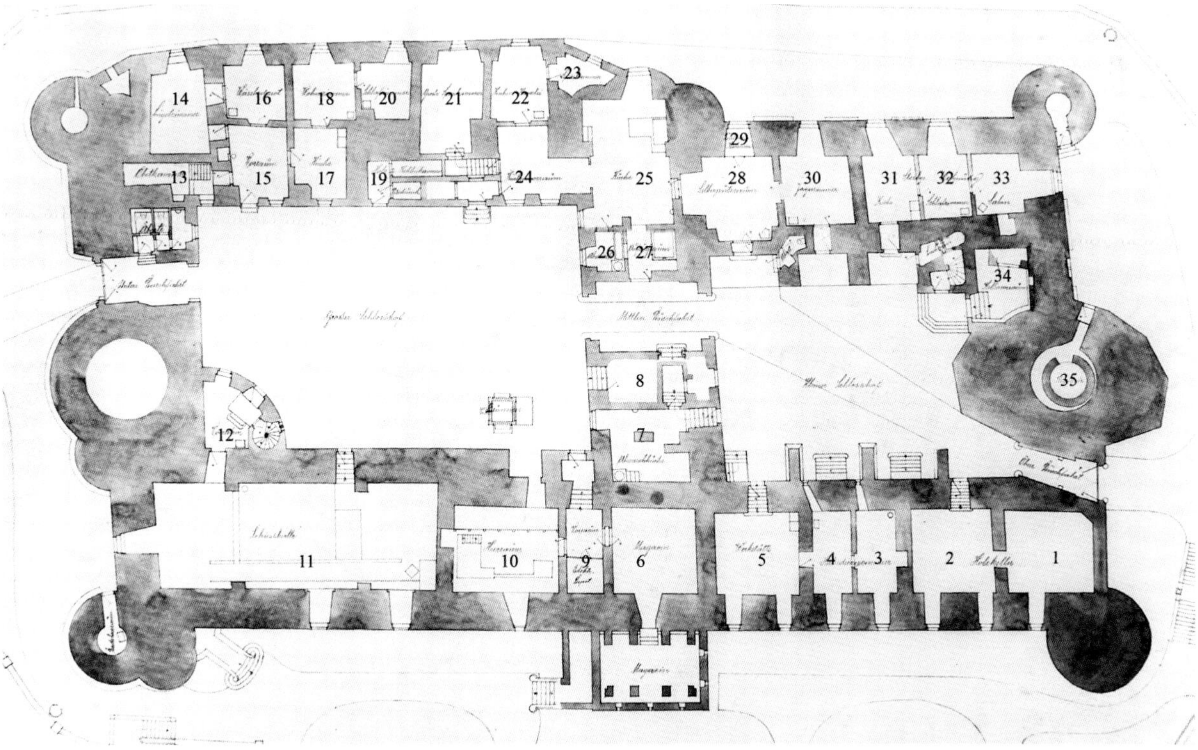

Abb. 15-18: Grundrissplan des Tiefparterres in Schloss Konopischt, Tusche auf Papier, lasiert, um 1911 (© Schloss Artstetten). 1-2 Holzkeller, 3-4 Hausdienerzimmer, 5 Werkstätte, 6 Magazin, 7 Abwaschküche, 8 Stiegenhaus, 9 Vorraum /Elektrisches Depot, 10 Heizraum, 11 Schießhalle, Vorraum /Schießhalle, 13 Obstkammer, 14 Bügelzimmer, 15 Vorraum, 16 Wäschedepot, 17 Küche, 18 Wohnzimmer, 19 Holz & Kohle & Petroleumkammer, 20 Schlafzimmer, 21 Große Speisekammer, 22 Küchen-Kanzlei, 23 Speiskammer, 24 Küchenvorraum, 25 Küche, 26 Abwasch, 27 Aufzuggraum, 28 Silberputzraum, 29 Telefonkammer, 30 Jägerzimmer, Schneibergwohnung (31 Küche, 32 Schlafzimmer, 33 Salon), 34 Kellervorraum, 35 Reservoir, 36 Magazin

lichen Gebietsarchiv Prag aufbewahrt.[109] Járay zählte bei der Verrechnung der Montage von Bildern und Geweihen im März 1913 auch die Schießhalle auf.[110] Der Verweis bei Hrdninová auf die Aufstellung eines Billardtisches und luxuriöser Möbel spiegelt sich nicht im Inventar 1915 wider.[111]

Inventar 1915:[112]

»86 Bilder verglast darunter 27 Blatt Pick Sport-Collection[113], englische Sportkarikaturen; Oelbild; 212 Damhirschgeweihe auf Kartuschen; verschiedene Tierköpfe (...) Fischotter; 3 Adler; 2 Fischreiher; Reiherkopf; 2 Krokodilhäute; 20 Vögel; 18 gepolsterte Rohrfauteuils; gepolsterte Rohrchaiselongue; 9 Fauteuilpolster; Gartentisch; Holubauerntisch; 4 Bauernsessel; Modell Schloss Blühnbach (...).

Vorraum: 18 Blatt Ridinger; 58 Hirschgeweihe; 3 Fuchsschädel; 3 Adler; Truhe eingelegt; 2 Renaissance-Sessel geschnitzt; grosse Vase aus Kupfer.«

PARTERRE

(Abb. 15-20) Gästezimmer und Angestelltenwohnungen

Wodsizky-Zimmer und Kleine Bibliothek

(Abb. 15-20, Zimmer 39) Aus dem Inventar ist zu erkennen, dass sowohl die Tandlerwohnung als auch die Wodsizky-Zimmer verhältnismäßig anspruchsvoll ausgestattet waren. Zur Zeit des Ersten

Abb. 15-19: Rudolf Bruner-Dvořák, Fotoaufnahme der Schießhalle in Schloss Konopischt, um 1910. Der Schießstand mit mechanisch beweglichen, szenisch bemalten Zielscheiben der Wiener Firma Ratschek wurde bereits 1897 angeliefert. (© Schloss Artstetten)

Weltkrieges wurde eines der Wodsizky-Zimmer als Schlafzimmer genutzt.[114] Einige Angestellte, vor allem jene in höheren Positionen, blieben im Dienst der verwaisten Hohenbergkinder und kümmerten sich um sie. Heute werden die ehemaligen Wodsizky-Zimmer einschließlich der Kleinen Bibliothek als Büros der Schlossverwaltung genutzt. Teile des historischen Buchbestands, Belletristik und geografische Schriften sind bis heute hier verwahrt.[115]

Inventar 1915:[116]

»8 Oelgemälde, Portrait Josef II. 2 Madonnen, 2 Fruchtstillleben, Bildnis eines Dogen, Judith[117], Schlachtenscene, Venetianische und deutsche Schule des 17.–18. Jahrhdts.; 2 Betten Messing; 2 Nachtkästchen braun poliert, eingelegt, mit schwarzer Marmorplatte; Doppelwaschtisch 14 Stück Porzellanserie, blau gestreift FF (...) Kanapé, 6 Sessel, 2 Stockerln, braun gebeizt, oliv geblumt, überzogen; Paravent hoch 6teilig wie Garnitur überzogen; grosser 2 kleine Perser Smyrna-Teppiche (...) hohe Standuhr, eingelegt, 18. Jahrhundert; 2 Holzfiguren, Reliquiarien bemalt (...).

Kleine Bibliothek: Tisch mit rotem Tuch überzogen; 2 grosse Fauteuils, 2 kleine, 2 Sessel mit rotem Leder überzogen gepolstert; 2 kleine Tischen, licht gebeizt (...) grosser Teppich; Damenschreibtisch eingelegt mit

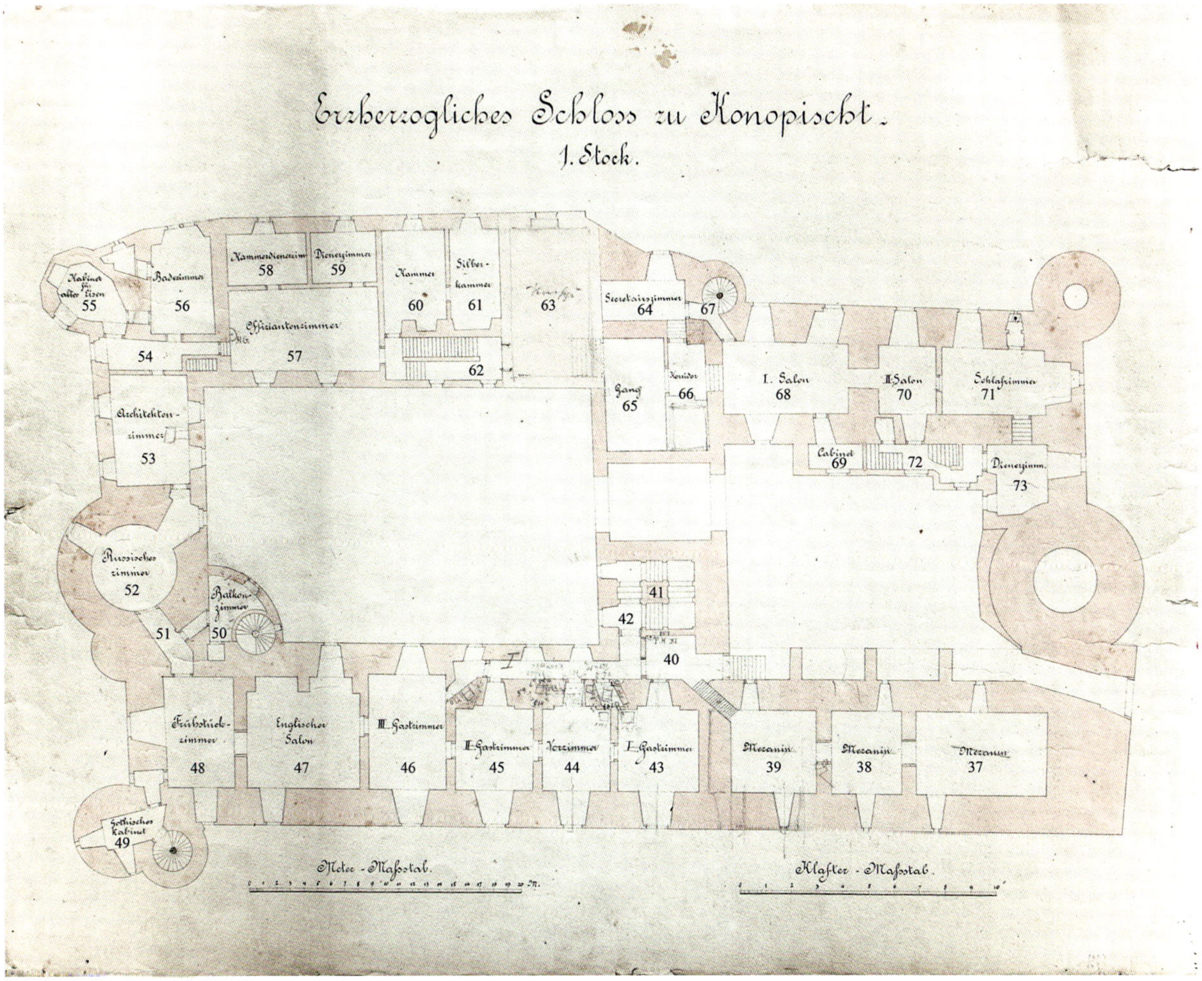

Abb. 15-20: Grundrissplan des Parterres in Schloss Konopischt, Tusche auf Papier, lasiert, um 1894 (© Schlossarchiv Konopischt). Tandlerwohnung (Turmzimmer und Schlafzimmer [später angebaut], 37 Salon), 38 Wodsizky Zimmer, 39 Kleine Bibliothek, 40 Aufgang, 41 Treppenhaus, 42 Gang, 43 Nelkenzimmer, 44 Distelzimmer, 45 Majorzimmer, 46 Schwarzes Zimmer, Englisches Appartement 47 Schlafzimmer, 48 Salon, 49 Badezimmer, 50 Balkonzimmer, 51 Gang, 52 Russisches Zimmer, 53 Architektenzimmer, 54 Gang, 55 Eisenzimmer, 56 Kammerfrauen-Speisezimmer, 57 Offiziantenzimmer, 58 Kitzlerzimmer, 59 Keroc-Zimmer; 60-61 Silberkammer, 62 Stiege, 63 [Niveausprung 64–73 entspricht auch 1. Stock], 65 Gang, 67 Stiege, Kronprinzenappartement (64 Dienerzimmer, 66 Vorraum, 68 Salon, 69 Toilettezimmer, 70 Schreibzimmer, 71 Schlafzimmer), 72 Treppe, 73 Kammerfrauenzimmer

Schreibgarnitur (…) Stehleiter Holz lackiert; Bibliothek: deutsche, französische, böhmische Belletristik und Literatur, Geschichte, Staats-wirtschaftliche Werke, Memoiren, Naturgeschichte, alte Ausgabe der Gothaischen Handbücher 4350 Bücher, 141 Albums.«

Nelkenzimmer

(Abb. 15-20, Zimmer 43) Frühere Bezeichnung: »Gastzimmer«. Vor dem Nelkenzimmer wurde 1904 ein Balkon mit verglasten Arkaden errichtet, zu welchen das Zimmer einen Zugang erhielt.[118] Im November 1906 nutzten Franz Ferdinand und Sophie vorübergehend tagsüber das Nelkenzimmer.[119]

Abb. 15-21: Fotoaufnahme des Distelzimmers in Schloss Konopischt, um 1920. Die weniger hochrangigen Gästezimmer waren in den niedrigen Gewölben des Parterres untergebracht. (© Schlossarchiv Konopischt)

Inventar 1915:[120]

»10 Helio- und Photogravuren, Genre und Landschaften; Schreibtischkasten eingelegt mit Aufsatz, Bronzenbeschläge; Stockuhr mit Glasgehäuse, braun poliert; Tisch Holz, marmoriert, eingelegt; Kanapé, 2 Fauteuils rot überzogen; Kanapé, Fauteuil, 2 Lehnstühle, Sessel, Dessin: Nelken, wie die Tapeten;[121] Fauteuil mit grünem Stoff überzogen, Messingknöpfe; Rohrfauteuil, grün gepolstert, 2 Divanpölster (...) Tischtelefon; Vase Messing blau emailliert mit Zeichnung; Kastenuhr schwarzes Holzgehäuse (...) Messingluster im holländischen Stil.

Kloset: 2 Wannen Blech, flach, weiss; 4 farbige Drucke (...).

Glasveranda: Tisch aus weichem Holz, ausziehbar rund; grüner Tischüberzug; Tischchen rund geflochten; 2 Kanapés geflochten; Bank geflochten; 2 Fauteuils geflochten; 2 Sessel geflochten; 3 Stockerln mit Armlehnen; Tischchen 8eckig; 2 Rohretagere; 1 Chaiselongue, Rohr mit rot karriertem Polster; Blumenkorb Rohr; Staffelei mit Bild, Schwieriger Heimweg nach Jungwirth; 2 Chinesische Blumentöpfe; elektrische Tischlampe mit Glaskugel; Holzstockerl mit runder hölzerne. Rückenlehne bemalt (...) englische Tischuhr.«

Distelzimmer

(Abb. 15-21, 15-20, Zimmer 44) Frühere Bezeichnung: »Gastzimmer«. In einer Sammelrechnung bezieht sich Sigmund Járay auch auf eine Arbeit im Distelzimmer: »1 Bettdecke aus gegebenen Stoff konfektioniert, gefüttert, mit Fransenabschluss (Satin, Netzfransen)«.[122] Das Design der namensgebenden Wandbespannung ähnelt jenem des Nelkenzimmers.

Inventar 1915:[123]

Abb. 15-22: Fotoaufnahme des Schlafzimmers des Englischen Appartements im Parterre, um 1920 (© Schlossarchiv Konopischt)

»10 Oelgemälde; Venetianischer Wandspiegel; grosser Ankleidespiegel; Doppelbett reich eingelegt und geschnitzt; 2 Nachtkästchen, eingelegt mit schwarzen Marmorplatten; grosser Hängekasten eingelegt mit geschnitztem Aufsatz; kleiner Schubladkasten mit 3 Laden und Bronzebeschlägen; Barock-Standuhr; Tisch, rot überzogen; 2 Sessel 1 Stockerl rot überzogen wie die Garnitur im Nelkenzimmer; Fauteuil weiss geblumt; Waschtisch mit Glasplatte, 10 Stück Waschgarnitur aus Glas (...) Holländischer Luster, Messing.«

Majorzimmer

(Abb. 15-20, Zimmer 45) Frühere Bezeichnungen: »Gastzimmer, Cardinalszimmer«.

Inventar 1915:[124]

»12 Reproduktionen, moderne Gravuren; Doppeltüriger Kleiderkasten, reich eingelegt und geschnitzt; Kommode mit 3 Laden, Bronzebeschläge eingelegt; Bett, Holz eingelegt; Nachtkästchen; Tisch auf 4 Füssen; Toilettetisch mit aufstellbarem Spiegel rot überzogen; 2 Lehnsessel, 2 Sessel grün überzogen; hohe Standuhr eingelegt; kleines Tischchen auf 4 Füssen mit 4 eingelassenen Fayenceplatten; Waschtisch, Eisen, weiss mit 13 Stück Service; kleiner Paravent mit Fotographien; 2 Teppiche, Perser (...) Messingluster.«

Schwarzes Zimmer

(Abb. 15-20, Zimmer 46) Frühere Bezeichnungen: »Gastzimmer, Cardinalszimmer«. Das Major- und das Schwarze Zimmer wiesen im Unterschied zu den vorherigen Räumen keine Wandbespannungen auf. Das Schwarze Zimmer zeichnete sich durch eine dichte Hängung von Gemälden aus.

Inventar 1915:[125]

»33 kleinere Oelgemälde, hievon 32 braun gebeizte Rahmen, 1 Goldrahmen, darunter 30 Portraits von Kaisern, Päpsten, ferraresische Fürsten, Gelehrten, Heiligen, Kopien nach Werken italienischer und österreichischer Meister; Bett eingelegt; Nachtkästchen (...).«

Englisches Appartement, Schlafzimmer

(Abb. 15-22, 15-20, Zimmer 47) Frühere Bezeichnung: »Englischer Salon«. 1911 führte der Tapezierer Rudolf Olbrich Tuchreparaturen durch.[126] Heute sind nur noch die Lambrien vorhanden. Das Schlafzimmer des größten Gastappartements in den niedrigen Gewölben des Südtraktes war mit einem Messingbett und einer Sitzgarnitur im Louis-XV.-Stil ausgestattet, womit der Einrichtungsmodus jenem der Privatgemächer ähnelte.

Inventar 1915:[127]

»10 Ölgemälde, 7 Früchte-Stilleben, 2 Heiligenbilder auf Holz, 1 Oel auf Blech, österr. Meister 17. Jhdts. Apotheose Leopold I; 19 gerahmte Kupferstiche mit den Medaillonportraits der Prinzen Josef und Karl; 2 Messingbetten; 2 Nachtkästchen mit roten Steinplatten licht gebeizt; Doppelwaschtisch mit Marmorplatte, 12 Stück Garnitur Goldreifen F. F.(...) kleiner Paravent, 3teilig mit 6 Kupferstichen; grosser Paravent 6teilig mit Tapetenstoff überzogen; doppeltüriger Kleiderkasten eingelegt; Kommode mit Aufsatzkästchen, eingelegt, Bronzebeschläge; Biedermeierstockuhr, schwarzes Holzgehäuse mit Goldverzierung; 2 Tische eingelegt auf 4 Füssen; Toilettetisch (...) Kanapé & 4 Fauteuils mit grünem Plüsch überzogen (...) Sessel, gepolstert, dunkelgrün überzogen; Armsessel mit Geflecht und Federpolster; kleines Kästchen eingelegt, mit 3 Fächern (...) 2 elektr. Kerzenlampen aus Glas mit Schirm; Leuchter, weisses Metall (...) Messinglaterne; Teppiche orientalische und Maffersdorfer[128]; 2 Felle weiss (...).«

Englisches Appartement, Salon

(Abb. 15-23; 15-20, Zimmer 48) frühere Bezeichnung: »Frühstückszimmer«. Der Raum verfügt über einen eigenen Zugang zur Veranda und damit zur Südterrasse. 1910 erwähnt der Schlossverwalter in einem Telegramm an Sophie Tischlerarbeiten an den Lambrien, die heute erhalten sind, und an zwei Türen im englischen Salon.[129] In einem ähnlichen Modus wie im Kronprinzenappartement sollte durch den größeren Anteil an Holzoberflächen in der Form der Lambrien und der Möblierung, bei der auf Antiquitäten zurückgegriffen wurde, sowie durch den historistischen Kachelofen der Eindruck eines Renaissanceraumes entstehen.

Inventar 1915:[130]

»6 Tierstücke, Oelgemälde auf Leinwand; Tisch; Divan, 4 Fauteuils, 4 Sessel rot überzogen; Tabernakelkasten eingelegt, Bronzebeschläge, 18. Jhdt.; 2 gleiche Kästchen mit 4 Laden eingelegt; kleiner 8eckiger Tisch nussbraun gebeizt; Oelgemälde auf Leinwand Brustbild des Kurfürsten Erzh. Maximilian nach Mengs; geschnitzte Staffelei (...) Kupferkessel; 3 Perserteppiche; Wandspiegel mit Goldrahmen (...) Kopenhagener Porzellanvogel; Porzellantopf mit Kupfereinsatz (...) 60 Antiquitäten: Mörser, Pokale, Godenschalen, Steinzeugkrüge (...) Holzfiguren, Kassetten; grosser Messingluster.

Badezimmer: 35 Kupferstiche; Badewanne mit Nickelgarnitur; Waschtisch Marmor und Messing, Garnitur 11 Stück, blau gestreift mit Monogramm F. F.; Toilettetisch, weiss mit aufstellbarem Spiegel; Wandspiegelrahmen, weiss überzogen; Rohrsessel gepolstert(...).«

Russisches Zimmer

(Abb. 15-20, Zimmer 52) Inventar 1915:[131]

»6 grosse Bilder 3färbig; 20 kleinere Bilder 4 färbig, Kupferstiche und moderne Reproduktionen, Jagdstücke, Genre, Heiligenbilder; Oelportrait in Goldrahmen; grosser Wandspiegel; 2 Betten Messing (...) 2 kleine 3teilige Paravents;[132] grosser 5teiliger Paravent; Doppelwaschtisch Marmor&Messing Porzellangarnitur 12 Stück, De-

Abb. 15-23: Fotoaufnahme des Salons im Englischen Appartement im Parterre, um 1920. Die Einrichtung ähnelt jener des Kronprinzenappartements und sollte den Eindruck eines Renaissanceraumes erwecken. (© Schlossarchiv Konopischt)

kor: gelbrote Blumen (...) Tabernakelkasten intarsiert, Messingbeschläge; 2 Fauteuils 2 Sessel mit Tapetenstoff überzogen; Rohrfauteuil mit 2 Pölstern; Toilettetisch (...) Kaminschirm mit 3teiligem Spiegel; Kupferkessel auf 3 Füssen; Tischchen auf 3 Füssen mit Glasplatte und färbigem Bild; Holzfiguren; 6 färbige Porzellangruppen Neu-Meissen (...) Chaiselongue-Polster dunkelrot überzogen (...).«

Architektenzimmer

(Abb. 15-20, Zimmer 53) Die Bezeichnung »Architektenzimmer« deutet auf die Nutzung dieses Raumes und wahrscheinlich auch der anschließenden als Dienstwohnungen der nach Konopischt berufenen Architekten und anderen Beauftragten Franz Ferdinands, die meist aus Wien anreisten.

Inventar 1915:[133]

»12 Ölgemälde, Gesellschaftsscenen aus dem 18. Jh. und Portraits, Waschkasten Marmor und Messing, 14teilg. Garnitur blau gestreift F. F. (...). Kanapé + 3 Fauteuils + 1 Sessel + 1 Stockerl grün geblumt, Toilettetisch mit drehbarem Spiegel eingelegt; Lehnstuhl mit dunkelrotem Leder überzogen; Wandspiegel im Venetianischen Stil; Schreibtisch mit Aufsatzkasten eingelegt; Stockuhr schwarzes Gehäuse mir Goldverzierung Biedermeier (...) 10 Zinngefäße; Steinzeugkrüge (...) holländischer Messingluster im Stil des 17. Jh.«

Kammerfrauen-Speisezimmer

(Abb. 15-20, Zimmer 56) Heute ist der niedrig eingewölbte Raum mit originaler rosa Wandbespannung

Abb. 15-24: Fotoaufnahme des abseits von den herrschaftlichen Gemächern befindlichen Jägerzimmers. Es lag zwischen Bedienstetenwohnungen im Parterre von Schloss Konopischt. Die hohenberg'schen Kinder nutzten es als Aufenthaltsraum. (© Schloss Artstetten)

ein Schauraum und mit einigen Erinnerungsstücken an die Hochzeit von Franz Ferdinand und Sophie eingerichtet.

Inventar 1915:[134]

»2flügeliger Hängekasten mit Intarsien; kleiner Geschirrkasten mit eingelegter Tür; grosser ovaler Tisch; kleiner viereckiger Tisch; grosser Divan mit 2 Pölster, 6 Sessel mit hohen Lehnen, Armstuhl rot gemustert und überzogen[135] (...) Sessel alt mit zerrissenem Lederüberzug; Bauernstuhl mit Lehne; Strohstockerl mit Rücken und Seitenlehne; Spinnrocken; Wiege; 33 Blattholzschnitte mit Rahmen (5färbig); 5 Holzfiguren farbig; 3 Engelsköpfe Holz; 5farbig gemalte Holzreliefbilder; farbiger Metallrelief-Doppeladler; Holzbild bemalt; 5 Zinnteller; 14 Porzellanteller bemalt (...) Metallschild mit böhmischen Löwen; 2 geschnitzte Holzmangeln; Pfeifenständer Holz mit Relieffiguren; 8eckiges Spielbrett bemalt; Wanduhr (...) Doppeladler Holz schwarz, gold bemalt; 4 Innungsschalen aus Metall bemalt; Rahmen für Bild schwarze geschnitzte Figur aus Blech bemalt; 3 Porzellangefässe bemalt; Holzrahmen eingelegt mit Türchen fürs Bild; 2 Weihbrunnengefässe (1 mit Hahn) Steingut bemalt (...) 12 Zinngefässe.«

Jägerzimmer

(Abb. 15-24; 15-20, Zimmer 70) Die auf dem historischen Foto sichtbaren großformatigen Pausingerbilder wurden im Verzeichnis von 1915 nicht erwähnt. Es überrascht, dass zwischen Bedienstetenwohnungen im Parterre ein herrschaftlich ausgestatteter Sitzsalon situiert ist. Der Salon ist ausschließlich aus dem Hof aus zu betreten und ist im Unterschied zu anderen Salonräumen im Schloss kein Teil einer Enfilade. Die Hohenberg'schen Kinder nutzten diesen mit Jagdtrophäen ausgeschmückten Raum den Familienfotos zufolge gerne als Rückzugsort.

Inventar 1915:[136]

»26 Bilder, 18 Schabkunstblätter, Stiche, Photographien; 34 Hirschgeweihe auf braunen Kartuschen; 6 Dammhirschgeweihe; 36 Sauwaffen; 6 Auerhähne; 18 Auerhahnstösse; 18 Birkhähne; 8 Birkhahnstösse; Elchenkopf mit Geweih (...) Möve; 12 Steinzeug und Tonkrüge (...) kleine Metallstehuhr; Kruzifix aus Holz, bemalt; doppeltüriger Hängekasten, flach intarsiert, Doppeladler; Hängekasten eingelegt; Kanapé braun überzogen; Sofa mit 2 Pölstern; 2 Tische; 8 Sessel grün gepolstert (5 Lehnen aus Holz, 4 Lehnen aus Geflecht) (...) Luster mit Hirschgeweih.«

1. STOCK

(Abb. 15-25) Schatzappartement, Repräsentationsräume, Gästeappartements, Kronprinzenappartement, Bibliothek, Rittersaal

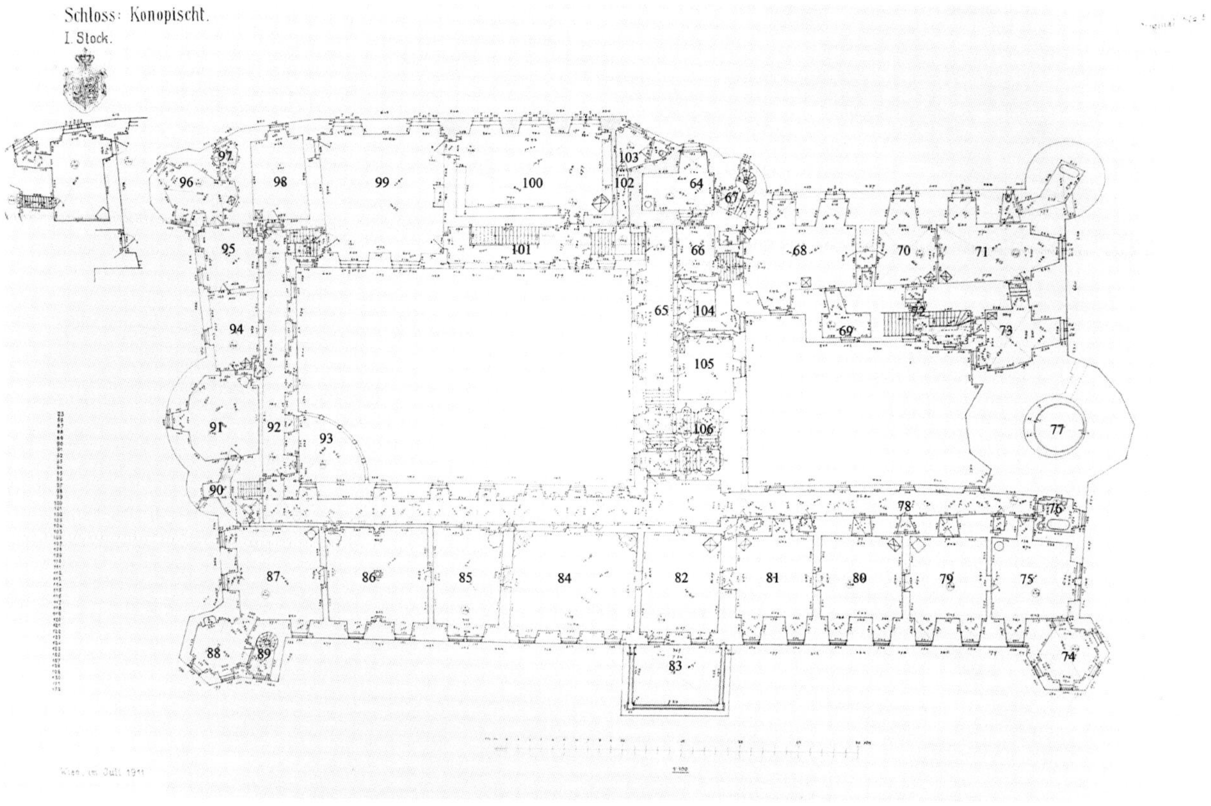

Abb. 15-25: Grundrissplan des ersten Stockwerks in Schloss Konopischt, Bauaufnahme, Tusche auf Papier, 1911 (© Schloss Artstetten). [Niveausprung 64-73 entspricht auch Parterre] 65 Gang, 67 Stiege, Kronprinzenappartement (64 Dienerzimmer, 66 Vorraum, 68 Salon, 69 Toilettezimmer, 70 Schreibzimmer, 71 Schlafzimmer), 72 Treppe, 73 Kammerfrauenzimmer, Maria Theresienappartement (74 Turmzimmer, 75 Salon, 76 Badezimmer, 79 Schlafzimmer), 77 Reservoir, 78 Gang, Eugenappartement (80 Schlafzimmer, 81 Salon), 82 Servierzimmer, 83 Balkon, 84 Speisesaal, 85 Pausingerzimmer, 86 Säulensalon, 87 Sophiensalon, 88 Schreibzimmer, 89 Stiege, 90 Gang,92 Gang, 93 Hofbalkon, Schatzappartement (91 Schlafzimmer, 94 Salon,95 Schreibzimmer, 96 Rotes Zimmer, 97 Bad), 98 Türkisches Zimmer [darunter Halbstock mit Kammerfrauenzimmer], 99 Rittersaal, 100 Bibliothek, Stiege, 102 Gang, 103 Toilette, 104 Liftraum, 105 Haushofmeisterzimmer, 106 Stiege, 107 Bad

Schatzappartement

Das Schatzappartement nimmt den westlichen Trakt des 1. Stockwerks ein. In diesem Bereich sind heute die Archivräume des Schlosses untergebracht. Ein Abgleich mit der Raumstruktur konnte leider nicht vorgenommen werden.[137] Der im Inventar 1915 gelisteten Ausstattung nach dienten die Räumlichkeiten sowohl der Unterbringung von Gästen als auch der privaten Nutzung. Im Schreibzimmer und im Salon wurden persönliche Gegenstände und Familienporträts angeführt. Thematisch bindet das Schatzappartement an die ersten beiden Räume des Südtraktes an, die als Damensalons eingerichtet sind. Im Hinblick auf die präsentierten Bildwerke im Schatzappartement einschließlich estensischer Stücke lässt sich die Funktion der Räume für die Unterbringung höherrangiger weiblicher Gäste beziehungsweise von Sophies Gästen ableiten.

Schatzappartement, Rotes Zimmer

(Abb. 15-25, Zimmer 96) Inventar 1915:[138]

»29 Kupferstiche in Rahmen; 1 Bett eingelegt; Nachtkästchen; doppeltüriger Hängekasten; Kommode eingelegt mit Messingbeschlag; Tisch eingelegt; Tisch mit eingelegter Platte; Divan, 6 Sessel, 1 Stockerl, Armstuhl gepolstert rot überzogen; Waschtisch mit Porzellangarnitur weiss mit Gold (...) Wandspiegel mit Goldrahmen; Toilettetisch rot überzogen mit Toilettespiegel eingelegt; Porzellanleuchter(...).

Badezimmer: 13 Kupferstiche, färbige Landschaften nach Vernet; Badewanne Blech (...).«

Schatzappartement, Toilettezimmer

(Abb. 15-25, Zimmer 133) Inventar 1915:[139]

»32 Kupferstiche Legende des hl. Hieronymus, Holzschnitte nach Dürer, Blätter des Meisters mit dem Würfel; Messingbett; Nachtkästchen eingelegt ohne Deckplatte; Doppelwaschtisch Marmor und Messing; 15 St. Garnitur Porzellan blau gestreift F. F.; Armsessel, 2 Stockerln grau gepolstert; Paravent 3teilig mit Tapetenstoff überzogen; Wandspiegel; aufstellbarer Toilettespiegel; grosser eingelegter Kleiderkasten, Sternenmuster und geometrische Intarsien (...) kleiner holländischer Messingluster.«

Schatzappartement, Schreibzimmer

(Abb. 15-25, Zimmer 95) Inventar 1915:[140]

»2 St., K. 100 Oelg. a. L. Erzherzog mit Prinzessin Sophie; sehr grosses Pastell von Mehofer 1912, Die Herzogin mit beiden Prinzen; K. 400, Oel. L. Vier musizierende Frauengestalten; kleiner Tisch; Kanapé, 4 Sesseln gepolstert rosa geblumt; Armsessel mit braunen Lederüberzug; geschnitztes schwarzes Cabinet mit Goldverzierung; kleines Tischchen 8eckig; Schreibtisch reich geschnitzt; Kupferkessel mit eisernem getriebenem Dreifuss; 2 kleine eingelegte Schreibtischkästchen mit Messingbeschlägen und Marmorplatte (...) grün bemalte Porzellanvasen; 7 blaue Porzellanvasen mit Deckeln; Wiege aus Holz mit Blecheinlage für Blumen; Holztasse mit Glasbild (...) Kassette mit Fotographien; 3 Bände illustr. engl. Zeitschriften; Porzellanschreibzeug Dekor Blumen; Schreibmappe Leder F. F.; grosser Teppich; Venetianischer Glasluster K. 80.«

Schatzappartement, Salon

(Abb. 15-25, Zimmer 94) Inventar 1915:[141]

»28 St., K. 5 000, Farbstiche und Schwarzdrucke darunter 19 englische u. zw.: Blatt Bartolozzi-Weathley, This Print of the Return from Shooting; 2 Tierstücke von Stubbs-Grenn, Porträts of Dogs – The lion and Stag; Blatt Shakespeare-Galerie; Northcote, The King John; 2 Blatt von Westhall-Bartolozzi, Die Flucht der Königin Maria Stuart nach Frankreich; 5 Blatt aus der englischen Geschichte (01 Cromwell); grosses Blatt von Graham-Nutter, Der Tod des Earl of Harrington; Blatt (Neudruck) der Cries of London von Weatley (No. 3); Blatt von Earlom-Reynolds, General Eliot; Blatt Two Hunters; Blatt Die Schlacht von Alexandrien 1801. Blatt von Romner Sylvia, endlich 8 Schabkunstblätter und Stiche, Porträts. Tisch poliert eingelegt; Divan, Armsessel, Halbfauteuil, gepolsterter lichter Überzug blau geblumt; Lehnsessel blauer Lederüberzug; Schreibtisch eingelegt im Barockstil; 2 St., K. 700, schwarze Renaissance Cabinets mit zahlreichen Lädchen, Bronzebeschlägen und kleinen mythologischen Statuetten; kleiner Kasten mit Messinggriffen; Schüssel auf poliertem Bambusdreifuss; Kupferkessel auf eisernem getriebenem Dreifuss (...) 2 Bettlerfiguren holzgeschnitzt, Nachahmung von Trogerfiguren (...) 2 St. orientalische Teppiche; venetianischer Glasluster.«

Schatzappartement, Schlafzimmer

(Abb. 15-25, Zimmer 91) Inventar 1915:[142]

»52 St., K. 700, Kupferstiche, Schabkunstblätter, Landschaften, Genre, Heiligenszenen auf Lwd. S. A. [Pos. fehlt im Anhang], 4 St., K. 3 000, Oelgemälde auf Leinwand: Mythologische Szenen von J. C. R. Bys fec. mit fast lebensgrossen Figuren Kybele – alte Frau ein Messer in der Hand haltend, zu ihren Füssen ein toter Eber; mehrere Krieger in antiker Tracht mit einer jungen Frau, in der Art des Brueghel: Thetis bestellt bei Hephaistos die

Abb. 15-26: Fotoaufnahme des Sophiensalons, dem ersten Raum der Enfilade im ersten Stock, um 1920 (© Schlossarchiv Konopischt)

Waffen für Achilles. K. 600, Tempera auf Holz, Krönung Mariae: Madonna umgeben von Heiligen, Engelscharen, Herrschern – Tempera auf Goldgrund – italienisches Trecento (Estensisch); K. 400, Oelgemälde auf Marmor- Verkündigung (Estensisch); K. 350, Stickerei golddurchwirkt, Madonna mit Jesuskind in Barockrahmen; 2 St., K. 650, Betten eingelegt; 2 Nachtkästchen; K. 1 000, doppeltüriger Hängekasten figural reich eingelegt; Tisch; Divan, 5 Fauteuils, 2 Stockerl, lichttrapp, blaugeblumt; 4 Fauteuilpolster; Doppelwaschtisch Marmor und Messing; 15 St. Porzellangarnitur grau gestreift F. F. (...) Wandspiegel Metallrahmen reich ornamentiert; Paravent 4teilig; Paravent 2 teilig (...) Betstuhl eingelegt mit 4 Laden; 2 St. geschweifte Barockkommoden mit Bronzegriffen; Betpult eingelegt 18. Jh; Stich nach Raphael-Madonna; weisses Fell; grosser Glasprismenluster K. 250.«

Sophiensalon

(Abb. 15-26; 15-25, Zimmer 87) Frühere Bezeichnung: »Ecksalon«. Der Sophiensalon bildet den ersten Prunkraum der Enfilade repräsentativer Salons, die bereits im Barock als solche ausgebaut und dekoriert wurden. Die heute auffallend unstimmige Färbung des Gewölbes in Relation zu den bewahrten Wandbespannungen, die auch in einem rosa Ton gehalten sind, entspricht nicht dem Zustand auf historischen Aufnahmen, wo der Gewölbegrund weiß getüncht zu sehen ist. Dass die Farbe Rosa prägend war, geht auch aus dem Inventar 1915 hervor, wo präparierte Flamingos und rosa Lampenschirme gelistet werden. Der Damensalon enthielt eine Vielzahl an wertvollen Preziosen, an Porzellan- und Miniaturkunst, die in Schauvitrinen präsentiert wurde.

Abb. 15-27 und 15-28: Giuseppe Borsato, Prunktisch, Mahagoni, Bronze, Buntglas, Gold, Silber und Smalto, Venedig 1816. Der neoklassizistische Tisch wurde zum Anlass der Hochzeit von Franz I. und Carolina Augusta von der Venezianischen Akademie in Auftrag gegeben und als Repräsentationsstück des venezianischen Kunstgewerbes an das Ehepaar verschenkt. (© NPU)

Außergewöhnlich ist ein Möbelstück, das nicht als Privatgegenstand im Inventar 1915 aufscheint, auf der Fotografie von ca. 1920 jedoch wiederzuerkennen ist. Zu dem runden neoklassizistischen Tisch auf drei Beinen mit herausragender Glaseinlegearbeit unter einer gläsernen Tischplatte (Abb. 15-27, 15-28) verfasste Roberto de Feo einen aufschlussreichen Fachbeitrag.[143] In seinem Artikel entschlüsselte er sowohl die Provenienz als auch die Entstehungsgeschichte des Tisches. Zum Anlass der Heirat von Franz I. mit Carolina Augusta von Bayern 1816 erhielt die Akademie von Venedig Staatsgelder für die Ausführung einiger Kunstgegenständen, die als Hochzeitsgeschenk an das Regentenpaar von Lombardisch Venezien übergeben werden sollten. Die Identifizierbarkeit der Objekte hängt mit der zwei Jahre später erfolgten bebilderten Publikation – mit Abbildungen – der geschenkten Kunstgegenstände zusammen. Zu dem »Ommaggio« gehörte auch der sich heute in Konopischt befindliche Tisch, der in einer unikaten Smalto-Technik ausgeführt wurde. Der Entwurf stammt von Giuseppe Borsato, die Ausführung übernahmen Benedetto Barbaria, Bartolomeo Bongiovanni und Giacomo Bazzani im Jahr 1817. Die Materialien sind Mahagoni, Bronze, Buntglas, Gold, Silber und Smalto. In der Publikation von 1818 wurde bereits der natürliche Reiz der eingelegten Glasflussteile, die wie wertvolle Steine wirken, hervorgehoben. Für die an dieser Tischplatte praktizierte Technik gibt es keine weiteren bekannten Anwendungsbeispiele aus den venezianischen Glaswerkstätten. Ergänzt wurde die Arbeit der Glaskünstler durch die eines Goldschmieds und Tischlers, im Unterbau des Tisches sind Bronzegusselemente eingebaut. Der Borsato-Tisch stand in Carolina Augustas Sitzzimmer in der Hofburg, wo er auch auf zeitgenössischen Aquarellen zu sehen ist, und gelangte als Erbe in den Besitz Franz Ferdinands.[144]

Inventar 1915:[145]

»Venetianischer Spiegel K. 500 mit reich ornamentierem Goldrahmen; Sofa, 2 Halbfauteuils mit Goldverzierung mit rosagestreiften geblumten Stoff im Barockstil; 2 Armsessel, Sessel, 4 Stockerln, Überzug geblumter Stoff im Barockstil; Kanapé, 2 Fauteuils Überzug geblumter Trappstoff; Armsessel mit Sitzpolster; 2 Lehnsessel geschnitzt und vergoldet, Lehnen geflochten; Sitzpolster trapp geblumt; Tisch mit umklappbaren Seitenwänden, bunt eingelegt; Tischlampe aus weissem Porzellan; Bronzeengel auf Marmorpostament; Korb, Krebs, weisses Porzellan; Glaskörbchen mit Goldrand; Tischchen K. 200 geschnitzt, vergoldet mit 5 Aquarellansichten von Schlössern des Erzherzogs; Tischchen eingelegt mit Goldverzierung; Porzellanschale mit Untertasse; 4 Porzellan-Nippes; Tischchen im Barockstil; 2 weisse Porzellanfiguren; 2 Glasvasen in Metallständern; Flamingo; 4 bemalte Schüsseln, Korb mit Tasse bemalt, Topf mit Deckel, Porzellan; Holzkassette klein mit Messingbeschlag; Tischdecke trapp mit Goldstickerei; vergoldetes gesticktes Tabourette; kleines Tischchen mit weisser Marmorplatte; grosser Porzellantopf; Kästchen mit Rosenholz eingelegt, Bronzebeschläge; Tisch, Würfelmuster im Barockstil; Porzellantopf; 4 Porzellanfiguren; Hase aus Stein; kleine eingelegte Kommode mit Bronzebeschlägen; 2 Vasen mit Deckel buntes Porzellan; 2 Nippes weisses Porzellan; 4 Vögel aus buntem Porzellan; Grosse Barockkommode K. 800 mit Rosenholzeinlagen, Marmorplatte und Bronzebeschlägen; 6 St., K. 400, weiss glasierte Tongruppen – Schäfer Szenen, Gruppe von Puttis, Bacchantengruppe, Capo di Monte – Imitation; Bronzegruppe (Faun und Nymphe); 2 Töpfchen mit Metallbeschlag; Ehrbar-Stutzflügel K. 800;[146] Elephant Porzellan; Stehuhr Messinggehäuse; 2 3armige Louis XVI. Leuchter aus Messing mit Rosaschirm; Klavierdecke reich gestickt; Tischchen; 2 St., K. 300, Bronzegruppen Faun und Nymphen nach Clodion; Holzposament eingelegt mit Gold verziert; Staffelei; Paravent 4 teilig, reich geschnitzt und vergoldet mit 4 Kupferstichen; grosser venetianischer Prysmenluster K. 800; K. 1200, Salontischchen mit durchbrochener Galerie aus Goldbronze, bunter Marmorplatte mit 4 eingelassenen Portraitminiaturen auf Elfenb. Bildnisse eines Prinzen und 3 Prinzessinnen aus dem Hause Este (wahrscheinlich Kinder der Marie Beatrix)

K. 4000 Glaskasten im Barockstil, enthaltend eine Collection von 32 Altwiener Porzellan-Coupes, Schwengschalen, Platten, Töpfchen, Schalen, Tellern, Schuppendekor in blau, grün, gelb, carmin und orange mit Blumenbouquets in ausgesparten weiten Medaillons – blaue Marke, Ende des 18. Jh. bis 1817

Vitrine mit Aufsatz vergoldet, K. 26 000, mit Juwelen-Perlencolier und sonstigen Schmuckgegenständen aus Edelmetall, Miniaturen, Bibel

Die wertvollsten Gegenstände sind im Obergeschoss: 1 Necessairebüchse aus Gold mit grüner Schlangenhaut überzogen. ca. 800 Gramm Gold, enthaltend Miniaturrequisiten für Zeichnen, Arbeit von Louis Siries a Florence 1742; 1 Spazierstock Kaiser Franz I, Griff ein Rauchtopas, Knopf in Brillantschliff mit eingel. Miniatur auf Elf. Bildnis einer estensischen Prinzesssin, Monogramm C. M. aus 54 grösseren und kleineren Diamanten; Diadem Halscolier und Ohrgehänge bestehend aus 18 italien. Mosaikmedaillons und Filigraneinfassung mit zahlreichen grösseren und kleineren Perlen besetzt – Arbeit aus dem Anfang des 19. Jh., 1 Schmuck bestehend aus Diadem gebildet aus Cameen, signiert Gironetti Collier aus 6 Medaillonscameen, 2 Ohrgehängen, alles mit Perlen besetzt, Email und Goldeinfassung, italienische Arbeit Anfg. 19. Jh.; ovale Portätminiatur auf Elfenb. Knieendes Knäblein – Herzog de Barry) zu seinen Füssen die französische Tricolore signiert Aimée Thibaut; 1 goldene Dose, im Deckel eine Porträtminiatur auf Elf. Brustbild des Erzherzogs Maximilian, Gehäuse aus strahlenförmigem grünem Email Seitenwände, Gold und Email mit Miniatur Oelbildchen Ansichten von Venedig, Tirest u. a.; Schmuck aus 20 Cameen, griechisch römische Götter in Lava geschnitten gefasst in spiralförmig gearbeitete Rosetten aus Gold. 1 Mosaik – Collier in Goldfassung mit Ansichten von Rom und Umgebung; kleine Dose aus Bronzekrystall 4 Minaturen a. Elf. darunter eine Arbeit von N. Schiavoni – Bildnisse von estensischen Prinzessinnen, der Beatrice Cenci; kleinere Dosen aus Gold.

Im Untergeschoss: grosses goldenes Bracelet aus der Biedermeierzeit mit der Bildnisminiatur des Erzh. Karl Ludwig als Kind, signiert Robert Theer 1837; Miniatur auf E. Kinderköpfchen angeblich Franz Ferdinand Artstetten im August 1864 signiert, Schwager (a. Fav. Inv. No. 464); Granaten-Armband mit ovaler Miniatur auf

Elfb. in goldenen Medaillon Maria Theresia in Witwentracht; Gegenstück Kaiser Franz I.; Brite mit dem Porträt der Kurfürstin Amalie Auguste von Sachsen (Dedikation) reich verziert mit Blütenzweigen, Blättern aus bunten Halbedelsteinen und Gold gebildet, Deutsche Arbeit Ende 18. Jh.; Porträtminiatur a. E. Hüftbild einer Prinzessin in weitem Kleide signiert Guerard; ovale Miniatur a. E. König Anton von Sachsen 8a.Fav. Inv. No. 623); 2 M. a. E. Kaiser Franz I. (Fav. Inv. No. 481 und 743); kleine Porträtminiatur a. E. Brustbild K. Ferdinand I signiert Daffinger; 1 goldenes Armand mit 5 von Türkisen carmoisierten Medaillons-Bildnissen kaiserlichen Prinzen und Prinzessinnen im Kindesalter; Krystalldose Deckel und Seitenwände in Gold mit Perlstäben aus Türkisen und Perlen; Gold-Dose en quatre coleur, Französ. Arbeit 18. Jh.; grosse Krystalldose mit idealem griechischen Frauenkopf am Deckel, ferner kleine Uehrchen, 24 kleine Cameen, Bibelots, Angehänge, Dosen; etwa 20 kleine Miniaturen auf Elf. mit den Bildnissen fürstl. Persönlichkeiten Tabaterien

Vitrinentischchen mit Bronzebeschlägen, K. 3 560, Schmuckgegenstände, Dosen, Miniaturen enthaltend: 2 Filigran Goldrähmchen mit Emaileinfassungen und 2 Miniatur Porträtbüsten in antikisierendem Styl der Maria Beatrix von Este und der Königin von Sizilien; Armband mit Minat. a. E. Köpfchen einer jungen Prinzessin, französische Arbeit Ende 18. Jh.; Gegenstück Brustbild eines bayrischen Königs in Ulanenuniform; Notizblock aus Elfenbein mit 2 Miniature. a E. in Medaillons Bildnisse zweier Kavaliere um 1778 (Auf einem Täfelchen eine schwer leserliche Widmung); 1 Notizbüchlein aus Gold und blauem Email, en quatre couleurs, auf der Vorderseite antikisierende Opferszene und Kavalier mit Dame, im Inneren Miniat. a. E. Kinderbildnisse einer estensischen Prinzessin, Französisch Ende 18. Jh.; schwarzes Notizbüchlein in der Mitte Medaillon mit antiker Vase, Rauten Monogramm X. Auf einem Täfelchen in Inschrift »Geschenk der Landgräfin Carolina v. Hessen-Darmstadt usw.); Mininat. a. E. Bildnis des Papstes Pius VII; Miniatur a. E. Bildnis eines Königs von Bayern im jugendlichen Alter in goldenem mit Arabesken en relief verzierten Emailrähmchen; Medaillon in Herzenform mit Perlen besetzt, in der Mitte Miniat. auf E. einer modensischen Prinzessin, 3 Bibelots, kleine Döschen, Uehrchen mit Kettchen und andere Schmuckgegenstände.

10 St. K. 12 000 Oelgemälde: Rudolf Alt 1843: Die Teinkirche zu Prag; A. Normann: Norwegischer Fjord; Josef Kreuzinger 1787 Brustbild Josef II.; H. de Jode 1660: Ideale südliche Küstenlandschaft mit Marine, Ruinen (Invent. No. E.C. 269, aus Lobkowitzschem Besitz); Familienbild Maria Theresia mit ihren Kindern, alte Kopie nach Meytens; 3 Blumenstücke – deutsche Schule des 18. Jh.; kleine Supraport – Kinder mit Obst und totem Geflügel; Ideale Landschaft mit Jagdgesellschaft als Staffage – deutsch – 18. Jh; 1 Brotverteilung – Christus in idealer Landschaft die Verteilung des Brotes vernehmend, Italienisch 18. Jh.

25 St., K. 9 000, Miniaturen, Aquarelle und Zeichnungen: grosse Miniatur auf Papier von Lampi – Bildnis des Canova (alte Invent. No. 774 und rot 65); grössere Miniatur a. Elfenbein, oval von R. Schwager 1856 – Hüftbild der Erzherzogin Margarethe, Gemahlin d. Erzh. C. Ludwig (Favoritener Bilder Inventar No. 355 und 494 vom Jahre 1896); grössere ovale Miniatur a. Elfenbein Prinzessin Gisela von Bayern als Kind in ganzer Figur signiert: Schwager 1857 (Fav. No. 490); grosse Aquarellminiatur auf Papier Hüftbild der Königin Elisabeth von Preussen geb. Prinzessin von Bayern von Stieler (a. J. Nr. Fav. 115 bezw. 83); ovale Min. a. Elfenb, Halbfigur der Maria Clementine Herzogin von Salerno, Tochter Kaiser Franz II. gem. v. Daffinger (Fav. No. 35); Min. a. Elfb. Brustbild eines Königs von Spanien; grössere ovale Min. a. Elfb. in einem Strassrähmchen- Stehende Dame an einem Fauteuil gelehnt bez: Weiland 1876; grosse Aquarellminiatur Prinz Carl, Bruder des Königs Ludwig von Bayern in Kürassierunifom bez. Th. Heinrich 1836 (a. In. No. Favorti. 112); grosses Aquarellminiaturporträt der Herzogin von Aumale bez. Joh. Endre 1836 (Fav. Inv. No. 449); 2 aquarellierte Bleististzeichnung von Erzherzog Ferdinand Max 1845 – Junge an der Strasse und italienische Familie; Bleistiftz. Kopfstudie von Erzh. Karl Ludwig 1844; Aquarell- Kaiser Franz Josef am Sterbebett des Fürsten Felix Schwarzenberg; Aquarell: Die Schauspielerin? in der Rolle der Königin Elisabeth; kleine ovale Miniat. a. Elfenb. Carolina von Bayern, Gemahlin K. Maximilian I. bez. R. Theer (a. Fav. Inv. No. 625); grössere ovale Min. a. Elfenb. Brustbild des Herzogs von

Reichstadt im 14. Lebensjahr bez. Göstl (a. Fav. I. No. 83 oder 86); 9 kleinere M. a. E. und a. Porzellan, Bildnisse von fürstlichen Persönlichkeiten (a. Fav. Inv. No. 192, 93, 74, 75, 804, 489, 639, 740, 42).«

Schreibzimmer

(Abb. 15-25, Zimmer 88) Heutige Bezeichnung: Turmsalon. Das im Turm untergebrachte, von mehreren Seiten belichtete Schreibzimmer mit privatem Schreibtisch von Sophie bildet eine Fortsetzung des Damensalons. Die Raumausstattung bestach durch eine stückreiche Miniaturen- und Aquarellsammlung.

Inventar 1915:[147]

»Bank, Lehnsessel Louis XVI Stil, rot überzogen; Chaiselongue gelb geblumter Überzug; Schreibtisch Bronzeverzierungen, reich geschnitzt mit Leder überzogen; Stehuhr Messinggehäuse reich ornamentiert, modern; 2 Leuchter Bronze (...) Tischchen eingelegt, Bronzebeschläge; ovales Salontischchen eingelegt, Bronzebeschläge, rote Marmorplatte; 2 Holzfiguren in Flachrelief bemalt; Ofenschirm, Gestell geschnitzt und vergoldet, Überzug in Goldstickerei; Staffelei; Glasluster.

Oelgemälde K. 800 auf Leinwand, Bildnis zweier Prinzessinnen

89 St., K. 70 935, Aquarelle, Miniaturen mit Familienbildnissen: Aquarell Gruppenbild von Kriehuber 1837. Höhe 39 cm Breite 35 cm Hauptwerk des Meisters; Kindergruppe: Erzherzog Karl Ludwig Ernst von Sachsen, Herzog Ludwig von Bayern, Georg v. Sachsen, Albrecht v. Sachsen, Erzh. Franz Josef, Prinzessin Taxis, Erzhgin Maria Anna, Erzh. Ferdinand Max, Herzogin von Genua (a. Inv. No. Fav. 537); Aquarell von Kriehuber 1837 Replik des vorigen Gruppenbildes mit einigen Veränderungen, Höhe 36, Breite 31 cm, ebenso herrliches Werk (a. Inv. No. 539); grosse Aquarell-Miniatur von Carl Agricola Bildnis des in einem Fauteuil sitzenden Herzogs von Reichstadt, hervorragendes Werk des Künstlers (a. Inv. No. F. 449); sehr grosse Aquarell-Miniatur, Bildnis der Kaiserin Carolina Augusta in schwarzem Seidenkleid bez. Kriehuber 1864 (a. Inv. No. 484); Aquarell von Krafft 1834 Kaiser Franz I vor seinem Enkel Erzh. Franz Josef präsentierend, Höhe 21, Breite 29 cm, herrliches bekanntes Werk des Künstlers (a. Inv. No. 535 Fav.); grosses Aquarell von P. Fendi Gruppenbild Kaiser Franz I mit Kaiserin Carolina Augusta und ihren Enkeln Franz Josef Ferdinand Max und Karl Ludwig, Meisterwerk des Künstlers, Höhe 21, Breite 29 cm (a. Inv. No. 534); 1 grosses Aquarell-Miniatur der Erzherzogon Marie – Hüftbild bez. Joh. Ender 1830; Aquarell-Miniatur Brustbild des Kasiers Franz Josef – handschriftliche gezeichnet E.h. Franz, signiert Ender nach Daffinger; grosse Aquarell Miniatur, Brustbild Kaiser Franz I. bez. J. Isabey 1814. Auf der Rückseite die handschriftliche Legende: von Maria Louise erhalten 1819 (keine Originalarbeit); grosse Aqu. Min. Hüftbild der Gräfin Lazansky-Falkenhayn bez. J. Jsabey a Laxenburg 1812 (keine Originalarbeit); gr. Aqu. Min. Hüftbild der Eleonore Prinzessin Taxis-Lobkowitz, signiert: Wenzel Manes 1834; gr. Aqu. Min. Bildnis des sitzenden Erzh. Josef Palatin, sign. M. Kern pinx 1843; kleine Aqu. Min. a E. Brustbild K. Ferdinand I, signiert Robert Theer (a Inv. No. Fav. 462); Min. a E. Halbfigur einer Dame in Empiretracht signiert: Hill pinxit '97, 1 Min. a. E. Hüftbild der Maria Luise signiert Daffinger Originalarbeit (a Inv. No. 786 Fav.); 18 grössere Min. a. Papier, Aquarellporträts von Brenner nach Originalen anderer Miniaturisten (a Inv. No. Fav. 68–85) Familie Kaiser Franz I. sowie dessen Geschwister; Minat. a. Elf. Bildnis Maria Theresia bez. Suchy; M a. Elf. Maria Mancini sign. Em. Peter (a Inv. No. 24); grössere M. a. E. Hüftbild einer jungen Erzherzogin bez. Em. Peter (a Inv. No. 183); M. a. E. Bildnisse zweier Prinzessinnen (Schwestern) bez. Em. Peter cop. nach Daffinger (a Inv. No. 84); grosse M. a. E. Bildniss Maria Anna, Gemahlin Ferdinand I. sign. Rob. Theer 1836 (a Inv. No 119); Min a E. Königin Caroline von Bayeren in Empiretracht (a No. 789); Min. a. Elf. Amalia Herzogin von Zweibrücken sign. Noortwyck p. 1787 sitzend in einem Fauteuil in weissem Spitzenkleid (a. Inv. No. 772); Min a E. Bildnis der Erzh. Maria Clementina von Oesterreich signiert Daffinger 1824 Originalarbeit des Meisters. In schwarzem Gewand mit goldener Halskette (a. Inv. No. 803); 24 andere kleinere, künstlerisch und materiell minder wertvolle Miniaturen auf Elf. mit den Bildnissen fürstlicher Persönlichkeiten (alle aus dem Nachlass weiland Erzherzog Karl Ludwig stammend); Min. a E Franz I bez.

Abb. 15-29: Fotoaufnahme des Säulensalons in Schloss Konopischt, um 1920. Unter der damals noch bestehenden Hängung kostbarer Gemälde aus der Este Sammlung befand sich ein Werk von Bronzino. Die florentinischen Pietra Dura Möbel, drei Kabinette und drei Tische, sind heute noch im Salon aufgestellt. (© Schlossarchiv Konopischt)

N. Schiavoni (a Inv. No. 33); Min. a. Elf. Amrie Elisabetz Amalia signiert Schrott 1811 (a. Inv. no. 117); Min. a. Elf. Carolina Augusta Gemahlin K. Franz I. (a. Inv. No. 114); 2 Medaillons mit je 5 Miniaturen auf Elf. von Em. Peter 1852 – 10 grössere ovale Miniat. nach französischen Originalen, Bildnisse französischer Schönheiten des Hofes L. XIV. XV.«

Säulensalon

(Abb. 15-29, 15-30; 15-25, Zimmer 86) Frühere Bezeichnung: »Pietra Dura Salon«. Die barocke Raumschale mit stuckiertem Gewölbe, das auf Halbsäulen und einer mittigen freien Marmorsäule ruht, ließ Franz Ferdinand unverändert. Die florentinischen Prunkkabinette sowie das Gemälde Bronzinos scheinen ab 1897 im Weidmannsheil-Album auf. Teile des damals um drei zugehörige Holztische geordneten Sets historistischer Sitzmöbel im Louis-XIV./XV.-Stil sind auch heute mit nicht originaler Bespannung vorhanden.[148] Die Pietra-dura-Tische – beziehungsweise die Bezeichnung des Raumes als Pietra-dura-Salon – lässt sich erstmals auf einem Grundriss von ca. 1900 feststellen.[149] 1911 beschäftigten sich die Architekten Kubik und Beer aus Budapest mit dem Säulensalon.[150]

Der Säulensalon wurde mit herausragenden Prunkmöbeln und Gemälden aus der Este-Sammlung bestückt. Mycielsky bezeichnete diesen als den Hauptsalon und die Renaissancegemälde als die wertvollsten im Schloss.[151] Das heute im Säulensalon präsente großformatige Gemälde der Judith mit dem Haupt des Holofernes ist eine Kopie nach Cristofano Allori.[152] Ursprünglich befand sich dieses im Wodsizky-Zimmer im Parterre.[153] Das nicht nach Konopischt rückgeführte Porträt der Eleonore, der Gemahlin Cosimos I. Medici, von Bronzino wird heute in der Prager Nationalgalerie ausgestellt. Im Salon noch vorhanden sind die zwei gerahmten Bildwirkereien mit der Madonna mit Kind und hl. Anna, sowie mit den Geldwechslern. Die Tapisserien werden im Inventar 1915 als wahrscheinlich italienische Werke des 16. Jahrhunderts mit einer estensischen Inventarnummer angegeben. Mycielski ging von einer flämischen Werkstatt nach Kartons aus der Rubens-Schule aus.[154] Das Sujet der Kartons ist tatsächlich in den Rubens-Umkreis einzuordnen.[155]

Der restliche estensische Gemäldebestand fehlt heute. Hierzu zählen zwei Gemälde Sassoferratos, die den hl. Franziskus und die hl. Magdalena darstellen. Das Porträt eines Edelmanns, im Inventar 1915 wahrscheinlich als weiteres Werk Bronzinos eingeschätzt, identifiziert Mycielski als Alfonso II. d'Este und bezeichnet es als Arbeit eines dem Atelier Dosso Dossis nahestehenden Künstlers.[156] Planscig hielt das Porträt des Alfonso I. d'Este in Konopischt für ein Original von Dosso Dossi.[157] Im »Bildnis einer himmelwärts blickenden Heiligen« erkannte Mycielski zu Recht eine Kopie der hl. Agnes von Andrea del Sarto aus der Apsis der Kathedrale von Pisa.[158] Die Edeldame, dem Inventar 1915 nach von einem »Meister aus der Nähe des Velazques«, schätzte Mycielski als Porträt der Tintoretto-Schule ein.[159]

Abb. 15-30: Giovanni Leone, Prunkkabinett, gebeiztes Hartholz, Pietra-dura-Einlagen, Florenz 1681 (© NPU)

Die drei mit der Signatur »Giov. Leone 1681« versehenen Kabinette aus Ebenholz und farbigen Steinschnitteinlagen entsprechen stilistisch und in der Qualität der Ausführung der Produktion der großherzoglichen Pietra-dura-Werkstatt in Florenz. Zwei Kabinette haben einen identischen Aufbau und unterscheiden sich nur bei den figuralen Motiven. Der architektonische Rahmen des dritten Kabinetts ist ähnlich konzipiert; statt weißlicher Anteile in den Steinoberflächen wurden rötliche Töne gewählt, und es kamen mehr feuervergoldete Beschläge zum Einsatz, womit ein stärker buntfarbiger Effekt entsteht. Aufgrund der Bekrönung der kleinen Kabinettserie mit einem vergoldeten Adler, dem Wappentier der Este, ist auf einen Auftraggeber aus dem Geschlecht der Este zu schließen.

Drei barocke Tische runden das Thema der florentinischen Steinschneidekunst im Salon ab. Zwei Tische zeigen besonders verspielte Formen mit eingelassenem Pietra-dura-Feld mit Papagei beziehungsweise Blumenschüssel in der Tischplatte, erhabenen Metall-Chinoiserien auf der Plattenumrandung und einer Konsole als kniender Mohr. Der dritte Tisch ist technisch einfacher ausgeführt, besticht jedoch durch die in großem Maßstab intarsierten Halbedelsteine.

Inventar 1915:[160]

»Tisch eingelegt, moderne Arbeit; Porzellangruppe (Jagdszene) auf schwarzpolierter Unterlage, modernes deutsches Fabrikat; 2 St., K. 300, Tischchen schwarz, reich mit Metall verziert, Platte mit bunt eingelegter Marmortafel von Mohrenfigur getragen, florentinische Arbeit; Tischchen im Barockstil (...) grosser Hahn, modernes Porzellan; Fotographie in bronze-vergoldetem Rahmen (Wilhelm II.); K. 1 000, grosser schwarzer Tisch, Platte bestehend aus Halbedelsteinen (Melachiten, Onyx, Chalcedon, Italienische Arbeit des 17.–18. Jh. Estensisch; 3 Vögel aus Porzellan modern; K. 500, Tisch schwarz, reich mit bunten Halbedelsteinen eingelegt (Estensisch); Japanische Vase schöne moderne Arbeit K. 200; Becher mit 4 Metallschalen, Nachbildung Augsburger Arbeit; roter Mamortopf; 2 Kanapés braun, geschnitzt; 7 Fauteuils, 2 Sessel, 4 Stockerl, 2 Kanapépölster gestickt, gelber geblumter Seidenbrokat K. 1500; Diwan mit Goldverzierung; 2 Fauteuils reich geschnitzt und mit Gold verziert lichtgrünes Muster in Barockstil; 2 Prysmenglasluster K. 600; Ofenschirm geschnitzt vergoldet mit gesticktem Vorhang; Gestell, Oval, mit Blumenwanne aus Holz; Staffelei Naturholz.

3 St., K. 14 000, grosse hohe Prunkkabinetts Florentiner Kunsttischlerarbeiten des Giov. Leone 1681, Estensisch. Die Vorderseite aufs reichste architektonisch gegliedert, mit zahlreichen Lädchen, Nischen, zurückstehenden von zwei spiralförmigen Säulen flankierenden – polychromen Mosaikeinlagen – Mittelgelass, Vögel, Zweige, Blumensträusse als Bekrönung der estensische bronzevergoldete Adler, reiche Bronzebeschläge. Hervorragende italienische Schreinerarbeit Ende 17. Jahrhunderts.

6 St., K. 21.000, Oelgemälde auf Holz und Lwd.: Oelg. a. Lwd. Heiliger Franziskus, die von Engeln umgebene Madonna mit Jesuskind anbetend – Werk des Giovanni Battista Salir genannt Sassoferrat (alte enstensiche Inv. Nr. 203); Oelg. a. Holz Bildnis einer himmelwärts blickenden Heiligen, Italienischer Meister 16. Jh. (a. Inv. No. estensisch 547 und 102) in reich vergoldetem von einem Engel bekrönter Holzrahmen; Oelg. a. H. Brustbild eines alten Edelmannes in pelzverbrämten Mantel Italienischer Meister, wahrscheinlich Angiolo Bronzino in reich vergold. Renaissancerahmen (alte Estens. Inv. no. 171); Oelg. a. Holz Bildnis der Leonore Gemahlin Cosimo v. Medici – Originalwerk von A. Bronzino (a. Estens. Inv. No. 189); Oelg. a. Lw. Brustbild einer spanischen Edeldame in schwarzem Spitzengewande – spanischer Meister des 17. Jh. aus der Nähe des Velazques (a. Inv. No. 130 u. 210); Oelg. auf Leinw. Heilige Magdalena von Sassoferrato in reich geschnitzten durchbrochenem Rahmen (a. Est. Inv. No. 76).

2 St., K. 3 000, Heiligenbilder – Gobelinwirkerei lebensgrosse Figuren der Madonna mit Kind und Heilige Anna in altem vergoldetem Renaissancerähmchen Farben blau rot durchwirkt; der Geldwechsler – alter Mann mit der Linken die Wange haltend vor ihm Tisch mit Münzen, wahrscheinlich italienische (estensische?) Arbeiten des 16. Jh. (alte Inv. No. 264?).«

Pausingerzimmer

(Abb. 15-31; 15-25, Zimmer 85) Frühere Bezeichnung: »Billardzimmer«, heute: »Empfangssalon«. Die Bezeichnung als Pausingerzimmer überrascht beim Abgleich mit dem Inventar 1915. Der Erzherzog war ein Liebhaber der Werke Franz Xaver von Pausingers und kaufte viele Bilder des auf Jagd- und Wildnisszenen spezialisierten Malers, mit dem bereits Kronprinz Rudolf eine Freundschaft pflegte. Im Pausingerzimmer ist jedoch kein einziges Werk des Salzburger Künstlers zu finden. Ob die Raumbezeichnung auf eine früher hier präsente Bildausstattung zurückgeht, ist nicht bekannt. Während der Säulensalon von italienischen Werken des 16. und 17. Jahrhunderts geprägt ist, finden sich im Pausingerzimmer eher Ausstattungsstücke des 17. und vor allem 18. Jahrhunderts wieder. Der kleiner dimensionierte Salon mit stuckiertem Barockgewölbe wies eine Möblierung im Louis-XV.-Stil auf und wurde durch eine zeitgenössische, gepolsterte Sitzgruppe ergänzt, die heute noch im Raum aufgestellt ist. Unter den estensischen Ausstattungsstücken sind

Abb. 15-31: Fotoaufnahme des Pausingerzimmers in Schloss Konopischt. Der kleinere Salon der Enfilade war mit Prunkmöbeln und Gemälden des 17. und vor allem 18. Jahrhunderts bestückt. (© Schlossarchiv Konopischt)

folgende hervorzuheben: ein figural bemaltes Kabinett mit Steinschnittelementen, ein weiterer Tisch mit geometrischen Steinschnitteinlagen, der im Inventar 1915 nicht aufgeführt wird, und ein Porträt der Marie Antoinette. Beim Gemälde handelt es sich um eine der vielen Fassungen des Porträts, die die Malerin Élisabeth Vigée-Lebrun um 1785 anfertigte.

Inventar 1915:[161]

»Tisch, Schachbrettmuster eingelegt; Alabasterschale mit vergoldeter Sct. Georgsfigur; Kanapé, 2 Fauteuils grün überzogen; Kanapé, Sessel geschnitzt und rot überzogen; Sessel m. Sitzpolster lichtgrün; K. 800, Kabinett architektonisch reich gegliedert, in den Nischen kleine Statuetten, Vorder- und Seitenwände figural bemalt und mit bunten Steinen eingelegt, italienisch, 17. Jh. (estensisch); K. 300, Hohe Standuhr eingelegt, vergoldetes ziseliertes Ziffernblatt 17. Jh.; Stehlampe elektr. Messingfuss mit gelbem Schirm; Vitrinenkasten mit Bronzebeschlägen; geschnitztes Hausaltärchen mit Bronzeeinlagen und kleinen Figuren: Anbetung Christi durch die Hirten; Halbkommode Luis XV. eingelegt und Bronzebeschläge; 3teiliger Ofenschirm mit Schabkunstblättern; Holzpostament mit hl. Antoniusbüste; Rokokokästchen, reich eingelegt; Antike Frauenbüste aus weissem Marmor auf Postament, Estensisch, K. 500; 6 Glashumpen, Pokale, Becher, graviert und geschliffen, Jagdszenen und Porträts, Ranken und Blattwerk, Böhmische Gläser 17.–18. Jh, K. 900; Holländischer Messingluster; 3 St., K. 2000, grosse sehr schöne Perserteppiche S. A. [Pos. fehlt im Anhang]

Vitrinentischchen mit Bronzeverzierung im Barockstil S. A. [Pos. fehlt im Anhang]

Abb. 15-32: Heinrich Eckert, früheste Fotoaufnahme des freskierten Speisesaals in Schloss Konopischt mit noch unverändertem Rokokodekor, um 1893 (© Schlossarchiv Konopischt)

3 St., K. 600, Miniaturen und Dosen S. A. [Pos. fehlt im Anhang]

K. 300, Antiquitäten S. A. [Pos. fehlt im Anhang]

Pos. 4971, 8 St., K. 4 000 Oelgemälde auf Holz und Lwd: Oelg. a. Holz Heilige Familie mit dem kleinen Johannes in Landschaft – zugeschrieben dem Cantarini Simone genannt Pesarese, nach dem alten Estensischen Inv. No. 193 zugeschrieben dem Schidone; 2 Oelg. Zwei jugendliche Prinzen, wahrscheinlich Söhne Maria Theresias; Oel Blumenstilleben mit grosser weiblicher Figur, deutsche Schule des 17. Jh.; fast lebensgrosses Bildnis der Königin Amalie von Portugal; Oel Lwd. Brustbild des Erzh. Kurfürsten Max von Cöln – deutsch 18. Jh.; Oel Lwd. Hofdame aus der Zeit Ludwig XIV. als Diana; 1 Oel Lwd. Maria Antoinette nach Vlg. Le Brun (Keine Originalarbeit sondern alte Copie).«

Speisesaal

(Abb. 15-32, 15-33, 15-34; 15-25, Zimmer 87) Max von Ferstel berichtete 1891 von einem großen Glasluster für 60 Kerzen von Lobmeyr, Wien, der ihm für das Speisezimmer in Konopischt passend erschien.[162] Der heute im Saal hängende Kristallluster weist eine entsprechende Anzahl von Kerzenhalterungen auf. Um 1893 war dem Foto Eckerts (Abb. 15-32) zufolge noch keine Deckenbeleuchtung installiert. Die dunkel bespannten Wandflächen waren noch frei von Gemälden. Die Türumrandungen und Supraporten zeigten noch flächige Stuckapplikationen im Rocaillestil, die stilistisch an die zwei vielfarbig gearbeiteten Marmorkamine aus dem Rokoko angelehnt waren. Der Zustand des Speisesaales in der Zeit

Abb. 15-33: Rudolf Bruner-Dvořák, Fotoaufnahme des Speisesaals, um 1910. Zustand mit den zwei 1907 im Speisesaal aufgespannten Gobelins der Don-Quichotte-Serie aus der Pariser Manufaktur. (© Schloss Artstetten)

des Lobkowicz'schen Besitzes fand Erwähnung in der Zeitschrift »Für's Jagdschloss«: »Der Speisesaal trug damals goldfärbige Seidentapeten und war mit Spiegeln und Kandelabern in versilberten Laubwerk-Einfassungen von künstlerischer Bildhauerarbeit geschmückt.«[163] Aufnahmen im Weidmannsheilalbum von 1897 zeigen den Kristallluster (Abb. 15-33) und den Zuwachs großformatiger Ganzkörperporträts. Drei der Gemälde stammten aus der Zeit der Renaissance und eines aus dem 17. Jahrhundert. Die Bilderrahmen mit üppiger Rocaillezierde waren auf den im Raum vorhandenen Stuckdekor abgestimmt.

1907 spannte der Tapezierer Kirsch von der Firma Kowy & Iwinger zwei Gobelins im großen Speisesaal auf.[164] Die Ablichtung von Bruner-Dvořák (Abb. 15-33), um 1910, zeigt einen der Don-Quichotte-Gobelins. Die früheren Stuckverzierungen wurden durch Supraporten mit querformatigen Ölbildern ersetzt. Mit ähnlich reduzierten Rahmen versehene, bis heute präsente barocke Porträts ersetzten die frühere Auswahl. Im Inventar 1915 wurden die Porträts Leopold I. und seiner Gemahlin Eleonore als mögliche Arbeiten von Auerbach eingeschätzt.[165] Die geschnitzten Renaissancetruhen entlang der Wände scheinen 1910 nicht mehr auf beziehungsweise wurden durch zwei preziöse Münzkabinette ersetzt.[166]

Zur restlichen Möblierung ist festzuhalten, dass die historischen Aufnahmen eine im Verhältnis zur Raumgröße relativ spärliche Bestückung durch Möbel wiedergeben. Dies ergibt sich durch die Funktion des angrenzenden Servierzimmers, wo weitere

Abb. 15-34: Gobelin Manufaktur, Gobelin aus der Don-Quichotte-Serie, Paris um 1774. Erzherzog Franz Ferdinand hatte sechs Gobelins mit Don-Quichotte-Szenen geerbt, die Erzherzog Ferdinand Karl und seine Gemahlin Maria Beatrice d'Este-Modena vom französischen König Ludwig XVI. 1786 als Geschenk erhalten hatten. (© NPU)

Klapptische und Stühle für Gastmahle bereitstanden. Die heutige Möblierung korrespondiert nicht mit der Aufstellung zur Zeit des Erzherzogs. Die 1915 inventarisierten 28 rot gepolsterten Ledersessel wurden im Laufe des 20. Jahrhunderts mit einer rosa Samtbespannung versehen und dann durch eine Bestuhlung ersetzt, die den Fauteuils im Säulensalon entspricht.

Die zwei heute im Original aufgespannten Gobelins mit Szenen aus Cervantes' Don-Quichotte-Roman stellen besonders kostbare Stücke der Privatsammlung Franz Ferdinands dar (Abb. 15-34). Auf vier weitere zu dieser Serie gehörige Tapisserien im Gobelindepot von Schönbrunn wird im Inventar 1915 verwiesen. Heute befinden sie sich im Kunsthistorischen Museum. Mycielski erwähnt, dass die gesamte Serie als Ensemble im geplanten Saalanbau untergebracht werden sollte.[167]

Die 1774 fertiggestellten Tapisserien gelangten über das Este-Erbe nach Konopischt.[168] Im Juni 1786 erhielten Erzherzog Ferdinand Karl und seine Gemahlin Maria Beatrice d'Este-Modena vom französischen König Ludwig XVI. in Paris einige Tapisserien als Geschenk, darunter die sechsteilige Gobelinserie mit »Szenen aus der Geschichte Don Quichottes«. 1885 und 1902 war diese im Schloss Schönbrunn als Eigentum Franz Ferdinands nachweisbar. 1905 wurden alle sechs nach Konopischt transportiert, von denen vier Tapisserien wahrscheinlich 1914 zurück nach Wien geschickt wurden.

Vier Gobelins mit ähnlichem formalen Aufbau befinden sich im Getty Museum in Los Angeles. Im Artikel »Four tapestries from L'Histoire de don Quichotte« geht Bremer-Davis bei der Aufarbeitung der Getty-Exemplare auf die Geschichte der in der Pariser Manufaktur hergestellten Gobelinfolge ein.[169] Knapp 200 Gobelins der Don-Quichotte-Folge wurden in sechs Variationen zwischen 1699 und der Revolution 1789 in der königlichen Manufaktur gefertigt. Zwei Drittel dieser Tapisserien dienten dem königlichen Eigenbedarf, die Konopischter Stücke zählen zu jenem Drittel der Produktion, das als diplomatische Geschenke eingesetzt wurde. Der Alentour (die Szene einfassende Randzone) der Konopischter Gobelins mit Goldrahmen, Blütenfestons auf rosa Fond, zentral sitzendem Pfau oben und unten einer Plinthe mit Inschrift, die von Schaf und Hund sowie von Rüstungselementen flankiert wird, entspricht der fünften Variante. Diese fällt in die Ära Jean Audrans, der 1771–1794 die künstlerische Leitung der Manufaktur innehatte, und geht auf das ursprüngliche Design des Alentours von Claude Audran III aus dem Jahr 1721 zurück. Durch die Signatur »NEILSON 1774« auf einem der Konopischter Gobelins lässt sich die Herstellung auf die Werkstatt der tieflitzigen Wirkstühle eingrenzen, die Jaques Neilson von 1749 bis 1788 leitete. Der wie ein Bühnenbild erscheinende Aufbau der Mittelszene geht auf Vorlagen Charles-Antoine Coypols von 1714 zurück, dessen Stiche 1723 publiziert wurden und als Grundlage für die Bebilderung zahlreicher spanischer und französischer Ausgaben von Cervantes' Roman dienten. Die Kartons der Pariser Manufaktur fertigte Audran an, wobei ein Karton für ungefähr zwei Jahre im Wirkstuhl eingespannt blieb.

Inventar 1915:[170]

»Runder Tisch mit geschnitztem Gestell; 2 durchbrochen geschnitzte Holztische vergoldet mit Marmorplatte, besonders schöne italienische Arbeiten (Estensische) K. 1 600; 32 Gläser, Becher, Pokale mit und ohne Deckel, Renaissance, Barock und Empiregläser, geschnitzte Wappen, Jagdszenen, Doppeladler, Kriegstrophäen, venetianisch und böhmisch 16–18. Jh. K. 1 600; K. 580, 28 rot gepolsterte Ledersessel; Paravent mit alten Ledertapeten überzogen Blumen auf Goldgrund, K. 800; sehr grosser Glasluster K. 2 000

9 St., K. 5 300, Oelgemälde, 2 lebensgrosse Porträts Karls VI. und dessen Gemahlin Eleonore wahrscheinlich Arbeiten von Auerbach; 2 grosse ideale Landschaften (a. Estens. Inv. No. 282); 5 Oel. Lwd. Früchtestilleben – deutsche Schule Anfg. 18. Jh.

2 St., K. 10 000, Prunkkästen (Münzkästen)[171], architektonisch durch Säulen und Nischen gegliedert, reich geschnitzt und mit bunten Halbedelsteinen – Lapislazulisäulen, Achaten, Onyxen, Chaliedonen, Moosachaten eingelegt, mit je 7 feuervergoldeten Bronzefigürchen (Mercurius, Hercules, Pan, Mars, Vulcanus, Jupiter,

Venus, Juno) verziert, Florentinische Mosaikeinlagen Früchte, Vögel, Italienische Arbeit des 17. Jh.

2 St. K. 150 000, Gobelins aus der Don Quichotte Serie u. zw.

1.) La fausse Princesse de Micimocon vient porier Dom Quichotte de la remettre sur le throne.

2.) Dom Quichotte fait demander a la Duchesse par Sancho la permission de la voir. signiert: Neilson 1774, Grösse 370 x 355 und 335 x 335« (siehe die seinerzeitige Beschreibung der vier Gobelins, gegenwärtig im Gobelin-Depot in Schönbrunn).«

Servierzimmer

(Abb. 15-25, Zimmer 82) Inventar 1915:[172]

»8 Oelbilder, 1 Frauenporträt, 7 Früchtestilleben deutsch, 18. Jh, K. 750; Renaissancehängekasten eingelegt, doppeltürig K. 300; K. 1 000, 2 Renaissancekredenzen eingelegt und reich geschnitzt mit: Altwiener, Meissener, altböhmisches Porzellan, S. A. K. 430 [fehlt im Anhang] Wandkasten, doppeltürig, eingelegt; einfacher Kasten; grosser Serviertisch; kleiner Tisch (...) 2 Teetische poliert; Serviertischchen; Papierkorb; Paravent 4teilig mit geblumten Trappstoff überzogen; 5 Bauernkrüge bemalt mit Zinndeckel; 3 Bauerntöpfe blau bemalt mit Messingdeckel; Gong mit Schlägel; Platten zum Auszugtisch im Speisesaal; 2 Tische zusammenlegbar; 2 runde Tisch; 8 Platten und 8 Gestelle für Speisetische; Messingluster.«

Eugenappartement, Salon

(Abb. 15-25, Zimmer 81) Frühere Bezeichnung: »Gastzimmer«, heute: »Tripitzsalon«. 1914 schickte die Firma »Tonöfen- und Sparherdfabrik Rud. Sommerhuber, Steyr, K. u. K. Hoflieferant Kammerlieferant« eine Rechnung für zwei Öfen, wobei sich die Angabe »braun und weiß glasierter Ofen sammt einem Fußgestell« auf den Ofen im Eugensalon beziehen lässt (Abb. 23-12).[173] Die Firma Sommerhuber war auf die Anfertigung historistischer Öfen spezialisiert und lieferte eine weitere Sonderanfertigung für das Eugenschlafzimmer.

Inventar 1915:[174]

»10 Oelbilder, 8 Porträts von Edelleuten i. d. Tracht des 17. und 18. Jh, 2 Blumenstücke, deutsche und holländische Schulen, K. 1 700; 16 Kupferstiche, Holzschnitte, Neudruck nach Dürer; Tisch eingelegt mit roter Tischdecke (...) Lackschachtel rund schwarz, russisch; Tisch geschnitzt; Tischchen, Platte geometrisch eingelegt (...) Schreibtisch grüner Lederüberzug; elektr. Stehlampe aus Porzellan bemalt und Messing vergoldet mit grünem Tuchschirm; Reiseuhr, Messing mit getriebenen Ornament, Früchte und Vögel en relief, 17. Jh, K. 200 (...) Marmorfigur der Madonna mit Kind 1/2 Lebensgrösse, Barock hiezu Postament, K. 800; Münzkasten, architektonisch gegliedert, reich geschnitzt, Oberteil weich mit Halbedelsteinen eingelegt, kleinen Bronzefigürchen, Säulchen aus Bergkrystall, Italienisch 18. Jh., etc. Unterteil reich geschnitzt, neu K. 1500.;[175] 7 kleine Bronzeleuchter, vergoldet, 3 dreiarmige mit Marmorsekophagen, 4 zweiarmige mit allegorischen Figuren 18. Jh., Estensisch, K. 500; Kanapé mit bunt gesticktem Polster; 7 Fauteuils, 1 Sessel grüne Überzüge; Paravent 3teilig mit 3 Stichen in Rahmen; 3 Perserteppiche, K. 450; Glasprysmenluster.«

Eugenappartement, Schlafzimmer

(Abb. 15-35; 15-25, Zimmer 80) Heutige Bezeichnung: »Tripitz Schlafzimmer«. 1911 spannte der Tapezierergehilfe Josef Oberhausner von der Firma Járay Tapetenstoff im Eugen-Schlafzimmer auf.[176] Die grüne Bespannung der Wände und die bis heute sich im Raum befindliche Sitzgarnitur dürften sich auf diese dokumentierte Arbeit beziehen. Die 1914 in Rechnung gestellte Arbeit der »Tonöfen- und Sparherdfabrik Rud. Sommerhuber, Steyr«, die auch die Lieferung des Ofens im Eugensalon umfasst, gibt Aufschluss über eine besondere Bestellung des Erzherzogs.[177] Dieser schickte zuerst den Architekten Simon zur Inspektion nach Innsbruck. Daraufhin reiste der Modelleur Dovalil von Sommerhuber nach Ambras und fertigte Abgüsse eines Ofens im Schloss an. Die Reise- und Frachtspesen für die Herstellung des Nachbaus des »bunten Ofens nach Original Kacheln von Schloß Ambras, blau, weiß gelb glasiert« waren nicht unerheblich. Der Nachbau des Renais-

Abb. 15-35: Fotoaufnahme des Schlafzimmers im Eugen-Appartement, um 1920. Für die hochrangigen Gästezimmer innerhalb der Enfilade ließ Erzherzog Franz Ferdinand Repliken historischer Renaissanceöfen herstellen. (© Schlossarchiv Konopischt)

sanceofens, das reich geschnitzte und intarsierte Bett und der Kasten bilden zusammen mit den im Inventar 1915 aufgenommenen Bildern teils estensischer Provenienz einen frühneuzeitlichen Schwerpunkt in der Ausstattung. Das heute raumprägende, Justus Sustermans zugeschriebene Reiterporträt eines Kindes war laut Inventar 1915 nicht als Privatbesitz gelistet.[178] Der Möbeltypus der auf den historischen Fotos belegten Sitzgruppe zeigt bereits moderne, geradlinige Formen mit bodenlangen Fransen. Die Stilmischung von dezidiert historistischen Elementen mit neuen, bequemen Polstermöbeln wiederholt sich in Konopischt mehrfach.

Inventar 1915:[179]

»Bett eingelegt; Nachtkästchen desgleichen; elektr. Leuchter aus Glasfluss mit rosa Tuchschirm; Doppelwaschtisch Marmor und Messing, Porzellangarnitur rot gestreift 16 St.; Tisch eingelegt (...) K. 300, Kanapé, 4 Fauteuils, Stockerl grüner Stoffbezug; Toilettetisch rot überzogen; Toilettspiegel; grosser Hängekasten reich eingelegt um 1700, deutsch K. 400; Herzog Heinrich Jasomirgott, Holzfigur, alte Fassung nach 1500, K. 800; Kommode mit Aufsatzkasten und Uhr eingelegt, Bronzebeschläge K. 450; 2 Teppiche; Paravent 3teilig grün überzogen mit 6 kleinen Stichen im Rahmen (...) hohe

Standuhr getriebenes Rocailleornament 18. Jh; buntfarbiger Venetianischer Luster

5 St., K. 3 000, Tempera und Oelgemälde auf Holz, Kreuzigung, Anbetung des Christuskindes durch Heilige und Auferstehung, Tempera auf Holz, oberitalienische Schule, 15. Jh. (alte Estensische No. 217); 2 Oelg. auf Holz – altböhmische Schule, 15. Jh. – König Wenzel zwei zum Tode Verurteilte führend und König Wenzel mit 7 Greisen am Tisch sitzend; Tempera a. Holz – Tod Mariae, Deutsche Schule, 15 Jh.; Tempera a. Holz – Einzug des Hl. Heraklius in Jerusalem (altitalienisch 15. Jh. rückwärts Inschrift: di Giunta Pisana Pittore No. 235), 27 Kupferstiche und Holzschnitte K. 300.«

Maria-Theresia-Appartement, Schlafzimmer

(Abb. 15-25, Zimmer 79) Heutige Bezeichnung: »Schlafzimmer Wilhelms II.« Das Schlafzimmer weist noch die originale Wand- und Sitzmöbelbespannungen auf. Stilistisch entspricht der großzügige Einsatz des Textils mit einfarbigem Blumenrapport auf hellem Grund auf der Wand und den gepolsterten Möbeln in Kombination mit einem modernen Messingbett der Ausstattung in den Privatgemächern der Familie im 3. Stock.

Inventar 1915:[180]

»Messingbett mit 2 Nachtkästchen; Doppelwaschtisch Marmor und Messing Garnitur rot gestreift 16 St. F. F.; Tisch eingelegt (...) Nachtkästchenuhr in Glaskugel eingelassen auf Silberfuss; Nachtkästchen Messinggehäuse (...) Toilettetisch, Toilettespiegel aufstellbar; 6eckiges Tischchen; Kanapé mit rotem geblumten Polster; 4 Fauteuils lichttrapp; Wandspiegel; grosser Stehspiegel; Hängekasten eingelegt und geschnitzt; Schreibtischkasten eingelegt Messingbeschläge; 3teiliger Paravent, Tapetenstoff; 4 orientalische Teppiche K. 320; Glasluster Murano K. 400.

11 St., K. 200 Kupferstiche und Holzschnitte auch Neudrucke;

4 St., K. 5 000, Gemälde(2 Oel, 1 Stein, 1 Holzbild): Temperabild Madonna mit Kind von B. Montagua (Estens. No. 1252); Temperabild Johannes in der Wüste, oberitalienische Schule um 1600 (Estensisch); Oelg. auf Holz Heilige Familie von Procaccini (Estensisch); Temp. auf H. Christus am Kreuze mit den h. Frauen, oberitalienisch 15. Jh.«

Maria-Theresia-Appartement, Salon

(Abb. 15-36; 15-25, Zimmer 75) Heutige Bezeichnung: »Vrtba Salon«. Wie in den vorangegangenen Räumen des Appartements weist auch der Salon eine Bespannung der Wände und Möbel durch einen einheitlichen Blumenstoff auf. Die heutige Auswahl der gehängten Kunstgegenstände entspricht nicht der Ausrichtung unter Franz Ferdinand. Die Gemälde und das Zierporzellan an den Wänden bilden heute eine Dedikation an die Familie der früheren Schlossbesitzer Vrtba. Die Zierteller sind Beispiele der 1701 gegründeten Teinitzer Keramikmanufaktur der Familie Vrtba, die 1866 geschlossen wurde.[181] Das historische Foto sowie das Inventar 1915 belegen unter anderem Marine- und Landschaftsaquarelle, japanische Kleinmöbel sowie Chinoiserien in diesem Raum.

Inventar 1915:[182]

»Wandspiegel in venetianischem Stil; Tisch eingelegt; Tischlampe, modernes Delft (...) 2 Divans, 5 Fauteuils, 4 Sessel lichttrapp, blau geblumt, Paravent 3teilig; Tischchen; Doppelkassette in japanischem Stil; schwarze Kommode Bein eingelegt mit aufgesetzten Kästchen (...) Betstuhl schwarz mit Bein eingelegt; Mühlspiel mit 28 Beinfiguren; elektr. Tischlampe Neu Delft, mit weissem Papierschirm; Stehuhr Neu Delft; Tischchen; Bank mit vergoldetem Geflecht; 2 Cabinets japanisch auf Untergestell schwarz, reich mit Gold ornamentiert, 18. Jh., K. 500; 16 Chinoiserien (Mandarin, Kleine Vasen, Dosen, Tiere, Drachen usw.) K. 400; 24 Vögel aus modernem Porzellan; grüner Topf aus Ton; Wiege holzgeschnitzt, verwendet als Blumenjardiniere; 2 orientalische Teppiche K. 300 (...) farbiger Venetianischer Glasluster K. 400; K. 340, 14 Bilder, 12 Aquarelle darunter 8 Griechische Landschaften von Gialliba, 2 Marine von Jungwirth, Salzburg von Mell, 2 Stiche.«

Abb. 15-36: Fotoaufnahme des Salons im Maria Theresia-Appartement, um 1920. Wie die Privatgemächer im dritten Stock erhielten die Gästezimmer eine einheitliche Wand- und Möbelbespannung. (© Schlossarchiv Konopischt)

Maria-Theresia-Appartement, Turmzimmer

(Abb. 15-25, Zimmer 74) Teile der heute im Maria-Theresia-Salon präsentierten Teinitzer Keramik befanden sich 1915 im Turmzimmer. Der von mehreren Seiten belichtete Raum war als Schreibzimmer eingerichtet.

Inventar 1915:[183]

»Tisch mit Steingutsbildchen aus der Ternitzer Fabrik; Kanapé mit 2 Pölstern, Lehnsessel, 4 Sessel grün überzogen; Schreibtisch; elektr. Lampe aus Glas mit lichtbraunem Schirm; 2 Glasleuchter (...) 2 Glasvasen in versilbertem Behälter; 2 versilberte Töpfe; färbiger Druck (Belvedere); versilbertes Schreibzeug (...) Messing Stehlampe mit Rosaschirm; Tischchen mit eingelegtem Kupferstich; Porzellanfigur Neu Meissen (...) 2 Teppiche. 57 Stiche und Holzschnitte in Rahmen K. 200.«

Kronprinzenappartement, Vorraum

(Abb. 15-25, Zimmer 66) Bereits im Vorraum zum Kronprinzenappartement, einem Gastappartement, das im erhaltenen spätgotischen Trakt des Nordflügels untergebracht wurde, zeichnet sich die Ausrichtung der Ausstattung, die im Einklang mit dem Alter der Räumlichkeiten stehen soll, ab. Wahrscheinlich zählt die historische Türwand zu den verbauten tirolerischen Holzelementen, die Mycielski erwähnt.[184]

Inventar 1915:[185]

»5 Oelbilder, 2 Porträts, Heilige, Tierstücke K. 60, 2 Wappen auf Holz gemalt K. 20; 31 holzgeschnitzte Rehköpfe auf Kartuschen; 2 Messingschüsseln gepresst; 2 Holzmodeln; 8 kleine buntbemalte Holzfiguren; 2 geschnitzte Doppeladler; Fayencepferdchen blau bemalt; 6 Bauernkrüge mit Zinndeckel; 5 Branntweinfläschchen; 4 Zinngefässe; 2 kleine Mörser, 3 grosse Mörser, Messing mit Stösseln (...) kleine Truhe geschnitzt eingelegt datiert 1669; Stockuhr Ziffernblatt Messing und Kupfer; grosse Truhe reich geschnitzt, Doppeladler; Barocktisch eingelegt; 2 Sessel mit geschnitzten Lehnen; Laterne aus Schmiedeeisen.«

Kronprinzenappartement, Dienerzimmer

(Abb. 15-25, Zimmer 64) Das Kronprinzenappartement verfügt über direkt angeschlossene Dienerzimmer, die, im Unterschied zu anderen Räumen für die Entourage, komplett holzverschalt und historisierend eingerichtet waren. 1908 arbeitete der Tischler Josef Urban von der Firma Karl Rogenhofer aus Wien an der Täfelung im Kronprinz-Dienerzimmer. Die Arbeiten wurden von Simon besichtigt.[186]

Inventar 1915:[187]

»23 Holzschnitte und Stiche Ausschnitte aus Bibeln K. 200; 2 Klosterarbeiten (...) 8 kleine bemalte Heiligenfigürchen; Holzfigur; Engelskopf bemalt; 6 Gmundenerkrüge mit Zinndeckeln (...) Zinnkrüge; Stockuhr Ziffernblatt vergoldet; Laterne Eisenblech datiert 1771; Weihbrunngefäss, Zinn (...) bemaltes Porzellan; Pferdchen Holz; Kruzifix; kleiner Hirschkopf aus Bronze; Bauernbett reich in Hochrelief geschnitzt; Nachtkästchen; Truhe eingelegt; Waschservice Porzellan, 14 St.; hoher Kasten architektonisch gegliedert, Renaissance K. 200; Toilettespiegel; Messingleuchter; Schreibtisch; Bauerntisch; 4 Sessel grün überzogen; Schild aus Eisen als Beleuchtungskörper.«

Stiege zwischen Vorraum und Salon: »15 Kupferstiche; 2 geschnitzte bemalte Engelsköpfen; Geweihe (...).«

Kronprinzenappartement, Salon

(Abb. 15-37; 15-25, Zimmer 68) Im Kronprinzenappartement wurden die spätgotischen Zellengewölbe beziehungsweise die renaissancezeitliche Form mit aufstuckiertem Spiegelfeld im Salon als weiß getünchter Raumgrund bewahrt. Mit der Einrichtung des Appartements sollte auf die Historizität der umgebauten Burg verwiesen werden. Die Biedermeier-Sitzgarnitur zeigt bereits das Weidmannsheil-Album von 1897 im vertäfelten Salon, der zu diesem Zeitpunkt noch spärlich eingerichtet war. Die Sitzgruppe war einer Aufnahme von 1893 zufolge davor im Krickelzimmer aufgestellt (Abb. 15-04). Eine neue Bespannung mit großem Blumenmuster ist auf einer Aufnahme um 1910 (Abb. 15-37) dokumentiert. Das Möbelset weist heute eine andere Tapezierung auf. Ab 1905 beschäftigte sich Ludwig Simon mit der Dekorierung der Kronprinzenzimmer.[188] 1912 besichtigte der Hoflieferant Sigmund Járay diese Zimmer und schickte daraufhin Josef Houdek, einen Zeichner der Firma Járay, zum Ausmessen der Stiege und der Kronprinzenzimmer nach Konopischt. Holzeland führte in demselben Jahr eine Besichtigung der Adaptierungen durch.[189] Vom 24. Mai bis zum 12. Juni 1914 arbeitete der Tapezierer Jellinek von Járay im Kronprinzenappartement.[190] »4 Sessel und ein Stockerl« wurden abgestemmt und in Fasson gerichtet. Gemäß den Bilddokumenten und dem Inventar 1915 bestand die Ausstattung aus einer Mischung von Antiquitäten unterschiedlichen Alters mit einem frühneuzeitlichen Schwerpunkt, vor allem was die Gemäldeausstattung betrifft. Anstatt der heutigen Deckenleuchte aus Geweihen war die ursprüngliche Beleuchtung ein polnischer Luster.

Inventar 1915:[191]

»8 Holzfiguren von heiligen, alte Fassung u. a. Hl. Georg, H. Anna Selbdritt, K. 500; 6 geschnitzte und bemalte Engelköpfe; Reliefbild St. Hubertus; 2 Hirschköpfe mit starken Geweihen; Tisch eingelegt; Himmelsglobus samt Gestell; Spielbrett beineingelegt 17. Jh (...) K. 600 Kanapé mit Gobelinstoff überzogen, 4 sehr grosse Armsessel, Fussschemel; 4 Sessel Holz geschnitzt, deutsche Renaissance; kleine gotische Truhe; grosser Zinnhumpen mit Figur als Bekrönung; Ornamentrelief; grosse Barocktruhe mit roter Samtdecke K. 200; Miniaturkassette Holz eingelegt, Bauernarbeit; gotische Metallkassette; kleine

Abb. 15-37: Rudolf Bruner-Dvořák, Fotoaufnahme des Salons im Kronprinzenappartement, um 1910. Im Kronprinzenappartement wurden die frühneuzeitlichen Gewölbe beibehalten und der historische Charakter durch die Ausstattung mit Antiquitäten unterstrichen. Eine Ausnahme bildet die Biedermeier Sitzgruppe. (© Schlossarchiv Konopischt)

Metallkassette Renaissance; Jüdische Osterlampe; Hund aus Eisen; Standuhr eingelegt; Gitter aus Schmiedeeisen 16 Jh.; Bronzedeckel mit Henkel; Kästchen eingelegt; grosser Zunfthumpen der Tuchmacherzunft der freien Bergstadt Bresnig 1684 K. 200; kleine Zinnkrüge mit Deckel; Truhe; Tridentiner Topf; Kleiderkasten mit Flachintarsia, natur, weich Doppeladler; 2 geschnitzte Stellagen dat. 1667; 3 Holzfiguren (...) Büchse Eisen bemalt datiert 1625; Silberflasche eingelegt; 2 Zinnteller; Relief-Holzbildchen; Schachspiel mit 32 geschnitzten Figuren (...) 2 Holzbüsten; kleines Triptychon auf Goldgrund; 2 4armige Messingleuchter mit Doppeladler; 16 Folianten (Chroniken) in alten ledergepressten Einbänden; grosse, aus zahlreichen Fuchsfellen zusammengesetzte Decke K. 200; Perserteppich K. 80

35 grössere und kleinere Radierungen, Stiche (Porträts, Jagden); 28 St., K. 7 500, Gemälde: deutsche und italienische Schule u. a. Altartafel, deutsch 15. Jh. Verkündigung Mariä; Oelgem. Hinrichtung der h. Katharina, deutsche Schule um 1500; Tempera auf Goldgrund: Madonna mit Christuskind und 4 Heiligen Frühital. um 1500; Oelg. auf Holz Anbetung der hl. 3 Könige, grösseres Altarbild

Abb. 15-38: Das Toilettezimmer und weitere Räume des Kronprinzenappartements wurden komplett holzverschalt. (© Tom Droppa)

in durchbrochen gearbeitetem reich geschnitzten Renaissancerahmen – wahrscheinlich ein Werk von Bassano (Estensisch); Oelg. Lwd. Italienisch – Studienkopf eines Greises, ferner 5 Porträts, 4 Pferdeporträts, 3 Schlachtenbilder und mehrere kleinere Heiligenbilder.«

Kronprinzenappartement, Toilettezimmer

(Abb. 15-38; 15-25, Zimmer 69) 1910 schickte die Firma Pospischil aus Wien mehrere Tischler für Vertäfelungsarbeiten nach Konopischt. Der Schlossverwalter telegrafierte am 17. Oktober 1910, dass die Vertäfelung im Toilettezimmer des Kronprinzenzimmers abgeschlossen worden sei.[192]

Inventar 1915:[193]

»105 St., K. 500, Holzschnitte darunter 35färbig (Dürerblatt, sonst Ausschnitte aus Incunabeln); Toilettetisch eingelegt; Toilettespiegel; 2 Messingleuchter (...) Nachtkästchen eingelegt; Waschtisch Metall mit Marmorplatte und 18 St. Garnitur (...) Lehnsessel mit gepresstem goldgrünem Lederüberzug; Sessel, durchbrochene Rücklehne Renaissance; eingelegte Kästchen mit 3 Schubladen (...) Teppich

Gang zwischen Salon und Schreibzimmer: 10 Kupferstiche; verglaste Nische mit Antiqiuitäten: K. 2 800; Triptychon; Miniatur auf Pergament H. Katharina; Vogel auf blauem Glas; 7 Glasgefässe; Vogel aus Krystall und Emailreigen 15. Jh; 5 Plaketten, byzantin. Triptychon, Bronzen; 3 Schatullen aus Holz und Eisen, bemalt; 15 Dambrettsteine aus gepresstem Leder, dat. 1690.«

Kronprinzenappartement, Schreibzimmer

(Abb. 15-39; 15-25, Zimmer 70) Das Schreibzimmer wurde wie der Salon des Appartements mit Möbeln und Kunstgegenständen bestückt, die überwiegend ins 15. und 16. Jahrhundert zu datieren sind. Es ver-

Abb. 15-39: Rudolf Bruner-Dvořák, Fotoaufnahme des Schreibzimmers im Kronprinzenappartement, um 1910. Im Kronprinzenappartement brachte Erzherzog Franz Ferdinand seine laufenden Ankäufe von Objekten des 15. und 16. Jahrhunderts unter. (© Schlossarchiv Konopischt)

fügte in der ursprünglichen Möblierung neben einem Schreibplatz, der mit einem kleinen Tisch und einem massiven Lehnstuhl in Renaissanceform – mit Löwenköpfen als Armlehnen – ausgestattet war, auch über einen Schlafplatz mit hölzernem Bettgestell. Möglicherweise zählt die stark buntfarbig gefasste Männerbüste, die auch heute noch im Raum ausgestellt wird und auf dem Foto von ca. 1910 links zu sehen ist, zu einer der Büsten, die Mycielski mit dem Verweis auf Franz Ferdinands Bewunderung für Alonso Cano erwähnt: »farbreiche spanische Büsten aus Holz und Ton, die er während seiner letzten spanischen Reise in Toledo kaufte .«[194]

Inventar 1915:[195]

»5 Holzfiguren, Büsten und Halbfiguren, Katharina, Marcus, Madonna, H. Anna Selbdritt, alte Fassung, Anfang 16. Jh. K. 480; 2 Engelfiguren; Wandspiegel in figural vollrundem geschnitztem Rahmen; Doppelbett, eingelegt, geschnitzt; 2 Nachtkästchen eingelegt (...) Kruzifix im romanischen Stil-Imitation; Nachtkästchenuhr in Glas montiert (...) Schreibtisch; Stockuhr Holzgehäuse mit Bronzeverzierung (...) Lehnsessel reich geschnitzt, grün überzogen, 2 Renaissancesessel, Bank, Sitz und Lehne überzogen, K. 260; Tischchen eingelegt; Hängekasten, Füllungen gotisch, sonst Certosa-Einlagen, K. 350; Truhe reich eingelegt vorne 2 Wappen 1606; Kästchen eingelegt (...) Steinrelief; Holzbildchen mit Reliefbild; Messinghammer ziseliert; Vorhängeschloss; Grosser Stehleuchter Messing mit Schirm; Kästchen eingelegt mit 3 Laden; Stockuhr schwarzes Holzgehäuse, ciseliertes Ziffernbaltt; kleine eingelegte Truhe; Tridentiner Bronzekessel Doppeladler en relief und datiert 1796; vierteiliger geflochtener Paravent; 5 Teppiche grössere und kleinere K. 300; Lusterweibchen mit der starkem Hirschgeweih K. 250

20 St., K. 6000, Bilder u. a. 7 Tempera auf Goldgrund und Holz altitalienische Schule, Siena und Florenz des 14. und 15. Jh.s Heiliger Petrus und hl. Katharina, 12 Szenen aus der biblischen Geschichte, hl. Johannes, Kreuzigung Christi – Christus am Oelberge, hl. Katharina, ferner: 2 Oelg. auf Kupfer – Jagdgesellschaft, deutsch, 18. Jh, Oelg. Lwd. Porträts von Maria Theresia, Josef II., Sigismund III. v. Polen und dessen Gemahlin, Oelg. Holz – Aelterer Mann und Edeldame, deutsche Schule des 16. und 17. Jh. Estensischer Besitz, auf der Rückseite der Tafeln alte Inv. Zetteln und Bemerkungen und Inschriften; 13 bunte Stoffbilder in Rahmen; Wandkalender in braunem geschnitztem Barockrahmen; Altarbild und grossen geschnitztem Rahmen von 2 Säulen flankiert, als Bekrönung Engelskopf.«

Kronprinzenappartement, Schlafzimmer

(Abb. 15-25, Zimmer 71) Historische Fotos und das Inventar 1915 geben die heute den Raum dominierende Renaissance-Möbelserie, die aus einem Bett, einer Kommode und einem Tisch besteht und die durch ihre feine figurale Einlegearbeit aus Bein mit Jagdszenen besticht, nicht wieder.[196] Das Schlafzimmer hatte ursprünglich ein geschnitztes, an der Wand stehendes Doppelbett und entsprach in seiner Einfachheit und mit weiß getünchten Wänden eher den beiden vorangegangenen Zimmern. Wertvoll waren weniger die Möbelstücke als die Gemälde, die wieder teils der Estensischen Sammlung entstammten und heute nicht mehr im Raum sind.

Inventar 1915:[197]

»2 Betten eingelegt und geschnitzt, 2 Nachtkästchen desgleichen, K. 400 (...) Madonna aus Holz; Kruzifix; Kommode eingelegt (...) Kübel Kupfer und versilbert, figural geätzt; Tisch eingelegt; 2 flache Bronzevasen mit gravierten Verzierungen (...) Standuhr braunes Holzgehäuse mit Metallverzierungen; 4 Sessel, Stockerl grün überzogen; Lehnsessel geschnitzt trapp gemusterter Überzug; Hängekasten eingelegt mit Bronzebeschlägen; Betstuhl eingelegt; 2 Eisenleuchter; Holzschnitzerei, Grablegung Christi fast volle Figuren deutsch, 16. Jh., K. 400; Toilettespiegel aufstellbar; Stehspiegel; Waschtisch Marmor und Messing 18 St. Garnitur, rot gestreift und F. F.; Paravent; Wandspiegel in Goldrahmen; 4 Teppiche, orientalisch, Vorlegeteppich K. 300; Holländischer Messingluster.

20 St., K. 5 000, Gemälde- Tempera und Oelbilder auf Holz und Leinwand: 7 Altitalienische Heiligenbilder aus dem 14. u. 15. Jh. aus altitalienischem Besitz – Tempera auf Goldgrund u. zw. 2 Heilgenbilder Apostel Petrus und Paulus; Gekreuzigter Christus, zu seinen Füssen Heilige

Abb. 15-40: Rudolf Bruner-Dvořák, Fotoaufnahme der Großen Bibliothek, um 1910. Die Tischlerarbeiten wurden von Adolf Litschel nach Skizzen von Carl Costenoble verfertigt. Die Kassettendecke entstand 1897. (© Schloss Artstetten)

und Engel; Schmerzhafte Mutter Gottes, Pieta mit den hl. Frauen u. Johannes; Mutter Gottes mit dem auf ihrem Schosse stehenden Jesuskinde; Auferstehung Christi, vor ihnen die Apostel rückw. Zettel: von Piranese Schüler des Giotto; ferner: 2 Oelg. aus Schiefertafeln, Italienisch um 1700 2 Mönche das Kreuz anbetend und hl. Magdalena (Estensisch); 6 Porträtbilder – Leopold I. und dessen Gemahlin Claudia und 4 Bildnisse von Edeldamen, deutsch 17.–18. Jh. endlich mehrere kleinere Bildchen ohne besonderen Wert; 5 Kupfer und Holzschnitte, Porträts und Darstellung eines Ritualmordes; 2 holzgeschnitzte Köpfchen; 3 bemalte Holzgruppen, Madonnen, hl. Christoph, gotisch und barock K. 220.«

Große Bibliothek

(Abb. 15-40, 15-25, Zimmer 100) 1893 errichtete Mocker an der Stelle eines ehemaligen Rittersaals die Räumlichkeiten für die Bibliothek und den neuen Rittersaal.[198] Beide Räume verfügen über eine massive Kassettendecke im Neorenaissancestil, wobei der Plafond der Bibliothek die am stärksten plastische Durchformung im Schloss aufweist. Die zwischen den Querbalken eingeschriebenen Felder sind mehrfach in die Tiefe gestaffelt, wodurch ein ausgeprägtes Licht- und Schattenspiel entsteht. In einem auf den 12. November 1897 datierten Kostenvoranschlag des Wiener Tischlers Adolf Litschel für den Kassettenplafond der Bibliothek verweist dieser auf einen Entwurf von Carl Costenoble: »Casettenplafonds nach vorliegender Skizze, Eichenholz, mit aller bildhauerischer Arbeit, mehrmaliges Einlassen mit besten Leinölen.«[199] Costenoble berücksichtigte bei der Konzeption des Bibliotheksraumes offensichtlich bereits eine Integration von Stücken aus dem Este-Bestand. Über dem Gebälk der Bibliotheksschränke, die mit den Türrahmungen und Supraporten verschmolzen sind, ist die freie Wandzone genau auf die Höhe der dort untergebrachten barocken Begräbnisschilder abgestimmt. 1908 führte der Tapezierer Kirsch der Firma Kowy & Iwinger Stoffbespannungen in der großen Bibliothek durch.[200]

Inventar 1915:[201]

»Grosser ovaler Tisch; 4 alte Globusse (2 grössere, 2 kleinere); Elephantenfuss mit Silber montiert, Erinnerung an die Weltreise; Metallstück auf vergold. Sockel mit schwarzer Marmorplatte (Aufschrift Saecor giana 11/8 1910) desgleichen (...) Holzpapierkassette mit Wappen, Leder mit Goldpressung und Photographie Belvedere – mit Photographien;[202] Holzkassette in rotem Lederüberzug; 33 illustr. Werke und Albums in verschiedenen Grössen; sehr grosse Tischdecke roter Samt auf Goldgrund; Tischchen mit gelbem Leder überzogen; 4 Albums mit Photographien; 1 Kassette; Kassette mit 7 Münzen; Rauchtablett mit 4 Requisiten (...) Schreibtisch lichtrot überzogene Statuette des Kaisers Franz Josef von Hermann Klotz, Bronze auf Onyxsockel; Aquarell von Greil: Wallenstein und Seni (Favoritenstrasse = F); Elephantenschwanz Silber montiert; Glocke Kupfer vergoldet, Krieger als Bekrönung 17. Jh. (...) 2 Leuchter Bronze; Cloisonné-Schale; Tintenfass und Federschale Messing mit Schreibutensilien; Papiermesser (Schildplatt Silbergriff mit St. Georgsfigur) in weissem Etui; Staffelei; Oelgemälde auf Lw Kardinal in seiner Bibliothek studierend signiert: Mayerhein 1869 (F); Halbschrank eingelegt, 17. Jh.; grosse Porzellanvase blau bemalt; Uhu aus Porzellan; Storch Bronze (...) Elephant Holz; Bronze Drachen, Reiher; Truhe figurale buntfarbige Holzintarsie, Renaissance; Cabinet reich eingelegt; 2 blau bemalte Porzellantöpfe; 2 Globusse; Bronzestatue Kaiser Rudolf von Habsburg; Pfeilerkästchen mit 4 Laden, eingelegt; 2 Porzellandosen rot; Portrait Ihrer Hoheit von Koppay, ganze Figur; Messingkübel für Blumen; Porzellanvase blau und weiss (...) 2 Porzellantrommeln, japanisch blau und weiss (1 gesprungen); 2 elektrische Standlampen aus Eisen auf Dreifuss mit Schirm; Postament reich geschnitzt; sehr grosser Bronzemörser mit Frauenköpfen als Henkeln, Akanthus und Festons auf der Leibung signiert: Sominucus Barborini Pamensis fecit 1779 (estensisch); Papierkorb aus Elephantenfuss mit Silberfassung; Kanapé; 8 Fauteuils, 4 Sesseln gelber Lederüberzug; (...) 4 holzgeschnitzte, buntbemalte Totenschilde; Wappen eines Erzbischofs, bemalt, holzgeschnitzt; 39 Porzellanteller blau-weiss modern; Bibliothek enthält 3109 Bände sowohl alte Werke aus dem 16.–18. Jh., sowie moderne Bücher aller Wissenschaften; sehr grosser Teppich; Eisengeschmiedete Lampe; 12 St, K. 2 600, Chinesische Keramiken, famille Verte u. zw.: grosse Vase und 11 in Flötenform mit reichem Farbendekor, sehr schöne Exemplare.

Kloset bei grosser Bibliothek: 73 Hirschgeweihe im Vorraum; 231 Hirschgeweihe auf Kartuschen.«

Nicht im Verzeichnis des Privatbesitzes, sondern im Inventar der Objekte, die aus den Mitteln des Hofburgbaus angekauft wurden, scheint das im Foto von Bruner-Dvořák identifizierbare Lesepult auf. Das »Lesepult aus Nussholz mit geschnitztem Adler« wurde 1910 in Venedig bei Barozzi angekauft.[203] Möglicherweise handelt es sich bei den zwei ebenfalls auf dem Foto sichtbaren Büsten auf dem Bibliotheksschrank um jene zwei weiblichen Holzbüsten, die Franz Ferdinand bei Ruiz in Madrid, ebenfalls 1910, aus den Mitteln des Hofburgbaus ankaufen ließ.[204]

Rittersaal

(Abb. 15-41; Zimmer 99) Weitere Bezeichnung: »Rauchsalon«. Der Holzplafond des Rittersaals kam etwas früher zur Ausführung als jener der anschließenden Bibliothek. Betraut war damit Matthias Oberdorfer, der Vorgänger Litschels derselben Wiener Tischlerei. Es ist sehr wahrscheinlich, dass auch

Abb. 15-41: Rudolf Bruner-Dvořák, Fotoaufnahme des Rittersaals in Schloss Konopischt, ca. 1910. Der 1895 von Matthias Oberdorfer fertiggestellte Plafond wurde wahrscheinlich von Carl Costenoble entworfen. (© Schloss Artstetten)

hier ein Entwurf Costenobles, der ab 1895 in Konopischt greifbar ist, für die Ausführung vorgelegen hat. Am 27. August 1895 schreibt Matthias Oberdorfer, »Bürgerl. Bau- und Möbel Tischler, Mollardg. 52, VI. Bezirk«, an den Verwalter Renglovics, der ihn von der Fertigstellung des Plafonds im Rittersaal unterrichtet hatte, dass nun nach dem Einfügen von Luftabzugslöchern keine Risse mehr entstünden.[205] Zum reich geschmückten Kamin aus Carraramarmor in Neorenaissanceformen, der das zentrale Element des Raumes darstellt, sind leider keine Belege bekannt.[206] Auf dem Aufsatz ist Franz Ferdinands persönliches Wappen untergebracht. Zwei Aufnahmen im Weidmannsheil-Album von 1897 zeigen, dass die unbewegliche Ausstattung inklusive des Kamins zu diesem Zeitpunkt bereits abgeschlossen war und die Hängung von Waffen, Rüstungselementen und Zinngefäßen später nicht mehr verändert wurde. Das Wandarrangement aus Turnierwaffen und Harnischen fällt in die Zeit von Costenobles Arbeit an der Installation der Este-Sammlung in der Waffenhalle.

Der Stand des Mobiliars wuchs stetig an. Auf der 1905 im Magazin »The Ladies' Field« publizierten Aufnahme sind weitere Truhen, veränderte arrangierte Sitzgruppen und einige große jüdische

Abb. 15-42: Tapisserie mit Schlachtenszene aus dem Rittersaal, wahrscheinlich italienische Produktion, 16. Jh. (© NPU)

Kerzenleuchter zu sehen.[207] Die Tapisserie mit einer Szene nach einer Schlacht scheint erstmals ca. 1910 auf (Abb. 15-42). Der im Inventar 1915 als Florentiner oder ferraresische Arbeit mit hohem Schätzwert angeführte Wandteppich des 16. Jahrhunderts aus dem Este-Erbe befindet sich auch heute wieder im Salon. Galandauer und Kusák hielten die Tapisserie aus dem 16. Jahrhundert für eine flämische Arbeit und sahen darin eine Darstellung der Huldigung Alexanders des Großen durch Dareios.[208] Gegen diese Identifikation spricht die für das 16. Jahrhundert nicht kanonische Darstellung Alexanders mit einem Lorbeerkranz und der Verlauf der Schlacht von Gaugamela, bei der Dareios flüchtete und ermordet wurde. Für eine italienische Produktion der Tapisserie beziehungsweise des Kartons sprechen die

Haltungen, der Figurenstil und die Bordüre mit Referenz an den Groteskenstil.

Inventar 1915:[209]

»Sehr grosse hohe Truhe eingelegt, reich geschnitzt, deutsch 17. Jh.; Bronzegruppe: Farnesischer Stier italienisch 16. Jh. (estensisch No. 1448); 2 Mörser aus Bronze; grosse, hohe Truhe; Oelgemälde auf Holz, Hl. Georg; Messingschüssel figural getrieben, venetianisch; hohe Truhe eingelegt; 2 Holzfiguren bemalt und vergoldet; Polenleuchter, 4 armig; Messing-Tisch; 2 Enten aus Eisen; 2 Bronzetöpfe mit Henkeln (...) Tisch; Leuchter versilbert (...) Tisch; (In.n. 5603) Grosser jüdischer-polnischer Tempelleuchter aus Messing mit Adler als Bekrönung und Hirschen, 8 Arme mit 14 Kerzentüllen, Polnische Arbeit 17. Jh.; Standleuchter mit 9 Kerzen mit Doppeladler als Bekrönung; Standleuchter desgleichen mit Eule als Bekrönung; Kaminschirm aus Eisen 3teilig; Tischchen Platte reich eingelegt; Truhenbank mit Rücklehne, verschiedenfarbigen Hölzern intarsiert, Sauhatz, deutsch, 17. Jh.; Leuchter versilbert; Vitrinentisch geschnitzt; 31 Antiquitäten, Astrolabien, Kompasse, Essbestecke, Buchsholzschnitzereien, Madonna mit Christuskind, alte Lederetui, Miniatur auf Lapislazuli, Ferdinand III (K. 850); 2 Messingkübel mit Ornamenten und Kupfereinfassungen; Tisch; elektrische Messingleuchter 6 Kerzen mit gelbem Schirmchen; Messingleuchter mit Aschenschale; 6 Aschenschalen Metall; Frosch aus Porzellan; Messing Aschenschale mit Doppeladler; Tischuhr Messinggehäuse; 2 grosse Porzellanvasen Dekor blau; 2 Kanapés mit Hirschleder überzogen und je 2 kleinen länglichen Pölstern; 8 Armlehnstühle desgleichen; Divan Überzug grün mit Goldstreifenmuster, dazu 2 Pölster; Divan, goldgelber Überzug mit bunter Stickerei und 3 Pölstern, zus. 700 K.; 2 Halbfauteuils mit gelblich grünem gemusterten Überzug; 2 grosse Lampenschirme aus gelber Seide; 8 Messingschüsseln getrieben; Zinnteller mit österr. Kaiserwappen; 6 Miniaturtruhen, Kästchen, buntfarbige Holz- und Beineinlagen; 30 Zinnkrüge, darunter sehr hohe Zunfthumpen, graviert und reliefiert, 17. und 18. Jh. deutsch und österreichisch (...) 2 St., K. 1600, sehr grosse Perserteppiche; 4 orientalische Teppiche (1 grösserer, 3 kleinere) K. 440; sehr grosser holländischer Messingluster K. 800. 2 St., K. 20 000, grosse Standleuchter aus Bronze figural ausgeführt, Oberteil Bronze reich ornamentiert mit schöner italienischer Hoch-Renaissancearbeit (estensisch) S. A. [Pos. fehlt im Anhang].

K. 17 000, Wandteppich italienische Arbeit Ferrara oder Florenz, 16. Jh. (Estensischer Besitz) Im Mittelfeld ein römischer Feldherr zu Pferde umgeben von den Lictoren und seinen Unterfeldherren, vor ihm der besiegte feindliche König in orientalischer Tracht, links gefesselt Gefangene, im Hintergrunde flüchtende Krieger und Kampfgetümmel. Farben: hellgelb und grün vorherrschend, dann blau und rot – grosse breite Bordüre, rechts die Siegesgöttin in einem von Panthern gezogenen Triumphwagen, links Friedensengel, rechts Früchten und Blattwerkornament, Vögel, Thiere, Grotesken, Blumenghirlanden, sehr gut erhalten.«

Nicht im Verzeichnis des Privatbesitzes, sondern im Inventar der Objekte, die aus den Mitteln des Hofburgbaus angekauft wurden, findet sich eine hölzerne Holzbüste, die den hl. Petrus darstellt und 1910 in Toledo bei Martínez angekauft wurde. Es handelte sich wahrscheinlich um jene Skulptur, die auf der rechten Truhe auf dem Foto von Bruner-Dvořák zu sehen ist (Abb. 15-41).[210]

Türkisches Zimmer

(Abb. 15-43; 15-25, Zimmer 97) Weitere Bezeichnungen: »Trinkstube, Harem«. Zum türkischen Zimmer liegen keine historischen Bildquellen vor. Die Bezeichnung des Annexraumes zum Herrensalon als Trinkstube scheint bereits in Grundrissplänen von 1894 auf. Die heutige Installation mit mehreren anatolischen Wand- und Gebetsteppichen, orientalischen Textilien, die als Überwürfe für die Liegemöbel und Vorhänge dienen, sowie die Fülle der vielen kleinteiligen orientalischen Objekte gibt wahrscheinlich ein relativ authentisches Bild des im Inventar 1915 erfassten Zustandes wieder. Eines der polygonalen intarsierten Tischchen, im Inventar als »Tabourette« bezeichnet, sowie der Klappschemel sind im Foto Eckerts von ca. 1893 im Turmzimmer neben dem Krickelsalon im 3. Stock wiederzuerkennen (Abb. 15-05).

Abb. 15-43: Das Türkische Zimmer in Schloss Konopischt, auch Trinkstube genannt, ist an den Rittersaal angeschlossen. Der Erzherzog beauftragte auf seiner Weltreise Kommissionäre zum Ankauf von orientalischen Objekten. (© Tom Droppa)

Das Interesse des Erzherzogs daran, sich in seinem Schloss einen orientalischen Themenraum einrichten zu lassen, ist auf folgende Spuren zu beziehen: Einerseits pflegte Franz Ferdinand eine persönliche Bewunderung für Kronprinz Rudolf, der sich als Junggeselle 1885 ein türkisches Zimmer in der Hofburg und ein weiteres in seiner Wohnung in der Prager Burg hatte einrichten lassen.[211] Ferner spielte der Orientalismus als romantische Zeitströmung eine Rolle. Der maurische Stil erfuhr besonders nach der Wiener Weltausstellung von 1873 einen Aufschwung. Im Personenkreis rund um Franz Ferdinand soll konkret auf Franz Schmoranz verwiesen werden, der ab 1889 Zahlungen für Arbeiten in Konopischt erhielt. Er war der Architekt der ägyptischen Bautengruppe auf dem Ausstellungsgelände gewesen und gestaltete 1881 das arabische Zimmer im Museum für Kunst und Industrie in Wien.[212] Geht man von einer Einrichtung des türkischen Zimmers nach 1893 aus, so war Franz Ferdinand sicher auch noch von seiner Weltreise mit Aufenthalt in Ägypten inspiriert, die er 1892 bis 1893 unternommen hatte und von welcher er massenhaft exotische Gegenstände nach Hause schickte. Dass er nach seiner Rückkehr ein Bedürfnis nach einem Erinnerungsraum verspürte, der einen passenden Rahmen zur Aufbewahrung seiner Mitbringsel bilden sollte, erscheint schlüssig.

Inventar 1915:[213]

»3 Ottomane; 14 Pölster; Tischchen im arabischen Stil; Bronzetasse, Kupfervergoldetes Kaffeeservice; Kanne mit 6 Schalen (Porzellan in Metallbechern); 4 achteckige Tabouretts, 1 mit Perlmutt und Bein eingelegt;

Kanne Kupfer vergoldet, arabisches Ornament und Blumen; Schüssel desgleichen; elektrische Messinglampe reich ornamentiert und gelber spitzenbesetzter Seidenschirm; 2 Messingstehlampen sehr gross desgleichen; 2 geschnitzte, quadratische Stockerl; 2 Postamente, Bein eingelegt; grosse Kupfer vergoldete Metallkanne samt grosser Schüssel; Messingkanne in Vogelgestalt; Messingleuchter; Kupferkübel mit Deckel getrieben; grosser Messingtopf ziseliert; (Inv.N. 5659) Feldstuhl, Bein eingelegt; 12 Messingtassen ziseliert, darunter 4 grosse 5 Ampeln, Messing, durchbrochen;

Am Kamin folgende Dekorationsgegenstände aus Messing, türkische Arbeiten: Kanne; Dose mit Deckel; 2 Vögel; Kassette; 2 Leuchter; Topf mit Deckel und Henkel; Topf ohne Deckel; Schlange; kleine Vase; 2 Schalen; 5 Schüsseln, Becher; runde Dose mit Deckel; 6 kleine Gefässe; 4 kleine Teller; Unterlage mit grünem Stoff überzogen;

Auf dem Türgesims: 10 Gefässe, Krüge, Kannen, Schüsseln aus Messing, türkisch

Kredenz: 36 Gefässe aus Messing, Teller, Krüge, Kannen, Töpfe, Becher usw.

9 Teppiche, Perser, Smyrna, anatolische; 4 Divanüberwürfe; 4 schwarzgelbe Stickereien; 5 bunte gestickte Tücher; 2 schwarz goldene Schleier; 13 Wandteppiche zumeist alte Gebetteppiche Kattun; 4 vergoldete Portierenhälter; 4 bunte gestickte Tücher hierzu.«

2. STOCK (ZWISCHENSTOCK)

(Abb. 15-44) Dienstwohnungen, Kapelle

Kapelle

(Abb. 15-46; 15-44, Zimmer 109) Ab 1893 wurde der Umbau der Kapelle durch Mocker in Angriff genommen. Fotos vom Mai 1893 zeigen komplett abgeschlagene Wände und die Notwendigkeit der Abstützung einzelner Gewölberippen durch Lehrgerüste.[214] Die Restaurierung der Kapelle nannte Mocker bei der Aufzählung seiner Tätigkeiten im Jahr 1895.[215] Die Formation des ursprünglichen Netzrippengewölbes mit großen Sternen im Zentrum der Joche wurde bei der Renovierung beibehalten, allerdings verschwanden die Rippen unter aufgeputzten Kanten, womit das Netzgewölbe stilistisch an die Form der schlichteren Diamantzellen der spätgotischen Räume im Kronprinzentrakt angeglichen wurde. Charvatová sprach von einer Überformung der alten Substanz durch Mocker.[216] Im August 1895 legte der Tischler Oberdorfer einen Kostenvoranschlag für die Anfertigung eines Altars vor, wobei es eher nur um ein Altargehäuse ging, mit und ohne die Variante eines Unterteils aus Stein.[217] Oberdorfer führte 1895 die Kirchenbänke, die Kanzel und das Oratorium aus.[218] Im Weidmannsheil-Album von ca. 1897 ist eine Aufnahme des bereits in der Kapelle aufgestellten neugotischen Hauptaltars in der noch unbemalten Chornische enthalten. Im Widerspruch hierzu steht die Angabe Aichelburgs, der die Lieferung des neuen Altars von Franz Egg aus Innsbruck im Jahr 1903 angibt.[219]

Im Oktober 1898 schickte der Architekt F. W. Fröde Entwürfe für die Ausstattung der Kapelle mit mehreren Varianten für die Farbfassung und die Buntglasfenster (Abb. 15-45).[220]

Von den drei Varianten Frödes wurde die einfachste Version für die Polychromie der Seitenwände ausgewählt, die eine rote Füllung der Flächen mit einem Muster aus Kreuzen und Fleur-de-Lis vorsah. Die Präferenz für größere Farbflächen mag darin begründet sein, dass die vorgesehene Gliederung der anderen Varianten bei der Hängung von Bildern in unterschiedlichen Formaten störend gewesen wäre. Die Ausführung der Polychromie übernahm die Firma Christian Petersen, für Schnitzarbeiten erhielt Václav Mráz ein Honorar.[221] Anstatt des von Fröde vorgeschlagenen durchgehend blauen Gewölbegrunds mit Goldsternen weisen die großen Kappen in der Mitte der Joche eine gelbe Färbung auf. Die Polychromie im Chorraum wirkt flächig, da die Gliederung durch Farben und Bordüren nicht im Bereich der tatsächlichen Anwölbung angesetzt ist, wie in Frödes Entwürfen. Statt der großen Vitragen von Frödes Entwurf wurden kleinere historische Glasmalereien in die Fenster eingesetzt.

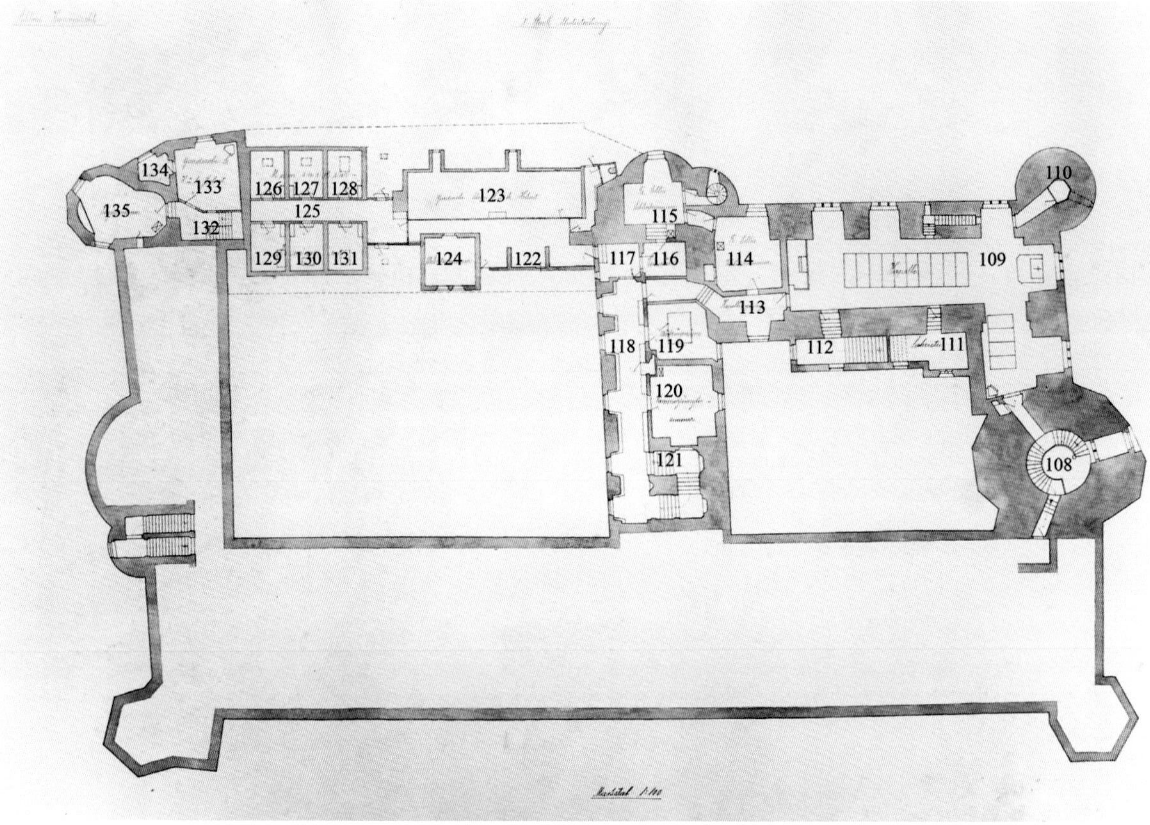

Abb. 15-44: Grundrissplan des zweiten Stockwerks (Zwischenstock) in Schloss Konopischt, Bauaufnahme, Tusche auf Papier, 1911 (© Schloss Artstetten). 108 Stiege im Turmschacht, 109 Kapelle, 110 Turmraum, 111 Sakristei, 112 Stiege, 113 Vorraum Kapelle, 114 Stanowskyzimmer Salon, 115 Stanowsky Schlafzimmer, 116 Vorraum, 117 Gang, 118 Gang, 119 Liftraum, 120 Braunsteinzimmer, 121 Stiege, 122 Gang, 123 Garderobe Ihrer Hoheit, 124 Nähzimmer, 125 Gang, 126-131 Dienerzimmer, 135 Toilettezimmer des Schatzappartements (?)

In einem Brief an Sophie Chotek schrieb Franz Ferdinand 1899, dass er dem Grafen Hans Wilczek Pläne der Kapelle gezeigt habe und »die Kapelle wird bald fertig. Meine Braut wird das elektrische Licht in der Kapelle benutzen können. Die Kapelle ist schon ausgemalt.«[222] 1903 unternahm die Schlossverwaltung Recherchen über den Verbleib von ursprünglichen Ausstattungsstücken der Schlosskapelle. Ein Georgsaltar, eine Kanzel und eine Orgel waren wegen der Umbauten einige Jahre außerhalb des Schlosses, teils in Kirchen in Beneschau und Porec, untergebracht worden.[223] Die ebenfalls zur ehemaligen Kapellenausstattung gehörigen barocken Heiligenfiguren sollten nicht mehr integriert werden.[224] Vom Oktober 1907 ist ein Entwurf von Ludwig Simon für elektrisch beleuchtete Kandelaber beim Altar erhalten, die auch zur Ausführung kamen.[225]

Die Ausmalung der Kapelle war ab 1913 wieder ein Thema für Franz Ferdinand. Eine Anfrage zwecks Suche nach einem Künstler für die Ausmalung der Kapelle ging bei der Zentralkommission ein. Seit 1910 war man mit dem Maler Karol Maszolowski in Krakau in Kontakt. 1914 wollte dieser ein Kirchenmodell bauen, nachdem er von Baumeister Scharf die Maße der Kapelle bekommen hatte. Im Gespräch für Entwürfe standen auch Franz Tomaschu und Baurat August Kirstein, für die Ausführung die Firmen Ladewig und Colli in Linz sowie der Maler Viertelberger.[226] Franz Ferdinand war mit den Angeboten offensichtlich nicht zufrieden.

Abb. 15-45: F. W. Fröde, Entwurf für die Polychromie der Kapelle, Tusche auf Papier, lasiert, Wien, 19.10.1898. Die Ausführung entspricht mit einigen Unterschieden dem »Langenschnitt Variante I«. Erzherzog Franz Ferdinand war mit der Farbfassung unzufrieden und bemühte sich um alternative Lösungen. (© Schlossarchiv Konopischt)

Abb. 15-46: Rudolf Bruner-Dvořák, Fotoaufnahme der Kapelle, um 1910. Die sakralen Kunstschätze in der Kapelle umfassten Tafelmalerei des Tre- und Quattrocento mit Werken aus dem Giottoumkreis, Tabernakel von Vivarini, mitteleuropäische Bildwerke des 16. Jahrhunderts sowie den neogotischen, geschnitzten Hauptaltar. (© Schloss Artstetten)

In dem Zusammenhang sehr aussagekräftig ist ein zeitgenössischer Kommentar der Tochter von Graf Hans Wilczek, die kurz vor der Ermordung des Erzherzogs wie folgt berichtete: »Konopischt selbst hat ganz den alten Charakter verloren. Der Erzherzog wird langsam selbst draufkommen und manches zurückrestaurieren. Mit der Kapelle fangt es schon an. Es ist der Form nach eine reizende, heimliche gotische Kapelle, welche aber einen ganz vergoldeten Eindruck macht. Der Erzherzog sagte Papa, er wolle das ändern. Die Masse der Gegenstände ist überwältigend. Jeder Gang, jede Fensternische, wo sonst Heizungen sind, mit Altertümern jedes Genres und Wertes. Die St. Georgssammlung ist hochinteressant. 1500 Stück ganz museal in einem schönen, länglichen Raum (ehemaliges Glashaus) untergebracht.«[227]

Das Spektrum der Kunstwerke in der Kapelle reichte, wie im Inventar 1915 abzulesen, von gotischer und frühneuzeitlicher mitteleuropäischer Skulptur, darunter die Konopischter Madonna,[228] bis hin zu bedeutender Trecentomalerei aus der Este-Sammlung. Kusák bemängelte bei den in der Kapelle verbliebenen Stücken die in der Zeit Franz Ferdinands vorgenommenen Restaurierungen, die zu vielen freien Ergänzungen, starken Übermalungen und sogar zu Beschädigungen durch die Anpassung an gleiche Bilderrahmen geführt haben.[229] Nach einer früheren Meinung von Meiss waren bereits unter Marchese Obizzi Säuberungen der Tafelbilder unternommen worden, wodurch möglicherweise schon bestehende Übermalungen und Neuvergoldungen in Konopischt übernommen wurden.[230]

Sedláčková listete in ihrer Diplomarbeit über die Hubertuskapelle die heute vorhandenen Stücke auf und verwies bei einzelnen Kunstwerken auf die Forschung von Pujmanova.[231] Pujmanova schrieb vier Gemälde aus der Kapelle italienischen Malern zu: Zanino di Pietra, Michele di Matteo, Giovanni Charlier;[232] die Tafel mit Madonna mit Jesus auf dem Schoß und Johannes dem Täufer, die früher Filippino Lippi zugeschrieben wurde, gilt heute als Werk seines Schülers.[233] Zwei Florentiner Trecento-Tabernakel, die nicht nach Konopischt rückgeführt wurden und im Bestand der Prager Nationalgalerie verblieben, wurden als originale Werke des Bernardo Daddi eingeschätzt.[234] Bei der Erstellung des Inventars 1915 war man davon ausgegangen, dass Werke Giottos beziehungsweise Gaddis, der wie Daddi zu den Giotto-Nachfolgern zählt, im Bestand der Kapelle vorhanden waren. Eines der identifizierten Tabernakel Daddis war dem Inventar nach in der Kapelle ausgestellt. Das sich in der Prager Nationalgalerie befindliche Polyptichon von Antonio Vivarini und Giovanni d'Alemagne, 1447, mit einer Adoration im Hauptbild, hat, wie weitere fünf Werke Vivarinis in Prag, ebenfalls eine Konopischter Provenienz.[235] Durch das Inventar 1915 lässt sich das Polyptichon eindeutig als Teil der Kapellenausstattung zuordnen.

Das bislang nicht aufgearbeitete Inventar 1915 nennt neben der Kapelle die Präsenz von Tre- und Quattrocentotafeln auch in weiteren Räumen. Meiss, der in seinem Aufsatz über die »Primitiven« in Konopischt nur von Teilen der vorhandenen Tafeln ausgehen konnte, hatte geschätzt, dass Tomaso Obizzi Ende des 18. Jahrhunderts ca. 30 Tafelbilder der sogenannten »Primitiven« in seine Sammlung aufgenommen hatte.[236] Die persönliche Wertschätzung Franz Ferdinands für die geerbte Tafelmalerei spiegelt sich auch darin wider, dass er viele Werke dieser Stilrichtung in seinem Privatbereich, vor allem im Junggesellenschlafzimmer, ferner auch im ehelichen Schlafzimmer und in den hochrangigen Gästeappartements aufhängen ließ. Er beschränkte sich also nicht ausschließlich auf Repräsentationsbereiche. Mycielski schrieb 1913, dass der Thronfolger im Sinn hatte, Gelehrte zu berufen, damit »diese seine Schätze des frühzeitigen italienischen Altertums aus den Este-Sammlungen genau untersuchen und bezeichnen, dann würde er selbst einen wissenschaftlich bearbeiteten illustrierten Katalog herausgeben.«[237]

Inventar 1915:[238]

»Hauptaltar in gotischem Stil, reich geschnitzt, bunt bemalt und vergoldet, mit thronender Mutter Gottes und dem Hl Georg und Hubertus K. 4 000; 9 Wandkonsolen; 2 Säulen mit vergoldetem Kapitäl; 5 vergoldete Metall-Leuchter; vergoldetes Metall-Kruzifix, Christus aus Silber; 3 Evangelienauszüge in vergoldetem Metallrahmen; Evangelienständer Holz vergoldet (...) Tischchen für Messgeräte; Monstranze, Gold sowie Medaillon mit Kettchen Geschenk Pius X. in Aufbewahrung bei Professor Kolar, Beneschau; Silbertasse (...) Altarteppich rot; 2 Altarleuchter vergoldet für je 10 Kerzen; Dreifuss aus Eisen; Betstuhl geschnitzt; Reliquie in ornamentiertem Silberrahmen; Gebetbuch aus dem Jahre 1751; geschnitztes Wandkästchen mit 1 Amethyst-Kreuz; gesticktes Kreuz in geschnitztem Holzrahmen verglast; Weihbrunnernkessel Metall; Harmonium licht poliert, Stockerl dtto., 2 Messingleuchter elektr., 2 Leuchter Silber, 3 Sessel grün gepolstert

K. 2 000, Gotischer Flügelaltar S. A. [Pos. fehlt im Anhang]. 8 St., K. 2 000, Kelche, Ciborien, Monstranzen S. A. [Pos. fehlt im Anhang].

33 St., K. 67 200, Altartafeln und Heiligenbilder (Estensisch), zumeist des Trecento und Quattrocento der oberitalienischen Schulen von Siena, Florenz, Ferrara und Murano und ihrer Meister: Giotto, Benozzo, Gozzoli, Gaddi, Orcagna, Aretino u.a. Als Hauptwerk der fünfteilige gotische Altar aus einem grösserem Mittelstück und je zwei Seitenflügeln bestehend; Tempera auf Holz. Werk des Johannes Allmannes (aus Deutschland) eines Mitarbeiters des Vivarini in Murano um 1446. Die Altartafel hat die Inschrift: MCCCCXLVII + Christoph + DFERARA TTATA * ANTONIO DAMBA*E JOHA E ALAMAN P. Im Mittelstück Anbetung des Christuskindes, vorne Maria rückwärts die Hirten und Herden- Zur linken der h. Thaddäus und Franziskus v. Assisi, zur Rechten hl. Bernhard von Siena und hl. Antonius von Padua. Originalgeschnitzter vergoldeter gotischer Rahmen (alter estensischer Besitz);

Doppelbild in gotisierendem Rahmen, Tempera auf Holz und Goldgrund, links hl. Thomas von Aquino, rechts: St. Katharina von Alexandrien – Frühes Trecento, Estensischer Besitz; Flügelaltar Holzschnitzerei fast ganz neu, in der Mitte stehender Christus, links hl. Petrus, rechts hl. Thadäus – ausserdem mehrere kleinere Heiligenfiguren; auf dem Altar stehen 8 gotische u. Renaissance-Kelche, Monstranzen, Ciborien und Hostiarien u.a. romanischer kupfervergoldeter Kelch mit der Gravierung: Peter und Gunther verehrt diesen Kelch den 27. Martii anno 1644); hl. Katharina Tempera auf Holz (Estensisch, alt. inv. no. 38 und 14); 2 Heiligenbilder, Tempera auf Holz hl. Elisabeth und hl. Mönch in weissem Ordenskleide mit Buch und Palmenzweig; heiliger Mönch in weissem Ordensgewande vor ihm 10 Männer (St. Petrus, Nolascus oder Raimund Normatus) auf Goldgrund gemalt, sehr frühes Trecento (Estensisch); Gegenstück dazu – Grablegung eines jugendlichen heiligen (Vitalis?) (Estensisch); 2 Temperagemälde auf Goldgrund in gotischem Rahmen – Madonna mit Kind auf dem Arm und älterer Ordensgeistlicher in schwarzer Kutte mit Buch, eine ovale Platte in der Rechten haltend (Estensisch a. Inv. No. 15 u. 270, ferner 16);

grösseres Heiligenbild in romanisch-gotischem Rahmen, noch ganz in byzantinischem Stil gearbeitet; Sehr frühes Trecento – Madonna mit Christuskind, auf einer Schrifttafel: Ego sum lux mundi. Rechts Hl. Paulus, links hl. Petrus. Figuren in 3/4 Lebensgrösse, auf Goldgrund; Tempera auf Goldgrund, Auferweckung eines Toten durch einen Bischof (Zenobius) hinter ihm vier Geistliche; Hauptaltar neu, Schnitzarbeit im gotischen Stil – Mittelstück thronende Mutter Gottes – Seitenflügel hl. Georg und hl. Hubertus, alles sehr reich polychromiert; gotische Stickerei in Form eines Kruzifixes, Madonna neben ihr zwei knieende Engel, Material Silber und Wolle; grosse Altartafel – Tempera auf Goldgrund, oben die Heiligen Anna, Katharina, Nicolaus von Bari, Martinus, Georg und Elisabeth, jeder einzelne Heilige in einem gotischen Rahmen, unten: die Heiligen Franziscus, Ludovicus, Hiernoymus, Antonius und Bernardinus, Nicolaus, ausgezeichnetes Werk des italienischen Trecento. (Estensisch Rückwärts Zelle anno 1869, Inventario Centrale del R. Palazzo in Venezia No. 382); 6 kleine Heiligenbilder Tempera auf Goldgrund in frühgotischen Rähmchen (estensich mit alten Inv. No)

21 St., K. 3 500 Holzbildwerke, Reliefs, vergoldet und polychromiert – Teilweise noch die alte Fassungdeutsch und österreichisch, 15. bis 17. Jahrh. u.a. Anbetung Christi, Hl. Anna Selbdritt, 8 Heilige Jungfrauen, zu ihren Füssen ein Drache, Anbetung der Hirten; hl. Katharina, hl. Florian; Christus mit Mutter Gottes und Johannes, hl. Johannes d. Täufer mit Lamm gotisch 16. Jh.«

Abb. 15-47: Rudolf Bruner-Dvořák, Fotoaufnahme des Turmschachts im Bergfried, um 1910. Ludwig Simon stellte 1907 eine Auswahl an sakralen Bildwerken für den umgebauten offenen Stiegenraum zusammen. (© Schlossarchiv Konopischt)

Sakristei

(Abb. 15-44, Zimmer 111) Inventar 1915:[239]

»Kommode; Betstuhl kommodeartig eingelegt mit Metallbeschlägen; Betschemel gepolstert rot; Hängekasten (...) Lavatorium; 2 Weihrauchfässer Silber vergoldet; Waschapparat mit Messingtasse; 3 Kruzifixe (1 Metall vergoldet, Holzfuss, 1 Holz Perlmutterbelag, Holz Perlmutter verziert); Aspergile; Schlüssel mit vergoldetem Griff; Zucchetto des Papstes Pius X. in verglaster Kassette; grosses Holzkruzifix; Madonnenstatuette Metall; 6 Heiligenfiguren bemalt, Holzschnitzerei; Madonnengruppe in Holznische, vergoldet (...) Holzrelief bemalt; 2 Steinreliefs in Rahmen Pietá, Madonna, Marmor; 13 Messbücher; Beichtgitter; Messgewänder[240]: 12 Casulae mit Stulen, Manipeln usw (...) Darunter eine Casula von Maria Theresia mit dem Kaiserlichen Wappen, die meisten mit Silber und Goldstickereien, aus Seidendamast und Brokate, Moiré usw. K. 1 500; 8 St., K. 1 500, Heiligenbilder Tempera auf Holz Frühitalienisch, 15. Jh. estensisch, S. A.« [Pos. fehlt im Anhang]

Turmschacht im Bergfried

(Abb. 15-47; 15-44, Zimmer 108) 1906 war Simon mit der Gestaltung des Turmschachts vom Bergfried neben der Kapelle befasst, wo sakrale Bildwerke entlang der Treppenführung präsentiert werden sollten. 1907 sortierte er zum Zweck der Ausstattung des Turminneren vorhandene Heiligendarstellungen.[241] Der Entwurf Simons, der das umgesetzte Arrangement zeigt, ist im Schlossarchiv erhalten.[242]

Inventar 1915:[243]

»16 Engelsköpfe, vollrund, Flachschnitzereien, vergoldet und bemalt;

K. 1 000 Holzrelief Anbetung der hl. 3 Könige, mit alter Fassung, deutsch 16. Jh.; Silberweihwasserkessel; Betstuhl figural reich geschnitzt, bemalt; 2 Holztauben; 31 Bücher, Incunabeln, Missale, Pontifacien, Evangelien, corpus jur. ean. Gebetbücher, Bücher der hl. Schrift n. a. in ledergepressten Einbänden; Kasten in gotischem Stil mit einigen alten Beschlägen; 16 Wallfahrtsmedaillen, Gedenk- und Taufmünzen, Kruzifixe, Plaquetten in Silber, Kupfer, Bronze, Messing, Blei; 10 Miniaturbildchen mit Heiligen auf Pergamentpapier; 54 kleine Kreuze, Gedenkmünzen auf Päpste, Fürsten, Wallfahrtsorte etc.; 3 Rosenkränze; 2 Patenen; Zinndoppelgefäss für die hl. Oele; K. 800, 2 Figuren Mutter Gottes fast lebensgross, übermalt;

98 St., K. 1 000, Holzschnitte, Alte Abdrücke und Neudrucke aus der grossen und kleinen Passion u. a. von und nach Dürer

79 St.; K. 3 800, Holzbildwerke, vollgeschnitzte und Halbfiguren und Flachschnitzereien süddeutsche zumeist alpenländische auch böhmische Arbeiten des 16.–18. Jh. Die meisten Figuren sind polychrom, vergoldet, weisen vielfach noch die alte Fassung auf, einige lebensgross, die meisten nur zwischen 40–120 cm. Vertreten sind viele Madonnen, Hl. Florian, Petrus, Paulus, Jakobus, Johan-

nes d. T. und Nepomuk, Josef, Rupertus u.a. H. Anna, Wilgefortis, Walpurga und Notburga.

24 St., K. 4 200, Monstranzen, Ciborien, Kelche, Romanisches Ciborium, kupfervergoldet; frühgotischer Kelch laut Zettelinschrift von Fischern aus dem Achensee gezogen, Kupfervergoldet und verziert mit alten Emailplättchen; gotischer Kelch, der Fuss ein Sechspass, Inschrift H. S. B. S.; kleiner gotischer Kelch mit durchbrochen gearbeiteten Fuss datiert 1505; kleiner gotischer Kelch, auf dem 6 Pass-Fusse eingraviert Heiligenfiguren; 1 Kelch metallvergoldet datiert 1748; 1 grosser Barock-Kelch aus Silber mit reichem Rocailleornament; 2 grosse Barock-Ciborien mit Deckel, Kupfervergoldet und Silber; Barockkelch mit Patene, reich getrieben, Kupfervergoldet, durchbrochen, mit 3 Medaillons verziert; grosser Kupfervergoldeter reich ornamentierter Barockkelch; 13 kleinere Monstranzen, Barock und Rokoko ohne besonderen Kunstwert.«

3. STOCK

(Abb. 15-48) Privaträume, Waffensammlung

Schlafzimmer seiner Hoheit

(Abb. 15-02, 15-49; 15-48, Zimmer 156) Heutige Bezeichnung: »Junggesellenschlafzimmer«. Der bereits in der ersten Ausstattungsphase ab 1891 eingerichtete Raum ist durch eine Aufnahme von ca. 1893 (Abb. 15-02) dokumentiert. Das Foto zeigt eine dunkle Wandvertäfelung, ursprünglich dunkel bespannte Wände und eine ebenfalls dunkel gebeizte Balkendecke. Vorerst zierten einige Grafiken die Wände. Die Möblierung blieb im Weiteren unverändert. In der Mitte des länglichen Raumes befindet sich ein Textilvorhang, mit dem sich der Schlafbereich abtrennen lässt. Der Blick in den länglichen Raum wird von einem Renaissancebett mit fein ausgearbeiteter Intarsienoberfläche am Betthaupt dominiert. Das mit intarsierten Wappenadlern gezierte Bettgestell zeigt die Jahreszahl 1638. Stilistisch entsprechende Intarsienfüllungen mit Wappenadlern weisen außerdem eine Truhe und der große Kleiderschrank auf. Auch die Auswahl der weiteren Möbel fiel auf Stücke mit Holzeinlegearbeiten. Zum historischen Mobiliar zählten darüber hinaus zwei unterschiedliche Renaissancestühle. Beim Bedarf von Möbeln mit moderneren Funktionen, wie bei der Psyche mit drehbarem Spiegel, dem aufklappbaren Toilettenkasten für die Unterbringung der Waschgarnitur oder dem Leibstuhl, wurde auf den Neorenaissancestil zurückgegriffen, wobei sie, passend zum übrigen Bestand, Intarsien, dieses Mal florale Ranken, aufweisen.

Im Album Weidmannsheil von 1897 scheinen die ersten Tafelbilder aus dem estensischen Bestand auf. In den späteren Aufnahmen (Abb. 15-49) ist die Hängung der kostbaren Tafelbilder, die dem Inventar 1915 zufolge Trecentowerke von Malern ersten Ranges umfasste, dichter geworden.[244] Aus der zuerst nur stimmungsvollen dunklen Schlafkammer wurde zunehmend eine Hülle für die museale Aufbewahrung religiöser Tafelmalerei, ergänzt durch weitere Antiquitätenankäufe, zum Beispiel kleinformatige Skulpturengruppen wie Madonnen aus dem österreichisch-böhmischen Bereich.

Inventar 1915:[245]

»Bett geschnitzt und eingelegt mit Doppeladler; Nachtkästchen dto; zweiarmiger Leuchter; Madonna mit Kind, Kupfer vergoldete Miniatur aus Elfenbein; Madonna mit Kind Lederetui; Kleine Holzschatulle (…) Schwert en miniature; Toilettetisch eingelegt, Spiegel drehbar; 2 elektrische Messinglampen mit Glaskugeln; geätzte Kupferplatte, Jagdszenen, in dunkelbraunem Rahmen (…) Kleines Wandschränkchen, eingelegt mit Spiegel; 15 Requisiten Garnitur Porzellan; Bidet; Leibstuhl eingelegt; doppeltürige Truhe, architektonische Intarsien; Aquarell, weiss gehöht, Johann Nepomuk; Buch (Reglement 1769); Armsessel; 2 Stühle geschnitzt und eingelegt in deutschen Renaissancestil; Kanapé; Stockerl; Hängekasten reich eingelegt Doppeladler und Rankenwerk; 3 Heiligengruppen, Holz bemalt, Anna Selbdritt, Christus von den h. Frauen beweint, Büste eines Heiligen; kleiner Kasten mit Fächern eingelegt; 2 Messingtintenzeuge mit Deckeln; Tischchen; Kupfergefäss gross, verwendet als Papierkorb; Stockbehälter Porzellan, 7 Stöcke, 3 mit

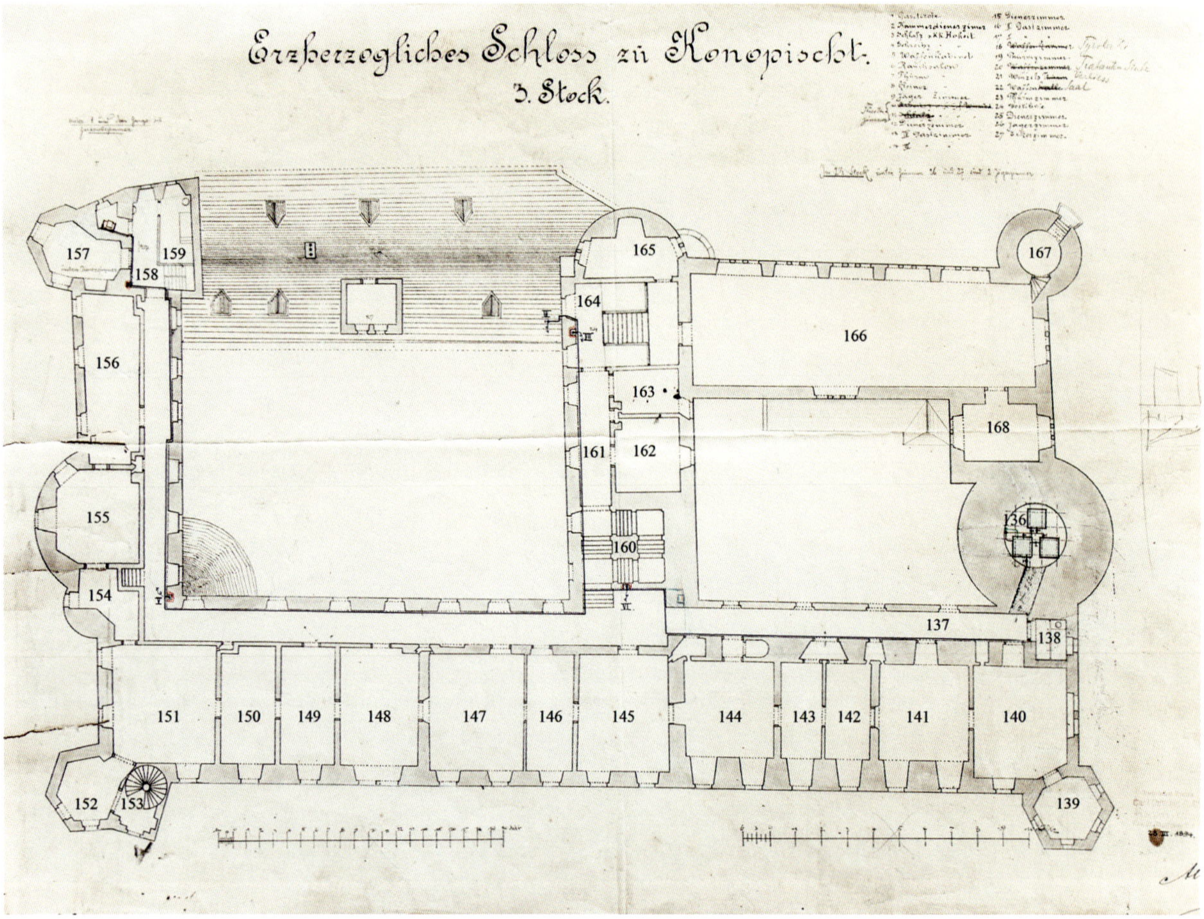

Abb. 15-48: Technisches Bureau Carl Oswald & Co, Grundrissplan des dritten Stockwerks in Schloss Konopischt, Tusche auf Papier, 28.3.1894 (© Schlossarchiv Konopischt). 136 Wasserreservoir, 137 Gang, 138 Bad, 139 Turmzimmer, 140 Salon (fr. Tyrolerzimmer, Musikzimmer), 141 Prinzesszimmer, 142 Mademoisellezimmer, 143 Novotnyzimmer, 144 Spielzimmer der Prinzen, 145 Prinzenzimmer, 146 Badezimmer Ihrer Hoheit, 147 Schlafzimmer, 148 Salon Ihrer Hoheit, 149-150 Speisezimmer, 151 Krickelsalon, 152 Turmzimmer, 153 Schneckenstiege, 154 Gang, 155 Schreibzimmer seiner Hoheit, 156 Schlafzimmer seiner Hoheit, 157 Herrenkammer, 158 Gang, 159 Badezimmer, 160 Stiege, 161 Gang, 162 Jägerzimmer, 163 Liftraum, 164 Treppe, 165 Turmzimmer, 166 Waffenhalle, 167 Turmzimmer, 168 Waffenzimmer

Bein, 4 mit Holzgriffen, Degenstock, Stock mit Säge und Beil, Reitstock; Wandetagere geschnitzt, 31 Glasgefässe (...) 19färbige, geätzt, graviert, einer mit Zinndeckel, 17.–18. Jh., zumeist böhmisch; färbiger Stich, Bärenhatz; Narwalzahn; Ochsenziemer; 2 Teppiche orientalisch; Papierkorb rund geflochten; 2 holländische Messingluster; 5 Ölgemälde auf Lwd. (2 Blumenstücke 18 Jh., Bildnis einer Fürstin Este ganze Figur, 2 Heiligenbilder, Madonna Christuskind anbetend und Anbetung durch die Hirten)

31 St., K. 32 000, Heiligenbilder, Tempera und Oel auf Holz in gotischen Goldrahmen (estensisch); Collection von 31 altitalienischen Heiligenbildern, die kunsthistorisch von hohem Werte sind, da sie alle der italienischen Malerei der gotischen Zeit, dem Trecento und sehr bedeutenden Meistern dieser Stilperiode zugeschrieben sind. Alten Inventarzetteln nach wurden schon in den alten Estensischen Katalogen die wertvolleren Gemälde einem Jacopoda Casetino, Thaddäus Gaddi, Andrea Verocchio, Orcagna, Giotto, Spinello Aretino und

Abb. 15-49: Fotoaufnahme des Junggesellenschlafzimmers des Erzherzogs Franz Ferdinand in Schloss Konopischt, um 1920. Der Zustand dokumentiert den Zuwachs italienischer Tafelmalerei. (© Schlossarchiv Konopischt)

G. Pisano zugeschrieben. Vom kunsthistorischen Standpunkt wäre es höchst wünschenswert, all die bisher unbehobenen Kunstschätze wissenschaftlich zu heben. Fast alle Gemälde sind in Tempera auf Goldgrund gemalt, in alten holzgeschnitzten romanisch gotischen Originalrahmen. Hervorzuheben sind folgende Bilder: Kreuzigungsgruppe, Christus am Kreuze, zu dessen Füssen die hl. Frauen, Krieger, seitwärts 24 Brustbildchen von Heiligen. Höchst charakteristische Schilderung und Auffassung der religiösen Szenen, nach ganz auf byzantinischen Vorlagen fussend. Auf den Panieren der römischen Soldaten der estensische Adler und die Schlüssel vorkommend, ferner die Zeichen IIII.I. 6 Heiligenbildchen – Szenen aus dem Leben Christi. 1 Doppelbild 2 Heilige, 1 hl. Abt. oder Bischof und ein Heil. mit Kreuz und Buch. 1 grösseres Bild, Dornengekrönte Christus, Brustbild auf Stein gemalt. Mehrere kleine Triptychons, 1 Christi Grablegung, Christus beweint von zahlreichen Heiligen. (Auf der Ruckseite der Tafel lange Inschrift a Inv. No. 4 oder 221), 1 Triptychon Mittelblatt Tronende Mutter Gottes mit Christus vor Engeln u. heiligen umgeben. Seidenflügel: hl Christophorus und ein Kirchenvater, in den Zwickelfeldern Botschaft der Herrn und Madonna (Alte Inv. Zettel 2136 Trib. 22 und Orcangna), 1 Heiligenbildchen Tronende Mutter Gottes mit Heiligen (Lt. Inv. Zettel von Giotto und a. Inv. No. 956), 1 kleines Triptychon-Kreuzabnahme links Paulus, rechts Petrus (Inv. No. 939 ode 253 und G. Pisano). 1 Triptychon – Mittelstück Tronende Mutter Gottes mit Christuskind beiderseits heilige – Seitenflügel – Hl. Katharina und Kirchenväter. (Rückwärts Zettel – Spinello Aretino 2148 Trib. 30).«

Herren-Kammer

(Abb. 15-48, Zimmer 157) Das Dienerzimmer hinter dem Schlafzimmer Franz Ferdinands wurde, wahrscheinlich aufgrund der primären Nutzung des ehelichen Schlafzimmers gemäß dem Inventar 1915 eher als Depot für Möbelstücke unterschiedlichen Alters genutzt. Heute ist der kleine Turmraum mit Uniformen und anderen Exponaten zur Erinnerung an Franz Ferdinand für die Besichtigungsroute durch das Schloss eingerichtet.

Inventar 1915:[246]

»Bauernbett Kerbholzschnitzerei eingelegt; Nachtkästchen dtto.; Schreibtisch desgleichen; Wandspiegel; Waschtisch mit roter Steinplatte, mit Garnitur; 3 Renaissancestühle mit geschnitzten Lehnen; Kommode mit Doppeltüre, Flachreliefornament; 2 grosse Bauernwandkasten geschnitzt, 18. Jh.; Tisch mit Wachsleinwand überzogen; Sofa Biedermeier, Sofapolster bunt; Tischdecke bunt; 6 Holzfiguren bemalt, Heilige und Bauern; 5 Steingutkrüge auf Holzkonsolen; Hirschkopf mit Geweih; 3 Rehköpfe mit Krickeln; 56 Holzschnitte, darunter 2 sehr grosse bezeichnet MK, Mariae Verkündigung und Isaaks Opferung, ferner Kunike Blätter; Oelporträt Herzog von Alba; Oelbild Lwd. Ansicht von Konopischt; Rokokostockuhr Metallgehäuse; Tintenzeug Thon; Christusfigur Holz.«

Klosett, Badezimmer, Garderobe Sr. k. u. k. Hoheit

(Abb. 15-50; 15-48, Zimmer 159) 1909 besichtigten Holzeland und Ing. Hable die Wasserleitungen im 3. Stock. Im selben Jahr arbeitete der Verkleider J. Steurer der Firma Gebr. Anrä aus Wien an den Wandverkleidungen in zwei Bädern.[247]

Inventar 1915:[248]

»Kloset: (...) 13 Kupferdrucke Vögel

Badezimmer: 30 moderne farbige Kunstdrucke; Paravent 4 teilig mit Militärbildern, Lithographien unter Glas; 2 Tische; 2 Sessel; Stockerl; Wandspiegel; Kleiderständer; Fellvorleger; Teppichvorleger; Mappe

Garderobe: 4 Hängekästen; 2 Hutkästen; 1 Stich«

Schreibzimmer seiner Hoheit

(Abb. 15-03; 15-48, Zimmer 155) Auf Eckerts Aufnahme von ca. 1893 ist noch der vom Altbestand übernommene Holzplafond mit einer in einen Kreis eingeschriebenen Formation festgehalten. Bei den Lambrien handelte es sich bereits um neue Neorenaissance-Anfertigungen für den Erzherzog. Die Möblierung wurde ebenfalls aus historistischen Stücken im Renaissancestil zusammengestellt, lediglich eine Truhe ist ein Originalmöbel des 16. Jahrhunderts. Die Sitzgruppe wurde im Laufe der Jahre mehrfach ausgewechselt. Heute ist jene lederbespannte Garnitur mit gestanztem Muster und gedrechselten Beinen aufgestellt, die im Weidmannsheil-Album 1897 festgehalten wurde.

Bereits 1893 bedeckten viele persönliche Gegenstände und zahlreicher Nippes den Schreibtisch und die Wandgesimse. Die Bildausstattung bestand vor allem aus Grafiken mit Pferde- und Kutschensujets sowie einem Jugendporträt von Kaiser Franz Joseph. Statt der früheren Grafiken wurden später ein Porträt von Kaiser Maximilian von Mexiko und Schiffsdarstellungen aufgehängt. Eine Rechnung von Járay von 1914 bezieht sich auf kleinere Ausbesserungsarbeiten im Schreibzimmer.[249]

Inventar 1915:[250]

»Tisch; St. Georgsfigur moderne Copie des Hradschiner St. Georg, Bronze auf Holzpostament; Messingtasse persisch; 3 Portemonais-Kalender mit Photographie der kleinen Herrschaften; Photographiealbum zusammenlegbar; 6 Nippes; Aschenschale Messing; Fayenceteller bemalt; Holzschatulle mit Deckelbild; Schweinchen

In der Tischlade: 12 Photographien von Eckartsau, 20 französische illustr. Zeitschriften, 2 illustrierte Bücher; Bücherkasten reich geschnitzt mit 3 spiralförmigen Säulen im Barockstil, 417 Bücher, 103 Broschüren; Musikspieldose; Schachtel, Holz, bemalt mit Gartenkatalog; 4 Zinnkrüge und Schraubflaschen; Bronzekrug ornamentiert, chinesisch; 2 Bauernkrüge mit Zinndeckel

Schreibtisch mit Intarsia und Brandmalerei: elektr. Messinglampe mit grünem Tuchschirm, Briefbeschwerer Wildschein aus Metall, Messingdoppelleuchter, Tafel aus

Abb. 15-50: Einblick in das Badezimmer des Erzherzogs Franz Ferdinand. Ab 1900 wurden mehrere Bäder bei den Privaträumen und Gästezimmern eingebaut und laufend modernisiert. (© Tom Droppa)

schwarzem Marmor mit Mosaikblumen (...) Glas mit Silberdeckel, kleine Heiligenmedaillen (...) Fotografie Prinzessin Sophie; Pastell-Bildnis Ihrer Hoheit in Goldrahmen von Koppay 1901; Kleines Aquarellbildchen Kaiser Max nach Dürer von Jungwirth in schwarz-goldenem Holzrahmen; K. 1000, grössere Aquarellminiatur auf Papier in schwarzem Holzrahmen – handschriftlich gezeichnet – E. Carl. F. M. 3. Juni 1837 von Kriehuber (Favorit. Inv. No. 559 und 536 oder 429); 5 St., K. 1000, Portrait Miniaturen auf Elfenbein Erzherzog Otto als Kind in weissem Kleidchen auf blauem Polster sitzend signiert R. Schwager 1865 (Fav. 635); Erzherzogin Margaretha ebenso J. R. Schwager 1871 (Favoriten); Erzherzog Ferdinand 20. September 1869 Reichenau – R. Schwager (Fav.); Grössere Miniat. a E. Brustbild Kaiser Franz I. von Simon f. 1827.

kleiner Kasten mit Flachreliefs; Leuchter aus Geierkrallen (...) Zinnteller sogen. Kurfürstenteller, Imitation; Truhe mit Doppeltür, reich eingelegt, Doppeladler; Holzschnitzerei (Sct. Hubertus in verglastem Renaissancekästchen); Reliefbildnis Karl V. nach Hans Dollinger 1522, modern in schwarzem Rahmen; kleine Eisenkassette grün bemalt, 17. Jahrhundert; Reiseuhr in Messinggehäuse 17 Jahrhundert; Bronzerelief mit Ständer, Christus mit den Aposteln; 2 Dolche goldtanchiert, orientalisch; Messingteller; Schnur mit 13 Anhängen; Eisenschloss; Metallschale mit Georgsthaler; 2 Uhren durchbrochen gearbeitet vergoldet, Bronzegehäuse, Renaissance; Löffel mit Münze und Sct. Hubertus-Kreuz; Dose mit Perlmutter eingelegtem Deckel und 21 kleinen Halbedelsteinen (...) Taufmünze; Ring; 2 Bergkristall und Amethyst; 2 orientalische Schreibzeuge; Kupferkessel auf eisernem Dreifuss ornamentiert; Marmorbüste eines Mädchens auf Holzpostament; kleine Kasse mit Eisen beschlagen durchbrochenes Ornament, Renaissance; Tischchen Rohrgeflecht; Divan blau überzogen; Kanapé,

3 Fauteuils, Goldstoff mit grünem gepresstem Sammt; Armsessel mit lichtem Lederüberzug;

Auf der Wandetagere: Antiquitäten: 2 Zinngefäße mit Deckel, 5 Fayencekrüge bemalte Pulverflasche Holz, ausgestopfter Vogel, 8 Kassetten in verschiedenen Grössen (...) 9 Glasgefässe (...) Schweizer-Häuschen, holzgeschnitzt, Stehuhr mit Glocke und Figur (Messing), Stier holzgeschnitzt, Doppeladler holzgeschnitzt, Sct. Georgsfigur bemalt, 2 Steingutgefässe mit Zinndeckel, Engel aus Bein in Holzgehäuse, Kürbisflasche geschnitzt und bemalt, Kupfergefäss mit Reliefverzierung, Fächer mit Bild (Eifelturm), Kakadu, Metall, Bücherständer Holz mit geschnitzten Gemsfiguren; Jagdzeichen mit grünsamtenen Ständer; Stehuhr in Silberrahmen; Achat poliert; Stich in Rahmen; 15 diverse Nippes; 2 Fotographien Erzh. Karl und Sophie; Kastagnette mit Oelbild Spanierin; Bleistiftzeichnung in Rahmen; Schiffchen aus Silber mit Holzpostament. Geschenk Pius IX an Grafen Bari.

An der Wand unter der Etagere: 5 Blatt colorierte Lithographien Praterfahrten, 2 ruhende Hirsche von A. Hollar, 8 Fotographien, Aquarelle und Miniaturen, 1 kleines Aquarell, Infanterist, von Kaiser Franz Josef bez. Franz 27.1.1844, 3 Ölbildchen 2 Portraits, Walensteins-Lager Aquarell von K. Franz 1845, 2 Portraits eines Ehepaares 17. Jahrhundert, Edeldame des 17. Jahrhunderts in reich geschnitztem Rähmchen, 3 Tierbilder rund, Kopfstudien Aquarelle nach Angabe von Ridinger; 2 Gouachebildchen Hirschjagd und Seeschlacht, Relief in Holzrahmen, Ritter um 1500; 2 Sauwaffen in Silber gefasst, mit Kettchen und Anhängen. 2 Teppiche; 2 grüne Tuchdecken mit weisser Bordüre; Leopardenfell; Holländischer Messingluster.

26 St., K. 1020, Bilder an der Wand: Rudolf von Habsburg und der Priester, Oel a. Blech von Claudius Schrandolf jun. 1804 (Favorit.); 1 Aquarell von Graner Erzherzog Franz Ferdinand und Gemahlin im Wagen fahrend; 1 Pastell- Brustbild des Erzh. Karl Ludwig Copie von W. Weingart; 8 Aquarelle- Persenbeug, Schloss Tirol, Marinen, Belagerung von Lissa von Kopalik, Settari Reinhold u. a. (a. Fav. Inv.).«

Raum zwischen Schreibzimmer und Krickelsalon

(Abb. 15-48, Zimmer 154) Die frühere Ausstattung, die auf Aufnahmen um 1893 (Abb. 15-04) und 1987 zu sehen ist, umfasste ein Arrangement von Stichwaffen, Jagdhörnern und Ziergeschirr aus Majolika an der Wand. Eine spätere Aufnahme sowie das Inventar 1915 geben die Umfunktionierung des Verbindungsgangs zu einer Kunstgalerie für kleinformatige Objekte und Gemälde.

Inventar 1915:[251]

»Tisch eingelegt; Mappe in grünem Leder mit Handzeichnungen von Ridinger; Kasten mit kleinen Laden und Aufsatzkästchen mit intarsierten Landschaften, deutsch, 17. Jahrhundert; Bronzestatuette Maximilian I, Modell von E. v. Hofmann (...)

Rokoko-Stockuhr mit Glocke; Pulverhorn Leder en relief gepresst; kleine Uhr Messinggehäuse mit Glocke, in altem ledergepresstem Etui; Truhe geschnitzt; Oelgemälde auf Holz in geschnitzten vergoldetem Rahmen; Glas-Vitrine; Etagere geschnitzt; 3 Büsten von Heiligen bemalt; Bronzemörser; Uhr in Messinggehäuse; 4 Gebetbücher mit ornamentierten Silberschliessen und Beschlägen mit Kupfer 17.–18. Jahrhundert; 80 alte Chroniken, von Böhmen, Incunabeln, Bibeln. Etc.; Etagere mit 22 Büchern, älteren und neueren profanen Werken, religiösen und Gartenkunstwerken, Brochuren etc.; Beleuchtungskörper, männliche Figur.

13 St., K. 640, Gemälde und Holzbildwerke u. a. 2 aus Estensischem Besitz – Kreuzigung Christi, Heil. Familie mit der hl. Katharina – venetianisch um 1520. 7 Landschaften – deutsch 18. Jh.; 1 grosse Standfigur der hl. Katharina – Holzschnitzerei ungefasst.«

Krickel-Salon

(Abb. 15-04, 15-51; 15-48, Zimmer 151) Das frühe Fotodokument von ca. 1893 (Abb. 15-04) zeigt den Salon bereits in dem längerfristig beibehaltenen Konzept. Sowohl die tapetenartige Anbringung der Rehkrickeln als auch die Pausingerzeichnungen waren bereits installiert. Dem Weidmannsheil-Album nach entsprachen 1897 alle Wände diesem Schema.

Abb. 15-51: Fotoaufnahme des Krickelsalons in Schloss Konopischt. (© The Ladies' Field, 1905)

Die bei Eckert noch hell tapezierten Sitzmöbel waren 1897 dunkel bespannt oder ausgetauscht. Die zentrale Sitzgruppe beim Ofen des Krickelsalons wurde in der Zwischenzeit im Kronprinzensalon im 1. Stock aufgestellt und durch eine neue Garnitur ersetzt, die jener im Schreibzimmer ähnelt. Die Ablichtungen der 1890er-Jahre zeigen noch keine Deckenleuchte, in der Mitte der Kassettendecke schwebte ein ausgestopfter Geier. Im Artikel über Konopischt im Magazin »The Ladies' Field« von 1905 wurde ein Foto des Krickelsalons publiziert (Abb. 15-51) und der Raum als besonders einzigartig gepriesen.[252] Die Anzahl der Sitzmöbel hatte sich merklich erhöht. Nun waren es eher bodennahe, dick gepolsterte Ruhemöbel mit unterschiedlichen Oberflächen, darunter auch ein rechteckiger samtbezogener Sitzpolster. 1914 verrechnete Sigmund Járay Arbeiten für den Krickelsalon.[253]

Inventar 1915:[254]

»Tisch; elektr. Tischlampe aus Messing (...) 2 Tischuhren in Metallgehäuse; Vergrösserungsglas in vergoldeter Metallfassung (...) Autoklubabzeichen in blauem Etui; Tabatiere Silber mit St. Georgsbild in Email; Petschaftstöckel Bronze; Miniatur Prinzessin Sophie in Bronzerahmen (...) Tisch Bein einlegt; Hubertusgruppe Bronze mit Holzsockel; Tabatiere Silber montiert in Etui (1863–1913); grosser Tisch; Doppeladler vergoldet; 2 Bronzegruppen von Postl, Ritter Aufbruch zur Reiherbeize und zur Jadg; Kupferkessel; Uhu und Schnepfe Metall; 2 Messingschüssel gepresst, venetianisch; Tischuhr in Messinggehäuse, reich ziseliert und graviert 17. Jh.; Miniatur Hirschgeweih Metall auf Postament; kleine Männerbüste Holzbildwerk. Tisch eingelegt; Standleuchter Messing 4 armig mit Adler, sogen. Polenleuchter; chinesische Vase; 11 Werke über adeliges Leben, Jagd usw. in ledergepressten Einbänden 18. Jh.; Tisch mit abgeschrägten Ecken; Tischuhr in Messinggehäuse; Fotographie in Holzrahmen; 3 teilig in rotem Lederrahmen; Miniaturportrait in Holzrahmen mit Messingfassung; Kassette aus Silber mit Photographie, innen Holzeinlage; Schale roter Marmor mit Silberfassung und Monogramm; Tabatiere Silber und Zündholzschachtel; Kassette mit Porzellanbild der beiden Prinzen. Tisch eingelegt; Bronze Ritter zu Pferd, modern; Uhr in Messinggehäuse; Tischchen mit lichtem Leder überzogen; Messingleuchter; Piano (Firma Patrov); Polenleuchter vierarmig aus Messing; Reiterfigur mit 2 Hunden, Bronze von Barbedienne; Holzbank; Kästchen mit 4 Laden eingelegt; Kohlenzeichnungen Kinderkopf; Bronzehirsch von Rathausky; Metall-Bekassine; Kästchen mit eingelegter geschnitzter Tür, 17. Jh.; elektr. Tischlampe, Bronzekörper mit Glaskugel und grünem Tuchschirm; Bronzestatuette (Erzherzog Ernst von Tirol); Truhe reich geschnitzt; Bronzestatuetten (Kaiser Max, Kaiser Rudolf v. Habsburg und Sct. Georgsfigur von Freiniet) Aquamanile, Imitation; Reliefbild zweiteilig aus Bein; Holzwiege; Ofenschirm 2teilig; grosses Kanapé mit 6 Pölstern, dunkelrot geblumt; Fauteuil, Lehnsessel grau-grünes Muster; Kanapé, 3 Fauteuils, 4 Sessel, grün mit rosa Streifen; 2 Klavierstockerl buntes grünes Muster; 2 kleine Sessel eingelegtem1 Pölster; 4 Stockerln eingelegt; Kupferbecken für Blumen mit eisernem ornamenierten Gestell; Paravent 3teilig mit 145 Miniaturportraits in Oel auf Holz und Karton Bildnisse von Fürstlichkeiten und adeligen Herren und Damen, Staatsmännern und Feldherren (K. 1000); Bronzefigur der Diana auf Metallpostament; Stehlampe Messingfuss mit Adler; Stehlampe mit 3 Flammen, mit grünem Tuchschirm; 7 Kohlezeichnungen von Franz Pausinger-Jagdstücke; 5 Kupferstiche Jagdszenen, H. Hubertus, Kaiser Max; 1 Capitales Hirschgeweih; 4 Rehköpfe; 2 Gemsköpfe; 1 balzender Auerhahn; 1073 Rehkrickeln, viele Abnormalitäten und Trophäen ersten Ranges, Urböcke alle Trophäen auf geschnitzten Tabletten; 2 grosse Teppiche; sehr grosser Messingluster.«

Turmzimmer beim Krickelsalon

(Abb. 15-05; 15-48, Zimmer 152) Auf dem Foto von ca. 1893 ist die Turmkammer mit ein paar orientalischen Objekten festgehalten. Die rund um die polygonale Form des Raums geführten Regale zeigen kleinformatige Bilder, vor allem liebliche Hundedarstellungen sowie Trinkgefäße. Dominiert wird der kleine Raum durch einen von der Decke schwebenden Geier, einer Entsprechung zum Exemplar im Krickelsalon. Eine Aufnahme von ca. 1920 zeigt einen Zustand, der dem heutigen entspricht. Die komplette Umgestaltung des Turmzimmers mit einer neuen Täfelung und einem hölzernen Kaminverbau im Neorenaissancestil wurde wahrscheinlich im Zuge der Arbeiten an der angrenzenden Wendeltreppe vorgenommen. 1910 schickte die Firma Pospischil aus Wien mehrere Tischler für Vertäfelungsarbeiten nach Konopischt, genannt wird der Raum neben dem Turm beim Kricklsalon.[255] Die Wanddekoration wurde dem Krickelsalon angepasst, hier in der Variante mit Gemskrickeln rund um ein Pausingerbild.

Inventar 1915:[256]

»Tisch reich eingelegt; 4armiger Messingleuchter Polenleuchter (…) Hahn und Kaninchen Porzellan; Eisenleuchter; Truhe eingelegt datiert 1741; Hubertusfiguren Holz bemalt; Kanapé 2 Lehnsessel mit lichtem Lederüberzug; Lehnstuhl Holzgeschnitzt, deutsche Renaissance; Sessel desgleichen; 2 Etageren; 28 Steinzeugkrüge, Gmundner und böhmische 16 mit Zinndeckel; 4 Godenschalen bemalt mit Deckel; Holitscher Schüssel; Weihwassergefäss; 27 Zinngefässe, Kannen und Humpen, Krüge (…) Marienstatue aus bemaltem Ton (…) kleine Holztruhe eingelegt; Messingtopf türkisch; 2 Jagdstücke mit F. Pausinger; 4 Gemsköpfe; 152 Gemskrickeln auf Tabletten; Teppich.

Vorraum zur Schneckenstiege: 72 Kupferstiche, Schabkunstblätter Portraits aller deutscher Kaiser und

Abb. 15-52: Der nach 1900 eingerichtete Familienspeisesaal in Schloss Konopischt ähnelt formell den früheren Privaträumen des Erzherzogs. (© Schloss Artstetten)

Mitglieder des Hauses Habsburg; Teller mit farbigem Heiligenbild; Teller vom Jahre 1613, blau mit dem Wappen der Grafen Wrtby (3 Hirschgeweihe); 143 Tabakdosen aus Porzellan, Holz, Silber, Horn, Bein, Buchsholz, eingelegt, geschnitzt, graviert, Arbeiten des 17.–18. Jh. (K. 1 600).«

Speisezimmer

(Abb. 15-06, 15-07, 15-52; 15-48, Zimmer 149 bis 150) Frühere Bezeichnung: »Jägersalon« und »Kleiner Salon«. An der Stelle zweier kleinerer Salons entstand im Zuge der Umwidmung der Räumlichkeiten im 3. Stock zum neuen Familienappartement nach 1900 der private Speiseraum. Wann genau die Zusammenlegung und die Einrichtung erfolgten, ist nicht belegt. Auf einem 1905 publizierten Foto ist der Speisesaal im Nebenraum zu erkennen.[257] 1910 wurde ein neuer Ofen aufgestellt.[258] Die Lambrien mit Bogenfüllungen, die Türeinfassungen mit Scheibenmotiv in den Supraporten und die hölzerne Deckenverblendung sind einheitlich geformt und basieren auf flächig ausgeführten Neorenaissanceelementen. Die Sitzmöbel des Speiseraumes sowohl rund um den Esstisch als auch in der Sitzecke mit Fauteuils und Sofa weisen eine helle Hirschlederbespannung auf. Zu der in hellen Tönen gehaltenen, heute nicht mehr vorhandenen Wandbespannung gibt es einen Beleg für eine Renovierung durch die Firma Járay von 1914. Der Tapezierer Gruber hatte im Zeitraum vom 13. März bis 10. April 1914 im »kleinen Speisezimmer: Den Stoff der Wände abgenommen, die Wände mit Filzpapier makuliert und neuen Stoff verspannt, inkl. ab- und wiedermontieren der Bilder.«[259]

Inventar 1915:[260]

»Ovaler Tisch; Tisch eingelegt (…) Majolika Schale Marke D; Zigarrenabschneider (Rehkrickel); Tisch; Stich Villa d'Este; Truhe geschnitzt und reich eingelegt; Oelgemälde aus Leinwand Anbetung der Hirten, in vergoldetem geschnitztem Rahmen Italienisch um 1600; Bronzemörser gotisch (…) Renaissancekasten eingelegt; Truhe Vorderblatt reich eingelegt Blumenstrauss in Vase und geometrische Intarsien; Holzgruppe Anna Selbdritt, 16. Jh; Madonna mit Kind, Halbfigur, alte Fassung; Beinrelief Triptychon, Christus am Kreuze mit den heiligen Frauen, Elfenbeinschnitzerei, weiss; Branntweinflasche mit Bildnissen der Kurfürsten, 17. Jh.; vergoldete hohe Standuhr eingelegt mit Messingzifferblatt figural getrieben, Maria Theresia Zeit; Kasten geschnitzt mit dreifachem Aufsatz; 3 Lederfauteuils, 9 Sessel, 1 Stockerl lichtbrauner Lederbezug

Auf den Etageren: 22 Holzfiguren, 1 hl. Florian aus alter Steinsäule, Madonnen, Krippenfiguren, Pietá, Büsten, Bettler 17.–18. Jh. (K. 600); Wachsfigur rot, gross, eines betenden Kindes in der Tracht 17. Jh; 45 Zinngefässe (…) grosser Messingteller ornamentiert; 19 Bauernkeramiken, Gmudner und böhmische Majoliken (…) 2 grosse Teppiche, grosser Messingluster.

22 St., K. 2 200, Gemälde auf Lwd. u.a. 3 Porträts Brustbilder estensischer Prinzessinnen Oel a. Lwd.; Porträt eines Dogen (Catajo 416); Türkenschlacht Oe.L.; Fürstliches Ehepaar in einem Kahne und fischend, wahrscheinlich Bildnis einer Erzherzogin. 18. Jh.; 4 Schlachtenbilder, Kaiser Leopold zu Pferde, 4 Stilleben.«

Salon Ihrer Hoheit

(Abb. 15-53; 15-48, Zimmer 148) Frühere Bezeichnung: »Fürstenzimmer, Wurmbrandzimmer«. Der Privatsalon von Sophie Hohenberg wurde nach 1900 eingerichtet. Die Rekonstruktion der Zimmerausstattung aus den 1990er-Jahren, die auf der Basis von Aufnahmen Bruner-Dvořáks von ca. 1910 unternommen wurde, vermittelt einen authentischen Eindruck. Viele der Objekte stimmen mit dem Inventar 1915 überein. Auf Fotos von ca. 1920 waren sämtliche Objekte, die auf die Familie verweisen, entfernt worden, an den Wänden hingen barocke Ölgemälde.

Symptomatisch für den Einrichtungsstil des Salons nach 1900 ist die Anwendung eines einheitlichen Stoffes mit Blumenmuster auf hellem Grund sowohl für die Wandbespannung als auch für die üppig gepolsterten Sitzmöbel. Zwei Exemplare der original tapezierten Stühle befinden sich noch im Salon, die übrigen Sitzgelegenheiten zählen nicht zur ursprünglichen Ausstattung. Reparaturen an den Tapezierungen scheinen für 1913 und 1914 in Rechnungen der Firma Járay auf.[261]

Inventar 1915:[262]

»Tisch, darauf 25 Aschentassen, Nippes und Dekorationsgegenstände; Kästchen eingelegt; Emailpokal (…) Tischchen; Kasten eingelegt, mit aufgesetztem Glaskästchen darin 32 verschiedene Bijoux und Zigarettendosen aus Gold, Silber; eingelegter Tisch; Telephontischchen Mahagoni mit Messingbeschlag; Tisch rot überzogen; 30 Dosen (…) Kasten eingelegt, geschweifte Form mit verglastem Aufsatz, darin 59 Nippesgegenstände, Objets de vitrine aus Silber, Bronze; Tisch Schachbrettmuster; Kommode eingelegt, Bronzebeschläge; Ölgemälde auf Holz Karl III Herzog von Lothringen, Monogramm J. M. S. H. pinxit; Paravent 3teilig mit 3 Photographien in ovalem Metallrahmen; 19 Dekorations- und Nippesgegenstände aus Porzellan, Glas, Majolika; Blumentisch mit Metallverzierung vergoldet im Empirestil; 2 elektr. Lampen mit Seidenschirmen; Kästchen; Doppeltüriger eingelegter Kasten mit Aufsatzkasten darin: 66 Vögel, Dosen, moderne Porzellangruppen und viele Kopenhagener Keramiken, 1 Biedermeiertabaksbeutel etc.; Tischchen mit Aquarell von Ledeli; Blumenständer aus Holz; Holzwiege geschnitzt mit Metalleinlagen; Schreibtisch eingelegt mit Bronzebeschlägen; darauf: 53 Photographien (…) Tisch eingelegt darauf 12 Nippesgegenstände (…) 2 Tischchen; 2 Kanapés, 5 Fauteuils, 3 Sessel lichttrappgeblumt Tapetenstoff; kleiner Sessel mit Geflecht; Armsessel vergoldet; dreieckiger Blumentisch mit Korb. 3 Fächer mit Samtrahmen mit Landschaften und Schä-

Abb. 15-53: Rudolf Bruner-Dvořák, Fotoaufnahme des Salons Ihrer Hoheit in Schloss Konopischt, um 1910. (© Schlossarchiv Konopischt)

ferszenen, französisch 18. Jh; 4 orientalische Teppiche; farbiger Venetianischer Glasluster (K. 200)

25 St., K. 1 000, Oelgemälde und Aquarelle (darunter 10 Familienporträts, Privateigentum der † Herzogin) u. a. Aquarell Salzburg von A. Compton; 4 Aquarelle von Havlicek Abbazia; Oel. Lwd. Die drei Hohenbergischen Kinder. Sign. Dvorak 1908; Aquarell Belvedere von E. Graner; 3 Oel. Lwd. Fruchtstücke; farbige Radierung von Unger; grösseres Aquarell – Schafherde am Waldesrand bez. Jn. Hafemann; Aquarell Erzherzog einen Fünferzug kutschierend bez. Wilds usw.«

Schlafzimmer

(Abb. 15-54; 15-48, Zimmer 147) Im Jahr 1900 wurden Schlafzimmer eingerichtet.[263] 1904 hielt sich der Bettwarenerzeugergehilfe Wenzel Zupfer der Firma Pauly und Sohn aus Wien zehn Tage in Konopischt auf und war mit Änderungen an den Betten für die Herrschaften beschäftigt.[264] Eine Adaptierung beziehungsweise Reparatur im Schlafzimmer nahm die Firma Járay 1914 vor.[265]

Wahrscheinlich wurde das Schlafzimmer bereits kurz nach 1900 in der bis heute erhaltenen Form ein-

Abb. 15-54: Das gemeinsame Schlafzimmer von Erzherzog Franz Ferdinand und seiner Frau Sophie in Schloss Konopischt erhielt seine charakteristische Stoffbespannung kurz nach 1900. Die Vorliebe für moderne Stoffe als Basis für die Raumausstattung ist wohl auf den Einfluss von Sophie zurückzuführen. (© Tom Droppa)

schließlich der auffällig modernen Stoffbespannung eingerichtet. Die Zuschreibungen der Gemälde im Inventar 1915 an Wohlmut, Giotto, Guido Reni etc. zeigen, dass für diesen intimen Privatraum eine entsprechend hochrangige Auswahl getroffen wurde.[266] Passend zum katholisch geprägten Familienleben wurden für das Schlafzimmer marianische Bildsujets, mehrere Darstellungen der Madonna mit Kind, ausgesucht. Die Möblierung mit neuen Möbelsets und der ausgiebige Einsatz des durchgehenden Textildessins verleihen dem Raum ein besonders einheitliches Aussehen.

Inventar 1915:[267]

»2 Messingbetten, 2 Nachtkästchen mit weisser Marmorplatte; 2 elektr. Nachtkästchenlampen Bronze; elektr. Lampe versilbert; Nachtkästchenuhr mit elektr. Lampe (...) Heiligenbildchen auf Messing gem.; Doppelwaschtisch Marmor und Messing; 3 Paravents 6 und 2teilig; Kommode eingelegt mit Bronzebeschlägen; 2 Lampen Kupfer versilbert, grüner Schirm; Tischchen; kleines eingelegtes Kästchen; hohe Kommode reich intarsiert und Bronzebeschläge; Nepomukstatue Elfenbeinschnitzerei in vergoldetem geschnitztem Gehäuse; 2 blaue Porzellanvasen; Oelgemälde auf Leinwand Hl. Messe in der Konopischter Kapelle;[268] Damensekretär eingelegt, Bronzebeschläge; Kommode geschweifte Form, intarsiert mit Bronzebeschlägen; Betschemel eingelegt, 18. Jh.; Tischuhr Messinggehäuse, elektr. Lampe; Bettspeisetischchen; Divan mit 4 verschiedenen gemusterten Pölstern und 1 Rolle; Fauteuil mit buntem Polster; 4 Sessel; Armsessel poliert roter Lederüberzug; Teppich; 24 englische Farbstiche, zumeist Neudrucke; Holländischer Messingleuchter

Abb. 15-55: Das Schlafzimmer der Prinzen erhielt wie das Spielzimmer weiß lackierte Möbel. Die Präsenz des Jugendstilparavents überrascht, da Erzherzog Franz Ferdinand für seine vehemente Ablehnung dieser Stilform bekannt ist. (© Tom Droppa)

18 St., K. 9 000, Oelgemälde auf Holz, u. Lwd. u. a. Mariae Heimsuchung. Oel. a. Holz von Michael Wohlmut (Tradition zufolge alt Inv. No. 205 und No. 1); Tod Mariae; Hl. Maria in einem von einem Apostel gehaltenen Buche lesend, links hl. Johannes mit der brennenden Kerze, ringsum alle übrigen Apostel mit hl. Handlungen beschäftigt oder ihre Andacht verrichtend. Sehr interessantes Werk, leider total restauriert. Ebenfalls Michael Wohlmut zugeschrieben (alt inv. No. 197 u. 2); Heiligenbild Tempera auf Holz; frühitalienisch, Tronende Mutter Gottes umgeben von zahlreichen Heiligen und Engeln (alt Inv. No. 214 u. 44); 3 Heiligenbilder – Frühitalienisch Christus am Kreuze mit den hl. Frauen, den Soldaten, Juden (dem Giotto zugeschrieben, alt. Inv. No. 190); Madonna mit dem Christuskind in Landschaft, links hl. Hieronymus, rechts Heiliger mit Kreuz; Oelg. auf Lwd. Hl Magdalena lebensgrosse Figur – angeblich von Guido Reni?

Badezimmer Ihrer Hoheit: Kleiderkasten mit Spiegel; Doppelwaschtisch mit Marmorplatte; Personenwaage; 3 Stockerln; Tischchen; Kleiderständer Eisen; Badewanne Marmor;269 2 Thermometer; Bidet; Paravent, 5teilig; Paravent 3teilig; Wandspiegel; Toilettetischchen; Kästchen; Eckkasten; Fussschemel; 3 Sessel; 2 elektr. Kerzenlampen mit Glasschirm; Teppich; Holzkassette mit vollständiger Toilettegarnitur in Silber, Wien.«

Prinzenzimmer und Spielzimmer

(Abb. 15-14, 15-55; 15-48, Zimmer 144) Am 5. September 1905 kam eine Sendung von Bildern für die Zimmer der kleinen Herrschaften, wobei der Goldrahmen von fünf Stücken bereits beschädigt war.[270]

1908 erhielten »alle restlichen Kindermöbel, die bisher noch nicht angestrichen wurden einen neuen Anstrich«.[271] Das Prinzenschlafzimmer und das Spielzimmer weisen ebenso wie die vorangehenden Räume des Familienappartements Messingbetten und eine Tapezierung vieler Flächen mit demselben geblümten Stoff auf. Ein markanter Unterschied zeigt sich bei den Möbeln, wo keine historistischen, sondern modernere Typen ausgewählt wurden. Die Holzmöbel sind durchgehend weiß lackiert und weisen zarte blaue Linien entlang der Profilkanten auf. Diese Oberflächengestaltung trat auch in Franz Ferdinands Dienstwohnung im Stadtflügel der Prager Burg auf. In den Zimmern, die Kronprinz Rudolf 1881 für seine Gattin einrichten ließ, griff August Portois auf eine charakteristische Weißlackierung mit Akzentuierungen durch zarte blaue Linien zurück.[272] Als näheres Vergleichsbeispiel sei Stephanies Toilettentisch genannt, der zurückhaltendere Zierformen aufweist als die opulenten Louis-XVI.-Schlafzimmermöbel. Die Räume Stephanies wie auch die Kinderzimmer in Konopischt wirken durch die weißen Oberflächen hell und freundlich. Wahrscheinlich war diese Eigenschaft für die Wahl der Kindermöbel ausschlaggebend. Neben der Vorbildwirkung der Prager Wohnung sei auch auf den Zeitstil um 1900 verwiesen: Weiß lackierte bürgerliche Weichholzmöbel waren zu dieser Zeit bereits verbreitet. Auch in Eckartsau und im Belvedere kamen weiße oder cremefarbene, mit blauen Konturen versehene Möbel zum Einsatz.[273]

In den Kinderzimmern finden sich einige Elemente wieder, die überraschend deutlich in der Formensprache des Jugendstils gehalten sind. Hierzu gehören ein Paravent mit Darstellungen von Kindern und Tageszeiten oder längliche Grafiken in den Supraporten. Hinsichtlich des Aspekts der Kinderfreundlichkeit in den Prinzenzimmern sei angemerkt, dass den kreativen und spielerischen Bedürfnissen der Kinder genügend Platz eingeräumt wurde. Im Bestand erhalten sind Zeichnungen und Bastelarbeiten der Hohenbergkinder, die als Reflexionen ihres Weltbilds sehr eindrucksvoll sind. Dazu zählen ein aus Papiermaschee gefertigtes Modell von Schloss Miramar, wo sich die Familie gerne aufhielt, oder Zeichnungen mit Darstellungen von erlegter Jagdbeute oder einer Kapelle in alpiner Landschaft.

Inventar 1915:[274]

»2 Betten Messing; 2 Nachtkästchen; 3 Kleiderkästen; Kommode mit Glaskastenaufsatz; Kasten mit Bücheretagere und Büchern broschürt; Kommode; 4 Tische (2 klein); Sofa; Fauteuil; Armsessel; 4 Sessel; Sofa weiss blau geblumt; 2 Fauteuils dtto.; 3 Sessel dtto.; 4 Paravent, 5- und 3teilg; 2 Ofenschirme mit färbigen Zeichnungen; 2 Waschtische vollständig eingerichtet; Betschemel; Holzkiste eingelegt; Tischchen; Kleiderrechen Metall; Schultafel mit Gestell; Wandspiegel; 29 Kupferstiche, Kunstwerke, 1 Tuschzeichnung, Oelporträt Sr. k. u. k Hoheit, 5 Aquarelle, K. 500; 15 Photographien in Rahmen; elektr. Lampe; Wanduhr Metallgehäuse; 2 Kinderfauteuils geflochten, rot gepolstert; grosser Teppich K. 200.«

Novotnyzimmer

(Abb. 15-48, Zimmer 143) Inventar 1915:[275]

»Bett Messing (...) Kinderschreibtisch[276] (...) 12 Kunstdrucke, darunter 1 färbigers Bildnis Sr. Majestät K. 100; Oelgemälde aus Karton Ulan von Pock.«

Mademoisellezimmer

(Abb. 15-48, Zimmer 142) Inventar 1915:[277]

»Bett Messing (...) 17 grössere Kunstdrucke, Photogravuren.«

Prinzess-Zimmer

(Abb. 15-56; 15-48, Zimmer 141) Die weiß lackierten Möbel hielten offensichtlich nicht Einzug in das Schlafzimmer des ältesten Kindes. Der Möbelstil entspricht eher dem Salon der Mutter im 3. Stock. Aufnahmen von Bruner-Dvořák von ca. 1910 zeigen ein Messingbett und eine Barockkommode mit

Abb. 15-56: Rudolf Bruner-Dvořák, Fotoaufnahme des Schlafzimmers von Prinzessin Sophie in Schloss Konopischt, um 1910 (© Schlossarchiv Konopischt)

intarsierter Holzoberfläche. 1914 führte die Firma Járay Reparaturen durch.[278] Im Unterschied zum heutigen Zustand gab es ursprünglich kaum Ölgemälde, es waren vor allem Grafiken und Aquarelle mit sehr durchmischten Motiven, die einem kindlichen Interesse entsprechen, wie Genreszenen, Hundebilder, ein reitender Indianer etc. Die heute aufgestellte Sitzgarnitur ist nicht original.

Inventar 1915:[279]

»Bett Messing; Nachtkästchen eingelegt mit Nachtkästchenlampe; Waschtisch, Messing und Marmor; Paravent 4teilig; Betschemel; Kommode mit Glaskastenaufsatz eingelegt 18. Jh.; im Glaskasten zahlreiche Nippes K. 250; Toilettegarnitur Glas und Silber graviert: 2 dreiarmige Silberleuchter (...) Doppeltüriger Hängekasten eingelegt; Toilettetisch mit Spiegel; Tisch; Sofa, Fauteuil, 2 Armsessel, 2 Sessel, Stockerl, rotbraun überzogen, K. 300; Staffelei; Kasten mit Doppelglastüre; 2 Tischchen; 3 Teppiche darunter 1 grosser; 20 Schabkunstblätter, Kupferstiche, Lithographien; 8 Aquarelle u.a. von Monmon, Franz Alt (Votivkirche, Klosterneuburg, Landschaften); 2 Bilder, Pastell Mädchenkopf von Conring, Oelgem. a. Lwd. Papagei, von einem spanischen Künstler; Kruzifix aus Silber mit Weihwasserkessel; Kruzifix Perlmutter eingelegt.«

Salon

(Abb. 15-48, Zimmer 140) Frühere Bezeichnungen: »Tyrolerzimmer, Musikzimmer«. Der von zwei Seiten belichtete Salon war dem Schlafzimmer der Tochter zugeordnet und wurde gemäß historischen Fotos von allen Kindern als Schreib- und Musikzimmer genutzt. Dem Inventar und den Fotos zufolge gab es hier auch Möbel in Kindergröße. 1911 wurde ein neuer Ofen durch die Firma Fessler aus Wien aufgestellt.[280] Die heutige Einrichtung des Raumes im Sinne eines Erinnerungsraumes an die Ehefrau des Erzherzogs gibt den ursprünglichen Verwendungszweck des Ecksalons nicht wieder.

Inventar 1915:[281]

»Schreibtischkasten sehr reich eingelegt; Tisch eingelegt; Kinderschreibtisch; Tischchen rot überzogen; Bronzetopf; Pianino (Fma. Proksch);[282] Kommode eingelegt; Schreibtischkasten reich eingelegt; Sofa, 2 Fauteuils, Armsessel, Klaviersessel, 2 Polstersessel, trapp, grün und braun geblumt; Kinderstuhl mit geflochtenem Sitz; Kinderrohrfauteuil rot gepolstert; 3 Divanpölster; kleiner Polster mit Blumenmuster; Stockuhr eingelegt; Ofenschirm holzgeschnitzt mit Kupferstich Apotheose Josef I; Wandspiegel; 25 Bilder, Oelgemälde, Porträts, Landschaften, Aquarelle. 1 Porträt Prinz Max, 2 Photographien, 4 Stiche; grosser Teppich; Messingluster; Schreibtisch im Barockstil.«

Turmzimmer beim Salon

(Abb. 15-48, Zimmer 139) Inventar 1915:[283]

»Tisch; Sofa, 4 Sessel, licht grün gepolstert; 2 Pölster; Kasten mit Bronzebeschlägen; Tisch; Schreibtisch mit braunem Lederüberzug; 2 Porzellantöpfe; Tintenzeug (...) Leuchter Vogelfigur. Auf den Wandetageren: 5 Holzfiguren, Bauern und Bettler; 18 Bauernkrüge bemalt, 12 mit Zinndeckel; 10 Branntweinfläschchen bemalt; 6 Oelbilder auf Holz Vögel; Lusterweibchen; 2 Teppiche.«

Waffensammlung

(Abb. 15-11, 15-57, 15-59, 15-48, Zimmer 166) Die Sammlung hat bis heute einen international hohen Stellenwert und gelangte mit dem Este-Erbe in den Besitz Franz Ferdinands. Den italienischen Bestand erweiterte der Erzherzog durch den Ankauf weiterer, vor allem renaissancezeitlicher Stücke.[284] Die wissenschaftliche Aufarbeitung der Waffenkollektion von Konopischt erfolgte bereits durch mehrere Autoren.[285] 1915 wurde der zum Privateigentum Franz Ferdinands zählenden Waffensammlung ein eigenes Inventarbuch gewidmet.[286] Das Inventar liefert genaue Beschreibungen der einzelnen Sammlungsobjekte und wurde in den Forschungsbeiträgen zur Waffenkollektion bislang nicht berücksichtigt. Viele Beispiele der Waffenschmiedekunst werden in die 2. Hälfte des 17. und in das 18. Jahrhundert datiert, einige Stücke, wie etwa türkische Waffen, stammen aus dem 16. Jahrhundert. Ebenfalls ins 16. Jahrhundert werden mit einem besonders hohen Schätzwert bezifferte italienische Waffen aufgeführt, die durch Einlegearbeiten mit Elfenbein hervorstechen. Die ältesten Sammlungsgegenstände gehen in das 15. Jahrhundert zurück, wie deutsche Streithämmer und italienische Turnierrüstungen. Im typologischen Spektrum vertreten sind auch Jagdwaffen und Bestecke. Im Abschlusswort des Inventars 1915 heißt es: »Die gesamte vorstehend verzeichnete Waffensammlung wird als Ganzes und als einheitliche Sammlung nach genauer und wissenschaftlicher Prüfung und Bewertung der einzelnen Stücke unter Berücksichtigung des Umstandes, dass es sich um Objekte handelt, welche nicht nur keinen Ertrag abwerfen, sondern noch zum Zweck der Reinigung und Erhaltung einen Aufwand erfordern, geschätzt auf insgesamt 950.000 K.«

1891 wurden Neumann und Kayser nach Italien geschickt, um die geerbte Waffensammlung zu inspizieren.[287] Die bauliche Umgestaltung des ehemaligen Theatersaales aus dem Rokoko, der zu Beginn des 19. Jahrhunderts der Lobkowicz-Familie als Gemäldegalerie gedient hatte, erfolgte durch Josef Mocker 1893. Die Fenster wurden verkleinert, die De-

Abb. 15-57: Rudolf Bruner-Dvořák, Fotoaufnahme der Waffenhalle, um 1910. Die Aufstellung der estensischen Waffensammlung in Konopischt erfolgte ab 1895 durch Carl Costenoble. (© Schloss Artstetten)

Abb. 15-58: Adolf Litschel, ausgeführter Entwurf für Waffenvitrinen im Korridor vor der Waffenhalle, Bleistift auf Papier, Februar 1897. Der Bildhauer Carl Costenoble lieferte vorab eine Skizze, die der Tischler Litschel in mehreren Zeichnungen mit unterschiedlichen Stilvarianten verarbeitete. (© SOA Praha)

Abb. 15-59: Der Zugang vom hydraulischen Pater Noster zu den Privatgemächern im dritten Stockwerk führt durch den Korridor mit den Waffenvitrinen von Litschel. (© AS)

cke, der Fußboden und die Wandverkleidungen neu hergestellt.[288] Im September 1895 wurde die Estensische Waffensammlung aus Catajo in Konopischt angeliefert. Für die Schauaufstellung der Waffen wurde der Bildhauer Carl Costenoble engagiert.[289] Im Fotoalbum »Weidmannsheil« von 1897 ist die Waffensammlung mit verhältnismäßig vielen Aufnahmen vertreten. Dokumentarisch wertvoll sind die Aufnahmen einerseits, weil sie den Zustand der Waffenhalle bald nach der Fertigstellung festhalten, und andererseits, weil sie auch die Anbringung weiterer zur Sammlung gehöriger Waffenarrangements in Bereichen außerhalb der Halle zeigen, die langfristig nicht bestehen blieben. Die thematisch spezialisierten Arrangements nach Waffensorten wurden in einem Verbindungsgang zwischen dem Schreibzimmer des Erzherzogs und dem Krickelzimmer, in einem Stiegenaufgang, im Trabanten- und Turmzimmer (Abb. 15-11) neben der Waffenhalle sowie, in bis heute erhaltener Form, im Gang vor der großen Bibliothek (Abb. 15-10) und an den Wänden im Rittersaal (Abb. 15-41) präsentiert.

1897 legte der Wiener Tischler Adolf Litschel einen Kostenvoranschlag für Waffenkästen in den Korridoren vor der Museumshalle vor. Wieder erwähnt Litschel beim Voranschlag für das Turmzimmer und die Korridore im 3. und 4. Stock ihm vorliegende Entwürfe von Carl Costenoble.[290] Passend zur Schriftarchivale gibt es vier zugehörige, bislang unbekannte Bleistiftzeichnungen mit dem Firmenstempel Litschels. Zur Ausführung gelangte die Korridorgestaltung für den »IV. Stock« (Abb. 15-58, 15-59) und das Turmzimmer (Abb. 15-60). Die in Zierrahmen eingefassten Zeichnungen haben einen Präsentationscharakter ohne die Qualität technischer Tischlerentwürfe. Aussagekraft besit-

Abb. 15-60: Adolf Litschel, ausgeführter Entwurf für das Turmzimmer bei der Waffenhalle in Schloss Konopischt, Februar 1897. Wieder lagen dem Tischler Skizzen von Carl Costenoble vor. (© SOA Praha)

zen die Blätter mit verschiedenen Stilvarianten auch hinsichtlich der unbekannten Skizzen Costenobles und der weiteren Tischlerarbeiten, an denen Costenoble beteiligt war. Costenoble legte, was den Stil betrifft, offensichtlich wenig spezifische Entwürfe für die Einbauvitrinen vor, wodurch der Tischlerei die Aufgabe zufiel, die Detaillösungen mit dem Auftraggeber zu vereinbaren. Formell schließt der plastisch kräftig durchgestaltete Plafond des Korridors an die Kassettendecke der Bibliothek an. Der in Formen der Neorenaissance gehaltene Holzverbau der Wände, der Tür- und Fensteröffnungen durch Vitrinen, die fließend in den Plafond übergehen, lässt keine freien Wandflächen im langen Korridor zur Waffenhalle mehr übrig.

Für 1914 sind Rechnungen von Sigmund Járay für Reparaturen im Waffensaal erhalten. Der Tapezierer Gruber arbeitete vom 23. Juni bis zum 2. Juli 1914 an 7 Fautcuils, bei denen die Posamenterie ab und neu montiert wurde, sowie an der Herrichtung eines großen Kanapees im Waffensaal.[291] Am 11. August 1914 verrechnete Járay für den »Waffensaal 2 Stück Tischtücher aus rotem Tuch, als Unterlage für vorhandene durchbrochene Tischdecken 145 x 135, 1 Stück detto 160 x 1, 5, 1 Stück detto 250 x 200.«[292]

Gänge und Stiegen

Die langen Gänge und Stiegenhäuser boten Platz für größere Bildserien des Erzherzogs und für die Präsentation der großen Ansammlungen an Jagdtrophäen. Hierbei wurde eine große Anzahl einer Geweihtype als Grunddekoration gewählt und dazu diverse Trophäen zur Auflockerung arrangiert, wobei oft zwei Präparate einer Tiersorte symmetrisch flankierend eingesetzt wurden.

Gang im Parterre

(Abb. 15-20, Zimmer 42) Heute hängen hier Grafiken von Monsorno.[293] Die im Inventar genannten Porträts zählen wohl wie jene im 1. Stock vor dem Schatzappartement zum estensischen Gemäldebestand, den der Erzherzog aus Chlumetz nach Konopischt bringen ließ.

Inventar 1915:[294]

»238 St., K. 1 200, Blatt militärische Szenen unter Glas und Rahmen S. A. [Pos. fehlt im Anhang]; 18 Oelgemälde aus lwd. Portraits von Herrschern, Päpsten, Malern, Feldherren, Staatsmännern; 30 Stiche, Lebensgeschichte des Papstes Aeneas Silvius, des römisch-deutschen Kaisers, Dogen usw. 23 Blatt Ridinger S. A. [Pos. fehlt im Anhang]; 1 Holzfigur (Hl. Marie mit Jesuskind); Console; 3 Birkenhahnstösse; 38 Birkenhahnköpfe mit Stoss; 5 Auerhahnstösse mit Stoss; 11 Auerhahnstösse; 2 Moufflonhörner; Moufflonkopf; 7 Fuchsköpfe; 35 Sauwaffen; 7 Eulenköpfe; 2 Adler praep.; 167 Rehkrickeln Abnormalitäten; 87 Hirschgeweihe, wertvolle Abnormalitäten, Naturköpfe usw.; Betstuhl; 2 Renaissance Holztruhen der Vorderseite aufs reichste geschnitzt; Tisch; Sessel; Porzellanvase; kleiner holländischer Messingluster.

Gang im 1. Stock Abnormalitäten

(Abb. 15-25, Zimmer 78) Inventar 1915:[295]

52 Kupferstiche, Porträtsköpfe von Regenten aller Zeiten; 23 Blatt Ridinger: Jagdbare Tiere; 1 Fotographie; 14 Hirschgeweihe.«

Gang im 1. Stock beim Schatzappartement

(Abb. 15-25, Zimmer 92) Die im Inventar genannten Porträts befanden sich in der estensischen Erbmasse des Schlosses Chlumetz, wo sie ursprünglich im Stiegenhaus aufgehängt waren.

Inventar 1915:[296]

»St. 53, K. 7 500 Oelgemälde auf Leinwand, Lebens- und überlebensgrosse Bildnisse österr. Regenten, Fürstlicher und gräflicher Standesherren u. a Grafen Wolfegg, Fürstenberg, Althammer, Marchesi degli Obizzi (Nachfolger der Este); 38 kleinere Bildnisse von Edeldamen, Feldherren, Gelehrten u. s. w. des 16.–18. Jh.; Hirschgeweihe, Moufonskopf praep.; Auerhahnstösse (...).«

Gang im 1. Stock vor dem großen Speisesaal

(Abb. 15-61; 15-25, Zimmer 78) Járay stellte 1914 eine Rechnung für »Korridor 1. Stock und 3. Stock, Bilder, Geweihe etc. montiert vom 6.6. bis 13.6.1913 im Schloss«.[297]

Inventar 1915:[298]

»301 Hirschgeweihe und Damschaufler darunter außerordentlich starke kapitale Stücke – der 5000ste Hirsch usw.; 2 Tigerfelle (...) 15 Dachsköpfe, 5 Lamaköpfe, Bär in Naturgrösse; St. 2, sehr grosse Kohlenzeichnungen von Pausinger sign. 1891 Rehe im Walde, 2 kämpfende Hirsch; 102 St., K. 2 000, Blatt Kupferstiche von Ridinger, Jagdtiere, Jagdarten, Fährten, Jahreszeiten, sehr schöne Blätter; 2 St., Holztruhen architektonisch gegliedert, reich intarsiert 18. Jh.; Renaissance Halbkasten mit geschnitzten Füllungen; 59 St., K. 800, 2 Vitrinen mit kleineren Antiquitäten: Kupfervergoldete Renaissanceplaquette; Bestecke; Mühlspiel aus farbigen Beineinlagen; Glocke; Dosen mit Ornament en relief; 3 Löffel, 17. Jh; 6 Astrolabien; Doppeladler, holzgeschnitzt und vergoldet; Kammerherrenschlüssel bronzevergoldet; goldenes Vliess; Schiefertafel mit den 12 Monaten, Arbeit des Ludwig im Land aus dem J. 1508; Miniatur.«

Gang im 3. Stock zur Schlosskapelle

(Abb. 15-62; 15-44, Zimmer 118) Zur Vertäfelung ist eine Rechnung von Anton Pospischil aus dem Jahr 1913 erhalten.[299]

Inventar 1915:[300]

»K. 400, Ölgemälde auf Holz Hl. Hubertus Deutsche Schule des 16. Jh.; Holzbild geschnitzt aus dem Holze

Abb. 15-61: Rudolf Bruner-Dvořák, Fotoaufnahme des Gangs vor dem Speisesaal im ersten Stockwerk von Schloss Konopischt (© Schloss Artstetten)

Abb. 15-62: Rudolf Bruner-Dvořák, Fotoaufnahme des Gangs zur Schlosskapelle in Schloss Konopischt (© Schlossarchiv Konopischt)

des Kriegsschiffes Novarra en relief Krone, Anker, Eichenkranz; 5 St., Holztruhen darunter 2 mit reich geschnitzten Vorderblättern im Renaissancestil, 1 Bauerntruhe mit Intarsien; 167 Hirschgeweihe, 114 Sauwaffen, 151 Vogelpräparate (…) 150 Rehkrickeln, 2 Leopardenfelle; 2 schwarze Hängelaternen aus Schmiedeeisen, K. 1300, Vitrinen mit 136 Antiquitäten S. A. [Pos. fehlt im Anhang].

1065 St., K. 8 000, Die österreichisch-ungarische Armee, äusserst wertvolle und umfangreiche Sammlung von sehr seltenen Blättern darstellend das ö. u. Militär vom XVII–XIX. Jahrhundert, vertreten sind: Oesterr. Heer 1790–1809; 1809–1835; Serien der Kriegsszenen; österr. Geschichtsblätter, österr. Heldensaal; Momente aus österr. Kriegsgeschichte; Der Feldzug 1848–49, Grosse Milit.-Tableaux 1701–1704 Uniformen, Porträts, Revues, Kirchenparaden, Einzüge, Schlachtenszenen, Ansichten von Festungen, Belagerungen u.s.f., Serien von Trensenskyblättern, Farbige Lithographien, grosse Aquatinta-und Schabkunstblätter, Aquarelle, Höfelich und Artaria Drucke; Vertreten sind die bedeutendsten vaterländischen Stecher, Lithographien, Schlachtenmaler u.a. Pettenkofen, Lancedelli, Weixelgärtner , Treml, Carl Schindler, Strixner, Kobell, Gauermann, Nähle, Strassgschwandtner, Laiser, Heicke, L'Allemand, Katzler, Bachmann, Hohmann, J. N. Geiger, Habermann, Kriehuber, Huchtenburg, C. Schütz, Kinninger, Stubenrauch, J. Schindler, Wagner, Franz Albrecht Adam. Von den Blättern wären hervorzuheben: Jugendarbeiten von Pettenkofen; ein Aquarell von Treml – D'Aspre und das Regiment Kinsky; 1 sehr grosses Aquatintablatt, die Belagerung von Valenciennes von Carl Schütz 1793; 2 grosse Schlachtenszenen v. Leipzig, 12 grosse Kupferstiche von Huchtenburg, Schlachten unter Prinz Eugen, Malplaynet, Chiari, Hochstadt u. s. w); 1 gr. Blatt von Rugendas – Die Gefangennahmen Vandames bei Kulm; Apotheosen und allegorische Triumphe der Alliierten unter Napoleon; Bombardement von Venedig von Borghesi; sehr seltene Porträt-Lithographien von Kriehuber, Kaiser, Lanzedelli.«

Stiege im 3. Stock zum Schatzappartement

(Abb. 15-48, Zimmer 158) Inventar 1915:[301]

»83 Militärische Szenen, Aquarelle von Treml, Lithographien usf., 18 grosse Blatt Ridinger Pferdedressur.«

Parterre Gang beim Eisenzimmer

(Abb. 15-20, Zimmer 54) Die komplette Auskleidung des tonnengewölbten Ganges und der Fensternische mit der historistisch gegliederten Täfelung ist auf die eingelassenen Renaissance-Holzschnitte abgestimmt. Wie auf der anderen Zugangsseite zum Kronprinzenappartement ist die Übergangszone bereits im Sinne einer Burgausstattung gestaltet.

Inventar 1915:[302]

»85 Holzschnitte, Darstellungen aus dem alten Testament – Passion Christi, eingesetzt in die Täfelung; 2 Glasfensterbilder St. Hubertus nach Dürer; Renaissance-Holztruhe, figural reich geschnitzt.«

Gang vor dem Kronprinzenappartement

(Abb. 15-20, Zimmer 65) Inventar 1915:[303]

»59 St., grosses Oelg. auf Lwd. Porträt eines Grafen Wrtby, überlebensgross, datiert 1687; 58 Blatt Ridinger, Figuren aus der Geschichte, Jagdtiere, Pferde; 28 Hirschgeweihe; 26 Sauwaffen; 2 Renaissancetruhen; grosser Renaissancemörser mit Akantusblattornament und Engelsköpfen.«

Hauptstiege im Schloss

(Abb. 15-20, Zimmer 41; 15-25, Zimmer 106; 15-44, Zimmer 121; 15-48, Zimmer 160)

Inventar 1915:[304]

»43 Kupferstiche Ridinger Blätter über die Reitkunst; 102 Auerhahnstösse (...) 49 Eulenköpfe, 286 Sauwaffen, 330 Rehkrickeln, 2 Bären präpariert (...) Engelskopf auf Holz, vergoldet; 8 kleine Holzkassetten, Kerbholzschnitzerei bemalt, 17. und 18. Jh.; 3 Eisenkassetten klein, bemalt 17. und 18. Jh; 5 Hl. Georgsfiguren, Holzschnitzerei mit alter Fassung, deutsch 16.–17. Jh.; 6 Mörser aus Bronze u. a. einer datiert 1756 »Francesco Lopez Abalos«; 4 Knödelköpfe Tridentinter; 3 Stand- und Hänge-Eisenlaternen; 2 Holzfiguren Hl. Magdalena, Petrus und Paulus; Schlittensitz Barock; 2 kleinere Holztruhen; Tisch braun gebeizt.«

Stiege vom kl. Hof zur Kapelle

(Abb. 15-44, Zimmer 112) Inventar 1915:[305]

»Altar aus Holz, Triptychon mit Predelle hl. Georg gotisch mit teilw. alter Fassung; 8 Holzfiguren, grössere und kleinere, bemalt; 8 Consolen; 3 Oelbilder auf Lwd. u. a. ein grösseres Altarbild, Knieende Nonne vor der Madonna – Legende auf ein Mitglied der habsburgischen Familie; Kreuz mit Christus; Holzrelief.

Schneckenstiege vom Kronprinzenappartement zum Stanovskyzimmer«

(Abb. 15-25, Zimmer 67) Inventar 1915:[306]

»17 Photos in Rahmen; 202 Stiche und Holzschnitte; 2 Oelbilder dto. Geschenk an den † Erzherzog; Messingschüssel im Fond Mariae Verkündigung; Türkischer Messingtopf; 2 Messingleuchter; Seidenstickerei Madonna in venetianischem Glasrahmen eingelassen.«

Aufzug

1896 erfolgte die Montage eines hydraulischen Pater Nosters im Schloss. Hergestellt wurde er von der Firma W. Philippi aus Wiesbaden. Der Sicherheitskäfig stammte von der Prager Firma Fanta und Jiresch.[307]

Inventar 1915:[308]

Liftkabine: »Sessel mit Lederüberzug; 2 Kanapé geblumt; 8 Bilder, 5 farbige Kupferstiche; 1 Oel auf Holz.«

Eingang in Aufzug Parterre: »5 grosse Blatt Kupferstiche, Stadtansichten; 13 Hirschgeweihe.«

Lift im 1. Stock: »5 Bilder, grössere Blatt Ridinger, K. 100; Schmiedeeiserne Wandlaterne; Geweihe (...) Renaissance Stuhl.«

Lift im Mittelstock: »Geweihe (...) 75 Kupferstiche; Porträts von Fürsten, Feldherren etc.; 14 St., K. 2 500, Gemälde Tempera und Oel auf Holz der italienischen und deutschen Schule des 15.–17. Jhs. Hervorzuheben sind 4 Heiligenbilder in schwarzem Rahmen, deutsche Schule des 15. Jh., Tempera auf Holz – Heil. Hippolyt, heil. Antonius d. Eremit, hl. Märtyrer, bezeichnet 1422; hl. Johannes; Tempera Holz auf Goldgrund – Madonna mit Jesuskind – Italienisches Trecento (Estensisch lt. Zettel aus Catajo de la chiesa stammend bez. 1868 und No. 4482 und 202); Kreuzigungsgruppe – italienisches Trecento – Schule von Florenz oder Siena – Tempera auf Goldgrund (Estensisch, alte Katalog-No. 44 Reale Palazzo di Catajo), höchst interessantes und charakteristisches Werk des italienischen Trecento, Christus zwischen den beiden Häschern, am Fusse des Kreuzes Maria mit den hl. Frauen und zahlreiche Staffage, Spruchbänder.«[309]

Lift im 3. Stock: »Geweihe (...).«

DIE PARKANLAGE ALS ERWEITERTER PRIVATRAUM

Entwicklung des Parks

Der weitläufige Schlosspark von Konopischt (Abb. 15-63) lag Franz Ferdinand besonders am Herzen. Der Erzherzog war in hohem Grad an der Neugestaltung der Parkanlage persönlich beteiligt. Der für das kulturelle Umfeld Franz Ferdinands relevante Gartenarchitekt und Botaniker Camillo Schneider schrieb in seiner Einleitung in der Zeitschrift der Dendrologischen Gesellschaft 1913: »Das haben besonders die heutigen Vertreter des Kunstgewerbes erkannt, die ja in der Innengestaltung der Wohnungen zu großen Höhenpunkten in künstlerischer Hinsicht gelangt sind. Freilich läßt sich in der Wohnung die persönliche Note des Besitzers ganz anders zur Geltung bringen als im Garten. Wenn dieser aber, was die heutige Zeit mit Recht fordert, gleichsam die erweiterte Wohnung ist, so ergeben sich innige Beziehungen zwischen Haus und Garten, daß beide zur Gesamtheit ›Wohnung‹, ›Wohnsitz‹ verschmelzen.«[310] Dieser zeitgenössische Denkansatz, den Garten als erweiterten privaten Wohnraum wahrzunehmen, bildet die Basis für die Berücksichtigung des Konopischter Parks als Teil der Wohnkultur Franz Ferdinands. Die persönliche Sphäre der erzherzoglichen Familie blieb hier nicht nur auf die unmittelbare Umgebung des Schlosses begrenzt, sondern umfasste circa 340 Hektar Parkgebiet sowie einige zum Gut gehörige Dörfer und Gehöfte, die sukzessive entvölkert und zu einer privaten Kulisse transformiert wurden.

Einleitend sei erwähnt, dass die Literatur den Park von Schloss Konopischt als nicht weiter spezifizierten Landschaftsgarten mit vielen exotischen Gehölzen und einem Rosengarten würdigt.[311] Da der heutige Zustand der Bepflanzung im Vergleich zu den ursprünglichen Konzepten als schlecht beziehungsweise reduziert erhalten bezeichnet werden muss und in den Publikationen keine Quellenanalyse eingearbeitet wurde, blieben bislang wesentliche entwicklungsgeschichtliche Aspekte der Parkgestaltung unentdeckt.[312] Der wiederholt aufscheinende allgemeine Verweis auf die Vorbildwirkung des Parks von Pruhonitz ist eine wichtige Spur, stellt aber keine ausreichende Substitution für die verlorenen Charakteristika der Konopischter Parkanlage dar. Auf die hier umgesetzten gestalterischen Prinzipien, die aktuell in England geprägt wurden und unter den Oberbegriff »Naturalistische Gartenkunst« fallen, soll kurz eingegangen werden.

Historisch gewachsen ist die weitläufige und waldreiche Parkanlage von Konopischt durch die Umwidmung von Fluren und Forstgründen zu einem Landschaftsgarten in der ersten Hälfte des 19. Jahrhunderts. Die von der Familie Vrtba initiierte Parkgestaltung bestand aus mehreren Gartensektionen rund um das Schloss und dem Meierhof. Entlang der Zufahrten zum Schloss wurden flan-

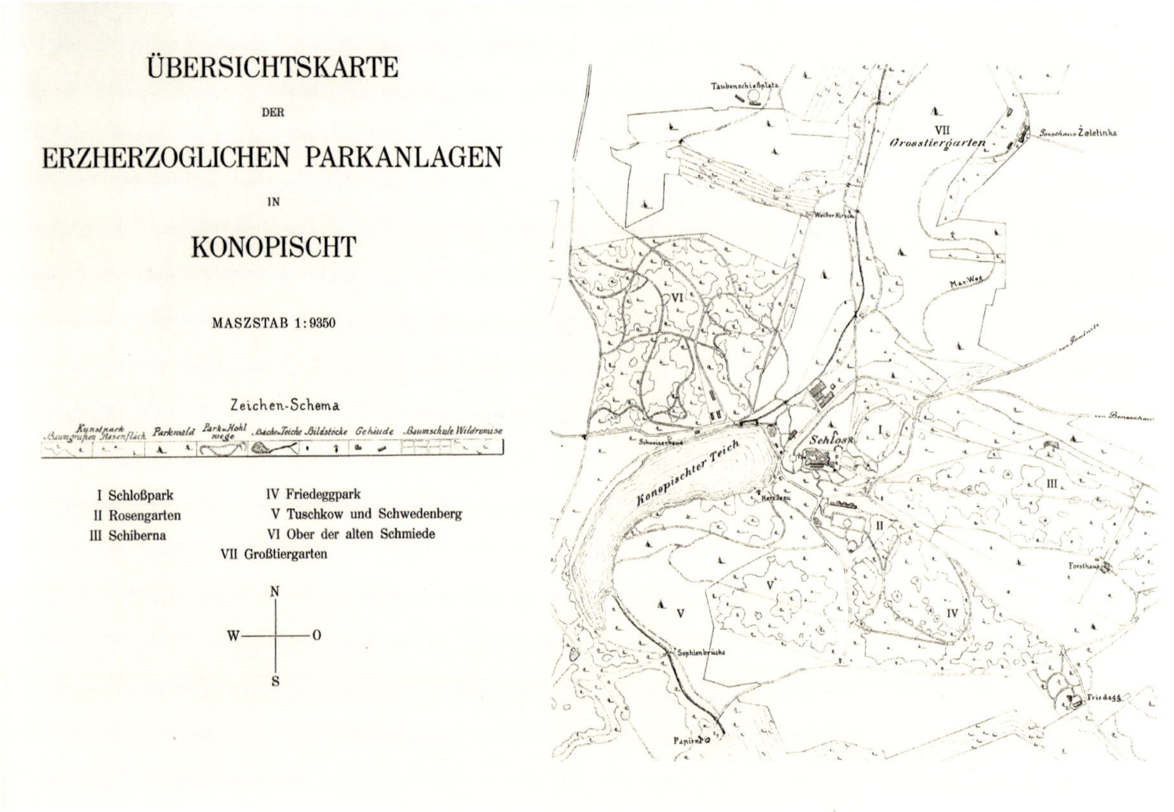

Abb. 15-63: Camillo Schneider, Übersichtsplan der Parkanlage aus dem Beitrag über Konopischt, 1909 (© Schneider 1909)

kierende Baumbepflanzungen angelegt. Die längste, nach Südost gelegte Achse mündete in den Wald von »Schiberna«, wo von einem zentralen, figurenbesetzten Platz zwölf Wege sternförmig in den Waldpark abstrahlten.

Unter Franz Ferdinand wurden nach und nach die bewirtschafteten Flure zwischen den zum Schloss führenden Zufahrtswegen mit durchgestalteten Parkflächen aufgefüllt. Die hervorragende Eignung des Parkareals zur Jagd stellte unumstritten ein wichtiges Argument für den Ankauf der Konopischter Güter durch Franz Ferdinand dar. Bereits Kronprinz Rudolf, der für den jungen Erzherzog eine wichtige Bezugsperson war, nahm mehrfach die Einladung zur Jagd in Konopischt durch den Fürsten Franz Lobkowicz an.[313] Dasselbe an Franz Ferdinand gerichtete Offert des Fürsten führte zum ersten Besuch des Erzherzogs in Konopischt am 28. Oktober 1886.[314] Später wurde Franz Ferdinand selbst Gastgeber etlicher hochkarätig besetzter Jagdgesellschaften in Konopischt.

Die Ausstattung des erzherzoglichen Schlosses wird neben den anderen facettenreichen Sammlungen durch die Omnipräsenz der Jagdtrophäen vom Jagdsujet dominiert. Im Beitrag über Konopischt in der Zeitschrift »Für's Jagdschloss« schreibt Camillo Morgan 1906: »Aus Konopischt ist durch den hohen Herrn geworden, wozu es durch seine Lage inmitten der herrlichen Wildgehege prädestiniert ist; Eines kaiserlichen Nimrods Gejaidschloß, an waidmännischem Schmucke und Prunke wohl das schönste in Österreich!«[315] Die gängige Rezeption des Konopischter Parks als Wildgehege im Stil eines Landschaftsgartens wird der Komplexität der ursprünglichen Anlage jedoch nicht wirklich gerecht.

Der ausgedehnte Konopischter Teich westlich des Schlosses, auf den Franz Ferdinand einen vorzüglichen Ausblick von seinen Privatgemächern aus genie-

Abb. 15-64: Fotoaufnahme mit dem Bildtitel »Blick vom Arbeitszimmer Sr. Kaiserl. Hoheit über den Teich« aus Camillo Schneiders Beitrag in der Zeitschrift der Dendrologischen Gesellschaft, 1909 (© Schneider 1909)

ßen konnte, bildete einen topografischen Fixpunkt für die Konzeption des Parks. Schneider nahm in seinen 1913 publizierten Artikel über den Park das Foto »Blick vom Arbeitszimmer Sr. Kaiserl. Hoheit über den Teich« in die Bildauswahl auf (Abb. 15-64). Unter Franz Ferdinand wurden die ersten Umgestaltungen im Gartenareal 1888 unternommen.[316] Begonnen wurde mit dem Bereich nordöstlich des Schlosses, es folgten die Parkteile »Schiberna« 1892 bis 1893, an dem Max Fabiani beteiligt gewesen sein soll,[317] sowie »Friedegg« und »Tuschkow« 1898 bis 1899, anschließend wurden die Fluren bei »Schwedenberg« und »Chwojen« bepflanzt.[318] Im Jahr 1889 wurden Ausgaben für Koniferen registriert.[319] 1891 scheinen die Namen des Schlossgärtners Maximilian Ližan sowie des Baumgärtners Wenzel Zahora auf.[320]

Um 1895 entstanden die ersten Forsthäuser und landwirtschaftlichen Bauten, wobei die Streuung der Objekte im weitläufigen Gelände klarmacht, dass Franz Ferdinands Vorhaben, einen großen Teil der Umgebung in seinen Park einzugliedern, zu dieser Zeit bereits feststand.[321] 1898 bis 1899 wurden massive Eingriffe in Schlossnähe unternommen. Der Meierhof und weitere Häuser wurden abgerissen, neue Wege und ein Teich angelegt.[322] Es ist davon auszugehen, dass in dieser Phase der Entschluss fiel, einen Rosengarten auf der durch die Abrisse frei gewordenen Fläche anzulegen. Obwohl die tatsächliche Realisierung erst 1905 bis 1913 erfolgte, fällt das Konzept für den abgesetzten Bereich des Rosengartens in den früheren Entwicklungsabschnitt der Konopischter Parkgestaltung.

Die sukzessive Erweiterung des Areals erfolgte vorerst in der Form der klassischen englischen Landschaftsgärtnerei. Zum Repertoire zählen weitläufige Rasenflächen, natürlich gestaltete Seen, einzeln stehende Baumgruppen und die Integration romantischer Architektur- und Skulpturversatzstücke.[323] Zu Letzteren gehörten Objekte unterschiedlichen Alters, Stils und Provenienz, die laufend ergänzt wurden. Zu den vorhandenen barocken Elementen zählen das prominente Zufahrtsportal, ein Werk des Architekten František Maximilian Kaňka und des Bildhauers Matyáš Bernard Braun, barocke Parkbänke aus Gussbeton oder ein Kreuzweg, den der Erzherzog 1905 umplatzieren und um eine Lourdesgrotte zum Andenken an seinen Besuch der Pilgerstätte erweitern ließ.[324] Acht mythologische Standbilder der Driaden, die einst den zentralen Platz von »Schiberna« schmückten, wurden an die Nordseite des Schlosses umgesetzt.[325] Zu den romantischen Objekten zählen eine gotisierende Brücke in »Schiberna«, ein asiatisch anmutender Pavillon aus Kork und eine nicht erhaltene ähnliche Brücke am Rand des Rosengartens.[326] Eine zeitgenössische Skulptur ist der auf der Südterrasse ausgestellte »Rüdenführer« aus Bronze von J. Fux von 1896 (Abb. 15-68).[327] Eine weitere Neuanfertigung ist die Terrakottafigur der Jagdgöttin mit Hirsch, eine Kopie der Diana von Versailles, die ursprünglich als Dominante am Eingang des komplett neu angelegten Dianagartens aufgestellt war.

Den größten Anteil der skulpturalen Gartenausstattung machten barocke Stücke aus. Ab 1906 wurden aus dem estensischen Erbe stammende Teile von der Villa Catajo nach Konopischt gebracht.[328] Barocke Skulpturen wie die Gruppe von fünf antiken Götterstatuen, eine Janusskulptur, die durchbrochene Brunneneinfassung mit spielenden Putti, die Sappho- und Kleopatrasäule, eine Serie von Hermen, Steinvasen, der komplette Brunnenaufbau des Neptunbrunnens, der bei der Aufstellung eine elektrische Beleuchtung[329] erhielt, aber auch Antiquitäten wie antike Kapitelle oder gotische Spiralsäulen wurden in den Garten integriert.[330] 1908 hielt sich Fürst Lobkowicz' Garteninspektor Emanuel Ordnung beim Thronfolger in Konopischt auf.[331] 1909 errichtete der Bildhauer Elia von der auf Steinguss spezialisierten Firma Ceconi aus Salzburg vier Pyramiden und zwei Säulen im Rosengarten.[332]

Bislang unentdeckt geblieben ist die Herkunft der Statuen, die am Südrand des Rosariums Aufstellung fanden (Abb. 15-65). Es handelt sich um Figuren von der Attika des Oberen Belvedere, die zum originalen Baukonzept Hildebrandts zählen. Die Abgabe der vierzehn auf Untersicht ausgelegten Sandsteinfiguren von Franz Ferdinands Stadtresidenz im Belvedere nach Konopischt – nach einer Renovierung durch den Bildhauer Frühauf – ist für den 20. April 1909 dokumentiert.[333] Beim Abgleich mit den heute sich in situ befindlichen Figuren des Belvedere konnte eine formelle Übereinstimmung einer bärtigen Männerfigur festgestellt werden. Es ist demnach zur Replizierung von Teilen der figürlichen Verzierung der Attika des Belvederes gekommen. Dem Aktvermerk nach müsste es sich bei den Konopischter Exemplaren um die Originale handeln. Für die Identifikation des barocken Bestands wäre eine technische Untersuchung hilfreich.

1910 kamen drei Waggons mit Steinen aus Battaglia, die Janusfigur und der Neptunbrunnen aus Catajo an. Die Lieferung wurde von Giovanni Maletti, dem Schlossverwalter von Catajo, und einem Dolmetscher begleitet. An der Aufstellung der Plastiken arbeiteten Julius Reiter, Paul Knotz und ein Maurer.[334] 1911 wurden Figuren durch den Bildhauer Anton Smejkal von der Firma Pokorny & Nucic im Blumengarten versetzt.[335] 1912 folgten Arbeiten an Steinfiguren, Vasen und Obelisken durch einen Bildhauer von der Firma Jacob Ceconi.[336]

Was die Frage nach der Autorenschaft für die ersten Konzepte des klassischen Landschaftsgartens einschließlich des Rosengartens betrifft, sind Namen von Gärtnern aus dem Kreis des Wiener Hofes überliefert. Für das Jahr 1904 erfasst Aichelburg, offensichtlich aus einer Evidenz der Dienstwohnungen im Postgebäude, die Aufenthalte mehrerer auswärtiger Gärtner: Engelbert von Graf, Hilfsgärtner der Kommune Wien, August Habicsovsky, Hilfsgärtner der Hofgartenverwaltung Schönbrunn, und Benedka, Gartengehilfe vom k.k. Hofgarten. Ab 1905 trat wiederholt Franz Maxwald, Gärtner von Baron Rothschild, bei Visitierungen etc. auf. 1906 wird Anton Umlauft, Gar-

Abb. 15-65: Vierzehn Figuren am Südrand des Rosariums im Schlosspark Konopischt wurden 1909 von der Attika des Oberen Belvedere nach Konopischt gebracht. (© AS)

tendirektor des k.k. Hofgartens Schönbrunn, genannt.[337] Umlauft hatte 1897 für Franz Ferdinand auch einen Plan für die Parkgestaltung von Eckartsau ausgearbeitet.[338] Mehrere Jahre in Konopischt tätig war der kaiserliche Hofgärtner Karl Mössmer, der auch mit Arbeiten im Garten von Schloss Ambras, Schloss Hernstein und im Belvederegarten in Prag beauftragt war.[339] Die meisten Autoren nennen seine Aktivität in Konopischt ab 1906, als er mit dem Prager Gärtner Rozinka[340] den Rosengarten in Angriff nahm und hier barockisierende Broderieparterres mit der Rosensammlung des Erzherzogs anlegte (Abb. 15-66).[341] Eine bislang nicht beachtete Rolle bei der Konzeption des Rosengartens hatte der Architekt Ludwig Baumann. Von seiner Hand stammen mehrere ausgeführte Entwürfe von 1908 mit neobarockem Formrepertoire. Hierzu zählen die teils figural geschmückten Gartenportale,[342] ein Grundriss mit der Verteilung der Rosensorten in den Blumenrabbatten und mehrere Zeichnungen für die Aufstellung des estensischen Puttobrunnens in renovierter Form als Blumenbeet.[343] 1910 scheint wieder eine Aktivität Mössmers auf, der in Konopischt nach passenden Pflanzen für Blühnbach suchte.[344] 1912 war Mössmer mit dem Ausstecken der Pflanzengruppen vor dem Georgsmuseum befasst.[345] Die Neugestaltung des Konopischter Parks für Franz Ferdinand wird allgemein Karl Mössmer zugeschrieben. Aus den bekannten Daten geht jedoch nicht hervor, ob er

Abb. 15-66: Rosarium im Schlosspark Konopischt. Fotoaufnahme des Rosariums vor der Bestückung mit Skulpturen aus Catajo 1906. In der unteren Gartenebene wurde ein Gewächshaus und 1913 das Alpinum angelegt. (© Schlossarchiv Konopischt)

auch für die Planung der Anlage abseits des Rosengartens verantwortlich war; auch Umlauft, Rozinka oder Maxwald kämen in Frage.

Sucht man nach einer persönlichen Handschrift, so zeigt das frühere Gartenkonzept eine Diskrepanz zu jenen Ideen, die um 1908 im Konopischter Park umgesetzt beziehungsweise parallel ausgeführt wurden. Die entwicklungsgeschichtlich früheren landschaftsgärtnerischen Elemente reihen sich in die Nachfolge von Pückler-Muskau. Für Konopischt relevant ist dessen Forderung nach der Aufteilung eines Landschaftsgartens in unterschiedliche Zonen je nach Entfernung vom Schloss und die Bedeutung des »Pleasure Grounds«. Pückler-Muskau forcierte die drei Komponenten des englischen Landschaftsgartens, der sich, von den Außenrändern zum innen liegenden Hauptgebäude hin ausgerichtet, in Park, »Pleasure Ground« und Blumengarten gliederte. Den Begriff »Pleasure Ground« erklärte er folgt: »Dieser bedeutet ein an das Haus stossendes, geschmücktes und eingezäuntes Terrain (...) ein Verbindungsglied zwischen dem Park und den eigentlichen Gärten (...)

wenn der Park eine zusammengezogene idealisierte Natur ist, so ist der Garten eine ausgedehntere Wohnung (…) man setze auf diese Art (…) die Reihe der Gemächer, in vergrößertem Maßstab unter freiem Himmel fort.«[346] In der Umsetzung zeichnen sich »Pleasure Grounds« meist durch eine besonders geschmückte Form aus, in der Regel mit Blumenrabatten, die im Schnittrasen angelegt sind. Empfohlen werden Ziergärten auf abgestuften Terrassen rund um das Haupthaus. Die heute in Konopischt nicht mehr erhaltene formale Gestaltung mit eingefassten Zierbeeten und Blumengruppierungen auf den terrassierten Partien zwischen Schloss und Rosengarten wird auf mehreren von Schneider publizierten Fotografien von 1908 dokumentiert (Abb. 15-67). Diese »Pleasure Grounds« waren vom Südtrakt des Schlosses aus, von den Repräsentationsräumen wie von den Familienzimmern, sichtbar. Franz Ferdinand kam mit der von Pückler-Muskau geprägten Gartenkunst bereits als Kind in Berührung.[347] Die lebenslange Freundschaft zu Fürst Karl IV. Schwarzenberg bewegte den Erzherzog wohl auch dazu, das Protektorat über die erste österreichische Reichs-Gartenbauausstellung zu übernehmen, die im Schwarzenberg'schen Hofgarten in Wien vom 2. bis 8. Oktober 1901 abgehalten wurde. In einem zeitgenossischen Ausstellungsbericht wird erwähnt, dass auf der von der k. k. Gartenbau-Gesellschaft ins Leben gerufenen Ausstellung Pläne, Aquarelle, Modelle und Fotografien von ausgeführten Gartenanlagen gezeigt wurden.[348]

Eine weitere Schirmherrschaft Franz Ferdinands, jene über die 1908 gegründete Dendrologische Gesellschaft, spielte für die spätere Gestaltungsphase des Konopischter Parks eine wesentliche Rolle. Durch den Austausch mit den Mitgliedern kam der Thronfolger mit der modernen englischen Landschaftsgartenkunst in Berührung, was sich auch auf die späteren gärtnerischen Lösungen in Konopischt niederschlagen sollte. Dieser überraschend moderne Stilwandel lässt sich nur noch anhand historischer Fotos des Konopischter Parks festmachen und blieb bisher gänzlich unbemerkt. Die Stilwahl passt kaum zum überlieferten Profil des konservativen Thronfolgers.

Abb. 15-67: Fotoaufnahme vom Pleasure Ground auf den terrassierten Partien zwischen Schloss und Rosengarten, aus dem Beitrag Schneiders, 1909 (© Schneider 1909)

Der 1913 publizierte, bereits 1909 verfasste Beitrag über den Konopischter Park in der Zeitschrift der Dendrologischen Gesellschaft ist reich bebildert und dokumentiert den Zustand der vielen neu angelegten Parkteile.[349] Camillo Schneider, Autor des Beitrags, schreibt selbstkritisch, dass die Fotos den tatsächlichen Eindruck des Parks nicht wiedergäben, da die frisch gesetzten Pflanzen noch wachsen würden und der Park erst später seine volle Pracht entfalten werde.[350]

Eine Schlüsselrolle zum Verständnis des Gartenkonzepts, was der Text Schneiders jedoch nicht aufgriff, spielt die Ablichtung der Südterrasse (Abb. 15-68). Dieser Ort wird in Quellen als Lieblingsplatz der ganzen Familie bezeichnet.[351] Auf den ersten Blick erscheint die Bepflanzung auf der Schwarz-

Abb. 15-68: Fotoaufnahme der Südterrasse, 1908. Auf der Terrasse wurden Prinzipien des englischen Wild Gardenings umgesetzt. Auch die Gartenmöbel folgen modernen Stilströmungen. Aus Camillo Schneiders Beitrag in der Zeitschrift der Dendrologischen Gesellschaft, 1909. (© Schneider 1909)

Weiß-Aufnahme unmotiviert, die Terrasse wirkt nahezu verwildert. Zu sehen sind einige die Fassade streifende Laubbäume und ohne Abstand hineingesetztes Nadelgehölz, Kletterpflanzen an der Wand und wucherndes Strauchwerk in der ungeschnittenen Wiese. Es handelt sich hierbei jedoch nicht um eine von den Gärtnern vernachlässigte Stätte, sondern um eine bewusst in dieser Form angelegte Gartengestaltung.

Der 1908 eingefangene Zustand der Bepflanzung zeigt die Anwendung der Prinzipien des »Wild Gardenings«, einer von William Robinson und Gertrude Jekyll geprägten Form der zeitgenössischen englischen Gartenkunst des »Naturalistic Gardenings«. Im englischsprachigen Raum gilt William Robinson als einflussreichster Gartenarchitekt für das 19. und 20. Jahrhundert und als Vater der naturalistischen Gartenkunst. Neben seinen zahllosen Beiträgen in botanischen Periodika erreichten vor allem seine Publikationen »The Wild Garden« (1870) und »The English Flower Garden« (1883) den Status von Standardwerken. Robinsons Grundidee, die als Abkehr vom viktorianischen Schnittrasen zu verstehen ist, besteht in der Verwendung vielfältiger Wildpflanzen in möglichst natürlicher Wuchsform. Seine Pflanzenarrangements teilen sich je nach Ort in thematische Landschaftsszenerien, können aber auch in formellen Gärten angewandt werden. Gertrude Jekyll beeinflusste Robinson nachhaltig hinsichtlich der Farbkompositionen bei der Pflanzenwahl, die sie in ihren Gartenentwürfen von der Malerei Turners ableitete. Ihre Bücher wurden bereits vor jenen Robinsons ab 1908 ins Deutsche übersetzt.[352] Jekyll und Robinson beschreiben in ihren Werken verschiedene Standortbereiche wie Waldgebiete, Gehölzrand, Frühlingsgarten, Steingarten, Sumpfgarten und Gartenmauern. Die wohl buntfarbig abgestimmte Qualität des auf der Konopischter Terrasse angelegten wilden Blumengartens gibt das historische Foto leider nicht wieder.

Ferner wurden Robinsons »Woodland-Gardening«-Vorgaben im Landschaftspark des Erzherzogs umgesetzt. Robinson empfiehlt eine perspektivisch angelegte Ausschmückung des Waldbereichs und Gehölzrandes mit Farnen, Rhododendren, Lilien und verschiedenen Sträuchern, Stauden und Zwiebelpflanzen. Schneider beschreibt entsprechende Bepflanzungen, etwa entlang der Schlosszufahrt.[353] Weiters geht er auch auf die »ausgezeichneten Farbeffekte« der Szenerien rund um den Rosengarten ein, die durch diverse Gehölze, aber auch mittels Wildblumen und importierten Exoten hervorgerufen wurden.[354] In den vom Schloss weiter entfernten Parkbereichen lobt der Dendrologe Schneider die seltenen und exotischen Gehölze, die mitunter als vollständige Sortenkollektionen, als farbreiche Gruppen oder als Solitärs gesetzt und durch Rhododendren, Rosen und Stauden bereichert wurden.[355] Als Kenner spricht Schneider die Herausforderung und den hohen Aufwand an, die die gärtnerische Kontrolle über das Wachstum der frisch gesetzten Pflanzen im »natürlichen Gestaltungsstil« in den nächsten Jahren erfordern würde, um die erwünschte Tiefenkomposition zu erhalten.[356] Leider wurde die Pflege der »Woodland-» und »Wildgarden«-Kompositionen in Konopischt durch den Tod des Erzherzogs abrupt beendet, sodass nur noch einzelne Bäume erhalten sind und die einst mit Stauden usw. erzeugten perspektivischen Weg- und Blickführungen der farblich durchkomponierten Szenerien verloren gingen.

Den persönlichen Einsatz Franz Ferdinands bei der Parkgestaltung in Konopischt veranschaulicht eine Erinnerung Dr. Eisenmengers an die Zeit der Genesung von Franz Ferdinand: »Stundenlang fuhr er mit einem kleinen Jagdwagen durch den Park und bestimmte die Sorte und den Ort für jeden Baum der gesetzt werden sollte. Die Entscheidung einen Baum zu fällen fiel ihm äußerst schwer. Er erlaubte dies nur, wenn der Bewuchs zu dicht oder wenn dies der Silhouette zuträglich war. Kein Baum der nicht von ihm markiert wurde durfte gefällt werden. Schöne, alte Bäume waren ihm heilig. Als einmal ein Unwetter die Staumauer, die Straße, kleinere Häuser und einige alte Bäume umriss war der Erzherzog ganz außer sich. Er bedauerte allein den Verlust der Bäume, denn Straßen und Häuser lassen sich wieder bauen, die Bäume können jedoch nicht ersetzt werden.«[357]

In etwa zeitgleich wie der Konopischter Park entstand 35 Kilometer entfernt, am Rand von Prag, der Schlossgarten von Pruhonitz[358]. Der leidenschaftliche Gartenarchitekt und Eigentümer, Graf Silva-Tarouca, ein Freund Franz Ferdinands, verwirklichte hier ab 1886 einen Landschaftsgarten nach seinen Vorstellungen ganz im naturalistisch-landschaftlichen Stil. Bis heute befindet sich die mustergültige Anlage in perfektem Zustand.[359] Silva-Tarouca setzte vor allem auf die Verwendung von Stauden. Zu deren Einsatz in Konopischt schrieb Wettstein im Beitrag zu Franz Ferdinands 50. Geburtstag: »Besondere Hervorhebung verdient die starke Verwendung der Stauden als farbengebendes Element im Garten, und gerade in dieser Hinsicht verspricht der Park von Konopischt in Österreich beispielgebend zu wirken. Der Erzherzog ist ein vorzüglicher Kenner der im Garten verwendeten Pflanzen, besonders die Koniferen sind neben den immergrünen Laubhölzern seine Lieblinge.«[360]

Ein Herzstück der Kreation Silva-Taroucas in Pruhonitz ist das Alpinum. Die Einflussnahme Silva-Taroucas auf den Thronfolger ist nicht zu unterschätzen. In beiden Parks gibt es eine stolze Rosensammlung, wenn auch die Art der Präsentation eine völlig andere ist. Während in Konopischt die Parkbereiche unterschiedliche Stile aufweisen, ist der Pruhonitzer Park einheitlich angelegt. Silva-Tarouca verzichtete auf formale Blumengärten und auf abgegrenzte Terrassen. Seine Vision eines perfekten, jagdbaren Landschaftsparks nach »Woodland«-Prinzipen ließ er über viele Jahre hinweg Wirklichkeit werden. Er verfasste mehrere Bücher zur Jagd.[361] Während Franz Ferdinand in Konopischt auch bildhauerische, vor allem barocke Kunstwerke integrieren ließ, setzte Silva-Tarouca auf homogene Staffage. Schloss Pruhonitz ließ er in Neorenaissanceformen in einer Art böhmischem Nationalstil errichten, und dieses Thema greift auch in den Park über. Als »Cottege Orné« befindet sich eine »böhmische Hütte« im Zentrum des Parks.

Für die Gestaltung der Pruhonitzer Gartenlandschaft war Silva-Tarouca nicht allein verantwortlich. Ab 1908 unterstütze ihn der deutsche Botaniker und Gartenarchitekt Camillo Schneider. Gemeinsam verfassten die beiden drei botanische Werke im Geiste und als Weiterentwicklung des »Woodland Gardenings«, wobei das Buch »Unsere Freilandstauden« zu einem Klassiker im deutschsprachigen Raum avancierte.[362] Das Interesse und die Suche nach immer weiteren und exotischeren Arten einer Sorte für die Pflanzenkollektionen, deren Vollständigkeit Schneider etwa auch am Konopischter Park hervorhebt, wurde im Kreis der »Dendrologischen Gesellschaft zur Förderung der Gehölzkunde und Gartenkunst in Österreich-Ungarn« ausgelebt. In dem 1908 gegründeten Zirkel zur Förderung der Gartenkunst mit Mitgliedern aus dem Hochadel und Fachleuten nahm Silva-Tarouca die Stelle als Präsident, Schneider als Generalsekretär, Franz Ferdinand als Schirmherr ein.[363] Schneider wurde im Auftrag der Dendrologischen Gesellschaft auf Studienreisen 1908 in den Kaukasus, 1913 nach China geschickt, wobei das mitgebrachte Samenmaterial in Pruhonitz vermehrt und dann unter den Mitgliedern der Gesellschaft verteilt wurde.[364] Später wurde der Sitz der Dendrologischen Gesellschaft offiziell von Wien nach Pruhonitz verlegt.

Ohne Angabe einer Quelle nennt Brožovský den Architekten Max Fabiani und Camillo Schneider als Autoren des Konopischter Parks nach ca. 1913.[365] Aichelburg erwähnt für das gleiche Jahr Kunz, den Garteninspektor von Baron Rothschild, der zusammen mit dem Gärtner Harry Reiner der k. k. Hofgärten einen Wassergarten in Konopischt anlegte (Abb. 15-73).[366] Eine weitere nicht dokumentierte Spur ist die Nennung eines »englischen Gartenfachmanns namens Marchan« bei Brožovský sowie bei Galandauer und Kusák, der für die Planung des neuen Teiches mit Wasserfall unterhalb des Rosariums in der Form eines Alpinums 1913 verantwortlich gewesen sein soll.[367] Köhler spekuliert, dass es sich um Ernest Markham handelte.[368] Könnte dies bestätigt werden, würden die letzten gartengestalterischen Unternehmungen in Konopischt noch näher an die Ursprünge des »Wild Gardenings« rücken. Ernest Markham gehörte seit 1910 dem Team von William Robinson an und war 1914 Hauptgärtner von dessen Mustergarten von Gravetye Manor.[369] Robinson hatte eine mehrfach aufgelegte Publikation über das Anlegen eines Alpinums verfasst.[370]

Gartenmöbel

Die Rezeption der englischen Gartenkultur in Konopischt spielte auch bei der Wahl der Gartenmöbel eine Rolle. Die Begründer der naturalistischen Gartenkunst in England sahen ihre gedanklichen Ansätze als gärtnerische Antwort auf die Reformbewegung des »Arts and Crafts Movement«.[371] Die Gartengarnitur im wilden Blumengarten auf der Südterrasse (Abb. 15-68) scheint wie einem englischen Gartenprospekt nachempfunden. Ähnlich schlichte »Arts-and-Crafts«-Gartenmöbel aus geradlinigen Holzlatten in sachlich reduzierter Gestalt, optional mit leicht geschwungenem Rahmen, kommen standardmäßig in Cottagegärten der Zeit vor und sind bis heute international populär. Im Rosengarten von Konopischt wurden ebenfalls weiß lackierte Holzlattenbänke aufgestellt (Abb. 15-01), hier in einer entsprechend dem Sujet der neobarocken Broderieparterres abgeleiteten Form mit geschweiftem Umriss der Rückenlehne.

Im Archiv von Konopischt haben sich Gartenkataloge aus dem Privatbesitz von Franz Ferdinand und Sophie erhalten, die in Zusammenhang mit dem modernen Stil der vor 1908 aufgestellten Gartenmöbel in Einklang zu bringen sind. Es handelt sich um Bestellkataloge zweier deutscher Firmen, die sich

Abb. 15-69 bis 15-71: Katalog für Gartenmöbel der Firma Ochs, Hamburg aus dem Privatbesitz Erzherzog Franz Ferdinands. Die Entwürfe der Möbel stammen von Leberecht Migge, einem späteren Mitglied des deutschen Werkbundes. (© Schlossarchiv Konopischt)

auf Gartengestaltungen und Gartenmöbel spezialisiert hatten und sich stilistisch in der kontinentalen »Arts-and-Crafts«-Nachfolge bewegten (Abb. 15-69 bis 15-71). Der ab 1904 für die Designs der formalen Gärten und Möbel der Hamburger Firma Ochs verantwortliche Leberecht Migge wandte sich später ganz der neuen Sachlichkeit zu und trat 1912 dem deutschen Werkbund bei.[372] Die Vorstellung, dass diese Musterkataloge mit modernem Repertoire in die Hände des erzkonservativen Ehepaars gelangten, erscheint erst im Kontext der Vorliebe des Erzherzogs für die neue englische Gartenkunst schlüssig. Wie bereits bei den Möbeln und Bildern in den Kinderzimmern findet auch im Bereich der gern privat genutzten Südterrasse ein Abweichen von der sonst strikten Ablehnung moderner Stilformen statt. Ein Foto, das einen Moment des Unterrichts in der verglasten Arkade einfängt, dokumentiert die Aufstellung von Korbmöbeln der Firma Prag-Rudniker in Konopischt (Abb. 15-72). Weitere historischen Fotos zeigen, dass die Korbmöbel bei Bedarf auch auf die Südterrasse getragen wurden.[373] Prag-Rudniker-

Abb. 15-72: Fotoaufnahme des Hausunterrichts in der Glasveranda. Wie in Lölling kamen auch in Konopischt Korbmöbel der Firma Prag-Rudniker zum Einsatz. (© Schloss Artstetten)

Abb. 15-73: Fotoaufnahme des als Alpinum angelegten Teichs unterhalb des Rosariums im Schlosspark Konopischt, 1913. Das Foto zeigt die Aussichtsplattform noch ohne Brüstung. (© Mycielski 1913)

Möbel benutzte Erzherzog Franz Ferdinands Familie auch in Lölling.[374]

Architektur im Park

Georgsmuseum

Franz Ferdinand ließ die vorhandene klassizistische Orangerie (Abb. 15-08), die den Unterbau der Südterrasse bildet, ab 1910 als Museumsraum für seine außerordentlich stückreiche Sammlung von Objekten des hl. Georg umwidmen und umgestalten (Abb. 15-74). Beauftragt wurden Simon, Baumann, Holzeland, Fleissner und Kubik .[375] In einem Brief vom 7. Juli 1910 ersucht Baumeister Scharf den Oberbaurat um die Ausführung der Steinmetzarbeiten, da er andernfalls nicht mehr am Ausmauern des Fundaments des Georgsmuseums weiterarbeiten könne.[376] In einem Telegramm vom 17. Oktober 1910 wurde berichtet: »Beim Georgsmuseum wird an den Mauern der Stiege gearbeitet, das Holzgerüst ist großteils abgebaut, das Mauerwerk ist gereinigt und verfugt. Mit der Ausmauerung der Seitentüren muß auf die Bogensteine, welche von Pozar bestellt sind gewartet werden. Das Bearbeiten der Gaupenfenster durch die Steinmetze wird gemacht (...).«[377] In einem Telegramm an Sophie heißt es: »Im Georgsmuseum wurde nach Versetzen der Seitentürgewände begonnen. Ein Waggon der Ballustrade ist von Rucic gekommen.«[378] An der Balustrade arbeitete 1911 der Steinmetz Franz Maly der Firma Pokorny, der Steinmetz Anton Manas an den Stufen.[379]

Die vorhandene Bausubstanz wurde mittels grober Granitquader überkrustet. Je drei rundbogige Fenster, die durch einen Pfeiler geteilt sind und spitzbogige Steineinfassungen besitzen, werden durch einen Wandpfeiler zu Jochen verbunden. Das balustradengezierte Kranzgesims dient gleichzeitig als Brüstung für die obere Terrassenebene. Während die schlanken Fensterpfeiler gotisierende Volutenkapitelle zeigen, weisen die Baluster der Brüstung, die durch die Längen der Terrassen in einer immensen Stückzahl ausgeführt wurden, eine gedrungene dorische Ordnung auf. Insgesamt dominieren die raue Form der Steinquader und die blockhafte Silhouette den Bau. Die Ebene des Museums erhielt ein

Abb. 15-74: Die ehemalige Orangerie wurde ab 1910 zum Georgmuseum umgebaut. Am Bauprojekt waren mehrere Architekten beteiligt, die Steinoptik der Fassade geht wohl auf Ludwig Baumann zurück. (© AS)

weiteres Terrassenplateau, das in gleicher Art durch Balustraden eingefasst wurde. Eine entsprechende Steinoberfläche verpasste Baumann 1908 auch dem ehemaligen Bärenzwinger, der zu einer Wäscherei umgebaut wurde.[380] Durch die neue Optik erscheint der Unterbau der Südseite des Schlosses wie ein Bollwerk, womit die Architekten das Burgthema wieder aufnahmen, das in Mockers Fassadenkonzept auf die Türme beschränkt blieb.

Auch für Schloss Blühnbach projektierten Baumann und Simon 1909 bis 1911 eine Überformung eines vorhandenen Objekts unterhalb des Schlosses, wodurch ebenfalls eine Terrassenebene auf einem in die Landschaft geschobenen Block entstand.[381] Eine Lösung mit einer monumentalen Terrasse mit einer großflächigen Präsenz der Steinoberfläche und einer langen Bekrönung durch einen Balustradensaum schuf der für Franz Ferdinand mehrfach tätige Anton Umlauft im Schlosspark von Eisenstadt bei seiner Umgestaltung der dortigen Orangerie bereits 1903. Vorbilder, was die Gestaltung der Terrassenmauern mit Steinbalustraden anbelangt, sind wieder bei den englischen Gartenarchitekten Robinson und Jekyll zu finden.[382] Zur Einfassung eines Gartengeländes in unterschiedliche Ebenen durch Steinmauern kam es bei einem Auftrag von Franz Ferdinand 1914 noch einmal in Artstetten, wo Josef Oskar Molnár die Gelegenheit für die Errichtung eines modernen formalen Gartens bekam.[383]

Das Rudolfmonument vor dem Georgsmuseum

Die Wahl einer mittelalterlichen Formensprache für die architektonische Hülle des Georgsmuseums stimmt mit der Widmung des Baus an einen Ritterheiligen überein. Den Biografen nach zog Franz Ferdinand Parallelen zwischen den frommen Tugen-

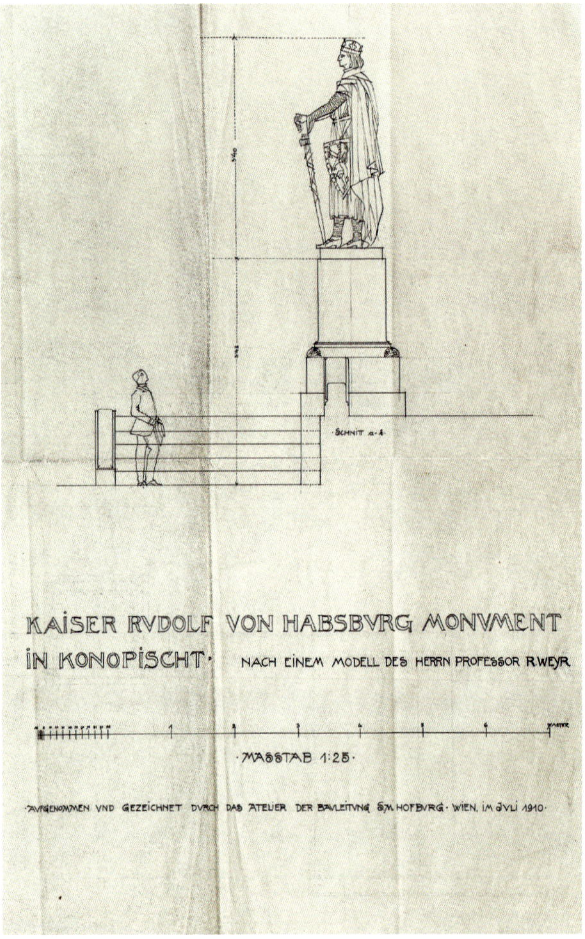

Abb. 15-75: Rudolf Weyr, Entwurf für ein Monument Kaiser Rudolfs von Habsburg in Konopischt, Tusche auf Papier, Wien, Juli 1910. Die monumentale Statue auf einem mächtigen Sockel hätte die Südansicht des Schlosses dominiert. (© HHStA)

den und der Vita des hl. Georg einerseits und seinem eigenen Leben andererseits. Eine weitere persönliche Identifikationsfigur mit Anknüpfungspunkten im politischen Leben war für Franz Ferdinand sein Ahne Rudolf von Habsburg. Zum 50. Geburtstag erhielt der Thronfolger vom böhmischen Hochadel eine Kopie des Dürer'schen Standbildes von Rudolf aus der Innsbrucker Hofkirche. Franz Ferdinand zeigte sich über dieses Geschenk überaus erfreut.[384] Die sich heute in der Glasarkade befindliche Figur war vor dem Georgsmuseum aufgestellt. Am 9. März 1914 wurde ein Fundament hierfür ausgehoben.[385]

Abb. 15-76: Fotoaufnahme des Georgsmuseums in Schloss Konopischt. Mit der Präsentation der Georgssammlung war der Bildhauer Othmar Schimkowitz von 1912 bis 1913 betraut. (© Schloss Artstetten)

Bislang unbekannt sind Entwürfe für ein monumentales Rudolfdenkmal in Konopischt, die, unabhängig vom Geburtstagsgeschenk, bereits 1910 für denselben Ort entstanden waren (Abb. 15-75).[386] Es handelt sich um ein Projekt, das Rudolf Weyr und der Gartenarchitekt Josef Th. Mössmer[387] ausgearbeitet hatten, das jedoch nicht zu einer Auftragsvergabe führte. Das Standbild sollte 3,4 Meter, die Basis weitere 3,5 Metern hoch werden, womit es die Südseite des Schlosses dominiert hätte. Hintergrund für das Vorhaben, eine so großformatige Statue in Franz Ferdinands Privatbereich aufzustellen, mag mit seinem Engagement rund um das Projekt für ein Rudolfdenkmal vor dem Äußeren Burgtor der Hofburg zusammenhängen. Nach den zum Stillstand gekommenen Planungen für das Reiterstandbild ließ

Abb. 15-77: Tischler Pospichal, Ausführung der Galerie im Georgsmuseum in Schloss Konopischt, 1911 (© AS)

der Erzherzog 1899 ein Modell anfertigen, weitere zwei folgten, eine Realisierung kam jedoch bis 1914 nicht zustande.[388]

Die Ausstattung des Georgsmuseums

Wie auch der britische König Edward VII. sammelte Franz Ferdinand leidenschaftlich Objekte des hl. Georg. Die dem Georgskult gewidmete Sammlung des Thronfolgers in Konopischt zählte stolze 3750 Gegenstände. Die Qualität der Objekte ist, wie bei vielen Sammelinteressen des Erzherzogs, von einer breiten Akzeptanz charakterisiert. Den Großteil machen Darstellungen der Volkskunst aus. Die Sammlung setzte sich sowohl aus privaten Ankäufen als auch aus Objekten zusammen, die der Thronfolger aus dem Fonds des Hofburgbaus finanzieren ließ. In der 1914 erfolgten Inventarisierung der Sammlungen, die aus öffentlichen Geldern stammten, ist abzulesen, dass die Gegenstände des Georgkults 1912 angekauft wurden.[389] Der überwiegende Anteil der Objekte zählte zum Privateigentum und ist in der Verlassenschaftsabhandlung von 1915 präzise aufgelistet. Aufgrund der großen Stückzahl ist eine in die Tiefe gehende Analyse an dieser Stelle nicht möglich. Der Wert wird im Inventar so zusammengefasst: »Diese Sammlung enthält Werke des alten Kunstgewerbes vom 16.–19. Jahrhundert u. zw. Arbeiten in Holz, Keramik, Glas, Bronze, Messing, Blei, Eisen, Gold und Silber, Kupfer und Zinn, Stein, sehr viele Holzbildwerke, ferner Werke der bildenden Künste, Oelgemälde, Aquarelle, Graphica, Sculpturen, Münzen und Medaillen, endlich auch Mobiliar. Die Ankaufspreise von 567 Posten betrugen ca. 47.000 K, die der restlichen 640 Posten konnten nicht constatiert werden. Für die Inventur-Nachlass-Schätzung ergibt sich ein Gesamtwert von 30.000 K«.[390]

Abb. 15-78: Angestelltenhaus im Heimatstil mit Laubsägeornamenten nordwestlich des Schlosses beim Damm. (© MOW)

Im Jahr 1911 wurde das Gewölbe der ehemaligen Orangerie für die Installation der Sammlung vorbereitet (Abb. 15-76). Die Wiener Firma Cooper & Comp. legte den Boden mit Xylothit aus.[391] Der Tischler Pospichal stellte die Holzgalerie beim Eingang auf, von der aus ein Treppenlauf zur Ausstellungsfläche hinabführt (Abb. 15-77).[392] Die Galerie ruht auf einer toskanischen Säule aus Adneter Marmor. Mit der Konzeption der später veränderten Präsentation der Sammlung waren 1912 bis 1913 Othmar Schimkowitz und Marischka[393] beschäftigt.[394] Wie bereits bei der Aufstellung der Waffensammlung, für die Costenoble verantwortlich gewesen war, setzte Franz Ferdinand bei der Aufgabe einer Museumsinstallation auf das Können eines Bildhauers. Dass Franz Ferdinand ausgerechnet Schimkowitz, der damals bereits Mitglied der Wiener Secession war und dessen Bauplastiken auf prominenten Jugendstilbauten in Wien, etwa auf der Postsparkasse, präsent waren, engagierte, überrascht, war der Erzherzog doch für seine Ablehnung des Jugendstils bekannt. Wahrscheinlich kam der Kontakt durch Schimkowitz' Lieferung von Skulpturen für die Fassaden der Neuen Hofburg zustande. Aus einer Tischlerrechnung geht hervor, dass Schimkowitz Zeichnungen für Vitrinen vorgelegt hatte (Abb. 23-10).[395] Ob die ausgeführten Vitrinen jemals tatsächlich im Georgsmuseum aufgestellt wurden, ist aus den bekannten historischen Aufnahmen des Raumes nicht erkenntlich. Mycielski beschrieb das Museum so: »eine Art längliche (…) Kapelle, mit besonderem Eingang, welche fast bis auf das letzte freie Plätzchen mit Kunstgegenständen gefüllt ist.«[396]

Abb. 15-79: Rudolf Bruner-Dvořák, Fotoaufnahme des Postgebäudes in Konopischt aus dem Fotoalbum »Weidmannsheil« 1897. Hier waren Angestelltenwohnungen und eine Kantine für Beamte untergebracht. (© Schloss Artstetten)

Bauten in Sichtweite des Schlosses

Nordwestlich des Schlosses blieben nach dem Abriss der meisten Häuser der ehemaligen Ortschaft Konopischt einige wenige Gebäude stehen, die für die Versorgung des Schlosses und als Bedienstetenwohnungen fungierten. Die vorhandenen Bauten wurden stark modifiziert, auch Neubauten kamen hinzu. Wie bei vielen weiteren Häusern der Konopischter Domäne wurde auch in Schlossnähe auf keinen einheitlichen Baustil gesetzt. Es treten gehäuft Fachwerk- und Laubsägeornamente auf, doch auch dieser Dekor ist kein durchgehendes Motiv (Abb. 15-78). So wies das Gärtnerhaus etwa ein moderneres Flachdach auf oder die ehemalige Brauerei zeigte einfache Renaissanceformen mit getreppten Dachgaupen nach dem Vorbild von Mockers Schlossdach.

Beamtenhaus (ehemalige Brauerei)
Franz Ferdinand ließ den Betrieb in diesem historischen Brauereigebäude 1896 einstellen. Zum Umbau der Brauerei zu einem in Neorenaissancestil gehaltenen Beamtenhaus mit Gast- und Angestelltenwohnungen gibt es etliche Architektennamen. 1896 wird Anton Weber genannt.[397] 1897 legte Kinzl einen Plan für den Umbau vor.[398] Aichelburg nach gibt es von 1897 auch Pläne des Beneschauer Architekten Marcel Dusil.[399] Im Inventar 1915 ist die Ausstattung einer der Dienstwohnungen hervorzuheben: »Van der Stratenzimmer: 11 Oelg. Bildnisse von Fürsten, Jagdstilleben, Heiligenbilder.«[400]

Postgebäude
Die dem heutigen Zustand entsprechende Straßenfassade wurde bereits auf einem 1897 datierbaren Foto von Bruner-Dvořák (Abb. 15-79) festgehalten. 1904 nahm Gerl den Anbau an das Postgebäude in Angriff.[401] Zum Postgebäude selbst gibt es Grundrisszeichnungen Baumanns von 1909.[402] In dem als Schlosskantine genutzten Bau ist im Inventar 1915 festgehalten: »Vorhaus: (...) 12 Lithographien Strassgschwandtner, Jagdstücke (...) Kasino: 25 Blätter Strassgschwandtner: Aus dem Jagdalbum samt dem Titelblatt coloriert, gute Blätter, viele Tierpräparate (...) Beamtenküche: Beamtenmenage-Geschirr und Besteck im Speisezimmer, Villerois und Booch (...) Essbesteck aus Silber von Lölling 27.1.1913.«[403]

Schmiede
Aus dem Jahr 1891 sind drei Pläne für den Umbau der ehemaligen herrschaftlichen Schmiede durch Vrzal erhalten.[404]

Stallungen
1898–1899 wurde der von Heinz Gerl entworfene Stall hinter dem Postgebäude errichtet.[405] Im In-

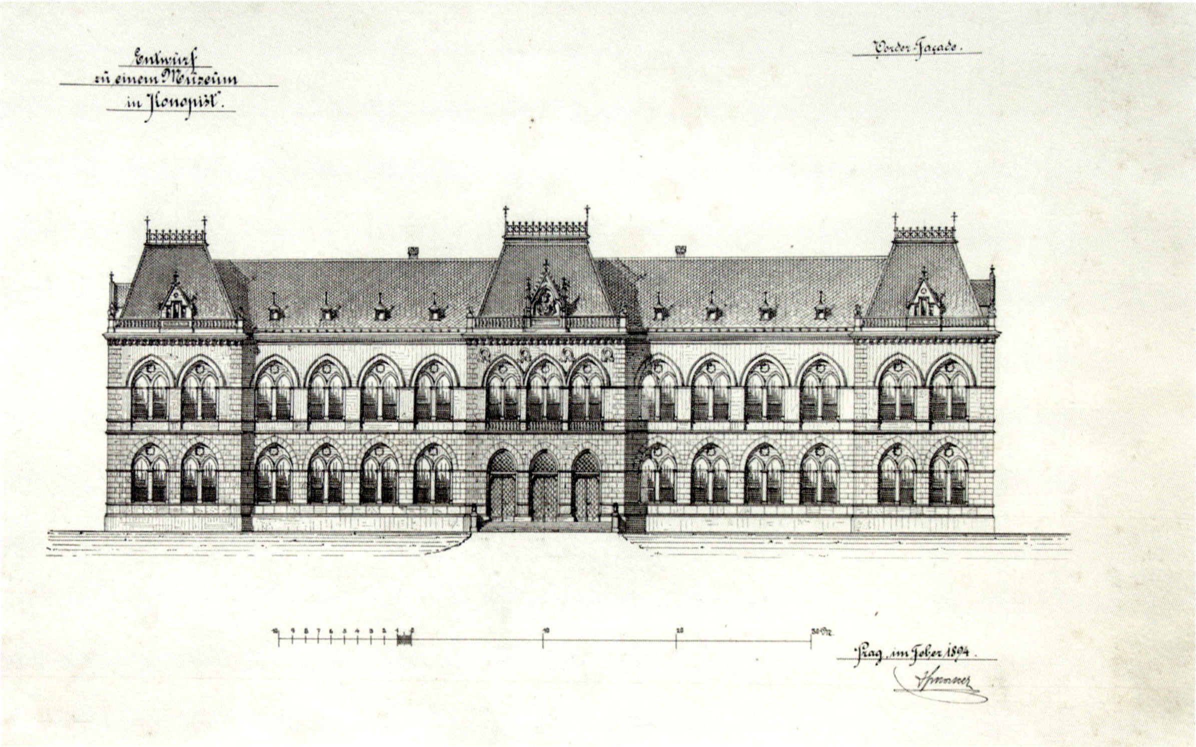

Abb. 15-80: Josef Mocker, »Entwurf für ein Museum in Konopišt«, Tusche auf Papier, Prag, Februar 1894. (© Schlossarchiv Konopischt)

ventar 1915 sind folgende Dekorationen im Hofstall genannt: »167 Hirschgeweihe, 59 Sportszenen englische gerahmte Drucke (…) Im Hofe: Geschütz aus Bronze 1863.«[406]

Haus Nr. 4
Das eigenständige kleine Beamtenwohnhäuschen gehört zur Bautengruppe am Teichdamm entlang der Schlosszufahrt. Das pittoreske Fachwerkhäuschen wurde von Emanuel Vrzal errichtet.[407]

Holländischer Pavillon
Das nicht erhaltene Gebäude befand sich im Parkteil »Bei der alten Schmiede«. Ursprünglich war der holländische Pavillon bei der Prager Landesjubiläumsausstellung 1891 aufgestellt gewesen, wo sich das Gut Konopischt mit ihm der Öffentlichkeit präsentierte.[408] In einem Artikel über ein zuletzt wiederentdecktes Lusthäuschen aus Konopischt in Velvary ist man fälschlicherweise davon ausgegangen, dass dieser mit Jugendstildekor verzierte Holzbau der Pavillon von der Jubiläumsschau sei, und publizierte auch ein historisches Foto des tatsächlichen holländischen Pavillons auf der Ausstellung.[409] Beide Holzbauten weisen ähnliche Dimensionen und einen kreuzförmigen Grundriss mit überhöhter Mitte auf, es gab in Konopischt jedoch auch noch weitere Blockhäuschen mit genau diesem Zentralbauschema (Abb. 15-85). Der holländische Pavillon zeichnete sich durch einen Portikus mit dem Aufbau einer antikischen Tempelfront sowie durch auffälliges Laubsägedekor mit Drachenranken entlang der Giebeltraufe aus.

Nicht realisierte Bauten im Park

Museumsprojekt von Josef Mocker
Von 1894 stammen mehrere Fassaden- und Grundrisspläne von Josef Mocker, die mit »Museum in Konopišt« bezeichnet sind und einen eigenständi-

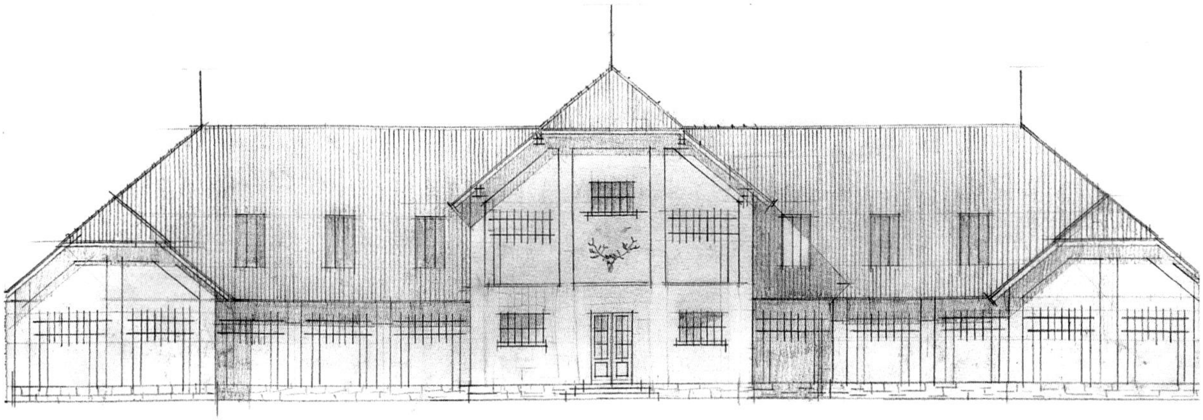

Abb. 15-81: Heinrich Holzeland, Projekt für ein Geweihhaus, Bleistift auf Papier, 1913. Die Jagdtrophäen des Erzherzogs sollten hier »zu Dokumentationszwecken des biologischen Tierwachstums« museal präsentiert werden. (© HHStA)

gen neugotischen Bau zeigen (Abb. 15-80).[410] Der Entwurf mit einer Sichtstein- beziehungsweise Ziegelfassade wirkt eher wie eine große städtische Museumsanlage und weist zwei Innenhöfe auf. Das geplante Museum sollte nahe des Baches beim später abgerissenen Brauhaus gebaut werden.

Geweihhaus

(Abb. 15-81) 1913 projektierte Baurat Holzeland ein Geweihhaus für die zu Dokumentationszwecken des biologischen Tierwachstums sorgfältig gesammelten Jagdtrophäen.[411] Im Januar 1914 folgte ein Kostenvoranschlag für Zimmermannsarbeiten für das geplante Geweihhaus von Hofzimmermeister Ludwig Biber an Holzeland.[412] Im März verfasste Holzeland einen Bericht zum Geweihhaus.[413] In der Folge wurde von seinem Projekt Abstand genommen, da im Mai 1914 Baumann einen Entwurf mit Grundrisszeichnung, Querschnitt und Kostenvoranschlag erstellte.[414] Diese Pläne sollten wohl ausgeführt werden, da sie mit Stempeln vom Prager Bauunternehmen Hollmann & Co. versehen wurden. Zum Baubeginn kam es nicht mehr.

Ministerien-Expposituren

Der Erwähnung des Zeitzeugen Veselý zufolge hatte Franz Ferdinand 1914 daran gedacht, neue Gebäude im Schlossareal von Konopischt errichten zu lassen, die als Exposituren von Wiener Ministerien in seiner Amtszeit als Kaiser genutzt werden sollten.[415] Ausgesucht wurden Plätze für die Exposituren des Ministeriums für Äußeres, Krieg und weitere Zentralämter. Hrdinová kritisiert, dass keine weiteren Belege für die geplanten Exposituren bekannt sind, deren Planung jedoch viele Autoren als gegeben angenommen haben.[416] Kuthan vergleicht die Funktion der Exposituren mit der Praxis Franz Josephs in Bad Ischl.[417] Im Jahr 1913 wurde der »Architekt Reiter vom K. k. Ministerium« für mehrere nicht näher bezeichnete Bauten in Konopischt engagiert.[418] Theoretisch könnte es sich um das Projekt der Exposituren der Ministerien gehandelt haben.

Kapellenraum

Eine von Baumann signierte, nicht datierte Zeichnung mit dem Titel »Kapelle bei Konopischt« zeigt den Grundriss und Querschnitt eines Kapellenraumes, der offensichtlich in einen Wirtschaftsbau integriert werden sollte.[419] In der zugehörigen Beschreibung heißt es:

»Teilweise Adaptierung eines Wirtschaftsgebäudes zu einer Kapelle. Der Kapellenraum (...) mit einem Kreuzgewölbe in Rabitzkonstruktion (...) womöglich alter Altar im Renaissance oder Barock-Karakter und zwei Betschemel (...) eine alte Hängeampel für das ewige Licht (...) das alte Ziegelblech nur ausgebessert und ein aus Holz mit Zinkblech überzogener einfacher Glockenturm als Bekrönung (...) Schmiedeeiserne Gittertür (...) Nische ein farbiges Mutter Gottes-Bild. Der Kapellenraum (...) Kathedralglas-Fenster beleuchtet, für welche Gitter bereits im Meierhof-Depot vorhanden wären; strassenseits wäre das Gerinne für den Ablauf der Düngergrube umzuleiten und die Mauer trocken zu legen und mit einer kleinen Gartenanlage zu verzieren.«[420]

Reithalle
1914 projektierte Baumeister Mařik eine Reithalle, die auf der Wiese nördlich der Stallungen unterhalb des Postgebäudes entstehen sollte.[421]

Technische Bauten im Park

Elektrizitätswerk
1898 führte die Firma Siemens und Halske die elektrischen Installationen im Schloss durch. Es folgten hohe Ausgaben für das damals errichtete Wasserelektrizitätswerk.[422] 1904 wurde ein neues Maschinenhaus am Damm errichtet. Ingenieur Habiger der Siemens-Schuckert-Werke aus Wien und Ingenieur Carl Unger der Škoda-Werke aus Pilsen waren wegen der Tieflegung der Turbine und dem Bau des Kanals für die Turbine im Maschinenhaus anwesend.[423] Es folgte eine Aufstellung eines Motors durch Monteure der Škoda-Werke Pilsen. Die Siemens-Schuckert-Werke aus Wien lieferten den dritten Dynamo.[424] Monteure von Siemens & Schuckert arbeiteten 1905 auch an der Mehrbeleuchtung des Ganges im 3. Stock.[425] 1909 riss die Firma Tudor aus Prag die alte Elektrobatterie ab. Die Installation der neuen führte wieder Siemens & Schuckert durch.[426]

Glashaus
1905 war der Oberingenieur Krenn von der Firma Gridl aus Wien wegen des Baus des Glashauses beim Rosarium anwesend.[427] 1907 war die Firma Höntsch aus Dresden mit dem Bau des Glashauses beim Rosengarten befasst.[428]

Wasserleitung
Die 1912 bis 1913 errichtete Wasserleitung für den Garten wurde von der Firma Höntsch & Co aus Dresden installiert (Abb. 23-04). Der Inhaber der Firma, Ingenieur Georg Höntsch, übernahm selbst die Aufsicht über die Durchführung.[429]

Jagd- und Forsthäuser

Im Parkareal entstanden bereits um 1895 mehrere Jagd- und Forsthäuser. Die Objekte lassen sich grob in zwei Gruppen teilen. Zur ersten Gruppe zählen einfachere Forsthäuser, die gänzlich gemauert und mit Laubsägeverzierungen an den Fenstern sowie in der Dachzone gegebenenfalls mit einer Holzveranda oder einem Dachreiter ausgestattet sind. Die zweite Gruppe sind villenartige Jagdhäuser, die ein gemauertes Untergeschoss beziehungsweise einen Sockel aufweisen und ein in Holzbauweise ausgeführtes Obergeschoss besitzen. Beide Gruppen sind dem Heimatstil zuzuordnen. Vor allem in der tschechischen Literatur wurde der in den Dokumenten aufscheinende Begriff »tirolerisch« als eine Verfrachtung einer alpinen Holzbauweise in den Konopischter Park verstanden, um die Umgebung für Franz Ferdinand in dem ihm fremden böhmischen Milieu erträglicher zu machen.[430]

Die Referenzen an die traditionelle alpine Holzarchitektur und auch die Bauernhaustypen bei den Neubauten sind in den erzherzoglichen Dörfern der Domäne nicht zufällig in Formen alpenländischer Vorbilder gehalten, doch darf hierbei nicht ausgeklammert werden, dass ethnografische Baustile zu dieser Zeit in vielen Ländern in Mode waren und

Abb. 15-82: Rudolf Bruner-Dvořák, Fotoaufnahme des Jagdschlössels Dubsko bei Konopischt im Fotoalbum »Weidmannsheil«, 1897. Anton Weber entwarf 1896 das villenartige Parkgebäude. (© Schlossarchiv Konopischt)

das Phänomen des Heimatstils auch in Konopischt eine Rolle spielt. Unabhängig von einem regionalen Zusammenhang entstanden bereits um die Mitte des 19. Jahrhunderts Schweizer- oder Tirolerhäuser, die in Parks oder romantische Landschaften eingebettet wurden.

Für die in größerer Anzahl in alpinem Stil gehaltenen Bauten in Konopischt sind jedoch vor allem Entwicklungen im Villenbau der zweiten Hälfte des 19. Jahrhunderts relevant. Bei der Etablierung von Einflüssen aus der traditionellen bäuerlichen Holzbauweise in der Villenarchitektur war auch die Förderung durch das Kaiserhaus bedeutsam, wobei das kulturelle Umfeld Franz Ferdinands direkt Einfluss nahm. Bei der Ableitung architektonischer Vorbilder für die Villenkolonie am Semmering im Heimatstil betont Buchinger die Bedeutung der Wiener Weltausstellung von 1873 und die darauf folgende Aufstellung des dort gezeigten Schweizerhauses in Schönbrunn, das Kaiser Franz Joseph seiner Frau Elisabeth zum Geschenk machte.[431] Ein weiteres Bauernhaus der Weltausstellung wurde von Franz Ferdinands Vater Erzherzog Carl Ludwig gekauft und am Kreuzberg wiedererrichtet, wo es als Jagdhaus diente.[432] Franz Ferdinand verbrachte einen Teil seiner Kindheit unweit davon in der Villa Wartholz in Reichnau an der Rax.[433] Als prägendster Architekt für die von der alpinen Holzbauweise abhängige Villenkultur am Semmering gilt Franz Ritter von Neumann, dem im vorliegenden Beitrag erstmals Objekte im Konopischter Park direkt zugeschrieben werden können.

Jagdschlössel Dubsko (nicht erhalten)

(Abb. 15-82) Bereits für das Jahr 1893 nennt Aichelburg Ausgaben für den Bau des Jagdhauses Dubsko.[434] Der Entwurf wurde 1896 von Anton Weber, den Franz Ferdinand in Meran kennengelernt hatte, ausgearbeitet.[435] Bereits 1896 hatte Weber für Franz Ferdinand Entwürfe für Jagdhäuser in Lölling ausgearbeitet.[436] Das auf zwei Fotos von 1897 abgelichtete Jagdhaus zählte mit seinem villenartigen Aufbau zu den auffälligsten Solitärbauten des Konopischter Gutes. 1906 war Simon wegen des Turms vor Ort.[437] Das Fachwerkgebäude besaß ein überaus verspieltes Äußeres. Den erhöht liegenden Eingang erreichte man über eine großzügige, zweiläufige Freitreppe. Der linken Seite war asymmetrisch ein weiteres Geschoss aufgesetzt. Ein deutlich überhöhter Turm mit markanter Geschoss- und Dachgestaltung in der Mitte dominierte den auf Höhendrang ausgerichteten Bau. Ausladende Akzente wie eine

Abb. 15-83: Heinrich Eckert, Fotoaufnahme des Hubertusschlössels Friedegg. Die Zuschreibung an Franz Neumann basiert auf Ähnlichkeiten mit dessen Bauernhausvillen am Semmering und Zahlungen für Arbeiten in Konopischt im Jahr 1896. (© Schlossarchiv Konopischt)

umlaufende Veranda mit Laubsägebrüstungen, ein Erker und die weit nach außen gezogene Traufline des Daches verstärkten die Vielschichtigkeit der Außenstruktur.

Hubertusschlössl Friedegg (Frydek, nicht erhalten)
(Abb. 15-83) 1895 wurden die ersten Ausgaben für Friedegg getätigt.[438] Die frühesten Fotos sind 1897 zu datieren. Das gemauerte Untergeschoss wies auf einer Seite eine offene Arkadenlaube auf. Das in Blockbauweise ausgeführte Obergeschoss war über eine Freitreppe erschlossen, die in eine Veranda überging. Die Zwillingsfenster waren mit Butzenscheiben verglast. Das flache Schindeldach, das Schnitzereien auf den Konsolen, ein Giebelkreuz und einen kleinen Dachreiter besaß, entsprach dem Typus alpenländischer Bauernhäuser. Im Inventar 1915 sind folgende Gegenstände erfasst: »(...) 46 Bilder, 1 grössere Marine Öe. a. L. Strassgschwandtner Jagdstücke (...) 3 ausgestattete Schlafzimmer, viele Bilder u. a. Studie Kinderköpfchen, Fotografien, Öl italienischer Fischer, 1 Jt. Seestadt Gouache, Speisezimmer, Sofa mit Lederüberzug und 4 Lederpölstern, Öl auf Leinwand Bauernmädchen, Bauernkinder, Nusshäher, Bauerngeschirr (...) Speiseaufzugraum, Große Veranda: Tische, Bänke, 6 Rohrarmsessel mit 5 Lederpostern, Rohrfauteuil, Ölgemälde mit Blumen und Früchtestillleben, Rehkrickeln mit Holzkopf, Gemskrickel mit Holzkopf (...).«[439]

Hubertusschlössl im Revier Schwarzwald (Černý les, nicht erhalten)
(Abb. 15-84) Das Jagdhaus scheint im Fotoalbum Bruner-Dvořáks von 1897 auf. Am 13. Juni 1914 frühstückte hier der deutsche Kaiser Wilhelm II. Das mehrgeschossige Gebäude über einem kreuzförmigen Grundriss und einer komplex modellierten Dachhaut unterscheidet sich vor allem durch die steile Dachform von dem sonst in Konopischt stark vertretenen flachen alpinen Dachtypus. Die Motivpalette der Fassade entspricht genau jener des Jagdhauses Friedegg und ist daher als Werk desselben Architekten einzustufen. Das schindelgedeckte Mansardendach besaß einen großen Dachreiter, der mit einer Glocke bestückt war. Zur Ausstattung des Hubertusschlösschens sind im Inventar 1915 folgende Gegenstände aus dem Privatbesitz aufgeführt: »Parterre (...) Glaskasten mit 7 Neu-Meissner Figürchen, Porzellan Nippes, barocker Wandspiegel, Teppiche Perser und orientalische (...) 1. Stock Speisesaal 10 Sessel 5 Rundlehnstühle, Kredenz geschnitzt (...) Bilder, Holzfiguren Heiligenfiguren (...) 4 alte

Farbstiche von Chasselat-Noel de Genofevalegunde, Jagdbilder (...) Stiegenraum: Drucke Jagdstücke.«[440]

Der Architekt der beiden Jagdhäuser Friedegg und Schwarzwald war bislang unbekannt. Auf der Basis der Formensprache ist eine Zuschreibung an Franz Neumann möglich, der in Konopischt bei nicht weiter spezifizierten Zahlungen von 1896 aufscheint.[441] Markante Übereinstimmungen im tektonischen Aufbau wie auch bei den Detailformen lassen sich bei Neumanns Villenbauten am Semmering, seiner Privatvilla von 1893/94 (»Villa Neumann«, Semmering Str. 22) und der »Villa Bittner« von 1894 feststellen. Die gemauerte Sockelzone erfährt eine Auflockerung mittels einer Arkade, die entweder als Laube oder als Eingangsgewölbe ausgeführt ist. Die langen Holzveranden und außen liegenden Treppenaufgänge verleihen den Fassaden einen dreidimensionalen Charakter. Längere Sequenzen der Blockbauwände sind durch einfache Holzlisenen geteilt, die Holzgesimse zeigen profilierte Zahnfriese. Die Fensterläden sind mit runden Lüftungslöchern versehen.

Während die flach geneigten Dächer des Jagdschlösschens Friedegg und der Villa Neumann demselben Typus entsprechen, ist die Dachlösung des Hubertusschlösschens Schwarzwald viel komplexer geformt. Zwar kommen steile Verdachungen bei Neumann auch am Semmering vor, ebenso die Detailform über der Aufgangsveranda, wo der obere Abschluss als Walmdach mit darüber vorgezogenem Giebel der ursprünglichen Form der Verdachungen der Gaupenfenster der Villa Bittner entspricht, jedoch übertrifft hier die verschachtelte Modellierung des Mansardendaches die genannten Bauten Neumanns. Die abgestufte, steil aufsteigende Dachhaut leitet den Blick auf den zentral aufsitzenden, spitzen Dachreiter. Es drängen sich Assoziationen mit nicht alpiner Holzarchitektur auf, wie etwa dem nordischen Stabbau oder der näher liegenden slawischen Bauernhausarchitektur.

Es ist vorstellbar, dass es sich um einen Wunsch des Auftraggebers handelte, den Bau nach einem nicht alpinen Vorbild gestalten zu lassen, um eine größere Variation an architektonischen Lösungen

Abb. 15-84: Heinrich Eckert, Fotoaufnahme des Hubertusschlössls im Revier Schwarzwald in Konopischt. Franz Neumann ist auch dieses Jagdhaus zuzuschreiben. (© Schlossarchiv Konopischt)

bei den Jagdhäusern zu erhalten. Das Vorbild wurde dabei nicht präzise kopiert, sondern durch Neumann für seinen Bedarf interpretiert. Auch bei den Bauernhäusern in den Dörfern der Konopischter Domäne gab es eine bewusste Stilvielfalt inklusive böhmischer Hofformen. Etwa zur gleichen Zeit, als Neumanns Bauten am Semmering den lokalen Heimatstil prägten, fand eine Popularisierung der Architektur von Dušan Jurkovič im böhmisch-mährisch-slowakischen Bereich statt. Sein Stil basierte auf einer pittoresken Abwandlung der traditionellen walachischen Holzbauweise, wobei auch kleinteilige malerische Dachlandschaften zu seinem typischen Repertoire zählten. 1895 war Jurkovič auch mit Musterbauten auf der großen Landes-Folklore-Ausstellung in Prag vertreten, die im Übrigen von einem Freund Franz Ferdinands unterstützt wurde: Graf Ernst Silva-Tarouca war Ehrenvorsitzender der Aus-

Abb. 15-85: Das nicht lokalisierbare Blockhaus im Park von Konopischt verfügte über einen kreuzförmigen Grundriss und eigenwillige Dekorationen aus Zweigen. (© Schloss Artstetten)

stellung. Dass Franz Ferdinand Kenntnis von dieser Landesschau hatte, ist daher wahrscheinlich.

Schiberna (Šiberna)
Franz Kinzl arbeitete 1897 am Forsthaus.[442] Das Gebäude zählt zu den gemauerten Hausvarianten im Konopischter Park. 1907 war Kinzl mit einem Entwurf für eine Josefskapelle in der Nähe des Forsthauses beschäftigt.[443]

Waldamt Želetinka
Die Fassade wurde von A. Maier aus Innsbruck geplant.[444] Laut Aichelburg wurde der Sitz der Forstverwaltung von Franz Kinzl errichtet.[445] Ferner scheint eine Beteiligung des Architekten Anton Weber im Jahr 1900 auf.[446] Das Waldamt ist äußerlich, einschließlich der Fachwerkoptik, gut erhalten.

Petrupim, Forsthaus Meduna (Petroupim)
Zahlungen für den Bau werden im Jahr 1895 genannt.[447] Am erhaltenen Gebäude fehlen die ursprünglichen Holzelemente. Zur Ausstattung steht im Inventar 1915: »Außen am Gebäude: 3 Dammhirschgeweihe, Hubertusbild in Holzrahmen (...) Ebenerdig Fotographien (...) 1. Stock 23 Blatt Strassgschwandtner und französische kolorierte Jagdbilder unter Glas (...) Lusterweibchen aus Schauflergeweihen, 2. Schlafzimmer achteckiger brauner Kachelofen, Rokokoschreibtisch aus Zirbelholz mit einer Schreibplatte aus grünem Tuch. 5 Schubladen (...) großer 2 Flügel. Rokoko-Hängekasten 1789, Spiegel mit verziertem Holzrahmen Rokoko, grösseres Ölbild Allegorie auf die Tugend und das Laster, Bauernmalerei 18. Jh., Lusterweibchen mit Hirschgeweih.«[448]

Forsthaus Unter-Požar
Zahlungen für den Bau werden im Jahr 1895 genannt.[449] Im Inventar 1915 wurde vermerkt: »Im Salon, viele Tische, grosser Kerzenluster aus Hirschgeweih, viele Bilder davon viele Jagdstücke (...) Im Schlafzimmer (...) Burg Tyrol, viele Holzschnitte mit religiösen Motiven, am Balkon: Christusstatue, grosses Crucifix, Sct. Georgsstatue aus Holz.«[450]

Weitere Jagdhäuser (nicht zuordenbare Lokalitäten)
Bruner-Dvořák fotografierte 1897 vier weitere Forsthäuser mit gemauertem Aufbau in der Konopischter Domäne, die nicht identifiziert sind. Möglicherweise handelt es sich um die in den Zahlungen von 1895 genannten Ober Požar, Švarov, Černikovic und Taranka.[451] In den Jahren 1898 bis 1899 wurde ein

Abb. 15-86: Der strohgedeckte Gutshof in Dubsko bei Konopischt entspricht der böhmischen Bauernhausform und erhielt Laubsägeornamente an den Fenstern. (© PB)

nicht näher bezeichnetes Jagdhaus nach den Plänen Heinz Gerls errichtet.[452] Wahrscheinlich nicht ausgeführt wurde eine von Baumann entworfene zweigeschossige Blockhaushütte mit einer angedeuteten hochalpinen Landschaft im Hintergrund. Die signierte, nicht datierte Zeichnung wird in der beiliegenden Auflistung anderer Bauvorhaben in Konopischt als »Entwurf für ein Jägerhaus im Blockhauscharakter mit 2 Wohnungen« bezeichnet.[453]

Blockhaus (nicht zuordenbare Lokalität)

(Abb. 15-85) Ein exzentrisches, ausschließlich in Holz ausgeführtes Blockhaus ist lediglich durch eine historische Fotografie dokumentiert. Das kleine Blockhaus verfügte über einen kreuzförmigen Grundriss und eigenwillige Dekorationen aus Zweigen an der Eingangsveranda und an den Tür- und Fensteröffnungen. Auf dem dunkel eingelassenen Holz der runden Stämme der Blockwände kontrastierten helle Fugen und die von der Rinde befreiten Zweigapplikationen. Diese wurden als Gitterraster in den Giebeln oder nebeneinander geschichtet als Füllungen der Fensterkartuschen, der Verandabrüstung und in den Verzweigungen der als gekappte Baumkronen belassenen Verandapfeiler eingesetzt.

Ortschaften am Rand des Parks

Bei der Umformung der Park- und Kulturlandschaft in und um Konopischt auf Wunsch des Erzherzogs gab es auch starke Eingriffe in die bäuerliche Ortsstruktur. Einerseits wurden die landwirtschaftlichen Betriebe modernisiert, wodurch diese wirtschaftlicher wurden und weniger Angestellte für die Verrichtung der Arbeit notwendig waren, andererseits gingen auch viele Fluren durch die Umwidmung zu Park- und Wildgehegeflächen verloren, womit der ökonomische Druck auf die ansässigen Bauern verstärkt wurde. Ein weiterer Faktor war der Aufkauf von Grundstücken und der darauf folgende Abriss und Neubau ausgewählter Bauernhäuser, was mit einer bewussten Entvölkerung der Ortschaften einherging, um die Privatsphäre des Thronfolgers möglichst von der Außenwelt abzugrenzen.

Galandauer beschreibt den jahrelangen Rechtsstreit über die Vereinnahmung und Absperrung einer öffentlichen Landstraße, die zur Versorgung mehrerer Ortschaften diente. Franz Ferdinand ließ Armee und Gendarmerie auf Straße patrouillieren und sie mit Stacheldraht absichern. Die Presse reagierte hämisch auf dieses Vorgehen. Es kam zu absurden Vorfällen, so etwa zu der Verhaftung einer alten Frau, die Holz am Wegrand gesammelt hatte. Das Misstrauen des Erzherzogs gegenüber Teilen der

Abb. 15-87: Rudolf Bruner-Dvořák, Fotoaufnahme des Meierhofs. Camillo Schneider beschrieb diesen 1909: »im oberösterreichischen Stile erbauter Meierhof mit Žižka Eiche«. (© Schlossarchiv Konopischt)

erzürnten Bevölkerung spiegelt sich auch im Fall einer toten Ente wider, für deren Obduktion der höfische Tierarzt von Wien nach Konopischt beordert wurde, um dem Verdacht einer Vergiftung nachzugehen.[454] Dass die erzherzoglichen Güter nicht zu belebt wirken sollten, gibt auch eine von dem Sekretär Nikitsch-Boulles festgehaltene Anekdote wieder. Vor dem Besuch Franz Ferdinands auf dem Gutshof Marianovice versteckte der dortige Verwalter die Kinder der Angestellten in einer Scheune. Der Erzherzog entdeckte die Scheune und ließ sie aufsperren, worauf die Kinder kreischend herausströmten. Franz Ferdinand lachte amüsiert darüber und ließ die Kinder zählen – es waren nicht weniger als 172.[455]

Die baulichen Veränderungen in den Ortschaften zielten auf die Herstellung einer pittoresken ländlichen Idylle. Während die Wirtschaftsbauten im Inneren modernisiert wurden und bau- wie betriebstechnisch neuesten Standards entsprachen, sollten die Fassaden ein vorindustrielles, rustikales Bild vermitteln. Galandauer und Aichelburg nannten die Dörfer belebte Freilichtmuseen.[456] Einzeln stehende Höfe oder Angestelltenhäuser wiesen eine größere stilistische Bandbreite auf, in den verkleinerten Ortskernen hingegen wurden die Bauten im Ensemble behandelt. Von den Solitärbauten mag man hier den strohgedeckten Gutshof in Dubsko (Abb. 15-86) oder den von Schneider beschriebenen, im »oberösterreichischen Stile erbauten Meierhof mit Žižka Eiche mit 10 Meter Stammumfang« (Abb. 15-87) erwähnen.[457] 1912 lieferte die Firma Ceconi Wappen und neue Torpfeiler aus Salzburger Konglomerat für Gutshöfe in Pomenitz, Chvojen, Marianowitz.[458]

Žabovřesky

1905 war Heinz Gerl wegen Umbauten im Dorf Žabovřesky vor Ort.[459] Für 1909 erfasst Aichelburg aus dem Fremdenbuch die Anwesenheit des Baumeisters Gstrein aus Brixen mit dem Vermerk, dass dieser den böhmischen Ort Žabovřesky in ein Tiroler Dorf verwandeln solle.[460] Wohl in diesem Zusammenhang steht der Brief der Firma Alois Gstrein aus Brixen Bau und Zimmerei Gesellschaft vom 2. Juli 1909, in dem es heißt, Gstrein habe den »Auftrag für ein Holzhäuschen in Fachwerkconstruktion oder in Blockwerk bekommen. Wird bald 2 Skizzen für die verlangeten 2 Varianten zuschicken« (Abb. 23-01).[461] Weitere Objekte im Ort entwarf der Wiener Architekt Julius Reiter, die Ausführung unterstand F. Scharf zwischen 1910 und 1914. In den Korrespondenzen geht es um Fundamente des neuen Krämerladens und die Aufgabe, Žabovřesky in ein oberösterreichisches Dorf umzuzeichnen.[462] Aus dem Alpenland wurden diverse Kunstschmiedeeisen, wie etwa ein Eisengitter, das als Schild für das Geschäft verwendet wurde, hergebracht.[463] 1914 war Reiter wegen des Baus einer Kapelle in Žabovřesky anwesend.[464] Aufschlussreich sind die scheinbar widersprüchlichen Anordnungen – bestellt wird einmal ein tirolerisches und einmal ein oberösterreichisches Dorf. Die bis heute erhaltenen Haustypen wurden nicht verändert und entsprechen böhmischen Bauernhausformen. »Tirolerisch« oder »oberösterreichisch« bedeutet demnach »mit Heimatstildekor«. Ausgeführt wurden lediglich Ausschmückungen der Häuser durch Laubsägedekorationen ohne eine spezifischere Bautradition.

Chvojen

1895 war Baumeister Vrzal mit der Errichtung von landwirtschaftlichen Gebäuden in Chvojen beschäftigt.[465] Die gotische Kirche von Chvojen, die vom Schloss aus sichtbar war, ließ Franz Ferdinand renovieren und ausstatten. 1904 waren Baumann und H. Hrussa wegen des Umbaus vor Ort. Zu dieser Zeit waren auch der Freskenmaler Karl Groll und der Maler Melicher hier tätig.[466] 1906 befasste sich Simon mit dem Ausbau des Turms.[467] Zu den Mobilien der Chvojener Kirche sind im Inventar 1915 folgende Ausstattungsstücke erfasst: »120 Heiligenbilder altdeutscher und böhmischer Schulen des 15.-16.-18.-Jh., Tempera, Hinterglasmalerei, 3färbige Sterbeschilder mit Wappen, 36 Holzfiguren, zumeist mit der alten Fassung 16.–18. Jh., Kreuzabnahme Pieta (...) grosse Madonnenstatue in Rosenkranz, Holzschnitzerei Barock, grosse Dreifaltigkeitsgruppe, Hauptaltar im gotischen Stil, viel ergänzt, gotischer Seitenaltar.«[468]

ANMERKUNGEN

1 Tschechische Schreibweise: Konopiště.
2 Weiterführend siehe: Kapitel 13, Alena Skrabanek, Schloss Chlumetz in Tschechien, S. 189.
3 Weiterführend siehe: Kapitel 9, Alena Skrabanek, Das Appartement des Kronprinzen in der Prager Burg, S. 119.
4 Brook-Shepherd 1988, S. 136.
5 SOA Praha, Fond 285 Ústřední ředitelství Hohenberských statků v Benešově, i.č. 54, Sign. XLIII/2.
6 Durdik 1999, S. 271f.
7 Preiss 2000.
8 Der in Prag ansässige Fotograf Heinrich Eckert verwendete die Titel »k. u. k. Hof- und Kammerfotograf Prag« oder »k. u. k. Hof- und Kammerfotograf von Erzherzog Franz Ferdinand«. Zur Fotoserie von ca. 1893 zählen ein dünnes Fotoalbum in Schloss Artstetten sowie lose Abzüge des gleichen Formats mit dem Atelierstempel »Eckert« im Schlossarchiv Konopischt.
9 Im Mai 1889 erhielt Carl Gangolf Kayser eine Zahlung von 1000 fl., im Dezember gingen 1656 fl. an Baumeister Franz Schmoranz und 6700 fl an Architekt Baurat Franz Neumann; siehe Aichelburg 2014, S. 906.
10 Siehe S. 367.
11 Aichelburg 2014, S. 906.
12 Ebd.
13 Ebd.
14 Technisches Bureau Carl Oswald & Co, 28.3.1894, Schlossarchiv Konopischt, K 40410.
15 Schloss Artstetten.
16 Aichelburg 2014, S. 906.
17 Kuthan schreibt Schmoranz die Gestaltung der Interieurs bis 1902 zu (siehe Kuthan 2001, S. 157). Charvatová schreibt die Entwürfe für die Stuck- und Kassettendecken und die gesamte Holzvertäfelung bis 1895 Schmoranz zu (siehe Charvátová 1962, S. 14). Offensichtlich liegt eine Verwechslung mit dem Vater, Franz Schmoranz sen. vor, der ebenfalls ein im historistischen Stil tätiger Architekt war und nach seinem Sohn verstarb.
18 Veselý 1932, S. 9.
19 Brief vom 11.8.1891, Max von Ferstel, Ungargasse 12, III, Schloss Artstetten.
20 Aichelburg 2014, S. 906.
21 Brief Max Ferstels vom 14.12.1891 an Wurmbrand, Schloss Artstetten.
22 Die Aktivität Mockers in Konopischt wurde bisher ab 1893 angegeben, so auch bei Hrdinová, die den Nachlass von Josef Mocker gesichtet hat; siehe Hrdinová 2013, S. 27.
23 SOA Praha, Fond 301 Velkostatek Konopiště, i.č. 104, Sechs Pläne für den Umbau der ehemaligen herrschaftlichen Schmiede durch Baumeister Vrzal 1891.

24 SOA Praha, Fond 301 Velkostatek Konopiště, i.č. 83.
25 Signiert Mocker 28.7.1894, Schloss Artstetten.
26 Aichelburg 2014, S. 907.
27 Hrdinová 2013, S. 27.
28 Ebd.
29 Zwei Fotos des Fotografen Korylovsky dokumentieren das Ausmaß der Mauerabtragungen und sind mit dem Datum 20.5.1893 beschriftet; Schloss Artstetten.
30 Hrdinová 2013, S. 27; Mockerova osobní pozůstalost, APH, Sign. T 37, č. 967.
31 Aichelburg 2014, S. 908.
32 Hrdinová 2013, S. 27.
33 Aichelburg 2014, S. 908.
34 Ebd.
35 Charvátová 1962, S. 14; Hrdinová 2013, S. 8; Mockerova osobní pozůstalost, in: APH, Sign. T 37, c. 967.
36 Aichelburg 2014, S. 908.
37 Hrdinová 2013, S. 30; Kyncl 1995, S. 69.
38 Fotos von R. Korylovsky, Benešov, beschriftet 20.5.1893, Schloss Artstetten.
39 Aichelburg 2014, S. 908.
40 SOA Praha, Fond 285 Ústřední ředitelství Hohenberských statků v Benešově, i.č. 53, Sign. XLII/6, Kt. 13, F. 47–53.
41 Ebd., F. 55.
42 »In Beantwortung Ihres werten Schreibens vom 23.8.1895 über die Fertigstellung des Plafond im Ritter-Saal, kann ich jetzt nachdem die Luftabzuglöcher gemacht sind und wie ich hoffe, daß auch die Gewölbung trocken ist, mit Bestimmtheit zusagen, daß an dem Holzplafond nichts mehr reißen oder springen wird und deshalb ohne weiteres aufgemacht werden kann. Die Theile für die Stiege kann ich noch bestimmt bis Ende der nächsten Woche absenden. Bitte Euer Wohlgeboren sich allenfalls wegen diesem nicht abhalten zu lassen vom verreisen. Ich werde dem Arbeiter Starra schon eine genaue Instruction schreiben, wie das Geländer und die Stiegenwangen befestigt werden sollen, so daß derselbe ordnungsgemäß ausgeführt wird. Gleichzeitig übersende ich hiermit die Zeichnung und den Kostenvoranschlag für den Altar in der Schloßkapelle. Derselbe ist in Eichenholz der Obertheil ausgeführt angenommen, der Tisch oder Untertheil in Mannersdorfer Stein geschliffen ausgeführt angenommen. Die Reihe vom Obertheil des Altars und vom Untertheil welcher in Stein ausgeführt werden soll sind separat im Kostenvoranschlag eingesetzt. Ich habe denselben absichtlich getheilt, da es der Fall sein könnte, daß Sie den Untertheil von Ihrem Steinmetz machen lassen, und daß ich allenfalls nur den Obertheil auszuführen hätte, samt den Eichenstufen, welche vor dem Altartisch ist (...) Matth. Oberdorfer.« Schloss Artstetten.
43 Am 1.2.97 erstellte Adolf Litschel eine Kostenaufstellung zu Arbeiten im Korridor des 1. Stockes und einem Windfang im Korridor des 2. Stockes: »57 m Wandverkleidung (Lamberies), 1,24 m hoch, Eichenholz mit gestemmten Friesen, Füllungen mit eingekehlten Profilen, Sockel und profilierten Abschlußgesims, Nußbraun beizen, einlassen mit feinstem Mattfirnis Abschlußglaswand (Windfang) wie Pos 1 2. Stock Corridor: 50 m Wandvertäfelung wie Pos 1.« SOA Praha, Fond 285 Ústřední ředitelství Hohenberských statků v Benešově, i.č. 53, Sign. XLII/6, Kt. 13, F. 57.
44 Planscig 1919, S. V.
45 ÖBL 1815–1950, Bd. 1, S. 156.
46 Hrdinová 2013, S. 27.
47 Schloss Artstetten.
48 SOA Praha, Fond 285 Ústřední ředitelství Hohenberských statků v Benešově, i.č. 53, Sign. XLII/6, Kt. 13, F. 55.
49 Renglovics 1938, S. 2.
50 22.1.1911, Brief von Renglovic, Schloss Artstetten.
51 Hrdinová 2013, S. 30; Kyncl 1995, S. 69.
52 Hrdinová 2013, S. 31.
53 Aichelburg 2003, S. 34.
54 Ebd. S. 909.
55 Vor den präparierten Wölfen zeigen die lesbaren Teile der Beschriftungen »Obce Hrvatsko Druztvo (...) Lova Ribarstva, Zagreb« und »Senjska Draga«.
56 Weiterführend siehe: S. 362.
57 Sto let práce 1791–1891.
58 Ebd. S. 126.
59 Sedláčková 2013, unpaginiert, Kapitel 2.4.
60 Schlossarchiv Konopischt, K 24986-88.
61 Sedláčková 2013, unpaginiert, Kapitel 2.3.
62 Ein Foto zeigt Sophie mit einem Neugeborenen im Messingbett und dem charakteristisch bespannten Schlafzimmerparavent; Schloss Artstetten. Es muss sich um die in Konopischt geborenen Kinder Sophie (1901) oder Ernst (1904) handeln.
63 Aichelburg 2014, S. 912.
64 »The Archduke's room«, in: Ladies' Field 1905, S. 430; ein Abzug des im Magazin verwendeten Fotos befindet sich auch im Schlossarchiv Konopischt.
65 Schloss Artstetten.
66 Aichelburg 2014, S. 915.
67 Mycielski 1913, S. 77.
68 In dem Telegramm an die auf der Insel Brioni bei Triest weilende Sophie nennt der Schlossverwalter diverse Tischler- und Maurerarbeiten, geht aber auch auf technische Abläufe ein und erwähnt eine Restaurierung von Lampenschirmen im Kinderzimmer. Schloss Artstetten.
69 Pozzetto 1983, 1988.
70 Aichelburg 2014, S. 910.
71 Ebd., S. 913.
72 Ebd., S. 914.
73 Ebd.
74 Ebd.

75 Ebd.
76 Ebd.
77 HHStA, PAB J 16.
78 Aichelburg 2014, S. 907.
79 Ebd. S. 910, 915.
80 Aichelburg 2014, S. 916.
81 Schloss Artstetten.
82 Ebd.
83 Ebd.
84 Aichelburg 2014, S. 912.
85 Schloss Artstetten.
86 »(...) die dunklen, geschnitzten von Balken getragenen Zimmerdecken, welche Tiroler Gemächer des sechzehnten Jahrhunderts entnommen wurden(...)«; Mycielski 1913, S. 69.
87 Aichelburg 2014, S. 913.
88 Schloss Artstetten.
89 Aichelburg 2014, S. 915.
90 Ebd.
91 Schloss Artstetten.
92 Ebd.
93 Müller-Gutenbrunn 1919, S. 226.
94 Schloss Artstetten.
95 Ebd.
96 Ebd.
97 Ebd.
98 Hrdinová 2013, S. 30; Aichelburg 2014, S. 910.
99 HHStA, OMaA, Bd. 504, S. 441.
100 Freundliche Auskunft von Dr. Katja Schmitz-von Ledebur, Kunstkammer & Schatzkammer, Kunsthistorisches Museum Wien. Eine Schwankung bei den Maßen einer Tapisserieserie ist laut Dr. Schmitz-von Ledebur nicht ungewöhnlich.
101 Weiterführend siehe: Kapitel 9, Alena Skrabanek, Das Appartement des Kronprinzen in der Prager Burg, S. 133.
102 HHStA, OMaA, Bd. 504, Verlassenschaftssache nach weiland Seiner kaiserlichen und königlichen Hoheit dem durchlauchtigsten Herrn Erzherzoge Franz Ferdinand von Oesterreich-Este, Mobilien-Inventur Konopischt, 1915.
103 Telesko/Kurdiovsky/Nierhaus 2010, S. 134.
104 Sedláckova verweist in ihrer Diplomarbeit über die Kapelle mehrfach auf Inventarbücher im Schloss; Siehe Sedláčková 2013, unpaginiert. Im Rahmen dieses Forschungsprojektes wurde offiziell bei der staatlichen Schlossverwaltung um eine Einsicht in die Inventare angefragt. Freundlicherweise wurden Plan, Foto- und einige Rechnungsquellen aus dem Konopischter Archiv zur Verfügung gestellt, ein Einblick in die angefragten Inventarbücher jedoch auch vom zuständigen tschechischen Denkmalamt nicht ermöglicht.
105 Unter den heute im Schlafzimmer des Maria-Theresia-Appartements gehängten Gemälden befindet sich ein passendes Bild. Die restliche Gemäldeausstattung des Raumes entspricht nicht dem Inventar 1915.
106 Siehe Hrdinová 2013, S. 27, Mockerova osobní pozůstalost, APH, Sign. T 37, č. 967.
107 Fotobeschriftung mit den Abbrucharbeiten 20.5.1893, Fotograf Korylovsky, Schlossarchiv Konopischt.
108 Hrdinová 2013, S. 29.
109 SOA Praha, Fond 301 Velkostatek Konopiště, i.č. 88.
110 Schloss Artstetten.
111 Hrdinová 2013, S. 29. Das Inventar 1915 listet hingegen eine Vielzahl an Gartenmöbeln, die hier offensichtlich gelagert wurden.
112 HHStA, OMaA, Bd. 504, S. 216-219.
113 Rudolf Pick, Illustrator und Karikaturist, 1865–1915, war auf Sport-, Rennen- und Jagdsujets spezialisiert.
114 Fotoaufnahme, Schloss Artstetten.
115 Sedláčková 2013, unpaginiert, Kapitel 4.1.
116 HHStA, OMaA, Bd. 504, S. 190–192.
117 Das Gemälde »Judith mit dem Haupt des Holofernes«, das auf einer historischen Aufnahme im Wodsizky-Zimmer wiederzuerkennen ist, ist heute im Säulensalon aufgehängt.
118 Aichelburg 2014, S. 910.
119 Ebd., S. 914.
120 HHStA, OMaA, Bd. 504, S. 193–195.
121 Befinden sich heute mit einer anderen rosa Stoffbespannung im ehemaligen Kammerfrauenspeisezimmer.
122 Rechnung 11.8.1914, Sigmund Jaray, Schloss Artstetten.
123 HHStA, OMaA, Bd. 504, S. 195–196.
124 Ebd., S. 196–197.
125 Ebd., S. 198.
126 Aichelburg 2014, S. 917.
127 HHStA, OMaA, Bd. 504, S. 199–202.
128 Die Teppich- und Deckenfabrik in Maffersdorf (Vratislavice nad Nisou) besaß Weltruf. Im Jahr 1924 lieferte die Firma Ginzkey an das New Yorker Hotel Waldorf-Astoria den größten Teppich der Welt. Siehe de.wikipedia.org/wiki/Vratislavice_nad_Nisou, 26.10.2016.
129 Schloss Artstetten.
130 HHStA, OMaA, Bd. 504, S. 202–205.
131 Ebd., S. 205–207.
132 Der auf einem Foto von ca. 1920 erkennbare Paravent mit Fotografien von alpinen Hütten befindet sich heute im Kammerfrauen-Speisezimmer.
133 HHStA, OMaA, Bd. 504, S. 208.
134 Ebd., S. 209–211.
135 Die Sitzgarnitur befand sich ursprünglich im Nelkenzimmer.
136 HHStA, OMaA, Bd. 504, S. 214–215.
137 Der Zugang zu den Archivräumlichkeiten wurde leider nicht genehmigt, siehe Anmerkung 104.
138 HHStA, OMaA, Bd. 504, S. 241–243.

139 Ebd., S. 243–244.
140 Ebd., S. 244–246.
141 Ebd., S. 246–247, 423.
142 Ebd., S. 248–249, 423–424.
143 De Feo 2001.
144 Ebd.
145 HHStA, OMaA, Bd. 504, S. 249–253, 424–433.
146 Befindet sich heute im Turmzimmer 3. Stock (ehem. »Tyrolerzimmer«).
147 HHStA, OMaA, Bd. 504, S. 253–255, 433–437.
148 »Die Sophas und Fauteuils im Renaissancestil sind mit leicht verblichenem Genueser Samt überzogen, daneben Tische, stilvoll angepaßt«; Mycielski 1913, S. 67.
149 Schloss Artstetten.
150 Aichelburg 2014, S. 916.
151 Mycielski 1913, S. 67.
152 Galandauer und Kusák bezeichnen das Bild als Kopie nach Allesandro Allori; siehe Galandauer/Kusák 1988, S. 50. Eine prominente Kopie nach dem gleichen Original von Cristofano Allori befindet sich im Kunsthistorisches Museum Wien, Gemäldegalerie Inv. Nr. 198.
153 Siehe Fußn. 117.
154 Mycielski 1913, S. 67.
155 Ein Gemälde mit identischem Sujet aus der Werkstatt Peter Paul Rubens kam 2015 auf den Kunstmarkt. Versteigerungsobjekt bei Pierre Bergé & Associés in Paris 2015.
156 Mycielski 1913, S. 67.
157 Planscig 1919, S. VII.
158 Ebd.; Planscig nahm Bezug auf das Konopischter Gemälde, das er im gesichteten Inventar von Obizzis Este-Sammlung als »Vannucchi Andrea detto del Sarto, busto che rappresenta la Vergine che guarda il cielo« identifizierte, und hielt dieses nicht für ein Original. Siehe Planscig 1919, S. VII.
159 Ebd.
160 HHStA, OMaA, 492, Verlassenschaftsabhandlung Franz Ferdinand, S. 255–256, 437–439.
161 Ebd., S. 257–258, 439–440.
162 Brief von Max von Ferstel an Wurmbrand, 1891, Schloss Artstetten: »Bei Lobmeyr fand ich einen im Stil des Speisezimmers zu Konopist ausgeführten Glasluster für 60 Kerzen, der auch in der Grösse ziemlich genau passen würde. Er ist 2,1 m hoch und hat 1,7 m im Durchmesser. Allerdings ist das Stück nur in der Fotographie vorhanden – eine Anzahl solcher Luster hängt in der kk Hofburg – und würde die complette Herstellung 3–4 Wochen erfordern, aber für den Besuch Franz Ferdinands bei Lobmeyr könnte an vorhandenen kleineren Lustern einigermassen der Effekt demonstriert werden. Der Preis des Lusters wäre öst. 575,– Bei Baurat O. Wagner erfuhr ich, dass derselbe den heute Morgen von mir erwähnten Luster nicht in Nickel sondern aus versilberten und vernicken Alpacca ausführen ließ und dürfte möglicherweise für das Speisezimmer in Konopischt ca. 2500 bis 3500 kosten.«
163 Morgan 1906, S. 2.
164 Aichelburg 2014, S. 914.
165 Das Porträt Leopolds I. wird im Inventar als eines von Karl VI. betitelt. HHStA, OMaA, Bd. 504, S. 259.
166 Eines der numismatischen Kabinette ist auf einem Foto von ca. 1910 (Schloss Artstetten) im Speisesaal festgehalten. Heute befindet sich dieses Kabinett im Eugensalon.
167 Mycielski 1913, S. 72. Weiterführend siehe S. 277.
168 Freundliche Auskunft zur Provenienz von Dr. Katja Schmitz-von Ledebur, Kunstkammer & Schatzkammer, Kunsthistorisches Museum Wien.
169 Bremer-David 1997, S. 40–43.
170 HHStA, OMaA, Bd. 504, S. 259, 440–441.
171 Das Münzkabinett ist heute im Eugensalon aufgestellt.
172 HHStA, OMaA, Bd. 504, S. 260–261.
173 Schloss Artstetten.
174 HHStA, OMaA, Bd. 504, S. 261–263.
175 Befindet sich heute im Pausingerzimmer.
176 Aichelburg 2014, S. 916.
177 Schloss Artstetten. Die Angaben von Galandauer und Kusák, die beim Ofen im Eugensalon von einer ausgezeichneten tschechischen Arbeit des 19. Jahrhunderts und beim Ofen im Schlafzimmer von einem italienischen Ofen mit Majolikaglasur des 18. Jahrhunderts ausgehen, sind durch die Archivbelege überholt. Siehe Galandauer/Kusák 1988, S. 56.
178 Bei dem Reiterporträt eines Kindes handelt es sich wahrscheinliche um Ferdinand de'Medici in polnischem Kostüm, Öl auf Leinwand, etwa 1622; es wird Justus Sustermans zugeschrieben. commons.wikimedia.org/wiki/File:Equestrian_portrait_of_Ferdinando_de'_Medici.jpg?uselang=de, 1.2.2016.
179 HHStA, OMaA, Bd. 504, S. 263–264, 441–442.
180 Ebd., S. 265–266, 442.
181 Siehe Brožovsky 1995, S. 16; Galandauer/Kusák 1988, S. 59.
182 HHStA, OMaA, Bd. 504, S. 267–268.
183 Ebd., S. 268–270.
184 »(…) die dunklen, geschnitzten von Balken getragenen Zimmerdecken, welche Tiroler Gemächer des sechzehnten Jahrhunderts entnommen wurden, die monumentalen Türfüllungen (…)«; Mycielski 1913, S. 69.
185 HHStA, OMaA, Bd. 504, S. 270–271.
186 Aichelburg 2014, S. 915.
187 HHStA, OMaA, Bd. 504, S. 271–273.
188 Aichelburg 2014, S. 913.
189 Ebd., S. 917.
190 Rechnung der Firma Jaray, Schloss Artstetten.
191 HHStA, OMaA, Bd. 504, S. 273–276, 442–443.

192 »(...) dass Vertäfelung im II. Stock neben dem Krückerlsalon und im Toilettzimmer des Kronprinzenzimmers ganz fertig sind. Die 2 Tischler haben mit den Vorarbeiten am Gange vor dem Architektenzimmer begonnen«; Schloss Artstetten.
193 HHStA, OMaA, Bd. 504, S. 276–277.
194 Mycielski 1913, S. 71.
195 HHStA, OMaA, Bd. 504, S. 277–280, 443.
196 Möglicherweise stammt die Möbelserie aus dem »Italienischen Zimmer« im Erdgeschoss von Schloss Chlumetz. HHStA, OMaA, Verlassenschaftsabhandlung Franz Ferdinand, Bd. 502, Inventur Domäne Chlumetz.
197 Ebd., S. 280–282, 444.
198 Hrdinová 2013, S. 27.
199 SOA Praha, Fond 285 Ústřední ředitelství Hohenberských statků v Benešově, i.č. 53, Sign. XLII/6, Kt. 13, F. 55.
200 Aichelburg 2014, S. 914.
201 HHStA, OMaA, Bd. 504, S. 284–288, 445.
202 Die Kassette mit Fotografien des Belvederes befindet sich heute im Archiv des Schlosses.
203 K. K. Bauinspektion und Baukontrolle für den Bau seiner Majestät Hofburg, Nach Schloß Konopischt im I. Halbjahr 1914 übersendete Antiquitäten, von Franz Ferdinand aus den Sammlungen am Hofburgbau entnommene Gegenstände und Antiquitäten; Schloss Artstetten. In Folge abgekürzt: Hofburgbau 1914.
204 Hofburgbau 1914, Schloss Artstetten.
205 Schloss Artstetten.
206 Brožovský 1995, S. 13.
207 »Hall of the knights«, in: Ladies' Field 1905, S. 429.
208 Galandauer/Kusák 1988, S. 72.
209 HHStA, OMaA, Bd. 504, S. 288–291, 445.
210 Hofburgbau 1914, Schloss Artstetten.
211 Siehe: Kapitel 8, Marlene Ott-Wodni, Das Kronprinzenappartement in der Wiener Hofburg, S. 115 und Kapitel 9, Alena Skrabanek, Das Appartement des Kronprinzen in der Prager Burg, S. 127.
212 www.architektenlexikon.at/de/1347.htm, 16.12.2014; Vybíral 2008.
213 HHStA, OMaA, Bd. 504, S. 292–294.
214 Schloss Artstetten.
215 Kašička 1975, S. 18.
216 Charvátová 1962, S. 14.
217 »(...) Gleichzeitig übersende ich hiermit die Zeichnung und den Kostenvoranschlag für den Altar in der Schloßkapelle. Derselbe ist in Eichenholz der Obertheil ausgeführt angenommen, der Tisch oder Untertheil in Mannersdorfer Stein geschliffen ausgeführt angenommen. Die Reihe vom Obertheil des Altars und vom Untertheil welcher in Stein ausgeführt werden soll sind separat im Kostenvoranschlag eingesetzt. Ich habe denselben absichtlich getheilt, da es der Fall sein könnte, daß Sie den Untertheil von Ihrem Steinmetz machen lassen, und daß ich allenfalls nur den Obertheil auszuführen hätte, samt den Eichenstufen, welche vor dem Altartisch ist. In der Hoffnung, daß Euer Wohlgeboren mir die Arbeiten gütigst zur Ausführung übertragen Zeichnet mit vorzüglicher Hochachtung ergebenst Matth. Oberdorfer«; Schloss Artstetten.
218 Sedláčková 2013, unpaginiert, Kapitel 2.4.
219 Aichelburg 2003, S. 34.
220 Schlossarchiv Konopischt, K 24986-88.
221 Kašička 1975, S. 19.
222 Sedláčková 2013, unpaginiert, Kapitel 2.3.
223 Schloss Artstetten.
224 Die Werke des Bildhauers Lazar Widmann lagern heute im Depot des Schlosses; siehe Sedláčková 2013, unpaginiert, Kapitel 2.3.
225 »Schloss Konopischt Kapelle, Kandelaber für die Altarnische, Wien im October 1907, Ludwig Simon Architekt«, Schlossarchiv Konopischt, K 39780a.
226 Aichelburg 2014, S. 912.
227 Brief von Elisabeth Kinsky-Wilczek an ihre Schwester Lucia Palffy 12.–14.6.1914; siehe Castellani Zahir 1999, S. 178.
228 Das Konopischter Gnadenbild von 1380 aus der ursprünglichen Kapelle befindet sich heute in der Sammlung der Tschechischen Nationalgalerie; siehe Sedláčková 2013, unpaginiert, Kapitel 3.2.
229 Galandauer/Kusák 1988, S. 47.
230 Meiss 1946, S. 3.
231 Sedláčková 2013, unpaginiert, Kapitel 2.3.
232 Pujmanova 2008, S. 285.
233 Ebd., S. 340.
234 Offner 1991, S. 88, 378.
235 Třešňáková 2008, S. 18.
236 Meiss 1946.
237 Mycielski 1913, S. 71.
238 HHStA, OMaA, Bd. 504, S. 304–306, 446–450.
239 Ebd., S. 306–308.
240 Die Paramente im Schloss wurden von Martínek wissenschaftlich aufgearbeitet. Sedláčková zitiert weite Passagen der offensichtlich unpublizierten Arbeit; siehe Martínek Radek, Paramenta – vybavení zámecké kaple; Sedláčková 2013, unpaginiert, Kapitel 3.2, 4.2.
241 Aichelburg 2014, S. 914.
242 »Schloss Konopischt Bergfried, Wien im Dez. 1906, Ludwig Simon Architekt«, Schlossarchiv Konopischt, K 39777.
243 HHStA, OMaA, Bd. 504, S. 234–235, 420–422.
244 Zur Aufarbeitung der Tafelmalerei siehe: S. 320.
245 HHStA, OMaA, Bd. 504, S. 309–311, 450–452.
246 Ebd., S. 343–344.
247 Aichelburg 2014, S. 915.
248 HHStA, OMaA, Bd. 504, S. 345.

249 Verarbeitet wurden laut der Rechnung von Sigmund Jaray vom 11.8.1914, Schloss Artstetten: »1 Samtdecke aus gegebenen Stoff, jedoch unter Beistellung von Futterstoff und antiken Spitzen, 3,8 m Goldborten, 4,6 m Goldstutzen.«

250 HHStA, OMaA, Bd. 504, S. 312–319, 452–454.

251 Ebd., S. 319–320.

252 »The Archduke's room", in: Ladies' Field 1905, S. 430.

253 Arbeit von Tapezierer Gruber der Firma Jaray vom 13.3.bis 10.4.1914: »(...) Krickelsalon: 1 Garnitur 1 grosses Kanapé, 1 grosses Fauteuil, und 2 kleiner Fauteuils, grün gestreift Velour, 2 Fauteuils mit grün Goldvelour/abgestemmt, neugepolstern und bezogen. 2 Divanpölster aus gegebenen Samt konfektioniert, mit prima Flaumen gefüllt, und Perlschnurabschluss«, sowie für dessen Arbeit vom 19.5. bis 12.6.1914: »1 grosser Divan mit rotem Velour, 3 grössere und 3 kleinere Pölster abgestemmt, die Polsterung gerichtet, teils ergänzt, den neuen Stoff zugeschnitten und gespannt«; Schloss Artstetten.

254 HHStA, OMaA, Bd. 504, S. 320–325.

255 Aichelburg 2014, S. 916.

256 HHStA, OMaA, Bd. 504, S. 326–327.

257 »The Archduke's room«, in: Ladies' Field 1905, S. 430.

258 Aichelburg 2014, S. 916.

259 Schloss Artstetten.

260 HHStA, OMaA, Bd. 504, S. 327–330.

261 »Salon Ihrer Hoheit: 1 Chaiselongue gepolstert mit vorhandenem Stoff bezogen Regiearbeit durch Tapezierer Oberhammer vom 29.5.–2.6.1913. Tapezierer Grüber vom 13.3.bis 10.4.1914 Zimmer Ihrer Hoheit: 1 Filzbespannung abgenommen, den neuen Filz genäht und gespannt. (...) Durch Tapezierer Jellinek vom 24.5. bis 12.6.1914 Salon Ihrer Hoheit: 1 grosse und ein kleines Kanapé, 3 grosse und 2 kleine Fauteuils, abgestemmt, in Facon gerichtet, neu geheftet und bezogen. Bilder samt Stangen, Wandstoff samt Unterstoff abmontiert und dann mit Filzpapier bespannt und vorhandenen Stoff wieder montiert«; Schloss Artstetten.

262 HHStA, OMaA, Bd. 504, S. 331–333, 455.

263 Aichelburg 2014, S. 908.

264 Ebd. S. 912.

265 »2 vorhandene Betteinsätze um 8 cm durch Tischler erhöht, eingestemmt und abgerundet. Dieselben frisch pickiert, Haare gekrempelt und ergänzt, 2 vorhandene Matratzen umgearbeitet, Haare gekrampelt, teilweise ersetzt«; Sigmund Jaray, Rechnung vom 11.8.1914, Schloss Artstetten (Abb. 23-06).

266 Heute sind diese Tafelbilder im Schlafzimmer nicht mehr vorhanden. Zur Aufarbeitung der Tafelmalerei siehe S. 320.

267 HHStA, OMaA, Bd. 504, S. 334–336, 455–457.

268 Das Bild hängt heute im Novotnyzimmer.

269 Die heutige Wanne ist aus Keramik.

270 Schloss Artstetten.

271 Aichelburg 2014, S. 915.

272 Halata 2013, S. 375, 394.

273 Weiterführend siehe: Kapitel 18, Marlene Ott-Wodni, Schloss Belvedere, S. 518 und Kapitel 19, Marlene Ott-Wodni, Schloss Eckartsau, S. 604.

274 HHStA, OMaA, Bd. 504, S. 336–337.

275 Ebd., S. 337–338.

276 Kinderschreibtisch auf historischer Aufnahme im Mademoisellezimmer.

277 HHStA, OMaA, Bd. 504, S. 338–339.

278 »(...) Tapezierer Grüber vom 13.3.bis 10.4.1914 Prinzessin Sophie Salon und Turmzimmer: Den Wandstoff und Unterspannung samt Bilder und Bilderstangen abmontiert, den vorhandenen Stoff zugeschnitten, genäht und das Ganze wieder montiert. Tapezierer Gruber vom 23.6. bis 2.7.1914 Zimmer der Prinzessin: 1 Garnitur 1 Kanapé, 2 Fauteuils, 2 Sessel, 1 Stockerl, abgestemmt, teilweise neu gepolstert mit vorhandenem Stoff bezogen«; Schloss Artstetten.

279 HHStA, OMaA, Bd. 504, S. 339–340.

280 Aichelburg 2014, S. 917.

281 HHStA, OMaA, Bd. 504, S. 341–342.

282 Das Pianino von Proksch befindet sich derzeit im Mademoisellezimmer. Das Piano, das heute im Turmzimmer steht, ist von der Firma Friedr. Ehrbar.

283 HHStA, OMaA, Bd. 504, S. 342–343.

284 Mycielski 1913, S. 74f.

285 Planscig 1919; Letošníková 1970; Cappeli 1986; Czajkowski/Hrbatý 2015.

286 HHStA, OMaA, Bd. 505, Inventur der Waffensammlung in Konopischt 1915, Verlassenschaftsabhandlung Erzherzog Franz Ferdinand.

287 Aichelburg 2014, S. 906.

288 Hrdinová 2013, S. 27; Mockerova osobní pozůstalost, in: APH, Sign. T 37, c. 967.

289 Aichelburg 2014, S. 908.

290 »Pos 1 Turmzimmer Schaukästen aus schönem trockenem Eichenholz aus pultförmigen Unterkästen zum Ausglasen der Pulte mit vollen Türen, ferner aus Aufsatzkästen mit Flügeltüren zum Ausglasen mit schönem Schloß und Beschlägen innen aus Fichtenholz zum Austapezieren mit Plüsch. Alles von uns solide ausgeführt samt allen Bildhauer und Drechslerarbeit, aufstellen und einlassen mit feinsten Wachsbaumölen. Pos 2 Türfutter und freistehende Vertäfelung ausgeführt wie Pos 1. Plafond nach Zeichnung über Vorschlag des Herrn Costenoble ausgeführt wie Pos 8 in KV II Tapezierarbeit Innenwände der Schaukästen mit Leinentuch an Ort und Stelle Glaserarbeit geätzte Doppelsolistafeln (?) F 49 Corridor im IIII Stock: Schaukästen nach vorliegender Zeichnung, Eichenholz, Unterbau mit profiliertem Sockel und Aufsatzkasten mit Flügeltüren

zum Einglasen und Abschlußgesimse, innen zum Austapezieren. 2flügelige Tür nach Zeichnung mit einerseits Zier- andererseits Holzverkleidung in 0,2 m verstemmtes Futter ausgeführt in Holz (wie Schaukästen), 3 weitere Türen sowie vorige nur höher verstemmtes Futter, Pfeilervertäfelung, Fensterbrüstung passend ausgeführt. Plafond nach Zeichnung über Vorschlag von Costenoble (...) Einstemmschlösser, Drücker- und Langschild aus Messing, Aufsatzbänder, Wechselschubriegel. Tapezierer: Leinenpeluch nach vorliegendem Muster. Glaser: Doppelsolintafeln mit geätzten Bordüren und Eckverzierungen Corridor IV Stock: Schaukästen aus Unter Mittel und Oberteil, Schaukästen oberhalb der Fenster und Türen 2flügelige Tür verstemmtes Futter einerseits andererseits Verkleidung, 2 x 2flügelige Tür mit beidseitiger Verkleidung. Windfang mit 2 Glaslichten. Fensterbrüstung und Pfeilerverkleidung beim Stiegenaufgang wie Windfang jedoch teilweise mit segmentförmigen Bögen. Plafond nach Zeichnung Vorschlag Costenoble wie Pos 8 in KV I bis Ende 1898 fix und fertig zu liefern (...)«; SOA Praha, Fond 285 Ústřední ředitelství Hohenberských statků v Benešově, i.č. 53, Sign. XLII/6, Kt. 13, F. 47–53.

291 Schloss Artstetten.

292 Ebd.

293 Zur Bedeutung der Monsorno-Blätter aus dem Konopischter Konvolut siehe Vácha 2004 und Ausstellung 2015 (Giovanni Maria Monsorno, Znojmo a sokolí pred 200 lety, 3.4.–27.6.2015, Dům umění JMM, Znojmo).

294 HHStA, OMaA, Bd. 504, S. 229–230.

295 Ebd., S. 230–231.

296 Ebd., S. 231, 419–420.

297 Schloss Artstetten.

298 HHStA, OMaA, Bd. 504, S. 231–232, 419–420.

299 »Vertäfelung des Kapellenganges genau nach Zeichnung, inkl. Montur an Ort und Stelle lt. KV 26.2.1913; 1 Tür verdoppeln, samt neuen Beschlägen, lt. KV 22.3.1913; 1 verglasen Nische als Schrank auskleiden 1/3 zum legen und 2/3 zum hängen, samt Montieren der bestehenden Türen, inkl. neuer Verkleidung, detto KV 22.3.1913.; Reisespesen eines Werkmeister und 3 Arbeiter«; Schloss Artstetten.

300 HHStA, OMaA, Bd. 504, S. 233–234, 418–419.

301 Ebd., S. 235.

302 Ebd., S. 235–236.

303 Ebd., S. 236.

304 Ebd., S. 238–239.

305 Ebd., S. 239.

306 Ebd., S. 239–240.

307 Hrdinová 2013, S. 30; Kyncl 1995, S. 69.

308 HHStA, OMaA, Bd. 504, S. 237, 222.

309 Ebd., S. 422.

310 Schneider 1909, VII., Einleitung 1913.

311 Eine präzise Erfassung der heute vorhandenen Baumsorten ist auf der Homepage des Vereins der Freunde von Konopischt veröffentlicht: spolekpratelkonopiste.cz/?page_id=1671, 17.4.2015.

312 Köhler beschreibt den aus fachlicher Sicht schlechten Zustand der historischen Parkanlage; siehe Köhler 2011, S. 189.

313 Die Inschrift auf einem Gedenkstein im Parkteil Cerny les erinnert an die Teilnahme Rudolfs an der Jagd vom 8. Oktober 1879.

314 Aichelburg 2014, S. 905.

315 Morgan 1906, S. 3.

316 Schneider 1909, S. 10.

317 Pacáková-Hošťálková 1999, S. 167.

318 Ebd.

319 Aichelburg 2014, S. 906.

320 Topographisch-statistischer Schematismus 1891, Kapitel Konopischt.

321 Aichelburg 2014, S. 908; 1895 Pläne Vrzals zu Häusern in Chvojen, SOA Praha, Fond 301 Velkostatek Konopiště, i.č. 160; 1897 das Forsthaus Šiberna, Baumeister Kinzl, SOA Praha, Fond 301 Velkostatek Konopiště, i.č. 112.

322 Aichelburg 2014, S. 909.

323 Musiolek 2005, S. 22.

324 Aichelburg 2014, S. 913.

325 Galandauer/Kusák 1988, S. 27.

326 Beim heutigen Korkpavillon handelt es sich um eine Rekonstruktion. Im Original waren der Plafond und die Träger mit Kork verkleidet; siehe Aichelburg 2003, S. 50.

327 Aichelburg 2003, S. 39. Die Statue verfügt über die Signatur »FUX«. Die Zuschreibung an Emil Fuchs bei Galandauer/Kusák ist durch den abgekürzten Vornamen »J.« nicht haltbar; siehe Galandauer/Kusák 1988, S. 42.

328 Ebd., S. 915.

329 Schneider 1909, S. 12.

330 Aichelburg erwähnt auch aus Ägypten importierte Plastiken wie Säulen, Vasen und Obelisken; Aichelburg 2003, S. 41.

331 Aichelburg 2014, S. 913.

332 Ebd.

333 Freundlicher Hinweis von Mag. Dr. Marlene Ott-Wodni; HHStA, OMeA, Rubrik 32, Kt. 1861, Zl. 4973/1909.

334 Aichelburg 2014, S. 912, 915, 916.

335 Ebd., S. 917.

336 Ebd., S. 912.

337 Ebd., S. 913.

338 Weiterführend siehe: Kapitel 19, Marlene Ott-Wodni, Schloss Eckartsau S. 597.

339 Köhler 2011, S. 181.

340 Andere Schreibweise: Karel Rozínek; nach 1880 Obergärtner der Královská Obora (heute Park Stromovka in Prag Bubenec); siehe www.prague.eu/cs/objekt/mista/483/kralovska-obora-stromovka, 26.9.2016.

341 Aichelburg 2014, S. 911; Hrdinová 2013, S. 32; Galandauer/Kusák 1988, S. 34.
342 HHStA, PAB-J 16e.
343 Schloss Artstetten.
344 Aichelburg 2014, S. 916.
345 Ebd., S. 917.
346 Pückler-Muskau 1834, S. 48.
347 Als Kind war Franz Ferdinand mehrfach bei der Familie Schwarzenberg in Orlik in Südböhmen zu Besuch; siehe Kuthan 2001, S. 154f. In Hluboka, einem weiteren südböhmischen Schloss der Familie Schwarzenberg, beauftragte Fürstin Eleonore, geborene Liechtenstein, Theodor Rehder, einen Sohn des Garteninspektors von Fürst Hermann Pückler-Muskau 1854 mit der Gestaltung des englischen Parks. Dabei gab sie vom Turm aus Anweisungen für die Positionierung neuer Bäume; siehe Rogasch 2001, S. 266.
348 »Henne, Eisgrub, Landschaftsgärtner Theod. Mößsmer, Wien XVIII, Schopenhauerstraße, die Gartenbaumschule ›Elisabethinum‹ in Mödling und viele andere waren mit diversen Plänen vertreten. Auch die interessanten Pläne vom Gartenarchitekten Thomeyer-Prag und die der städtischen Anlagen zu Krakau (Inspektor Boleslaus Malecki) mit Photographien waren unter anderen plaziert. Die höhere Gartenbauschule Eisgrub hatte für ihre Objekte (Pläne, Aquarelle und Modelle) einen eigenen kleinen Pavillon im Garten erbaut.« Siehe: Breitschwerdt 1901, S. 56.
349 Schneider 1909. Im August 1908 hielt sich Schneider in Konopischt auf, um Fotografien für den Beitrag anzufertigen; siehe Aichelburg 2014, S. 915. In einem Schreiben vom 26.11.1908 stellte die Dendrologische Gesellschaft eine Anfrage, ob der Erzherzog den Artikel in der Zeitschrift nicht selbst verfassen könnte. Die Schlossverwaltung von Konopischt verneinte dies. In der weiteren Korrespondenz scheinen Listen mit Fragen zu den Themen Geschichte, Größe und Charakter der einzelnen Parkteile, detaillierte Aufzählungen der Pflanzensorten etc. auf, die von der Schlossverwaltung mit großer Sorgfalt für Schneiders Artikel ausgearbeitet wurden; Schloss Artstetten.
350 Schneider 1909, S. 11.
351 Ebd.; mehrere Familienfotos auf der Südterrasse (Schloss Artstetten).
352 Musiolek 2005, S.22.
353 Schneider 1909, S. 12, 14.
354 Ebd., S. 16f.
355 Ebd., S. 11, 20, 22.
356 Ebd., S. 22.
357 Galandauer 1993, S. 85.
358 Tschechische Schreibweise: Průhonice.
359 Vierle 1998, 4.2.
360 Wettstein 1913, S. 90.
361 Silva-Tarouca 1899, 1923, 1931.
362 Silva-Tarouca/Schneider 1910, 1912, 1913.
363 Vierle 1998, 4.2.
364 Ebd.
365 Brožovský 2005, S. 43.
366 Aichelburg 2014, S. 917.
367 Brožovský 2005, S. 36; Galandauer/Kusák 1988, S. 39.
368 Köhler 2011, S. 182.
369 Brittain 2006, S. 126.
370 Robinson 1870.
371 Musiolek 2005, S. 13.
372 Burckhardt 1981, S. 37.
373 Schloss Artstetten.
374 Weiterführend siehe: Kapitel 14, Marlene Ott-Wodni, Jagdschloss Lölling S. 244 und 247.
375 Aichelburg 2014, S. 915; Hrdinova 2013, S. 29.
376 Schloss Artstetten.
377 Ebd.
378 Ebd.
379 Aichelburg 2014, S. 917.
380 Ebd., S. 906, 915, 917; SOA Praha, Fond 301 Velkostatek Konopiště, i.č. 110. Die Anbringung von diversen Steintafeln und anderen Spolien geht wohl auf eine Tätigkeit von Kubik 1912 zurück.
381 Berger 2002, S. 270.
382 Robinson 1883, S. 79.
383 Weiterführend siehe: Kapitel 17, Alfred Benesch, Der Park von Schloss Artstetten, S. 422.
384 Galandauer 1993, S. 192.
385 Schloss Artstetten.
386 »Kaiser Rudolf von Habsburg Monument in Konopischt nach einem Modell des Herrn Professor R. Weyr aufgenommen und gezeichnet durch das Atelier der Bauleitung S. M. Hofburg, Wien, im Juli 1910 (Rud. Weyr)«, HHStA OMaA PAB J-16d.
387 Nicht zu verwechseln mit Karl Mössmer.
388 Telesko/Kurdiovsky/Nierhaus 2010, S. 135; Telesko 2012, S. 442.
389 Hofburgbau 1914, Schloss Artstetten.
390 HHStA, OMaA, Bd. 504, S. 113, 154.
391 Aichelburg 2014, S. 917.
392 Ebd.
393 Der Name Marischka tritt in Konopischt bereits 1904 auf. Damals war der Hofvergolder Johann Marischka wegen der Aufstellung von nicht näher definierten Antiquitäten in Konopischt; siehe Aichelburg 2014, S. 912.
394 Ebd., S. 917; Hrdinová 2013, S. 29.
395 »Rechnung für gelieferte Arbeiten nach Zeichnungen und Angaben von Herrn Akad. Bildhauer Otmar Schimkowitz für St. Georgs Gallerie nach Voranschlag vom 4.9.1913. 2 Stück Vitrinen aus Eichenholz nach Zeichnung auf einem 70 cm Unterbau. Hierauf die Vitrine 1,2 m lang und 1,2 m

hoch und 80 cm tief, innen durch eine Mittelwand geteilt, mit 2 Türen auf in ganzer Höhe durchgehende Messingscharniere komplett sperrbar beschlagen, antik gebeizt und matt eingelassen. Tischler, Drechsler und Schlosserarbeiten. Die gesamte Außenglasung in Spiegelglas. Die innen geschliffenen Glasfächer mit Messingträger auf gelochte Messingschienen verstellbar. Über Auftrag vom 30.3. beide Vitrinen als Mittelwände ringsum die Böden mit Peluche nach erhaltenen Muster bespannt (...)«; Josef Richter bürgerl. Tischlermeister, Tischlerei für Bau, Kunst, Innendekoration und Kirchenarbeiten, Möbel- und gesamte Wohnungs-Einrichtung, 15.4.1914, Schloss Artstetten (Abb. 23-10).
396 Mycielski 1913, S. 72f.
397 www.architektenlexikon.at/de/1350.htm, 3.10.2016.
398 SOA Praha, Fond 301 Velkostatek Konopiště, i.č. 94.
399 Aichelburg 2014, S. 906.
400 HHStA, OMaA, Bd. 504.
401 Aichelburg 2014, S. 912.
402 HHStA, OMaA, PAB J 16i.
403 HHStA, OMaA, Bd. 504.
404 SOA Praha, Fond 301 Velkostatek Konopiště, i.č.104.
405 Aichelburg 2003, S. 56.
406 HHStA, OMaA, Bd. 504, S. 29.
407 spolekpratelkonopiste.cz/?page_id=2201, 5.6.2015.
408 spolekpratelkonopiste.cz/?page_id=2255, 6.10.2016.
409 prazsky.denik.cz/z-regionu/chatka-ferdinanda-deste-se-asi-vrati-na-konopiste-20160809.html, 12.12.2016. Eine weitere Ansicht des holländischen Pavillons auf der Jubiläumsausstellung ist ebenfalls online einsehbar: libimages.wolfsonian.org/XC1993.561.38.000.jpg, 4.11.2016.
410 APH, Mockerova osobní pozůstalost, Sign T 37, c. 969–972.
411 Aichelburg 2014, S. 911.
412 HHStA, PAB-J 16b.
413 Ebd.
414 HHStA, PAB-J 16b.
415 Veselý 1932, S. 4.
416 Hrdinová 2013, S. 30.
417 Kuthan 2002, S. 158.
418 Aichelburg 2014, S. 917.
419 HHStA, PAB-J 16c.
420 Ebd.
421 SOA Praha, Fond 301 Velkostatek Konopiště, i.č. 111.
422 Aichelburg 2003, S. 34.
423 Mergl 1995, S. 62.
424 Aichelburg 2014, S. 912f.
425 Ebd., S. 914.
426 Ebd., S. 915.
427 Ebd., S. 913.
428 Ebd., S. 914.
429 Schloss Artstetten.
430 Galandauer 1993, S. 87, Hrdinová 2013, S. 33.
431 Buchinger geht in seiner Forschung zu den Semmeringvillen vom allgemeinen Begriff des »Heimatstils« ab und verwendet die Bezeichnung »Bauernhausvilla«; siehe Buchinger 2006, S. 66.
432 Ebd.
433 Aichelburg 2003, S. 20.
434 Aichelburg 2014, S. 908.
435 Ebd.; www.architektenlexikon.at/de/1350.htm, 25.6.2015.
436 Weiterführend siehe: Kapitel 14, Marlene Ott-Wodni, Das Jagdschloss Lölling, S. 245.
437 Aichelburg 2014, S. 913.
438 Ebd., S. 908.
439 HHStA, OMaA, Bd. 504.
440 Ebd.
441 Aichelburg 2014, S. 906.
442 SOA Praha, Fond 301 Velkostatek Konopiště, i.č. 112.
443 Ebd., 130.
444 Ebd., i.č. 115.
445 Aichelburg 2014, S. 911.
446 www.architektenlexikon.at/de/1350.htm, 3.10.2016.
447 Aichelburg 2014, S. 908.
448 HHStA, OMaA, Bd. 504, S. 21.
449 Aichelburg 2014, S. 908.
450 HHStA, OMaA, Bd. 504.
451 Aichelburg 2014, S. 908.
452 Ebd., S. 906.
453 HHStA, PAB J-16c.
454 Galandauer 1993, S. 87f.
455 Ebd., S. 94.
456 Ebd., S. 87; Aichelburg 2014, S. 913.
457 Schneider 1909, S. 26.
458 Aichelburg 2014, S. 912.
459 Ebd., S. 913.
460 Ebd., S. 915.
461 Schloss Artstetten.
462 Aichelburg 2014, S. 911, 915.
463 Galandauer 1993, S. 87.
464 Aichelburg 2014, S. 917.
465 SOA Praha, Fond 301 Velkostatek Konopiště, i.č. 160; Aichelburg 2014, S. 908.
466 Aichelburg 2014, S. 912f.
467 Ebd., S. 913.
468 HHStA, OMaA, Bd. 504, S. 17.

Abb. 16-01: Schloss Artstetten mit freistehender Kapelle, vor 1691 (© Schloss Artstetten)

16. DAS GEERBTE GUT

SCHLOSS ARTSTETTEN IN NIEDERÖSTERREICH

Marlene Ott-Wodni

Die Herrschaft Artstetten wurde erstmals im 13. Jahrhundert urkundlich erwähnt. Zwischen 1560 und 1590 ließ der damalige Besitzer Matthäus Grundrechning ein L-förmiges Schloss, bestehend aus einem Süd- und Ostflügel, erbauen. Neben dem Schloss befand sich eine freistehende Kapelle, die dem heiligen Jakob geweiht war (Abb. 16-01). 1691 erwarb Maximilian Ignaz Braun von Rotenhaus (gestorben 1714) die Herrschaft Artstetten. Bis 1698 ergänzte er das bestehende Gebäude um einen Nord- und Westtrakt, womit das Schloss in Grundzügen seine noch heute bestehende charakteristische Form eines vierflügeligen Baus mit Innenhof und vier Ecktürmen mit zwiebelförmigen Kuppeln (Abb. 16-02) erhielt. Darüber hinaus ließ der Bauherr die Kapelle zu einer barocken Kirche ausbauen und mit dem Schlossbau an dessen Ostseite verbinden. 1730 fielen beide, Schloss und Kirche, einem Brand zum Opfer. Der Schlossherr Graf von Preysing ließ die Gebäude wiederaufbauen,[1] aber 1791 zerstörte erneut ein Brand das Dach des Schlosses, der durch einen Blitzeinschlag ausgelöst worden war. Eine im Schlosshof angebrachte Gedenktafel erinnert noch heute an diese Katastrophe. Zu Beginn des 19. Jahrhunderts, in den Jahren 1805 und 1809, fanden Plünderungen durch einfallende französische Soldaten im Schloss statt.[2]

1823 gelangte die Herrschaft Artstetten in habsburgischen Besitz. Am 28. Juli erwarb Kaiser Franz II./I. (1768–1835) das Schloss. Im roten Salon ist ein Gemälde des österreichischen Landschafts-

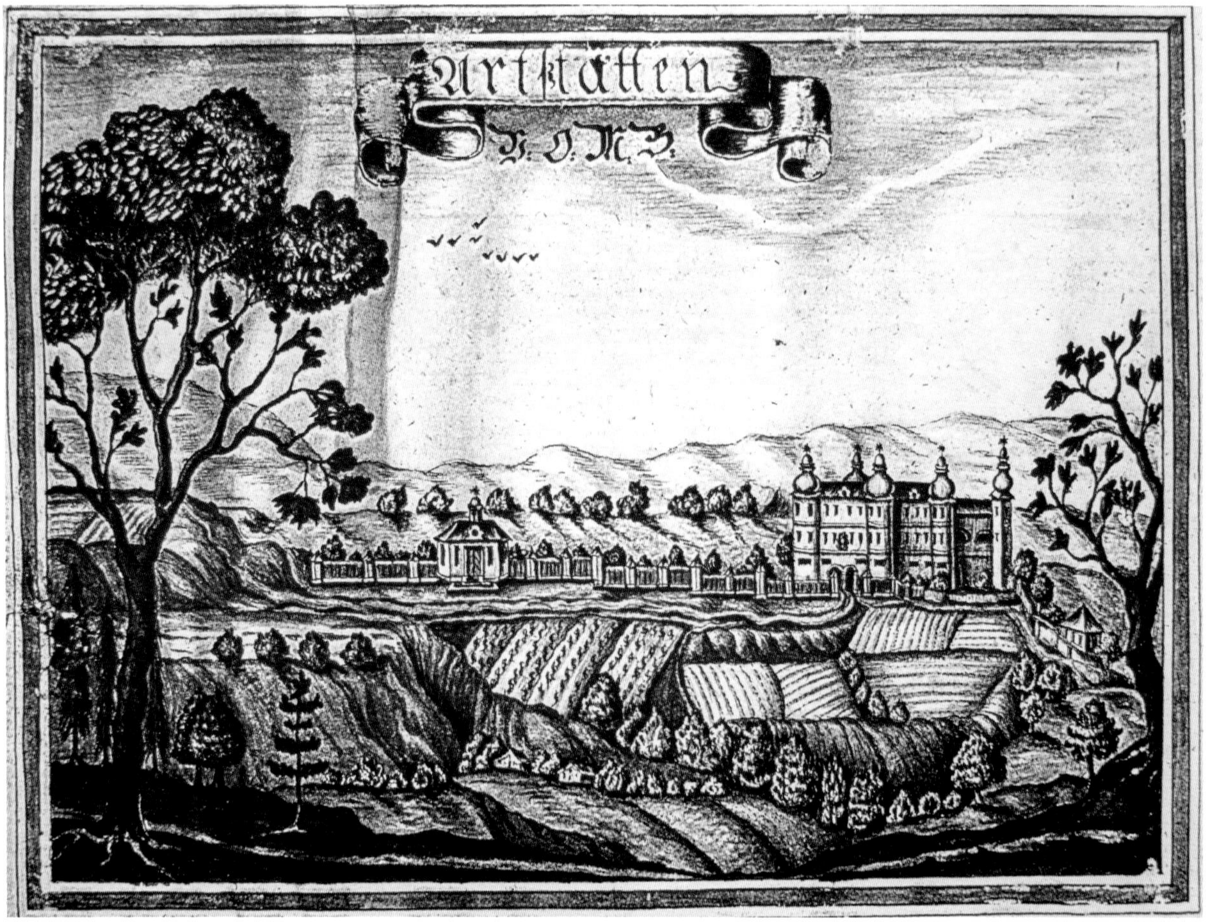

Abb. 16-02: Schloss Artstetten nach dem barocken Umbau durch Maximilian Ignaz Braun von Rotenhaus, die Kirche wurde, nach 1698 zum Schloss hin verlängert. (© Schloss Artstetten)

malers Josef Rebell (1787–1828) als Supraporte (Abb. 16-03) eingelassen. Es zeigt die Nordseite des Schlosses Artstetten; deutlich zu erkennen sind die dem Hauptgebäude vorgelagerten Nebengebäude (unter anderem ein Pferdestall), die in späteren Jahren abgerissen wurden. Rebell wurde nach Aufenthalten in der Schweiz und in Italien 1824 von Kaiser Franz II./I. nach Wien berufen und zum Direktor der Kaiserlichen Gemäldegalerie sowie zum Schlosshauptmann im Schloss Belvedere ernannt. Das Gemälde muss demnach zwischen 1824 und 1828, dem Todesjahr Rebells, entstanden sein.

Nach dem Tod des Kaisers 1835 ging Artstetten in den Besitz seines Sohnes Erzherzog Franz Karl (1802–1878) über. Über bauliche Veränderungen während der Eigentümerschaft von Kaiser Franz II./I. und seines Sohnes Franz Karl ist nichts bekannt. Details zur Bau- und Ausstattungsgeschichte von Schloss Artstetten sind erst ab 1861 archivalisch nachweisbar, nachdem die Herrschaft in den Besitz von Franz Karls Sohn, Erzherzog Carl Ludwig (1833–1896), übergegangen war. Im Jahr der Übernahme legte Carl Ludwig die Statthalterschaft von Tirol zurück und verlagerte seinen Wohnsitz wieder nach Wien und Niederösterreich. Sowohl Einrichtungsgegenstände, wie Möbel und Geschirr, als auch Gemälde und kunstgewerbliche Gegenstände ließ er sogleich von Innsbruck und Bad Ischl nach Artstetten bringen.[3] 1864 beauftragte der architekturaffine Erzherzog die Neugestaltung des Schlossparks.[4] Bereits im darauffolgenden Jahr war der Schlosspark fertiggestellt.

Abb. 16-03: Josef Rebell, Schloss Artstetten von Norden, um 1825. Im Vordergrund sind die damals noch bestehenden Nebengebäude zu sehen. (© Schloss Artstetten)

Überraschenderweise versuchte der Erzherzog bereits 1866 Schloss Artstetten an seinen in Mexiko regierenden Bruder, Kaiser Maximilian (1832–1867), zu verkaufen.[5] Dieser wollte das Schloss wahrscheinlich angesichts seiner geplanten Rückkehr nach Europa erwerben. Obwohl ein Vertrag über 30.000 Gulden zwischen den Brüdern[6] unterzeichnet wurde, kam es nie zu dem Verkauf des Schlosses. Wie vertraglich vereinbart, sollte die Kaufsumme innerhalb von drei Monaten beim Verkäufer eingehen. Nachdem Kaiser Maximilian aufgrund seiner maroden Finanzlage die Rechnung nie beglich, verblieb Schloss Artstetten im Eigentum von Carl Ludwig. Nach Maximilians Tod 1867 wurden einige mexikanische Objekte aus seinem Besitz nach Artstetten verbracht, unter anderem auch das Gemälde »Maximilian empfängt die Kickapoo-Indianer«, das Jean-Adolphe Beaucé nach einer realen Begebenheit gemalt hatte.

Umgestaltungen unter Erzherzog Carl Ludwig

Die im Auftrag des Erzherzogs Carl Ludwig durchgeführten Umgestaltungen an Schloss und Park erfolgten in zwei Bauphasen. Die ersten Arbeiten begannen 1864 und beinhalteten die Neuanlage des Parks[7] sowie einige bauliche Veränderungen der Schlossarchitektur. Entwurfszeichnungen, die im Archiv des Stiftes Melk aufbewahrt werden,[8] geben einen Überblick über die durchgeführten Baumaßnahmen. Da die Pläne nicht signiert sind und auch keine weiterführenden Quellen dazu gefunden werden konnten, ist der Entwerfer nicht bekannt.

Die Adaptierungen beinhalteten die Errichtung zweier Vorbauten, die das Schloss zum Park hin öffnen sollten. Es handelte sich dabei um einen vor dem Eingang an der Westseite gelegenen Gartensa-

Abb. 16-04: Entwurfszeichnung zum Umbau des Schlosses Artstetten im Auftrag des Erzherzogs Carl Ludwig, Längsschnitt durch das Schloss mit Vorbau an der Westseite, 1865 (© Stiftsarchiv Melk)

lon (Abb. 16-04), der aus einer Glas-Eisen-Konstruktion mit Dachterrasse und Zeltdach sowie einem zweistöckigen risalitartigen Vorbau an der Südseite bestand. So wurde dem Hauptgebäude südseitig ein massiver, in Arkadenform gestalteter zweistöckiger Bau vorgeblendet, dessen Dach wiederum als Terrasse ausgeführt war und vom großen Saal der Beletage aus zugänglich war. Ebenso wie die Terrasse an der Westseite wurde die Terrasse des südseitigen Altans mit einer aufwendigen Zeltdachkonstruktion überbaut. Der Dachfirst über dem Mittelrisalit erhielt eine skulpturale Bekrönung. Von den Erdgeschossräumlichkeiten gelangte man auf ein großes Terrassenplateau. Von diesem führte eine ausladende steinerne Treppe, die von Löwenstatuen gesäumt wurde, in den Park.

Wie aus den Grundrissplänen hervorgeht, versuchte Carl Ludwig durch den Einbau von Stiegenhäusern und Treppen die Erschließung der Schlossräume zu verbessern. Zuvor waren die einzelnen Stockwerke des Schlosses nur durch eine an der Ostseite befindliche einläufige Treppenanlage erreichbar. Im Auftrag des Erzherzogs wurde nun an der Westwand des Innenhofes ein repräsentatives gewendeltes Stiegenhaus angebaut (Abb. 16-05). Auf einem Längsschnitt durch das Schloss (Abb. 16-04) sind sowohl der projektierte westseitige Vorbau als auch das neue Stiegenhaus im Innenhof zu erkennen. Darüber hinaus erfolgte die Installierung einer schmalen Wendeltreppe, die vom südöstlichen Turmzimmer des Erdgeschosses in die Vorhalle des ersten Stockes führte. Direkt daneben, ebenfalls vom ebenerdigen Turmzimmer erreichbar, ließ sich Carl Ludwig ein Badezimmer (Abb. 16-06) einrichten, bestehend aus einer geräumigen, in den Fußboden eingelassenen gefliesten Wanne. Eine weitere

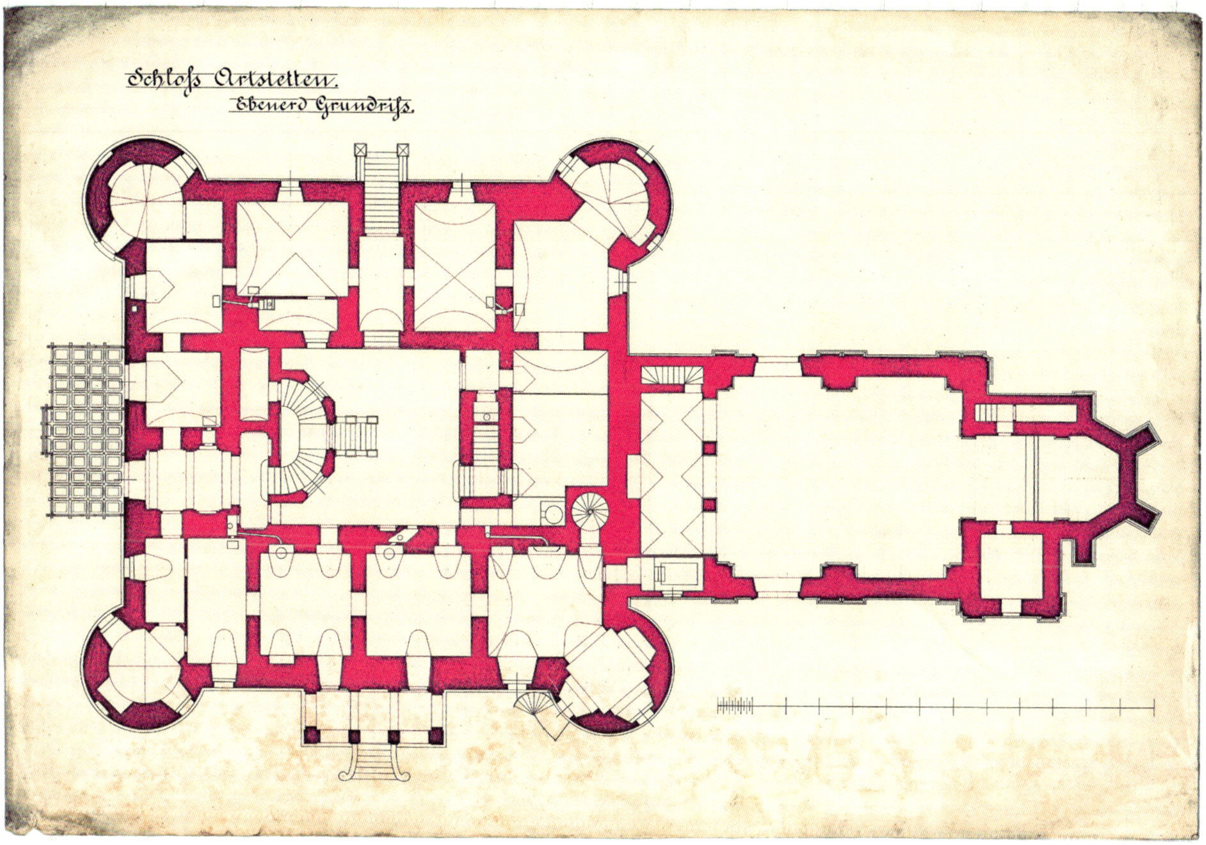

Abb. 16-05: Grundriss des Erdgeschosses des Schlosses Artstetten, Umbau im Auftrag von Erzherzog Carl Ludwig, 1865 (© Stiftsarchiv Melk)

Abb. 16-06: Badezimmer des Erzherzogs Carl Ludwig in Schloss Artstetten, um 1865 entstanden (© Schloss Artstetten)

Wendeltreppe wurde im südwestlichen Turmzimmer des ersten Stockes als Verbindung in die Beletage eingebaut.

Sowohl die Anlage des Parks als auch die Errichtung der Zubauten waren 1865 abgeschlossen. Eine Fotografie (Abb. 16-07) zeigt die Südansicht des Schlosses zu diesem Zeitpunkt; neben den frisch eingesetzten jungen Bäumen und Pflanzen im Park sind deutlich die an der West- und Südseite neu errichteten Vorbauten inklusive der pavillonartigen Zeltdachkonstruktionen zu erkennen. Außerdem sind die imposante Bekrönung am Dachfirst, das Terras-

Abb. 16-07: Südseite des Schlosses Artstetten nach der ersten Bauphase, 1865. Im Westen und Süden wurden Vorbauten sowie eine Terrasse und die Löwenstiege errichtet, die Neugestaltung des Parks war bereits vollendet. (© Schloss Artstetten)

senplateau und die Löwenstiege zu sehen. Interessant an der Aufnahme ist, dass die in den Plänen projektierten Änderungen der Dachform sowie die Umgestaltung der Kirche noch nicht durchgeführt worden sind. 1865 tragen die Türme noch die historischen zwiebelförmigen Dächer. Weiters sind im Dachgeschoss der Türme lediglich runde Gucklöcher zu sehen, die später eingebauten Fenster fehlen hier noch gänzlich. Insofern ist davon auszugehen, dass die eben erwähnten Punkte in einer später durchgeführten zweiten Bauphase umgesetzt wurden.

Über die Lage des erzherzoglichen Appartements sowie dessen Einrichtung gibt ein 1865 erstelltes Inventarbuch[9] Aufschluss. Eine Fotoserie zeigt den Zustand der Wohnräume, der exakt mit den Inventaraufzeichnungen übereinstimmt. So befanden sich im Erdgeschoss ein Speisezimmer mit einem Bösendorfer Flügel, ein Vorraum, die Silberkammer, das Badezimmer des Erzherzogs sowie mehrere Bedienstetenzimmer. Die erzherzoglichen Wohnräume waren im ersten Stock situiert. Im südwestlichen Turmzimmer lag das Schreibzimmer Ihrer Hoheit (Abb. 16-08), daran anschließend auf der Gartenseite das gemeinsame Schlafzimmer des erzherzoglichen Paares (Abb. 16-09), danach folgten der Salon (Abb. 16-10) sowie im südöstlichen Rondo das Schreibzimmer des Erzherzogs (Abb. 16-11).

Sämtliche Räume waren mit Neorokoko-Garnituren aus Nussbaumholz oder Eschenholz ausgestattet, die mit bedruckten geblümten Baumwollstoffen ta-

Abb. 16-08: Schreibzimmer der Erzherzogin Maria Annunziata im südöstlichen Turmzimmer des ersten Stockes, 1865 eingerichtet, Fotoaufnahme nach 1868 (© Schloss Artstetten)

peziert waren. In Schloss Artstetten haben sich noch Stühle mit Originalbezug (Abb. 16-12) erhalten. Dieselben Stoffe fanden auch als Wandspalier sowie als Tür- und Vorhangstoffe Verwendung. Durch den opulenten Einsatz von Textilien sowie deren zarte Farbigkeit und florale Motivik erweckten die Wohnräume in der ersten Etage einen gemütlichen Eindruck. Wertvolle Luster, teils aus Kristall- oder Muranoglas, zahlreiche Fotografien und Gemälde sowie kunsthandwerkliche Gegenstände komplettierten die Einrichtung.

Im zweiten Stock lagen entlang der Südseite die Repräsentationsräume. Diese setzten sich aus den beiden Turmzimmern und dem in der Mitte liegenden großen Saal zusammen. Die beiden Eckzimmer der Beletage (Abb. 16-13) waren wiederum mit Garniturmöbeln aus Nussbaumholz mit geblümter Baumwollstofftapezierung ausgestattet. Im Gegensatz zu den Wohnräumen des ersten Stockes erhielten die Repräsentationsräume der Beletage durch ihre reduziertere Gestaltung einen eleganteren, kühleren und daher offizielleren Charakter. So wurde in ihnen auf ein Wandspalier verzichtet, die Mauern waren in hellen Farbtönen gestrichen. Die Neorokoko-Sitzmöbel wurden durch ausgewählte Einzelstücke ergänzt, wie beispielsweise den opulen-

Abb. 16-09: Schlafzimmer des erzherzoglichen Paares im ersten Stock von Schloss Artstetten, 1865 eingerichtet, Fotoaufnahme nach 1868 (© Schloss Artstetten)

Abb. 16-10: Salon im ersten Stock von Schloss Artstetten, 1865. (© Schloss Artstetten)

ten geschnitzten Schreibtisch, der im südwestlichen Rondo stand.

Der große Mittelsaal (Abb. 16-14) diente als Speisezimmer. Die gestrichenen Wände des Raumes zierten Landschaftsansichten und Tierstücke, der Boden war mit Steinplatten ausgelegt und die Decke mit Stuck verziert. Im Zentrum standen laut Inventarbuch ein ausziehbarer Tisch mit zwölf Stühlen aus Nussbaumholz, deren Lehnen und Sitzflächen mit Rohrgeflecht versehen waren, sowie ein neuer Billardtisch aus Eichenholz. Weiters bestand die Ausstattung des Speisezimmers aus »zwei altertüm-

Abb. 16-11: Schreibzimmer des Erzherzogs Carl Ludwig im südöstlichen Turmzimmer im ersten Stock von Schloss Artstetten, 1865 eingerichtet, Fotoaufnahme nach 1868 (© Schloss Artstetten)

Abb. 16-12: Geblümte Originaltapezierung eines Stuhles aus dem gemeinsamen Schlafzimmer, 1865 (© MOW)

Abb. 16-13: Südwestliches Turmzimmer im zweiten Stock des Schlosses Artstetten, 1865 (© Schloss Artstetten)

Abb. 16-14: Der große Mittelsaal im zweiten Stock wurde als Speisezimmer verwendet, 1865 (© Schloss Artstetten)

lichen Kredenz-Kästen auf denselben 36 Teller mit Goldrand und Blumen-Malerei, 24 Punschgläser von geschliffenem Glas, 30 Kaffee-Schalen, 2 Vasen mit Deckel, mehrere Vasen und Gläser und Pokale«[10]; zudem fanden sich drei große Büsten aus Carraramarmor auf Säulen, die Papst Pius IX., Kaiser Franz Joseph und Kaiserin Elisabeth darstellten, sowie ein glasierter Ofen. In der Beletage lagen überdies die Prinzenkammer sowie die Zimmer der Amme und der Kindermädchen. Erzherzog Carl Ludwig und seine Frau Maria Annunziata hatten im Jahr 1865 zwei Söhne; der Erstgeborene Franz Ferdinand war zwei Jahre alt und sein jüngerer Bruder Otto war erst im April desselben Jahres zur Welt gekommen.

Die zweite im Auftrag des Erzherzogs Carl Ludwig durchgeführte Bauphase muss in den Jahren 1866 oder 1867 in Angriff genommen und spätestens Mitte des Jahres 1868 beendet worden sein. Dieser Zeitraum konnte anhand des Datums der Kreuzweihe des neu gestalteten Kirchturms (18. Juni 1868)[11] sowie des im Juli 1868 aufgenommenen Inventarbuchs, in dem die Umbauten bereits festgehalten sind, bestimmt werden. Die Maßnahmen beinhalteten unter anderem die Umgestaltung der vier Schlosstürme und des Kirchturms. Der Erzherzog ließ die zwiebelförmigen Dächer durch spitz aufragende Kegeldächer (Abb. 16-15) ersetzen, was einen markanten optischen Eingriff darstellte und dem Schloss eine völlig andere Außenwirkung einbrachte. Weiters wurde das Dachgeschoss ausgebaut, im Dachbereich wurden Gaupen installiert, und die Turmzimmer erhielten anstatt der kleinen runden Gucklöcher Fensteröffnungen. Die Fassade wurde neu strukturiert, dies beinhaltete die Hervorhebung der einzelnen Geschosse durch querlaufende Bänder sowie die Anbringung von Fensterbekrönungen im ersten Stock. Im Inneren beschränkten sich die Arbeiten auf die Neueinrichtung von drei Räumen in der zweiten Etage. Ein weiterer Schwerpunkt der Adaptierungen lag auf der Umgestaltung der Kirche. Interessant ist, dass die im zweiten Durchlauf ausgeführten Arbeiten bereits in den um 1865 angefertig-

Abb. 16-15: Schloss Artstetten nach dem Umbau durch Erzherzog Carl Ludwig mit kegelförmigen Turmdächern, 1868 (© Schloss Artstetten)

Abb. 16-16: Grundriss der zweiten Etage im Schloss Artstetten, Umbau im Auftrag von Erzherzog Carl Ludwig, Tinte auf Papier, 1865 (© Stiftsarchiv Melk)

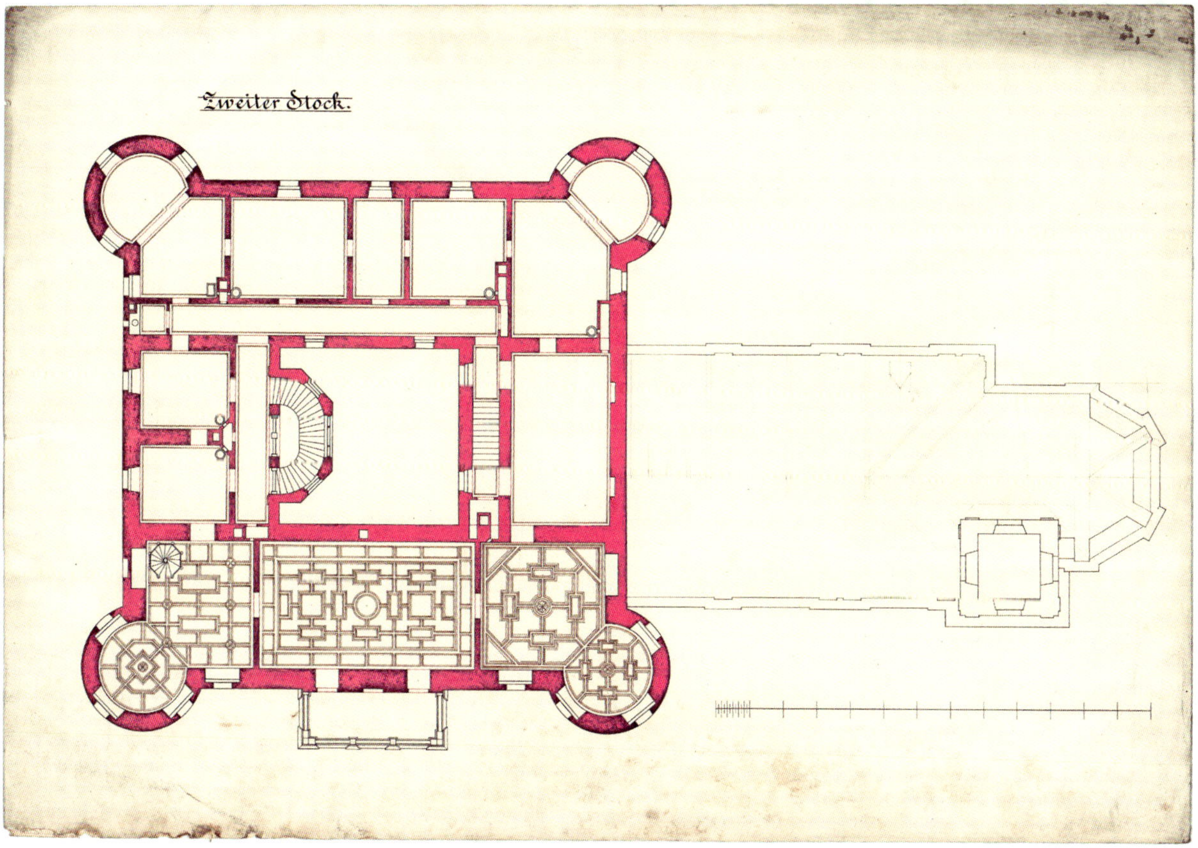

Abb. 16-17: Südwestliches Turmzimmer im zweiten Stock nach der Umgestaltung durch Erzherzog Carl Ludwig, nach 1868 (© Schloss Artstetten)

ten Entwurfszeichnungen verzeichnet sind. Somit verfolgte Carl Ludwig bei der Neugestaltung des Schlosses und des Parks ein Gesamtkonzept, dass in zwei Abschnitten umgesetzt wurde.

Wie bereits erwähnt, wurde im Juli 1868 ein neues Inventar aufgenommen. Dies gibt einerseits über die leicht veränderte, durch den erzherzoglichen Familienzuwachs bedingte Raumaufteilung, andererseits über die Neuausstattungen Aufschluss. Letztere betrafen die Repräsentationsräume in der Beletage.

Während die Wohnräume des ersten Stockes unverändert blieben, wurden die Wände der beiden südseitigen Turmzimmer bis Hüfthöhe mit Lambrien und darüber mit braunen Textilbespannungen versehen. Die Decken der Räume zierten nun hölzerne Kassettenverkleidungen. Auf dem im Melker Stiftsarchiv erhaltenen Grundriss des zweiten Stockes (Abb. 16-16) von 1865 sind diese Holzdecken bereits eingezeichnet. Einen Eindruck von den neu ausgestatteten Räumen vermitteln nach 1868 entstandene Fotoaufnahmen (Abb. 16-17). Im Gegensatz zu der vorherigen Ausstattung (Abb. 16-13) mit den hell gestalteten Wänden und geblümten Textilien wirkten die Räume nun durch die in Neorenaissancestil gehaltenen Holzverkleidungen und die braune Farbgebung der Stoffe wesentlich dunkler und schwerer, jedoch entsprachen sie damit dem in der zweiten Hälfte des 19. Jahrhunderts aufkommenden Zeitstil, der von der Vorliebe für Neorenaissanceformen gekennzeichnet war. Darüber hinaus

Abb. 16-18: Neu installierte Bibliothek im großen Saal des zweiten Stockwerks nach der Umgestaltung durch Erzherzog Carl Ludwig, nach 1868 (© Schloss Artstetten)

dürfte sich in der Gestaltung der Räume auch Carl Ludwigs persönlicher Geschmack widerspiegeln; so war sein Arbeitszimmer in seinem Wiener Stadtpalais (Abb. 18-34) in ähnlicher Weise eingerichtet.

Die hauptsächlich im Neorokokostil ausgeführten Möbel gehörten zur ursprünglichen Ausstattung der beiden Turmzimmer. Im Rahmen der Umgestaltungsmaßnahmen wurden sie lediglich neu überzogen. Ein neuer braun gestreifter Baumwollstoff, der mit der textilen Wandtapete harmonierte, ersetzte nun den geblümten hellen Überzug. Die Bildausstattung der Räume war hingegen neu, anstatt der Landschaftsansichten und Tierstücke zierten nun Adelsporträts die Wände.

Die größten Veränderungen erfuhr der südseitige Mittelsaal, denn das vormalige Speisezimmer (Abb. 16-14) wurde nun zu einer Bibliothek (Abb. 16-18) umgestaltet. Der Steinboden wurde durch einen Parkettboden ersetzt und auch dieser Raum erhielt eine Kassettendecke. An den Wänden wurden raumhohe Bücherkästen angebracht und in der Mitte der Längswand ein offener Kamin eingebaut; das Kaminbild stellt Karl V. nach der Schlacht von Mühlberg[12] dar. Das Mobiliar setzte sich aus mehreren Tischen, Kästchen, einem Schreibtisch und sechs lederbezogenen Fauteuils zusammen. Diese räumliche Umstrukturierung hatte zur Folge, dass im Erdgeschoss neben dem Speisezimmer ein Billardzimmer eingerichtet wurde.[13]

Die an der Kirche durchgeführten Umbauten umfassten die Neugestaltung des Kirchturmes und die Vergrößerung der Kirchenfenster. Weiters erhielten die drei Fenster des Presbyteriums Glasfenster. Im Innenraum wurden auf Wunsch des Erzherzogs ein neuer Hochaltar, vier neue Betstühle und eine hölzerne Kanzel angeschafft. Die Sakristei erhielt ebenfalls eine neue Ausstattung.[14]

DAS SCHLOSS IM BESITZ VON ERZHERZOG FRANZ FERDINAND

Nach über 20 Jahren Nutzung schenkte Erzherzog Carl Ludwig die Herrschaft Artstetten im April 1889 seinem ältesten Sohn Franz Ferdinand. Wie aus der Schenkungsurkunde[15] hervorgeht, verstand er die Übergabe vor seinem Ableben als vorzeitige Erbschaft. Zudem verfügte er, dass das Schloss ausschließlich in Familienbesitz bleiben sollte, und räumte sich unentgeltliches Wohnrecht auf Lebenszeit ein:

»Da es mein Wunsch ist, dass die Herrschaft Artstetten sammt Zubehör, inbesondere auch die im Schloße befindlichen Kunstschätze und die Bibliothek, an welche sich so viele theure Familienerinnerungen knüpfen, niemals in fremde Hände gelangen, so verfüge Ich, dass die den Gegenstand dieser Schenkung bildenden beweglichen und unbeweglichen Objecte weder ganz noch auch einzeln verkauft werden dürfen, und stets im Besitze Meines Herrn Sohnes des Erzherzogs Franz Ferdinand und Sohn Seiner Ihm in Erbewege nach folgenden Familienmitglieder zu verbleiben habe. (…)

Das Gut Artstetten sammt Zubehör geht mit 1. April 1889 in den Besitz und Genuß meines mehrgedachten Herrn Sohnes über, und werden mit Zugrundelegung dieses Termins alle Nutzungen und Lasten zwischen Mir und dem neuen Eigenthümer verrechnet und getheilt werden. (…)

Rottenstein, am 12. April 1889

Erzherzog Franz Ferdinand, Erzherzog Carl Ludwig«[16]

Obwohl sich Franz Ferdinand als Kind oftmals in Artstetten aufgehalten hatte, zeigte er nach der Übernahme wenig Interesse an der Besitzung und war selten anwesend. Die ehemaligen Bediensteten seines Vaters betreuten die Herrschaft weiter, auch die Innenräume blieben unangetastet, wie aus den Schilderungen von Enrica von Handel-Mazzetti hervorgeht. Sie hatte das Schloss erstmals 1892 besucht. Da es sich bei dem Bericht der Baronin um die einzig bekannte zeitgenössische Beschreibung handelt, soll sie an dieser Stelle in großen Teilen wiedergegeben werden:

»Schloss Artstetten, früher Eigentum weiland des Erzherzogs Karl Ludwig, jetzt Besitz des Erzherzog Thronfolgers Franz Ferdinand von Oesterreich-Este, liegt am linken Donauufer, dort, wo sich Nieder- und Oberösterreich berühren, schneeweiß an dunkle Waldberge geschmiegt. Es ist kein prunkvoller Bau, hat nicht den Burgencharakter wie das nahe Persenbeug, dennoch präsentiert es sich von allen Seiten so schön, ich möchte sagen so verlockend malerisch, wie kaum ein anderes Schloß der Gegend. (…) Wir treten durch die von wildem Wein umsponnene Gartentür unmittelbar in den Schlosshof. Vor uns liegt die Rückseite des Gebäudes, mit freundlichem hellen Anstrich, grünen Jalousien, zwei runden, wie das ganze Dach, mit Schiefer eingedeckten Ecktürmchen. An der Ostseite erhebt sich zwischen dem Grün von Pappeln und Nußbäumen der schmale Turm des gotischen Schloßkirchleins. (…)

Wenn man die Treppe emporsteigt, fallen einem farbenprächtige Porträts – meist gute Kopien spanischer Meister – auf, die das Stiegenhaus und die Korridore schmücken. (…) Nunmehr geleitet uns der Führer in die eigentlichen Wohngemächer. Da wird's einem heimlich, ja gemütlich, als wäre man zu Hause; man sieht bis in die kleinsten Details den liebenswürdigen Geist sich widerspiegeln. Da ist das Arbeitszimmer der nunmehr verwitweten Erzherzogin Marie Therese; ferner das Schlafgemach mit dem herrlichen plastischen Christusbild; all die Kleinigkeiten täglichen Gebrauches, in schönster Ordnung zur Hand, ›damit nichts fehlt, wenn die hohen Herrschaften einmal vorsprechen‹, wie unser Begleiter sagte. Und dann fing er an zu erzählen, wie gut und leutselig der Herr Erzherzog sei, er und sein Sohn, dem er das Schloß vor wenig Jahren

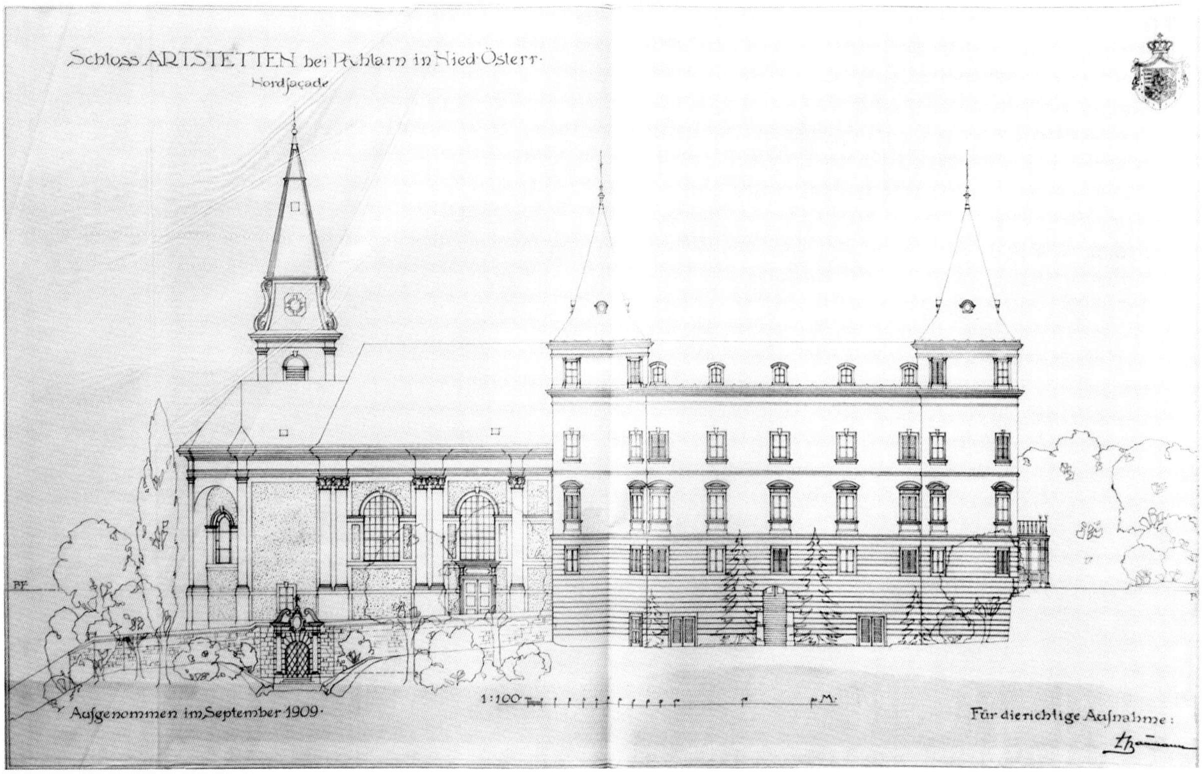

Abb. 16-19: Ludwig Baumann, Bestandsplan: Nordfassade des Schlosses Artstetten, Tinte auf Transparentpapier, 1909 (© Schloss Artstetten)

übergeben, und wie lieb Erzherzog Karl Ludwig seine Gemahlin, seine Kinder und Enkel habe. Wir begaben uns in das Arbeitszimmer des Erzherzogs. Auf dem Schreibtische fesselten zwei Biskuitstatuetten – Ihrer Majestäten des Kaisers und der Kaiserin als junges Paar – meine Aufmerksamkeit, ferner ein Kalendarium, worin die Geburts- und Namenstage aller Mitglieder des kaiserlichen Hauses angemerkt waren.

Die Zeit drängte, wir durchschritten flüchtig die noch übrigen Gemächer; unter anderem das Zimmer, das der Erzherzog mit seiner zweiten Gemahlin, Erzherzogin Maria Annunziata, bewohnt hatte und dessen schönsten Schmuck ein Ecce Homo nach Guido Reni bildet.

Nur allzu geringe Aufmerksamkeit konnte ich den erlesenen Bronzen, Schnitzereien und Vieux-Vienne-Porzellansachen widmen, dennoch sind mir einige Stücke im Gedächtnis geblieben, vor allem die Ritter und Rittersfrauen aus der Innsbrucker Franziskanerkirche, Miniaturfiguren aus Holz, jede ein kleines Kunstwerk. Von den Bildern mehrere Gebirgslandschaften in Öl und Aquarell und eine Serie hübscher kolorierten Wiener Ansichten. (…) Das Schloß besitzt auch einen imposanten, mit einer großen Auswahl moderner Werke ausgestatteten Bibliotheksaal. Zwischen den schön geschnitzten Bücherschränken an der Längsseite sticht ein dunkel gehaltenes Ölbild nach Tizian hervor. (…)

Wir wurden aufgefordert, uns in das Fremdenbuch einzutragen. (…) Wiederholt finden sich im Fremdenbuche die Namen der Kinder und Verwandten des Hauses, einmal des Erzherzogs Karl Ludwig, eine kurze, gemütvolle Erinnerung an den Tag, wo er zum erstenmale als Gast seines Sohnes das Schloß betrat, um sich dort eben so wohl zu fühlen wie ehedem als Besitzer. (…)

(Auf dem Altan vor der Bibliothek) genießt man eine jener Rundsichten, die man, einmal gesehen, nie wieder vergißt: Im Vordergrunde die Löwentreppe, die zum Park hinabführt, zum dunklen, lauschigen Park, dessen Bäume sich dicht vor dem Schlosse lichten und einen Rasenplatz freilassen, wo hoch und einsam die Jubiläumseiche grünt. Erzherzog Karl Ludwig pflanzte sie 1879 zur silbernen

Hochzeit seines kaiserlichen Bruders. Weiter zurück goldene Saatfelder, lachende Obstgärten. (...)«[17]

Erste Bauarbeiten im Auftrag Franz Ferdinands lassen sich erst 1906 archivalisch belegen. Auf der Terrasse des südseitigen Vorbaus war die Decke undicht geworden, da die unter dem Blechdach liegenden Trambalken vermorscht waren. Die Renovierung des Balkons übernahm der in Groß-Pöchlarn ansässige Maurermeister Friedrich Aichberger. Anstatt der Holzbalken zog er eine Betondecke ein.[18]

1908 wurden dann sämtliche Türen und Fenster renoviert und mit einem Neuanstrich versehen.[19] Im selben Jahr fasste Erzherzog Franz Ferdinand die Errichtung einer Familiengruft unter der Artstettner Kirche ins Auge. Die Planung erfolgte durch den renommierten Wiener Architekten Ludwig Baumann, den Franz Ferdinand 1907 bereits zum Leiter des Hofburgbaues berufen hatte. Für die 1909 durchgeführte Ausführung der Grabstätte zeichnete wiederum Maurermeister Friedrich Aichberger aus Pöchlarn verantwortlich.[20]

Von Wladimir Aichelburg wurde der Bau der Gruft bisher immer mit der Totgeburt eines Sohnes am 8. November 1908 in Verbindung gebracht. Das tragische Ereignis soll den Erzherzog dazu bewogen haben, in Artstetten, seinem der Hauptstadt am nächsten gelegenen Privatbesitz, eine Familiengrabstätte zu errichten.[21] Diese Annahme erscheint angesichts des tragischen Ereignisses schlüssig, jedoch muss sie revidiert werden, da im Haus, Hof- und Staatsarchiv Planzeichnungen für eine Artstettner Gruft für 15 Särge vorliegen, die bereits auf Juni 1908 – also fünf Monate zuvor – datiert sind. Von Ludwig Baumann existieren mehrere Entwürfe zum Portal, zur Innenraumgestaltung und zur Möblierung der Gruft, die alle zwischen Juni 1908 und März 1910 entstanden sind.[22]

Darüber hinaus beauftragte der Erzherzog Ludwig Baumann auch mit der Anfertigung von Bestandsplänen des Schlosses.[23] Diese sind auf September 1909 datiert und umfassen sämtliche Ansichten, Schnitte und Grundrisse (Abb. 16-19, 17-05). Die Pläne dokumentieren somit den Zustand des Hauptgebäudes nach dem Umbau durch Erzherzog Carl Ludwig und vor dem – in den folgenden Jahren in Angriff genommenen – Umbau durch Erzherzog Franz Ferdinand.

Projekte zum Umbau des Schlosses

Zeitgleich mit der Beauftragung des Architekten Ludwig Baumann zum Bau einer Gruft in Artstetten dürfte auch der Wunsch des Erzherzogs zum Umbau des Schlosses sowie zur Errichtung eines Zubaues entstanden sein. So erwähnte Franz Ferdinands langjähriger Haushofmeister Franz Janaczek in einem Telegramm an den Erzherzog bereits am 5. Juni 1909 einen geplanten Bibliothekszubau.[24] Die von Baumann angefertigten Bestandspläne stellten somit die Ausgangsbasis für die projektierten Bauarbeiten dar.

Zwischen 1910 und 1912 holte der Thronfolger für das Bauvorhaben Entwürfe verschiedener Architekten ein. So haben sich im Artstettner Archiv fünf Projekte unterschiedlicher Planer erhalten, die allerdings nie zur Ausführung gelangten. Die früheste Studie – leider ohne Verfasserangabe, datiert auf den April 1910 – beschäftigt sich mit einem Bibliotheksneubau (Abb. 16-20) an der Nordseite des Schlosses. Der anonyme Planzeichner entwarf Varianten des Neubaus mit zwei oder drei Geschossen. Durch die schräggestellten Ecktürme hätte der Zubau einen festungsartigen Charakter erhalten.

Ein äußerst detailliert ausgearbeitetes und mit umfangreichen Beschreibungen versehenes Projekt »zur Anlage einer Bibliothek für 80.000 Bände und eines Archivs für Schloss Artstetten«[25] stammte von dem heute unbekannten Architekten Julius Reiter und wurde im August 1910 beim Erzherzog eingereicht. Reiter entwickelte ebenso mehrere Varianten. Zum einen schlug er vor, den Neubau direkt an der Nordseite an das Schloss (Abb. 16-21) anzukoppeln, zum anderen experimentierte er mit der Unterbringung der Bibliothek und des Archivs in freistehenden Neubauten, die in der Nähe des Hauptgebäudes errichtet werden sollten.

Abb. 16-20: Nicht ausgeführtes Projekt für einen Bibliotheksneubau an der Nordseite des Schlosses, Verfasser unbekannt, Bleistift auf Transparentpapier, 1910 (© Schloss Artstetten)

Abb. 16-21: Julius Reiter, nicht ausgeführtes Projekt für einen Bibliotheksneubau an der Nordseite des Schlosses, Bleistift auf Papier, 1910 (© Schloss Artstetten)

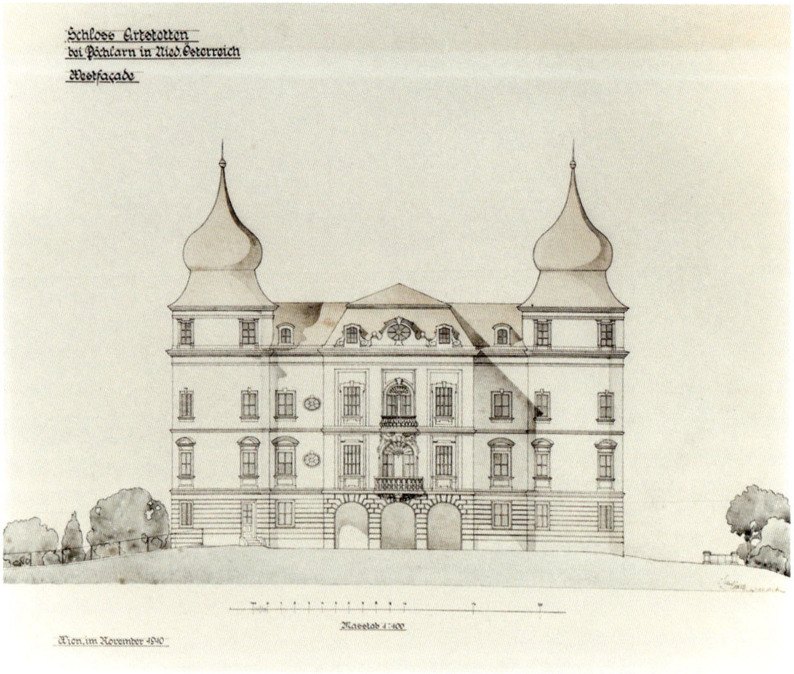

Abb. 16-22: Viktor Siedek, nicht ausgeführtes Projekt für die Schaffung einer Wagendurchfahrt in Form eines Mittelrisalites an der Westseite des Schlosses, Aquarell und Tinte auf Papier, 1911 (© Schloss Artstetten)

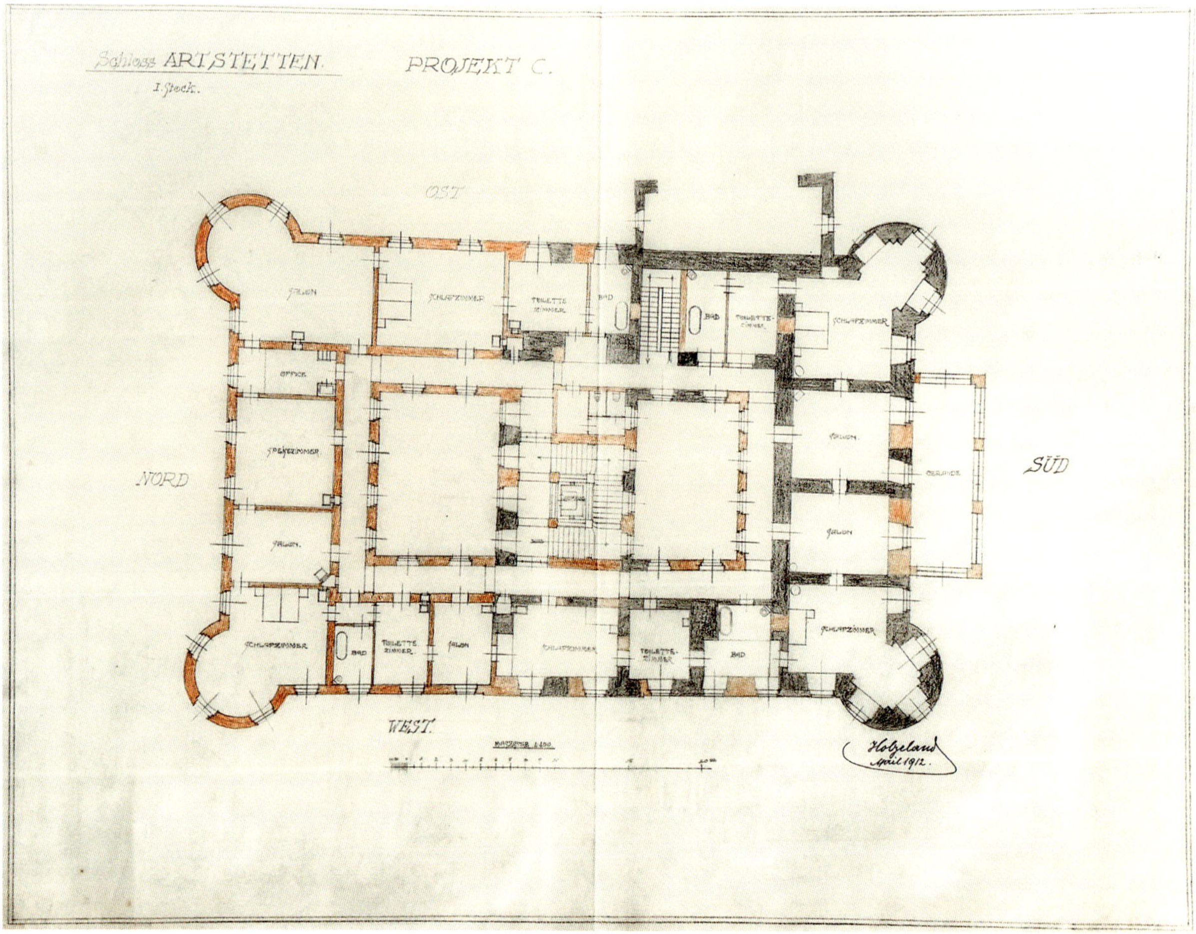

Abb. 16-23: Heinrich Holzeland, Grundriss eines nicht ausgeführten Um- und Zubauprojektes von Schloss Artstetten, Buntstift auf Papier, 1912 (© Schloss Artstetten)

In Bezug auf den Umbau des bestehenden Schlosses kristallisieren sich bei der Betrachtung der fünf Studien zwei Problemstellungen heraus, die in sämtlichen Projekten präsent und von zentraler Bedeutung sind. Es handelt sich einerseits um die Schaffung einer neuen großzügigen Wagenvorfahrt an der Westseite des Schlosses anstatt der bestehenden Glas-Eisen-Konstruktion sowie andererseits um die Erschließung des Schlosses durch ein neues repräsentatives Stiegenhaus.

Im November 1911 lieferte der Franz Ferdinand bereits gut bekannte Architekt Viktor Siedek einen Entwurf (Abb. 16-22) ab. Siedek hatte im Auftrag des Erzherzogs bereits 1897 Schloss Eckartsau revitalisiert.[26] Der Wiener Architekt legte den Schwerpunkt seiner Planungen auf die Westfassade des Schlosses mit der neuen Automobilzufahrt, die er in Form eines mächtigen Mittelrisalites mit Unterfahrt umsetzen wollte. Formal griff er auf barockes Formenvokabular zurück. Die von Carl Ludwig installierten kegelförmigen Turmdächer wären durch Viktor Siedek wieder auf die ursprüngliche Zwiebelform zurückgeführt worden. Die Erschließungsproblematik wollte er durch ein neues, weit in den Innenhof hineinragendes zweiläufiges Stiegenhaus lösen.

Einen ähnlichen Vorschlag wie Viktor Siedek brachte auch der Grazer Architekt Julius Kubik (1861–1941) im August 1912 vor. Er projektierte ebenfalls an der Westfassade einen Mittelrisalit mit Wagendurchfahrt und versah die Türme mit einer zwiebelförmigen Deckung. An der Südfassade waren keine Eingriffe in die bestehende Substanz geplant.

Das letzte unausgeführte Projekt zur Umgestaltung des Schlosses stammte von dem Wiener Architekten und Oberbaurat Heinrich Holzeland, der ebenso wie Ludwig Baumann am Bau der Wiener Hofburg beteiligt war.[27] Wie aus den Grundrisszeichnungen (Abb. 16-23) hervorgeht, hatte Holzeland den Neubau an der Nordseite des Schlosses vorgesehen. Im Gegensatz zu seinen Konkurrenten, die den Neubau in seinen Dimensionen dem Hauptgebäude unterordneten, plante Holzeland den Bibliotheksbau als optisch durchlaufende Vergrößerung des bestehenden Schlosses. Das heißt, der bestehende Nordtrakt wäre zum Mitteltrakt mit ausladendem Stiegenhaus umfunktioniert worden und das Schloss Richtung Norden hin um dieselben Ausmaße wie die bereits bestehenden Trakte vergrößert und der Grundriss somit gespiegelt worden.

Umgestaltung des Schlosses und Errichtung eines Zubaues durch Erzherzog Franz Ferdinand

Warum sich die Planungsphase relativ lange – nämlich über drei Jahre – hinzog, lässt sich heute nicht mehr klären. Anscheinend entsprach keines der eingereichten Projekte den Vorstellungen des Erzherzogs. Realisiert wurde letztendlich ein Entwurf (Abb. 16-24) des Architekten Eduard Zotter (1857–1938). Dieser stammte aus Wien und hatte sowohl seine Ausbildung an der Technischen Hochschule bei Karl König als auch an der Akademie der bildenden Künste bei Friedrich von Schmidt genossen. Ab 1899 war er als Baureferent in der Hochbauabteilung des Ministeriums für öffentliche Arbeiten tätig. Der Umfang des Bauvorhabens ist durch die von Zotter verfasste Baubeschreibung[28] detailliert überliefert: »Das an Höchster Stelle für die Restaurierung des Schloßes festgelegte Bauprogramm umfaßte in architektonischer Hinsicht die Wiederherstellung der ehemaligen alten Schloßfassade und in utilitärer und hygienischer Hinsicht umfangreiche Abänderungen der inneren Raumgestaltung des Schloßes. Naturgemäß war mit diesen Arbeiten auch die Beseitigung alter Bauschäden geplant.«

In Bezug auf den neu zu errichtenden Wohn- und Wirtschaftstrakt erwähnte Zotter interessanterweise, dass »die dekorative Ausstattung und innere Einrichtung der neu geschaffenen Wohnräume nicht in das Bauprogramm einbezogen worden waren.« Weiters geht hervor, dass Zotters Planungen für den Zubau auf einer vom Thronfolger eigenhändig angefertigten Ideenskizze basierten. Am 14. Mai 1913 beauftragte der Erzherzog ihn mit der Durchführung der Bauaktion. Die projektierten Kosten beliefen sich auf 376.000 Kronen. Die Leitung der Bauarbeiten wurden

Abb. 16-24: Schloss Artstetten, Blick auf die Nordfassade mit neu errichtetem Zubau, Fotoaufnahme 1990er Jahre (© Schloss Artstetten)

Baumeister Ottokar Tomas, deren Ausführung der Baufirma Georg Roth & Rudolf Hauk übertragen.[29]

Auf Wunsch des Erzherzogs, der das äußere Erscheinungsbild des Schlosses auf seinen historischen Ursprung – als Vorbild diente das von Josef Rebell Ende der 1820er-Jahre angefertigte Gemälde (Abb. 16-03) – zurückführen wollte, wurden die kegelförmigen Turmdächer mit Schieferdeckung durch neue zwiebelartige Ecktürme aus Kupferblech ersetzt. Eine fotografische Aufnahme zeigt den Aufbau der Zwiebeltürme (Abb. 16-25). Die übrigen Dachflächen erhielten eine Neudeckung mit biberschwanzförmigen naturroten Dachziegeln.[30] In Schloss Artstetten ist noch heute in den Schauräumen ein Gipsmodell (Abb. 16-26) zu sehen, das im Juni 1913 während der Bauphase angefertigt worden ist, um verschiedene Kuppelformen auszutesten und deren Wirkung dreidimensional erfahrbar zu machen. Das Modell unterscheidet sich in kleinen formalen Details von der tatsächlichen Ausführung. Der nordseitige Zubau fehlt hier jedoch gänzlich.

Im Dachbereich wurde der Wappengiebel über dem südseitigen Altan abgetragen und die bestehenden Dachfenster wurden an die neue Gestaltung angepasst. Der südseitige Vorbau blieb bestehen, jedoch wurde die Zeltdachkonstruktion auf dem Balkon entfernt. Ohne Bekrönung und Zeltdach wirkte der Vorbau nun weniger monumental und dem Haupttrakt untergeordnet. Sämtliche Fenster wurden erneuert, erhielten Putzumrahmungen und grün lackierte Läden.[31] Weiters wurde der bestehende Außenputz an der gesamten Fassade abgeschlagen und aus reinem Weißkalkmörtel in Felderteilung, teils glatt verrieben, teil als feinkörniger Spritzwurf wiederhergestellt.[32] An der Westfassade des Schlosses erfolgte anstatt der Glas-Eisen-Kon-

Abb. 16-25: Wiederaufbau der Zwiebeltürme aus Kupferblech im Rahmen der von Erzherzog Franz Ferdinand in Auftrag gegebenen Adaptierungsarbeiten, 1914. Im Vordergrund ist bereits der neuerbaute Zubau zu sehen. (© Schloss Artstetten)

Abb. 16-26: Modell des Schlosses Artstetten mit verschiedenen Kuppelformen, Suppan, Haushofer & Nikitsch, 1913 (© Bundesmobilienverwaltung/DM)

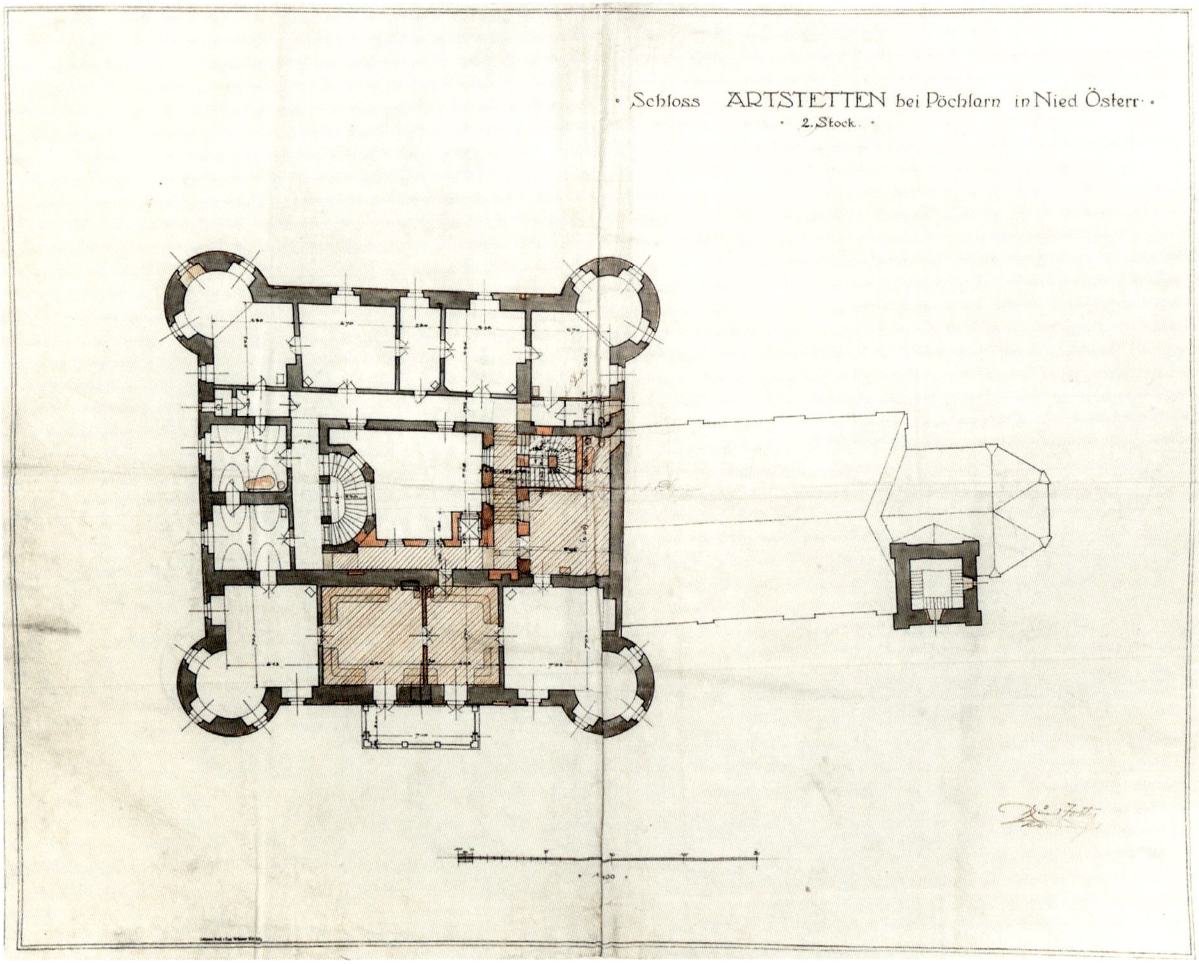

Abb. 16-27: Eduard Zotter, Umbau des Schlosses Artstetten durch Erzherzog Franz Ferdinand, Grundriss des zweiten Stockes, Tinte auf Papier, 1913 (© Schloss Artstetten)

struktion der Anbau einer gemauerten Unterfahrt, deren Dach als Terrasse ausgeformt und vom ersten Stock aus zugänglich war.

Der Kirchturm wurde ebenfalls mit einem zwiebelförmigen Kupferdach neu eingedeckt und die Fassade des Gotteshauses an die neue Schlossfassade angepasst. Die Neuausstattung des Kirchenraumes hatte der Thronfolger bereits 1911/12 in Angriff genommen. Neben einem vom Architekten Kubik entworfenen neuen Beichtstuhl wurde auch die Orgel restauriert und in der oberen Empore aufgestellt. Franz Ferdinand ließ zudem neue Gemälde und Kunstwerke, die er aus dem Kunsthandel erstanden hatte, anbringen. Am 19. Mai 1911 wurde ein barockes Steintor aus Istrien geliefert, das der Erzherzog von der Firma Rossi in Venedig um 2.500 Lire angekauft hatte.[33] Das Portal wurde am Nordeingang der Kirche angebracht.

Im Inneren des Schlosses (Abb. 16-27) umfassten die Bauarbeiten unter anderem die Verbesserung der bestehenden Erschließungssituation. Obwohl ursprünglich die Abtragung des bestehenden gewendelten Stiegenhauses angedacht war, wurde nun auf diese verzichtet und stattdessen im Osttrakt anstelle der einläufigen Dienertreppe eine neue, großzügigere zweiläufige Anlage errichtet. Zur direkten Erschließung der Räume im Südtrakt wurde der Hof zugunsten eines vorgelagerten Verbindungsganges verkleinert. Die südseitige Enfilade musste nun nicht mehr durchschritten werden, sondern die Räume waren vom Gang aus auch einzeln zugänglich.

Zur Erhöhung des Komforts ließ der technikbegeisterte Thronfolger einen Aufzug der Wiener Firma F. Wertheim & Comp. zum Preis von 6.866 Kronen einbauen. Bei dem Modell handelte es sich um »einen Personenaufzug mit elektrischem Betrieb für eine Tragkraft von 3 Personen – 240 kg (...), führend im geschlossenen Schachte vom Parterre bis II. Stock, 7,81 m Förderhöhe, mit 3 Haltestellen. Die Maschine im Keller neben dem Aufzug auf gemauertem Fundament angeordnet, mit einem 4 PS Elektromotor für Drehstrom direkt gekuppelt, eingerichtet für elektrische Druckknopfsteuerung (Ruf-System) mit einem kompletten Druckknopfkasten im Fahrstuhl. (...) Der Fahrstuhl 2,20 m hoch, 1,20 m breit und 1,30 m tief (...) innen allseitig und aussen die sichtbaren Seiten in beliebiger Hartholzart fourniert, matt oder politiert, mit Sitzbank, Linoleumteppich und elektrischer Deckenlampe elegant ausgestattet.«[34] Obwohl der Fahrstuhl heute nicht mehr im Schloss in dieser Form in Verwendung ist, hat sich die Originalkabine (Abb. 16-28) in der Sammlung erhalten.

Weitere technische Neuerungen beinhalteten den Einbau von neuen Bade- und Klosettanlagen sowie die gesamte Elektrifizierung des Schlosses durch die österreichischen Siemens-Schuckert-Werke.[35] Die Verlegung sämtlicher Leitungen erfolgte unter Putz in Stahlrohren,[36] die Kosten beliefen sich auf 30.300 Kronen. Im Keller des Schlosses wurde eigens eine Zentralstation mit Dieselmotor und Dynamomaschine eingerichtet, die das Gebäude mit Strom versorgen sollte. Da sich nach der Inbetriebnahme jedoch herausstellte, dass die Geräuschentwicklung des Motors zu hoch war, wurde unterhalb des Schlosses ein eigenes Maschinenhaus errichtet, das den Generator aufnahm.[37] Die Beheizung der Gänge und der neu ausgebauten Mansardenzimmer erfolgte durch eine neue Niederdruckdampfheizungsanlage, deren Kesselhaus sich im Keller des Neubaues befand.[38]

Bei der Gestaltung der Innenräume war eine Veränderung der Repräsentationsräume im zweiten Stock geplant. Die von Carl Ludwig aufgebaute Schlossbibliothek sollte ursprünglich in den neu erbauten Zubau umgesiedelt werden.[39] Infolgedessen wurde die bestehende Bibliothek im Mittelsaal der Beletage funktionslos. Laut Entwurfskonzept sollte stattdessen der große Bibliothekssaal durch eine Zwischenwand in zwei Wohnräume unterteilt werden. Diese sollten mit Holzlambrien und Holzdecken in der Art der beiden Turmsalons ausgestattet werden.[40] Wie jedoch durch das im Oktober 1914 aufgenommene Nachlassinventar belegt werden kann, kam es nie zu der Unterteilung des Bibliothekssaales. Tatsächlich wurden unter Franz Ferdinand die Holzdecken in allen drei Repräsentationsräumen (Großer Mittelsaal, beide südseitigen

Abb. 16-28: Aufzugkabine für Schloss Artstetten, F. Wertheim & Comp., 1913 (© Bundesmobilienverwaltung/DM)

Abb. 16-29: Einblick in den großen Saal in der Beletage, heute »Roter Salon« genannt, Fotoaufnahme 2016 (© Schloss Artstetten)

Turmzimmer) entfernt und Stuckplafonds (Abb. 16-29, 16-30) angebracht. Das südwestliche Turmzimmer diente dem Thronfolgerpaar als Schlafzimmer, der Mittelsaal als großer Gesellschaftssalon und das südöstliche Rondo als Schreibzimmer.

Aus dem Nachlassinventar geht weiters hervor, dass die Behauptung Wladimir Aichelburgs, die Wohnräume seien zur Zeit des Umbaus nicht in Verwendung gestanden und nicht eingerichtet gewesen, nicht zutreffend ist. Obwohl zum Zeitpunkt von Franz Ferdinands Tod die Bauarbeiten am Neubau noch nicht abgeschlossen waren, waren die Wohn- und Repräsentationsräume im Hauptgebäude bereits vollständig eingerichtet. So wurde die erste Etage von den erzherzoglichen Kindern Sophie, Max und Ernst sowie deren Erziehern und Kammerpersonal bewohnt. Die Räume der Beletage waren dem Elternpaar Franz Ferdinand und Sophie vorbehalten. Die Artstettner Bibliothek war 1914 bereits abgebaut und in die Neue Burg ausgelagert worden.[41]

Der auf persönlichen Wunsch Franz Ferdinands konzipierte zweigeschossige Zubau (Abb. 16-31) wurde im Norden direkt anschließend an das bestehende Schloss errichtet. Die Bauarbeiten begannen im Mai 1913. Der Neubau setzte sich aus drei Trakten mit runden Ecktürmen und zwiebelförmigen Kupferdächern, die einen Innenhof umschlossen, zusammen. Obwohl der Zubau (Abb. 16-24) die charakteristischen Merkmale des Hauptgebäudes, wie die runden Ecktürme und die strukturierte

Abb. 16-30: Einblick in das südwestliche Turmzimmer, das heute als Speisezimmer in Verwendung steht, Fotoaufnahme 2016 (© Schloss Artstetten)

Putzfassade, aufwies, war der Annex aufgrund seiner geringeren Maße deutlich als untergeordneter Baukörper erkenntlich. Zusätzlich half das abfallende Terrain, die Monumentalität des Gebäudes zu mindern. So lag das Erdgeschoss des Zubaus auf der Höhe des Schlosskellers und der erste Stock auf der Höhe des Schloss-Erdgeschosses. Im Keller waren Räume für Brennmaterial, der Eiskeller und die Kühlräume sowie das Kesselhaus der Heizanlage und eine Waschküche vorgesehen. Das Parterregeschoss sollte die Wohnung des Hauswartes, vier Gästezimmer, ein Badezimmer, Klosettanlagen und Nebenräume aufnehmen. Im ersten Stock waren die Schlossküche, sechs Gästezimmer, Toiletten und Nebenräume geplant.[42]

Die tatsächlichen Baukosten für die Renovierung des Schlosses sowie die Errichtung des Zubaues beliefen sich auf 385.430,74 Kronen, was eine Überschreitung des genehmigten Baufonds um 31.340,74 Kronen darstellte. Eduard Zotter begründete den Mehraufwand mit den während des Bauablaufes von Franz Ferdinand befohlenen Abänderungen des Projektes; im Baubericht erläuterte er dies wie folgt:

»Als solche Mehrarbeiten sind anzuführen: Ausführung der Fensterumrahmung und Balustraden in Kunststein statt wie projektiert in gewöhnlichem Putz, das Ausbrechen einer dritten Fensteröffnung im Mittelrisalit des I. und II. Stockes der Vorderfassade, nachträgliche nochmalige Verlegung der großen Küche vom I. Stock in das Parterre des Zubaues, Einbeziehung des Bachwassers in die Wasserleitung samt Hydrantenleitung im Dorf, Pflasterung für die Gänge des Schloßes statt Ausbessern des alten Kehlheimerpflasters, Färbelung und Herrichten der Zimmer im alten Schloß, Anstrich der alten Türen entsprechend der Beizung, Umsetzen der alten Öfen, Bilderstangen, Flaggenständer, Bau eines Motorenhäuschens. (…)«[43]

Darüber hinaus beklagte Eduard Zotter den schlechten Bauzustand des Schlosses, dessen Behebung ebenfalls zu Mehrkosten geführt hatte:

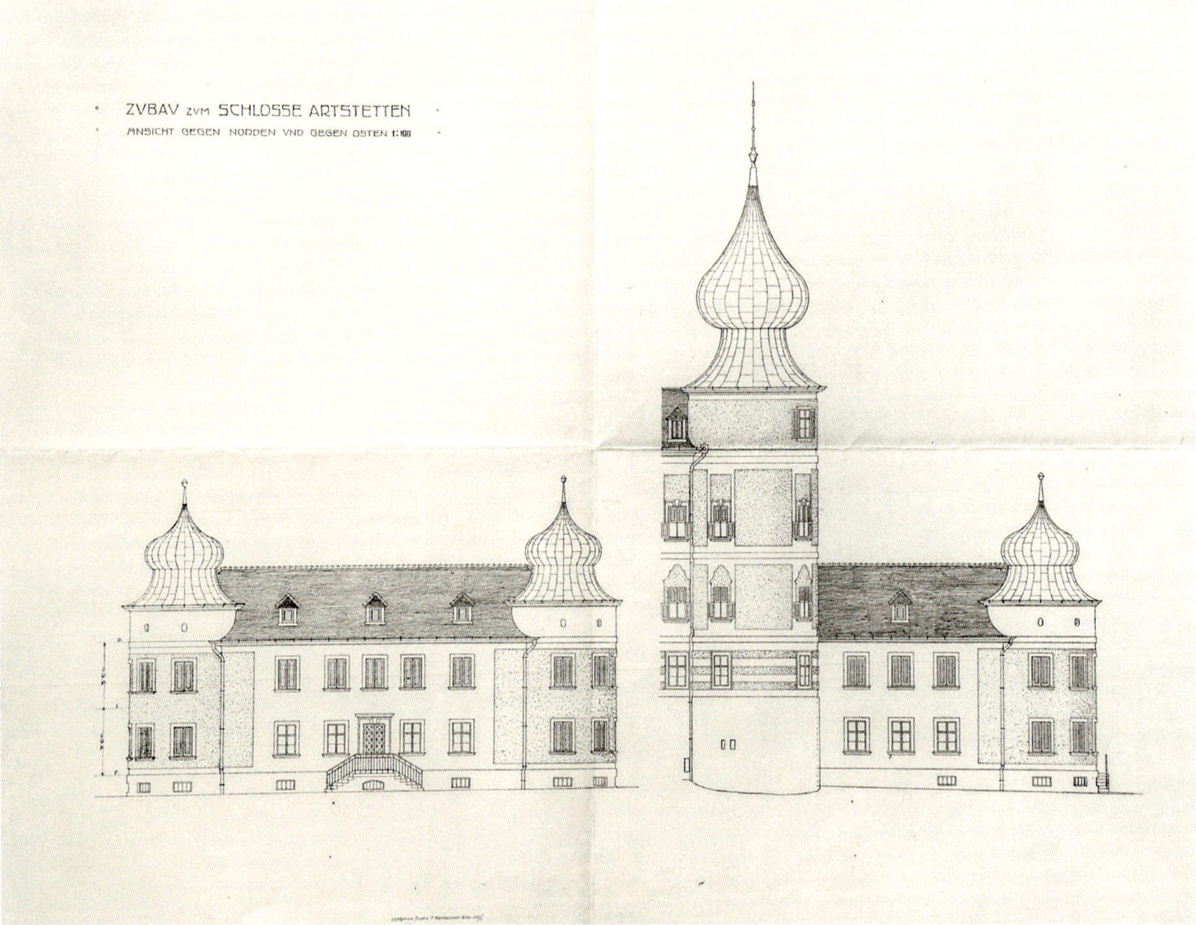

Abb. 16-31: Eduard Zotter, Entwurfszeichnung für einen Zubau zum Schloss, Tinte auf Papier, 1913 (© Schloss Artstetten)

»Die Aufrollung des wahren Bauzustandes des alten Schloßes gelegentlich der geplanten Adaptierungsarbeiten förderte ganz trostlose Bauverhältnisse zu Tage. Jahrelange planlose und notdürftig, mit geringem Sachverständnisse ausgeführte Reparaturen waren zwar geeignet den schlechten Bauzustand äußerlich zu verbergen – haben jedoch in Wirklichkeit nur beigetragen den Verfall des Schloßes zu beschleunigen. (...)

(Die Sicherungsarbeiten) bestanden der Hauptsache nach im Auslösen und Erneuern des morschen Dachstuhles und ebensolcher Balkendecken, aus dem Ausmauern und Unterfangen schlechter Mauerteile und Sicherung derselben durch Schließen und Traversen, dem Ersetzen der die Mauern stark schwächenden schleifbaren, durch russische Rauchfänge etc. Alle diese Arbeiten im Regiewege bewältigt, haben nach h. s. Abrechnung unvorhersehbare Mehrkosten von cirka 15.939,13 Kronen herbeigeführt. (...)

Neben diesen die Restaurierung des Schloßes und den Neubau des Wohn- und Wirtschaftstraktes umfassenden Bauarbeiten wurde im Höchsten Auftrage auch noch eine Automobilstraße vom Schloße durch den Park bis an die Bezirksstraße gebaut. Die Straße wurde auf Grund des, vom Ingenieur für Straßenbau Obering. Breitenfelder verfaßten, höchsten Ortes genehmigten Projektes von der Firma Roth und Hauk ausgeführt. (...)«[44]

Aus dem Bericht Zotters geht einmal mehr die direkte Einflussnahme des Thronfolgers auf seine Bauprojekte hervor. Franz Ferdinand war über sämtliche Arbeiten im Detail informiert und scheute sich auch nicht, in laufende Maßnahmen einzugreifen und

Abb. 16-32: Ludwig Baumann, Georg Leisek, Sarkophage für Franz Ferdinand und Sophie, Marmor, 1915 (© Schloss Artstetten)

diese nach seinen persönlichen Wünschen abändern zu lassen.

Die Bauarbeiten gingen gut voran, bereits im Februar 1914 meldete Haushofmeister Franz Janaczek an Franz Ferdinand, dass im Schloss bereits an den Fußböden gearbeitet werde, die Bäder und Klosetts bereits fertiggestellt seien und das Haus gut durchwärmt sei.[45] Durch den unerwarteten Tod des Thronfolgers und seiner Gattin am 28. Juni 1914 kamen die Bauarbeiten in Artstetten zum Stillstand.

VERGRÖSSERUNG DER GRUFT

Da Franz Ferdinand zu Lebzeiten den Wunsch geäußert hatte, neben seiner Gattin Sophie bestattet zu werden, und ihr aufgrund der nicht standesgemäßen Herkunft eine Bestattung in der Kapuzinergruft verwehrt war, fand das Ehepaar in der Gruft von Artstetten seine letzte Ruhestätte. 1915 wurde der Architekt Ludwig Baumann, der die Gruft für Franz Ferdinand einst geplant hatte, mit dem Entwurf von zwei monumentalen Sarkophagen beauftragt. 1916/1917 zeichnete er zusätzlich für die Umgestaltung der Grabstätte verantwortlich, da der Vormund der erzherzoglichen Kinder, ihr Onkel Fürst Jarolsav von Thun, der Gruft ein würdigeres Erscheinungsbild verleihen wollte.[46] Die neuen Särge aus Untersberger Marmor zierten Porträtreliefs der Toten, die der österreichische Bildhauer Georg Leisek (1869–1936) geschaffen hatte. Die Sarkophage wurden im Hauptraum (Abb. 16-32) auf dem Boden aufgestellt. 1955/56 wurde die Gruft nach dem Tod des Erzherzogs Ernst erweitert. Sie dient bis heute als Grabstätte der Familie Hohenberg, der direkten Nachkommen Franz Ferdinands und Sophies.

Nach dem Tod des Thronfolgerpaares fiel die Herrschaft Artstetten im Erbweg an den ältesten Sohn Maximilian. Sein Bruder Ernst lebte im steirischen Radmer. 1938 wurden beide Brüder, die sich als Gegner des Naziregimes deklariert hatten, in das Konzentrationslager Dachau deportiert. Während Max im Herbst 1938 entlassen wurde, musste Ernst bis 1943 in Dachau ausharren. Max lebte mit seiner Familie bis Kriegsende als Mieter im eigenen Haus in Artstetten, da die Gestapo das Gebäude enteignet hatte. Nach Beendigung des Zweiten Weltkrieges erfolgte im Februar 1949 die Rückgabe des Schlosses an die Familie Hohenberg.[47]

Schloss Artstetten befand sich bis 1962 in Maximilian Hohenbergs Besitz. Nach seinem Tod erbte sein ältester Sohn Franz Ferdinand (1927–1977) die Herrschaft und ging mit dessen Tod an seine Witwe Elisabeth, Prinzessin von Luxemburg, über. Seit 1983 befand sich Schloss Artstetten im Eigentum ihrer Tochter Anita Hohenberg, die den Besitz schließlich in eine eigene Stiftung eingebracht hat.

ANMERKUNGEN

1 Aichelburg 2014, S. 867.
2 Ebd.
3 Verzeichnis der von Innsbruck und Ischl nach Artstetten geschickten erzherzoglichen Gegenstände, Schloss Artstetten.
4 Weiterführend siehe: Kapitel 17, Alfred Benesch, Der Park von Schloss Artstetten, S. 411–434.
5 Weiterführend siehe: Kapitel 1, Marlene Ott-Wodni, Biografie Ferdinand Maximilians, S. 15–16. Über den Beweggrund Carl Ludwigs, Schloss Artstetten zu verkaufen, kann nur gemutmaßt werden. Möglicherweise steht Carl Ludwigs Verkaufsabsicht mit dem 1865 durchgeführten Ankauf eines Palais auf der Favoritenstraße in Wien in Zusammenhang.
6 Kaufvertrag vom 14.7.1866, eine Kopie des Vertrages befindet sich im Archiv des Schlosses Artstetten. Kaiser Maximilian von Mexiko sandte in Vertretung seinen Vertrauten Eduard Radonetz, den kaiserlichen mexikanischen Legationsrat und Präfekten von Miramar und Lacroma zur Vertragsunterzeichnung.
7 Weiterführend siehe: Kapitel 17, Alfred Benesch, Der Park von Schloss Artstetten, S. 411–434.
8 Für den Hinweis auf die Entwurfszeichnungen im Stiftsarchiv Melk danke ich Dr. Alfred Benesch.
9 Inventar 1865, Schloss Artstetten.
10 Ebd.
11 Aichelburg 2014, S. 871.
12 Handel-Mazzetti 1910, S. 81.
13 Inventarverzeichnis 1868, Schloss Artstetten.
14 Aichelburg 2014, S. 871.
15 Schenkungsurkunde vom 12.4.1889, Schloss Artstetten.
16 Ebd.
17 Handel-Mazzetti 1910, S. 78–83.
18 Kostenvoranschlag von Friedrich Aichberger, 20.9.1906, Schloss Artstetten.
19 Kostenvoranschlag von der Wiener Anstreicher und Lackierer Firma R. Rintersbacher & F. Suchanek, 6.8.1908, Schloss Artstetten.
20 Die Kollaudierung erfolgte im Januar 1910.
21 Aichelburg 2014, S. 866.
22 HHStA, PAB J-2.
23 Bestandspläne des Schlosses Artstetten, aufgenommen im September 1909 durch Ludwig Baumann, Schloss Artstetten.
24 Telegramm vom 5.6.1909, Schloss Artstetten.
25 Bauprojekt für Bibliotheksneubau von Architekt Julius Reiter, August 1910, Schloss Artstetten.
26 Weiterführend siehe: Kapitel 19, Marlene Ott-Wodni, Schloss Eckartsau, S. 545–620.
27 Korrespondenz bezüglich der Beförderung des Baurates Heinrich Holzeland vom 23.12.1915, Schloss Artstetten.
28 Erläuterungs-Bericht von Eduard Zotter zum Umbau des Schlosses Artstetten, 7.10.1914, Schloss Artstetten.
29 Ebd.
30 Die Ziegeldeckerarbeiten übernahm die Firma Wilfried Radda's Nachfolger und die Bauspenglerarbeiten das Unternehmen Joh. Jaremkiewicz Nachfolger; beide stammten aus Wien.
31 Für die Anfertigung von Fenstern, Türen und Fußböden zeichnete der Wiener Tischlermeister Franz Schrom verantwortlich.
32 Baubeschreibung der Bauunternehmung Georg Roth & Rudolf Hauk, Architekten & Stadtbaumeister, Wien XIII, Lainzerstraße 3, 5, vom 24. April 1913, Schloss Artstetten.
33 Aichelburg 2014, S. 871.
34 Angebot der Firma Wertsheim & Comp. vom 7.6.1913, Schloss Artstetten.
35 Erläuterungs-Bericht von Eduard Zotter zum Umbau des Schlosses Artstetten, 7.10.1914, Schloss Artstetten.
36 Baubeschreibung der Bauunternehmung Georg Roth & Rudolf Hauk, Architekten & Stadtbaumeister, Wien XIII, Lainzerstraße 3, 5, vom 24. April 1913, Schloss Artstetten.

37 Aichelburg 2014, S. 866.
38 Baubeschreibung der Bauunternehmung Georg Roth & Rudolf Hauk, Architekten & Stadtbaumeister, Wien XIII, Lainzerstraße 3, 5, vom 24. April 1913, Schloss Artstetten.
39 Im Laufe der Bauarbeiten dürfte Franz Ferdinand seine Meinung bezüglich der Bibliothek geändert haben. Die Bibliothek wurde abgebaut und in die Wiener Hofburg verbracht. Im ausgeführten Grundriss des Artstettner Zubaus ist kein Bibliothekssaal mehr vorgesehen.
40 Baubeschreibung der Bauunternehmung Georg Roth & Rudolf Hauk, Architekten & Stadtbaumeister, Wien XIII, Lainzerstraße 3, 5, vom 24. April 1913, Schloss Artstetten.
41 Nachlassinventar Artstetten mit Bibliothek, HHStA, OMaA, Bd. 499.
42 Baubeschreibung der Bauunternehmung Georg Roth & Rudolf Hauk, Architekten & Stadtbaumeister, Wien XIII, Lainzerstraße 3, 5, vom 24. April 1913, Schloss Artstetten.
43 Erläuterungs-Bericht zum Umbau des Schlosses Artstetten, 7.10.1914, Schloss Artstetten.
44 Ebd.
45 Telegramm von Franz Janaczek an den Thronfolger, 1.2.1914, Schloss Artstetten.
46 Aichelburg 2014, S. 869.
47 Scholler 2011, S. 149.

17. ZUR PRIVATEN GARTENKULTUR DER HABSBURGER

DER PARK VON SCHLOSS ARTSTETTEN

Alfred Benesch

ARTSTETTEN – EIN SOMMER-SITZ DER KAISERLICHEN FAMILIE

Die alljährliche Flucht zur Sommerzeit vor den Belastungen der Stadtresidenzen hinaus auf das Land ist seit der Antike ein Phänomen, zunächst der Upperclass (»Villeggiatur«, Sommerurlaub, ferien, frische), spätestens ab dem 19. Jahrhundert auch bürgerliche Praxis.[1] Wohnen mit und an der frischen Luft wird im europäischen Adel spätestens im 18. Jahrhundert zum »summer retreat« oder zur Sommer-, später auch Winter-»Sejour«, die sprachlich direkt auf das Wohnen im Freien zurückgreifen (franz. *séjour* Aufenthalt, Verbleib, auch Wohnzimmer). Allerdings manifestiert sich der adelige Lebenswandel nicht nur in einer öffentlich-repräsentativen Heimstätte, sondern in mehr oder weniger weit im Land verstreuten Besitzungen mit folglich rhythmisch vom steten Umherreisen geprägter Wohnkultur.

Die kaiserliche Familie konnte für Sejours nicht nur auf vorhandene Erbgüter zurückgreifen, sondern sicherte sich dafür laufend zusätzliche Immobilien, so zum Beispiel Kaiser Franz I. von Österreich vor den Toren Wiens in und um Baden oder im Salzkammergut. Auch das von Wien aus etwa eine Tagesreise entfernte »Donauländchen« war Ziel, das »der Monarch so manches Jahr zu seinem Aufenthalte auf einige Sommerwochen wählte (…).« 15 kleine Landgüter erwirbt er in dieser Region (zwischen 1795 und 1828, im Umkreis von 20 km), darunter 1823 das Schlossgut Artstetten.[2] Bei seiner Reise-Wohnkultur legte er von 1816 bis 1834 im sechsspännigen Leibreisewagen durchschnittlich 83 Kilometer pro Tag zurück und war 2835 Tage (mehr als 40 %) unterwegs, also vom Wiener Hof abwesend.[3] Die dadurch vorgegebene jahreszeitliche Rhythmik, die »Wiener Saison«, war geprägt von einer »schier endlosen Reihe von Visiten, Diners, Empfängen, Bällen und Ausfahrten« in den Winter- und Frühjahrsmonaten, um spätestens Anfang Juli auf dic Landgüter zu wechseln, bis zu den dortigen herbstlichen Jagdgesellschaften.[4]

Erzherzog Carl Ludwig lebte diesen regelmäßigen Ablauf und logierte nach seiner Rückkehr aus Tirol im Wiener Augarten. 1852 erbt er den unscheinbaren, relativ kleinen und zersplitterten Landadelssitz mit Gartenpavillon zwischen Obstbaumwiese, Weide und Gemüsegarten, eine Tagesetappe nächst Wien. Um daraus einen geeigneten Sommer-Sejour zu machen, lässt er das bis dahin vermutlich brach liegende Schlossgut Artstetten (Abb. 17-01) ab 1862 vollkommen sanieren und adaptieren.[5]

Im Verhältnis zum Schloss erwächst eine mit 6,3 Hektar riesige Parkanlage in Hanglage oberhalb der Donau, im Stil der »Lenné-Meyer'schen Schule«[6], mit allen Elementen solcher Garten-Gesamtkunstwerke: ein »Brezel-«Wegesystem als in sich verschlungene Wegeführungen zur Schaffung möglichst vieler, unterschiedlicher Blickbeziehungen und größerer Weglängen fürs Promenieren. Die Gehölze wirken wie zufällig über den Hang verstreut, mit Baum- und Strauchclumps sowie Solitären. Im Zusammenspiel mit der Wegeführung sowie weiten Rasenflächen ergeben sich Ein, Aus- und Durchblicke sowie pittoreske Fernblicke in das Alpenvorland. Nach außen verschließt sich der Park, zu den Parzellengrenzen dicht und uneinsehbar abgepflanzt, von einem Holzzaun umgeben.

Schlossnah und für Sondernutzungen sind formale Gestaltungselemente zu finden: nördlich der Wirtschaftsgebäude im »Hintaus« des Schlosses eine von zwei Baumreihen umfasste Reitschule in Form eines klassischen Hippodromes; oberhalb des Wirtschaftsgartens, teilweise auf ehemaligen Weingärten terrassiert, erstreckt sich eine Laubengang-artige Kastanien-Allee mit zwei Bassins samt Fontänen als gedeckte Promenade zum Lustwandeln am Landschaftspanorama entlang; auf dem Hochpunkt

Abb. 17-01: Nordseite, »Hintaus« Schloss Artstetten mit Nebengebäuden, Blick nach Süden über neu angelegte Parkflächen auf das Panorama Alpenvorland, nach 1862; siehe auch Ansicht von Süden Abb. 16-07 (© Schloss Artstetten)

westlich des Schlosses sitzt ein Gartenpavillon mit einem Baukern aus dem 18. Jahrhundert; daneben betont ein biomorpher, quellgespeister Swimmingpool (der »Teich«) den zentralen Gartenraum; von dort verläuft ein neobarock gegliedertes Blumenparterre bis unmittelbar an das Schloss, mit vorgesetztem Gartensalon. Die schwierige topografische Situation wird gestalterisch geschickt genutzt, das Schloss nach Westen und Süden angebunden – eine herrschaftliche Anlage (Abb. 17-02) entfaltet sich.

Entwurf und Umsetzung stammen vom ersten k.k. Hofgärtner Franz de Paula Antoine dem Jüngeren, der Artstetten von August 1863 bis Juli 1874 von Wien aus direkt betreut.[7] Als leitender Hofbediensteter ist er für die Privatgärten bzw. für die nächste Umgebung der kaiserlichen Residenz direkt hauptverantwortlich.[8] In Artstetten hat der eigens dafür angestellte »EHliche Obergärtner« W. Baresch alle Arbeiten an Ort und Stelle umzusetzen.[9] Er wohnt in einem eigenen Gärtnerhaus, erhält Wirtschaftsflächen als Deputat zugeteilt und rechnet die Ausgaben für den Schlosspark direkt mit Antoine monatlich ab.[10]

Für das Wohnen im Freien werden zu den Hauptaufenthaltsbereichen im Park zusätzlich direkt am Schlossgebäude eigene, baulich geschützte Übergangszonen zwischen innen und außen geschaffen.[11] Die gesamte Südseite, mit Panoramasicht ins Alpenvorland, wird von einer großen »Terrasse« sockelartig unterfangen, von der direkt eine gemauerte Freitreppe samt Lampen, Vasen und Wappenschild tragenden Löwenfiguren in den Park führt. In deren

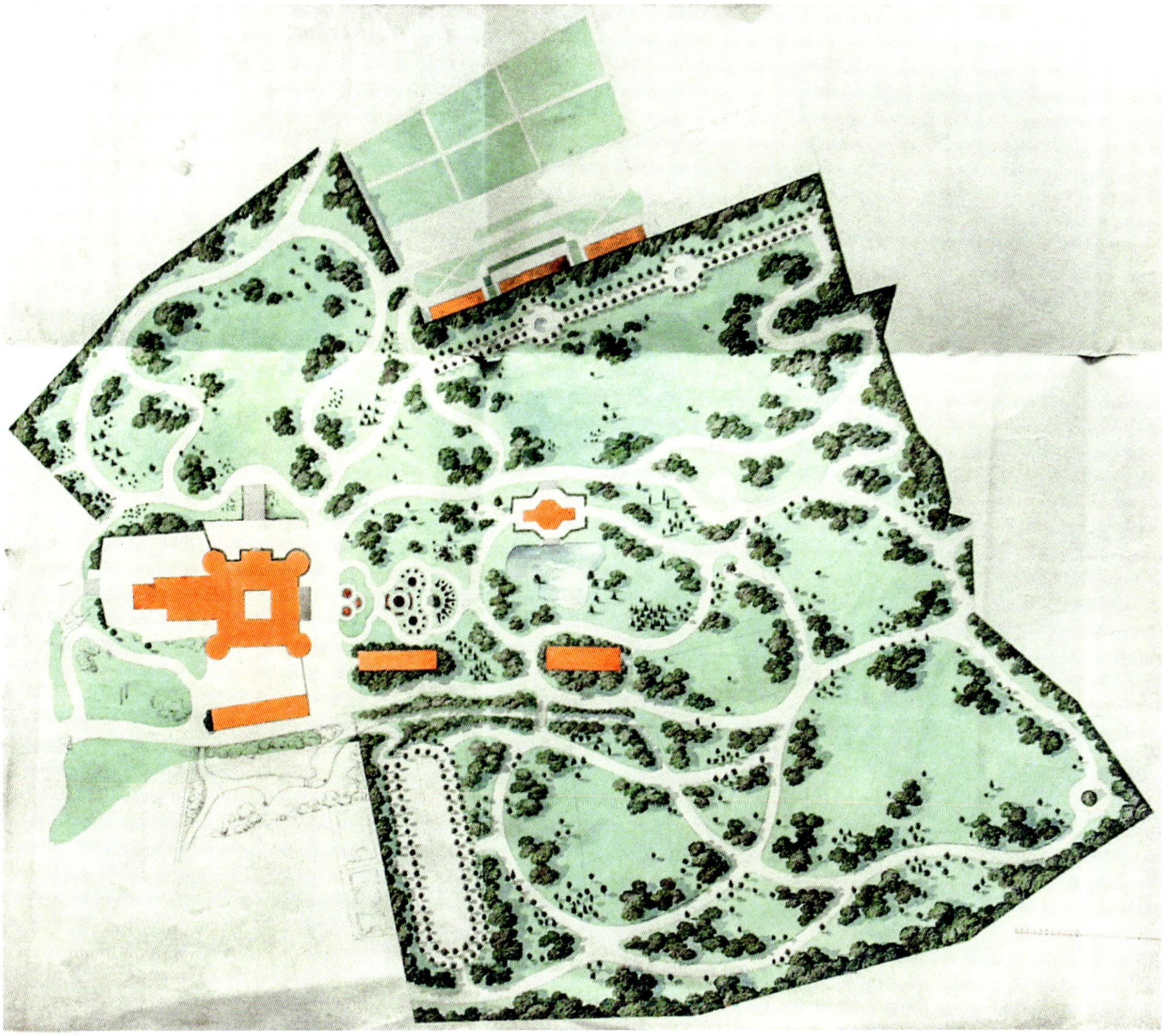

Abb. 17-02: K.k. Hofgärtner Franz Antoine d. J., Plan zur Neugestaltung des Schlossparks Artstetten, Aquarell auf Papier, um 1862 (© Bundesgärten Planarchiv)

Achse sitzt ein risalitartiger Vorbau an der Fassade, die »Gloriette«, im Sinne eines auf drei Geschossen übereinander gestapelten Aussichtsturms – eine Anspielung an die Schönbrunner Gloriette als Gartenarchitektur. Über zwei Loggias sitzt ein Balkon mit Metallgeländer und konstruktion für temporäre Zeltummantelung, zentral bekrönt von einem Wappenschild mit Löwen. Die »Schloß-Verone« (ital. *verone* offene oder gedeckte Terrasse, Loggia)[12] dient nach Westen zu als zweiter zimmergroßer Balkon/Altan, ebenfalls mit aufgesetzter Metallkonstruktion (samt integrierter Vasen) für ein Zeltdach, direkt auf dem neu angebauten »Gartensalon«. Dessen Stahlkonstruktion mit geschlossenem Parapet und darüber laufender Fensterfront öffnet sich in frontaler Sicht auf das davor ansteigende Blumenparterre, das wiederum vom Balkon aus in überhöhter Sicht betrachtet werden kann (Abb. 17-03). Die Wohnfunktionen des Schlosses werden also nach außen, direkt in den Park und die Landschaftspanoramen hinausgezogen, mittels angegliederter Architekturelemente. Diese schaffen auf insgesamt fünf Ebenen mit unterschiedlichen Anschlüssen innerhalb des

Abb. 17-03: Gartensalon an der Westfront des Schlosses, mit aufgesetztem Balkon/Schloss-Verone, ohne temporäre Zeltummantelung, um 1865 (© Schloss Artstetten)

Schlosses für jede Tageszeit und Witterungssituation geeignete Wohnräume im Freien.

FRANZ FERDINAND ALS KIND IN ARTSTETTEN

Vor der Geburt von Erzherzog Franz Ferdinand im Dezember 1863 in Graz begeben sich Erzherzog Carl Ludwig und seine schwangere Gemahlin erstmals nach Artstetten: »Den Sommer hoffen wir ruhig auf einer kleinen Besitzung in Niederösterreich an der Donau zu verbringen. (…) Hier in Artstetten, wo wir nun seit mehr als drei Wochen sind (…). Die Erzherzogin und ich, wir beide sind sehr gerne hier, diese ländliche Ruhe, die frische Gebirgsluft und das Gefühl, im eignen Haus zu sein, thun uns wohl.«[13] Am privaten und zurückgezogenen Sommerwohnsitz ohne Repräsentationspflichten ist der Schlosspark zu diesem Zeitpunkt allerdings noch in Bau.[14] Darauf verweist auch die Verwendung temporärer Ausstattungselemente: »Gartenzelt-Gerippe« aus Holz oder Metall sowie Zeltplanen und deren jährliche Reparatur sind ebenso dokumentiert wie der Ankauf eines geflochtenen Paravents als »Efeuwand«.[15] Sie dienen als Sonnen, Sicht- und Windschutz in der weitgehend offenen Anlage mit junger Bepflanzung ohne Beschattung, mit mindestens einem fixen Zeltplatz, am Hochpunkt oberhalb des Pools samt Panoramablick. Im Jahr 1864 sind vor dem Eintreffen der Hoheiten Anfang Juli pro Tag bis zu 30 Gärtner und Taglöhner tätig, zahlreiche Gartenmaterialien werden geliefert.[16]

Franz Ferdinand wächst die ersten drei Jahre im Pendel-Rhythmus im Winter in der Stadt und im Sommer in Artstetten auf. 1865 kann er bereits selbst umherlaufen, weshalb ein Spielplatz angelegt sowie im Juni rund um den Swimming-Pool beziehungsweise »Teich« ein Eisengeländer gegen das Hineinstürzen zur Einfassung aufgestellt und mit »Teichblanken« (Leinwand) verspannt wird. Die Errichtung eines Taubenschlages, ein Glas für einen Laubfrosch, sieben Stück Goldfische aus Wien und Vogelleim zum Fangen eines entkommenen Papageis weisen auf ein geradezu bürgerliches Privatleben der jungen Familie hin.[17] An den Hauptaufenthaltsbereichen sind – im Gegensatz zu späteren Sommerwohnsitzen von Erzherzog Franz Ferdinand, die mit Holz- und Korbwaren ausgestattet waren – in Artstetten offenbar nur »Eisen-Meubl (nach Art der Zuckerrohr)« aufgestellt:[18] Am Pavillon beim Pool, auf der »Gloriette«, auf der »Terrasse« und auf der »Schloß-Verone« waren über drei Dutzend robuste Metallmöbel für eine dauerhafte Aufstellung vorhanden.[19]

1866 wird der Sommer- zur Herbst/Winter-Sejour, der bis 17. Dezember andauert: »Ich war recht froh, so lange auf dem Land zu sein, ein recht stilles Leben zu führen, wobei man sich auch recht viel beschäftigen kann. Artstetten ist gut gegen Kälte verwahrt, nur ist es im Winter schwerer mit dem Ausgehen und besonders mit dem Ausfahren, weil die Wege im Allgemeinen schlecht sind. Wir hatten auch schon ziemlich viel Schnee und fuhren auf kleinen Schlitten im

Garten herab.«[20] 1867 zieht die Familie nach ihrem ersten Sejour in Reichenau später nach Artstetten, wo sie bis Ende November bleibt: »Heute fällt viel Schnee, da wird die Donau frieren u. der Franzi wird wieder Angst haben, daß er nicht mehr hinüber kann; wenigstens brennt Dich die Sonne nicht mehr am Kopfe. Was macht der arme kleine Kanarienvogel? Nächstens wird durch ganz Artstetten ein Haferfeld u. eine Hanfplantation aufkeimen von all' dem Vogelfutter, was der Franzi beim Putzen des Vogelhauses ausstreut. Ich höre, daß du so gerne Blumen hast u. so viele Namen weißt, das ist auch eine Hauptsache für Dich dieses Talent auszubilden (…).«[21]

Die erwähnte Vorliebe für Blumen ist als Teil des Erziehungskanons im Kontext mit Gärten zu verstehen. Gartenkultur war im 19. Jahrhundert infolge der Aufklärung Teil der kindlichen Schule und Teil der (Aus)Bildung (nicht nur) in der kaiserlichen Familie.[22] Der Aufenthalt sowie Spiel und Lehre im Garten sind Teil der geregelten Erziehung, mit eigenem »Mini-(Schul)Garten«, den Franz Ferdinand, so wie später seine Kinder, sowohl in Artstetten als auch im Park der Villa Wartholz zu pflegen hat. Er schickt dem Vater »Rettige aus meinem Garten (…). Ich hoffe sie haben Dir gut geschmeckt«, oder meldet: »Mein Garten sieht auch schon recht gut, ich habe viele Rosen und eine Menge von Gemüse, sowie auch Gartenerdbeeren«,[23] bevor er drei Jahrzehnte später selbst die Frage an seine Kinder in Konopischt richtet: »Was machen Eure Gärten? Wer hat den Kohl gefressen?«[24]

ARTSTETTEN IM »STAND-BY-BETRIEB« UND ALS PRODUKTIONSSTANDORT

Mit der Wanderbewegung aus der Residenzstadt heraus in immer neue Sejour-Orte á la mode[25] etabliert sich auch die kaiserliche Familie in der voralpinen Tallandschaft an der Rax.[26] Nach zwei Jahren Abwesenheit wird im Mai 1870, während der letzten Sommer/Herbst-Sejour in Artstetten, das vierte Kind der Familie geboren.[27] Das neu gestaltete Schlossgut, sieben Jahre lang privater »retreat« der Familie, nunmehr Nebenwohnsitz für Zwischenstopps, ist aus ökonomischer Sicht für die Umgebung inzwischen von Bedeutung geworden, indem es durch Anstellung der Bevölkerung bzw. Beauftragung von Handwerkern, Fuhrdiensten etc. die lokale Wirtschaft fördert.[28] Der Schlosspark wird, unter der Obhut von Antoine und dem lokalen Gärtner Baresch, der im Juli 1874 ausscheidet, unverändert weiter erhalten. Danach wird der Gärtner von Schloss Persenbeug, Eduard Watzek, »für Anleitung und Überwachung der Artstetter Park- und Gartenarbeiten bei Anwesenheit daselbst« auf Befehl des »EH in Wartholz« abgestellt und der Schlosspark in Ruhemodus versetzt.[29] So soll offenbar die Erhaltung des Gestaltungskonzeptes von Antoine gesichert werden, das nur durch Wirken professioneller Gärtner in der Anlage möglich ist.

Der Park liefert auch noch gärtnerische Produkte. So werden zum Beispiel am 1. Mai 1872, Ende August 1873 sowie von Mai bis Ende Juni 1874 »Treiberdbeeren«[30] nach Wien in das Stadtpalais gesendet. Franz Ferdinand berichtet: »Gestern kamen aus Artstetten sehr viele Erdbeeren, (…) die wir dann der Großmama brachten.«[31] Die Hofgartendirektion in Wien praktiziert mit den von ihr direkt verwalteten Anlagen einen gärtnerischem Austausch von Pflanzen und Erzeugnissen, auch zwischen den Stadt- und den teilweise produktiven Sommersitzen.[32] Ab 1875 gibt es keinen eigenen Obergärtner mehr; es sind maximal vier Taglöhner im Sommer und eine Person im Winter für die Nachtwache im (beheizten) Glashaus beschäftigt.

Die Familie besucht Artstetten nur noch sporadisch, 1876 Franz Ferdinand für wenige Tage – »Das liebe Artstetten, wo wir so frohe Zeit zubrachten«[33] – und 1878 – »Ich freue mich schon, wenn ich Euch mit Mama in Artstetten beisamen (!) haben werde«[34] –, danach finden sich bis 1898 keine Hinweise mehr. Die gärtnerische Produktion bleibt trotzdem weiterhin erhalten,[35] und spätestens 1880 wird mit »Errichtung eines Kalthaus aus Eisenkonstruktion mit doppelter Verglasung«[36] der Sommersitz auf einen zur Selbstversorgung befähigten Nebenstandort umgestellt. Nur die wichtigsten Erhaltungsarbeiten

Abb. 17-04: Blick vom Balkon/Schloss-Verone über das verwachsene, zentrale Blumenparterre Richtung Westen zum Pool, aus der Serie von Fotografien knapp vor der Neugestaltung durch Franz Ferdinand, Ende 1913/Anfang 1914 (© Schloss Artstetten)

geschehen,[37] das Erscheinungsbild verändert sich schleichend hin zu einem extensiven, naturnahen Landschaftspark (Abb. 17-04) mit eher landwirtschaftlicher denn gärtnerischer Betreuung. So werden schrittweise eigene Erzeugnisse, nämlich Heu und Laubstreu, gezielt verkauft.[38] Die Funktion als zum Schloss gehöriger »Zier- und Lustgarten« verschwindet ohne Sejours bzw. Zwischenstopps zugunsten eines Nutzgartens.[39]

DER PARK VON ARTSTETTEN ALS ERBE FÜR FRANZ FERDINAND

Mit dem Übertrag von Schlossgut Artstetten an Erzherzog Franz Ferdinand im April 1889 verordnet er dem über 25 Jahre lange herangewachsenen und gereiften historistischen Park neue betriebliche Erhaltungsziele. Laut Auskunft eines Inventars reduzieren sich ab 1891 die Aktivitäten fast völlig, stattdessen wird erstmals Obst verkauft.[40] Erzherzog Franz Ferdinand versetzt die gesamte Anlage bewusst in einen »Dornröschenschlaf« mit geringsten Aufwendungen, während parallel dazu von ihm Konopischt als sein »Tusculum« ausgebaut wird. Ab 1892 wirft der Park sogar fünf Jahre Gewinn ab aufgrund der Umstellung auf land- und forstwirtschaftliche Instandhaltung mit Verkauf von Erzeugnissen »per Licitando«, wie »Gras und Krummet« oder »Gesträuchholz«. Nur noch die notwendigsten Reparaturmaßnahmen geschehen (z. B. Sanierung »Bade-Bassin«, Garteneinfriedung, Offenhaltung der Wege etc.).[41]

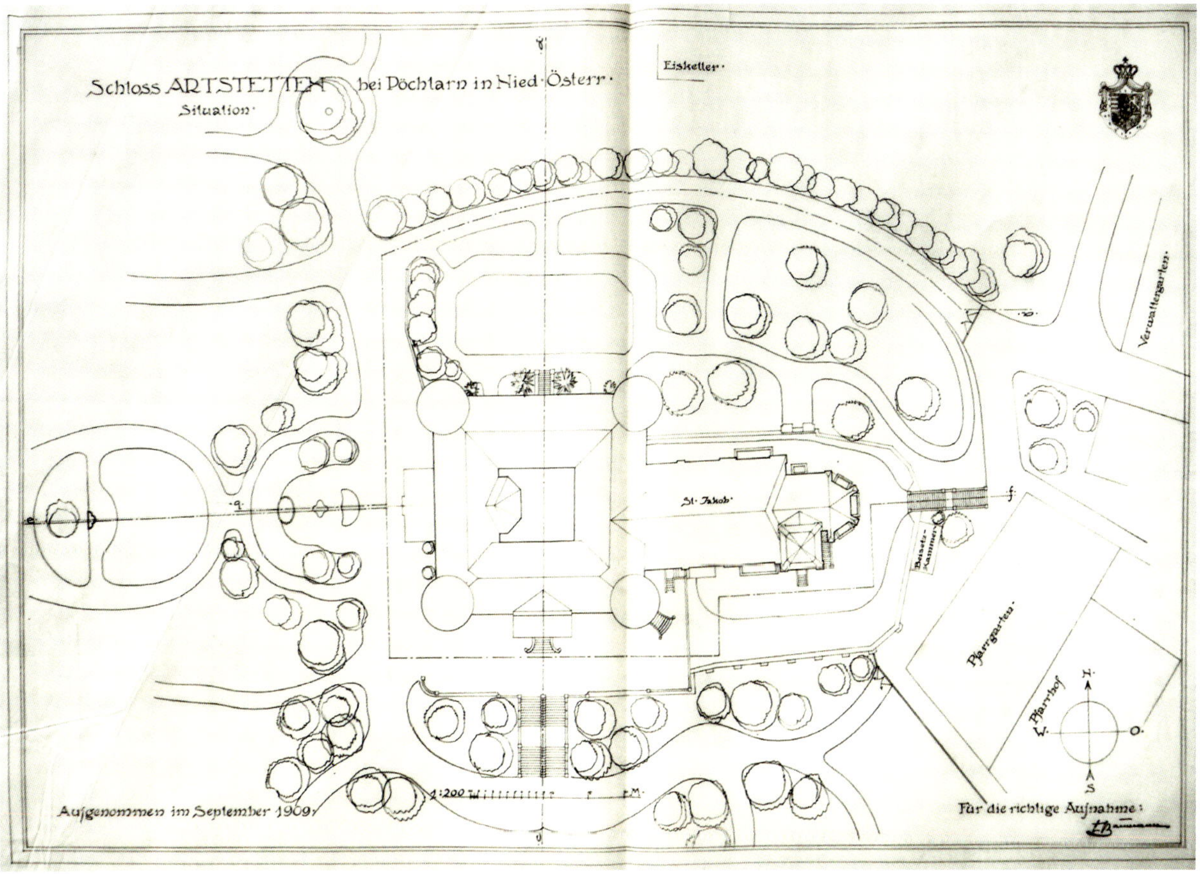

Abb. 17-05: Ludwig Baumann, Plan zur Situation der direkt an das Schloss angrenzenden Parkflächen, Tinte auf Papier, 1909 (© Schloss Artstetten)

Zwanzig Jahre nach seinem letzten Aufenthalt in Artstetten zeigt Erzherzog Franz Ferdinand 1898 plötzlich wieder Interesse an dem Gut. Von Januar bis März arbeiten zahlreiche Taglöhner an der Sanierung und es wird die notwendige Ausstattung gekauft. »War inzwischen in Artstetten ihre Zimmer herzurichten. Sophie bekommt drei hübsche Zimmer mit Aussicht auf den Park und das Gebirge.«[42] Obwohl hier beide lediglich zwei Tage verbringen,[43] wird das gesamte Ensemble wieder in den »Stand-by-Modus« für einen möglichen, tageweisen Aufenthalt zu jeder Zeit versetzt. Das beinhaltet ab 1899 die Anstellung des Gärtners und Schlosswarts in einer Person, Anton Walter, sowie die Wiederinstandsetzung des Parks, zumindest in Schlossnähe.[44] Gleichzeitig ist es erstmals möglich, das gesamte Schlossgut öffentlich zu besuchen: »Einen besonders guten Eindruck machte die peinliche Reinlichkeit und Ordnung, welche in allen Theilen des Schlosses gleicherweise herrscht (…). Nach einem Rundgang durch den schönen Park verließen die Besucher vollbefriedigt von dem Gesehenen Artstetten.«[45]

In den Folgejahren geschieht zwar eine schrittweise Weiterentwicklung und Instandhaltung, jedoch keine Umgestaltung.[46] Obwohl »das kaiserliche Schloß Artstetten (…) sich nach Erklärung des Leibarztes (…) für die hohe Frau, die Mutterfreuden entgegensieht, als Sommeraufenthalt in Folge des milden Klimas überaus eignet«[47], bleibt Artstetten weitgehend ungenutzt. In den nächsten zehn Jahren (bis Juni 1909) sind ausschließlich zwei Kurzbesuche von Erzherzog Franz Ferdinand alleine dokumentiert.[48]

Bis 1907 gibt es kaum Aktivitäten oder Aufwendungen,[49] dann beginnt, nach über 35 Jahren ohne Nutzung als Sejour, die gezielte »Wiedererweckung«

unter dem neuen Gutsleiter und Förster Theodor Petri. Die Revitalisierung wird systematisch umgesetzt, wie zum Beispiel das Wegführen von Schutt, die Ausbesserung von Wegen, das »Aushauen der Akazienwurzelbrut«, das Ausschneiden von »Dürrlingen«, das Auspflanzen von Sträuchern und Blumen. Daneben laufen die normalen Pflegearbeiten, so etwa das Einräumen von Palmen, verschiedener Sträucher und diverser Pflanzen in das Glashaus, das Einbinden verschiedener Pflanzen und das Eindecken der Wasserbassins zum Schutz gegen Frost.[50] Erzherzog Franz Ferdinand greift nun direkt über Anweisungen in militärischer Form teilweise mit dezidierter Nachdrücklichkeit in das Geschehen ein, wie etwa das »Ausgraben von Fichten beim Schlosse auf allerhöchsten Befehl s. k. H.« oder die Vorgabe, den üblichen Laubstreuverkauf einzuschränken, um die Kompostierung ausreichend zu berücksichtigen, zeigen. Sämtliche gärtnerische Tätigkeiten im saisonalen Verlauf sind genau mit eingeforderten Rückmeldungen per Brief oder später Telegramm zu dokumentieren, so beispielsweise 1908 das Abschütteln der Koniferen im Park vom Schnee, das Baumbefestigen wegen Windwurfgefahr, das Umstechen und das Ausjäten der Blumenbeete usw.[51] Nach einer Bauaufnahme (Abb. 17-05) des damaligen Wiener »Star«-Architekten Ludwig Baumann 1909[52] entspricht das direkte Schlossumfeld nahezu unverändert dem Entwurf von Antoine d. J., mit erkennbaren Vereinfachungen infolge der langen Ruhephase.

Erzherzog Franz Ferdinand entdeckt zu diesem Zeitpunkt den knapp 50jährigen Park seiner Kindheit wieder, der das erwachsene Bild eines reifen Gartenkunstwerkes bietet. »Glücklich Artstetten angekommen. Wetter sehr schön und heiss. Alles in Ordnung. (...) Platz für Bibliothek auch ausgemittelt, Weg wird auch famos. Park ist herrlich. Es war sehr gut, dass ich hergefahren. Arbeite jetzt weiter.«[53] Die Arrondierung des Schlossgutes geschieht auch, um die Gutswirtschaft zu stärken, unter anderem durch umfangreiche Obstbaumpflanzungen inner- und außerhalb des Parks, insgesamt »725 werden zur Pflanzung benötigt«.[54] Zum zehnten Gedenktag ihrer Vermählung verbringt die Familie Anfang Juli 1910 erstmals drei Tage in Artstetten.[55] »Gegenwärtig ist der Erzherzog mit der Regenerierung der Gartenanlage in Artstetten (...) beschäftigt. (...) der Bau eines Bibliotheksgebäudes geplant, sowie die Adaptierung des schönen Schlößchens.«[56]

Die Umgestaltung von Artstetten durch Franz Ferdinand

Für die möglichen Um- und Anbauten des Schlosses werden unterschiedliche Planungsvarianten diskutiert, alle greifen nach Westen und Norden mehr oder weniger in die Parkflächen ein,[57] so zum Beispiel eine autogerechte »Wagenanfahrt« für das Schloss. Als repräsentative Auffahrt zunächst von Süden her geplant, wird letztlich 1911 eine KFZ-Straße von Norden her durch das Schloss-»Hintaus«, den damaligen Obstgarten, realisiert, vorbei an teilweise entfernten Stallungen, Scheune und Eiskeller. Für den Ankunftspunkt am Schloss wird 1913 der Gartensalon samt »Schloß-Verone« durch eine gemauerte, Loggia-artige Altane (»Unterfahrt«) mit Terrasse darüber ersetzt.[58] Denn: »Bei grösseren Schlossanlagen ist wohl immer eine Durchfahrt, wo die Wagen in das Gebäude selbst fahren, bei Landhäusern fahrt man aber gewöhnlich nur an der einen Seite des Gebäudes an das Thor vor. (...) Diese Hallen bilden einen notwendigen Bestandtheil, als sogenannte gedeckte Unterfahrt, bei jeder Villa, die auf Comfort einigen Anspruch macht.« [59] Erzherzog Franz Ferdinand versteht Schloss Artstetten tatsächlich als villenartigen kleinen Nebensitz, den er, entsprechend dem zeitgemäßen Komfort, unter anderem automobilgerecht ausstatten lässt.

Der so veränderte Park wird mit den folgenden, intensivierten Planungs- und Gestaltungsmaßnahmen, ab 1911 unter dem neuen Verwalter Engelbert Beer, daran angepasst. Für die professionelle Gartenplanung wird kein Hofgärtner, sondern Garteninspektor Karl Kunz von der nobilitierten Familie Rothschild aus Wien/Hohe Warte geholt.[60] Dessen Pläne für die Parkumgestaltungen werden gebilligt

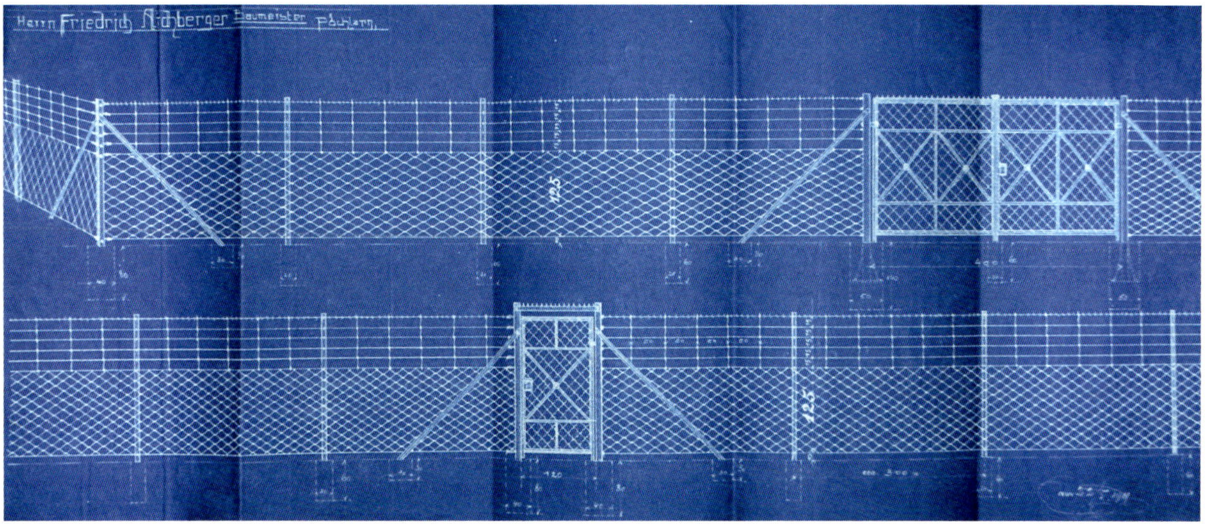

Abb. 17-06: Detailplan zur Ausführung der 2 km langen Schlosspark-Umzäunung mit Torlösungen, Blaupause, Fa. Bukowansky, Linz, 22. Mai 1911 (© Schloss Artstetten)

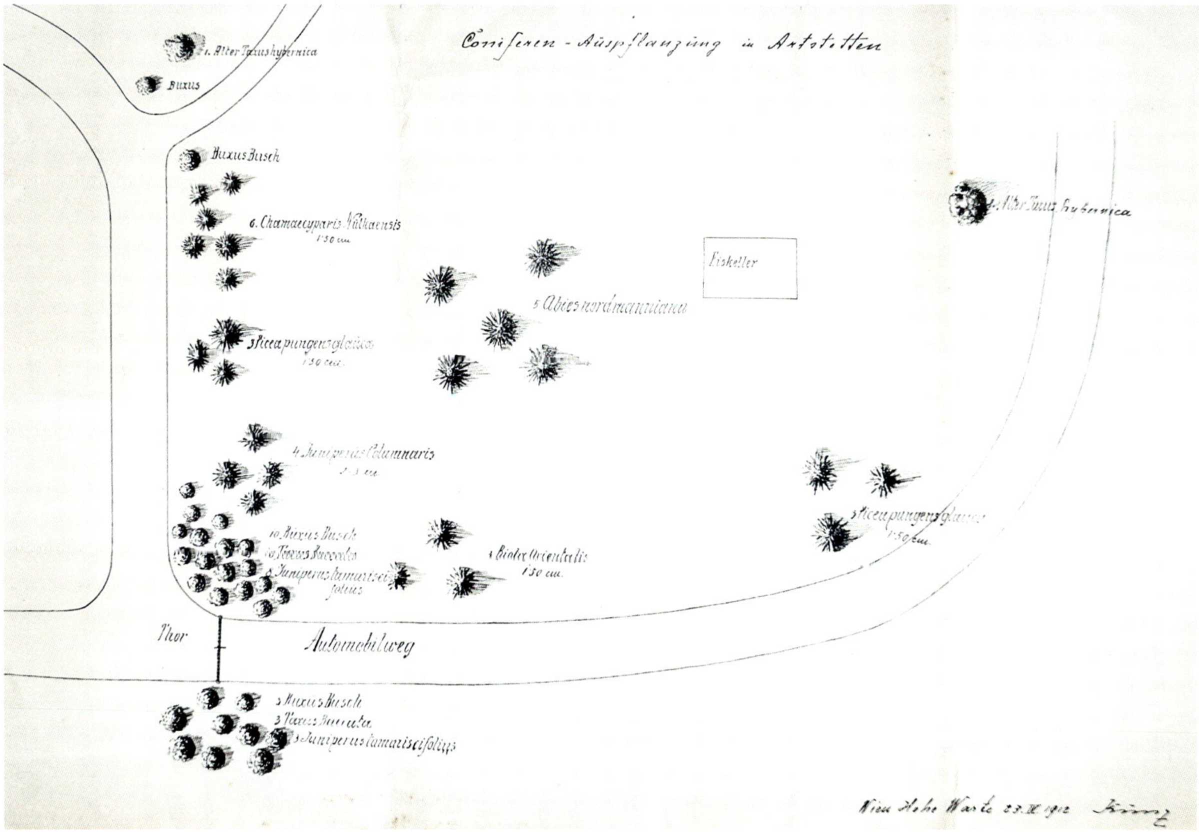

Abb. 17-07: Garteninspektor Kunz, Bepflanzungsplan für die neue Park-Partie zwischen Automobilweg und Schloss/Kirche, Tinte auf Papier, Wien, 23. April 1912 (© Schloss Artstetten)

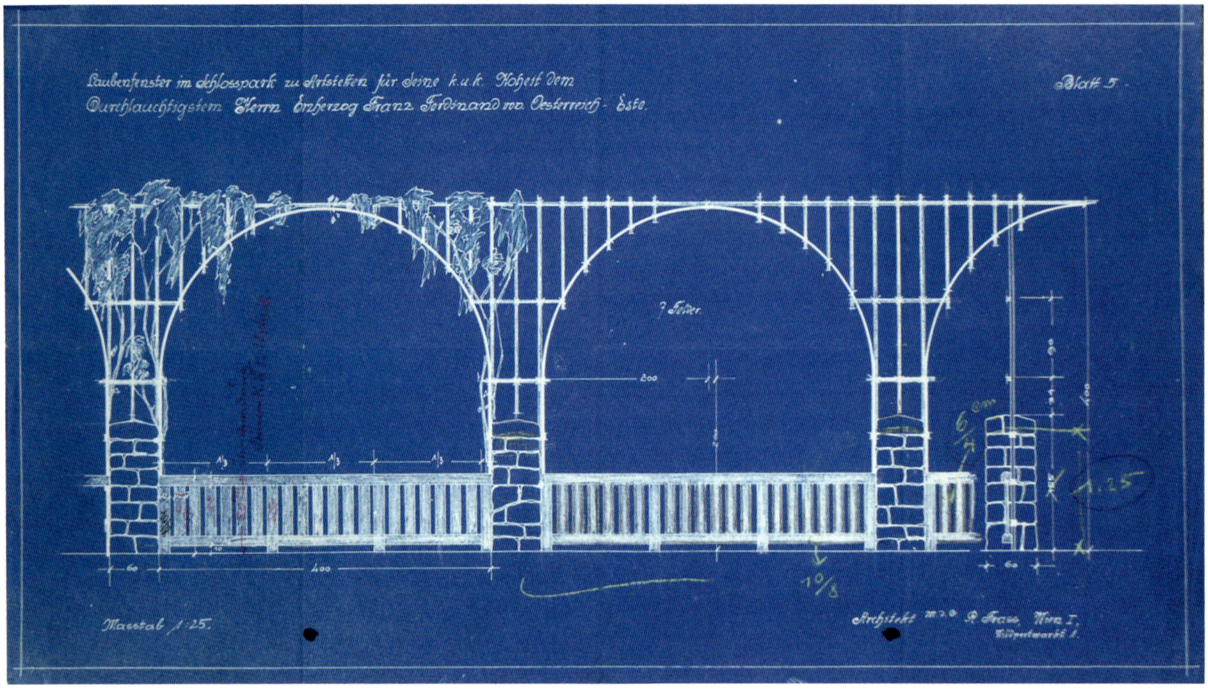

Abb. 17-08: Architekt Rudolf Frass, bereits geänderter Detailplan zur Ausführung des Laubenfensters an der Alten Reitschule, mit nochmaligen roten Korrekturen »über Anordnung seiner k.u.k. Hoheit«, Blaupause, Wien, ca. Februar 1912 (© Schloss Artstetten)

und sofort umgesetzt.[61] Der gesamte Schlosspark erhält zunächst eine dauerhafte, zwei Meter hohe, ca. zwei Kilometer lange Zaunumfriedung (Abb. 17-06) aus »verzinktem Maschingeflecht« (Fa. Bukowansky/Linz, Ausführung Baumeister Aichberger/Pöchlarn). Geländemodellierung und Wegigkeit im Park bleiben erhalten, jedoch die Infrastruktur (z. B. Kanäle, Oberflächenwasserausleitung) und die Bepflanzung werden erneuert. Letztere organisiert Kunz und wählt ca. 2.100 Laub- und Nadelgehölze mit über 50 Arten aus (davon ca. 20 % Bäume aus der k. k. Hofgarten-Verwaltung Laxenburg und den erzherzoglichen Baumschulen in Pomenitz). Darunter sind »von Seiner Kaiserlichen Hoheit Höchstpersönlich bestimmte Pflanzen« – der Erzherzog schaltet sich direkt in Planung und Ausführung ein.[62] Bis zum 30. Dezember 1911 wird durchgehend gearbeitet, neben den massiven Gehölzpflanzungen werden im Herbst auf den Wiesen ca. 7600 Blumenzwiebeln ausgesetzt (Fa. E. H. Krelage & Zoon/Haarlem).[63] Der erweiterte Schlosspark verwandelt sich hin zu einer über die Gartenräume verteilten Arboretum-artigen Gehölzsammlung im »gardenesken« Stil.[64] Das flächige Ausbringen von Zwiebelpflanzen in den Wiesenpartien ist im Sinne des *Wild Gardening* (»Naturgarten«-Vorläufer) ebenfalls als Teilumgestaltung á la mode zu interpretieren.[65] Insgesamt heißt es: »Gegenwärtig werden die Parkanlagen des Schlosses beträchtlich erweitert.«[66]

1912 plant und leitet Kunz weiterhin persönlich die Parkumgestaltungen. Eigene Gärtner werden »zur belehrung der leute kommandiert«, und es wird per Telegramm darüber laufend an Erzherzog Franz Ferdinand Bericht erstattet: »Die Bluteichen sind richtig und mit Aufmerksamkeit verpflanzt«,[67] »das reinigen der wiesen und wege vom laub im schlosspark wird morgen oder samstag beendet = beer«,[68] wobei gelegentlichen Probleme ebenso Thema sind, etwa wenn es heißt: »können Parkplan nirgends finden«.[69] Da der alte Obstgarten dem »Automobilweg« weichen muss, werden diese ehemaligen Wirtschaftsflächen völlig neu mit einer von Kunz geplanten Koniferen-

Abb. 17-09: Architekt Rudolf Frass, Perspektivische Ansicht zur ursprünglichen Planung des Laubenfensters, vor den Korrekturen, nach einer Fotografie des Planers, Aquarell und Tinte auf Papier, Wien, Winter 1911/12 (© Schloss Artstetten)

pflanzung in Gruppen gestaltet (Abb. 17-07).[70] Südlich des Wirtschaftsgartens wird der Ersatz für die »Obstbaumangelegenheit« mit 11 Apfel- und 13 Birnensorten neu gestaltet, indem einem weiteren Fachplaner, dem niederösterreichischen Landesobstbau-Inspektor Josef Löschnig, »die höchsten Befehle eurer kaiserlichen Hoheit sogleich übermittelt (werden), dass mit dem Graben der Löcher sobald als möglich begonnen wird, eventuell auch vor Entscheidung seiner vorgesetzten Stelle (…)«.[71]

Der Übergang von der alten Reitschule zur neuen Partie mit »Automobilweg« soll, so wie andere Partien im Schlosspark, um neue Ausstattungs- beziehungsweise Gestaltungselemente ergänzt werden. Den Auftrag dazu erhält erstmals ein freischaffender, zeitgenössisch planender Architekt, Rudolf Frass.[72] Er entwirft ein einfaches Laubenfenster (Abb. 17-08, 17-09) als Raumelement, das von Erzherzog Franz Ferdinand begutachtet, geändert und danach sofort errichtet wird (Baumeister Aichberger/Pöchlarn). Zudem gibt es für fixe, geschützte Aufenthaltsplätze im Schlosspark, vermutlich anstelle der vormals verwendeten Zelte, von Frass sehr schlichte, moderne Entwurfsvarianten für ein »Lusthaus im Park«[73] (Abb. 17-10). Diese sind völlig konträr zu jenen rustikal-manierierten Varianten (Abb. 17-11), die Julius Reiter zwei Jahre zuvor im Zuge der Schlossplanungen skizziert hat. Allerdings wird überhaupt kein Pavillon realisiert, ebenso wenig wie ein späterer Plan von Frass für eine Rosenlaube.[74]

Während dieser Umbauphase verbringt die Familie 1911 und 1912 nur wenige Tage in Artstetten,[75] doch sind die Aufwendungen selbst dafür relativ groß. So sollen unter anderem ein eigener Briefträ-

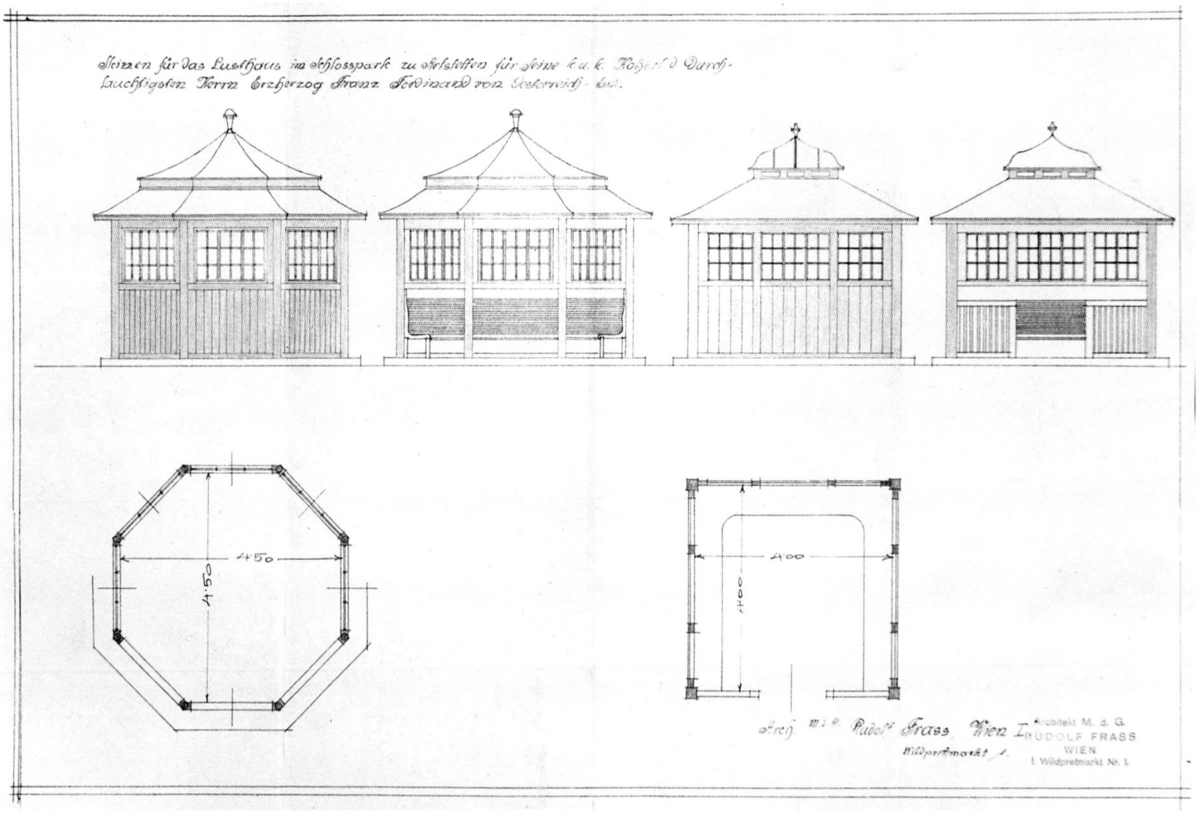

Abb. 17-10: Architekt Rudolf Frass, Skizzen für ein Lusthaus in Holzkonstruktion (drei Varianten - quadratisch, rechteckig, oktogonal), Tinte auf Papier, Wien, Frühjahr 1912 (© Schloss Artstetten)

ger, ein Telegrafenbeamter, ein Friseur etc. sowie drei Gärtner aus Wien mitgekommen sein.[76] 1913 steht der Schlossausbau sowohl im Bestand als auch durch Zubau im Norden im Fokus, die angrenzenden Gartenflächen scheinen unberührt zu bleiben.[77] Wahrscheinlich pausiert die Parkgestaltung, denn nur wenige Tätigkeiten sind dokumentiert.[78] Trotzdem wird verlautet: »(…) und auch im Parke – bekanntlich ist der Erzherzog ein großer Freund und Kenner schöner Gartenanlagen – manche Neuordnung getroffen.«[79]

HÖHEPUNKT UND ENDE DER UMGESTALTUNG VON ARTSTETTEN

1914 werden die Bauarbeiten am Schloss fertiggestellt. Garteninspektor Kunz ist weiter mit der »Bepflanzung des neu angekauften Terrains« »anstelle des alten Obstgartens am Eingang zum Schlosse« und mit der »Ausbesserung des Parkes«, also mit der Revitalisierung befasst.[80] Hauptaufgabe ist die Neugestaltung des westlich angrenzenden, erstaunlich verwachsenen Gartenbereichs zwischen Schloss und Pool/Pavillon (Abb. 17-12).[81] Gegenüber der neuen Unterfahrt sind das Blumenparterre ebenso wie das oberhalb liegende kleine Wasserbecken verschwunden und von Wiese beziehungsweise von Efeu überwachsen.

Der freischaffende Gartenarchitekt Josef Oskar Molnár aus Wien, ein deklarierter Vertreter zeitgenössischer Gestaltung, wird damit beauftragt, ein passendes gartenarchitektonisches Pendant zur Unterfahrt und zur Terrasse zu gestalten. Seine Vorschläge für den »Modernen Stadtgarten« (Abb. 17-13), geometrisch in architektonischer Grundstim-

Abb. 17-11: Architekt Julius Reiter, Skizzen für ein Lusthaus hinter dem Badehaus am Westabhang, in Holzkonstruktion (5 Varianten – vom Paraplui bis zum Pavillon mit Wetterfahne), aus der Reihe von Studien für die Neubauten, Bleistift auf Papier, Wien 1912/13 (© Schloss Artstetten)

mung, sind dem Villengartentypus zuzuordnen. Sie sind preisgekrönt und Erzherzog Franz Ferdinand bekannt.[82] Im Unterschied zu den Hofgärtnern beziehungsweise zu Kunz muss Molnár Planung, Kostenabschätzung, Organisation sowie Vorauszahlung sämtlicher Materialien und Arbeiten für das gesamte Projekt spätestens ab Februar 1914 übernehmen.[83]

Sein Entwurf überwindet den Höhensprung nach Westen mittels zweiläufiger Treppe und terrassenartigem Sitzplatz. Darunter liegt gegenüber der Unterfahrt beziehungsweise der Terrasse ein »Wasserbassin samt Grotte« (eine in der Mauer eingelassene Nische sowie zwei »Vasenvertiefungen«), in das ein Speier einspeist (später familienintern als der »große Spuckmann« bezeichnet). Etwa auf gleicher Höhe wie die Terrasse folgt Richtung Westen ein formales Parterre mit beidseitig einfassenden Rosenbögen und streng aufgereihten Koniferen-Topiaries, die Hauptachse läuft auf die nächste Mauer mit dem kleinen Wandbrunnen (»kleiner Spuckmann«) und zwei seitlichen Treppen mit weiterem Sitzplatz auf Niveau des Pools zu. Während die »Cyclopenmauern« aus regelmäßigem, kleinteiligem Natursteinmauerwerk gefertigt sind, zeigen die Balustraden der (Steinbank)Sitzplätze eine besondere Lösung, nämlich »kreuzartige Ballustern 80 12 15 cm«, das sind luftig aneinandergereihte, kreuzförmige Kunststeinelemente mit Kunststeinabdeckung im Gegensatz zu

Abb. 17-12: Blick auf die Westfront des Schlosses mit neuem Balkon über der Unterfahrt, auf das verwachsene, zentrale Blumenparterre, aus der Serie von Fotografien knapp vor der Neugestaltung durch Franz Ferdinand, Ende 1913/Anfang 1914 (© Schloss Artstetten)

Abb. 17-13: Gartenarchitekt Josef O. Molnár in seinem Artikel »Moderne Stadtgärten« als Vorbild für die Gestaltung westlich des Schlosses Artstetten: Döblinger Cottage, Chimanistraße 14 als Beispiel wie eine neue Partie »aus einem alten, verwachsenen Garten, durch das Verschieben von alten Bäumen und moderner Umgestaltung entstanden ist.« (© Österreichische Gartenzeitung, 1913)

den damals meist üblichen neobarocken Säulchen.[84] Dieses auffallend moderne Gestaltungsdetail wird von Molnár eigens »in natürlicher Grösse« mit einer perspektivischen Horizontlinie für die Betrachtung aus vier Meter Abstand gezeichnet. Nach Versand an das Sekretariat des Erzherzogs Franz Ferdinand erhält dieser, wie gewünscht, »den Eindruck der Wirklichkeit« und kann damit den Entwurf prüfen und freigeben. Auch die »2 Zeichnungen für die 12 Schlingpflanzenbögen« (Holz- oder Metallausführung) als Rankgerüste für die Rosen (Abb. 17-14) sowie die Pflanzliste mit ca. 100 Eiben- und Buchs, 30 Koniferen-Formgehölze, 1700 niederen Buchspflanzen für die Einfassungen und 500 Rosen sind derart vorzulegen.[85]

Bereits ab April beginnt der Bau auf der Grundlage von Kostenvoranschlägen durch die ausführenden Subunternehmer Georg Roth und Rudolf Hauk.[86] Molnár selbst ist als Organisator und Bauaufsicht anwesend, er führt Wochenlisten und erstattet Bericht. Der Haushofmeister rapportiert an Erzherzog Franz Ferdinand in Konopischt über ihn und die im Park durchgeführten Arbeiten; »es wird sehr hübsch ausfallen«.[87] Anfang Juni sind die Arbeiten im oberen, westlichen Teil der baulichen Anlage schon sehr weit fortgeschritten,[88] doch Erzherzog Franz Ferdinand sieht nur noch den Beginn der Baustelle[89] (Abb. 17-15, 17-16).

Unmittelbar nach dem Attentat in Sarajevo am 28. Juni 1914 werden zunächst sämtliche Arbeiten eingestellt. Nach der Beisetzung von Erzherzog Franz Ferdinand und Sophie in der Gruft von Artstetten am 4. Juli 1914 erhält Molnár Mitte August die Bitte der Verlassenschaftsvertretung, die »begonnenen Arbeiten ehetunlichst zu beendigen«. Diese werden am 16. September wiederaufgenommen.[90] Auch die Instandhaltungsarbeiten im Park laufen unberührt von den Ereignissen weiter.[91] Für Molnár ist der plötzliche Tod von Erzherzog Franz Ferdinand auch ökonomisch fatal, da er für sämtliche Arbeiten die Auslagen selbst vorfinanziert und direkt bar bezahlt. Sowohl Erzherzog Franz Ferdinand als auch Haushofmeister Janaczek hatten ihm vor Beginn der Arbeiten zu verstehen gegeben, dass er »hier in Artstetten recht billig vorlegen« solle, da es nur das erste Projekt von vielen sein werde. Die Umgestaltung von Miramar, die Arbeiten in Eckartsau, im Kaisergarten und am Heldenplatz in der Hofburg waren mündlich zugesagt. Deshalb bittet er, dass »mir die Arbeit bei der Gruft in Artstetten, nach den eingesandten Plänen und Überschlag anvertraut würde, welches Projekt ich noch seiner Zeit Seiner kaiser. Hoheit vorlegte und von Ihm selbst die Erfüllung meiner Bitte zugesprochen erhalten habe.«[92]

Tatsächlich ist die Gruft inzwischen zu einem kleinen Wallfahrtsort geworden und benötigt daher eine entsprechend repräsentative Zugänglichkeit und Wegeführung, die von außen durch den Schlosspark kommt.[93] Im Januar 1915 werden diesbezüglich die »Arbeiten aus dem Jahre 1913 und 1914 des Herrn Molnar in Artstetten« besichtigt, um festzustellen, was bereits errichtet ist, was noch aussteht beziehungsweise ob die von ihm erbetene Ausgleichszahlung berechtigt ist.[94] Tatsächlich kann daraufhin Molnár die Arbeiten am neuen Garten-

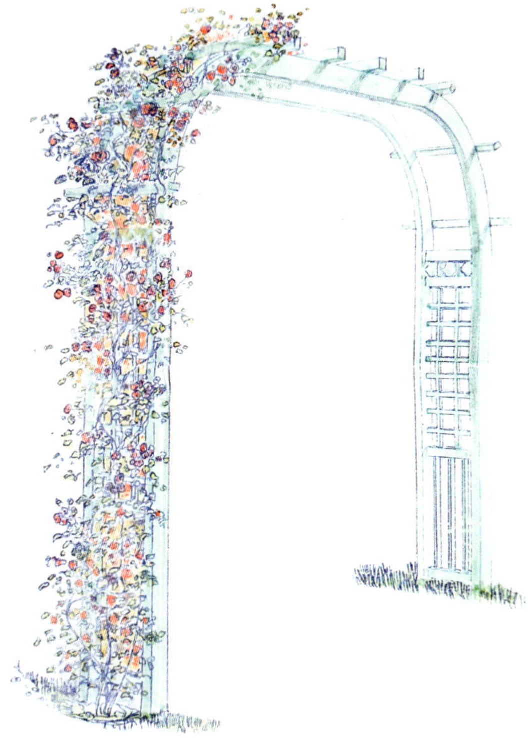

Abb. 17-14: Josef O. Molnár, Rankgerüst aus Holz für die Rosen im Parterre, »Blatt Nr. 11 Holzbögen für Schlinggewächse«, Detailansicht, Wien, April 1914 (© Schloss Artstetten)

teil westlich des Schlosses fortsetzen und beenden, gleichzeitig auch den »Gruftpark« realisieren. Er übernimmt sogar die Konopischter Baumschulen in Beneschau aus der Verlassenschaft von Erzherzog Franz Ferdinand.[95]

Westlich des Schlosses wird im Frühjahr die Bepflanzung des Parterres mit Rosen, die »Terrassenanlage« (Bassin und Treppen) errichtet.[96] Das Ergebnis ist mit der zentralen Grotto-artigen Treppen- und Wasseranlage, dem streng formalen Parterre à l'angloise (Englisches Rasenparterre), strukturiert mit den Eiben- und Buchs-Topiaries sowie 12 Rosenbögen, ein ruhiger, die italienische Renaissance zitierender, zeitgenössischer Gartenraum (Abb. 17-17, 17-18).

Abb. 17-15: Blick aus dem verwachsenen, zentralen Blumenparterre nach Westen zu Pool und Pavillon, im Vordergrund der verwachsene »kleine Spuckmann«, aus der Serie von Fotografien knapp vor der Neugestaltung durch Franz Ferdinand, Ende 1913/Anfang 1914 (© Schloss Artstetten)

Abb. 17-16: Blick aus dem in Neugestaltung befindlichen zentralen Parterre nach Westen auf die neue Mauerkonstruktion mit der Neupositionierung des »kleinen Spuckmanns«, Baustellenfoto, aufgenommen am 4. Juni 1914 (© Schloss Artstetten)

Die Gestaltung des »Gruftparks«, jenes öffentlich zugänglichen Teiles des Parks rund um den Gruftzugang bis hin zur Schlosszufahrt, wird im Gegensatz dazu von Molnár selbst als »Landschaftliche Gestaltung der Wiese hinter dem Schlosszubau« bezeichnet. Der Entwurf sieht einen vom Dorf durch ein zusätzliches Tor im Schlosszaun (eigener Zugang zur Gruft für die Öffentlichkeit) heranführenden, malerisch ins Gelände gefügten Weg vor. Dieser geht in eine geschwungene Freitreppe samt »Gruppierung von Felsblöcken entlang der Seitenwange« über, mit »Bau von Felsenwänden als Stütze der hohen Böschungen rechts und links des Grufteinganges«. Richtung Westen und Norden zu werden die Schlosszufahrt und der Neubau mit Gehölzen parkartig (Abb. 17-19) gestalterisch mit eingebunden.[97]

Nach dem Bau der Freitreppe aus »Gmündner-Granit« (Baumeister Aichberger/Pöchlarn), des neuen Weges samt Tor, folgen Geländemodellierung und Bepflanzung mit ca. 30 Arten von Laubgehölzen (ca. 95 % Blühsträucher, 30 Stück Bäume).[98] Immergrüne Nadelgehölze, die für einen Parkteil mit »Trauerstimmung« zu erwarten wären, fehlen, stattdessen werden »70 starke Rhododendren«

Abb. 17-18: Architekt Josef O. Molnár, Blick auf die fertiggestellte „Terrassenanlage" vom Erdgeschoss-Niveau des Schlosses, nach Fertigstellung, Sommer 1915 (© Schloss Artstetten)

Abb. 17 18: Architekt Josef O. Molnár, achsialer Blick nach Westen auf die fertiggestellte »Terrassenanlage« samt Parterre, vom neuen Balkon über der Unterfahrt, aus dem ersten Geschoß des Schlosses, nach Fertigstellung, Sommer 1915 (© Schloss Artstetten)

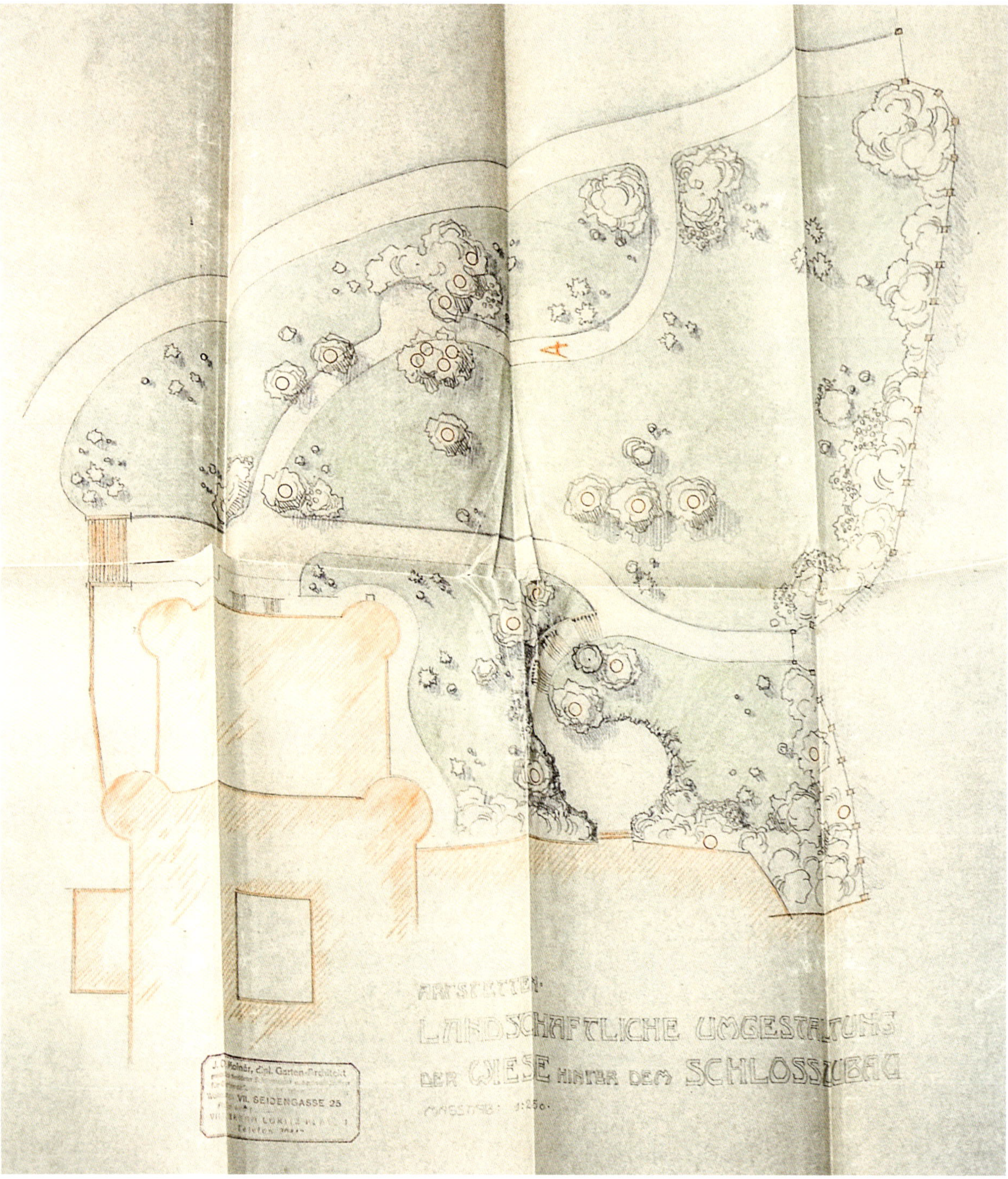

Abb. 17-19: Architekt Josef O. Molnár, Entwurfsplan für den »Gruftpark« in landschaftlicher Manier zwischen Automobilweg im Norden und Schloss/Kirche im Süden, mit dem zentralen neuen öffentlichen Weg und Stiegenanlage zur Gruft, Wien, 1915 (© Schloss Artstetten)

versetzt. Vielmehr wird hier eine intime, im Frühjahr und Sommer vor allem weiß und rot blühende landschaftliche Parkpartie geschaffen, die nur durch rotlaubige Arten (Anteil ca. 10 %), »10 starke Schlingrosen« und einige Hängeformen sentimentaleren Eindruck erhält. Dieser offenbar gar nicht in »Trauermanier«, sondern eher patriotisch gefärbte, bunte Gruftpark wird nach dem »modernen« Garteil bis Ende Oktober 1915 fertiggestellt. Auch das Glashaus samt der baufälligen Stützmauer ist bis Jahresende umgebaut und saniert (Baumeister Aichberger).[99] Damit sind alle von Erzherzog Franz Ferdinand angeordneten Umgestaltungen posthum bis Dezember 1915 ausgeführt und beendet. Die nächsten größeren Umgestaltungen sollten erst wieder Ende des 20. Jahrhunderts im Zuge der touristischen Entwicklung des Ensembles von Schloss und Park Artstetten geschehen.

ANMERKUNGEN

1 Grimm 1902, Bd. 16, Sp. 1527; begrifflich aus Südtirol seit dem 17. Jahrhundert belegt; spezifisch österreichisch: »sommerfrischen, eine wohnung auf dem lande, die man im sommer bezieht«.

2 Benesch 2015, S. 12, 64–66.

3 Häusler 1994, S. 155.

4 Stekl 2010, S. 962, 967, 968.

5 Weiterführend siehe: Kapitel 16, Marlene Ott-Wodni, Schloss Artstetten in Niederösterreich, S. 381–410.

6 Benannt nach Peter Joseph Lenné (1789–1866), Direktor der königlich-preußischen Gärten, und seinem wichtigsten Schüler Gustav Meyer (1816–1877), später Gartendirektor in Berlin. Sein »Lehrbuch der schönen Gartenkunst« 1860/1873 fand weite Verbreitung und hatte großen Einfluss. Dieser gemischte Stil zeigt in Gebäudenähe eine regelmäßige, mit zunehmender Entfernung eine landschaftliche Gestaltung.

7 Er ist ab 1865 auch für das Wiener Gartenpalais von Erzherzog Carl Ludwig, Favoritenstraße 7, verantwortlich, in dem Erzherzog Franz Ferdinand aufwächst. Schloss Artstetten 1863–1874.

8 Franz Antoine (1815–1886; ab 1865 kaiserlicher Hofgartendirektor) koordiniert Planung und Erhaltung der Hofburg-Freiräume, den Burggarten (1847 landschaftlich umgestaltet), den Heldenplatz und Teile des Volksgartens (1863–1865), aber auch Nebensitze der kaiserlichen Familie, wie z. B. den Schlosspark in Hetzendorf. Er war ein hervorragender Botaniker, Fotograf und Maler, der zahlreiche wissenschaftliche Publikationen veröffentlichte und auch international angesehen war. Zur Gärtnerfamilie Antoine siehe Übersicht bei Marz 2001.

9 Schloss Artstetten 1864–1874.

10 150 Klafter Grund südlich der Glashäuser neben dem Schloss-Wirtschaftsgarten; Schloss Artstetten 1864, Bundesgärten Planarchiv Nr. 394.

11 Nach Schlossinventar 1865 sowie zeitgenössischen Fotografien des Schlosses, Schloss Artstetten; siehe Abbildung 16-07 im Aufsatz von Marlene Ott-Wodni über die Baugeschichte von Schloss Artstetten in diesem Buch, S. 386.

12 Wahrscheinlich nach Boccaccios »Decamerone«, dort bereits als »Balkon über dem Garten« bezeichnet; Istituto Treccani, www.treccani.it, abgefragt am 08.8.2017; siehe »Decameron«, »Giornata quinta«, »Novella quinta«, S. 368.

13 Auszüge aus Briefen von Erzherzog Carl Ludwig vom 7.3.1863 bzw. vom 22.6.1863 nach Lindheim 1897, S. 100.

14 Beginn der Wochenlisten für Gartenpersonal sowie Rechnungen, Briefverkehr etc. am 27. Dezember 1863, Schloss Artstetten 1863. Die erste Erwähnung eines Gartenarbeiters (Hr. Madle) ist für Juli 1862 dokumentiert; Brief von Baresch vom 6.1.1866 an Erzherzog Carl Ludwig, Schloss Artstetten 1866.

15 Von der bei den Weltausstellungen in London und später in Wien vertretenen Bürgerlichen Korbflechterei Friedrich Afh, Schloss Artstetten 1864–1866.

16 Pflanzen (z. B. Gehölze aus dem Linzer Volksgarten, der Laxenburger Baumschule, Gemüsesorten von der Fa. Moschkowitz und Söhne, Kunst und Handelsgärtner in Erfurt etc.), Dünger (Pferde- und anderer tierischer Mist aus der Umgebung), Schütt- (Sand für Wegebau und Plätze) und Gartenmaterialien (z. B. 14 hölzerne Rechen, Baumwachs, säge, Rasenmesser, 600 Stück Blumengeschirr von Hafner in Kleinpöchlarn etc.); Schloss Artstetten 1864.

17 Schloss Artstetten 1865.

18 Nach Schlossinventar 1865 sowie zeitgenössischen Fotografien des Schlosses, Schloss Artstetten 1865.

19 Nach dem Schlossinventar 1865: Tische mit Blechplatten, Cánapées, Fauteuils, Sessel, Fußschemel, Feldstuhl.

20 Für Erzherzog Carl nur einen Teil der Zeit, »sonst war ich viel unterwegs, zwischen Artstetten und Wien«; nach Aichelburg 2014, S. 32, Brief-Auszüge vom 6.1.1867, Erzherzog Carl Ludwig an Kaiser Max.

21 Nach Aichelburg 2014, S. 34, Brief-Auszüge vom 7.11.1867, Erzherzogin Elisabeth direkt an Erzherzog Franz Ferdinand gerichtet, S. 35.

22 1869 wird im Reichsvolksschulgesetz der Schulgarten sogar als verpflichtendes erzieherisches Instrument für alle eingeführt, 1870 empfiehlt die Schul- und Unterrichtsordnung

die Anlegung von zeit- und ortgemässen Schulgärten. Zur historischen Entwicklung des Schulgartenwesens Deutschlands und zur Vorreiterrolle Österreichs siehe Walder 2002, S. 110ff.

23 1873 und 1880 nach Aichelburg 2014, S. 77, 159.

24 Nach Aichelburg 2014, Bd. 2, S. 896, Brief-Auszug vom 25.5.1912, Erzherzog Franz Ferdinand von der Royal International Horticultural Exhibition aus London an seine Kinder in Konopischt.

25 Siehe Übersicht der Entwicklung bei Grün/Benesch 2005.

26 Erzherzog Carl Ludwig kann hier mit Heinrich von Ferstel die Villa Wartholz 1872 als neues Sommerfrische-Ensemble nach eigenen Wünschen schaffen, ein Hybrid zwischen Schloss (repräsentativ, groß dimensioniert, ohne Wirtschaftstrakt) und Villa (bürgerlich, andere Innenorganisation und direkter Bezug mit Übergangszonen zum Außenraum). Die Villa Wartholz ist kein repräsentativer Herrschaftssitz auf dem Land mehr, sondern »in absichtlichem understatement eindeutig als Villa angelegt (…) der Typ eines intimen, fast verbürgerlichten Familienlandsitzes, bei welchem das Element des individuell Wohnlichen in Verbindung mit dem Landschaftserlebnis im Vordergrund stand«; Schwarz 1982, S. 93.

27 Schloss Artstetten 1868–1870; Aichelburg 2014, S. 39–40.

28 Siehe EHFFM 2007 sowie Dorferneuerungsverein Artstetten 2014; Erzherzog Carl Ludwig soll sogar das Bürgermeisteramt in Artstetten auf Bitte der Gemeinde übernommen haben, vgl. Lindheim 1897, S. 163–164.

29 »Inventarium sämtlicher im Garten von Artstetten (…) Gartenwerkzeuge, Requisiten, Gartenmöbel«; Antoine hat nun »nach der höchsten Anordnung s. kaiserl. Hoheit die Weiterbesorgung des Wiener Gartens« über.; siehe Schloss Artstetten 1874–1876. Watzek übersiedelt 1883 nach Artstetten ins dortige Gärtnerhaus und bleibt bis zu seiner Pension 1890; Schloss Artstetten 1883–1891.

30 Insgesamt 2233 Stück Erdbeeren an 17 Tagen; Schloss Artstetten 1871, 1874. Die »Frucht-Treiberei« war in größeren Gartenanlagen eine Art sportlicher Wettbewerb unter Gärtnern, nämlich mithilfe von geheizten Treibhäusern bereits möglichst früh im Jahr unterschiedlichste Früchte, aber auch Blumen zu ziehen und zu ernten. Die erzherzogliche Familie hat die am Sommersitz erzielten kostbaren Erträge am Wintersitz in der Stadt erhalten und dort als Besonderheit weiterverschenkt.

31 Nach Aichelburg 2014, S. 54, Brief-Auszug vom 2.5.1872, Erzherzog Franz Ferdinand aus Wien an Erzherzog Carl Ludwig in Istanbul.

32 Schloss Artstetten 1865, 1870–1871; nach 1900 vervielfacht sich dieser Austausch.

33 Nach Aichelburg 2014, S. 113, Brief-Auszug vom 7.8.1876, Erzherzog Carl Ludwig aus Reichenau an Erzherzog Franz Ferdinand.

34 Nach Aichelburg 2014, S. 133–135, Brief-Auszug vom 23.9.1878, Erzherzog Carl Ludwig aus Rottenstein an Erzherzog Franz Ferdinand in Triest.

35 1875 gelangen mehrmals Pflanzen (u.a. Efeu) nach Reichenau bzw. Früchte nach Wien; Schloss Artstetten 1875.

36 Schloss Artstetten 1880 sowie auf der Grundlage eines Planes im Planarchiv der Bundesgärten, Inventar-Nr. 7, »Plan über das Kalthaus zu Artstetten (…)«, ohne Jahr.

37 Siehe Abrechnungen, Schloss Artstetten 1880 bis 1889.

38 Das ist auch vom Park der Villa Wartholz dokumentiert, wo Erzherzog Carl Ludwig an den 16jährigen Franz Ferdinand bezüglich der dortigen Parkbenutzung schreibt: »Wenn die Wiese noch nicht gemäht ist u. man daher auf derselben natürlich noch nicht reiten darf, so gestatte ich Euch nicht, daß Ihr darauf reitet, bis nach dem Mähen. Es soll das Heu wohl auch einen Ertrag geben«: nach Aichelburg 2014, S. 159, Brief-Auszug vom 6.6.1880, Erzherzog Carl Ludwig aus Rottenstein an Erzherzog Franz Ferdinand in Reichenau.

39 Z. B. Obstzucht, »(…) von der Baumschule verkaufte Obstbäume (…)«, oder Blumen nach Wien oder Rosen an die »EH Gutsdirektion Konopischt«; Schloss Artstetten 1882 bis 1890.

40 Schlossinventar 1890, in dem zur Gartenausstattung nur noch ein »Zelt von Eisenstäben rohrartig gestrichen samt Blachen« im als Lagerfläche genutzten Gartensalon gelistet ist, kein sonstiges Gartenmobiliar oder gärtnerische Utensilien mehr; Schloss Artstetten 1890–1891. Bis dato sind zwei derartige Zeltgestelle erhalten.

41 Schloss Artstetten 1894 bis 1896.

42 Aufenthalt im Mai, nach Aichelburg 2014, S. 959, mit Brief-Auszug vom 19.5.1898, Erzherzog Franz Ferdinand aus Wien an Sophie Gräfin Chotek.

43 16. und 17. Juli 1898, nach Aichelburg 2014, S. 967.

44 Schloss Artstetten 1898 bis 1899.

45 A. v. Engelhardt. Allerlei. Schloß Artstetten, in: Der Gebirgsfreund – Zeitschrift des Niederösterreichischen Gebirgsvereins, Nr. 11, X. Jahr, 1899, S. 139.

46 So z.B. 1900 Lieferungen von Dutzenden Ballen Bäume, ein Waggon Waldbäume, Grassamen, Tausende Gartentöpfe, Samen von Viola, Zinerarien, eine Präsentierschere usw.; Schloss Artstetten 1900.

47 Besuch von Erzherzog Franz Ferdinand und Sophie Hohenberg am Pfingstsonntag, 27. Mai 1901, nach Znaimer Wochenblatt, Mittwoch 5. Juni 1901, LII. Jg., Nr. 45, S. 7.

48 Am 7.10.1904 zu (Mufflon)Jagdzwecken über Tag (»Geniesse Aufenthalt hier sehr«). Öfters wird ein zum Schloss Artstetten gehöriger Tiergarten in Zeitungen erwähnt, in dem neben Hirschen auch Widder und Schafe gehalten wurden; entweder handelt es sich dabei um ein eigenes Wildgatter oder um eine Freisetzung in den zugehörigen Wäldern, jedenfalls außerhalb des Schlossparks. Siehe Erwähnungen in

Österreichische Forst-Zeitung, 30.8.1907, 25. Jg., Nr. 35, S. 6; Deutsches Südmährerblatt, 29.12.1911, IX. Jg., Nr. 52, S. 6. Vom 8. bis 9.3.1906 hält er sich über Nacht auf, »um persönlich verschiedene Anordnungen für einen längeren Aufenthalt zu treffen, den er demnächst mit seiner gesamten Familie daselbst zu nehmen gedenken soll«; nach Aichelburg 2014, Bd. 2, S. 206–207, 224, Telegramm von Erzherzog Franz Ferdinand an seine Gemahlin im Belvedere, S. 280; siehe auch Reichspost, Samstag 17. März 1906, XIII. Jg., Nr. 62, S. 2.

49 Schloss Artstetten 1901 bis 1906.

50 Aus Konopischt werden Pflanzen geliefert, dann wird die Einrichtung einer eigenen Artstettner Baumschule 1908 für 420 Kronen genehmigt; Schloss Artstetten 1907–1908.

51 Schloss Artstetten 1908.

52 Zahlreiche handgezeichnete Pläne samt Aufnahmeskizzen von September 1909 als Grundlage für den Bau der Gruft unter der Kirche, Schloss Artstetten 1909–1910. Weiterführend siehe: Kapitel 16, Marlene Ott-Wodni, Schloss Artstetten, S. 381–410 und Kapitel 22, Andreas Nierhaus, Die Kaiserappartements in der Neuen Burg, S. 671–688.

53 Nach Aichelburg 2014, Bd. 2, S. 540, Telegramm 9.6.1909 von Erzherzog Franz Ferdinand aus Artstetten an seine Gemahlin in Konopischt. Erzherzog Franz Ferdinand war allerdings nur knapp sechs Stunden anwesend, persönlich scheint er 1909 nur dieses eine Mal auf der Baustelle gewesen zu sein, weitere Besuche sind nicht dokumentiert.

54 Schloss Artstetten 1909–1910; ab Oktober 1909 lässt sich der Planungs- und Beschaffungsprozess dazu anhand des dichten Telegrammverkehrs nachvollziehen. Die Obstbäume werden im gesamten Gemeindegebiet, am Eigenbesitz verteilt, 1910 werden z. B. das »Ausschneiden der Obstbäume im Park auf allerhöchsten Befehl« und das Anstreichen mit Kalk angeordnet; in seinem Notizbuch vermerkt Erzherzog Franz Ferdinand 1911 u. a.: »Artstetten: Obstbäume für die Leute. Höhere Stämme in Konop. u. Artstetten. Obstbäume düngen überall. (…) Quelle kaufen, Garten ausstekken (!), schneiden, besammen(!)«; nach Aichelburg 2014, Bd. 2, S. 856–857. Später werden tatsächlich gemeindeweit Obstbäume an die Grundbesitzer abgegeben bzw. verpachtet.

55 Nach Aichelburg 2014, Bd. 2, S. 658–659.

56 Erzherzog Franz Ferdinand und der Gartenbau, in: Linzer Volksblatt, Mittwoch den 28. Dezember 1910, Nr. 295, S. 8.

57 Von 1909 bis 1914 sind zahlreiche Zeichnungen, Skizzen, Pläne usw. neben den endgültigen Ausführungsplänen vorhanden, die den Entscheidungsprozess dokumentieren; Schloss Artstetten 1909–1914. Weiterführend siehe: Kapitel 16, Marlene Ott-Wodni, Schloss Artstetten, S. 381–410.

58 Der Architekt Julius Reiter erstellte einige Skizzen und Ansichten dafür, mit einer Terrasse über einer »Halle, Diele oder Warteraum« im neobarocken Stil, die nicht ausgeführt wurden. Reiter war Ingenieur im k. k. Ministerium für öffentliche Arbeiten und zeitgleich in Konopischt für Erzherzog Franz Ferdinand tätig.

59 Abel 1876, S. 28; vgl. dazu die mit Glas gedeckte Unterfahrt von Erzherzog Franz Ferdinand im Belvedere.

60 Das genaue Auftragsverhältnis ist nicht nachvollziehbar, es sind keine Zahlungsflüsse belegbar. Möglicherweise war Kunz eine Art »Leiharbeiter« von Alphons Freiherr von Rothschild (Erbe der Rothschildgärten auf der Hohen Warte von Nathaniel Meyer Freiherr von Rothschild); sein Vorgänger Franz Maxwald ist jedenfalls bereits ab 1906 mit anderen Gärtnern der Rothschild'schen Verwaltung in Konopischt tätig. Im Juni 1911 besichtigt Kunz dort die Anlagen. Nach der Chronologie von Aichelburg 2014, Bd. 3, S. 914–916. Erzherzog Franz Ferdinand besucht seinerseits die Rothschild'schen Gärten auf der Hohen Warte am 11. Mai 1911; Illustrierte Kronen-Zeitung, 12.5.1911, XII. Jg., Nr. 4081, S. 8.

61 Ende Mai 1911 Telegramm nach Konopischt: »Gartendirektor Kunst von der Hohen Warte telefonierte, dass die Pläne von Artstetten fertig seien, und zur Verfügung stehen.« Auf dessen Rückseite ist lapidar vermerkt: »Seine kaiserliche Hoheit lasen es, ohne weiteres zu verfügen.« Schloss Artstetten 1911. Die Pläne sind nicht erhalten.

62 So z. B. bestimmt er, dass aus vorangehenden Pflanzungen übrig gebliebenes Pflanzmaterial zur Ausbesserung von Partien im Park zu verwenden ist; Schloss Artstetten 1912.

63 300 Hundszahn (Erythronium Denis Canis), 2000 Blaustern (Scilla blau), 3000 Narzissen (poeticus, einfache, gemischte), 2000 einfache Trompetennarzissen (gemischt), 300 Schachbrettblumen (Fritillaria meleagris); Schloss Artstetten 1911.

64 In den 1830er Jahren aufkommender Stil nach John Claudius Loudon, der der einzelnen Pflanze durch Einzelstellung besondere Bedeutung zukommen lässt. Die aktuelle Verwendung des Wortes »gardenesque« bezieht sich allerdings auf »gartenartig«.

65 Eine britische Gartenbewegung in der zweiten Hälfte des 19. Jahrhunderts, die sich, um natürlichere Gartenbilder zu schaffen, gegen strenge Beete und für das Verstreuen von Zwiebelpflanzen, Stauden und Gräsern über weitläufige Partien einsetzt.

66 Sport & Salon, 13.4.1912, Jahresübersicht, S. 4.

67 Schloss Artstetten 1912.

68 Schloss Artstetten 1911.

69 Gutsverwaltung Artstetten an Sekretariat in Wien, 15.1.1912; insgesamt sind aus diesem Jahr weit über 100 Telegramme, Briefe etc. zur Gartenneugestaltung erhalten; alle Schloss Artstetten 1912.

70 Es sind insgesamt 60 Stück (bis zu 3 m hoch) mit 9 Arten so ausgeführt, dass ein locker in die Wiese auslaufendes »Coniferetum« entsteht; Schloss Artstetten 1912.

71 Hof, Haus- und Staatsarchiv, Nachlass Erzherzog Franz Ferdi-

nand, Kt. 30a, Nr. 6, Telegramm von Sekretär Paul Nikitsch an Erzherzog Franz Ferdinand vom 6.12.1911: im Verhältnis 2 : 1 als Pyramiden oder Buschbäume, also Zwergobstsorten; Schloss Artstetten 1912. Der Obstbau ist damals eine Angelegenheit des Landesausschusses mit dem ihm zugeordneten Landes-Obstbauinspektor Josef Löschnig, der gleichzeitig Geschäftsführer der k. k. Pomologengesellschaft und international anerkannter Pomologe ist. Zur Geschichte des k. k. Obstbaues und Artstetten siehe Benesch 2015, S. 68–75.

72 Der aus St. Pölten stammende Rudolf Frass war ein Schüler Otto Wagners, dessen Werk Erzherzog Franz Ferdinand vollkommen abgelehnt hat. Siehe Biografie im Architektenlexikon Wien 1770–1945, www.architektenlexikon.at/de/147.htm.

73 Schloss Artstetten 1912.

74 Schloss Artstetten 1913.

75 Vom 24. bis 28.4.1911 gemäß Illustrierte Kronen-Zeitung, Samstag 29. April 1911, XII. Jg., Nr. 4069, S. 2; am 2.12.1911 laut Aichelburg 2014, Bd. 2, S. 847; am 14.2.1912 ein Tagesbesuch von Erzherzog Franz Ferdinand und von 2.4. bis 10.4.1912 (Osterfeiertage) Aufenthalt der gesamten Familie nach Aichelburg 2014, Bd. 2, S. 868, 884–887.

76 Dorferneuerungsverein Artstetten 2014, S. 31.

77 Acht Fotos vom 27. Mai dokumentieren den Umbau von allen Seiten, unterzeichnet von Architekt Zotter; Schloss Artstetten 1913.

78 Schloss Artstetten 1913.

79 Grazer Volksblatt, 30.7.1913, Nr. 347, S. 1.

80 Dabei kommt es zu Differenzen mit Erzherzog Franz Ferdinand, weil er aus fachlicher Sicht Notwendiges umsetzt. In einem Protokoll ist dokumentiert: »Er könne beteuern bei sämmtlichen Arbeiten nur nach bestem fachmännischen Wissen und Gewissen, getragen von dem Gedanken, der anvertrauten Mission möglichst gerecht zu werden, vorgegangen sein. (…) es sei seine innerste Überzeugung, daß sich über Jahr und Tag die vorteilhaften und wohltuenden Wirkungen dieser allerdings gründlichen Remedur des Parkes, die mit Rücksicht auf den vorgefundenen Zustand unerlässlich erschien, voll und ganz zeigen werden.« Schloss Artstetten 1914.

81 Eine Serie von einem Dutzend spätestens im Winter/Frühjahr 1914 entstandenen Fotografien zeigt den Zustand vom Parterre bis zum Pavillon, und auf bevorstehende Rodungs- und Modellierungsarbeiten verweisen die ausgesteckten Holzpflöcke und abgelagerten Baumaterialien; Schloss Artstetten 1913.

82 Über Molnár selbst ist abgesehen von seinem Siegerprojekt zur Wiener Villengartenkonkurrenz von 1907 und eigenen Darstellungen (Artikel 1913) wenig bekannt; Molnár 1907, 1913.

83 Er wird auch mit dem Umbau des Wirtschaftsgarten-Glashauses beauftragt; Schloss Artstetten 1914.

84 Diese existieren heute nicht mehr; sie wurden Ende des 20. Jahrhunderts im Zuge der touristischen Aufbereitung der Anlage herausgeschnitten und durch Terrassengitter aus Metall von Erzherzog Carl Ludwig ersetzt.

85 Schloss Artstetten 1914.

86 Der Kostenvoranschlag mit dem detaillierten Leistungsverzeichnis für den Bau der Anlage datiert auf den 13.3.1914 und ist von Georg Roth & Rudolf Hauk unterzeichnet; Schloss Artstetten 1914.

87 Schloss Artstetten 1914.

88 Dies ist durch zwei Fotos dokumentiert: »Aufgenommen am 4. Juni 1914«; Schloss Artstetten 1914.

89 Aufenthalt von 22. bis 23.2.1914 und am 4.3.1914; Aichelburg 2014, Bd. 2, S. 1140–1141, 1144. Nach ihrem Aufenthalt in Miramare sollte »(i)m Mai (…) dann zum ersten Mal das Schloß Artstetten (…) vom Erzherzog und seiner Familie bezogen werden«. Der Séjour des Thronfolgers in Miramar. Frühjahrsaufenthalt in Artstetten. Neuigkeits-Welt-Blatt, 8.3.1914, 41. Jg., Nr. 55, S. 6 bzw. Znaimer Tagblatt, 10.3.1914, XVIII. Jg., Nr. 56, S. 3.

90 Schloss Artstetten 1914, Brief-Auszug, Landesgerichtsrat Dr. Fritz Stritzl an Molnár, vom 18.8.1914.

91 Unter anderem Laubstreu zum Komposthaufen führen bzw. zum Bedecken der Rhododendren- und Azaleen-Gruppen verwenden, die Gruppen und einzelstehendes Gesträuch im Park ausgrasen, Rosen und Rhododendren im Park gießen, die neue Autostraße sowie die Wege bei der Gruft schürfen und reinigen, einen Windwurf aufarbeiten, Zwergobstkultur gegen Hasenfraß durch Aufstellen eines Drahtzaunes schützen, die vom Architekten Molnár ausgegrabenen Bäume im Park als Brennholz für das Schloss aufarbeiten usw.; Schloss Artstetten 1914.

92 »Jetzt, wo ich die Arbeiten in Artstetten beende, bin ich in eine peinige Situation geraten, so dass ich nicht weiss, ob ich finanziell werde aushalten können.«, Brief-Auszüge von Molnár an »seine Exzellenz«, wahrscheinlich vom 28.10.1914. Molnár nennt konkret 12.000 Gulden als den benötigten Betrag, im Dezember erhält Molnár zumindest einen Teil der fälligen Kosten überwiesen, Schloss Artstetten 1914.

93 Schloss Artstetten 1914. Zahlreiche Ansichtskarten belegen diese neue Wahrnehmung des Schlosses von außen ab spätestens 1915.

94 Handschriftliches Protokoll vom 12.1.1915. Die von Molnár erbetenen 12.000 Kronen werden ihm als Ergebnis dieses Baubesprechungsprotokolls zugesprochen; Schloss Artstetten 1914.

95 Schloss Artstetten 1914, Brief Molnár an Regierungsrat Stritzl vom 23.4.1915.

96 Mit Polyantha-Rosen, denn: »Diese Rosengattung bleibt vom Mai bis November und ist aus dem Grunde empfehlenswert, weil sie die jährliche Blumenbeetpflanzung ersetzt

und 10 Jahre dauert«; Brief Molnár an Regierungsrat Stritzl vom 23.4.1915, Schloss Artstetten 1914–1915.

97 Schloss Artstetten 1914–1915, Plan und Kostenvoranschlag für den Parkteil unter der Gruft von 30.9.1915.

98 Abrechnungen zum Bau der Freitreppe zu Gruft und Gruftpark von 16.8 bis 18.10.1915; Eisentor-Entwurf, Bestellung und Lieferung von Fa. Bukowansky Juni bis Oktober 1915; Brief Konopischter Baumschulen mit Liste der Pflanzen und Kosten für Pflanzarbeiten von Obergärtner M. Sandl vom 2.5.1915, darunter z. B. Eiche, Linde, Ahorn, Rhus cotinus, Indigofera, Caragana, Prunus pissardii, 3 Hängebuchen, 3 hängende Erbsensträucher etc.; Schloss Artstetten 1914–1915.

99 Glashaus im Obstgarten 1915, Pläne für »Glashaus Project I« und »Glashaus Project II« von März, Brief Aichberger an Fürstlich Hohenbergsche Zentraldirektion in Wien vom 28.12.1915 mit Abrechnung, Schloss Artstetten 1915.

18. AUF DEN SPUREN VON PRINZ EUGEN

SCHLOSS BELVEDERE IN WIEN

Marlene Ott-Wodni

Das Palais Modena in der Beatrixgasse im dritten Bezirk diente Erzherzog Franz Ferdinand in Wien für über zwanzig Jahre als Wohnsitz. Die Immobilie stammte aus dem estensischen Vermögen, das 1875 nach dem Tod Franz V. von Österreich-Este, Herzog von Modena, an Franz Ferdinand übergegangen war.

Dass Franz Josephs Neffe mit seinem Wiener Wohnsitz nicht glücklich war und diesen für einen Erzherzog als nicht standesgemäß ansah, geht aus einem Brief Franz Ferdinands an Fürstin Nora Fugger von Babenhausen hervor, in dem er sich beschwerte, dass er »in dieser Hühnerstiege in der Beatrixgasse (Palais Modena) wohnen musste und kein Mensch kümmerte sich um mich. Jetzt auf einmal bekommt Otto den Augarten, Hof-Haushaltung, Hof-Küche, Lipizzaner in Wien und am Lande usw. usw.«[1]

Obwohl Erzherzog Franz Ferdinand am Wiener Kaiserhof bereits inoffiziell als Thronfolger angesehen wurde, rückte er erst nach dem Tod seines Vaters Carl Ludwig 1896 auch offiziell in der Thronfolge nach. Auf kaiserlichen Erlass hin wurde Franz Ferdinand nun ein vom Kaiserhof zur Verfügung gestellter repräsentativer Wohnsitz in der Hauptstadt zugesprochen. Die Wahl fiel auf das leer stehende Obere Belvedere (Abb. 18-01). Da es jedoch ursprünglich als Sommerschloss konzipiert war und danach viele Jahre als Museum gedient hatte, musste es erst durch umfangreiche Adaptierungsmaßnahmen zum ganzjährig bewohnbaren Schloss umgebaut werden.

Nachdem der Erzherzog das Belvedere 1899 bezogen hatte, folgten in den nächsten Jahren noch weitere Umbauten. Aufgabe der wissenschaftlichen Forschungen war es, die einzelnen Ausstattungsphasen chronologisch zu rekonstruieren. Dies war anhand der erhaltenen Archivalien möglich, die sich aus den im Haus, Hof- und Staatsarchiv befindlichen Akten des Obersthofmeisteramtes, dem Planmaterial, das sich zum Großteil im Archiv der Burghauptmannschaft in Wien befindet, und den zeitgenössischen Fotografien zusammensetzten. Ein unerlässliches Mittel zur Rekonstruktion des Möbelbestandes stellten die in der Bundesmobilienverwaltung erhaltenen Inventarbücher dar. Somit war es möglich, rund 600 Möbel und Einrichtungsgegenstände aus dem Oberen Belvedere ausfindig zu machen und den Räumen des erzherzoglichen Appartements zuzuordnen. Neben der Übersicht über die ausführenden Handwerker und Firmen, die im Rahmen eines solchen Großprojektes Rückschlüsse auf die Wiener Firmenstruktur zur Jahrhundertwende durchaus zulassen, spiegeln die einzelnen Ausstattungsphasen der erzherzoglichen Wohnung auch die familiäre Entwicklung des Thronfolgerpaares wider.

Die erzherzoglichen Wohnräume im Oberen Belvedere sind heute nicht mehr im Original vorhanden. Sie wurden nach dem Zusammenbruch der Monarchie zurückgebaut und mussten Museumsräumen weichen. Ein Großteil der erzherzoglichen Mobilien und einzelne Wandelemente haben sich jedoch in der Sammlung der Bundesmobilienverwaltung erhalten. Da die Baugeschichte des Belvederes bereits in den 1960er-Jahren von Gertrude Aurenhammer[2] gewissenhaft nach den Aktenbeständen des Obersthofmeisteramtes im Haus, Hof- und Staatsarchiv aufgearbeitet worden ist und sich Ulrike Seeger in ihrem 2004 erschienen Werk zum Stadtpalais und zum Belvedere des Prinzen Eugen (1663–1736)[3] abermals eingehend mit ihr auseinander gesetzt hat, soll die Entstehungsgeschichte zur Zeit des Prinzen Eugen in diesem Rahmen nicht nochmals über die zum Verständnis der Entwicklungen im 19. Jahrhundert nötigen Fakten hinaus dargestellt werden.

Obwohl die Baugeschichte und die Architektur der beiden Belvedereschlösser im Detail bearbeitet und aufgezeigt wurden, blieb ein Forschungsaspekt bisher weitgehend unbehandelt, nämlich die Analyse und die Betrachtung der mobilen Ausstattung im Zusammenspiel mit den wandfesten Elementen der Innenräume. Im Rahmen meiner Forschungen zum FWF-

Abb. 18-01: Johann Lucas von Hildebrandt, Gartenansicht des Oberen Belvederes, 1717-1723 (© Bundesmobilienverwaltung)

Projekt »Die private Wohnkultur der kaiserlichen Familie im 19. Jahrhundert«[4] lag der Schwerpunkt beim Belvedere auf der Identifizierung, Bearbeitung und Analyse der mobilen Einrichtungsgegenstände. Aufgrund der zeitlichen Fokussierung auf das ausgehende 19. Jahrhundert bildete das Appartement Erzherzog Franz Ferdinands, das er ab 1899 im Oberen Belvedere bewohnte, den zentralen Forschungsgegenstand. Wie an späterer Stelle noch eingehend erläutert wird, konnten bei der Einrichtung des Thronfolgerappartements Anknüpfungspunkte und Verbindungen zur Prinz Eugen'schen Ausstattung des 18. Jahrhunderts – sowohl das Obere Belvedere als auch überraschenderweise das Palais in der Wiener Innenstadt betreffend – festgestellt werden.

DIE BAUGESCHICHTE DES OBEREN BELVEDERE IM 18. UND 19. JAHRHUNDERT

Prinz Eugen wurde 1663 in Paris geboren und gehörte einer Nebenlinie der regierenden Herzöge von Savoyen an. Nachdem er vergeblich beim französischen Heer um Aufnahme angesucht hatte, verließ er Paris und stellte sich ab 1683 in den Dienst von Kaiser Leopold I. Im Laufe seiner militärischen Karriere konnte er zahlreiche Siege, unter anderem im Krieg gegen die Türken oder im Spanischen Erbfolgekrieg, verbuchen, die seinen Ruhm als Feldherr begründeten und ihm hochrangige Ämter einbrachten. Zu diesen zählte beispielsweise der Posten des Generalgouverneurs der Österreichischen Niederlande, den er von 1716 bis 1724 bekleidete.[5]

Wie beim finanzkräftigen österreichischen Hochadel üblich, dienten prächtige Bauten in der Wiener Innenstadt, in der Vorstadt und auf dem Land der Zurschaustellung von Rang und Stellung des Bauherrn. Nachdem Prinz Eugen 1694 ein Palais in der Wiener Himmelpfortgasse erworben hatte, das er in den folgenden Jahren um- und ausbaute sowie mit einer prachtvollen Ausstattung versah, legte er sich im November 1697 einen Baugrund in der damals noch unbebauten Vorstadt zu.[6] Er erwarb ein langgestrecktes, nach Süden ansteigendes Grundstück

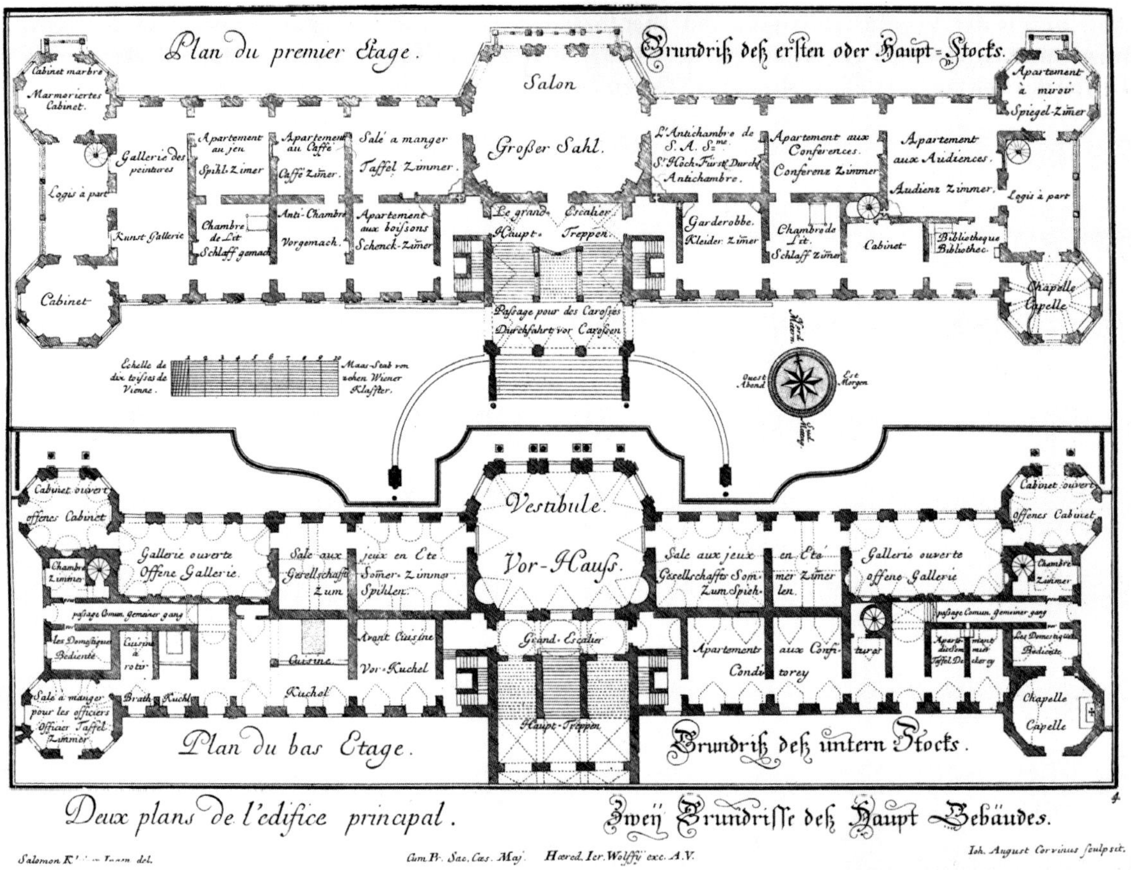

Abb. 18-02: Grundriss des Oberen Belvedere, 1717–1723, Stich von Salomon Kleiner zwischen 1731 und 1740 angefertigt (© Kleiner 1731–1740)

südlich des Rennweges in Wien, das von Weinbergen bewachsen war. Zeitgleich ließ Fürst Mansfeld-Fondi in direkter Nachbarschaft zum Eugen'schen Anwesen ein Palais nach Plänen von Johann Lucas von Hildebrandt (1668–1745) erbauen. Derselbe zeichnete für die Architektur- und Gartenplanung des Prinzen Eugen verantwortlich. Hildebrandt errichtete auf dem langgestreckten Grundstück zwei Palais, die sich jeweils am Nord- und Südende des Gartens befanden. Zwischen diesen wurde ein prunkvoller Barockgarten angelegt (Abb. 18-01).

Die Bauarbeiten für das am Rennweg gelegene Untere Belvedere starteten 1712.[7] Fünf Jahre später begannen die Arbeiten am Oberen Belvedere.[8] Es handelte sich um ein einflügeliges, dreistöckiges Gebäude. Prinz Eugen beauftragte die angesehensten Handwerker und Künstler seiner Zeit. Johann Lucas von Hildebrandt hatte bereits für ihn gearbeitet. Sowohl der Ausbau des Wiener Stadtpalais in der Himmelpfortgasse als auch der Entwurf des ungarischen Schlosses Ráckeve gehen auf den ursprünglich aus Genua stammenden Architekten zurück, der ab 1700 als Hofingenieur für den Kaiserhof in Wien tätig war. Wie dem Stichwerk Salomon Kleiners zum Belvedere zu entnehmen ist, zeichnete für die Innenausstattung und Dekoration der beiden Wohngebäude der französische Architekt Claude le Fort du Plessy (gest. 1757) verantwortlich, der bereits die kaiserliche Gemäldegalerie in der Stallburg eingerichtet hatte.[9]

Zur Ausstattung des Gebäudes wählte Prinz Eugen namhafte, vorwiegend italienische Künstler aus. So gehen die Stuckdekorationen des Oberen Belvederes auf den in Wien tätigen Hofstuckateur Santino Bussi (1664–1736) zurück. Die großen Deckenbilder auf Leinwand in den Paradezimmern stammten von den Malern Giacomo del Pò (1654–1726) und Francesco Solimena (1657–1747). Für die Fresken im großen Marmorsaal sowie in zwei Gesellschaftszimmern und in der Kapelle zeichnete der norditalienische Maler Carlo Innocenzo Carlone (1686–1775) verantwortlich. Die Groteskendekorationen in beiden Schlösser stammten von dem Augsburger Jonas Drentwett (1656–1736).[10]

Die zu beiden Seiten des Stiegenhauses im Piano nobile angeordneten und vom Prinzen Eugen genutzten Räume (Abb. 18-02) unterteilten sich in das Parade- und das Privatappartement, die beide im Ostflügel situiert waren, sowie in das im Westflügel gelegene Appartement de société, das die Gesellschaftszimmer aufnahm. Das Zentrum des Piano nobiles bildete der große und prächtig ausgestattete Marmorsaal. Die Ausstattung der Räume zur Zeit des Prinzen Eugen ist in den Stichen des Augsburger Kupferstechers Salomon Kleiner dokumentiert.[11] Sie zeugen von der überaus kostbaren und prunkvollen künstlerischen Ausschmückung der Zimmer und deren Einrichtung, von der auch alle zeitgenössischen Beschreibungen zu berichten wissen.[12]

Prinz Eugen starb am 21. April 1736. Als Universalerbin wurde seine Nichte Anna Victoria von Savoyen (1683–1763) als letztes noch lebendes Familienmitglied des Hauses eingesetzt. Nachdem Victoria bereits Schloss Ráckeve in Ungarn und Teile der Eugen'schen Kunstsammlung veräußert hatte, wollte sie auch die Wiener Residenzen verkaufen. Eine prominente Interessentin war rasch gefunden. Niemand geringerer als Kaiserin Maria Theresia liebäugelte mit dem Kauf des Winterpalais in der Wiener Himmelpfortgasse und der Vorstadtanlage des Prinzen Eugen, wo sie ihre eigene Sommerresidenz etablieren wollte.[13] Der kaiserliche Obersthofmeister Fürst Johann Josef Khevenhüller-Metsch sprach diesbezüglich sogar von einem Bauwerke-übergreifenden Residenzprojekt, das die Kaiserin ins Auge gefasst hatte:

»I.M. hatten bereits vor einigen Jahren und ehe sie noch so villes Geld auf Schönbrunn verwendet, den Gedancken gehabt, diese beide Gebäu an sich zu bringen und wollten ihre Sommer-Residenz daraussen etabliren. Es wurde sogar damahlen von dem Conte Tarocca das Projekt gemacht, die Favorite, welche zur selben Zeit noch nicht denen Jesuitern übergeben ware, das Closter deren Salesianerinnen und den Fürst Schwarzenbergischen Garten gleichsam zu conjungiren und ein Espèce de Serrail zu formiren, worinnen nicht allein die Herrschaften, sondern auch die Große des Hoffs und Canzleien emittelst einiger nicht sehr considerabler Zubauung und Embellissements genugsammen Raum zur Wohnung gefunden hätten. Die Sach aber zerschluege sich, weillen die Herzogin von Sachsen-Hildpurgshausen die damahlen angebottene 250.000 fl. nicht acceptiren wollen, sondern noch 50.000 fl. mehr geforderet.«[14]

Einige Jahre später kam der Verkauf der Belvederegründe an Maria Theresia doch noch zustande, als sich die Universalerbin 1752 entschloss, Wien zu verlassen und nach Turin zurückzukehren. Der Kaiserhof erstand sowohl die beiden Wiener Residenzen als auch Victorias bestehende Rechte auf die Herrschaften Hof und Niederweiden im Marchfeld für einen Betrag von 50.000 Gulden in bar, weitere Teilbeträge in der Höhe von 100.000 Gulden und eine Leibrente von 15.000 Gulden auf Lebenszeit. Garten und Häuser wurden vom Hof mit allen darin befindlichen Mobilien erstanden.[15] Laut dem Bericht des kaiserlichen Obersthofmeisters wurde von ihm anlässlich der Übernahme eine Inventur im Belvedere und auch, wie anzunehmen ist, im Stadtpalais durchgeführt.[16] Bedauerlicherweise stehen die Inventaraufzeichnungen der Forschung heutzutage nicht mehr zur Verfügung, da sie verschollen sind.

Obwohl sich die Kaiserin für eine Übernahme der Prinz Eugen'schen Besitzungen in Wien ausgesprochen hatte, bewohnte sie die Gebäude selbst nie. Während das Winterpalais in der Innenstadt dem Grafen von Königsegg-Erps, dem Präsidenten der Münz- und Bergwesens Hof-Commission, als Wohnung und Amtsgebäude zur Verfügung gestellt wurde und im Unteren Belvedere die Arcierenleibgarde Einzug fand, blieb das Obere Belvedere dauerhaft unbewohnt.[17] Gelegentlich diente es als Veranstaltungsort für Diners oder kaiserliche Feste. Den unumstrittenen Höhepunkt stellte hierbei ein Maskenfest dar, das anlässlich der Hochzeit von Erzherzogin Maria Antonia mit dem Dauphin von Frankreich am 17. April 1770 veranstaltet wurde und an dem mehr als 6.000 Gäste teilnahmen.[18]

In den 1750er bis 1770er-Jahren blieben die Belvedere-Gebäude abgesehen von notwendigen Restaurierungs- und Instandhaltungsmaßnahmen in ihrem ursprünglichen Zustand bestehen. Nachdem Prinz Eugens Nichte Victoria Teile der Kunstsammlung, im Besonderen die Gemäldesammlung, veräußert hatte, mussten die Herrschaftszimmer in beiden Schlössern zum Teil neu möbliert und die bestehenden Lücken aufgefüllt werden.[19] Nach Jahren des Leerstandes wurde das Obere Belvedere 1776 einer neuen Nutzung als Museum zugeführt. Auf kaiserlichen Beschluss übersiedelte die Gemäldegalerie von der Stallburg in das Obere Belvedere. Auf diese Weise sollten die Kunstwerke der Allgemeinheit zur Verfügung stehen und die Volksbildung heben. Im Vorfeld wurden die Innenräume restauriert und alle offenen Kamine zugemauert, die Beheizung erfolgte nur mehr durch Öfen.[20] Gemäß einem Reisebericht waren in den 1780er-Jahren die meisten Räume im Piano nobile mit grünem Damast spaliert und die kostbaren Barocktische des Prinzen Eugen waren noch vorhanden[21], ebenso einige der originalen Supraporten der Maler Johann Georg Hamilton (1672–1737) und Franz Werner Tamm (1658–1724).[22]

Im Westtrakt des ersten Stockes gingen das Deckenfresko der ehemaligen Bildergalerie Prinz Eugens und die Stuckdecken der beiden nebenan liegenden Räume (ehemaliges Spielzimmer und Paradeschlafzimmer) 1803 im Zuge der Erneuerung vermorschter Dippelbaumdecken verloren.[23] 1811 wurde auch das Untere Belvedere, das bis dahin immer wieder von einzelnen Mitgliedern des Kaiserhauses als Absteigquartier genutzt worden war, zu Museumszwecken umgewidmet. Nachdem Tirol 1805 nach dem Frieden von Pressburg an Bayern gefallen war, wurde die in Schloss Ambras befindliche Kunstsammlung nach Wien verbracht, wo sie ab 1811 im Unteren Belvedere zu sehen war.[24] Die Belvederegebäude dienten bis zu Beginn der 1890er-Jahre als Museumsgebäude. Sowohl die im Oberen Belvedere angesiedelte Gemäldegalerie als auch die im Unteren Belvedere gezeigten Kunstwerke der Ambraser Sammlung wurde 1891 in das fertig gestellte Kunsthistorische Museum am Ring überführt.

ERZHERZOG FRANZ FERDINAND UND DAS BELVEDERE

Gertrude Aurenhammer vermutete in ihrem 1969 verfassten Aufsatz, dass Kaiser Franz Joseph das Belvedere mit Blick auf eine Nachnutzung bereits zu Beginn der 1890er-Jahre als Residenz für den Thronfolger auserkoren hatte.[25] Sie begründete dies mit dem ab 1893 durchgeführten Umbau des westlichen Nebentraktes an der Heugasse zu Wohnungen für Stallpersonal, Futterkammern und Pferdeboxen und der Neuerrichtung eines daran anschließenden Traktes. Dieser nahm Remisen, Stallungen und Wohnräume auf. Weiters wurde ein unterirdischer Gang angelegt, der das Nebengebäude mit dem Schloss verband. Die Kosten für den Verbindungsgang beliefen sich auf 48.000 Gulden.[26] Darüber hinaus wurden weitere Nebengebäude des oberen Schlosses instandgesetzt. 1896 folgten die Restaurierung der Südfassade sowie der Seitenfassaden und die Neueindeckung der Pavillondächer mit Kupfer.[27]

Offiziell fiel der Entschluss Kaiser Franz Josephs, das Belvedere zu Wohnzwecken zu adaptieren, im September 1896. Wie aus den Akten des Obersthofmeisteramtes hervorgeht, stand allerdings zu diesem Zeitpunkt der zukünftige Bewohner noch nicht fest.[28] Das kaiserliche Ansuchen zur Adaptierung des Belvederes als Wohngebäude macht aber den Eindruck, als wäre ursprünglich Franz Ferdinands jüngerer Bruder Erzherzog Otto (1865–1906) als Bewohner vorgesehen gewesen. Diese Annahme wird durch die Tatsache untermauert, dass der schwer lungenkranke Erzherzog Franz Ferdinand 1896 noch nicht genesen war und sein jüngerer Bruder Otto »unter der Hand« bereits als der neue Thronfolger gehandelt wurde. So war angedacht, dass das Palais Augarten, in dem Erzherzog Otto seit Mitte der 1890er-Jahre residierte, als Wohnsitz aufgegeben und stattdessen das Belvedere für ihn hergerichtet werden sollte. Begründet wurde dieser Schritt mit den zu engen Raumverhältnissen und den ungünstigen sanitären Verhältnissen im Palais Augarten.[29] Im Ansuchen heißt es diesbezüglich:

»Es scheint daher geboten, jetzt schon daran zu denken, anderweitig geeignete Räumlichkeiten in Stand zu setzen. Der mir von Eurer Majestät bereits mündlich allergnädigst ertheilten Ermächtigung zufolge, soll das Belvedere zu Wohnzwecken adaptiert und durch Aufführung der nötigen Dienstgebäude benützbar gemacht werden.

Die Kosten dieser Herstellungen könnten jedoch bei dem Umstande, als im ganzen Gebäude keine Keller vorhanden sind und die innere Eintheilung der Lokalitäten den jetzigen Bedürfnissen in keiner Weise genügt, in der Hofstaatsdotation keine Bedeckung finden, und müssten daher die Mittel hiezu anderwertig beschafft werden.

Ich erlaube mir in dieser Richtung Eurer Majestät die allerunterthänigste Bitte zu unterbreiten, den nicht öffentlichen Theil des Augartens der Parzellierung und Veräußerung zuführen und den in dem ehrerbietigst angeschlossenen Plan mit grauer Farbe bezeichneten öffentlichen Theil des Augartens, unter näher zu vereinbarenden Bedingungen, der Gemeinde Wien in das Eigenthum und sohin auch in die Erhaltung übertragen zu dürfen. (…)

Die künstlerische Ausgestaltung des Belvederes, welches mit vollem Rechte als eines der schönsten Bauwerke des Continents bezeichnet wird, erheischt große Vorsicht. Ich glaube, dass es am zweckmäßigsten wäre, das Hofbaucomité mit der Oberleitung und Überwachung dieser Arbeiten zu betrauen.

Es empfiehlt sich dies umsomehr, als das Hofbaucomité in der Person des Baurahtes Hofer über eine Kraft verfügt, welche den Styl des Gebäudes beherrscht und auch sonst den künstlerischen Anforderungen gewachsen ist. (…) Mit den Adaptierungsarbeiten könnte nach Abschluss eines entsprechenden Übereinkommens mit der Gemeinde hinsichtlich des Augartens und womöglich schon im nächsten Frühjahr begonnen werden, und würden die erforderlichen Detailpläne und Kostenanschläge, welche ich Eurer Majestät zur Allerhöchsten Genehmigung vorzulegen mir ehrerbietigst vorbehalte, bis dahin auszuarbeiten sein.

Die Kosten dieser Bauführung könnten vorläufig aus dem Reservefonde des Obersthofmeisteramtes bestritten werden, dem dann die Erlöse aus dem Verkaufe des Augarten zuzuweisen wären.«[30]

Obwohl Kaiser Franz Joseph dem Vorschlag, den nicht öffentlichen Teil des Augartens der Parzellierung zuzuführen und den restlichen Teil an die Gemeinde Wien zu übergeben, im September 1896 zustimmte, kamen entsprechende Maßnahmen nicht zur Ausführung. Aus unbekannten Gründen scheint der Kaiser von dieser Idee wieder abgekommen zu sein, da der Augarten in den folgenden Jahren nicht veräußert wurde und Erzherzog Otto dort weiterhin residierte.

Die Adaptierung des Belvederes wurde ungeachtet dessen in Angriff genommen. Möglicherweise hängt die kaiserliche Entscheidung mit der völligen Genesung Erzherzog Franz Ferdinands im Jahr 1898 zusammen, denn am 29. März 1898 wurde er »zur Disposition des Allerhöchsten Oberbefehls« gestellt und durfte somit fortan an allen militärischen Konferenzen des Kaisers teilnehmen und bekam einen eigenen militärischen Stab eingeräumt, der den Beginn der Militärkanzlei des Thronfolgers signalisierte.[31]

Die Junggesellenwohnung Erzherzog Franz Ferdinands, 1898/99

Franz Ferdinand zeigte ab Mitte der 1890er-Jahre Interesse an der Nutzung der Belvederegebäuden für private Zwecke. Bereits 1894 hatte er seine Weltreisesammlung temporär im Oberen Schloss gezeigt; 1896 nützte er dann das neue Stallgebäude an der

Heugasse zur Unterbringung seiner Estensischen Kunstsammlung aus Schloss Cattaio.[32] Eine Nutzung des Oberen Belvederes als Wohnraum findet in den Akten allerdings erst ab 1898 Erwähnung. Das Belvedere war Franz Ferdinands erster Wohnsitz, der dem Hofärar zuzurechnen war. Zum Zeitpunkt des Einzugs besaß der Thronfolger bereits die Schlösser Chlumetz und Konopischt in Böhmen, das Jagdschloss Lölling in Kärnten und Schloss Artstetten in Niederösterreich, die sich im Gegensatz dazu allesamt in seinem Privatbesitz befanden.

Für die Adaptierung des Gebäudes in eine ganzjährig bewohnbare Residenz zeichnete das Hofbaukomitee verantwortlich. Die geschätzten Kosten wurden aus dem Reservefonds des Obersthofmeisterstabes bestritten. Einschließlich der Möblierung waren 626.000 Gulden präliminiert, wovon 115.000 Gulden für die bauliche Restaurierung des Gebäudes und 511.000 Gulden für die Herstellung der Innenräume zu Wohnzwecken vorgesehen waren.[33] Zur Ausführung sollten die Pläne des Architekten Ministerialrat Emil von Förster (1838–1909) gelangen.

Emil von Förster entstammte einer bekannten Wiener Architektenfamilie. Sein Vater war der Ringstraßen-Architekt Ludwig Förster, sein älterer Bruder Heinrich übte ebenfalls den Beruf eines Architekten aus und seine jüngere Schwester Sophie war mit dem Architekten Theophil Hansen verheiratet. Nach dem Studium der Architektur an der Bauakademie in Berlin war Emil von Förster ab 1860 im Bauatelier seines Vaters tätig. Zu Beginn der 1870er-Jahre zeichnete er für den Entwurf des Wiener Ringtheaters verantwortlich, das aber bereits 1881 einem Brand zum Opfer fiel. Ab 1895 hatte Förster die Leitung des Hochbaudepartements im Ministerium des Inneren inne. Weiters wurde er zum Mitglied der Hofbaukommission ernannt und wurde Mitglied der Stadterweiterungskommission. Zeitgleich mit den Arbeiten am Belvedere führte er auch Bauarbeiten an der Neuen Burg durch.[34]

Eine wichtige Rolle bei den Um- und Ausbauarbeiten des Belvederes spielte auch Emil von Försters enger Mitarbeiter Hans Schneider (1860–1921). Schneider, ein Absolvent der Wiener Baugewerbeschule, war zuvor bereits für den renommierten Ringstraßenarchitekten Heinrich von Ferstel tätig gewesen, wo er in den Bau der Votivkirche und der Wiener Universität involviert war. Zahlreiche Pläne und Entwurfszeichnungen zu den Adaptierungsmaßnahmen des Belvederes zeugen anhand ihrer Signatur von Hans Schneiders Urheberschaft.

Försters 1898 vorgelegtes »Bauprogramm über die erforderlichen Adaptierungsarbeiten im k. k. Schloss Belvedere in Wien zum Zwecke der Bewohnung«[35] sah eine Instandsetzung des Gebäudes unter Berücksichtigung eines verantwortungsvollen Umgangs mit der historischen Bausubstanz vor. Das heißt, Veränderungen am Außenbau und in den Innenräumen wurden nur durchgeführt, wenn sie aus funktionellen Gründen notwendig waren. Wichtigster Aspekt war der Umbau der einstigen Sommerresidenz und späteren Museums in ein ganzjährig bewohnbares Palais. Um der winterlichen Kälte trotzen zu können, mussten neue Fenster und Türen aus Eichenholz eingebaut werden. Da der Auftrag so umfangreich war, erwies sich keine Firma in Wien in der Lage, die gesamten Tischlerarbeiten zu übernehmen. So wurden im Februar 1898 die Präzision erfordernden Arbeiten im Piano nobile für 33.752 Gulden an den Hoftischler J. W. Müller[36] vergeben, während die Anfertigung der Fenster und Türen im Parterre und zweiten Stock der Allgemeinen österreichischen Baugesellschaft für den Betrag von 24.115 Gulden übertragen wurde.[37]

Über die baulichen Maßnahmen im Detail gibt uns das von Emil von Förster verfasste Bauprogramm Aufschluss. Dieses gewährt einen anschaulichen Einblick in den Zustand des Schlosses 1898 und wird deswegen an dieser Stelle fast vollständig wiedergegeben:

»Bauprogramm über die erforderlichen Adaptirungsarbeiten im k. k. Schloss ›Belvedere‹ in Wien zum Zwecke der Bewohnung.

Das gegenwärtig kaiserliche, vom Architekten Hildebrand (!) für den Prinzen Eugen von Savoyen erbaute, Schloß Belvedere diente als Sommeraufenthaltsort für den Prinzen und ist die ganze Anlage der Art concipirt,

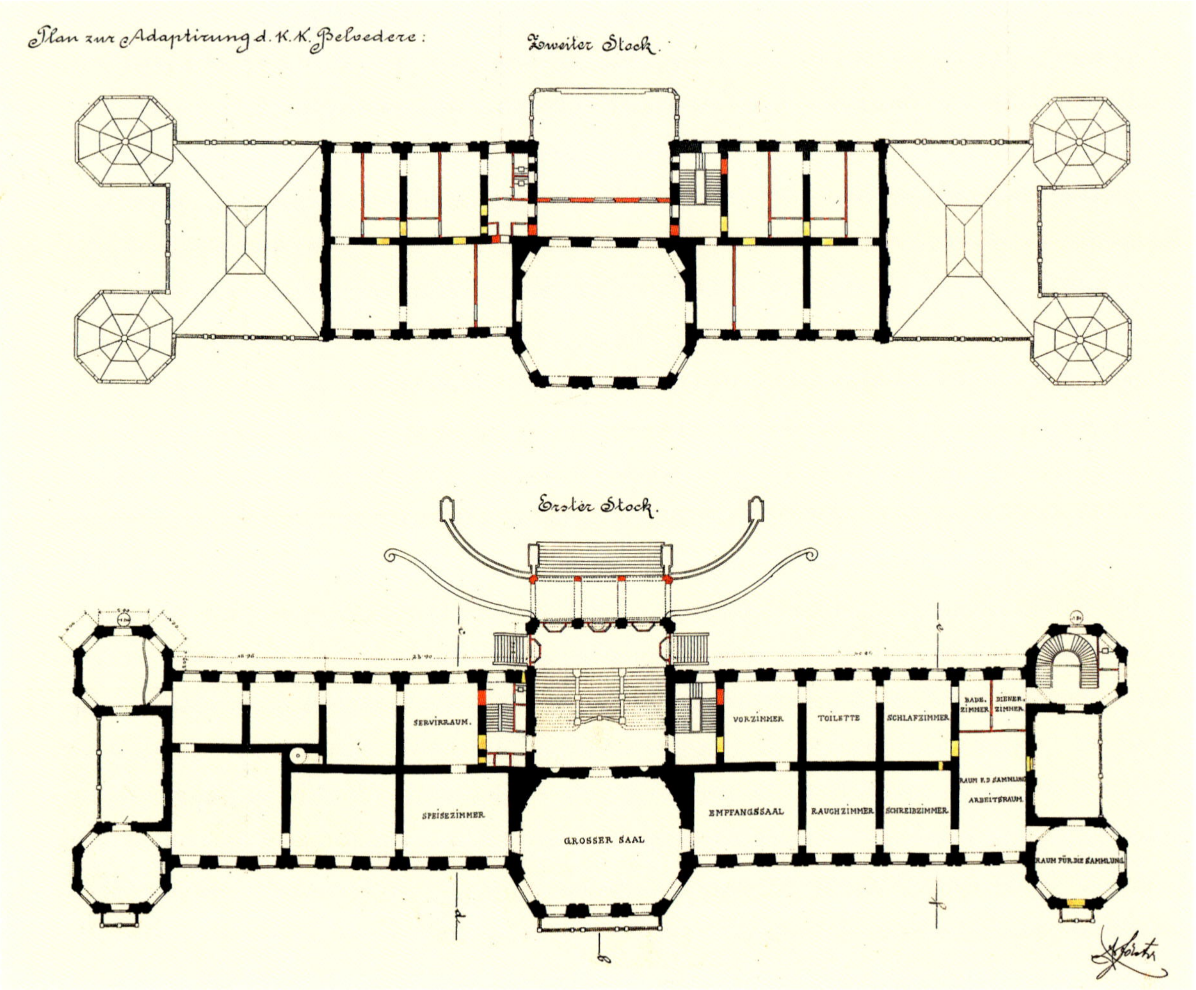

Abb. 18-03: Emil von Förster, Grundriss des ersten und zweiten Stockwerkes im Oberen Belvedere, Vorentwurf zum erzherzogliche Appartement, 1898 (© HHStA)

dass auf eine Verwendung des Schlosses im Winter keine Rücksicht genommen war.

Das Schloß selbst soll durch die nunmehr beabsichtigte Adaptirung zu einem stabil bewohnbaren Palais an seinem Äußeren keine Änderung erfahren. Um den beabsichtigten Zweck zu erreichen, ist es nothwendig alle Fenster- und Thorverschlüsse nach Außen zu erneuern und möglichst dicht herzustellen, die früher gewesenen offenen Hallen gegen den Park verschließbar zu machen und auf diese Art den Eingang in das Schloß möglichst auf den Haupteingang zu concentrieren, was auch für die leichtere Überwachung des Gebäudes als nothwendig erscheint.

Mit der Ausbesserung der vielfach schadhaften Außenarchitektur an Stein und Putz hängt es daher zusammen, dass die sämmtlichen Fenster und Thore nach Außen neu und zwar aus Eichenholz hergestellt werden müssen, indem die exponirte Lage des Schlosses für diese Arbeiten die größte Solidität der Ausführung erfordert.

Die derzeit bestehenden Verschlüsse sind höchst mangelhaft und provisorisch hergestellt worden, als das Schloß zum Zweck der Unterbringung der kaiserlichen Gemäldegalerie bestimmt wurde.

Eine weitere Veränderung an dem Äußeren des Schlosses wird nur beim Hauptportal projektiert, wo nach dem gegenwärtigen Zustande die Einfahrt über eine Rampe direct in die Hauptstiegenhalle hineinführt, was zur Folge hat, dass bei einer lebhaften Anfahrt von mehreren Wägen diese

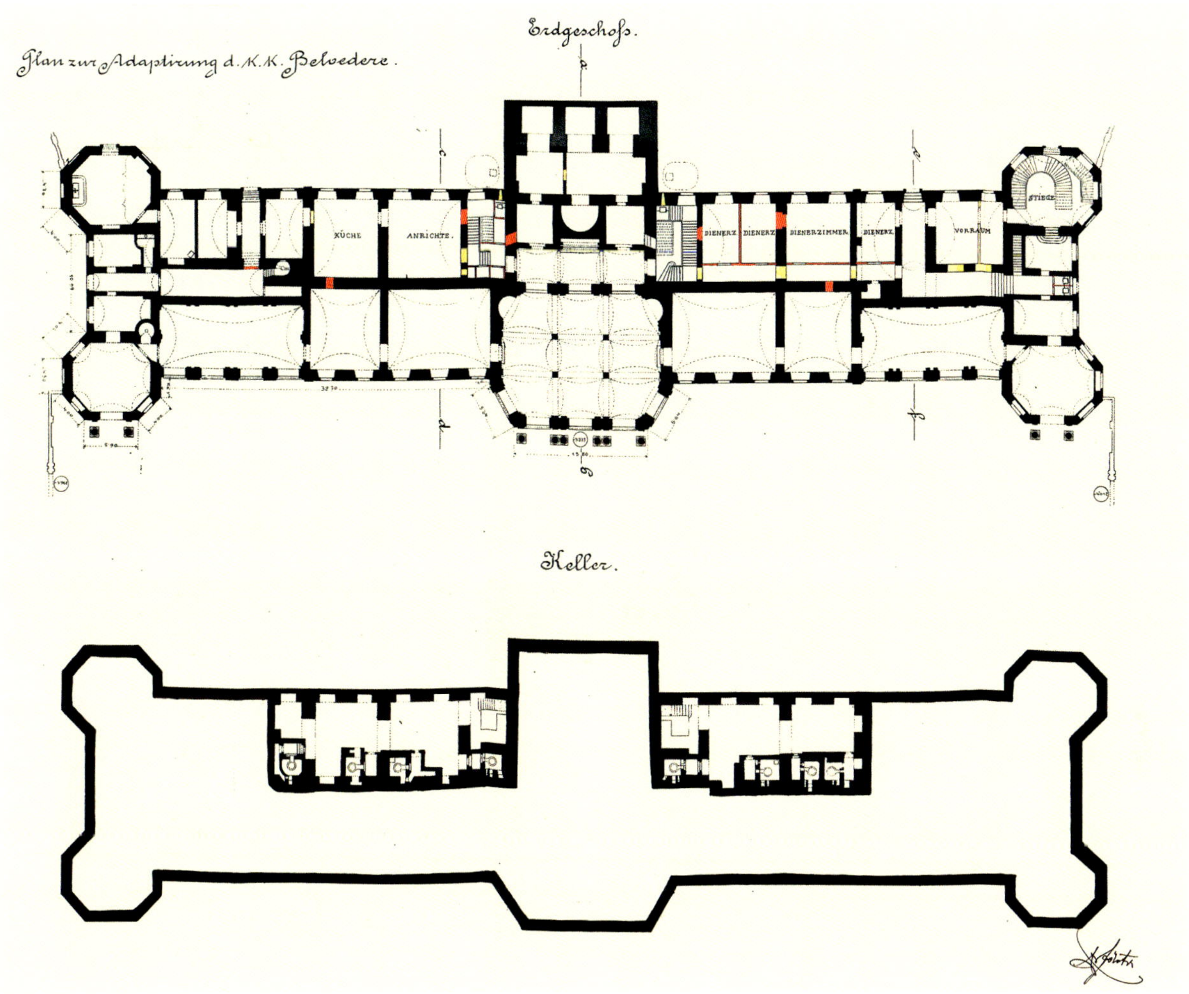

Abb. 18-04: Emil von Förster, Grundriss des Erdgeschosses und des Kellers im Oberen Belvedere, Vorentwurf zum erzherzoglichen Appartement, 1898 (© HHStA)

Stiegenhalle als der Sitz eines starken Luftwechsels d. h. der eines starken Zuges für das ganze Haus zu betrachten ist.

Es wird demnach für nothwendig gehalten, dass eine Unterfahrt vor der Stiegenhalle angebaut werde, welche stabil construirt im Sommer eventuell durch Aushängen der Thore geöffnet werden kann.

Die Adaptirungen im Inneren des Schlosses beschränken sich darauf, dass im Tiefparterre, in welchem die Küche und deren Nebenräume untergebracht werden sollen, eine gute Communikation mit dem Trakte der Dienerwohnungen hergestellt werde und die beiden derzeit bestehenden Stiegen abgetragen werden und eine neue bequeme freitragende Stiege linksseitig von der Hauptstiege errichtet wird.

Im zweiten Stockwerke ist beantragt zwei Wohnungen herzustellen, welche durch Aufführung von Scheidemauern sich bilden ließen.

Die überaus schönen Räume des ersten Stockes bleiben vollständig erhalten, müssen jedoch in die ursprüngliche Reinheit der Formen zurückgeführt werden, daher gereinigt, vielfach von der starken Tünche abgekratzt und neu getüncht werden. Die in den Räumen befindlichen Lamboirs sind durchwegs schadhaft, müssen daher erneuert werden.

In zwei Räumen und zwar linksseitig in dem Schreibzimmer und in dem anstoßenden großen Saale, welcher als Rubenssaal bekannt ist, sind die Stuckoplafonds, welche ursprünglich gewesen sein mögen, nicht mehr vorhanden, es sind in diesen Räumen daher neue Stuckoplafonds im Style der übrigen herzustellen.

Die Wände aller Zimmer mit Ausnahme des Mittelsaales, welcher gemalt und theils mit Stuckmarmor dekorirt ist, sind kahl, müssen daher entweder mit Stoffen oder Gobelins bedeckt werden.(...)

Wien, am 10. Jänner 1898, Foerster«[38]

Das Junggesellenappartement Franz Ferdinands (Abb. 18-03) war im ersten Stock des Schlosses angesiedelt, wo sich einst das Appartement des Prinzen Eugen befunden hatte. Allerdings umfasste es nicht wie bei Prinz Eugen beide Flügel, sondern setzte sich nur aus den gegen die Heugasse gelegenen Räumen im Westtrakt, dem daran anschließenden großen Mittelsaal sowie den beiden anstoßenden Zimmern im Osttrakt zusammen. Die Räume sollten in ihren ursprünglichen Zustand versetzt werden, wofür als Vorlage »das Werke über das Belvedere von Salomon Kleiner (1731)« herangezogen werden sollte.[39] Im Parterre (Abb. 18-04) waren Küche, Anrichte und Dienerzimmer situiert. Mit der Referenz auf Kleiners Stiche nimmt der Architekt eindeutig Bezug auf den barocken Ausstattungszustand der Räume zur Zeit des Prinzen Eugen. Dass die Innenräume im Endeffekt nicht schlicht und einfach rekonstruiert wurden, sondern, wie im ausgehenden Historismus üblich, einer neobarocken Neuinterpretation unterzogen wurden, wird an späterer Stelle noch im Detail zu besprechen sein.

Wie in Försters Bauprogramm erläutert, waren 1898 in den ehemaligen Prunkräumen des ersten Stockes nur noch vereinzelt Relikte der Eugen'schen Originalausstattung vorhanden. Diese bestanden aus Stuckdekorationen, Supraporten und den Deckengemälden. Der Architekt kreierte in Anlehnung an die ehemaligen barocken Interieurs in den meisten Räumen komplett neue, im neobarocken Stil gehaltene Wandausstattungen, bestehend aus Lambrien, Wandverkleidungen beziehungsweise bespannungen, hölzernen Türen und Fensterverkleidungen sowie Supraporten. Während zu Beginn des 18. Jahrhunderts der Raumeindruck der Prinz Eugen'schen Wohnräume von Eichenholzverkleidungen mit vergoldeten Ornamenten und marmornen Türstöcken dominiert wurde, waren die Räume in Franz Ferdinands Appartement abwechselnd sowohl in Braun-Gold als auch in Weiß-Gold gehalten. Ein eindeutig zuordenbares Gestaltungsmuster bei der Farbwahl lässt sich weder bei der Raumfolge noch in Hinblick auf die Funktion der Räume ausmachen.

Die Möblierung der Wohnräume setzte sich aus originalem Barockmobiliar in Kombination mit neu angefertigten Möbeln im Barockstil zusammen. Auf Wunsch Franz Ferdinands wurden die Möbel nach alten bestehenden Modellen teils als Kopie oder teils als stilistische Neuinterpretation angefertigt. Da es sich fallweise um exakte Nachahmungen handelte, sind diese heute von den Originalen nur schwer zu unterscheiden. Eine Datierung ist aber dennoch anhand der technisch-handwerklichen Eigenschaften des jeweiligen Möbelstücks möglich.

Das 1898 eingerichtete Junggesellenappartement Franz Ferdinands lässt sich mittels der erhaltenen Grundrisse, der Entwurfszeichnungen einzelner Wandausstattungen, der Inventarbücher und nicht zuletzt mithilfe des in der Bundesmobilienverwaltung erhaltenen Mobiliars rekonstruieren. Bildquellen der Räume existieren von dieser frühen Ausstattungsphase wider Erwarten keine. Dennoch sind einige Wohnräume des Junggesellenappartements fotografisch fassbar, allerdings zeigen sie einen späteren Zustand, da die Fotografien erst nach der Jahrhundertwende entstanden sind. Es handelt sich somit um jene Zimmer, deren Lage und Einrichtung sich im Verlauf der folgenden Jahre nicht verändert hat.

Der dem Bauprogramm Försters beigefügte Grundriss (Abb. 18-03) zeigt die Ursprungsidee des erzherzoglichen Appartements im Oberen Belvedere. Durch den im Süden gelegenen neuen Vorbau – auf dem Plan ist die veränderte Auffahrtsrampe deutlich erkennbar – gelangt man in die Eingangshalle. Das großzügige Stiegenhaus führt direkt in das Piano nobile und endet vor dem Großen Saal, der das Zentrum des erzherzoglichen Appartements bildet.

Im Westtrakt erstrecken sich auf der Gartenseite (Abb. 18-03) vom Großen Saal ausgehend ein Empfangssaal (ehemaliges »Taffelzimmer« des Prinzen

Eugen), ein Rauchzimmer (ehemaliges »Caffé Zimmer«) und ein Schreibzimmer (ehemaliges Spielzimmer). Die daran anschließende ehemalige Bildergalerie des Prinzen Eugen sollte in einen großen und zwei kleine Räume unterteilt werden. Neben einem Arbeitsraum beziehungsweise »Raum für die Sammlung« an der Südseite sollten hier ein Badezimmer und ein Dienerzimmer entstehen. An der Nordseite bildete das ehemalige Marmorkabinett des Prinzen Eugen, das nunmehr ebenfalls für Sammlungszwecke vorgesehen war, den Abschluss der Raumfolge.

Ehrenhofseitig wurde der Westtrakt, über eine Nebenstiege kommend, durch ein Vorzimmer (ehemaliges »Schenck-Zimmer«) erschlossen. Daran anschließend waren die Toilette (ehemaliges Vorgemach) sowie das erzherzogliche Schlafzimmer (ehemaliges Schlafgemach) vorgesehen. Von diesem sollte eine Verbindungstür in das Badezimmer, das Dienerzimmer und schließlich zu der im südlichen Oktogon befindlichen Dienerstiege führen. Das Appartement des Thronfolgers fand seinen Abschluss durch zwei weitere Räume im Osttrakt, das an den Großen Saal anschließende Speisezimmer (ehemaliges Antichambre) und einen Servierraum (ehemalige Garderobe). Die restlichen Räume des Osttraktes standen leer. Eine Integration der im südöstlichen Oktogon situierten Kapelle in die Wohnung des Thronfolgers blieb aus.

Das ausgeführte Appartement (Abb. 18-05) wies in Bezug auf die Funktion der Räume im Vergleich zum Erstentwurf Änderungen auf. Diese umfassten gartenseitig die Hinzufügung eines kleinen Salons neben dem Empfangssaal. Das geplante Rauchzimmer sowie das Schreibzimmer wurden jeweils um ein Zimmer westwärts verlegt. Dies hatte zur Folge, dass das Schreibzimmer des Thronfolgers nun in der ehemaligen Eugen'schen Bildergalerie situiert war; somit erfuhr auch die Unterteilung des langgestreckten Raumes eine Umplanung. Anstelle der ursprünglich konzipierten Bade- und Dienerzimmer wurde der langgestreckte Raum nun in ein annähernd quadratisches Schreibzimmer, eine daran anschließende L-förmige Passage, die Sammlungskästen aufnahm, ein kleines Badezimmer und eine weitere Durchgangspassage aufgeteilt. Diese bildete die Verbindung zwischen der im südlichen Oktogon befindlichen, nunmehr als Schneckenstiege ausgeformten Verbindungsstiege in das Erdgeschoss und dem erzherzoglichen Schlafzimmer.

Allen weiteren ehrenhofseitigen Räumen des Westtraktes (Abb. 18-05) wurden ebenso neue Funktionen zugewiesen. Das ursprünglich als Toilette konzipierte Zimmer wurde als Salon ausgeführt, gefolgt von einer Bibliothek, die sich an der Stelle des Vorzimmers befand. Eine große Neuerung gegenüber dem Vorentwurf (Abb. 18-03) bildete der Umbau der neben der Hauptstiege befindlichen westseitigen Nebenstiege zu einem Gewehrzimmer mit integrierter, in das Erdgeschoss führender Wendeltreppe.

Dass dieser Grundrissentwurf die endgültige Raumaufteilung der erzherzoglichen Wohnung zeigt, wird einerseits durch die in den Inventarbüchern vermerkten Raumbezeichnungen sowie andererseits durch die im Österreichischen Staatsarchiv erhaltenen Aufrisszeichnungen der Bibliothek und des Gewehrzimmers belegt. Die Grundrisszeichnung ist auch in Hinblick auf die Einrichtung von besonderem Interesse, da in einzelnen Räumen sowohl die Anzahl und Position als auch die Form der einzelnen Möbel und Luster schematisch eingezeichnet sind. Nachdem die Einrichtung der erzherzoglichen Räume – wie eingangs bereits erwähnt – bis dato noch nicht wissenschaftlich aufgearbeitet wurde, werden nun die einzelnen Zimmer inklusive der wandfesten Ausstattung und des Mobiliars vorgestellt und analysiert.

Raumaufteilung, Möbel und Einrichtung des erzherzoglichen Appartements

Sämtliche Räume des Appartements (Abb. 18-05) mussten restauriert werden. Die allgemeinen Tischler, Anstreicher- und Vergolderarbeiten wurden von der Firma Portois & Fix für 44.520 Gulden ausgeführt. Diese beinhalteten die Neuanfertigung von Lambrien, Wandvertäfelungen, Bildumrahmungen,

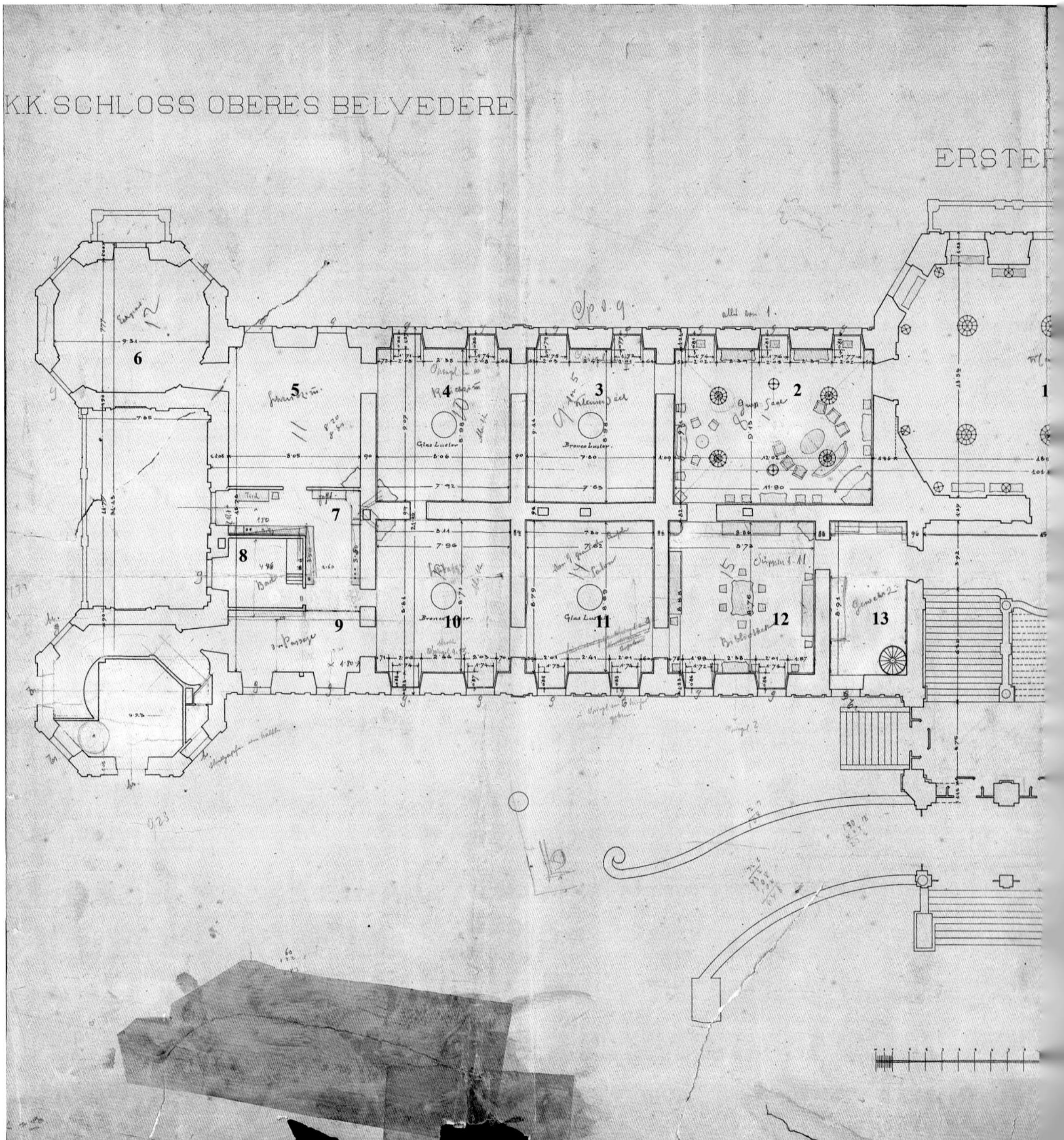
K.K. SCHLOSS OBERES BELVEDERE.
ERSTE
1
2
3
4
5
6
7
8
9
10
11
12
13

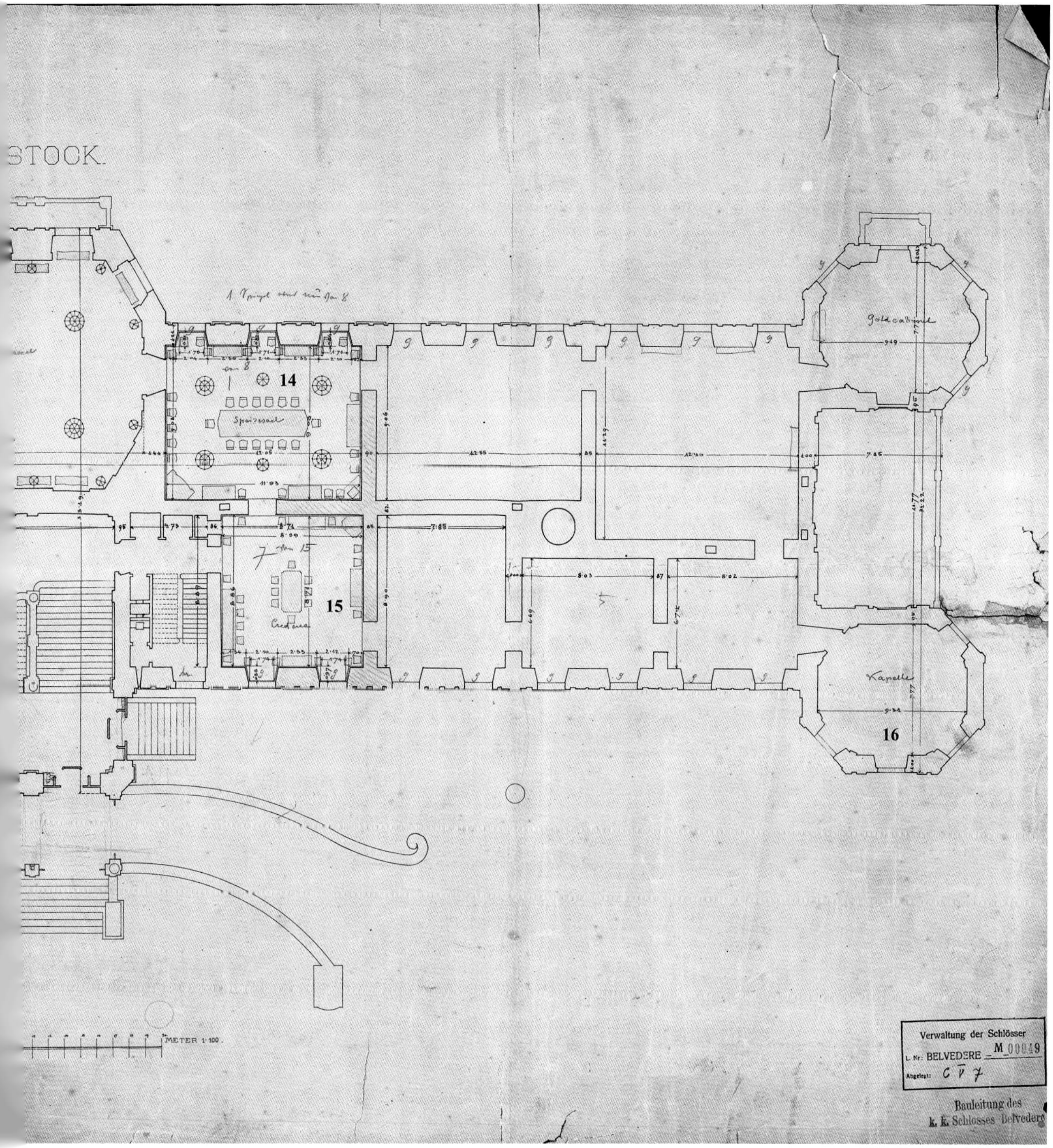

Abb. 18-05: Zur Ausführung gelangter Grundriss des erzherzoglichen Appartements im Oberen Belvedere, 1898 (© BHÖ). 1 Marmorsaal, 2 Großer Empfangssaal, 3 Kleiner Empfangssalon, 4 Rauchzimmer, 5 Schreibzimmer des Thronfolgers, 6 Raum für die Sammlung, 7 Flur, 8 Bad, 9 Passage, 10 Schlafzimmer des Erzherzogs, 11 Toilettezimmer des Erzherzogs, 12 Bibliothek, 13 Gewehrzimmer, 14 Speisesaal, 15 Credenzzimmer, 16 Kapelle

das Furnieren von Türen, Plafonds und Fensterspaletten aller Weiß-Gold-Räume. Im ehrenhofseitigen Salon wurden die bestehenden Lambrien, Türen, Fensterspaletten restauriert und anschließend in Creme lackiert.

»Die alten Türen, Lamperien etc. sind rein abzuscheren, mit einer flüssigen Leinölfarbe zu grundieren, die Sprünge mit Ölkitt gut auszukitten mit Schleifkitt ganz zu überziehen rein abzuschleifen mit Ölglanzfarbe zweimal zu streichen, zweimal mit echtem englischen Lack zu lackieren und matt zu schleifen. (...) Das Nußholz ist zu beizen, matt zu schleifen und zu firnissen. Die Vergoldung der Profile etc. hat mit Blattgold nach Or-bruni Manier ausgeführt zu werden.«[40]

Im Speisezimmer, im Empfangssalon, im Kleinen Salon, im Rauchzimmer, im Schreibzimmer und in der Bibliothek fanden neue weiße beziehungsweise cremefarbene Öfen mit vergoldeten Ornamenten Aufstellung, die von der Firma Bernhard Erndt für insgesamt 8.070 Gulden bezogen wurden.[41] Die Öfen wurden nach Zeichnungen der Bauleitung hergestellt und orientierten sich stilistisch an den teilweise erhaltenen Stuckplafonds.[42] Die prachtvollen Öfen fanden sogar besondere Erwähnung in einem Zeitungsartikel im »Neuen Wiener Tagblatt«, der anlässlich der Adaptierung des Belvederes erschienen ist: »Im Ganzen wurden acht Oefen aufgestellt, weiß glasirt, die Ornamente reich mit Gold verziert; sie gleichen ganz den bekannten schönen Oefen in Eckartsau und machen den Eindruck, als wären sie von Meister Hildebrandt, dem Erbauer des Belvedere, selbst entworfen und gereichen der Firma Erndt zur Ehre, welche seit dem Jahre 1782 besteht und deren Leitung die Enkel des Gründers führen.«[43] Im Gegensatz dazu waren die für 2.961 Gulden neu angeschafften Öfen für die Räume des zweiten Stockes weitaus weniger prunkvoll ausgeführt und stammten von der Firma E. Fessler.[44]

Der Großteil der Möbel wurde bei den bekannten Wiener Tischlerfirmen wie Portois & Fix, Kowy & Iwinger oder Alexander Albert im Auftrag des Thronfolgers neu gefertigt. Besonders interessant ist, dass die Neuanfertigungen für die Präsentationsräume alle an originalen barocken Möbeln orientiert sind und eine stilistische Interpretation dieser Stücke darstellen. Es handelt sich aber nicht um beliebiges historisches Barockmobiliar, das sich in der kaiserlichen Sammlung erhalten hat, sondern um ganz spezielle barocke Prunktische, die aus dem Besitz des Prinzen Eugen herrührten. Allerdings stammten diese nicht, wie anzunehmen wäre, aus dem Oberen Belvedere, sondern aus dem Stadtpalais des Prinzen Eugen. Die Möbel wurden von den Habsburgern beim Kauf der Eugen'schen Besitzungen übernommen und fanden vermutlich schon zu Lebzeiten Maria Theresias nach der Umwidmung des Stadtpalais zur Wohn- und Arbeitsstätte des Präsidenten der Münz- und Bergwesens Hof-Commission im Oberen Belvedere Aufstellung. Die Auffindung der Prunktische aus dem Winterpalais (Abb. 18-17, 18-48) in der Sammlung der Bundesmobilienverwaltung kann als großer wissenschaftlicher Erfolg gewertet werden, da bis dato nicht bekannt war, dass sich neben den zwei bekannten Prunktischen noch weitere Exponate der Originalausstattung des Stadtpalais aus dem 18. Jahrhundert erhalten haben.

Franz Ferdinand übernahm nun in seinem Appartement das Eugen'sche Prunkmobiliar und machte es zum Ausgangspunkt aller neobarocken Neuanfertigungen. Die in der Literatur[45] weit verbreitete Meinung, Franz Ferdinand habe eine persönliche Vorliebe für den maria-theresianischen Stil gehegt, lässt sich anhand der neuesten Forschungen nicht aufrechterhalten. Vielmehr weist Franz Ferdinands Einrichtungsideologie auf eine bewusste formale Einbeziehung des Altbestands, das heißt auf den historischen Baukörper hin, sodass die neue Einrichtung mit den vorhandenen Objekten und der Raumschale im Dialog und Gleichklang stehen sollte. Dies erklärt auch, warum im erzherzoglichen Appartement des Oberen Belvederes das neobarocke Formenvokabular dominierte, da mit der neu geschaffenen Einrichtung sowohl Bezug auf die vorhandenen barocken Elemente der Wandausstattung als auch auf das bestehende Barockmobiliar genommen wurde. Einen gewissen Hang Franz Ferdinands zu einer überbordenden und den Originalstil überzeichnenden Formensprache lässt sich allerdings nicht leugnen. Dies ist auch bei dem opulenten neobarocken Mobiliar des Belvederes (Abb. 18-19) nicht zu übersehen.

Die Räume des Westflügels

Der Marmorsaal (Abb. 18-05, Nr. 1)
Der Marmorsaal (Abb. 18-06) bildete das Zentrum der Beletage. Die Räume des herrschaftlichen Appartements erstreckten sich zur Linken und zur Rechten des großen Mittelsaales. Die Wände wiesen eine Doppelpilastergliederung auf und waren in Stuckmarmor ausgeführt. Über den Pilastern zierte eine gemalte Scheinarchitektur die Wölbung. Das zentrale Deckenfresko stammte von Carlo Innocenzo Carlone und stellte den ewigen, durch die Verdienste des Feldherren Prinz Eugen errungenen Ruhm des Hauses Savoyen dar.[46]

Da der Marmorsaal sich in einem guten Erhaltungszustand befunden hatte, mussten keine großen Eingriffe vorgenommen werden. Lediglich die alten Türen wurden restauriert und die neue Balkontüre sowie die Fensterspaletten mit einer neuen Vergoldung versehen. Diese Arbeiten führte die Firma Portois & Fix durch.[47] Dasselbe Unternehmen zeichnete auch für die Neuanfertigung der Möbel im Marmorsaal verantwortlich. Diese wurden laut Inventarbuch 1899 geliefert.[48] Der barocken Tradition folgend, war der Raum nur spärlich möbliert. Die Einrichtung setzte sich aus wandseitig aufgereihten Bänken und Hockern (Abb. 18-07) zusammen. Diese wiesen an den Beinen und der Stegverbindung eine prunkvolle Schnitzarbeit auf und waren vollständig vergoldet. Stilistisch orientierten sie sich an den Formen der beiden im Großen Empfangssaal aufgestellten barocken Prunktische (Abb. 18-10). Allerdings waren sowohl bei den Bänken als auch bei den Hockern die Vorder- und Hinterbeine unterschiedlich ausgebildet. Während das vordere Beinpaar den konisch nach unten zulaufenden Tischbeinen nachempfunden war, endete das hintere Beinpaar in Voluten. Die Herstellungskosten beliefen sich bei den Bänken auf 365 Kronen

Abb. 18-06: Der Marmorsaal im Oberen Belvedere, um 1900 (© Bundesmobilienverwaltung)

Abb. 18-07: Hocker aus dem Marmorsaal, Holz, vergoldet, Portois & Fix, 1898 (© Bundesmobilienverwaltung/EK)

und bei den Hockern auf 180 Kronen; die Preise verstanden sich exklusive der Tapezierung.[49] In der Sammlung der Bundesmobilienverwaltung haben sich insgesamt vier Bänke, zwölf Hocker und zehn Luster aus dem Marmorsaal erhalten.

Der große Empfangssaal (Abb. 18-05, Nr. 2)

Den Beginn der gartenseitigen Enfilade des Westflügels bildete der große Empfangssaal (Abb. 18-08). Die in Weiß-Gold gehaltene Ausstattung setzte sich aus Elementen des 18. Jahrhunderts und des ausgehenden 19. Jahrhunderts zusammen. So geht die stuckierte Deckengestaltung auf die Zeit Prinz Eugens zurück, hingegen die Lambrien, die Tür- und Fensterverkleidungen sowie die Supraporten wurden im Zuge der Adaptierungsarbeiten neu gefertigt. Die Wände schmückten drei großformatige Gobelins aus dem 17. Jahrhundert mit Szenen aus der griechischen und römischen Geschichte. Sie zeigen die Szenen »Die gefangene Sophonisba wird vor König Masinissa von Nubien gebracht«, »Scipio« und »Ein lorbeerbekränzter römischer Imperator, dem sich eine Königin mit ihrem Gefolge zu Füßen wirft«.[50]

Wie auch in anderen Schlössern, hegte Franz Ferdinand im Belvedere eine Vorliebe für Teppichböden. So war es durchaus üblich, dass er die Repräsentationsräume mit einem Spannteppich auslegen ließ. Dies hatte zum einen optische und zum anderen auch akustische Gründe. Im großen Empfangssaal wurde somit ein »bordeaux rother Spannteppich mit linearer gelber Barockbordüre« (Abb. 18-09) aufgelegt, der von der Firma Backhausen 1899 für 40 Kronen/m^2 bezogen wurde.[51]

Die mobile Ausstattung des Saales orientierte sich an zwei Barocktischen (Abb. 18-10) des Prinzen Eugen aus dem Winterpalais in der Wiener Himmelpfortgasse. Wie auf dem Stich Salomon Kleiners (Abb. 18-11) zu sehen ist, befanden sich die beiden Tische ursprünglich in der Galerie und dienten als Unterbau zweier asiatischer Lackschränkchen. In den »Helden-Thaten« werden die Kabinettschränke eigens erwähnt: »Zwischen den 5. Fenstern, und an der Seite des Camins stehen Tische von vergoldeter Bildhauer-Arbeit, auf deren letzteren zweyen Chinesischen lackirte Kästgen stehen.«[52]

Völlig unbekannt war bisher, dass die beiden vergoldeten Tische in Wien verblieben sind. Ulrike Seeger vermutete noch, dass die beiden Lackschränkchen inklusive ihrer Unterbauten im Zuge der Veräußerung von Prinz Eugens Kunstsammlung 1750 nach Turin überstellt worden seien.[53] Diese Annahme gründet darauf, dass die aus Wien nach Italien gesendete Kunstlieferung unter anderem auch zwei Lackkabinette enthielt. Aufgrund dessen schloss die Autorin, dass es sich bei den beiden im Palazzo Reale in Turin heute noch vorhandenen schwarzgrundigen Lackkabinetten mit goldenem Dekor[54] um jene des Prinzen Eugen handeln müsse. Im Vergleich mit der Ansicht Kleiners sieht man jedoch, dass es sich bei den zwei Turiner Kabinetten nicht um jene aus der Galerie im Stadtpalais handeln kann. Während die Vieux-Laque-Schränkchen des Prinzen Eugen mit drei Scharnieren auf jeder Seite versehen und deren Oberflächenmotive (Vögel, Tiere) flächendeckend gestaltet waren, besitzen die von Seeger erwähnten Schränkchen aus Turin fünf vergoldete Scharniere und ein zentriertes Blumenmotiv. Darüber hinaus stammt der rokokoförmige Unterbau aus späterer Zeit.

Passend zu den beiden Prunktischen ließ Franz Ferdinand neues Mobiliar von der Firma Portois & Fix für 6.495 Gulden anfertigen.[55] Die Auftragsverteilung lautete bezüglich Ausführung und Umfang wie folgt:

»Die hier angeführten Möbel für den Empfangssaal im k. k. Schlosse Belvedere sind in Nußholz auszuführen, mit echtem Gold theils im Poliment theils matt ganz zu vergolden. Die Möbel sind nach den vorgelegten Zeichnungen und in Übereinstimmung mit den bestehenden und auszubessernden 2 Tischen stylgerecht durchzuführen. (...) Bei den Sitzmöbeln ist die Polsterung mit echtem Rosshaar zu polstern und sind selbe mit einem Unterstoff zu überziehen.

Salon I: 1 großes dreiteiliges Canapé nach Zeichnung, Gestell sammt Bildhauerarbeit, echter Vergoldung matt und glanz; 1 kleines Canapé, selbe Ausführung; 6 Fauteuils, 6 Sessel, 3 Stockerl, 1 Tisch ca. 120 cm lang, 1 Tisch

Abb. 18-08: Großer Empfangssaal im Oberen Belvedere, Fotoaufnahme von Rudolf Bruner-Dvořák, um 1900 (© Pavel Scheufler)

Abb. 18-09: Roter Spannteppich aus dem Großen Empfangssaal im Oberen Belvedere, Backhausen, 1899 (© Bundesmobilienverwaltung/AG)

Abb. 18-10: Tisch aus der Galerie des Prinzen Eugen im Wiener Stadtpalais, spätere Verwendung im Großen Empfangssaal im Oberen Belvedere, um 1708 (© Bundesmobilienverwaltung/EK)

Abb. 18-11: Galerie im Winterpalais in der Himmelpfortgasse in Wien, um 1710, Stich von Salomon Kleiner (© Wien Museum)

nach Muster, 2 bestehende Tische herrichten, die fehlenden Teile ersetzen und nachvergolden.«[56]

Stilistisch sind die Neuanschaffungen als zeittypische Interpretation des Barockmobiliars anzusehen. Einzelne charakteristische Elemente der Barockzeit werden von den Handwerkern aufgegriffen, stilistisch überformt und in Kombination mit zeituntypischem Formenvokabular wiedergegeben. Ein anschauliches Beispiel ist der Hocker (Abb. 18-12,

Abb. 18-12: Seitenansicht des vergoldeten Hockers aus dem Empfangssaal im Oberen Belvedere, Portois & Fix, 1898 (© Bundesmobilienverwaltung/EK)

Abb. 18-13: Rückseite des vergoldeten Hockers aus dem Empfangssaal im Oberen Belvedere, Portois & Fix, 1898 (© Bundesmobilienverwaltung/EK)

18-13), der für den Großen Empfangssaal geschaffen wurde. Portois & Fix bedienten sich bei diesem Möbel sowohl einzelner Formen der Eugen'schen Tische als auch der Formensprache einer Sitzgarnitur aus Schlosshof, die ebenfalls aus dem Besitz des Prinzen Eugen stammte.

Der Hocker ist nicht, wie oftmals üblich, allansichtig ausgeführt, sondern er besitzt – ebenso wie der Hocker aus dem Marmorsaal (Abb. 18-07) – zwei Hauptansichtsseiten, die sich in ihrer Ausformung sehr stark voneinander unterscheiden. Die Schauseite (Abb. 18-12) ist mit zwei konisch nach unten zulaufenden, geraden Füßen versehen, die in ihrer Ausformung und in ihrem Aufbau eindeutig eine Kopie der barocken Tischbeine darstellen. Ebenfalls von dem Barocktisch wurde das palmettenförmige und mit Akanthusranken versehene Mittelmotiv der Zarge, wenn auch in vereinfachter Form ohne Maskaron, übernommen. Im Gegensatz dazu ist die Rückseite des Hockers (Abb. 18-13) mit zwei geschwungenen und schräg nach unten verlaufenden, in Voluten endenden Füßen versehen. Als Vorlage für dieses Beinpaar fungierte eine

Abb. 18-14: Hocker aus Schloss Hof, Nussbaumholz, um 1730 (© Bundesmobilienverwaltung/EK)

Eugen'sche Sitzgarnitur (Abb. 18-14) aus Schloss Hof, deren Beine und Stegverbindung eine ähnlich geschwungene Form aufweisen. Diese Sitzmöbel waren Franz Ferdinand gut bekannt, da er sie 1895

Abb. 18-15: Blumentisch aus dem Empfangssaal, Holz, gefasst, vergoldet, Metall, Portois & Fix, 1903 (© Bundesmobilienverwaltung/EK)

von Schloss Hof nach Eckartsau überführen ließ,[57] das ebenfalls zu seinen gern frequentierten Besitzungen gehörte.

Die Zarge der Rückseite des Hockers aus dem Belvedere wies kein Mittelmotiv auf. Im Gegensatz zu den eben beschriebenen Barockmotiven zählt die an jeder Ecke in einem rechteckigen Rahmen befindliche Rosette zu dem gängigen Formenkanon frühklassizistischer Möbel um 1790. Die originale Tapezierung aus rotem Velours hat sich nur bei einem Modell erhalten.

Der Hocker aus dem Marmorsaal (Abb. 18-07) unterscheidet sich von dem Hocker aus dem Empfangssaal (Abb. 18-12, 18-13) in der Gestaltung des hinteren Beinpaares. Bei dem Modell aus dem Marmorsaal laufen die in Voluten endenden Beine gerade nach unten, während sie bei jenem aus dem großen Empfangssaal schräg nach hinten schwingend ausgeführt sind. An den Stühlen und Armlehnstühlen aus dem großen Empfangssaal (Abb. 18-08) – von denen heute kein Stück mehr vorhanden ist – waren im Gegensatz zu den Hockern alle vier Beine gleich, nämlich konisch nach unten zulaufend ausgebildet. Die unterschiedliche Gestaltung der Stühle und Hocker überrascht, da die Beine von Garniturmöbeln für gewöhnlich in derselben Art gestaltet waren.

Die ornamental überbordende und aus unterschiedlichen Quellen herrührende Formensprache ist charakteristisch für sämtliches Mobiliar, das im Auftrag des Thronfolgers für das Belvedere neu angeschafft wurde. Der opulente Stil des Erzherzogs sorgte bereits zu seinen Lebzeiten für Beachtung – nicht ohne Grund wurden die neu hergestellten Möbel in den Akten zur Adaptierung des Belvederes und in den Inventarbüchern bereits unter der Bezeichnung »Belvedere Styl« geführt.[58] Es ist anzunehmen, dass dieser eigenwillige eklektizistische Stil unter Berücksichtigung seines historischen Kontextes, des ausgehenden Historismus, zum Großteil auf Franz Ferdinands persönlichen Geschmack zurückzuführen ist.

Neben dem bereits vorgestellten Mobiliar haben sich noch ein weiterer Prunktisch sowie ein Blumen-

Abb. 18-16: Kleiner Empfangssalon im Oberen Belvedere, Fotoaufnahme von Rudolf Bruner-Dvořák, um 1900 (© Pavel Scheufler)

tisch erhalten. Wie aus dem Auftrag an die Firma Portois & Fix hervorgeht, wurde ein kleinerer Tisch bestellt, der eine exakte Kopie der barocken Prunktische darstellt. Wie man anhand der Fotografie des Empfangssaales (Abb. 18-08) erkennen kann, fand der kürzere Tisch vor dem Fenster Aufstellung, wo er von den beiden Barocktischen flankiert wurde. Das geringere Ausmaß war somit der Breite der Fensternische geschuldet.

Der rechteckige Blumentisch (Abb. 18-15) stammt zwar ebenfalls von der Firma Portois & Fix, wurde aber erst 1903 für den Saal angefertigt. Im Unterschied zu dem restlichen, ganz vergoldeten Mobiliar aus dem Jahr 1898 ist er mit einem weißen Anstrich versehen. Die Vergoldungen beschränken sich auf die geschnitzten Ornamente an der Zarge und den Beinen. Sowohl die Ausformung der Tischbeine als auch das palmettenförmige Zargenmotiv lassen ebenfalls eine Bezugnahme auf die Eugen'schen Prunktische erahnen. Im Gegensatz zu den fünf Jahre zuvor gefertigten Möbeln sind die Ornamente des Blumentisches aber sehr grob ausgeführt.

Kleiner Empfangssalon (Abb. 18-05, Nr. 3)

Im kleinen Empfangssalon (Abb. 18-16) waren die Stuckmotive an der Decke sowie die Lambrien aus der Erbauungszeit noch erhalten. Im Gegensatz dazu handelte es sich bei den Supraporten um Neuschöpfungen des Jahres 1898. Die Wandfelder waren mit Stoff spaliert, darauf hingen großformatige Reiterbilder. Ebenso wie der große Empfangssalon war auch in diesem Raum der Fußboden zur Zeit Franz Ferdinands mit einem Teppich versehen.

Auch hier bildeten zwei vorhandene historische Tische des Prinzen Eugen (Abb. 18-17) aus dem Audienzzimmer des Winterpalais (Abb. 18-18) die Vorlage für die neu angeschaffte, ebenfalls von Portois & Fix angefertigte Einrichtung. Die beiden barocken Trumeautische standen zwischen den Fenstern, darüber erhoben sich hohe Spiegel. Die Kosten für die neuen Möbel beliefen sich auf 4.520 Gulden.[59] Für den kleinen Salon fertigte die Wiener Firma »1 großes Canapé nach Zeichnung, Gestell sammt Bildhauerarbeit, echter Vergoldung matt und glanz; 4 Fauteuils, 6 Sessel.«[60] Die beiden bestehenden Tische sollten hergerichtet und neu vergoldet werden.[61]

Bei den Sitzmöbeln (Abb. 18-19) griff der Entwurf die Beinform der barocken Tische auf und übernahm diese detailgetreu. Neben den vergoldeten Armlehnen und Fußteilen erhielten die Armlehnstühle zusätzlich eine geschnörkelte, geschnitzte und vergoldete Bekrönung, die den mächtigen und herrschaftlichen Eindruck der Möbel unterstrich.[62]

Die vergoldete Vitrine (Abb. 18-20) wurde erst 1901 für den Empfangssalon bei Portois & Fix in Auftrag gegeben:[63] »Die Rechnung (der Firma Portois & Fix) im Betrage von 2.150 K, (welche direkt von Seiner k.u.k. Hoheit dem durchlauchtigsten Herrn Erzherzog Franz Ferdinand gemachte Bestellungen betreffen), betrifft die Herstellung einer Vitrine für den kleinen Empfangssalon des Schlosses Belvedere. Dieses Einrichtungsstück besteht aus einem reich geschnitzten, ganz vergoldeten, im Belvederestyl analog der Einrichtung dieses Raumes hergestellten tischartigen Gestelle auf welchem der pultartige mit facettierten Spiegeltafeln verglaste, geschnitzte auch ganz vergoldete Kasten ruht.«[64]

Das Rauchzimmer (Abb. 18-05, Nr. 4)

Im ehemaligen Spielzimmer des Prinzen Eugen wurde ein Rauchzimmer (Abb. 18-21) eingerichtet. Die Stuckdekorationen an der Decke waren neu, genauso wie die gesamte Wandtäfelung. Lediglich bei den Supraportenfeldern könnte es sich eventuell um Originale aus dem frühen 18. Jahrhundert gehandelt haben. In ihrem Aufbau glichen sie jenen im Eugen'schen Spielzimmer (Abb. 18-22). Da jedoch die gesamte hölzerne Wandverkleidung von Emil von Förster im Auftrag des Thronfolgers neu entworfen wurde, wäre es auch möglich, dass es sich bei den Supraporten um bewusste Nachbildungen der Originale handelte.

Auffällig ist, dass sich das Rauchzimmer in seiner Ausstattung deutlich von den beiden davor befindlichen, in den Farbtönen Weiß und Gold gehaltenen Empfangssalons unterschied, denn der ganze Raum war durch die Holzverkleidung mit vergoldeten Ornamenten in Braun-Gold gehalten. Es ist anzunehmen, dass Förster hier Bezug auf die Ausstattung der Prinz-Eugen-Räume nahm, da diese durchgehend in den Farben Braun und Gold gestaltet waren.

Die im Archiv der Burghauptmannschaft erhaltenen Entwurfszeichnungen der Aufrisse (Abb. 18-23) des Rauchzimmers geben Hinweise auf die wandfeste Gemäldeausstattung. Im Zentrum jeder Wand befand sich ein großformatiges, rechteckiges Schlachtengemälde (Abb. 18-24) des flämischen Malers Jan Pieter van Bredael II. (1683–1735). Dieser stand in der Gunst des Prinzen Eugen, für den er einige seiner Kriegserfolge dokumentierte. Die kleinformatigeren Gemälde in der oberen Bilderleiste stammten ebenfalls von einem Schlachtenmaler, der für Prinz Eugen tätig war. Zwei Gemälde (Abb. 18-25), die explizit im Auftrag des Prinzen Eugen für die Ausstattung des Schlosses Belvedere gemalt worden waren, hatte der Franzose Jacques Ignace Parrocel (1667–1722) angefertigt.[65] Die restlichen Schlachtenbilder gingen auf Johann Anton Eismann (1604–1698) zurück. Die ovalen Feldherrenporträts zeigten Prinz Eugen von Savoyen, Feldmarschall Montecucolli und Erzherzog Leopold Wilhelm (1614–1662).

Abb. 18-17: Trumeautisch aus dem Audienzzimmer des Prinzen Eugen im Winterpalais, spätere Verwendung im kleinen Empfangssalon des Oberen Belvederes in Wien, Holz, vergoldet, Marmor, um 1710 (© Bundesmobilienverwaltung/EK)

Abb. 18-18: Audienzzimmer im Winterpalais des Prinzen Eugen in Wien, um 1710, Stich von Salomon Kleiner um 1722 angefertigt (© Wien Museum)

Abb. 18-19: Garnitur aus dem kleinen Empfangssalon, Holz vergoldet, Tapezierung erneuert, Portois & Fix, 1898 (© Bundesmobilienverwaltung/EK)

Abb. 18-20: Vitrine aus dem kleinen Empfangssalon, Holz, vergoldet, Glas, Portois & Fix, 1901 (© Bundesmobilienverwaltung/EK)

Abb. 18-21: Das Rauchzimmer im Oberen Belvedere, Fotoaufnahme von Rudolf Bruner-Dvořák, 1898 (© Pavel Scheufler)

Wie sowohl die Thematik der Gemälde als auch die Auswahl der Maler, die im Dienst des savoyischen Feldherrn standen, zeigen, nimmt die Bildausstattung des Rauchzimmers Bezug auf die siegreichen Schlachten des Prinzen Eugen. Franz Ferdinand huldigte somit in diesem Raum den großen Taten des Feldherrn. In keiner weiteren Raumausstattung kommt der Bezug zum Bauherrn des Belvederes deutlicher zum Ausdruck als im Rauchzimmer – dieses kann somit auch als Prinz-Eugen-Gedächtnisraum bezeichnet werden. Ein wichtiger Aspekt ist zudem, dass sich Franz Ferdinand als Bewohner und Protektor des Belvederes somit in die Reihe des mächtigen barocken Bauherrn einreiht, um das barocke architektonische Meisterwerk zu schützen und zu bewahren (Abb. 18-26).

Die Gemälde waren wandfest in eine dunkle Holztäfelung eingelassen, das vergoldete Rautenmuster fungierte als raumübergreifendes dekoratives Element. Aus diesem Grund wurde das Rauchzimmer in den historischen Plänen auch als Boiserie-Zimmer bezeichnet. Der Vergleich der Ausführung (Abb. 18-21) mit oben genannter Entwurfszeichnung (Abb. 18-23) zeigt, dass es sich bei der Zeichnung um eine Vorstudie handelt. Die Grundkomposition des Wandaufbaues stimmt zwar mit der realisierten

Abb. 18-22: Das Spiel-Zimmer des Prinzen Eugen im Oberen Belvedere, um 1720, Stich von Salomon Kleiner zwischen 1731 und 1740 angefertigt (© Kleiner 1731–1740)

Wandverkleidung überein; im Detail lassen sich jedoch Unterschiede feststellen.

Bei der Ausführung wurde auf das eierstabförmige Motiv der oberen Abschlussleiste verzichtet. Stattdessen erhielt die Komposition unter den großen Schlachtengemälden eine waagrechte Zierleiste. Das die großen Schlachtengemälde umrahmende Rautenmuster wurde anstatt der geplanten durchlaufenden Umrahmung in einzelne rechteckige Segmente unterteilt. Dafür kam ein weiteres Rautenfeld oberhalb der Ovalporträts hinzu.

Die Einrichtung orientierte sich an der Wandgestaltung und wurde passend dazu neu angefertigt. Wie auf den historischen Raumansichten ersichtlich ist, befanden sich im Rauchzimmer zwei Sitzgruppen, eine Polstergarnitur und eine im Neorokokostil gehaltene Garnitur (Abb. 18-27, 18-28), deren Holzelemente aus Nussbaumholz mit ornamentalen rautenförmigen Goldornamenten ausgeführt war. Die Tapezierung (Abb. 18-27) bestand aus einem kostbaren Gobelinstoff mit Blumenmuster, die Kanten und Rückenlehnen waren mit dunkelblauem Samt gefasst. Sowohl die Sitzmöbel als auch der Garniturtisch (Abb. 18-28) konnten in der Bundesmobilienverwaltung aufgefunden werden.

Zu der in Braun-Gold-Tönen gehaltenen Sitzgarnitur haben sich Ankaufsarchivalien erhalten, die belegen, dass die Firma Kowy & Iwinger für die Einrichtung der Privatgemächer des Thronfolgers verantwortlich zeichnete:

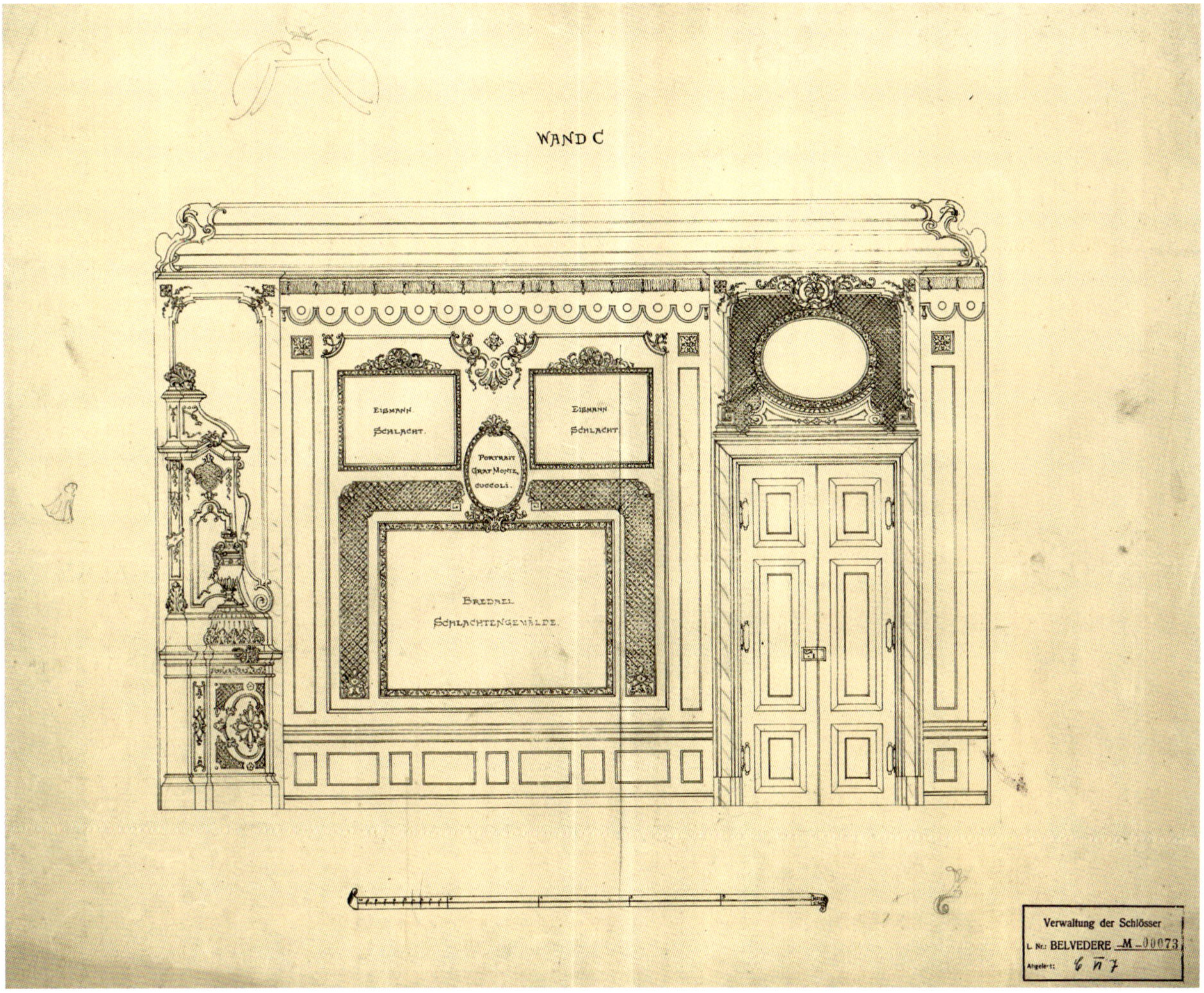

Abb. 18-23: Entwurfszeichnung, Wandaufriss des Rauchzimmers im Oberen Belvedere, Tusche auf Papier, 1898 (© BHÖ)

»Lieferung der Einrichtung für das Toilettezimmer, Schlafzimmer, Schreibzimmer und Rauchzimmer im k.k. Schlosse Belvedere für 16.242. fl. (...)

Die Möbel sind aus ausgesuchtem Nußholz herzustellen. Die Vergoldung ist mit echtem Blattgold auszuführen, theils im Poliment, theils matt. Die Spiegel müssen aus belgischem rein geschliffenen Glase, mit Silber belegt bestehen. Die Sitzmöbel sind mit reinem besten Rosshaar zu polstern, mit echtem Stoffe nach Muster zu überziehen, haben reiche Posamentrie nach Muster zu erhalten. (...)

Rauchzimmer: 1 Canapè geschnitzt, theilweise vergoldet sammt Polsterung; 6 Fauteuils; 6 Stühle; 1 Canapé (überpolsterte Form) sammt Stoff und Posamentrie; 6 Fauteuils in gleicher Weise.«[66]

Eine aus dem Privatarchiv des Thronfolgers stammende anonyme Entwurfszeichnung eines Stuhls mit Gobelinbezug (Abb. 18-29) scheint mit den Möbeln aus dem Rauchzimmer in Zusammenhang zu stehen. So weist die Zeichnung sowohl im Aufbau als auch in der Gestaltung des Armlehnstuhls große Ähnlichkeit zu der Garnitur des Rauchzimmers auf. Unterschiede bestehen allerdings in den Details der Ausführung. Während die Möbel des Rauchzimmers mit dem charakteristischen Rautenmuster dekoriert sind, fehlt dieses auf dem Entwurf; weiters sind die Armlehnen bei den ausgeführten Modellen geschwungener und gepolstert. Der Gobelinbezug mit floraler Motivik ist auf der

Abb. 18-24: Jan Pieter van Bredael II., Die Befreiung von Barcelona, Öl auf Leinwand, Ende 17./ 1. Drittel 18. Jahrhundert (© KHM)

Zeichnung zu erkennen, allerdings sind Muster und Farbe verschieden.

Wie dem Inventarbuch zu entnehmen ist, fand im Rauchzimmer auch ein überaus kostbarer und kunstvoll gearbeiteter Kabinettschrank (Abb. 18-30) aus dem 17. Jahrhundert Aufstellung.[67] Der wohl aus Schloss Elsenheim in Salzburg stammende Schrank befand sich ab 1827 in der Franzensburg in Laxenburg, von wo er 1899 in das Belvedere transferiert wurde. Der Aufsatz trägt das Monogramm »AE«. Sowohl das Oberteil als auch das Untergestell zieren plastisch geschnitzte und vergoldete Festons und Ranken. Auf den Laden und Türen sind kolorierte Kupferstiche von Blumen und Früchten hinter Glas angebracht.[68] Im Gegensatz zu den neu angeschafften Möbeln, die zum Hofärar zählten, gehörte der Prunkschrank dem Fideikommissvermögen des Erzhauses an.[69]

Von dem Rauchzimmer existiert eine farbige Ansicht, die eine Familienszene zeigt (Abb. 18-31): Das erzherzogliche Paar und seine Kinder Sophie, Max und Ernst empfangen Kaiser Franz Joseph im Belvedere. Über seinen ersten Besuch beim Thronfolgerpaar im Belvedere berichtete Kaiser Franz Joseph an Katharina Schratt: »Vorgestern habe ich im Belvedere der Fürstin Hohenberg meine Visite gemacht und bei dieser Gelegenheit die neu hergerichtete sehr schöne Wohnung gesehen.«[70]

Wie auch in den anderen Repräsentationsräumen war der Fußboden im Rauchzimmer mit einem bordeauxroten gemusterten Teppich ausgelegt.

Das Schreibzimmer des Thronfolgers (Abb. 18-05, Nr. 5)

Das Schreibzimmer (Abb. 18-32, 18-33) war in der ehemaligen Bildergalerie des Prinzen Eugen situiert,

Abb. 18-25: Jacques-Ignace Parrocel, Türkenschlacht, Öl auf Leinwand, um 1711-1720 (© KHM)
Abb. 18-26: Prinz Eugen und Erzherzog Franz Ferdinand, Das Belvedere in Wien, Papier, um 1900 (© Bundesmobilienverwaltung/MK)

Abb. 18-27: Fauteuil aus dem Rauchzimmer im Oberen Belvedere, Nussbaumholz, vergoldet, Seidensamt, Kowy & Iwinger, 1898 (© Bundesmobilienverwaltung/EK)

Abb. 18-28: Garniturtisch aus dem Rauchzimmer, Nussbaumholz, vergoldet, Kowy & Iwinger, 1898 (© Bundesmobilienverwaltung/EK)

Abb. 18-29: Entwurfszeichnung eines Stuhls mit Gobelinbezug, Aquarell auf Papier, um 1900 (© Schloss Artstetten)

Abb. 18-30: Kabinettschrank aus dem ungarischen Krönungssaal der Franzensburg in Laxenburg, ab 1899 im Rauchzimmer des Oberen Belvederes aufgestellt, letztes Viertel 17. Jahrhundert (© Bundesmobilienverwaltung/EK)

die im Zuge der Adaptierungsarbeiten in mehrere Räume aufgeteilt worden war. Infolgedessen haben sich in diesem Raum weder Stuckdekoration noch Supraporten aus dem 18. Jahrhundert erhalten.

Der Raumeindruck des Schreibzimmers unterscheidet sich stark von jenem der davor liegenden und oben beschriebenen Repräsentationsräume. Das Schreibzimmer zählte zu den Privaträumen Franz Ferdinands, deshalb ist eine persönliche und private Note in Bezug auf die Auswahl und die Zusammenstellung der Einrichtung spürbar. Das Aussehen des Raumes ist auf zwei Fotografien festgehalten, wobei ein Foto (Abb. 18-32) den Zustand um 1900 nach der Hochzeit dokumentiert. Zwei weitere Abbildungen, von denen hier nur eine (Abb. 18-33) wiedergegeben wird, zeigen das Schreibzimmer zu einem späteren Zeitpunkt um 1910. Die Fotografien lassen sich mittels des auf dem Schreibtisch befindlichen Gemäldes datieren. Während bei der frühestens im Jahr 1900 getätigten Aufnahme ein Porträt von Franz Ferdinands Gattin Sophie zu sehen ist, steht einige Jahre später an derselben Stelle ein Bild der Tochter Sophie. Die Zusammensetzung der Einrichtung war über die Jahre nur geringfügigen Änderungen unterworfen.

Die Wandgestaltung des Raumes war sehr dezent gehalten. Die Wände waren mit einem olivgrünen Stoff[71] spaliert und der Fußboden war mit orientalischen Teppichen belegt. Einzelne Gemälde und Stiche hingen an Bilderleisten an den Wänden.

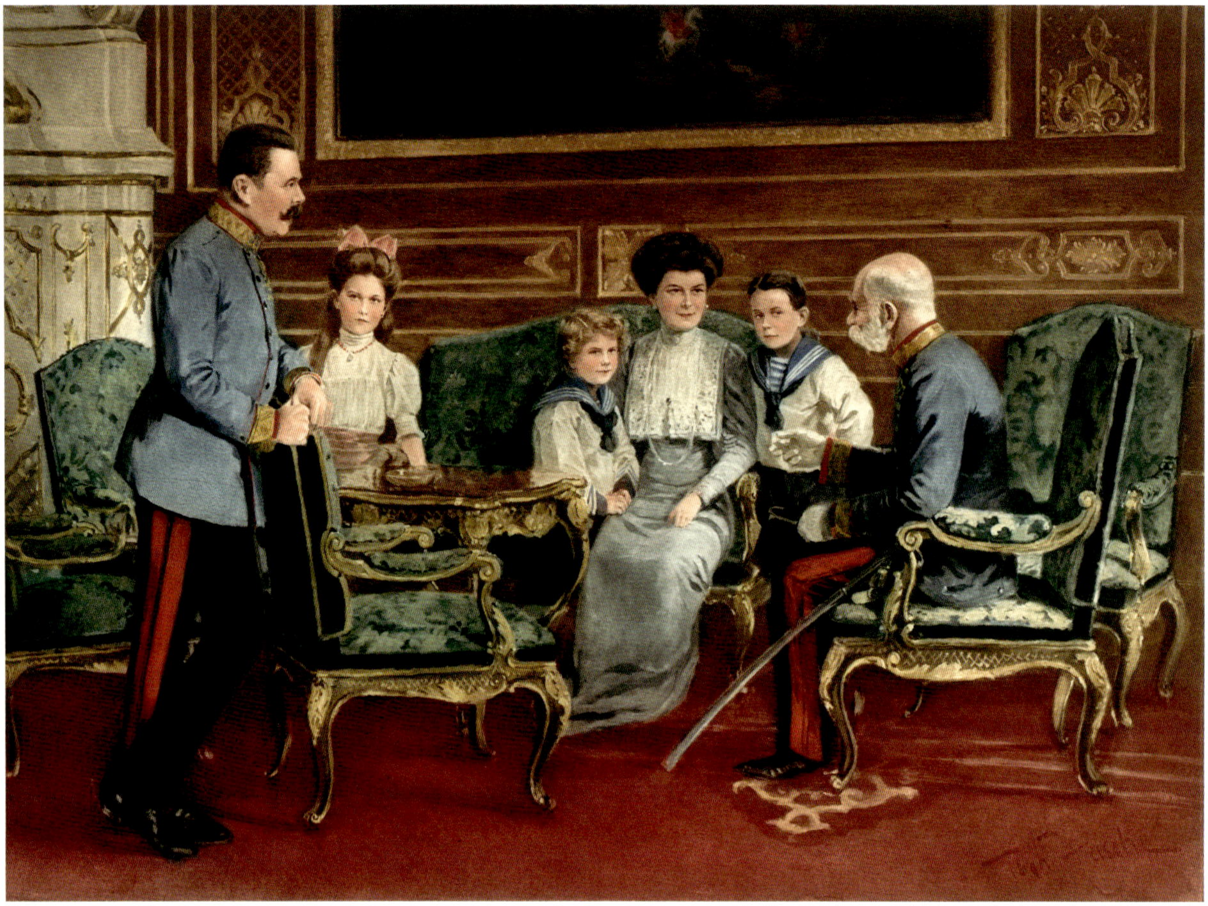

Abb. 18-31: Theodor Zasche, Kaiser Franz Joseph zu Besuch bei Franz Ferdinand und Sophie im Belvedere, Gouache auf Papier, 1910 (© ÖNB/Wien)

Obwohl die Türen und der Kamin in Weiß-Gold ausgeführt waren, bestanden die Möbel aus dunklem Nussbaumholz. Das Mobiliar setzte sich aus neu hergestellten Stücken und aus historischen Objekten zusammen. So stand an der Westwand des Raumes ein Kabinettschrank aus dem 18. Jahrhundert, der wahrscheinlich dem Este-Erbe zuzurechnen war. Der Schrank wurde zu beiden Seiten hin von zwei kleinen Vitrinen flankiert, die eine wertvolle Miniaturensammlung enthielten. Über dem Kabinettschrank hing ein Gemälde (Abb. 18-34) aus dem Privatbesitz Franz Ferdinands; es zeigt seinen Vater Erzherzog Carl Ludwig in dessen Arbeitszimmer sitzend in seinem Wiener Palais in der Favoritenstraße.

Im Gegensatz zu den Präsentationsräumen waren die Privaträume des Thronfolgers mit vielen persönlichen Objekten angefüllt. Zu diesen zählten Bildnisse von Familienmitgliedern, die sich im Schreibzimmer am im Neorokokostil gehaltenen Schreibtisch (Abb. 18-32) oder am Paravent montiert befanden, aber auch persönliche Erinnerungsstücke; so zierte eine Ecke des Raumes ein imposantes Tigerfell (Abb. 18-33). Es handelte sich hierbei wahrscheinlich um eine Jagdtrophäe, die Franz Ferdinand auf seiner Weltreise geschossen hatte. Darüber hinaus trugen die ungewöhnlich zahlreichen Zimmerpflanzen – Franz Ferdinand und Sophie hegten in ihren Wohnräumen im Belvedere eine Vorliebe für Palmen – mit den Nippesobjekten, Zierkissen und Büchern dazu bei, dem Raum einen wohnlichen und intimen Charakter zu verleihen.

Abb. 18-32: Das Schreibzimmer Franz Ferdinands im Belvedere, Blick gegen Osten, um 1900 (© Schloss Konopischt)

Abb. 18-33: Das Schreibzimmer Franz Ferdinands im Belvedere, Blick gegen Westen, Fotoaufnahme von Rudolf Bruner-Dvořák, um 1910 (© Pavel Scheufler)

Die neu herzustellenden Möbel wurden bei der Wiener Firma Kowy & Iwinger in Auftrag gegeben. Der Leistungsumfang für das Schreibzimmer beinhaltete folgendes: »zu erhaltenden Wandstoff zuschneiden, nähen und aufspannen, 1 Schreibfauteuil mit Lederüberzug; 1 Canape; 4 Fauteuils; 6 Sessel; 1 großer Fauteuil; 1 gr. Kartentisch; 2 Bibliotheksartige Etageren (aus Nussbaumholz).«[72] Von der ursprünglichen, 1898 angeschafften und auf den historischen Fotografien dokumentierten Ausstattung sind heute nur noch einige wenige Stücke vorhanden. Dazu zählen ein Armlehnstuhl und ein Fauteuil. Beide

Abb. 18-34: Imre Revesz, Erzherzog Karl Ludwig in seinem Wiener Palais, Öl auf Leinwand, 2. Hälfte 19. Jahrhundert (© Schloss Artstetten)

Polstermöbel wurden bereits wenige Jahre später überarbeitet und mit einem englischen Stoff der Firma Liberty überzogen.[73] Weiters haben sich ein Trumeaukasten und ein Tisch erhalten, die beide formale Elemente der Neorenaissance aufweisen.

Die Einrichtung wurde in den folgenden Jahren um Einzelstücke ergänzt. Beispielsweise wurde auf persönlichen Wunsch des Thronfolgers 1906 bei der Firma Portois & Fix ein kleines »Schriftenkästchen mit Rouleauxverschluss« (Abb. 18-35, 18-36) aus Palisanderholz bestellt.[74] 1910 kam ein ebenfalls von Portois & Fix hergestellter, 2,50 Meter langer Ablagetisch mit Regalfächern hinzu.[75]

Raum für die Sammlung (Abb. 18-05, Nr. 6)

Das nordwestliche Kabinett – unter Prinz Eugen als Marmorkabinett bezeichnet – wurde in das Appartement Franz Ferdinands eingebunden. Es beherbergte Teile der erzherzoglichen Sammlung. Nähere Details zur Einrichtung sind weder im Grundriss noch in den Archivalien erhalten.

Flur, Bad, Passage (Abb. 18-05, Nr. 7, 8, 9)

Nachdem die ehemalige Bildergalerie des Prinzen Eugen unterteilt worden war und das Schreibzimmer Franz Ferdinands fast die Hälfte des Raumes einnahm, wurde die restliche Fläche in einen L-förmigen Flur, dessen Wände mit Schränken versehen waren, ein Badezimmer und eine Durchgangspassage aufgeteilt. Die Schränke nahmen ebenfalls Sammlungsobjekte des Erzherzogs auf.

Abb. 18-36: Detail des Schriftenkästchens, Firmensignet von Portois & Fix auf dem Schlüsselschild, 1906 (© Bundesmobilienverwaltung/EK)

Abb. 18-35: Schriftenkästchen aus dem Schreibzimmer des Thronfolgers, Palisander, Messing, Portois & Fix, 1906 (© Bundesmobilienverwaltung/EK)

Das Schlafzimmer des Erzherzogs (Abb. 18-05, Nr. 10)

Das Schlafzimmer des Erzherzogs befand sich im Westtrakt an der Ehrenhofseite im ehemaligen Schafzimmer des Prinzen Eugen. Franz Ferdinand erhielt durch eine neu geschaffene Tür zum Gang auf kurzem Wege einen Zugang zum Bad. Die Ausstattung des Schlafzimmers ist fotografisch nicht überliefert. Lediglich der Übersichtsplan über die Wandaufrisse (Abb. 18-37) zeigt die Supraportengestaltung und enthält den Hinweis, dass die alten Lambrien beibehalten werden konnten.

Die gesamte Schlafzimmereinrichtung wurde bei der Firma Kowy & Iwinger angeschafft. Sie setzte sich aus folgenden Objekten zusammen: »zu erhaltenden Wandstoff zuschneiden, nähen und aufspannen, 1 großes vergoldetes Messingbett; 2 Nachtkästchen, 1 Tisch; 1 Bethschemmel sammt Polster; 1 großer dreiteiliger Spiegelkasten mit 3 Ankleidespiegeln; 2 niedere Kästen; 1 Comodekasten mit Pfeiler ohne Spiegel; 1 Toilettetisch; 1 kleiner Tisch; 1 Waschtisch Messing, Marmor und Service; 6 Blatt Paravent mit Stoffüberzug; 1 Ruhebett; 2 Fauteuils sammt Polsterung und Überzug; 4 Stühle; 1 Kleiderstock aus Messing.«[76]

Bei der Einrichtung des erzherzoglichen Schlafzimmers gibt es einige Ungereimtheiten. Die Beauftragung der Firma Kowy & Iwinger durch das Hofbaukomitee im September 1898 lässt sich anhand des Accordprotokolls eindeutig belegen. Was gegen eine Zuschreibung an Kowy & Iwinger spricht, sind hingegen die Möbel selbst. So trägt beispielsweise ein kleiner Tisch (Abb. 18-38) das Firmensignet des Wiener Kunsttischlers Alexander Albert in Form eines Aufklebers an der Unterseite der Tischplatte (Abb. 18-39). Einzige mögliche Erklärung für diese Abweichungen zwischen Quellen und Objekt in Bezug auf den Hersteller ist, dass das Unternehmen Kowy & Iwinger, das als Generalunternehmer für die Einrichtung der Privatgemächer des Thronfolgers und damit für das Toilettezimmer, das Schlafzimmer, das Schreibzimmer und das Rauchzimmer

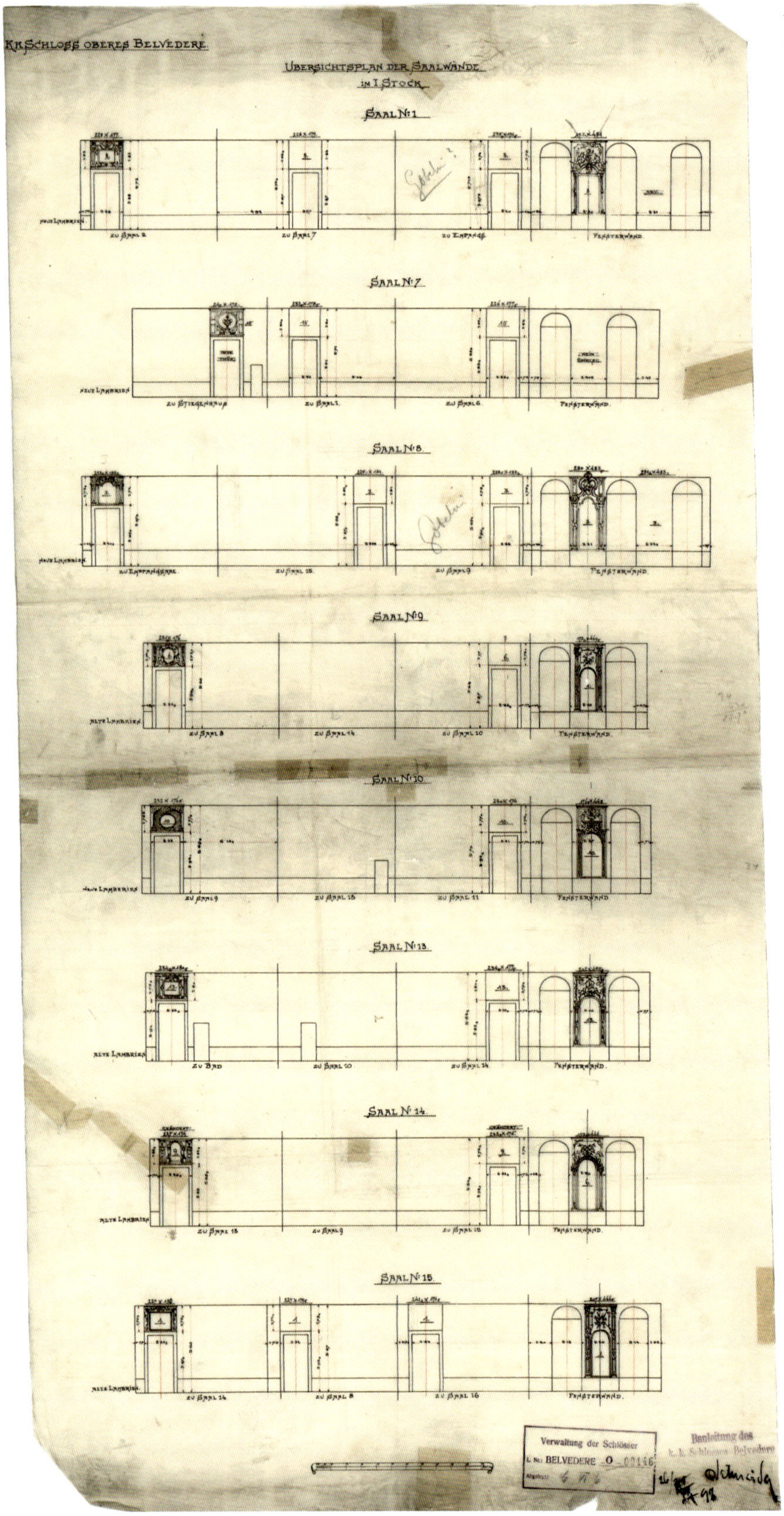

Abb. 18-37: Hans Schneider, Übersichtsplan der Saalwände im ersten Obergeschoss des Oberen Belvederes, Tusche auf Papier, 1898 (© BHÖ)

Abb. 18-39: Aufkleber mit dem Firmensignet des Kunsttischlers Alexander Albert an der Unterseite des kleinen Tisches, 1898 (© Bundesmobilienverwaltung/EK)

Abb. 18-38: Tisch aus dem Schlafzimmer des Thronfolgers, Nussbaumholz, vergoldet, Alexander Albert/ Kowy & Iwinger, 1898 (© Bundesmobilienverwaltung/EK)

zuständig war, einzelne Arbeiten oder auch die komplette Herstellung einzelner Möbel an Subfirmen vergeben hat. So wurden eben die Tischlerarbeiten von der Firma Alexander Albert durchgeführt. Die Tapezierungen der Sitzmöbel stammten wahrscheinlich von Kowy & Iwinger selbst, da die Firma eigentlich als Tapezierunternehmen bekannt war.

Welche weiteren Firmen von ihr beauftragt wurden, lässt sich heute nicht mehr feststellen, da sich eine Herstellerkennzeichnung der Möbel im ausgehenden 19. Jahrhundert noch nicht flächendeckend durchgesetzt hatte. So gesehen geben die Marken der Firma Alexander Albert in Zusammenhang mit dem Großauftrag an Kowy & Iwinger Aufschluss über die anscheinend zur Jahrhundertwende genauso wie heute übliche Abwicklung von Projekten unter Hinzuziehung von Subunternehmen.

Das Toilettezimmer des Erzherzogs (Abb. 18-05, Nr. 11)

Ebenso wie bei dem Schlafzimmer existieren keine Bilddokumente über das Aussehen des Toilettezimmers. Auch dessen Funktion lässt sich anhand der Archivalien nicht eindeutig belegen, denn je nach Grundrisszeichnung wird das Zimmer entweder als Salon oder als Toilettezimmer Franz Ferdinands bezeichnet. Letzteres würde Sinn machen, da es sich um den an das Schlafzimmer angrenzenden Raum handelt. Im Auftragsschreiben an die Firma Kowy & Iwinger wird der Raum als Toilettezimmer bezeichnet. Die Möbellieferung umfasste folgende Positionen: »1 Ottomane, 2 Fauteuils, 4 Stühle, 1 großer Tisch in die Mitte (Tuchplatte), 1 kleiner Tisch in die Fensternische (als Toilettetisch benützbar), 1 kleiner Fauteuiltisch, 1 großer Eckkasten, 1 Kasten mit Wänden rechts und links für Säbel, Kappen etc.; 1 Schubladkasten neben den Waschtisch, 1 Pfeilerconsole mit Spiegel darüber; 1 Messingwaschtisch

Abb. 18-40: Wandaufriss der Bibliothek im Oberen Belvedere, Saal Nr. 15, Wand gegen Saal Nr. 14 (auf dem Plan fälschlich mit »Wand gegen Saal Nr. 8« bezeichnet), Tinte auf Papier, 1898 (© OESTA)

mit Marmorplatte und Service; 1 Spiegel über den Waschtisch; 1 Kleiderstock aus Messing«.[77]

Die Bibliothek (Abb. 18-05, Nr. 12)

Im ehemaligen »Schenck-Zimmer« des Prinzen Eugen wurde die umfangreiche Bibliothek des bibliophilen Thronfolgers installiert. Obwohl auch von diesem Raum keine fotografischen Aufnahmen überliefert sind, lässt sich das Erscheinungsbild der Bibliothek mithilfe von im Österreichischen Staatsarchiv befindlichen Wandaufrissen (Abb. 18-40, 18-41) zumindest ansatzweise rekonstruieren.

Bis auf die alten Lambrien wurde die gesamte Wandtäfelung neu entworfen und angefertigt. Sämtliche Verkleidungen waren in Nussbaumholz mit vergoldeten Ornamenten ausgeführt. Die Wände zierten Gemälde, die wandfest in das Holz eingelassen waren. Zu diesen zählten beispielsweise ein Porträt des Grafen Christian Ranson oder eine Darstellung der Kaiserin Maria Theresia. Mächtige neobarocke Kästen (Abb. 18-42) aus Nussbaumholz nahmen die Büchersammlung auf. In der nordwestlichen Ecke des Raumes befand sich eine Standuhr (Abb. 18-43), deren Uhrwerk von Anton Hawelk stammte. Das Gehäuse aus Nussbaumholz kam von der Firma Portois & Fix, die auch für die Ausführung der Bücherkästen verantwortlich zeichnete.

Abb. 18-41: Wandaufriss der Bibliothek im Oberen Belvedere, Saal Nr. 15, Wand gegen Saal Nr. 8, Tinte auf Papier, 1898 (© OESTA)

Abb. 18-42: Bücherkasten aus der Bibliothek Franz Ferdinands im Oberen Belvedere, Nussbaumholz, Portois & Fix, 1898 (© Bundesmobilienverwaltung/EK)

In der Literatur wurde immer wieder erwähnt, dass die Bücherkästen der Bibliothek Franz Ferdinands eine Kopie der Prinz Eugen'schen Bibliothekskästen seien.[78] Vergleicht man die Möbel von Portois & Fix mit den auf Salomon Kleiners Stich gezeigten Kästen aus dem 18. Jahrhundert, muss festgestellt werden, dass es sich bei den Neuschöpfungen auf keinen Fall um exakte Kopien handelt, sondern lediglich eine Interpretation des historischen Themas umgesetzt wurde.

Das Gewehrzimmer (Abb. 18-05, Nr. 13)
Ebenso wie bei der Bibliothek sind von dem nebenan befindlichen Gewehrzimmer keine Fotografien, sondern lediglich Wandaufrisse (Abb. 18-44) erhalten. Die mächtigen Kästen aus Eichenholz, die zur Aufbewahrung der erzherzoglichen Waffensammlung dienten, setzten sich aus einem verglasten Oberteil und einem Unterteil mit Laden zusammen und stammten von der Firma Portois & Fix.

Die Räume des Ostflügels

Der Speisesaal (Abb. 18-05, Nr. 14)
Der Speisesaal (Abb. 18-45) befand sich zur Linken des Marmorsaales im ehemaligen Antichambre des Prinzen Eugen. Sowohl das Deckengemälde von Giacomo del Pò als auch die reiche Stuckdekoration der Deckenwölbung stammten noch aus der Erbauungszeit des Belvedere. Im Gegensatz dazu wurde die Gestaltung der Wände von dem Architekten Emil von Förster und seinem Mitarbeiter Hans Schneider einer kompletten Neukonzeptionierung unterworfen. Die Wandgestaltung (Abb. 18-46) bestand aus in Weiß-Gold gehaltenen Holzpanelen und Supraporten, die große Wandfelder umfingen, in denen Gobelins (Abb. 18-47) eingelassen waren. Die großformatigen Tapisserien stammten aus der kaiserlichen Sammlung und dominierten den Raumeindruck.

Die vier Gobelins des Speisezimmers gehörten der prominenten und beliebten Serie der »Nouvelles Indes« der Pariser Manufacture Royale des Gobelins an. Die Anfertigung der Tapisserienserie geht

Abb. 18-43: Standuhr aus der Bibliothek, Nussbaumholz, Portois & Fix, Uhrwerk von Anton Hawelk, 1898 (© Bundesmobilienverwaltung/EK)

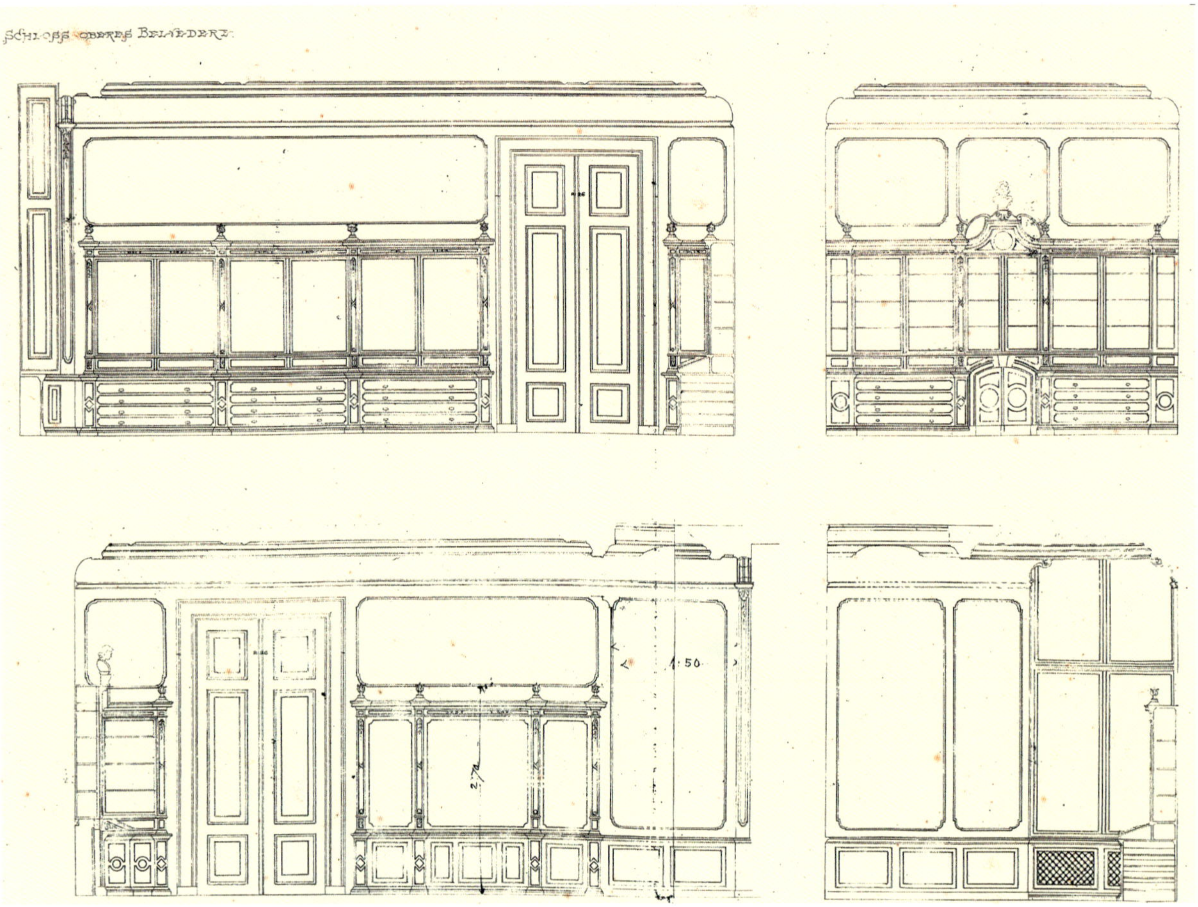

Abb. 18-44: Wandaufriss des Gewehrzimmers im Oberen Belvedere, Tinte auf Papier, 1898 (© OESTA)

auf den Statthalter von Brasilien, Johann Moritz von Nassau-Siegen (1604–1679), zurück. In seinem Auftrag hielt der niederländische Maler Albert Eckhout (um 1607–1666) brasilianische Eingeborene, Pflanzen und Tiere auf Kartons fest, die als Vorlage für die Tapisserien dienten. 1679 machte der brasilianische Statthalter die Kartons dem französischen König Ludwig XIV. zum Geschenk. In Frankreich wurden sie erstmals 1687 von der Gobelinmanufaktur in Tapisserien umgesetzt. Nachdem die Kartons nach mehrmaliger Verwendung unbrauchbar geworden waren, wurde der Tiermaler Alexandre-François Desportes (1661–1743) beauftragt, neue Kartons anzufertigen. Die Wiener Serie wurde zwischen 1774 und 1777 nach den neuen Vorlagen von Desportes angefertigt und wird daher auch als »Nouvelles Indes« bezeichnet. König Ludwig XVI. schenkte die Tapisserien 1777 dem österreichischen Kaiser Joseph II.[79]

Ebenso wie in den beiden Salons orientierte sich die neu gefertigte Einrichtung an zwei vergoldeten Barocktischen (Abb. 18-48), die ursprünglich aus dem Paradeschlafzimmer (Abb. 18-49) des Prinzen Eugen im Wiener Stadtpalais stammten. Das Paradeschlafzimmer war der im Zeremoniell hochrangigste und daher am prächtigsten ausgestattete Raum im Appartement des Feldherrn.[80] Die Trumeautische waren sehr detailreich gestaltet, komplett vergoldet und mit wertvollen Marmorplatten versehen. Die aufwendige Machart spiegelt sich in den Tischbeinen wider, die sich jeweils aus vier einzelnen konisch nach unten zulaufenden Teilen zusammensetzen. Sowohl die Zarge als auch die Stegverbindung zieren kunstvolle ornamentale Schnitzereien.

Abb. 18-45: Der Speisesaal im Oberen Belvedere, Aufnahme nach 1901 (© ÖNB/Wien)

Die Neuanfertigung der restlichen Einrichtungsstücke des Speisezimmers wurde an die Firma Alexander Albert für 12.057,10 Gulden[81] übertragen (Abb. 18-50):

»Die hier angeführten Möbel für den Speisesaal im k. k. Schlosse Belvedere sind in Nußholz auf das Solideste auszuführen und sind dieselben bis Ende September d. J. fertigzustellen. Diese Möbel sind darnach noch zu vergolden und wird bezüglich der Vergoldung ein separates Übereinkommen zu pflegen sein. Von den Möbeln sind Modelle anzufertigen, welche von der Bauleitung revidiert und genehmigt werden müssen.

Die Möbel sind streng nach dem Barockstyle und in Übereinstimmung mit den 2 bestehenden Tischen, welche zur Reparatur übergeben wurden, zu bringen. Bei den Sitzmöbeln ist die Polsterung mit echten Rosshaar zu polstern und sind selbe mit einem Unterstoff zu überziehen. (...)

Die Einrichtung des großen Speisesaales in schönem dunklen Nußholz geschnitzt nach Zeichnung gearbeitet, ohne Beistellung der Marmorplatten und ohne Lieferung der Vergoldung, die Bildhauerarbeit in reinster, tadelloser Ausführung. 3 große Serviertische ohne etageartigen Aufsatz jedoch mit Tischplatte aus Nußholz; 1 großer Speisetisch zum Ausziehen für 24 Personen (...) und vier gekuppelten Füßen; 40 Speisesessel sammt Tapezierung in Mußlin, ohne Stoffbeigabe und Posamentrie; 6 Stockerln ohne Stoffbeigabe und Posamentrie.«[82]

Obwohl bei den drei neu angefertigten Tischen (Abb. 18-51) eine Vergoldung vorgesehen war, um sie an die historischen Barocktische anzugleichen,

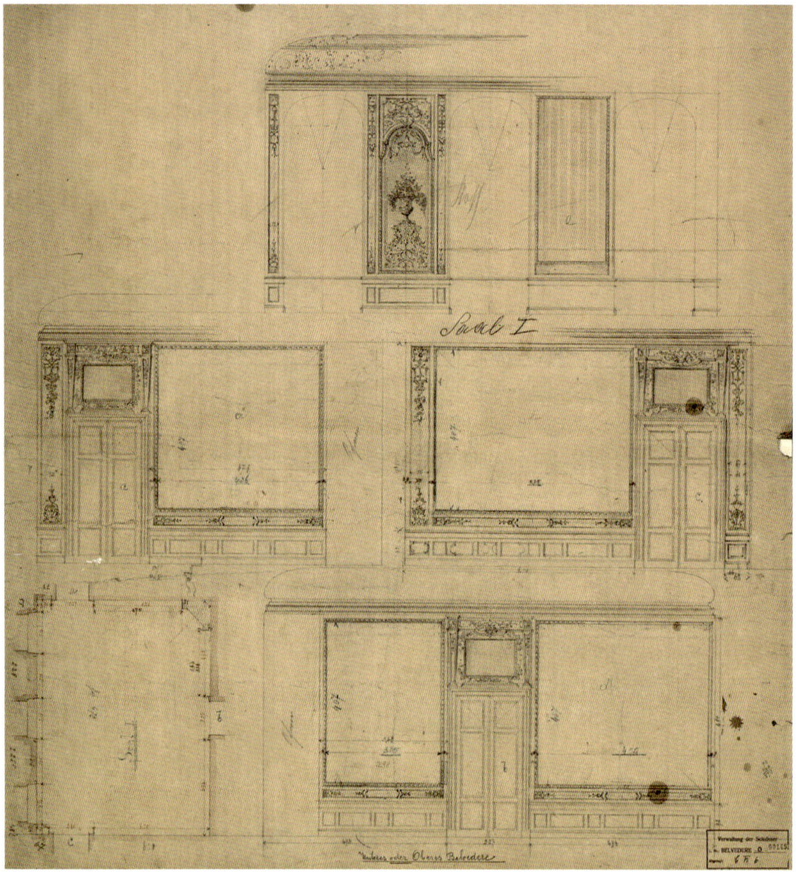

Abb. 18-46: Wandaufriss des Speisesaales, Bleistift auf Papier, 1898 (© BHÖ)

Abb. 18-47: Alexandre-François Desportes, Tenture des Nouvelles Indes: Le roi porté par deux Maures, Gobelin aus dem Speisesaal des Belvederes, Manufacture Royale des Gobelins, 1778 (© KHM)

Abb. 18-48: Tisch aus dem Paradeschlafzimmer des Prinzen Eugen im Winterpalais, spätere Verwendung im Speisesaal des Oberen Belvedere, Holz, vergoldet, Marmor, um 1700 (© Bundesmobilienverwaltung/EK)

Abb. 18-49: Paradeschlafzimmer des Prinzen Eugen im Winterpalais in der Himmelpfortgasse in Wien, um 1721, Stich von Salomon Kleiner (© Wien Museum)

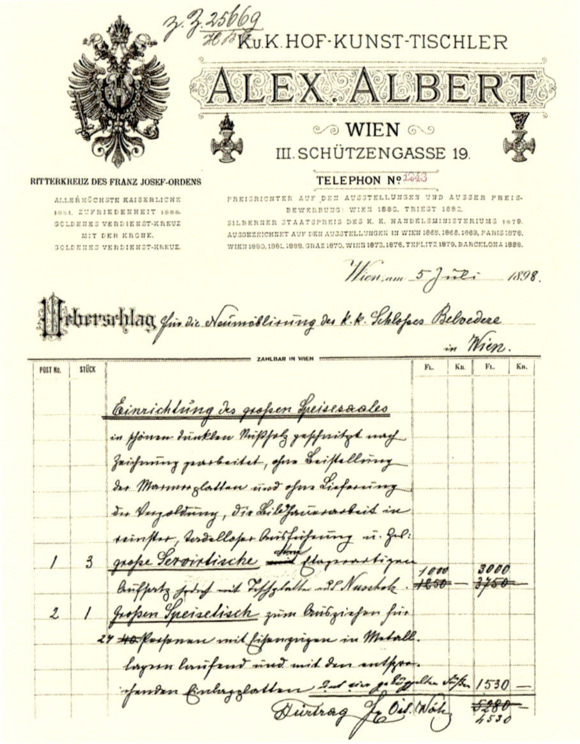
Z. Z. 25669

K. u. K. HOF-KUNST-TISCHLER

ALEX. ALBERT

WIEN

III. SCHÜTZENGASSE 19.

TELEPHON No 1243

RITTERKREUZ DES FRANZ JOSEF-ORDENS

ALLERHÖCHSTE KAISERLICHE 1851. ZUFRIEDENHEIT 1888.
GOLDENES VERDIENST-KREUZ MIT DER KRONE.
GOLDENES VERDIENST-KREUZ.

PREISRICHTER AUF DEN AUSSTELLUNGEN UND AUSSER PREIS-BEWERBUNG: WIEN 1880. TRIEST 1882.
SILBERNER STAATSPREIS DES K. K. HANDELSMINISTERIUMS 1879.
AUSGEZEICHNET AUF DEN AUSSTELLUNGEN IN WIEN 1865. 1866. 1869. PARIS 1878. WIEN 1880. 1881. 1888. GRAZ 1870. WIEN 1873. 1876. TEPLITZ 1879. BARCELONA 1888.

Wien, am 5 Juli 1898.

Ueberschlag für die Neumöblierung des k. k. Schlosses Belvedere in Wien.

ZAHLBAR IN WIEN

POST No.	STÜCK		FL.	KR.	FL.	KR.
		Einrichtung des großen Speisesaales				
1	3	große Servirtische [illegible]	1000	—	3000	
2	1	großen Speisetisch zum Ausziehen für 24 Personen [illegible]			1530	—
		Übertrag			4530	

Abb. 18-50: Alexander Albert, Kostenvoranschlag für die Neumöblierung des großen Speisesaales im Oberen Belvedere, Tinte auf Papier, 5. Juli 1898 (© OESTA)

wurde diese nicht vorgenommen. Sowohl auf den historischen Fotografien als auch an den drei Tischen selbst, die sich heute in der Bundesmobilienverwaltung befinden, ist zu erkennen, dass die Oberfläche aus Nussbaumholz – abgesehen von dem Auftragen einer Politur – nicht weiter bearbeitet wurde.

Der Leistungsumfang des Auftrages an den Tischler Alexander Albert umfasste neben der Herstellung der Tische auch die Anfertigung von 40 Stühlen für den Speisetisch und sechs Hockern. Die Hocker sind heute nicht mehr vorhanden, allerdings haben sich neun Neorokoko-Stühle (Abb. 18-52) erhalten. Wie auf den zeitgenössischen Aufnahmen ersichtlich, wurden sie teils als Esstischstühle verwendet, teils waren sie entlang der Wände aufgereiht.

Auf den Stühlen befindet sich eine Herstellerkennzeichnung, die allerdings leicht falsch interpretiert werden kann, denn der Stoff unter der Sitzfläche trägt den Stempel der Wiener Firma Portois & Fix (Abb. 18-53). Wie aus den Akten des Hofbaukomitees hervorgeht, stammen die Holzgestelle der Stühle jedoch eindeutig von der Tischlerfirma Alexander Albert. Lediglich die von einer Fremdfirma vorgenommene – laut Akten auch belegte – Tapezierung geht auf Portois & Fix zurück.

Der ebenfalls auf der Fotografie dokumentierte Paravent (Abb. 18-54) wurde drei Jahre später von der Firma Portois & Fix für das Speisezimmer gefertigt. Der neue vergoldete Rahmen wurde mit sechs historischen Gobelinbespannungen aus der Serie der »Boucher-Tapisserien« versehen.[83] Weiters beinhaltet die Sammlung der Bundesmobilienverwaltung eine kostbare Tischdecke (Abb. 18-55), bestehend aus vier bestickten Silberstreifen, die 1910 von Portois & Fix im Auftrag des Erzherzogs restauriert und anschließend auf rotem Seidenvelours appliziert wurden.[84] Wie den Akten zu entnehmen ist, sollten die Silberstreifen nach der Restaurierung ursprünglich als Panneaux montiert zu beiden Seiten des Kamins in der Bibliothek als Wandschmuck dienen. Das Ergebnis entsprach jedoch nicht den Erwartungen, und so wurde die Entscheidung getroffen, die beiden Panneaux in vier Teile zu zerschneiden, hintereinander auf dem roten Seidenvelours aufzubringen und fortan als Tischdecke im Speisezimmer zu verwenden.[85]

Der Parkettboden des Speisezimmers war ebenso wie in den anderen Repräsentationsräumen mit einem Teppich belegt, der dasselbe Muster wie jener des großen Empfangssaales aufwies.

Das Kredenzzimmer (Abb. 18-05, Nr. 15)

Das Aussehen des Kredenzzimmers ist fotografisch nicht überliefert. Belegt ist aber, dass ein Servierzimmer bereits 1898 neben dem Speisezimmer im Osttrakt installiert wurde. Wie im benachbarten Speisesaal wurde auch in diesem Raum die Wandverkleidung, einschließlich der Supraporten, neu gemacht. Ein

Abb. 18-51: Serviertisch aus dem Speisesaal des Oberen Belvedere, Nussbaumholz, Alexander Albert, 1898 (© Bundesmobilienverwaltung/EK)

Abb. 18-52: Stuhl aus dem Speisesaal, Nussbaumholz, Alexander Albert/ Portois & Fix, 1898 (© Bundesmobilienverwaltung/EK)

Abb. 18-53: Firmenstempel von Portois & Fix an der Unterseite des Stuhles, 1898 (© Bundesmobilienverwaltung/EK)

Abb. 18-55: Tischdecke aus rotem Seidenvelour mit applizierter Silberstickerei, 19. Jahrhundert, 1910 von der Firma Portois & Fix restauriert und zur Tischdecke umgearbeitet (© Bundesmobilienverwaltung/EK)

Abb. 18-54: Paravent mit historischer Gobelinbespannung aus dem Speisesaal, Holz, vergoldet, Portois & Fix, 1901 (© Bundesmobilienverwaltung/EK)

»Übersichtsplan der Saalwände im 1. Stock« (Abb. 18-37) zeigt die Ausformung der Supraporten.

Aufschluss über die Art und die Aufstellung der Einrichtung gibt der Grundriss (Abb. 18-05) des Appartements, in dem die Möbel schematisch eingezeichnet sind. Im Zentrum des Raumes befand sich ein großer, länglicher Tisch mit Stühlen und an den Wänden waren große Kästen für Geschirr und Tafelgeräte platziert.

Die Kapelle (Abb. 18-05, Nr. 16)

Die Kapelle (Abb. 18-56) war im südöstlichen Oktogon situiert und somit nicht direkt in das erzherzogliche Appartement eingebunden. Sie befindet sich im barocken Originalzustand. Das Deckenfresko ging auf Carlo Innocenzo Carlone zurück. Die Sakristeimöbel (Abb. 18-57) wurden im Zuge der Umwidmung des Schlosses Hof zum Militärinstitut aus dem Marchfeldschloss ins Belvedere verbracht.

Technische Neuerungen, 1898

Neben der Restaurierung und Neueinrichtung der Räumlichkeiten bildeten die Maßnahmen im technischen Bereich einen wesentlichen Bestandteil der Adaptierungsarbeiten. Um das Haus ganzjährig bewohnbar zu machen, musste eine Heizung installiert werden. Darüber hinaus standen die Kanalisierung und die Elektrifizierung des Gebäudes im Fokus der Instandsetzungsarbeiten. Im Bauprogramm äußerte sich Emil von Förster diesbezüglich wie folgt:

»Das Schloß ist, gegenwärtig nur mit einer mangelhaft installierten Luftheizung versehen, welche für Wohnzwecke entschieden nicht ausreicht. Die Frage der Art der Heizung des Gebäudes müsste demnach einem besonde-

Abb. 18-56: Einblick in die Kapelle im Oberen Belvedere, 1717-1723 (© Belvedere)

Abb. 18-57: Der Waschkasten aus der Sakristei in Schloss Hof, ab 1897 im Belvedere verwendet, Nussbaumholz, Kupfer, 1. Viertel 18. Jahrhundert (© Schloss Hof)

ren Studium unterzogen werden, welches dahin führte, dass eine combinirte Heizung empfohlen wird.

Für gewisse Räume des Schlosses wie z. B. für die Stiegenhalle des Vestibül im Tiefparterre, der große Saal im ersten Stock etc. ist nur eine Centralheizung überhaupt möglich, es müssen daher diese Räume auf die Centralheizung, welche als Niederdruckdampfheizung bezeichnet wird, gänzlich angewiesen werden, hingegen ist beantragt, dass alle jene Räume, welche zu Wohnzwecken benützt werden sollen, durch diese Niederdruckdampfheizung in den Fensternischen auf geringeren Wärmegrade vorgewärmt werden und überdies Öfen erhalten, welche nach weiteren Bedürfnis die Räume beheizen.

Nachdem in dem Gebäude weder ein Canalisationssystem noch sonstige Bequemlichkeitsanlagen vorhanden sind, so muss auch hiefür vorgesorgt werden, wobei zu erwähnen ist, dass die Tiefparterreräume auf sichere Weise nur durch Luftcanäle trocken gelegt werden können. (...)

Für die Beleuchtung des ganzen Palais ist eine Installation mit electrischem Licht vorgesorgt, so zwar, dass für das Innere des Palais 1010 Glühlichter erfordert werden. Hiebei ist vorausgesetzt, dass die Electricität aus einer der beiden bestehenden Cabelanlagen der Electricitätsgesellschaften entnommen werden.«[86]

Für die Installation der elektrischen Leitungen zeichnete die Vereinigte Elektrizitäts-Actien-Gesellschaft zu einem Betrag von 6.608,20 Gulden verantwortlich.[87] Die Lieferung von Beleuchtungskörpern erfolgte durch die Wiener Firma Hess, Wolf & Company. Die Kosten beliefen sich auf 17.348,25 Gulden. Im ersten Stock wurden der Empfangssaal, das Toilettezimmer Franz Ferdinands, die Bibliothek, das Gewehrzimmer, das Schreibzimmer, das Rauchzimmer, das Servierzimmer, die Garderobe, das Bad und die Durchgangspassage mit diesen Lampen ausgestattet. Weiters fanden sich die Leuchtkörper von Hess, Wolf & Company im Appartement des Obersthofmeisters im zweiten Stock, in den Stiegenhäusern sowie in den Hallen.[88]

Auf Wunsch des Thronfolgers wurde im rechts von der Hauptstiegenhalle gelegenen Vorraum ein Personenaufzug eingebaut. Besonders interessant sind die technischen Zeichnungen zu dieser An-

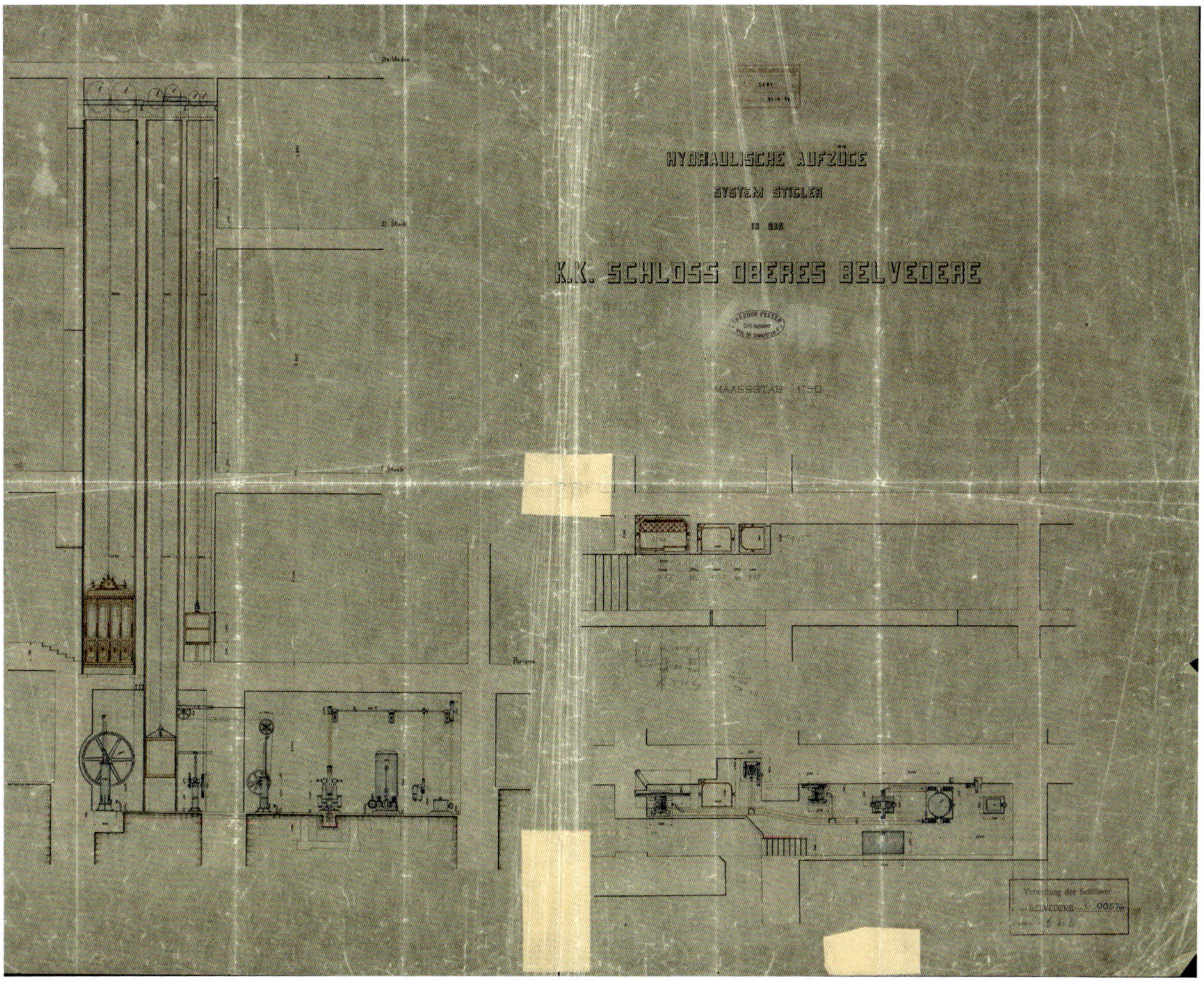

Abb. 18-58: Plan für den Aufzug der Firma A. Stigler aus Mailand im Oberen Belvedere, Tinte auf Papier, 1898 (© BHÖ) Abb. groß

lage (Abb. 18-58), die sich in der Burghauptmannschaft Wien erhalten haben. Sie zeigen das im Untergeschoss zum Antrieb des Aufzuges installierte Hydrauliksystem sowie die Kabine, die aus einer Holzschalung mit verglasten Türen bestand. Die Lieferung des Aufzuges für das Obere Belvedere erfolgte durch die Firma A. Stigler aus Mailand. Die Auftragsvergabe an ein italienisches Unternehmen erregte den Protest des Handelsministers, der die Beauftragung einer ausländischen Firma als Übergehung der heimischen Industrie ansah.[89]

Die Adaptierungsarbeiten der ersten Etappe des Oberen Belvederes fanden im März 1899 ihren Abschluss. Der projektierte Gesamtkostenaufwand von 626.000 Gulden[90] konnte nicht gehalten werden und überstieg mit dem Betrag von 1.000.000 Gulden das Budget bei Weitem. Der Preis stieg vor allem durch die hohen Anschaffungskosten der neu gefertigten Einrichtungsobjekte in die Höhe.

Umbau- und Erweiterungsarbeiten nach der Hochzeit Erzherzog Franz Ferdinands mit Sophie Chotek, 1900

Am 1. Juli 1900 heiratete Erzherzog Franz Ferdinand Gräfin Sophie Chotek in Schloss Reichstadt. Durch die Eheschließung des Thronfolgers wurden im Belvedere erneut Adaptierungsarbeiten notwendig. Das Junggesellenappartement musste den neuen

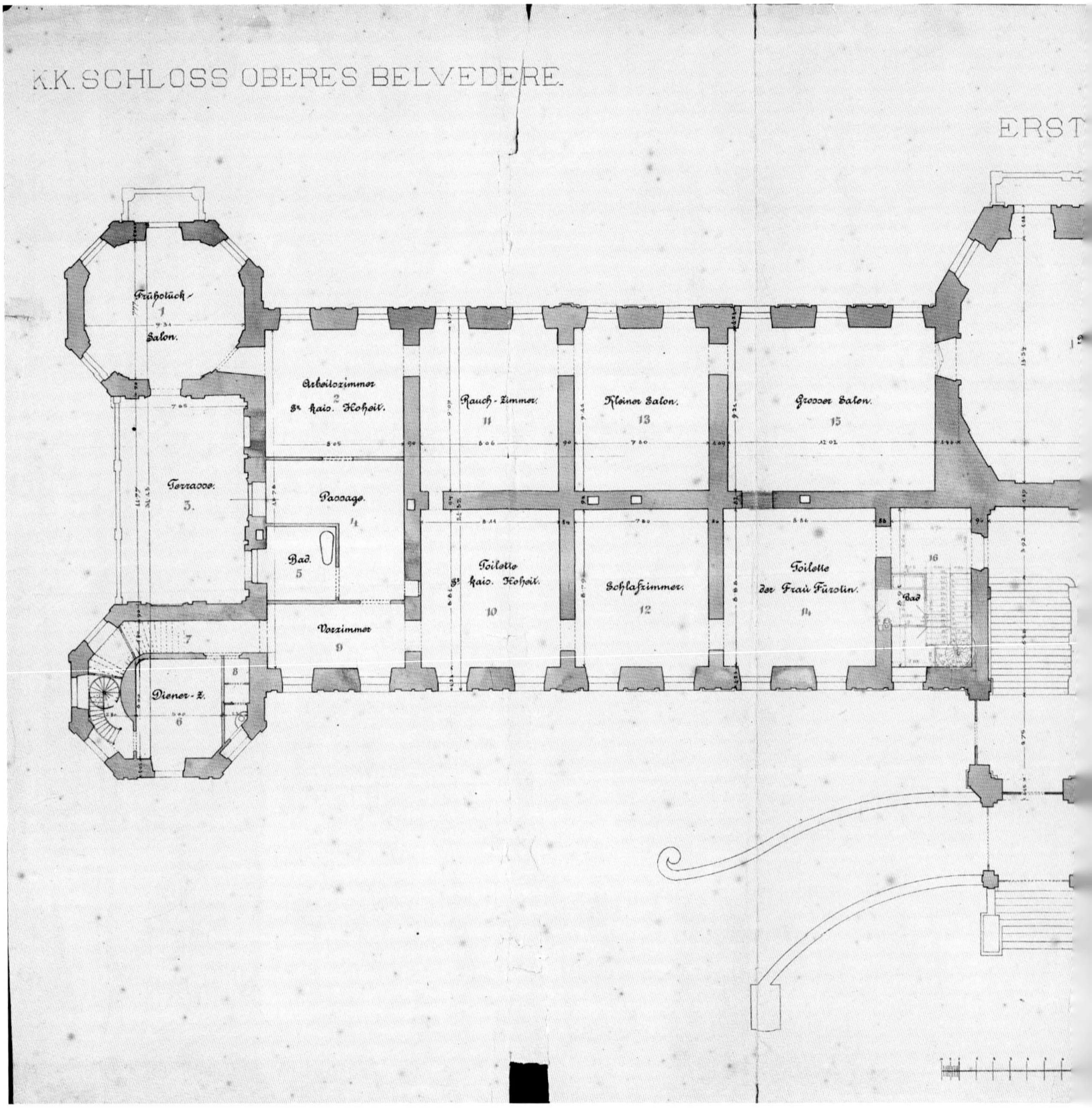

Wohnbedürfnissen angepasst und um die Räume der Fürstin (Abb. 18-59) ergänzt werden. Die Bauleitung hatte wiederum der Architekt Emil von Förster inne. Das Bauprogramm gestaltete sich umfangreich und umfasste sowohl Arbeiten im Außenbereich als auch im Innenraum.[91] So wurde an der Ostseite des Gebäudes eine durch ein Glasdach geschützte Vorfahrt (Abb. 18-60) gebaut. Der neue Eingang an der Ostseite wurde nötig, da das erzherzogliche Appartement nun räumlich auf den gesamten Ostflügel ausgedehnt wurde.

Im Vestibül im Erdgeschoss wurde auf der rechten Seite eine Portierloge installiert und links eine Stiege geschaffen, die direkt in das Appartement im Piano nobile führte. Der Austritt dieser Stiege befand sich auf der Terrasse an der Kapellenseite. Die Terrasse wurde mit einer Glas-Eisen-Konstruktion (Abb. 18-60) geschlossen. Vom Stiegenhaus nur

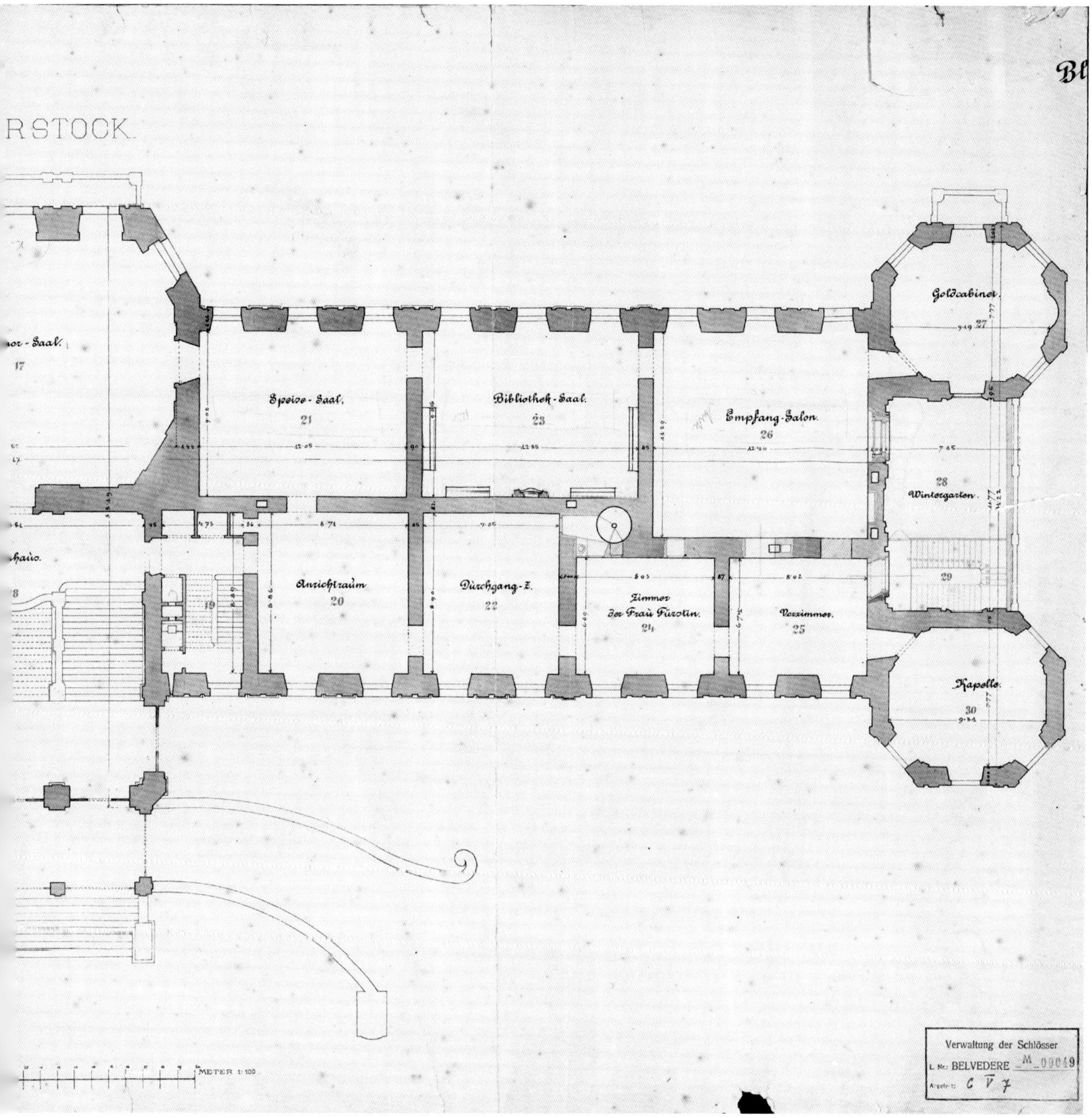

Abb. 18-59: Grundriss des ersten Stockes des erzherzoglichen Appartements im Oberen Belvedere nach der Hochzeit, Tinte auf Papier, 1900 (© BHÖ). 1 Frühstück-Salon, 2 Arbeitszimmer Sr. Kais. Hoheit, 3 Terrasse, 4 Passage, 5 Bad, 6 Diener-Zimmer, 7 Gang, 8 WC, 9 Vorzimmer, 10 Toilette Sr. Kais. Hoheit, 11 Rauch-Zimmer, 12 Schlafzimmer, 13 Kleiner Salon, 14 Toilette der Frau Fürstin, 15 Großer Salon, 16 ehemaliges Stiegenhaus/Bad, 17 Marmor-Saal, 18 und 19 Stiegenhaus, 20 Anrichteraum (Servierzimmer), 21 Speise-Saal, 22 Durchgangszimmer (Kleines Speisezimmer), 23 Bibliothek, 24 Zimmer der Frau Fürstin, 25 Vorzimmer, 26 Empfangssalon (Damensalon), 27 Goldkabinett, 28 Wintergarten, 29 Stiegenhaus, 30 Kapelle

Abb. 18-60: Wintergarten und Unterfahrt an der Ostseite des Belvederes, 1900 (© HHStA)

durch eine Glaswand getrennt, wurde auf dem restlichen Teil der Terrasse ein Wintergarten errichtet.

Die Änderungen in der Raumaufteilung der erzherzoglichen Wohnung betrafen in erster Linie die Räume des Osttraktes. Die leer stehenden Räume wurden nun in das Appartement integriert und mussten daher restauriert und neu eingerichtet werden. Allerdings wurden auch einzelne bereits bestehende Räume des Westflügels verlegt und umgebaut, weil sich ihre Funktion geändert hatte. Die Vorschläge Emil von Försters fanden die volle Zustimmung des Thronfolgers, der nur wenige Wochen nach der Hochzeit sein Einverständnis für die Erweiterungsarbeiten gab:

»Ich danke, Ihnen vielmals für Übersendung der fertiggestellten Pläne, die mir außerordentlich gut gefielen. Ich bin mit Allem einverstanden und ersuche ich Euer Durchlaucht, die Arbeiten sogleich in Angriff nehmen zu lassen; vor Allem aber bitte ich Sie, dass das Toilette-Zimmer der Frau Fürstin, welches an das Schlafzimmer anschließt, dann die daneben befindliche Stiege und das Bad in erster Linie fertiggestellt werden. (...)

Konopischt am 23. Juli 1900

Eh Franz Ferdinand«[92]

Das neue Appartement setzte sich aus folgenden Räumen zusammen:

Die Räume des Westflügels (Abb. 18-59)

Im Westflügel blieben die gartenseitigen Räume unverändert. Zu diesen zählten der große Empfangssaal, der kleine Empfangssalon, das Rauchzimmer und Franz Ferdinands Arbeitszimmer.

Das Frühstückszimmer (Abb. 18-59, Nr. 1)

Das nordwestliche Oktogon diente dem Thronfolger ursprünglich als Depot für seine Sammlungen. 1900 wurde der Raum in ein Frühstückszimmer (Abb. 18-61) umgewidmet und mit einer neuen Ausstattung versehen. Die Lieferung der Mobilien erfolgte wiederum durch die Wiener Firma Kowy & Iwinger, allerdings erst 1901.[93]

Die Einrichtung war passend zur Wandgestaltung des Raumes in Weiß-Gold-Tönen gehalten und setzte sich aus einer gepolsterten Garnitur und einer Garnitur (Abb. 18-62) mit Garniturtisch zusammen, bei der Sitzfläche und Rückenlehnen mit Rohrgeflecht versehen waren. Während die gepolsterte Garnitur im Neorokokostil gehalten war, fand bei der Bank und den beiden Armlehnstühlen mit Rohrgeflecht eine Verschmelzung von Formen des Neorokokos und des Neoklassizismus statt. Ergänzt wurde das neu angeschaffte Mobiliar durch mehrere Tabourets aus dem 18. Jahrhundert, die zum Altbestand des Belvederes zählten und allesamt 1901 einer Restaurierung unterzogen wurden.[94]

Weiters wurden für das Frühstückszimmer 1901 eine Vitrine und 1903 ein runder Albumtisch (Abb. 18-63) mit sechs Füßen und zwei tuchbezogenen Fächern bei der Firma Portois & Fix angekauft.[95] Ab 1903 befand sich im Frühstückszimmer auch ein »Salonflügel C. Bechstein Berlin, 7 octavig

Abb. 18-61: Das Frühstückszimmer im Oberen Belvedere, um 1903 (© ÖNB/Wien)

Abb. 18-62: Garnitur aus dem Frühstückszimmer, Holz, gefasst, vergoldet, Kowy & Iwinger, 1901 (© Bundesmobilienverwaltung/EK)

in schwarz politiertem Kasten«.[96] Der Raum wurde nun als Musikzimmer verwendet und diente der Familie des Thronfolgers als Ort für gesellige Zusammenkünfte. So wurden einige Fotografien (Abb. 18-64), die das Thronfolgerpaar mit seinen drei Kindern Sophie, Max und Ernst zeigen, im Frühstückszimmer aufgenommen. Die Aufnahmen des idyllischen Familienlebens fanden zum Zeitpunkt ihrer Entstehung Verbreitung in der Presse und sollten den Thronfolger als liebevollen Ehemann und Vater zeigen.

Das Toilettezimmer Franz Ferdinands (Abb. 18-59, Nr. 10)

Im Gegensatz zu der Enfilade der Gartenseite, die unverändert bestehen blieb, mussten in den ehrenhofseitigen Privatgemächern Franz Ferdinands Umgestaltungen durchgeführt werden. Anstelle des Junggesellenschlafzimmers wurde nun das Toilettezimmer des Erzherzogs installiert. Nebenan, im ehemaligen Toilettezimmer, befand sich nun das Schlafzimmer des frisch vermählten Paares.

Für das neue Toilettezimmer des Thronfolgers sind im Kostenvoranschlag der Firma Kowy & Iwinger vom Januar 1901 keine Neuankäufe vermerkt. Die 1898 angeschafften Möbel wurden alle weiterverwendet. Da keine Bildquellen des Raumes existieren, geben einzig die Inventarbücher Aufschluss über die Zusammensetzung des Mobiliars. Dieses setzte sich unter anderem aus einem Messingbett mit Nachtkästchen, einem Ruhebett, einem Schreibtisch und mehreren Fauteuils und Stühlen zusammen. Während die meisten Möbel des herrschaftlichen Appartements im Inventarbuch mit Herstellerverweis, Ankaufsdatum und Preis verzeichnet sind, fehlt bei den Einrichtungsgegenständen des Toilettezimmers der Erwerbszeitpunkt.

Das gemeinsame Schlafzimmer (Abb. 18-59, Nr. 12)

Zwischen den beiden Toilettezimmern befand sich das gemeinsame Schlafzimmer (Abb. 18-65) des Thronfolgerpaares. Das Foto des nach der Hochzeit im Jahr 1900 eingerichteten Raumes lässt die Vermu-

Abb. 18-63: Tisch aus dem Frühstückszimmer, Holz, gefasst, vergoldet, Filz, Portois & Fix, 1903 (© Bundesmobilienverwaltung/EK)

Abb. 18-64: Das Thronfolgerpaar mit seinen Kindern Sophie, Max und Ernst im Frühstückszimmer, Fotoaufnahme von Hermann C. Kosel, um 1910 (© Schloss Artstetten)

Abb. 18-65: Das gemeinsame Schlafzimmer des Thronfolgerpaares im Oberen Belvedere, um 1901 (© Schloss Konopischt)

tung zu, dass die 1898 bestellten Möbel des Junggesellenschlafzimmers auch im gemeinsamen Schlafzimmer weiterverwendet und um Einzelstücke ergänzt wurden. So findet sich beispielsweise der im Auftrag von 1898 verzeichnete »große dreiteilige Spiegelkasten mit 3 Ankleidespiegeln«[97] eindeutig im gemeinsamen Schlafzimmer wieder, ebenso der marmorne Messingwaschtisch (Abb. 18-66), die Nachtkästchen (Abb. 18-67), der Betstuhl, die Tische (Abb. 18-38) und die Stühle. Die mit blauem Atlasstoff bezogenen Polstermöbel, zwei mit Spitzen benähte Paravents sowie die Messingbetten – ähnliche Modelle benutzte das Paar auch in Konopischt – wurden bei Kowy & Iwinger neu angekauft.[98] Die Wände zierten Ölgemälde und der Boden war mit einem bordeauxroten Spannteppich (Abb. 18-68) ausgelegt.

Das Toilettezimmer der Fürstin (Abb. 18-59, Abb. 14)

Im Zuge der Adaptierungen des herrschaftlichen Appartements fanden die größten Eingriffe in die bestehende Raumstruktur in der anschließenden Bibliothek statt. Um der Fürstin neben dem gemeinsamen Schlafzimmer ein Toilettezimmer (Abb. 18-69, 18-70) einrichten zu können, musste die Bibliothek weichen. Sie wurde abgebaut und in den Osttrakt verlegt. Neben dem auf diese Weise neu geschaffenen Toilettezimmer Ihrer Hoheit wurden noch an der Stelle des Gewehrzimmers ein Bad für die Fürstin und eine Verbindungsstiege in den zweiten Stock eingebaut, wo die Kinderzimmer und die Zimmer für die Kammerfrauen vorgesehen waren. In der ehemaligen Bibliothek musste die Wandtäfelung

Abb. 18-66: Waschtisch, Messing, Marmor, Kowy & Iwinger, 1898 (© Bundesmobilienverwaltung/EK)

Abb. 18-67: Nachtkästchen, Nussbaumholz, Marmor, Alexander Albert/ Kowy & Iwinger, 1898 (© Bundesmobilienverwaltung/EK)

Abb. 18-68: Spannteppich aus dem gemeinsamen Schlafzimmer des Thronfolgerpaares, Kowy & Iwinger, 1901 (© Bundesmobilienverwaltung/AG)

entfernt werden, lediglich die Supraporten und die braun-goldene Farbgebung wurden beibehalten. Die Wände erhielten stattdessen eine Bespannung aus weiß-blauer Seide, der Boden war mit einem ebenfalls in denselben Farbtönen gehaltenen Knüpfteppich ausgelegt.[99]

Ähnlich wie Franz Ferdinands Arbeitszimmer war Sophies Toilettezimmer von persönlichem Charakter geprägt. An den Wänden hingen Porträts der Vorfahren, auf den Tischen befanden sich Fotografien von Familienmitgliedern, kunstgewerbliche Objekte und zahlreiche Nippes-Gegenstände. Der wohnliche und intime Charakter des Raumes wurde durch die vielen Zimmerpflanzen und Blumen zusätzlich hervorgehoben. Mehrere im Raum gruppierte Garnituren, die mit einer creme- und

Abb. 18-69: Das Toilettezimmer von Sophie von Hohenberg im Belvedere, um 1901 (© Schloss Konopischt)

blaufarbigen Seide[100] tapeziert waren, luden zum Verweilen ein.

Die Möbel wurden laut Inventarbuch größtenteils bei der Firma Kowy & Iwinger angeschafft.[101] Diese dürfte wie bereits bei der 1898 gelieferten Einrichtung für die Privatgemächer Franz Ferdinands als Generalunternehmer fungiert haben. So tragen hier wiederum manche Möbel den Firmenstempel von Alexander Albert, wie beispielsweise der im Jahr 1901 für 1.200 Kronen von Kowy & Iwinger angekaufte neobarocke Schreibtisch (Abb. 18-71) oder der große dreiteilige Kasten (Abb. 18-72) aus Nussbaumholz mit Einlegearbeiten, der als sogenannter »Fluchtschrank« ausgeformt ist. Im Mittelteil der Kastenrückwand ist eine Tür eingebaut, durch die man vom Toilettezimmer Sophies direkt in das dahinter liegende Badezimmer gelangte. Die Kennzeichnung der Firma Alexander Albert befindet sich bei beiden Möbeln auf den Türschlössern (Abb. 18-73) eingestanzt. Obwohl die restlichen Möbel aus dem Toilettezimmer, die sich in der Sammlung der Bundesmobilienverwaltung erhalten haben, kein Firmensignet des Kunsttischlers Albert aufweisen, ist aufgrund derselben Machart anzunehmen, dass er auch diese Tischlerarbeiten ausführte. Hierzu zählen der Schreibtischstuhl (Abb. 18-74), die Papierkiste (Abb. 18-75) und ein ovaler Tisch (Abb. 18-76) aus Nussbaumholz, der mit Vergoldungen und Einlegearbeiten verziert ist.

Das Tête-à-tête genannte Sitzmöbel stammte aus Schloss Konopischt und wurde von Kowy & Iwinger repariert und neu tapeziert.[102] Am Pfeiler

Abb. 18-70: Das Toilettezimmer von Sophie von Hohenberg im Belvedere, Blick nach Nordosten, um 1910 (© Pavel Scheufler)

zwischen den Fenstern über dem Schreibtisch hing ein kunstvoll gearbeiteter Spiegel im venezianischen Stil, der ebenfalls 1901 über Kowy & Iwinger in das Belvedere kam.[103] Ebenso wie in den Privaträumen des Thronfolgers bestand die Einrichtung des Toilettezimmers aus einer Vielzahl von Objekten unterschiedlichen Stils: Neobarocke Möbel fügten sich neben Neorokoko- und Neorenaissancegegenständen zu einem eklektizistischen Ganzen.

Inmitten dieses durchmischten Möbelkonvoluts stach jedoch ein barocker Konsoltisch hervor. Im Gegensatz zu den Repräsentationsräumen diente er hier jedoch nicht als formales Vorbild für die restliche, neu gefertigte Einrichtung, sondern nahm die Position des Einzelstücks ein. Sophie dürfte sich in dem Raum sehr wohlgefühlt haben, denn sie ließ sich mehrmals in diesem Salon ablichten (Abb. 18-77).

Das Badezimmer Sophies (Abb. 18-59, Nr. 16)

Als Sophie das Belvedere bezog, musste für sie ein eigenes Badezimmer neben ihrem Toilettezimmer geschaffen werden. Im Vorzimmer, dem linken Raum neben der Hauptstiege, wurden die mächtigen Gewehrschränke abgebaut, der Raum wurde unterteilt und die Wand zum Toilettezimmer hin durchbro-

Abb. 18-71: Schreibtisch aus dem Toilettezimmer Sophies im Belvedere, Nussbaumholz, Alexander Albert/ Kowy & Iwinger, 1901 (© Bundesmobilienverwaltung/EK)

Abb. 18-72: »Fluchtschrank«, dreiteiliger Garderobekasten aus dem Toilettezimmer Sophies, Nussbaumholz, Alexander Albert/ Kowy & Iwinger, 1901 (© Bundesmobilienverwaltung/EK)

Abb. 18-73: Firmensignet »Alexander Albert« auf dem Türschloss des Garderobekastens, 1901 (© Bundesmobilienverwaltung/EK)

Abb. 18-74: Schreibtischstuhl aus dem Toilettezimmer Sophies im Oberen Belvedere, Nussbaumholz, vergoldet, Alexander Albert?/Kowy & Iwinger, 1901 (© Bundesmobilienverwaltung/EK)

Abb. 18-75: Papierkiste aus dem Schlafzimmer des Thronfolgers im Oberen Belvedere, Nussbaumholz, Alexander Albert?/Kowy & Iwinger, Nussbaumholz, vergoldet, 1901 (© Bundesmobilienverwaltung/EK)

Abb. 18-76: Tisch aus dem Toilettezimmer Sophies, Nussbaumholz, vergoldet, Alexander Albert?/Kowy & Iwinger, 1901 (© Bundesmobilienverwaltung/EK)

Abb. 18-77: Herzogin von Hohenberg in ihrem Toilettezimmer im Belvedere, Fotoaufnahme von Hermann C. Kosel, um 1910 (© ÖNB/Wien)

chen. Das schmale Badezimmer war durch den »Fluchtschrank« mit dem Toilettezimmer verbunden. Im restlichen Teil des Vorzimmers wurde eine Stiege eingebaut, die die Verbindung zu den Wohnräumen im zweiten Stock herstellte.[104]

Die Räume des Ostflügels (Abb. 18-59)

Während nach der Hochzeit von Erzherzog Franz Ferdinand mit Sophie Chotek im Westtrakt lediglich drei Räume einer Umgestaltung unterzogen wurden, fanden die großen Veränderungen in der Raumstruktur des Appartements im Ostflügel statt. Der einzige Raum, dessen Einrichtung dort unverändert bestehen blieb, war das Speisezimmer (Abb. 18-59, Nr. 21).

Die Bibliothek (Abb. 18-59, Nr. 23)
Nachdem die alte Bibliothek zugunsten der Einhaltung der zeremoniellen Raumabfolge im Westtrakt (Toilettezimmer Franz Ferdinands, gemeinsames Schlafzimmer, Toilettezimmer Sophies) abgebaut worden war, fand sie nun im bisher leer stehenden ehemaligen Konferenzzimmer des Prinzen Eugen Aufstellung (Abb. 18-78). Das Deckengemälde von Giacomo del Pò und die Stuckdekorationen des Raumes stammten noch aus der Erbauungszeit, die Supraporten waren späteren Datums.

Die Wandverkleidungen und die mächtigen, vier Meter hohen und drei bis viereinhalb Meter breiten Bücherschränke (Abb. 18-42) aus dem alten Saal sollten nun hier eingebaut werden. Zu diesem Zwecke mussten sie geringfügig umgearbeitet werden.[105] Die im Bestand des Österreichischen Staatsarchivs aufgefundenen Wandaufrisse (Abb. 18-79) zeigen die gelungene Integration der bestehenden Möbel in die neue Raumstruktur.

Die Ausführung der Adaptierungen sowie die Anfertigung eines weiteren Bücherschranks nahm die Firma Portois & Fix vor, die bereits 1898 das Mobiliar der Bibliothek geliefert hatte. Die Tischlerarbeiten in der Bibliothek umfassten die Anfertigung von vier Panneaux-Rahmen, Lambrien, geschnitzten Füllungen und fünf neuen Blindrahmen, die zur Befestigung der grünen Stoffbespannung[106] an den bestehenden Nussholzrahmen dienten. Der Kaminaufsatz wurde ebenfalls von Portois & Fix gefertigt. Der erste Entwurf musste jedoch abgeändert werden, da er auf Wunsch des Fürsten Montenuovo nach dem Vorbild des Kaminaufsatzes in

Abb. 18-78: Die neue Bibliothek im Ostflügel des Oberen Belvederes, 1900 (© ÖNB/Wien)

Abb. 18-79: Wandaufriss der neuen Bibliothek im Oberen Belvedere, östliche Seitenwand, Tinte auf Papier, 1900 (© OESTA)

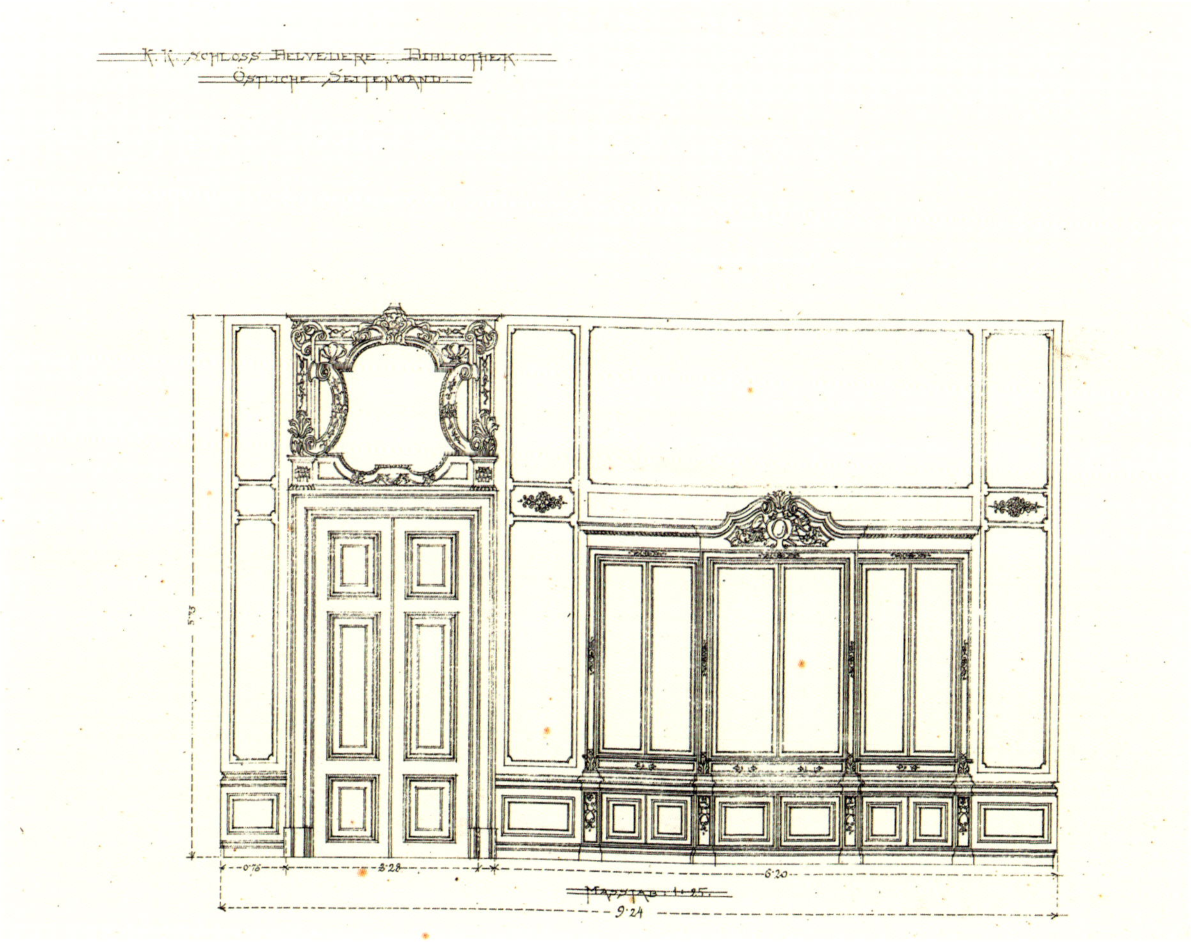

Abb. 18-80: Theodor Breitwieser, Prinz Eugen in der Uniform seines Reiterregiments, Öl auf Leinwand, 1902 (© Bundesmobilienverwaltung/EK)

Abb. 18-81: Luster aus der Bibliothek, Bronze, vergoldet, um 1900 (© Bundesmobilienverwaltung/EK)

der Bibliothek des Prinzen Eugen ausgebildet werden sollte.[107]

Für den neu gefertigten Kaminaufsatz wurde bei dem Maler Theodor Breitwieser (1847–1930) ein Kaminbild, das Prinz Eugen in der Uniform seines Reiterregiments darstellen sollte, in Auftrag gegeben. Breitwieser lieferte zwei Gemälde mit derselben Thematik ab, wovon eines in der Bibliothek im Belvedere (Abb. 18-80) installiert und das zweite an die Burghauptmannschaft Wien abgegeben wurde, da es dem Geschmack des Thronfolgers nicht entsprach.[108] Die hohe Standuhr (Abb. 18-43) aus der alten Bibliothek fand in der nordöstlichen Ecke neben der Tür Aufstellung. Die Gemälde, die in der alten Bibliothek wandfest angebracht waren, wurden nun freihängend weiterverwendet. Weiters befanden sich vier große Luster (Abb. 18-81) aus vergoldeter Bronze, die bereits elektrifiziert waren, in der Bibliothek.

In der neuen Bibliothek fanden wiederum prunkvolle Tische mit kunstvoll gearbeiteten Marmorplatten Aufstellung. Die Gestelle waren passend zu den Bücherschränken in Braun-Gold gehalten und stammten großteils aus dem 18. Jahrhundert (Abb. 18-82). Bei einem Tisch handelte es sich aber um eine Neuanfertigung der Firma Portois & Fix aus dem Jahr 1898 für 1.220 Kronen, die mit einer kostbaren, bunt gesprenkelten Marmorplatte versehen war (Abb. 18-83). Laut den Akten des Hofbaukomitees sollten die barocken Prunktische im Rahmen des Umzuges einer Restaurierung unterzogen werden. Portois & Fix, der Tischler Sándor Járay und das Wiener Unternehmen Friedrich Otto-Schmidt legten entsprechende Kostenvoranschläge

Abb. 18-82: Prunktisch aus der Bibliothek des Oberen Belvederes, Platte mit figuralen Motiven, Nussbaumholz, vergoldet, um 1730 (© Bundesmobilienverwaltung/EK)

Abb. 18-83: Prunktisch aus der Bibliothek des Oberen Belvederes, Nussbaumholz, vergoldet, Marmor, Portois & Fix, 1898 (© Bundesmobilienverwaltung/EK)

vor. Den Zuschlag erhielt Sándor Járay, da er das günstigste Angebot in der Höhe von 4.100 Kronen ablieferte.[109]

Inwiefern sich die Restaurierungsmaßnahmen und deren Philosophie im Laufe der Jahrhunderte geändert haben, zeigt das Vorgehen Járays bei der Bearbeitung der Prunktische. Während heutzutage größtenteils der Grundsatz der sanften, möglichst patinaschonenden Umgangsweise mit den historischen Objekten verfolgt wird, schreckte man zur Jahrhundertwende vor groben Eingriffen in die historische Oberflächenstruktur nicht zurück. So ordnete der Bauleiter Emil von Förster die vollständige Abnahme der historischen Fassungen und Vergoldungen an:

»Bei Port 2 des Überschlages war ursprünglich angenommen, dass, nachdem die Grundarbeit gut erschien, ein vollständiges Abscheren des Untergrundes für die Vergoldung nicht nothwendig schien. Nachdem aber die Tische in jene Räume gestellt werden sollen, wo die ganz neu hergestellten Arbeiten der Firma Portois & Fix bestehen, hielt ich es für nothwendig, dass auch bei den 2 Tischen, welche lt. Überschlags von S. Jaray neu zu vergolden angenommen waren, der Grund abgeschert wurde, da es sich zeigte, dass die Tische schon des Wiederholten ausgebessert waren und dadurch die Schönheit der Schärfe der Arbeit gelitten hatte. Überdies musste ich anordnen, dass der frühere weiße Anstrich in einen nußartigen geändert wurde, da die Tische in Zimmern aufgestellt werden sollen, in denen Lambries, Panneaus und die Möbel nußholzartig gehalten werden. (...)

Anders verhält es sich bei der Port 4a. Der Tisch, welcher zum Herrichten gegeben wurde, war bereits braun und gold. Bei der Reinigung stellte sich heraus, dass dieser Tisch nicht aus Nußholz sondern aus Eichenholz hergestellt war, es mussten daher der ganze Lack und alle Vergoldung abgeschert werden, um mit den übrigen Möbeln des Bibliothekszimmers, in welches derselbe gestellt werden soll, übereinzustimmen.

Wien, 18. Dezember 1900, E. Förster«[110]

Wie gut Erzherzog Franz Ferdinand über sämtliche Arbeitsschritte informiert und wie sehr er auch in die Auftragsvergaben involviert war, zeigt ein Vorfall, der sich im Vorfeld der Beauftragung zur Restaurierung der Tische aus der Bibliothek ereignet hatte. Im Haus, Hof- und Staatsarchiv konnte ein Schreiben aufgefunden werden, das die Denunzierung der Firma Járay durch den Thronfolger zum Inhalt hat und die Personen, die die Adaptierung des Belvederes durchführten, in Gewissenskonflikte brachte. Der anonyme, als streng vertraulich bezeichnete Brief richtete sich an den Obersthofmeister Graf Nostitz und hatte Folgendes zum Inhalt:

»Seine k.u.k. Hoheit der durchl. Erzherzog Franz Ferdinand hat vor einiger Zeit den Dienstkämmerer Br. Rumerskirch zum Hofrath Wesner mit dem Auftrage gesendet, höchstseinen Wunsch bekannt zu geben, dass dem Decorateur Jaray für das Belvedere keine Arbeiten übertragen werden mögen.

Hofrath Wesner der im Augenblick nur an die Appartements Sr. kais. Hoheit dachte, hielt sich gegenwärtig, dass dieselben durchwegs vom Decorateur Fix instand gesetzt werden, für die Vergoldung der restlichen alten Tische aber eine Concurrenz eingeleitet worden sei, welcher auch Jaray beigezogen wurde. Wesner sagte dies dem Br. Rumerskirch und fügte bei, dass über die Vergebung noch nicht entschieden sei, daher dem höchsten Wunsche Sr. Kais. Hoheit entsprochen werden könne.

Sofort nach dem sich Rumerskirch entfernt hatte, erkundigte sich Wesner telephonisch bei Hofrath Förster um den Stand der Concurrenzverhandlung und erfuhr, dass ich schon einige Tage vorher auf Grund des Ergebnisses desselben die Vergoldung der Tische dem Jaray zugesprochen hatte. (...)

Nach einigen Tagen kam dem Hofrath Wesner ein Akt zur Revision zu, welcher die Vergebung der für die weibliche Kammer der Fr. Fürstin Hohenberg erforderliche Einrichtung an Jaray betraf. (...) Diese Einrichtung wurde dem Jaray schon anfangs September übertragen, weil derselbe im Vorjahre gleiche Lieferungen effactuiert hatte und man bestrebt war die Einrichtung der Dienerwohnungen möglichst gleich zu gestalten. (...)

Als ich an die Aufgabe herantrat Appartements instand zu setzen, habe ich einer größeren Zahl der bekanntesten Firmen einzelne Möbelstücke in weiß und gold, wie sie in den Repräsentationsräumen der Hofburg und der kais. Schlösser bestehen, zur Renovierung übergeben lassen, um festzustellen, welche dieser Firmen in Concurrenz zu ziehen sind. Zu meinem Leidwesen ergab diese Probe, dass am Wiener Platze solche Arbeiten nur zwei Firmen zufriedenstellend ausführen, nämlich Fix und Jaray. Fix bekam annähernd zu gleicher Zeit vom Hofbaucomité einen Thürenaufsatz aus dem Belvedere zur Renovierung, welcher für die Instandsetzung des ganzen Schlosses als Muster dienen sollte und da derselbe wirklich meistergiltig ausführt und Fix mässige Preise stellte, wurde ihm die Adaptierung sämmtlicher Appartements des Schlosses übertragen. (...)

Ich bin nun an diesen Ausspruch gebunden und vermag daran ebenso wenig eine Änderung eintreten zu lassen. (...) Da, abgesehen von der Entschädigung, die Jaray zu fordern berechtigt wäre, ein solcher Vorgang für ihn eine Kränkung und Verletzung bedeuten würde, zu

Abb. 18-84: Damensalon im Ostflügel des Oberen Belvedere, 1900 (© ÖNB/Wien)

deren Rechtfertigung ebenso weniger ein ausreichender Vorwand bestünde, als Jaray erst kürzlich die ah. Wohn appartements in der Hofburg und die Prachträume in Schönbrunn auf das Glänzendste renoviert hat und von Sr. Majestät hierfür durch Verleihung des Kammertitels sowie Decorierung zweier seiner Arbeiter ausgezeichnet wurde. (…)

Ich beehre mich Sie zu ersuchen, Se. kais. Hoheit von dem Inhalte dieses Schreibens in die gnädigste Kenntnis setzen und gleichzeitig meinen ganz ergebenste Bitte unterbreiten zu wollen, dass Se. kais. u. königl. Hoheit von der Entziehung der beiden letzten Arbeitsvergebungen an Jaray absehen und meine Zusicherung entgegenzunehmen geruhen, dass ich bei Vergebung weiterer Arbeiten für das Belvedere den höchsten Wunsch mir gegenwärtig zu halten nicht verhalten werde.

Wien, 11. Oct 1900«[111]

Der Damensalon (Abb. 18-59, Nr. 27)

Im ehemaligen gartenseitigen Audienzzimmer Prinz Eugens wurde ein Empfangssalon (Abb. 18-84), der sogenannte Damensalon, eingerichtet. Es handelte sich um einen der wenigen Räume, wo sowohl das eine Allegorie darstellende Deckengemälde von Giacomo del Pò[112] als auch die Stuckdekorationen noch aus der Erbauungszeit des Belvederes stammten. Die Supraporten inklusive der Putti-Gemälde, die Lambrien, die ornamentierte Holzverkleidung der Fensterfront und die Wandbespannung wurden hingegen eigens für Sophie geschaffen und basierten auf den Entwürfen Emil von Försters (Abb. 18-85).

Wie eingangs erwähnt, wurde die ostseitige Terrasse auf Wunsch des Thronfolgers mit einem Wintergarten überbaut. Um eine optische Verbindung

Abb. 18-85: Wandaufriss, Salon im Belvedere, östliche Seitenwand, Tinte auf Papier, 1900 (© OESTA)

zwischen dem vorgelagerten Wintergarten und dem Damensalon herzustellen, baute man das auf die Terrasse führende, vermauerte Fenster in eine große Nische um, die im Damensalon einen Kamin aufnahm (Abb. 18-86). Die raumhohe Öffnung über dem Kamin wurde mit einer Glasscheibe geschlossen und ermöglichte laut Förster »den Einblick in den Mustergarten«.[113] Zusätzlich waren auf den Konsoltischen weitere Zimmerpflanzen platziert. Auf diese Weise sollte die Natur in den Wohnraum integriert werden.

Vegetabile Elemente bestimmten auch die in hellen Tönen gehaltene textile Ausstattung des Raumes. So zierte den lindgrünen Teppich (Abb. 18-87) eine Bordüre aus Blatt- und Blütenranken. Blumenmuster fanden sich auch auf dem kostbaren, cremefarbenen, mit Goldfäden durchzogenen Brokatstoff, der zur Bespannung der beiden Sitzgarnituren (Abb. 18-88) diente, wieder. Die Möbel stammten von dem Wiener Unternehmen Kowy & Iwinger. Der Originalstoff ist heute noch – wenn auch verblichen und in zerschlissenem Zustand – auf zwei Fauteuils (Abb. 18-89) erhalten.

Das Mobiliar setzte sich, wie auch in den anderen Repräsentationsräumen, neben den neu angekauften Möbeln aus Exemplaren des 18. Jahrhunderts zusammen. So wurden beispielsweise die historistischen Sitzmöbel durch Rokoko-Tabourets ergänzt. Barocke Prunktische fanden sowohl als Garniturtische[114] als auch als Konsoltische Verwendung. Besonders opulent und von hoch qualitativer Machart präsentierten sich die beiden an den Fensterpfeilern aufgestellten Trumeautische (Abb. 18-90). Das vergoldete Gestell der Tische ist in Form von detailliert gestalteten Fabelwesen ausgebildet. In der Mitte der Stegverbindung thront ein Luzifer (Abb. 18-91), die Zarge ziert ein plastisch ausgeformter Maskaron. Beide Tische waren mit Platten aus Flussspat

Abb. 18-86: Damensalon, Blick nach Osten mit Durchblick zum Wintergarten, 1900 (© Pavel Scheufler)

Abb. 18-87: Teppich aus dem Damensalon, Detail der Bordüre, Wolle, Kowy & Iwinger, 1901 (© Bundesmobilienverwaltung/EK)

und Quarz[115] versehen, die jedoch heute nicht mehr erhalten sind. Die beiden Tische vereinen höchste Handwerkskunst mit einem äußerst kreativen Entwurf, deshalb ist anzunehmen, dass sie ebenfalls aus den Beständen Prinz Eugens stammen. Da jedoch nur vier Interieuransichten der Stadtresidenz in Stichen von Salomon Kleiner bekannt sind und somit die Ausformung der Möbel der restlichen Zimmer des Winterpalais nicht überliefert ist, lässt sich diese Annahme nicht belegen.

Abb. 18-88: Garnitur aus dem Damensalon im Oberen Belvedere, Fichte, Linde, vergoldet, Tapezierung erneuert, Kowy & Iwinger, 1900 (© Bundesmobilienverwaltung/EK)

Abb. 18-89: Fauteuil aus dem Damensalon im Oberen Belvedere, Fichte, Linde, vergoldet, Originalstoff erhalten, Kowy & Iwinger, 1900 (© Bundesmobilienverwaltung/EK)

An den Wänden (Abb. 18-86) befanden sich drei großformatige Ölgemälde; es handelte sich um Darstellungen der Töchter Maria Theresias. Das an der Ostwand angebrachte »Il parnasso confuso« stammte von dem Wiener Hofmaler Martin van Meytens und ist auf 1764 zu datieren. Das Gemälde befindet sich heute im Arbeitszimmer des Bundespräsidenten in der Wiener Hofburg. Das um 1760 entstandene Bildnis, das vier Erzherzoginnen und einen Erzherzog zeigt, geht ebenfalls auf Meytens zurück. »Die drei Töchter Maria Theresias« ist hingegen der Meytens-Schule zuzurechnen, das Gemälde ist heute Teil der Schönbrunner Ausstattung.

Die mobile Ausstattung des Damensalons blieb im Großen und Ganzen bis zum Tod des Thronfol-

Abb. 18-90: Tisch aus dem Damensalon im Oberen Belvedere, Holz, vergoldet, Platte nachgebildet, 1. Hälfte 18. Jahrhundert (© Bundesmobilienverwaltung/EK)

Abb. 18-91: Luzifer, Detail des Tisches (© Bundesmobilienverwaltung/EK)

gerpaares 1914 unverändert. Lediglich 1910 wurde sie um einen mit Samt bezogenen Paravent (Abb. 18-92) ergänzt, der von der Firma J. Marischka für 570 Kronen in das Belvedere geliefert wurde.

Sowohl die Thematik der Gemälde, die ausschließlich weiblich konnotiert war, als auch die in hellen Farben (Beige und Grün) gehaltene und mit floralen Mustern versehene textile Ausstattung weist auf eine weibliche Nutzerin hin. Die liebliche Einrichtung von Sophies Empfangssalon hebt sich somit deutlich von jener des Rauchzimmers ab, das Franz Ferdinand als persönliches Audienzzimmer diente. Das Rauchzimmer folgte mit seiner dunklen Holzverkleidung, den Schlachten- und Feldherrensujets sowie den dunklen Möbeln, die

Abb. 18-92: Paravent aus dem Damensalon, Holz vergoldet, Samt, J. Marischka, 1910 (© Bundesmobilienverwaltung/EK)

mit einem dunkelblauen Gobelinstoff bezogen waren, einem völlig konträren, männlich konnotierten Gestaltungsansatz.

Das Goldkabinett (Abb. 18-59, Nr. 27)
Die Verbindung zwischen dem Damensalon und dem neu gebauten Wintergarten führte durch das nordöstliche Oktogon, das Goldkabinett (Abb. 18-93). Die Integration dieses Raumes in das herrschaftliche Appartement machte eine Instandsetzung des noch im Originalzustand des 18. Jahrhunderts befindlichen Kabinetts nötig. Dieses zählte bereits im Prinz Eugen'schen Appartement zu den am kostbarsten ausgestatteten Räumen, waren doch die Wände sowie die Wölbung der Kuppel komplett vergoldet und mit Groteskendekorationen des Augsburger Malers Jonas Drentwett versehen. Das Deckenfresko von Francesco Solimena zeigte die Entführung des Kephalos.

Neben den Wandmalereien zählte auch der kunstvoll gestaltete Parkettboden zu den barocken Ausstattungshöhepunkten des Oberen Belvederes. Der Intarsienboden war im Auftrag des Prinzen Eugen von dem Kunstschreiner Servatius Brickard in Bamberg gefertigt worden. Im Frühjahr 1722 wurden die vorbereiteten Hölzer nach Wien verschifft, wo sie von ortsansässigen Handwerkern im Goldkabinett verlegt wurden.[116] Zur Jahrhundertwende befand sich das Parkett in einem sehr desolaten Zustand, deshalb wurde dessen Instandsetzung dem etablierten Wiener Kunsttischlerunternehmen J. W. Müller übertragen. Ursprünglich war geplant gewesen, den aus den verschiedensten Holzarten (Palisander, Mahagoni, Koralle, Buchsbaum, Olivenholz, Ebenholz, lichtgrünes Holz, dunkelgrünes Holz, Eichenholz, Nussbaumholz, Amaranden, Indisch Satin, Ahorn)[117] zusammengesetzten Boden restaurieren zu lassen. Aufgrund des schlechten Erhaltungszustandes schlug J. W. Müller jedoch im August 1900 vor, den originalen Fußboden abzutragen und für Museumszwecke zu archivieren.[118] Im Goldkabinett sollte eine exakte Kopie des originalen Parketts eingebaut werden.[119] Der Neueinbau des Intarsien-

Abb. 18-93: Das Goldkabinett im nordöstlichen Oktogon des Belvederes, Fotoaufnahme nach 1902 (© ÖNB/Wien)

Abb. 18-94: Tisch aus dem Goldkabinett mit Pietra-Dura Platte, Tischplatte aus Florenz oder Rom, um 1600, Tischgestell, Holz vergoldet, Wien, um 1750 (© Bundesmobilienverwaltung/EK)

Abb. 18-95: Tisch aus dem Goldkabinett mit Laaser-Onyx Platte, Holz vergoldet, Portois & Fix, 1901 (© Bundesmobilienverwaltung/EK)

bodens erwies sich als sehr aufwendig, die Arbeiten dauerten bis zum Frühling 1902 an.[120]

Der barocken Tradition folgend, war das Goldkabinett spärlich möbliert. In den Fensternischen standen zwei Konsoltische mit vergoldetem Untergestell und in Pietra-dura-Technik gestalteten Tischplatten (Abb. 18-94). Während ein Tischgestell aus dem 18. Jahrhundert stammte, handelte es sich beim dem zweiten, scheinbar identischen Exemplar um eine exakte Kopie, die von Portois & Fix 1901 für 800 Kronen angefertigt worden war.[121]

Ebenfalls auf Portois & Fix geht der vergoldete runde Tisch (Abb. 18-95) mit Laaser-Onyx-Platte zurück,[122] der in der Mitte des Raumes (Abb. 18-93) platziert war. Im Gegensatz dazu zählten die Rokoko-Tabourets zur originalen Möbelausstattung des Belvederes. Für die Aufstellung im Goldkabinett wurden jedoch die ursprünglich in Weiß-Gold ge-

Abb. 18-96: Das Vorzimmer zur Kapelle im Belvedere, um 1900 (© Schloss Konopischt)

Abb. 18-97: Kanapee aus dem Vorzimmer zur Kapelle, Holz, vergoldet, Portois & Fix, um 1900 (© Bundesmobilienverwaltung/EK)

Abb. 18-98: Das Zimmer der Fürstin im Ostflügel des Oberen Belvederes, um 1900 (© Schloss Konopischt)

fassten Hocker mit Rohrsitz im Jahr 1901 umgearbeitet, das heißt komplett vergoldet und mit einem »antik rothen Sammtsitz« versehen.[123]

Der Wintergarten (Abb. 18-59, Nr. 28)
Im Zuge der Adaptierungsarbeiten wurde die ostseitige Terrasse mit einer Eisen-Glas-Konstruktion (Abb. 18-60) überbaut, die einen Wintergarten und ein Stiegenhaus aufnahm. Die Schlosser- und Eisenkonstruktionsarbeiten wurden von dem Bau- und Kunstschlosser Karl Novak durchgeführt. Die Kosten beliefen sich auf 25.500 Kronen.[124] Zusätzlich fielen 1.239,19 Kronen für die Herstellung einer Dampfheizanlage an, die von der Firma Johannes Haag installiert wurde.

Das Vorzimmer zur Kapelle (Abb. 18-59, Nr. 25)
Durch die Ausweitung des erzherzoglichen Appartements auf den gesamten Ostflügel wurde nun die bestehende Kapelle in das Appartement eingebunden. Der daran anschließende Raum (Abb. 18-96), der Prinz Eugen einst als Bibliothek gedient hatte, wurde nun als Kapellenvorzimmer beziehungsweise Durchgangszimmer genutzt. Zur Anbindung des Raumes an das neu errichtete Stiegenhaus wurde das nächst der Kapelle befindliche Schubfenster zu einer Tür umgestaltet. Aus diesem Grund mussten die Lambrien und Holztäfelungen der Supraporten neu angefertigt werden. Zur Zeit Franz Ferdinands waren diese in Braun-Gold-Tönen gehalten, die Wände waren mit einem »imperialen Seidenstoff«[125] spaliert.

Die Einrichtung bestand lediglich aus einem von der Firma Portois & Fix gelieferten Kanapee (Abb. 18-97), das mit rot-gelbem Brokatstoff bezogen war, sowie einem Konsoltisch, einigen Hockern, Tabourets und einer Uhr.

Das Zimmer der Fürstin (Abb. 18-59, Nr. 24)
Laut Bauprogramm sollte der nächste Raum als Toilettezimmer der Fürstin (Abb. 18-98) dienen. Eine neu installierte Tapetentür führte direkt in den großen Damensalon. An der Nordwand bestand zuvor ein Zugang zu der in das Erdgeschoss führenden Wendeltreppe, der nun vermauert wurde.[126] Die Wände waren mit einem roten Brokatstoff[127] spaliert und mit einer Vielzahl von Bildern behangen, der Fußboden war wiederum mit einem Teppich ausgekleidet. Das Mobiliar bestand größtenteils aus bequemen gepolsterten Sitzmöbeln.

Das kleine Speisezimmer (Abb. 18-59, Nr. 22)
Das sogenannte kleine Speisezimmer (Abb. 18-99) fungierte als Verbindungszimmer von dem links liegenden Servierzimmer und dem rechts angesiedelten Zimmer der Fürstin. Darüber hinaus erhielt das kleine Speisezimmer einen Durchgang zu der Wendeltreppe, die in die Küche im Erdgeschoss führte. Der Raum war mit Wandspalieren aus einem stahlblauen geblümten Seidenstoff[128] und einem Spannteppich ausgestattet. An den Wänden hing eine Serie von Pastellgemälden aus dem 18. Jahrhundert mit Goldrahmen, die das Kaiserpaar Maria Theresia (Abb. 18-100) und Franz Stephan I. (Abb. 18-101) sowie deren engste Familienmitglieder (Abb. 18-102) zeigte. Die Porträts sind im Stil des Schweizer Malers Jean-Etienne Liotard ausgeführt. Einige der Pastelle befinden sich heute in der österreichischen Präsidentschaftskanzlei (Abb. 18-103).

Die Einrichtung setzte sich aus einem runden Tisch, zwölf Speisestühlen, die nach dem Vorbild im Schreibzimmer Franz Ferdinands von der Firma Kowy & Iwinger 1901 gefertigt wurden,[129] sowie zwei barocken Konsoltischen mit Marmorplatten zusammen.

Das Servierzimmer (Abb. 18-59, Nr. 20)
Das Servierzimmer wurde im Zuge der im Jahr 1900 durchgeführten Adaptierungen neu möbliert und die Wände mit einem grün gestreiften Seidenstoff tapeziert.[130] Aus dieser Phase haben sich Möbel, Leuchter, eine in Boulletechnik ausgeführte Uhr sowie einige Gemälde erhalten. Laut Inventarbuch wurden die Objekte 1901 in das Belvedere geliefert. Die von der Wiener Firma Kowy & Iwinger[131] gefertigten Möbel sind allesamt aus Nussbaumholz hergestellt. Heute sind aus diesem Zimmer noch mehrere neobarocke Kästen und ein langer Tisch im Neorenaissancestil erhalten.

Sowohl eine kleine Standuhr als auch die Bildausstattung (Abb. 18-104) stammten ursprünglich aus Schloss Laxenburg. Die Gemälde, die auf die Mitte des 18. Jahrhunderts zu datieren sind, gehen auf die Maler Antonio Jolli (1700–1777) und Johann Christian Brand (1722–1795) zurück. Von Jolli waren mehrere Ansichten Neapels und von Brand Darstellungen des Schlosses Laxenburg zu sehen. Die Gemälde Jollis gehörten zu der von 1773 bis 1775 im Auftrag Maria Theresias durchgeführten Neuausstattung des Schlosses Hof im Marchfeld. 1786 wurden die Bilder nach Laxenburg transferiert, von wo sie 1901 ins Belvedere gelangten.[132] Interessant ist, dass die Neapelszenen in einer Quelle in Zusammenhang mit der neu einzurichtenden Ausstattung eines Entree-Salons für Franz Ferdinands Gattin Sophie genannt werden,[133] schlussendlich aber doch ihre Bestimmung im Servierzimmer des Belvederes gefunden haben.

Neben der Herstellung der Wohnräume wurden im Jahr 1900 noch weitere Anschaffungen beziehungsweise Adaptierungsarbeiten durchgeführt. Diese betrafen unter anderem die Einrichtung einer Tischlerei im Kustoden-Trakt.[134] Seit 1891 beschäftigte Franz Ferdinand den Haustischler Franz Sereinig, der sowohl Objektrestaurierungen als auch Neuherstellungen ausführte.[135] Die Tischlerwerkstätte befand sich zuvor im Palais Modena, anschließend im Belvedere, und ab 1910 wurde sie im Zuge des Hofburgbaues vom Belvedere in die neue Burg verlegt.[136]

Abb. 18-99: Das kleine Speisezimmer im Ostflügel des Belvederes, um 1900 (© Schloss Konopischt)

Abb. 18-100: Kaiserin Maria Theresia, Pastell auf Papier, österreichisch, um 1770 (© Bundesmobilienverwaltung/EK)

Rechte Seite:
Abb. 18-101: Kaiser Franz Stephan von Lothringen, Pastell auf Papier, österreichisch, um 1760 (© Bundesmobilienverwaltung/EK)

Abb. 18-102: Erzherzogin Marie Antoinette, Pastell auf Papier, österreichisch, um 1770 (© Bundesmobilienverwaltung/EK)

Abb. 18-103: Das sogenannte Pastellzimmer in der Österreichischen Präsidentschaftskanzlei, Hofburg Wien, 2016 (© Bundesmobilienverwaltung/EK)

KAISER FRANZ I

Abb. 18-104: Antonio Jolli, Ansicht von Neapel vom Palazzo di Capodimonte mit König Ferdinand IV. als Kind und seinem Gefolge, Öl auf Leinwand, 1766 (© KHM)

Weiters wurden für den Hofgarten, der für die private Nutzung des Thronfolgers reserviert war, auf höchsten Wunsch ein Gartenzelt und Strandmöbel angeschafft, »da bisher immer bei einem längerem Aufenthalte Seiner k. u. k. Hoheit im Garten, Sitzmöbel und Tische temporär aus dem Schlosse von dem Kammerpersonale dorthin befördert werden mussten.«[137] Gartenzelte, bestehend aus einem Holzplateau, einem Eisengestänge und Leinenbahnen, waren im ausgehenden 19. Jahrhundert bei der adeligen Gesellschaft zum Verweilen im Grünen sehr beliebt. Aufgrund des witterungsbedingten schnellen Verschleißes sind heute keine Exemplare mehr vorhanden. Ein Bild mit Kaiser Franz Joseph (Abb. 18-105) vermittelt aber einen anschaulichen Eindruck von der Konstruktion und dem Aussehen solcher Zelte. Von den aus spanischem Rohr hergestellten Gartenmöbeln (Abb. 18-106) ist heute noch ein Stück in der Sammlung der Bundesmobilienverwaltung erhalten. Es wurde 1900 von der Korbwarenfabrik J. Tiefenbacher um 96 Kronen angekauft.[138]

Die Adaptierungsarbeiten im Belvedere waren 1901 abgeschlossen, mit Ausnahme der Rekonstruktionsarbeiten des Fußbodens im Goldkabinett, die aufgrund des hohen Aufwandes noch bis Frühling 1902 andauerten. Die Bau- und Einrichtungsarbeiten dürften von dem Bauleiter Emil von Förster und seinem Assistenten, dem Architekten Hans Schneider, zur vollsten Zufriedenheit des Thronfolgers ausgeführt worden sein. Am 17. Mai 1900 sprach Kaiser Franz Joseph dem Architekten Förster die Allerhöchste Anerkennung aus und verlieh dem Architekten Schneider das goldene Verdienstkreuz mit der Krone.[139]

Die Erweiterungen des Appartements nach der Geburt der Kinder, 1901–1912

Am 24. Juli 1901 wurde das erste Kind von Erzherzog Franz Ferdinand und seiner Frau Sophie, die Tochter Sophie (1901–1990), in Schloss Konopischt geboren. Wie bereits beim Umbau 1900 vorbereitet, wurde das herrschaftliche Appartement im Belvedere um zwei Räume im zweiten Stock erweitert. Es handelte sich um ein südseitig gelegenes Kinderzimmer und ein Dienerzimmer.

Die Möbel für das Kinderzimmer lieferte wieder die Firma Kowy & Iwinger für den Betrag von 3.346 Kronen (Abb. 18-107), darüber hinaus übernahm das

Abb. 18-105: Kaiser Franz Joseph vor einem Gartenzelt in Ungarn, um 1890 (© ÖNB/Wien)

Abb. 18-106: Gartenstuhl, Rohrgeflecht, Korbwarenfabrik J. Tiefenbacher, 1900 (© Bundesmobilienverwaltung/EK)

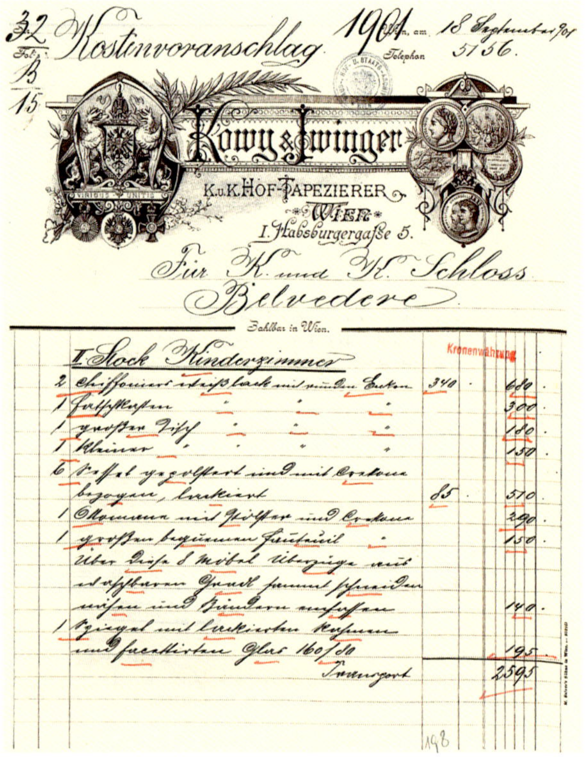

32 Kostenvoranschlag 1901 Wien, am 18 September 901
Fol. B 15 Telephon 5156.

Kowy & Iwinger
K.u.K. Hof-Tapezierer
Wien
I. Habsburgergasse 5.

Für K. und K. Schloss Belvedere

Zahlbar in Wien.

I. Stock Kinderzimmer

		Kronenwährung	
2	Chiffoniers weiß lack mit runden Ecken	340	680
1	[illegible]		300
1	grosser Tisch		180
1	Kleiner		150
6	Sessel gepolstert und mit Cretonne bezogen, lackiert	85	510
1	Ottomane mit Polster und Cretonne		290
1	grossen bequemen Fauteuil		150
	Über diese 8 Möbel Überzüge aus waschbaren [illegible] sammt [illegible] und Bändern [illegible]		140
1	Spiegel mit lackierten Rahmen und facettirten Glas 160/80		195
	Transport		2595

198

Abb. 18-107: Kostenvoranschlag der Firma Kowy & Iwinger für die Kinderzimmermöbel der Prinzessin Sophie, 18.9.1901 (© HHStA)

Abb. 18-108: Kasten aus dem Schlafzimmer von Prinzessin Sophie, ursprünglich cremefarben lackiert, der heutige weiß-goldene Anstrich stammt von einer späteren Überarbeitung, Kowy & Iwinger, 1901 (© Bundesmobilienverwaltung/EK)

Unternehmen die Tapezierarbeiten für 1.940 Kronen. Sophies Möbel waren allesamt durch eine geradlinige Formensprache gekennzeichnet und in einem hellen Ton gehalten, da sie mit einem cremefarbenen Anstrich versehen waren. Heute sind aus diesem Bestand noch ein – an der Oberfläche stark überarbeiteter – Kasten (Abb. 18-108), mehrere Stühle, ein Spiegel sowie eine geblümte Couvertdecke (Abb. 18-109) aus französischem Cretonne[140] vorhanden.

Das Mobiliar des dazugehörigen Dienerzimmers stammte von dem Wiener Kunst, Bau- und Möbeltischler Adolf Litschel. Eisenmöbel lieferte die Firma August Kitschelts Erben für 470 Kronen und die Zimmeruhren die Firma Adolf Singer für 112 Kronen. Für die Ausführung der Tischler, Schlosser- und Anstreicherarbeiten an der Raumschale zeichnete die bewährte Firma Portois & Fix verantwortlich, die für diese Tätigkeit 2.010 Kronen in Rechnung stellte.[141]

Am 29. September 1902 kam das zweite Kind des Thronfolgerpaares, der Sohn Maximilian (1902–1962), im Wiener Belvedere zur Welt. Dies hatte zur Folge, dass im zweiten Stock weitere Kinderzimmer installiert wurden und dafür das erst ein Jahr zuvor eingerichtete Zimmer der Tochter an die Nordseite verlegt werden musste (Abb. 18-110). Die Fürstin Hohenberg brachte sich aktiv in die Einrichtungsplanung der Kinderzimmer ein, die Akten legen immer wieder die persönlichen Wünsche Sophies dar.[142] Die 1902 durchgeführten Umbauarbeiten im Westflügel des zweiten Stockes beinhalteten Folgendes:

Abb. 18-109: Couvertdecke aus dem Schlafzimmer von Prinzessin Sophie, Kowy & Iwinger, 1908 (© Bundesmobilienverwaltung/EK)

Abb. 18-110: Grundriss des Kinderappartements im Westflügel und des Fremdenappartements im Ostflügel des zweiten Stockes im Belvedere, Bleistift und Tinte auf Papier, 1902 (© BHÖ)

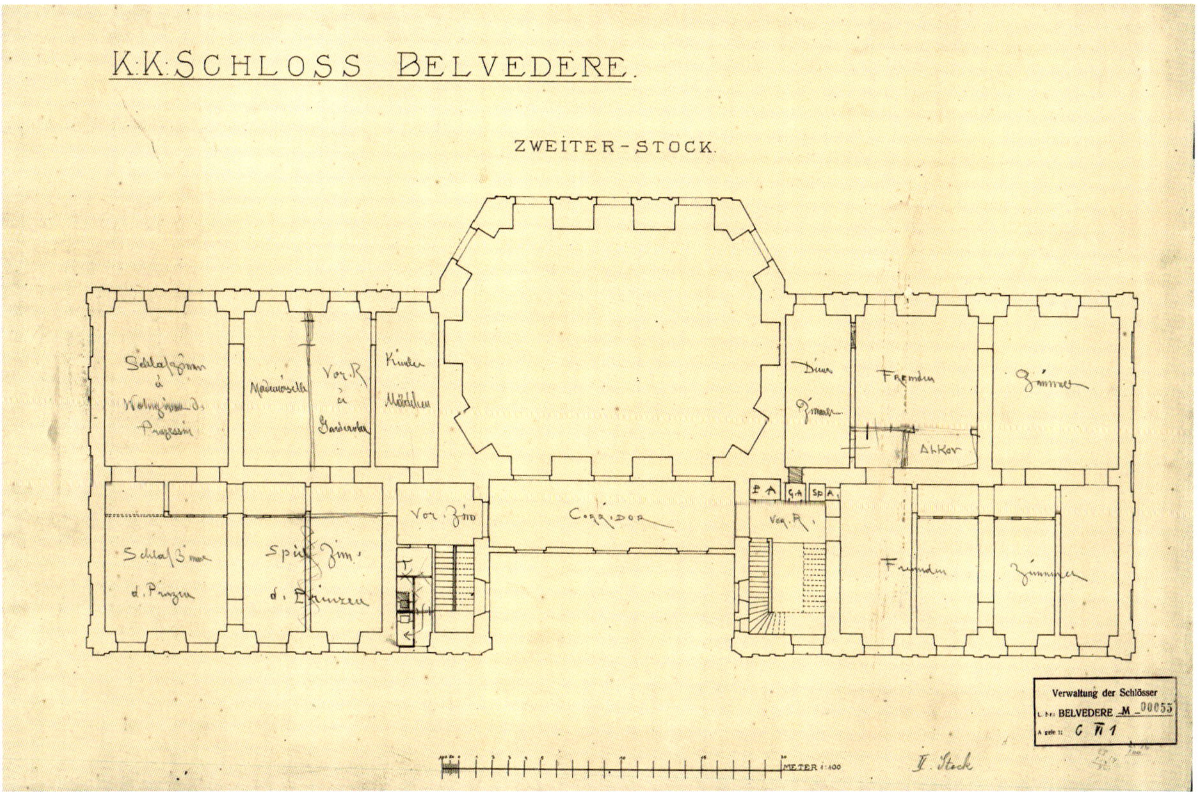

»Die Adaptierung hat den Zweck ein neues großes Zimmer /: Spielzimmer :/ für das Kinderappartement zu schaffen. Weiters soll der sogenannte Orchestergang statt wie bisher mit Spielthüren mit Doppelthüren und auch die sogenannte Marmorstiege mit einer Glaswand abgeschlossen werden.

Gegen Norden soll ein größeres Zimmer untertheilt werden, so daß dadurch ein neues Wartezimmer, welches zugleich die Lichtzuführung für den Gang, vermittelt, und ein neues Dienstzimmer geschaffen wird.

Endlich soll durch Cassierung eines Abortes ein kleiner Raum gewonnen werden, wo eine kleine Herdanlage dem

Abb. 18-111: Entwurfszeichnung eines Trumeaukastens mit Spiegel für das Spielzimmer, Bleistift auf Papier, Kowy & Iwinger, 1902 (© HHStA)

Kammerpersonale kleinere dringende Manipulationen ermöglicht.

Diese Arbeiten wären über Höchsten Wunsch von Mitte Mai an derart zu beschreiben, daß die Räume bis 15. August bezogen werden können. Die gehorsamst gefertigte k. u. k. Schloßverwaltung hat die Ehre in der Anlage den Kostenvoranschlag zu unterbreiten, welcher sich auf 16.173 K 48 h beziffert.

k. u. k. Schlossverwaltung im Belvedere, Wien, am 22. April 1902.«[143]

Die Durchführung der Bautischler, Schlosser- und Anstreicherarbeiten wurde dem Unternehmen Portois & Fix übertragen. Die Ofen & Thonwaaren Fabrik E. Fessler übernahm das Abtragen, Reinigen und Deponieren der Barocköfen, weiters lieferte sie zwei große weiß glasierte Öfen im Barockstil für das Kinderschlaf- und Spielzimmer. Die Öfen kosteten

Abb. 18-112: Trumeaukasten mit Schublade, Holz, lackiert, Originallackierung erhalten, Kowy & Iwinger, 1902 (© Bundesmobilienverwaltung/EK)

1.280 Kronen und konnten vom Gang beheizt werden.

Die Firma Kowy & Iwinger tapezierte die Wände und lieferte »auf Befehl Ihrer Durchlaucht der Frau Fürstin von Hohenberg« die Möbel und die Teppiche für das Spielzimmer und das Mädchenzimmer. Das Mobiliar war wiederum cremefarben lackiert; dem Kostenvoranschlag waren Entwurfszeichnungen von einer Etagere und einem Trumeaukasten mit Spiegel (Abb. 18-111) beigelegt.[144] Das Unterteil des Trumeaukastens (Abb. 18-112) ist noch mit Originallackierung – wenn auch in einem schlechten Zustand – erhalten. Deutlich zu erkennen ist, dass die Konturen des Möbels durch zarte blaue Linien betont werden.

Wahrscheinlich zeitgleich mit dem Ausbau des Kinderappartements wurde im Ostflügel des zweiten Stockes ein Fremdenappartement eingerichtet.[145] Das Mobiliar des Fremdensalons sowie des Fremdenschlafzimmers stammte zum Großteil aus den kaiserlichen Beständen. So befand sich ein Bett aus Palisanderholz vormals in der Wiener Hofburg, aus Schloss Schönbrunn wurden sowohl ein Handleuchter aus Bronze als auch ein Briefbe-

Abb. 18-113: Guiseppe Maggiolini, Schreibtisch Maria Theresias, Palisander, Ahorn, Buchsbaum, Ebenholz, Elfenbein, 1770/1773. Der Schreibtisch war ursprünglich für das Appartement der Kaiserin in der Wiener Hofburg bestimmt. Franz Ferdinand holte ihn in das Obere Belvedere, wo er im Fremdensalon Aufstellung fand. (© Bundesmobilienverwaltung/MH)

schwerer ins Belvedere verbracht. Aber auch eines der wertvollsten Möbelstücke aus der kaiserlichen Sammlung fand im Fremdensalon Aufstellung. Es handelte sich um den Schreibtisch Kaiserin Maria Theresias (Abb. 18-113), der von dem Mailänder Kunsttischler Guiseppe Maggiolini (1738–1814) mit kunstvollsten Einlegearbeiten versehen 1773 fertiggestellt worden war. Der in Mailand ansässige Sohn Maria Theresias, Erzherzog Ferdinand Karl (1754–1806), machte den Schreibtisch der Kaiserin zum Geschenk. Die aus 80 verschiedenen Holzarten zusammengesetzten Marketerien stellen Ansichten der Stadt Mailand dar.

Die gezielte Auswahl besonders hochwertiger Objekte aus der kaiserlichen Sammlung durch den Thronfolger zeugt von dem Kunstverstand und der Kennerschaft Franz Ferdinands. So zählt der sogenannte Maggiolini-Schreibtisch zu den wertvollsten Möbeln des ärarischen Bestandes, ebenso wie der prunkvolle Kabinettschrank (Abb. 18-30) aus dem Fideikommissvermögen, den der Erzherzog in dem Rauchzimmer aufstellen ließ, oder die Tapisserien der »Nouvelles Indes«-Serie, die das Speisezimmer (Abb. 18-47) schmückten.

Die Geburt des zweiten Sohnes, Ernst (1904–1954), am 27. Mai 1904 machte eine abermalige Erweiterung des Kinderappartements im Westflügel des zweiten Stockes notwendig. Auf höchsten Wunsch von Erzherzog Franz Ferdinand und seiner Frau Sophie wurde die bewährte Firma Kowy & Iwinger mit der Einrichtung der Räume für insgesamt 4.853,90 Kronen betraut. Das Appartement

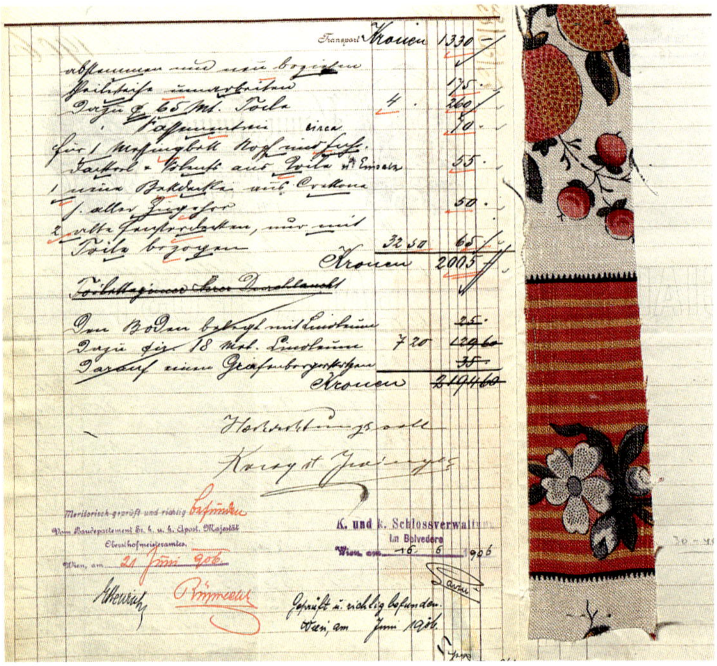

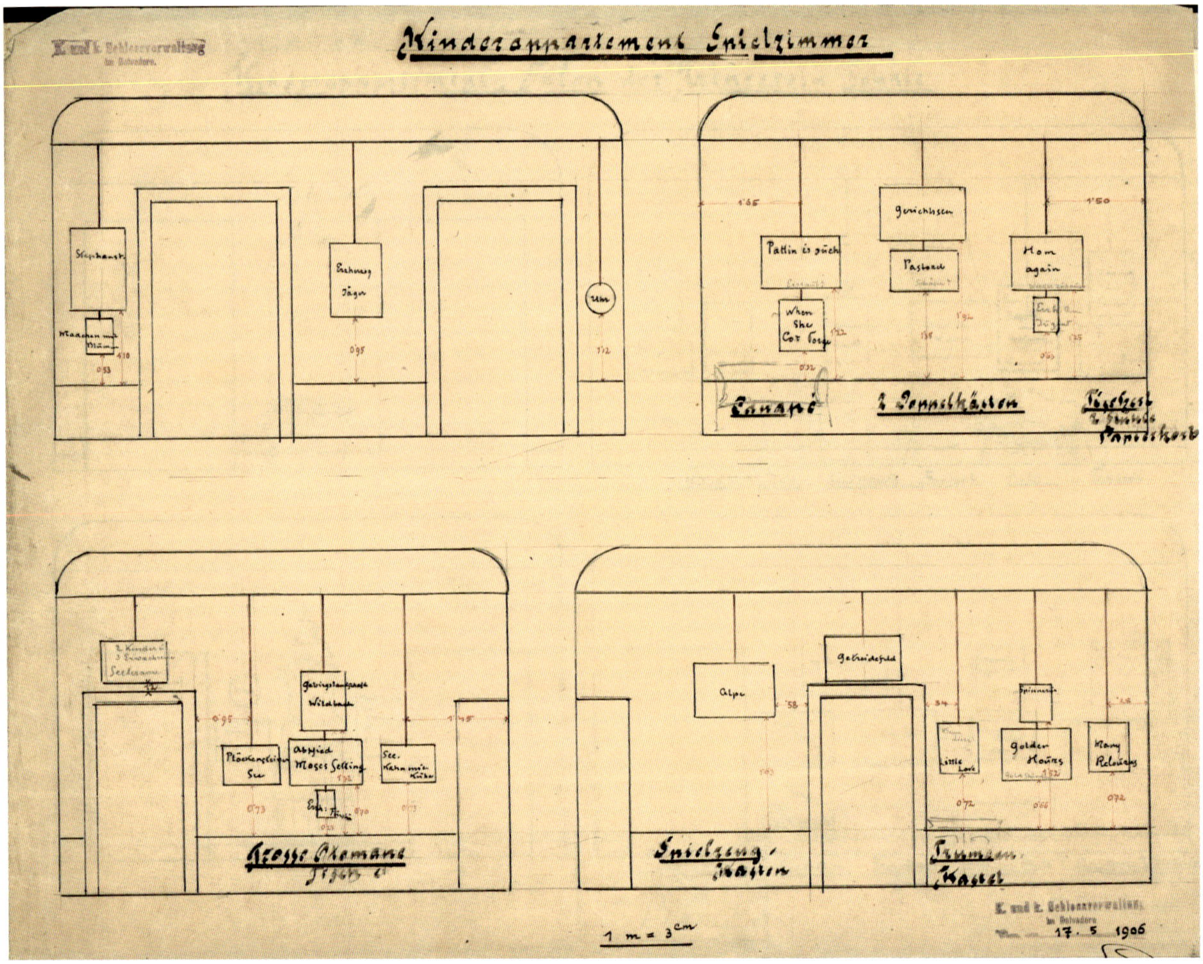

Abb. 18-114: Stoffmuster zur Tapezierung der Wände und Möbel der Schlafzimmer im Kinderappartement, Royer C., Paris, 1906 (© HHStA)

Abb. 18-115: Felix Sauer, Wandaufriss des Spielzimmers im Kinderappartement, Tinte auf Papier, 1906 (© BHÖ)

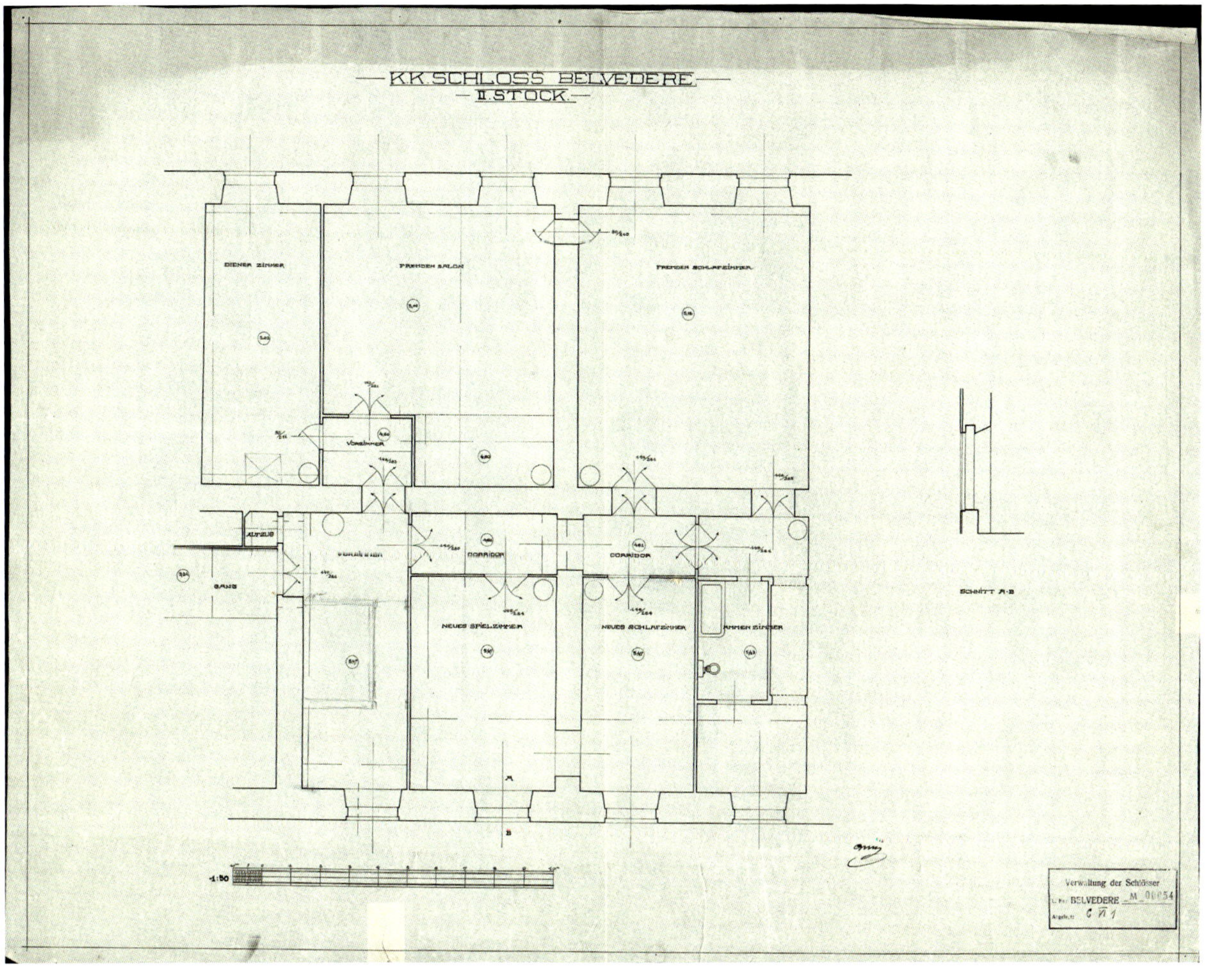

Abb. 18-116: Grundriss der Erweiterung des Kinderappartements auf den Osttrakt des zweiten Stockes im Oberen Belvedere, Tinte auf Papier, 1908 (© BHÖ)

setzte sich aus einem Salon für die Prinzessin, einem Schlafzimmer der Prinzen und einem Spielzimmer sowie einem Zimmer für die Gouvernante, einem Dienerzimmer, einem Entreezimmer und einer Küche zusammen.

Bereits 1906 kam es, wiederum auf persönliches Betreiben der Fürstin, zu Renovierungsmaßnahmen in den Schlafzimmern des Kinderappartements, denn die Wände und Möbel wurden mit einem von ihr ausgesuchten geblümten Stoff der Firma Royer C. (Abb. 18-114) aus Paris bezogen.[146] Wandaufrisse des Schlafzimmers, des Spielzimmers (Abb. 18-115) und des Salons der Prinzessin Sophie vermitteln einen schematischen Eindruck der Einrichtung und der Bildausstattung. Die Zeichnungen sind datiert (17. Mai 1906) und mit der Signatur des Baumeisters Felix Sauer versehen.

1908 wurden ein neues Spielzimmer sowie ein neues Schlafzimmer für die erzherzoglichen Kinder eingerichtet (Abb. 18-116). Sie befanden sich im südseitigen Osttrakt, an der Stelle, wo sich zuvor die Fremdenzimmer befunden hatten. Die neuen Möbel wurden in bekannter Aufmachung (cremefarbene Lackierung) bei Kowy & Iwinger erworben.[147] Neben dem neuen Schlafzimmer wurde ein Ammenzimmer mit Badewanne und Klosett durch die Firma John Th. Gramlick für den Betrag von 2.000 Kronen eingebaut.[148] Bis zum Tod des Thronfolgerpaares 1914 wurden an den Kinderzimmern nur noch Instandhaltungsmaßnahmen durchgeführt,

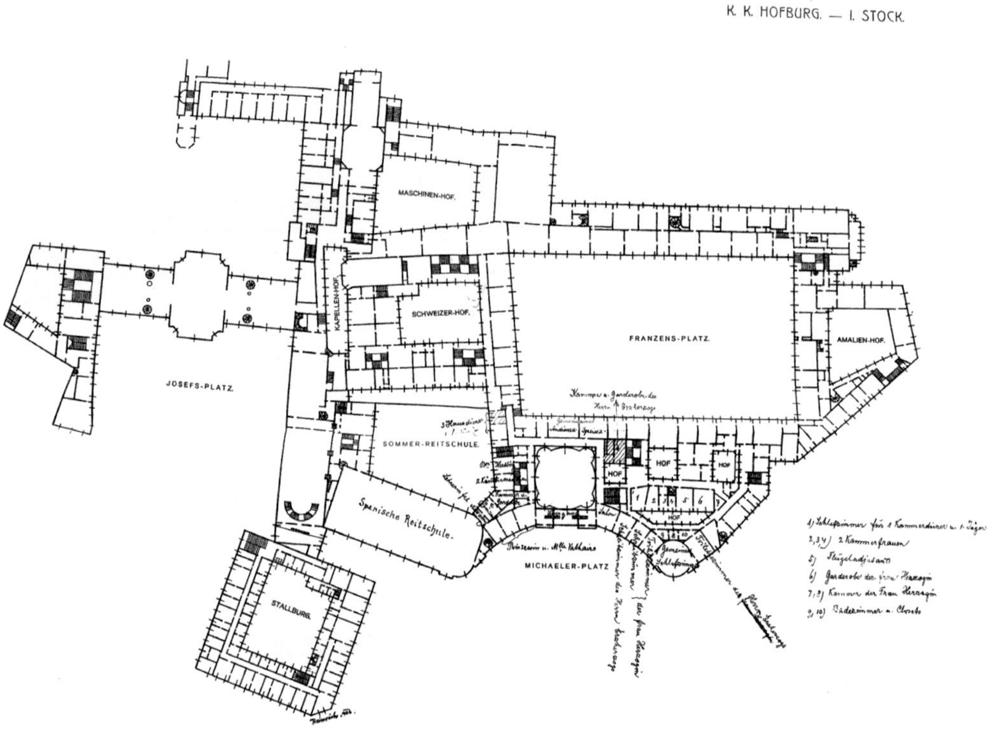

Abb. 18-117: Grundrissplan des Ausweichquartiers der erzherzoglichen Familie in der Wiener Hofburg, Papier, 1912 (© Schloss Artstetten)

wie zum Beispiel die 1913 beauftragte Neubespannung der Wände und Möbel mit einem französischen Cretonnestoff.[149]

Der Umbau des Appartements im Belvedere und die temporäre Bereitstellung eines Ersatzquartiers in der Wiener Hofburg, 1912

Im Frühling 1912 sollten im Belvedere erneut umfangreichere Bauarbeiten durchgeführt werden, die vor allem den Einbau eines Badezimmers für Erzherzog Franz Ferdinand sowie eines Badezimmers für seine Gattin Sophie umfassten. Da die Sanitärräume während der Umbauphase nicht benutzbar waren, musste die Familie des Thronfolgers unterdessen in ein Ausweichquartier in der Wiener Hofburg übersiedeln. Die temporäre Wohnung in der Hofburg sollte folgende Räume beinhalten:

»Bedarf an Wohnräumen für Seine k. u. k. Hoheit dem durchlauchtigsten Herrn EH FF und Höchstseiner Familie in der k. k. Hofburg

1 gemeinschaftliches Schlafzimmer, 1 gemeinschaftlicher Speisesalon, 1 gemeinschaftlicher Salon, 1 gemeinschaftliches Audienzzimmer

für Sr. K. u. k. Hoheit: 1 Toilettezimmer, 1 Schreibzimmer, 1 Schlafzimmer für Kammerdiener und 1 Jäger, 1 Schlafzimmer für 2 Hausdiener, 1 Raum für die Kammer, 1 Raum für die Garderobe Sr. K. u. k. Hoheit

für Ihre Hoheit: 1 Toilettezimmer, 1 Schreibzimmer, 1 Zimmer für die Kammer Ihrer Hoheit, 1 Raum für die Garderobe, 2 Zimmer für zwei Kammerfrauen

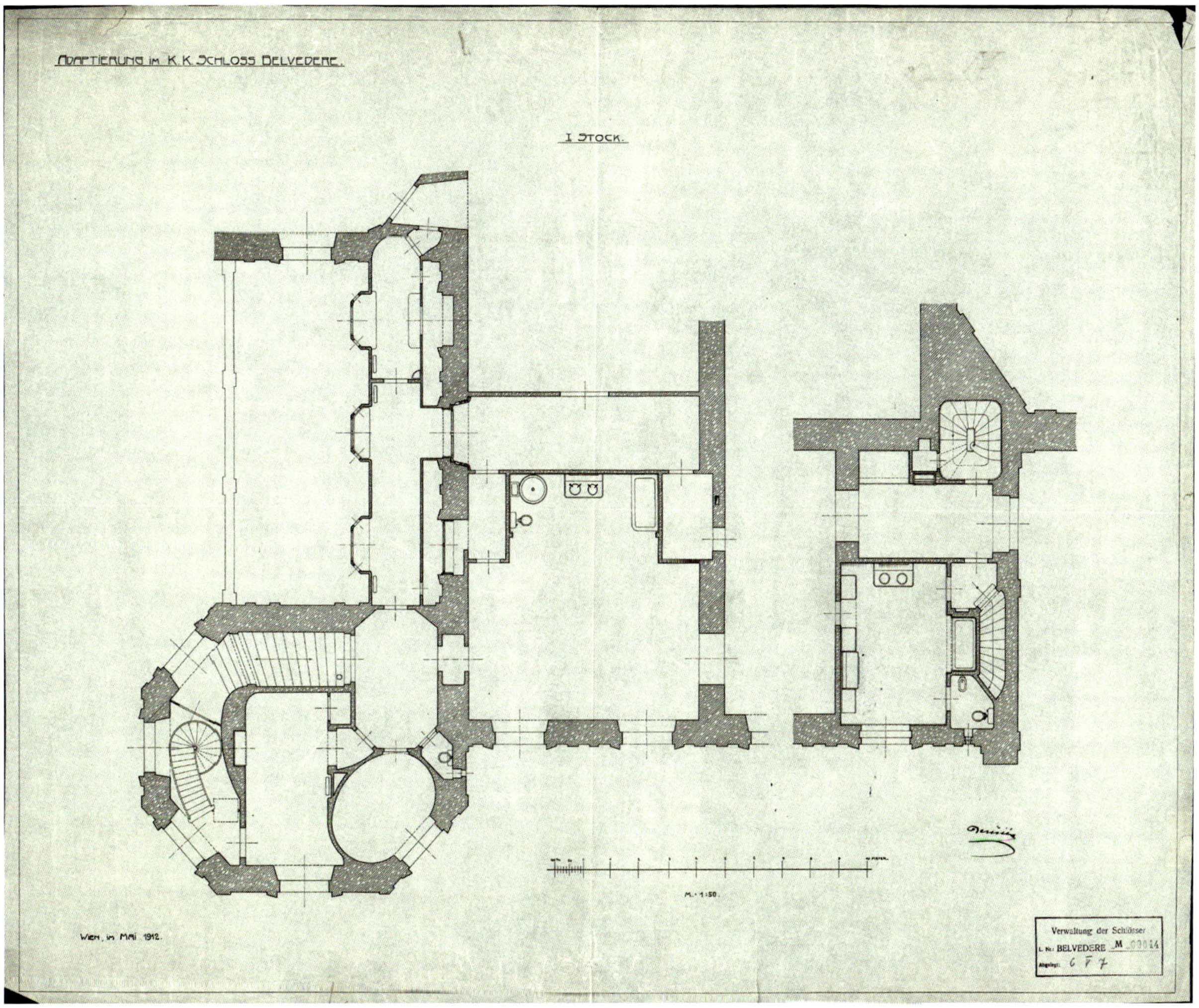

Abb. 18-118: Adaptierungen im ersten Stock des Oberen Belvederes: Errichtung eines Verbindungsganges auf der Westterrasse, Umbau des süd-westlichen Turmzimmers, Errichtung neuer Badezimmer für den Thronfolger und seine Gattin, Tinte auf Papier, 1912 (© BHÖ)

für die Höchsten Kinder: 1 Schlafzimmer für die beiden Prinzen, 1 Schlafzimmer für Prinzessin Sophie und die Mademoiselle Vathaire, 1 Zimmer für den Erzieher Baron Härtling, 1 Zimmer für die Lehrerin Fräulein Novotny, 1 Zimmer für die 2 Kindermädchen, 1 Zimmer für 1 Lakai und 1 Hausdiener, 1 Zimmer für 2 Hausdiener, 1 Zimmer für die Kammer mit Garderobe.«[150]

Als Ersatzquartier wurden die Fremdenappartements, das Michaeler, das Stephans- und das Schönborn-Appartement ausgewählt, die im Vorfeld von der Burghauptmannschaft instandgesetzt wurden. Die Räume erstreckten sich vom Reichskanzleitrakt bis hin zum Michaelertrakt (Abb. 18-117). Wie der Grundriss zeigt, waren das Audienz- und das Speisezimmer im Reichskanzleitrakt auf der Höhe der Michaelerkuppel angesiedelt. Die Wohnräume von Franz Ferdinand und Sophie gruppierten sich zur linken und zur rechten Seite des im zentralen Rundraum gelegenen gemeinsamen Schlafzimmers des rechten Flügels des Michaelertraktes. Zur Linken befanden sich ein Salon, das Schreibzimmer Franz Ferdinands, das Schreibzimmer sowie das Toilettezimmer Sophies. Das Toilettezimmer des Thronfolgers befand sich hinter dem gemeinsamen Schlafzimmer. Die Kinderzimmer waren im linken

Abb. 18-119: Das neue Badezimmer des Thronfolgers im Oberen Belvedere, 1912 (© ÖNB/Wien)

Abb. 18-120: Toilettetisch aus dem Badezimmer des Thronfolgers, Nussbaumholz, Alexander Albert/ Kowy & Iwinger, um 1900 (© Bundesmobilienverwaltung/EK)

Abb. 18-121: Tischlampe aus dem Badezimmer des Thronfolgers, Messing, Glas, um 1900 (© Bundesmobilienverwaltung/EK)

Teil des Michaelertraktes nächst der Spanischen Reitschule untergebracht.

Über die Ausstattung des Ausweichquartieres in der Hofburg ist wenig überliefert. Um der erzherzoglichen Familie die größte Bequemlichkeit bieten zu können, regte Burghauptmann Hauffe an, Möbel aus dem Belvedere in die Hofburg zu überstellen.[151] Welche Möbelstücke tatsächlich transferiert wurden, lässt sich allerdings nicht mehr eruieren. Fest steht aber, dass Franz Ferdinand Anfang April 1912 auf eine baldige Fertigstellung des Appartements in der Wiener Burg drängte, da er bereits Mitte April beabsichtigte, in der Hofburg abzusteigen.[152]

Wie ein Telegramm des Haushofmeisters Franz Janazcek an Herzogin Sophie belegt, schritten die Bauarbeiten im Belvedere nicht so rasch voran wie erwartet. Ursprünglich sollten die Adaptierungen zum 1. September 1912 abgeschlossen sein. Tatsächlich bewohnte Franz Ferdinand mit seiner Familie das Appartement in der Wiener Hofburg bis Ende September 1912.[153]

Die Bauarbeiten im Belvedere, die unter der Leitung des Baumeisters Felix Sauer durchgeführt wurden, umfassten in erster Linie den Neueinbau zweier Badezimmer für den Thronfolger und seine Gattin (Abb. 18-118), die Herstellung eines Verbindungsganges auf der Westterrasse zwischen den beiden Türmen, die Einrichtung aller neu hergestellten Nebenräume (Telefonzimmer, Putzzimmer etc.) und den Austausch der Wand- und Garniturbespannungen in den bestehenden Privaträumen des Thronfolgerpaares. Der Umbau des südwestlichen Oktogons beinhaltete den Einbau zweier Räume anstelle der vormaligen Kammer. Der erste war achteckig und der dahinter befindliche Raum oval. Zusätzlich wurden ein separates Klosett sowie eine eiserne Wendeltreppe eingebaut, die auf den Dachboden führte.

Der Verbindungsgang auf der Westterrasse wurde nötig, weil das Badezimmer des Erzherzogs vergrößert werden sollte. Dazu wurde die östliche und südliche Wand des bestehenden Badezimmers entfernt und die vormalige L-förmige Passage begradigt. Somit entstand in der ehemaligen Bildergalerie des Prinzen Eugen ein neues, nahezu quadratisches Zimmer. Da das ehemalige Vorzimmer, das das Toilettezimmer des Erzherzogs mit dem südwestlichen Turmzimmer verbunden hatte, nun eliminiert war, musste ein neuer, den Räumen vorgelagerter Verbindungsgang auf der Westterrasse geschaffen werden.

Im Badezimmer des Thronfolgers (Abb. 18-119) wurde an der Nordwand eine große Nische eingebaut, in der eine Badewanne, ein marmornes Doppelwaschbecken mit fließendem Wasser und ein Klosett installiert wurden. Die Nische wurde mit einem flach getäfelten Holzplafond und getäfelten Wänden aus Nussbaumholz mit Goldleisten und Bildhauerarbeit ausgeführt.[154] Die Wände erhielten eine Bespannung, bestehend aus Seidenrips auf Moltonunterlage.[155] Neben der Nische befanden sich ein Messingbett mit Nachtkästchen, ein Ruhebett sowie ein Toilettentisch (Abb. 18-120) von der Firma Alexander Albert sowie eine Tischlampe aus Messing (Abb. 18-121). Das heute noch vorhandene Ruhemöbel (Abb. 18-122) ist mit einem Klappmechanismus (Abb. 18-123) versehen, mit dem die Rückenlehne zurückgeklappt werden kann. Die Liege ist mit einem dunkelblauen Stoff bezogen, der im Original erhalten ist. Darüber war ein abnehmbarer Überzug angebracht. Die Möbel stammten aus dem 1900 eingerichteten Toilettezimmer des Thronfolgers und waren damals über das Generalunternehmen Kowy & Iwinger geliefert worden.

Das neben dem Toilettezimmer Sophies situierte Badezimmer (Abb. 18-124) wurde ebenfalls vergrößert, allerdings musste dazu die in das Erdgeschoss führende Stiege rückgebaut werden. Das neue Badezimmer erstreckte sich nun über zwei Drittel der Raumbreite. Anstelle der ehemals zweiläufigen Treppe wurde nun eine gebogene einläufige eingebaut. Zusätzlich wurde im Vorzimmer eine Wendeltreppe als Verbindung zum Erdgeschoss installiert. Das Badezimmer konnte sowohl durch einen kleinen Vorraum vom Vorzimmer als auch durch den vorhandenen Zugang direkt vom Toilettezimmer aus betreten werden. An der Stirnwand befand sich ein großer länglicher Waschtisch mit Marmorplatte, Messinggestell und zwei Waschbecken mit Armaturen. Im Gegensatz zu dem Waschtisch im Schlafzimmer war dieses Modell bereits an die Wasserleitung angeschlossen und somit mit fließendem Wasser ausgestattet. Die Badewanne war in einer Mauernische der Westwand situiert. Rechts daneben, in der Ecke neben dem Fenster, wurde eine separat begehbare Toilette installiert.

Die Westwand des Zimmers wurde mit einer Schrankwand versehen, in welcher in der Mitte eine Aufsatzkommode (Abb. 18-125) eingebaut war; ein Frisiertisch mit Stuhl stand im Zentrum des Rau-

Abb. 18-122: Ruhebett aus dem Badezimmer des Thronfolgers, Originaltapezierung erhalten, Kowy & Iwinger, um 1900 (© Bundesmobilienverwaltung/EK)

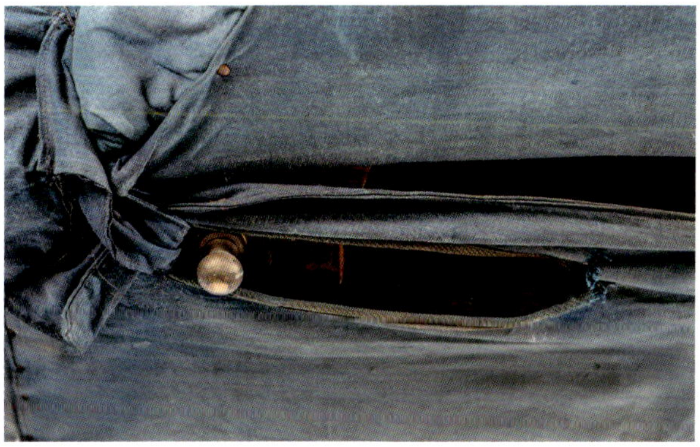

Abb. 18-123: Detail des Ruhebettes: Hebel zum Umklappen der Rückenlehne an der Rückseite des Möbels (© Bundesmobilienverwaltung/EK)

mes. Die Einrichtung hob sich stilistisch von jener der anderen Zimmer der Fürstin ab. Waren die Möbel in den Wohnräumen noch eindeutig in der konservativen Formenwelt des ausgehenden Historismus verhaftet, so machte das in Weiß-Gold gehaltene und aus Erlenholz gefertigte Mobiliar des Badezimmers einen modernen Eindruck und ließ mit seiner zarten Linienführung einen formalen Einfluss der Jugendstilbewegung erahnen. Ebenso wirkte das Muster des Seidenstoffes, mit dem das obere Wanddrittel, die Tischplatten und die Sitzmöbel bezogen waren, modern. Die Unterteilung der Wände mittels verschiedener Materialien (weiße Farbe und Stoffbespannung) ließ den Raum optisch niedriger wirken und betonte seinen intimen Charakter.

Die Ausführung der beiden Badezimmer sowie sämtlicher Bautischlerarbeiten in den Nebenräumen wurde dem Wiener Kunsttischler Jakob Soulek übertragen, der das günstigste Offert vorgelegt hatte.[156] Die Kosten der Adaptierungsarbeiten wurden mit 62.200 Kronen veranschlagt und bewilligt. Allerdings waren zu dem Zeitpunkt der Beauftragung die Änderungswünsche von Franz Ferdinand noch nicht präzisiert; sie wurden im Laufe der Durchführung wesentlich geändert und erweitert, was zu einem höheren Kostenaufwand führte.[157]

Abb. 18-124: Das neue Badezimmer von Sophie von Hohenberg im Oberen Belvedere, 1912 (© ÖNB/Wien)

Abb. 18-125: Aufsatzkommode aus dem Badezimmer von Sophie von Hohenberg, Nussbaumholz, lackiert, Messing, Josef Soulek, 1912 (© Belvedere/EK)

Ursprünglich war die Verwendung von Vorhandenem, wie zum Beispiel der Türen, Fenster, Heizkörperverkleidungen etc., angedacht gewesen, was sich allerdings im Laufe der Arbeiten als nicht umsetzbar herausstellte. Infolgedessen mussten alle Elemente neu angefertigt werden.[158] Der Baumeister Felix Sauer legte am 14. September 1912 eine Rechnung in Höhe von 45.000 Kronen vor.[159] Die Kosten für den Kunsttischler Soulek beliefen sich auf 48.141,33 Kronen.[160]

Das Badezimmer Sophies existierte bis 1992 im Belvedere. Im Zuge von Umbauarbeiten und der Wiedererrichtung des westlichen Stiegenhauses wurden sowohl die Dienertreppe als auch das Badezimmer der Fürstin entfernt.[161] Die Möbel (Abb. 18-125) werden heute im Depot des Belvederes verwahrt.

Möbel- und Antiquitätenankäufe für das Belvedere

1906 trat Erzherzog Franz Ferdinand eine verantwortungsvolle Position an, denn er wurde zum Leiter des Baues der Neuen Burg ernannt. Der Bau des neuen Burgflügels am Wiener Heldenplatz war ein Prestigeprojekt des Hofes, das zum Zeitpunkt der Übernahme durch Franz Ferdinand bereits seit fast vierzig Jahren andauerte.

Gleich zu Beginn seiner Tätigkeit setzte Franz Ferdinand eine Reform des Hofburgbaus durch. Er überzeugte Kaiser Franz Joseph davon, die Auflösung des Hofbaukomitees zu veranlassen, des Organs, das seit 35 Jahren für den Ablauf des Hofburgbaus verantwortlich zeichnete.[162] Stattdessen installierte der Thronfolger die sogenannte Burgbaukommission. 1907 entließ Franz Ferdinand den bisher leitenden Hofburg-Architekten Friedrich Ohmann (1858–1927), um ihn durch den Architekten Ludwig Baumann (1853–1936) zu ersetzen. Der Erzherzog erhoffte sich von dieser Reform die baldige Vollendung des Baus.

Zur Finanzierung des Burgbaues war der Stadterweiterungsfonds gegründet worden, der die Gelder für die Bauarbeiten zur Verfügung stellte. Bereits im Februar 1906 ersuchte der Thronfolger den Kaiser, dass ihm jährlich ein Betrag in der Höhe von 50.000 Kronen für den Ankauf von Kunstgegenständen und Antiquitäten für Einrichtungszwecke der Neuen Burg aus dem Budget des Stadterweiterungsfonds zur Verfügung gestellt werde:

»Seine kaiserliche und königliche Hoheit der Durchlauchtigste Herr Erzherzog Franz Ferdinand von Österreich-Este haben den Wunsch ausgesprochen, dass es ermöglicht werde, Kunstgegenstände und Einrichtungsstücke, welche zum Schmucke der Innenräume des Neubaues

Abb. 18-126: Teller aus dem »Porcelaine des Indes«, von Sophie von Hohenberg für das Belvedere angekauft, Porzellan, um 1912 (© Bundesmobilienverwaltung/MH)

Eurer Majestät Hofburg dienen können, schon dermalen, bei sich bietenden Gelegenheiten, zu erwerben. (...)

Die treugehorsamst Gefertigten erlauben sich, diese Angelegenheit bei der es sich um eine den Wiener Stadterweiterungsfonds betreffende außerordentliche Maßnahme handelt, der Ah. Schlussfassung Euerer Majestät zu unterbreiten und diesfalls Nachstehendes in tiefster Ehrfurcht auszuführen:

Der Bau des Flügels Eurer Majestät Hofburg ist zwar noch nicht so weit vorgeschritten, dass schon plangemäß an dessen innere Einrichtung gegangen werden könnte, zumal entgiltige Verfügungen hinsichtlich der Verwendung des größten Teiles der Räume noch nicht bestehen.

Fernerhin erschien es jedoch erwünscht, dass sich bietende Gelegenheiten nicht verabsäumt würden, um Objekte von Kunstwert, die zum Verkaufe gelangen und sonst in Privatbesitz, eventuell in das Ausland übergehen würden, für die Einrichtung und Ausschmückung Eurer Majestät Hofburg zu erwerben. (...)

Die Jahressumme von 50.000,– K erscheint zwar als eine sehr beträchtliche, doch kann nicht leicht unter das angegebene Maß herabgegangen werden, wenn die nötige Freiheit bestehen soll, das angesteckte Ziel zu erreichen.

Nach dem ehrerbietigsten Erachten der treugehorsamst Gefertigen wäre der erwähnte Betrag von je 50.000 K für zehn Jahre festzusetzen und hätten die auf Rechnung desselben verausgabte Summe die jährliche Dotation des Hofburgbaues zu belassen.«[163]

Kaiser Franz Joseph gab dem Ansuchen seines Neffen statt und bewilligte ihm das geforderte Budget für den Ankauf von Einrichtungsgegenständen. Obwohl die Gelder des Stadterweiterungsfonds ausschließlich für den Burgbau verwendet werden durften, wusste Erzherzog Franz Ferdinand diese neue Geldquelle geschickt auch für die Einrichtung seiner anderen Residenzen zu nutzen. Offiziell kaufte Franz Ferdinand Kunstobjekte, kunsthandwerkliche Gegenstände und Antiquitäten zur Einrichtung der Neuen Burg. Da aber diese – wie im Ansuchen erwähnt – noch nicht fertiggestellt und die Funktion der neu entstehenden Räume noch nicht eindeutig festgelegt war, ließ er die Ankäufe in seine anderen Schlösser, wie zum Beispiel das Belvedere oder Schloss Eckartsau, bringen, wo er sie für Einrichtungszwecke nutzte.

Umfangreiche Inventarlisten der Schlösser Belvedere, Eckartsau, Konopischt und Chlumetz[164] bezeugen die Übernahme von Objekten, die eigentlich für die Neue Burg bestimmt waren. Wie in einer Übergabeliste an das Belvedere vermerkt ist, sollte der Thronfolger die Anschaffungskosten an den Stadterweiterungsfonds erstatten, ob die Überweisung tatsächlich erfolgte, ist allerdings fraglich. Im März 1907 gelangten beispielsweise folgende Gegenstände in das Belvedere:

»Die ergebenst gefertigte Baukontrolle erstattet hiermit die Meldung, dass über Auftrag Sr. k.u.k. Hoheit des durchlauchtigsten Herrn Erzherzogs Franz Ferdinand nachstehende Antiquitäten aus den Sammlungen der neuen Hofburg am 9. März d.J. nach dem Schlosse Belvedere überführt wurden:

Inventar Nr. 86. Holzfigur, St. Florian (gekauft bei Jul. Böhler in München um 850 Mark)

Inventar Nr. 91: Kleine Holzgruppe (gekauft bei J. Schiftan in München um 250 Mark)

Abb. 18-127: Glasservice des Erzherzogs Franz Ferdinand, J. & L. Lobmeyr, 1912/13 (© Bundesmobilienverwaltung/ MH)

Inventar Nr. 93: Kehlheimer Platte mit Relief (gekauft bei J. Schiftan in München um 475 Mark)

Inventar Nr. 113: Holzfigur, Christus auf einem Esel reitend (gekauft bei Theodor Einstein & Co. in München um 350 Mark)

Inventar Nr. 114: Holzbüste der hl. Katharina (gekauft bei Theodor Einstein & Co. in München um 350 Mark)

Inventar Nr. 116: Holzbüste, Heiliger mit Buch (gekauft bei Theodor Einstein & Co. in München um 200 Mark)

Inventar Nr. 129: Holzfigur, Mutter Anna (gekauft bei Josef Gruber in München um 170 Mark)

Inventar Nr. 160: Spanische Büste aus dem XVI. Jahrhundert (gekauft bei J. Drey jun. in München um 350 Mark)

Inventar Nr. 162: Gothische Männerbüste (gekauft bei J. Drey jun. in München um 300 Mark)

Inventar Nr. 187 und 188: Romanische Holzfiguren, Frauengestalten (gekauft bei Zell in Salzburg zus. um 510 Kronen)

Inventar Nr. 218: Holzrelief, die hl. drei Könige darstellend, zus. 8 Figuren (gekauft bei Manuel Ruiz in Balaguer, Spanien um 400 Pesetas)

Diese Kunstgegenstände wurden nach deren Ausfolgung an die Bediensteten Sr. k. u. k. Hoheit aus dem Inventar der Baukontrolle ausgeschieden, wegen Refundierung der für diese Antiquitäten vom Stadterweiterungsfond ausbezahlten Beträge wird um Übermittlung der Kostenzusammenstellung an die erzherzogliche Kammer ersucht.«[165]

Interessant erweisen sich diese Inventarlisten auch in Bezug auf die erzherzoglichen Bezugsquellen von Kunstgegenständen. Wie die Inventarliste zeigt, stammten sämtliche Objekte aus dem Kunsthandel, in diesem Falle wurden sie fast zum Großteil aus dem Münchner Antiquitätenhandel erworben.

Um 1912 bestellte der Hof im Auftrag von Sophie Hohenberg ein Porzellan- und ein Glasservice für das Schloss Belvedere bei der Firma J. & L. Lobmeyr. Bei dem sogenannten »Porcelaine des Indes« (Abb. 18-126) handelte es sich um eine genaue, in Paris angefertigte Reproduktion von alten Originalen mit dem kaiserlichen Adler Kaiser Josefs I. Das im Barockstil ausgeführte Glasservice war mit einer gravierten Zackenbordüre und mit dem alten

Reichsadler versehen. Das Porzellan wurde für 50 und das Glasservice für 30 Personen geordert.[166] Bei beiden Service traten Produktionsfehler auf. Bei der Übernahme des Essgeschirrs wurden ungleiche Tellerformen, die fehlerhafte Auftragung von Farben sowie die mangelhafte Vergoldung der Ränder beanstandet. Die Schlossverwaltung hegte sogar Ängste, »dass einzelne der zu stark aufgetragenen Emailfarben-Partikelchen etwa während des Gebrauchs sich loslösten, mit den Speisen vermengt, zu unvermuteten Erkrankungen führen könnten.«[167] Die Bedenken wurden vom Lieferanten als unbegründet dargestellt und die ausgeschiedenen Stücke durch vorrätige Reservestücke ersetzt.

Ein Fehler anderer Art betraf das ebenfalls von der Firma Lobmeyr gelieferte Glasservice (Abb. 18-127). Bei der Überprüfung der Gravuren wurde festgestellt, dass bei den Weinflaschen die Schwingen des Kaiseradlers neun Federn und bei allen anderen Glassorten nur acht Federn aufwiesen. Der Lieferant erkannte diese Ungleichheit als ein Versehen des Zeichners an, bemerkte aber, dass diese nicht auffallend sei. Da die Schlossverwaltung jedoch selbst nicht mit Bestimmtheit behaupten konnte, welche Federnanzahl der alte Reichsadler besessen hatte (sieben oder acht), wurde die Aufhebung dieses ästhetischen Makels nicht weiter verfolgt.[168]

Erzherzog Franz Ferdinand und die moderne Kunst

In der Donaumonarchie, im Speziellen in der Hauptstadt Wien waren die Jahre um 1900 von dem aufkeimenden Konflikt zwischen Tradition und Moderne in den Bereichen Politik, Wirtschaft, Kunst und Kultur geprägt. Durch gesellschaftliche und politische Veränderungen herrschten zur Jahrhundertwende zum einen Fortschrittsglauben und zum anderen Veränderungswünsche vor, die jedoch durch die tatsächliche stagnierende Situation und die Vormachtstellung des reaktionären Kaisers und des Hofes nur langsam durchsetzbar waren.[169]

In der zweiten Hälfte des 19. Jahrhunderts florierte die Wirtschaft durch die einsetzende Industrialisierung. Dadurch erlebte auch das aufstrebende Bürgertum eine enorme Aufwertung, die ab 1867 in einer liberalen Regierung gipfelte. In Wien brachte der Bau der Ringstraße, an der sich wohlhabende bürgerliche Familien Seite an Seite mit dem Adel prunkvolle Palais errichten ließen, die neue Stellung der Bourgeoise zum Ausdruck. Im Gegensatz dazu war die Situation des Proletariats von Armut und Elend gekennzeichnet; auch der massive Zuzug aus den Kronländern trug nicht dazu bei, die Situation der unteren Bevölkerungsschicht zu verbessern. Um 1900 entwickelte sich die Stadt Wien zu einer multikulturellen Metropole, »in der jedoch die politische Integration der verschiedenen Ethnien und sozialen Schichten misslang.«[170] Das Klima war durch Deutschnationalismus, politischen Antisemitismus und Ausländerfeindlichkeit geprägt. Darüber hinaus hatte die Monarchie mit internen Konflikten der einzelnen Nationalitäten, die mehr Selbstverwaltung und Rechte einforderten, zu kämpfen.[171] Politische Reformversuche wurden durch die fortschrittsfeindliche Haltung des Kaisers im Keim erstickt, es herrschte ein Zustand kultureller und politischer Stagnation.[172]

Dieser vielschichtige politische Hintergrund hatte natürlich auch Auswirkungen auf das Kulturschaffen. So waren im Bereich der Architektur und der Innenausstattung zur Jahrhundertwende zwei gegensätzliche Strömungen zu beobachten. Zum einen war dies der Historismus, der mit seinem Mix unterschiedlicher Stilmodi seit den 1830er-Jahren – in den 1880er und 1890er dominierte das Neobarock – zum alles dominierenden Staatsstil herangereift war und auch von offizieller Seite des Hofes und vom Kaiser gefördert wurde. Zum anderen konnte sich der seit den 1890er-Jahren aufkommende neue Jugendstil etablieren, und die jungen Künstler sorgten mit ihren modernen Entwürfen für nationales und internationales Aufsehen. Rückblickend wird das Kunstschaffen in Wien in der Zeit um die Jahrhundertwende immer mit der aufstrebenden Jugendstilbewegung in Verbindung gebracht; dass zeitgleich historistische Entwürfe das Stadtbild und die offiziellen Aufträge prägten, ist nahezu in Vergessenheit geraten.

Der Wiener Hof – allen voran Erzherzog Franz Ferdinand – zählte eindeutig zu den Anhängern des Historismus. Der Thronfolger lehnte offiziell die modernen Strömungen und deren Vertreter ab.[173] Dies machte sich unter anderem bei der größten und seit fast vierzig Jahren bestehenden Baustelle des Reiches, dem Bau der Neuen Burg, bemerkbar. Franz Ferdinand spielte für die Fertigstellung dieses Monsterprojektes eine entscheidende Rolle, wurde ihm doch 1906 von Kaiser Franz Joseph die Bauleitung der neuen Burg übertragen.

Das Kunstverständnis des Erzherzogs wurde schon öfters analysiert und interpretiert.[174] Gängiger Forschungskonsens ist, dass dem Thronfolger eine Vorliebe für das Neobarock nachgesagt wird und er als absoluter Moderneverweigerer gilt. Im Folgenden möchte ich diese zwei dem Thronfolger zugesprochenen Eigenschaften hinterfragen und meine eigenen Thesen zu der Thematik darlegen.

Seit den 1880er-Jahren fand in der Hauptstadt der Monarchie eine Umorientierung von der bis dahin dominierenden Neorenaissance zum Neobarock statt. Dieser Stilwandel geht auf den Wiener Kunsthistoriker Albert Ilg zurück, der 1880 unter dem Pseudonym Bernini der Jüngere die Schrift »Die Zukunft des Barockstils«[175] verfasste. Darin wird das Neobarock in Rückbesinnung auf die Blüte des Habsburgerreiches im 18. Jahrhundert unter Kaiser Karl VI. und Kaiserin Maria Theresia als neuer österreichischer Nationalstil vorgestellt. Sowohl Eva Ottillinger als auch Peter Haiko weisen Franz Ferdinand als Verfechter des Neobarock aus. So schreibt Haiko in seinem Aufsatz »Bauen in der Versuchsstation Weltuntergang«[176]: »Hinter der architektonischen Festschreibung des klischeehaft Wienerischen (des Neobarocks) verbirgt sich eine höchst signifikante Ideologie mit dem habsburgischen Thronfolger als prominentesten Vertreter. Mit dem vermeintlich bodenständig ›Wienerischen‹ des Barock und Neo-Barock stemmt man sich mit aller Kraftanstrengung gegen die definitiv als international-kosmopolitisch angesehene Neo-Renaissance.« Beide Autoren beziehen sich in Bezug auf Franz Ferdinands (scheinbare) Vorliebe für das Neobarock auf dessen Naheverhältnis zu dem Kunsthistoriker Albert Ilg[177] und auf die Tatsache, dass Franz Ferdinand das barocke Schloss Belvedere in Wien als Wohnsitz wählte.[178]

Zu bedenken ist hierbei allerdings, dass sich diese Beurteilungen nur auf seine im Dienst des Hofes ausgeführte Tätigkeit als Leiter des Hofburgbaues und auf seine – vermeintlich selbst gewählte – Wiener Residenz, das Schloss Belvedere, beziehen. Dieses befand sich jedoch im Eigentum des Staates und wurde ihm vom Kaiser in seiner Funktion als Thronfolger zugewiesen. Seine gesamte umfangreiche, sich über Jahre erstreckende Tätigkeit im Bereich der Architektur und Denkmalpflege, die immerhin die Restaurierung und den Umbau von insgesamt acht Schlössern umfasste, werden dabei aber außer Acht gelassen. Die bestehenden Auseinandersetzungen mit der Person des Erzherzogs beschäftigten sich immer nur mit einem Teilaspekt seines vielfältigen Schaffens; sie sind daher zu eng gefasst und werden seiner vielschichtigen und teilweise auch ambivalent agierenden Persönlichkeit nicht gerecht.

Als der Thronfolger 1906 die Leitung des Hofburgbaues übernahm, war der seit Jahrzehnten laufende Bau ins Stocken geraten; bis dahin hatte lediglich der Burggartenflügel mit dem Corps de logis in seinen Grundzügen realisiert werden können. Von dem Erzherzog erhoffte man sich nun eine rasche Fertigstellung des Baues. Im Rahmen der ersten Sitzung der neu gegründeten Burgbaukommission stellte der Thronfolger die Weichen für die Zukunft. Ins Zentrum seines neuen Konzeptes rückte er die alte Hofburg, die bis dahin in den Planungen zur Neuen Burg mit keiner besonderen Hervorhebung bedacht worden war, und stellte somit den denkmalpflegerischen Aspekt in den Vordergrund. Franz Ferdinand war der Ansicht, dass »das (ursprüngliche) Projekt Sempers und Hasenauers auf den historischen Wert und die Schönheit der alten Hofburg gar keine Rücksicht nehme, (…) die Ausführung enorme Kosten erfordern würde (…) und der geplante Gesamtkomplex für den wirklichen Bedarf viel zu groß sei.«[179] Der Thronfolger sprach sich somit dezidiert für die Verkleinerung und eine zügige Fertigstellung des Projektes aus.

War bis dahin in allen Planungen vorgesehen, dem Leopoldinischen Trakt einen Mitteltrakt, in dem der Festsaal untergebracht werden sollte, vorzulagern, sprach sich nun der Erzherzog für die Belassung des Leopoldinischen Traktes als »historisches Moment« aus. Er regte an, die Festräume im Anschlusstrakt und in Verbindung mit der alten Hofburg unterzubringen. Die (letztendlich nicht erfolgte) Errichtung des Volksgartenflügels war für den Erzherzog »ein Gebot der Symmetrie.«[180]

Im Sommer 1907 genehmigte Franz Ferdinand die Entwürfe des neuen leitenden Architekten Ludwig Baumann. Dem Wunsch des Thronfolgers entsprechend nahmen sie auf den bestehenden Leopoldinischen Trakt Rücksicht, der nun nicht mehr verbaut werden sollte.[181] Warum Franz Ferdinand in Zusammenhang mit dem Bau der Neuen Burg als Barockenthusiast ausgewiesen wird, bleibt fraglich, da gerade diese im Gegensatz zu der 1893 fertiggestellten Fassade des Michaelertraktes[182] wenig neobarocke Elemente aufzuweisen hat. Wenn man Franz Ferdinands Wirken als Bauherr in Bezug auf sämtliche seiner Residenzen betrachtet, fällt zudem auf, dass er bei der Festlegung der bautechnischen Maßnahmen immer die Orientierung an der Altsubstanz beziehungsweise die Einbeziehung des historischen Originalzustandes im Fokus hatte. Dies ist meiner Meinung nach der alles entscheidende Aspekt, wenn man den Erzherzog in seiner Funktion als Bauherr beurteilen will.

Zwei Aspekte bestimmten sein Handeln: Franz Ferdinand war begeisterter Denkmalschützer und er war leidenschaftlicher Sammler. Von der Wichtigkeit des Denkmalschutzgedankens im Wirken Franz Ferdinands zeugt auch Theodor Brücklers beeindruckendes Werk, das die Transkription und Analyse der sogenannten »Kunstakten« der Militärkanzlei des Thronfolgers zum Inhalt hat.[183] Wie daraus hervorgeht, verfolgte der Erzherzog die Grundsätze der um 1900 sogenannten »modernen Denkmalpflege«, die auf den Theorien des Kunsthistorikers Max Dvořáks aufbaute. Sie umfassten die Bewahrung des »gewachsenen« Zustandes eines Denkmals, die Vermeidung von Ergänzungen und Hinzufügungen und die Bedeutung und Vorrangigkeit des Originals.[184]

Von 1910 bis 1914 fungierte der Erzherzog als Protektor der Zentralkommission für Denkmalpflege. Der Berater des Thronfolgers in Kunstfragen, Georg Graf Mycielski, beschrieb Franz Ferdinands Zugang zur Denkmalpflege wie folgt:

»Als ein charakteristisches Merkmal seiner diesbezüglichen Tätigkeit muß die wahre Aversion des Erzherzogs gegen jede Stilfälschung erwähnt werden. Dies ist das Hauptleitmotiv seiner Tätigkeit auf dem Gebiete der neu entstehenden und sein oberster Grundsatz bei der Erhaltung und Renovierung der alten Bauten: Erhalten, was sich erhalten lässt und darin bis zu den äußersten Grenzen der Möglichkeit gehen, nie sklavisch nachahmen, und wenn man in der unmittelbaren Nachbarschaft erhaltener Teile eines alten Baues eine Zubau ausführen muß, diesen Zubau nie nach dem alten kopieren, sondern ihn möglichst einfach gestalten und ihm stets einen deutlich abweichenden Zug geben! Es soll jeder sofort klar sehen, was alt und was neu ist, aber der neue Teil soll nicht im Gegensatz zum alten stehen, er soll den letzteren nur ergänzen und seine künstlerische Schönheit hervorheben. Das ist, wie mir scheint, das Hauptprinzip des Erzherzogs als Konservator.«[185]

Franz Ferdinands einschränkende Haltung gegenüber dem großen Ausbauprojekt der Neuen Burg sowie das Sichtbarlassen und die Hervorhebung der alten Burg ist meiner Meinung nach eindeutig auf seine denkmalpflegerische Geisteshaltung zurückzuführen. Sie ist nicht, wie von Peter Haiko interpretiert wurde, als Franz Ferdinands reaktionärer Ausdruck der »Restauration der alten historischen Habsburgermacht«[186] zu verstehen. Weiters vergisst Haiko bei seiner Betrachtung einen gewissen pragmatischen Zugang. Bei dem seit vierzig Jahren laufenden Hofburgbau handelte es sich, wie dargelegt, um ein offizielles Bauvorhaben des Hofes – auf Franz Ferdinands Schultern als Bauleiter lastete somit sowohl in finanzieller als auch in zeitlicher Hinsicht ein Fertigstellungsdruck.

Um den persönlichen Geschmack des Thronfolgers wirklich beurteilen zu können, müssen seine privaten Residenzen betrachtet werden, bei denen seine individuellen Vorlieben besser zum Ausdruck kommen konnten als bei dem höfischen Großbauprojekt. Im Gegensatz zu den staatlichen Aufträgen war bei privaten Bauaufgaben dem Bauherrn die Wahl des Stiles überlassen. So herrschte in den Privatresidenzen Franz Ferdinands nicht nur das Neobarock vor, sondern es existierte ein bunter Stilpluralismus, wie er im ausgehenden 19. Jahrhundert üblich war. Besonders auffällig ist bei Franz Ferdinands Wahl des jeweiligen Stiles die erwähnte Rücksicht- und Bezugnahme auf die historische Substanz eines Bauwerkes. Dies erklärt auch, warum im Belvedere, dessen barocker Zustand aus der Zeit des Prinzen Eugen zum Zeitpunkt der Übernahme durch Franz Ferdinand noch weitgehend erhalten war, sehr wohl das Neobarock zum Leitstil für alle Neuausstattungen und anschaffungen gewählt wurde – aber eben aus einem anderen Beweggrund heraus als gemeinhin angenommen: Die Wahl für das Neobarock fiel nicht, weil es der Thronfolger für den höfischen Repräsentationsstil schlechthin hielt, sondern weil er sich aus Gründen der Denkmalpflege dafür entschied.

Anders verhält es sich bei Schloss Konopischt, wo beispielsweise zu beobachten ist, dass sich die Ausstattung der Räumlichkeiten nicht nur an dem bestehenden Schloss, sondern vor allem an den Raumfunktionen orientierte und es zum zeitgleichen Einsatz von Neobarock, Neorokoko, Neorenaissance sowie der damals in Adelskreisen durchaus beliebten Übernahme von Orientalismen kam. So war das Arbeitszimmer Franz Ferdinands im Neorenaissancestil, hingegen die Räume seiner Gattin im Neorokokostil gehalten. Das Rauchzimmer war als orientalisches Kabinett eingerichtet. Diese Stilzuordnung nach Raumfunktionen entspricht dem bereits 1887 von Jean Pape zusammengestellten Ratgeber, der einzelnen Musterzimmern unterschiedliche Stile anhand ihrer Funktion zuordnete.[187] So sollte das Herrenzimmer im Neorenaissancestil ausgeführt werden, das Neorokoko wurde hingegen für die weiblich konnotierten Räume wie zum Beispiel den Damensalon oder das Boudoir empfohlen.

Wie im Historismus ebenfalls weit verbreitet, ließ Franz Ferdinand in einigen seiner Schlösser, wie zum Beispiel Konopischt oder Blühnbach, Elemente – zumeist Wand- und Deckenverkleidungen oder Kamine – aus dem Mittelalter oder der Renaissance einbauen. Dies diente der Steigerung der Authentizität der Ausstattung und zur Sicherung des Fortbestandes der historischen Objekte.[188] Im erst 1834 errichteten Jagdschloss Lölling spielte wiederum die ländliche Lage des Gebäudes eine große Rolle. So setzte sich dort die Einrichtung auf Wunsch Franz Ferdinands vorwiegend aus volkstümlichen Kunst- und Gebrauchsgegenständen zusammen. Wie anhand dieser Beispiele aufgezeigt werden kann, waren die Beweggründe des Erzherzogs für die Verwendung eines speziellen historischen Stiles weitaus vielschichtiger und komplexer, als ihm bisher zugestanden wurde.

Bei Franz Ferdinands Neueinrichtungen herrschte zumeist ein späthistoristischer Mix aus der Formenwelt der Neorenaissance und des Neorokoko vor; es lässt sich eine Präferenz des Erzherzogs zu dunklem ungebeiztem Nuss- oder Eichenholz ablesen. Zusammenfassend muss bemerkt werden, dass in Bezug auf Franz Ferdinands Einrichtungsgeschmack also deutlich zwischen dem Umgang mit historischen und mit neu geschaffenen Räumlichkeiten unterschieden werden muss.

Neben seiner Vorliebe für das Neobarock wurde Franz Ferdinand immer wieder eine ablehnende Haltung gegenüber jeglichem modernen Kunstschaffen nachgesagt.[189] Wie schon Theodor Brücklers Studien der Kunstakten im Kriegsarchiv belegen, war der Thronfolger als absoluter Moderneverweigerer bekannt und gefürchtet.[190] Vor allem im Rahmen seiner Tätigkeit als Bauleiter des Hofburgbaues und als Protektor der Zentralkommission für Denkmalpflege hegte Franz Ferdinand große Abneigung gegenüber allen modernen Strömungen. Geschickt wusste der Erzherzog seine Machtposition und seinen Einfluss geltend zu machen, um zum Beispiel die Beauftragung von modernen Künstlern zu verhindern. Bekannt ist auch seine Einflussnahme auf die Besetzung von Lehrstühlen; besonders engagiert zeigte er sich gegen die Berufung Josef Plecniks (1872–1957) als Nachfolger von Otto Wagner (1841–1918) für die Leitung der Architekturklasse an der Akademie der bildenden Künste.[191] Mit allen ihm zur Verfügung stehenden Mitteln versuchte er den Einfluss Otto Wagners und von dessen Schülern zu schmälern. Die Künstlervereinigung Secession bildete für den Erzherzog das Feindbild Nummer eins. Wie Franz Ferdinands Schriftverkehr zu entnehmen ist, waren die Begriffe »Secessionist« bzw. »secessionistisch« für ihn negativ konnotiert und er verwendete sie als abwertende Generalbezeichnung für alle modernen Tendenzen und Kunstwerke.[192]

Seit 1897 war die von 19 Künstlern gegründete »Vereinigung bildender Künstler Österreichs, Secession«, zu deren Präsident Gustav Klimt (1862–1918) gewählt wurde, in der modernen Jugendstilbewegung federführend. Der Leitsatz der Künstlervereinigung lautete: »Der Zeit ihre Kunst, der Kunst ihre Freiheit.« Bereits 1898 wurde das neue Ausstellungsgebäude der Secessionisten eröffnet, das nach Plänen von Joseph Maria Olbrich (1867–1908) errichtet worden war. In den Ausstellungen wurden neben modernen Kunstwerken auch kunstgewerbliche Arbeiten vorgestellt; sie dienten zur Verbreitung des neuen Stils. Eine enge Zusammenarbeit bestand zwischen den Mitgliedern der Secession, zu denen unter anderem Josef Hoffmann (1870–1956) und Koloman Moser (1868–1918) zählten, und der Kunstgewerbeschule, an der secessionistische Lehrer unterrichteten, wie auch dem Österreichischen Museum für Kunst und Industrie.[193]

Allerdings kann die »Wiener Moderne«, wie Frauke Severit bereits festgestellt hat, »nicht als geradliniger Fluß modernen Wollens verstanden werden, sondern als Suche nach immer neuen Ausdrucksformen im Zeichen einer Selbstvergegenwärtigung in einem durch Verunsicherung und Werteverlust gekennzeichneten Zeitalter, die durchaus auch ambivalente bzw. reaktionäre Tendenzen mit sich führte.«[194] Ein Beispiel dafür sind die um 1900 in Wien ansässigen Handwerksunternehmen. Interessanterweise sind es oftmals dieselben Hersteller, die sowohl die im tiefsten Späthistorismus verhafteten Möbel für den Wiener Hof schufen als auch zeitgleich für die Architekten des Jugendstils die modernsten Entwürfe anfertigten.

Eine der führenden Ausstattungs- und Tischlerfirmen in Wien zur Jahrhundertwende war die Firma Portois & Fix. Das Unternehmen wurde im Mai 1881 von Anton Fix und August Portois gegründet und umfasste den Handel von Möbeln, Tapeten, Marmorkaminen und Dekorationsgegenständen. Anton Fix (1846–1918) stammte aus einer Wiener Tapeziererfamilie. Bereits 1873 beteiligte er sich erfolgreich an der Wiener Weltausstellung. Sein Geschäftspartner August Portois (um 1841–1895) war bereits seit den 1870er-Jahren in Wien im Bereich der Raumausstattung als Gesellschafter des Ausstattungsbetriebes Societé Commercial de Paris tätig, eines Unternehmens, das komplette Wohnungseinrichtungen für gehobene Ansprüche anbot und auch immer wieder für den Kaiserhof arbeitete.[195] So erneuerte der Ausstattungsbetrieb 1874 Vorhänge, Wandbespannungen, Teppiche und Möbelpolsterungen in dem Appartement von Kaiserin Elisabeth in Schönbrunn. 1881 zeichnete August Portois für die Einrichtung des Kronprinzenappartements in der Prager Burg verantwortlich.[196] Nachdem August Portois das Unternehmen 1894 verlassen hatte, führte Anton Fix die Geschäfte alleine erfolgreich weiter.

1898 übernahm Portois & Fix einen Großteil der Ausstattungsarbeiten im neu installierten Appartement des Thronfolgers im Belvedere. Neben der Instandsetzung der Raumschalen war der Betrieb mit der Restaurierung der originalen barocken Prunktische sowie mit der Neuanfertigung von Möbeln im neobarocken Stil betraut. Die Möbel waren im sogenannten »Belvedere Styl« gehalten, der eine überbordende, am Formenvokabular des Barock angelehnte, dem persönlichen Geschmack des Thronfolgers geschuldete Formensprache aufwies. Als prägnantestes Beispiel in diesem Zusammenhang ist die mächtige vergoldete Garnitur aus dem kleinen Empfangssalon (Abb. 18-19) zu nennen.

Die Handwerker der Firma Portois & Fix meisterten sämtliche unterschiedlichen Aufgaben, wie die Restaurierung der Altsubstanz, die exakte Kopie des

Abb. 18-128: Koloman Moser, Speisezimmereinrichtung »Der reiche Fischzug«, Ausführung: Portois & Fix, 1900 (© Das Interieur IV, 1903)

Abb. 18-129: Koloman Moser, Anrichte »Der reiche Fischzug«, Ahorn, Mahagoni, Buchsbaum, Messing, Ausführung: Portois & Fix, 1900 (© Galerie bel etage, Wien)

historischen Mobiliars sowie die freie Interpretation eines historischen Stiles bei den Neuanfertigungen zur vollsten Zufriedenheit des Thronfolgers. Umso erstaunlicher erscheint es, dass dasselbe Unternehmen zur gleichen Zeit auch mit völlig anderen Aufgabestellungen betraut war.

Die hohen handwerklichen Fähigkeiten der Mitarbeiter wurden auch von den Jugendstilarchitekten sehr geschätzt, die das Unternehmen ebenfalls mit der Herstellung ihrer Möbel beauftragten. So fertigte Portois & Fix im Jahr 1900 die komplette Speisezimmereinrichtung »Der reiche Fischzug« (Abb. 18-128) nach einem Entwurf von Koloman Moser an. Wie anhand der modern anmutenden Anrichte (Abb. 18-129), die mit ihrer einfachen Grundform und ihren kunstvoll ausgeführten Einlegearbeiten besticht, zu sehen ist, hätte der Kontrast zu den nahezu zeitgleich entstandenen Möbeln für das Belvedere nicht größer sein können.

Auch in den zu Beginn des neuen Jahrhunderts zur Ausschreibung gelangten Wettbewerben spiegelten sich die virulenten Auffassungsunterschiede von Architektur zwischen den Anhängern des Späthistorismus einerseits und den Vertretern der Moderne andererseits wider.[197] Dass traditionelle und moderne Elemente aber auch von ein und derselben Person je nach Anlass scheinbar widerspruchslos verwendet werden konnten, zeigt zum Beispiel der von Erzherzog Franz Ferdinand persönlich sehr geschätzte Architekt Ludwig Baumann. Baumann erhielt 1908 den Auftrag für das k. u. k. Kriegsministerium und konnte sich gegen zahlreiche Konkurrenten durchsetzen, darunter auch moderne Vertreter wie Otto Wagner oder Adolf Loos. Sein realisierter Entwurf im Neobarockstil entsprach dem späthistoristischen »Reichsstil« und drückte somit die ruhmreiche barocke Vergangenheit der Monarchie aus. Das Kriegsministerium war der letzte habsburgische Monumentalbau an der Wiener Ringstraße, der noch kurz vor dem Ausbruch des Ersten Weltkrieges fertiggestellt wurde.

Formal stand er im Kontrast zu den am Stubenring gegenüberliegenden Gebäuden der Wiener Handelskammer und der Postsparkasse. Im Gegensatz zu dem im Neobarockstil gehaltenen Ministerium trugen sowohl die Fassade als auch die Innenausstattung der Handels- und Gewerbekammer, die ebenfalls von Ludwig Baumann geplant und 1907 fertiggestellt wurde, teils im Jugendstil verhaftete modernistische und teils stilpluralistische Züge. Die Radikalität eines Otto Wagner, der sich nebenan mit seinem Postsparkassengebäude ein modernes Denkmal gesetzt hatte, sucht man jedoch bei Ludwig Baumann vergebens. Aufgrund seiner Erfahrung und Ausbildung wusste Baumann je nach Wunsch des Auftraggebers mit den verschiedenen Stilelementen zu spielen und sie unaufgeregt zu kombinieren.

Obwohl Franz Ferdinand laufend seine Abneigung gegenüber dem modernen Kunstschaffen zum Ausdruck brachte, finden sich überraschenderweise dennoch moderne Elemente in seinen Privatresidenzen wieder. Ein Gebiet, auf dem er dem Zeitstil folgte, war die Gartenkunst. So ließ er im Park von Schloss Konopischt einen Garten nach modernem englischem Vorbild anlegen. Die weiß lackierten hölzernen Gartenmöbel folgten in ihrer zurückhaltenden Linienführung und der Dekorlosigkeit ebenfalls dem Stil der Zeit.[198] Im Inneren von Schloss Konopischt befanden sich in den Schlafräumen des Thronfolgerpaares sowie in den Kinderzimmern Jugendstilgrafiken. Darüber hinaus waren die Wände und Möbel mit einem floralen Stoff (Abb. 15-54, 15-55) bespannt, dessen Muster ebenfalls an die Ornamentik des Jugendstils erinnert. Zu guter Letzt muss in diesem Zusammenhang auch das bereits erwähnte, 1912 im Belvedere installierte Badezimmer der Fürstin (Abb. 18-124) genannt werden. Sowohl die Möbel als auch die Wandgestaltung trugen eindeutig modernistische Züge. Wie zu sehen ist war der Erzherzog modernen Tendenzen gegenüber nicht nur negativ eingestellt. Obwohl er moderne Kunst generell ablehnte, konnte er sich dennoch nicht völlig der modernen Ornamentik und Formgebung in der Raumgestaltung entziehen.

Das Obere Belvedere nach dem Tod von Erzherzog Franz Ferdinand und seiner Gattin Sophie

Nachdem Franz Ferdinand und Sophie am 28. Juni 1914 einem Attentat zum Opfer gefallen waren, wurde noch im Sommer desselben Jahres die im Unteren Belvedere untergebrachte Militärkanzlei des Thronfolgers aufgelöst. Die Wohn- und Repräsentationsräume im Oberen Schloss wurden Ende Oktober abgeriegelt und waren weder für die Kinder noch für den Schlosshauptmann Mammer zugänglich.[199] Im Sommer 1917 wurde das Schloss gesäubert und diente bis zum Ende der Monarchie Erzherzog Maximilian Eugen (1895–1952), dem Bruder Kaiser Karls, und seiner Frau Prinzessin Franziska zu Hohenlohe-Schillingsfürst als Wohnsitz.

1923 wurde das Barockmuseum im Unteren Belvedere eröffnet. Das Obere Belvedere sollte ebenfalls von einem Wohngebäude in ein Ausstellungshaus umgewandelt werden. Hierzu wurden im Inneren die Öfen, Kamine und Supraporten entfernt. Die durch Franz Ferdinand veranlassten baulichen Veränderungen am Außenbau blieben vorerst noch bestehen. 1924 konnte die Galerie des 19. Jahrhunderts im Oberen Schloss eröffnet werden.

Während des Zweiten Weltkrieges wurde das Schloss durch mehrere Bombentreffer schwer beschädigt. Eine Restaurierung des Gebäudes, bei der auch die letzten bestehenden Umbauten aus der Zeit Franz Ferdinands (verglaste Vorhalle beim Osteingang, Wintergarten auf der Ostterrasse) beseitigt wurden, erfolgte ab 1948.

ANMERKUNGEN

1 Fugger 1932, S. 152.
2 Aurenhammer 1969.
3 Seeger 2004.
4 FWF-Projekt (Austrian Science Fund): »Die private Wohnkultur der kaiserlichen Familie im 19. Jahrhundert«, Projekt P24180-G21, Projektleitung Dr. Ilsebill Barta.
5 Schoeller 2011a, S. 19.
6 Seeger 2004, S. 159.
7 Ebd., S. 164f.
8 Ebd., S. 171f.
9 Aurenhammer 1971, S. 11.
10 Ebd., S. 11ff.
11 Kleiner 1731–1740.
12 Helden-Thaten 1730-1739; Küchelbecker 1730.
13 Khevenhüller-Metsch 1742-1776, Bd. 3, S. 62: 2. Octobris 1752.
14 Ebd.
15 Aurenhammer 1969, S. 46.
16 Khevenhüller-Metsch 1742–1776, Bd. 3, S. 62: 2. Octobris 1752.
17 Der Name »Belvedere« für die Gartenanlage des Prinzen Eugen geht auf Kaiserin Maria Theresia zurück und wurde erst nach ihrer Übernahme gebräuchlich.
18 Khevenhüller-Metsch 1742–1776, Bd. 7, S. 203ff.
19 Khevenhüller-Metsch 1742–1776, Bd. 3, S. 257f.
20 Aurenhammer 1969, S. 57.
21 Bernoulli 1784, S. 5ff.
22 Aurenhammer 1969, S. 61.
23 Ebd., S. 66.
24 Ebd., S. 67.
25 Ebd., S. 91.
26 HHStA, OMeA, Rubrik 32, Zl. 1953 und 3511/1893.
27 Aurenhammer 1969, S. 93.
28 HHStA, OMeA, Rubrik 24/8, Zl. 7582/1896.
29 Ebd.
30 HHStA, OMeA, Rubrik 24/8, Zl. 7582/1896.
31 Aurenhammer 1969, S. 95.
32 Die Kunstsammlung stammte aus Franz Ferdinands estensischer Erbschaft und umfasste 400 Kisten mit Objekten (Statuen, Büsten etc.), die nach Wien verbracht wurden. HHStA, OMeA, Rubrik 32, Zl. 2849/1896.
33 HHStA, OMeA, Rubrik 32, Zl. 596/1898.
34 http://www.architektenlexikon.at/de/144.htm, 14.12.2016.
35 HHStA, OMeA, Rubrik 32, Zl. 596/1898.
36 Bei den von J. W. Müller eingebauten Fenstern kam es zu Feuchtigkeitseintritten, woraufhin das Hofbaukomitee Schadenersatzansprüche reklamierte. Da J. W. Müller jegliche Schuld von sich wies, dauerten die Streitigkeiten zwischen dem Tischler und dem Hof bis Dezember 1902 an. HHStA, OMeA, Rubrik 32, Zl. Div./1902.
37 OESTA, AVA, Inneres MdI, Hofbaukomitee, 61.10, Zl. 25248/1898.
38 HHStA, OMeA, Rubrik 32, Zl. 596/1898.
39 Ebd.
40 OESTA, AVA, Inneres MdI, STEF A, Hofbaukomitee, 65.21, Zl. 25763/1898, 12.9.1898.
41 OESTA, AVA, Inneres MdI, STEF A, Hofbaukomitee, 64.51, Zl. 25705/1898, 25.8.1898.
42 Neues Wiener Tagblatt, 16.11.1898, S. 1.
43 Ebd.

44 OESTA, AVA, Inneres MdI, STEF A, Hofbaukomitee, 64.54, Zl. 25708/1898, 23.8.1898.
45 Ottillinger/Hanzl 1997, S. 273; Haiko 1998, S. 82; Schoeller 2011b, S. 177.
46 Seeger 2004, S. 374.
47 OESTA, AVA, Inneres MdI, STEF A, Hofbaukomitee, 65.21, Zl. 25763/1898, 12.9.1898.
48 Bundesmobilienverwaltung, Inventarbücher Belvedere I-0213 und I-0216.
49 Ebd.
50 Freundlicher Hinweis von Dr. Katja Schmitz- von Ledebur, Kunsthistorisches Museum, Wien.
51 Bundesmobilienverwaltung, Inventarbücher Belvedere I-0213 und I-0216.
52 Helden-Thaten 1730-1739, sechster Theil, S. 1128.
53 Seeger 2004, S. 118.
54 Eine Abbildung des Turiner Kabinettschrankes findet sich bei Seeger 2004, S. 120.
55 OESTA, AVA, Inneres MdI, STEF A, Hofbaukomitee, 63.42, Zl. 25579/1898, 12.7.1898.
56 OESTA, AVA, Inneres MdI, STEF A, Hofbaukomitee, 64.33, Zl. 25668/1898, 23.8.1898.
57 HHStA, GDPFF, Rubrik 2, Güterdirektion Wien, Zl. 3067/1896.
58 Bundesmobilienverwaltung, Inventarbücher Belvedere I-0213 und I-0216.
59 OESTA, AVA, Inneres MdI, STEF A, Hofbaukomitee, 64.33, Zl. 25668/1898, 23.8.1898.
60 Ebd.
61 Ebd.
62 1955 wurde der Armlehnstuhl im Sissi-Film mit Romy Schneider von Ernst Marischka als Thron verwendet. Ein Armlehnstuhl aus dieser Garnitur wurde aufgrund seines herrschaftlichen Erscheinungsbildes als Papststuhl ausgewählt. Während des Wienbesuchs von Papst Johannes Paul II. im Juni 1998 diente ihm dieser Stuhl als Sitzgelegenheit. Die Beine des Stuhles mussten allerdings verlängert werden, da das Kirchenoberhaupt schon etwas gebrechlich war und somit das Niedersetzen erleichtert wurde.
63 HHStA, OMeA, Rubrik 32, Zl. 2347/1901.
64 HHStA, OMeA, Rubrik 32, Zl. 2347/1902, 8.3.1902.
65 Für die Informationen zu der Gemäldeausstattung danke ich Dr. Gerlinde Gruber, Kunsthistorisches Museum, Wien.
66 OESTA, AVA, Inneres MdI, STEF A, Hofbaukomitee, 65.21, Zl. 25763/1898, 12.9.1898.
67 Bundesmobilienverwaltung, Inventarbuch Belvedere I-0219.
68 Eva B. Ottillinger, Bundesmobilienverwaltung, GZ 24.118/002/08.
69 Bundesmobilienverwaltung, Inventarbuch Belvedere I-0219.
70 Kaiser Franz Joseph an Katharina Schratt, 9.9.1900, zit. nach: Hamann 1992, S. 447.
71 OESTA, AVA, Inneres MdI, STEF A, Hofbaukomitee, 65.21, Zl. 25763/1898, 12.9.1898.
72 Ebd.
73 Bundesmobilienverwaltung, Inventarbücher Belvedere I-0213 und I-0216.
74 HHStA, OMeA, Rubrik 32, Zl. 7951/1906, 26.6.1906.
75 MD 053698, SB 2938, Bundesmobilienverwaltung, Inventarbücher Belvedere I-0213 und I-0216.
76 OESTA, AVA, Inneres MdI, STEF A, Hofbaukomitee, 65.21, Zl. 25763/1898, 12.9.1898.
77 OESTA, AVA, Inneres MdI, STEF A, Hofbaukomitee, 65.21, Zl. 25763/1898, 12.9.1898.
78 Aurenhammer 1971, S. 115.
79 Für die Informationen zu den Tapisserien danke ich Dr. Katja Schmitz-von Ledebur, Kunsthistorisches Museum, Wien.
80 Seeger 2004, S. 71.
81 OESTA, AVA, Inneres MdI, STEF A, Hofbaukomitee, 63.42, Zl. 25579/1898, 12.7.1898.
82 OESTA, AVA, Inneres MdI, STEF A, Hofbaukomitee, 64.34, Zl. 25669/1898, 18.8.1898.
83 HHStA, OMeA, Rubrik 32, Zl. 7156/1901.
84 HHStA, OMeA, Rubrik 32, Zl. 4856/1910.
85 Ebd.
86 HHStA, OMeA, Rubrik 32, Zl. 596/1898.
87 OESTA, AVA, Inneres MdI, STEF A, Hofbaukomitee, 62.23, Zl. 25430/1898, 13.6.1898.
88 OESTA, AVA, Inneres MdI, STEF A, Hofbaukomitee, 65.29, Zl. 25772/1898, 8.10.1898.
89 HHStA, OMeA, Rubrik 32, Zl. 6173/1898.
90 HHStA, OMeA, Rubrik 32, Zl. 596/1898.
91 HHStA, OMeA, Rubrik 32, Zl. 6626/1900, 23.7.1900.
92 Ebd.
93 Bundesmobilienverwaltung, Inventarbücher Belvedere I-0213 und I-0216.
94 Ebd.
95 Ebd.
96 HHStA, OMeA, Rubrik 32, Zl. 3090/1903, 31.3.1903.
97 Ein Spiegel war an der Außentür und zwei weitere Spiegel an den Innentüren befestigt.
98 HHStA, OMeA, Rubrik 32, Zl. 2844/1901, 3.1.1901.
99 Ebd.
100 Bundesmobilienverwaltung, Inventarbücher Belvedere I-0213 und I-0216.
101 Ebd.
102 HHStA, OMeA, Rubrik 32, Zl. 2844/1901, 3.1.1901.
103 Bundesmobilienverwaltung, Inventarbücher Belvedere I-0213 und I-0216.
104 HHStA, OMeA, Rubrik 32, Zl. 6626/1900.
105 Ebd.
106 HHStA, OMeA, Rubrik 32, Zl. 1817/1902, 18.2.1902.

107 OESTA, AVA, Inneres MdI, STEF A, Hofbaukomitee, 72.21, Zl. 27264/1900. Die Kosten für die Umänderung des Kaminaufsatzes durch die Firma Portois & Fix beliefen sich auf 2.132 Gulden.
108 HHStA, OMeA, Rubrik 32, Zl. 302/1902.
109 Ebd.
110 OESTA, AVA, Inneres MdI, STEF A, Hofbaukomitee, 73.33, Zl. 27300/1900, 16.11.1900.
111 HHStA, OMeA, Rubrik 32, o. Zl., 11.10.1900.
112 Bundesmobilienverwaltung, Bilder-Inventar Belvedere I-0220.
113 HHStA, OMeA, Rubrik 32, Zl. 6626/1900, 23.7.1900.
114 Es wurden hier dieselben Modelle wie im großen Empfangssaal verwendet. Diese stammten ursprünglich aus der Galerie im Winterpalais des Prinzen Eugen.
115 Bundesmobilienverwaltung, Inventarbücher Belvedere I-0213 und I-0216.
116 Seeger 2004, S. 385ff.
117 HHStA, OMeA, Rubrik 32, Zl. 8147/1900, 12.9.1900.
118 Der Verbleib des originalen Intarsienbodens ist nicht bekannt.
119 HHStA, OMeA, Rubrik 32, Zl. 13/1901, 9.8.1900.
120 HHStA, OMeA, Rubrik 32, Zl. 2700/1902, 14.3.1902. Am 14.3.1902 erhielt J. W. Müller den Restbetrag von 4.400 Kronen ausbezahlt.
121 Bundesmobilienverwaltung, Inventarbücher Belvedere I-0213 und I-0216.
122 Ebd. Der Preis des vergoldeten Untergestells belief sich auf 1.140 Kronen. Der Tisch ist heute im Belvedere aufgestellt.
123 Bundesmobilienverwaltung, Inventarbücher Belvedere I-0213 und I-0216.
124 OESTA, AVA, Inneres MdI, STEF A, Hofbaukomitee, 72.22, Zl. 27265/1900.
125 HHStA, OMeA, Rubrik 32, Zl. 1817/1902, 18.2.1902.
126 HHStA, OMeA, Rubrik 32, Zl. 6626/1900, 23.7.1900.
127 HHStA, OMeA, Rubrik 32, Zl. 1817/1902, 18.2.1902.
128 Ebd.
129 HHStA, OMeA, Rubrik 32, Zl. 2844/1901, 3.1.1901.
130 HHStA, OMeA, Rubrik 32, Zl. 1817/1902, 18.2.1902.
131 Bundesmobilienverwaltung, Inventarbücher Belvedere I-0213 und I-0216.
132 www.khm.at, 23.11.2016.
133 Archiv Schloss Artstetten.
134 HHStA, OMeA, Rubrik 32, Zl. 9718/1900, 30.8.1900.
135 Brief von Franz Sereinig, 12.11.1914, Schloss Artstetten.
136 HHStA, OMeA, Rubrik 32, Zl. 6131/1910, 18.5.1910.
137 HHStA, OMeA, Rubrik 32, Zl. 4517/1900.
138 HHStA, OMeA, SchV Belvedere, Kt. 86, 1900.
139 Wiener Zeitung, 27.5.1900, S. 1.
140 Die Couvertdecke wurde erst 1908 von der Firma Kowy & Iwinger für das Prinzessinnenzimmer angekauft.
141 HHStA, OMeA, Rubrik 32, Zl. 8509/1901.
142 HHStA, OMeA, Rubrik 32, Zl. 8590/1902, 4.10.1902.
143 Ebd.
144 HHStA, OMeA, Rubrik 32, Zl. 8590/1902, 4.10.1902.
145 Die Ausstattung des Fremdenappartements ist aktenmäßig nicht fassbar.
146 HHStA, OMeA, Rubrik 32, Zl. 8329/1906, 2.7.1906.
147 HHStA, OMeA, Rubrik 32, Zl. 8566/1908, 11.6.1908.
148 HHStA, OMeA, Rubrik 32, Zl. 12008 + 7090/1909, 7.10.1909.
149 HHStA, OMeA, Rubrik 32, Zl. 3010/1913, 17.3.1913.
150 Archiv Schloss Artstetten.
151 Ebd.
152 HHStA, OMeA, Rubrik 32, Zl. 2045/1912, 17.2.1912.
153 Archiv Schloss Artstetten.
154 Rechnung der Firma Soulek vom 31.12.2012, HHStA, OMeA, SchV Belvedere, Akten 97, 1913.
155 Ebd.
156 HHStA, OMeA, Rubrik 32, Zl. 7302/1912, 3.7.1912.
157 Ebd.
158 Ebd.
159 HHStA, OMeA, Rubrik 32, Kt. 2003, Zl. 9796/1912, 14.9.1912.
160 Rechnung der Firma Soulek vom 31.12.2012, HHStA, OMeA, SchV Belvedere, Akten 97, 1913.
161 Für diesen Hinweis danke ich Franz Wodni.
162 Telesko 2012, S. 319.
163 OESTA, AVA, Inneres MdI, STEF A, Hofbaukomitee, Zl. 1945/1906, 28.2.1906.
164 HHStA, Schloss Artstetten.
165 OESTA, AVA, Inneres MdI, STEF A, Hofbaukomitee, Kt. 315, Zl. 145/1907, 21.3.1907.
166 HHStA, OMeA, Rubrik 32, Zl. 1828/1912, 9.2.1912.
167 Ebd.
168 Ebd.
169 Severit 1998, S. 9.
170 Ebd., S. 12.
171 Ebd., S. 9.
172 Ebd., S. 13.
173 Dass auch Franz Ferdinand sich nicht gänzlich der modernen Einrichtungskunst in seinem privaten Umfeld entziehen konnte, wird an späterer Stelle noch thematisiert werden.
174 Pötzl-Malikova 1976; Hoffmann 1994; Ottillinger 1997; Haiko 1998; Brückler 2009; Nierhaus 2012.
175 Albert Ilg (Bernini der Jüngere), Die Zukunft des Barockstils. Eine Kunstepistel, Wien 1880.
176 Haiko 1998, S. 82.
177 Albert Ilg wird oftmals als Kunsterzieher Franz Ferdinands angesehen, obwohl dies nicht belegbar ist. Siehe: Nierhaus 2012, S. 477.

178 Ottillinger 1997, S. 273; Haiko 1998, S. 83.

179 BBK 1, Protokoll der 1. Sitzung der Burgbaukommission am 14. Mai 1906, zit. nach: Nierhaus 2012, S. 319.

180 Ebd.

181 Nierhaus 2012, S. 331.

182 Die Fertigstellung der Fassade des Michaelertraktes erfolgte von 1889 bis 1893 durch den Burghauptmann Ferdinand Kirschner, der sie in Anlehnung an die Pläne Fischer von Erlachs ausführte. Sie zählt zu den Hauptwerken des in Mode gekommenen Neobarocks in Wien.

183 Brückler 2009.

184 Brückler 2009, S. 43.

185 Mycielski 1913, S. 78.

186 Haiko 1998, S. 82.

187 Mundt 1997, S. 198.

188 Durch den Ankauf von Objekten und den Einbau in seine Schlösser konnte er viele Antiquitäten vor der Ausfuhr durch Kunsthändler ins Ausland retten. Weiterführend siehe hierzu: Brückler 2009, S. 28–36.

189 Pötzl-Malikova 1976; Hoffmann 1994; Haiko 1998; Nierhaus 2012.

190 Brückler 2009, S. 64–69; Hoffmann 1994, S. 59.

191 Brückler 2009, S. 67f.

192 Ebd., S. 64.

193 Mrazek 1984, S. 195f.

194 Severit 1998, S. 14.

195 Decristoforo 2008, S. 84. Siehe auch: Kapitel 9, Alena Skrabanek, Das Appartement des Kronprinzen in der Prager Burg, S. 119–152.

196 Decristoforo 2008, S. 85.

197 Haiko 1984, S. 300.

198 Weiterführend hierzu siehe: Kapitel 15, Alena Skrabanek, Schloss Konopischt, S. 255–380.

199 Aurenhammer 1969, S. 113.

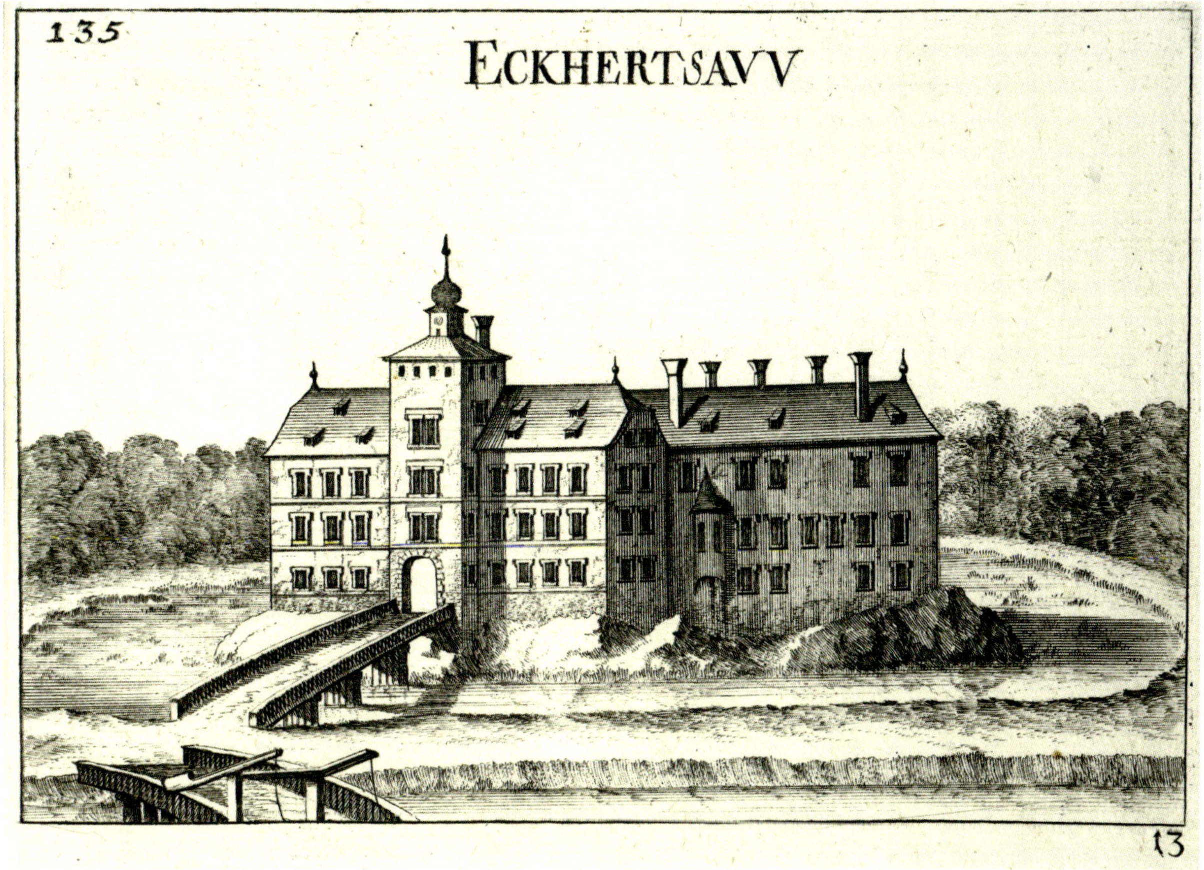

Abb. 19-01: Georg Matthäus Vischer, Schloss Eckartsau, Topographica Archducatus Austriae, Kupferstich auf Papier, 1672 (© ÖNB/Wien)

19. BAROCKES JUWEL IN DEN DONAUAUEN

SCHLOSS ECKARTSAU IN NIEDERÖSTERREICH

Marlene Ott-Wodni

Schloss Eckartsau liegt inmitten der Donauauen im Marchfeld in Niederösterreich. Die Geschichte des Jagdschlosses lässt sich bis ins 12. Jahrhundert zurückverfolgen. 1180 wurde die Burg Ekkeharteshove erstmalig erwähnt. Das Herrschergeschlecht der Eckartsauer war dem Hochstift Regensburg lehenspflichtig und regierte das Land bis zu Beginn des 16. Jahrhunderts. Ihren Höhepunkt erreichte die Familie unter Leupolt von Eckartsau (gest. 1443), der das Vertrauen der Landesfürsten Albrecht II. (1397–1439) und Friedrich III. (1415–1495) genoss. Die Besitztümer Hof, Wartenstein, Lichtenfels, Rupprechtshof, Spannberg, Herrenbaumgarten, Eibesbrunn, Eckartsau und Meissau erstreckten sich zur damaligen Zeit über ein geografisches Gebiet, das von den Voralpen bis ins Marchfeld reichte.[1] Mit dem Tod von Wilhelm von Eckartsau erlosch 1507 das Geschlecht der Eckartsauer in männlicher Linie. Als Erbin wurde die Tochter des Verstorbenen, Apollonia von Volkenstorff, bestimmt. Zu Beginn der 1570er-Jahre verkauften deren Söhne Wolfgang und Caspar von Volkenstorff die Burg an die Freiherren von Teufel. 1639 ging der Besitz an Matthias Graf Khuen von Belasy über.

Der nächste Eigentümerwechsel fand 1651 statt. Friedrich Hartmann, Graf von Herberstein (gest.

1670) kaufte die Herrschaft Eckartsau von den freiherrlich Stozzing'schen Erbinnen.[2] 1670 starb Graf Herberstein und die Burg ging an seinen Sohn Johann Friedrich Maximilian (gest. 1695) über. Aus dieser Zeit stammt auch die frühste dokumentierte Ansicht der Burg Eckartsau. Es handelt sich um einen Kupferstich von Georg Matthäus Vischer, der im Rahmen der »Topographie von Niederösterreich« entstanden ist (Abb. 19-01).

Er zeigt eine vierflügelige Wasserburg, die von einem breiten Wassergraben umgeben ist und auf der Ostseite durch eine Brücke erschlossen wird. Die vier Flügel der Anlage erstrecken sich über drei Geschosse. Die Eingangsseite wird von einem erhöhten Turm, der von einer Laterne bekrönt wird, gegliedert. Sich an den Osttrakt anschließend, springt am dreigeschossigen Nordtrakt die erkerförmige, mit einem Kegeldach bekrönte Kapelle hervor, deren Position dem heutigen erweiterten Kapellenbau entspricht. Karl Bertele von Grenadenberg, ehemals kaiserlicher Oberbaurat, vermutete aufgrund von ihm vor Ort durchgeführten Untersuchungen, dass der Grundriss des Herberstein'schen Wasserschlosses einem »länglichen Viereck von 20 Klafter Breite und 30 Klafter Länge entsprach, in dessen Mitte ein 12 Klafter breiter und 14 Klafter langer offener Hof lag«.[3]

1695 starb Johann Friedrich Maximilian von Herberstein und das Schloss ging an seine Gemahlin Gräfin Katharina Barbara von Herberstein (gest. Februar 1721) über. 1720 verkaufte sie die Herrschaften Eckartsau und Pellendorf für insgesamt 666.000 Gulden an Franz Ferdinand Graf Kinsky (1678–1741) und gründete aus dem Erlös laut Stiftsbrief vom 4. März 1720 die »Herberstein'sche Fräuleinstiftung«. Der Stiftsbrief wurde am 29. April 1722 von Kaiser Karl VI. ratifiziert.[4]

Schloss Eckartsau im Besitz der Familie Kinsky

Der neue Eigentümer des Schlosses Franz Ferdinand Graf Kinsky von Wchinitz und Tettau (Abb. 19-02) war eine einflussreiche Persönlichkeit. Er wurde am 1. Januar 1678 als dritter Sohn des Grafen Wenzel Norbert Octavian (1642–1719) geboren. Nach Beendigung seiner Studien trat er in den Staatsdienst ein, wurde bereits 1705 im Alter von 27 Jahren zum Vizekanzler von Böhmen ernannt und fungierte außerdem als Gesandter in den Sitzungen des Kurfürstenrates in Frankfurt. 1706 heiratete er Maria Theresia Freiin von Fünfkirchen (1675–1729). In den folgenden Jahren wurde er vom Kaiser mit wichtigen Funktionen versehen. So stieg er 1715 zum Hofkanzler auf, und 1721 war er als Gesandter bei der Wahl Papst Innozenz XIII. in Rom vertreten. Zu seinen Besitzungen zählten ab 1721 die böhmische Herrschaft Karlskron samt dem benachbarten Gut Kratenau sowie die Schlösser Matzen und Angern in Niederösterreich.

Am 24. Juni 1723 wurde Franz Ferdinand Kinsky zum Oberstkanzler in Böhmen ernannt und zeichnete sogleich für die Vorbereitungen zur bevorstehenden Krönung des Kaisers Karl VI. verantwortlich. Im Zuge dessen wurde er auch zum Ritter des goldenen Vlieses ernannt. Nach dem Tod seiner ersten Frau heiratete er 1730 Maria Augustina Gräfin Palffy (1714–1759). Aus beiden Ehen gingen insgesamt sieben Söhne und drei Töchter hervor. Aus gesundheitlichen Gründen musste Graf Kinsky im Januar 1736 seine Ämter niederlegen. Die letzten Jahre bis zu seinem Tod 1741 verbrachte er hauptsächlich auf Schloss Karlskron in Böhmen.[5]

Franz Ferdinand Graf Kinsky war jener Bauherr, der Schloss Eckartsau sein (annähernd) heutiges Erscheinungsbild verlieh. In zwei Bauphasen ließ er die vierflügelige Wasserburg über einen Zeitraum von zehn Jahren zu einem prunkvollen Barockschloss umbauen. Die ersten Adaptierungsarbeiten betrafen den Ausbau der Kapelle und starteten kurz nach dem Erwerb des Schlosses 1722.[6] Wie den erhaltenen Inventaraufzeichnungen[7] zu entnehmen ist, war der kaiserliche Maurermeister Christian Alexander Oedtl mit der Leitung des Umbaus betraut. Oedtl (1654–1731) stammte ursprünglich aus Tirol und arbeitete ab 1683 in Wien. Er war ein erfahrener Handwerker, der bereits die Bauleitung bei zahlreichen Wiener Bauten von Jakob Prandtauer, Johann Lucas von Hildebrandt und Johann Bernhard Fischer von Erlach durchgeführt hatte.[8]

An der Stelle der erkerförmigen Burgkapelle wurde nun ein weit aus dem Nordtrakt hervorragender zweijochiger Kapellenbau errichtet. Die Innenausstattung führten bedeutende Künstler der Zeit aus; so wird die Gesamtkonzeption der Kapelle Antonio Beduzzi (1675–1735) zugeschrieben.[9] Die beiden Deckengemälde in den Kuppeln zeigen »Die Schlüsselübergabe an Petrus« sowie »Christus und die Apostel« und stammen von François Roittiers (1685–1742). Zu Beginn des 18. Jahrhunderts war Roittiers Hofmaler des Kurfürsten Max Emanuel von Bayern, anschließend kam er über München nach Wien, wo er 1718 zum Direktor der Akademie der bildenden Künste ernannt wurde.[10] Hinter dem Tabernakel wurde ein Schrein mit den Gebeinen des hl. Theodorus[11] aufgestellt. Die Bauarbeiten an der Kapelle fanden 1724 durch die Weihe des Passauer Fürstbischofs Kardinal Joseph Domenikus Graf Lamberg ihren Abschluss.[12]

Über die Raumaufteilung und Einrichtung der alten Wasserburg ist wenig bekannt. Das älteste erhaltene Inventarbuch gibt Aufschluss über die Räumlichkeiten im sogenannten »alten Schloss«, das sich aus dem Nord, Ost- und Sudtrakt zusammensetzte. In welchem Trakt nun welche Räume genau angesiedelt waren, geht aus den Aufzeichnungen nicht hervor; genannt werden in Zusammenhang mit dem ersten Stockwerk ein herrschaftliches Tafelzimmer, ein herrschaftliches Schlafzimmer, ein »Cabinett«, ein Frauenzimmer, ein »Capellzimmer« mit anschließendem Oratorio sowie mehrere Nebenräume und Gastzimmer. In der zweiten Etage befanden sich mehrere Gastzimmer sowie ein Billardzimmer und ein »Glockenstüberl«.

Im Erdgeschoss waren die Zimmer der Bediensteten untergebracht, eine »Kanzley Stuben«, die Schlossküche samt Speisekammer, eine Zuckerbäckerei und eine Apotheke.[13] Über die Funktion der Räume im alten Westtrakt können nur Vermutungen angestellt werden, da hierzu keine Aufzeichnungen vorhanden sind. Aus der Zusammensetzung der Räume im »alten Schlossgebäu« und dem dortigen Fehlen von Repräsentationsräumen scheint es naheliegend, dass der alte Westflügel auch schon vor dem Umbau das herrschaftliche Appartement aufgenommen hatte.

Abb. 19-02: Franz Ferdinand Kinsky, 1730er Jahre (© ÖNB/Wien)

DAS »NEUE SCHLOSSGEBÄU«

Die zweite Umbauphase des Schlosses dauerte von 1730 bis 1732 und war wesentlich umfangreicher. Es ist anzunehmen, dass die Bauarbeiten anlässlich der Vermählung des Grafen mit Maria Augustina Gräfin Palffy 1730 in Angriff genommen wurden. Der alte Westtrakt wurde niedergerissen und stattdessen ein

Abb. 19-03: Der barocke Westtrakt des Schlosses Eckartsau, 1730-32 (© Bundesmobilienverwaltung/EK)

neuer repräsentativer Flügel nach Plänen des Wiener Hofarchitekten Joseph Emanuel Fischer von Erlach (1693–1742) errichtet. Als ausführender Maurermeister tritt wiederum Christian Alexander Oedtl in Erscheinung.[14] Fischer von Erlach wird in einem zeitgenössischen Reisebericht des Bamberger Architekten Johann Jacob Michael Küchel namentlich als Architekt genannt: »Den 15 ten July zu mittag das dem Graf Kinscki zugehörige Jagd Schloß Eckertsau, welches kein gantz regular 4 Eck, darumb laufet ein graben, worinnen ein garten werck von boulingrien und waßen stücker angebracht werden solle. In Gebäu ist das Corps de logis von Hrn. Fischer neu erbauet /: übriges von Herrn von Hillenbrand dem inneren ansehen nach :/ sein exterieurs von guter gusto.«[15]

Diese Erwähnung Joseph Emanuel Fischer von Erlachs und Johann Lucas von Hildebrandt in Zusammenhang mit dem neuen Schlossbau im Reisebericht Küchels stellt die einzige zeitgenössische Quelle dar, in der die Architekten namentlich genannt sind. Sie erscheint aber durchaus glaubhaft, da sich Johann Jacob Michael Küchel von Mai bis Oktober 1737 auf einer Studienreise durch Österreich, das westliche Ungarn und Böhmen befand. Die Reise führte er im Auftrag des Würzburger und Bamberger Fürstbischofs Karl Friedrich von Schönborn durch, der ihm auch die Reiseziele vorgab. Schönborn hatte in seiner Zeit als Reichsvizekanzler (1705–1731) in Wien engen Kontakt mit dem Architekten Johann Lucas von Hildebrandt (1668–1745) gepflegt, der für ihn sowohl seine Wiener Residenz, das Gartenpalais Schönborn, als auch sein Landschloss im niederösterreichischen Göllersdorf errichtet hatte.[16]

In Anbetracht des Naheverhältnisses des Architekten Hildebrandt zum Fürstbischof darf davon ausgegangen werden, dass dieser über die Urheberschaft der einzelnen Reiseziele genauestens Bescheid wusste und dies Johann Jacob Michael Küchel auch vermittelte. Außerdem fand vor Küchels Besuch in Eckartsau am 15. Juli 1737 bereits ein persönliches Treffen des Bamberger Reisenden mit Johann Lucas von Hildebrandt in Wien statt, in dessen Zuge die beiden Herren einander kennenlernen und über die zu besichtigenden Bauwerke austauschen konnten.[17] Somit kann davon ausgegangen werden, dass wirk-

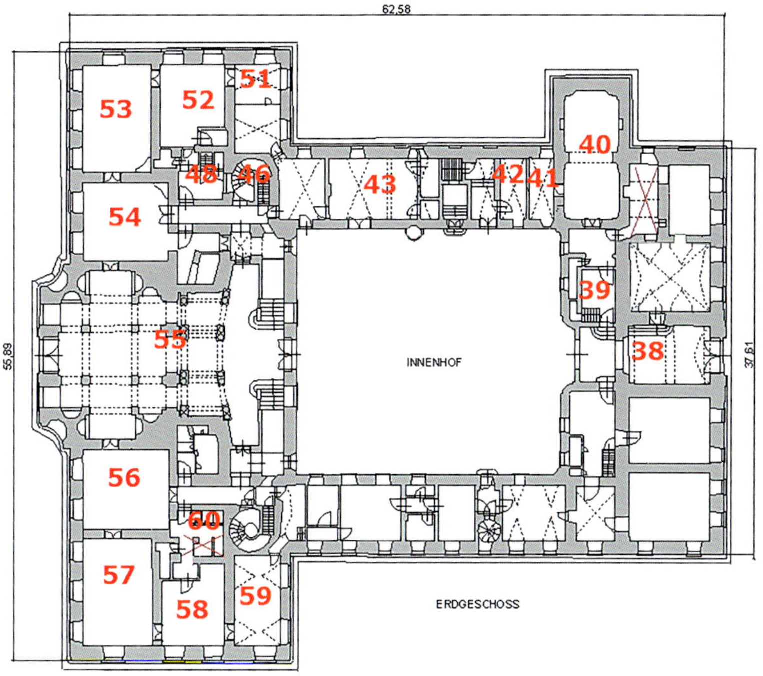

Abb. 19-04: Schloss Eckartsau, Grundriss des Erdgeschosses (© ÖBF)

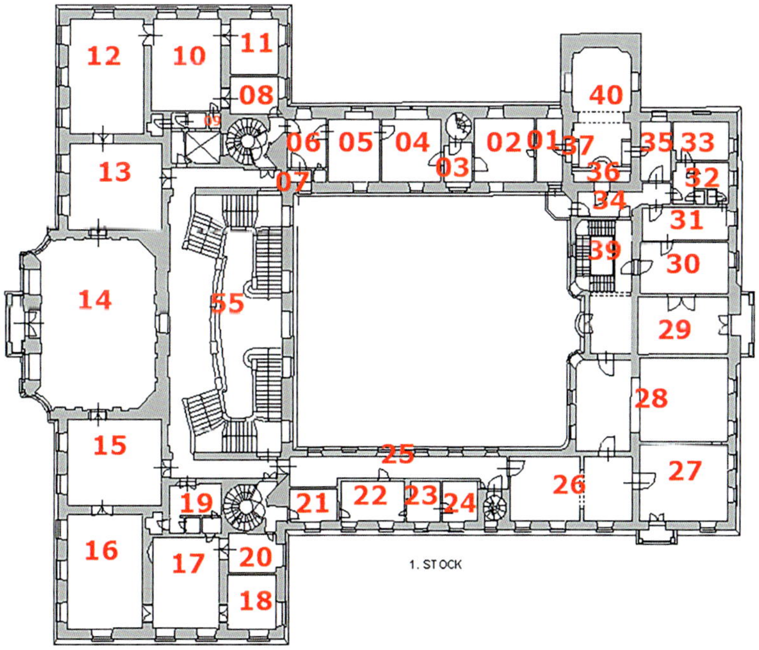

Abb. 19-05: Schloss Eckartsau, Grundriss der ersten Etage (© ÖBF)

lich Joseph Emanuel Fischer von Erlach als Erbauer des barocken Westflügels von Schloss Eckartsau verantwortlich zeichnete und die Innenausstattung und Dekoration unter Beteiligung von Johann Lucas von Hildebrandt – Wilhelm Georg Rizzi schrieb Hildebrandt nur die Ausstattung der Kapelle zu[18] – entworfen wurde. Beide Architekten wurden von der früheren Forschung immer wieder unabhängig voneinander als Urheber des Westtraktes ins Gespräch gebracht.[19]

Der Neubau (Abb. 19-03) erstreckt sich über zwei Geschosse und wird durch einen fünfachsigen Mittelrisalit gegliedert. Dieser immt die neue Einfahrt, ein großzügiges Stiegenhaus sowie den Festsaal im Piano nobile auf. Die gesamte künstlerische Ausstattung des Schlosses weist auf die Funktion des Gebäudes hin und thematisiert somit die Jagd in all ihren Facetten. Die Nutzung von Schloss Eckartsau zu Jagdzwecken kann bis ins 17. Jahrhundert nachgewiesen werden.

Im Torbogen prangt das vergoldete Kinsky'sche Familienwappen. Der Dreiecksgiebel des Corps des logis ist mit Skulpturenschmuck versehen. Darüber thronen lebensgroße Figuren des italienischen Bildhauers Lorenzo Mattielli (1687–1748). Sie stellen die Jagdgöttin Diana und den in einen Hirsch verwandelten Aktäon, der von einem Hund zerfleischt wird, dar.[20] Mattielli arbeitete seit 1711 für den Wiener Kaiserhof und den Hochadel. Zu seinen bekanntesten Werken zählen die skulpturalen Ausstattungen des Reichskanzleitraktes der Wiener Hofburg, des Stadtpalais des Prinzen Eugen, des Palais Schwarzenberg und der Wiener Karlskirche. Lorenzo Mattielli wechselte 1739 als Bildhauer an den Dresdner Hof.

Betritt man das Schloss über das Westtor, gelangt man in eine gewölbte Eingangshalle, in deren Nischen großformatige Skulpturen des mythologischen Jägerpaares Meleager und Atlante von Lorenzo Matielli gestellt sind. Daran anschließend erstreckt sich ein querrechteckiges hohes Stiegenhaus (Abb. 19-04, Nr. 55 und 19-05, Nr. 55).

In der Renaissance und in der frühen Barockzeit war es noch Usus, dass eine äußere Freitreppe zu den im Piano nobile befindlichen Repräsentationsräumen des Schlosses führte. Erst im 18. Jahrhundert wurde die repräsentative Treppenanlage in den Innenraum verlegt. Die Stiegenhäuser waren durch ein großzügig bemessenes Vestibül erschlossen, sodass die Kutschen bis zum Fuß der Treppe vorfahren konnten. Die barocke Stiegenanlage führte gemeinhin direkt zu den Repräsentationsräumen in der Beletage; deren Begehung symbolisierte somit das »Hinaufschreiten zum Olymp«.[21] In Schloss Eckartsau gelangt man über die zweiläufige Treppe in den Festsaal, dessen Decke das Fresko »Aufnahme Dianas in den Olymp« ziert und somit das symbolische Thema bildlich untermauert.

Im 18. Jahrhundert wurde das höfische Empfangszeremoniell im Stiegenhaus abgehalten. Der Fürst stand wartend auf der Stiege und blickte auf seinen Gast hinunter. Der Besucher schritt zum Fürsten hinauf, was für diesen eine Demutsgeste darstellte. Je nachdem wie viele Stufen ihm der Herrscher nach unten entgegenkam, konnte auf den Rang des Besuchers geschlossen werden.[22] Aufgrund ihrer zeremoniellen Wichtigkeit entwickelte sich die Gestaltung der Haupttreppenanlage zu einer der zentralen Bauaufgaben der Barockzeit. In Anbetracht der Tatsache, dass es sich bei Schloss Eckartsau um einen Landsitz handelt, ist die zum Hof hin orientierte, zweiläufige Stiegenanlage besonders elegant und aufwendig gestaltet. Schon zu Erbauungszeiten wurde das Eckartsauer Stiegenhaus bewundert, so weiß Johann Jacob Michael Küchel in seinem Reisebericht 1737 zu berichten:

»(…) das interieurs folgender gestalt, der untere vestibule gantz frey bis an den plavon des 2ten stocks, bey dem eingang siehet mann die zu beeden seithen aufgehende stiegen im gesicht, welche oben auf dem vorplatz zusamen kombt, dieses ist die hellste und schönste stiegen, so auf der gantzen Reis gefunden, die untere einrichtung des Gebäu recht zur commodität aus studirt, und an beeden Enden mit zwey Eschallier de robbe so gantz frey von steinen in form einer schnecken, bis in das Tachwerck gehen, worüber 2 kleine latern stehen, so die stiegen in der mitt gantz frey von oben bis zu unterst durch dieses einfallende licht beleuchten.«[23]

Das prachtvolle Stiegenhaus (Abb. 19-04, Nr. 55 und 19-05, Nr. 55) ist mit Stuckreliefs verziert, die die einzelnen Arten der Jagd (Feld, Rot- und Schwarzwildjagd, Fischerei) vorstellen. Das ovale Deckenfresko stammt von François Roittiers, der bereits für die Fresken der Kapelle verantwortlich zeichnete, und hat eine Vogeljagd zum Inhalt. Die Wände des Stiegenhauses zierten:

»6 große Gemälde in glatten weiß angestrichenen Rammen mit vergoldeten Leisten:
1. Ein in der Eggertsauer Wildbahn gefangener weisser Hirsch, sammt dem Schloss Eggertsau
2. Die Kopfstädter Au mit einem Dähmel Bock
3. Die Hausau mit einem Rehbock
4. Der Fasahngarten
5. Der rothe Wörth mit einem Wildschwein
6. Die Pressburger Remise mit Trappen und Anten«[24]

Sowohl die Bild- als auch die Möbelausstattung des Schlosses Eckartsau kann durch erhaltene Inventarbücher lückenlos belegt werden. Das früheste Inventar stammt aus dem Jahr 1730[25] und dokumentiert den Zustand des »alten Schlosses« vor dem Umbau durch Graf Kinsky. Weiters konnte im Zuge der Recherchen ein bisher unbekanntes Inventarbuch[26] entdeckt werden, das 1741 nach dem Tod von Franz Ferdinand Kinsky aufgenommen wurde und somit die Raumaufteilung und Einrichtung nach der Kinsky'schen Erweiterung widerspiegelt. Dieses Buch stellte sich für die Forschung als regelrechter Glücksfall dar. Durch den Vergleich des Buches mit den nachfolgenden jüngeren Inventaren[27] können die bisher unbekannten Veränderungen der Ausstattung unter Graf Kinsky und den nachfolgenden Besitzern Kaiserin Maria Theresia und Kaiser Franz Stephan I. eindeutig nachvollzogen werden.

DIE WOHNRÄUME IM ERDGESCHOSS

Der neue Westtrakt nahm die Repräsentations- und Wohnräume auf. Im Erdgeschoss befanden sich zwei spiegelgleiche Appartements, die sich jeweils links und rechts der Eingangshalle erstreckten (Abb. 19-04). Die nördliche Raumfolge eröffnend, lag ein im Inventarbuch von 1741 nicht näher bezeichnetes Zimmer (Abb. 19-04, Nr. 54), dessen »Wände mit Boisserienarbeith und Schnitzereiy Werkh auf engelländische Arth bedeckt, mit Sieben Rammen mit vergoldten Leisten« versehen waren. In den Eichenrahmen waren sechs Porträts der Kinsky'schen Familie in Lebensgröße eingelassen:

»1. Ihro Excellenz Herr Herr Graf Franz Ferdinand[28]
2. Wentzel Norbert Octavian[29]
3. Frantz Ulrich
4. Johann Octavian
5. Wentzel
6. Wilhelm Grafen von Kinsky.«[30]

Nach dem Tod des Grafen Franz Ferdinand 1741 und der Übernahme des Schlosses durch seinen Bruder Joseph Johann Maximilian wurden drei Porträts ausgetauscht und ein weiteres, jenes von Franz Carl Kinsky, hinzugefügt. Der Vergleich des Inventarbuches von 1741 mit dem im Aufsatz von Karl Bertele zitierten, jedoch heute verschollenen Inventarbuch von 1755[31] zeigt, dass das Bildnis Johann Octavians durch ein Porträt des Fürsten Stephanus Wilhelmus ersetzt wurde. An Stelle des Wentzel Kinsky hing nun ein Gemälde des obersten Kanzlers in Böhmen, Philipp Joseph; Wilhelm Graf von Kinsky musste dem Porträt des damaligen Schlossbesitzers Joseph Johann Maximilian weichen.

Über den Türen befanden sich drei heute noch erhaltene »gemahlte Fruchtstücke mit Tauben in Ra men, mit vergoldten Leisten.« Die Möblierung fiel – ganz in der barocken Tradition verhaftet – spärlich aus und bestand nur aus einem »ovalen Tafel Tisch von weichem Holtz mit gedrehten Säulen in 2 Theillen bestehend, mit einem Türkischen Teppich bedeckt«[32] sowie aus einem heute noch erhaltenen, mit Rokokoornamenten verzierten weiß glasierten Aufsatzofen.

Das daran anstoßende Eckzimmer (Abb. 19-04, Nr. 53) wurde als Schlafzimmer genutzt. Die Ausstattung war sehr prunkvoll und hochwertig. So waren die Wände mit »Schwefel gelben indianischen Seidenen Zeug mit holländisch gemahlten Blumen, mit weiß seidenen breiten Bortten ausstafiert.«[33] Zum Schutz der kostbaren Stoffe waren in jedem Zimmer zusätzlich Staubvorhänge angebracht, die bei Abwesenheit der Bewohner zugezogen werden konnten, um die Wandbespannung vor Lichteinfall und Staub zu schützen.

Das Mobiliar setzte sich aus einem »Feldbeth auf 2 Personen, mit Vorhängen, oberen und unteren

Kränzen, Knöpfen und Copertdecken. Von gleichen indianischen Zeug, mit weiß seidenen Bortten ausstaffiert, nebst besonderen Staubvorhängen von grüner Leinwand«, »2 Tischen von weichem Holtz mit gedrehten Säulen, mit Teppich von vorgemeldten indianischen Zeug, weiß bortiert, und mit Schwefel farbener Glantz Leinwandt gefüttert« und »18 Lehnsessel von gelben Satian« sowie einem weiß glasierten Aufsatzofen in ähnlicher Ausführung wie im oben genannten Nebenzimmer zusammen.

Bei den über den Türen befindlichen Supraportengemälden handelte es sich wieder um Fruchtstücke mit einem Truthahn und einem Fasan. Einen Hinweis auf den Maler der Supraporten enthalten die Inventare nicht. Der Nebenraum (Abb. 19-04, Nr. 52) beinhaltete lediglich einen hölzernen Leibstuhl und einen grünen Kachelofen.

Die südseitig gelegene Zimmerflucht begann von der Einfahrtshalle kommend mit einem Zimmer (Abb. 19-04, Nr. 56), das wie sein gegenüberliegendes Pendant mit geschnitzten eichenen Wandvertäfelungen auf »engelländische Arth« versehen war. In die Holzverkleidung waren sieben Porträtrahmen eingelassen. Das Inventarbuch von 1741 nennt keine dargestellten Personen; zu Lebzeiten Franz Ferdinand Kinskys waren die Felder noch leer und der Raum abgesehen von einem weiß glasierten Aufsatzofen noch nicht eingerichtet.[34] Weiters waren 1741 weder die Möbel noch die Supraportenbilder vorhanden; die Inventaraufzeichnungen nennen nur »3 Rammen zu den Gemälden ober den Türen«.[35]

Das nächstgelegene Eckzimmer (Abb. 19-04, Nr. 57) besaß 1741 lediglich einen weiß glasierten Aufsatzofen und war wie der daran anstoßende Raum, in dem sich ein schwarzer Kachelofen befand, noch uneingerichtet.

Wie anhand der südlichen Enfilade festgestellt werden kann, waren nicht, wie bisher angenommen, alle Umbau- und Einrichtungsarbeiten 1732 vollständig abgeschlossen. Wahrscheinlich verzögerte sich die Fertigstellung der Ausstattung dieser Erdgeschosszimmer, da sie nicht höchste Priorität hatte. Wie das Inventarbuch zeigt, war allen drei Räumen zu Lebzeiten Franz Ferdinand Kinskys keine eindeutige Funktion zugewiesen.

Erst nach der Übernahme des Schlosses durch Joseph Johann Maximilian Kinsky wurde die Einrichtung der Raumfolge fertiggestellt. 1755 zierten sieben lebensgroße Porträts der Familie Kinsky den ersten Raum (Abb. 19-04, Nr. 56) der Südseite:

»1. Herr Johann Octavian
2. Wenzl
3. Willhelm
4. Graf Rudolph Chotek
5. Leopold Graf Kinsky
6. Ullrich dritter Fürst
7. (ohne Namen)«[36]

Die drei erstgenannten Gemälde stammten aus dem gegenüberliegenden Zimmer und wurden hier nun in Zweitverwendung eingelassen. Darüber hinaus befanden sich die heute noch erhaltenen »Gemählde worinnen Früchte, Vögel und andere Thier Stück sich befinden« sowie ein »Tisch in 2 Theill bestehend«[37] in diesem Zimmer.

Laut dem Inventarbuch von 1755 waren die Wände des zweiten Raumes (Abb. 19-04, Nr. 57), der nun als Schlafzimmer bezeichnet wird, mit gelbem Procatell spaliert und mit seidenen breiten Borten versehen. Die Bilder der Supraporten wurden als »Spanische prospect Stückel in schwarz gebaizten Ramen« beschrieben. Das Mobiliar setzte sich aus einem Bett mit gelb und weiß gestreiftem Gelsenvorhang, zwei Tischen und zwölf Stück Stühlen, die mit einem gelben Brokatstoff und weißen Borten versehen waren,[38] zusammen.

Das gräfliche Appartement im Piano Nobile

Das Zentrum des neu erbauten Traktes (Abb. 19-05) bildete der vom Stiegenhaus zentral erreichbare Festsaal (Abb. 19-05, Nr. 14; Abb. 19-06) in der Beletage. Das Erscheinungsbild des 15 Meter langen Saales wird durch das harmonische Zusammenspiel

Abb. 19-06: Einblick in den Festsaal von Schloss Eckartsau. Das Deckenfresko stammt von Daniel Gran, auf den Gemälden sind Kaiser Karl VI. und seine Gemahlin Elisabeth Christine zu sehen. (© Bundesmobilienverwaltung/EK)

der drei Kunstgattungen Architektur, Bildhauerei und Malerei geprägt. Die westliche Längswand wird durch drei hohe Rundbogenfenster sowie eine Mitteltur, die auf einen Balkon führt, durchbrochen. Die Fensterleibungen zieren vergoldete Schnitzereien. Sechzehn kannelierte Pilaster aus rotem Stuckmarmor mit vergoldeten Vasen und Kapitellen gliedern die Wände.

Das deckenfüllende Fresko »Aufnahme Dianas in den Olymp« stammte von Daniel Gran (1684–1757). Der Maler arbeitete von 1719 bis 1735 für den Fürsten Schwarzenberg. Zu Beginn der 1720er-Jahre reiste er nach Italien, wo er sich intensiv mit der italienischen Malerei auseinandersetzte und unter anderem bei Francesco Solimena studierte. Von 1726 bis 1730 schuf er eines seiner Hauptwerke, die Fresken des Prunksaales in der Wiener Hofbibliothek. 1744 zeichnete Gran für die Fresken in den Schlosskapellen in Schönbrunn und Hetzendorf verantwortlich.[39] Das Eckartsauer Deckenbild ist sowohl signiert als auch datiert; infolgedessen lässt sich die Fertigstellung des Saales auf das Jahr 1732 festlegen.

Über den beiden Marmorkaminen befinden sich die lebensgroßen Porträts von dem zur Zeit der Erbauung regierenden Herrscherpaar: Kaiser Karl VI. (1685–1740) und Kaiserin Elisabeth Christine von Braunschweig-Wolfenbüttel (1691–1750), die Eltern Kaiserin Maria Theresias. Rainer Schuster vermutete, dass die beiden Porträts erst nach Übernahme des Schlosses durch Maria Theresia und Franz Stephan I. 1760 angebracht worden sind und sich davor an deren Stelle Herrscherbildnisse der Familie Kinsky befunden hatten.[40] Diese Annahme hat sich jedoch als falsch erwiesen.

Anhand des 1741 aufgenommenen Inventars lässt sich belegen, dass die Porträts des Kaiserpaares seit Fertigstellung des Saales dort angebracht waren. Dies entspricht auch dem gängigen Usus

Abb. 19-07: Stuhl aus dem Festsaal, Nussbaumholz, Rohrgeflecht, um 1730 (© Bundesmobilienverwaltung/EK)

Abb. 19-08: Festsaal mit barocken Stühlen in Schloss Eckartsau, Fotoaufnahme von Josef Wlha, 1880er Jahre (© ÖNB/Wien)

an den fürstlichen Höfen im 18. Jahrhundert, die regierenden Herrscher im Festsaal darzustellen. Interessant erscheint, dass sowohl Kaiser als auch Kaiserin mit der böhmischen Wenzelskrone dargestellt sind – eine Bezugnahme auf den böhmischen Hintergrund des Bauherrn Franz Ferdinand Kinsky, der die Funktion des böhmischen Hofkanzlers innehatte. Darüber hinaus war Graf Kinsky dem Kaiser Karl VI. auch persönlich verbunden, zeichnete er doch für die Vorbereitung der Krönungsfeierlichkeiten verantwortlich. Auf seiner böhmischen Herrschaft in Chlumec nad Cidlinou (Chlumetz an der Cidlina) ließ er zu Ehren des Kaisers von 1721 bis 1723 ein Schloss nach den Plänen des Architekten Johann Blasius Santini-Aichl errichten, das er nach Karl VI. »Karlskron« nannte.

In den beiden Wandnischen des Eckartsauer Festsaales sind die Statuen »Apollos Raub der Daphne« und »Verwandlung der Daphne«[41] eingelassen; sie tragen die Signatur von Lorenzo Matielli sowie die Jahreszahl 1731. Die Supraportengemälde über den drei Türen stammen von François Rottiers. Sie stellen Engel dar und befinden sich in kunstvoll geschnitzten vergoldeten Rahmen. Der Parkettboden setzt sich aus sternförmig verlegtem Nussbaum- und Birnbaumholz zusammen.

Teile der originalen barocken Einrichtung sind heute noch erhalten, wie etwa die zwei großen Kristallluster oder einige Exemplare der »holländischen Rohrsessel mit Bildhauerarbeith« (Abb. 19-07), von denen ursprünglich 24 Stück im Festsaal vorhanden waren. Wie auf einem Foto Josef Wlhas (Abb. 19-08) zu sehen ist, befand sich die barocke Bestuhlung in den 1880er-Jahren noch im Festsaal. Nicht mehr erhalten sind »1 Kastel von weichem Holtz« sowie »2 gleiche Quadrille Tischel von Nußbaum, und eingelegter Arbeith«[42]. Unter einem Quadrille-Tisch verstand man einen quadratischen zusammenklappbaren Spieltisch. Ein kunstvoll gestaltetes Exemplar aus dem Besitz Kaiser Karls VI. und seiner Gattin Elisabeth Christine hat sich in der Sammlung der Bundesmobilienverwaltung erhalten. Das Kartenspiel Quadrille erfreute sich im 18. Jahrhundert besonderer Beliebtheit und wurde von vier Personen gespielt.

Zu rechter und linker Hand des Festsaales befanden sich die Repräsentationsräume, die sich aus dem Appartement des Grafen im Norden und dem Appartement der Gräfin im Süden zusammensetzten (Abb. 19-05). Dem Zeremoniell der Barockzeit entsprechend, bestand die jeweilige Zimmerfolge aus fünf Räumen, dem Vorzimmer – in Eckartsau Tafelzimmer genannt –, einem Empfangszimmer – hier als Kaminzimmer bezeichnet –, einem Schlafzimmer, einem Kabinett – der am kostbarsten ausgestattete Raum – und einer Garderobe.

Die prächtige Einrichtung der Räume spiegelte den Rang des Besitzers wider. Darum wurde auch besonderer Wert auf die Verarbeitung von Luxusgütern, Spiegeln, Vergoldungen und kostbaren Textilien gelegt.[43] Obwohl die Repräsentationsräume in Eckartsau eine reiche Ausstattung erhielten – insbesondere seien hier die wertvollen Textilien genannt –, war ihnen, wenn man bei einem Zeremonialappartement überhaupt davon sprechen kann, ein persönlicher Charakter eigen. Dies resultierte wahrscheinlich aus dem Umstand, dass es sich bei Schloss Eckartsau nicht um die Hauptresidenz handelte, sondern um einen Landsitz, der vornehmlich Jagdzwecken diente. Johann Jacob Michael Küchel bemerkte in seinem Reisebericht über die Repräsentationsräume des Schlosses:

»(…) dann der obere Saal von rechts / schöner decoration, der plavon gemahlet, vor dem Saal in vorhauß umb die stiegen die gemahlte Herrschaften, die logirungen beederseiths des Saals, ist jedes Zimmer anderst, die tapeten, deßen einfaßung, die Thüren, die lamperien, die Supraporte, die öfen, die stüll, Tischfüß, Tischplatten, Camin, spiegel rahmen, bether etc. Der plavon fast gantz glatt mit einem guten Corniche und sonstens durchgehens sehr wenig arbeith, aber recht von guten angeben, alle Thüren von Eichen holtz. (…) In allen Zimmern anstatt der vorhenck an denen fenstern, seynd Arthen von Parasol durchsichtig auf Laynwand gemahlt mit einem lacc überzogen, die Farb davon, wie die tapeten der Zimmer, welche auch nach der verziehrung der Caminen oder öfen, Spiegelrahmen gelb zwischen der anderen farb durchsichtig gemahlet. (…) bey sonnenschein machen dieße ein schöne reflection in die Zimmer ohne daß die wärme oder sonnen dardurch tringet, außerhalb des gantzen gebäu finden sich an den fenstern Geltzen oder fliegen garn von gantz feinen Trad gemachet, welche alle fliegen aus denen Zimmern wegen der geflochtenen enge behalten. Es hat dieß Gebäu von innen nicht den geringsten abgang an schöner guten einrichtung und arbeith.«[44]

Über die Einrichtung der Räumlichkeiten gibt wieder das Inventar von 1741 detailliert Auskunft. Die Wände des nördlichen Tafelzimmers (Abb. 19-05, Nr. 13) waren mit einer »Spallier von Turiner Procatell mit gelben Boden und Carmesin, und weiß eingewürkten Blumen mit fein vergoldeten Leisten eingefasst, sambt darzu gehörigen Staubvorhängen

Abb. 19-09: Stuhl aus dem nördlichen Tafelzimmer mit barocker Originaltapezierung, Nussbaumholz, Damast, um 1730 (© Bundesmobilienverwaltung/EK)

von rother Leinwand«.[45] Den Kontrast zu den Stofftapeten bildeten kniehohe Lambrien aus Eichenholz sowie die eichenen Fensterwölbungen mit goldenem Zierrat. Die Kombination von Eichenholz mit vergoldetem Dekor sowie Spalieren aus kostbaren Textilien bestimmte den Raumeindruck des gesamten Appartements.

Die Einrichtung des Raumes bestand aus einem Tafeltisch aus weichem Holz, einem weiteren Tisch aus weichem Holz mit gedrehten Säulen sowie 12 Lehnsesseln (Abb. 19-09). Sowohl der Tisch als auch die Stühle waren mit einem Überwurf beziehungsweise Bezug des gleichen Stoffes versehen, der bereits an den Wänden zum Einsatz kam. Die Supraporten zierten drei Seestücke in geschnitzten vergoldeten Rahmen, von denen heute noch ein Gemälde in situ vorhanden ist. In der nordöstlichen Ecke des Zimmers steht ein barocker weiß glasierter Aufsatzofen, der mit vergoldetem Reliefdekor verziert und von einer vergoldeten Vase bekrönt wird. Der Ofen konnte vom Gang aus beheizt werden. Ähnlich prunkvolle Öfen aus der Entstehungszeit finden sich auch in den anderen Räumen des Appartements wieder.

An das Tafelzimmer stößt das nördliche Kaminzimmer (Abb. 19-05, Nr. 12; Abb. 19-10) an, dessen Wände mit »Genueser Carmesin Damast mit großen Opern (= Muster), mit fein vergoldeten Leisten eingefasst, sambt darzu gehörigen Staubvorhängen von rohter Leinwand« spaliert waren. Die zehn Lehn- und Armlehnsessel waren mit dem gleichen Damast und gelbseidenen Borten bezogen. In der Sammlung der Bundesmobilienverwaltung sind noch zwei Stühle, einer davon mit Originaltapezierung (Abb. 19-11), erhalten. Die Möbel waren in stark restaurierungsbedürftigem Zustand, die ehemals vorhandenen Stegverbindungen der Füße fehlten, lediglich die Bruchstellen deuteten auf deren vormalige Existenz hin.

Im Gegensatz zu den Möbeln des Tafelzimmers (Abb. 19-09) sowie der Erdgeschossräumlichkeiten fiel das Mobiliar des Kaminzimmers (Abb. 19-11) deutlich hochwertiger aus; dies lässt sich unter anderem an den Stühlen ablesen. Während die Sitzmöbel des Tafelzimmers glatte, leicht geschwungene Beine mit Volutenenden aufwiesen, waren die Stuhlbeine im Kaminzimmer mit Akanthusschnitzereien verziert und hatten Geißfüße. Weiters standen hier anstelle der im Tafelzimmer verwendeten Weichholztische mit Überwurf »2 Weiß und Roth gesprengte Marmorsteinerne Tischblätter mit Gestellen von Bildhauerarbeit und fein vergoldet«. Von diesen Prunktischen ist heute keiner mehr vorhanden; es existieren aber Fotografien (Abb. 19-12) aus den 1880er-Jahren, als sie sich noch im Kaminzimmer befunden hatten. Leider gibt es keine Quelle aus späterer Zeit, die über den weiteren Verbleib der Tische Auskunft geben könnte.

Abb. 19-10: Nördliches Kaminzimmer im Schloss Eckartsau, Fotoaufnahme von Josef Wlha, 1880er Jahre (© ÖNB/Wien)

Abb. 19-11: Stuhl aus dem nördlichen Kaminzimmer mit barocker Originaltapezierung, Nussbaumholz, Damast, um 1730 (© Bundesmobilienverwaltung/EK)

Weiters zählten »2 Roth und Schwartz lacquirte Quadrille Tischl«, »2 Gueridons von hartem Holz« sowie »ein weißer Aufsatzofen mit fein vergoldeten Zierathen« zur Einrichtung des Raumes. Neben dem Ofen gab es noch einen offenen »Camin, von Weiß und Roth gesprengten Marmor, mit einem darüber stehenden Gemählde, die Venus, in einem Rahmen von geschnitztem Spiegelglas, oben mit einem Stern von Spiegel und vergoldeten Decorationen und unten mit 2 aufgeschnitzten Delphinen«.[46] Diese ungewöhnliche Kamingestaltung in Kombination eines Spiegels mit einem Gemälde ist durch eine Aufnahme des Fotografen Josef Wlha überliefert, der Schloss Eckartsau in den 1880er-Jahren dokumentiert hat. Auf dieser Abbildung ist die barocke Ausführung mit dem Bild der Venus, das auf den zwei Delphinen ruht, zu erkennen (Abb. 19-10), der

Abb. 19-12: Prunktisch aus dem nördlichen Kaminzimmer in Schloss Eckartsau, um 1730, Fotoaufnahme von Josef Wlha, 1880er Jahre (© ÖNB/Wien)

Abb. 19-13: Supraporte im nördlichen Kaminzimmer in Schloss Eckartsau, um 1730 (© Bundesmobilienverwaltung/EK)

Spiegel fehlte damals jedoch bereits. Heute befindet sich über dem Kamingesims ein durchgehendes Spiegelfeld, die Delphine wurden entfernt. Diese Umgestaltung geht auf Erzherzog Franz Ferdinand zurück, der das Schloss ab 1897 umbauen ließ. Über den beiden Türen waren in mit vergoldeter ornamentaler Schnitzerei verzierten Feldern Blumenstücke (Abb. 19-13) angebracht, die noch erhalten sind.

Nach dem Kaminzimmer folgte das Schlafzimmer des Grafen (Abb. 19-05, Nr. 10), dessen Wände mit blauem Genueser Damast mit großem Muster und dazugehörigen Staubvorhängen von blauer Leinwand tapeziert war. Das Mobiliar setzte sich zusammen aus »2 zusammen gestellte Feldbeth mit Vorhängen, oberen und unteren Kräntzen, Knöpfen und Copert-Decken von gleichem Damast mit gelb seidenen Borten«, »1 Tisch von weichem Holtz mit gedrehten Säulen über welchen ein Teppich von gleichem blauen Damast mit gelb seidenen Borten«, »6 Lehn- und 2 Armsessel und 1 Canape von dergleichen Damast«, einem »Leibstuhl mit rothem Lederüberzug sambt Kupfernen Geschirr« und einem prachtvollen weiß glasierten und vergoldeten Ofen.[47] Das Kanapee und einige Stühle (Abb. 19-14) überdauerten am Dachboden des Schlosses, die Originaltapezierung existiert jedoch nicht mehr. Die Möbel entsprechen demselben Typ wie die Sitzmöbel des Tafelzimmers (Abb. 19-09), sie haben glatte, geschwungene Beine mit Volutenenden und eine Stegverbindung aus Nussbaumholz. Passend zu den Täfelungen sind sie weder gefasst noch vergoldet, sondern holzansichtig. Die heute noch vor Ort befindlichen Supraportengemälde stellen folgende Szenen aus der alttestamentarischen Erzählung beziehungsweise der griechischen Mythologie dar: »Bathseba im Bade«, »Tochter Pharaonis und Moysen« und »Diana (Selene) mit Endymion«.

An das Schlafzimmer schloss ein kleiner, fast quadratischer Eckraum an, das sogenannte Goldkabinett (Abb. 19-05, Nr. 11; Abb. 19-15). Die beiden Kabinette sind die einzigen Räume,[48] in denen die originale Wandbespannung die Jahrhunderte überdauert hat. Sie zeugen von der kostbaren Textilausstattung, die sich in den 1730er-Jahren in allen Repräsentationsräumen befunden hatte. Die Spalier besteht aus »Turiner Sammet mit goldenen Boden (= Abschluss) und ponceau farbenen Theils ausgeschnittenen, Theils unausgeschnittenen Blumen Opern (= Muster), nebst oberen und unteren mit goldtenen Blumen und Quasten gestickten Kräntzen von rother Leinwand«.[49] In die Lambrien sowie die Fenster- und Türverkleidungen sind goldene Ta-

Abb. 19-14: Stuhl und Kanapee aus dem blauen Schlafzimmer in Schloss Eckartsau, Nussbaumholz, um 1730 (© Bundesmobilienverwaltung/EK)

Abb. 19-15: Goldkabinett in Schloss Eckartsau, Wandbespannung aus besticktem Turiner Samt, um 1730 (© Bundesmobilienverwaltung/EK)

Abb. 19-17: Jonas Drentwett, Groteskenmalerei auf goldenem Grund aus dem Goldkabinett des Winterpalais des Prinzen Eugen, Wien, um 1700 (© Belvedere)

Abb. 19-16: Groteskenmalerei auf goldenem Grund mit Jagddarstellungen, Wandtafel aus dem Goldkabinett in Schloss Eckartsau, um 1730 (© Bundesmobilienverwaltung/EK)

feln mit bunten figürlichen Jagddarstellungen eingelassen. Die Art der Groteskenmalerei ist an den Stil des Augsburger Künstlers Jonas Drentwett[50] (gest. 1736) angelehnt, der die Groteskendekorationen auf goldenem Grund in den Prinz Eugen'schen Residenzen in Wien ausgeführt hat. Allerdings sind die Malereien in Schloss Eckartsau (Abb. 19-16) im Vergleich mit den Darstellungen im Wiener Winterpalais (Abb. 19-17) und im Unteren Belvedere mit einem gröberen Pinselstrich und weniger detailliert ausgeführt; somit erscheint die Zuschreibung an Jonas Drentwett unwahrscheinlich.

Erstaunlich ist auch, dass in der Sammlung der Bundesmobilienverwaltung noch vier weitere Tafeln existieren, die nicht in das Goldkabinett eingebaut wurden und dort auch keinen Platz gefunden hätten. Die Beschriftung auf der Rückseite der Tafeln, gibt jedoch darüber Aufschluss, dass die Malereien explizit für Eckartsau angefertigt wurden. Vorstellbar ist, dass ein auswärtiger Künstler mit der Herstellung der Groteskentafeln beauftragt wurde, der mit der Raumsituation vor Ort beziehungsweise der endgültigen Anbringung der Holztafeln nicht im Detail vertraut war. Er schickte die Malereien nach Eckartsau, wo sie dann von den ausführenden Handwerkern eingebaut wurden.

Die heute nicht mehr erhaltene Möblierung des Goldkabinetts bestand aus »8 Tabouret Sessel von gleichen Sammet, und gestickter Kräntzarbeith, mit fein vergoldten Gestellen« sowie »1 von Bildhauerarbeith gemachtes und fein vergoldtes oben auf dem Blatt mit feiner Mahlerey geziertes Tischl«.[51] In der Ecke befindet sich ein grau-weiß marmorierter Kamin mit Volutenaufsatz und Spiegel. Darauf thront eine Büste der Jagdgöttin Diana aus Alabaster. Sie wird umfangen von vergoldetem Schilfrohr und von einem vergoldeten Fischernetz sowie den Symbolen der Jagd, Köcher und Bogen. An der Rückwand des Kamins ist das Wappen der Familie Kinsky eingelassen.

Vom blauen Schlafzimmer aus konnte die Garderobe (Abb. 19-05, Nr. 8) betreten werden, die gleichzeitig die Verbindung zum Gang und somit zum »alten Schloss« darstellte. Hier befanden sich ein großer braun gestrichener Kleiderkasten, zwei Sessel mit rotem Brokatbezug, an der Wand angebrachte Kleiderhaken und ein schwarzer Aufsatzofen.

Die südseitige Appartementfolge ist exakt spiegelgleich angelegt, die Zimmer hatten dieselben Funktionen; Möbel und Öfen sind in ihrem Aufbau größtenteils identisch, sie unterscheiden sich nur durch dekorative Details. Linker Hand des Festsaales liegt somit das südliche Tafelzimmer (Abb. 19-05, Nr. 15), das mit demselben gelben Turiner Brokatstoff wie sein nördliches Pendant spaliert war; auch die Sitzmöbel stimmten in Anzahl und Aussehen überein. Zusätzlich gab es in diesem Zimmer einen »ovalen Tisch von Eichenholtz mit gedrehten Säulen« sowie »2 Gueridons von harten Holtz«.[52] Alle drei Supraportenbilder, zwei Landschaften und ein Wasserstück, sind heute verschollen.

Das daran anstoßende Kaminzimmer (Abb. 19-05, Nr. 16) unterschied sich durch »die Spallier von grünem Genueser Damast mit großen Opern mit fein vergoldten Leisten eingefasst, sambt der dazugehörigen Staubvorhänge von grüner Leinwand« von seinem roten nördlichen Gegenstück. Die beiden prunkvollen geschnitzten und vergoldeten Tische waren mit einer schwarzen Marmorplatte versehen. Der Kamin ist ebenfalls aus schwarzem Marmor gefertigt und mit einem Spiegel versehen. Die beiden Supraporten beinhalteten Blumenstücke in kunstvoll geschnitzten vergoldeten Rahmen.

Die Wände des nebenan liegenden Schlafzimmers der Gräfin (Abb. 19-05, Nr. 17; Abb. 19-18) zierte »eine Spalier von gelben Genueser Damast mit großen Opern, mit perlfarb seidenen breiten Borten anstatt der Leisten eingefasst, sambt dazugehörigen Staubvorhängen von gelber Leinwand«. Blickfang des Raumes war ein »Paradebett mit Vorhängen, Krantz und Knöpfen, wie auch Copertdecken von gleichem Damast mit perlfarb seidenen Borten, Staubvorhänge von gelben Engelsatt. In der Bettstatt befindet sich: 1 gefesteter Strohsack von gestreiftem Zwillich, 2 Rosshaar Matratzen von fein gestreiften Zwillich, 1 langer und 2 kleine rosshaarene Polster, 4 Pölster mit dem feinsten gestreiften Niederländer Zeug überzogen, 2 gelbe Florentiner Taffeten Decken, 2 dergleichen gefestete Tuchent«.[53] Ebenso wie im Schlafzimmer des Grafen gab es auch hier eine baugleiche Salongarnitur. Die Gemäldeausstattung setzte sich aus einem runden Bacchusgemälde oberhalb des Pfeilers sowie drei ovalen Feldern über den Türen, Mercurius, Jupiter und Juno darstellend, zusammen.

Der Zustand dieses Schlafzimmers ist zum einen durch das oben zitierte Inventarbuch überliefert, zum anderen konnte eine Fotografie, die Josef Wlha Ende des 19. Jahrhunderts angefertigt hat, gefunden und dem gelben Schlafzimmer zugeordnet werden. Wie im ersten Moment nicht zu vermuten war, da das Foto rund 150 Jahre später aufgenommen wurde, zeigt die Abbildung den unveränderten Zustand des barocken Schlafzimmers (Abb. 19-18). Sie ist somit vor allem in Bezug auf das Aussehen des barocken Paradebetts eine ganz rare und wertvolle fotografische Quelle, wurden diese Betten doch oftmals abgetragen und allenfalls in Vorlagewerken oder Interieurgemälden dokumentiert. Als Sensation stellte sich auch die Auffindung des Kanapees und einiger Stühle aus dem gelben Schlafzimmer in Schloss Eckartsau und in der Bundesmobilienverwaltung dar. Im Vorfeld der Forschungen war nicht bekannt, dass eigenständiges Barockmobiliar aus Schloss Eckartsau noch existent ist.

Der herausragendste Raum der südlichen Zimmerfolge war das sogenannte chinesische Kabinett (Abb. 19-05, Nr. 18; Abb. 19-19), das im Inventar von 1741 als »indianisch« bezeichnet wurde. Hier

Abb. 19-18: Das barocke gelbe Schlafzimmer in Schloss Eckartsau, Fotoaufnahme von Josef Wlha, 1880er Jahre (© ÖNB/Wien)

muss angemerkt werden, dass im 18. Jahrhundert alle außereuropäischen Produkte unter dieser Bezeichnung zusammengefasst wurden. In den Aufzeichnungen heißt es: »Die Spallier von weiß seidenen indianischen Zeug (Abb. 19-20) mit eingestickten Blumen und Laubwerk, mit fein goldenen Borten und vergoldeten Rammen und Spiegelleisten umb und umb eingefasst; nebst besonderen Staubvorhängen von rother Leinwand. Die Lamperie Thüren und Fenster Verkleidungen mit vergoldten Leisten, auch gleichen Schildern mit erhabener Indianischer Laquierung ausgezieret, sambt Supraporto von Bildhauerarbeit gleicher Vergoldung und Laquierung«. Von den ursprünglich »8 Tabouret Sessel mit gleichen indianischen Zeug und goldenen Borten mit fein vergoldten Gestellen«[54] sind heute noch vier Stück (Abb. 19-21) erhalten; der Originalstoff wurde leider stark in Mitleidenschaft gezogen und ist nur noch fragmentarisch vorhanden. Im Gegensatz dazu ist der Verbleib des »von Bildhauerarbeith gemachten und fein vergoldten oben auf dem Blat mit erhabener Indianischen Laquierung gezierten Tischls« (Abb. 19-19) unbekannt.

Die Gestaltung des Kamins (Abb. 19-22) nimmt Bezug auf das asiatische Ausstattungsmotiv des Raumes; so erhebt sich über dem Kamin aus grauweiß gesprengtem Marmor mit dem Wappen der Familie Kinsky ein Spiegel mit vergoldetem Aufsatz in Form einer asiatischen Göttin. Auf den Postamenten des Aufsatzes standen chinesische Porzellanfi-

Abb. 19-19: Chinesisches Kabinett in Schloss Eckartsau, um 1730 (© ÖNB/Wien)

Abb. 19-20: Chinesisches Kabinett in Schloss Eckartsau, Detail der Türe und der seidenen Wandbespannung, um 1730 (© Bundesmobilienverwaltung/EK)

guren. Welch kostbaren und prunkvollen Raumeindruck das chinesische Kabinett im 18. Jahrhundert erweckt hat, lässt sich heute nur noch erahnen. Die gestickten Stofftapeten sind größtenteils noch erhalten, jedoch durch den jahrhundertelangen Lichteinfall haben sie stark an Farbkraft eingebüßt.

Den Abschluss des Damenappartements bildete eine Garderobe (Abb. 19-05, Nr. 20), die einen Tisch aus Weichholz mit gedrehten Säulen und Überwurf, zwei Lehnsessel sowie Kleiderhaken und -stangen enthielt. An Stelle des heutigen Rokokoofens mit weiblicher Aufsatzfigur stand 1741 ein schwarzer Aufsatzofen mit einer Eisentür.

An den neu erbauten Corps-de-logis-Trakt schloss an den nördlichen und südlichen Eckpunkten die alte dreiflügelige Schlossanlage an, die unter Franz Ferdinand Graf Kinsky keine baulichen Veränderungen erfahren hat. Die Räume des alten Schlos-

Abb. 19-21: Tabouret aus dem chinesischen Kabinett in Schloss Eckartsau mit Originaltapezierung, Holz, vergoldet, bestickte Seide, um 1730 (© Bundesmobilienverwaltung/EK)

Abb. 19-22: Kamin im chinesischen Kabinett, um 1730 (© Bundesmobilienverwaltung/EK)

ses samt Einrichtung wurden 1741 ebenfalls detailliert im Inventarbuch erfasst. Wie eingangs bereits erwähnt, ist deren Lage im Schlosskomplex heute nicht mehr eindeutig auszumachen.

So großen Aufwand Graf Kinsky mit dem Neubau und der Ausstattung des Westflügels betrieb, so wenig griff er in die bestehende Einrichtung der alten Trakte ein, die noch auf die Zeit der Herbersteins zurückging. Diese Tatsache wird durch die im Inventar mehrfach erwähnten Porträts der Familie Herberstein belegt. Fast die gesamte Ausstattung des Nord, Ost- und Südtraktes stimmt mit dem Zustand von 1730,[55] also vor dem Umbau, überein. Lediglich einige der Sitzmöbel wurden neu tapeziert.

Da viele Räume nur mit der mobilen Grundausstattung (Tischen, Stühlen, Leibstuhl etc.) und mit Schlafstätten versehen waren, dienten sie vermutlich als Gästezimmer. Die Wände waren meistens mit farbigen Stofftapeten versehen, nur wenige Zimmer waren mit Gemälden geschmückt. Im Gegensatz zu den neu geschaffenen Räumen im Westtrakt waren nur ein paar Räume im alten Schloss mit Supraportengemälden ausgestattet. Bei den restlichen Gemälden handelte es sich entweder um Familienbildnisse, Landschaftsdarstellungen oder Jagdstücke. So hingen beispielsweise im Gastzimmer Nr. 7, das 1741 als großes Zimmer bezeichnet wird »1 Conterfait des Grafen zu Herberstein, Bischof zu Modrizza seel, mit verg. Ram« sowie »4 alte Conterfaits in der herbersteinischen Familie ohne Ram«.[56]

Die Jagdbilder bezeugen, dass das Schloss schon mindestens seit dem 17. Jahrhundert Jagdzwecken diente. Interessant erscheint auch, dass »1 historisches Bild von Apollo und Daphne ohne Rahmen«[57] bereits zu Zeiten der Herbersteins im Tafelzimmer Nr. 1 hing. Dasselbe Thema wird um 1730 von Lorenzo Mattielli mit seiner Skulpturengruppe im Festsaal wieder aufgegriffen. Weiters gab es im Tafelzimmer 1730 noch »2 große Jagdstück eines mit einen Gämbs, das andere mit Reh, Fasan und Auerhahn ohne Rahmen«[58], allerdings scheinen diese Bilder 1741 nicht mehr auf.

Nach dem Rückzug Franz Ferdinand Kinskys ins Privatleben 1736 und der Verlagerung seines Hauptwohnsitzes nach Schloss Karlskron in Böhmen wurden einige Einrichtungsgegenstände aus Eckartsau abgezogen und nach Böhmen transportiert. Dies betraf vor allem die kirchlich liturgischen Gegenstände, die Kirchenwäsche und Teile der Bibliothek.[59] Nachdem Franz Ferdinand Kinsky nur vier Jahre des Ruhestands gegönnt waren, starb er 1741. Danach übernahm sein Bruder Joseph Johann Maximilian Schloss Eckartsau.

Abb. 19-23: Vitus Hrdlicka, Schloss Eckartsau, Süd-West-Ansicht, Öl auf Leinwand, 1762 (© Pfarrkirche Eckartsau)

Eine Ansicht des Schlosses zur Zeit der Familie Kinsky existiert nicht. Der barocke Zustand des Gebäudes ist auf zwei Gemälden festgehalten, die jedoch aus den 1760er-Jahren und somit aus der Habsburgerzeit stammen. Ein 1762 angefertigtes Gemälde (Abb. 19-23) befindet sich in der Pfarrkirche in Eckartsau und ist mit »Vitus Hrdlicka Ceas. Cam. Pictor (…) Pinxit 1762« signiert und datiert. Es zeigt das Schloss in etwas verzerrter Perspektive in Südwestansicht. Deutlich ist der das Schloss umfangende Wassergraben zu erkennen. Hölzerne Brücken führen über das Wasser zum West- und Osttor. Interessant ist der Einblick in den Innenhof, der entlang des Osttraktes Arkadengänge zeigt, weiters ist der vorspringende Wehrturm an der Ostseite gut zu erkennen.

Auf der zweiten Darstellung (Abb. 19-24) ist Schloss Eckartsau im Umfeld des Dorfgefüges abgebildet. Klar stechen der Nordtrakt mit seiner vorspringenden Kapelle sowie der alte Osttrakt mit seinem massiven Turmbau ins Auge. Im Inneren des Burghofes ist in der Mitte der Südseite ein erkerartiger Vorbau auszumachen, der mit einem Glockenturm bekrönt ist. Dieses bisher von der Forschung nicht beachtete architektonische Detail erweist sich in Zusammenhang mit der Analyse der Inventarbücher als bedeutsam. So wird sowohl im Inventar von 1730 als auch im Inventar von 1741 ein »Glockenzimmer« genannt. Der Abschluss des hervorspringenden Baukörpers mit einem Glockenturm ist auf dem Gemälde deutlich erkennbar. Somit muss sich das im Inventarbuch erwähnte Glockenzimmer an dieser Stelle befunden haben.

Eine große Unbekannte in der bisherigen Forschung zu Eckartsau stellte die Erschließung der drei alten Gebäudetrakte dar. Jegliche Hinweise auf Stiegenhäuser und Verbindungsgänge zwischen den einzelnen Stockwerken fehlten bislang. Nun konnte

Abb. 19-24: Schloss Eckartsau, Nord-Ost-Ansicht, Öl auf Leinwand, 2. Hälfte 18. Jahrhundert (© PB)

eine im Haus, Hof- und Staatsarchiv aufbewahrte und 1798 verfasste »historische Beschreibung über die Herrschaft Eckartsau«[60] gefunden werden, die Hinweise über den Zugang und die Aufteilung der alten Trakte liefert. Die Quelle nennt zur Erschließung der einzelnen Stockwerke im Osttrakt eine »unter dem Schwibbogen des hinteren oder östlichen Schloßthores angebrachte Stiege«, der Nord- und der Südtrakt wurde durch »zwei mitten im Hof gerade sich gegenüberliegende ordinäre ziemlich enge Schneckenstiegen obhanden, von denen einer man in die Zimmer der nördlichen, und der anderen in jene der mittäglichen Seite gelangen kann.«[61] Es wäre möglich, dass der oben erwähnte und auf dem Gemälde sichtbare hervorspringende Baukörper an der Südseite des Innenhofs eine der Schneckenstiegen aufgenommen hat und es ein auf der Nordseite liegendes Pendant gegeben hat. Dieses ist allerdings auf dem Gemälde nicht zu erkennen.

Wann die Umbauarbeiten durchgeführt wurden, die zur Umgestaltung des Innenhofes sowie zur Abtragung des Turmbaues an der Ostseite führten, lässt sich heute aufgrund der fehlenden Bauakten nicht mehr nachvollziehen. Es ist aber anzunehmen, dass der abgebildete Zustand des Schlosses auch zur Zeit Maria Theresias unverändert bestehen geblieben ist und die großen Eingriffe in die Bausubstanz erst in der ersten Hälfte des 19. Jahrhunderts infolge von Hochwasserschäden erfolgten.

SCHLOSS ECKARTSAU IM VERGLEICH MIT SCHLOSS HOF ZUR ZEIT PRINZ EUGENS

Der siegreiche Feldherr, Prinz Eugen von Savoyen, erwarb 1725 das im Marchfeld rund 15 Kilometer von Schloss Eckartsau entfernt liegende Schloss Hof. In den folgenden sechs Jahren ließ er den zweigeschossigen Vierkanter von dem Architekten Johann Lucas von Hildebrandt, der bereits die Bauvorhaben des Feldherrn in Wien geleitet hatte, zu einem barocken Lustschloss umbauen. Für die Innenraumgestaltung zeichnete der Franzose Claude Le Fort du Plessy (gest. 1757) verantwortlich. In Zusammenhang mit den Bauarbeiten in Schloss Eckartsau ist interessant, dass Prinz Eugen die Herrschaft Hof erwarb, als das Jagdschloss Eckartsau bereits im Besitz des Grafen Kinsky war. Prinz Eugen nahm die Bauarbeiten sofort in Angriff und beendete sie 1732, wobei die Neugestaltung der Innenräume bereits 1730 fast vollendet war,[62] also zu dem Zeitpunkt, als die Umbauten in Eckartsau erst begannen – jedoch fanden auch diese zwei Jahre später, zeitgleich mit Schloss Hof, ihren Abschluss.

Wie wir aus dem Reisebericht Küchels wissen, war der Architekt Johann Lucas von Hildebrandt in beide Bauprojekte involviert.[63] Während in Schloss Hof die künstlerische Gesamtplanung auf ihn zurückgeht, tritt Hildebrandt in Eckartsau in Zusammenhang mit der Innenausstattung des Schlosses in Erscheinung. In Anbetracht dessen überrascht es auch nicht, dass die Innenräume in beiden Schlössern gestalterische Ähnlichkeiten aufweisen.

Im Unterschied zur Anlage der Repräsentationsräume in Eckartsau, die in ein Damen- und in ein Herrenappartement unterteilt waren, wurde in Schloss Hof für den unverheirateten Prinz Eugen neben dem Privatappartement ein sogenanntes Paradeappartement installiert, das als spezieller Empfangs- beziehungsweise Zeremonialbereich diente. Die beiden Raumfolgen unterschieden sich in ihrer Aufmachung grundlegend. Während in den Privaträumen des Prinzen Wandvertäfelungen und Lambrien in Braun und Gold in Zusammenspiel mit Möbeln aus Nussbaumholz sowie kostbaren farbigen Wandtapeten den Raumeindruck bestimmten, dominierten die Farben Weiß und Gold das Erscheinungsbild des Paradeappartements.[64]

Mit Blick auf den Kinsky'schen Besitz erscheint die nähere Betrachtung des Privatappartements von Schloss Hof sinnvoll. Die Zimmerfolge setzte sich hier aus einem »Caffee Zimmer«, einer »Tafelstuben«, einer »Ante Camer«, einem Audienzzimmer, einem Schlafzimmer, einem Kabinett sowie einer Garderobe zusammen. Sie folgte demselben Schema wie jene in Eckartsau, jedoch war sie um die beiden ersten Räume erweitert, die mit Wandvertäfelungen und eingelassener reicher Bildausstattung versehen waren. Die restlichen Räume des Appartements zierten allesamt Wandtapeten aus farbigem Seidendamast und hölzerne Lambrien mit vergoldeten Leisten.

In der »Ante Camer« waren Wandspaliere und Möbelbezüge in Rot, im Audienzzimmer in einer Gelb-Weiß-Kombination und im Schlafzimmer in Blau-Gelb gehalten. Im angrenzenden Kabinett waren Spaliere aus blauem Damast angebracht und der Schreibtisch des Prinzen sowie ein aus China importierter Klapptisch mit Lackfurnieren aufgestellt.[65] Bei der textilen Farbauswahl wurde auf dieselben Farben wie in Eckartsau zurückgegriffen, nämlich Rot, Gelb und Blau. Jedoch stimmte die Farbgebung der verschiedenen Räume nicht mit ihrer Funktion überein: In Schloss Hof war das Vorzimmer rot, in Eckartsau gelb. Das Audienzzimmer war in Schloss Hof in Gelb, in Eckartsau hingegen in Rot gehalten. Gemeinsam war beiden Schlafzimmern die blaue Farbgebung. Somit kann nicht von der Funktion eines Raumes auf eine bestimmte Farbauswahl geschlossen werden.

Die barocke Raumausstattung ist in Schloss Hof heute nicht mehr erhalten, bedauerlicherweise existieren auch keine bildlichen Überlieferungen der Wohnräume, sodass das Aussehen nur mithilfe der Inventaraufzeichnungen und der auf dieser Basis erstellten und in den Schauräumen von Schloss Hof ausgestellten Modelle rekonstruiert werden kann. Das Privatappartement diente Prinz Eugen im Gegensatz zum Paradeappartement als Rückzugsort. Die Gestaltung mit Lambrien aus Eichenholz und vergoldeten Zierelementen dominierte, wie bereits erwähnt, auch in den Wohnräumen des Grafen Kinsky das Erscheinungsbild.

Im Vergleich der in den 1710er-Jahren entstandenen Schlosshofer Möbeln mit dem um 1730 gefertigtem Eckartsauer Mobiliar lassen sich sowohl

Abb. 19-25: Stuhl aus Schloss Hof, Nussbaumholz, um 1710 (© Bundesmobilienverwaltung/FS)

Gemeinsamkeiten als auch Unterschiede, vor allem aber eine stilistische Weiterentwicklung feststellen. Die frühsten datierten Sitzmöbel aus Schloss Hof (Abb. 19-25) wurden um 1710 hergestellt. Sie sind massiv aus Nussbaumholz gefertigt und erinnern in ihrer Formgebung an Möbel des ausklingenden 17. Jahrhunderts. Der strenge, gerade Aufbau der gepolsterten Rückenlehne und Sitzfläche kontrastiert mit den geschwungenen und geschnitzten, in Voluten auslaufenden Füßen, die durch Stege miteinander verbunden sind. Form und Aufbau der Stühle ähneln den von Prinz Eugen bereits im Oberen Belvedere in Wien in seinem Schlafzimmer um 1720 verwendeten Modellen. Der Stuhltyp wurde in Schloss Hof in mehreren Gestaltungsvarianten ausgeführt.[66]

Ein weitere Salongarnitur (Abb. 19-26), die in Schloss Hof Verwendung fand, entstand um 1720/30 und zeigt im Vergleich mit den oben genannten Modellen (Abb. 19-25) bereits eine wesentlich aufgelockertere Formensprache. Sowohl die Rückenlehne als auch die Armlehnen und Beine der Stühle sind geschwungen. Das aus massivem Nussbaumholz gefertigte Gestell ist reich geschnitzt und mit einem stilisierten Muschelmotiv sowie Blüten und Ranken verziert.

Dieses Möbelensemble weist in seiner Formgebung schon auf die barocken Eckartsauer Möbel hin, die im Auftrag des Grafen Kinsky um 1730 (Abb. 19-09, 19-11, 19-14, 19-27) angefertigt wurden. Es sind insgesamt drei verschiedene Möbelgruppen vorhanden, die sich allerdings in ihrem Aufbau und Dekor nur in Details voneinander unterscheiden. Zwei identische Garnituren (Abb. 19-14, 19-27), die ursprünglich in den gräflichen Schlafzimmern aufgestellt waren, weisen die größten Ähnlichkeiten mit der Sitzgruppe aus Schloss Hof (Abb. 19-26) auf. Vergleicht man beide Armlehnstühle (Abb. 19-26, 19-27) miteinander, stimmen sowohl die Ausformung der Rückenlehne sowie die Grundkonzeption der Armlehnen und Beine überein; Rückenlehne und Sitzfläche sind komplett gepolstert und tapeziert.

Im Gegensatz zu den reich verzierten Modellen aus Schloss Hof (Abb. 19-26) ist der Dekor bei den Möbeln aus Eckartsau (Abb. 19-27) auf ein Minimum reduziert. Die Armlehnen, Beine und Stege sind leicht geschwungen, auf eine Zarge wurde in Eckartsau komplett verzichtet. Die einzige ornamentale Verzierung der Stühle beschränkt sich auf Voluten an den Knickpunkten der Armstützen sowie an den Füßen. Darüber hinaus haben die Kinsky'schen Möbel (Abb. 19-14, 19-27) an Massivität verloren und wirken weitaus eleganter und leichter als die Sitzmöbel des Prinzen Eugen (Abb. 19-26).

Die Stühle aus dem Tafelzimmer (Abb. 19-09) sind aufgrund ihrer Formgebung ebenfalls ganz eindeutig als Eckartsauer Modelle identifizierbar. Sie entsprachen dem in den Schlafzimmern verwendeten Typ. Allerdings ist hier die Rückenlehne von der Sitzfläche getrennt und nicht wie bei den Möbeln des Schlafzimmers allseitig durchgehend bezogen und gepolstert, vielmehr wird die Tapezierung von einem zarten Holzrahmen eingefasst.

Das dritte erhaltene Modell (Abb. 19-11) stammt aus dem Kaminzimmer in Schloss Eckartsau und

Abb. 19-26: Stuhl aus Schloss Hof, Nussbaumholz, um 1720/30 (© Bundesmobilienverwaltung/FS)

Abb. 19-27: Armlehnstuhl aus dem blauen Schlafzimmer in Schloss Eckartsau, Nussbaumholz, um 1730 (© Bundesmobilienverwaltung/EK)

hat wiederum eine ähnliche Grundform wie die bereits vorgestellten Sitzmöbel aus dem Tafelzimmer und Schlafzimmer, es ist jedoch reicher verziert. Die Beine tragen Schnitzereien in Form von Akanthusblättern und Blüten. Im Gegensatz zu den Möbeln aus Schloss Hof erscheint der Dekor auch bei diesen Stühlen aus Schloss Eckartsau reduziert und eleganter ausgeführt. Im Unterschied zu den Möbeln aus Schloss Hof, bei denen keine Angaben über Künstler und ausführende Handwerker eruiert werden konnten,[67] weiß man im Fall der Eckartsauer Möbel aufgrund eines Eintrages im Inventarbuch zumindest, dass es sich um lokale Erzeugnisse handelt, da sie von Wiener Tischlern gefertigt wurden.[68] Leider wurden keine Handwerker namentlich genannt, ebenso sind keine Rechnungen erhalten.

Stilistisch sind die kurz nach dem Schlosshofer Mobiliar gefertigten Möbel aus Eckartsau (Abb. 19-09, 19-11, 19-14, 19-27) äußert interessant. Sowohl zeitlich als auch formal sind sie an der Wende vom Barock zum Rokoko einzuordnen. In ihrer Grundkonzeption tragen sie noch die barocke Handschrift in sich, wie zum Beispiel die hohen und relativ geraden Rückenlehnen und die Stegverbindungen der Fußgestelle. Die Ausformung der Stuhlbeine mutet jedoch für ein Barockmöbel bereits sehr elegant an. Obwohl deren geschwungene Formen schon ganz dem Rokokostil verpflichtet sind, werden sie immer noch durch die für den Barock typische Stegverbindung gehalten. Zusammenfassend kann gesagt werden, dass die Kinsky'schen Sitzmöbel den in Österreich ab 1730 stattfindenden Stilwandel einläuten. Sie stehen somit ganz in der Entwicklung ihrer Zeit und müssen von bestens informierten und modernen Künstlern geschaffen worden sein.

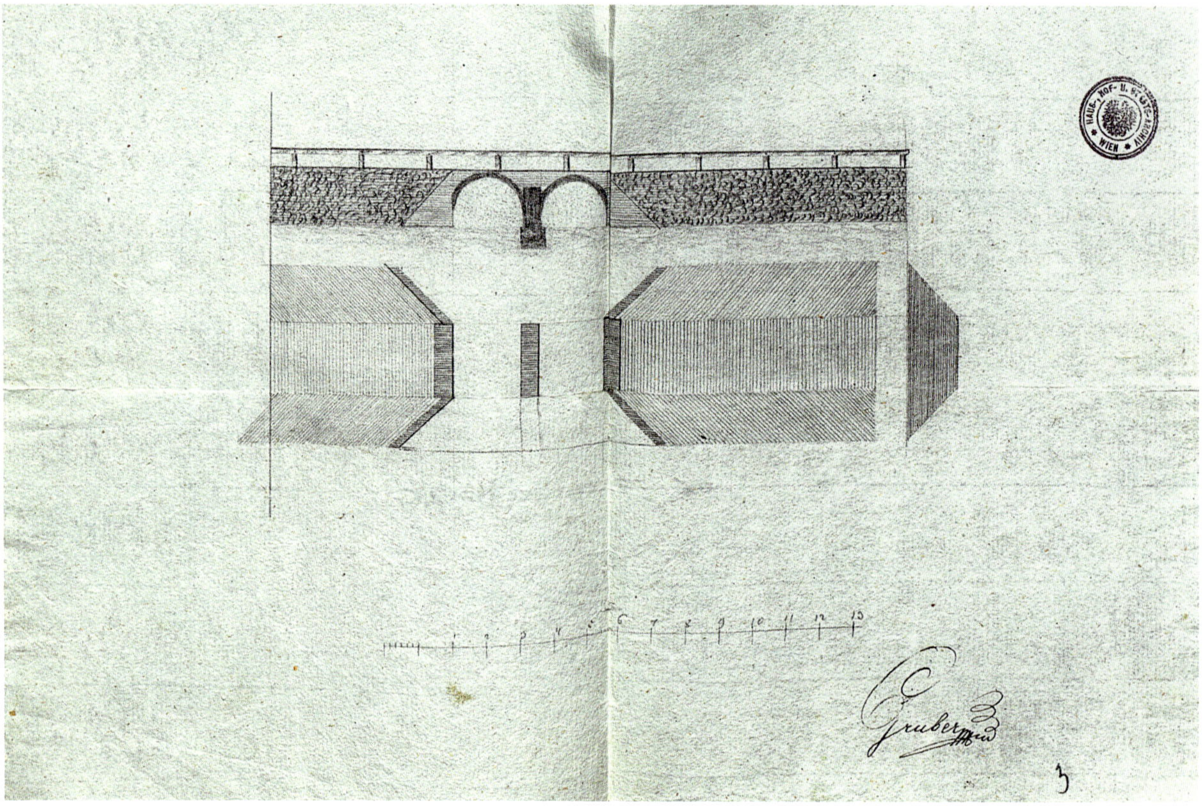

Abb. 19-28: Brücke über den Schlossgraben in Eckartsau, Bleistift auf Papier, 1765 (© HHStA)

Schloss Eckartsau im habsburger Besitz

Als Jagdgast des Grafen Kinsky besuchte Kaiser Franz Stephan I. das Schloss Eckartsau mehrmals. Kaiserliche Aufenthalte sind in den Jahren 1748, 1749, 1753, 1754 und 1755 belegt.[69] Nachdem am 3. März 1759 die Witwe Franz Ferdinand Kinskys, Maria Augustina, gestorben war, veräußerte Graf Joseph Johann Maximilian Kinsky 1761 die Herrschaften Eckartsau und Essling für insgesamt 380.000 Gulden an das Kaiserpaar.[70] Bereits seit Mitte der 1730er-Jahre kaufte der geschäftstüchtige Franz Stephan I. mit seinem Privatvermögen gezielt Landgüter und Jagdschlösser, deren Erträge zur Aufbesserung und Sicherung des habsburgischen Familienvermögens dienen sollten. So gelangten 1736 die Herrschaften Hollitsch (Holic) in der heutigen Slowakei sowie das ungarische Gut Sassin in den Besitz des Kaisers. 1755 erwarb Maria Theresia die Herrschaften in Schlosshof und Mannersdorf. Im Fall von Hollitsch und Schlosshof ließ die Kaiserin die bestehenden Güter zu barocken Lustschlössern ausbauen. In Eckartsau fielen dabei keine großen Eingriffe in die bestehende Bausubstanz an, lediglich notwendige Maßnahmen zur Erhaltung und Pflege wurden laufend durchgeführt. Im Haus, Hof- und Staatsarchiv haben sich Entwürfe für geplante Bauvorhaben aus dem Jahr 1765 erhalten. Eine Zeichnung zeigt ein Nebengebäude, auf einer weiteren Bleistiftzeichnung ist eine neue Brücke über den Schlossgraben (Abb. 19-28) zu sehen.[71]

Nach dem Tod Kaiser Franz Stephans 1765[72] ließ seine Witwe von 1770 bis 1774 im Eckartsauer Schloss und Garten Instandhaltungsarbeiten unter der Leitung des Hofarchitekten Franz Anton Hillebrandt (1719–1797) durchführen. Die geheimen Kammerzahlamtsbücher geben Aufschluss über die Höhe der Aufwendungen von insgesamt mehr als 12.000 Gulden, jedoch nicht über die Art der durchgeführten Arbeiten. Näher spezifiziert ist lediglich der Ankauf eines neuen Schiffes für Eckartsau 1773 für 8000 Gulden.[73] In den Jahren 1779 und 1780 war Hillebrandt mit weiteren Instandhaltungsmaßnahmen beschäftigt.[74]

Franz Anton Hillebrandt studierte ab 1734 Architektur an der Akademie der bildenden Künste in Wien. Ab 1757 zeichnete er als Architekt der ungarischen Hofkammer für eine Vielzahl von öffentlichen Bauten in Ungarn verantwortlich. 1772 wurde er zum Nachfolger des Oberhofarchitekten Nicolaus Pacassi ernannt und übernahm die Leitung des Wiener Hofbauamtes. In dieser Tätigkeit war er unter anderem für den Umbau der Wiener Hofburg, des Schlosses Halbturn sowie des Schlosses Hof zuständig.

In der bisherigen Forschung zu Schloss Eckartsau bildete die Zeit, als das Schloss im Besitz des Kaiserpaares war, eine Forschungslücke. Die wenigen wissenschaftlichen Untersuchungen beschränkten sich bis jetzt auf die barocke Ausstattung des Grafen Kinsky sowie auf die Um- und Aufbauarbeiten Ende des 19. Jahrhunderts, die im Auftrag des Erzherzogs Franz Ferdinand durchgeführt wurden.[75] Wie allerdings im Rahmen der aktuellen Forschungen herausgefunden werden konnte, sind die Änderungen, die das Kaiserpaar und nach Franz Stephans Tod Maria Theresia allein in der Ausstattung des Schlosses durchführen ließ, sehr wohl nachvollziehbar und greifbar.

Nach der Übernahme des Schlosses 1760 ließen Maria Theresia und Franz Stephan I. die Architektur und die Einrichtung des barocken Westtraktes nahezu unangetastet. Wie aus den Inventarbüchern hervorgeht, übernahmen sie die gesamte Ausstattung, die im Auftrag Franz Ferdinand Kinskys in den Repräsentations- und Wohnräumen im Erdgeschoss und in der Beletage rund 30 Jahre zuvor installiert worden war, und ergänzten sie lediglich um Details. Die in die Wandvertäfelungen der beiden Erdgeschossräume eingelassenen Porträts der Familie Kinsky wurden durch lebensgroße Habsburgerdarstellungen ersetzt. Die Bilder wurden in Zweitverwendung hier eingelassen und mussten zum Teil an die bestehenden Rahmengrößen angepasst werden.[76]

Abb. 19-29: Kaminecke und Stühle des nördlichen Tafelzimmers, Fotoaufnahme von Josef Wlha, 1880er Jahre (© ÖNB/Wien)

In der Beletage beinhalteten die Änderungen den Austausch der Wandtapezierung und der Möbelbezüge in den beiden Tafelzimmern (Abb. 19-05, Nr. 13 und Nr. 15). Anstatt des gelben Seidendamastes wurde nun ein »Blattspalier von rotem Procatell«[77] angebracht und die Sitzmöbel dementsprechend bezogen. Der einzig erhaltene Stuhl (Abb. 19-09) aus dem nördlichen Tafelzimmer trägt noch die Originaltapezierung aus der zweiten Hälfte des 18. Jahrhunderts. Eine Fotografie aus der Serie Wlhas zeigt die Kaminecke des nördlichen Tafelzimmers (Abb. 19-29) mit dem roten – in den 1880er-Jahren schon stark abgenützten – Wandspalier sowie passend dazu die mit demselben Stoff bezogenen Stühle.

Die Wandtapezierungen des nördlichen Kaminzimmers (Abb. 19-05, Nr. 12), der beiden Schlafzimmer (Abb. 19-05, Nr. 10 und Nr. 18) und der beiden Kabinette (Abb. 19-05, Nr. 11 und Nr. 19) blieben auch unter dem Kaiserpaar erhalten. Das Inventarbuch von 1793 enthält hingegen in Bezug auf

Abb. 19-30: Südliches Kaminzimmer in Schloss Eckartsau, Fotoaufnahme von Josef Wlha, 1880er Jahre (© ÖNB/Wien)

die Wandgestaltung des südlichen Kaminzimmers (Abb. 19-05, Nr. 16) keine Angaben, im Speziellen wird keine Spalier mehr genannt. Da auf dem von Josef Wlha Ende des 19. Jahrhunderts aufgenommenen Foto des Kaminzimmers (Abb. 19-30) keine Wandtapeten mehr vorhanden sind, ist anzunehmen, dass diese bereits in der zweiten Hälfte des 18. Jahrhunderts abgenommen und nicht mehr ersetzt wurden. Wie aus dem abgebildeten Möbelbestand zu schließen ist, dürften lange Zeit keine Eingriffe mehr in die Ausstattung des Raumes erfolgt sein, da die (heute nicht mehr vorhandene) Einrichtung mit dem vergoldeten Prunktisch, den Gueridons sowie den Spieltischen derjenigen vom Ende des 18. Jahrhunderts entspricht.[78]

Zu der bestehenden Kinsky-Ausstattung des Westtraktes fügte Maria Theresia noch einzelne hochwertige Möbel punktuell hinzu. So erhielt beispielsweise das nördliche Kaminzimmer (Abb. 19-05, Nr. 12) einen »Feuerschirm von Leinwand Kreuzlstich auf vergoldeten Gestell von Bildhauerarbeit«[79], der zwar auf einer Fotografie Wlhas (Abb. 19-31) dokumentiert, heute allerdings nicht mehr vorhanden ist. Die im gelben Schlafzimmer (Abb. 19-05, Nr. 17) in der zweiten Hälfte des 19. Jahrhunderts aufgenommenen Nachtkästchen (Abb. 19-32) gehen genauso wie die in mehreren Räumen vorhandenen Spieltische mit geschwungenen Beinen (Abb. 19-33) auf eine Anschaffung Maria Theresias zurück. Sowohl die Nachtkästchen als auch die Spieltische sehen typgleichen Modellen, die im Auftrag der Kaiserin für Schloss Hof angeschafft wurden, zum Verwechseln ähnlich (Abb. 19-34).

Schloss Hof wurde 1755 durch Kaiserin Maria Theresia angekauft, die es ihrem Gemahl Franz Stephan I. zum Geschenk machte. Anschließend erfuhr

Abb. 19-31: Kamin und Kaminschirm im nördlichen Kaminzimmer in Schloss Eckartsau, Fotoaufnahme von Josef Wlha, 1880er Jahre (© ÖNB/Wien)

Abb. 19-32: Nachtkästchen aus dem gelben Schlafzimmer in Schloss Eckartsau, Eiche, um 1760 (© Bundesmobilienverwaltung/EK)

Abb. 19-33: Tisch aus Schloss Eckartsau, Nussbaumholz, um 1760 (© Bundesmobilienverwaltung/EK)

Abb. 19-34: Nachtkästchen aus Schloss Hof, Nussbaumholz, um 1755 (© Bundesmobilienverwaltung/FS)

die übernommene Ausstattung des Prinzen Eugen eine Ergänzung durch neues Mobiliar. Die Ähnlichkeiten der Möbel sind so groß, dass angenommen werden kann, dass sowohl die Schlosshofer als auch die Eckartsauer Möbel von denselben Handwerkern hergestellt wurden. Franziska Hladky unterstützt diese Annahme mit der Vermutung, dass bereits in Bezug auf die um 1755 gefertigte Schlosshofer Einrichtung Maria Theresias, ein Großteil des Mobiliars in Zusammenhang mit der Möbelherstellung für andere kaiserliche Schlösser entstanden ist.[80]

Somit lassen sich nicht nur zur Zeit der barocken Neubauten unter Prinz Eugen und Franz Ferdinand Kinsky Parallelen zwischen den Einrichtungen von Schloss Hof und Schloss Eckartsau ziehen, sondern auch in der zweiten Hälfte des 18. Jahrhunderts, als sich beide Schlösser im Besitz des Kaiserpaares befanden und von dem Architekten Franz Anton Hillebrandt umgestaltet beziehungsweise neu ausgestattet wurden.

Größere Veränderungen als der barocke Westtrakt erfuhr unter Maria Theresia das »alte Schlossgebäu«, das heißt der Nord, Ost- und Südtrakt. Anhand der in den Inventarbüchern festgehaltenen Änderungen darf gemutmaßt werden, dass ein Großteil der zu Beginn der 1770er-Jahre getätigten Ausgaben in die Neuausstattung des alten Schlosses geflossen sind. Im Vergleich mit den von Maria Theresia ab 1773 in Schloss Hof durchgeführten Umbauten beziehungsweise Neuausstattungen, die insgesamt mehr als 200.000 Gulden verschlangen, hielten sich die Eingriffe in Eckartsau mit einer Höhe von 12.000 Gulden in überschaubaren Grenzen. Die Neueinrichtung der alten Trakte – die bis zur Übernahme des Kaiserpaares ja noch mit dem Mobiliar und der Bildausstattung der Familie Herberstein eingerichtet waren – umfasste neben der Umsetzung eines neuen Bildprogramms vor allem die Anschaffung neuen Mobiliars. Dieses diente der Ergänzung der alten Möbel und war ganz dem um 1760 in Österreich vorherrschenden Rokokostil verpflichtet.

Aus diesem Bestand haben sich in der Sammlung der Bundesmobilienverwaltung ein Stuhl (Abb. 19-35), ein Stuhlfragment und ein Tabouret (Abb. 19-36) erhalten. Die Möbel weisen geschwungene Beine, die entweder in Voluten oder in Geißfüßen enden, sowie eine mit Rohrgeflecht bespannte, ebenfalls leicht geschwungene Rückenlehne beziehungsweise Sitzfläche auf. Die Stuhlbeine sind mit zarten Schnitzereien verziert, während bei der Gestaltung des Tabourets auf dekorativen Schmuck verzichtet wurde. Laut Inventarbuch waren sie »gelb angestrichen«[81]; Reste der gelben Fassung finden sich auf allen erhaltenen Möbeln wieder.

Die Adaptierung der alten Trakte muss entweder bereits Mitte der 1760er-Jahre oder spätestens zu Beginn der 1770er-Jahre durchgeführt worden sein. Einen diesbezüglichen Anhaltspunkt bietet die ab 1773 im Auftrag Maria Theresias durchgeführte Neuausstattung des ehemaligen Paradeappartements des Prinzen Eugen in Schloss Hof. Die dort verwendeten Sitzmöbel (Abb. 19-37) stehen stilistisch an der Grenze zwischen dem Rokoko und dem Klassizismus. Während die Rückenlehnen oftmals noch dem Formenkanon des Rokokos entsprechen, tragen die Stuhlbeine in ihrer geraden und konisch

Abb. 19-35: Stuhl aus dem »alten Schloss« in Eckartsau, Buche, ehemals gelb gefasst, Rohrgeflecht, um 1770 (© Bundesmobilienverwaltung/EK)

Abb. 19-36: Tabouret aus dem »alten Schloss« in Eckartsau, Buche, ehemals gelb gefasst, Rohrgeflecht, um 1770 (© Bundesmobilienverwaltung/EK)

nach unten zulaufenden Form schon ganz eindeutig klassizistische Züge. Die Eckartsauer Möbel sind noch ganz dem Rokokostil verpflichtet und weisen keinerlei klassizistische Motive auf. Da es sich um dieselbe Bauherrin handelt, müssen die in Schloss Eckartsau verwendeten Möbel zeitlich vor den Modellen von Schloss Hof entstanden sein.

Obwohl um 1770 noch Möbel für Eckartsau angekauft und laufend Instandhaltungsarbeiten durchgeführt wurden, hielt sich die Kaiserin selten in dem Jagdschloss auf. Ihre Lieblingsresidenz im Marchfeld war ganz eindeutig Schloss Hof, das sie auch oftmals besuchte. Nach dem Tod Maria Theresias 1780 wurde Eckartsau vom Kaiserhof nicht mehr zu Jagdzwecken frequentiert und fiel in einen Dornröschenschlaf. Die Einrichtung der Räume blieb für viele Jahre unangetastet. In den Jahren 1784 und 1787 verursachten schwere Überschwemmungen Schäden am Gebäude. Infolgedessen kam es 1786 zur Auflassung der Kapelle. Dem Inventarbuch zufolge gelangten einige Gegenstände und Kirchenstühle in die Esslinger Kirche. Die nahe gelegene Kirche in Mannersdorf übernahm die »grosse Orgl mit 3 grossen Figuren von Bildhauer Arbeit«[82]. Die Paramente, die Ornate sowie alle Gegenstände aus der Sakristei und dem »Sakristei Gewölb« wurden an die Pfarre in Eckartsau abgegeben.[83] Laut einer Beschreibung der Herrschaft aus dem Jahr 1798 waren im neuen Schlossgebäude (Westtrakt) im Erdgeschoss sechs und im ersten Stock elf Räume bewohnbar. Im »Alten Stocke« befanden sich im ersten Obergeschoss siebzehn Zimmer in bewohnbarem Zustand. Im zweiten Obergeschoss nahmen insgesamt sieben Zimmer die Wohnungen eines Amtsschreibers sowie eines Chirurgen auf. Die restlichen Räume wurden als Getreidespeicher genutzt.[84]

Abb. 19-37: Stuhl aus Schloss Hof, Buche, weiß gefasst, vergoldet, Rohrgeflecht, um 1773 (© Bundesmobilienverwaltung/FS)

Abb. 19-38: Ansicht von Schloss Eckartsau, Fotoaufnahme von Josef Wlha, 1880er Jahre. Der bis auf das erste Geschoss abgetragene Ostflügel ist im Hintergrund zu erkennen. (© ÖNB/Wien)

Nach dem Tod Kaiser Franz Stephans I. 1765 gründete Maria Theresia mit der Zustimmung ihres Sohnes Joseph II. den habsburgischen Familienfonds. Es handelte sich um eine Zusammenführung des von Franz Stephan geschaffenen Familienvermögens und aller Herrschaften, die aus dem Nachlass ihres verstorbenen Mannes stammten. Die Kaiserin beabsichtigte mit der Gründung des Familienfonds einerseits die finanzielle Absicherung der kaiserlichen Familie und andererseits die Entlastung der Staatskassen durch die teilweise Umlagerung der Unterhaltszahlungen an die Familienmitglieder auf den Fonds. Verfügungsberechtigt über das Vermögen war immer das jeweilige Familienoberhaupt.

In den 1820er-Jahren litt die Bausubstanz des Schlosses Eckartsau unter dem immer wiederkehrenden Hochwasser. Besonders dramatisch gestaltete sich eine im Februar 1830 plötzlich auftretende Schneeschmelze, die katastrophale Zustände im Marchfeld hinterließ. Aufgrund starken Schneefalls und eisiger Kälte hatten sich im Januar 1830 auf der Donau große Eisschollen gebildet. Durch überraschend eintretendes Tauwetter Ende Februar wurden nicht kalkulierbare Wassermassen über Nacht freigesetzt, die zum Anschwellen der Donau und in der Folge zur Überflutung der Vorstädte Wiens und des Marchfeldes führten. Das Wasser drückte die Fenster der Häuser ein und überflutete die Zimmer im Erdgeschoss bis zur Decke.[85] Infolge der Wasserschäden traten Senkungen am Süd- und Osttrakt des Schlosses Eckartsau auf. Als Vorsichtsmaßnahme wurden daraufhin die beiden baufälligen Trakte bis auf das Erdgeschoss abgetragen und die Fenster zugemauert. Das Schloss fristete nun als Torso weiterhin sein unbenutztes Dasein. Es existiert lediglich eine einzige Ansicht hierzu (Abb. 19-38), die Josef Wlha im Rahmen seiner Fotoserie Ende des 19. Jahrhunderts aufgenommen hat. Sie zeigt die barocke Westfassade des Schlosses, noch mit Wassergraben und Brücke. Das geöffnete Tor lässt einen Blick auf den dahinterliegenden Osttrakt zu, deutlich ist der nunmehr eingeschossige Flügel mit Ziegeldach zu erkennen.

In den 1880er-Jahren – zeitgleich mit dem Entstehungszeitpunkt der fotografischen Aufnahmen Josef Wlhas – lassen sich erstmals nach fast hundertjährigem Stillstand wieder Veränderungen beim Schlossmobiliar wahrnehmen. Wie Inventarbücher belegen, wurden im Juni 1889 ein großer Teil des Mobiliars aus den Erdgeschossräumlichkeiten und einige Möbel aus den Nebenzimmern der Beletage verkauft, die zumeist noch aus der Zeit des Grafen Kinsky stammten.[86]

Der Wiederaufbau des Jagdschlosses Eckartsau durch Erzherzog Franz Ferdinand

Mitte der 1890er-Jahre rückte Schloss Eckartsau als Jagdsitz wieder in das Interesse des Kaiserhofes. Im Juni 1895 veranlasste die »Generaldirektion der Ah. Privat- und Familienfonde« die Instandsetzung des Schlosses: »Zum Zwecke der Schaffung von Unterkunftsräumen für Ah. Jagdgäste wird das Schloss einer Instandsetzung unterzogen. Auch der Pferdestall des Oberförsters Fuchs wird in Anspruch genommen und soll sogleich geräumt werden.«[87] Zuvor wurden die Jagdgäste während der Hofjagden in den Donauauen in der Gutsverwalterwohnung in Orth untergebracht. Durch die Bewohnbarmachung von Schloss Eckartsau sollte diesem Umstand Abhilfe geschaffen werden.[88]

Wie aus den Akten hervorgeht, befand sich das Schloss zur damaligen Zeit in stark devastiertem Zustand. Für die Durchführung der notwendigen Adaptierungsarbeiten und die Instandsetzung von Absteigequartieren für die Jagdgäste wurde ein Budget von 25.000 Gulden veranschlagt. Die Bauarbeiten leitete der Wiener Architekt Anton Weber (1858–1942).[89] Weber studierte Architektur an den Technischen Hochschulen in Wien und München sowie an der Akademie der bildenden Künste in Wien. Anschließend war er im Büro von Friedrich Schmidt (1825–1891) tätig. Ende der 1880er-Jahre machte sich Anton Weber selbstständig und spezialisierte sich auf die Renovierung von historischen

Gebäuden. Zu seinem betuchten Kundenkreis zählte auch der Thronfolger, für den er 1896 tätig war. Für Franz Ferdinand plante er neben einer Jagdhütte in Lölling auch ein Gasthaus und ein Angestelltenhaus in Konopischt. Ebenso wie der Erzherzog setzte er sich für den Denkmalschutz ein.

In der bisherigen Literatur wird der Wunsch des Thronfolgers, sich das Schloss anzueignen, stets als Auslöser für die Bauarbeiten und das wiedererweckte Interesse des Kaiserhofes an dem Jagdsitz gewertet und mit dem Jahr 1897 angegeben.[90] Wie die neuesten Forschungen nun ergeben haben, wurden die ersten Wiederherstellungsarbeiten am Schloss bereits früher als bisher angenommen (1895) ohne den Einfluss Franz Ferdinands von der Generaldirektion der ah. Privat- und Familienfonde durchgeführt. Franz Ferdinand trat 1895 bei der Renovierung des Schlosses noch nicht in Erscheinung. Was jedoch überrascht, ist die Wahl des Architekten Anton Weber, der bekanntlich engen Kontakt zum Thronfolger pflegte. Da Weber erst 1896, also ein Jahr nach Beginn der Arbeiten in Eckartsau, für Franz Ferdinand tätig wurde, ist anzunehmen, dass der Erzherzog den Wiener Architekten im Zuge der Instandsetzung von Eckartsau kennenlernte und ihn danach für weitere private Projekte verpflichtete.

Über den genauen Umfang dieser ersten Sanierungsarbeiten, die sich letztendlich auf 29.320 Gulden beliefen,[91] geben die Akten der Güterdirektion Wien keinen Aufschluss. Erwähnt wird lediglich, dass im Juli 1895 31 Bilder aus Eckartsau an die Restaurierwerkstätten des Kunsthistorischen Hofmuseums gesandt wurden.[92] Weiters geht aus den Archivalien hervor, dass der Baumeister Franz Prokesch, der Tischlermeister Josef Reimer, die Dekorationsmaler J. Winter und W. Richter sowie der Schlosser Anton Biro, alle aus Wien, an der Sanierung beteiligt waren.[93]

Im Juli 1896 wurden Dachkonstruktionsarbeiten nach Plänen von Anton Weber und unter der Aufsicht des Bauinspektors Karl Bertele bewilligt.[94] Wie aus einem Aktenvermerk hervorgeht, wurden im Jahr 1895 unter der Aufsicht des Architekten Weber barocke Möbel des Prinzen Eugen nach Wien zur Restaurierung geliefert, die für die Neueinrichtung der Eckartsauer Zimmer bestimmt waren. Schloss Hof war zu diesem Zeitpunkt bereits zur Nutzung als Militärinstitut bestimmt. In diesem Zuge wurde die gesamte sowohl mobile als auch wandfeste historische Ausstattung abgetragen und zur Verwendung in anderen Schlössern vorgesehen. Bei der Rückführung der restaurierten Möbel nach Eckartsau scheinen Schwierigkeiten aufgetreten zu sein, da Anton Weber ein Zeitverzug und die nicht vollständige Lieferung der Möbel vorgeworfen wurde.[95] Dies stellt die letzte dokumentierte Tätigkeit Webers in Zusammenhang mit der Sanierung von Eckartsau dar.

Ende des Jahres 1896 trat Erzherzog Franz Ferdinand in Erscheinung. Im Dezember 1896 traf bei der Generaldirektion der ah. Privat- und Familienfonde ein Ansuchen des Thronfolgers über die Gewährung eines Darlehens für Bauarbeiten in Eckartsau in der Höhe von 189.000 Gulden ein, dem auch stattgegeben wurde. Die Leitung der Sanierungsarbeiten wurde im Winter 1896 dem Wiener Architekten Viktor Siedek (1856–1937) übertragen. Dies ist durch einen erhaltenen Grundriss des Eckartsauer Erdgeschosses (Abb. 19-39) belegt, der auf November 1896 datiert ist und sowohl den Stempel als auch die Unterschrift Viktor Siedeks trägt. Ab Beginn der 1880er-Jahre arbeitete Viktor Siedek nach seinem Studium an der Technischen Hochschule in Wien als selbstständiger Architekt. Wie schon sein Vorgänger Anton Weber galt Siedek als Spezialist für umfangreiche Um- und Wiederaufbauten historischer Adelssitze. So hatte er bereits, bevor er in Eckartsau tätig wurde, mehrere Schlösser in Ungarn, darunter auch ein Schloss für Franz Ferdinands Vater Erzherzog Carl Ludwig in Kistapolcsani, und das Schloss Traun im niederösterreichischen Maissau umgebaut und renoviert.

Im Gegensatz zu den ersten 1895/96 durchgeführten Sanierungsarbeiten ist das von Viktor Siedek erarbeitete Bauprogramm vom 10. April 1897[96] überliefert und kann in diesem Rahmen erstmals vorgestellt werden. Es umfasste die Generalsanierung aller bestehenden Räume sowie die Aufstockung des ebenerdigen Ost- und Südtraktes um je-

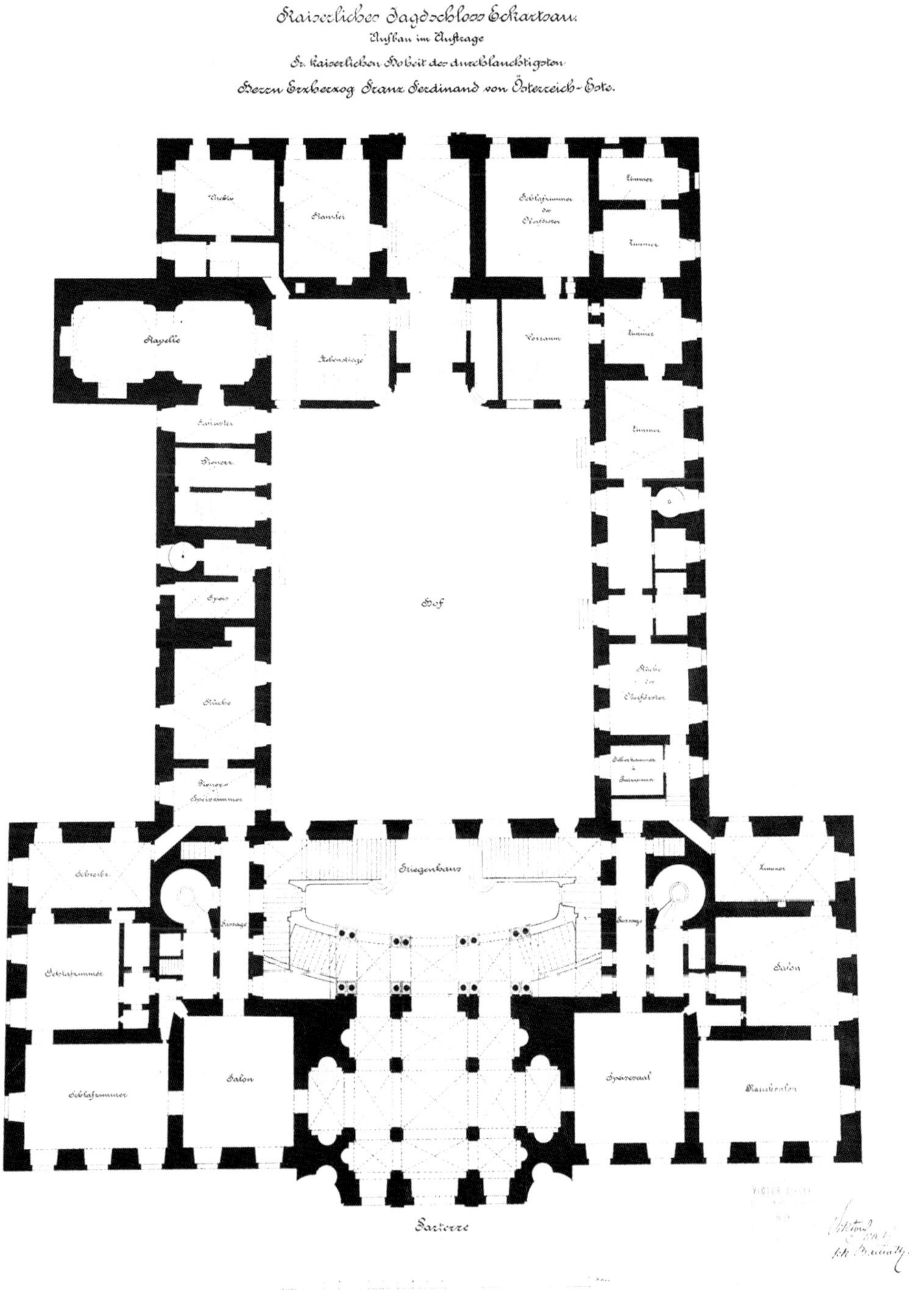

Abb. 19-39: Viktor Siedek, Parterre-Grundriss des Schlosses Eckartsau, November 1896 (© ÖNB/Wien)

Abb. 19-40: Westtrakt des Schlosses Eckartsau, Tor zum Innenhof mit dem Wappen Franz Ferdinands, 1897 (© Bundesmobilienverwaltung/EK)

weils ein Geschoss. Da das in Privatbesitz erhaltene Dokument genauen Aufschluss über die einzelnen durchgeführten Maßnahmen gibt und es für die Forschung eine wertvolle, bisher unbekannte Quelle darstellt, werden im Folgenden die wesentlichen Passagen daraus detailliert wiedergegeben:

»A. ADAPTIERUNGSARBEITEN IM ALTEN EIN- UND ZWEISTÖCKIGEN TRACT«

Beim West- und Nordtrakt wurde eine Hebung des Dachstuhles vorgenommen. In den meisten Räumen mussten die Deckenkonstruktionen in Form von Dippelbaumdecken ausgetauscht werden, da sie bereits vermorscht waren. Besonders schwierig gestaltete sich die Erneuerung der Deckenkonstruktionen im großen Saal und im Stiegenhaus. Um die Deckenfresken nicht zu zerstören, musste der Plafond mit einer Pfostenschalung unterpolzt werden, damit anschließend ein Austausch der vermorschten Dippelträme vorgenommen werden konnte. Die beiden Deckenbilder im großen Saal von Daniel Gran und im Stiegenhaus von François Roittiers wurden einer Restaurierung unterzogen. Weiters wurden im Stiegenhaus und im Vestibül die Wände und Stuckaturen mit Gipsmörtel und die schadhaften Stellen an den Balustraden ausgebessert. Die barocken Laternen unterzog man einer Generalüberholung in Wien. In der Eingangshalle wurde Holzstöckelpflaster auf einer Betonunterlage neu verlegt, um den Automobilen eine ebene und feste Fahrbahn zu bieten. Die zum Teil verschlossenen Fensteröffnungen im Vestibül wurden ausgebrochen und neue Rundbogenfenster aus Eichenholz eingesetzt. Das bestehende Haupttor im inneren Schlosshof wurde durch ein neues schmiedeeisernes Tor mit Oberlichtgitter ersetzt. Aus diesem Grund ziert das Tor (Abb. 19-40), obwohl es im barocken Westtrakt eingelassen ist, bis heute das Wappen des Erzherzogs Franz Ferdinand.

Im Zuge der Generalsanierung wurde auch die Haustechnik erneuert beziehungsweise erweitert. Im Stiegenhaus erfolgte der Einbau einer Luftzirkulationsheizung. Außerdem wurden die bestehenden sanitären Anlagen repariert und eine neue Kanalisationsanlage hergestellt. Bereits zur Jahrhundertwende besaß Franz Ferdinand schon ein Verständnis für die nachhaltige Ressourcennutzung. Zur besseren Dämmung ließ er im Parterre und in der Beletage des Westtraktes alle bestehenden einglasigen Fenster gegen neue Eichenholzfenster mit Doppelsolinverglasung tauschen.

In den Repräsentationsräumen wurden die schadhaften historischen Parkettböden durch neue eichene Dielenböden ersetzt, wobei die alten Tafelböden als Blindboden fungierten. Einzige Ausnahme bildeten die kunstvoll verlegten Parkettböden im großen Saal und in den beiden Kabinetten, die erhalten und restauriert wurden. Sämtliche barocke Einbauten, wie zum Beispiel die prunkvollen Kamine, Spiegel, Täfelungen oder Vergoldungen wurden, einer fachmännischen Restaurierung unterzogen.

Bei der Kapelle musste der Dachstuhl samt Ziegeleindeckung instandgesetzt werden. Zur Betonung des kirchlichen Zwecks erhielt der Kapellenbau ein kleines Türmchen, einen sogenannten Dachreiter. Im Innenraum wurden neben den beiden Kuppelfresken auch sämtlicher skulpturaler Schmuck sowie die Vergoldungen restauriert beziehungsweise wiederhergestellt. Bei dem Tabernakel aus Lindenholz handelt es sich um eine Neuanfertigung.

Im Außenbau kam es zu einer Überarbeitung sämtlicher Fassaden und infolgedessen zu einer optischen Bearbeitung der bestehenden Fassadenanschlüsse an die Neubauten.

»B. NEUBAU OBER DEM ALTEN EBENERDIGEN TRACTE«

Da der alte Osttrakt nicht vollständig abgebrochen, sondern nur um ein Geschoss aufgestockt wurde, musste ein neues Stiegenhaus, das der Erschließung des gesamten Flügels diente, hofseitig angebaut werden. Im Bauprogramm heißt es dazu wie folgt: »Der rückwärtige Hoftract wird infolge der neuen Stiegenanlage und um den Eingang zur Kapelle genügend breit zu erhalten um 1,50 m verbreitert, d.h. um 1,50 m gegen den Hof zu hinaus gerückt. Die alte bestehende Hofmauer muss infolge dessen und weil dieselbe zu schwach ist das neue aufzubauende Stockwerke zu tragen, abgebrochen werden.«[97] Durch den hofseitigen Anbau, der das Stiegenhaus und die Durchfahrt aufnahm, entstand eine direkte überdachte Verbindung zwischen Nord- und Südtrakt. Ebenso wie die Westeinfahrt erhielt auch die Osteinfahrt einen Holzstöckelboden auf Betonunterlage.

Die privaten Wohnräume der erzherzoglichen Familie befanden sich im neu erbauten Obergeschoss des Süd- und Osttraktes. Die Zimmer erhielten an den Plafonds gezogene Gesimse sowie Türen, Fenster und Lambrien aus Eichenholz, die Fenster waren mit Solinglas versehen. Die Fenster und Türen der Bedienstetenzimmer bestanden aus Weichholz

Abb. 19-41: Badezimmer des Erzherzogs Franz Ferdinand in Schloss Eckartsau, 1897 (© Bundesmobilienverwaltung/EK)

mit eichenartigem Anstrich. Alle Fenster waren mit einer sogenannten »Brettelroulaux«, die hellgrün gestrichen war, mit Zugvorrichtung und einer Ausspreizstange versehen.

Sämtliche Fußböden wurden aus harten Brettern hergestellt, in den erzherzoglichen Wohnräumen waren sie mit einem Teppich belegt. Während die Haupträume des ersten Stockes mit Wandtapezierungen versehen waren, erhielten die Wände der Nebenräume lediglich einen Anstrich.

Gerade im Süd- und Osttrakt legte Franz Ferdinand besonders großen Wert auf eine zeitgemäße technische Ausstattung. Die Wohnräume konnten neben den Kachelöfen mit einer Dampfheizung er-

Abb. 19-42: Viktor Siedek, Ansicht des Schlosses Eckartsau von Osten, Aquarell auf Papier, 23.1.1897 (© Schloss Artstetten)

wärmt werden. In jedem Raum waren in den Lambrien vergitterte Öffnungen eingelassen, durch die die warme Luft in den Raum strömte. Die Sanitärausstattung entsprach ebenfalls dem Standard der Zeit. Im Südtrakt wurde für den Thronfolger eigens eine Badeanlage (Abb. 19-05, Nr. 23; Abb. 19-41) installiert. Es handelt sich um eine große vertiefte und verkachelte Badewanne mit Marmorrand, vernickelter Badebatterie auf Marmorplatte und einer Brause mit Warm- und Kaltwasseranschluss. Das Bad und die Aborte wurden mit Mettlacher Platten gefliest. Es handelte sich um sehr widerstandsfähige industriell gefertigte Fliesen, die von der Firma Eugen Boch (heute: Villeroy & Boch) in dem Firmenwerk in Mettlach produziert wurden. Die Kanalisierung des Schlosses erfolgte aus Steinzeugrohren.

»C. ADAPTIERUNGS-ARBEITEN IM ALTEN EBENERDIGEN TRACT«

Der dritte Bauabschnitt betraf die Adaptierungsarbeiten in den bestehenden Erdgeschosstrakten des »alten Schlosses«. Dies beinhaltete die Durchführung der notwendigen Sanierungsmaßnahmen, wie zum Beispiel die Wiederherstellung der Bildhauerarbeiten und verschiedene Spenglerarbeiten.[98]

Aus einem Begleitschreiben zum Bauprogramm geht hervor, dass Viktor Siedek für die Umsetzung der projektierten Arbeiten eine Pauschalsumme von 189.500 Gulden veranschlagte, was exakt jenem Betrag entsprach, für den Franz Ferdinand beim Familienfonds um ein Darlehen angesucht hatte. Weiters äußerte sich der Architekt zu den projektieren Fertigstellungsterminen, gestaffelt nach Bauteilen: Für die Adaptierungs- und Renovierungsarbeiten des

Westtraktes (A) stellte er den 15. August 1897 in Aussicht. Die Umbau- und Aufstockungsarbeiten an den alten Trakten (B + C) sollten am 30. Dezember 1897 beendet sein. Darüber hinaus merkte Viktor Siedek an, dass die architektonische Ausbildung des Baues, die Wahl der Materialien sowie die Einteilung der Arbeiten vollständig ihm überlassen bleiben sollte.[99]

Viktor Siedek fertigte im Zusammenhang mit den bevorstehenden Bauarbeiten im Januar 1897 für den Thronfolger ein Aquarell des Schlosses an, das den adaptierten Zustand in Ostansicht zeigen sollte. Das Bild (Abb. 19-42) war bisher unbekannt und stellt eine bedeutende Quelle für den zur Jahrhundertwende durchgeführten Um- und Wiederaufbau dar. Die Darstellung unterscheidet sich von der endgültigen Ausführung lediglich in Details. Anstatt der projektierten Fensterverdachung in Form von Dreiecksgiebeln, die über den Fenstern im ersten Stock des Osttraktes vorgesehen waren, wechseln sich im Bau wellengiebelförmige mit dreiecksgiebelförmigen Bekrönungen ab.

Den größten Unterschied zwischen Planung und Ausführung stellt die Gestaltung und Ausformung der das Schloss umgebenden Freiflächen dar. Auf dem Aquarell sieht man, dass der Schlossgraben nur bis zum Kellerniveau zugeschüttet werden sollte; vor dem Osttor hätte sich dadurch ein terrassenartiges Plateau ergeben, über welches das Gebäude erschlossen worden wäre. Mithilfe von zwei Treppenanlagen, jeweils zur Linken und zur Rechten des Schlosses, wäre die tiefer liegende, begrünte und mit Wegen versehene Ebene zugänglich gewesen. In der Ausführung verzichtete Siedek jedoch auf die Niveauunterschiede; der ehemalige Schlossgraben wurde stattdessen bis zum Erdgeschossniveau aufgefüllt, sodass ein auf einer Ebene liegendes Plateau entstand, in dessen Mitte das Schloss thront.

DAS ERZHERZOGLICHE APPARTEMENT IM JAGDSCHLOSS ECKARTSAU

Das prunkvolle Stiegenhaus (Abb. 19-04 und 19-05, Nr. 55) führte zum erzherzoglichen Appartement in der Beletage des Schlosses. Im Auftrag Franz Ferdinands wurden im Stiegenhaus vier prachtvolle Tapisserien aus dem 17. Jahrhundert als Tür- und Fensterdraperien angebracht.[100] Sie hatten »Szenen aus dem Mythos der Diana« zum Inhalt und stammten aus den Beständen der kaiserlichen Kunstkammer.

Zur Repräsentationszwecken stand dem Thronfolger das ehemals gräfliche Appartement im Westtrakt zur Verfügung. Die Nutzung der Räume unterschied sich jedoch geringfügig von jener des 18. Jahrhunderts. Im Gegensatz zum Ehepaar Kinsky unterhielten Erzherzog Franz Ferdinand und seine Frau Sophie ein gemeinsames Schlafzimmer (Abb. 19-05, Nr. 17), das im ehemaligen gelben Schlafzimmer auf der Südseite lag. Dies geht aus dem Umstand hervor, dass das auf der Nordseite liegende blaue Schlafzimmer (Abb. 19-05, Nr. 10) 1908 als Gästezimmer für Kaiser Wilhelm II. benutzt wurde und somit in der Funktion eines Fremdenzimmers stand. Darüber hinaus befanden sich sowohl das Toilettezimmer Ihrer Majestät (Abb. 19-05, Nr. 20) als auch jenes Seiner Majestät (Abb. 19-05, Nr. 22) in unmittelbarer Nähe des gelben Schlafzimmers. Daran schlossen die im neu erbauten Südtrakt gelegenen Privaträume des erzherzoglichen Paares (Abb. 19-05, Nr. 26–28) an. Die Kinderzimmer der Prinzen waren im Osttrakt und das Zimmer der Prinzessin im Nordtrakt untergebracht.[101] Die Wohnräume im Erdgeschoss des Westtraktes dienten als Gästezimmer.

Wie bereits erwähnt, wurden sämtliche Räume aus dem 18. Jahrhundert einer Generalsanierung unterzogen, bei der versucht wurde, den barocken Zustand weitgehend zu erhalten. Bei der Möblierung wurde zum einen auf das in Eckartsau vorhandene Barockmobiliar zurückgegriffen, zum anderen kamen zahlreiche Möbel- und Einrichtungsgegenstände aus Schloss Hof zum Einsatz. Der Großteil dieser Möbel (vor allem: Sitzmöbel, Tische, Kommoden)[102] war bereits 1895 vom Architekten Anton Weber zur Verwendung in Eckartsau ausgewählt worden. Auf persönlichen Wunsch Franz Ferdinands begab sich Viktor Siedek im August 1897 nochmals nach Schloss Hof, um weiteres Inventar

Abb. 19-43: Grüner Salon im Erdgeschoss des Schlosses Eckartsau, 1. Hälfte 20. Jahrhundert (© ÖNB/Wien)

zu besichtigen.[103] Insgesamt wurden aus Schloss Hof 218 Stück Möbel, Luster, Laternen, Öfen sowie 61 Stück Eichen- und Nusslambrien übernommen.[104] Die Möbel fanden sowohl in dem Erdgeschossappartement, das als Fremdenappartement diente, als auch in den Wohn- und Repräsentationsräumen der ersten Etage des Corps de logis Aufstellung. Die Lambrien aus Schloss Hof waren für mehrere Zimmer des alten Traktes in Schloss Eckartsau vorgesehen, eine nähere Spezifizierung des Standortes findet sich in den Akten nicht.[105]

Neben den historischen Möbeln ließ Franz Ferdinand viele Stücke im Neorenaissance- und Neobarockstil neu anfertigen. Zur Ausstattung der Räume verwendete er aber teilweise auch Antiquitäten, die aus seinem Privatbesitz stammten, oder aber Möbel, die über den Stadterweiterungsfonds angekauft wurden, der eigentlich für den Hofburgbau vorgesehen war.

Im Erdgeschoss wurden in beiden Zimmerfluchten des Westtraktes Fremdenappartements eingerichtet. Das erste Zimmer (Abb. 19-04, Nr. 54) der nördlich der Einfahrt liegenden Raumfolge war nun ein Billardzimmer. Die ursprünglich zur Kinsky-Zeit angebrachte hölzerne Wandvertäfelung war unversehrt geblieben, ebenso wie die großformatigen Habsburgerporträts, die unter Maria Theresia angebracht worden waren. Passend zur Holzverkleidung der Wände fanden hier die prunkvollen, aus Nussbaumholz geschnitzten Barocktische mit Marmorplatte aus Schloss Hof Aufstellung.

Der nebenan liegende Grüne Salon (Abb. 19-04, Nr. 53; Abb. 19-43) erhielt eine Wandtapete aus grünem Stoff. Den Blickfang bildeten die großen querformatigen Gemälde des Malers Domenico Brandi, die sich schon im 18. Jahrhundert in Schloss Eckartsau befunden hatten. In der Mitte des Raumes war eine Garnitur zu sehen, die aus unterschiedlichen

Abb. 19-44: Englischer Schreibschrank, Nussbaumholz, Messing, 1. Hälfte 18. Jahrhundert (© Bundesmobilienverwaltung/EK)

Abb. 19-45: Rauchsalon im Erdgeschoss des Schlosses Eckartsau, 1. Hälfte 20. Jahrhundert (© ÖNB/Wien)

Möbeln zusammengestellt war. So standen die barocken Möbel aus Schloss Hof einträchtig neben zeitgenössischen Armlehnstühlen und einem ausladenden Ledersofa. Neben dem Fenster befand sich ein englischer Schreibschrank mit Messingbeschlägen (Abb. 19-44), der aus dem 18. Jahrhundert stammte und wahrscheinlich ebenso wie die Gemälde zum ursprünglichen Schlossinventar gehörte. Ein englischer Schreibschrank wird im Inventar von 1730 im »alten Schlossgebäu« genannt. Ein ähnliches Modell gab es auch in Schloss Hof, das im Besitz des Prinzen Eugen war.

Den Abschluss der nördlichen Raumfolge bildeten das sogenannte Waldsteinzimmer (Abb. 19-04, Nr. 52) und das angrenzende 1910 eingebaute Badezimmer (Abb. 19-04, Nr. 51). Im Nordtrakt schlossen die Küche und eine Vorratskammer daran an.

Südlich der Einfahrt eröffnete ein holzvertäfeltes Speisezimmer (Abb. 19-04, Nr. 56) die Raumfolge. Danach kam der Rauchsalon (Abb. 19-04, Nr. 57), der wie die beiden angrenzenden Räume neue Wandtapeten erhielt. Wie ein erhaltenes Foto (Abb. 19-45) belegt, wurden auch hier die Prinz Eugen'schen Möbel aus Schloss Hof mit einem von Maria Theresia angeschafften Spieltisch kombiniert. An den Wänden über den Stofftapeten hing wieder eine Vielzahl von Gemälden, darunter befand sich auch das bekannte Sujet »Reiherbeize« (Abb. 19-46) des Malers Philipp Ferdinand Hamilton (1672–1737), das 1717 entstanden war.

Abb. 19-46: Philipp Ferdinand Hamilton, Reiherbeize, Öl auf Leinwand, 1717. Das Gemälde befand sich im Rauchsalon des Schlosses Eckartsau. (© KHM)

Sowohl das Schreibzimmer (Abb. 19-04, Nr. 58) als auch das sogenannte »Blümerlzimmer« (Abb. 19-04, Nr. 58; Abb. 19-47) erhielten neue Spaliere aus floralen Stoffmustern. In beiden Räumen waren die Sitzmöbel mit demselben Stoff wie die Wandtapeten bespannt und die Wände mit zahlreichen Kupferstichen (Abb. 19-48) geschmückt. Das Blümerlzimmer war als Gästezimmer ausgestattet; die Einrichtung setzte sich aus einem Bett, einem Kleiderkasten, einem Toilettetisch, einem Waschtisch aus Marmor und Messing, einem Bidet, einem großen venezianischen Spiegel, einer Chaiselongue und vier barocken Stühlen zusammen.[106]

Ebenso wie im Erdgeschoss beließ Franz Ferdinand auch die barocke Raumschale der Repräsentationsräume im ersten Stockwerk bestehen und stattete die Räume lediglich neu aus. Obwohl die Originaleinrichtung zu einem großen Teil in den Räumen erhalten blieb, erwecken die Franz-Ferdinand-Interieurs einen völlig anderen Eindruck als zur Barockzeit. Während im 18. Jahrhundert die Räume dem Zeremoniell entsprechend spärlich möbliert waren, umgab sich der Thronfolger, der als leidenschaftlicher Sammler bekannt war, mit einer Fülle von Einrichtungsgegenständen. Er zelebrierte regelrecht einen Stilmix. So kombinierte er die historischen Barockmöbel mit neu angefertigten historistischen Objekten, genauso wie mit Antiquitäten, die er bei Händlern erworben hatte und die unterschiedlichster Herkunft waren. War die Bildausstattung der Repräsentationsräume in der Barockzeit auf die Supraportengemälde beschränkt, sodass die kostbaren

Abb. 19-47: Blümerlzimmer im Erdgeschoss des Schlosses Eckartsau, 1. Hälfte 20. Jahrhundert (© ÖNB/Wien) Abb. 19-47 und 19-48 nebeneinander

Textilien an den Wänden zur Geltung kamen, so behängte der Erzherzog die Wände mit einer Vielzahl von Bildern, welche die Stoffbespannung somit in den Hintergrund treten ließ. Die erzherzoglichen Repräsentationsräume wirkten wesentlich beengter und dichter möbliert als im 18. Jahrhundert. Durch die Vielzahl an persönlichen Gegenständen vermitteln sie aber auch gleichzeitig einen privaten beziehungsweise weniger offiziellen Charakter.

In dem neben dem Festsaal liegenden nördlichen Tafelzimmer (Abb. 19-05, Nr. 13; Abb. 19-49) blieb die originale Möblierung mit dem in der zweiten Hälfte des 18. Jahrhunderts angebrachten textilen Bezug bestehen. Darüber hinaus waren in diesem Raum chinesische Lackschränkchen, die sich zuvor in Schloss Konopischt befunden hatten, sowie geschnitzte barocke Tische mit Marmorplatte aus Schloss Hof aufgestellt. Die Wände zierten großformatige Familienporträts der Kinder Maria Theresias, die aus dem Witwenappartement in Schloss Hof stammten.

Im nebenan liegenden Roten Salon (Abb. 19-05, Nr. 12; Abb. 19-50), vormals nördliches Kaminzimmer, wurde die Wandbespannung erneuert und wie bereits erwähnt das über dem Kamin eingelassene Gemälde der Venus und die darunter angebrachten vergoldeten Delphine gegen ein durchgehendes Spiegelfeld ersetzt. Die Möblierung bestand größtenteils aus den Schlosshofer Sitzmöbeln des Prinzen Eugen (Abb. 19-25). Zur Zeit Franz Ferdinands waren die originalen vergoldeten Eckartsauer Prunktische, die aus der ersten Hälfte des 18. Jahrhunderts stammten, noch in Verwendung (Abb. 19-12). Die Wände zierten Habsburgerporträts.

Abb. 19-48: Nach Rubens, »Salome wird das Haupt v. Johannes dargebracht«, Kupferstich aus dem Blümerlzimmer, um 1630 (© Bundesmobilienverwaltung/EK)

Im Gegensatz zum roten Salon konnten im angrenzenden blauen Schlafzimmer (Abb. 19-05, Nr. 10; Abb. 19-51) die Wandtapeten aus der Barockzeit erhalten werden, genauso wie die Garniturmöbel, die sich schon unter Graf Kinsky in diesem Raum befunden hatten. Einzig das bis in die 1890er-Jahre bestehende barocke Paradebett fiel den ersten Sanierungsarbeiten unter der Leitung von Anton Weber zum Opfer. Eine Aktennotiz gibt darüber Aufschluss, dass beide barocke Paradebetten (blaues und gelbes Schlafzimmer) bereits vor Eintreffen Franz Ferdinands abgebaut wurden: »Im Eckartsauer Schlosse hat man in letzterer Zeit zwei complett adjustierte Himmel-Betten /: Inventar-Nummern 285 u. 382 :/ abgetragen, von denen das eine mit bläulichen, das andere mit gelben Seiden-Damast drapiert ist. Beide Betten sind noch im guten Zustande und wäre es angezeigt, dieselben ehestens nach Schloß Hof zu überstellen, damit sie daselbst besser aufbewahrt und seinerzeit in einem Zimmer des I. Stockwerkes aufgestellt werden könnten.«[107]

Ob die beiden Betten nach ihrem Abbau tatsächlich nach Schloss Hof überführt worden sind, geht aus den Akten nicht hervor. Es konnten auch keine Einzelteile oder Stoffreste aufgefunden werden. Stattdessen gab Franz Ferdinand bei dem Wiener Hofkunsttischler Alexander Albert die Anfertigung von zwei im Neobarockstil gehaltenen Einzelbetten, die zu einem Doppelbett zusammengeschoben wurden, in Auftrag. Über den Betten befanden sich zwei ovale Gemälde, die die verstorbenen Kinder Maria Theresias in den Wolken schwebend zeigten.

Abb. 19-49: Das nördliche Tafelzimmer im ersten Stockwerk des Schlosses Eckartsau, 1. Hälfte 20. Jahrhundert (© Bundesmobilienverwaltung)

Abb. 19-50: Der rote Salon im ersten Stock des Schlosses Eckartsau, 1. Hälfte 20. Jahrhundert (© ÖNB/Wien)

Abb. 19-51: Das blaue Schlafzimmer im ersten Stock des Schlosses Eckartsau, 1. Hälfte 20. Jahrhundert (© Bundesmobilienverwaltung)

Das Goldkabinett (Abb. 19-05, Nr. 11; Abb. 19-52) blieb in seinem Originalzustand bestehen. Franz Ferdinand fügte lediglich einige Möbel hinzu, wie den zierlichen Damensekretär oder die französische Standuhr, die er aus dem Dresdner Kunsthandel mit den Mitteln des Hofburgbaus ankaufen ließ.[108]

Auf der Südseite schloss an den Festsaal das südliche Tafelzimmer (Abb. 19-05, Nr. 15) an. Von diesem Raum ist kein historisches Foto überliefert. Das Inventarbuch gibt jedoch über die Art der Möblierung Aufschluss. Diese bestand aus »einem Serviertisch auf gedrechselten Füßen, 12 Lehnstühlen aus hartem Holz mit italienischen rotseidenem Brokatstoff, geblumt, Anfang 18. Jahrhundert, 2 Tischen, schwarz geschnitzt, 2 japanischen Lackkabinetten, 1 Barock-Konsoltisch aus Eichenholz mit Marmorplatte, 1 Sekretär aus Nussholz mit 27 Schubladen mit aufklappbarer Platte, 18. Jahrhundert« sowie mehreren Schlachtenbildern.[109]

Das angrenzende südliche Kaminzimmer (Abb. 19-05, Nr. 16; Abb. 19-53) erhielt unter Franz Ferdinand eine Wandtapezierung aus einem graugrünlichen Damast, der dem Raum auch den Namen »Grauer Salon« verlieh. Wie bei seinem nördlichen Pendant hingen an den Wänden die großformatigen Familienporträts aus Schloss Hof. Die Einrichtung war ein bunter Mix aus den verschiedensten Möbeltypen, Epochen und Stilen. Die Barockmöbel des Grafen Kinsky wurden mit den Modellen aus Schloss Hof genauso wie mit neu angefertigten Stücken kombiniert. Die verschiedensten Sitzmöbel waren zu losen Gruppen zusammengefasst und wurden von verschiedenen Tischen und Schränken umgeben. Der venezianische Luster war wiederum Teil der originalen Barockausstattung.

Abb. 19-52: Einblick in das Goldkabinett, um 1730, Fotoaufnahme 1920er Jahre (© ÖNB/Wien)

Abb. 19-53: Der graue Salon (südliches Kaminzimmer) im ersten Stock des Schlosses Eckartsau, 1. Hälfte 20. Jahrhundert (© ÖNB/Wien)

Das gelbe Schlafzimmer (Abb. 19-05, Nr. 17; Abb. 19-54), das das Ehepaar gemeinsam nutzte, wies dieselbe Einrichtung wie das blaue Schlafzimmer auf der Nordseite auf. Es fanden sich hier wiederum die Sitzmöbel aus dem Kinsky-Bestand neben den neuen neobarocken Betten des Wiener Tischlers Alexander Albert.

Die Ausstattung des chinesischen Kabinetts war vollständig erhalten und bestand darüber hinaus aus einem Tisch aus hartem Holz auf gedrechselten Füßen, einem Schreibtisch Louis XV. aus Palisanderholz mit Bronzeverzierung und einem barocken, reich geschnitzten Armlehnstuhl aus Eichenholz mit weißem gestickten Seidenüberzug.[110]

An das nebenan liegende Toilettezimmer (Abb. 19-05, Nr. 20) schloss der neu aufgestockte Südtrakt an, in dem die Privaträume des Thronfolgers (Abb. 19-05, Nr. 26-28) angesiedelt waren. Diese neu erbauten Räume unterscheiden sich in ihrem Ausmaß und in ihrer Einrichtung stark von den historischen Repräsentationsräumen. Sie weisen eine wesentlich niedere Raumhöhe auf und sind auch in ihren Ausmaßen kleiner bemessen. Darüber hinaus besitzen sie nur ganz schlichte Stuckdekorationen und sind größtenteils mit Lambrien oder Wandvertäfelungen ausgestattet, die ganz im historistischen Stil der Jahrhundertwende verhaftet sind.

Bei der Ausstattung dieser Räume musste Franz Ferdinand keine Rücksicht auf einen Altbestand nehmen, sondern konnte sie ganz nach seinem persönlichen Geschmack einrichten, der sich auch in der Einrichtung deutlich widerspiegelt. Zur Erschließung des Südtraktes diente der sogenannte Waffengang (Abb. 19-05, Nr. 25; Abb. 19-55), der

Abb. 19-54: Das gelbe Schlafzimmer im ersten Stock des Schlosses Eckartsau, 1. Hälfte 20. Jahrhundert (© Bundesmobilienverwaltung)

Abb. 19-55: Der Waffengang im ersten Stock des Schlosses Eckartsau, 1. Hälfte 20. Jahrhundert (© Bundesmobilienverwaltung)

Abb. 19-56: Das Schreibzimmer des Thronfolgers im ersten Stockwerk des Schlosses Eckartsau, 1. Hälfte 20. Jahrhundert (© Bundesmobilienverwaltung)

Abb. 19-57: Wandbespannung aus dem Schreibzimmer Franz Ferdinands, Seidendamast, um 1896 (© Bundesmobilienverwaltung/EK)

die Verbindung der beiden Appartementbereiche darstellte. Der schmale Gang war mit Lambrien aus Eichenholz versehen, die Wände waren mit einem einfachen roten Stoff bespannt und mit den verschiedensten Stichwaffen geschmückt. Eine Truhe und ein Schrank, beide mit Einlegearbeiten versehen, standen in einer Nische und zählten zum Antiquitätenbestand des Thronfolgers. Bei den Laternen handelte es sich um bunt gefasste Rokokoleuchten.

Entlang des Ganges waren das Toilettezimmer seiner Majestät, das bereits im Bauprogramm beschriebene Badezimmer (Abb. 19-05, Nr. 23; Abb. 19-41) sowie ein Dienerzimmer situiert. Am Ende des Flures gelangte man in das große Schreibzimmer des Erzherzogs (Abb. 19-05, Nr. 26; Abb. 19-56), das wiederum mit Lambrien und grünen Wandtapeten (Abb. 19-57) versehen war. Der Kamin stammte ursprünglich aus Schloss Hof. Im Zentrum des Raumes stand eine bequeme Polstergarnitur. Der erzherzogliche Schreibtisch befand sich in der Ecke vor dem Fenster, die Rokokovitrine neben der Tür ist heute noch in situ vorhanden. Eine Tapisserie (Abb. 19-58) aus der Serie »Szenen aus dem Landleben«, die aus den kaiserlichen Beständen stammte, diente als Separationsvorhang im Schreibzimmer. Zahlreiche Fotos und Bilder schmückten in dichter Hängung die Wände.

Auf das Schreibzimmer folgte das große Speisezimmer (Abb. 19-05, Nr. 27; Abb. 19-59), das mit einem Teppichboden versehen war. Das Mobiliar bestand aus einer Garnitur aus Schloss Hof und einem großen runden Tisch in der Mitte des Raumes. Ein roter, dezent gemusterter Stoff (Abb. 19-60) bildete den neutralen Hintergrund für die habsburgischen Porträts. An der Südwand des Raumes zwischen den beiden Fenstern stand eine französisch anmutende Rokoko-Kommode (Abb. 19-61), darüber ein rechteckiger Spiegel in überbordendem vergoldeten Rahmen sowie sechs Damenporträts in vergoldetem Rahmen (Abb. 19-62).

Der Osttrakt nahm die Bibliothek, die Kinderzimmer sowie das Prälatenzimmer und die Dienerzimmer auf. Die Bibliothek (Abb. 19-05, Nr. 28; Abb. 19-63) bildet das Herzstück des erzherzoglichen Privatappartements und ist gleichzeitig der am kunstvollsten gestaltete Raum. Ursprünglich wies er in etwa dieselbe Größe wie das angrenzende Speisezimmer auf. Den Raumeindruck dominierten geschnitzte Vertäfelungen aus Eichenholz, die an der Decke und den Wänden angebracht waren. Eine Wand war vollständig mit Bücherkästen aus Eichenholz und Glasfenstern verkleidet. Während die Decke im Neorenaissancestil gehalten war, zierte die hölzernen Wandelemente eine Mischung aus Neorenaissance- und Neorokoko-Elementen. Neben einem von der Brüsseler Firma Compagnie des Bronces 1906 für den Hofburgbau angekauften Rokoko-Kanapee[111] (Abb. 19-64) und einem barocken Schreibschrank stellten die restlichen Möbel historistische Neuschöpfungen im Neorokokostil dar.

Abb. 19-58: Tapisserie mit der Darstellung von »Szenen aus dem Landleben«, Wolle, Seide, Brüssel, 2. Viertel 17. Jahrhundert. Die Tapisserie diente im Schreibzimmer des Thronfolgers als Separationsvorhang. (© KHM)

Abb. 19-59: Das Speisezimmer im ersten Stock des Schlosses Eckartsau, 1896 (© Bundesmobilienverwaltung)

Abb. 19-60: Wandspalier im Speisezimmer, Seide, Baumwolle, 1896 (© Bundesmobilienverwaltung/EK)

Abb. 19-61 : Kommode mit Hofdamenporträts, Detail des Speisezimmers, um 1900 (© ÖNB/Wien)

Abb. 19-62 : Bilderrahmen aus dem Speisezimmer, Weichholz, vergoldet, 2. Hälfte 19. Jahrhundert (© Bundesmobilienverwaltung/EK

Der Entwurf der Bibliothek geht vermutlich auf den leitenden Architekten Viktor Siedek zurück, die Ausführung lag wahrscheinlich in den Händen von Franz Ferdinands Privattischler Franz Sereinig (1866–1933), der für den Erzherzog bereits seit 1891 tätig war.[112] Sereinig wohnte mit seiner Familie im erzherzoglichen Palais Modena in der Beatrixgasse in Wien III., wo sich auch seine Werkstätte befand. Nach Franz Ferdinands Einzug im Belvedere übersiedelte auch die Tischlerwerkstätte in ein Nebengebäude des Schlosses Belvedere. Franz Sereinig erledigte im Auftrag des Erzherzogs alle anfallenden Tischlerarbeiten, sein Aufgabenbereich reichte von der Restaurierung beziehungsweise Instandsetzung von Antiquitäten bis hin zur Neuanfertigung von Möbeln.

Wie aus den Akten der Generaldirektion der ah. Privat- und Familienfonde hervorgeht, waren die Bauarbeiten in Eckartsau im Laufe des Jahres 1898 abgeschlossen. Die Einrichtung erfuhr 1898 noch die letzte Vervollständigung. So wurden noch 53 Bilder aus der kaiserlichen Gemäldegalerie in Wien auf Wunsch des Erzherzogs Franz Ferdinand nach Eckartsau überführt.[113]

Zeitgleich mit den Umbauarbeiten am Schloss wurde 1897/98 auch ein neuer Park nach den Plänen des Hofgartendirektors von Schönbrunn, Anton Umlauft, angelegt (Abb. 19-65). Franz Ferdinand war sehr naturverbunden und ein großer Gartenliebhaber. Er sah die Architektur und die Natur immer als Einheit an. Entsprechend ließ er bei allen seinen großen Bauvorhaben immer eine neue beziehungsweise adaptierte Parkanlage passend zur Architektur des Schlosses anlegen.

In Eckartsau entschied sich der Erzherzog für einen Garten in Form eines englischen Landschafts-

Abb. 19-63: Die Bibliothek im ersten Stock des Schlosses Eckartsau, um 1903, Fotoaufnahme 2017 (© Bundesmobilienverwaltung/EK)

Abb. 19-64: Kanapee aus der Bibliothek in Eckartsau, Holz, vergoldet, Rohrgeflecht, um 1750. Das Möbel wurde 1906 aus Brüssel angekauft, (© Bundesmobilienverwaltung/EK)

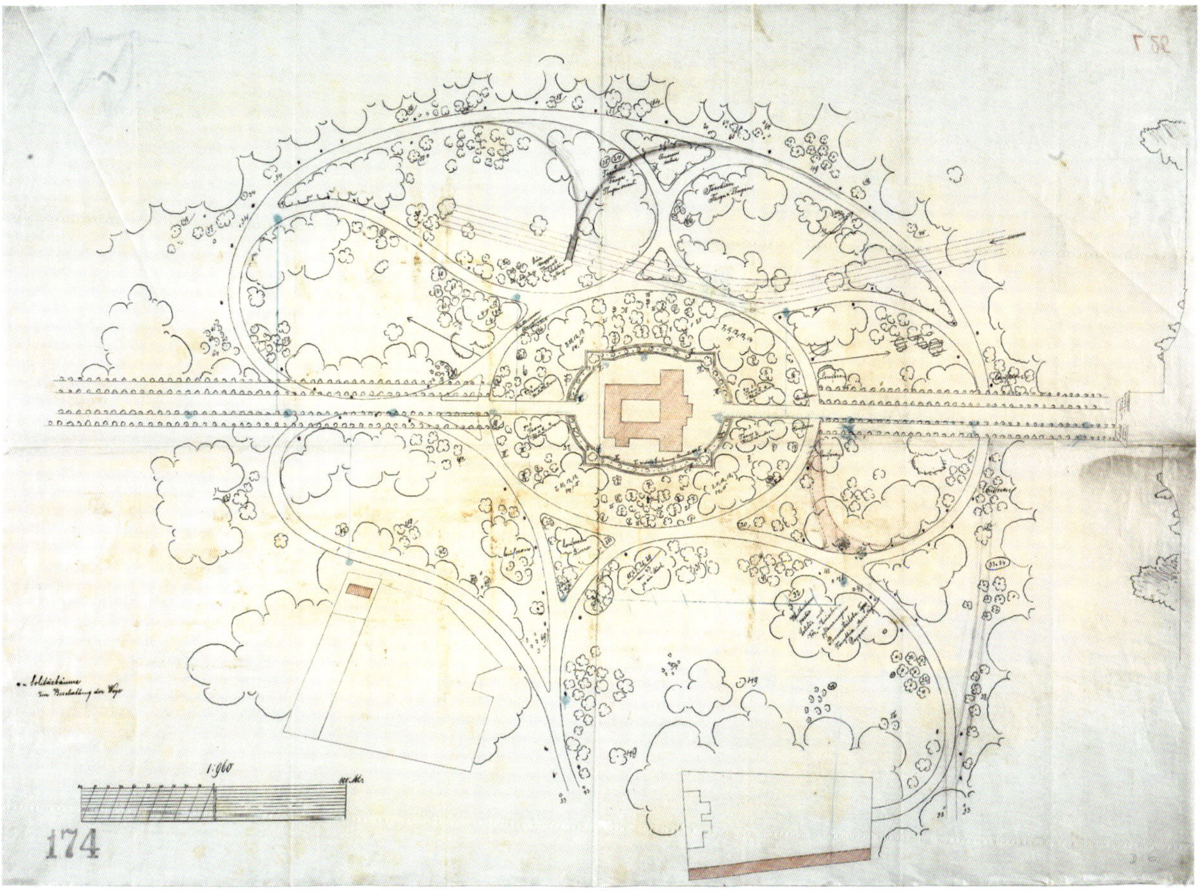

Abb. 19-65: Anton Umlauft, Entwurfsplan für den Park von Schloss Eckartsau, Papier, 1897 (© Österreichische Bundesgärten)

parks. Wie der Park im 18. Jahrhundert zur Zeit des Grafen Kinsky und im Laufe des 19. Jahrhunderts ausgesehen hat, ist nicht bekannt. In den zeitgenössischen Beschreibungen des 18. Jahrhunderts wird lediglich eine durchgehende Sichtachse in Form einer Allee erwähnt, die sich von Westen nach Osten erstreckte und von Bäumen gesäumt war. Diese charakteristische Achse wurde auch unter Franz Ferdinand beibehalten. Vor dem Osttor erfuhr die Achse eine Betonung durch eine Buchsbaumallee.

Nach dem Konzept von Anton Umlauft (Abb. 19-65) gliederte sich die Parkanlage in zwei thematische Abschnitte. Nördlich der Mittelachse, auf der dem Dorf zugewandten Seite, nahm die Vegetation Bezug auf die Weiden und das Ackerland des Marchfeldes. Die südliche, an die Au anschließende Parkseite war als verschönerte Aulandschaft gestaltet.[114] Eine große Änderung beinhaltete die Aufschüttung des ovalen Wassergrabens. Es wurde ein Plateau in Form einer Ellipse mit vier auf die Gebäudeecken bezogenen kanzelartigen Ausbuchtungen angeschüttet. Die Wegeführung durch den Park nahm auf das ovale Schlossplateau Bezug und war in geschwungenen Bögen angelegt, die das Oval nachzeichneten.[115]

WEITERE UMBAU- UND INSTANDHALTUNGSARBEITEN UNTER ERZHERZOG FRANZ FERDINAND

Obwohl das von Franz Ferdinand initiierte Wiederaufbauprojekt des Schlosses 1898 sein Ende fand, wurden die nächsten umfangreichen Umbau- und

Instandhaltungsarbeiten schon zwei Jahre später in Angriff genommen. Die Baumaßnahmen dauerten von September 1900 bis August 1901 und wurden wiederum nach den Plänen des Architekten Viktor Siedek und unter Leitung des Baurates Heinz Gerl durchgeführt. Der Baukostenaufwand belief sich insgesamt auf 89.870,15 Kronen. Die Kollaudierung der Arbeiten erfolgte allerdings erst im Mai 1903.[116] Die Adaptierungsarbeiten im Schloss umfassten im Großen und Ganzen die Vergrößerung der erst drei Jahre zuvor fertiggestellten Bibliothek sowie die Installation und den Einbau technischer Neuerungen.

Der Erzherzog wünschte die Erweiterung seiner Bibliothek (Abb. 19-05, Nr. 28, Abb. 19-63) um einen Raum. Dieser befand sich über dem Magazin im Erdgeschoss und stellte bis dahin die Verbindung zwischen Schreibzimmer und Gang dar (Abb. 19-04). Die Mittelmauer zwischen den beiden Bibliotheksräumen wurde nun geöffnet und der neu entstandene Raum passend zur bestehenden Einrichtung ausgestattet. Dies beinhaltete die Anbringung eines Eichenholzplafonds und von geschnitzten Wandvertäfelungen sowie den Einbau von Bücherkästen, einer hölzernen Kaminumrahmung und der Heizkörperverkleidungen.[117]

Bei der Vergrößerung der Bibliothek kam es jedoch zu bautechnischen Schwierigkeiten, da sich herausstellte, dass die Dippelbaumdecken des Magazins im Erdgeschoss, die die Unterlage für den Fußboden in dem neu zu schaffenden Teil der Bibliothek bildeten, schadhaft waren. Bei den wenige Jahre zuvor durchgeführten Sanierungsarbeiten wurde eine Untersuchung der Erdgeschossdecken verabsäumt.[118] Da ein Austausch der Holzbalken zu kostspielig erschien, wurde von der Generaldirektion der ah. Privat- und Familienfonde eine Aufhängung der Dippelbäume durch eine entsprechende Vorrichtung veranlasst.[119]

Die weiteren technischen Maßnahmen beinhalteten eine Adaptierung der Schlossküche sowie Verbesserungen der Badeleitung und der Öfen durch die Firma Fessler. Eine wesentliche Neuerung stellten die Vorarbeiten zur Elektrifizierung des Schlosses dar. Um die zukünftige Stromversorgung sicherstellen zu können, wurde eigens ein Maschinenhaus errichtet. Dieses enthielt einen Maschinenraum, eine Benzinkammer, eine Werkzeugkammer, ein Kohlendepot und Heizkammern für ein noch zu erbauendes Glashaus.[120] Die Stromversorgung wurde mithilfe eines 25 PS starken Benzinmotors gewährleistet. Um den Motor für den Betrieb der elektrischen Beleuchtung tauglich zu machen, erfolgte noch zusätzlich die Montierung einer Kühlwasserpumpe.[121]

Neben den Elektrifizierungsmaßnahmen stellte der Einbau einer modernen Niederdampfdruckheizung (»Centraldampfheizung«) die größte technische Innovation dar. Die von B. & E. Körting ausgeführte Anlage versprach eine Erwärmung der Räume bei einer Außentemperatur von minus 20 Grad C auf plus 18 Grad C.[122] Hierzu wurde im Keller des Schlosses ein großer Dampfkessel (Abb. 19-66) installiert, der die gesamte Heizanlage speiste. Das Vestibül, das Stiegenhaus, die Kapelle nebst Sakristei, die Gänge und die Bibliothek konnten somit beheizt werden.[123] Die kleine Galerie vor den Appartements seiner kaiserlichen Hoheit – hier ist wahrscheinlich der Waffengang gemeint – musste verlängert werden, um den Einbau der Heizung zu gewährleisten. Der neue Teil der Galerie erhielt einen neuen Holzplafond, Lambrien, Pannauxrahmen sowie Heizkörperverkleidungen.[124] Die gesamten Tischlerarbeiten führte der Wiener Hoftischler J. W. Müller durch.

Was die Parkanlage betraf, wurden eine Einfriedung sowie eine Wasserleitungsanlage zur Bewässerung des Parks errichtet.[125] Laut Kollaudierungsprotokoll zeichneten für die Ausführung der Bauarbeiten folgende Firmen verantwortlich: Hof-Baumeister Heinz Gerl (10.740, 26 Kronen), Hoftischler J. W. Müller (24.017,52 Kronen), Hofschlosser Anton Biro (82,32 Kronen), Maler und Anstreicher W. Ladewig (1.057,16 Kronen), Wasserleitungsinstallateur F. Bräuer (1.070,83 Kronen) und elektrischer Installateur Nicola Bostelmann (256,48 Kronen).[126] Die Kollaudierung der Bauarbeiten erfolgte erst 1903.

In diesem Jahr stellte sich auch heraus, dass die bereits 1896 überarbeiteten, in die Wandvertäfelung des Speise- und Billardzimmers eingelassenen

Abb. 19-66: Dampfkesselheizung im Keller des Schlosses Eckartsau, Firma E. & B. Körting, 1901 (© Bundesmobilienverwaltung/EK)

habsburgischen Familienporträts erneut einer Restaurierung bedurften. Aufgrund der brüchigen Firnisschicht mussten sie von Hermann Ritschl, dem Restaurator der k. k. Gemäldegalerie, überarbeitet werden. Wie aus dem Bericht Ritschls hervorgeht, waren die Bilder bereits in einem sehr mitgenommenen Zustand. Unter dem Schlossverwalter Baron Neuenstein waren sie mit einem ordinären Anstreicherlack überzogen worden, darüber hinaus wurde die Firnisschicht durch die jahreszeitlich bedingten Temperaturwechsel zusätzlich in Mitleidenschaft gezogen. Weiters musste der Restaurator die bei der Anbringung im 18. Jahrhundert hinzugefügten und neu gemalten Bildränder komplett übermalen, da sie sich farblich von dem Gemälde abhoben.[127]

In den folgenden Jahren erfolgte laufend die Durchführung von Wartungsarbeiten und kleineren Umbauten. So wurden beispielsweise im April 1904 die Fensternischenwandvertäfelungen in den Erdgeschossräumlichkeiten sowie in den Wohnräumen des ersten Stockes durch den Tischlermeister Adolf Lirschel erneuert.[128] Dieser zeichnete auch für eine neuerliche Veränderung der Bibliothek verantwortlich. Im Auftrag Franz Ferdinands sollte im neuen Teil der Bibliothek ein über der Tür befindlicher Bücherkasten abgetragen und stattdessen eine Täfelung aus Eichenholz mit verzierter Füllung passend zur gegenüberliegenden Tür angebracht werden. Die Maßnahme diente zur Anbringung einer vom Thronfolger geschossenen prominenten Trophäe, seinem zweitausendsten Hirsch.[129] Außerdem wurde in der Bibliothek wiederum auf persönlichen Wunsch des Erzherzogs die Holzwand über dem Kamin von der Firma Kowy & Iwinger mit einer Stofftapete versehen. Die Kosten von 310 Kronen fielen zulasten des ah. Familienfonds.[130]

Eine wichtige Neuerung im technischen Bereich kam 1904 zu ihrem Abschluss. Nachdem 1901 mit dem Bau des Maschinenhauses zur Stromerzeugung die Elektrifizierung des Schlosses begonnen worden war, wurde nun mit der Verlegung der elektrischen Leitungen sowie dem Anschluss an das Stromnetz diese Aufgabe vollendet. Für die Installation der elektrischen Beleuchtungsanlage zeichneten die Österreichischen Siemens-Schuckert-Werke in Wien verantwortlich. Die Kosten für die Elektrifizierung des gesamten Schlosses inklusive des Ankaufs von Lampen beliefen sich auf 46.372,42 Kronen. Der Ankauf von Lustern, Glühlampen und Perlenhauben bei dem Glas- und Lusterfabrikanten Josef Zahn & Comp. schlug zusätzlich mit 13.243,43 Kronen zu Buche.[131]

Aufgrund der Baugeschichte des Schlosses ergaben sich bei der Elektrifizierung der Räume unterschiedliche Problemstellungen. Die im Originalzustand des 18. Jahrhunderts befindlichen Repräsentationsräume im Westtrakt sollten genauso wie die neu erbauten Wohnräume des Süd- und Osttraktes an das Stromnetz angeschlossen werden. Die Wahrung der barocken Ausstattung sowie die Elektrifizierung der historischen Luster erforderte eine andere Vorgehensweise als die Neuverlegung von Leitungen und Lampen in den neu erbauten Räumlichkeiten. Im Gegensatz zu anderen Schlössern, wo die elektrischen Leitungen auf Putz verlegt wurden und somit die historische Ausstattung genauso wie den Raumeindruck beeinträchtigten, wurde in den barocken Wohnräumen des Schlosses Eckartsau behutsam mit der historischen Originalsubstanz umgegangen.

Sowohl in den Räumen des Erdgeschosses als auch in den Repräsentationsräumen des Piano nobile wurden sämtliche Luster des 18. Jahrhunderts beibehalten und keine weiteren Lampen, wie zum Beispiel Wandappliken, hinzugefügt, da diese Ergänzungen den ursprünglichen Raumeindruck verfälscht hätten. Die Devise lautete weiterhin sparsam eingesetztes und akzentuiertes Licht. Bei der Elektrifizierung der barocken Kronleuchter (Abb. 19-52, 19-53) wurden die Kerzenhalter durch Glasschalen ersetzt, in denen ein kerzenförmiges Leuchtmittel befestigt war. Diese Glühlampen imitierten den Kerzenschein und waren im Gegensatz zu den modernen, an die neuen Lichtquellen angepassten Leuchten nicht mit einem Lampenschirm versehen. Das Licht strahlte direkt an die Decke, von wo es reflektiert wurde. Die Vorteile der Glühlampen gegenüber den Kerzen waren die ausbleibende Geruchsbelästigung und die Vermeidung von Hitzeentwicklung.

Wie sowohl Fotos als auch erhaltene Fragmente der Elektroinstallation belegen, wurden die Stromkabel in den Repräsentationsräumen hinter der Holztäfelung verlegt und waren somit weitgehend unsichtbar. Lediglich einige dezente Auslässe mit Steckdosen befanden sich in den Lambrien. Auf diese Art und Weise blieb die historische Textilbespannung der Wände unversehrt. In den ab 1896 neu errichteten Wohnräumen des Süd- und Osttraktes erfolgte die Verlegung der Leitungen unter Putz. Bei der Auswahl der Lampen griff Franz Ferdinand vermehrt auf zeitgenössische Modelle zurück. Die in der Mitte des Schreibzimmers befindliche Hängelampe (Abb. 19-56) entsprach bereits dem neuen Typus. Die an einer Halterung angebrachten Glühlampen waren mit einem textilbespannten ausladenden Lampenschirm verdeckt. Da die Glühlampe keine offene Flamme aufwies, war es zum ersten Mal möglich, Blendschirme aus lichtstreuenden Textilien herzustellen. Das Aufkommen der Glühlampe als Leuchtmittel brachte somit auch eine Veränderung des Leuchtendesigns mit sich.

In Anbetracht der Größe des Schreibzimmers erscheint die Beleuchtung für unser heutiges Verständnis immer noch sparsam bemessen. Neben der Deckenlampe bildeten nur die Schreibtischlampe und zwei kleine Stehlampen auf dem Kaminsims zusätzliche Lichtquellen. Die Glühlampen besaßen in der Regel nur eine Leistung von 15 bis 20 Watt. Man muss hier jedoch anmerken, dass zur Jahrhundertwende eine geringe Wattstärke vom damaligen Auge schon als sehr hell wahrgenommen wurde. In einigen Räumen des Privatappartements kamen auch Kristallluster mit Glühlampen zum Einsatz.

Abb. 19-67: Historische Steckdose und Lichtschalter im blauen Schlafzimmer des Schlosses Eckartsau, um 1904 (© Bundesmobilienverwaltung/EK)

Abb. 19-68: Eiskasten für Wildpret mit historischer Original-Verkabelung auf Isolierrollen, Kühlanlagen- und Eiskastenfabrik Hugo Hochner, Wien, um 1904 (© Bundesmobilienverwaltung/EK)

Das Besondere an der im Jahr 1904 fertiggestellten elektrischen Ausstattung des Schlosses Eckartsau ist, dass sie fragmentarisch noch vorhanden ist, jedoch nicht mehr benutzt wird. So haben sich in den Wohn- und Repräsentationsräumen neben den Lustern und Lampen teilweise auch historische Schalter, Steckdosen und Stromauslässe für die Klingeltaster (Abb. 19-67) erhalten.

Weiters befindet sich im Eiskeller des Schlosses ein auf Wunsch Franz Ferdinands eingebauter raumhoher Eiskasten, der zur Aufbewahrung des Wildfleisches diente. An der Frontseite des Eiskas-

Abb. 19-69: Verbindungserker im Hof des Schlosses Eckartsau, 1906 (© Bundesmobilienverwaltung/EK)

tens (Abb. 19-68) ist noch die originale Verkabelung über den keramischen Isolierrollen sichtbar, die zur ebenfalls originalen Deckenleuchte führt.

Neben der technischen lag dem Erzherzog auch die künstlerische Ausstattung des Schlosses am Herzen. Deren fachgemäße Erhaltung und Bewahrung war sein oberstes Ziel. Aus diesem Grund veranlasste Franz Ferdinand 1905 den Einbau von Spalettfensterläden im Schloss: »Seine k. u. k. Hoheit haben die Notwendigkeit der Instandsetzung des Schlosses inklusive Oberfläche der äußeren Fenster, Balkontüren und Korbgitter, schadhafte Vergoldungen und Stukko-lustro Arbeiten, ganz besonders aber die Dringlichkeit der Beistellung von Spaletläden in jenen Salons und Räumen betont, in welchen Gobelins, kostbare Tapeten, Möbel oder Bilder der Gefahr entzogen werden sollen durch die Sonne gebleicht und verdorben zu werden.«[132]

1906 fanden unter der Obhut von Franz Ferdinand die letzten größeren Bauarbeiten im Schloss statt. Die Kinderzimmer wurden im Nord- und Osttrakt eingerichtet. Neben der Bibliothek befanden sich jene der beiden Söhne des Erzherzogspaares Max und Ernst. Die Raumfolge bestand aus dem Spielzimmer der Prinzen, dem Schlafzimmer der Prinzen sowie dem Studierzimmer. Das Kinderzimmer von Franz Ferdinands Tochter Sophie war im Nordtrakt neben der Kapelle gelegen. Mangels eines Verbindungsganges sowie durch die Lage der Kapelle zwischen den Kinderzimmern war es nicht möglich, vom Appartement der Eltern im Südtrakt ungehindert in den Nordtrakt zu gelangen. Stattdessen mussten zwei Stiegen überwunden und der freie Hof passiert werden. Abhilfe sollte nun durch die Herstellung eines erkerförmigen Verbindungsganges zwischen dem Nord- und Osttrakt geschaffen werden.

Unter der Leitung des Baurates Karl Bertele wurde ein vier Meter hoher und im Grundriss viertelkreisförmiger Erker (Abb. 19-69) in Eisenkonstruktion hofseitig an der Ecke der beiden Trakte angebracht. Als Basis diente ein in der Mauer verankerter U-Träger. Außen war der Erker mit profiliertem Zinkblech verkleidet, im Inneren erfolgte die Verkleidung aus weichem Holz, der Fußboden bestand aus Eichenbrettern.[133] Die Errichtungskosten des Verbindungsganges beliefen sich auf 6.000 Kronen, die ausführende Firma ist nicht bekannt.

Sowohl die Ausstattung des Spiel- als auch des Schlafzimmers der Söhne (Abb. 19-70, 19-71) ist bildlich überliefert. Beide Räume waren mit kräftig gemusterten Wandtapeten und jeweils mit einem weiß glasierten Ofen versehen. Die Einrichtung der beiden Kinderzimmer war fast identisch, sie setzte sich aus schlichten hölzernen Betten mit Rohrgeflecht, einfachen Nachtkästchen mit Marmorplatte, Waschtischen aus Messing mit Marmorplatten sowie weiß lackierten Sitzmöbeln zusammen. Darüber hinaus befanden sich im Schlafzimmer noch ein barocker Schrank sowie Stühle und Tabourets aus Schloss Hof. Während im Schlafzimmer Kupferstiche (Abb. 19-72) die Wände zierten, hingen im Spielzimmer Ölgemälde, darunter auch das großfor-

Abb. 19-70: Das Spielzimmer der Prinzen im ersten Stockwerk des Osttraktes in Schloss Eckartsau, um 1906 (© ÖNB/Wien)

matige zu Beginn des 18. Jahrhunderts entstandene Werk eines anonymen Künstlers, das Prinz Eugens Lieblingshund (Abb. 19-70) zeigt. Das Bild befindet sich heute im Stiegenhaus von Schloss Eckartsau.

Wie den Akten der Generaldirektion der ah. Privat- und Familienfonde zu entnehmen ist, wurde im Mai 1907 ein umfangreiches Möbelkonvolut bei der Firma Kowy & Iwinger für 2.550 Kronen bestellt. Abgesehen von einem weiß lackierten Toilettetisch für das Toilettezimmer Ihrer Majestät handelte es sich bei dem Auftrag größtenteils um neues Mobiliar für das Spielzimmer (Abb. 19-70) der erzherzoglichen Kinder. Somit können einige auf dem Foto abgebildeten Möbel des Spielzimmers konkret der Firma Kowy & Iwinger zugeordnet werden. Die Lieferung umfasste einen großen zweitürigen Kasten, einen Spiegelkasten mit verglastem Oberteil, einen Tisch mit Lade, ein großes Kanapee, das nach einem Vorbild im Belvedere gefertigt wurde, zwei Fauteuils und vier Stühle (Abb. 19-73). Die Stühle erhielten Hussen, die mit zur Tapete passenden Rosenbändern gesäumt waren. Der Fußboden wurde vollständig mit einem Filzboden ausgelegt.[134] Zudem ist dem Quellenmaterial zu entnehmen, dass die Betten aus Eichenholz mit Rohrgeflecht (Abb. 19-74) sowie das Nachtkästchen mit weißer Marmorplatte erst 1910 hinzukamen und es sich um Neuanfertigungen der Kunsttischlerei und Möbelfabrik J. W. Seidl aus Wien handelte.[135] Die Firma Kowy & Iwinger lieferte wiederum 1908 verschiedene Sitzmöbel für insgesamt 6.693,60 Kronen nach Eckartsau.[136] Aus den Akten geht allerdings nicht hervor, für welche Zimmer die Objekte vorgesehen waren.

Neben den Möbelneuankäufen hegte der Erzherzog eine Vorliebe für Antiquitäten. Die altertümlichen Objekte kaufte er zum Teil mit seinem Privat-

vermögen an, zum Teil finanzierte er seine Ankäufe aber auch aus dem Budget des Familienfonds, wie zum Beispiel den Rokoko-Betstuhl mit Alabasterfiguren (Abb. 19-75), der im Auftrag Franz Ferdinands 1904 für 1.800 Kronen in der Kunsthandlung Albert Kende für Schloss Eckartsau erworben wurde.[137] Das Möbelstück befindet sich heute im blauen Schlafzimmer des Schlosses. Auch die später im nördlichen Audienzzimmer aufgestellte, heute jedoch nicht mehr erhaltene Porzellanfigurengruppe mit weidmännischen Motiven (Abb. 19-76) wurde vom Familienfonds im Auftrag des Erzherzogs vom Antiquitätenhändler Alexander Wengraf für 730 Kronen angekauft.[138]

Eine weitere Möglichkeit zur Finanzierung seiner Sammlungsankäufe stellte für den Thronfolger das Budget des Hofburgbaues dar. Ursprünglich durften die damit angekauften Objekte ausschließlich zur Ausstattung der Neuen Burg verwendet werden.

Abb. 19-71: Das Schlafzimmer der Prinzen im ersten Stockwerk des Osttraktes in Schloss Eckartsau, um 1906 (© ÖNB/Wien)

Rechte Seite:
Abb. 19-72: Nach Raffael, «Sainte Cecile«, Hl. Cäcilia mit dem hl. Paulus Johannes Augustinus und Maria Magdalena, Kupferstich, 1. Hälfte 19. Jahrhundert (© Bundesmobilienverwaltung/EK)

Abb. 19-73: Stuhl aus dem Spielzimmer der Prinzen in Schloss Eckartsau, Holz, gefasst, Kowy & Iwinger, 1907 (© Bundesmobilienverwaltung/EK)

Abb. 19-74: Bett und Nachtkästchen aus den Kinderzimmern in Schloss Eckartsau, Eiche, Rohrgeflecht, Marmor, J. W. Seidl, 1910 (© Bundesmobilienverwaltung/EK)

SAINTE CÉCILE.
Dedié à Sa Majesté Impériale et Royale
Marie Louise Archiduchesse d'Autriche

Abb. 19-75: Betstuhl mit Alabasterfiguren aus Schloss Eckartsau, Nussbaumholz, Mitte 18. Jahrhundert (© Bundesmobilienverwaltung/EK)

Abb. 19-76: Porzellanfiguren mit waidmännischen Motiven, nördliches Kaminzimmer, Wiener Porzellanmanufaktur, um 1800 (© ÖNB/Wien)

Franz Ferdinand setzte sich jedoch über diese Weisung hinweg und erwarb zahlreiche Antiquitäten und Kunstgegenstände, um sie in seinen Landsitzen aufzustellen. So gibt das zwischen 1906 und 1914 aufgenommene »Verzeichnis über die auf höchsten Befehl Seiner k. k. Hoheit des durchlauchtigsten Erzherzogs Franz Ferdinand aus den Sammlungen am Hofburgbau von der Baukontrolle nach Schloß Eckartsau übersendeten Antiquitäten«[139] detailliert Aufschluss über die für Eckartsau bestimmten Objekte.

1908 kündigte sich auf Schloss Eckartsau hoher Besuch an. Erzherzog Franz Ferdinand lud den deutschen Kaiser Wilhelm II. vom 4. bis 6. November zur Jagd ein. Das erzherzogliche Jagdgebiet in den Donauauen war für seinen reichen Bestand an Rotwild bekannt. Seit den 1890er-Jahren betrieb Franz Ferdinand in diesem Revier gezielt Wildpflege und Aufzucht. So schreibt die Zeitschrift »Waidmanns Heil«: »Mit welcher Sorgfalt und Liebe (Franz Ferdinand) die Wildbahn pflegt, sieht man am besten aus den diesmaligen Jagdresultaten in Eckartsau. Die heutigen herrlichen Wildbestände sind allein sein Werk, denn nur durch eine so weitgehende Schonung und fachmännisch ins Werk gesetzte Blutauffrischung war es möglich, derartig glänzende Resultate zu erzielen. Heute gehören Sechzehnender und stärkere Hirsche in jenen Revieren durchaus nicht zu den Seltenheiten.«[140]

Der deutsche Kaiser genoss die erfolgreiche Jagd in den Donauauen sichtlich, denn an zwei Jagdtagen

Abb. 19-77: Kaiser Wilhelm II. und Erzherzog Franz Ferdinand begutachten die Jagdstrecke im Schlosshof Eckartsau, Fotoaufnahme von Rudolf Bruner-Dvořák, 1908 (© ÖBF)

erlegte er insgesamt 67 Hirsche. Erzherzog Franz Ferdinand war im Rahmen dieser Jagd selbst nicht aktiv, er leitete den Ablauf, um Wilhelm II. den Vortritt zu lassen und ihm das größtmögliche Jagdvergnügen zu bieten.[141] Am Ende jeden Tages wurde das erlegte Wild in den Schlosshof in Eckartsau gebracht und Kaiser Wilhelm besichtigte gemeinsam mit Erzherzog Franz Ferdinand die Strecke (Abb. 19-77). Am Abend des 5. Novembers fand ein großes Diner in den Parterreräumlichkeiten des Schlosses statt. Die Presse berichtete: »Der hohe Gast war in der heitersten Stimmung und konnte nicht genug Worte des Lobes finden, daß das Revier so viele und so gute Hirsche aufweise. Wehmütig erinnerte er sich auch der Zeiten, wo er in den Donauauen mit weiland Kronprinzen Rudolf gejagt hatte!«[142]

Die Hofjagd wurde von dem Prager Kammer-Fotografen Rudolf Bruner-Dvořák ins Bild gesetzt. Die Dokumentationsserie des kaiserlichen Besuchs in Eckartsau zeigt das erzherzogliche Schlossleben, das nur in wenigen zeitgenössischen Aufnahmen überliefert ist. Die Fotografien befinden sich bis heute im Waffengang des Schlosses, die Rahmen wurden von Franz Ferdinands Privattischler Franz Sereinig angefertigt.[143]

Der Besuch Kaiser Wilhelms in Eckartsau brachte auch bauliche Veränderungen im Schloss mit sich. Um dem Jagdgast einen möglichst komfortablen Aufenthalt gewährleisten zu können, baute die Installationsfirma Ferdinand Bräuer eigens ein Badezimmer und eine Toilette für den Kaiser ein. Diese befanden sich direkt neben dem blauen Schlafzim-

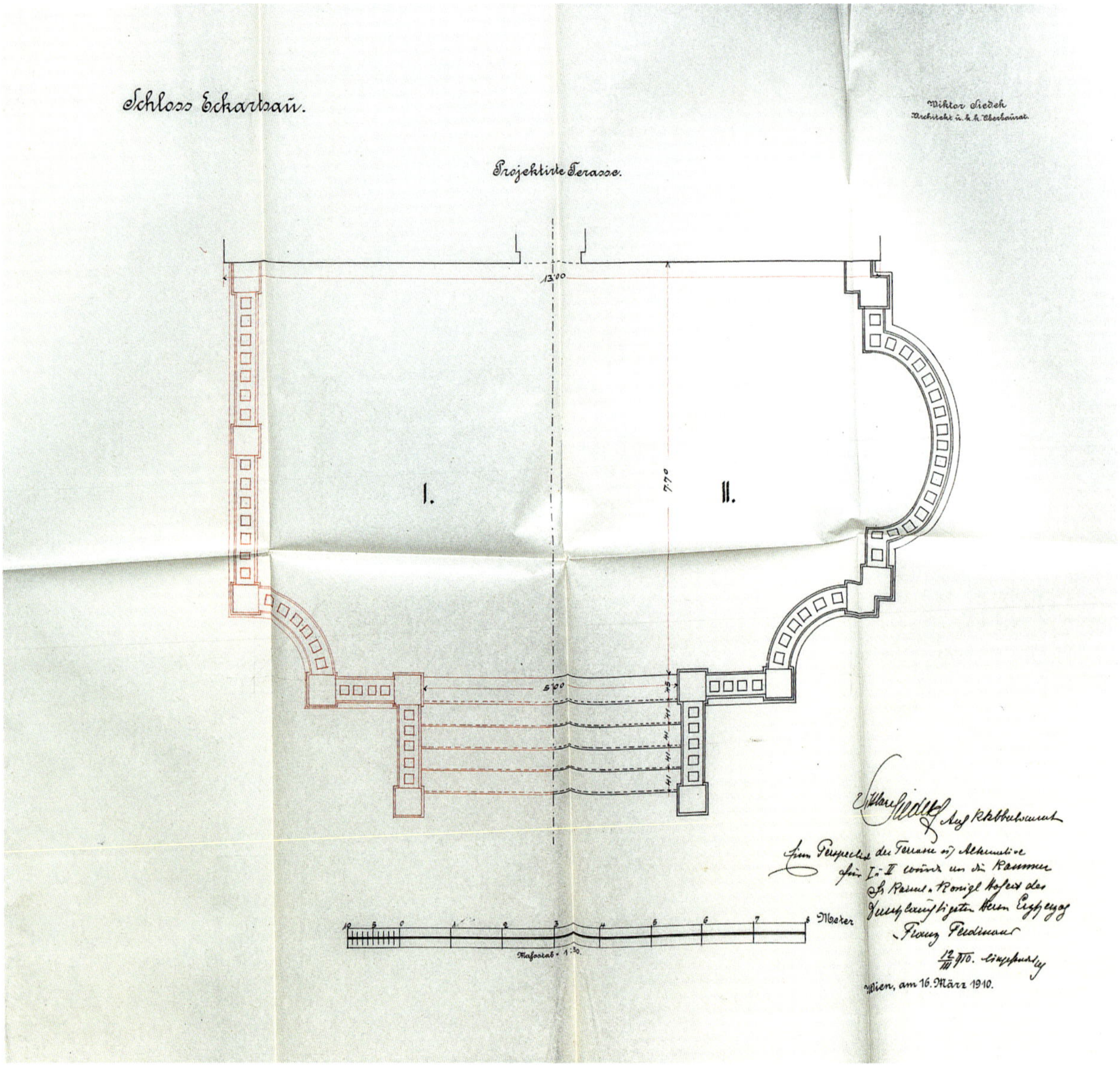

Abb. 19-78: Viktor Siedek, Entwurfszeichnung für den Bau einer Terrasse, Tinte auf Papier, 16.3.1910 (© HHStA)

mer (Abb. 19-05, Nr. 10) des ehemaligen Kinsky-Appartements, in dem Wilhelm II. nächtigte. Die Kosten beliefen sich auf 3.138,74 Kronen.[144]

1910 wurden nach längerer Zeit wieder umfangreichere Instandhaltungsarbeiten durchgeführt. So veranlasste Franz Ferdinand persönlich die Anfertigung und »Aufstellung von zwei Figuren in Stuck für die Kapelle des Schlosses Eckartsau rechts und links vom Altar in den vorhandenen Pilasternischen, auf den vorhandenen vorspringenden Wolken aufgestellt, wo seinerzeit bereits Figuren befindlich waren. Der hl. Franciscus v. Assissi 1,70 m f. 700 K., Hl. Sophie mit Kindern, 1,70 m f. 800 K«.[145] Bei dem ausführenden Bildhauer handelte es sich um Ludwig Schadler. Das Antlitz der hl. Sophie trägt die Züge von Franz Ferdinands Ehefrau Sophie.

Weitere, im Jahr 1910 durchgeführte bauliche Tätigkeiten beinhalteten die Entfernung des Holzstöckelpflasters in der Durchfahrt und die Verlegung eines ebenen Steinplattenpflasters, den Einbau eines Klosetts neben dem Blümerlzimmer sowie den Einbau eines Badezimmers im nördlichen Teil des

Fremdenappartements im Erdgeschoss, die Schaffung von Depoträumen auf dem Dachboden und die Betonierung der Speisekammer.[146] Eine bauliche Maßnahme, die 1910 zwar projektiert, aber nie umgesetzt wurde, war die Erbauung einer Terrasse. Dazu haben sich sowohl Entwurfszeichnungen des Architekten Viktor Siedek (Abb. 19-78) erhalten, die zwei verschiedene Varianten zeigen, als auch Kostenvoranschläge für Steinmetzarbeiten des Wiener Stadtmaurermeisters Karl Michna.[147] Auf welcher Seite sich die Terrasse befunden hätte, geht aus den erhaltenen Unterlagen nicht hervor.

Im Jahr 1912 wurden kleinere Arbeiten durchgeführt, wie etwa die Erneuerung der Stoffbespannungen im Toilettezimmer Seiner kaiserlichen Hoheit, im Speisezimmer und im Salon der erzherzoglichen Kinder. Ebenso wurde ein Toilettetisch mit Stehspiegel für das blaue Schlafzimmer angeschafft.[148] Der letzte Ankauf vor dem unerwarteten Tod Franz Ferdinands im Juni 1914 betraf einen »großen Maria-Theresia-Schreibtisch, 180 cm lang, geschweift, gebaucht und eingelegt, freistehend, vorne Laden, rückwärts Thüren, mit Broncebeschlägen, grünem Leder, antique«.[149] Das Möbel wurde von Franz Ferdinand persönlich bei dem Hofvergolder Johann Marischka für 680 Kronen bestellt und nach Fertigstellung vom Belvedere nach Eckartsau transportiert.[150]

Die Aufteilung des erzherzoglichen Nachlassvermögens, Kaiser Karl I. und das Ende der österreichisch-ungarischen Monarchie

Mit dem Tod des erzherzoglichen Paares ging für Schloss Eckartsau und die Jagd in den Donauauen eine Blütezeit zu Ende. Der Hof beziehungsweise der Familienfonds bemühten sich jedoch redlich, den Zustand und die Bewohnbarkeit des Schlosses weiterhin aufrechtzuerhalten. Ein großes Problem stellten die verschiedenen Provenienzen der Einrichtungsgegenstände und deren zukünftige Nutzung dar. Wie bereits erwähnt, gehörte das Mobiliar des Schlosses teils zum Privatvermögen des Thronfolgers, teils dem Familienfonds, und teils stammte es auch aus der Finanzierung des Hofburgbaues. Im Rahmen der erzherzoglichen Nachlassermittlung wurde eine Inventur veranlasst und dabei das erzherzogliche Privatvermögen in Eckartsau auf 89.270 Kronen geschätzt. Der ah. Familienfonds zielte auf eine Ablösung der im Privatbesitz befindlichen Gegenstände ab. Er begründete dieses Anliegen wie folgt:

»Was nun die Ablösung selbst betrifft so sei bemerkt, dass das hochfürstlich ausgestattete und eingerichtete Schloss Eckartsau nach allfälligen Entfernung, der (...) in die erzherzogliche Verlassenschaft gehörigen Gegenstände ein Torso wäre, welcher die Benützung dieses Schlosses für Jagdgäste von Ah. Stande ohne Aufwendung weit größerer Kosten als die Ablösungssumme von 87.943 K + 1.600 K ausschließen würde. Ob solche Jagdgäste, wie Seine Majestät der deutsche Kaiser, welcher mit großer Vorliebe in Eckartsau weilte, jemals wieder dahin kommen werden, kann dermalen wohl nicht vorausgesehen werden.

In Eckartsau gehören außerdem dem Hofburgbau Gegenstände im Werte von 9.073 K 65 h und befinden sich daselbst auch Gemälde, welche zu den Beständen der kais. Gemälde Galerie gehören.

Immerhin bildet Eckartsau trotz der seither durchgeführten Verminderung des Hochwildstandes auch weiterhin einen hervorragenden Jagdboden, welchem der große, den höchsten Anforderungen entsprechende Comfort im Schlosse zu statten kommt. Für einen allfälligen Zukunftsbedarf eines derart eingerichteten Jagdschlosses wäre jedoch die Ablösung der für das Schloss eigens angekauften und zum größten Theile nach speziellen Aufträgen angefertigten Gegenstände des erzherzoglichen Nachlasses vielleicht ein Quell der Vorsicht, wobei auch der Pietät gegen den verstorbenen Erzherzog-Thronfolger Rechnung getragen würde, welcher Eckartsau sehr liebte und betreute, wobei allerdings die weitaus größten Kosten den Ah. Familienfond belasteten.«[151]

Mit der Übernahme der erzherzoglichen Mobilien blieb der Zustand des Schlosses gewahrt. Bei Bedarf konnten jederzeit Hofjagden in Eckartsau abgehalten werden, durch den Ausbruch des Krieges war dies jedoch nicht mehr relevant. Durch die nun ausbleibende Nutzung traten in den folgenden Jahren schwerwiegende Schäden an der Zentralheizung und der Kanalisation auf. 1918 wurde festgestellt, dass die unter dem Hofterrain verlegten Heizungsrohre komplett verrostet waren und ausgetauscht werden mussten, ebenso wie die gesamten Kanalleitungen. Die Kostenschätzung der Neuherstellungen belief sich auf 10.600 Kronen.[152] Die Instandsetzungsarbeiten waren nötig geworden, da das seit 1916 regierende Kaiserpaar Karl I. und Zita in politisch äußerst brenzligen Zeiten das im Habsburger Privatbesitz befindliche Schloss aufgrund seiner geografischen Nähe zu den osteuropäischen Ländern sowie aufgrund des guten Bahnanschlusses als Aufenthaltsort wählte. Die kaiserliche Familie hielt sich vom 1. Juni bis 27. Juli 1918 sowie nach Karls Abdankung erneut vom 11. November 1918 bis 23. März 1919 in Eckartsau auf. Die am 13. November 1918 vorgelegte ungarische Verzichtserklärung unterzeichnete Karl bereits in Eckartsau.

Die kaiserliche Familie bewohnte die ehemaligen erzherzoglichen Räumlichkeiten im ersten Stock des Schlosses (Abb. 19-79). Wie bereits Franz Ferdinand und Sophie hatten Karl und Zita ein gemeinsames Schlafzimmer (Abb. 19-05, Nr. 17) im südlichen Westtrakt, die privaten Wohnräume der Majestäten (Abb. 19-05, Nr. 26–28) lagen ebenso wie bei ihren Vorgängern im Südtrakt. Als Audienz- und Repräsentationsräume diente die nördliche Raumfolge des Westtraktes, das ehemalige Appartement des Grafen Kinsky. Die im Osttrakt des Schlosses situierten erzherzoglichen Kinderzimmer waren als solche auch beim Kaiserpaar in Verwendung. Somit behielten alle Räume der Beletage ihre Funktion und Ausstattung bei.

Das gesamte Parterre diente zur Unterbringung der kaiserlichen Kammer, im ehemaligen Fremdenappartement wurde die Militär- und die Kabinettskanzlei eingerichtet. Ein zeitgenössischer Bericht des damaligen in Eckartsau stationierten Stationsleiters des Hofzug-Telegrafenwagens, Wilhelm Möller (geb. 1877), belegt, dass das Platzangebot in Schloss Eckartsau für den gesamten Hofstaat nicht ausreichte. Daher musste auch auf andere Quartiere ausgewichen werden. So wohnten beispielsweise der Prälat Dr. Seydl im Eckartsauer Pfarrhaus und die Chefs der Kabinetts- und Militärkanzlei sowie der Flügeladjutant Oberst Brougier im nahe gelegenen Schloss Orth.[153]

Die persönlichen Erinnerungen Wilhelm Möllers enthalten auch eine äußerst interessante Beschreibung des kaiserlichen Tagesablaufs während der Sommermonate 1918 in Eckartsau:

»Der Kaiser kam zirka um 9 Uhr in sein Arbeitszimmer und bis 1 Uhr dauerte ununterbrochen der Empfang der Audienzler. Vor dem Speisen las der Kaiser fast immer stehend bei irgendeinem Fenster im Gang im 1. Stock seine Zeitung. An heißen Tagen ging der Kaiser mit dem Audienzler im Park vor dem offenen Haupttor auf und ab. Das Schloß hatte zwei Tore aber nur eines, das parkseitige war für den Verkehr offen. Von 1–3 Uhr widmete sich der Kaiser seiner Familie. Es wurden Spazierfahrten oder Gänge im Park unternommen. Bei den Fahrten wurde ein kleiner Wagen benützt mit zwei Kutschiersitzen und rückwärts ein Dienersitz, wo die Kaiserin mit dem Kinde Platz nahm. Vorne saß der Kaiser mit mehreren Kindern.
Hier im Schloß konnte man das herzliche Familienleben so recht beobachten. Ab 3 Uhr wieder Empfänge bis nach 6 Uhr und später. Vor dem Souper wurde oft noch eine Ausfahrt der Majestäten unternommen und die Köche haben ihre Sorge gehabt, die angerichteten Speisen bis zur Rückkunft der Majestäten bereitzuhalten.
Nach 9 Uhr abends kamen täglich die Hausreferenten zum Vortrag: Chef der Kabinetts, Chef der Militärkanzlei und als letzter, der militärische Berichterstatter Flügeladjutant Brougier. Diese Audienzen dauerten meist bis ½ 12 oder 12 Uhr. Nachdem alle kaiserlichen Kinder hier waren, so herrschte ein fortwährender Verkehr im Schlosshof und Park. Als die Tage immer heißer wurden ließ der Kaiser ein Zelt im Park aufstellen und amtierte im Freien oder im Zelt. Die Gelsenplage wurde immer unangenehmer und die Angestellten konnten die Verlegung des Sejours nach Reichenau nicht erwarten.«[154]

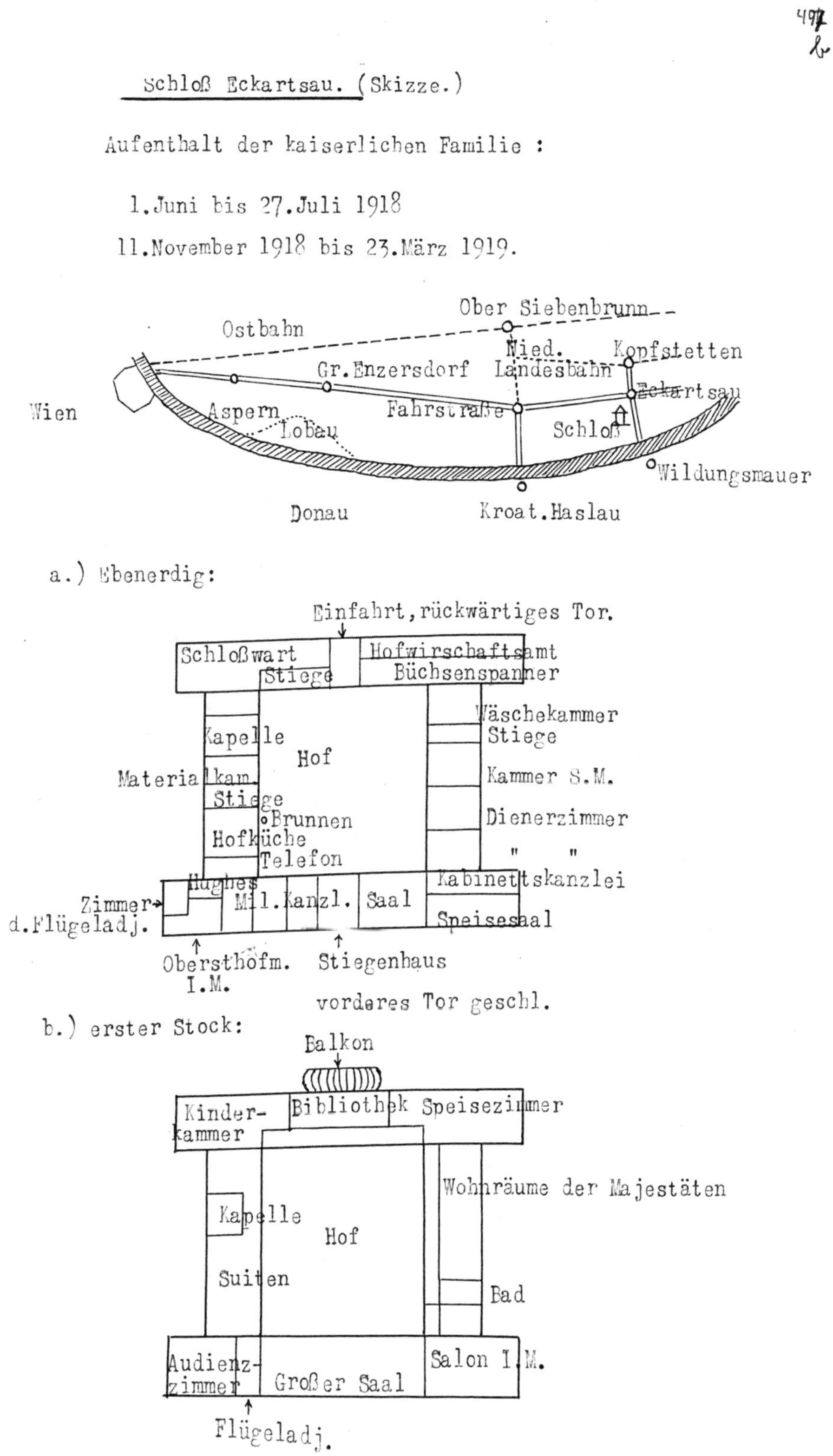

Abb. 19-79: Die Aufteilung des Appartements von Kaiser Karl I. und Kaiserin Zita in Schloss Eckartsau, 1918–1919 (© HHStA)

Schloss Eckartsau sollte der letzte Aufenthaltsort der kaiserlichen Familie in Österreich vor ihrer Flucht in die Schweiz sein. Karl, Zita und die Kinder reisten am 23. März 1919 mit dem Hofzug vom Bahnhof Kopfstetten ab. Vor dem Grenzübertritt in die Schweiz, der am nächsten Tag erfolgte, widerrief der gestürzte Kaiser seine im November 1918 unterzeichneten Verzichtserklärungen.

Nach der Abreise der kaiserlichen Familie wurde zur Begutachtung des in Eckartsau zurückgebliebenen Hausrates eine Kommission unter der Leitung von Albin Schager von Eckartsau ins Schloss entsandt:

»Am 7. April 1919 langte die Kommission (10 Mann hoch in zwei Autos) in dem herrlichen, in einem englischen Park an der Donau gelegenen Barockschloss ein. In der Halle waren in uralten Militärreisekoffern, Kisten, alten Truhen und Taschen die Übersiedlungssachen aufgestapelt, darunter Kinderwaggerln, Spielsachen, Bettwäsche, Marmelade, Erdäpfel und Gemüse in Badewanne und in einem schwarz-gelb gestrichenen Schilderhäuschen des kleinen Otto, wie bei einem Ausziehtermin. Ein merkwürdig berührender, trauriger Anblick. Ich fand Zeit, das Schloss ganz zu besichtigen. In das erste Stockwerk führte eine großartige Freitreppe in den prächtigen, mit einem Deckengemälde von Daniel Gran geschmückten Festsaal, in dem aber auf Holzbrettern über dem Parkettboden Erdäpfel und Gemüse aufgeschüttet lagen. (...)
Der Flügeladjutant des Kaisers, Korvettenkapitän Schonta empfing uns zuerst zugeknöpft und sehr unwirsch und gab seiner Empörung über die Behandlung des Kaisers durch die Regierung zum Ausdruck, taute aber später auf, als er sah, dass die Amtshandlung sehr rücksichtsvoll und rasch vorgenommen wurde. Auch erschien die Obersthofmeisterin der Kaiserin, Markgräfin Creszenz Pallavicini und gestand mir, dass sie geglaubt hätten, von der Kommission verhaftet zu werden. (...) Nach Beendigung der Amtshandlung wurde das Gepäck in Waggons verladen, dieselben plombiert und unter englischer Bewachung nach der Schweiz abgeführt. Noch am selben Abend um halb acht konnte ich dem Staatskanzler die anstandslose Durchführung meiner Aufgabe melden. Ich war froh, als diese äußerst peinliche Mission vorüber war.«[155]

SCHLOSS ECKARTSAU NACH DEM ZERFALL DER MONARCHIE

Nach dem Zusammenbruch der Monarchie ging Schloss Eckartsau – wie sämtliche habsburgische Liegenschaften des Familienfonds – in Staatsbesitz über und stand nun unter der Verwaltung des neu gegründeten Kriegsgeschädigtenfonds. Der Reinertrag dieses Stiftungsfonds diente zur Unterstützung der kriegsgeschädigten Witwen und Waisen des ersten Weltkriegs. Der Gewinn aus der Bewirtschaftung der Herrschaft Eckartsau sollte zwar den Kriegsgeschädigten zugutekommen, über eine spezifische zukünftige Nutzung der Liegenschaft war sich der Fonds jedoch nicht im Klaren. Daher fand am 8. August 1919 eine Begehung des Schlosses statt. Eine Kommission, die aus acht Personen bestand, sollte über die weitere Verwendung der Räumlichkeiten entscheiden. Zur Disposition stand die Unterbringung von kranken Invaliden, mit Ausnahme offener Tuberkulosekranker. Gegen die Umwandlung des Jagdsitzes in eine Heilanstalt sprachen jedoch einerseits die schlechte Trinkwasserqualität und andererseits der unbeschädigte hohe Kunstwert des Schlosses und seiner Innenausstattung, über den sich alle Kommissionsmitglieder einig waren.[156]

Unter Hinzuziehung des Negativbeispiels Schloss Hof sahen die Beauftragten schließlich von einer Alternativnutzung des Schlosses Eckartsau ab und vereinbarten, »es in seiner Unberührtheit als höchst wertvolles Staatsgut zu erhalten.«[157] Baurat Karl Bertele, der bei der Begehung anwesend war, berichtete: »Die Kommission fuhr sodann in den beiden Automobilen nach Schlosshof. Über Ersuchen des Kommissionsleiters hat der Gefertigte die Herren dahin begleitet, und ihnen vor Augen geführt, was aus einem so herrlichen Bau wie Schlosshof einst einer war, durch Umwandlung in eine Kaserne in wenigen Jahrzehnten geworden ist.«[158]

Nach der republikanischen Besitznahme wurde in Eckartsau eine Inventaraufnahme durchgeführt, die Aufschluss über den Zustand des Schlosses zum Ende der Monarchie gibt. Aufgrund der unverän-

Abb. 19-80: Ankündigungstafel des Kriegsgeschädigtenfonds zur Besichtigung von Schloss Eckartsau, 1. Hälfte 20. Jahrhundert (© Bundesmobilienverwaltung/EK)

derten Übernahme der ehemaligen erzherzoglichen Einrichtung durch das letzte Kaiserpaar gibt das 1919 aufgenommene Inventarbuch auch den Zustand der Wohnräume Franz Ferdinands relativ authentisch wieder.

Mit Hilfe dieses Inventars und anhand der zu Beginn des 20. Jahrhunderts angefertigten fotografischen Aufnahmen der erzherzoglichen Ausstattung ist es heute möglich, die Einrichtung des Schlosses zur Zeit Franz Ferdinands – soweit die Objekte noch vorhanden sind – zu rekonstruieren.

In den folgenden Jahren strebte der Kriegsgeschädigtenfonds die Öffnung der ehemaligen Habsburger Schlösser an. Erstmalig wurden kunsthistorische Forschungen von Elsa Brezina im Auftrag des Fonds betrieben, die zu einigen Liegenschaften Beschreibungen verfasste.[159] Auch Eckartsau stand nun der Bevölkerung zur Besichtigung zur Verfügung. Aus dieser Zeit hat sich in der Sammlung der Bundesmobilienverwaltung eine Ankündigungstafel des Kriegsgeschädigtenfonds (Abb. 19-80) erhalten. Der Zustand der Räumlichkeiten war nach wie vor seit Franz Ferdinands Zeiten unverändert erhalten geblieben.

Nach der Übernahme Österreichs durch die Nationalsozialisten zählte Schloss Eckartsau zum Reichsjagdgebiet Lobau. Zur Nutzung des Schlosses während der NS-Zeit ist wenig überliefert. Bekannt ist, dass 1940 ein Brand im Dachstuhl des Corps de logis ausbrach, der das Fresko von Daniel Gran im Festsaal schwer beschädigte. Wie aus den Bergungsakten des Bundesdenkmalamtes hervorgeht, waren rund 2 m² der Freskenfläche zu Boden gefallen und unwiederbringlich zerstört.[160]

Im Dezember 1943 wurde ein Vertrag zwischen dem Reichsstatthalter in Wien und dem Staatsjagdrevier abgeschlossen, der Schloss Eckartsau zum sogenannten Bergungsort für Kulturgüter bestimmte.

Zum Schutz der Kunstwerke und Kulturgüter vor Kriegsschäden und Plünderungen wurden Liegenschaften ausgesucht, die zur sicheren Aufbewahrung der Objekte während der Kriegswirren dienen sollten. Eckartsau war einer von 200 Bergungsorten im Reichsgau Niederdonau und der bedeutendste im Bezirk Gänserndorf. Die Orte wurden aufgrund ihrer Lage an wichtigen Verkehrsverbindungen sowie ihrer baulichen und klimatischen Eignung ausgewählt.[161]

Im Laufe des Jahres 1944 wurde aufgrund der immer stärker werdenden Bombenangriffe durch die Alliierten eine Vielzahl von Kunstwerken von Wien nach Eckartsau gebracht. Darunter befanden sich großformatige Skulpturen, wie etwa die Mozart-Figur vom Mozart-Denkmal Viktor Tilgners oder Gegenstände aus dem Besitz des Komponisten Richard Strauss. Aus den öffentlichen Museen und Institutionen wurden Teile der Bibliothek der Technischen Hochschule, Objekte aus dem Kunstgewerbemuseums, Instrumente aus der Sammlung alter Musikinstrumente des Kunsthistorischen Museums, Gemälde aus dem Kunsthistorischen Museum, Objekte der Porzellanmanufaktur Augarten sowie Gemälde und Supraporten aus Schloss Schönbrunn in das Jagdschloss verbracht.[162]

Obwohl im Frühling 1945 militärische Kämpfe im Bezirk Gänserndorf ausgetragen wurden, bei denen viele Gebäude schwer beschädigt oder zerstört wurden, überstand Schloss Eckartsau die letzten Kriegswirren weitgehend unbeschadet. Die Plünderungen fanden erst nach Kriegsende durch Zwangsarbeiter und die einheimische Bevölkerung statt. Laut örtlicher Überlieferung »begannen die Ortseinwohner aus dem kaiserlichen Schloss alle beweglichen Gegenstände regelrecht zu plündern. (…). Mit Ochsenkarren und Handwagen schaffte man wunderschöne Barockmöbel, kostbare Teppiche, sogar wertvolle Gemälde fort. In der ganzen Nacht dauerte dieser Plünderungswahn an. Sogar Bauern ließen sich dazu verführen.«[163] Angesichts dieser Situation verriegelten die alliierten Besatzungssoldaten das Gebäude und zwangen die Dorfbewohner, das Diebesgut zurückzugeben. Wenige Wochen später wurde das Schloss abermals, nun aber vom sowjetischen Militär, geplündert und verwüstet.[164]

Nach dem Zusammenbruch der NS-Herrschaft ging die Verwaltung des Schlosses Eckartsau 1945 an die österreichischen Bundesforste über. Im September 1945 begann der Abtransport der noch vorhandenen Bergungsgüter nach Wien. Durch die Plünderungen waren einige Verluste zu verzeichnen. Laut einem zeitgenössischen Bericht herrschten katastrophale Zustände im Inneren des Schlosses vor: In mehreren Räumen befanden sich »wahllos übereinander getürmt zum Teil zerschlagene Möbel, Geweihe und sonstige Gegenstände in vollkommenem Durcheinander.«[165] Im ehemaligen Rauchsalon des Erzherzogs Franz Ferdinand im Parterre lagen »in einem wüsten Untereinander und Übereinander meist aufgebrochene Kisten des Kunstgewerbemuseums, zerfetzte Textilrahmen, Möbel, Hirschgeweihe aus dem Schloßbesitz, ferner die drei Schönbrunner Bilderrollen des Kunsthistorischen Museums, auf denen ein Klavier lag.«[166]

Nachdem die gröbsten Schäden notdürftig beseitigt waren, wurde nach und nach mit der Restaurierung des Schlosses begonnen. 1951 wurde beispielsweise das Deckenfresko von Daniel Gran im Festsaal einer Restaurierung unterzogen. Das Jagdschloss Eckartsau diente den Bundesforsten als Verwaltungssitz für die Instandhaltung und Bewirtschaftung der umliegenden Au- und Landflächen und war über viele Jahre für Besucher nur eingeschränkt zu besichtigen. Erst in den letzten Jahren hat hier ein Umdenken seitens der Österreichischen Bundesforste stattgefunden. Die gut erhaltenen Schlossräumlichkeiten sind während der Sommermonate täglich für Besucher geöffnet.

ANMERKUNGEN

1 Brezina 1929a, S. 223.

2 Kaufbrief vom 13. Oktober 1651, zit. nach: Kumar 1817, S. 80.

3 Bertele 1916, Nr. 8, S. 2.

4 Biographisches Lexikon des Kaiserthums Österreich, Wien 1862, S. 340. In der gängigen Literatur zu Schloss Eckartsau (z. B. Brauneis 1981) wird vermerkt, dass die Herrschaft Eckartsau von Graf Kinsky nach dem Tod der Gräfin Barbara Katharina von Herberstein aus deren Verlassenschaft angekauft wurde. Durch die durch den Stiftsbrief belegte Gründung der »Herberstein'schen Fräuleinstiftung« über ein Jahr vor dem Tod der Gräfin lässt sich diese Behauptung widerlegen.

5 Biographisches Lexikon des Kaiserthums Österreich, Bd. 11, Wien 1864, S. 288.

6 Rainer Schuster vermutet in seiner Dissertation über Schloss Eckartsau, dass der Umbau der Kapelle mit der Teilnahme Graf Kinskys an der Papstwahl Innozenz III. in Zusammenhang steht und die ein Jahr später errichtete Kapelle für den Grafen eine Erinnerungsfunktion besaß. Siehe: Schuster 1991, S. 16.

7 HHStA, Herrschaftsarchiv Eckartsau, Eckartsau Inventarium 1730, Bd. 13.

8 Schuster 1991, S. 18.

9 Ebd.

10 Ebd., S. 34–35.

11 Laut Rainer Schuster haben Untersuchungen des Bundesdenkmalamtes ergeben, dass es sich bei den Gebeinen um die einer Frau handelt. Siehe: Schuster 1991, S. 29.

12 Brauneis 1981, S. 85.

13 HHStA, Herrschaftsarchiv Eckartsau, Eckartsau Inventarium 1730, Bd. 13.

14 Ebd.

15 Johann Jacob Michael Küchel, Ingeigneur und Lieutenant, dessen Reiß-Beschreibung nacher Wienn und deren orthen, zit. nach: Glüsing 1978, S. 58.

16 http://franken-wiki.de/index.php/Johann_Jakob_Michael_Küchel, 6.7.2015, 11.20.

17 Küchel 1737, S. 17.

18 Rizzi 1975, S. 192f.

19 Karl Bertele schreibt den gesamten Bau aus »stilkritischen Gründen« Johann Lucas von Hildebrandt zu, ebenso wie Elsa Brezina. Siehe Bertele 1916, Nr. 8, S. 2; Brezina 1929a, S. 226. Walther Brauneis hingegen sieht im Westtrakt des Schlosses Eckartsau ein Werk von Joseph Emanuel Fischer von Erlach. Siehe: Brauneis 1981, S. 86. Wilhelm Georg Rizzi wiederum zweifelt eine Beteiligung Hildebrandts am barocken Corps de logis aufgrund fehlender formaler Übereinstimmungen mit dem bekannten Werk Hildebrandts trotz der Erwähnung des Architekten im Reisebericht Küchels generell an. Siehe: Rizzi 1975, S. 192f.

20 Brauneis 1981, S. 86.

21 http://www.sueddeutscher-barock.ch/ga-wege/m631_ResidenzTreppe.html, 24.11.2017.

22 Ebd.

23 Küchel 1737, S. 125.

24 HHStA, Herrschaftsarchiv Eckartsau, Eckartsau Inventarium 1730, Bd. 13.

25 Ebd.

26 ÖNB, Handschriftensammlung, Hauptinventarium der Herrschaft Eggertsau 1741.

27 HHStA, Herrschaftsarchiv Eckartsau, Inventarium Schloss Eckartsau 1793, Bd. 14.

28 Bauherr des Barockschlosses Eckartsau.

29 Vater von Franz Ferdinand, Hofkanzler und Geheimer Rat unter Kaiser Josef I.

30 ÖNB, Handschriftensammlung, Hauptinventarium der Herrschaft Eggertsau 1741.

31 Inventarbuch Eckartsau 1755, zit. nach: Bertele 1916, Nr. 10, S. 1.

32 ÖNB, Handschriftensammlung, Hauptinventarium der Herrschaft Eggertsau 1741.

33 Ebd.

34 Ebd.

35 Ebd.

36 Inventarbuch Eckartsau 1755, zit. nach: Bertele 1916, Nr. 10., S. 2.

37 Ebd.

38 Ebd.

39 Schuster 1991, S. 86.

40 Schuster 1991, S. 76f.

41 Im Inventarbuch 1741 sind die beiden Statuen als »Apollinis Raub der Daphne, und derselben Verwandlung« angeführt. Laut Dehio handelt es sich aber bei der »Verwandlung der Daphne« um die Darstellung »Arethusa und Alpheus«. Siehe: Dehio Niederösterreich nördlich der Donau, Wien 2010, S. 144.

42 ÖNB, Handschriftensammlung, Hauptinventarium der Herrschaft Eggertsau 1741.

43 Hanzl-Wachter 2005, S. 54.

44 Küchel 1737, S. 125.

45 ÖNB, Handschriftensammlung, Hauptinventarium der Herrschaft Eggertsau 1741.

46 Alle Zitate: ebd.

47 Ebd.

48 Ob die heute noch vorhandene Textilausstattung des blauen Schlafzimmers aus der ersten oder der zweiten Hälfte des 18. Jahrhunderts stammt, bedürfte einer näheren restauratorischen Untersuchung. Formal wäre es möglich, dass es sich auch hier um Originaltextilien aus der Kinsky-Zeit handelt.

Ebenso könnten sie späteren Datums sein, da Kaiserin Maria Theresia nach Übernahme des Schlosses die Repräsentationsräume zum Teil neu spalieren ließ.

49 ÖNB, Handschriftensammlung, Hauptinventarium der Herrschaft Eggertsau 1741.

50 Für nähere Informationen zum Künstler Jonas Drentwett sowie zu seinem Umfeld danke ich Dr. Martin Pozsgai.

51 ÖNB, Handschriftensammlung, Hauptinventarium der Herrschaft Eggertsau 1741.

52 Ebd.

53 Ebd.

54 Ebd.

55 HHStA, Herrschaftsarchiv Eckartsau, Eckartsau Inventarium 1730, Bd. 13.

56 Ebd.

57 Ebd.

58 Ebd.

59 Ebd.

60 Historische Beschreibung und respective Local-Befund über die Herrschaft Eckartsau, 1798, HHStA, Gemeinschaftsarchiv, Schlosshof, Essling, Eckartsau und Orth.

61 Ebd.

62 Lorenz 2005, S. 34.

63 Küchel 1737, S. 125.

64 Hanzl-Wachter 2005, S. 56.

65 Ebd., S. 57.

66 Franziska Hladky, Katalog: Sitzgarnitur, Stühle, Tabourets, in: Hanzl-Wachter 2005, S. 154.

67 Hladky 2005, S. 102.

68 HHStA, Herrschaftsarchiv Eckartsau, Eckartsau Inventarium 1730, Bd. 13.

69 Khevenhüller-Metsch 1742–1776.

70 HHStA, GDPFF, Generaldirektion JR, Rubrik 2, Güterdirektion Wien, Zl. 341/1894.

71 HHStA, Herrschaftsarchiv Eckartsau, Kt. 33.

72 Aufenthalte Franz Stephans in Eckartsau sind durch die Tagebücher des Fürsten Khevenhüller im Oktober 1764 und April 1765 belegt.

73 Fleischer 1932, S. 122.

74 Ebd., S. 122ff.

75 Schuster 1991; Grießer 2003.

76 Bericht des Restaurators Hermann Ritschl, HHStA, GDPFF, Generaldirektion JR, Rubrik 2, Güterdirektion Wien, Zl. 2618/1903, 23.7.1903.

77 HHStA, Herrschaftsarchiv Eckartsau, Inventarium Schloss Eckartsau 1793, Bd. 14.

78 Ebd.

79 Ebd.

80 Hladky 2005, S. 105.

81 HHStA, Herrschaftsarchiv Eckartsau, Inventarium Schloss Eckartsau 1793, Bd. 14.

82 Ebd.

83 Ebd.

84 Historische Beschreibung und respective Local-Befund über die Herrschaft Eckartsau, 1798, HHStA, Gemeinschaftsarchiv Schlosshof, Essling, Eckartsau und Orth, Kt. 12.

85 Schweickhardt 1842, o. S.

86 Inventarium für die k. k. Familiengüter Orth und Eckartsau 1886, Bd. 3, HHStA Gemeinschaftsarchiv Schlosshof, Eßling, Eckartsau und Orth.

87 HHStA, GDPFF, Generaldirektion JR, Rubrik 2, Güterdirektion Wien, Zl. 1925/1895, 1.6.1895.

88 Ebd., Zl. 2366/1895, 5.7.1895.

89 Ebd.

90 Vgl. u. a. Brezina,1929, S. 412–413; Brauneis 1981, S. 94.

91 HHStA, GDPFF, Generaldirektion JR, Rubrik 2, Güterdirektion Wien, Zl. 1305/1896, 7.4.1896.

92 Ebd., Zl. 2573/1895, 20.7.1895.

93 Ebd., Zl. 1305/1896, 7.4.1896.

94 Ebd., Zl. 3067/1896, 4.7.1896.

95 Ebd., Zl. 3067/1896, 4.7.1896, Zl. 2615/1896, 16.7.1896, Zl. 3399/1896.

96 Bauprogramm Eckartsau unter der Leitung von Viktor Siedek, 10.4.1897, Schloss Artstetten.

97 Ebd.

98 Ebd.

99 Schreiben von Viktor Siedek an die Generaldirektion der Privat- und Familienfonde, 10.4.1897, Schloss Artstetten.

100 HHStA, GDPFF, Generaldirektion JR, Rubrik 2, Güterdirektion Wien, Zl. 1645/1915, 16.8.1915. Für Informationen zu den in Eckartsau befindlichen Tapisserien danke ich Dr. Katja Schmitz-von Ledebur, Kunsthistorisches Museum, Wien.

101 Die zur Zeit Franz Ferdinands als Kinderzimmer genutzten Räume existieren heute nicht mehr. Sie wurden im 20. Jahrhundert umgebaut beziehungsweise zusammengelegt, weshalb es nicht möglich ist, die Räume im heutigen Grundrissplan auszuweisen.

102 HHStA, GDPFF, Generaldirektion JR, Rubrik 2, Güterdirektion Wien, Zl. 3067/1895, 16.8.1895.

103 Ebd., Zl. 2940/1897, 14.8.1897, Zl. 3947/1897, 9.11.1897, Zl. 4036/1897, 12.11.1897.

104 Ebd., Zl. 3067/1895, 16.8.1895, Zl. 3947/1897, 9.11.1897.

105 Ebd., Zl. 4271/1897, 21.12.1897.

106 Inventar des Schlosses Eckartsau 1919, Österreichische Bundesforste.

107 HHStA, GDPFF, Generaldirektion JR, Rubrik 2, Güterdirektion Wien, Zl. 3067/1896, 20.10.1896.

108 Verzeichnis über die auf höchsten Befehl Seiner k. und k. Hoheit des durchlauchtigsten Herrn Erzherzogs Franz Ferdinand aus den Sammlungen am Hofburgbau von der

Baukontrolle nach Schloß Eckartsau übersendeten Antiquitäten, Schloss Artstetten.

109 Inventar des Schlosses Eckartsau 1919, Österreichische Bundesforste.

110 Ebd.

111 Verzeichnis über die auf höchsten Befehl Seiner k. und k. Hoheit des durchlauchtigsten Herrn Erzherzogs Franz Ferdinand aus den Sammlungen am Hofburgbau von der Baukontrolle nach Schloß Eckartsau übersendeten Antiquitäten, Schloss Artstetten.

112 Maria Deutsch-Sereinig, Der Wahrheit die Ehre. Erinnerungen einer alten Wienerin, unpubliziertes Manuskript, Privatbesitz. In dem überarbeiteten Manuskript der Lebenserinnerungen von Maria Deutsch-Sereinig (1891–1980), Tochter des Tischlers Franz Sereinig, wird Franz Sereinig als der Tischler der Eckartsauer Bibliothek genannt. In Privatbesitz hat sich eine Kopie der originalen handschriftlichen Aufzeichnungen von Maria Deutsch-Sereinig erhalten. In dieser Version wird die Eckartsauer Bibliothek nicht explizit erwähnt. Von daher ist es fraglich, ob Franz Sereinig wirklich die Ausführung der Raumausstattung übernommen hat, da er ansonsten vor allem in Zusammenhang mit der Restaurierung von Möbeln in Verbindung gebracht werden kann. Als gesichert gilt jedoch, dass Franz Sereinig generell mit der Ausstattung des Schlosses Eckartsau zu tun hatte, da er dort drei Jahre seine Werkstatt unterhielt.

113 HHStA, GDPFF, Generaldirektion JR, Rubrik 2, Güterdirektion Wien, Zl. 3990/1898, 13.10.1898.

114 Schmidt 1997, o. S.

115 Ebd.

116 HHStA, GDPFF, Generaldirektion JR, Rubrik 2, Güterdirektion Wien, Zl. 1798/1903, 21.5.1903.

117 Ebd.

118 Ebd., Zl. 2269/1901, 5.7.1901.

119 Ebd., Zl. 1621/1901, 5.7.1901.

120 Ebd., Zl. 1240/1901, 28.3.1901.

121 Ebd., Zl. 1798/1903, 21.5.1903.

122 Ebd.

123 SOA v Praze, Fond 285 Ústřední ředitelství hohenberských statků v Benešově, i.č. 23, Sign. IX/1, Kt. 1; HHStA, GDPFF, Generaldirektion JR, Rubrik 2, Güterdirektion Wien, Zl. 1798/1903, 21.5.1903.

124 HHStA, GDPFF, Generaldirektion JR, Rubrik 2, Güterdirektion Wien, Zl. 1798/1903, 21.5.1903.

125 Ebd., Zl. 1240/1901, 28.3.1901, Zl. 2524/1901.

126 Ebd., Zl. 1798/1903, 21.5.1903.

127 Ebd., Zl. 2618/1903, 23.7.1903.

128 Kostenvoranschlag von Adolf Litschel 16.1.1904, HHStA, PFF, Herrschaftsarchiv Orth, SR 190.

129 Ebd.

130 HHStA, GDPFF, Generaldirektion JR, Rubrik 2, Güterdirektion Wien, Zl. 3401/1904, 1.9.1904.

131 Ebd., Zl. 4195/1904, 10.11.1904.

132 Ebd., Zl. 546/1905.

133 Ebd., Zl. 1514/1906, 16.6.1906.

134 Ebd., Zl. 2097/1907, 20.5.1907.

135 Ebd., Zl. 2292/1910.

136 Ebd., Zl. 591/1908, 7.2.1908.

137 Ebd., Zl. 3560, 4082, 4351/1904.

138 Ebd., Zl. 1441/1909, 17.3.1909.

139 Schloss Artstetten.

140 Waidmanns Heil. Illustrierte Zeitschrift für Jagd, Fischerei und Schützenwesen, Klagenfurt 1908, XXVIII. Jg., S. 458.

141 Ebd.

142 Ebd.

143 HHStA, GDPFF, Generaldirektion JR, Rubrik 2, Güterdirektion Wien, Zl. 100, 211/1910.

144 Ebd., Zl. 4112/1908.

145 Ebd., Zl. 92/1910.

146 Schloss Artstetten.

147 Projekt für einen Terrassenbau in Eckartsau, Sign. Viktor Siedek, 16.3.1910, HHStA, PFF, Herrschaftsarchiv Orth, SR 190.

148 Schloss Artstetten.

149 HHStA, GDPFF, Generaldirektion JR, Rubrik 2, Güterdirektion Wien, Zl. 3090/1914, 26.7.1914.

150 Ebd.

151 Ebd., Zl. 400/1915, 4.2.1915.

152 Ebd., Zl. 1191/1918, 3.4.1918.

153 Wilhelm Möller, Chronik zum Verlauf des 1. Weltkrieges und zum Untergang des Habsburgerreiches, unpubl. Manuskript, HHStA, Nachlass Wilhelm Möller, F. 497.

154 Ebd., F. 497–498.

155 Beck Mannagetta 2010, S. 373f. Für diesen Hinweis danke ich Dr. Ilsebill Barta.

156 HHStA, GDPFF, Generaldirektion JR, Rubrik 2, Güterdirektion Wien, Zl. 2299/1919, 19.8.1919.

157 Ebd.

158 Ebd.

159 Sowohl zu Schloss Eckartsau als auch zu den Schlössern Neuberg und Mürzsteg finden sich Aufsätze beziehungsweise Begleitpublikationen von Elsa Brezina. Siehe zum Beispiel: Brezina 1929b, 1927.

160 Schreiben vom 25. Mai 1945, Mappe 4: Schloss Eckartsau, Kt. 1: Bergungsorte NÖ, Archiv des Bundesdenkmalamtes Wien, zit. nach: Bezemek 1995, S. 73.

161 Bezemek 1995, S. 60.

162 Archiv des Bundesdenkmalamtes Wien, Bergungslisten 1944, Mappe 4: Schloss Eckartsau, Kt. 1: Bergungsorte NÖ, zit. nach: Bezemek 1995, S. 73.

163 Bezemek 1995, S. 68.

164 Ebd., S. 69.
165 Archiv des Bundesdenkmalamtes Wien, Protokoll vom 14. September 1945, Mappe 4: Schloss Eckartsau, Kt. 1: Bergungsorte NÖ, zit. nach: Bezemek 1995, S. 71.
166 Ebd.

20. MACHTVOLLES STATEMENT IN DEN BERGEN

DAS JAGDSCHLOSS BLÜHNBACH

Marlene Ott-Wodni

Das Jagdschloss Blühnbach (Abb. 20-01) liegt umgeben von den Felswänden des Hochkönigs und des Hagengebirges im Blühnbachtal in Salzburg unweit der deutschen Grenze. Erzherzog Franz Ferdinand wählte das abgelegene, idyllische Anwesen als Jagdsitz zur Hochwildjagd im Tennengebirge (Abb. 20-02).

Abb. 20-01: Schloss Blühnbach vor der Bergkulisse, Fotoaufnahme 2013 (© MOW)

BAUGESCHICHTE

Das Blühnbachtal wurde seit Jahrhunderten von den Salzburger Erzbischöfen als Jagdrevier genutzt. Die Lebensbeschreibung des Erzbischofs Hartwig (991–1023) erzählt von einem Wunder, dass sich um das Jahr 1000 zugetragen hatte und dem das Gebiet seinen Namen verdankte. An einem 30. November begab Hartwig sich zur Weihe einer Kirche in die Gegend. Im Wald pflückte er von einem Baum einen dürren Ast, der, sobald er in seiner Hand war, zu blühen begann. Das Tal erhielt daraufhin den Namen »Pluebach«.[1]

1580 unter der Regierung von Erzbischof Johann Jakobus von Khuen Belasi (um 1515–1586) lässt sich erstmals im Blühnbachtal ein hölzernes Herrenhaus mit Edelleut- und Wildhüterstuben nachweisen. 1589 wird es als sehr baufällig beschrieben, und man befürchtete aufgrund der vermorschten Holzbalken eine Senkung des Gebäudes.[2] 1603 ließ Fürsterzbischof Wolf Dietrich von Raitenau (1559–1617) das bestehende Wohngebäude abreißen und von den ortsansässigen Bau- und Maurermeistern Ruep Eder, Andrä Maurer und Gabriel Prädtl ein gemauertes Jagdschloss errichten. Im folgenden Jahr wurde von Rupert Durchenstern aus Hallein unterhalb des

Abb. 20-02: Erzherzog Franz Ferdinand und seine Frau Sophie vor Schloss Blühnbach, 1913 (© Schloss Artstetten)

Schlosses ein Reitstall gebaut, der im Obergeschoss Zimmer für das Personal enthielt.[3]

1611 wurde Wolf Dietrich im Zuge einer Auseinandersetzung mit den Bayern gestürzt und lebenslänglich eingesperrt. Der Schlossbau war zu diesem Zeitpunkt noch nicht vollendet; der Verputz, das Pflaster, der Hauptkamin, Türen und Fenster fehlten noch. Im Juni 1612 wurden im Auftrag von Wolf Dietrichs Nachfolger, seinem Neffen Markus Sittikus Graf von Hohenems (1574–1619), die noch ausstehenden Bauarbeiten vollendet.[4] Durch die abgelegene Lage des Schlosses war die Durchführung von Jagden in Blühnbach mit großem Aufwand verbunden. Sowohl die Verpflegung für mehrere Hundert Personen sowie sämtliches Material mussten von den umliegenden Dörfern über eine schlecht erschlossene Straße bis zum Schloss transportiert werden.

1629 kündigten sich der Fürsterzbischof Paris von Lodron (1586–1653) und Erzherzog Leopold (1586–1632) samt Gemahlin Claudia de Medici (1604–1648) zur Jagd an. Der Propst zu Werfen, Josef Riggl, hatte die Oberleitung der Hofjagd inne. Für die rund 270 Personen umfassende Jagdgesellschaft wurden folgende Lebensmittel geordert: »7 Ochsen, 50 Kälber, 120 Schafe, 60 Lämmer, 50 Indianer, 80 Kapaune, 180 Hennen, 360 Hühner, 30 Enten, 360 Tauben und allerlei Federwildbret, Vögel und Hasen; ferner: 5.000 Eier, 380 Pfund Schmalz und 150 Pfund Butterschmalz, 30 Metzen Semmelmehl, 60 Metzen Roggenmehl, 10 Zentner allerlei Fische, 3.000 Krebse und wöchentlich 50 Viertl Rahm und 200 Viertel Milch.«[5]

Die hohen Herrschaften bezogen ihr Quartier im Jagdschloss. Aufgrund der großen Anzahl an Jagdgästen mussten einige Betten von der Bevölkerung gegen eine Entschädigung von vier Schilling pro Bett ausgeliehen werden. Die Küchenutensilien wurden ebenso eigens für die Dauer der Jagd ins Schloss transportiert: »Nun entstand eine kleine Völkerwanderung von Salzburg und den Landgerichten nach Blühnbach. Allmählich kamen die Wagen mit den Sachen, die aus der Residenz mitgebracht werden mussten, darunter 10 Wagen mit Plachen welche bei der Blüntaubrücke von den hiezu bestellten Bauern erwartet und von je 6 Rossen nach Blühnbach gezogen wurden. Dort übernahmen die Wehrknechte die Plachen, trugen sie an die Grenze des Jagdgebietes und spannten sie dort auf, damit das Wild während der Jagd nicht ausbreche. Bald darauf kamen auch 250 Jagdhunde, für die ein bedeutendes Quantum Hafermehl schon vorbereitet war. Am 14. August langten 3 Truhen mit Küchengeschirr, 3 ganze Feuerzeuge, 3 große Kessel, 3 Brodschränke, 3 Fassel mit Zinngeschirr, 1 Fassel Essig und 2 Fassel Kraut und Rüben (...) und 30 Eimer Wein (ein).«[6]

Der Erzbischof und seine Gäste gingen in Blühnbach ausschließlich der Hirschjagd nach. Die Gamsjagd erschien den hohen Herrschaften als zu gefährlich und zu anstrengend. Die Jagdgesellschaft hielt sich eine Woche in Blühnbach auf, danach fand das rege Treiben im Schloss wieder ein Ende.[7] In der zweiten Hälfte des 17. Jahrhunderts verloren die Erzbischöfe das Interesse an der Blühnbacher Jagd. Stattdessen wurde beim Schloss ein Gestüt installiert und die Pferde in den Sommermonaten auf den umliegenden Weiden gehalten.

Ein Gemälde (Abb. 20-03) zeigt das Schlossareal zu Beginn des 18. Jahrhunderts. Im Zentrum des Bildes ist das eigentliche Jagdschloss dargestellt, im Vordergrund sind der Reitstall und die Pferdeweiden zu erkennen. Östlich des Hauptgebäudes befanden sich mehrere Nebengebäude und eine kleine Kapelle. 1763 war das Schlossgebäude in einem maroden Zustand; es wird berichtet, dass die Fensterstöcke verfault, die Estrichböden ausgetreten und die Dachrinnen herabgefallen seien. Erst 1773 wurden im Auftrag des Erzbischofs Hieronymus Graf Colloredo Instandhaltungsmaßnahmen durchgeführt; so wurde das Dach des Schlosses neu eingedeckt und der zweite Stock bewohnbar gemacht.[8]

Mit der Säkularisierung des Erzstifts Salzburgs 1803 verloren die Erzbischöfe ihre politische Macht. Salzburg wurde Ferdinand III., dem Großherzog von Toskana, als Kurfürstentum zugesprochen. 1805 ging Salzburg im Frieden von Pressburg an das Kaisertum Österreich. 1809 kam es jedoch zu einem

Abb. 20-03: Schloss Blühnbach mit seinen Nebengebäuden, unbekannter Maler, Öl auf Leinwand, Anfang 18. Jahrhundert (© PB)

neuerlichen Krieg mit Frankreich. Salzburg stand nun unter französischer Herrschaft und bayrischer Verwaltung, bevor es 1816 endgültig Österreich zugesprochen wurde. Im Vertrag von München besiegelten das Königreich Bayern und das Kaisertum Österreich die Übergabe. Die Herrschaft Blühnbach wurde somit hofärarisch, war als Jagdgebiet aber unbedeutend für den Hof.[9] Zu Beginn des 19. Jahrhunderts – vermutlich im Zuge der Übernahme durch das Ärar – wurde ein Plan der Besitzung (Abb. 20-04) aufgenommen, der sich heute im Haus-, Hof- und Staatsarchiv in Wien befindet. Auf diesem sind das Schloss und sämtliche Nebengebäude abgebildet. Im Vergleich mit der älteren Darstellung ist zu erkennen, dass im Laufe des 18. Jahrhunderts das Areal um ein nordwestlich des Schlosses situiertes Nebengebäude erweitert worden war.

Ab 1843 pachtete eine »hohe Jagdgesellschaft adeliger Herren« unter dem Vorsitz des Grafen August Breuner das Schloss.[10] 1881 war Kronprinz Rudolf zur Jagd nach Blühnbach gereist. Im August 1892 kam Erzherzog Franz Ferdinand als Gast der adeligen Herren zum ersten Mal nach Blühnbach; weitere Besuche in den Jahren 1897 und 1899 folgten.[11]

DAS JAGDSCHLOSS UNTER ERZHERZOG FRANZ FERDINAND

1902 wurde der Thronfolger als Mitglied in die Blühnbacher Jagdgesellschaft aufgenommen. Zum damaligen Zeitpunkt bestand diese aber nur noch aus zwei weiteren Personen, den Fürsten Karl Auersperg (1859–1927) und Alain Rohan (1853–1914). Im

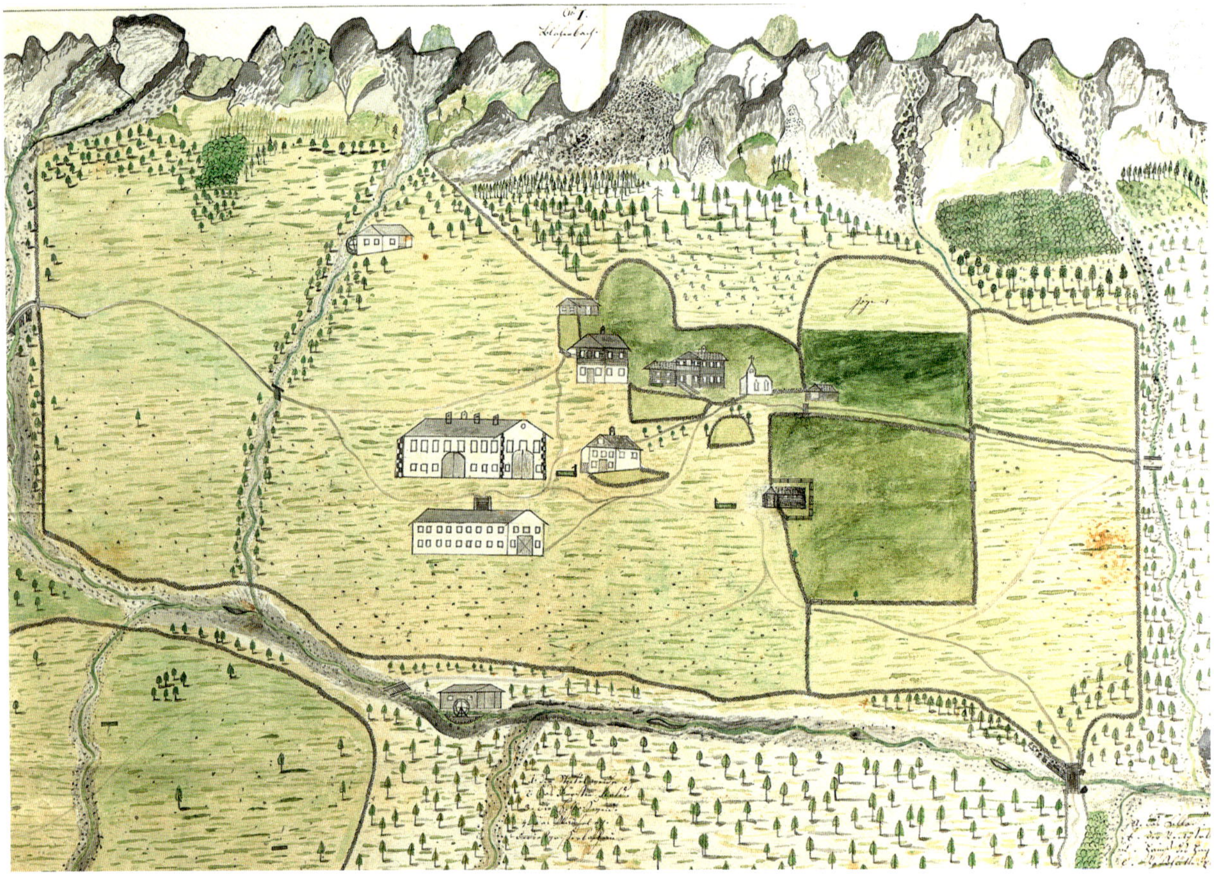

Abb. 20-04: Übersichtsplan des Blühnbacher Schlossareals, Anfang 18. Jahrhundert (© HHStA)

Mai 1903 kaufte Franz Ferdinand Fürst Rohan die Anteile an der Kar- und Schönbichlalpe und dem Wildenkar ab. Nachdem dieser im folgenden Jahr aus der Gemeinschaft ausgetreten war, fasste Franz Ferdinand den Entschluss, die Herrschaft Blühnbach gänzlich zu übernehmen. Der Erzherzog legte dem einzig verbleibenden Mitstreiter Karl Auersperg in einem Brief seine Beweggründe für den Erwerb Blühnbachs dar:

»Der Grund, aus welchem ich einen geradezu entscheidenden Wert darauf lege das Schloß Blühnbach in meinen Besitz zu bringen, ist darin zu suchen, dass ich seit Jahren auf der Suche nach einem Orte bin, der mir während einem Theil des Sommers zum Gebirgsaufenthalt dient, der für meine Gesundheit eine unerlässliche Notwendigkeit ist. Ich habe nur keine Örtlichkeit gefunden, die in jeder Beziehung, insbesondere hinsichtlich der Lage, der Umgebung, und der Verkehrsverhältnisse meinen Ansprüchen so genügt, wie dies bezüglich Blühnbachs der Fall ist. Allerdings würde der Zustand Blühnbachs sehr bedeutende Adaptierungskosten erheischen. Diese könnte ich nur dann anlegen, wenn das Objekt in meinem Eigentum stünde. (…)

Auch hält sich das Forst Ärar vor Augen, dass die von mir nothwendigerweise vorzunehmenden Bauführungen, sowie die Thatsache eines alljährlich längeren Aufenthaltes meinerseits der ganzen Umgegend nur zu großen Nutzen gereichen können. Ich habe die Absicht das Schloss wieder als kunsthistorisches Objekt erstehen zu lassen – zahlreiche Salzburger Gegenstände, die ich theils schon erworben habe, theils noch erwerben werde, dahin zurückzubringen und auf diese Weise dem Lande zu erhalten. (…)

Es erübrigt somit nur die Erwägung ob Ihre Interessen durch den Übergang des Eigenthumes des Schlosses vom Ärar auf mich insofern tangiert werden als Sie Mitglied der Jagdgesellschaft sind und diese im Rahmen des Jagdpachtvertrages vom Forst Ärar auch das Schloß und die sonstigen Gebäude (außer Mayerhof) gepachtet hat.

In dieser Beziehung kann ich Ihnen nur wiederholen, was ich schon mündlich bemerkt habe, nämlich, dass ich durch den Erwerb des Schlosses selbstverständlich auch in die dem Forst Ärar als Vermiether der Jagdgesellschaft gegenüber obliegenden Verpflichtungen eintreten würde. Ich werde Ihnen daher für die Dauer des Jagdpachtvertrages im Schloß selbst eine Ihren Ansprüchen vollständig entsprechende Wohnung zur Verfügung stellen.«[12]

Womit Franz Ferdinand nicht gerechnet hatte, war der Widerstand Karl Auerspergs. Dieser zeigte sich nicht gewillt, seine Anteile an den Thronfolger abzutreten, da er der Ansicht war, dass staatliche Objekte nicht an Private verkauft werden sollten.[13] Letztendlich einigten sich die Kontrahenten unter Zustimmung von Kaiser Franz Joseph darauf, dass Schloss Blühnbach nicht an den Thronfolger verkauft, sondern gegen ein anderes Objekt des Privat- und Familienfonds, nämlich das Gut Weinzierl-Wolfpassing, eingetauscht werden und dem Thronfolger zur Privatnutzung zur Verfügung gestellt werden sollte.

Für den Privat- und Familienfonds hatte dieses Tauschgeschäft negative Auswirkungen. Wie aus den Akten hervorgeht, wurde die Herrschaft Blühnbach mit 1.774.930 Kronen bewertet und die Domäne Weinzierl-Wolfpassing mit 1.575.070 Kronen. Die Differenz musste aus der Kasse des Privat- und Familienfonds rückvergütet werden.[14] Darüber hinaus brachte Blühnbach als Jagdsitz weniger Einkünfte ein als das Gut Weinzierl-Wolfpassing, das sehr ertragreich gewesen war. Außerdem befahl der Erzherzog die Schlägerungen im Tal zu reduzieren und den Wildbestand zu hegen. Da nun der Holzverkauf drastisch zurückging und die Einnahmen somit zusätzlich verringert wurden, verursachte die Erhaltung der Herrschaft Blühnbach zu Privatzwecken des Thronfolgers dem Privat- und Familienfonds hohe Kosten.

Obwohl das Tauschgeschäft bereits im Dezember 1908 abgewickelt worden war, fand die offizielle Übernahme der Herrschaft Blühnbach durch den Privat- und Familienfonds erst im Januar 1909 statt.[15] Die Blühnbacher Jagdgesellschaft hatte sich aber schon zuvor am 31. August 1908 aufgelöst. Nach der Übernahme wurde auf persönlichen Wunsch des Erzherzogs ein Gendarmerieposten (Abb. 20-05) an der unteren Blühnbachtalstraße eingerichtet. Die Beamten sollten den Schutz des Thronfolgers gewährleisten und den Tourismus eindämmen. Franz Ferdinand wollte das Blühnbachtal exklusiv nutzen. Dies hatte zur Folge, dass er die Wanderwege nach Bayern sperren ließ und somit den Touristen die Begehung des Tales unmöglich machte. Sein konsequentes und unnachgiebiges Vorgehen brachte ihm viel Kritik vonseiten der Bevölkerung und des Tourismusverbandes ein. Sogar die Wiener Presse beschäftigte sich mit Franz Ferdinands Maßnahmen und verurteilte sie:

»Die verlorene Natur.

Um die Schönheiten des Blühnbachtales in Salzburg geht, wie man weiß, seit geraumer Zeit ein ernster Kampf. Die Touristen wollen sich auch an den Herrlichkeiten dieses Tales ergötzen, aber österreichische Gendarmen sind dagegen und verwehren den Zutritt. Die gesetzliche Begründung fehlt, aber in der Nähe hat ein sehr hoher Jagdherr sein Gut, was natürlich die Topographie der Alpen wesentlich ändert, ja auch die strategische Bedeutung der einzelnen Punkte; denn plötzlich musste ja eine Militärabteilung eine neue Straße dorthin bauen, was gewiß keinen anderen Rücksichten zu danken ist als eben militärischen. Ausländer haben dafür nicht ganz das richtige Verständnis und so wollen namentlich die reichsdeutschen Mitglieder des Deutschen und Österreichischen Alpenvereines noch immer ins Blühnbachtal, die Reiseführer wollen noch immer nicht begreifen, dass dort die freie Natur ein für allemal verboten ist, und so bleibt nichts übrig, als diese Reiseführer zu konfiszieren. (…) Auch eine inländische Sektion des Alpenvereines, die hier zuständige Salzburger, will sich nicht in Untertanendemut beugen, sondern setzt den Kampf um das Stück Alpenschönheit fort.«[16]

Franz Ferdinand zeigte sich jedoch unbeugsam, die Sperren blieben bestehen. Im 1909/10 errichteten Gendarmeriehaus (Abb. 20-05) befand sich im ge-

Abb. 20-05: Gendarmerieposten an der unteren Blühnbachstraße, 1912 (© Schloss Artstetten)

Abb. 20-06: Schloss und Reitstall vor Beginn der Bauarbeiten durch Erzherzog Franz Ferdinand, Zustand vor 1908. Ab 1908 wurde das Obergeschoss des Reitstalls abgetragen und zu einer Gartenterrasse umgebaut. (© Schloss Artstetten)

mauerten, relativ hohen Kellergeschoss ein Raum, der als Zelle diente. Im Obergeschoss gab es über dem Eingangsbereich einen ausladenden Holzbalkon mit geschnitztem Geländer, der jedoch 1951 abgetragen wurde.[17] Abgesehen davon vermittelt das einsam im Wald gelegene Gebäude auch heute noch einen annähernd authentischen Gesamteindruck von der ursprünglichen, vom Erzherzog verfolgten Gestaltungsidee. Nach Franz Ferdinands Ableben bestand der Gendarmerieposten im Blühnbachtal auch weiterhin fort. Die Beamten waren bis 1939 vor allem für die Unterbindung des Schmuggler- und Wildererwesens zuständig.[18]

1906 führte im Auftrag Franz Ferdinands der ortsansässige Maurermeister Alois Tagger unter der Aufsicht des Wiener Dombaumeisters Ludwig Simon erste Bauarbeiten (u.a. Verlängerung der Kamine, Abgrabungen) im Schloss durch.[19] Darüber hinaus wurde eine Telefonleitung auf Kosten des Erzherzogs vom Schloss zum Postamt Werfen verlegt. 1908 be-

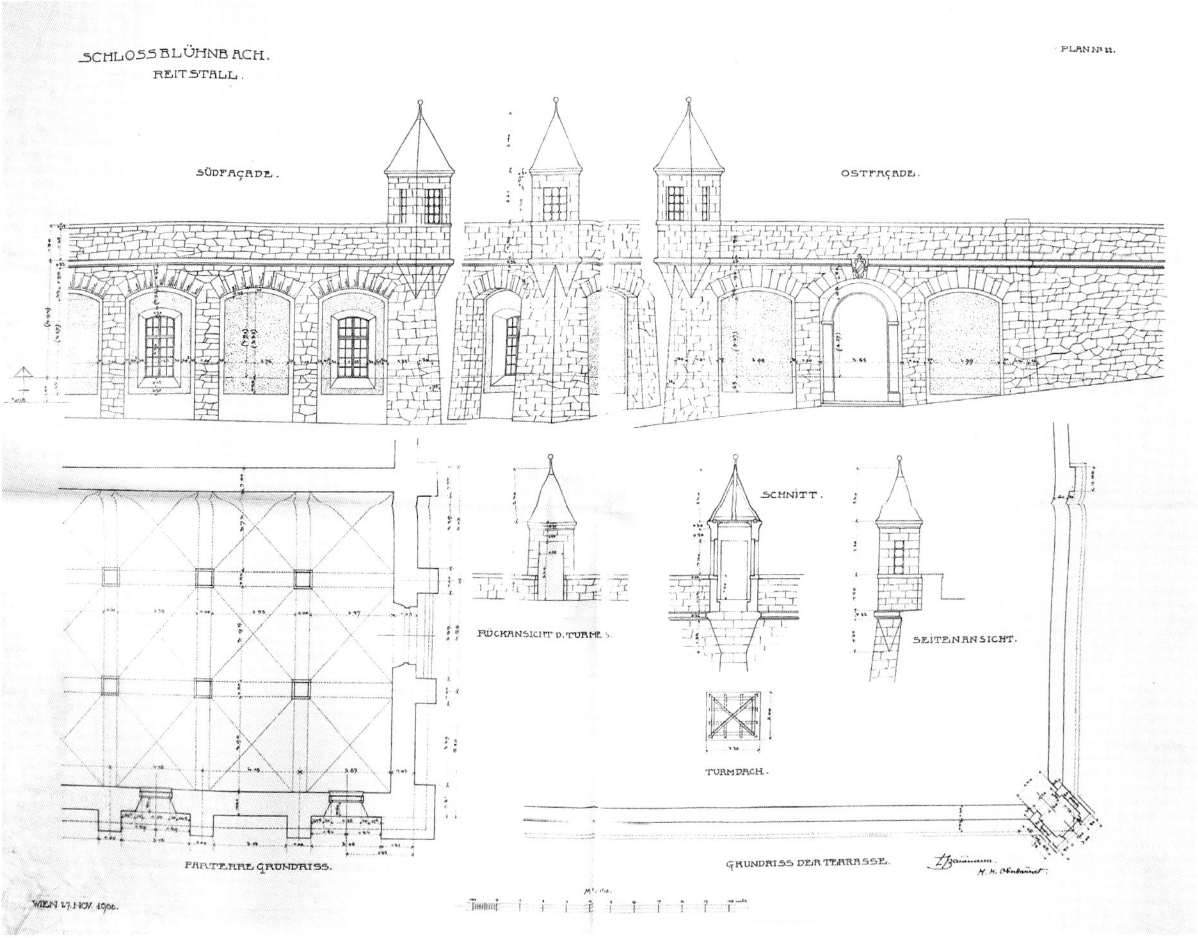

Abb. 20-07: Ludwig Baumann, Entwurf für den Umbau des Reitstalls bei Schloss Blühnbach zu einer Terrasse mit Ecktürmchen, Tinte auf Papier, 1908 (© HHStA)

gannen die Bauarbeiten beim Gebäude des Reitstalles (Abb. 20-06). Tagger grub die Nordseite ab und zog eine Trockenstützmauer ein. Das Obergeschoss des Reitstalles wurde abgetragen und auf der Decke des verbliebenen Reitstalles eine Terrasse (Abb. 20-07) angelegt. Die ursprüngliche Planung des Architekten Ludwig Baumann sah vor, im Reitstall, ähnlich wie in Konopischt, ein Museum mit den Sammlungsobjekten des Erzherzogs einzurichten. Dieses Vorhaben wurde jedoch nie realisiert, stattdessen diente der ehemalige Reitstall als Sammlungsdepot.[20]

Im September 1909 begannen die Umbauarbeiten am Schloss. Franz Ferdinand ließ ein neues Stockwerk aufsetzten und eine neue Dachlandschaft installieren. Über die Identität des für den Entwurf des Schlossumbaus zuständigen Architekten herrschte in der Forschung bisher Uneinigkeit. Während etwa Wladimir Aichelburg den Wiener Dombauarchitekten Ludwig Simon als Entwerfer nennt,[21] schreibt Maria-Katharina Aschaber den Entwurf dem Wiener Architekten Ludwig Baumann zu.[22] Tatsache ist, dass mehrere Architekten an der Schlossplanung beteiligt waren. Am frühesten dokumentiert ist die Mitarbeit von Ludwig Simon, der unbestreitbar eine federführende Position einnahm. So zeichnete er bereits 1906 für kleinere Instandhaltungsmaßnahmen im Schloss verantwortlich; außerdem wird er in dem Quellenmaterial zum Neubau des Rupertihofs 1908 als leitender Architekt erwähnt.[23]

Im Haus, Hof- und Staatsarchiv in Wien hat sich ein bisher nicht publiziertes Konvolut an Planzeichnungen zum Umbau des Schlosses und des Reitstalls

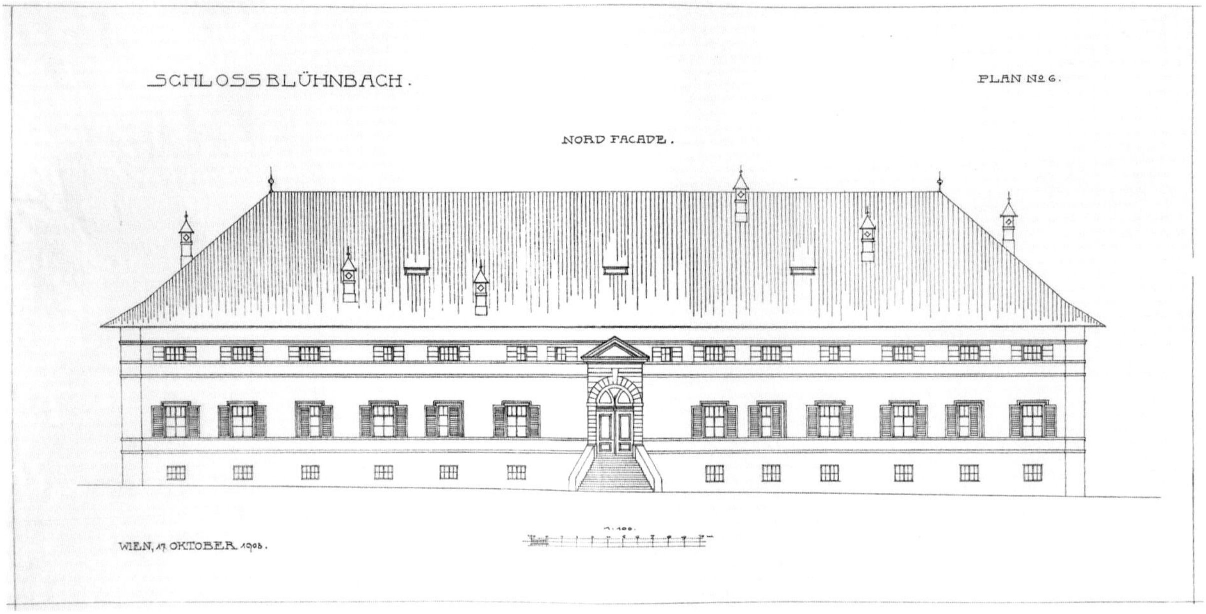

Abb. 20-08: Ludwig Baumann, Entwurf zum Umbau des Schlosses Blühnbach, Nordfassade, Tinte auf Papier, 1908 (© HHStA)

erhalten. Diese Zeichnungen stammen allesamt von Ludwig Baumann. Die Pläne des Reitstallgebäudes (Abb. 20-07) stimmen mit den tatsächlichen Ausführungen überein. Deutlich zu erkennen sind das abgetragene Obergeschoss und die Installierung einer Terrasse sowie die Anbringung der Ecktürmchen. Im Schlussbrief des Baumeisters Alois Tagger wird Oberbaurat Ludwig Baumann ebenfalls als Architekt des Reitstalles genannt.[24] Somit ist der Umbau des Reitstallgebäudes eindeutig auf Ludwig Baumann zurückzuführen.

Abweichungen zwischen Planung und Ausführung gibt es allerdings bei den Planungen Baumanns für Schloss und Kapelle. Die durchgeführten Umbauten unterscheiden sich deutlich vom ursprünglichen Konzept (Abb. 20-08) des Architekten. Wie aus den Plänen hervorgeht, sah Ludwig Baumann keine großen Eingriffe in die Bausubstanz des Schlosses vor; Gliederung, Stockwerksanzahl und Dachform wären erhalten geblieben. Ebenso wollte er die Grundform der bestehenden Kapelle (Abb. 20-09) beibehalten und diese nur im Norden durch einen kleinen Anbau vergrößern. Die Hauptausrichtung war weiterhin auf den bestehenden Altar der alten Kapelle fokussiert.

Aufgrund einer in Privatbesitz erhaltenen, signierten Entwurfszeichnung (Abb. 20-10) des Kapellenneubaues kann in diesem Fall der Entwerfer mit hoher Wahrscheinlichkeit festgemacht werden. Die Zeichnung stammt von Ludwig Simon und ist mit Februar 1909 datiert. Simon integriert die alte Kapelle in den Neubau. Im Gegensatz zu Baumann richtet er die Kirche neu aus. Die Apsis, in der sich auch der neue Hauptaltar befindet, ist nach Norden orientiert, Richtung Süden erstreckt sich das Kirchenschiff mit dem vorgebauten Haupteingang. Die alte Kapelle inklusive Altar ist an der Ostseite als Seitenkapelle eingebunden. Stilistisch bediente Simon sich des Formenvokabulars der Neogotik. Die Ausführung der Kapelle (Abb. 20-11) unterschied sich dann aber doch in Details von seiner Entwurfszeichnung. An der Grundidee mit einem nach Norden orientierten Zubau und der Integration der alten Kapelle als Seitenkapelle wurde festgehalten, dieser wurde allerdings ein Gegenstück mit Empore an der Ostseite hinzugefügt. Sowohl die nördliche Apsis als auch der halbrunde Vorbau im Westen erhielten

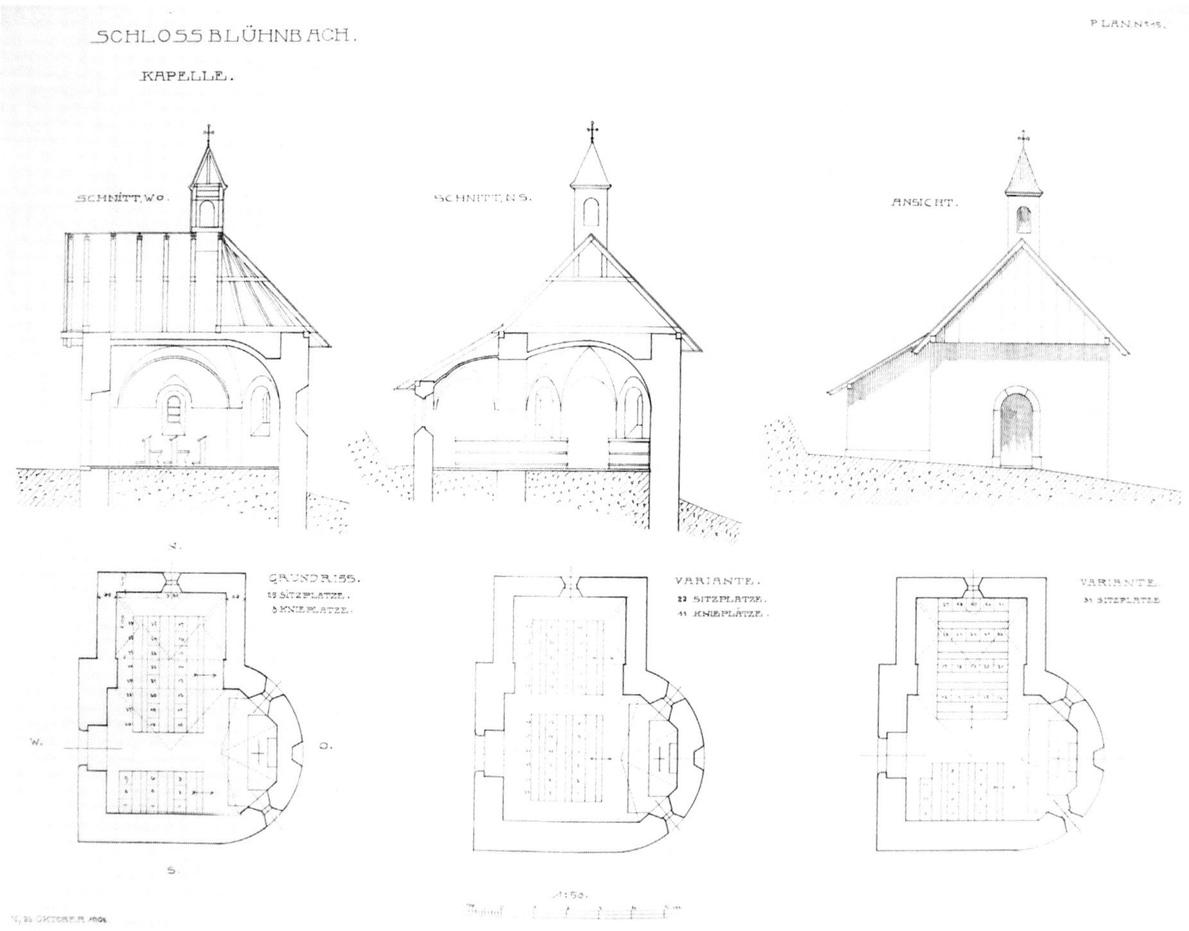

Abb. 20-09: Ludwig Baumann, Entwurf zum Umbau der Kapelle in Blühnbach, Tinte auf Papier, 1908. Die bestehende Kapelle sollte im Norden um einen kleinen Anbau erweitert werden. (© HHStA)

neogotische Strebepfeiler, die im Erstentwurf des Dombaumeisters noch nicht vorgesehen waren.

Darüber hinaus existieren weitere Pläne zum Schlossumbau, die sowohl mit dem Firmenstempel von Ludwig Simon versehen sind als auch zusätzlich die Unterschrift von Ludwig Baumann tragen. Dies bedeutet, dass es sich bei dem Umbau von Schloss Blühnbach um eine Zusammenarbeit beider Architekten handelte. Ludwig Simon dürfte als entwerfender Architekt tätig gewesen sein, Ludwig Baumann die Bauleitung innegehabt haben.

Zusätzlich finden sich in Privatbesitz Einzelentwürfe, beispielsweise von der Freitreppe an der Nordseite des Schlosses (Abb. 20-12) oder von einem Brunnen, die von dem Grazer Architekten Julius Kubik (1861–1941) stammen und der tatsächlichen Ausführung entsprechen. Zur Person Julius Kubiks ist nur wenig überliefert. Von 1882 bis 1884 studierte er bei Friedrich von Schmidt an der Wiener Akademie der bildenden Künste, anschließend arbeitete er in dessen Atelier, wo er am Bau des Wiener Rathauses beteiligt war. Nach einigen Jahren in Deutschland kehrte er 1894 nach Graz zurück. Von einer Zusammenarbeit mit Ludwig Simon und Ludwig Baumann war bisher nichts bekannt.

Auffällig ist, dass alle drei am Umbau Blühnbachs beteiligten Architekten auch in späteren Jahren für Franz Ferdinand planend und/oder ausführend tätig waren. So plante beispielsweise Ludwig Baumann die Artstettner Gruft und nahm 1909 die Bestands-

Abb. 20-10: Ludwig Simon, Entwurf zum Umbau der Kapelle in Blühnbach, Tinte auf Papier, 1909. Der alten und kleinen Kapelle wurde ein neues Kirchenschiff vorgesetzt. (© PB)

Abb. 20-11: Ludwig Simon, neue Kirche in Blühnbach, Fotoaufnahme 2013. Die alte Kapelle wurde als Seitenkapelle in den neuen Bau integriert. (© MOW)

pläne von Schloss Artstetten auf.[25] Julius Kubik lieferte einen Entwurf für den Umbau von Schloss Artstetten, der allerdings nicht zur Ausführung gelangte.[26] Ludwig Simon hingegen zeichnete im Auftrag des Thronfolgers für den Umbau von Schloss Ambras in Innsbruck verantwortlich.[27]

Der Kostenvoranschlag der Union-Baugesellschaft über den Stockwerksaufbau und die Adaptierungsarbeiten im Schloss Blühnbach, datiert auf den 1. April 1910, gibt Aufschluss über den Umfang der projektierten Bauarbeiten. Interessant mit Blick auf die Person des ausführenden Architekten ist, dass hier ausschließlich Ludwig Simon genannt wird. Den gravierendsten Eingriff in die Schlossarchitektur bildete dabei die Aufstockung des bestehenden Gebäudes um ein Geschoss. Die neue Decke wurde nach modernster Technik in Stahlbeton ausgeführt. Die Dachform wurde akzentuiert; der niedrigere Mitteltrakt von erhöhten, spitz zulaufenden Turmdächern an der West- und Ostseite flankiert (Abb. 20-13).

Der Eingang an der Nordseite erhielt ebenfalls einen turmförmigen Dachaufbau und eine Freitreppe nach dem Entwurf von Julius Kubik (Abb. 20-12). Zum besseren Verständnis ließ der Thronfolger einzelne Elemente seiner Umbauten vor der Ausführung mit Holzmodellen 1 : 1 nachbilden. Dies war auch bei der Freitreppe der Fall; ein Foto zeigt das Holzmodell (Abb. 20-14). Der neue Erker über dem Osteingang geht ebenfalls auf dem Architekten Kubik zurück. Der alte Holzbalkon an der Westseite des Schlosses wurde abgetragen. Das gesamte Gebäude erhielt neue Fenster und Türen. Die Elektrifizierung wurde durch die Siemens-Schuckert-Werke eingeleitet; zur Erzeugung des Stromes wurde eigens ein Elektrizitätswerk mit einem 40-PS-Dieselmotor

Abb. 20-12: Julius Kubik, Entwurf für die Freitreppe an der Nordseite des Schlosses, Bleistift auf Papier, 1910 (© Schloss Artstetten)

westlich des Hauptgebäudes errichtet. Die Kosten der Elektrifizierung der Schlossgebäude betrugen 69.599,86 Kronen.[28]

Im Inneren des Schlosses umfassten die Adaptierungsarbeiten die Entfernung der alten Holztreppen und die Errichtung von Kalksteintreppen, die Herstellung von neuen Klosetts mit Steinzeugrohrkanälen und den Einbau einer Badewanne sowie die Installierung eines Speiseaufzuges. Die projektierten Kosten für den Umbau beliefen sich auf 191.167,23 Kronen.[29]

Im Erdgeschoss befanden sich Wirtschaftsräume, die Küche (Abb. 20-15), die Verwalterwohnung und das von Ludwig Simon neu eingebaute Jagdzimmer, das als Speisesaal für Beamte genutzt wurde und sich vormals im ersten Stock befunden hatte. Die Einrichtung des Raumes war aus Zirbenholz (Abb. 20-16) gefertigt und wurde durch Rattanmöbel ergänzt. An den Wänden hingen Porträts der ehemaligen Mitglieder der adeligen Jagdgesellschaft und eine Vielzahl von Jagdtrophäen. Jedes Stockwerk wurde über einen langen Gang (Abb. 20-17) erschlossen, von dem aus jedes Zimmer betreten werden konnte.

Die Wohn- und Repräsentationsräume der erzherzoglichen Familie (Abb. 20-18, 20-19) sowie die Kinderzimmer (Abb. 20-20) befanden sich im ersten Stock. Die Einrichtung setzte sich aus Antiquitäten, bäuerlichem Mobiliar, wertvollen Gemälden

Abb. 20-13: Schloss Blühnbach nach dem Umbau durch Franz Ferdinand, Nordostansicht, Fotoaufnahme von Max von Imhof, 1915. Die Fensterläden waren mit rot-weiß-roter Bemalung versehen. (© Bundesmobilienverwaltung)

Abb. 20-14: Holzmodell der Freitreppe an der Nordseite des Schlosses, um 1911. Das Modell wurde nach einem Entwurf von Julius Kubik gefertigt. (© Schloss Artstetten)

Abb. 20-15: Küche im Erdgeschoss des Schlosses, Fotoaufnahme von Max von Imhof, 1915 (© Bundesmobilienverwaltung)

und einer Vielzahl von kunsthandwerklichen Gegenständen zusammen. Franz Ferdinand kaufte für Blühnbach ganz gezielt Möbel und Einrichtungsgegenstände salzburgischer Herkunft an. Oftmals beauftragte er seinen Haushofmeister Franz Janaczek mit der Akquise der Objekte.[30] Wie auch in den anderen Residenzen des Thronfolgers wurde ein weiterer Teil der Blühnbacher Einrichtung über das Budget des Hofburgbaues und aus der Privatkasse des Thronfolgers finanziert.

Für die Ausstattung der herrschaftlichen Räume war die Wiener Firma Sigmund Járay zuständig. Dies umfasste die Anbringung beziehungsweise die Restaurierung von Holzverkleidungen und Tapezierungen. So waren beispielsweise die Wände und die Decke des Speisezimmers (Abb. 20-21) in der ersten Etage vollständig mit Zirbenholz verkleidet und die Türen mit prächtigen Einlegearbeiten versehen. Die in den Kartuschen angebrachten Wappen der Salzburger Erzbischöfe stammten von Jacob Adlhart aus Hallein. Die Wandvertäfelung des Gesellschaftszimmers (Abb. 20-22) im zweiten Stock stammte hingegen aus Schloss Eppan in Südtirol und wurde von der Firma Járay nur an den Raum angepasst.[31]

Im zweiten Stock lagen zwei Arbeitszimmer, zwei Schlafzimmer, zwei Salons und mehrere Gastzimmer (Abb. 20-23). Die Wohnräume wurden mit Kachelöfen beheizt; zum Teil handelte es sich bei diesen Öfen um historische Stücke, die Haushofmeister Janaczek im Auftrag von Franz Ferdinand extra für Blühnbach erworben hatte. So musste der alte grüne Kachelofen (Abb. 20-24) noch eigens von der Firma

Abb. 20-16: Speisezimmer für Beamte im Erdgeschoss, die Einrichtung wurde vor dem Umbau durch Franz Ferdinand als Jagdzimmer im ersten Stock verwendet, Fotoaufnahme von Max von Imhof, 1915 (© Bundesmobilienverwaltung)

Abb. 20-17: Gang im ersten Stock des Schlosses, Fotoaufnahme von Max von Imhof, 1915 (© Bundesmobilienverwaltung)

Rechte Seite:
Abb. 20-18: Schreibzimmer des Erzherzogs im ersten Stock des Schlosses, Fotoaufnahme von Max von Imhof, 1915 (© Bundesmobilienverwaltung)

Abb. 20-19: Schlafzimmer des erzherzoglichen Paares im ersten Stock des Schlosses, Fotoaufnahme von Max von Imhof, 1915 (© Bundesmobilienverwaltung)

Linke Seite:
Abb. 20-20: Wohn- und Schlafzimmer der Prinzen Max und Ernst, Fotoaufnahme von Max von Imhof, 1915 (© Bundesmobilienverwaltung)

Abb. 20-21: Speisezimmer mit Zirbenholzverkleidung im ersten Stock des Schlosses, Fotoaufnahme von Max von Imhof, 1915 (© Bundesmobilienverwaltung)

Abb. 20-22: Gesellschaftszimmer im zweiten Stockwerk des Schlosses, Fotoaufnahme von Max von Imhof, 1915 (© Bundesmobilienverwaltung)

Fessler adaptiert werden, bevor er in einem Gästezimmer Aufstellung fand.

Im dritten Stock des Schlosses waren Bedienstetenzimmer und Abstellräume untergebracht. In der Halle der neu erbauten Etage wollte Franz Ferdinand seine Sammlung an historischen Apothekengefäßen (Abb. 20-25) aus den verschiedensten Ländern Europas aufstellen. Dazu beauftragte er Sigmund Járay mit der Anfertigung einer Stellage aus antik gebeiztem Fichtenholz, die die 1554 Objekte umfassende Kollektion aufnehmen sollte. Davon stammten 581 Gefäße aus dem Privatbesitz des Erzherzogs, 869 Stück waren mit Mitteln des Stadterweiterungsfonds bezahlt worden und die restlichen 104 Stück gehörten zum Bestand der Hofapotheke.[32]

Die umfangreiche Gemäldeausstattung wurde auf Wunsch des Erzherzogs von dem Restaurator der kaiserlichen Gemäldegalerie Hermann Ritschl

Abb. 20-23: Gastzimmer im zweiten Stockwerk des Schlosses, Fotoaufnahme von Max von Imhof, 1915 (© Bundesmobilienverwaltung)

zusammengestellt, der Franz Ferdinand bereits öfters beratend zur Seite gestanden hatte. Neben Objekten aus den kaiserlichen Sammlungen tätigte Ritschl auch gezielt Ankäufe für Blühnbach, die zumeist salzburgischen Ursprungs waren.[33] So schlug er beispielsweise dem Thronfolger vor, aus den Sammlungsbeständen zwei Gemälde für das Schloss auszuwählen, die im Auftrag des Salzburger Erzbischofs Wolf Dietrich von Raitenau 1588 von dessen Hofmaler Caspar Memberger gemalt worden waren:

»Da sie in innigem Zusammenhange mit dem Erbauer des Schlosses Blühnbach stehen, glaube ich, dass auch dort für sie ein geeigneter Platz sei, nachdem sie sehr decorativ wirken und auch der Darstellung nach für die Ausschmückung des Schlosses passend erscheinen. Ich habe die Bilder zu den anderen auszuwählenden in die Neue Hofburg bringen lassen und erwarte die höchste Entscheidung über die Verwendung derselben.

Gleichzeitig ersuche ich Euer Hochwohlgeboren den durchlauchtigsten Herrn Erzherzog unterthänigst zu bitten, bei dem nächsten Besuche der neuen Hofburg auf die von mir bei den letzten Auktionen in München im Jänner und März gekauften Bilder gnädigst zu besichtigen.«[34]

Die Einrichtung der Wohnräume zur Zeit Franz Ferdinands ist auf einer Serie von historischen Fotos überliefert. Diese Fotografien stellen eine wichtige Quelle zu den Blühnbacher Interieurs dar. Sie stammen aus einem Gedenkalbum, dass Franz Ferdinands Freund und Vertrauter Max Freiherr von Imhof 1915 im Andenken an den verstorbenen

Abb. 20-24: Kachelofen im Gastzimmer des zweiten Stockes, Aquarell und Bleistift auf Papier, 1911. Der historische Ofen wurde von der Firma E. Fessler für Blühnbach adaptiert. (© HHStA)

Abb. 20-25: Franz Ferdinands Sammlung von historischen Apothekengefäßen, die im dritten Stock des Schlosses Aufstellung fand (© Technisches Museum, Wien)

Abb. 20-26: Schloss Blühnbach während des Umbaus, daneben sind das Postgebäude und die eingerüstete alte Kapelle zu sehen, Aufnahme durch die Union-Baugesellschaft am 24.8.1910 (© HHStA)

Thronfolger zusammengestellt hat. Ein Exemplar überreichte er dem Kaiserpaar Zita und Karl persönlich, das 1911 kurz nach seiner Verlobung glückliche Tage mit Franz Ferdinand und Sophie in Blühnbach verbracht hatte. Zita bedankte sich anschließend bei dem Thronfolger persönlich für die schöne gemeinsame Zeit in Blühnbach:

»Lieber Onkel! Gestern Abend sind wir zurückgekommen und ich möchte Dir und der lieben Tante sofort sagen, wie von ganzen Herzen ich für alle Eure Güte und Liebe dankbar bin. Ich bin noch ganz erfüllt vom Andenken an die herrlichen schönen Tage in Blühnbach, wo wir so vergnügt und glücklich waren und ich werde nie vergessen mit welch gütiger Herzlichkeit Ihr die neue Nichte aufgenommen und geradezu verwöhnt habt. Indem ich Dir und der lieben Tante die Hände küsse und die Kinder sehr umarme, bin ich Deine gehorsame Nichte Zita.«[35]

Als die Bauarbeiten im Schloss schon weit vorangeschritten waren, wurde mit dem Erweiterungsbau der Kapelle nach den Plänen von Ludwig Simon begonnen. Ausführende Firma war abermals die Union-Baugesellschaft. Ein am 24. August 1910 aufgenommenes Foto (Abb. 20-26) zeigt den umgebauten Reitstall mit dem Schlossbau, dem Postgebäude und dem alten Kapellenbau. Während die Südfassade des Schlosses noch eingerüstet war, befand sich die neue Dachformation nahe der Fertigstellung. Der Kapellenneubau stand in den Startlöchern, ein Gerüst an Stelle des Neubaues war bereits aufgestellt.

Bei der Blühnbacher Baustelle handelte es sich um eine Großbaustelle, zeitweise waren rund 300 Leute gleichzeitig beschäftigt.[36]

Die Bauarbeiten an der Kapelle (Abb. 20-10, 20-27) dauerten bis 1912 an. Einzelne Teile der Einrichtung wurden neu hergestellt, wie die Chorgestühle, die Kirchenbänke und der Tabernakel, die von dem Linzer Bildhauer Ludwig Linzinger angefertigt wurden. Die Altarmensa und Speisegitter stammten von den Salzburger Marmorwerken. Die Marmor-Industrie Kiefer steuerte das Weihwasserbecken bei. Die Kreuzigungsgruppe am Giebel der Kapelle wurde von dem Wiener Bildhauer Ludwig Schadler[37] und der Beichtstuhl von Bildhauer Hans Stöger[38] geliefert. Bei den restlichen Einrichtungsgegenständen handelte es sich um sakrale Sammlungsobjekte, die Franz Ferdinand für die Kirche erstanden hatte. Dazu zählten unter anderem der gotische Altar und mehrere Darstellungen des hl. Sebastian.

Am 4. Oktober 1912, dem Namenstag Franz Ferdinands, wurde die neue Kapelle geweiht. Im Vorfeld wusste die Reichspost über die Kirchenweihe bereits zu berichten: »Bisher hatte Blühnbach nur eine kleine Kapelle. Die neue Kirche ist ein stilvoller Bau, dessen innere Architektur reich ist an Marmorschmuck und wertvollen Bildwerken. Der Bau passt sich in die Landschaft der Gegend sehr schön ein und wird eines der schönsten Gotteshäuser des Kronlandes bilden.«[39] Im Rahmen dieses feierlichen Ereignisses fand ein Diner im Schloss statt, bei dem neben dem Thronfolgerpaar mit seinen drei Kindern unter anderem der Architekt Ludwig Simon, der Pfarrer von Werfen, Hauptmann Barger, der Sekretär des Thronfolgers Paul Nikitsch-Boulles sowie der Bergsteiger und Alpenmaler Edward Theodore Compton anwesend waren.[40]

Neben der Kapelle befanden sich noch weitere Gebäude in unmittelbarer Nähe des Schlosses. Das sogenannte Postgebäude (Abb. 20-26) wurde 1773 erbaut und liegt etwas erhöht nördlich des Schlosses. Das Haus bewohnte bis 1909 der ärarische Förster. Nach der Übernahme durch Franz Ferdinand wurde es renoviert und als Post- und Telegrafenstation genutzt.[41] Auf der Anhöhe nördlich des

Abb. 20-27: Einblick in die nach dem Entwurf von Ludwig Simon neu erbaute Kirche, 1912 (© Bundesmobilienverwaltung)

Schlosses befindet sich auch das Kinderspielhaus (Abb. 20-28), das ebenso wie das Postgebäude älteren Datums ist und ursprünglich als Waschküche genutzt worden war.[42] Im Auftrag des Thronfolgers wurde es ab 1909 als Spielhaus für die erzherzoglichen Kinder umgebaut. Das Häuschen besitzt neben einem Wohnraum auch eine Küche mit gemauertem Herd (Abb. 20-29), der eigens für Sophie, Max und Ernst installiert wurde. Wie die erhaltene Entwurfszeichnung belegt, gehen die Adaptierungs- und Planungsarbeiten auf den Architekten Julius Kubik zurück. Für die Durchführung der Baumeisterarbeiten zeichnete Heinrich Fischer aus Werfen verantwortlich. Die Räume wurden vollwertig mit Kindermöbeln, Bildern, Geschirr und sonstigen Alltagsgegenständen ausgestattet.

Abb. 20-28: Erzherzog Franz Ferdinands Kinder Max, Ernst und Sophie vor dem Kinderspielhaus in Blühnbach, um 1910 (© Schloss Artstetten)

Abb. 20-29: Julius Kubik, Entwurf für den Herd im Kinderspielhaus, Bleistift auf Papier, 1911 (© Schloss Artstetten)

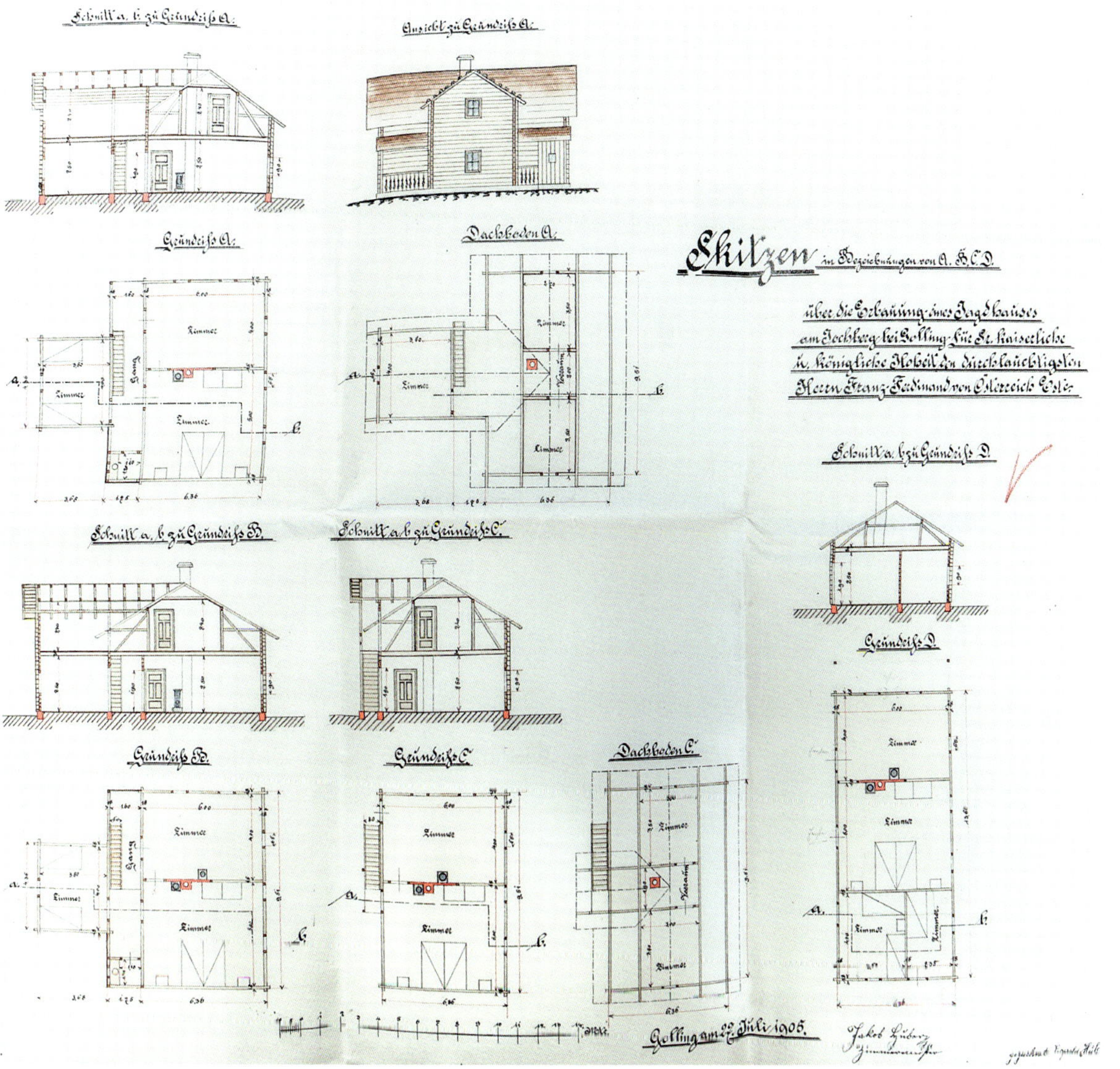

Abb. 20-30: Jakob Huber, Entwürfe für ein Jagdhaus am Jochberg bei Golling, Tinte auf Papier, 1905 (© SOA Praha)

DIE JAGD IM HOCHGEBIRGE – JAGDHÜTTEN AM TORRENER JOCH

Obwohl die Herrschaft Blühnbach zum damaligen Zeitpunkt Erzherzog Franz Ferdinand noch nicht zur alleinigen Nutzung zur Verfügung stand, ließ der Thronfolger 1905 eine Jagdhütte am Jochberg in Golling errichten. In dieser nächtigte der Erzherzog während der Gämsenjagd im Hochgebirge. Der Entwurf und die Ausführung der Hütte gehen auf den Sägewerksbesitzer, Zimmer- und Brunnenmeister Jakob Huber zurück. Im Juli 1905 legte Huber dem Thronfolger erste Pläne (Abb. 20-30) vor. Er zeichnete vier mögliche Varianten und erläuterte in der Baubeschreibung die Vor- und Nachteile der einzelnen Versionen.[43] 1907 wurde der Jagdhüttenbau auf der Jochalm tatsächlich in Angriff genommen. Wie einem Brief des Revierjägers an die Zentraldirektion des Erzherzogs zu entnehmen ist, waren die Arbeiten an der Hütte im Januar 1908 vollendet.[44]

Außerdem bauten im Auftrag Franz Ferdinands ab Mai 1907 Pioniere des in Salzburg stationierten Infanterieregiments Erzherzog Rainer Nr. 59 eine Straße, die vom Bluntautal ins Hochgebirge zum

Abb. 20-31: Jagdhaus am Torrener Joch bei Golling, das Haus im Vordergrund wurde im Auftrag Franz Ferdinands 1911 erbaut, 1916/17 wurde es von Gustav Krupp um ein im rechten Winkel anschließendes Gästehaus erweitert, Fotoaufnahme 2013 (© MOW)

Torrener Joch führte. Die Arbeiten für die sieben Kilometer lange Automobilstraße dauerten bis Juli 1908 und wurden aus der Privatkasse des Thronfolgers bezahlt.[45]

1911 wurde am Torrener Joch für den Erzherzog ein neues Jagdhaus (Abb. 20-31) von dem Zimmermeister Promok erbaut. In Anbetracht der kargen Verhältnisse im Hochgebirge war es luxuriös ausgestattet. Neben einem Wohn- und mehreren Schlafräumen besaß es sogar ein Badezimmer mit Email-Badewanne (Abb. 20-32). Diese war mit bäuerlicher Malerei verziert und ist auch heute noch in situ vorhanden. Die Einrichtung der Hütte setzte sich aus bäuerlichem Mobiliar, darunter einige kunstvoll bemalte Kästen, und einfachen Holzstühlen (Abb. 20-33) zusammen. Die erzherzoglichen Möbel sind mit dem Brandstempel »FF« (Abb. 20-34) gekennzeichnet. In unmittelbarer Nähe des Herrschaftshauses lag das Küchengebäude, das mit einem großen gesetzten Küchenherd versehen war. Franz Ferdinand stattete die Gebäude mit modernster Technik aus; er ließ Wasserleitungen installieren und unterhalb des Küchengebäudes sogar ein eigenes Kraftwerkshäuschen mit einem Dieselgenerator errichten, der die Hütten mit Strom versorgte.[46]

Die ehemaligen Jagdhütten Franz Ferdinands befinden sich heute im Besitz der Österreichischen Bundesforste und sind verpachtet. Sie sind inklusive der Einrichtung annähernd im Originalzustand erhalten. 1916/17 wurde das Ensemble im Auftrag der

Abb. 20-32: Badewanne im Jagdhaus am Torrener Joch bei Golling, Detail der Bemalung, Fotoaufnahme 2013 (© MOW)

Abb. 20-33: Stuhl aus der Jagdhütte am Torrener Joch bei Golling, um 1911 (© MOW)

Abb. 20-34: Brandstempel Franz Ferdinands »FF« auf dem Stuhl in der Jagdhütte (© MOW)

Familie Krupp um ein Gästehaus und ein Personalhaus erweitert.

DIE WIRTSCHAFTSGEBÄUDE IM BLÜHNBACHTAL

Franz Ferdinand ließ nicht nur das Jagdschloss nach seinen Vorstellungen umbauen, sondern verfolgte einen ganzheitlichen Gestaltungsansatz für das gesamte Blühnbachtal. Dazu griff der Thronfolger sowohl in die Gestaltung der Natur als auch in die Gestaltung der Architektur ein. Sämtliche Bauwerke – es handelte sich neben dem Schloss vor allem um Wirtschaftsgebäude und Wohnhäuser für die Bediensteten – sollten in einem bäuerlichen Stil errichtet werden. Dieser entspricht nicht exakt dem in Salzburg typischen Landesstil, sondern wurde nach den subjektiven Idealvorstellungen des Erzherzogs kreiert und basiert somit ausschließlich auf

Abb. 20-35: Das historische Wohnhaus »Maxlehen« befand sich im Privatbesitz Franz Ferdinands, 17. Jahrhundert (© Schloss Artstetten)

dem persönlichen Geschmack Franz Ferdinands. Der Thronfolger erschuf im Blühnbachtal seine bäuerlich-ländliche Ideallandschaft, in deren Zentrum das Jagdschloss steht.[47]

Von Tenneck aus war das Jagdschloss bis 1908 nur über die untere Blühnbachstraße erreichbar, die durch die Schlucht führte und bei schlechtem Wetter oftmals unpassierbar war. Nach der Eingliederung Blühnbachs in den Privat- und Familienfonds wurde im Auftrag des Thronfolgers eine zweite Verkehrsverbindung von Werfen zum Schloss gebaut, die obere Blühnbachstraße. Den von der k.k. Domänen-Direktion durchgeführten Bau der Straße finanzierte er selbst.[48] Der neue Weg zum Schloss war gesäumt von mehreren malerisch gelegenen und idyllisch gestalteten Gehöften – der Thronfolger inszenierte mithilfe der Architektur den Weg zum Schloss.

Von Werfen kommend, passiert man zuerst Maxlehen, zu dem das im Privatbesitz des Erzherzogs befindliche historische Wohnhaus aus dem 17. Jahrhundert (Abb. 20-35) sowie weitere Nebengebäude gehören. Bereits 1906 konnte Franz Ferdinand den alten Meierhof aus dem Privatbesitz des Fürsten Rohan für 16.000 Kronen erwerben. Zu Ehren seines ältesten Sohnes Maximilian benannte er das Anwesen in Maxlehen.[49] Im Mai 1909 veranlasste der Thronfolger den Bau einer neuen Villa in unmittelbarer Nähe zu dem alten Gehöft Maxlehen, jedoch auf der gegenüberliegenden Straßenseite. Das Holzhaus (Abb. 20-36) wurde vom Bischofshofener Zimmerermeister Josef Pesendorfer errichtet und nahm zwei Wohnungen auf. Die heute zahlreich vorhandenen malerischen Verzierungen am Haus gehen auf die Familie Krupp zurück und datieren aus der Zwischenkriegszeit.

Danach kommt man zum sogenannten Rupertihof, eine kleine Ansammlung von neu erbauten Wohn- und Wirtschaftsgebäuden mit Dorfcharakter (Abb. 20-37). Die Häuser wurden ab 1907 von Baumeister Alois Tagger unter der Bauleitung von Heinz Gerl für 56.200 Kronen errichtet. Vor Bau-

Abb. 20-36: Die Villa »Maxlehen« wurde vom Zimmermeister Josef Pesendorfer im Auftrag des Erzherzogs 1909 errichtet. Die malerischen Verzierungen wurden auf Wunsch von Gustav Krupp in der Zwischenkriegszeit angebracht. Fotoaufnahme 2013 (© MOW)

Abb. 20-37: Rupertihof, das Foto wurde von der Union-Baugesellschaft am 15.9.1910 aufgenommen. Das alte Jägerhaus, das Bedienstenwohnhaus und die beiden Wirtschaftsgebäude waren schon fertiggestellt. (© HHStA)

Abb. 20-38: Alois Tagger, Bedienstetenwohnhaus Rupertihof, 1907, Fotoaufnahme von Max von Imhof, 1915 (© Bundesmobilienverwaltung)

Abb. 20-39: Alois Tagger, Stall- und Garagengebäude beim Rupertihof, Tinte auf Papier, 1907 (© HHStA)

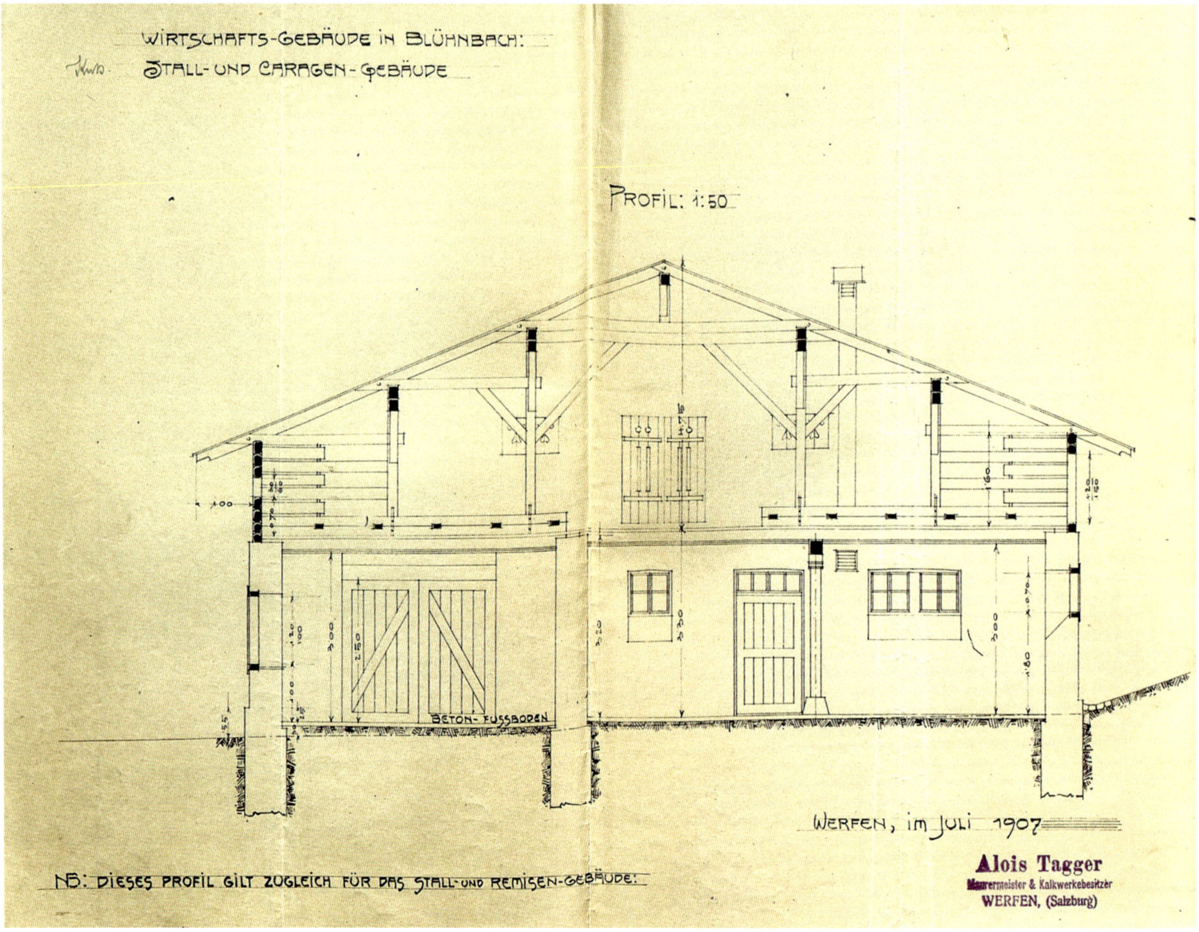

beginn musste jedoch noch das Terrain reguliert werden. Der Rupertihof setzte sich ursprünglich aus einem Gesindewohnhaus und zwei Stallgebäuden zusammen.[50] Die Häuser sind um den zentralen Dorfplatz (Abb. 20-38) mit Brunnen und der Holzstatue des hl. Florian von Jakob Adelhart d. Ä. gruppiert. Nördlich der Straße steht das Bedienstetenhaus (Abb. 20-38) und südlich davon die beiden Wirtschaftsgebäude (Abb. 20-39, 20-40).

Das Wohnhaus beim Rupertihof folgt stilistisch dem Typ eines Tiroler Bauernhauses. Über einem gemauerten Erdgeschoss erheben sich zwei weitere aus Holzbalken aufgesetzte Geschosse mit Satteldach. Beide Obergeschosse zieren hölzerne Balkone. Das aufgesetzte Glockentürmchen mit Wetterhahn ist auch der Formensprache Tirols entnommen.[51] Bereits zu Franz Ferdinands Zeit waren die Fenster mit geschwungenen Holzumrahmungen verziert.

Die beiden Stall- und Remisengebäude (Abb. 20-39, 20-40) gruppieren sich um den Brunnen und sind im rechten Winkel zum Bedienstetenwohnhaus angeordnet. Beide Objekte sind in ihren Grundrissen und Ansichten spiegelgleich ausgeführt. Das Erdgeschoss ist aus Bruchsteinmauerwerk errichtet, darüber befindet sich ein in Blockbauweise ausgeführtes Obergeschoss. Im Erdgeschoss waren ein Pony- bzw. Kuhstall sowie eine Auto- und Kutschengarage untergebracht, das Stockwerk diente als Heulager. Die Türen und Fenster waren blau gefasst. Die Dekoration der Häuser (Abb. 20-40) weist auf deren Funktion hin. So ist jedes Gebäude mit einem ovalen Metallschild versehen, in dessen Mitte das jeweilige Nutztier abgebildet ist. Weiters sind die Häuser mit gemalten Holztafelbildern von Heiligen und Sinnsprüchen, Schießscheiben, Tieren und Blumenmotiven geschmückt. Die dekorativen Elemente sind allesamt in einem naiv-lieblichen volkstümlichen Stil gestaltet, sie dienen als wesentlicher Vermittler von Franz Ferdinands ideal-bäuerlichem Verständnis und tragen zur Schaffung einer heimatverbundenen Atmosphäre bei.

Franz Ferdinands Idealvorstellungen von salzburgisch-vaterländischer Architektur dürften dabei von

Abb. 20-40: Kuhstall und Garagengebäude beim Rupertihof, Detail, 1907, Fotoaufnahme 2013 (© MOW)

den Ideen der ab 1900 aufkommenden sogenannten Heimatschutzbewegung beeinflusst gewesen sein,[52] die in Österreich eng mit der Zentralkommission für Denkmalpflege verknüpft war und der Franz Ferdinand als Protektor vorstand. Die Heimatschutzbewegung hatte sich die Erhaltung der Heimat in ihrer natürlichen und geschichtlichen Eigenart zum Ziel gesetzt.

Im August 1909 wurde das alte neben der Schlosskapelle liegende Jägerhaus (Abb. 20-04) abgetragen und 1910 auf Wunsch Franz Ferdinands beim Rupertihof unter der Leitung des Zimmerermeisters Josef Pesendorfer aus Bischofshofen wieder aufgebaut und mit einem Erweiterungsbau (Abb. 20-41) versehen. Franz Ferdinand behielt sich die Nutzung der Wohnung im Jägerhaus ebenso wie der Wohnungen in der Villa Maxlehen selbst vor.[53] Ein historisches Foto zeigt den Originalzustand des Gebäudes nach

Abb. 20-41: Altes Jägerhaus beim Rupertihof, Fotoaufnahme 2013. Das Gebäude aus dem Jahr 1705 stand ursprünglich neben dem Schloss, es wurde 1909 abgetragen und 1910 beim Rupertihof mit einem Zubau wieder aufgebaut. (© MOW)

dem Wiederaufbau. Sowohl die Balkone als auch die Fensterläden waren nicht gefasst. Die heute noch vorhandenen malerischen Blumenverzierungen gehen wiederum auf die Familie Krupp zurück, die diese bei den meisten Blühnbacher Gebäuden in den 1920er-Jahren anbringen ließ.[54] Bei allen Wohnhäusern des Rupertihofs waren für jede Familie ein eigener Küchengarten und ein Kleintierstall zur Hühner- und Hasenhaltung vorgesehen.[55]

Wie ein von der Union-Baugesellschaft aufgenommenes Foto (Abb. 20-37) zeigt, waren am 15. September 1910 die Gebäude des Rupertihofs (altes Jägerhaus, Bedienstetenwohnhaus, zwei Wirtschaftsgebäude) bereits fertiggestellt. Ein weiteres Ökonomiegebäude (Abb. 20-42) ließ Franz Ferdinand ab 1913 gegenüber dem Bedienstetenhaus am anderen Ende des Dorfplatzes errichten.[56] Es war in den Hang hineingebaut und schloss den Dorfplatz zu den Weiden hin ab. Das Ensemble Rupertihof war somit vollendet.

In dem Untergeschoss des Hauses waren weitere Rinder- und Pferdestallungen untergebracht, im Erdgeschoss befand sich eine Großgarage und im Obergeschoss der Wohnbereich. Vom Dorfplatz aus sind nur die beiden in Blockbauweise errichteten Geschosse zu sehen. Das zu den Weiden hin orientierte, gemauerte Untergeschoss wurde mit Stahlbetonbauweise in den Hang hineingebaut. Hier zeigt sich deutlich Franz Ferdinands Auffassung von moderner Architektur. Als technikaffiner Mensch bediente er sich der modernsten Herstellungsweisen, wie etwa Stahlbeton. Optisch sollten die von ihm errichteten Gebäude aber einen traditionellen Eindruck erwecken. So erregt das Ökonomiegebäude von außen den Eindruck der handwerklichen traditionellen Herstellungsweise, der Einsatz von

Abb. 20-42: Ökonomiegebäude (mit dem Ponystall und Garagengebäude) Rupertihof, 1913, Fotoaufnahme 2013 (© MOW)

Stahlbetonträgern ist nur versteckt im Innenraum ersichtlich.

SCHLOSS BLÜHNBACH NACH DEM TOD DES THRONFOLGERS

Nach dem Tod von Franz Ferdinand und Sophie im Juni 1914 versuchte Kaiser Franz Joseph das Gut Blühnbach so schnell wie möglich zu verkaufen, da dessen Erhaltung dem Privat- und Familienfonds hohe Kosten verursachte. Aufgrund des unfertigen Zustandes und der Vielzahl an Objekten bereitete die Inventur des Nachlasses in Blühnbach große Schwierigkeiten. Franz Ferdinands Rechtsanwalt Dr. Ferdinand Tonder berichtete am 7. Juli 1914 an den Vormund der Waisen, Jaroslav Graf Thun-Hohenstein, in Bezug auf die Regelung des Nachlassvermögens:

»Da die Einrichtung von Blühnbach noch nicht beendet war, sind bisher die Verzeichnisse der wertvollen und gegenwärtig fast wertlosen Einrichtung, des Schmuckes, der Sammlungen, deren Stückzahl in die Tausende gehen dürfte, gar nicht angelegt worden. Die müssen jedenfalls vorbereitet werden. Ich habe dem Verwalter die erforderlichen Aufträge bereits erteilt. (...)

Die Fortsetzung des Strassenbaues, welcher allerdings auf Kosten der Familienfonde erfolgt, wird ohnehin jetzt unterbleiben. (...) Noch schwieriger als die Inventur wird die Frage sein, was mit den vorhandenen Einrichtungsstücken und sonstigen Gegenständen, insbesondere Sammlungen geschehen soll.

Einen Teil könnte vielleicht der Familienfond übernehmen; der weitaus größte Teil wird wohl nach Wien ins Dorotheum oder Berlin gebracht und hier partienweise nach und nach in längeren Zwischenräumen verkauft werden müssen. Es kann da bei geschickter Behandlung der Sache ein namhafter Betrag erzielt werden.

Am schwierigsten wird sich die Lösung der Frage gestalten, was mit den von Sr. kais. Hoheit mit großem Aufwande vorgenommenen Adaptierungen geschehen soll. Zum Teile sind dieselben noch gar nicht benützt worden. (...)

Auch müssen die bisher mir nicht ganz klaren Rechtsverhältnisse, auf Grund deren Se. Kais. Hoheit das Schloss und die dazu gehörigen Objekte benützt hat, aufgeklärt werden. Was mit den Sr. kais. Hoheit dasselbst gehörigen Grundstücken und Baulichkeiten, insbesondere dem Maxlehen geschehen soll, ist mir auch noch ganz unklar; am zweckmässigsten wäre es wohl, wenn der Familienfond dieses Objekt übernehmen würde. Die Erhaltung der Objekte kostet viel Geld und werden diese Objekte kaum so bald wieder benützt werden.«[57]

Wie von dem Rechtsanwalt angeregt, wurden die in Franz Ferdinands Privatbesitz im Blühnbachtal befindlichen Immobilien (Alpen, Wälder, Maxlehen) vom Privat- und Familienfonds aus der Erbschaft für 300.000 Kronen käuflich erworben.

Im Januar 1915 führte der Direktionsrat und Kunstschätzer August Bittner in Blühnbach eine Nachlassinventur durch und legte ein Inventar an. In diesem streicht er den Wert und die Exklusivität der Ausstattung in Zusammenspiel mit den Sammlungsobjekten Franz Ferdinands, das heißt des Gesamtkunstwerkes Schloss Blühnbach, hervor:

»Blühnbach ist nicht nur ein mit dem gediegensten Comfort ausgestattetes fürstliches Jagdschloss, sondern eine mit vollstem Bewusstsein und höchstem Kunstsinn, durch jahrelange mühselige Arbeit mit tatkräftiger Hilfe von Künstlern, Kunstgelehrten und Händlern zu Stande gekommene Heimstätte vaterländischer und besonders alpenländischer Volkskunst.

Kunstschätze im strengen Sinne des Wortes darf man nicht erwarten, will man jedoch dankbar sein, dass abertausende von Gegenständen des bodenständigen Kunstgewerbes des 16., 17. und 18. Jahrhunderts vor dem Export ins Ausland gerettet und umgekehrt aus dem Auslande wieder heimfanden, dann muss man den innigsten Wunsch hegen, es möge diese hervorragende, noch dazu in den Rahmen eines fürstlich wohnlichen Schlosses sich harmonisch einfügende, in seiner Einheitlichkeit überaus wertvolle Sammlung dem Herzogtume Salzburg erhalten. Das Barock und Rokoko Bauernmobiliar aus Zirbelholz, die seltene Collection von Steinbock-Horndosen, die Jagd- und Bauernbestecke, Hirschfänger, die bereits selten gewordenen Erzeugnisse der alten alpenländischen Hafnerwerkstätten – Schüsseln, Teller, Kachelofen – die fast 600 Stück umfassende Zinnsammlung, die in Österreich einzig vorhandene, nur mehr im Germanischen Museum vorfindliche Sammlung von Apothekergefäßen, all die vielen auf das Herzogtum Salzburg bezüglichen alten Pergamenturkunden = Manuskripte, Incunabeln, die Kultur- und kostümgeschichtlich dem 17. und 18. Jahrhundert angehörenden Gemälde, Kupferstiche und Holzschnitte, die hervorragenden Holzbildwerke alpenländischer Meister – alle diese Tausenden von Kunstobjekten mussten auf mühseligen Reisen und Fahrten einzeln gesammelt, angekauft transportiert, häufig mit bedeutenden Kosten restauriert werden.«[58]

Bereits am 30. Mai 1915 kündigte Arthur Krupp (1856–1938), der Besitzer der Berndorfer Metallwarenfabrik, gemeinsam mit seinem Neffen Gustav Krupp von Bohlen Halbach (1870–1950), dem Leiter der Gussstahlfabrik in Essen, bei der Direktion des Privat- und Familienfonds einen Besuch in Blühnbach an. Die Familie Krupp hatte erfahren, dass das Gut verkauft werden sollte, und meldete ihr Interesse an der Immobilie und dem angrenzenden Jagdgebiet an. Aus unbekannter Ursache kam dieser Besuch aber nicht zustande.[59]

Ungeachtet dessen wurde am 1. Januar 1916 zwischen Arthur Krupp und dem Privat- und Familienfonds ein Pachtvertrag abgeschlossen. Der Pachtzins belief sich auf rund 170.000 Kronen pro Jahr.[60] Vier Monate später legte Arthur Krupp dem Privat- und Familienfonds ein Kaufoffert über 6.025.000 Kronen vor. Der Kaufvertrag wurde allerdings erst am 14. November 1916 unterzeichnet.[61] Wie exklusiv die von Franz Ferdinand zusammengetragene Ausstattung Blühnbachs war, zeigt deren Schätzwert in der Höhe von 1.225.000 Kronen. Arthur Krupp hatte beim Kauf Blühnbachs nur als Vermittler fungiert, denn im Juni 1917 wurde das Eigentumsrecht an seinen deutschen Neffen Gustav Krupp von Bohlen Halbach und dessen Ehefrau Berta Krupp übertragen.

Die kunstsinnige Familie Krupp war sich über den kunst- und kulturhistorischen Wert des Schlosses und seiner Einrichtung im Klaren und hielt Franz Ferdinands Erbe in Ehren. Auch was die Gestaltung des Blühnbachtales angeht, führten die Krupps die Idee des Thronfolgers fort. Sie bauten im Laufe der Jahre weitere Gebäude im Heimatstil und ließen die bestehenden Häuser mit bäuerlich anmutenden Blumen- und Pflanzenmalereien verzieren. Das Vorhaben, das Andenken an den verstorbenen Thronfolger in Blühnbach zu bewahren, verfolgte die Familie Krupp sogar bis zum Tod des letzten Erben, Arndt von Bohlen und Halbach (1938–1986). Arthur Krupp selbst hatte dies dem Kaiserhaus nach der Übernahme wie folgt zugesichert:

»Artur Krupp in Berndorf vom 2. November 1916 theilt mit, daß er Käufer des Ah. Familienfondsgutes Blühnbach dafür Sorge tragen werde, die Pietät für weiland Seine k.u.k. Hoheit den Erzherzog Franz Ferdinand, sowie für höchstdessen Gemahlin, die Frau Herzogin von Hohenberg, in der Richtung zu wahren, daß die im Schlosse Blühnbach von den höchsten Herrschaften persönlich benützten Einrichtungsgegenstände keinem die Pietät und die ehrerbietige Erinnerung an die höchsten Herrschaften verletzenden Gebrauche zugeführt werden. Für den Fall der Weiterveräußerung des Gutes werde er dafür Sorge tragen, daß auch der Besitznachfolger diese Zusicherung einhalten werde.«[62]

Nach dem Tod von Arndt von Bohlen und Halbach musste dessen Witwe Hetti das Gut verkaufen, um die Schulden ihres Gatten zu tilgen. Seit 1988 befindet sich Schloss Blühnbach im Privatbesitz eines amerikanischen Industriellen, der es mit großem Aufwand und Fachwissen restauriert hat und das Erbe Franz Ferdinands weiterhin schätzt und pflegt.

ANMERKUNGEN

1 Martin 1908, S. 1–2.
2 Martin 1907, S. 2.
3 Ebd., S. 6.
4 Ebd., S. 8.
5 Blühnbach 1907, S. 7f.
6 Ebd.
7 Ebd.
8 Martin 1907, S. 15f.
9 Zacherl 2003, S. 1.
10 Aichelburg 2003, S. 115.
11 Ebd.
12 Franz Ferdinand an Karl Auersperg, Eckartsau am 8.1.1906, Privatbesitz, zit. nach: Aschaber 1994, S. 433f.
13 Aichelburg 2003, S. 115.
14 HHStA, GDPFF, SR 111b.
15 Ebd.
16 Arbeiter-Zeitung, Wien, 31.3.1913.
17 Aschaber 1994, S. 95.
18 Hörmann 2008, S. 508.
19 Verschiedene Rechnungen 1906–1908, SOA Praha.
20 Aichelburg 2003, S. 137.
21 Ebd., S. 123.
22 Aschaber 1994, S. 41.
23 Brief von k. k. Baurath und Baumeister Heinz Gerl, Wien, an die Zentraldirektion Franz Ferdinands, 1.2.1908, SOA Praha.
24 Schlussbrief von Baumeister Alois Tagger bezüglich des Umbaus des Reitstalles in Blühnbach, 13.1.1909, SOA Praha.
25 Weiterführend siehe: Kapitel 16, Marlene Ott-Wodni, Schloss Artstetten, S. 381–410.
26 Weiterführend siehe: Ebd.
27 Weiterführend siehe: Kapitel 21, Marlene Ott-Wodni, Schloss Ambras, S. 655–670.
28 HHStA, GDPFF, Generaldirektion JR, Zl. 625, 4.2.1911.
29 Kostenvoranschlag über den Stockwerks-Aufbau und Adaptierungs-Arbeiten im Schlosse Blühnbach der Union-Baugesellschaft, 1.4.1910, Schloss Artstetten.
30 Telegramm von Franz Janaczek an Erzherzog Franz Ferdinand über den Ankauf von Lithografien für Blühnbach, 15.8.1912, Schloss Artstetten.
31 Aichelburg 2003, S. 132–134.
32 HHStA, OMaA, Bd. 497, Nachlassinventar Blühnbach. Nach der Übernahme des Schlosses Blühnbach durch Arthur Krupp gelangte Franz Ferdinands Sammlung von Apothekengefäßen per Schenkung an das 1916 eröffnete Technische Museum für Industrie und Gewerbe in Wien, wo sie sich noch heute befindet.
33 Brief von Hermann Ritschl an das Sekretariat Erzherzogs Franz Ferdinand, 6.4.1911, Schloss Artstetten.
34 Ebd.

35 Brief von Erzherzogin Zita an Erzherzog Franz Ferdinand, zit. nach: Aichelburg 2003, S. 141.
36 Telegramm von Haushofmeister Franz Janaczek an Erzherzog Franz Ferdinand, August 1910, Schloss Artstetten.
37 Rechnungslegungen über Ausstattungsarbeiten in der Kapelle von Schloss Blühnbach, 18.9.1912, gezeichnet L. Simon Dombaumeister, Schloss Artstetten.
38 Bericht von Franz Janaczek, 19.8.1914, Schloss Artstetten.
39 Reichspost, 25.9.1912.
40 Sitzliste für das Diner am 4.10.1912 in Blühnbach, Schloss Artstetten.
41 Aschaber 1994, S. 79.
42 Ebd., S. 83.
43 Archiv SOA Praha.
44 Brief von dem Revierjäger Lonski (?) an die Zentraldirektion Franz Ferdinands, 16.1.1908, SOA Praha.
45 Aichelburg 2003, S. 120.
46 Bericht von Hauptmann Gustav Barger an die Militärkanzlei Erzherzog Franz Ferdinands, 12. Juli 1911, Schloss Artstetten.
47 Ein ähnliches Vorhaben setzte er in Konopischt um, wo er in der Nähe des Schlosses das Dorf Zabrovesky in einem volkstümlichen Stil nach seinen Vorstellungen erbauen ließ. Weiterführend siehe hierzu: Kapitel 15, Alena Skrabanek, Schloss Konopischt, S. 255–380.
48 Aichelburg 2003, S. 121.
49 Aichelburg 2003, S. 118.
50 Brief von Baurat Heinz Gerl an die Zentraldirektion Franz Ferdinands, 1.2.1908, SOA Praha.
51 Aschaber 1994, S. 127.
52 Aschaber 1994, S. 163f.
53 Bericht der k. u. k. Privat- und Familien-Fondsgüter-Direktion Wien, 10.2.1911, HHStA, GDPFF, SR, Kt. 111a.
54 Aschaber 1994, S. 109.
55 Ebd., S. 252.
56 Ebd., S. 145.
57 Archiv Schloss Artstetten.
58 HHStA, OMaA, Bd. 497, Nachlassinventar Blühnbach.
59 HHStA, GDPFF, SR 111f, Zl. 1456.
60 HHStA, GDPFF, Generaldirektion JR, Zl. 786.
61 HHStA, GDPFF, SR 111f, Zl. 2975, 3178, 3274, 3314.
62 HHStA, GDPFF, Generaldirektion JR, Zl. 2981/1916.

Abb. 21-01: Schloss Ambras, zeitgenössische Aufnahme (© KHM)

21. RESPEKTIERTE VERGANGENHEIT

SCHLOSS AMBRAS IN INNSBRUCK

Marlene Ott-Wodni

Die Ursprünge des am Rande der Stadt Innsbruck gelegenen Schlosses Ambras (Abb. 21-01) lassen sich bis in das 10. Jahrhundert zurückverfolgen. Allerdings gibt es nur wenige Quellen, die Auskunft über dessen Geschichte im Laufe der ersten Jahrhunderte geben können. Anhand einer schriftlichen Erwähnung lässt sich nachweisen, dass sich die mittelalterliche Bergburg »Omras«, auch »Amras« genannt, im Besitz der Grafen Andechs befand. 1078 scheint Graf Otto II. von Andechs-Diessen als Eigentümer auf.[1] Im Zuge einer kriegerischen Auseinandersetzung wurde die Burg 1133 durch die Bayern zerstört. 1282 ließ der Görzer Graf Meinhard II. einen Neubau auf den alten Grundmauern errichten, der aus einer Höhenburg mit Bergfried, Palas und Kapelle bestand.[2] 1330 folgten die Erweiterung und die anschließende Weihe der Kapelle.[3] Nachdem die letzte aus dem Görzer Hause stammende Erbin, Margarete von Tirol (Beiname »Maultasch«, 1318–1369), keine lebenden Nachkommen hatte, überschrieb sie das Land Tirol mitsamt seinen Besitzungen 1363 an den Habsburger Rudolf IV. (1339–1365) von Österreich.

Im 15. Jahrhundert verpfändeten die Habsburger die Besitzung mehrmals. Erst 1516 löste Ferdinand I. (1503–1564) die Burg vom letzten Pfandinhaber Georg Schurff wieder ein. 1563 schenkte Kaiser Ferdinand I. die Herrschaft seinem Sohn Ferdinand II. (1529–1595) und ernannte ihn zum Landesfürsten von Tirol. Dieser schenkte Ambras 1564 seiner morganatisch angetrauten Ehefrau Philippine Welser (1527–1580).[4]

Abb. 21-02: Der Spanische Saal in Schloss Ambras, 1570-72 (© KHM)

Unter Ferdinand II. und Philippine Welser erlebte das Schloss eine Hochblüte, veranlassten sie doch den Umbau der mittelalterlichen Burg in ein Renaissanceschloss durch die Architekten Giovanni und Alberto Lucchese sowie Paul Uschall.[5] Die erste Bauphase, die bis 1567 andauerte, umfasste die Erweiterung des bestehenden Gebäudes um ein Stockwerk sowie die Installation des heute noch vorhandenen Badezimmers und des Ankleidezimmers der Philippine Welser.[6] 1569 folgte die Ausführung der Grisaillemalerei im Innenhof mit biblischen und mythologischen Szenen, die dem Maler Heinrich Teufel zugeschrieben wird.[7]

Von 1570 bis 1572 ließ Ferdinand II. einen großen Saal (Abb. 21-02) zu Repräsentationszwecken errichten, der sich als eigenständiger Baukörper im Südosten an das bestehende Schloss angliederte. Mit seinen Ausmaßen von 43 Meter Länge, 10 Meter Breite und 5 Meter Höhe handelte es sich um den größten freistehenden Saalbau der Spätrenaissance, der nördlich der Alpen errichtet wurde. Der sogenannte Spanische Saal erhielt im Inneren eine reiche Ausstattung, die in Form einer Ahnengalerie gestaltet war. So zierten die Wände die Darstellungen der Tiroler Landesfürsten von Albrecht I. bis zu Ferdinand II. Die Groteskendekorationen stammten von dem niederländischen Maler Dionys van Hallaert. Die kunstvollen Tischlerarbeiten, wie die reich intarsierte Holzdecke und die Türen, fertigte Conrad Gottlieb an, der Tiroler Hoftischler des Erzherzogs.[8] Im anschließenden Vorraum, dem sogenannten Kaiserzimmer, wurde zu Beginn des 18. Jahrhunderts die Reihenfolge der habsburgischen Regenten bis zu Kaiser Karl VI. ergänzt.

Fast zeitgleich mit der Errichtung des großen Saales veranlasste Ferdinand II. den Bau des Unterschlosses. Es handelte sich hierbei um einen dem Hochschloss vorgelagerten Gebäudekomplex,

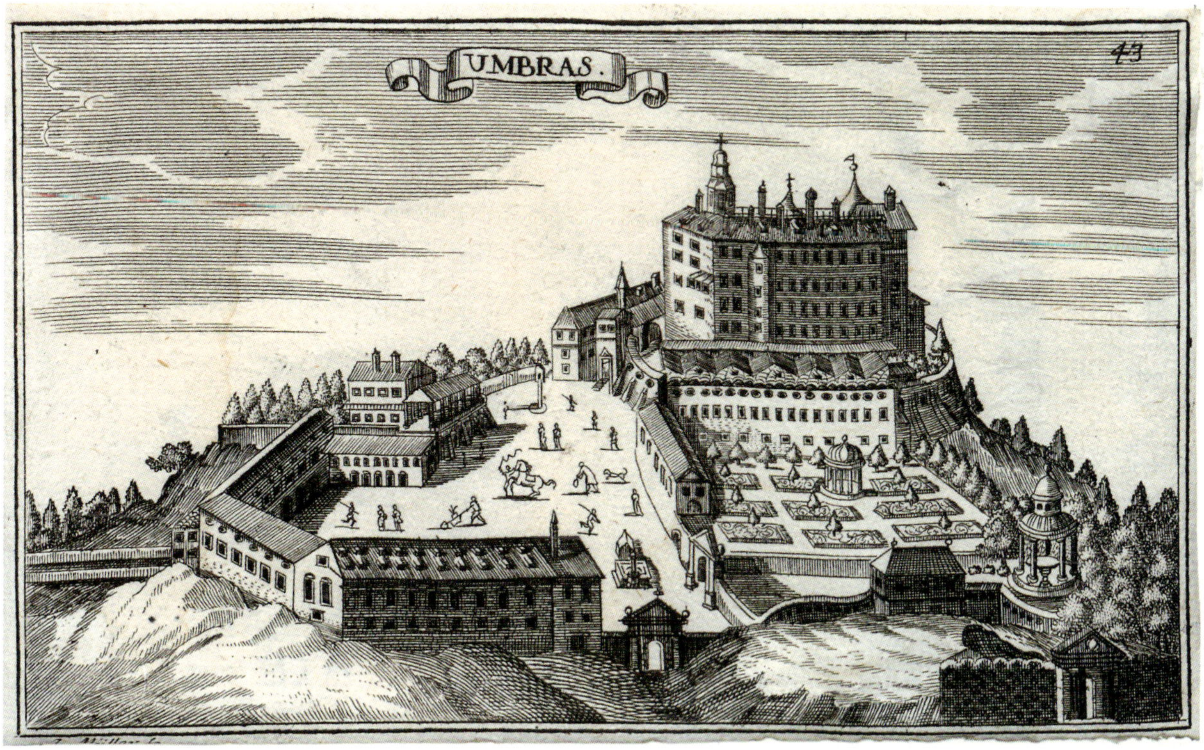

Abb. 21-03: Matthäus Merian, Schloss und Park Ambras nach der Umgestaltung durch Ferdinand II., 1649 (© ÖNB/Wien)

der sich aus drei Trakten zusammensetzte und die kostbaren Sammlungen des Erzherzogs aufnehmen sollte. Der gesamte Museumskomplex war erst 1589 fertiggestellt. Den Schlosspark ließ Ferdinand II. als Lustgarten anlegen, den Wasserspiele, Grotten und drehbare Tische zierten. Die älteste bekannte Darstellung von Schloss Ambras (Abb. 21-03) zeigt den Renaissancebau nach der Umgestaltung durch Ferdinand II.

Nach dem Tod des Landesfürsten erbte sein Sohn Markgraf Carl von Burgau (1560–1618) im Januar 1589 die Herrschaft Ambras. Er verkaufte 1606 das Schloss und die wertvolle Kunst- und Rüstsammlung an Kaiser Rudolph II. (1552–1612).[9] Unter der Regentschaft von Kaiser Leopold I. (1640–1705) wurden erstmals Sammlungsgegenstände aus dem Schloss entfernt; so ließ der Monarch 1665 die wertvollsten Bücher der Ambraser Bibliothek nach Wien verbringen.

Ende des 18. Jahrhunderts diente Schloss Ambras als Kaserne und Hauptspital der Armee.[10] Der 1805 zwischen Österreich und Frankreich geschlossene Pressburger Frieden beendete den dritten Koalitionskrieg. Allerdings musste Österreich die Grafschaften Tirol und Vorarlberg an das Kurfürstentum Bayern abtreten. Die Ambraser Kunstsammlung konnte als »ein dem Durchlauchtigsten Erzhause Österreich gehöriges Eigen«[11] vor dem Zugriff Bayerns gerettet und nach Wien verbracht werden, wo sie im Unteren Belvedere Aufstellung fand.

Am 30. Juli 1855 wurde Erzherzog Carl Ludwig (1833–1896) von seinem älteren Bruder, Kaiser Franz Joseph, zum Statthalter von Tirol ernannt. Neben Carl Ludwigs Wunsch, das Schloss gelegentlich zu bewohnen, zog auch die geplante Rückführung der Kunstsammlung Ferdinands II. nach Ambras Renovierungs- und Umgestaltungsmaßnahmen sowohl des Hochschlosses als auch der ehemaligen Sammlungsgebäude mit sich.[12] Mit der Durchführung der erforderlichen Arbeiten wurden der Obersthofmeister Fürst Carl von Liechtenstein, Schlosshauptmann Josef Lang und der Kustos Dr. Freiherr von Sacken betraut. Carl Ludwig selbst begutachtete das von Sacken ausgearbeitete Bauprogramm und ließ es um persönliche Anliegen erweitern. Mit dieser Maßnahme bewies er sein ausgeprägtes Kunstverständnis im Hinblick auf die Erhaltung der historischen Bausubstanz, denn diese umfasste unter anderem die Restaurierung des Badezimmers der Philippine Welser, die Herstellung der alten Quaderbemalung an den Fassaden sowie die Erneuerung der historischen Holzdecken in den Gesellschaftsräumen des zweiten Stockes »im alten Styl«.[13] Weiters wünschte der Erzherzog die Restaurierung der Schlosskapelle und des Spanischen Saales sowie die Herstellung der zum Teil noch erhaltenen Freskomalereien im Hof, um den historischen Charakter des Schlosses Ambras wiederherzustellen.

Die erzherzoglichen Wohnräume waren im zweiten Stock des Hauptschlosses vorgesehen und setzten sich aus zwei Salons, einem repräsentativen Saal, dem Arbeits- und Schlafzimmer des Erzherzogs, dem Speisesaal mit anschließendem Kredenzzimmer sowie Gastzimmern zusammen.[14] Auch für sein Appartement äußerte Carl Ludwig Sonderwünsche. So sollte ein kurzer Glasgang im Hof das Vorzimmer mit dem Kredenzzimmer verbinden, eine Treppe sollte vom Vorzimmer in das Oratorium führen und sowohl der Speisesaal als auch das Arbeits- und Schlafzimmer sollten Balkone erhalten. Der Erzherzog war bereit, die Kosten für diesen Mehraufwand aus seiner Privatkasse zu begleichen.[15]

1856 erfolgte auf Anordnung Kaiser Franz Josephs die Anstellung des Wiener Architekten Ludwig Förster (1797–1863), der den Entwurf zu den geplanten Umbauarbeiten liefern sollte.[16] Ludwig Förster unterhielt seit 1846 gemeinsam mit seinem Schwiegersohn Theophil Hansen ein Architekturbüro, das vor allem in Zusammenhang mit dem Bau der Wiener Ringstraße Bekanntheit erlangt hatte. Darüber hinaus fungierte Förster als Herausgeber der »Allgemeinen Bauzeitung«. Im Juli 1856 übermittelte er dem Erzherzog Skizzen und Pläne, die sich jedoch leider nicht erhalten haben. Aus dem Begleitschreiben geht hervor, dass der Architekt das Hochschloss für »ein Konglomerat von aneinandergereihten Gebäuden aus verschiedenen Zeiten unter einem Dach«[17] hielt. Förster schlug vor, dem Gebäude durch eine Umgestaltung der Türme und durch einen Fassadenanstrich einen mittelalterlichen Charakter zu verleihen. Darüber hinaus wollte er den Spanischen Saal aufstocken und ihn so mit dem Hochschloss verbinden. Die an der Westseite des Hochschlosses noch bestehenden Bauten sollten durch einen repräsentativen Neubau ersetzt werden.[18]

Da Försters Projekt weder bei den zuständigen Bauorganen noch beim Kaiser Anklang fand, verzögerte sich der Baubeginn. Zu Beginn des Jahres 1857 ordnete Carl Ludwig schließlich – ohne die Zustimmung des Kaisers abzuwarten – an, die zur Bewohnung des Schlosses notwendigen Umbauten durchzuführen. Im März 1857 folgte dann die Bewilligung des Kaisers, einen hofseitigen Gang im zweiten Stock anzubringen, den Hof zu asphaltieren, altertümliche Möbel für das erzherzogliche Appartement zu erwerben, den Spanischen Saal zu restaurieren und Neubauten für die Ambraser Kunstsammlung umzusetzen.[19] Nur über die äußere Gestaltung des Hochschlosses herrschte immer noch keine Einigkeit.

Nachdem das »Baukomitee« auch zwei weitere Vorschläge Ludwig Försters abgelehnt hatte, entschied sich Erzherzog Carl Ludwig dazu, Förster die Planung des Projektes zu entziehen und stattdessen seinen Sohn Heinrich Förster (1832–1889), der seinem Vater bei diesem Projekt bereits unterstützend zur Seite gestanden war, die Anfertigung eines neuen, vereinfachten Entwurfes zur Umgestaltung des Schlosses zu übertragen. Der Erzherzog begründete seine Wahl wie folgt: »Heinrich Förster besitzt viel Talent und Geschmack, ohne noch den Namen eines Architekten zu haben, der sich deshalb viel leichter anleiten lässt.«[20]

Vom Entwurf Heinrich Försters haben sich sowohl Aufrisszeichnungen (Abb. 21-04) als auch Grundrisspläne erhalten. Die Bauarbeiten umfassten am Äußeren des Hochschlosses in erster Linie die Errichtung eines neuen Uhrturmes und die Anbringung der Balkone im zweiten Stock. Im Inneren wurden die Restaurierung des Bades der Philippine Welser, (ungeachtet der Grisaille-Fresken) die Anbringung eines hofseitigen verglasten Ganges (Abb. 21-05), die Herstellung von Vertäfelungen (Abb. 21-06) und Fußböden in den Wohnräumen sowie die Restaurierung der Kapelle und des Spanischen Saales projektiert. Größere Eingriffe in die Bausubstanz waren am Vorschloss (Abb. 21-04) vorgesehen. Dort wurde der alte Speisesaal abgetragen und zu einer Terrasse umgestaltet. Der danebenliegende Raum blieb hingegen bestehen und wurde zum Gartenpavillon umfunktioniert. Wie auf der Entwurfszeichnung zu sehen ist, erhielt das umgebaute Vorschloss eine Zinnenbekrönung, die das Aussehen des Baukörpers erheblich veränderte. Dieses Motiv wurde von Förster nochmals am Hochschloss aufgegriffen, wo das südseitige, neben dem Speisesaal gelegene Stiegenhaus mit Wendeltreppe mit einem Zinnenkranz versehen wurde.

Da der Entwurf Heinrich Försters Abstand von den ursprünglich von seinem Vater Ludwig geplanten Eingriffen in die bestehende Bausubstanz des Hochschlosses nahm, fielen die Kosten mit 180.000 Gulden deutlich niedriger aus, als ursprünglich projektiert.[21] Bei den Vorgängerprojekten von Förster Senior hätten sich die Kosten für den Umbau auf 500.000 Gulden belaufen.[22] Im Oktober 1858 erfolgte die Freigabe des redimensionierten Bauprojektes durch den Kaiser,[23] Ende Mai 1860 kamen die Arbeiten dann zum Abschluss (Abb. 21-07).[24]

Über die Ausstattung der Räumlichkeiten zur Zeit Carl Ludwigs ist wenig bekannt. Wie bereits von Architekt Förster Senior 1856 vorgesehen, erstreckte sich das erzherzogliche Appartement über zwei Etagen des Hochschlosses. Im ersten Stock (Abb. 21-08) befanden sich an der Nordseite[25] das Schreibzimmer und der Salon Ihrer Hoheit, gefolgt vom gemeinsamen Schlafzimmer. Daran schlossen sich die Privaträume des Erzherzogs an, die aus einem Toilettezimmer und einem Salon bestanden. Die Räume der Südseite nahmen die Zimmer für den Obersthofmeister sowie die Kammer für die Dame auf. Die Repräsentationsräume befanden sich im zweiten Stock und setzten sich aus dem Arbeitszimmer des Erzherzogs, dem Speisesaal, dem Kre-

Abb. 21-04: Heinrich Förster, Schloss Ambras, Ansicht gegen Westen, 1858 (© BDA)

Abb. 21-05: Neu errichteter Verbindungsgang im Innenhof des Schlosses Ambras, um 1858 (© BDA)

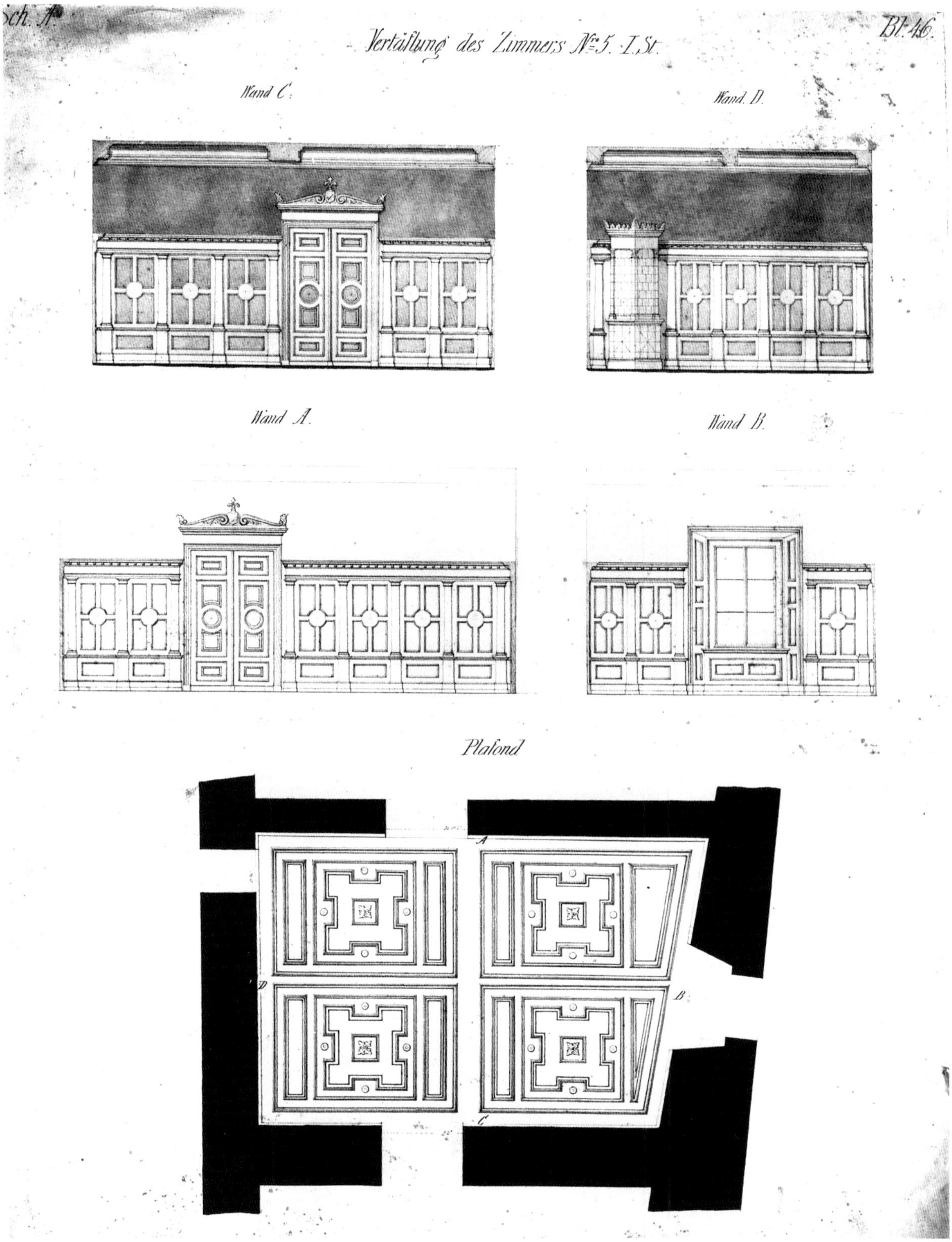

Abb. 21-06: Heinrich Förster, neue Vertäfelung des gemeinsamen Schlafzimmers im ersten Stock des Hochschlosses Ambras, 1858 (© BDA)

denzzimmer sowie Salons und Gastzimmern zusammen.

Für die erzherzoglichen Wohnräume war die Neuanschaffung von Mobiliar vorgesehen, das im Stil des 15. und 16. Jahrhunderts gehalten war. Im Frühling 1859 unternahm Heinrich Förster eine zehnwöchige Reise nach Italien. Sie diente dem Studium der historischen Möbel vor Ort, die als Vorlagen für die Ambraser Einrichtung dienen sollten.[26] 1858 kaufte Erzherzog Carl Ludwig aus seiner Privatkasse für sein Appartement »antike Möbel um den Gesamtbetrag von 5.755 fl 14 h«[27] an. Wie Inventaraufzeichnungen zu entnehmen ist, erhielt der Erzherzog die Kaufsumme nachträglich vom Staatsärar refundiert. Somit gingen alle Gegenstände in das Hofärar über und wurden von den Kustoden Ilg und Boeheim im Nachhinein inventarisiert.[28] Leider ist dem Inventarbuch nicht zu entnehmen, welche Gegenstände dem Ankauf von 1858 zuzurechnen sind. Nach der Fertigstellung nutzte Erzherzog Carl Ludwig Schloss Ambras nur noch kurze Zeit. Bereits am 11. Juli 1861 trat er im Zuge der Verwaltungsreform von seinem Posten als Statthalter von Tirol zurück und übersiedelte nach Wien.

Zwischen 1863 und 1867 erfolgte die neugotische Adaptierung der Kapelle durch den Architekten Anton Geppert. Die Freskierung der Kapelle führte A. Wörndle aus, den neugotischen Altar lieferte der Bildhauer Michael Stolz und die Glasfenster stammten von der Innsbrucker Glasmalereischule.[29] 1880 erfolgte die Umwidmung des Schlosses Ambras in ein Museum, in dem die nun rückgeführte Kunstsammlung gezeigt werden sollte. Die Gemälde und die kunstgewerblichen Objekte fanden im Hochschloss Aufstellung, für die der Kustos Dr. Albert Ilg verantwortlich zeichnete. Die Präsentation der Waffensammlung im Unterschloss ging auf Kustos Wendelin Boeheim zurück.[30]

Die nächsten 30 Jahre fungierte das Schloss als Museum, bis 1912 Erzherzog Franz Ferdinand im Rahmen einer Reise nach Tirol auf die Herrschaft Ambras aufmerksam wurde. Der Thronfolger wollte das mittlerweile baufällig gewordene Schloss für sich als Sommersitz nutzbar machen. Zu diesem Zwecke

Abb. 21-07: Zustand des Schlosses nach dem von Erzherzog Carl Ludwig in Auftrag gegebenen Umbau mit neuem Uhrturm und Balkonen, Darstellung aus dem Kronprinzenwerk, nach 1860 (© ÖNB/Wien)

wurden Adaptierungsmaßnahmen notwendig. Der Erzherzog hatte jedoch einen Umbau des Schlosses im Sinn. So wollte er die in den 1850er-Jahren durchgeführten Maßnahmen rückgängig machen und das ursprüngliche Erscheinungsbild des Schlosses zur Renaissancezeit rekonstruieren lassen.[31] Als Vorbild diente der 1649 angefertigte Stich (Abb. 21-03) von Matthäus Merian. Im April 1913 erfolgte die kaiserliche Zustimmung zur Überlassung des Schlosses an Franz Ferdinand sowie die Bewilligung einer jährlichen Dotation über 500.000 Kronen aus Hofstaatsmitteln:

»Lieber Fürst Montenuovo!
In Willfahrung des Wunsches Meines Herrn Neffen Erzherzogs Franz Ferdinand genehmige Ich, daß der Herr Erzherzog das Schloß Ambras nach seinem Gutdünken einem Umbau unterziehe und daß hiezu aus der Hofstaats-Dotation die erforderlichen Geldmittel bis zum Betrage

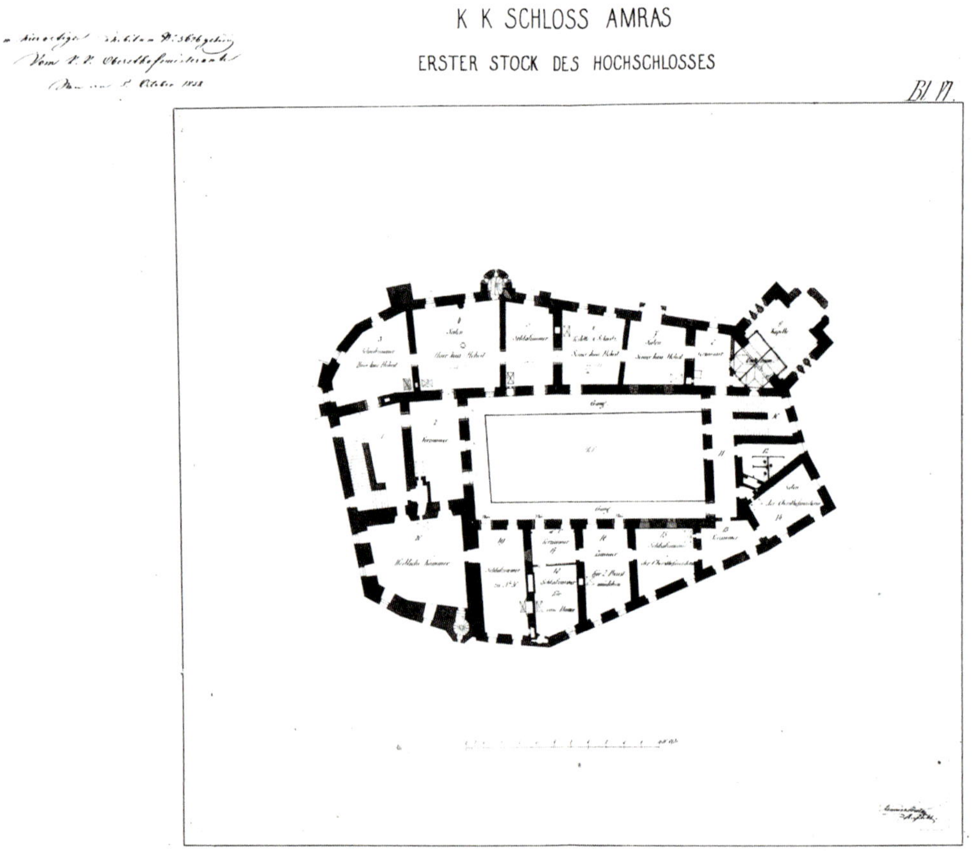

Abb. 21-08: Heinrich Förster, Schloss Ambras, Grundriss des ersten Stockes mit dem Appartement des Erzherzogs Carl Ludwig, 1858 (© BDA)

Abb. 21-09: Schloss Ambras, Zustand des Schlosses vor Beginn der von Franz Ferdinand in Auftrag gegebenen Umbauarbeiten, 1913 (© Schloss Artstetten)

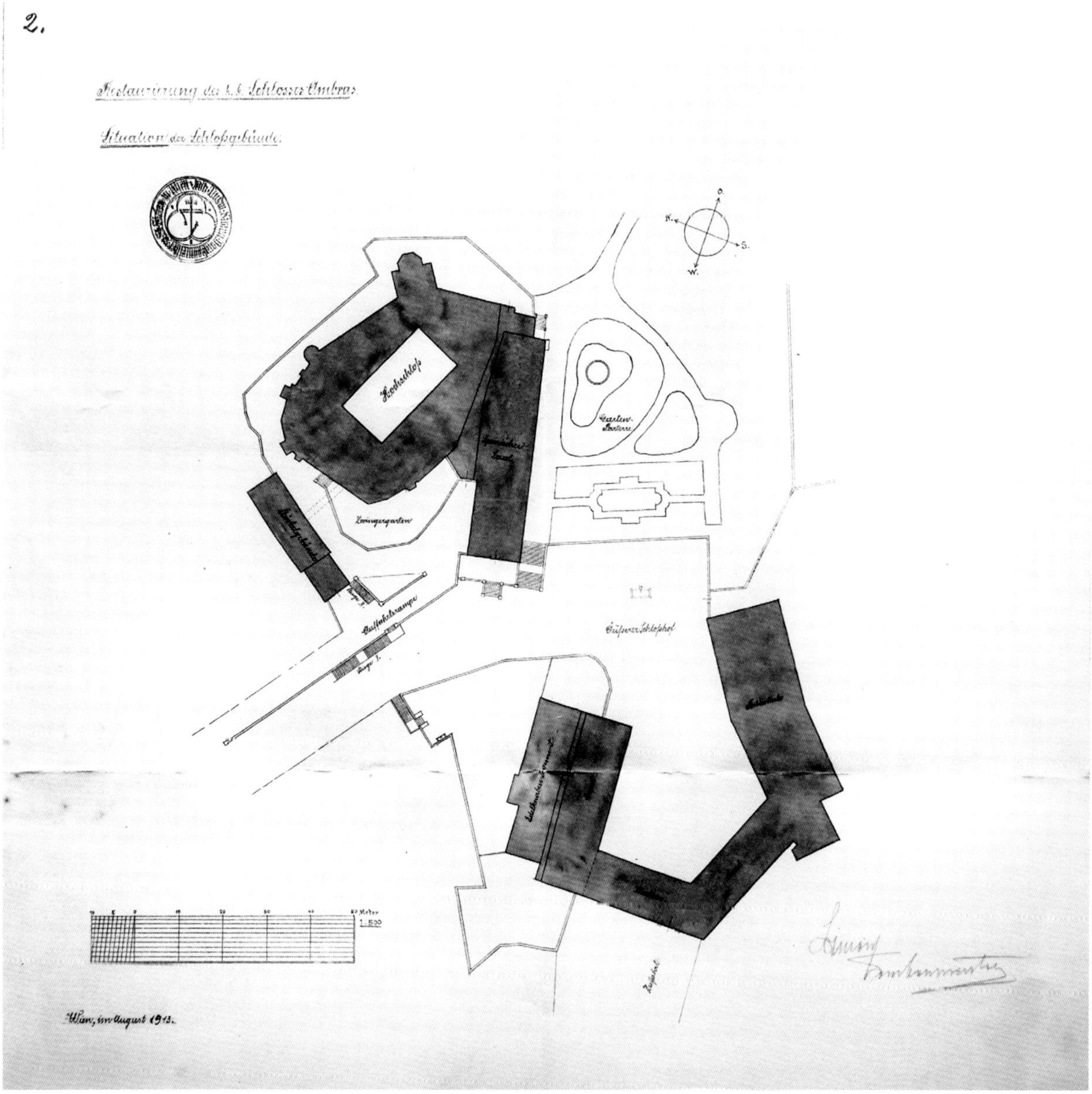

Abb. 21-10: Ludwig Simon, Umbau und Restaurierung des Schlosses Ambras, Situationsplan der Schlossgebäude, 1913 (© Schloss Artstetten)

von 500.000 Kronen jährlich zur Verfügung gestellt werden. Aus diesem Jahresbetrage wird auch jeder Aufwand zu decken sein, der sich für die Hofverwaltung aus Anlaß des Umbaues von Ambras ergibt.
Bis zur Fertigstellung dieses Umbaues samt Ausstattung und Einrichtung hat die Schloßverwaltung in Innsbruck, es selbst keinerlei Änderungen einzutreten haben, lediglich für jene Objekte in Ambras Sorge zu tragen, die unverändert bleiben.

Wien, am 19. April 1913
Franz Joseph«

Mit dem Umbau und der Restaurierung des Schlosses wurde 1913 der Wiener Dombauarchitekt Ludwig Simon betraut, die Oberleitung der Arbeiten lag jedoch in den Händen von Erzherzog Franz Ferdinand selbst. Für die Ausführung der Bauarbeiten war der Innsbrucker Baumeister Josef Retter zustän-

Abb. 21-11: Ludwig Simon, Südseite des Hochschlosses mit dem vorgelagerten Spanischen Saal und dem Stöckelgebäude, 1913 (© BDA)

dig.[32] Ein Foto (Abb. 21-09) zeigt den Zustand des Schlosses kurz vor Beginn des Umbaus 1913.[33]

Die Planungen (Abb. 21-10) sind umfassend dokumentiert, anhand der Aufrisse, Schnitte und Grundrisse können die gesetzten Eingriffe nachvollzogen werden. Was den Außenbau anbelangt, legte Franz Ferdinand großen Wert auf ein »authentisches Erscheinungsbild«; darunter verstand er als Denkmalschützer ein der Renaissance nahekommendes Äußeres (Abb. 21-11). Entsprechend mussten die von Carl Ludwig veranlassten neugotischen Veränderungen beseitigt werden; lediglich die beiden Balkone blieben bestehen. Das vierte Geschoss des südwestlichen Turmes wurde abgetragen, um das Dach wieder an die Höhe der restlichen Trakte anzugleichen. Ein neuer, nach dem Renaissancevorbild gestalteter sechseckiger Uhrturm wurde dem Westtrakt aufgesetzt. Zur weiteren Harmonisierung der Dachlandschaft wurde das neben dem Speisesaal gelegene Stiegenhaus, das im Auftrag Carl Ludwigs mit einer Zinnenbekrönung versehen worden war, um ein Stockwerk erhöht und erhielt nun eine kegelförmige Deckung.

Wie auch beim Umbau von Schloss Blühnbach, für den ebenfalls Ludwig Simon verantwortlich war, wurde in Ambras mit 1:1-Modellen aus Holz gearbeitet. Vor der richtigen Ausführung wurden sämtliche Umbauten in Originalgröße mit Holzteilen augenfällig modelliert. Ein Foto (Abb. 21-12) aus der Bauphase zeigt Schloss Ambras eingerüstet und mit Modellen des Uhrturmes, des Stiegenhaustürmchens sowie des Stöckelturmes versehen. Lediglich beim Dach des Stiegenhauses ist erkennbar, dass es sich um provisorische Holzaufbauten handelt, da

Abb. 21-12: Schloss Ambras mit den Holzmodellen für das Stöckelturmdach, dem Uhrturm sowie jetziger Bestand des Spanischen Saaldaches, September 1913 (© Schloss Artstetten)

Abb. 21-13: Schloss Ambras nach der Fertigstellung des Umbaus durch Franz Ferdinand, nach 1913 (© BDA)

Abb. 21-14: Ludwig Simon, Ansicht des Stöckelturmes mit Satteldach und Terrasse in Ambras, Bleistift auf Papier, 27. Juli 1913 (© Schloss Artstetten)

Abb. 21-15: Ludwig Simon, Ansicht des Innenhofes von Schloss Ambras mit neuem Uhrturm und restaurierten Fresken, Bleistift auf Papier, 4. August 1913 (© Schloss Artstetten)

hier noch die steinernen Zinnen unter dem Dachkegel zu sehen sind.

Das Dach des Spanischen Saales wurde im Auftrag des Thronfolgers erneuert und an das historische Renaissancedach in Form eines Paralleldaches (Abb. 21-13) angeglichen, wodurch die bis dahin verdeckten Erdgeschossfenster des Hochschlosses freigelegt werden konnten. Die Quaderbemalung und die rot-weiß-rot bemalten Fensterläden trugen zur Vereinheitlichung der Fassade bei. Der zinnenbekrönte Stöckelturm des Vorschlosses erhielt ein Satteldach (Abb. 21-14).

Im Innenhof ordnete Franz Ferdinand die Entfernung des von seinem Vater installierten Glasganges (Abb. 21-05) im zweiten Stock an. Im Gegensatz zu Carl Ludwig war dem Thronfolger der kunsthistorische Wert der Grisaille-Fresken bewusst. Franz Ferdinand ließ die Malerei aus dem 16. Jahrhundert, wo nötig, wiederherstellen beziehungsweise restaurieren (Abb. 21-15).

Das Appartement der erzherzoglichen Familie erstreckte sich über zwei Etagen des Hochschlosses. Während der erste Stock (Abb. 21-16) für die Kinder Sophie, Max und Ernst und deren Erzieher reserviert war, waren die Wohn- und Repräsentationsräume des Thronfolgerpaares im zweiten Stock (Abb. 21-17) vorgesehen. Die Raumfolge des Nordflügels setzte sich aus dem Schreibzimmer Franz Ferdinands, dem Speisesaal, zwei Salons, einem Vorzimmer und der Kammer Seiner kaiserlichen Hoheit zusammen. Neben dem westlichen Stiegenhaus war der Einbau eines elektrischen Aufzuges vorgesehen.

Infolge der Abtragung des verglasten Verbindungsganges im Innenhof mussten die südseitig

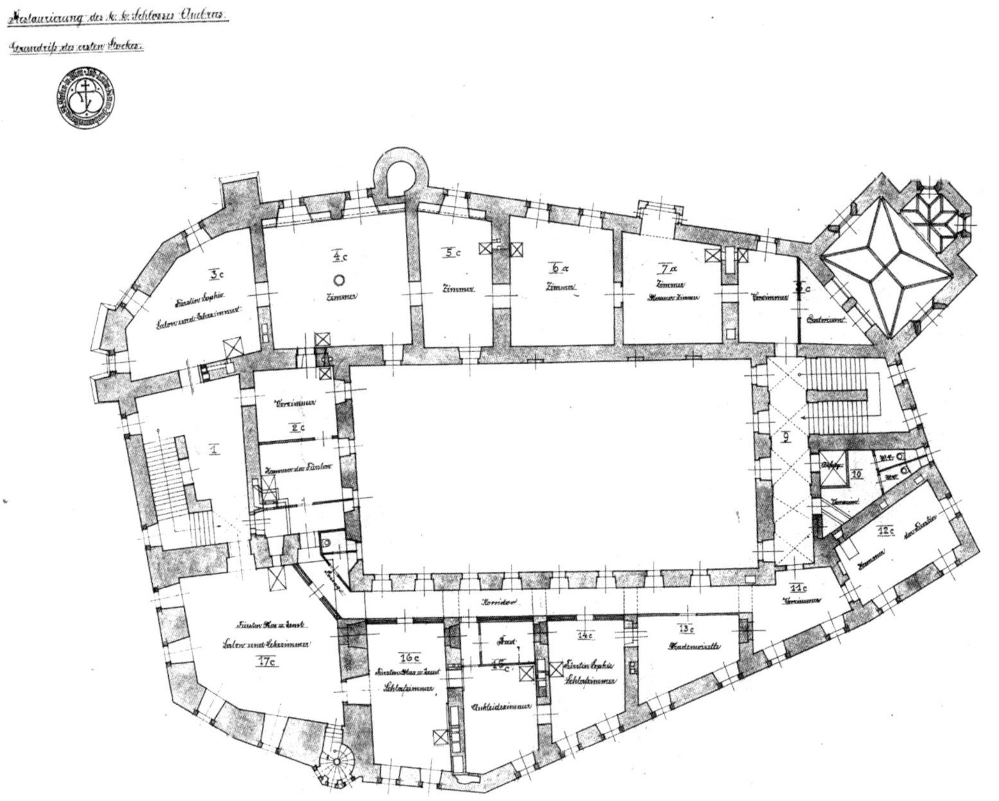

Abb. 21-16: Ludwig Simon, Grundriss des ersten Stockes in Schloss Ambras, Appartement der erzherzoglichen Kinder Sophie, Max und Ernst, Oktober 1913 (© BDA)

gelegenen Räume neu erschlossen werden. Dazu wurden die Zimmer verkleinert und mithilfe von Durchbrüchen ein neuer hofseitiger Korridor geschaffen. Im Südflügel waren der Salon Ihrer kaiserlichen Hoheit, das gemeinsame Schlafzimmer sowie zwei Badezimmer, eine Garderobe und die Kammer der Herzogin von Hohenberg vorgesehen. Zu den beiden Badezimmern haben sich Entwurfszeichnungen (Abb. 21-18) erhalten, die die gleiche Handschrift wie die Badezimmerpläne des Belvederes aufweisen. In beiden Schlössern wurde die Installation der Nassräume zeitgleich im Jahr 1913 in Angriff genommen. Es ist daher anzunehmen, dass dieselbe Firma sowohl für die Einbauten im Belvedere als auch in Ambras verantwortlich zeichnete.

Über die geplante Einrichtung des erzherzoglichen Appartements ist wenig überliefert. Aus den Akten des Obersthofmeisteramtes geht lediglich hervor, dass auf Befehl Franz Ferdinands ein alter Kachelofen für 200 Kronen von Anton Mahlknecht aus der Gemeinde Achenkirch in Tirol[34] sowie Antiquitäten bei dem Meraner Kunsthändler B. Schinle[35] für das Schloss angekauft wurden. Darunter befanden sich beispielsweise »50 Stück Hirsch, Reh- und Gamsköpfe, ein Christuskörper, 30 Stück Zunftzeichen und Eichengegenstände in Gothik, Renaissance, Barock, Roccoco und Empire«.[36]

Zur Einrichtung der Kanzlei der Kammervorstehung und des Sekretariats dienten die in Ambras seit 1893 genutzten Biedermeiermöbel (Abb. 21-19), die ursprünglich 1844 für die Innsbrucker Hofburg angeschafft worden waren. Diese Möbel wurden 1913 restauriert und gegebenenfalls neu tapeziert.[37] Darüber hinaus wurde die Restaurierung von 23 Öl-

Abb. 21-17: Ludwig Simon, Grundriss des zweiten Stockes in Schloss Ambras, Appartement von Erzherzog Franz Ferdinand und seiner Gattin Sophie, Oktober 1913 (© BDA)

gemälden bei den Restauratoren Hermann Ritschl und Eduard Gerisch in Auftrag gegeben.[38]

Mit dem plötzlichen Tod Franz Ferdinands kamen die Bau- und Einrichtungsarbeiten im Schloss Ambras zum Stillstand. Im Obersthofmeisteramt herrschte Ratlosigkeit, was mit den eigens zu Ausstattungszwecken angekauften Objekten passieren sollte. Unter diesen Gegenständen befanden sich zum Beispiel auch eine »antike Veranda im Renaissancestil«, die von Franz Ferdinand bei der Firma Cesani in Venedig erworben worden war, oder »15 Kisten mit Steinplatten und Steinbalustraden«.[39] Weiters kam es auch zu Verzögerungen der Rechnungsbegleichungen an die Handwerker. Im November 1914 waren beispielsweise immer noch Zahlungen an den ausführenden Baumeister Josef Retter in der Höhe von 75.000 Kronen ausständig, was sich für diesen als existenzbedrohend auswirken sollte.[40]

Nach dem Tod des Thronfolgers und dem darauffolgenden Krieg und Zusammenbruch der Monarchie wurden jegliche Pläne zur Bewohnung des Schlosses aufgegeben. 1919 ging Schloss Ambras in den Besitz der Republik Österreich über. Ab 1922 wurde der Museumbetrieb aufgenommen. 1936 erfolgte die Rückführung der Objekte aus dem Kunsthistorischen Museum in Wien nach Ambras. Nach dem Zweiten Weltkrieg konnte 1948 der Museumsbetrieb im Hochschloss wiedereröffnet werden, vier

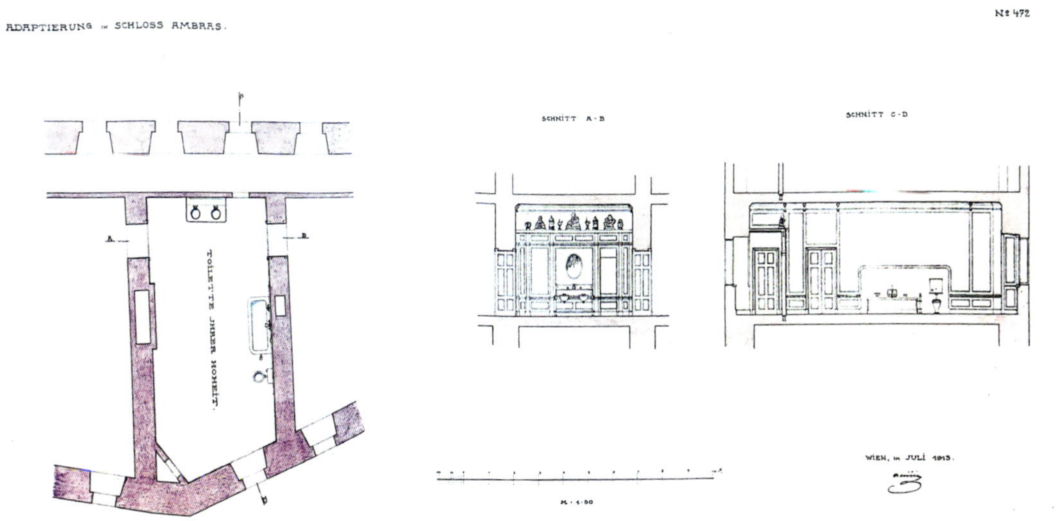

Abb. 21-18: Toilette Ihrer Hoheit, Einbau von Badezimmern im zweiten Stock von Schloss Ambras, Juli 1913 (© Schloss Artstetten)

Abb. 21-19: Mathias Geyr, Stuhl aus der Innsbrucker Hofburg, Mahagoni, 1844, ab 1893 in Schloss Ambras in Verwendung (© Bundesmobilienverwaltung/EK)

Jahre später wurden auch die Waffensäle im Unterschloss für das Museumspublikum zugänglich gemacht. Am Beginn der 1950er-Jahre der Gebäudekomplex vom Ministerium für Handel und Verkehr an das Kunsthistorische Museum in Wien übergeben, das die Sammlung bis heute verwaltet und wissenschaftlich betreut.

ANMERKUNGEN

1 http://www.burgen-austria.com/archive.php?id=1662, 3.2.2017.
2 Ebd.
3 Ebd.
4 Ilg/Boeheim 1882, S. VIII.
5 Ebd., S. X.
6 Ebd., S. VIII.

7 http://www.burgen-austria.com/archive.php?id=1662, 6.2.2017.

8 Ilg/Boeheim 1882, S. 63f.

9 Ebd., S. XI.

10 http://www.burgen-austria.com/archive.php?id=1662, 6.2.2017.

11 Ilg/Boeheim 1882, S. XIII.

12 Braun 1997, S. 87.

13 HHStA, OMeA, Rubrik 81, 8.11.1855.

14 Braun 1997, S. 89.

15 Ebd., S. 90.

16 HHStA, OMeA, Rubrik 81, 14.5.1856.

17 Braun 1997, S. 93.

18 HHStA, OMeA, Rubrik 81, 10.7.1856.

19 Braun 1997, S. 96.

20 HHStA, OMeA, Rubrik 81, 24.2.1858.

21 Aufgrund von Änderungswünschen seitens des Hofes erhöhten sich die Kosten auf 200.000 Gulden. HHStA, OmeA, Rubrik 81, Zl. 5394/1858, 15.9.1858.

22 Braun 1997, S. 102f.

23 HHStA, OMeA, Rubrik 81, Zl. 5626/1858, 5.10.1858.

24 Braun 1997, S. 107f.

25 Die Wohnräume befanden sich an der Nordseite, um den uneingeschränkten Blick auf das Bergpanorama genießen zu können.

26 Braun 1997, S. 106.

27 Inventarbuch Schloss Ambras XIa, BMobV.

28 Ebd.

29 http://www.burgen-austria.com/archive.php?id=1662, 6.2.2017.

30 Ilg/Boeheim 1882, S. 1.

31 Aichelburg 2003, S. 153.

32 HHStA, OMeA, Rubrik 81, Zl. 11269/1914, 11.11.1914.

33 Der Uhrturm scheint schon früher (wahrscheinlich um 1900) abgetragen worden zu sein, da er weder auf den Plänen Ludwig Simons noch auf dem vor dem Umbau 1913 aufgenommenen Bestandsfoto aufscheint. Aus dem zu Schloss Ambras vorhandenen Quellenmaterial geht allerdings nicht hervor, wann dieser Rückbau stattgefunden hat.

34 HHStA, OMeA, Rubrik 81, Zl. 766/1914.

35 Ebd., Zl. 12.024/1914.

36 Ebd.

37 Ebd., Zl. 104/1914 vom 3.5.1914 und Zl. 248/1914 vom 19.9.1914.

38 Ebd., Zl. 8605/1914.

39 Ebd., Zl. 7576/1914, 25.7.1914.

40 Ebd., Zl. 11269/1914, 11.11.1914.

22. »… DIE SCHÖNHEIT DER ALTEN HOFBURG …«

ERZHERZOG FRANZ FERDINAND UND DIE KAISERAPPARTEMENTS IN DER NEUEN BURG

Andreas Nierhaus

Der monumentale Ausbau der Wiener Hofburg unter Kaiser Franz Joseph markiert einen der letzten Höhepunkte höfischen Bauens in Europa.[1] Die Grundlage bildete das von Gottfried Semper (1803–1879) und Carl Hasenauer (1833–1894) ab 1869 geplante »Kaiserforum« – die Vision einer idealen Residenz, in der Herrscherpalast und Hofmuseen zu einer architektonischen Einheit verbunden wurden.[2] (Abb. 22-01) Das Projekt war als Zentrum der ab 1858 neu angelegten Ringstraße und des von ihr dominierten Stadterweiterungsgebietes gedacht. Zwischen der Alten Burg und den Hofstallungen sahen die Architekten auf einer Länge von 500 Metern eine von mächtigen Bauten gesäumte Platzanlage vor. Die eigentliche Palastanlage sollte das Areal des Äußeren Burgplatzes einnehmen und als dreiflügeliger, um einen Ehrenhof angelegter Bau der Tradition des europäischen Schlossbaus des 17. und 18. Jahrhunderts folgen. Im Zentrum war der von einer Kuppel bekrönte Thronsaaltrakt geplant, flankiert von weit ausgreifenden, 200 Meter tiefen, zum Platz hin konkav geschwungenen Flügelbauten, in denen die kaiserlichen Wohnappartements beziehungsweise Gästeappartements untergebracht werden sollten. In der Achse dieser Flügelbauten folgten jenseits der Ringstraße die beiden Museen für die kunst- und naturhistorischen Sammlungen des Kaiserhauses. Triumphbögen sollten die einzelnen Bauten über die Ringstraße hinweg verbinden und damit die vom Michaelertor und dem Thronsaal ausgehende Hauptachse des Forums gegenüber dem Straßenzug des neuen Boulevards stärken.

Das Kaiserforum sollte die Präsenz und Dominanz des Herrschers in seiner Reichshaupt- und Residenzstadt mit städtebaulichen und architektonischen Mitteln zum Ausdruck bringen. Weckte der Grundriss Erinnerungen an die antiken Kaiserforen, so folgten die Bauten selbst den kanonischen – und nach damaligen Maßstäben »idealen« – Formen der italienischen Hochrenaissance. Der einzigartige Maßstab der Planungen wurde in Europa nur von der Erweiterung des Pariser Louvre unter Napoleon III. übertroffen. Im Gegensatz zu Paris blieb das Projekt eines die gesamte Stadt dominierenden Residenzkomplexes in Wien jedoch Fragment – während der langen Bauzeit erlahmte die Begeisterung für die Realisierung des Gesamtprojektes zunehmend. Während die beiden Museen mit großem Aufwand innerhalb relativ kurzer Zeit zwischen 1871 und 1891 gebaut und eröffnet werden konnten, blieb der 1881 begonnene, für die kaiserlichen Wohnappartements reservierte Trakt – die sogenannte »Neue Burg« – unvollendet. Ihr Pendant wurde erst gar nicht mehr in Angriff genommen, der Thronsaaltrakt nur in einer stark reduzierten Form, die mit den ursprünglichen Plänen Sempers und Hasenauers nichts mehr zu tun hatte, ab 1908 verwirklicht. Die Ausstattungsarbeiten waren hier noch im Gange, als mit dem Ende der Monarchie im November 1918 dem Bau einer Kaiserresidenz mit einem Schlag die Grundlagen entzogen wurden.

Erzherzog Franz Ferdinand war als präsumtiver Nachfolger Kaiser Franz Josephs von 1906 bis zu seinem Tod 1914 für den Burgbau verantwortlich. In der sich über beinahe vierzig Jahrzehnte erstreckenden, verwickelten Baugeschichte der Neuen Burg waren diese acht Jahre eine entscheidende Periode: Unter Franz Ferdinand wurde nicht nur das Kaiserforum formell »ad acta« gelegt, sondern auch entscheidende Weichen für die künftige Nutzung der Neuen Burg gestellt – mit Auswirkungen bis in die Gegenwart. Dabei wurde die ursprünglich vorherrschende Funktion als Wohnsitz der kaiserlichen Familie sukzessive zugunsten musealer Einrichtungen zurückgedrängt, die Residenz des Herrschers damit – noch vor dem Ende seiner Herrschaft – musealisiert. Dieser Prozess beruhte freilich nicht auf strategischen Entscheidungen der Bauherren, sondern ist Ausdruck des radikalen Bedeutungswandels

Abb. 22-01: Rudolf von Alt nach Gottfried Semper und Carl Hasenauer, Vogelschau des Kaiserforums, 1873, Wien (© BHÖ)

beziehungsweise -verlustes traditioneller monarchischer und höfischer Repräsentationsformen am Beginn des 20. Jahrhunderts.[3]

Als Erzherzog Franz Ferdinand von seinem kaiserlichen Onkel am 27. Februar 1906 per Handschreiben mit der Leitung des Burgbaues beauftragt wurde,[4] war bereits ein Vierteljahrhundert seit dem Beginn der Bauarbeiten an der Neuen Burg vergangen.[5] Nicht zuletzt aus diesem Grund war der Burgbau in der Öffentlichkeit in Verruf geraten: In der Zeitung wurde es angesichts der Fehlplanungen sogar als »Monstergebäude« bezeichnet, das am besten dem Erdboden gleichgemacht werden sollte.[6] Die Situation, die Franz Ferdinand vorfand, war ebenso komplex wie heikel. Sein Agieren als Bauherr bliebe ohne den folgenden Blick zurück in die Baugeschichte unverständlich.

Der überraschende Tod Carl Hasenauers, der seit 1881 den Bau der Neuen Burg leitete, hatte im Jahr 1894 die erste Zäsur gebracht. Zu jener Zeit waren die Außenmauern weitgehend fertiggestellt, die Raumdisposition gemäß den Ausführungsplänen von 1881 dagegen nur in Grundzügen fixiert. Bruno Gruber (1839–1907) und Otto Hofer (1847–1901), die nun als ehemalige Mitarbeiter Hasenauers die Bauleitung innehatten, arbeiteten zwischen 1894 und 1896 an einer Serie von mehr als 170 detailliert ausgearbeiteten Zeichnungen für die innere Ausstattung des neuen Hofburgflügels, wobei sie den kaiserlichen Wohnappartements besondere Aufmerksamkeit widmeten. In ihrem dekorativen Reichtum erinnern die Entwürfe an Hasenauers Interieurs für das Hofburgtheater oder die kaiserliche Hermesvilla im Lainzer Tiergarten und lassen damit jeglichen Bezug zu den vom Rokoko geprägten offiziellen Repräsentationsräumen des Wiener Hofes vermissen.[7] (Abb. 22-02) Die aufwendige Entwurfsarbeit war jedoch alsbald hinfällig: Der 1896 als oberster Bauleiter eingesetzte Emil von Förster (1838–1909) initiierte eine grundlegende Revision der Planungen, die umfangreiche Umbauten an den bereits vollendeten Teilen der Neuen Burg nach sich zog. Der Einbau eines Mezzanins im mehr als 13 Meter hohen Parterregeschoss sollte den angeblich großen Wohnbedarf der kaiserlichen Familie stillen und machte nicht nur die Umgestaltung der Fassade zum Burggarten,

Abb. 22-02: Bruno Gruber, Otto Hofer, Salon des Kaisers, um 1894-1896 (© HHStA)

sondern auch die Neukonzeption des großen Stiegenhauses im Segmenttrakt notwendig.[8]

Kaiser Franz Joseph genehmigte das Projekt, dürfte sich abgesehen davon aber nicht mehr für den Burgbau interessiert haben. Er rechnete wohl kaum mehr damit, jemals in die neue Residenz einzuziehen; die Ermordung der Kaiserin 1898 mag ein Übriges dazu beigetragen haben. Die riesige Baustelle der Neuen Burg war also ohne Bauherrn. Die Hofbeamten, allen voran der Präsident des Hofbaucomités, Franz von Wetschl (1850–?), konnten oder wollten diese Lücke nur bedingt füllen. Wichtige Entscheidungen, etwa über Lage und Gestaltung der kaiserlichen Wohnappartements, wurden nicht getroffen. In dieser Krisensituation wurde 1899 Friedrich Ohmann (1858–1927) zum Leiter des Burgbaues ernannt. Auch ihm, der neben Otto Wagner als einer der wichtigsten »modernen« Architekten im damaligen Österreich galt, gelang es mangels kaiserlicher Direktiven nicht, den Burgbau in geregelte Bahnen zu lenken. Die eindrucksvollen Entwürfe für Festräume (Abb. 22-03) können nicht über die Entscheidungsschwäche des Hofbaucomités hinwegtäuschen, das sich im Laufe der Jahre auf keines der Dutzende von Projekten Ohmanns für das große Treppenhaus einigen konnte.[9] In dieser verfahrenen Situation griff der Thronfolger zu Beginn des Jahres 1905 erstmals aktiv in das Baugeschehen der Neuen Burg ein und gab Ohmann – sehr zum Ärger des Hofbaucomités – aus dem Hintergrund Direktiven, die den Stand der Planungen bewusst konterkarierten.[10] Ohmann seinerseits dürfte gehofft haben, in Franz Ferdinand einen Unterstützer bei seinen Konflikten mit dem Hofbaucomité zu finden. Tatsächlich wurde das Hofbaucomité alsbald aufgelöst und Franz Ferdinand von Kaiser Franz Joseph zum Leiter des Hofburgbaues ernannt.

In der ersten Sitzung der anstelle des Hofbaucomités neu installierten Burgbaukommission gab der neue Bauherr seine Wünsche bekannt. Vor al-

Abb. 22-03: Friedrich Ohmann, Speisesaal im Anschlusstrakt der Neuen Burg, um 1902 (© Ferdinand Feldegg, Friedrich Ohmann, 1914, Tafel 23/24)

lem forderte er eine Reduktion des Kaiserforum-Projektes, das »auf den historischen Wert und die Schönheit der alten Hofburg gar keine Rücksicht« nehme, außerdem zu groß und zu teuer sei.[11] Bedarf herrsche an Festräumen, Wohnappartements für »Ihre Majestäten« und für fremde Herrscher. All diese Räume müssten »organisch« an die Räume der Alten Burg angegliedert werden. Franz Ferdinand dachte also nicht daran, die historischen Wohn- und Repräsentationsräume der alten Hofburg gänzlich aufzugeben, wie dies in den ursprünglichen Plänen vorgesehen war, sondern sah die Neue Burg als einen – durchaus problematischen und im gegenwärtigen Zustand dysfunktionalen – Annex zu dem in Jahrhunderten gewachsenen Residenzkomplex. Die Alte Burg allein konnte in seinen Augen durch ihre Anciennität der Würde des Hauses Habsburg entsprechen. Diese Werte galt es, den umfangreichen Neubauten zum Trotz, sichtbar zu erhalten.

Ohmann legte nun Ende des Jahres ein umfassendes Projekt zum Ausbau der Hofburg vor, das die bisherigen Probleme lösen und insbesondere die vom Thronfolger geforderte Verbindung zwischen den Niveaus der Alten und der Neuen Burg herstellen sollte.[12] Die kaiserlichen Wohnräume verlegte Ohmann wunschgemäß in das Mezzanin der Neuen Burg. Dennoch kam es zum Bruch, und Ohmann trat zu Beginn des Jahres 1907 enerviert von

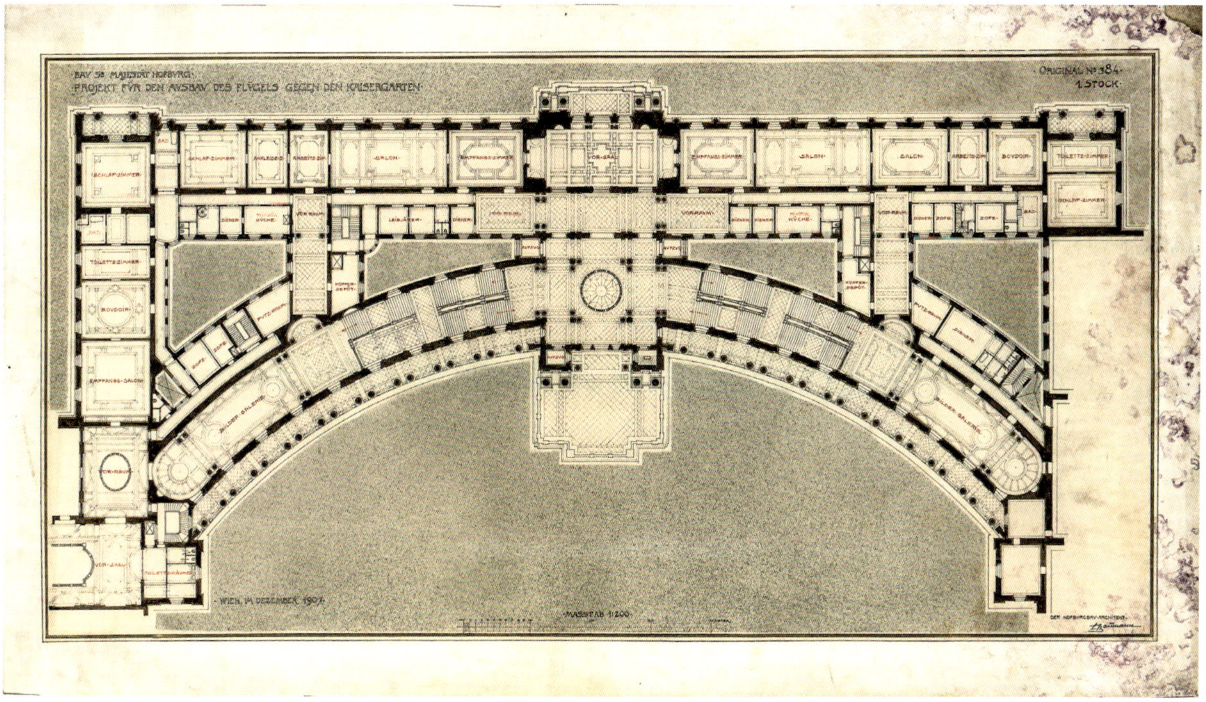

Abb. 22-04: Ludwig Baumann, Gästeappartements im Ersten Stock der Neuen Burg, 1907 (© HHStA)

seinem Amt zurück. Ludwig Baumann (1853–1936), der bereits zuvor gegen den deklarierten Willen Ohmanns in die Burgbaukommission berufen worden war, wurde zum Burgbauarchitekten ernannt. Unter seiner Leitung sollte es erstmals seit mehr als einem Jahrzehnt auch zu konkreten Planungen für die Appartements des künftigen Kaiserpaares kommen, die jedoch Papier blieben. Daran hatten nicht erst die Schüsse von Sarajewo schuld; liest man zwischen den Zeilen der Protokolle der Sitzungen und Audienzen, so war es vielmehr das zögerliche und sprunghafte Verhalten des Thronfolgers, das mitunter Jahre verstreichen ließ, ehe drängende Entscheidungen getroffen wurden, und abrupte, oft nur schwer nachvollziehbare Planänderungen zeitigte.

Anfang März 1907 gab Franz Ferdinand erstmals seine Vorstellungen zur künftigen Nutzung der Neuen Burg bekannt.[13] Appartements für sich und seine Gemahlin waren zum damaligen Zeitpunkt – anders als im Jahr zuvor – offenbar nicht geplant. Im Mezzanin und ersten Stock sollten Gästeappartements eingerichtet werden, der zweite Stock war für das jeweilige Gefolge reserviert. Das Corps de logis wurde – entgegen seiner Bezeichnung – zur Gänze für museale Zwecke gewidmet. Eine Reihe von Grundrissen Baumanns vom Dezember 1907 zeigt die geplante Raumaufteilung im Segment- bzw. Gartentrakt der Neuen Burg (Abb. 22-04).

Die Zurückhaltung Franz Ferdinands in der Frage der Einrichtung eines kaiserlichen Wohnappartements hatte möglicherweise persönliche Gründe: Durch seine morganatische Ehe mit Sophie Gräfin Chotek war er vom Kaiser 1900 zum Verzicht auf die Thronfolge für seine Nachkommen gezwungen gewesen. Die Situation für Frau und Kinder Franz Ferdinands am Wiener Hof war – nicht zuletzt durch seine Feindschaft mit dem kaiserlichen Obersthofmeister Alfred Fürst von Montenuovo – schwierig, weshalb zu Lebzeiten Kaiser Franz Josephs die Einrichtung der künftigen kaiserlichen Appartements in protokollarischer und zeremonieller Hinsicht problematisch war. Zugleich wussten aber schon die Zeitungen im Jahr 1907 zu berichten, dass Franz Ferdinand keineswegs plante, dereinst dauerhaft in der Hofburg zu wohnen: »Seinen Vertrauten hat er schon vor einiger Zeit mitgeteilt, daß er zeitlebens

den jetzt von ihm benützten Belvederepalast zur Residenz beibehalten wird, auch wenn es notwendig sein sollte, ihn baulich auszugestalten. Es läßt sich ja auch ganz gut denken, daß der künftige Kaiser von seinem Palais im Belvederegarten in die Burg fährt, um dort Feste abzuhalten, und nach deren Ende zu seiner Familie in sein Heim zurückkehrt.«[14]

Auch wenn eine Nutzung der Neuen Burg als kaiserliche Residenz damit nicht infrage kam, musste schon allein aus symbolischen Gründen für ein kaiserliches Appartement vorgesorgt werden. Zunächst allerdings rückten dringendere Fragen in den Vordergrund. 1908–1913 wurde das große Treppenhaus, für das Baumann endlich eine überzeugende Lösung gefunden hatte, baulich weitgehend fertiggestellt. Ab 1909 wurde die Ausstattung der an das Treppenhaus anschließenden Vestibüle und Säle im Mittelbau virulent, die den Zugang zu den Gästeappartements bilden sollten. Die Realisierung zog sich jedoch bis 1915 hin und wurde selbst in diesem kleinen Bereich nicht mehr fertiggestellt.

Abb. 22-05: Ludwig Baumann, Saal im Mezzanin der Neuen Burg, um 1910 (© HHStA)

Rechte Seite:
Abb. 22-06: Ludwig Baumann, Marmorsaal im Ersten Stock der Neuen Burg, um 1910, Wien (© BHÖ)

Der Parterresaal, der das Treppenhaus mit den Gartensälen und dem Burggarten verband, erhielt durch eingestellte toskanische Säulen aus Adneter Barbarossa-Marmor ein besonders repräsentatives Erscheinungsbild.[15] Der Saal im Mezzanin sollte eine Wandgliederung aus toskanischen Doppelpilastern und Lisenen mit Grotesken erhalten (Abb. 22-05). In die stuckierte Decke sollten Gemälden aus dem Depot der kaiserlichen Gemäldegalerie eingelassen werden, darunter eine großformatige allegorische Darstellung Jacob van Schuppens, die ursprünglich für die Ausstattung der Gemäldegalerie in der Stallburg entstanden war.[16] Die Wände des Saales im ersten Stock schließlich wurden mit Stuckmarmor ver-

DER HOFBVRGBAV-ARCHITEKT:

Abb. 22-07: Ludwig Baumann, Gartensaal im Parterre der Neuen Burg, um 1912, Wien (© BHÖ)

kleidet, das zentrale Fenster zum Garten durch eine Serliana auf ionischen Säulen ausgezeichnet. Die Bildhauerarbeiten lieferte Othmar Schimkowitz.[17] Wie ein Aquarell aus dem Atelier Baumanns zeigt, sollte dieser Raum zunächst eine Holzkassettendecke im Renaissancestil erhalten (Abb. 22-06). Später entschied man sich für eine Stuckdecke mit historischen Deckenbildern, die Peter und Paul Strudel für den Leopoldinischen Trakt geschaffen hatten. Die zahlreichen zwischen 1909 und 1914 vorgelegten Varianten zur Gestaltung der Decken machen jedoch deutlich, dass die Gemälde keinerlei ikonologische, sondern lediglich dekorative Bedeutung besaßen.

Wurde der mangelnde praktische Nutzen der Mittelsäle durch die reiche Ausstattung einigermaßen verschleiert, so war die Frage nach dem Verhältnis von Raumfunktion und Form bei den anschließenden Räumen an der Gartenseite weitaus schwieriger zu beantworten. Dem Mangel an konkretem Nutzen antworteten die Verantwortlichen auch hier mit einem Übermaß an historischen Assoziationen. So schlug der Architekt und Professor an der Wiener Kunstgewerbeschule, Hermann Herdtle (1848–1926), der seit 1911 der Burgbaukommission angehörte, vor, den Gartensälen im Parterre eine Ausstattung »im Charakter jener des Palazzo del Te in Mantua« zukommen zu lassen.[18] Der Thronfolger sah in ihnen Musealräume, die mit Plastiken, Reliefs und antiken Gegenständen oder Depotbildern des Hofmuseums ausgestattet werden sollten.[19] Einige Monate später schlug Baumann als »die billigste Art« der Ausstattung Kassettendecken vor, die Vorbildern im Palazzo Venezia in Rom folgten,[20] den Baumann zu jener Zeit gerade restaurierte. Die unterschiedlichen Ausstattungsvarianten sind auf mehreren Zeichnungen überliefert (Abb. 22-07, 22-08). Nichts von alledem wurde je verwirklicht.

Das Jahr 1911 brachte eine Wende in der Planung der Neuen Burg. Franz Ferdinand hatte seine Meinung offenbar geändert und plante nun, im Mezzanin Appartements für sich und seine Gemahlin einzurichten. Zu diesem Zweck wurden mehrere renommierte Wiener Firmen – Friedrich Otto Schmidt, Sándor Járay, Portois & Fix, Schönthaler, Bernhard Ludwig und J. W. Müller – eingeladen, Entwürfe vorzulegen. Im Dezember wählte die Kommission Entwürfe zur Vorlage beim Thronfolger aus: Schlafzimmer (Schmidt), Arbeitszimmer

Abb. 22-08: Ludwig Baumann, Gartensaal im Parterre der Neuen Burg, um 1912, Wien (© BHÖ)

des Thronfolgers (Portois & Fix), Toilettezimmer der Herzogin (Schönthaler), Großer dreifenstriger Salon (Portois & Fix), Entree-Salon (Schmidt). Für das Toilettezimmer des Thronfolgers und den Damensalon – im Stil der »kleinen Gemächer im Palazzo Ducale in Mantua« – sollten noch Entwürfe von Bernhard Ludwig bzw. J. W. Müller eingeholt werden; auch für den Warteraum, der sich an nicht näher genannte »Vorräume« im Vatikan anlehnen sollte, wurde ein Entwurf Bernhard Ludwigs in Aussicht genommen.[21] Im Januar 1912 wurden Portois & Fix und Sigmund Járay eingeladen, je einen Wohnraum zu entwerfen.[22]

Im Februar wurden die eingelangten Entwürfe dem Thronfolger und seiner Gemahlin im Belvedere präsentiert.[23] Für das Schlafzimmer wünschte Franz Ferdinand einen »intimen, wohnlichen Charakter«; die Wände müssten die Möglichkeit bieten, »Bilder, Plastiken und andere Kunstgegenstände an denselben zu applizieren und antike Schränke aufzustellen. Demnach dürfen die Wände durch Ornamente, Pilaster und dekorative Felder nicht unterbrochen sein.« Das Schlafzimmer sollte eine etwa 90 cm hohe Eichenholz-Lambris in Naturholzfarbe und ebensolche Türen erhalten, die Wände ansonsten mit Stoff bespannt sein und ein »gutes Renaissancegesimse in einfachem Charakter« als Abschluss erhalten. »Der Plafond ist womöglich glatt und ruhig zu halten.« Das Toilettezimmer der Herzogin von Hohenberg sollte »hauptsächlich äusserst praktisch und auf alles bedacht aufgelöst sein, so zwar, dass die Wände weiss, bis zu einer gewissen Höhe getäfelt, seien, wobei die Kästen derart anzuordnen sind, dass sie in der Wand vertieft erscheinen. Ein grosser Spiegel mit Tisch, entsprechende Spiegel bei den Täfelungen und andere Bedachtmassnahmen werden den Charakter dieses Toilettezimmers feststellen.« Das Toilettezimmer Franz Ferdinands dagegen sollte »den Charakter eines Wohnraumes« tragen. Das Empfangszimmer der künftigen Kaiserin sollte »eine abwechselnde Note in den Charakter der Interieurs« bringen und deshalb genau dem von Portois & Fix hergestellten Empfangszimmer im Belvedere entsprechen. Sándor Járays Entwurf für den Rauchsalon wurde akzeptiert; er sollte auch für den Wartesalon eine Skizze vorlegen. Der Entwurf zum Speisesaal sollte durch Portois & Fix anhand eines Modells im Raum selbst demonstriert werden.

Abb. 22-09: Portois & Fix, Arbeitszimmer Erzherzog Franz Ferdinands im Mezzanin der Neuen Burg, 1911/12 (© HHStA)

Ein anschließender Salon mit reichem Holzplafond war ebenfalls von Portois & Fix entworfen worden. In allen Räumen des Mezzanins und ersten Stocks wünschte Franz Ferdinand außer der Zentralheizung auch Öfen, um die nur zum Vorwärmen gedachte Heizung während der Nutzung der Räume ausschalten zu können und Kosten zu sparen. Darum waren in allen diesen Räumen Kachelöfen zu projektieren.

Die zahlreichen in den Akten der Burgbaukommission erwähnten Entwürfe dürften an die Firmen zurückgesandt worden sein, denn im Planarchiv kann nur ein Blatt sicher mit diesem Vorhaben identifiziert werden. Es trägt den Schriftzug der Firma Portois & Fix und zeigt das Arbeitszimmer Franz Ferdinands im Stil der »Deutschen Renaissance« (Abb. 22-09). Ein weiteres Blatt, das möglicherweise mit diesem Ausstattungsprojekt in Verbindung steht, zeigt ein möglicherweise von Friedrich Otto Schmidt entworfenes Schlafzimmer im Stil der oberitalienischen Frührenaissance (Abb. 22-10). Soweit wir aus den spärlichen Quellen rekonstruieren können, folgte die geplante Ausstattung der einzelnen Wohnräume in unterschiedlichen Stilen dem im Historismus des 19. Jahrhunderts ausgeprägten bürgerlichen Wohnideal und stand damit in keinerlei Bezug zur Wohnkultur des Wiener Hofes im 19. Jahrhundert.

Nach Prüfung der Kostenvoranschläge im Juni reagierte die Kommission äußerst zurückhaltend: Die Kosten, ohne Fußböden und Möbel, waren derart hoch, dass sie der Genehmigung des Thronfolgers nicht empfohlen werden konnten.[24] Angesichts der hohen Kosten schlug Baumann nun plötzlich vor, die Ausstattung der neuen Burg mit jener der anderen habsburgischen Residenzen »auf eine gleiche Basis zu bringen und dabei ins Auge zu fassen, die Räume einfacher auszustatten, dafür aber kostbarer einzurichten. Zu diesem Zwecke wären für diese Räume eine Anzahl einheitlicher Typen im Renaissance-Charakter zu schaffen, welche sich auf die Türen, Beschläge, Lambrie, Täfelung und Plafonds zu beziehen hätten.« Baumann würde diese im Einvernehmen mit den Kunstberatern des Thronfolgers, Georg Graf Mycielski (1856–1928) und Hermann Herdtle, entwerfen. Originale Renaissancekamine sollten etwa bei der Kunsthandlung Bernheimer in München gekauft werden, da sie immer noch billiger seien als neu hergestellte. Die einzelnen Typen sollten zugleich als verlässliche Basis für die Gesamtkosten dienen. Die Burgbaukommission schloss sich diesem Antrag an.[25] Im Planarchiv der Burghauptmannschaft haben sich Skizzen Baumanns zur Ausstattung der Wohnappartements ebenso erhalten wie Zeichnungen zu Kaminen, die zum Teil mit Preisen in Mark versehen sind (Abb. 22-11, 22-12). Wie die Entwürfe zeigen, spielte auch bei diesen Interieurs die Tradition bzw. Konvention habsburgischer Wohnkultur

Abb. 22-10: Unbekannter Entwerfer, Schlafzimmer im Mezzanin der Neuen Burg, 1911/12? (© HHStA)

keine Rolle. Die Präferenz Franz Ferdinands für den »Maria-Theresianischen Stil«, die er bei öffentlichen Bauten an den Tag legte, lässt sich während seiner gesamten Zeit als oberster Bauherr der Wiener Hofburg an keiner Stelle festmachen.

In den darauf folgenden Monaten muss Franz Ferdinand die Nutzung des Mezzanins für seine eigenen Wohnzwecke allerdings wieder überdacht haben, denn Ende des Jahres sollten diese Räume auf seinen Wunsch hin plötzlich Sammlungsobjekte des kunsthistorischen Hofmuseums aufnehmen und die Ausstattung diesem Zweck angepasst werden, zugleich aber auch als »Wohnappartements für fremde Majestäten« sowie »zur Abhaltung Allerhöchster Familien-Diners« verwendet werden können. Auch der erste Stock der Neuen Burg war nun zur Gänze als Museum gedacht, sollte aber ebenfalls als Wohnung genützt werden können.[26] Mit der geplanten Umwidmung sämtlicher potenzieller Wohnräume der Neuen Burg zu Sammlungsräumen war nun die kaiserliche Residenz zu einer Mischung aus Museum und Gästehaus des Hofes geworden.[27] Die Episode der Planung eines kaiserlichen Appartements in der Neuen Burg war damit vorüber.

Der Schwerpunkt der Arbeiten hatte sich zu jener Zeit von der Neuen Burg auf den Festsaaltrakt verlagert, an dem seit 1910 gebaut wurde. Seine Situierung im Anschluss und auf dem Niveau der historischen Festsäle der Alten Burg machte deutlich, wo für Franz Ferdinand die Prioritäten lagen. Als Verbindung zwischen dem Festsaal und den deutlich höher gelegenen Räumen im Mezzanin der Neuen Burg beschäftigte man sich seit 1913 mit der Planung eines »Familienspeisesaales« im Trakt gegenüber der

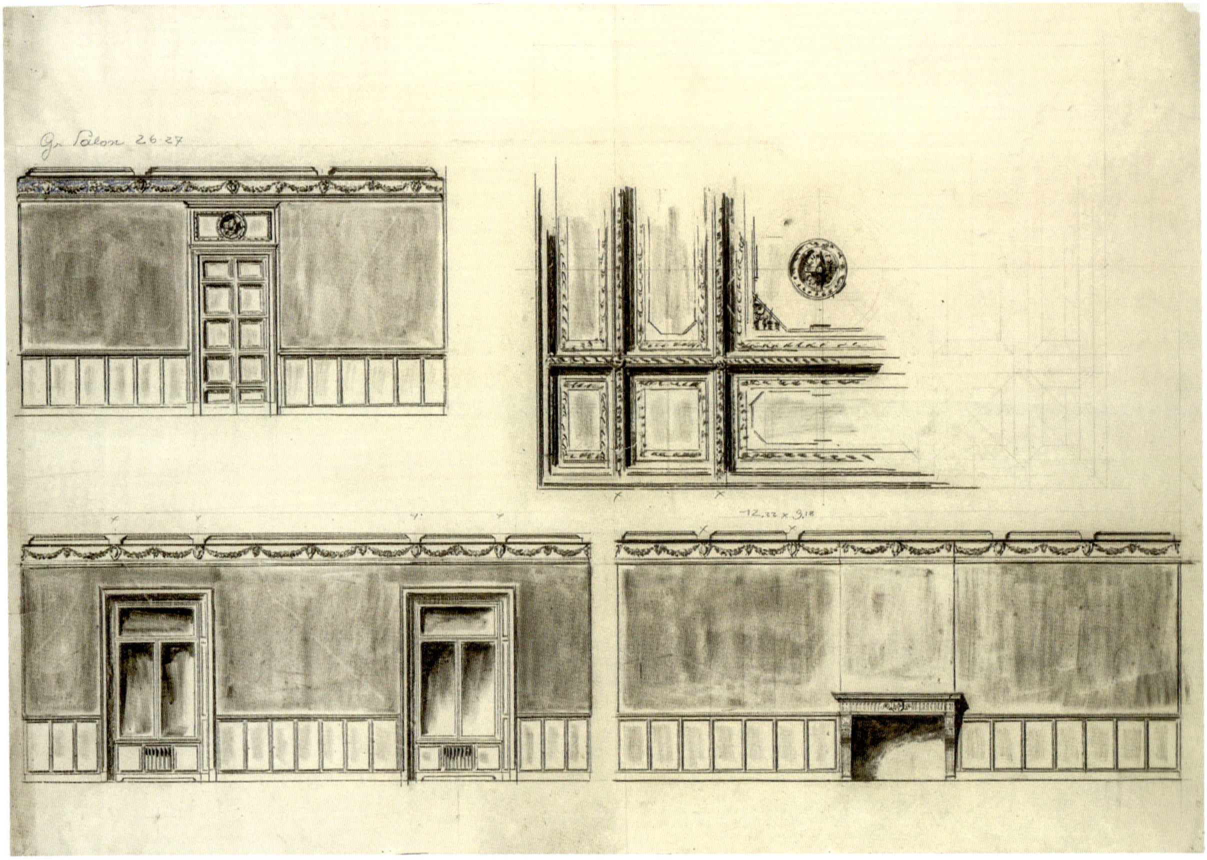

Abb. 22-11: Ludwig Baumann, Großer Salon im Mezzanin der Neuen Burg, 1912 (© HHStA)

Hofbibliothek. Er sollte eine vergoldete Decke »im Charakter jener des großen Saales des Dogenpalastes« erhalten. Für den nahegelegenen »Marschalltafelsaal« im Anschlusstrakt wurde eine ähnliche Ausstattung im Renaissancestil vorgeschlagen.[28] In den folgenden Jahren entstand eine ganze Reihe von Entwürfen für diese beiden Räume, die jedoch bis zum Ende der Monarchie nur im Rohbau fertiggestellt werden konnten (Abb. 22-13, 22-14).

Im Jahr 1913 nahm Kaiser Franz Joseph erstmals seit Jahren wieder an den Geschicken des Burgbaus Anteil – diesmal, um ihm formell ein Ende zu setzen. Mit der Fortsetzung des Baues, so heißt es im gemeinsamen Vortrag des Obersthofmeisters und des Innenministers vor Kaiser Franz Joseph, »kann sich die Gegenwart nicht befreunden«; der Umfang der geplanten Bauten gehe weit über die Bedürfnisse des Hofes hinaus.[29] Wohl auf Betreiben Franz Ferdinands sollten die nach der Fertigstellung der Neuen Burg frei werdenden Mittel des Stadterweiterungsfonds zur Ausgestaltung und Erhaltung der Alten Hofburg sowie der Schlösser Schönbrunn und des Belvedere herangezogen werden.

Am 3. Juni 1914 besichtigte der Thronfolger zum letzten Mal die Baustelle der Neuen Burg und des Festsaaltraktes und machte detaillierte Anordnungen.[30] Als die Burgbaukommission am 16. Oktober 1914 wieder zu einer Sitzung zusammentraf, befand man sich bereits mitten im Ersten Weltkrieg. Der Obersthofmeister des Thronfolgers, Karl Graf Rumerskirch (1867–1947), begann die Sitzung mit einer Ansprache: »Noch immer unter dem niederschmetternden Eindrucke der grauenhaften Katastrophe von Sarajevo, drängt es mich tiefgebeugt und bewegten Herzens von dieser Stelle aus den Gefühlen der tiefsten Trauer Ausdruck zu verleihen. Wir sind besonders hart getroffen, weil uns durch das Hinscheiden der Höchsten Herrschaften, die in getreuli-

Abb. 22-12: Renaissance-Kamin, 1912 (© HHStA)

Abb. 22-13: Ludwig Baumann, Familienspeisesaal im Mezzanin der Neuen Burg, 1913, Wien (© BHÖ)

Abb. 22-14: Ludwig Baumann, Marschalltafelsaal im Mezzanin der Neuen Burg, um 1916 (© HHStA)

cher Ausübung ihrer Dienstespflicht den Heldentod gefunden haben, unser Höchster Bauherr auf grausame Weise mitten in der Vollkraft seines segensreichen Wirkens und Schaffens entrissen wurde. Von nun an ist Seine kaiserliche und königliche Hoheit der durchlauchtigste Herr Erzherzog Karl mit der Oberleitung betraut und bleibt die Burgbaukommission in ihrer bisherigen Zusammenstellung. Da nun Se. kaiserliche Hoheit Höchstsich im Felde befinden und daher vorderhand Höchstsich mit unseren Angelegenheiten nicht befassen können, glaube ich im Sinne aller Anwesenden zu sprechen, wenn ich es als ein heiliges Vermächtnis betrachte, dass wir, insoweit durch die neuen Verhältnisse keine Aenderungen eintreten müssen, genau im Sinne des Höchstverstorbenen weiter arbeiten.«[31] Aus Mangel an Alternativen bestimmte Franz Ferdinand also noch aus dem Jenseits die Geschicke des Burgbaues.

Beim Untergang der Monarchie im November 1918 war die Neue Burg noch immer Baustelle. Der

Thronfolger und spätere Kaiser Karl hatte kaum Interesse am Burgbau gezeigt, der infolge der Kriegsereignisse weitgehend zum Erliegen gekommen war. Dass die großen Saalfluchten der Neuen Burg nur im Rohbau fertiggestellt waren – und damit für eine künftige republikanische Nutzung offenblieben –, ist nicht zuletzt auf die Zurückhaltung des Thronfolgers bei der Ausstattung seiner künftigen Residenz zurückzuführen. Als Herrscher eines nach seinen Vorstellungen reformierten und modernisierten Staates hätte Franz Ferdinand mit Sicherheit den historischen Wohn- und Repräsentationsräumen der Alten Burg den Vorzug gegenüber den als »geschichtslos« empfundenen historistischen Neubauten auf dem Heldenplatz gegeben.

ANMERKUNGEN

1 Dieser Beitrag fußt auf der Dissertation des Autors (Nierhaus 2008) sowie auf Forschungen im Rahmen des vom FWF finanzierten Forschungsprojekts »Die Wiener Hofburg. Forschungen zur Planungs, Bau- und Funktionsgeschichte« der Österreichischen Akademie der Wissenschaften, Teilprojekt P17815. Die Ergebnisse sind zusammengefasst in: Telesko 2012.

2 Zum Kaiserforum vgl. zuletzt Kurdiovsky 2012 und Nierhaus 2012.

3 Vgl. Nierhaus 2014.

4 Handschreiben Kaiser Franz Josephs an Erzherzog Franz Ferdinand, 27. Februar 1906, Wien, ÖStA, HHStA, Nachlass Erzherzog Franz Ferdinand, Kt. 1, Nr. 134.

5 Zur Baugeschichte der Neuen Burg zwischen 1881 und 1906 vgl. die Beiträge von Richard Kurdiovsky und Andreas Nierhaus in: Telesko 2012, S. 229–328.

6 Die Neue Hofburg, in: Neues Wiener Journal, 6. März 1906, S. 2–3.

7 Zu den im Planarchiv der Burghauptmannschaft im Haus, Hof- und Staatsarchiv erhaltenen Zeichnungen vgl. Kitlitschka 1981, S. 191–194, sowie Nierhaus 2008, S. 171–183.

8 Vgl. den Bericht der Bauleitung, Beilage zum Protokoll der 275. Sitzung des Hofbaucomités am 8. März 1897, Wien, ÖStA, AVA, HBC 24848.

9 Vgl. Nierhaus 2008, S. 245–253.

10 Vgl. Friedrich Ohmann, »Konzept«, Archiv der TU Wien, Nachlass Friedrich Ohmann.

11 Sitzungsprotokoll der 1. Sitzung der Burgbaukommission, 14. Mai 1906, Wien, ÖStA, AVA, BBK 1. Danach auch die folgenden Angaben.

12 Vgl. Friedrich Ohmann, »Erläuterungen zu dem neu projektierten Ausbau Sr. Majestät Hofburg: Festsaalbau«, Wien, ÖStA, HHStA, Nachlass Erzherzog Franz Ferdinand, Kt. 85.

13 Protokoll der Besprechung im Belvedere am 9. März 1907 (Fragment), ohne Zahl, Wien, ÖStA, AVA, BBK Faszikel 103.

14 Unser Thronfolger und höchstseine erlauchte Familie, in: Wiener Salonblatt, 4. Mai 1907, S. 2. Zum Umbau des Oberen Belvedere für Franz Ferdinand vgl. Schoeller 2011b.

15 Vgl. die Bestellung 1910 bei den Salzburger Marmorwerken, Wien, ÖStA, AVA, BBK 803.

16 KHM, GG 6284. Vgl. den entsprechenden Plan im Planarchiv der Burghauptmannschaft, Wien, ÖStA, HHStA, PAB, E-IV-d-24, Nr. 457. Abb. bei Telesko 2012, S. 342.

17 Zur Beauftragung von Schimkowitz vgl. Protokoll der Sitzung der Burgbaukommission am 26. November 1912, Wien, ÖStA, AVA, BBK 1370.

18 Protokoll der Sitzung der Burgbaukommission am 22. Jänner 1912, Wien, ÖStA, AVA, BBK 1215.

19 Protokoll der Audienz im Belvedere am 8. Februar 1912, Wien, ÖStA, AVA, BBK 1242.

20 Protokoll der Sitzung der Burgbaukommission am 26. November 1912, Wien, ÖStA, AVA, BBK 1370.

21 Protokoll der Sitzung der Burgbaukommission am 20. und 21. Dezember 1911, Wien, ÖStA, AVA, BBK 1205.

22 Wien, ÖStA, AVA, BBK 1214. Sigmund Jaray legte daraufhin die Preise für zwei Wohnräume vor; Wien, ÖStA, AVA, BBK 1218.

23 Vgl. Protokoll der Audienz im Belvedere am 8. Februar 1912, Wien, ÖStA, AVA, BBK 1242. Danach auch die folgenden Angaben.

24 Portois & Fix etwa hatte für den Speisesaal 148.480 K., für den Salon 136.580 K. und für das Toilettezimmer 28.600 K angesetzt. Herr Fix, der in dieser Sitzung als Sachverständiger anwesend war, rechtfertigte die hohen Preise mit der besonderen Größe der Räume und der erstklassigen Ausstattung. Vgl. Protokoll der Sitzung der Burgbaukommission am 10. Juni 1912, Wien, ÖStA, AVA, BBK 1291.

25 Protokoll der Sitzung der Burgbaukommission am 10. Juni 1912, Wien, ÖStA, AVA, BBK 1291.

26 Protokoll der Sitzung der Burgbaukommission am 21. Dezember 1912, Wien, ÖStA, AVA, BBK 1378.

27 Unklar bleibt in diesem Zusammenhang, welche Rolle die zahlreichen auf die Geschichte Habsburgs bezogenen Historiengemälde spielen sollten, die Franz Ferdinand nachweislich für die Neue Burg bestellt hat. Vgl. dazu Lhotsky 1941, S. 184–185, sowie Telesko 2012a.

28 Vgl. Protokoll der Sitzung der Burgbaukommission am 8. Mai 1913, Wien, ÖStA, AVA, BBK 1453, und Protokoll

der Sitzung der Burgbaukommission am 1. Oktober 1913, Wien, ÖStA, AVA, BBK 1497.

29 Vortrag von Obersthofmeister Montenuovo und Innenminister Udyńsky, Wien, ÖStA, HHStA, OMeA 21/B/8, 4104 ex 1913. Danach auch die folgenden Angaben.

30 Vgl. »Entscheidungen vom 3. Juni 1914«, versehentlich bei Wien, ÖStA, AVA, BBK 1631.

31 Protokoll der Sitzung der Burgbaukommission am 16. Oktober 1914, BBK 1763.

IV VERZEICHNIS DER FIRMEN, HANDWERKER UND ARCHITEKTEN MIT ERZHERZÖGLICHEN AUFTRÄGEN IN DER ZWEITEN HÄLFTE DES 19. JAHRHUNDERTS

23. EINFÜHRUNG ZUM KÜNSTLER- UND LIEFERANTENVERZEICHNIS

Alena Skrabanek

Die in den Beiträgen gesammelten Namen jener schaffenden Persönlichkeiten, deren Arbeiten für die Verwirklichung der persönlichen Vorstellungen der jeweiligen Auftraggeber von einer angemessenen Wohnkultur maßgeblich waren, sind in der Form eines Verzeichnisses zusammengefasst, das indes keinen Anspruch auf Vollständigkeit erhebt. Aufgenommen sind jene Hersteller, Lieferanten und Künstler, die in der zweiten Hälfte des 19. Jahrhunderts, teils auch zu Beginn des 20. Jahrhunderts aktiv waren und von den drei Erzherzögen direkt beauftragt wurden. Die Ergebnisse aus der Quellenforschung erweitern das Bild der relevanten Handwerker im Umkreis des Wiener Hofes. Teils durch die dezentrale Lage der neu gestalteten Sitze und teils durch eine stark individualistische Haltung bedingt, beauftragten die drei Erzherzöge nicht nur »k. & k. Hoflieferanten«. Einige lokale Firmen führten sogar den Titel als »erzherzogliche Lieferanten« ein, was das Ausmaß der Prestigewirkung aufzeigt. Die Auftragsvergabe konnte sich als Sprungbrett für die weitere Karriere auswirken und fungierte jedenfalls als Zugang zu einer hochadeligen Klientel. Die Auflistung macht evident, dass es zu Wiederbeauftragungen gleicher Lieferanten durch Kaiser Maximilian, Kronprinz Rudolf und Erzherzog Franz Ferdinand kam. Abseits der Maßstäbe für die Repräsentation am Kaiserhof erfolgte eine Orientierung am gelebten Status in Form der persönlichen Wohnkultur oder auch eine Abwendung von den jeweiligen Vorgängern. Aufgrund der ausgeprägten Sammelleidenschaft aller drei Erzherzöge bildet auch eine internationale Händlerliste einen Teil des Verzeichnisses, die ein Parameter für die teils massenhaft getätigten Anschaffungen darstellt.

Zum technischen Aufbau des Verzeichnisses sei angemerkt, dass Tischler in den Quellen auch als Bildhauer bezeichnet werden. Entsprechend den Aufträgen werden sie nach dem modernen Verständnis als Künstler unter b) oder als Handwerker unter d) angeführt. Auf einzelne Literaturverweise wurde verzichtet. Viele Personen scheinen im Österreichischen Biographischen Lexikon auf.[1] Für den Großteil der Architekten des 19. Jahrhunderts sei auf das Architektenlexikon verwiesen[2]. Die Adressangaben sind entweder den Originalrechnungen entnommen oder stammen aus »Lehmann's Adressbüchern« der Erscheinungsjahre um den jeweiligen Auftrag herum,[3] aus dem »Handels und Gewerbe-Adressbuch«[4] und aus »Bothes Adressbuch«[5].

Ortsindex im Verzeichnis

AMBRAS: Schloss von Erzherzog Franz Ferdinand bei Innsbruck, Tirol

ARTSTETTEN: Schloss von Erzherzog Franz Ferdinand, Niederösterreich

BELVEDERE: Schloss von Erzherzog Franz Ferdinand, Wien

BLÜHNBACH: Jagdschloss von Erzherzog Franz Ferdinand, Salzburg

CHLUMETZ: Schloss von Erzherzog Franz Ferdinand, Tschechien

HOFBURG: Appartement von Kronprinz Erzherzog Rudolf im Schweizertrakt, Wien

KONOPISCHT: Schloss von Erzherzog Franz Ferdinand, Tschechien

LACROMA: Palast (ehemaliges Kloster) von Erzherzog Ferdinand Maximilian, Kroatien

LÖLLING: Jagdschloss von Erzherzog Franz Ferdinand, Kärnten

MAXING: Sommerhaus von Erzherzog Ferdinand Maximilian bei Schönbrunn, Wien

MAYERLING: Jagdschloss von Kronprinz Erzherzog Rudolf, Niederösterreich

MEXIKO: Bauten von Kaiser Maximilian von Mexiko in Mexiko

MIRAMAR Schloss von Erzherzog Ferdinand Maximilian in Triest, Italien

MÜRZSTEG: Jagdschloss von Kronprinz Erzherzog Rudolf, Steiermark

NEUE BURG: Ausbau der Hofburg Wien unter Erzherzog Franz Ferdinand

PRAG: erzherzogliches Appartement im 2. Geschoss des Stadtflügels der Prager Burg von Kronprinz Erzherzog Rudolf

VILLA LAZAROVICH: Villa zur Miete von Erzherzog Ferdinand Maximilian in Triest, Italien

A) ARCHITEKTEN UND BAUMEISTER

AICHBERGER FRIEDRICH
Stadtmaurermeister und beeideter Schätzmeister, Groß-Pöchlarn
ARTSTETTEN 1906 Betondecke im Vorbau des Schlosses, Renovierung des Balkons; 1909 Ausführung Gruft; ab 1912 zahlreiche Baumaßnahmen, Laubenfenster, Wasserleitung und Quelleinfassung, Laubenfenster im Park; 1914 Aufstellung Flurdenkmal.

ARRANGOITI RAMÓN RODRÍGUEZ
Architekt
MEXIKO nach 1864 Umbau des Schlosses Chapultepec.

BAUMANN LUDWIG
1853–1936, Architekt, Wien III., Marokkanergasse 14
KONOPISCHT 1904 Balkon mit verglasten Arkaden an der Südfassade des Schlosses, 1904 Renovierung der gotischen Kirche in Chvojen; 1908 Rosengarten; Umbau des ehemaligen Bärenzwingers zu Wäscherei, Entwürfe für Leuchten in Korridoren und Treppen; 1909 Grundrisszeichnungen Postgebäude; ab 1910 Georgsmuseum; 1914 Pläne Geweihhaus; undatierter Entwurf für einen unausgeführten Kapellenraum in einem Wirtschaftsgebäude; signierte, undatierte Zeichnung für ein Blockhaus.
NEUE BURG: 1907 Burgbauarchitekt, Pläne Appartement für Erzherzog Franz Ferdinand; 1908–1913 realisiertes Projekt für das große Treppenhaus; 1909–1915 Planung Ausstattung der Vestibüle und Säle im Mittelbau, Deckengestaltungen.
BLÜHNBACH 1908 Entwurf Terrasse; 1909 Umbauten am Schloss (oder Simon); 1909 Entwürfe Kapelle.
ARTSTETTEN 1908–1910 Planung Gruft mit Möblierung; 1909 Bestandspläne Schloss; nicht ausgeführtes Projekt Bibliothekszubau; 1915 Sarkophage Erzherzog Franz Ferdinand und Herzogin Sophie von Hohenberg.
CHLUMETZ 1910 Brückenentwurf.

BERLAM GIOVANNI ANDREA
1823–1892, Architekt, Triest
MIRAMAR 1852 Entwurf für Neubau.

BERTELE KARL VON
Bauinspektor
ECKARTSAU 1895–1897 Wiederaufbau und Instandsetzung Schloss.

CECONI SALZBURG / JAKOB CECONI
1857–1922, Baumeister und Architekt, Steinguss, Salzburg
KONOPISCHT 1909 Aufstellung Pyramiden und Säulen im Rosengarten; 1912 Arbeiten an Steinfiguren, Vasen und Obelisken; 1912 Wappen und Torpfeiler für Gutshöfe in Pomenitz, Chvojen, Marianowitz.

DUSIL MARCEL
Architekt
KONOPISCHT 1897 Pläne Umbau Beamtenhaus.

FABIANI MAX
1865–1962, Architekt
KONOPISCHT 1902 scheint als Bauleiter in slowenischer Zeitschrift auf; 1892–1893 Parkteile Schiberna; nach 1913 Gestaltung des Parks (ungesicherte Angaben).

FERSTEL MAX FREIHERR VON
1859–1936, Architekt, Wien III., Ungargasse 12
KONOPISCHT 1891 Pläne für Fassadenumgestaltung (nicht ausgeführt).

FISCHER HEINRICH
Baumeister, Werfen
BLÜHNBACH 1909 Ausführung des Spielhauses nach Entwürfen von Julius Kubik.

FLEISSNER
Architekt
KONOPISCHT 1910 Bauaktivität im 3. Stock; ab 1910 Georgsmuseum.

FÖRSTER EMIL RITTER VON
1838–1909, Architekt, Wien IX., Maximiliansplatz 15
BELVEDERE 1898/99 Leitung Adaptierung und Neueinrichtung des Schlosses.

FÖRSTER HEINRICH
1832-1889, Architekt, Wien
AMBRAS 1858-1860 Umbau des Schlosses.

FÖRSTER LUDWIG
1797-1863, Architekt, Wien
AMBRAS 1856 Entwürfe für den Umbau des Schlosses.

FRASS RUDOLF
Akademischer Architekt, Architektur- und Hochbau-Bureau, Wien I., Wildpretmarkt 1
ARTSTETTEN 1912 Entwurf Laubenfenster, Entwürfe Lusthaus im Park (nicht ausgeführt?), Honorarnote für Perspektive Laubengang und Gartenhaus (nicht mehr vorhanden).

FRIEDRICH THOMAS
† 1866, Architekt, k. k. Prof., Wien IV., Wiedner Hauptstraße 22.
MIRAMAR Ende 1850er-Jahre Entwurf für einen nicht realisierten Museumsbau.
LACROMA ab 1864 Gesamtplanung Umbau des Klosters zu Kaiserpalast; 1865 Möbelentwürfe.

FRÖDE F. W.
Architekt, Wien III., Gerlgasse 18.
KONOPISCHT 1898 Entwürfe Schlosskapelle.

GERL HEINZ
1852–1908, Architekt, Hof- und Stadtbaumeister, Bauschätzmstr. d. Oberst-Hofmarschall-Amtes, R. d. päpstl. Grg. O., Wien I., Walfischgasse 5
KONOPISCHT 1898–1899 Stallungen, nicht näher bezeichnetes Jagdhaus; 1904 Anbau Postgebäude; 1905 Umbauten in Žabovřesky.
CHLUMETZ ab 1890 Schloss; 1902 Stall, Jagdschlösschen Fichtenthal, Jagdhaus Silberloos.
ECKARTSAU 1901 Instandhaltungsarbeiten.
BLÜHNBACH 1907 Bauleitung Rupertihof.

GIULIUZZI JOSEF
Architekt
VILLA LAZAROVICH ab 1852 Bauleitung der Umgestaltungen für Erzherzog Ferdinand Maximilian
MIRAMAR Ende 1850er-Jahre Entwurf für einen nicht realisierten Museumsbau.

GOSSLETH FRANZ VON
MIRAMAR 1860 Fertigstellung der Wohnräume im Erdgeschoss, Bauleitung.

GSTREIN ALOIS
Bau- und Zimmerei-Geschäft, Brixen
KONOPISCHT 1909 Žabovřesky, Holzhäuschen (Abb. 23-01), aus den Sammlungen für den Hofburgbau 1914 entnommener Hausaltar, Renaissance, von Gstrein Brixen.

HABELAND
Bauingenieur

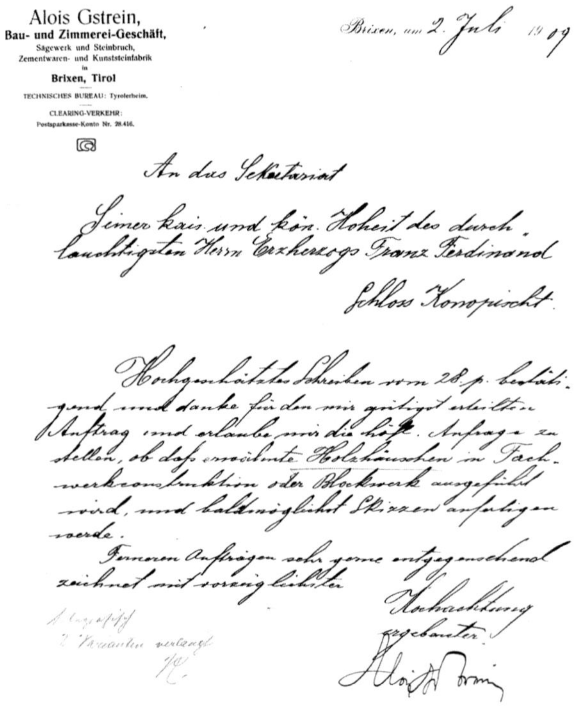

Alois Gstrein,
Bau- und Zimmerei-Geschäft,
Sägewerk und Steinbruch,
Zementwaren- und Kunststeinfabrik
in
Brixen, Tirol

TECHNISCHES BUREAU: Tyrolerheim.

CLEARING-VERKEHR:
Postsparkasse-Konto Nr. 28.416.

Brixen, am 2. Juli 1909

An das Sekretariat

Seiner kais. und kön. Hoheit des durchlauchtigsten Herrn Erzherzogs Franz Ferdinand

Schloss Konopischt.

Hochgeschätztes Schreiben vom 28. p. bestätigend und danke für den mir gütigst erteilten Auftrag und erlaube mir die höfl. Anfrage zu stellen, ob das erwähnte Holzhäuschen in Fachwerkconstruktion oder Blockwerk ausgeführt wird, und baldmöglichst Skizzen anfertigen werde.

Ferneren Aufträgen sehr gerne entgegensehend zeichnet mit vorzüglichster Hochachtung

ergebenster

Alois Gstrein

Abb. 23-01: Alois Gstrein, Auftrag für ein Holzhäuschen in Konopischt, Brixen 2. Juli 1909 (© Schloss Artstetten)

KONOPISCHT 1914 Detailpläne Gobelinsaalanbau nach Entwurf von Ludwig Simon.

HAUSER ANTON
1823–1870, Architekt, seit 1852 bei Triester Baufirma für Wasserleitungsbau tätig
MIRAMAR 1856 Ausführung erster Bauarbeiten am Schloss.

HOLLMANN & CO.
Beh. aut. Bauingenieur und Baumeister, Prag I., Karpfengasse 34
KONOPISCHT 1914 Projekt Geweihhaus (Entwürfe Baumann).

HOLZELAND HEINRICH
K.k. Oberingenieur, Oberbaurat, Wien III., Gärtnergasse 20
KONOPISCHT ab 1910 Georgsmuseum; 1911 Gang im 1. Stock, verschiedene Bäder; 1913 nicht ausgeführte Pläne Geweihhaus; 1914 Baupläne Anbau Gobelinsaal (nach Entwürfen von Simon).

ARTSTETTEN 1912 nicht ausgeführter Entwurf Schlossumbau mit Bibliothekszubau im Norden.
CHLUMETZ 1914 Spiritusbrennerei, Mühle und Meierhof, Meierhöfe in Mirochau und Luttau, Scheune.

HUBER JAKOB
Sägewerksbesitzer, Zimmer- und Brunnenmeister
BLÜHNBACH 1905 Errichtung einer Jagdhütte am Jochberg in Golling.

JUNKER CARL
1827–1882, österreichischer Civil-Ingenieur
MIRAMAR 1856 erster Entwurf für das Schloss mit Peter Wietz; Planung Parkanlage mit Erzherzog Ferdinand Maximilian; 1859 fertiggestelltes Gartenhaus Castelletto.

KAYSER CARL GANGOLF / CARL KAISER
1837–1895, Architekt, Wien I., Herrengasse 5
MEXIKO 1865–1867 Palacio Imperial, Umbauplanungen, Fassadenzeichnung.
MIRAMAR 1867 Auftrag für Planung eines Museumsbaus.
KONOPISCHT 1889 Zahlungen (unklar wofür), 1891 Inspektion der Estensischen Waffensammlung in Italien.

KINZL FRANZ
Baumeister
KONOPISCHT 1897 Pläne Beamtenhaus, 1897 Forsthaus Schiberna, 1907 Entwurf Josefskapelle in Schiberna, Waldamt Želetinka.
CHLUMETZ ab 1898 Umbau Schloss.

KIRSCHNER FERDINAND
1821–1896 K.k. Burghauptmann, Hofarchitekt, Reg. R., Mitgl. d. Akademie d. bild. Künste u. mehr. wissenschaftl. Ber., Wien IV., Sl. Hofburg.
HOFBURG 1874 und 1875 Umbau und Einrichtung des Appartements für Kronprinz Rudolf, Entwurf eiserne Pergola vor Billardzimmer; 1877 Entwurf für Kamin im Studierzimmer, Entwurf Kästen im neuen Badezimmer.
PRAG 1880 Auswahl Gobelins aus Wiener Depot (mit August Portois).

KOBILKA MARTIN
Baumeister
CHLUMETZ ab 1880er ausführender Baumeister.

KUBIK JULIUS
1861–1941, Architekt, Baumeister Graz, Andritz
ARTSTETTEN 1909 Entwurf Baldachin Herz-Jesu-Statue, neobarocke Marmormensa, Tabernakel und Speisegitter Schloss/Pfarrkirche (1915 geweiht); 1911/12 Entwurf Beichtstuhl; 1912 nicht ausgeführter Entwurf Westfassade mit Zufahrt.
KONOPISCHT ab 1910 Georgsmuseum; 1911 Säulensalon; 1912 Anbringung Steintafeln und Spolien auf Lapidarium (Wäscherei); 1912 nicht ausgeführte Entwürfe für Gobelinsaal.
BLÜHNBACH Brunnen, turmförmiger Dachaufbau Nordseite, Freitreppe, neuer Erker Osteingang; 1909 Spielhaus für Kinder.

KREJČÍ JOSEF
Architekt
CHLUMETZ 1903 Glashaus (abgerissen); 1907 Plan Hegerhaus in Mirochau.

MAIER A.
Architekt, Innsbruck
KONOPISCHT Waldamt Želetinka.

MANTAY
Baumeister
MAXING 1850 Umsetzung Sommerhaus im »Schweizer Styl«; 1858/59 Entwürfe für nicht realisierten winterfesten Neubau.

MAŘIK
Baumeister
KONOPISCHT 1914 nicht realisierte Reithalle.

MOCKER JOSEF
1835–1899, Architekt, Prag
KONOPISCHT ab 1891 Planung Schlossumbau, 1894 Entwürfe für nicht realisiertes Museum.

NEUMANN FRANZ RITTER VON JUN.
1844–1905, Architekt, k.k. Baurat, Wien VIII., Piaristengasse 13
KONOPISCHT 1896 Hubertusschlösschen Friedegg und Schwarzwald; 1889 Zahlungen (unklar wofür); 1891 Inspektion der Estensischen Waffensammlung in Italien.

OHMANN FRIEDRICH
1858–1927, k.k. Ob. Baurat, Prof. a. d. Ak. d. bild. Künste, Architekt, Wien IV., Viktorgasse 3.
NEUE BURG 1899 Leiter des Burgbaues, nicht realisierte Projekte für das große Treppenhaus; 1905–1907 nicht realisiertes Projekt für Ausbau.

PESENDORFER JOSEF
Zimmerermeister Bischofshofen
BLÜHNBACH 1909 Wiederaufbau und Erweiterung eines alten Jägerhauses beim Rupertihof.

PROMOK
Zimmermeister
BLÜHNBACH 1911 Bau von neuem Jagdhaus am Torrener Joch.

RETTER JOSEF
Baumeister, Innsbruck
AMBRAS Ausführung Bauarbeiten 1913.

REITER JULIUS
Architekt Reiter vom K.k. Ministerium, Wien XVII/1, Gymnasiumstraße 2.
ARTSTETTEN 1910 Skizzen Anfahrt, Terrasse, Dienertreppe, Bibliotheksbau, Schlossumbau, kleines Lusthaus.
KONOPISCHT 1913 mehrere nicht näher bezeichnete Bauten; 1910–1914 Bauten und Krämerladen in Žabovřesky; 1914 Kapelle Žabovřesky.

ROMANO JOHANN
1818–1882, Architekt, Wien I., Spitalsplatz 1100, Büro »Romano und Schwendenwein«
MAXING 1858/59 Entwürfe für nicht realisierten Neubau.

ROTHMANN VICTOR
Zimmermeister, Mölbling
LÖLLING 1900 unausgeführter Entwurf Sonnwendhütte und Franzhütte; weitere Entwürfe für Jagdhütten, Pferdestall Reichenfels im Lavanttal; Haus der Jagdleitung in Lölling.

SAUER FELIX
Baumeister
BELVEDERE 1906 Instandsetzung der Kinderzimmer im zweiten Stock; 1912 Adaptierungsarbeiten.

SCHARF
Baumeister
KONOPISCHT ab 1910 Ausführung Umbau Orangerie, 1910–1914 Bauten in Žabovřesky (Entwürfe Reiter).
CHLUMETZ 1914 Spiritusbrennerei, Mühle und Meierhof, Meierhöfe in Mirochau und Luttau, Scheune.

SCHEMFIL HEINRICH
Hofsekretär und Architekt, Wien VIII., Piaristengasse 15
MAYERLING 1889–1891 Umbau des Jagdschlosses in ein Kloster; Entwurf der Kapelle.

SCHLIERHOLZ GUSTAV
Architekt, Wien I., Mölker Bastei 14
CHLUMETZ 1901 Gutachten über baulichen Zustand des Schlosses.

SCHMALZHOFER JOSEF
1835–1920, k.u.k. Hofbaumeister, Wien IX., Waisenhausgasse 14
MAYERLING 1889–1891 Umbau des Jagdschlosses in ein Kloster.

SCHMORANZ FRANZ JUN.
1845–1892, Architekt, 1885 Begründer und erster Direktor der Kunstgewerbeschule in Prag
KONOPISCHT ab 1889 Zahlungen; 1891 Inspektion der Estensischen Waffensammlung in Italien.

SCHNEIDER HANS
1860–1921, Architekt, (Schneider Johann, Wien II., Schreigasse 16?)
BELVEDERE 1898/99 Adaptierung und Neueinrichtung des Schlosses.

SCHWENDENWEIN AUGUST
1817–1885, Architekt, Wien I., Freiung 238, Büro »Romano und Schwendenwein«
MAXING 1858/59 Entwürfe für nicht realisierten Neubau.

SEGENSCHMID FRANZ XAVER
1839–1888, Architekt, Wien
LACROMA 1865 Anfertigung Ausbaupläne und Ansichten in Zusammenarbeit mit Thomas Friedrich; ab 1866 Bauleiter.

SIEDEK VIKTOR
1856–1937, Architekt, Oberbaurat, Wien VII., Siebensterngasse 16a
ECKARTSAU 1896–1901 Wiederaufbau und Instandsetzung des Schlosses.
ARTSTETTEN 1910–1911 Pläne Westfassade mit Wagenvorfahrt und Stiegenhaus; Skizzen Kamin und Kostenvoranschlag für Beichtstuhl (Bildhauer Stark).

SIMON LUDWIG
Dombaumeister
KONOPISCHT 1904 Balkon mit verglasten Arkaden an der Südfassade des Schlosses; 1905 Dekorierung der Kronprinzenzimmer, Gang im 2. Stock; 1906 Chvojen Kirchturm; 1907 Turmschacht mit sakraler Ausstattung; 1908 Decken- und Gangbeleuchtung, Platten für sechs Statuen Kapelle Žabovřesky und Chvojen; ab 1910 Georgsmuseum; 1912 Entwurf Gobelinsaalanbau.
BLÜHNBACH 1906 erste Bauarbeiten (Kamine, Ausgrabungen); 1908 Rupertihof; 1909 Umbauten am Schloss (oder Baumann); 1909 Entwürfe Kapelle.
AMBRAS 1913 Umbau des Schlosses.

TAGGER ALOIS
Baumeister
BLÜHNBACH 1906 erste Bauarbeiten, Kamine, Aus-

grabungen; 1907 Rupertihof; 1908 Umbau Reitstall, Terrasse.

TOMAS OTTOKAR
Baumeister
ARTSTETTEN 1913 Leitung der Bauarbeiten am Schloss.

VRZAL EMANUEL
Baumeister
KONOPISCHT 1891 Pläne Umbau Schmiede, Haus Nr. 4 (Beamtenwohnhaus); ab 1893 Ausführung Schlossumbau; 1895 landwirtschaftliche Gebäude in Chvojen.
CHLUMETZ ab 1898 Schloss.

WANK MICHAEL
Baumeister, St. Veit an der Glan
LÖLLING um 1900 unausgeführter Entwurf Sonnwendhütte und weitere Jagdhütten.

WEBER ANTON
1858–1942, Architekt, Wien VIII., Piaristengasse 34
ECKARTSAU 1895/96 Wiederaufbau und Instandsetzung des Schlosses.
LÖLLING 1896 Franzhütte.
KONOPISCHT 1896 Beamtenhaus, Jagdhaus Dubsko 1896, 1900 Waldamt Želetinka.

WIETZ PETER
Architekt
MIRAMAR 1856 erster Entwurf für das Schloss mit Carl Junker.

ZIMMER
Architekt
KONOPISCHT 1910 Adaptierungen im Schloss.

ZOTTER EDUARD
1857–1938, Architekt, Ob. Ing. i. Minstm d. Inn., Wien XV., Urban-Loritz-Platz 4
ARTSTETTEN 1913/14 Planung der realisierten Schloss-Umbauten mit Bibliothek; 1914 Planung Kraftwerk im Dorf, Entwürfe Lichtzentrale, Planung Büros und Personalwohnungen.

B) IN DEN SAMMLUNGEN VERTRETENE MALER, GRAFIKER, FOTOGRAFEN UND BILDHAUER

ALT FRANZ
1824–1914, akademischer Maler, Wien VIII., Skodagasse 18
KONOPISCHT (Eintrag im Inventar 1915 nicht lokalisierbar) Aquarell »Der Donner'sche Brunnen im alten Rathaus zu Wien«; 3. Stock, Prinzess-Zimmer »Votivkirche, Klosterneuburg, Landschaften«.

ALT RUDOLF / RUDOLF RITTER VON ALT
1812–1905, Maler und Aquarellist, k. k. Prof. Landschaftsmaler, Wien VIII., Skodagasse 18
KONOPISCHT 1. Stock Sophiensalon »Die Teinkirche zu Prag« 1843.
MÜRZSTEG Aquarellserie; zwei Ansichten von Ragusa im Schlafzimmer des Kronprinzen.

BERGER JULIUS
1850–1902, Maler, Prof., Wien VI., Amerlinggasse 4
HOFBURG 1876 im Speisesaal montiertes Porträt von Kaiser Ferdinand I.

BREITWIESER THEODOR
1847–1930, akademischer Maler, Wien XIV., Breitenseer Hauptstraße 21
BELVEDERE 1902 Kaminbild in der neuen Bibliothek.

BRUNER-DVOŘÁK RUDOLF / RUDA
1864–1921 Kammerfotograf von Erzherzog Franz Ferdinand, Prag
CHLUMETZ Auftragsfotografien ab 1891.
KONOPISCHT 1897 Album »Weidmannsheil«.

CANON HANS / STRAŠIŘIPKA
1829–1885, Maler, Wien III., Rasumoffskygasse 27
PRAG 1878–1885 Besuche in der Wohnung des Kronprinzen Rudolf, Ankauf von Gemälden.

COMPTON EDWARD THEODORE
1849–1921, Bergsteiger und Alpenmaler
BLÜHNBACH 1912 bei Weihe der Kapelle anwesend.
KONOPISCHT Aquarell Salzburg im Salon Ihrer Hoheit.

COSTENOBLE CARL
1827–1907, akademischer Bildhauer, Wien IV., Heugasse 42.
KONOPISCHT 1895 Aufstellung der Estensischen Waffensammlung, wahrscheinlich Entwurf der Decken Waffenhalle und Rittersaal (Ausführung Matthias Oberdorfer); 1897 Entwürfe Vitrinen Turmzimmer und Korridore im 3. und 4. Stock (Ausführung Adolf Litschel); 1897 Entwurf Kassettenplafond Bibliothek (Adolf Litschel).

DAFFINGER MORITZ
1790–1849, Miniaturenmaler und Bildhauer, Wien
KONOPISCHT 1. Stock Sophiensalon, ovale Miniatur aus Elfenbein »Halbfigur der Maria Clementine Herzogin von Salerno, Tochter Kaiser Franz II.« 1843; 1. Stock Schreibzimmer, Miniatur auf Elfenbein »Hüftbild der Maria Luise«; Miniatur auf Elfenbein »Bildnis der Erzh. Maria Clementina von Oesterreich« in schwarzem Gewand mit goldener Halskette, 1824.

DARNAUT HUGO
1850–1937, Maler, Wien III., Carolinenplatz 1
MÜRZSTEG: Schlafzimmer des Kronprinzen Aquarell Park der Villa Borghese in Rom.

DELL'ACQUA CESARE FÉLIX-GEORGES
1821–1904, italienischer Maler
MIRAMAR 1858–1867 sieben Gemälde, historische Szenen von Miramar im Speisezimmer; 1867 Deckengemälde Apotheose Maximilians und die Gründung Miramars; 1867 Gemälde Delegation bietet Maximilian die mexikanische Kaiserkrone an; Porträt von Ernst von Coburg sowie Charlottes Vater Leopold.

ECKERT HEINRICH/JINDŘICH
K. u. K. Hof- und Kammerfotograf Prag, K. u. K. Hof- und Kammerfotograf von Erzherzog Franz Ferdinand.
CHLUMETZ (1890 inventarisiert) Fotoalbum »Weidmanns Erinnerung mit Fotographien nach Pausingerbildern«.
KONOPISCHT ca. 1893 Serie von Interieuraufnahmen; 1896 Fotoserie von Installationen mit Tierpräparaten; zwei weitere Alben mit Schlossexterieurs und Park.

ENDER THOMAS
1793–1875, Landschaftsmaler und Aquarellist, k. k. R., akadem. R. und Prof., R. d. mexic. Guadelupe-O., Wien I., Wollzeile 12
MÜRZSTEG Aquarellserie.

FESTL JOSEF
Maler
HOFBURG 1876 im Speisesaal montiertes Porträt von Kaiser Joseph II.

FIEDLER BERNHARD
1816–1904, Maler, Lehrer von Kaiserin Charlotte von Mexiko
MIRAMAR Ende 1850er-Jahre Beteiligung am nicht realisierten Projekt eines Museumsbaus.

FRÜHAUF WILHELM
Bildhauer, Wien V., Wienstraße 45
BELVEDERE 1909 Renovierung von Attikastatuen des Oberen Belevederes, die später in KONOPISCHT aufgestellt wurden.

FUX J.
Bildhauer, (Fuchs Josef?, Bildhauer, Wien XVII., Hernalser Hauptstraße 47)
KONOPISCHT 1896 Rüdenführer aus Bronze.

GREIL ALOIS
1841–1902, Historienmaler, Wien IV., Mühlgasse 2
KONOPISCHT 1. Stock, Große Bibliothek, Aquarell »Wallenstein und Seni«.

GROLL KARL
Freskenmaler

KONOPISCHT 1904 Kirche von Chvojen, Renovierung (mit Theophil Melicher).

HAASE CARL

Maler, Triest 1855 bis 1877 tätig
MIRAMAR Kopie des Porträts des Königs Johann von Sachsen; 1866 Darstellungen des Stammsitzes der Habsburger, der Wiener Hofburg sowie von Schloss Chapultepec.

HEINRICH EDUARD

1812–1885, Maler
MIRAMAR 1860 sämtliche Gemälde in der Kapelle; 1863 Bildnisse von Charlotte und Maximilian; Stammbaum der Habsburger und Lothringer im Thronsaal.

HEINRICH FRANZ

Akad. Maler, Windm. 73
MÜRZSTEG Schlafzimmer des Kronprinzen Aquarell »Kirche Santa Maria dei Frari in Venedig«.

HEISL E.

Bildhauer, Ebensee
LÖLLING Holzschnitzerei-Hirsch.

HESSL GUSTAV A.

1849–1926, Maler, Wien IV., Heugasse 52.
HOFBURG 1876 im Speisesaal montiertes Porträt von Kaiser Leopold I.

HŇATEK FRANTIŠEK

1873–1941, Bildhauer Maler, Kunstkritiker, Restaurator, Prag
CHLUMETZ 1904 Renovierung zweier barocker Statuen.

HUBER CARL RUDOLF

1839–1896, Maler, Prof. a. d. k.k. Ak. d. Bild. Künste, Wien I., Getreidemarkt 2
MÜRZSTEG: »Kühe bei der Tränke«, Öl auf Leinwand, 1880 (1889 im Arbeitszimmer belegt).

JUNGWIRTH JOSEF

1869–1950, Maler, Prof. an der Akademie der bildenden Künste
1901 Reise nach Dalmatien mit Erzh. Franz Ferdinand
KONOPISCHT Glasveranda »Schwieriger Heimweg nach Jungwirth«; 1. Stock, Maria-Theresia-Appartements, Schlafzimmer, zwei Marinestücke; 3. Stock, Schreibzimmer des Erzherzogs, Kleines Aquarell »Kaiser Max nach Dürer von Jungwirth«.

KASTNER JOSEF

1844-1923, Maler, Wien
MAYERLING Altarbild in der Kapelle.

KISS JOSEF

1833-1900, Maler, Wien
VILLA LAZAROVICH Porträtgemälde für den Gartensalon

KOPPAY JOSEF ARPÁD VON

1857–1927, Maler, Prof., Wien IV., Goldegggasse I.
KONOPISCHT 1. Stock, Große Bibliothek »Portrait Ihrer Hoheit« ganze Figur; 3. Stock, Schreibzimmer des Erzherzogs, »Pastell-Bildnis Ihrer Hoheit in Goldrahmen«, 1901.

KRIEHUBER JOSEF

1800–1876, Maler und Lithograf, Wien VI., Hofmühlgasse 7a
KONOPISCHT 1. Stock Schreibzimmer, Aquarell »Gruppenbild« Hauptwerk des Meisters, 1837; Aquarell Replik des vorigen Gruppenbildes mit einigen Veränderungen, 1837; große Aquarell-Miniatur »Bildnis der Kaiserin Carolina Augusta in schwarzem Seidenkleid« 1864; 3. Stock, Schreibzimmer des Erzherzogs, größere Aquarell-Miniatur auf Papier, 1837; Gang im 3. Stock zur Schlosskapelle, sehr seltene Porträt-Lithografien.

LEISEK GEORG

1869–1936, Bildhauer, Wien IX, Heiligenstädterstr. 8, Atelier Wien XIX, Hardtgasse 9
ARTSTETTEN Särge für Franz Ferdinand und Sophie.

LIOTARD JEAN-ÉTIENNE
1702–1789, Maler, Genf
MIRAMAR Porträt-Pastelle im Schlafzimmer

MADRAZO FEDERICO
1815-1894, Maler, Madrid
MIRAMAR Porträtgemälde

MAKART HANS
1840–1884, Maler, Dekorationskünstler, Historienmaler, k. k. Prof. u. Ehrenmitgl. d. Ak. d. bild. Künste, LOR, R. d. fr. ELeg. u. d. belg. LD., Ehren R. d. oldenb. H. u. P. D., Wien IV., Gußhausstraße 5
HOFBURG PRAG vor 1883 Bild im Besitz des Kronprinzen Rudolf.

MAYER LUDWIG
1834–1917, Maler, Wien IV., Heugasse 52.
HOFBURG 1876 im Speisesaal montiertes Porträt von Kaiser Rudolph I.

MAYERHOFER FRIEDRICH
Maler
VILLA LAZAROVICH Porträtgemälde für den Gartensalon

MEHOFER RUDOLF RITTER VON
1857–1938, Porträtmaler, Wien III., Landstr. Hauptstr. 82, Atelier Wien III., Am Heumarkt 13
KONOPISCHT Schreibzimmer 1. Stock, großes Pastell, »Die Herzogin mit beiden Prinzen« 1912.

MELICHER THEOPHIL
1860–1926, Maler und Restaurator
KONOPISCHT 1904 Kirche von Chvojen, Renovierung (mit Groll).

MESSNER JOSEF
1837–1886, Bildhauer und Maler
LÖLLING Marmorgruppe hl. Hubertus in halber Lebensgröße, signiert Josef Messner, Rom 1879

MIKULSKY JOSEF
Maler, Zimmermaler, Wien VI., Pfauengasse 15
MAYERLING 1887 Fresken

MINNIGERODE LUDWIG
1847–1930, Maler, Prof. a. d. Kunstgewerbeschule, Wien I., Kärntnerring 10.
HOFBURG 1876 im Speisesaal montierte Porträts von Kaiser Maximilian I. und Kaiser Maximilian II.

NEUGEBAUER JOSEF
1810–1895, Maler und Komponist, Melk
HOFBURG 1876 im Speisesaal montiertes Porträt von Kaiser Franz Joseph.

PERKO ANTON
1833–1905, österreichischer Maler und Marineoffizier
LACROMA Illustrationen (Zustand der Abtei um 1875) im Buch »Lacroma« der Kronprinzessin Witwe Erzherzogin Stephanie, Wien 1892.

PICK RUDOLF
1865–1915, Illustrator und Karikaturist
KONOPISCHT Schießhalle 27 Blatt Pick Sport-Collection

POGNA GIUSEPPE
1845–1907, Maler, Triest
MIRAMAR Supraportenbilder im Audienzsaal.

PROSDOCIMI GERMANO
Maler
VILLA LAZAROVICH 1860er-Jahre Serie von Gouachen der Interieurs und des Gartens.

REBULL SANTIAGO
1829–1902, Maler
MEXIKO nach 1864 Wandmalerei in den Galerien des Schlosses Chapultepec.

RIDINGER JOHANN ELIAS
1698–1767, Tiermaler, Kupferstecher, Radierer und Verleger, Augsburg
MAYERLING Vorhalle 1887 Kupferstiche verschiedene Wildtiere mit ihren Fußspuren

KONOPISCHT Vorraum Schießhalle 18 Blatt; 3. Stock, Schreibzimmer des Erzherzogs, Kopfstudien Aquarelle; 3. Stock, Raum zwischen Schreibzimmer und Krickelsalon, Mappe in grünem Leder mit Handzeichnungen von Ridinger; Gang im Parterre, 23 Blatt; Gang im 1. Stock »Abnormalitäten«, 23 Blatt; Gang 1. Stock vor dem großen Speisesaal, 102 Kupferstiche »Jagdtiere, Jagdarten, Fährten, Jahreszeiten«; Stiege 3. Stock zum Schatzappartement, 18 große Blatt »Pferdedressur«; Gang vor dem Kronprinzenappartement, 58 Blatt »Figuren aus der Geschichte, Jagdtiere, Pferde«; Liftraum im 1. Stock: 5 Bilder, grössere Blatt.
LÖLLING Erdgeschoss Gang 68 Stiche (1914 dokumentiert)

RIEGER ALBERT
1834-1905, Maler, Wien
MIRAMAR Gemälde des Schlosses.

RUO GENNARO
1812-1884, Maler, Neapel
MIRAMAR Porträt von Marie Therese, Königin von Neapel

SÁNCHEZ LEOPOLDO
Maler
MIRAMAR Kopie des Porträts Königin Maria Isabellas II. von Spanien.

SCHADLER LUDWIG
Akad. Bildhauer, Wien XIX., Heiligenstädterstr. 78, Atelier Wien XIX., Barawitzkagasse 15
ECKARTSAU 1910 Anfertigung von zwei Statuen für die Kapelle.
BLÜHNBACH bis 1912 Kapelle Kreuzigungsgruppe am Giebel.

SCHIMKOWITZ OTHMAR
1864–1947, akad. Bildhauer, Wien XIII., Wattmanngasse 6
NEUE BURG nach 1909 Bildhauerarbeiten im Mezzaninsaal.

KONOPISCHT 1914 Aufstellung der Georgssammlung und Entwürfe für Vitrinen.

SCHUSTER ROBERT VON BÄRNRODE
1845–1894, Maler, Historienmaler, Wien III., Salesianergasse 25
HOFBURG 1876 im Speisesaal montiertes Porträt von Kaiser Karl V.

SCHWAGER RICHARD
1822–1880, Maler, Porträtmaler, Wien IV., Schmöllerlgasse 2
KONOPISCHT 1. Stock Sophiensalon, größere Miniatur auf Elfenbein »ovales Hüftbild der Erzherzogin Margarethe, Gemahlin d. Erzh. C. Ludwig« 1856; größere ovale Miniatur auf Elfenbein »Prinzessin Gisela von Bayern als Kind in ganzer Figur« 1857; Miniatur auf Elfenbein »Kinderköpfchen« angeblich Franz Ferdinand Artstetten, 1864; 3. Stock, Schreibzimmer des Erzherzogs, Porträt-Miniaturen auf Elfenbein »Erzherzog Otto als Kind in weissem Kleidchen auf blauem Polster sitzend« 1865; »Erzherzogin Margaretha« 1871; »Erzherzog Ferdinand 20. September 1869 Reichenau«.

SELENY JOSEPH / SELLENY
1824–1875, Maler, 1857 Zeichner der Novara Expedition, 1859/60 Zeichner auf der Brasilienreise von Erzh. Ferdinand Maximilian
MIRAMAR Ende 1850er-Jahre Beteiligung am nicht realisierten Projekt eines Museumsbaus.

SIMM FRANZ XAVER
1853–1918, Maler und Illustrator, Prof., München-Schwabing, Werneckstraße II.
HOFBURG 1876 im Speisesaal montiertes Porträt von Kaiser Ferdinand II.

STILLFRIED RAIMUND / FREIHERR STILLFRIED VON RATHENITZ
1839–1911, Maler und Fotograf
MIRAMAR Mitte der 1880er-Jahre Interieuransichten.

STRASSGSCHWANDTNER JOSEF ANTON
1826–1881, Maler, Zeichner und Lithograf, Wien VI., Gumpendorferstraße 47
KONOPISCHT Gang im 3. Stock zur Schlosskapelle Militärszene; im Postgebäude zwei Lithografien, Jagdstücke; im Kasino 25 Blätter »Aus dem Jagdalbum samt dem Titelblatt coloriert«; Hubertusschlössl Friedegg größeres Marinestück Öl auf Leinwand; Petrupim, Forsthaus Meduna, 1. Stock 23 Blatt.

STREITENFELD LUDWIG
1849–1930, Maler, Illustrator, Kopist und Restaurator, Berlin, Lützowstraße 91.
HOFBURG 1876 im Speisesaal montiertes Porträt von Kaiser Franz II./I.

TEN KATE HERMAN FREDERIK CAREL
1822–1891, Maler, Direktor der Akademie in Amsterdam
MIRAMAR Kopie des Porträts des Königs Wilhelm III. von Holland, Kopien der Porträts Carl XV. von Schweden und Georg V. von Hannover.

WENGER FRANZ
Bildhauer
MÜRZSTEG: Hirschskulptur

WEYR RUDOLF
Bildhauer, Prof., Wien III., Ungargasse 58
KONOPISCHT 1910 nicht ausgeführte Entwürfe für Monument Rudolfs von Habsburg.

WILDA GOTTFRIED HEINRICH
1862–1922, Maler, Wien III., Erdbergerlände 16
MAYERLING Schlafzimmer Aquarell »Ausfahrt des Kaisers Franz Josef aus Schönbrunn«.

ZELEZNY
Bildhauer
KONOPISCHT 1891 Zahlung.

C) GARTENARCHITEKTEN UND GÄRTNER

ANTOINE FRANZ DE PAULA D. J.
1815–1886, Hofgärtner, k.k. Hofgarten-Dir. R. d. mex. Guad. O., Bes. d. pr. gold. M. für W., Kaisergarten, Hofgarten 5
MAXING 1858/59 Grundstücksplan mit erweiterter Anlage

BATEK LEO
Gärtner
CHLUMETZ 1900 Pflanzung Waldbäume, beteiligt an Erweiterung (mit Mößmer)

FAUKNER LUDWIG
Gärtner
CHLUMETZ 1902 Skizze Rosenbepflanzung; 1903 Blumenbestellungen; 1904 Pflanzenankäufe.

JELINEK ANTON
1820–?, Hofgärtner von Erzherzog Ferdinand Maximilian
MIRAMAR 1859 bis 1864.
MEXIKO ab 1864.

KNECHTEL WILHELM
1837–1924, Gärtner und Botaniker
MEXIKO vor 1867 Hofgärtner von Park von Schloss Chapultepec.

KUNZ KARL
Baron Alfons von Rothschild'scher Garten-Inspector, Wien XIX., Gewey G. 8, Hohe Warte
ARTSTETTEN 1911–1912 Umgestaltung Garten, Pflanzliste, Plan Koniferenauspflanzung, Verzeichnis der Koniferen für Artstetten.
KONOPISCHT 1913 Anlegen eines Wassergartens (mit Harry Reiner der k.k. Hofgärten).

LAUBE JOSEF
Gärtner
MIRAMAR 1857–1859 Ausführung der Parkanlage.

LIŽAN MAXIMILIAN
Gärtner
KONOPISCHT 1891 Schlossgärtner

LÖSCHNIG JOSEF
NÖ Landes-Obstbauinspektor und Geschäftsführer der k. k. Pomologengesellschaft, nach 1918 Landes, Wein, Obst- und Gartenbaudirektor der nö. Landes-Landwirtschaftskammer
ARTSTETTEN 1909 erstmals belegte Obstbaumpflanzungen; 1910 Bepflanzungsplan; 1912 Verzeichnis Zwergobstsorten, Lieferung von Obstbäumen; 1913 Beratungen.

MARCHAN
Gärtner, (spekulativ Ernest Markham?)
KONOPISCHT 1913 Planung Alpinum mit Teich und Wasserfall.

MAXWALD FRANZ SEN.
Gartenarchitekt und Landschaftsgärtner, Freiherr B. v. Rothschild'scher Obergärtner, Wien IV., Goldegggasse 15
KONOPISCHT ab 1906 wiederholt anwesend, eventuell an Gartengestaltung beteiligt.

MOLNÁR JOSEF O.
Dipl. Gartenbau-Architekt, Wien XVII.; Dornbach, Braung. 23; VII/1 Seidengasse 25
ARTSTETTEN 1914 Anlage Stiegenaufgang, Umgestaltung Park (formaler Gartenteil) inklusive Wegebau und Bepflanzung, Aufstellung zweier Skulpturen; 1915 Umgestaltung Parkteil unter der Gruft.

MÖSSMER KARL
Kaiserlicher Hofgärtner, erzherzoglicher Obergärtner
AMBRAS Garten.
KONOPISCHT Rosengarten ab 1906 zusammen mit dem Prager Gärtner Rozinka; 1910 Suche in Konopischt nach Pflanzen für BLÜHNBACH; 1912 Ausstecken der Pflanzengruppen vor dem Georgsmuseum.
CHLUMETZ 1898 Projektion der neuen Anlage für den Park.

PICHLER CARL / KARL
Gärtner
KONOPISCHT ab 1909.
ARTSTETTEN ab 1914–1925?

ROZINKA KAREL / ROZÍNEK KAREL
Gärtner, nach 1880 Obergärtner der Královská Obora Bubenec, Prag
KONOPISCHT ab 1906 an Rosensammlung im Blumengarten beteiligt.

SCHNEIDER CAMILLO
1876–1951, Gartenarchitekt, Botaniker
KONOPISCHT 1909 Publikation zum Park; möglicherweise an der Parkgestaltung beteiligt.

SWOBODA'S NEFFE NACHFOLGER
Samenhändler & k. k. Hoflieferant, Wien I., Heidenschuss 3.
ARTSTETTEN 1900 Factura für 1 Sortiment Viola No. 2474, 3 (?) Cinerarien, 1 Stück Präsentierschere für Rosen.

UMLAUFT ANTON
Hofgartendirektor des k. k. Hofgartens Schönbrunn, R. d. r. Stan. O., 2. d. pr. Kr. O., 3. Bes. d. flam. Kr. O., Wien XIV., Schloss Schönbrunn
ECKARTSAU 1897 Plan und Ausführung für die Parkgestaltung.
KONOPISCHT 1906 dokumentierte Anwesenheit.

WALTER ANTON
Schlosswart und Gärtner
ARTSTETTEN 1898–1901 Leitung sämtlicher Arbeiten

WATZEK EDUARD
?–1907, Gärtner
ARTSTETTEN ab 1875–1890 leitender Gärtner.

ZAHORA WENZEL
Gärtner
KONOPISCHT 1891 Baumgärtner

ZRASCHUL
Obergärtner von Erzherzog Franz Ferdinand

D) FIRMEN, HANDWERKER UND AUSSTATTER

ABERMANN AUGUST (?)
Tischler, (Abermann August?, bgl. Tischler, Wien VIII., Breitegasse 171)
SCHÖNBRUNN 1855 Kostenvoranschläge Möbel für Räume von Erzherzog Ferdinand Maximilian in Schönbrunn.

AFH FRIEDRICH
Bürgl. Korbflechter Niederlage, Wien, Neuburgergasse Nr. 1111; Fabrik: Vorstadt, Neubaus, Rosmaringasse Nr. 19
ARTSTETTEN 1863, Saldierte Rechnung über 4 Teile Efeuwand.

ALBERT ALEXANDER
K. u. k. Hof-Kunst-Tischler, Wien III., Schützengasse 19
ECKARTSAU 1897 Betten fürs Schloss.
BELVEDERE 1898 Anfertigung der Einrichtungsstücke im Speisezimmer, 1900 weitere Möbel.

ALLGEMEINE ÖSTERREICHISCHE BAUGESELLSCHAFT
Wien I., Dominikanerbastei 19, gegr. 1869, Fabrik Brigittenau
BELVEDERE 1898 Anfertigung Türen und Fenster.

ANDERLE
Bildhauer (Anderle Ottokar?, Bildhauer, Wien V., Zentag. 7, Atelier Wien V., Siebenbrunnengasse 29)
KONOPISCHT 1890 Zahlung.

ANRÄ / GEBRÜDER ANRÄ
Wien
KONOPISCHT 1909 Wandverkleidungen in zwei Bädern.

BACKHAUSEN & SÖHNE / JOHANN BACKHAUSEN
Möbelstoff, Teppich- und Decken-Fabriken, k. u. k. Hoflieferanten, Opernring 1, Heinrichshof 2, Wien I. und Hoheneich
BELVEDERE Stoffe.

BARTELMUS UND DONAT
Elektrounternehmen Brünn (erstes tschechisches Elektrounternehmen nach Křižík)
CHLUMETZ 1901 neues Projekt für Beleuchtungsanlage.

BENUTTO GIUSEPPE
VILLA LAZAROVICH nach 1852 Holzboden.

BERCHOUD L. & GUEREAU
Paris
HOFBURG: 1874–1875 Möbelstoffe im Billardzimmer.

BESCHORNER ALEXANDER MARKUS
K. k. Hof-Metallwarenfabrik, Metallfärbefabrik und Leichenbestattungs-Unternehmung »Concordia« A. M. Beschorner, Wien VII., Dreilauferg. 9, Stadtbureau Kärthnerstraße 22
KONOPISCHT 1891 Zahlung.

BIBER LUDWIG
Hofzimmermeister, k. u. k. Hof-Zimmermeister, Dampfsägewerk, gegr. 1750, Bogen Dach-Fachwerksträgerkonstruktion nach eigenem patentierten Systeme, Spezialist in Eiskellereinbauten und sonstigen Kühlanlagen, Mitglied Zentralverband der Baugewerbe & Deutscher Werkbund, Wien X., Steudelgasse 9
KONOPISCHT 1914 Kostenvoranschlag für Zimmermannsarbeiten für geplantes Geweihhaus von Holzeland.
ARTSTETTEN 1913 Pläne Keller mit Eiskeller und Kühlraum.

BIRÓ ANTON
K. u. k Hof-Kunst- und Bauschlosserei, Eisen Constructions-Werkstätte, Brückenbauanstalt, Wien III., Fasangasse 49

ECKARTSAU 1901 Instandhaltungsarbeiten im Schloss.
CHLUMETZ 1902 Straßenbrücke (Abb. 23-02).

BÖSENDORFER
K. k. Hof-Claviermacher, Klavierfabrik Wien IV., Graf-Starhemberg-Gasse 14
HOFBURG Kinderklavier für Kronprinz Rudolfs Kindskammer.

BOSTELMANN NICOLA
Elektrischer Installateur
ECKARTSAU 1901 Instandhaltungsarbeiten.

BRÄUER FERDINAND
Gas- u. Wasserleitungsinstallation, Inh. Josef Kloiber, Wien IX., Schwarzspanierstraße 15
ECKARTSAU 1901 Instandhaltungsarbeiten; 1908 Einbau eines Badezimmers und einer Toilette.

BUKOWANSKY / FIRMA BUKOWANSKY
Draht- und Siebwaren-Erzeugung mit elektrischem Maschinenbetrieb, Linz a. d. Donau
ARTSTETTEN 1911 Zaun um gesamten Park; 1914/1915 Eisentor.

CHRISTOFLE
Hersteller von Silberbesteck, Rue Royale 9, Paris, k. k. Hoflieferant
MEXIKO 1864 umfangreicher Auftrag zu Anfertigung eines Silberservices.

CLAUS BRUNO / FENSTER- UND FUSSBODEN-FABRIK
Bautischlerei Wien XVI., Lerchenfeldergürtel 87, Fabrik Wien XVI., Thaliastr. 2
BELVEDERE 1907 Anbringung einer Glaswand.

COOPER & COMP.
Theerproducten- u. Asphalt-Unternehmung, Bur. Wien VII., Neustiftg. 40, Fab. Wien XXI., Aspernstr. 270
KONOPISCHT 1911 Boden des Georgsmuseums mit Xylothit ausgelegt.

HORS CONCOURS TRIEST 1882
Wien den 31. October 1902
KOSTENÜBERSCHLAG
DER
K. u. K. HOF-KUNST- UND BAUSCHLOSSEREI
Eisen Constructions-Werkstätte
BRÜCKENBAUANSTALT
ANTON BIRÓ
GEGRÜNDET 1854
POST-BESTELLBEZIRK III/4 · WIEN · TELEPHON № 5318
III BEZ. FASANGASSE № 49

für die Herstellung einer Eisenconstruction für eine Straßenbrücke im Schlosspark zu Chlumetz.

Post №		Zahlbar und klagbar in Wien, pr. Cassa ohne Sconto	Preis K	Preis h	Betrag K	Betrag h
		… per 100 kg	51	–	3672	–
		Summe Kronen			3672	–

Reclamationen werden nur innerhalb 8 Tagen vom Datum der Factura berücksichtigt.

Abb. 23-02: Anton Biro, Kostenüberschlag für eine Straßenbrücke in Chlumetz, Wien, 31. Oktober 1902 (© SOA Třeboň)

CRONÉ & GILLIER
Paris
MIRAMAR um 1860 Seidenstoff für Wandbespannungen.

DECKERT & HOMOLKA
Etablissement f- Electro-Technik, Großfabrikation für Telegraphen-Apparate, gegr. 1874, Wien IV., Favoritenstr. 42, Filialen Wien I., Kärtnerstr. 42 im Heinrichshof, Prag Altstadt, Kl. Ring 1
PRAG 1881 Installation einer Telegrafenstation.

DITTRICH ADOLF
Prag
PRAG 1881 Tischwäsche.

DUFFÉ HEINRICH
Hofschlosser
PRAG 1881 Schlosserarbeiten.

Abb. 23-03: Eduard Fessler, Entwurfszeichnung eines Ofens im Neorokokostil für die Räume im zweiten Stock des Belvederes, 22. April 1902 (© HHStA)

ERNDT BERNHARD
K. u. k. Hof-Hafner, Wien IX., Pramergasse 25
BELVEDERE 1898 Lieferung Öfen mit Vergoldung 1. Stock.

ERSTE ÖSTERREICHISCHE FENSTER, THÜREN- UND FUSSBODEN-FABRIKSGESELLSCHAFT
Fabrik Wien IV., Heumühlgasse 13 u. 15, Niederlage Wien I., Neuer Markt 7
HOFBURG 1874–1875 neue Fenster und Türen.

FALKENSTEIN RUDOLF
Dekorationsmaler, Schätzmeister, Wien VIII., Josefstädterstraße 29
KONOPISCHT 1891 Zahlung.

FESSLER EDUARD
K. u. k Hof-Ofenfab., Wien IV., Favoritenstraße 10, Oefen- u. Thonwarenfabrik d. F. Feßler, Wien IV., Mozartgasse 3
BELVEDERE 1892, 1902 Öfen Parterre und 2. Stock (Abb. 23-03).
BLÜHNBACH Adaptierung eines alten grünen Kachelofens.

FISCHER MORITZ
Porzellanmanufaktur, Herend, Ungarn
MIRAMAR 1862 Speiseservice
MEXIKO um 1865 Auftrag für ein Service nach dem Vorbild des chinesischen Porzellans in Schloss Ajuda in Lissabon.

FONTANA DOMENICO
Kunsttischler, Mailand
MIRAMAR Kabinettschrank

FORTSELO EDUARDO (?) UND FRATELLO ENRICO
VILLA LAZAROVICH nach 1852 zwei Öfen aus Eisen.

GAGNEAU U. COMP.
Paris
PRAG 1881 Porzellanlampen, Porzellanuhr, Glaskugel.

GELARDINI AMBROGIO
VILLA LAZAROVICH nach 1852 Marmorarbeiten.

GEYLING
Türenfabriksgesellschaft
KONOPISCHT 1890 Zahlung.

GIANI KARL
K.k. Hof-Kunsttischler, Wien VII., Westbahnstraße 21
PRAG 1880 Webstoffe auf Möbeln.
SCHÖNBRUNN 1880 Vorhänge für ein Boudoir.

GINZKEY FABRIK FÜR TEPPICHE
K. k. Teppich u. Decken-Fabriken in Maffersdorf (Vratislavice nad Nisou), Ablagen: Wien I., Rothenturmstraße 10, Vertretung Gottwald Prag, Příkopy
PRAG 1883 neue Teppiche im Schlafzimmer, im Toilettezimmer und Teppichläufer für das Stiegenhaus.

GOSSLETH FRANZ VON
1792–1879, Bauleiter, Besitzer mehrerer Fabriken und einer Tischlerwerkstätte für Möbel und Inneneinrichtung
VILLA LAZAROVICH Bauleiter und Lieferant der meisten neu gefertigten Einrichtungsgegenstände.

GRAMLICK JOHN TH.
Sanitäts-Ing., Gas- und Wasserleitungs-Installateur, k. u. k. Hoflieferant, Wien III., Ungargasse 29
BELVEDERE 1909 Herstellung Bad für die Prinzen.

GRIDL
K. u. k. Hofschlosser und Eisenconstructeur, Brückenbau-Anstalt, 1882 das Palmenhaus Schönbrunn erbaut, Wien V., Bacherplatz 3
KONOPISCHT 1905 Glashaus, 1914 Dachkonstruktion (wahrscheinlich eisernes Tragwerk) im Plan Habelands des Gobelinsaales.

HAAG JOHANNES
Etablissement für Zentralheizung und Ventilation, Wien VII., Neustiftgasse 98, Stadtcomptoir Stephansplatz 5 bei M. Schoch & Co.
BELVEDERE 1900 Lieferung der Dampfheizanlage für den Wintergarten.

HAAS / PHILIPP HAAS & SÖHNE
Actien Gesellschaft der k. k. priv. Teppich und Möbelstoff-Fabriken, vorm. Philipp Haas & Söhne, Niederlagen Wien I., Stock im Eisenplatz 6, Filiale Wien VI., Mariahilferstraße 75 (Mariahilfer-Hof), Prag Graben (eigenes Warenhaus)
VILLA LAZAROVICH 1852 Ankauf Teppiche.
HOFBURG: 1874–1875 Teppiche und Stoffe.
PRAG 1880 neun Teppiche; 1881 rotes Velours.

HABLE HANS ING.
Ingenieur für Zentralheizungs, Gas- u. Wasserversorgungs-Anlagen, Schätzmeister und Sachverständiger, Wien IV., Chorusgasse 14
KONOPISCHT 1909 besichtigt Wasserleitungen im 3. Stock; 1910 Bad Kronprinzenappartement; Arbeiten im Wenzelsturm und Bäder u. a. im russischen Turm; 1912 Bad in einem Turmzimmer.
ARTSTETTEN 1914 Wasserbauten, Kostenvoranschlag über Zuleitung für zwei Gartenhydranten.

HARDTMUTH L. & C. / HARDTMUTH & FESSLER
K. k. Hoflieferanten, K. k. Priv. Tonwarenfabriken in Budweis, Tonöfen-Niederlage Wien, I., Franzensring 20
KONOPISCHT 1891 Öfen von Hardmuth und Fessler.

HESS, WOLFF & COMPANY
Gas- und Wasserleitungsgewerbe und Erzeugung von Beleuchtungsgegenständen, Wien IX., Porzellangasse 49
BELVEDERE 1898 Beleuchtungskörper 1. und 2. Stock, Hallen.

HOFMANN FRANZ
Dekorateur und Tischlermeister, Triest
VILLA LAZAROVICH nach 1852 Wand- und Deckengestaltung; 1855 Arbeiten Bilderzimmer, orientalischer Salon, Schlafzimmer und Kapelle, Vergolderarbeiten.
MIRAMAR ab 1860 Gestaltung der Räume mit Julius Hofmann.
LACROMA 1866 Gestaltung und Ausführung von Möbeln.

HOFMANN JULIUS
1840–1896, Sohn von Hofmann Franz, Dekorateur
LACROMA 1866 Rahmen für Bilder.
MIRAMAR ab 1860 Gestaltung der Räume mit Franz Hofmann.
MEXIKO vor 1867 Adaptierung des Hauses Olindo im Dorf Acapacingo.

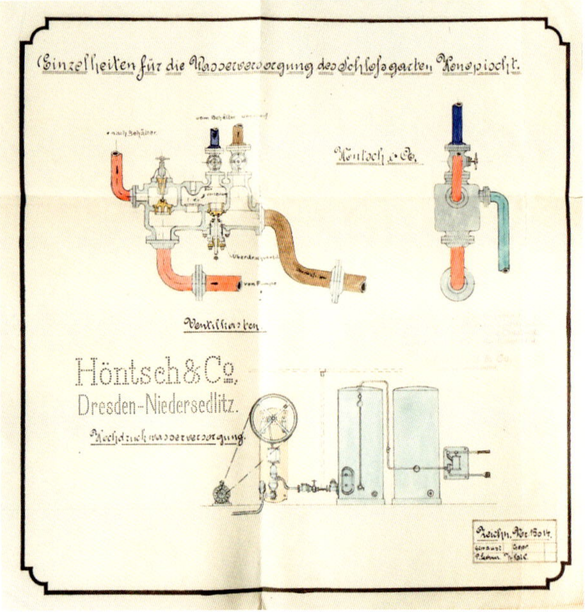

Abb. 23-04: Höntsch & Co, Zeichnungen für die Wasserversorgung des Schlossgartens in Konopischt, Dresden Niedersedlitz, 1912 (© Schloss Artstetten)

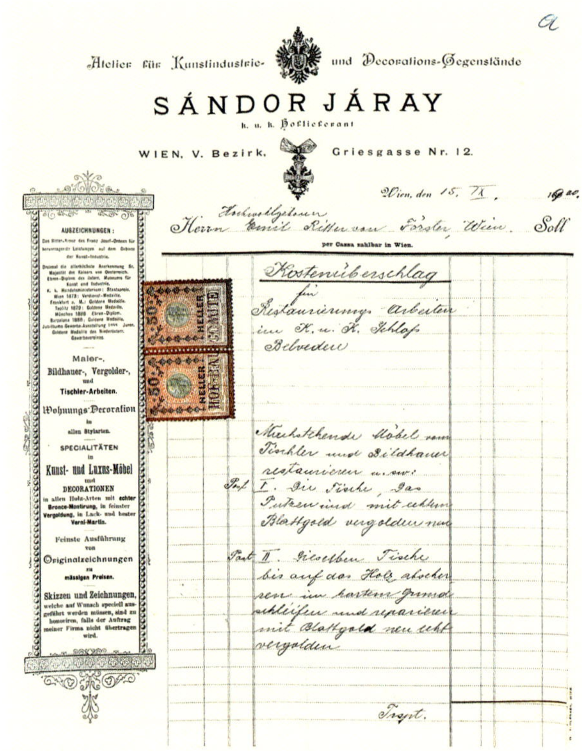
Atelier für Kunstindustrie- und Decorations-Gegenstände
SÁNDOR JÁRAY
k. u. k. Hoflieferant
WIEN, V. Bezirk, Griesgasse Nr. 12.
Wien, den 15. XI. 1900.
Hochwohlgeboren Herrn Emil Ritter von Förster, Wien. Soll
per Cassa zahlbar in Wien.

AUSZEICHNUNGEN:
Maler-, Bildhauer-, Vergolder-, und Tischler-Arbeiten.
Wohnungs-Decoration in allen Stylarten.
SPECIALITÄTEN in Kunst- und Luxus-Möbel und DECORATIONEN in allen Holz-Arten mit echter Bronce-Montirung, in feinster Vergoldung, in Lack- und bester Verni-Martin.
Feinste Ausführung von Originalzeichnungen zu mässigen Preisen.
Skizzen und Zeichnungen, welche auf Wunsch speciell ausgeführt werden müssen, sind zu honoriren, falls der Auftrag meiner Firma nicht übertragen wird.

Kostenüberschlag
für
Restaurierungs Arbeiten
im K. u. K. Schloß
Belvedere

Nachstehende Möbel vom
Tischler und Bildhauer
restaurieren u. zw.:
Post I. Die Tische, das
Putzen und mit echtem
Blattgold vergolden neu
Post II. Dieselben Tische
bis auf das Holz abscheren
im harten Grunde
schleifen und reparieren
mit Blattgold neu echt
vergolden

Abb. 23-05: Sándor Járay, Kostenvoranschlag für Restaurierungsarbeiten im k. und k. Schloss Belvedere, 15. November 1900 (© OESTA)

HOLLENBACH / HOLLENBACH'S D. NEFFEN ED. & FR. RICHTER
K. k. landesbef. Bronce Waren Fabrikant, Wien VIII., Kaisergasse 167
PRAG 1878 Lieferung von Broncewaren.

HÖNTSCH & CO
Dresden-Niedersedlitz
KONOPISCHT 1905 Glashaus, 1907 Bau des Glashauses beim Rosengarten, 1912–1913 Wasserleitung für Garten (Abb. 23-04).

IRMLER HEINRICH
1839–1914, k. u. k. Hof-Tischler, Möbel-Niederlage, Währing Gürtelstraße 9 nächst Hernalser Linie
KONOPISCHT 1891 Zahlung.

JANSON DOMENICO
Tapezierer
VILLA LAZAROVICH nach 1852 6 vergoldete Holzstühle und 6 vergoldete Kanapees.

JÁRAY SÁNDOR
Atelier für Kunstindustrie- und Decorations-Gegenstände, Briefkopf 1900: Kunst-Möbel-Fabrik, Wohnungseinrichtungen/Kammer-Lieferant Sr. Majestät des Kaisers von Österreich, Kammerlieferant Sr. k. u. k. Hoheit des Herrn Erzherzogs Otto, Griesgasse 12, Wien V./Wien IV., Schleifmühlög. 2; k. u. k. Hoflieferant, Atelier für Kunst, Industrie u. Decorations-Gegenstände, Kunsttischler, Maler-, Bildhauer- und Vergolder-Arbeiten, Specialist in Luxus- u. Fantasie-Möbeln
HOFBURG: 1897 Überarbeitung und Herrichtung der Holzgestelle der Möbel im Toiletteraum Stephanies.
BELVEDERE 1900 Restaurierung barocker Prunktische (Abb. 23-05).
NEUE BURG 1911 Entwürfe für Appartement Erzherzog Franz Ferdinands im Mezzanin; 1912 Entwurf Wohnraum, Rauchsalon, Wartesalon.

JÁRAY SIGMUND
K. u. k. Hof-Möbel-Fabrikant, Tapezierer und Decorateur, Ameublement und Decoration, hält gro-

ßes Lager von Möbeln in allen Stylarten, Wien IV., Heugasse, Bräunerstr. 1 und 3, nächst dem Graben
BLÜHNBACH nach 1910 Ausstattung der herrschaftlichen Räume, Restaurierung von Holzverkleidungen und Tapezierungen; Herstellung von Stellagen für die Sammlung von Apothekengefäßen.
CHLUMETZ ab 1910 Delfter Keramik.
KONOPISCHT 1911 Tapetenstoff für »Eugen Schlafzimmer«, Ankauf Stehlampe aus Messing; 1912 Kronprinzenzimmer; 1913 Aufhängung von Gemälden; 1914 Arbeiten im Schlafzimmer (Abb. 23-06), Polsterungen im Krickelzimmer und im Salon Ihrer Hoheit, Montieren von Geweihen und Bildern etc. in Gängen, im Verwaltungszimmer, Postgebäude, Tapezierarbeiten im Kronprinzenappartement, Rittersaal, Prinzessinsalon, Waffensaal.

KIEFER MARMOR-INDUSTRIE
BLÜHNBACH bis 1912 Kapelle Weihwasserbecken.

KIRCHHOF / C. F. KIRCHHOF'S SÖHNE
Mechaniker und Erzeuger von Kühl, Conservir- und Gefrier-Apparaten, Wien IV., Schaumburggasse 8
BELVEDERE 1899 Eiskasten.

KITSCHELT / AUGUST KITSCHELT'S ERBEN
Eisenmöbel-Fabrik & Metallgießerei, Niederlage Wien I., Kärtnerstraße 36, Fabrik und Comptoir Wien VIII., Daungasse 1
BELVEDERE 1901 Gartenmöbel.

KLINKOSCH J. E. / KLINKOSCH ISIDOR CARL UND ARTHUR, RITTER VON
k.u.k. Hof- u. Kammer-Lieferant, Gold, Silber- und Metallwarenfabrik, Wien II., Afrikanergasse 5, Niederlage Wien I. Michaelerplatz, Inh. Isidor Rit. v. Klinkosch (1899)
PRAG 1880 silbernes Tafelserivce für 50 Personen; 1881 zwölf silberne Tafelleuchter mit aufgesetztem Wappen und Gravierung.

KNOBLOCH / KNOBLOCH'S AUGUST NACHFOLGER
K. u. k. Hoflieferant Tapezierer u. Möbelniederlage,

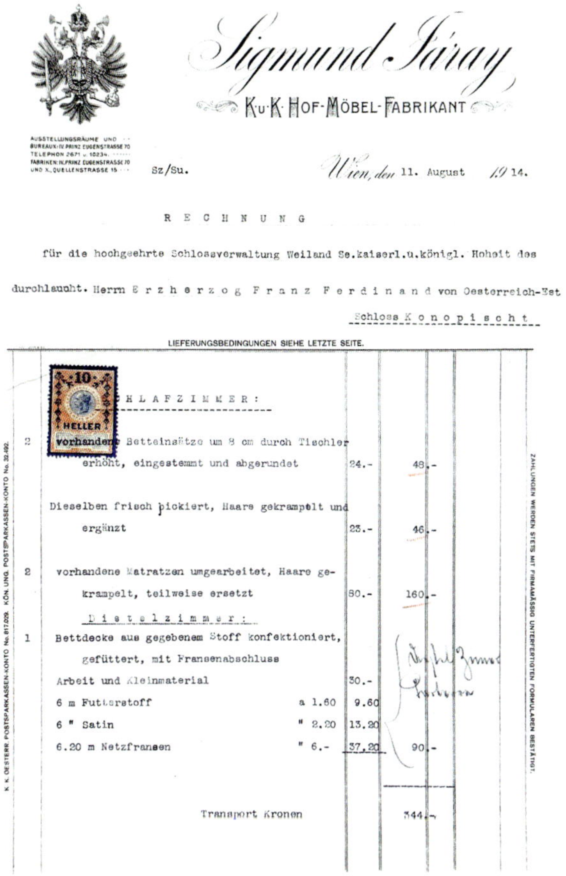
Sigmund Járay
K.u.K. Hof-Möbel-Fabrikant
Ausstellungsräume und Bureaux: IV. Prinz Eugenstrasse 70
Telephon 2671 u. 10234.
Fabriken: IV. Prinz Eugenstrasse 70 und X., Quellenstrasse 15
Sz/Su.
Wien, den 11. August 1914.

R E C H N U N G

für die hochgeehrte Schlossverwaltung Weiland Se.kaiserl.u.königl. Hoheit des durchlaucht. Herrn E r z h e r z o g F r a n z F e r d i n a n d von Oesterreich-Est
Schloss K o n o p i s c h t

LIEFERUNGSBEDINGUNGEN SIEHE LETZTE SEITE.

K. K. OESTERR. POSTSPARKASSEN-KONTO No. 817.029. KÖN. UNG. POSTSPARKASSEN-KONTO No. 32.492.

10 HELLER

	[Sc]HLAFZIMMER:			
2	vorhandene Betteinsätze um 8 cm durch Tischler erhöht, eingestemmt und abgerundet		24.-	48.-
	Dieselben frisch pickiert, Haare gekrampelt und ergänzt		23.-	46.-
2	vorhandene Matratzen umgearbeitet, Haare gekrampelt, teilweise ersetzt		80.-	160.-
	Distelzimmer:			
1	Bettdecke aus gegebenem Stoff konfektioniert, gefüttert, mit Fransenabschluss			
	Arbeit und Kleinmaterial		30.-	
	6 m Futterstoff	a 1.60	9.60	
	6 " Satin	" 2.20	13.20	
	6.20 m Netzfransen	" 6.-	37.20	90.-
	Transport Kronen			344.-

ZAHLUNGEN WERDEN STETS MIT FIRMAMÄSSIG UNTERFERTIGTEN FORMULAREN BESTÄTIGT.

Abb. 23-06: Sigmund Járay, Rechnung für Schloss Konopischt, Wien, 11. August 1914 (© Schloss Artstetten)

Wien VII., Karl Schweighofergasse 8, 10 u. 12 / Breitegasse 10 und 12
KONOPISCHT nach 1912 Zeichnungen für Lambrien und Plafonds.

KOWY UND IWINGER
K. u. k Hof-Tapezierer, Wien I., Schauflergasse 1/ Habsburgergasse 7
HOFBURG: 1892 Möbel; 1897 neue Tapezierung der Möbel im Toilettenraum Stephanies.
KONOPISCHT 1890 Zahlung an die Firma Kowy & Iwinger; 1907 Aufspannen zweier Gobelins im großen Speisesaal; 1908 Stoffbespannungen Große Bibliothek; 1914 Polsterung zweier Fauteuils aus dem Hofburgbau.
BELVEDERE 1898 Lieferung der Einrichtung für Toilettezimmer, Schlafzimmer, Schreibzimmer und

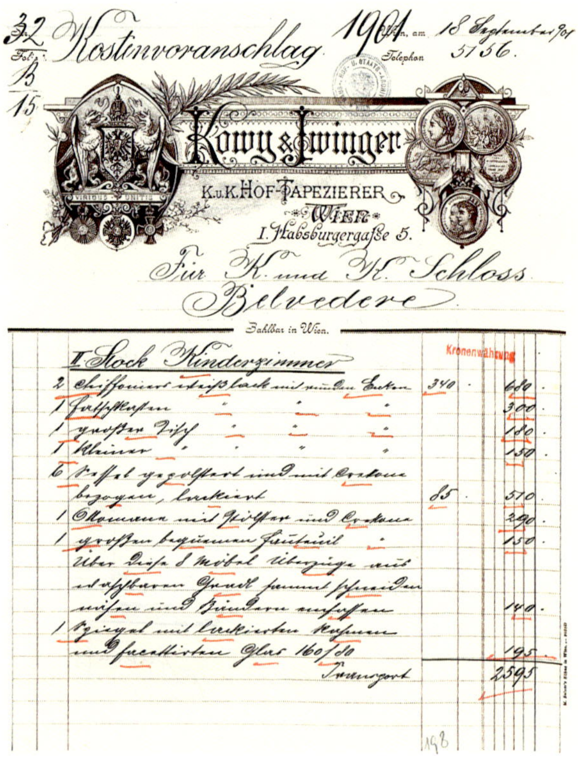
Kostenvoranschlag 1901

Kowy & Iwinger

K. u. K. Hof-Tapezierer

Wien

I. Habsburgergasse 5.

Für K. und K. Schloss Belvedere

Zahlbar in Wien.

Kronenwährung

II. Stock Kinderzimmer

Abb. 23-07: Kowy und Iwinger, Kostenvoranschlag für die Einrichtung eines Kinderzimmers im zweiten Stock des k. und k. Schlosses Belvedere, 18. September 1901 (© HHStA)

Rauchzimmer; 1901–1912 Einrichtung Kinderzimmer. (Abb. 23-07)
ECKARTSAU 1907 Möbel für die Kinderzimmer.

KŘIŽÍK FRANTIŠEK
Techniker, Industrieller und Erfinder, Elektrotechnisches Etablissement Prag, Karolinenthal
CHLUMETZ 1901 neue Beleuchtungsanlage.

KÜHLMEIER
Wien
PRAG 1880 Möbel und Bronzen.

LA VIGNE AUGUST
K. k. Hof-Bildhauer, Wien VI., Windmühlgasse 28
MIRAMAR 1871 Fertigstellung der Ausstattung in den Repräsentationsräumen.

HOFBURG um 1874 und 1877 Holzbildhauerarbeiten an Möbeln und Boiserien (Entwurf Kirschner).
PRAG 1882 Entwürfe gepolsterte Sitzmöbel und Tische für den Spanischen und Deutschen Saal.

LADEWIG FRANZ WILHELM
Dekorationsmaler, Wien IV., Theresianumgasse 31
ECKARTSAU 1901 Instandhaltungsarbeiten.

LEISTLER CARL
Parqueten-Fab., Wien VI., Kaunitzgasse 2
HOFBURG 1874–1875 Verlegung und Renovierung Parkettböden.

LINSER & SÖHNE / STEIN-INDUSTRIE JOSEF LINSER & SÖHNE
Bildhauer und Kunststeinmetze, Linz, Am Stadt-Friedhofe, Fabrik: Innsbruck, Filiale: Wels, Friedhofstraße
ARTSTETTEN 1910–1912 Nachbau eines Flurdenkmales.

LINZINGER LUDWIG
Bildhauer, Linz
BLÜHNBACH bis 1912 Kapelle Chorgestühle, Kirchenbänke und Tabernakel.

LITSCHEL ADOLF MATTH. OBERDORFERS NACHF.
Bau, Kunst- und Möbeltischler, Wien VI., Mollardgasse 32 / Wien V., Ramperstorffergasse 39
KONOPISCHT 1897 Vertäfelung und Vitrinen im Turmzimmer und im Gang, 3. Stock Windfänge, Plafond Bibliothek.
CHLUMETZ 1898 Kostenvoranschlag für zwei Abschlusswände-Windfänge.
BELVEDERE 1900 Anfertigung von Garderobekästen im neuen Stiegenhaus; 1901 Möbel für ein Dienerzimmer.
ECKARTSAU 1904 Instandhaltungsarbeiten im Schloss.

LOBMEYR / J. & L. LOBMEYR
K. u. k. Hoflieferant, Lobmeyr Handelshaus für Glaswaren, gegr. 1823, Wien I., Kärthnerstraße 26, Hofglaswarenfabrikant
PRAG 1880 zwei Service für je 24 Personen.

CHLUMETZ 1884 Kiste mit Trinkservice.
BELVEDERE 1912 Porzellan- und Glasservice.

LOŽEK
PRAG 1881 Tischlerarbeiten.

LUPIERE FRANCESCO
VILLA LAZAROVICH nach 1852 Tor aus Eisen.

BERNHARD LUDWIG
Tischler, Wien XVI., Bayergasse 15
NEUE BURG 1911 Appartement für Erzherzog Franz Ferdinand im Mezzanin, Entwürfe Toilettezimmer des Thronfolgers; 1912 Entwurf Warteraum.

LUTSCHANDERL UND CHWALLA
K. u. k Hof-Posamentire, Fabrik u. Comptoir Wien VII., Seidengasse 32, Niederlage Wien I., Spiegelgasse 8, Specialitäten in Möbelposamenterien, Paris 1878 »Goldene Medaille«
PRAG 1880 Posamenteriewaren.

MAHLKNECHT ANTON
Pöllbauer, Achenkirch in Tirol
AMBRAS Ankauf von altem Kachelofen.

MESTRE F. UND KITZ F.
VILLA LAZAROVICH nach 1852 Maler- und Lackierarbeiten.

MARISCHKA JOHANN
Hofvergolder, Antiquitäten-Geschäft, Wien IV., Schönburgstraße 27
KONOPISCHT 1904 Aufstellung Antiquitäten; 1913 Georgsmuseum Aufstellung der Sammlung (mit Othmar Schmikowitz); 1914 aus den Sammlungen für den Hofburgbau entnommen 1 Diwan und 2 Fauteuils.
BELVEDERE 1910 Paravent für den Damensalon.
ECKARTSAU 1914 Schreibtisch.

MELZER & NEUHARDT
Glaslusterfabrik, Wien VIII., Stolzenthalergasse 6
PRAG 1880 acht Luster.

MILDE KARL
Schlosser, Hoflieferant, Prag
PRAG 1881 Verglasung von Leibungen.
KONOPISCHT 1891 Zahlung.

MINTONS
Keramikmanufaktur, Stoke-on-Trent, London Road Vertrieb über London: Thomas Goode & Co., siehe auch unter e) Goode
MEXIKO 1866 Herstellung Porzellanservice für den Kaiserhof.

MÜLLER JOHANN WENZEL / J. W. MÜLLER
Bau- und Portaltischler; J. W. Müller, k. k Hoflieferant / Hof-Bau- & Kunsttischler, Wien V., Einsiedlerplatz Nr. 3 & 4
PRAG 1881 Posamenterien und Verzierungen für die Wohnung; 1882 Kanapees, Bänke und Tabourets mit goldener Fassung nach Entwürfen von La Vigne für den Deutschen und den Spanischen Saal; vor 1884 Bilderrahmen.
BELVEDERE 1898 Tischlerarbeiten im ersten Stock.
ECKARTSAU 1901 Tischlerarbeiten (z. B. Heizkörperverkleidungen).
NEUE BURG 1911 Appartement für Erzherzog Franz Ferdinand im Mezzanin, Entwürfe Damensalon.
KONOPISCHT 1912 Wandvitrinen in den Gängen, Vitrinen in drei nicht zuordenbaren Sälen (Museumssäle?).

NOVAK KARL
Bau- und Kunstschlosser, Wien VI., Wallgasse 32
BELVEDERE 1900 Anfertigung des Wintergartens.

OBERDORFER MATTHIAS (SIEHE AUCH ADOLF LITSCHEL)
Bürgerl. Bau- und Möbel Tischler, Wien VI., Mollardgasse 52
KONOPISCHT 1895 Plafond Rittersaal, Stiegenhausgeländer.

OBERÖSTERREICHISCHE BAUGESELLSCHAFT
Linz
ARTSTETTEN 1913 Entwürfe für Schloss.

Abb. 23-08: Portois & Fix, Approximativer Kostenvoranschlag für die Einrichtung der Bibliothek im Schloss Belvedere, 5. Oktober 1900 (© OESTA)

OSAGNO
Mailand
MIRAMAR 1864 roter Seidendamast.

OSWALD CARL & CO
Metallwarenfabrik, Wien III., Ungargasse 21–23, vormals Josef Klemm, k. u. k Hofliefertant, Etablissement für Gas- Wasser u. Closet-Instalation
KONOPISCHT 1891 Planung Wasseranlage.

PARVIS GIUSEPPE
Kairo
PRAG 1880/81 neue und antike Möbel für ein ägyptisches Rauchzimmer.

PAULY / J. PAULY & SOHN / PAULY JOSEPH
K. u. k. Hof-Bettwaren Fabrikant, Wien I., Spiegelgasse 1
KONOPISCHT 1904 Änderungen an den Betten für die Herrschaften.

PHILIPPI W.
Kunst- und Bauschlosserei, Wiesbaden
KONOPISCHT 1896 Montage eines hydraulischen Pater Nosters im Schloss (Sicherheitskäfig von der Prager Firma Fanta und Jiresch).

PITNER FRANZ
1826–1892, Maler, Porträtmaler, Wien I., Seilerstätte 960
MIRAMAR Kopie des Porträts des Königs Carl Friedrich Alexander von Württemberg.

PODANY MATTHIAS FRANZ
Tischler (Podany Franz, bgl. Tischler, Wien XIII., Kaisergasse 38, Mosaikbödenfabrik Wien VIII., Herrngasse 203)
HOFBURG 1858 Wiege für Kronprinz Rudolf in der Kindskammer.

POKORNY & NUCIC
KONOPISCHT 1911 Versetzung von Figuren im Blumengarten.

PORTOIS & FIX / PORTOIS AUGUST
Societé Commerciale Améublements et Décorations, Wien I., 7. Kolowratring / Wien III., Ungargasse 53
PRAG 1880–1882 komplette Überarbeitung und Neuausstattung des Appartements.
HOFBURG: 1881 Einrichtung des ehelichen Appartements.
MAYERLING 1887 Einrichtung des Jagdschlosses.
BELVEDERE 1898 Neuanfertigung der Einrichtungsstücke für den I. und II. Salon; 1898 Neuanfertigung der Ausstattung der Bibliothek und des Vorzimmers; 1898 Restaurierung und Ausführung der Tischler, Anstreicher- und Vergolderarbeiten (an der Raumschale) im 1. Stock. (Abb. 23-08)
NEUE BURG 1911 Appartement für Erzherzog Franz

Ferdinand im Mezzanin, Entwürfe Arbeitszimmer des Thronfolgers, Großer dreifenstriger Salon; 1912 Entwurf Wohnraum, Speisesaal, Salon mit reichem Holzplafond.

POSPÍCHAL
Tischler
KONOPISCHT 1911 Georgsmuseums Podium.

POSPISCHIL ANTON
Möbel-Fabrik Etablissement für Wohnungs-Einrichtung, Wiedener Hauptstraße 55
Briefkopf mit einer goldenen Medaille, 2 Ausstellungen in Paris 1900 und Kunstgewerbliches Werk, Wien VI., Marchettigasse 1
KONOPISCHT 1910 Vertäfelung in Gängen (Abb. 23-09), Vertäfelung Toilettezimmer des Kronprinzenzimmers, 1913 Vertäfelung des Kapellenganges.

PRAG-RUDNIKER
Korb-Fabrikation, Lager Wien VIII., Neubaugasse 56, Detaillager Wien VI., Mariahilferstraße 25
LÖLLING Korbmöbel im großen dreifenstrigen Salon; Korbmöbel auf der Terrasse der Sonnwendhütte
KONOPISCHT Korbmöbel in der Glasveranda und auf der Südterrasse.

PROMBERGER JOSEF
Promberger Josef, k. k. Hof-Klavierfabrik, Wien VII., Hermanngasse 25
PRAG 1878 Ankauf eines Stützflügels.

REIMER JOSEF
Tischlermeister, Wien VIII., Albertgasse 7
ECKARTSAU Restaurierungsarbeiten.

RICHTER JOSEF
Bürgerl. Tischlermeister, Tischlerei für Bau, Kunst, Innendekoration und Kirchenarbeiten, Möbel- und gesamte Wohnungs-Einrichtung, Wien XI., Triesterstraße 2
KONOPISCHT 1912 Stiegenhausumbau; 1914 Vitrinen für Georgsmuseum (nach Entwurf von Schimkowitz). (Abb. 23-10)

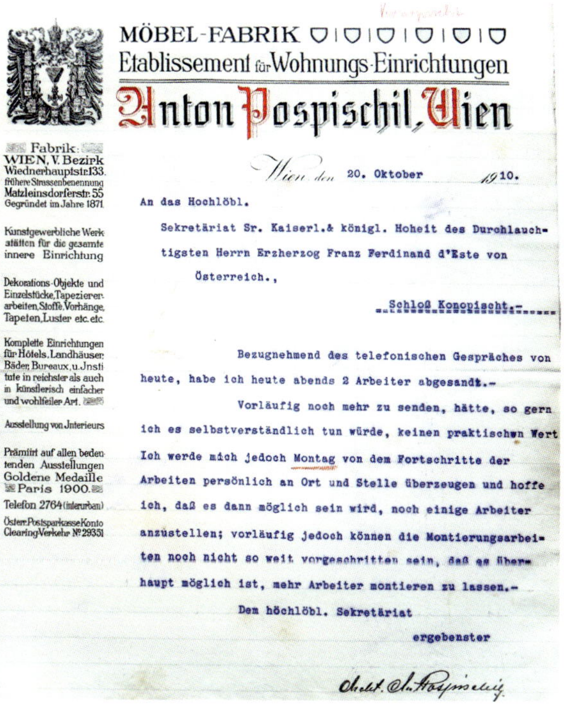
MÖBEL-FABRIK
Etablissement für Wohnungs-Einrichtungen
Anton Pospischil, Wien

Fabrik: WIEN, V. Bezirk
Wiednerhauptstr. 133.
frühere Strassenbenennung Matzleinsdorferstr. 55
Gegründet im Jahre 1871

Kunstgewerbliche Werkstätten für die gesamte innere Einrichtung

Dekorations-Objekte und Einzelstücke, Tapeziererarbeiten, Stoffe, Vorhänge, Tapeten, Luster etc. etc.

Komplette Einrichtungen für Hôtels, Landhäuser, Bäder, Bureaux, u. Jnstitute in reichster als auch in künstlerisch einfacher und wohlfeiler Art.

Ausstellung von Jnterieurs

Prämiirt auf allen bedeutenden Ausstellungen
Goldene Medaille Paris 1900.
Telefon 2764 (interurban)
Österr. Postsparkasse Konto Clearing Verkehr № 29351

Wien den 20. Oktober 1910.

An das Hochlöbl.
Sekretäriat Sr. Kaiserl. & königl. Hoheit des Durchlauchtigsten Herrn Erzherzog Franz Ferdinand d'Este von Österreich.,

Schloß Konopischt.-

Bezugnehmend des telefonischen Gespräches von heute, habe ich heute abends 2 Arbeiter abgesandt.-

Vorläufig noch mehr zu senden, hätte, so gern ich es selbstverständlich tun würde, keinen praktischen Wert. Ich werde mich jedoch Montag von dem Fortschritte der Arbeiten persönlich an Ort und Stelle überzeugen und hoffe ich, daß es dann möglich sein wird, noch einige Arbeiter anzustellen; vorläufig jedoch können die Montierungsarbeiten noch nicht so weit vorgeschritten sein, daß es überhaupt möglich ist, mehr Arbeiter montieren zu lassen.-

Dem höchlöbl. Sekretäriat
ergebenster

Abb. 23-09: Anton Pospischil, Firmenschreiben zwecks Inspektion der Montagearbeiten im Treppenhaus in Schloss Konopischt, Wien, 20. Oktober 1910 (© Schloss Artstetten)

RITSCHL HERMANN
Restaurator a. d. Gemälde-Galerie d. Allerhöchst. Kaiserhauses, Lieut. i. d. Ref., Wien IV., Heugasse 54
BELVEDERE und Eckartsau 1903 Restaurierung von Gemälden
BLÜHNBACH Zusammenstellung der Gemäldeausstattung.

ROGENHOFER KARL
Kunsttischler, Kirchen- u. Decorationsarbeiten, Atelier für die gesamte Wohnungseinrichtung der Innendecoration sowie Kunst- Kirchen u. Bautischlerarbeiten. Spezialist für Plafonds, Lambrien und Holztreppen, Wien V., Diehlgasse 15
KONOPISCHT 1891 Zahlung; 1908 Täfelung im Kronprinz-Dienerzimmer.

ROTA FELIPPO
VILLA LAZAROVICH nach 1852 Maler- und Restaurierungsarbeiten.

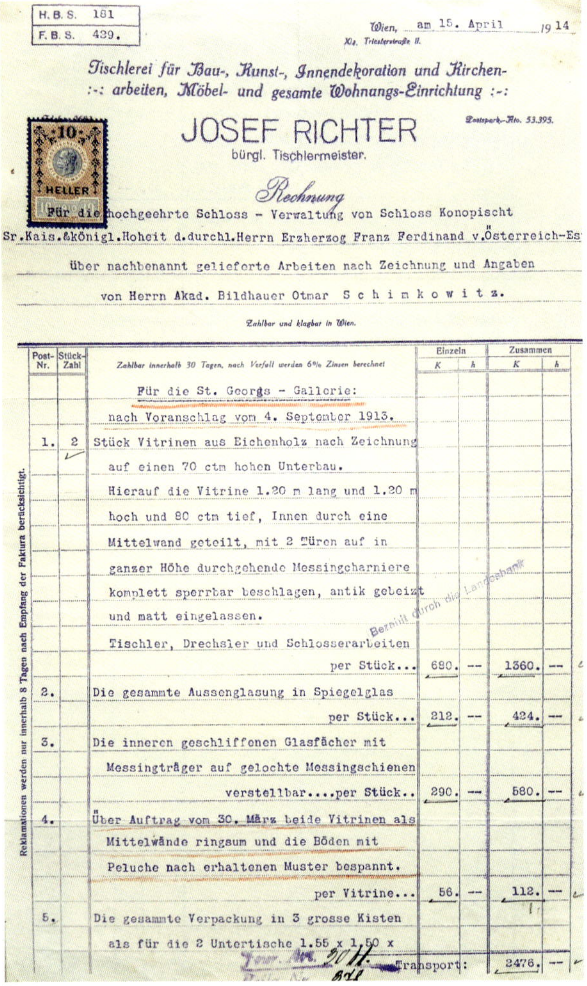

H. B. S. 181
F. B. S. 439.

Wien, am 15. April 1914
XII. Triesterstraße 11.

Tischlerei für Bau-, Kunst-, Innendekoration und Kirchen- :-: arbeiten, Möbel- und gesamte Wohnungs-Einrichtung :-:

JOSEF RICHTER
bürgl. Tischlermeister.

Postspark.-Kto. 53.395.

10 HELLER

Rechnung

Für die hochgeehrte Schloss - Verwaltung von Schloss Konopischt
Sr.Kais.&königl.Hoheit d.durchl.Herrn Erzherzog Franz Ferdinand v.Österreich-Es
über nachbenannt gelieferte Arbeiten nach Zeichnung und Angaben
von Herrn Akad. Bildhauer Otmar S c h i m k o w i t z.

Zahlbar und klagbar in Wien.

Post-Nr.	Stück-Zahl	Zahlbar innerhalb 30 Tagen, nach Verfall werden 6% Zinsen berechnet	Einzeln K	Einzeln h	Zusammen K	Zusammen h
		Für die St. Georgs - Gallerie:				
		nach Voranschlag vom 4. September 1913.				
1.	2	Stück Vitrinen aus Eichenholz nach Zeichnung				
		auf einen 70 ctm hohen Unterbau.				
		Hierauf die Vitrine 1.20 m lang und 1.20 m				
		hoch und 80 ctm tief, Innen durch eine				
		Mittelwand geteilt, mit 2 Türen auf in				
		ganzer Höhe durchgehende Messingcharniere				
		komplett sperrbar beschlagen, antik gebeizt				
		und matt eingelassen.				
		Tischler, Drechsler und Schlosserarbeiten				
		per Stück...	680.	--	1360.	--
2.		Die gesammte Aussenglasung in Spiegelglas				
		per Stück...	212.	--	424.	--
3.		Die inneren geschliffenen Glasfächer mit				
		Messingträger auf gelochte Messingschienen				
		verstellbar....per Stück..	290.	--	580.	--
4.		Über Auftrag vom 30. März beide Vitrinen als				
		Mittelwände ringsum und die Böden mit				
		Peluche nach erhaltenen Muster bespannt.				
		per Vitrine...	56.	--	112.	--
5.		Die gesammte Verpackung in 3 grosse Kisten				
		als für die 2 Untertische 1.55 x 1.50 x				
		Transport:			2476.	--

Reklamationen werden nur innerhalb 8 Tagen nach Empfang der Faktura berücksichtigt.

Bezahlt durch die Landesbank

Abb. 23-10: Josef Richter, Rechnung für Vitrinen im Georgsmuseum in Schloss Konopischt, Wien, 15. April 1914 (© Schloss Artstetten)

ROTH GEORG UND HAUK RUDOLF

Bauunternehmen; Bauunternehmung Georg Roth & Rudolf Hauk, Architekten & Stadtbaumeister, Wien XIII., Lainzerstraße 3, 5.

ARTSTETTEN 1913 Ausführung des Schlossumbaus; 1913 Kesselhaus; 1914 Kostenvoranschläge Umgestaltung Baluster, Stiegenaufgang und Sitzplatz, Stützmauer und Glashaus, Schlosszufahrt.

SALZBURGER MARMORWERKE

BLÜHNBACH bis 1912 Kapelle Altarmensa und Speisegitter.

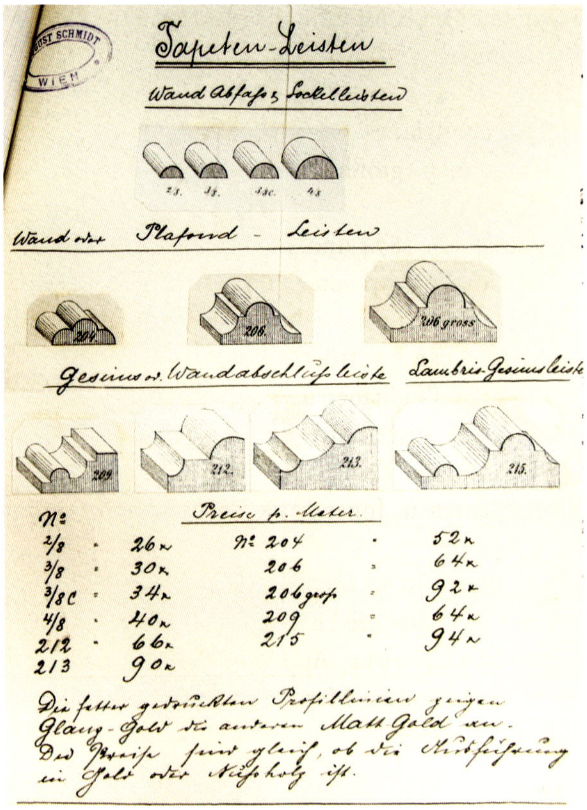

Abb. 23-11: August Schmidt, Muster für Plafondleisten für Schloss Chlumetz, Wien 1887 (© SOA Třeboň)

SCHEIDL ALOIS

K. k. ausschl. pr. Fabrik, Tischler, Wien XV., Clementinengasse 27

KONOPISCHT 1890 Zahlung.

SCHMIDT AUGUST

Tapeten Fabriks-Niederlassung, Wien I., Kärntnerstraße 30

CHLUMETZ 1887 blaue Tapeten, Sockel – vergoldet oder aus Nussholz und Plafondtapeten. (Abb. 23-11)

SCHMIDT FRIEDRICH OTTO

Spezialitäten in Tapeten, Stoffen, Teppichen und Artikeln für innere Decoration, Lager von Smyrna Teppichen, Singerstraße 16, Wien I. (Geschäft) Waisenhausgasse 7, Wien IX. (Fabrik), Bachergasse 5, Wien V. (Tischlereiabtheilung)

NEUE BURG 1911 Appartement für Erzherzog Franz

Ferdinand im Mezzanin, Entwürfe Schlafzimmer, Entree-Salon.

SCHMIDT PHILIPP
K.k. österr. u. großh. bess. Hoftischler, Wien VI., Wallgasse 17
HOFBURG um 1874 und 1874 Ausführung von Möbeln (nach Entwurf von Kirschner).

SCHÖNTHALER / SCHÖNTHALER F. & SÖHNE
K. u. k. Hofbildhauer und Decorateur, Atelier für künstlerisch ausgeführte Bildhauerarbeiten in Marmor, Sandstein, Zement, Gyps u. Holz zu Facaden, Monumenten u. Innendecoration, Wien IV., Belvederegasse 30
PRAG 1882 Tische für den Deutschen und Spanischen Saal (Entwürfe La Vigne).
NEUE BURG: 1911 Appartement für Erzherzog Franz Ferdinand im Mezzanin, Entwurf Toilettezimmer der Herzogin.

SCHÜCKTANZ A.
Manufakturhandlung, Wien I., Wipplingerstraße 10
KONOPISCHT 1914 Bordüren Kreton, Möbel Rouge (Vermerk Schwarzwald und Frideck).

SEIFERT & SÖHNE / SEIFERT HEINRICH & SOHN
Tischler und Billardfabrik, Wien V., Mittersteig 28
MAYERLING Wendebillardtisch im Billardzimmer.

SEIDL J. W.
Kunsttischlerei und Möbelfabrik, Übernahme v. kompletten Wohnungseinrichtungen, Villen und Hotels bei gediegener Ausführung, Wien V., Diehlgasse 27
ECKARTSAU 1910 Betten und Nachtkästchen für die Kinderzimmer.

SEREINIG FRANZ
Tischler 1866–1933, Privattischler des Erzherzogs Franz Ferdinand
ECKARTSAU 1897 diverse Restaurierungsarbeiten, evt. Anfertigung der Bibliothek.
KONOPISCHT 1907 drei Vitrinen.

SIEMENS / ÖSTERR. SIEMENS-SCHUCKERT-WERKE
KONOPISCHT 1904 Nachrüstung Elektrizitätswerks.
ECKARTSAU 1904 Installierung der elektrischen Beleuchtungsanlage.
BLÜHNBACH 1911 Elektrifizierung des Schlosses.
ARTSTETTEN 1914 Elektrifizierung des Schlosses.

SIEMENS UND HALSKE
Fabrik für elektrische Beleuchtung und Kraft-Übertragung, Eisenbahn-Sicherungs-Anlagen, Wien III., Apostelgasse 12 / Fabrik für Telephone, Microphone, Telegraphenapparate, Fernmelder
KONOPISCHT 1898–1899 Entwürfe Elektrizitätswerk und Beleuchtungskörper.
CHLUMETZ 1899 Konzept für elektrifizierte Beleuchtung; 1901 Kostenvoranschlag Turbine (kein Zuschlag).

SINGER ADOLF
Uhrmacher, Kammerlieferant Sr. k.u.k. Hoheit des durchl. Herrn Erzherzogs Otto, Uhrmacher u. Geschäft v. Gold- u. Silberwaren, Wien I., Kärtnerstraße 57
BELVEDERE 1901 Zimmeruhren.

ŠKODA-WERKE
Pilsen
KONOPISCHT 1904 Elektrizitätswerk Tieflegung der Turbine und Kanalbau.

SOMAZZI GIUSEPPE
VILLA LAZAROVICH nach 1852 Holzkassetten.

SOMMERHUBER RUDOLF
Tonöfen- und Sparherdfabrik, Steyr, K. u. K. Hoflieferant Kammerlieferant
KONOPISCHT 1914 Nachbau eines Ofens aus Ambras. (Abb. 23-12)

SOMMERSCHUH WENZL
Sommerschuh Emil, Thonwaren-Fabrikant in Prag (1899)
PRAG 1881 mehrere Öfen.

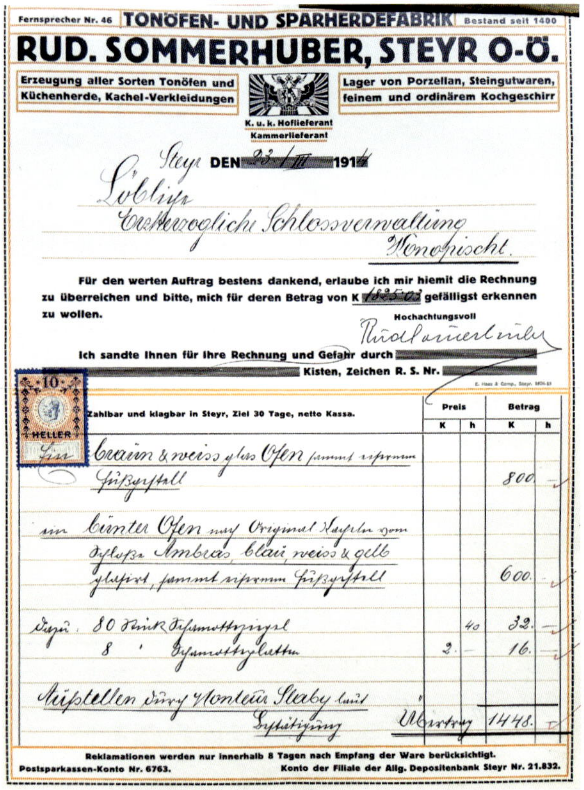

Fernsprecher Nr. 46 TONÖFEN- UND SPARHERDEFABRIK Bestand seit 1400

RUD. SOMMERHUBER, STEYR O-Ö.

Erzeugung aller Sorten Tonöfen und Küchenherde, Kachel-Verkleidungen

K. u. k. Hoflieferant
Kammerlieferant

Lager von Porzellan, Steingutwaren, feinem und ordinärem Kochgeschirr

Steyr DEN 23/III 1914

Löbliche
Erzherzogliche Schlossverwaltung
Konopischt.

Für den werten Auftrag bestens dankend, erlaube ich mir hiemit die Rechnung zu überreichen und bitte, mich für deren Betrag von K 1825.02 gefälligst erkennen zu wollen.

Hochachtungsvoll
Rud. Sommerhuber

Ich sandte Ihnen für Ihre Rechnung und Gefahr durch [redacted] Kisten, Zeichen R. S. Nr. [redacted]

E. Haas & Comp., Steyr.

Zahlbar und klagbar in Steyr, Ziel 30 Tage, netto Kassa.

	Preis K	Preis h	Betrag K	Betrag h
Ein braun & weiss glas. Ofen sammt eisernem Fußgestell			800	—
ein bunter Ofen nach Original Kacheln vom Schloße Ambras, blau, weiss & gelb glasirt, sammt eisernem Fußgestell			600	—
dazu: 80 Stück Chamottziegel		40	32	—
8 " Chamottplatten	2	—	16	—
Aufstellen durch Monteur Straby laut Bestätigung		Übertrag	1448	—

Reklamationen werden nur innerhalb 8 Tagen nach Empfang der Ware berücksichtigt.
Postsparkassen-Konto Nr. 6763. Konto der Filiale der Allg. Depositenbank Steyr Nr. 21.832.

Abb. 23-12: Rudolf Sommerhuber, Rechnung für Öfen in Schloss Konopischt, Steyr 29. März 1914 (© Schloss Artstetten)

SOULEK JAKOB
Kunst- und Möbeltischlerei, Wien VI., Mollardgasse 54
BELVEDERE 1912 Ausführung neuer Badezimmer und Bautischlerarbeiten.

SPELUZZI GUISEPPE
1827-1890, Kunsttischler, Mailand
MIRAMAR Kabinettschrank

SPOERLIN & ZIMMERMANN
K.k. pr. Papier-Tapeten- u. Buntpapier-Fabrik, Wien VI., Gumpendorferstraße 88, Niederlage Graben 30
VILLA LAZAROVICH nach 1852 Papiertapeten.
CHLUMETZ 1886 Wandtapeten.

STARY J.
Tapezierer und Reparateur, Wien IV., Favoritenstraße 8
CHLUMETZ 1895 Ankauf Schreibtisch, mehrere unterschiedlich tapezierte gepolsterte Sitzgarnituren, Tische; 1896 Etageren, Spiegel, Tischdecken.

STIGLER A.
Aufzugsanlagen Mailand
BELVEDERE 1898 Lieferung der Aufzüge im Oberen Belvedere.

STÖGER HANS
Bildhauer
BLÜHNBACH bis 1912 Kapelle Beichtstuhl.

STÖLZLE / STÖLZLE'S C. SÖHNE
K.k. priv. Glasfabriks Niederlage Wien IV., Wiedner Hauptstraße 2, und Wien XV., Schönbrunnerstraße 74; Prag, Wenzelsplatz 47
KONOPISCHT 1890 Fensterglas.

THONET / GEBRÜDER THONET
Möbel aus massiv gebogenem Holze, Wien I., Brandstätte 2 (Stephansplatz)
BELVEDERE Sitzmöbel.

TARNOLDI GIOVANNI
VILLA LAZAROVICH nach 1852 Badewanne.

TROGER
Vergolder
SCHÖNBRUNN 1855 Kostenvoranschläge Möbel für Räume von Erzherzog Ferdinand Maximilian.

ULRICH
VILLA LAZAROVICH nach 1852 Möbel.

UNION-BAUGESELLSCHAFT / UNION BAUMATERIALIEN GESELLSCHAFT
Central Bureau Wien I., Rathausstraße 4
BLÜHNBACH 1910 Kostenvoranschlag Stockwerkaufbau und Adaptierungsarbeiten, Ausführung; 1910 Gebäude des Rupertihofs.

WAHLISS ERNST
Porzellan u. Glaswarenhaus, Wien I., Kärtnerstraße 17
PRAG 1880 eine vollständige Ausstattung.

WALDEK UND WAGNER
Prag / Waldek, Wagner & Benda k. k Hoflieferant, Wien I., Opernring 10 (1911)
PRAG 1881 Installation der Bäder; 1883 Einbau WC mit englischer Spülung in Stephanies Bad.

WEISWEILER ADAM
1746–1820, Kunsttischler, Ebenist, Paris
VILLA LAZAROVICH Schreibsekretär im kleinen Salon, Geschenk von Napoleon III.

WERTHEIM F. & COMP.
Erzeuger feuer- u. einbruchsicherer Kassen u. aller Arten v. Aufzügen, Fabrik Wien IV., Luisengasse 6, Niederlage Wien I., Kärthnerring 18
ARTSTETTEN 1913 Aufzug.

WIENER FUSSBODENFABRIKSGESELLSCHAFT
KONOPISCHT 1891 Zahlung.

ZAHN JOSEF & COMP.
Glas- und Lusterfabrikant, Glashandlung Stadtniederlage Wien I., Parkring 20, Wien III., Salesianergasse 9
PRAG 1878 zwei Luster für Speisezimmer und Salon.
ECKARTSAU 1904 Beleuchtungskörper.

ZENTNER UND PAULLER
Tapezierer (Zentner Joh. k. k. Hof- u. bgl. Vergolder u. Hausbes., Wien VI., Josefsgasse 123; Pauller Ant. jun. / Joh., b. Vergolder, Wien VII., Holzplatzl 141)
SCHÖNBRUNN 1855 Kostenvoranschläge Möbel für Räume von Erzherzog Ferdinand Maximilian.

E) HÄNDLER / ANKAUFSQUELLEN

ABUL, Malaga: Holzfigur Johannes der Täufer (Restaurierung) für Konopischt 1914.

ANDROLI, Den Haag/Delft: Delfter Keramik für Chlumetz ab 1910 (1911 nach Konopischt geschickt).

ARMY& NAVY, London: 4 Bücheretageren, 2 Klapptische mit grünem Tuch für Konopischt 1914.

BAROZZI, Venedig: (Ankauf 1910) Lehnstuhl mit grün-gelbem Seidenstoff überzogen, Lesepult aus Nussholz mit geschnitztem Adler, (Ankauf 1911) Apothekergefäß für Konopischt.

BAUR, Biberach: Weibliche Porzellanfigur »Allegorie auf die Geographie« für Konopischt 1914.

BAZAR D'ORLÉANS, Algier, Ankäufe für Villa Lazarovich 1852.

BAZAR ROYAL, Den Haag/Delft: Delfter Keramik für Chlumetz ab 1910.

BERNHEIMER, München, Kunsthandlung: Planung Ankauf von originalen Renaissancekaminen für die Neue Burg 1912.

BIEDERMANN EMIL, Hofjuwelier Wien I., Graben 13, Prag 1880 umfangreiche Bestellungen in Schmucksachen.

BLUM M., Antiquitäten, Wien II., Blumauergasse 24, Anschaffung einer Bronzefigur für den deutschen Saal der Prager Burg 1880.

BÖHLER, München: Holzfigur, St. Florian 1907 ins Belvedere überführt; Figur der hl. Genoveva mit Hirsch für Chlumetz 1912.

BORTSTIEBER, Wien: Glas mit Zinndeckel mit eingraviertem hl. Georg für Konopischt 1914.

CAMERINO, Venedig: (1910 angekauft) Doppeladler aus Stein für Konopischt 1914.

CARRER, Venedig: (1911 angekauft) Gitter aus Schmiedeeisen für Konopischt 1914.

CATICJO, Madrid: (1913 angekauft) 2 Bronzeleuchter für Konopischt 1914.

CESANI, Venedig: antike Veranda im Renaissancestil für Ambras.

DASCH, Teplitz: Glas mit hl. Georg, Georgsmedaille für Konopischt 1914.

DELLA TORRE, Venedig: Löwe aus gelbem Marmor für Konopischt.

DOPPLER, München: Tisch, Renaissance, Tischplatte achteckig, vierseitiger Fuß für Konopischt 1914.

DOROTHEUM, Wien: Delfter Keramik für Chlumetz ab 1910; Ankauf 1909: 2 Blumentöpfe, Ölgemälde Jagdstück, Reiterstandbild aus dem Nachlass des Bildhauers Carl Kostenoble, Pulverform aus weißem Bein, 3 Hirschfänger, Armbrust, 3 Scheidgrape, Armbrust mit zwei Bolzen, Holzrelief hl. Georg für Konopischt 1914.

DRONOT, Den Haag/Delft: Delfter Keramik für Chlumetz ab 1910.

DREY, J., München: spanische Büste aus dem XVI. Jahrhundert, Gothische Männerbüste 1907 ins Belvedere überführt.

EINSTEIN, THEODOR, München: Holzfigur, Christus auf einem Esel reitend, Holzbüste der hl. Katharina, Heiliger mit Buch 1907 ins Belvedere überführt; Holzrelief »Hl. Antonius« (Restaurierung), Gemälde lebende Falken (1912 angekauft) für Konopischt 1914.

ENGELSMANN, Corfu: Holzbild hl. Georg für Konopischt 1914.

FRÖHLICH / Dr. Fröhlich, Wien: Ölbild Porträtkopf für Konopischt 1914.

FUCHS, Innsbruck: Taschenuhr mit Anhängsel für Konopischt 1914.

FULD, Den Haag/Delft: Delfter Keramik für Chlumetz ab 1910.

GARZON, Sevilla: Heiliger mit Kreuz (Restaurierung) für Konopischt 1914.

GOODE / TH. GOODE, London: 6 kleine Porzellanschilde »Badesalze«, kleines Porzellanschild an Kettchen »Badepulver«, 8 emaillierte Badutensilien an Kettchen, 6 Stück Badutensilien aus Glas, 4 Puderschalen für Konopischt 1914.

GRUBER Josef, München: Holzfigur, Mutter Anna 1907 ins Belvedere überführt.

GRÜBNER, Prag: Weitere Zuwächse für Prag 1881

HAPERAATS, Den Haag: Doppelspiegel in braunem Holzrahmen (Restaurierung) für Konopischt 1914.

HAUSTEIN, Köln: Delfter Keramik für Chlumetz ab 1910.

HELBIG, Kunsthandlung, Odeonsplatz 8, München: Delfter Keramik für Chlumetz ab 1910; (Ankauf 1909) Zündkrautflasche, (Ankauf 1910) Jagdtasche; silberne Medaille Karl V., silberne Medaille Margarethe von Österreich, 2 silberne Georgsstatuen, silberne Dose, am Deckel Kaiser Leopold I. und Eleonore, Schatzenkrug aus Glas mit eingraviertem hl. Georg, Deckel und Fuß aus Zinn, Hirschfigur, barocker Ofen mit Akanthusfuß, Barockrahmen mit Akanthusranken vergoldet für Konopischt 1914.

HILKLEN, Den Haag/Delft: Delfter Keramik für Chlumetz ab 1910.

HOFFMAN & KAIL / ANTON HOFFMANN UND LUDWIG KAIL, Wien IV.: Bild mit Möwe und Wildente für Chlumetz 1897.

HUISMANN, Den Haag/Delft: Delfter Keramik für Chlumetz ab 1910.

JERES, Innsbruck: Buchdeckel aus Leder, hl. Georg am Deckel, Gewehr mit Beineinlagen für Konopischt 1914.

JUSTIZ Ignaz, Antiquitäten, Wien I., Renngasse 8: Ständer mit gedrehter Säule für Konopischt 1914.

KLOTZ Hermann, Meran: (1912 angekauft) Hühner und Obst, Hahn mit Früchten für Konopischt 1914.

KÖCHERT, Hofjuwelier Wien I., Neuer Markt 15, Prag 1880 umfangreiche Bestellungen in Schmucksachen.

KÖLLE, Stuttgart: Delfter Keramik für Chlumetz ab 1910.

LAFORA, Madrid: (1913 angekauft) Philipp III. Reiterfigur für Konopischt 1914.

LANG, München: (1909 angekauft) Ölgemälde Reiter, (Ankauf 1910) Ölgemälde Kostümbild eines Knaben für Konopischt.

LEMPERTZ, Köln: großer St. Georgskrug für Konopischt 1914.

LENBERGER, Wien: Spiegel mit barockem Goldrahmen für Konopischt 1914.

LEUBE, Dresden: Delfter Keramik für Chlumetz ab 1910; Pulverhorn aus Bronze, Pulverhorn aus Eisenblech für Konopischt 1914.

LIBERTY, London: Stoff für 1898 angeschaffte Polstermöbel im Belvedere; violetter Brokat für Konopischt 1914.

LÖFFLER, Stuttgart: Delfter Keramik für Chlumetz ab 1910.

LUCAS, Den Haag/Delft: Delfter Keramik für Chlumetz ab 1910.

LÜFTNER CARL / LÜFTNER & CO., Prag, Melantrichova 17: Hausrat (blaue Töpfe etc.) für Chlumetz 1885.

MÄRKL, München: Delfter Keramik für Chlumetz ab 1910; (Ankauf 1910) Epitaphium, Schäferfigur (Restaurierung), Ölbild hl. Georg, große Holzfigur hl. Georg zu Fuß (Restaurierung), Messingschüssel mit hl. Georg, Betstuhl mit hl. Georg, Holzfigur hl. Georg, große Holzfigur hl. Georg, russisches Hausaltärchen mit hl. Georg und Theodor in Silber gefertigt für Konopischt 1914.

MARTÍNEZ, Toledo: (Ankauf 1910) große Holzbüste (hl. Petrus) für Konopischt.

MAYR, Bozen: Kachelofen weiß mit blauem Doppeladler (Restaurierung) für Konopischt 1914.

MICHAELSEN, Lübeck: Deckelkrug aus irisierendem Milchglas mit hl. Georg am Deckel für Konopischt 1914.

MÜLLER, Dresden: Delfter Keramik für Chlumetz ab 1910; 3 Hirschfänger für Konopischt 1914.

MÜNZER UND SOHN, London: 33 Yards grün-braun gestreifter Samt für Konopischt 1914.

NEUDELFTER PORZELLANFABRIK HAAG: Delfter Keramik für Chlumetz ab 1910.

NEUMANN, Nürnberg: Ölbild hl. Georg zu Pferde in kleeblattförmigem Rahmen für Konopischt 1914.

NEUMANN L. F. k.k. Hof-Kunsthändler, Wien I., Kohlmarkt 11: Aquarell Pragser-Wildson v. Compton für Konopischt 1914.

OBERDORFER, Augsburg: Damastdecke für Konopischt 1914.

OLMS, Dresden: (Ankauf 1909) Saufeder für Konopischt; Delfter Keramik für Chlumetz ab 1910.

OSTERNITZ, Wien: Delfter Keramik für Chlumetz ab 1910

PICCOLI, Venedig: (Ankauf 1910) Holzbüste Moses für Konopischt, (Ankauf 1911) große Messinglaterne für Konopischt 1914.

PICK Josef Leopold, Kunsthändler, Wien VII., Neubaugasse 78: Holzskulptur Pieta für Konopischt 1914.

POPST STIDL, Eisgarn: großes Ölbild hl. Georg für Konopischt 1914.

PORAGANTINI, Verona: 4 Steinlöwen, hl. Margarethe für Konopischt 1914.

RAFFIN, Brunneck, Antiquitäten: eingelegte Truhe aus dem Tauferer Tal, eine Truhe mit Flachschnitt aus dem Enneberger Tal und ein Majolika-Krügerl für Chlumetz 1913.

RICHETTI UND ZEN, Venedig: Etagères mit altem graviertem türkischem Messinggeschirr für Lacroma 1865.

RICHTER, Dresden: kl. Armbrust, 2 Buchsbaumdosen mit Deckel, Elfenbeindose mit 2 Portraits, runde Dose mit Goldeinlagen, Silberanhänger St. Georg für Konopischt 1914.

ROSENBERG A. R., Rosenberg Anton Rudolph Galanteriewarenhändler in Prag: Chlumetz 1897 zwei Tiroler Bronzekessel als Lampen; (Ankauf 1892) Bilder mit Jagdmotiven, Bett, Kasten, Tische, Teppich, Lederfutteral, Henkelgläser für Likör, Truhen für den Gang; (Ankauf 1894) antikes Nussbaumhimmelbett, alter Bronzeluster, kleines Kommödchen mit eingelegten Hasen, Rehen etc. mit 3 Schubladen; (Ankauf 1895) antike eingelegte Buffetschränke, antike eingelegte weiße Kleiderkästen, Truhe aus Eichenholz eingelegt und beschlagen, antike Halbkredenz, massive schwarze Kredenzkästen aus Oliven- und Nussbaumholz, kleine Kommoden, zwei holländische Bronzen und eine alte schmiedeeiserne Uhr.

ROSSI & FILS, Venedig: (Ankauf 1910) 2 gedrehte Säulen aus rotem Marmor, 1 Kapitäl, 2 Basen für Konopischt; 1911 Lieferung eines bei Rossi angekauften barocken Steintors aus Istrien und Anbringung am Nordeingang der Kirche von Schloss Artstetten.

ROYER C., Paris, 1906 geblümte Stoffe für Schlaf- und Kinderzimmer im Belvedere.

RUIZ / Pedro-Ruiz, Madrid: (Ankauf 1910) Mörser, 2 weibl. Holzbüsten.

RUIZ MANUEL, Balaguer: Holzrelief, die hl. drei Könige darstellend, zus. 8 Figuren 1907 ins Belvedere überführt.

SALOMON, Dresden: (1912 angekauft) Buntdruck »k. k. österr. Cavalerie«, Glas mit hl. Georg für Konopischt 1914; Hofburgbau 1914.

SANDOR, München: Dose mit hl. Georg, Armbrust, 2 Pulverhörner, Hirschfänger für Konopischt 1914.

SCHAFTAN J., München: Kleine Holzgruppe, Kehlheimer Platte mit Relief 1907 ins Belvedere überführt.

SCHINLE B., Meraner Kunsthändler: Ankauf für Ambras 1914 »50 Stück Hirsch, Reh- und Gamsköpfe, ein Christuskörper, 30 Stück Zunftzeichen und Eichengegenstände in Gothik, Renaissance, Barock, Roccoco und Empire«.

SCHNABEL, Wien: Delfter Keramik für Chlumetz ab 1910; Miniatur aus Elfenbein Maria mit Kind, Armbrust, Pulvertasche, Hirschfänger, Pulvertasche, Schwert, Jagdmesser für Konopischt 1914.

SHOOLBRED U. CO., London: 3 Service in 7 Stück, Schreibtisch aus Mahagoni für Konopischt 1914.

SOTER, London: Hängelaterne aus altem Messing sechseckig mit 3 Glühlampen für Konopischt 1914.

SWATEK, Salzburg: (Ankauf 1910) 19 Bauernschüsseln für Konopischt.

SPEYRER, Den Haag/Delft: Delfter Keramik für Chlumetz ab 1910.

TÖPFER, Linz: Pulverhorn, Rehkopf, Kuverttasche aus Elfenbein, Hirschfänger mit Lederscheide für Konopischt 1914.

VAN EMNDE, Den Haag/Delft: Delfter Keramik für Chlumetz ab 1910.

VAN DER LINDEN, Antwerpen: Bronzemörser für Konopischt 1914.

VAN LEUWEN, Den Haag/Delft: Delfter Keramik für Chlumetz ab 1910 (Imitation Delfter Vase).

WAGNER, Graz: Münzkassette mit Steineinlage u. Tisch für Konopischt 1914.

WENGRAF, Wien: 2 große Görger Krüge für Konopischt 1914.

WERKSTÄTTEN FÜR KUNSTGEWERBE, Dresden: Delfter Keramik für Chlumetz ab 1910.

WESSER & CO, Den Haag/Delft: Delfter Keramik für Chlumetz ab 1910.

WETSCH / Gebrüder Wetsch, München: Bahnlieferung mit Antiquitäten, vor allem Stein- und Holzfiguren für Konopischt 1904 und 1905.

WÜNSCH A., Triest, Antiquitäten für Villa Lazarovich nach 1852.

ZELL, Salzburg: Romanische Holzfiguren, Frauengestalten 1907 ins Belvedere überführt

ANMERKUNGEN

1 ÖBL 1815–1950.
2 http://www.architektenlexikon.at/.
3 Lehmann 1859–1922.
4 Handels- und Gewerbe-Adressbuch 1846.
5 Bothe 1898.

ANHANG

ABKÜRZUNGEN

AG: Andreas Gugler
AMM: Archiv Maximilian von Mexiko
APH: Archiv Pražského hradu (Archiv der Prager Burg)
AS: Alena Skrabanek
AST: Archivio di Stato Trieste
AVA: Allgemeines Verwaltungsarchiv
BBK: Burgbaukommission
Bd.: Band
BDA: Bundesdenkmalamt
BHÖ: Burghauptmannschaft Österreich, Wien
BMobV: Bundesmobilienverwaltung, Wien
CM: Museo Storico del Castello di Miramare
DM: David Mayrhofer
ebd.: ebenda
EK: Edgar Knaack
F.: Folio
FA: Ferdinand Anders
fl: Gulden
FS: Fritz Simak
GDPFF: Generaldirektion Privat- und Familienfonds
HHStA: Haus, Hof- und Staatsarchiv, Wien
Jg.: Jahrgang
JR: Jüngere Reihe
K: Kronen
KHM: Kunsthistorisches Museum, Wien
Kt.: Karton
LL: Lois Lammerhuber
MdI: Ministerium des Inneren
MH: Marianne Haller
MK: Martina Kuntscher
MOW: Marlene Ott-Wodni
NÖ LA: Niederösterreichisches Landesarchiv, St. Pölten
NPU: Narodní památkový ústav (Tschechisches Denkmalamt)
Nr.: Nummer
ÖBF: Österreichische Bundesforste
OESTA: Österreichisches Staatsarchiv, Wien
ÖNB/Wien: Österreichische Nationalbibliothek, Wien
OM: Observatorio, Mapoteca Orozco y Berra, Mexico-City
OMaA: Oberstmarschallamt
OMeA: Obersthofmeisteramt
PB: Privatbesitz
Rez.: Rezepisse
RM: Reichsmark
SchV: Schlossverwaltung
Sign.: Signatur
SK: Simon Kern
SKB: Schloß Schönbrunn Kultur- und Betriebsges.m.b.H., Wien
SOA Praha: Staatliches Gebietsarchiv Prag
SOA Třeboň: Staatliches Gebietsarchiv Třeboň
SR: Sonderreihe
TH: Tina Haller
TK: Tina King
vgl.: vergleiche
YMO: Yamile Marquez Ortiz
zit.: zitiert
Zl.: Zahl

LITERATUR

Abel 1876 – Lothar Abel, Garten-Architektur, Lehmann & Wentzel, Wien 1876.

Aichelburg 2003 – Wladimir Aichelburg, Der Thronfolger und die Architektur. Erzherzog Franz Ferdinand von Österreich-Este als Bauherr, Wien/Graz 2003.

Aichelburg 2014 – Wladimir Aichelburg, Erzherzog Franz Ferdinand von Österreich-Este 1863–1914. Notizen zu einem ungewöhnlichen Tagebuch eines außergewöhnlichen Lebens, 3 Bde., Wien 2014.

Altová 2000 – Blanka Altová (Hg.), Autorenkollektiv, Kutná Hora, Praha 2000.

Anders 2009 – Ferdinand Anders, Von Schönbrunn und Miramar nach Mexiko. Leben und Wirken des Erzherzogs-Kaisers Ferdinand Maximilian, Graz 2009.

Anders 2013 – Ferdinand Anders, Die kaiserlichen Residenzen in Mexiko, in: Ilsebill Barta (Hg.), Maximilian von Mexiko. Der Traum vom Herrschen, Ausstellungskatalog, Wien 2013, S. 101–105.

Aschaber 1994 – Maria-Katharina Aschaber, Blühnbach als Idee eines herrschaftlichen Jagdsitzes, phil. Diplomarbeit, Universität Salzburg 1994.

Aurenhammer 1969 – Gertrude Aurenhammer, Geschichte des Belvederes seit dem Tode des Prinzen Eugen, in: Mitteilungen der österreichischen Galerie, Nr. 57, Jg. 13, 1969, S. 41–183.

Aurenhammer 1971 – Hans und Gertrude Aurenhammer, Das Belvedere in Wien. Bauwerk. Menschen. Geschichte, Wien 1971.

Ausstellungskatalog Na čtyřech nohách 2006 – Milena Bravermannová, Martin Halata, Martin Herda, Daniela Karasová, Adriana Primusová, Jaroslav Sojka, Na čtyřech nohách, sedací nábytek Pražského hradu, Ausstellungskatalog, Praha 2006.

Barta 1996 – Ilsebill Barta/Peter Parenzan (Hg.), Ehemalige Hofsilber- und Tafelkammer. Sammlungskatalog Bd. I, Wien/Köln/Weimar 1996.

Barta 2013 – Ilsebill Barta (Hg.), Maximilian von Mexiko. Der Traum vom Herrschen, Ausstellungskatalog, Wien 2013.

Barta 2016 – Ilsebill Barta, Die dekorative Ausstattung des Jagdhauses in Mürzsteg, in: Ilsebill Barta/Markus Langer/Marlene Ott-Wodni, Das kaiserliche Jagdhaus in Mürzsteg. Geschichte, Ausstattung und Politik, Wien/Köln/Weimar 2016, S. 63–92.

Basch 1868 – Samuel Ritter von Basch, Erinnerungen aus Mexico. Geschichte der letzten zehn Monate des Kaiserreichs, Leipzig 1868.

Beck-Mannagetta 2010 – Christian Beck-Mannagetta, Die Lebenserinnerungen des Eugen Beck-Mannagetta, zusammengestellt nach seinen Tagebüchern, Geschäftsnotizen und Manuskripten sowie Akten und Dokumenten und mit Bildern versehen, o. O. 2010.

Behal 1981 – Vera J. Behal, Möbel des Jugendstils, München 1981.

Benesch 2015 – Alfred Benesch, Schloss Artstettens Parkgeschichte(n). (schloss).park.geschichte.(n).artstetten. Eine kurze Hortigrafie / Biografie von Schlosspark & Menschen, Katalog zur Sonderausstellung des Erzherzog Franz Ferdinand Museums 2015, Erzherzog Franz Ferdinand Museum – Schloss Artstetten Betriebs-GmbH, Artstetten 2015.

Bernoulli 1784 – Johann Bernoulli, Johann Bernoulli's Sammlung kurzer Reisebeschreibungen und anderer zur Erweiterung der Länder- und Menschenkenntniß dienender Nachrichten, Bd. XIV, Berlin 1784.

Berger 2002 – Eva Berger (Hg.), Historische Gärten Österreichs. Bd. I: Niederösterreich, Burgenland, Wien/Köln/Weimar 2002.

Berger 2003 – Eva Berger (Hg.), Historische Gärten Österreichs. Bd. II: Oberösterreich, Salzburg, Vorarlberg, Kärnten, Steiermark, Tirol, Wien/Köln/Weimar 2002.

Bertele 1916 – Karl Bertele von Grenadenberg, Das kaiserliche Jagdschloss Eckartsau, in: Mitteilungen der Zentralvereinigung der Architekten der im Reichsrate vertretenen Königreiche und Länder, Jg. 9, 1916, Nr. 8, S. 1–3, Nr. 9, S. 1–6, Nr. 10, S. 1–4.

Bezemek 1995 – Ernst Bezemek/Josef Prinz (Hg.), Der Bezirk Gänserndorf 1945, Ausstellungskatalog, Jedenspeigen 1995.

Birk 1883 – Ernst Ritter von Birk, Inventar der im Besitze des allerhöchsten Kaiserhauses befindlichen Niederländer Tapeten und Gobelins, in: Kunsthistorische Sammlungen des Allerhöchsten Kaiserhauses, Wien 1883, S. 213–248.

Birk 1884 – Ernst Ritter von Birk, Inventar der im Besitze des allerhöchsten Kaiserhauses befindlichen Niederländer Tapeten und Gobelins, in: Kunsthistorische Sammlungen des Allerhöchsten Kaiserhauses, Wien 1884, S. 167–220.

Bled 2006 – Jean-Paul Bled, Kronprinz Rudolf, Wien 2006.

Blühnbach 1907 – o. A., Ein Landgejaid in Blühnbach zu des Erzbischofs Paris Zeiten, in: Salzburger Zeitung, Nr. 262, 1907, S. 7–8.

Blühnbach 1940 – o. A., Blühnbach, in: Ostmärkische Kunsttopographie. Bd. 28: Die Kunstdenkmäler des Landkreises Bischofshofen, Wien 1940, S. 60-67.

Bothe 1898 – Adolf Bothe (Hg.), Adressbuch von bildenden Künstlern der Gegenwart, Jg. 1898, München.

Braun 1997 – Gerd Braun, Schloss Ambras als Sommerresidenz des Erzherzogs Carl Ludwig, in: Mitteilungen des österreichischen Staatsarchivs, 45, Wien 1997, S. 87–114.

Brauneis 1981 – Walter Brauneis, Die Schlösser im Marchfeld, St. Pölten 1981.

Breitschwerdt 1901 – Breitschwerdt, Ausstellungsbericht, Die erste österreichische Reichs-Gartenbau-Ausstellung in Wien, in: Die Gartenwelt. Illustriertes Wochenblatt für den gesamten Gartenbau, Jg. VI., 2. Nov. 1901, No. 5, o. S.

Bremer-David 1997 – Charissa Bremer-David, French Tapestries and Textiles in the J. Paul Getty Museum, Los Angeles 1997.

Brezina 1927 – Elsa Brezina, Die ehemaligen kaiserlichen Jagdschlösser Neuberg an der Mürz und Mürzsteg in der Steiermark, im Selbstverlag des Kriegsgeschädigtenfonds 1927.

Brezina 1929a – Elsa Brezina, Schloss Eckartsau, in: Unsere Heimat. Monatsblatt des Vereines für Landeskunde und Heimatschutz von Niederösterreich und Wien, 2/1929, S. 223–239.

Brezina 1929b – Elsa Brezina, Schloss Eckartsau, in: Bühne, Welt und Mode. Illustrierte Wochenbeilage der Wiener neuesten Nachrichten, 19.1.1929, S. 412–413.

Brittain 2006 – Julia Brittain, Plant Lover's Companion. Plants, People and Places, Boston 2006.

Brožovský 2005 – Karel Brožovský, Konopiště, Plzeň 2005.

Brook-Shepherd 1988 – Gordon Brook-Shepherd, Die Opfer von Sarajevo, Stuttgart 1988.

Brückler 2009 – Theodor Brückler, Thronfolger Franz Ferdinand als Denkmalpfleger. Die »Kunstakten der Militärkanzlei im Österreichischen Staatsarchiv (Kriegsarchiv), Wien 2009.

Buchinger 2006 – Günther Buchinger, Villenarchitektur am Semmering, Wien/Köln/Weimar 2006.

Burckhardt 1981 – Lucius Burckhardt, Migge und der Werkbund, in: Leberecht Migge 1881–1935, Gartenkultur des 20. Jahrhunderts, Ausstellungskatalog, Kassel 1981, S. 37–39.

Cappeli 1986 – Cappeli (Hg.), Le armi degli Estensi. La collezione di Konopiště, Ausstellungskatalog, 20 settembre 1986 – 30 gennaio 1987, Ferrara 1986.

Castellani Zahir 1999 – Elisabeth Castellani Zahir, Bodo Ebhardt zwischen Berlin, Wien und Chillon, in: Busso von der Dollen/Barbara Schock-Werner (Hg.), Burgenromantik und Burgenrestaurierung um 1900, Braubach 1999, S. 170–179.

Charvátová 1962 – Ema Charvátová, Konopiště, státní zámek a památky v okolí, Praha 1962.

Clary-Aldringen 2002 – Alfons Clary-Aldringen, Vůně vzpomínek, kníže Clary-Aldringen vypraví o »starých zlatých časech«, Praha 2002.

Colle 2000 – Enrico Colle, Il mobile Barocco in Italia. Arredi e decorazioni d'interni dal 1600 al 1738, Milano Electa 2000.

Colle 2001 – Enrico Colle, Bronzi decorativi in Italia, Bronzistie fonditori italieni dal seicento all'ottocenteo, Milano Electa 2000.

Comingio 2013 – Stefania Comingio, Carte d'archivio raccontano: alcuni arredi del Castello di Miramare, in: Rossella Fabiani/Luca Caburlotto (Hg.), L'arte di Massimiliano d'Asburgo. Dipinti, sculture e arredi nel Castello di Miramare, Milano 2013, S. 106–138.

Corbo 1991 – Gabriele Corbo (Hg.), San Giorgio tra Ferrara e Praga, dalle collezioni estensi a Konopiště, Ausstellungskatalog, 23 aprile – 7 luglio, Ferrara 1991.

Corti 1924 – Egon Caesar Conte Corti, Maximilian und Charlotte von Mexiko. Nach dem bisher unveröffentlichten Geheimarchive des Kaisers Maximilian und sonstigen unbekannten Quellen, Zürich/Wien 1924.

Corti 1979 – Egon Caesar Conte Corti, Maximilian von Mexiko. Die Tragödie eines Kaisers, Wien 1979.

Croy 2005 – Jana Croy, Ložnice pro První dámu, in: Dolce Vita magazin 7–8, 2005, S. 30ff.

Croy 2006 – Jana Croy, Zámek Lány, Interiéry, Praha 2006.

Czajkowski/Hrbatý 2015 – Petr Czajkowski/Stanislav Hrbatý, Malované zbroje na Státním zámku Konopiště, poklady zbrojnic na hradech a zámcích ve správě Národního památkového ústavu, Brno 2015.

Decristoforo 2008 – Bernadette Decristoforo, Portois & Fix. Eine illustrierte Firmengeschichte, in: Monika Wenzl-Bachmayer (Hg.), Pariser Esprit und Wiener Moderne. Die Firma Portois & Fix, Ausstellungskatalog, Wien 2008, S. 83–98.

Decristoforo 2009 – Bernadette Decristoforo, Portois & Fix – Ein Wiener Ausstattungsunternehmen der Moderne, Diplomarbeit, Universität Wien 2009.

De Feo 2001 – Roberto De Feo, The «Ommagio delle Provincie Venete": A Venetian table made for the Empress of Austria rediscovered, in: The Burlington Magazine, Bd. CXLIII, Nr. 1179, Juni 2001, S. 345–350.

Dehio-Handbuch 1996 – Dehio-Handbuch. Die Kunstdenkmäler Österreichs, 10.–19. und 21.–23. Bezirk, Wien 1996.

Dorferneuerungsverein Artstetten 2014 – Dorferneuerungsverein Artstetten (Hg.), »1914 in Artsetten« – Begleitschrift zum Projekt, Artstetten, Juni 2014, online: wilhelm gross.jimdo.com, Tagebuch des Oberlehrer Wilhelm Groß – Projekt zum Jahr 1914.

Dornig 2016 – Marlies Dornig, »My whole concept of the world has changed«. Der Tier- und Jagdmaler Franz von Pausinger auf neuen künstlerischen Wegen anlässlich der Orientreise des Kronprinzen Rudolf im Jahr 1881, Dissertation, Universität Wien 2016.

Drewes 1980 – Michael Drewes, Projekte Carl Gangolf Kaysers für Kaiser Maximilian von Mexico, in: Burgen und Schlösser in Bayern, Österreich und Südtirol, 3–4, 1980, S. 3–10.

Drewes 1993 – Michael Drewes, Carl Gangolf Kaiser (1837–1895) und seine Tätigkeit als Hofarchitekt Maximilians von Mexiko, in: Mitteilungen des Instituts für österreichische Geschichtsforschung, 101. Bd., 2–4, 1993, S. 383–403

Dubbi 2009 – Mechthild Dubbi, »... eine besondere Zierde des Technischen Museums ...«. Die Apothekengefäße-Sammlung, in: Helmut Lackner u. a. (Hg.), 100 Jahre Technisches Museum Wien, Wien 2009, S. 178–184.

Durdík 1999 – Tomáš Durdík, Ilustrovaná encyklopedie českých hradů, Praha 1999.

Ebers 1879, 1880 – Georg Ebers, Ägypten in Bild und Wort, dargestellt von unseren ersten Künstlern, Bd. 1 Stuttgart/Leipzig 1879; Bd. 2, Stuttgart/Leipzig 1880.

EHFFM 2007 – Erzherzog-Franz-Ferdinand-Museum (Hg.), Sehr wohl, Hoheit! – Dienstboteng'schichten, Begleitbroschüre zur gleichlautenden Sonderausstellung im Erzherzog-Franz-Ferdinand-Museum zu Schloss Artstetten, Artstetten 2007.

Fabiani 1986 – Rossella Fabiani, Die Innenausstattung von Schloss Miramar, in: Laura Ruaro Loseri, Massimiliano. Von Triest nach Mexiko, Ausstellungskatalog, Triest 1986, S. 81–82.

Fabiani 1989 – Rossella Fabiani, Schloss Miramare. Das historische Museum, Triest 1989.

Fabiani 2005 – Rossella Fabiani, Il Museo Storico del Castello di Miramare, Triest 2005.

Fabiani 2013 – Rossella Fabiani, »Der weitläufige Park mit seinen herrlichen Felspartien gewinnt immer mehr an Schönheit«. Maximilian und der Park von Miramar, in: Ilsebill Barta (Hg.), Maximilian von Mexiko. Der Traum vom Herrschen, Ausstellungskatalog, Wien 2013, S. 92 96.

Ferdinand Maximilian 1867 – Erzherzog Ferdinand Maximilian, Aus meinem Leben. Reiseskizzen, Aphorismen, Gedichte, Bd. 1–7, Leipzig 1867.

Fillitz 1996 – Hermann Fillitz (Hg.), Der Traum vom Glück. Die Kunst des Historismus in Europa, Ausstellungskatalog, Wien 1996.

Fiocco 1948 – Giuseppe Fiocco, Le pitture venete del castello di Konopiste, in: Arte Veneta. Rivista di storia dell'arte l. 2, 5, 1948, S. 7–29.

Fleischer 1932 – Julius Fleischer, Das kunstgeschichtliche Material der Geheimen Kammerzahlamtsbücher in den staatlichen Archiven Wiens von 1705 bis 1790, Wien 1932.

Friedrich 2015 – Lars Friedrich, Alles abgethan. Der Kriminalfall Mayerling ohne Mythos, unpubliziertes Manuskript, Hattingen an der Ruhr 2015.

Fünfundzwanzig Jahre im Staatsdienste 1882 – Fünfundzwanzig Jahre im Staatsdienste. Lose Blätter aus dem Papierkorbe eines Unbedeutenden, Wien 1882.

Fugger 1932 – Nora Fugger, Im Glanz der Kaiserzeit, Wien 1932, Nachdruck 2016.

Galandauer 1993 – Jan Galandauer, František Ferdinand d'Este, Praha 1993.

Galandauer/Kusák 1988 – Jan Galandauer, Dalibor Kusák, Konopiště, Praha 1988.

Glüsing 1978 – Jutta Glüsing, Der Reisebericht Johann Jacob Michael Küchels von 1737. Edition, Kommentar und kunsthistorische Auswertung, phil. Diss., Universität Kiel 1978.

Grießer 2003 – Ursula Grießer, Viktor Siedek (1856–1937), Herrschaftsarchitektur in Österreich-Ungarn, phil. Diplomarbeit, Universität Wien 2003.

Grimm 1961 – Deutsches Wörterbuch von Jacob und Wilhelm Grimm, 16 Bände in 32 Teilbänden, Leipzig 1854–1961, Quellenverzeichnis Leipzig 1971, Online-Version woerterbuchnetz.de/DWB vom 15.5.2017.

Groller 1886 – Balduin Groller, Das Arbeitszimmer des Kronprinzen Rudolf von Oesterreich, in: Über Land und Meer. Allgemeine Illustrierte Zeitung, Bd. 55, 1886, Nr. 1, S. 7–8.

Gruber 1989 – Clemens M. Gruber, Die Schicksalstage von Mayerling. Neue Erkenntnisse zum Tod Kronprinz Rudolfs und Mary Vetseras, Judenburg 1989.

Grün/Benesch 2005 – Sibylle Grün/Alfred Benesch, Der Blick hinaus. Touristische Wege aus der Stadt ins Land, in: Karl Brunner/Petra Schneider (Hg.), Umwelt – Stadt, Bd. 1 der Reihe »Wiener Umweltstudien«, herausgegeben von Axel Borsdorf, Wien/Köln/Weimar 2005, S. 544–555.

Grusvar 1987 – Luisa Grusvar, Massimiliano e l'esotismo, in: Laura Ruaro Loseri (Hg.), Massimiliano. Rilettura di'un esistenza, Trieste 1987, S. 147–182.

Haiko 1984 – Peter Haiko/Otto Wagner, Adolf Loos und der Wiener Historismus, in: Maria Marchetti (Hg.), Wien um 1900. Kunst und Kultur, Wien 1984, S. 297–304.

Haiko 1998 – Peter Haiko, Bauen in der Versuchsstation Weltuntergang. Wiener Architektur der Jahrhundertwende, in: Ernst Piper (Hg.), Bauen und Zeitgeist. Ein Längsschnitt durch das 19. und 20. Jahrhundert, Basel 1998, S. 77–91.

Halata 2013 – Martin Halata/Michal Šula/Daniela Karasová, Na slunečné straně. Městský trakt pražského hradu jako habsburksé sídlo 1800–1918, Praha 2013.

Halata 2014 – Martin Halata/August Portois, Gobelínové salony apartmánu korunního páru na Pražském hradě, in: Ladislav Zikmund-Lender (Hg.), Design, nábytek, interiéry, Praha 2014, S. 66–73.

Hamann 1979 – Brigitte Hamann (Hg.), Kronprinz Rudolf »Majestät ich warne Sie …«. Geheime und private Schriften, Wien 1979.

Hamann 1982 – Brigitte Hamann, Rudolf. Kronprinz und Rebell, Wien 1982.

Hamann 1983 – Brigitte Hamann (Hg.), Mit Kaiser Max in Mexiko. Aus dem Tagebuch des Fürsten Carl Khevenhüller 1864–1867, Wien/München 1983 – Hamann 1992 – Brigitte Hamann (Hg.), Meine liebe, gute Freundin! Die Briefe Kaiser Franz Josephs an Katharina Schratt, Wien 1992.

Handel-Mazzetti 1910 – Baronin Enrica von Handel-Mazzetti, Artstetten, in: Kalender des katholischen Schulvereins für 1910, S. 78–83.

Handels- und Gewerbe-Adressbuch 1846 – Handels- und Gewerbe-Adressbuch der österreichischen Monarchie enthaltend die Adressen von Wien mit seiner nächsten Umgebung und von den wichtigsten Provinzstädten, 3. Jg., Wien 1846.

Hanzl-Wachter 2005 – Lieselotte Hanzl-Wachter, Appartements in Schloss Hof, in: Schloss Hof. Prinz Eugens tusculum rurale und Sommerresidenz der kaiserlichen Familie, St. Pölten 2005, S. 54–67.

Hartl 2005 – Franz Hartl, Das erzherzogliche Lölling, in: Norisches Eisen. Mitteilungen des Montangeschichtlichen Vereines Hüttenberg-Knappenberg, Folge 8, 3/2005, S. 11–17.

Haslauer 2013 – Amely E. Haslauer, Sammeln und präsentieren islamischer Kunst in Österreich im 19. und frühen 20. Jahrhundert, Diplomarbeit Universität Wien 2013.

Haslip 1972 – Joan Haslip, Maximilian Kaiser von Mexiko, München 1972.

Häusler 1994 – Wolfgang Häusler, Donaufahrt und

Fußreise, Sommerfrische und Landeskunde, in: NÖ Institut für Landeskunde (Hg.), Sommerfrische. Aspekte eines Phänomens, 13. Symposium des NÖ Instituts für Landeskunde, Reichenau/Rax, 5.–8. Juli 1993, Selbstverlag des NÖ Institutes für Landeskunde, Bd. 20, Wien 1994, S. 139–162.

Helden-Thaten 1730–1739 – Des grossen Feld-Herrns Eugenii Hertzogs von Savoyen und kayserlichen General Lieutenants Helden-Thaten, 6 Bde., Nürnberg 1730–1739.

Hellinghaus 1928 – Otto Hellinghaus (Hg.), Maximilian von Mexiko. Das Ende eines Kaisers. Blätter aus dem Tagebuch des Prinzen Felix zu Salm-Salm, Freiburg im Breisgau 1928.

Hladky 2005 – Franziska Hladky, Möbel aus Schloss Hof, in: Schloss Hof. Prinz Eugens tusculum rurale und Sommerresidenz der kaiserlichen Familie, St. Pölten 2005, S. 100–109.

Hlavac/Göttche/Berger 2012 – Christian Hlavac/Astrid Göttche/Eva Berger (Hg.), Historische Gärten und Parks in Österreich, Wien/Köln/Weimar 2012.

Hlavka 1904 – Josef Hlavka (Hg.), Topographie der historischen und Kunst-Denkmale im Königreiche Böhmen. Politischer Bezirk Wittingau, Prag 1904.

Hoffmann 1994 – Robert Hoffmann, Erzherzog Franz Ferdinand und der Fortschritt, Wien/Köln/Weimar 1994.

Holler 1988 – Gerd Holler, Mayerling. Neue Dokumente zur Tragödie 100 Jahre danach, Wien 1988.

Hörmann 2008 – Fritz Hörmann, Chronik von Werfen, 3. Auflage, Werfen 2008.

Horynová 1982 – Alena Horynová, Portrétní miniatury ve sbírkách státních zámků Středočeského kraje, Česky Šternberk, Hořovice, Konopiště, Veltrusy, Žleby, Praha 1982.

Hrdinová 2013 – Lenka Hrdinová, František Ferdinand d'Este a Konopiště, Bachelorarbeit Universität Prag 2013.

Hummelberger 1986 – Walter Hummelberger, Kronprinz Rudolfs Prager Jahre 1878–1883. Ein unveröffentlichtes Manuskript Oslar Frh. von Mitis, in: Mitteilungen des Österreichischen Staatsarchivs (MÖStA), 38, Wien 1986, S. 274–304.

Husslein-Arco 2013 – Agnes Husslein-Arco, Das Winterpalais des Prinzen Eugen, Wien 2013.

Husslein-Arco/Schoeller 2011 – Agnes Husslein-Arco/Katharina Schoeller (Hg.), Das Belvedere. Genese eines Museums, Wien 2011.

Ilg 1880 – Albert Ilg (Bernini der Jüngere), Die Zukunft des Barockstils. Eine Kunstepistel, Wien 1880.

Ilg/Boeheim 1882 – Albert Ilg/Wendelin Boeheim, Das k. k. Schloss Ambras in Tirol. Beschreibung des Gebäudes und der Sammlungen, Wien 1882.

Indra 2004 – Bořivoj Indra, Tajemství paravánu následníka trůnu. Neznámá sbírka pohlednic vévody Františka Ferdinanda z let 1896–1904, Praha 2004.

Judtmann 1982 – Fritz Judtmann, Mayerling ohne Mythos. Ein Tatsachenbericht, Wien 1982.

Kašička 1975 – F. Kašička/D. Líbal/O. Novosadová/E. S tach, Zámek Konopiště, stavebně historický průzkum zámku, Praha 1975.

Khevenhüller-Metsch 1742–1776 – Rudolf Graf-Khevenhüller-Metsch/Hanns Schlitter (Hg.), Aus der Zeit Maria Theresias. Tagebuch des Fürsten Johann Josef Khevenhüller-Metsch, kaiserlichen Oberhofmeisters, 8 Bde., Leipzig/Wien 1742–1776.

Kitlitschka 1981 – Werner Kitlitschka, Die Malerei der Wiener Ringstraße (Die Wiener Ringstraße, Bd. 10), Wiesbaden 1981.

Klausmeier 2007 – Axel Klausmeier, Der gebaute Traum vom harmonischen Leben in der Natur – Die Schweizerhäuser in den preußischen Gärten, in: Stiftung Preußische Schlösser und Gärten Berlin-Brandenburg (Hg.), Preußische Gärten in Europa. 300 Jahre Gartengeschichte, Leipzig 2007, S. 60ff.

Kleiner 1731–1740 – Salomon Kleiner, Das Belvedere zu Wien. Nach dem Stickwerk in 140 Blättern aus den Jahren 1731–1740, Dortmund 1980.

Knechtel 1908 – Wilhelm Knechtel, Handschriftliche Aufzeichnungen meiner persönlichen Eindrücke und Erlebnisse in Mexiko in den Jahren 1864–1867, Prag 1908.

Köhler 2011 – Marcus Köhler, Exkursion Prager Gärten 01.6.2011–07.6.2011, Hochschule Neubrandenburg, Fachbereich Landschaftsarchitektur, www.hsnb.de/fileadmin/FBSG/LandschaftundUmwelt/Einblicke/

Exkursionen/Prag/EXKURSION_PRAG_NEU.pdf, 10.5.2015.
Kovařík 2009 – Václav Kovařík, Konopišťský park, Vlašim 2009.
Kronprinzessin Stephanie 1892 – Kronprinzessin Witwe Erzherzogin Stephanie, Lacroma, Wien 1892.
Küchel 1737 – Johann Jacob Michael Küchel, Ingeigneur und Lieutenant, dessen Reiß-Beschreibung nacher Wienn und deren orthen, zit. nach: Jutta Glüsing, Der Reisebericht Johann Jacob Michael Küchels von 1737. Edition, Kommentar und kunsthistorische Auswertung, phil. Diss., Universität Kiel 1978.
Küchelbecker 1730 – Johann Basilius Küchelbecker, Allerneueste Nachricht vom Römisch-Kaiserl. Hofe, nebst einer ausführlichen Beschreibung der Kayserlichen Residenz-Stadt Wien, Hannover 1730.
Kumar 1817 – J. U. Kumar, Geschichte der Burg und Familie Herberstein, Wien 1817.
Kurdiovsky 2012 – Richard Kurdiovsky, Wettbewerbs- und Planungsgeschichte, in: Werner Telesko (Hg.), Die Wiener Hofburg 1835–1918. Der Ausbau der Residenz im Vormärz bis zum Ende des »Kaiserforums«, Wien 2012, S. 156–183.
Kuthan 2001 – Jiří Kuthan, Aristokratická sídla období romantismu a historismu, Praha 2001.
Kyncl 1995 – Radko Kyncl, Výtah s vodním pohonem na zámku Konopiště, in: Zprávy památkové péče 55, 1995, č. 2, S. 68–70.
Ladies' Field 1905 – The Ladies' Field, Magazine, August 19th, London 1905.
Lacroma 1902 – o. A., Der Kaiserpalast auf Lacroma, in: Der Bautechniker, Nr. 8 und 9, XXII. Jg., 21.2. und 28.2.1902, S. 144ff. und 169ff.
Lehmann 1859–1922 – Adolph Lehmann's allgemeiner Wohnungs-Anzeiger, nebst Handels- u. Gewerbe-Adressbuch für d. k.k. Reichshaupt- u. Residenzstadt Wien u. Umgebung, Wien 1859–1922.
Leitner 1994 – Leo Leitner (Hg.), Kronprinz Rudolf von Österreich. Eine Orientreise, Salzburg/Wien 1994.
Letošníková 1970 – Ludiše Letošníková, Zbrojnice na Konopišti, Praha 1970.
Lhotsky 1941 – Alphons Lhotsky, Die Baugeschichte der Museen und der Neuen Burg (Festschrift des Kunsthistorischen Museums, Erster Teil), Wien 1941.
Lindheim 1897 – Alfred von Lindheim (Hg.), Erzherzog Carl Ludwig, 1833–1896. Ein Lebensbild, Wien 1897.
Loehr 1918 – August Octav von Loehr, Die Münzen- und Medaillensammlungen des Erzherzogs Franz Ferdinand von Österreich-Este, in: Jahrbuch der Kunsthistorischen Sammlungen des Allerhöchsten Kaiserhauses, Bd. 34, Wien 1918, S. 416ff..
Lorenz 2005 – Hellmut Lorenz, Zur Baugeschichte von Schloss Hof, in: Schloss Hof. Prinz Eugens tusculum rurale und Sommerresidenz der kaiserlichen Familie, St. Pölten 2005, S. 30–39.
Loseri 1986 – Laura Ruaro Loseri, Massimiliano. Von Triest nach Mexico, Ausstellungskatalog, Schloss Miramar, Triest 1986.
Loseri 1987 – Laura Ruaro Loseri, Massimiliano. Rilettura di un'esistenza, Triest 1987.
Lughofer 2002 – Johann Georg Lughofer, Des Kaisers neues Leben. Der Fall Maximilian von Mexiko, Wien 2002.
Marino 2016 – Ilde Marino, Esotismo: Architettura e arti decorative nelle Esposizioni Universali 1851–1900, Firenze 2016.
Martin 1907 – Franz Martin, Geschichte von Blühnbach, unpubliziertes Manuskript im Auftrag von Erzherzog Franz Ferdinand verfasst, Salzburger Landesarchiv 1907.
Martin 1908 – Franz Martin, Blühnbach und die Baugeschichte des Jagdschlosses, unpubliziertes handschriftliches Manuskript, Salzburger Landesarchiv 1908.
Martinicová 2004 – Dagmar Martinicová, Svatojiřská sbírka Františka Ferdinanda d'Este na zámku Konopiště, in: Památky středních Čech 18, 2004, č. 2, S. 1–21.
Martinicová/Frídl 1995 – Dagmar Martinicová/Jan Frídl, Soukromé pokoje rodiny Františka Ferdinanda d'Este na Konopišti a jejich zpřístupnění v roce 1994, in: Seminář ke správě a prezentaci veřejnosti přístupných památkových objektů, Jindřichův Hradec 11.–13. října 1994, Jindřichův Hradec 1995, S. 1–7.
Martinicová/Frídl 1999 – Dagmar Martinicová/Jan Frídl, Konopiště – sídlo následníka trůnu. (Reinstalace a expoziční záměry), in: Památky středních Čech 13, 1999, č. 1, S. 23–40.
Martz 2011 – Jochen Martz, Über die Geschichte und Bedeutung der Wiener Gärtner-Familie Antoine. Jo-

hann Antoine, Franz Antoine (d. Ä.) und Franz Antoine (d. J.), in: Österreichische Gesellschaft für Historische Gärten (Hg.), Mitteilungsblatt, Heft 1/2001, S. 8–12.

Mayr-Oehring/Doppler 2003 – Erika Mayr-Oehring/Elke Doppler (Hg.), Orientalische Reise. Malerei und Exotik im späten 19. Jahrhundert, Ausstellungskatalog, Wien 2003.

Meiss 1946 – Millard Meiss, Italian primitives at Konopiste, in: The Art Bulletin 1946, Nr. 1, S. 1–16.

Mergl 1995 – Ladislav Mergl, Zamecká elektrarna na Konopišti, in: Zpravy památkove péče 55, 1995, č. 2, S. 62.

Meyer 1873 – Gustav Meyer, Lehrbuch der schönen Gartenkunst. Mit besonderer Rücksicht auf die praktische Ausführung von Gärten und Parkanlagen, Berlin 1860; zweite vermehrte und verbesserte Auflage Berlin 1873.

Mihola 2007 – Rudolf Mihola, Tajemství Konopiště, Benešov 2007.

Mitis 1971 – Oskar von Mitis, Das Leben des Kronprinzen Rudolf. Mit Briefen und Schriften aus dessen Nachlass, neu hg. v. Adam Wandruszka, Wien/München 1971.

Molnár 1907 – Josef O. Molnár. Die Villengarten-Konkurrenz, in: K. k. Gartenbaugesellschaft Wien (Hg.), Oesterreichische Gartenzeitung, 2. Jg., Heft 6, 1907, S. 298–308.

Molnár 1913 – Josef O. Molnár, Moderne Stadtgärten, in: K. k. Gartenbaugesellschaft Wien (Hg.), Oesterreichische Garten-Zeitung, 8. Jg., Heft 3, 1913, S. 68–70.

Morgan 1906 – Camillo Morgan, Konopischt, unseres Thronfolgers Jagd-Dorado (Nachdruck aus dem im Verlage Karl Mitsche erschienen Prachtwerke: »Unseres Thronfolgers und unseres Erzprinzen Waidwerk« von Camillo Morgan), in: Für's Jagdschloss, monatlich erscheinende Jagdherren-Zeitung für Österreich-Ungarn und Deutschland, Nr. 128, Jänner 1906, XIII. Jg, o. S..

Mrazek 1984 – Wilhelm Mrazek, Die Zentren des Jugendstils in Wien um 1900: Secession, Klimt-Gruppe und Kunstgewerbeschule des österreichischen Museums für Kunst und Industrie, in: Maria Marchetti (Hg.), Wien um 1900. Kunst und Kultur, Wien 1984, S. 195–198.

Müller 1994 – Josef Müller, Die Geschichte von Lölling, Klagenfurt 1994.

Müller-Gutenbrunn 1919 – Adam Müller-Gutenbrunn, Franz Ferdinands Lebensroman. Ein Dokument unserer Zeit, Stuttgart 1919.

Mundt 1997 – Barbara Mundt, Europäisches Kunstgewerbe des Historismus im 19. Jahrhundert, in: Hermann Fillitz (Hg.), Der Traum vom Glück. Die Kunst des Historismus in Europa, Ausstellungskatalog, Wien 1997, S. 186–203.

Musiolek 2005 – Alexandra Musiolek, Blühende Gartenräume, der englische Einfluss auf Gestaltung und Pflanzenverwendung im deutschen architektonischen Hausgarten zu Beginn des 20. Jahrhunderts, Berlin 2005.

Mycielski 1913 – Dr. Georg Graf Mycielski, Erzherzog Franz Ferdinand als Kunstfreund, in: Erzherzog Franz Ferdinand unser Thronfolger. Zum 50. Geburtstag. Illustriertes Sonderheft der Österreichischen Rundschau, Wien/Leipzig, 18.12.1913, o. S.

Němec 2007 – Vilém Němec, Vysoký pán Konopišťský. Nelichotivý portrét následníka trůnu Františka Ferdinanda d'Este, Praha 2007.

Nierhaus 2008 – Andreas Nierhaus, Die Neue Burg in Wien. Krise und Scheitern monumentaler Architektur am Ende des Historismus, phil. Diss., Wien 2008.

Nierhaus 2012 – Andreas Nierhaus, Das Kaiserforum als Entwurf einer idealen Residenz, in: Werner Telesko (Hg.), Die Wiener Hofburg 1835–1918. Der Ausbau der Residenz im Vormärz bis zum Ende des »Kaiserforums«, Wien 2012, S. 184–193.

Nierhaus 2014 – Andreas Nierhaus, Museum im Palast. Das Corps de logis der Neuen Burg um 1900, in: Maria Welzig/Anna Stuhlpfarrer (Hg.), Kulturquartiere in ehemaligen Residenzen. Zwischen imperialer Kulisse und urbaner Neubesetzung. Das Wiener »Hofburg-Museums-Quartier« und internationale Entwicklungen, Wien/Köln/Weimar 2014, S. 39–52.

Nikitsch-Boulles 1928 – P. Nikitsch-Boulles, Před světovou válkou, Paměti soukromého sekretáře následníka Františka Ferdinanda, Beroun 1926.

ÖBL 1815–1950 – Österreichisches Biographisches Lexikon 1815–1950, online: http://www.biographien.ac.at, 23.8.2017.

Offner 1991 – Richard Offner, Bernardo Daddi, his shop and following, in: A Critical and Historical Corpus of Florentine Painting: Fourteenth century, Section III, Volume IV, Florence 1991.

Oprießnig 2013 – Christian Oprießnig, Museale Bestrebungen im Maximilianischen Kaiserreich, in: Ilsebill Barta (Hg.), Maximilian von Mexiko. Der Traum vom Herrschen, Ausstellungskatalog, Wien 2013, S. 117–123.

Ottillinger 1997 – Eva B. Ottillinger, Kronprinz Rudolfs »Türkisches Zimmer« und die Orientmode in Wien, in: Mayr-Oehring, Erika (Hg.), Orient: österreichische Malerei zwischen 1848 und 1914, Residenzgalerie Salzburg, 20.7.–24.9.1997, Salzburg 1997, S. 88–106.

Ottillinger 2008 – Eva B. Ottillinger, Portois & Fix: Spezialist für französische Königstile, in: Monika Wenzl-Bachmayer (Hg.), Pariser Esprit und Wiener Moderne. Die Firma Portois & Fix, Ausstellungskatalog, Wien 2008, S. 9–15.

Ottillinger/Hanzl 1997 – Eva B. Ottillinger/Lieselotte Hanzl, Kaiserliche Interieurs. Die Wohnkultur des Wiener Hofes im 19. Jahrhundert, Wien/Köln/Weimar 1997.

Ott-Wodni 2013a – Marlene Ott-Wodni, »Mein Hang zum Altar«. Die Wohnräume in Maximilians europäischen Residenzen, in: Ilsebill Barta (Hg.), Maximilian von Mexiko. Der Traum vom Herrschen, Ausstellungskatalog, Wien 2013, S. 70–91.

Ott-Wodni 2013b – Marlene Ott-Wodni, Im Besitz der Republik – Die Aufteilung der maximilianischen Sammlungen in den 1920er Jahren, in: Ilsebill Barta (Hg.), Maximilian von Mexiko. Der Traum vom Herrschen, Ausstellungskatalog, Wien 2013, S. 148–149.

Ott-Wodni 2016 – Marlene Ott-Wodni, Vom »k. k. Jagdthaus« zum Jagdschloss Mürzsteg. Architektur und Inneneinrichtung des Lieblingsjagddomizils von Kaiser Franz Joseph, in: Ilsebill Barta/Markus Langer/Marlene Ott-Wodni, Das kaiserliche Jagdhaus in Mürzsteg. Geschichte, Ausstattung und Politik, Wien/Köln/Weimar 2016, S. 13–62.

Pacáková-Hošťálková 1999 – Božena Pacáková-Hošťálková, Zahrady a parky v Čechách, na Moravě a ve Slezsku – katalog zahrad, Praha 1999.

Pape 1887 – Jean Pape, Musterzimmer. Vollständige Decorationen für bürgerliche und herrschaftliche Wohnungen in Form und Farbe, Dresden 1887.

Pavlík 2013 – Lukáš Pavlík, Ve službách konopišťského pána, zaměstnancem nejen na zámku Konopiště v Čechách, Benešov 2013.

Perrotti 2002 – Eliana Perrotti, Das Schloss Miramar in Triest (1856–1870). Erzherzog Ferdinand Maximilian von Habsburg als Bauherr und Auftraggeber, Wien/Köln/Weimar 2002.

Pitner 1995 – Ernst Pitner, Im Dienst Kaiser Maximilians von Mexiko. Memoiren und Briefe eines Offiziers. Eine persönliche Geschichte des Mexiko-Feldzuges 1864–1867, Wien/Köln/Weimar 1995.

Planscig 1919 – Leo Planscig, Die Estensische Kunstsammlung. Skulpturen und Plastiken des Mittelalters und der Renaissance, Wien 1919.

Pötzl-Malikova 1976 – Maria Pötzl-Malikova, Die Plastik der Wiener Ringstraße. Künstlerische Entwicklung 1890–1918, Wiesbaden 1976.

Pozzetto 1983 – Marco Pozzetto, Max Fabiani. Ein Architekt der Moderne, Wien 1983.

Pozetto 1988 – Marco Pozetto, Max Fabiani. Nuove frontiere dell'architettura, Triest 1988.

Praschl-Bichler 2006 – Gabriele Praschl-Bichler, »Ich bin bloß Corvetten-Capitän …«. Private Briefe Kaiser Maximilians und seiner Familie, Wien 2006.

Preiss 2000 – Pavel Preiss, František Julius Lux. Západočeský rokokový malíř, Praha 2000.

Pückler-Muskau 1834 – Hermann Fürst von Pückler-Muskau, Andeutungen über Landschaftsgärtnerei, Fünfter Abschnitt, Park und Gärten, Stuttgart 1834.

Pujmanova 2008 – Olga Pujmanova, Italian painting c. 1330–1550, Praha 2008.

Ratz 2000 – Konrad Ratz (Hg.), »Vor Sehnsucht nach dir vergehend« – Der private Briefwechsel zwischen Maximilian von Mexiko und seiner Frau Charlotte, Wien/München 2000.

Renglovics 1938 – Joseph von Renglovics, Lebenserinnerungen eines ehemaligen Hofbeamten der kaiser- und königlichen Hofhaushaltung Husaren-Rittmeisters a. D., Wien 1938.

Rizzi 1975 – Wilhelm Georg Rizzi, Johann Lucas von Hildebrandt – Ergänzende Forschungen zu seinem Werk, Diss., Technische Hochschule Wien 1975.

Robinson 1870 – William Robinson, Alpine Flowers for Gardens, London 1870.

Robinson 1883 – William Robinson, The English Flower Garden, 1. Ausgabe, London 1883.

Rogasch 2001 – Wilfried Rogasch, Schlösser und Gärten in Böhmen und Mähren, Köln 2001.

Rudolf 1885 – Rudolf von Österreich, Eine Orientreise vom Jahre 1881, Wien 1885.

Rückl 2002 – Peter Rückl, Mayerling im Verlauf seiner Geschichte. Von der Laurentius-Kapelle zum Karmel St. Josef, phil. Diplomarbeit, Universität Wien 2002.

Scharsching 2013 – Helmut Scharsching, Carl Kaiser 1837–1895, Weitra 2013.

Scheufler 2001 – Pavel Scheufler, Životní osudy Rudolfa Brunera-Dvořáka, 2001, WWW.SCHEUFLER.CZ/CS-CZ/FILES/2408/RBD.PDF, 11.5.2015.

Schmidt 1997 – Stefan Schmidt, Der Park von Schloss Eckartsau. Gartendenkmalpflegerisches Gutachten, unveröffentlichtes Manuskript, Wien 1997.

Schneider 1909 – Camillo Carl Schneider, Parkanlagen Seiner k. u. k. Hoheit des Durchlauchtigsten Herrn Erzherzogs Franz Ferdinand von Österreich-Este zu Konopischt in Böhmen, in: Gartenanlagen Österreich-Ungarns in Wort und Bild, Jahresheft 1, 1909, Wien 1913, S. 1-31.

Schoeller 2011a – Katharina Schoeller, Die Entstehungsgeschichte des Belvedere bis 1752, in: Agnes Husslein-Arco/Katharina Schoeller (Hg.), Das Belvedere. Genese eines Museums, Wien 2011, S. 19–27.

Schoeller 2011b – Katharina Schoeller, Franz Ferdinand und das Belvedere, in: Agnes Husslein-Arco/Katharina Schoeller (Hg.), Das Belvedere. Genese eines Museums, Wien 2011, S. 165–184.

Scholler 2011 – Christiane Scholler, Er war mein Urgroßvater. Anita Hohenberg über Thronfolger Erzherzog Franz Ferdinand, Wien/Graz/Klagenfurt 2011.

Schuster 1991 – Rainer Schuster, Schloß Eckartsau im Marchfeld. Untersuchungen zur barocken Neugestaltung unter Franz Ferdinand Graf Kinsky, phil. Diss., Universität München 1991.

Schwarz 1982 – Mario Schwarz, Die Landhausarchitektur am Beispiel Reichenau, in: Österreichische Gesellschaft für Denkmal- und Ortsbildpflege (Hg.), Landhaus und Villa in Niederösterreich 1840–1914, Wien/Köln/Graz 1982, S. 89–99.

Schweickhardt 1842 – Franz Xaver Schweickhardt, Das Marchfeld. Geschichtlich-pitoresk dargestellt von der Urzeit bis auf unsere Tage, Wien 1842.

Sedláčková 2013 – Jana Sedláčková, Dějiny kaple sv. Huberta na zámku Konopiště, Diplomarbeit Universität Prag 2013.

Seeger 2004 – Ulrike Seeger, Stadtpalais und Belvedere des Prinzen Eugen. Entstehung, Gestalt, Funktion und Bedeutung, Wien/Köln/Weimar 2004.

Severit 1998 – Frauke Severit, Wien um 1900 – eine Stadt im Widerstreit von Tradition und Moderne, in: Frauke Severit (Hg.), Das alles war ich. Politikerinnen, Künstlerinnen, Exzentrikerinnen der Wiener Moderne, Wien/Köln/Weimar 1998, S. 9–24.

Silva-Tarouca 1899 – Ernst Silva-Tarouca, Kein Heger, kein Jäger! Ein Handbuch der Wildhege für weidgerechte Jagdherren und Jäger, Berlin 1899.

Silva-Tarouca 1923 – Ernst Silva-Tarouca, Glückliche Tage. Jagdgeschichten aus fünf Jahrzehnten, Berlin 1923.

Silva-Tarouca 1928 – Ernst Silva-Tarouca, Glückliche Tage. Jagdgeschichten aus fünf Jahrzehnten, Berlin 1928.

Silva-Tarouca 1931 – Ernst Silva-Tarouca, Das deutsche Waidwerk, 4. Aufl., Berlin 1931.

Silva-Tarouca/Schneider 1910 – Ernst Silva-Tarouca/Camillo Schneider, Unsere Freiland-Stauden. Anzucht, Pflege und Verwendung aller bekannten in Mitteleuropa im Freien kulturfähigen ausdauernden krautigen Gewächse, Wien 1910.

Silva-Tarouca/Schneider 1912 – Ernst Silva-Tarouca/Camillo Schneider, Unsere Freiland-Laubgehölze. Anzucht, Pflege und Verwendung aller bekannten in Mitteleuropa im Freien kulturfähigen Laubgehölze, 2. Auflage, Wien 1912.

Silva-Tarouca/Schneider 1913 – Ernst Silva-Tarouca/Camillo Schneider, Unsere Freiland-Nadelhölzer. Anzucht, Pflege und Verwendung aller bekannten in Mitteleuropa im Freien kulturfähigen Nadelhölzer, Wien 1913.

Stabenow 2010 – Jörg Stabenow, Eine kaiserliche Residenz als republikanisches Staatssymbol: der Hradschin in Prag, in: Werner Telesko/Richard Kurdiovsky/Andreas Nierhaus (Hg.), Die Wiener Hofburg und der Residenzbau in Mitteleuropa im 19. Jahrhundert, Wien/Köln/Weimar 2010, S. 205–228.

Steinmann 2013 – Axel Steinmann, »Strauß-Eier als orientalisches Präservativ gegen das Malocchio«, in: Ilsebill Barta (Hg.), Maximilian von Mexiko. Der Traum vom Herrschen, Ausstellungskatalog, Wien 2013, S. 97–100.

Stekl 2010 – Hannes Stekl, Der erbländische Adel, in: Helmut Rumpler/Peter Urbanitsch (Hg.), Die Habsburgermonarchie 1848–1918. Bd. IX: Soziale Strukturen, 1. Teilband: Von der feudal-agrarischen zur bürgerlich-industriellen Gesellschaft, Teilband 1/2: Von der Stände- zur Klassengesellschaft, Wien 2010, S. 951–1013.

Stephanie von Belgien 1935 – Prinzessin Stephanie von Belgien, Fürstin v. Lonyay, Ich sollte Kaiserin werden. Lebenserinnerungen der letzten Kronprinzessin von Österreich-Ungarn, Leipzig 1935.

Stermitz 2007 – Martin Stermitz, Die vier Hüttenberger Hauptgewerke. Zwischen Tradition und Innovation, in: Rudolfinum. Jahrbuch des Landesmuseums für Kärnten, Klagenfurt 2007, S. 143–159.

Stícha 2011 – Atnonín Stícha, Chlum u Třeboně, historie obce, 2011, Chlum-ut.cz/historie-mestyse/d-53/p1=60, 3.5.2015.

Stockhausen 1952 – Juliana von Stockhausen, Im Schatten der Hofburg. Gestalten, Puppen und Gespenster, Wien 1952.

Sto let práce 1791–1891 – o. A., Sto let práce 1791–1891, Zpráva o všeobecné zemské výstavě v Praze 1891, na oslavu jubilea první průmyslové výstavy roku 1791 v Praze pod protektorátem jeho cís. a král. veličenstva císaře a krále Františka Josefa I., Díl III, Obraz, kulturní význam a výsledky výstavy, 1895, Katalog der Landes-Jubiläums-Ausstellung in Prag 1981.

Šula 2014 – Michal Šula, Byt prezidenta Tomáše Garrigua Masaryka, in: Ladislav Zikmund-Lender (Hg.), Design, nábytek, interiéry, Praha 2014, S. 86–93.

Telesko/Kurdiovsky/Nierhaus 2010 – Werner Telesko, Richard Kurdiovsky, Andreas Nierhaus (Hg.), Die Wiener Hofburg und der Residenzbau in Mitteleuropa im 19. Jahrhundert, Wien/Köln/Weimar 2010.

Telesko 2012 – Werner Telesko (Hg.), Die Wiener Hofburg 1835–1918. Der Ausbau der Residenz im Vormärz bis zum Ende des »Kaiserforums«, Wien 2012.

Telesko 2012a – Werner Telesko, Der Gemäldezyklus Erzherzog Franz Ferdinands in der Neuen Burg, in: Werner Telesko (Hg.), Die Wiener Hofburg 1835–1918. Der Ausbau der Residenz im Vormärz bis zum Ende des »Kaiserforums«, Wien 2012, S. 371–373.

Topographisch-statistischer Schematismus 1880 – Johann F. Prochazka, Topographisch-statistischer Schematismus des Grossgrundbesitzes im Königreiche Böhmen, Prag 1880.

Topographisch-statistischer Schematismus 1891 – Johann F. Prochazka, Topographisch-statistischer Schematismus des Grossgrundbesitzes im Königreiche Böhmen, Prag 1891.

Trešnáková 2008 – Alena Trešnáková, Díla rodiny Vivarini v Narodní gelerii v Praze v kontextu s jejich dilnnou v Itálii, Bachelorarbeit Universität Prag 2008.

Tyrnerová 2011 – Lucie Tyrnerová, Chotkové a Žofie Chotková, Diplomarbeit Universität Prag 2011.

Tywoniak 1983 – Jiří Tywoniak, Konopiště, Zámek a okolí, Praha 1983.

Vácha 2004 – Zdeněk Vácha, Nedoceněný pramen poznání jihomoravských památek: konvolut kreseb DD6 Giovanniho Marii Monsorna ze státního zámku Konopiště, in: Zprávy památkové péče, Roč. 64, č. 2 (2004), S. 127–136.

Veselý 1932 – Jaroslav Veselý, Jak se Emanuel Rak ze Štěchovic dostal k arcivévodovi na Konopiště, Praha 1932.

Vierle 1998 – Claudia Vierle, Camillo Schneider, Dendrologe und Gartenbauschriftsteller. Eine Studie zu seinem Leben und Werk (Materialien zur Geschichte der Gartenkunst 4), Berlin 1998.

Völker 2000 – Angela Völker, Die Sammlungspolitik der Textilsammlung des k. k. Österreichischen Museums für Kunst und Industrie in den Jahren 1864 bis 1910, in: Peter Noever (Hg.), Kunst und Industrie. Die Anfänge des Museums für angewandte Kunst in Wien, Wien 2000.

Von Sacken 1855 – Dr. Eduard Freiherr von Sacken, K. K. Ambraser Sammlung, Wien 1855.

Vybíral 1997 – Jindřich Vybíral, Malebné soukromí následníkovo, in: Dějiny a současnost XIX, 1997, č. 3, S. 44–47.

Vybíral 2006 – Jindřich Vybíral, Prager Architekten in München – Bayerische Architekten in Prag , in: Zeitenblicke 5 (2006), Nr. 2, S. 2.

Vybíral 2007 – Jindřich Vybíral, František Schmoranz a vynález orientalismu, in: Cizí, jiné, exotické v české kultuře 19. století, Sborník příspěvků z 27. ročníku sympozia k problematice 19. století. Plzeň, 22.–24.2.2007, Praha 2008, S. 435–442.

Vybíral 2010 – Jindřich Vybíral, Die Prager Burg im 19. Jahrhundert, in: Werner Telesko/Richard Kurdiovsky/Andreas Nierhaus (Hg.), Die Wiener Hofburg und der Residenzbau in Mitteleuropa im 19. Jahrhundert, Wien/Köln/Weimar 2010, S. 191–204.

Wais/Ott-Wodni/Neumair 2018 – Johannes Wais/Marlene Ott-Wodni/Thomas Neumair, Schloss Eckartsau. Schicksalsschloss in der Wildnis, Wien 2018.

Walder 2002 – Fernande Walder, Der Schulgarten in seiner Bedeutung für Unterricht und Erziehung. Deutsche Schulgartenbestrebungen vom Kaiserreich bis zum Nationalsozialismus, Bad Heilbrunn 2002.

Wagner 1896 – Otto Wagner, Moderne Architektur, Wien 1896.

Weller 1880 – Franz Weller, Die kaiserlichen Burgen und Schlösser in Bild und Wort, Wien 1880.

Wenzl-Bachmayer 2008 – Monika Wenzl-Bachmayer (Hg.), Pariser Esprit und Wiener Moderne. Die Firma Portois & Fix, Ausstellungskatalog, Wien 2008.

Wettstein 1913 – R. v. Wettstein, Der Thronfolger und die Wissenschaft, in: Erzherzog Franz Ferdinand unser Thronfolger. Zum 50. Geburtstag. Illustriertes Sonderheft der Österreichischen Rundschau, Wien/Leipzig, 18.12.1913, S. 56-92.

Zacherl 2003 – Elisabeth Zacherl, Der Baubeginn für Schloss Blühnbach vor 400 Jahren, in: Unser Land, 32/2003, S. 1.

Zeynep 1992 – Çelik Zeynep, Displaying the Orient, Architecture of Islam at Nineteenth-Century World's Fairs, Berkeley 1992, HTTP://ARK.CDLIB.ORG/ARK:/13030/FT8X0NB62G/, 17.5.2017.

Zimmermann 1893 – Heinrich Zimmermann: Erzherzog Ferdinand von Tirol und seine Sammlung in Schloss Ambras, in: Albert Ilg (Hg.), Kunstgeschichtliche Charakterbilder aus Österreich-Ungarn, Wien 1893, S. 194–209.

PERSONENINDEX

PUBLIKATIONSREIHE DER MUSEEN DES MOBILIENDEPOTS

Herausgegeben von Ilsebill Barta

Band 0: Ilsebill BARTA-FLIEDL/Peter PARENZAN (Hg.), Lust und Last des Erbens. Die Sammlungen der Bundesmobilienverwaltung Wien, AG Museologie, Wien 1993, ISBN 3-901163-03-4

Band 1: Hubert Chryspolitus WINKLER, Ehemalige Hofsilber- & Tafelkammer 1: Silber, Bronzen, Porzellan, Glas, Böhlau Verlag, Wien 1996, ISBN 3-205-98323-8

Band 2: Ingrid HASLINGER, Ehemalige Hofsilber- & Tafelkammer 2: Der kaiserliche Haushalt, Verlag Schroll, Wien 1997, ISBN 3-7031-0704-9

Band 3: Eva B. OTTILLINGER/Lieselotte HANZL, Kaiserliche Interieurs. Die Wohnkultur des Wiener Hofes im 19. Jahrhunderts und die Wiener Kunstgewerbeform, Böhlau Verlag, Wien 1997, ISBN 3-205-98680-6

Band 4: Ilsebill BARTA-FLIEDL/Andreas GUGLER (Hg.), Tafeln bei Hofe. Zur Geschichte der fürstlichen Tafelkultur in Europa, Verlag Dölling und Galitz, Hamburg 1998, ISBN 3-930802-43-0

Band 5: Ingrid HASLINGER, Tafelkultur Marke Berndorf. Das niederösterreichische Erfolgsunternehmen Arthur Krupp, Verlag Ketterl, Wien 1998, ISBN 3-85134-007-8

Band 6: Ingrid HASLINGER, Tafeln mit Sisi. Rezepte und Eßgewohnheiten der Kaiserin Elisabeth von Österreich, Verlag Brandstätter, Wien 1998, ISBN 3-85447-811-9

Band 7: Ilsebill BARTA-FLIEDL/Herbert POSCH (Hg.), InventArisiert. Enteignung von Möbeln aus jüdischem Besitz, Verlag Turia | Kant, Wien 2000, ISBN 3 85132 265 7

Band 8: Ingrid HASLINGER, Tafeln wie ein Kaiser. Franz Joseph und die kulinarische Welt des Wiener Hofes mit den besten Rezepten aus der Hofküche, Verlag Pichler, Wien 1999, ISBN 3-85431-194-X

Band 9: Ingrid HASLINGER, Augenschmaus und Tafelfreuden. Geschichte des gedeckten Tisches, Verlag Norka, Klosterneuburg 2001, ISBN 3-85050-079/9.

Band 10: Ingrid HASLINGER, Hermine und Michael WEISHAPPEL, Gulasch-Kochbuch. 103 Rezepte. Kulturgeschichte eines köstlichen Gerichts, Verlag Norka, Klosterneuburg 2001, ISBN 3-85050-078-0.

Band 11: Ilsebill BARTA, Familienporträts der Habsburger. Dynastische Repräsentation im Zeitalter der Aufklärung, Böhlau-Verlag Wien – Köln – Weimar 2001, ISBN 3-205-05283-8

Band 12: Eva B. OTTILLINGER, Alvar Aalto: Möbel. Die Sammlung Kossdorff, Eigenverlag der Museen des Mobiliendepots, Wien 2002, ISBN 3-9501501-0-2

Band 13: Ingrid HASLINGER, Geheimnisse aus der Klosterküche. Wo sich Kultur mit Genuss verbindet, Verlag Norka, Klosterneuburg 2002, ISBN 3-85050-079-9

Band 14: Ilsebill BARTA (Hg.), Wohnen in Mies van der Rohes Villa Tugendhat fotografiert von Fritz Tugendhat 1930-1938, Eigenverlag der Museen des Mobiliendepots, Wien 2002, ISBN 3-9501501-1-0

Band 15: Eva B. OTTILLINGER/August SARNITZ, Ernst Plischke, Das Neue Bauen und die Neue Welt, Das Gesamtwerk, Prestel Verlag, München – Berlin – London – New York 2003, ISBN 3-7913-2741-0

Band 16: Eva B. OTTILLINGER (Hg.), Gebrüder Thonet, Möbel aus gebogenem Holz, Böhlau Verlag, Wien – Köln – Weimar 2003, ISBN 3-205-77102-8

Band 17: Lieselotte HANZL-WACHTER, Hofburg zu Innsbruck, Architektur, Möbel, Raumkunst, Repräsentatives Wohnen in den Kaiserappartements von Maria Theresia bis Kaiser Franz Joseph, Böhlau Verlag, Wien – Köln – Weimar 2004, ISBN 3-205-77202-4

Band 18: Nina WERZHBINSKAJA-RABINOWICH, K. u. K. Hofmobiliendepot Bildergeschichten, Eigenverlag der Museen des Mobiliendepots, Wien 2004, ISBN 3-9501501-2-9

Band 19: Beatrix HAJOS, Schönbrunner Statuen 1773–1780, Ein neues Rom in Wien, Böhlau Verlag, Wien – Köln – Weimar 2004, ISBN 3-205-77228-8

Band 20: Eva B. OTTILLINGER, Möbeldesign der 50er Jahre, Wien im internationalen Kontext, Böhlau Verlag, Wien – Köln – Weimar, 2005, ISBN 3-205-77376-4

Band 21: Géza HAJÓS (Hg.), Der malerische Landschaftspark in Laxenburg bei Wien, Forschungen zu Laxenburg (Park und Franzensburg) Herausgegeben vom Bundesdenkmalamt, Bundesmobilienverwaltung und der Österreichischen Gesellschaft für historische Gärten, Teilband 1, Böhlau Verlag, Wien – Köln – Weimar 2005, ISBN 3-205-77444-2

Band 22: Ernst BACHER (Hg.), Die Franzensburg – Ritterschloss und Dynastisches Denkmal, Forschungen zu Laxenburg (Park und Franzensburg) Herausgegeben vom Bundesdenkmalamt, Bundesmobilienverwaltung und der Österreichischen Gesellschaft für historische Gärten, Teilband 2, Böhlau Verlag, Wien – Köln – Weimar (in Vorbereitung), ISBN 3-205-77458-2

Band 23: Ernst BACHER (Hg.), Architektur, Ausstattung und Kunstschätze der Franzensburg, Forschungen zu Laxenburg (Park und Franzensburg) Herausgegeben vom Bundesdenkmalamt, Bundesmobilienverwaltung und der Österreichischen Gesellschaft für historische Gärten, Teilband 3, Böhlau Verlag, Wien – Köln – Weimar (in Vorbereitung), ISBN 3-205-77457-4

Band 24: Eva B. OTTILLINGER (Hg.), Zappel, Philipp! – Kindermöbel. Eine Designgeschichte, Böhlau Verlag, Wien – Köln – Weimar 2006, ISBN 3-205-77529-5; englische Ausgabe: Fidgety Philip! A Design History of Children's Furniture, ISBN 3-205-77571-6

Band 25: Sabine FELLNER/Katrin UNTERREINER, Rosenblüte und Schneckenschleim, Schönheitspflege zur Zeit Kaiserin Maria Theresias, Sonderzahl, Wien 2006, ISBN 3-85449-263-4

Band 26: Ilsebill BARTA (Hg.), Kronprinz Rudolf – Lebensspuren, Eigenverlag Schloss Schönbrunn 2008

Band 27: Ingrid HASLINGER/Gerhard TRUMLER, So lebten die Habsburger, Kaiserliche und Königliche Schlösser in der österreichisch-ungarischen Monarchie, Christian Brandstätter Verlag, Wien 2007, ISBN 978-3-85447-651-1

Band 28: Eva B. OTTILLINGER (Hg.), Wohnen zwischen den Kriegen, Wiener Möbel 1914 – 1941, Böhlau Verlag, Wien – Köln – Weimar 2009, ISBN 978-3-205-78406-7

Band 29: Maria-Luise JESCH, Wenn Möbel erzählen, Vom »K. u. k. Hofmobilien- und Material-Depot« zum »Möbel Museum Wien« 1899–1989, Böhlau Verlag, Wien – Köln – Weimar 2014, ISBN 978-3-205-78465-4

Band 30: Eva B. OTTILLINGER (Hg.), Intime Zeugen, Vom Waschtisch zum Badezimmer, Böhlau Verlag, Wien – Köln – Weimar 2011, ISBN 978-3-205-78731-0

Band 31: Ilsebill BARTA (Hg.), Maximilian von Mexiko, Der Traum vom Herrschen, Eigenverlag Schloss Schönbrunn, 2013, ISBN 3-901568-91-3

Band 32: Eva B. OTTILLINGER (Hg.), Küchen/Möbel. Design und Geschichte, Böhlau Verlag, Wien – Köln – Weimar 2015, ISBN 978-3-205-79540-4

Band 33: Marlene OTT-WODNI, Josef Frank 1885–1967. Raumgestaltung und Möbeldesign, Böhlau Verlag, Wien – Köln – Weimar 2015, ISBN 978-3-205-79647-3

Band 34: Ilsebill BARTA/Markus LANGER/Marlene OTT-WODNI, Das kaiserliche Jagdschloss Mürzsteg, Geschichte, Ausstattung und Politik, Böhlau Verlag, Wien-Köln-Weimar 2016, ISBN 978-3-205-20425-1

Band 35: Ausstellungskatalog RE-DESIGN 10 – VIRIBUS UNITIS, Herausgegeben von der Bundesmobilienverwaltung und der Schloß Schönbrunn Kultur und Betriebsges. m. b. H., Wien 2016.

Band 36: 50 Meisterwerke der Möbelkunst aus fünf Jahrhunderten, Schätze des Wiener Hofmobiliendepots und ihre Geschichte, Herausgegeben von der Bundesmobilienverwaltung und der Schloß Schönbrunn Kultur und Betriebsges. m. b. H., Wien 2016, ISBN 978-3-9504176-7-8

Band 37: Eva B. OTTILLINGER (Hg.), Wagner, Hoffmann, Loos und das Möbeldesign der Wiener Moderne. Künstler, Auftraggeber, Produzenten, Böhlau Verlag, Wien – Köln – Weimar 2018, ISBN 978-3-205-20786-3.

Band 38: Ilsebill BARTA/Marlene OTT-WODNI/Alena SKRABANEK, Repräsentation und (Ohn) Macht. Die Wohnkultur der habsburgischen Prinzen im 19. Jahrhundert-Kaiser Maximilian von Mexiko, Kronprinz Rudolf, Erzerzog Franz Ferdinand und ihre Schlösser. Mit Beiträgen von Alfred Benesch und Andreas Nierhaus, Böhlau Verlag, Wien-Köln-Weimar 2019, ISBN 978-3-205-20035-2

Band 39: Ilsebill BARTA/Martin MUTSCHLECHNER, Bruch und Kontinuität, Das Schicksal des habsburgischen Erbes nach 1918, Herausgegeben von der Bundesmobilienverwaltung und der Schloß Schönbrunn Kultur und Betriebsges. m. b. H., Eigenverlag, Wien 2019